여러분의 합격을 응원하는

해커스경찰의 특별 혜택!

FREE 회독용 답안지

해커스경찰(police.Hac ㅐ · 서점 → 무료 학습 자료] 클릭 ▶
| 이용

FREE 경찰학 특강

해커스경찰(police.Hackers.com) 접속 후 로그인 ▶ 상단의 [무료강좌 → 경찰 무료강의] 클릭하여 이용

해커스경찰 온라인 단과강의 20% 할인쿠폰

ABBBB69F978F243Z

해커스경찰(police.Hackers.com) 접속 후 로그인 ▶ 상단의 [내강의실] 클릭 ▶
[쿠폰/포인트] 클릭 ▶ 쿠폰번호 입력 후 이용

* 등록 후 7일간 사용 가능(ID당 1회에 한해 등록 가능)

합격예측 온라인 모의고사 응시권 + 해설강의 수강권

395D8CEDF42F543R

해커스경찰(police.Hackers.com) 접속 후 로그인 ▶ 상단의 [내강의실] 클릭 ▶
[쿠폰/포인트] 클릭 ▶ 쿠폰번호 입력 후 이용

* ID당 1회에 한해 등록 가능

쿠폰 이용 관련 문의 **1588-4055**

단기 합격을 위한
해커스 커리큘럼

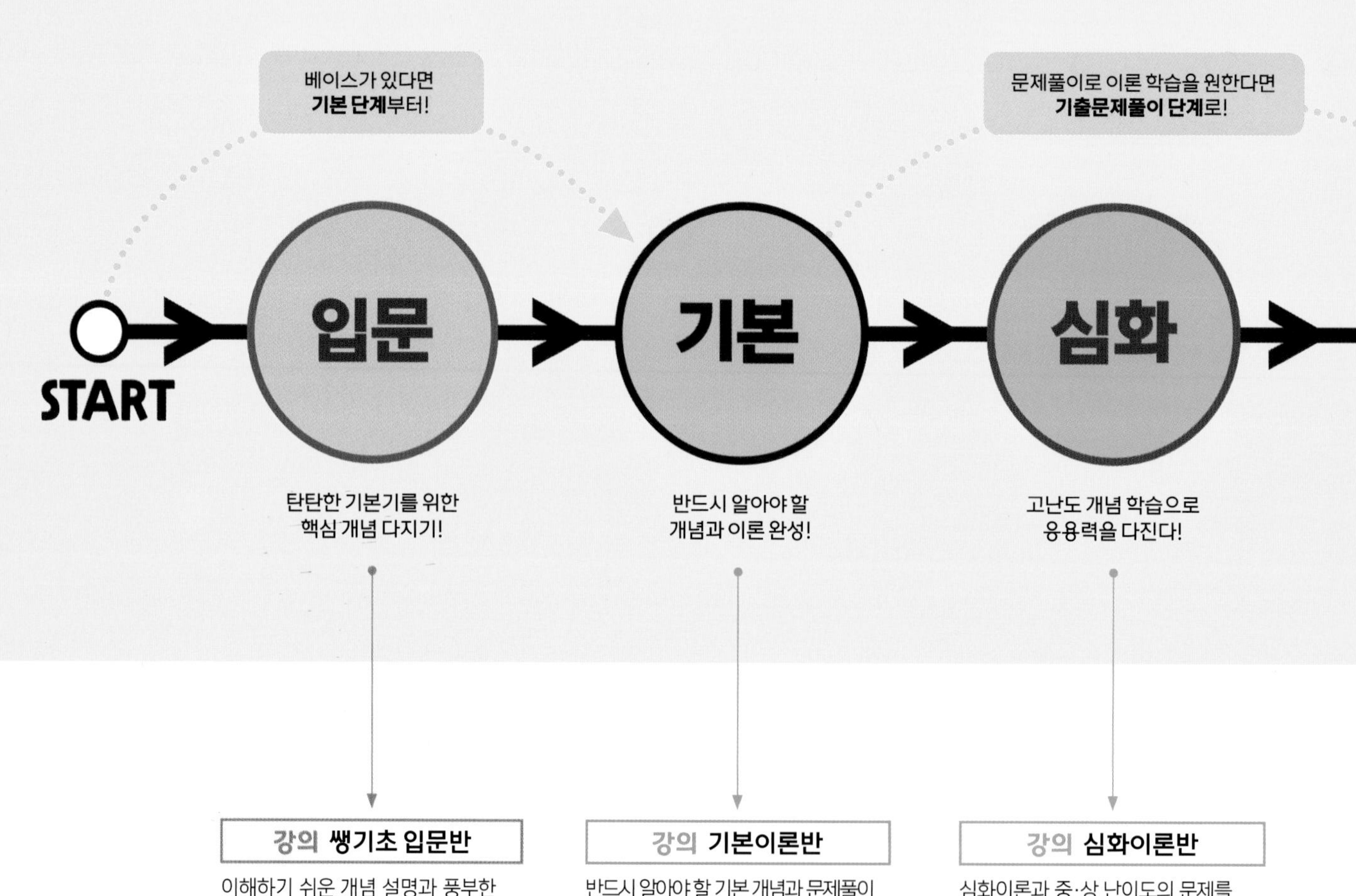

강의 쌩기초 입문반

이해하기 쉬운 개념 설명과 풍부한 연습문제 풀이로 부담 없이 기초를 다질 수 있는 강의

강의 기본이론반

반드시 알아야 할 기본 개념과 문제풀이 전략을 학습하여 핵심 개념 정리를 완성하는 강의

강의 심화이론반

심화이론과 중·상 난이도의 문제를 함께 학습하여 고득점을 위한 발판을 마련하는 강의

단계별 교재 확인 및
수강신청은 여기서!

police.Hackers.com

* 커리큘럼은 과목별·선생님별로 상이할 수 있으며, 자세한 내용은 해커스경찰 사이트에서 확인하세요.

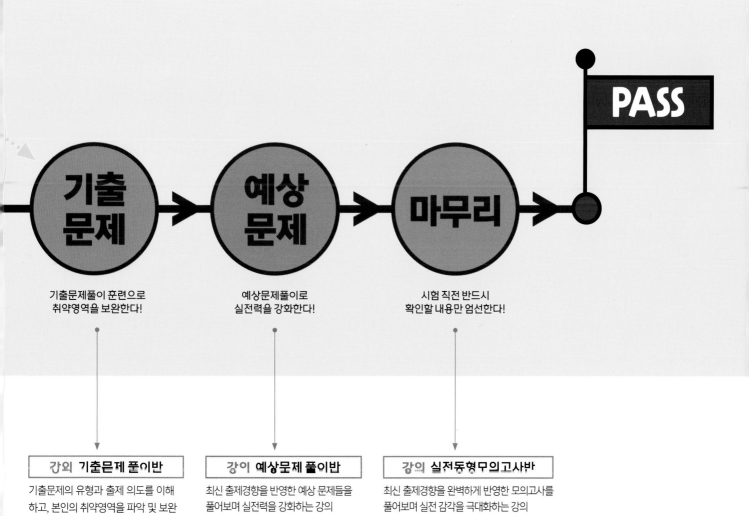

기출문제 → **예상문제** → **마무리** → **PASS**

기출문제풀이 훈련으로
취약영역을 보완한다!

예상문제풀이로
실전력을 강화한다!

시험 직전 반드시
확인할 내용만 엄선한다!

강의 기출문제 풀이반

기출문제의 유형과 출제 의도를 이해하고, 본인의 취약영역을 파악 및 보완하는 강의

강의 예상문제 풀이반

최신 출제경향을 반영한 예상 문제들을 풀어보며 실전력을 강화하는 강의

강의 실전동형모의고사반

최신 출제경향을 완벽하게 반영한 모의고사를 풀어보며 실전 감각을 극대화하는 강의

강의 봉투모의고사반

시험 직전에 실제 시험과 동일한 형태의 모의고사를 풀어보며 실전력을 완성하는 강의

해커스경찰 **합격생**이 말하는

경찰 단기 합격 비법!

해커스경찰과 함께라면

다음 합격의 주인공은 바로 여러분입니다.

완전 노베이스로 시작,
8개월 만에 인천청 합격!

강*혁 합격생

형사법 부족한 부분은 모의고사로 채우기!

기본부터 기출문제집과 같이 병행해서 좋았던 것 같습니다. 그리고 1차 시험 보기 전까지 심화 강의를 끝냈는데 **개인적으로 심화강의 추천** 드립니다. 안정적인 실력이 아니라 생각해서 기출 후 **전범위 모의고사에서 부족한 부분들을 많이 채워** 나간 것 같습니다.

법 계열 전공,
1년 이내 대구청 합격!

배*성 합격생

외우기 힘든 경찰학, 방법은 회독과 복습!

경찰학의 경우 양이 워낙 방대하고 휘발성이 강한 과목이라고 생각합니다. (중략) 지속적으로 **회독**을 하였으며, **모의고사**를 통해서 **틀린 부분을 복습하고** 그 범위를 **다시 한 번 책**으로 돌아가서 봤습니다.

이과 계열 진공,
6개월 만에 인천청 합격!

서*범 합격생

법 과목 공부법은 기본과 기출 회독!

법 과목만큼은 **인강을 반복해서** 듣고 **기출을 반복**해서 읽고 풀었습니다. 익숙해질 필요가 있다고 생각해서 **회독에 더 집중**했었습니다. 익숙해진 이후로는 **오답도 챙기면서 공부**했습니다.

해커스경찰

조현 경찰학

기출문제집

해커스경찰

조현

약력

한양대학교 법과대학 법학과(법학사)
한양대학교 법과대학 법학석사('경찰행정법' 전공)
한양대학교 법과대학 박사과정수료

현 | 해커스 경찰학원 경찰학 / 행정법 전임강사
해커스 소방학원 행정법 강사

전 | 한양대학교 고시반특강 강사
성균관대학교 고시반특강 강사
금강대학교 행정법 강사
윌비스 행정법 / 보상법규 / 행정쟁송법 강사

저서

경찰학 기본서, 해커스경찰
경찰학 기출문제집, 해커스경찰
경찰행정법(기본서), 패스북
경찰행정법사례연습, 패스북
통합 행정법, 법문사
통합 행정쟁송법, 윌비스
통합 행정쟁송법 연습, 윌비스
Feel 감정평가 및 보상법규, 윌비스
Feel 감평 행정법, 윌비스
Feel 감정평가 및 보상법규 정선사례, 윌비스

서문

역사란 “과거와 현재와의 끊임없는 대화”라고 말했던 영국의 역사학자 E.H. Carr의 말처럼 수험에서 기출문제집은 단순히 과거에 출제되었던 문제에 그치는 것이 아니라 현재 수험을 준비하는 수험생들에게는 Bible과 같은 수험의 지침서라 할 수 있습니다. 시험의 목표와 공부방법 및 모든 수험정보를 제공하는 가장 확실한 교재이며, 미래의 시험문제를 안내하는 나침반이기도 하기 때문입니다. 이러한 점에 유의하여 이 교재를 다음과 같이 활용해 주기 바랍니다.

첫째, 이 교재에 실린 기출문제를 시간을 정하여 충실하게 풀어봅니다. 문제를 풀다가 잘 모르는 문제가 나오더라도 중간에 정답을 확인하지 말고 끝까지 문제를 풀어 본다면 이 문제집이 비로소 의미가 있다는 점을 강조드립니다.

둘째, 경찰학 시험에서 좋은 점수를 받기 원한다면 이 교재의 기출문제를 단순히 풀어 봄에 그치지 말고 기출문제를 철저하게 분석해 줄 것을 독자들에게 당부드립니다. 경찰학 문제는 기존에 기출되었던 지문들이 그대로 다시 출제되기도 하고 같은 지문을 조금만 바꾸어 출제되기도 하므로 기출문제에서 어떤 지문을 어떻게 틀린 지문으로 구성하는지는 꼼꼼히 분석하며 문제를 풀어보길 바랍니다.

마지막으로, 필자가 강조하고 싶은 점은 틀린 문제에 대한 분석과 대응방법을 꼭 마련해야 합니다. 기출문제를 풀어보고 자신이 어떤 part 또는 박스형 문제와 개수형 문제, 틀린 지문을 고르는 문제, 옳은 지문을 고르는 문제 중 어떤 유형의 문제의 오답률이 높은지 등을 철저히 분석해서 자신이 앞으로 공부하는 데 필요한 data base를 마련해야 합니다.

더불어 경찰공무원 시험 전문 **해커스경찰(police.Hackers.com)**에서 학원강의나 인터넷동영상강의를 함께 이용하여 꾸준히 수강한다면 학습효과를 극대화할 수 있습니다.

이 교재는 최근 출제된 2024년도 1차 (순경)채용시험과 2024년 경찰승진시험, 2023년 경찰간부시험 문제까지를 모두 반영하였습니다. 2022년도부터 개편된 경찰시험에 대비 가능하도록 문제를 새롭게 추가하여 꼼꼼하게 해설을 수록하였습니다. 또한 2023년 말까지 시행 중인 개정 법령을 모두 반영하여 기출문제와 해설을 현행 법령에 맞게 수정하였고 수험생들의 시간을 절약과 더 많은 문제를 풀어 볼 수 있게 해설은 핵심만 추리되 그 부족함이 없도록 주요 경찰학 내용들도 해설을 통해 문제와 함께 정리할 수 있도록 하였습니다. 본서를 통해 수험에 임하는 모든 분들이 좋은 점수로 합격을 할 수 있기를 기원하며, 교재가 출간되기까지 아낌없는 격려를 해주신 모든 분께 감사드립니다.

2024년 4월

조현

목차

제1편 총론

제2편 각론

제1장 생활안전경찰

제2장 수사경찰

제3장 교통경찰

제4장 경비경찰

제5장 정보경찰

제6장 안보경찰

제7장 외사경찰

부록

제1편

총론

제1장 | 경찰의 의의

제1절 | 대륙법계와 영미법계의 경찰

001 경찰개념에 대한 설명으로 옳지 않은 것은? 21. 경찰간부

□□□

① 1794년 프로이센 일반란트(주)법은 "공공의 평온, 안전과 질서를 유지하고 공중 또는 그 구성원에 대한 절박한 위험을 제거하기 위하여 필요한 수단을 강구하는 것이 경찰의 책무이다."라고 규정하였다.

② 1884년 프랑스의 자치경찰법전에 의하면 자치제경찰은 공공의 질서 · 안전 및 위생을 확보함을 목적으로 하며 행정경찰과 사법경찰을 최초로 구분하여 법제화하였다.

③ 크로이츠베르크(Kreuzberg) 판결은 경찰관청이 일반수권규정에 근거하여 법규명령을 발할 수 있는 분야는 소극적인 위험방지에 한정된다는 사상이 법 해석상 확정되는 계기가 되어 경찰작용의 목적 축소에 기여하였다.

④ 띠톱 판결은 행정(경찰)개입청구권을 최초로 인정한 판결이다.

정답 및 해설 | ②

② [×] 행정경찰과 사법경찰을 최초로 구분하여 법제화한 법치국가시대의 법전은 1795년 프랑스의 '죄와 형벌법전'이다.

002 다음은 경찰개념에 대한 설명이다. 틀린 것은 모두 몇 개인가? 07. 경찰간부

□□□

> ㉠ 중세 말에는 교회행정을 제외한 일체의 국가행정을 경찰이라 하였다.
> ㉡ 16세기 독일 제국경찰법은 외교, 사법, 군사, 재정 등을 제외하여 내무행정만을 의미하게 되었다.
> ㉢ 절대군주국가시대의 관료는 포괄적인 권한에 근거하여 국민의 권리관계에 간섭할 수 있었다.
> ㉣ 14세기 말 프랑스의 경찰개념은 국가목적 · 국가작용 · 국가의 평온한 질서 있는 상태를 의미하였다.
> ㉤ 18세기 계몽철학의 등장으로 법치주의시대가 도래하면서 경찰개념이 적극적인 복지경찰분야가 제외되고, 소극적인 위험방지분야에 한정되었다.
> ㉥ 경찰개념은 라틴어인 politia에서 유래하였다.

① 1개
② 2개
③ 3개
④ 4개

정답 및 해설 | ①

틀린 설명은 ㉡ 1개이다.

㉡ [×] 16세기 독일 제국경찰법(1530년)은 교회활동을 제외한 모든 국가활동을 경찰개념으로 파악하였다.

003 대륙법계 경찰개념의 발전과정에 관한 설명의 순서가 가장 올바르게 연결된 것은?

13. 경찰간부

□□□

> ㉠ 프로이센 일반란트법이 제정되어 공공의 안녕과 질서를 유지하고 절박한 위험을 방지하는 것이 경찰의 직무라고 하였다.
> ㉡ 프랑스 경죄처벌법(죄와 형벌법전)이 제정되어 경찰은 공공의 질서 및 개인의 안전보호를 임무로 하였다.
> ㉢ 프로이센 고등행정법원이 크로이쯔베르크 판결을 통해 경찰의 직무가 위험방지에 한정된다고 하였다.
> ㉣ 독일 제국경찰법에서는 교회행정을 제외한 국가행정을 경찰이라고 하였다.
> ㉤ 프랑스 지방자치법전에서는 자치체경찰은 공공의 질서 · 안전 및 위생을 확보함을 목적으로 한다고 하였다.

① ㉠ ⇨ ㉡ ⇨ ㉢ ⇨ ㉣ ⇨ ㉤
② ㉡ ⇨ ㉢ ⇨ ㉣ ⇨ ㉤ ⇨ ㉠
③ ㉢ ⇨ ㉣ ⇨ ㉤ ⇨ ㉠ ⇨ ㉡
④ ㉣ ⇨ ㉠ ⇨ ㉡ ⇨ ㉢ ⇨ ㉤

정답 및 해설 I ④

㉣ 1530년 독일 **제국경찰법**에서는 교회행정을 제외한 국가행정을 경찰이라고 하였다.
㉠ 1794년 **프로이센 일반란트법**이 제정되어 공공의 안녕과 질서를 유지하고 절박한 위험을 방지하는 것이 경찰의 직무라고 하였다.
㉡ 1795년 **프랑스 경죄처벌법(죄와 형벌법전)**이 제정되어 경찰은 공공의 질서 및 개인의 안전보호를 임무로 하였다.
㉢ 1882년 **프로이센 고등행정법원**이 크로이쯔베르크 판결을 통해 경찰의 직무가 위험방지에 한정된다고 하였다.
㉤ 1884년 **프랑스 지방자치법전**에서는 자치체경찰은 공공의 질서 · 안전 및 위생을 확보함을 목적으로 한다고 하였다.

004 대륙법계 경찰개념에 대한 설명으로 가장 적절하지 않은 것은?

19. 경찰승진

□□□

① 17세기 경찰국가시대에는 국가작용의 분화현상이 나타나 경찰개념이 군사 · 재정 · 사법 · 외교를 제외한 내무행정 전반을 의미하였다.
② 1795년 프랑스 죄와 형벌법전 제16조는 '경찰은 공공질서를 유지하고 개인의 자유와 재산 및 안전을 유지하기 위한 기관'이라고 규정하였다.
③ 범죄의 예방과 검거 등 보안경찰 이외의 산업, 건축, 영업, 풍속경찰 등의 경찰사무를 다른 행정관청의 분장사무로 이관하는 현상을 '비경찰화'라고 한다.
④ 대륙법계 경찰의 업무범위는 국정전반 ⇨ 내무행정 ⇨ 위험방지 ⇨ 보안경찰 순으로 변화하였다.

정답 및 해설 I ③

③ [×] 풍속경찰은 보안경찰의 영역으로 비경찰화의 대상에 **해당하지 않는다**.

005 경찰개념의 형성 및 역사적 변천과정에 대한 설명 중 옳지 않은 것은 모두 몇 개인가? 10. 경찰

□□□

> ㉠ 고대의 경찰개념은 라틴어의 'politia'에서 유래한 것으로, 도시국가의 국가작용 가운데 '정치'를 제외한 일체의 영역을 의미하였다.
> ㉡ 경찰국가시대에는 적극적인 공공복리의 증진을 위해서도 강제력을 행사할 수 있었다.
> ㉢ 제2차 세계대전 이후 독일에서는 보안경찰을 포함한 영업 · 위생 · 건축 등의 협의의 행정경찰사무를 일반행정기관의 사무로 이관하는 이른바 '비경찰화'과정이 이루어졌다.
> ㉣ "경찰의 임무는 소극적인 위험방지에 한정된다."고 하는 사상이 법해석상 확립되는 계기가 된 것은 띠톱판결이다.

① 1개 ② 2개
③ 3개 ④ 4개

정답 및 해설 | ③

틀린 설명은 ㉠㉢㉣ 3개이다.

㉠ [×] 고대의 경찰개념은 도시국가의 국가작용 가운데 '정치'를 **포함한** 일체의 영역을 의미하였다.

㉢ [×] 제2차 세계대전 이후 독일에서는 보안경찰을 **제외한** 영업 · 위생 · 건축 등의 협의의 행정경찰사무를 일반행정기관의 사무로 이관하는 이른바 '비경찰화'과정이 이루어졌다.

㉣ [×] "경찰의 임무는 소극적인 위험방지에 한정된다."고 하는 사상이 법해석상 확립되는 계기가 된 판결은 **크로이츠베르크(Kreuzberg) 판결**이다.

006 18~20세기 독일과 프랑스에서의 경찰개념 형성 및 발달과정에 관한 설명으로 가장 적절하지 않은 것은?

□□□

19. 경찰

① 경찰개념을 소극적 질서유지로 제한하는 주요 법률과 판결을 시간적 순서대로 나열하면 프로이센 일반란트법(제10조) – 프랑스 죄와 형벌법전(제16조) – 크로이츠베르크 판결 – 프랑스 지방자치법전(제97조) – 프로이센 경찰행정법(제4조)의 순이다.

② 크로이츠베르크 판결은 경찰의 직무범위는 위험방지분야에 한정된다고 하는 사상이 법해석상 확정되는 계기가 되었다.

③ 프랑스 죄와 형벌법전은 행정경찰과 사법경찰을 최초로 구분하여 법제화하였다는 점에 의의가 있다.

④ 프랑스 지방자치법전은 경찰의 직무범위에서 협의의 행정경찰적 사무를 제외시킴으로써 경찰의 직무를 소극목적에 한정하였다.

정답 및 해설 | ④

④ [×] 프랑스의 지방자치법전은 경찰의 직무범위에서 협의의 행정경찰적 사무(위생)를 **포함(제외×)**시킴으로써 경찰의 직무를 소극목적에 한정하였다. 협의의 행정경찰사무를 경찰의 직무에서 제외한 것은 제2차 세계대전 이후의 **'비경찰화'**에 의해서이다.

007 경찰개념의 발달과정에 관한 설명 중 적절한 것은 모두 몇 개인가? 13. 경찰승진

□□□

> ㉠ 14세기 말 독일의 경찰개념이 프랑스에 계수되어 양호한 질서를 포함한 국가행정 전반을 포괄하는 의미로 사용되었다.
> ㉡ 16세기 독일 제국경찰법에서 경찰은 외교 · 군사 · 재정 · 사법을 제외한 내무행정 전반을 의미하였다.
> ㉢ 1795년 프랑스의 죄와 형벌법전 제16조에서는 경찰은 공공질서를 유지하고 개인의 자유와 재산 및 안전을 유지하기 위한 기관이라 하였다.
> ㉣ 1931년 프로이센 경찰행정법에서 "경찰관청은 공공의 평온, 안녕 및 질서를 유지하고 또한 공중 및 그의 개개 구성원들에 대한 절박한 위험을 방지하기 위하여 필요한 기관이다."라고 규정하였다.

① 없음 ② 1개

③ 2개 ④ 3개

정답 및 해설 I ②

옳은 설명은 ㉢ 1개이다.

㉠ [×] 14세기 말 **고대**의 경찰개념이 프랑스로 계수되었고, 이후 15세기에 독일로 계수되어 사용되었다.

㉡ [×] 경찰국가시대에 관한 설명이다. 16세기 독일 제국경찰법에서는 **교회행정을 제외한 일체의 국가활동**을 의미하였다.

㉣ [×] "경찰관청은 공공의 평온, 안녕 및 질서를 유지하고 또한 공중 및 그의 개개 구성원들에 대한 절박한 위험을 방지하기 위하여 필요한 기관이다."라고 규정한 법치국가시대의 법전은 1794년 '**프로이센 일반란트법**'이다.

008 경찰개념에 관한 다음 설명 중 가장 적절하지 않은 것은? 11. 경찰

□□□

① 경찰국가에서는 계몽철학을 사상적 기초로 하여, 소극적 치안유지뿐만 아니라 적극적인 공공복리의 증진을 위한 강제력의 행사도 경찰의 개념에 포함되었다.

② 1794년 프로이센 일반란트법은 "공공의 평온, 안녕 및 질서를 유지하고 공중 및 개개 구성원들에 대한 절박한 위험을 방지하기 위하여 필요한 수단을 강구하는 것이 경찰의 책무이다."라고 규정하였다.

③ 비경찰화란 행정경찰의 영역에서 보안경찰 이외의 행정경찰사무, 즉 영업 · 건축 · 보건 · 위생경찰 등 협의의 행정경찰사무를 다른 행정관청의 사무로 이관하는 것을 의미한다.

④ 영미법계의 경찰개념은 자치권적 개념을 전제로 경찰과 시민과의 관계를 친화적 · 비례적 · 수평적 관계라 하며, 경찰의 역할 및 기능을 기준으로 형성된 개념이라 할 수 있다.

정답 및 해설 I ①

① [×] 계몽철학을 사상적 기초로 한 경찰개념의 형성은 18세기 법치국가시대의 내용이다. 경찰국가(절대군주시대)에서는 **왕권신수설**을 사상적 기초로 하여, 소극적 치안유지뿐만 아니라 적극적인 공공복리의 증진을 위한 강제력의 행사도 경찰의 개념에 포함되었다.

009 대륙법계 국가의 경찰개념에 대한 설명 중 옳지 않은 것은?

□□□ 20. 경찰간부

① 1794년 프로이센 일반란트법 제10조에서 경찰관청은 공공의 평온, 안녕 및 질서를 유지하고, 또한 공중 및 그의 개개 구성원들에 대한 절박한 위험을 방지하기 위하여 필요한 기관이라고 규정하였다.

② 1795년 프랑스 죄와 형벌법전 제16조에서 경찰은 공공의 질서를 유지하고 개인의 자유와 재산 및 안전을 유지하기 위한 기관이라고 규정하였다.

③ 1882년 프로이센 고등행정법원은 크로이쯔베르크(Kreuzberg) 판결을 통해 경찰관청이 일반수권규정에 근거하여 법규명령을 발할 수 있는 분야는 위험방지분야에 한정된다고 판시하였다.

④ 1884년 프랑스 지방자치법전 제97조는 경찰의 직무범위에서 협의의 행정경찰적 사무를 제외시킴으로써 경찰의 직무를 소극목적에 한정하였다.

정답 및 해설 I ④

④ [×] 프랑스의 지방자치법전은 법치국가시대의 법전으로 경찰의 직무범위를 소극적인 질서유지분야로 제한하였다. 협의의 행정경찰사무를 경찰의 직무에서 제외한 것은 제2차 세계대전 이후의 '비경찰화'에 의해서이다.

☑ 법치국가시대의 법과 판례

구분	법치국가시대의 법과 판례
프로이센 일반란트법 (1794년, 독일)	"**공공의 평온** · 안녕 및 질서를 유지하고 위험을 방지하는 것이 경찰의 직무이다."라고 규정하였다.
죄와 형벌법전 (1795년, 프랑스)	"경찰은 공공의 질서 · 자유 · 재산 및 **개인의 안전보호**를 임무로 한다."라고 규정하였다.
크로이츠베르크 판결 (1882년, 독일)	"경찰행정관청이 일반적 수권규정에 근거하여 법규명령을 발할 수 있는 분야는 **소극적인 위험방지분야에 한정**되어야 한다."라고 판시하였다.
지방자치법전 (1884년, 프랑스)	"자치제 경찰은 **공공의 질서 · 안전 및 위생**을 확보함을 목적으로 한다."라고 규정하여 위생사무 등 협의의 **행정경찰적 사무를 포함**하여 경찰의 직무를 소극목적에 한정하였다.
프로이센 경찰행정법 (1931년, 독일)	"경찰은 공공의 안녕과 질서를 위협하는 위험을 방지하기 위하여 **의무에 합당한 재량**에 따라 필요한 조치를 하여야 한다."라고 규정하였다.

010 경찰개념에 관한 설명으로 옳지 않은 것은 모두 몇 개인가?

□□□ 10. 경찰간부

㉠ 경찰국가시대의 경찰개념은 소극목적에 한정되었다.
㉡ 독일은 제1차 세계대전 이후 비경찰화과정을 거치면서 협의의 행정경찰사무를 타 행정관청에 이관하게 되었다.
㉢ 프로이센 법원의 크로이쯔베르크 판결은 경찰작용의 목적확대와 관계가 깊다.
㉣ 18세기 계몽철학의 등장으로 법치주의시대가 도래하면서 적극적인 복지경찰분야가 제외되고, 소극적인 위험방지분야에 한정되었다.
㉤ 18세기 독일에서는 교회행정을 포함한 일체의 국가행정을 의미했다.

① 1개
② 2개
③ 3개
④ 4개

정답 및 해설 | ④

옳지 않은 설명은 ㉠㉡㉢㉣ 4개이다.

㉠ [×] 경찰국가시대의 경찰개념은 소극목적과 **적극목적을 포함한 내무행정 전반**에 해당하였다.

㉡ [×] 독일은 **제2차 세계대전 이후** 비경찰화과정을 거치면서 협의의 행정경찰사무를 타 행정관청에 이관하게 되었다.

㉢ [×] 1882년 프로이센 법원은 크로이쯔베르크 판결에 의해 경찰의 임무는 적극적 복지경찰의 의무를 배제하고 소극적인 위험방지에 한정된다고 하는 사상이 법해석상 확정되는 계기가 되었다. 즉, 크로이쯔베르크 판결은 경찰작용의 목적**축소**와 관계가 깊다.

㉣ [×] 교회행정은 이미 1530년 독일 제국경찰법에 의해 경찰의 활동에서 제외되었다. 18세기 후반에는 계몽주의와 자유주의적 자연법사상, 권력분립주의의 영향으로 법치주의가 대두되어, 경찰의 직무범위를 적극적인 복리증진작용을 제외한 소극적인 질서유지를 위한 위험방지만으로 경찰의 개념을 한정하였다.

011 경찰개념에 대한 설명 중 가장 적절하지 않은 것은? 18. 경찰

□□□

① 1794년 프로이센 경찰행정법은 "경찰관청은 공공의 평온, 안녕 및 질서를 유지하고 또한 공중 및 그의 개개 구성원들에 대한 절박한 위험을 방지하기 위하여 필요한 조치를 취하는 것은 경찰의 직무이다."라고 규정하였다.

② 행정경찰과 사법경찰은 프랑스에서 확립된 구분으로, 프랑스 죄와 형벌법전에서 유래하였다.

③ 경찰개념의 발달과정에서 경찰사무를 타 행정관청으로 이관하는 현상을 '비경찰화'라고 하는데, 위생경찰, 산림경찰 등을 비경찰화 사무의 예로 들 수 있다.

④ 대륙법계 국가의 경찰개념 형성과정은 경찰의 임무범위를 축소하는 과정이었으며 경찰과 시민을 대립하는 구도로 파악하였다.

정답 및 해설 | ①

① [×] 1794년 '프로이센 일반란트법'에 규정된 내용이다. 1931년 제정된 프로이센 경찰행정법에서는 "경찰관청은 일반 또는 개인에 대한 공공의 안녕과 질서를 유지하기 위하여 현행법의 범위 내에서 의무에 합당한 재량에 따라 필요한 조치를 취하지 않으면 안 된다."라고 규정하고 있다.

012 경찰개념의 형성 및 역사적 변천과정에 대한 설명으로 가장 적절한 것은? 19. 경찰승진

□□□

① 16세기 독일 제국경찰법은 교회행정을 포함한 국정 전반을 의미하였다.

② 17세기 대륙법계 국가에서는 국가작용의 분화현상이 나타나 경찰개념이 소극적인 위험방지분야에 한정되었다.

③ 1794년 프로이센 일반란트법 제10조에서 경찰관청은 공공의 평온, 안녕 및 질서를 유지하고, 또한 공중 및 그의 개개 구성원들에 대한 절박한 위험을 방지하기 위하여 필요한 기관이라고 규정하였다.

④ 대륙법계 국가에서는 '경찰은 무엇인가'라는 문제보다 '경찰은 무엇을 하는가' 또는 '경찰활동이란 무엇인가'라는 문제를 중심으로 경찰개념이 논의되었다.

정답 및 해설 | ③

① [×] 16세기 독일 제국경찰법은 교회행정을 **제외한** 국정 전반을 의미하였다.

② [×] 대륙법계 국가에서 경찰개념이 소극적인 위험방지분야에 한정된 시기는 **18세기 법치국가시대**에 이르러서이다.

④ [×] **영미법계 국가**에서 '경찰은 무엇을 하는가' 또는 '경찰활동이란 무엇인가'라는 문제를 중심으로 경찰개념이 논의되었다.

013 실질적 의미의 경찰개념의 역사적 발전과정에 관한 설명 중 가장 적절하지 않은 것은? 22. 경찰

□□□

① 요한 쉬테판 퓌터(Johann Stephan Putter)가 자신의 저서인 독일공법제도에서 주장한 "경찰의 직무는 임박한 위험을 방지하는 것이다. 복리증진은 경찰의 본래 직무가 아니다."라는 내용은 경찰국가시대를 거치면서 확장된 경찰의 개념을 제한하기 위한 노력의 일환으로 볼 수 있다.

② 크로이츠베르크 판결(1882)은 승전기념비의 전망을 확보할 목적으로 주변 건축물의 고도를 제한하기 위해 베를린 경찰청장이 제정한 법규명령은 독일의 제국경찰법상 개별적 수권조항에 위반되어 무효라고 하였다.

③ 독일의 경우, 15세기부터 17세기에 이르기까지 경찰은 공동체의 질서정연한 상태 또는 공동체의 질서정연한 상태를 창설하고 유지하기 위한 활동으로 이해되었고, 이러한 공동체의 질서정연한 상태를 창설·유지하기 위하여 신민(臣民)의 거의 모든 생활영역이 포괄적으로 규제될 수 있었다.

④ 1931년 제정된 프로이센 경찰행정법 제14조 제1항은 "경찰행정청은 현행법의 범위 내에서 공공의 안녕 또는 공공의 질서를 위협하는 위험으로부터 공중이나 개인을 보호하기 위하여 필요한 조치를 의무에 적합한 재량에 따라 취하여야 한다."라고 규정하여 크로이츠베르크 판결(1882)에 의해 발전된 실질적 의미의 경찰개념을 성문화시켰다.

정답 및 해설 | ②

② [×] 크로이츠베르크 판결(1882)은 승전기념비의 전망을 확보할 목적으로 주변 건축물의 고도를 제한하기 위해 베를린 경찰청장이 제정한 법규명령은 **프로이센 일반란트법(제국경찰법 ×)상 일반적(개별적 ×)** 수권조항에 위반되어 무효라고 하였다.

014 경찰개념에 관한 설명 중 가장 적절하지 않은 것은? 22. 경찰

□□□

① 경찰의 개념에 대한 정의는 시대 및 역사 그리고 각국의 전통과 사상을 배경으로 발달하기 때문에 일률적으로 정의를 내리기 어렵다.

② 1648년 독일은 베스트팔렌 조약을 계기로 사법이 국가의 특별작용으로 인정되면서 경찰과 사법이 분리되었다.

③ 독일은 제2차 세계대전 이후 보안경찰 이외의 행정경찰사무, 즉 영업경찰, 건축경찰, 보건경찰 등의 경찰사무를 다른 행정관청의 분장사무로 이관하는 비경찰화 과정을 거쳤다.

④ 독일 프로이센 고등행정법원의 크로이쯔베르크 판결을 계기로 경찰의 권한은 소극적 위험방지 분야로 한정하게 되었으며, 비로소 이 취지의 규정을 둔 경죄처벌법전(죄와 형벌법전)이 제정되었다.

정답 및 해설 | ④

④ [×] 경찰의 권한은 소극적 위험방지 분야로 한정하게 된 독일 프로이센 고등행정법원의 크로이쯔베르크 판결은 1882년이며, 프랑스의 경죄처벌법전(죄와 형벌법전)은 1795년이다. 따라서 크로이쯔베르크 판결(1882년)이 프랑스의 경죄처벌법전(1795년) 제정의 계기가 된 것이라고 볼 수 없다. 1882년 크로이쯔베르크 판결은 이후 독일의 프로이센 경찰행정법(1931년)에 영향을 미치게 된다.

015 대륙법계 경찰개념에 관한 설명으로 가장 적절하지 않은 것은?

□□□

23. 경찰

① 경찰이란 용어는 라틴어의 Politia에서 유래한 것으로 도시국가에 관한 일체의 정치, 특히 헌법을 지칭하였다.

② 경찰국가시대는 국가작용의 분화현상이 나타나 경찰개념이 외교 · 군사 · 재정 · 사법을 제외한 내무행정 전반에 국한되었다.

③ 크로이쯔베르크(Kreuzberg) 판결에 의하면 경찰관청이 일반수권 규정에 근거하여 법규명령을 발할 수 있는 분야는 소극적 위험방지 분야에 한정된다.

④ 경찰은 시민으로부터 자치권한을 위임받은 조직체로서 시민을 위한 기능과 역할에 초점을 맞추어 형성되었다.

정답 및 해설 | ④

④ [×] '시민으로부터 자치권한을 위임받은 조직체로서 시민을 위한 기능과 역할에 초점을 맞추어 형성'된 경찰개념은 **영미법계**(대륙법계 ×)이다. 대륙법계는 국가의 경찰권발동의 범위와 성질을 중심으로 경찰개념이 발전되었다.

016 경찰개념의 변천과정에 대한 설명 중 적절하지 않은 것은 모두 몇 개인가?

23. 경찰간부

> ㉠ 16세기 독일의 제국경찰법(1530년)에서 교회행정을 제외한 모든 국가활동을 경찰이라 했다.
> ㉡ 17세기 경찰국가시대의 경찰개념은 외교 · 국방 · 재정 · 사법을 제외한 내무행정 전반을 의미했다.
> ㉢ 18세기 계몽철학의 영향으로 경찰의 개념이 소극적 위험방지 분야로 한정되었다.
> ㉣ 프랑스 지방자치법전(1884년)에서 처음으로 행정경찰과 사법경찰을 구분했다.
> ㉤ 프로이센 경찰행정법(1931년)은 경찰의 직무를 적극적 복리증진으로 규정했다.

① 1개　　② 2개

③ 3개　　④ 4개

정답 및 해설 | ②

㉠㉡㉢ [○]

㉣ [×] 프랑스의 **죄와 형벌법전**(지방자치법전 ×)에서 처음으로 행정경찰과 사법경찰을 구분했다.

㉤ [×] 프로이센 경찰행정법(1931년)은 "경찰은 공공의 안녕과 질서를 위협하는 위험을 방지하기 위하여 의무에 합당한 재량에 따라 필요한 조치를 하여야 한다"고 규정하여 경찰의 직무를 **적극적 복리 증진을 제외하고** 소극적 위험방지분야에 한정하였다.

제2절 I 형식적 의미의 경찰과 실질적 의미의 경찰

017 형식적 의미의 경찰과 실질적 의미의 경찰개념에 대한 설명으로 가장 적절하지 않은 것은? 15. 경찰

□□□

① 형식적 의미의 경찰이란 실정법상 보통경찰기관에 분배되어 있는 임무를 달성하기 위하여 행하여지는 경찰활동을 의미한다.

② 정보경찰활동과 사법경찰활동은 형식적 의미의 경찰개념에 해당한다.

③ 실질적 의미의 경찰은 조직을 중심으로 파악된 개념에 해당한다.

④ 실질적 의미의 경찰개념은 행정조직의 일부로서가 아니라, 작용을 중심으로 파악한 개념에 해당한다.

정답 및 해설 I ③

③ [×] 경찰의 조직을 중심으로 파악하는 경찰개념은 실질적 의미의 경찰이 아니라, **형식적 의미의 경찰**이다.

☑ 형식적 의미의 경찰과 실질적 의미의 경찰의 비교

구분	형식적 의미의 경찰	실질적 의미의 경찰
개념	**실정법상 보통경찰기관**에 의해 행해지는 모든 활동	**사회공공의 안녕과 질서를 유지**하기 위하여 **일반통치권**에 의거하여 **명령 · 강제**하는 권력작용
특징	1. 실무상 개념 2. 경찰**조직**을 중심으로 한 개념 3. 나라마다 차이가 있을 수 있음 4. 실정법상 개념	1. 이론 및 학문상 개념 2. 경찰**작용**과 **성질**을 중심으로 한 개념 3. 나라마다 차이가 적음 4. 독일 행정법학에서 발전개념
구체적 예	정보경찰, 순찰, 대공경찰, 범죄수사	산림, 위생, 영업, 건축, 경제, 철도경찰
양자의 관계	1. 양자는 포함관계 또는 반대개념이거나 상위 또는 하위개념이 아니고, **대등한 위치의 서로 다른 별개의 개념** 2. **일반행정기관**도 '**경찰기능**'을 담당한다고 할 때의 경찰기능은 명령 · 강제라는 작용적 측면에서 바라본 **실질적 의미의 경찰개념**을 의미함	

018 경찰의 개념에 대한 설명으로 옳은 것은? 07. 경찰

□□□

① 대륙법계 국가에서는 '경찰활동은 무엇인가'라는 문제로 경찰개념이 논의되었다.

② 법치국가시대에는 적극적인 복지경찰활동이 포함되었다.

③ 정보경찰 · 사법경찰은 형식적 의미의 경찰이다.

④ 실질적 의미의 경찰은 학문상 정립된 개념이 아니라 실무상 정립된 개념이다.

정답 및 해설 I ③

① [×] '경찰활동은 무엇인가(기능 · 역할)'라는 문제로 경찰개념이 논의된 것은 영미법계 국가이고, 대륙법계 국가에서는 '경찰이란 무엇인가(존재)'라는 문제로 **경찰권의 발동범위**와 **성질을 중심**으로 경찰개념이 논의되었다.

② [×] 법치국가시대(18세기)의 경찰개념은 계몽주의 · 자유주의사상 등의 영향으로 경찰분야에서 적극적인 복지경찰분야가 제외되고 **소극적인 위험방지분야**에 **한정**되었다.

④ [×] 실질적 의미의 경찰은 실무상 정립된 것이 아니라 경찰작용을 중심으로 **이론적 · 학문적**인 면에서 정립된 경찰개념이다.

019 경찰의 개념에 대한 설명 중 틀린 것은?

□□□

07. 경찰

① 실질적 의미의 경찰은 작용을 중심으로 파악한 것이며, 경찰의 서비스적 활동이 이에 속한다.

② 행정경찰은 실질적 의미의 경찰이다.

③ 형식적 의미의 경찰은 실정법적 · 조직법적 기준에서 파악된 개념이다.

④ 정보경찰은 형식적 의미의 경찰이다.

정답 및 해설 | ①

① [×] 실질적 의미의 경찰은 작용을 중심으로 파악한 것으로 명령 · 강제하는 권력적 작용만을 의미한다. 그러므로 **경찰의 서비스적 활동은 실질적 의미의 경찰에 속하지 아니한다.** 이에 반해 형식적 의미의 경찰은 권력적이든 비권력적이든 작용의 종류를 가리지 않고 모든 종류의 경찰활동이 포함된다.

020 경찰개념에 대한 설명으로 가장 적절하지 않은 것은?

□□□

19. 경찰승진

① 형식적 의미의 경찰은 실정법상 보통경찰기관에 분배된 임무를 달성하기 위하여 행해지는 경찰활동으로 그 범위는 나라마다 차이가 있을 수 있다.

② 실질적 의미의 경찰은 사회공공의 안녕, 질서유지와 같은 적극적 목적을 위한 작용이다.

③ 실질적 의미의 경찰은 국가의 일반통치권에 근거하여 국민에게 명령 · 강제하는 권력적 작용이다.

④ 일반행정기관이 실질적 의미의 경찰작용을 하는 경우는 있으나, 형식적 의미의 경찰작용을 하지는 않는다.

정답 및 해설 | ②

② [×] 실질적 의미의 경찰은 사회공공의 안녕, 질서유지와 같은 **소극적 목적**을 위한 국가작용을 의미한다.

021 다음은 경찰의 개념 중 형식적 의미의 경찰과 실질적 의미의 경찰에 대한 설명이다. 옳은 것은?

□□□

08. 경찰간부

㉠ 형식적 의미의 경찰은 모두 실질적 의미의 경찰에 포함된다. ㉡ 실질적 의미의 경찰은 국가의 일반통치권에 기하여 국민에게 명령 · 강제하는 권력적 작용이다. ㉢ 정보경찰과 보안경찰은 실질적 의미의 경찰에 속한다. ㉣ 실질적 의미의 경찰개념은 학문상으로 정립된 개념이며 독일의 행정법학에서 유래되었다. ㉤ 형식적 의미의 경찰은 조직을 기준으로 파악된 개념이고, 실질적 의미의 경찰은 사회목적적 작용을 의미하여 작용을 중심으로 파악된 개념이다.

① ㉠, ㉢, ㉤　　② ㉡, ㉣, ㉤

③ ㉠, ㉡, ㉣　　④ ㉡, ㉢, ㉣

정답 및 해설 l ②

옳은 설명은 ⓛⓡⓜ이다.

㉠ [×] 형식적 의미의 경찰이 모두 실질적 의미의 경찰이 되는 것은 아니고, 또한 실질적 의미의 경찰이 모두 형식적 의미의 경찰이 되는 것도 아니다. 서로 별개의 개념이다.

㉢ [×] 정보경찰과 봉사경찰은 형식적 의미의 경찰에 속한다.

022 다음 보기 중 경찰개념을 설명한 것으로 틀린 것은 모두 몇 개인가?

□□□

14. 경찰

> ㉠ 형식적 의미의 경찰은 모두 실질적 의미의 경찰에 포함된다.
> ㉡ 정보경찰의 활동은 실질적 의미의 경찰보다는 형식적 의미의 경찰과 관련이 깊다.
> ㉢ 실질적 의미의 경찰개념은 학문상으로 정립된 개념이며, 프랑스 행정법학에서 유래하였다.
> ㉣ 형식적 의미의 경찰개념에 입각한 경찰활동의 범위는 나라마다 차이가 있을 수 있다.

① 1개
② 2개
③ 3개
④ 4개

정답 및 해설 l ②

틀린 설명은 ㉠㉢ 2개이다.

㉠ [×] 형식적 의미의 경찰과 실질적 의미의 경찰은 서로 다른 개념으로 어느 하나가 다른 하나를 포함하는 관계가 아니다. 형식적 의미의 경찰 중 일부분만이 실질적 의미의 경찰에 해당할 뿐이다.

㉢ [×] 실질적 의미의 경찰개념은 학문상으로 정립된 개념이며, 독일 행정법학에서 유래하였다.

023 경찰의 개념 중 형식적 의미의 경찰과 실질적 의미의 경찰에 대한 설명으로 가장 적절한 것은?

□□□

17. 경찰

① 실질적 의미의 경찰개념은 이론상 · 학문상 정립된 개념이 아닌 실무상으로 정립된 개념이며, 독일 행정법학에서 유래하였다.

② 경찰이 아닌 다른 일반행정기관 또한 경찰과 마찬가지로 형식적 의미의 경찰에 해당하는 활동을 할 수 있다.

③ 실질적 의미의 경찰은 형식적 의미의 경찰개념보다 넓은 의미로 형식적 의미의 경찰을 모두 포괄하는 상위개념이다.

④ 형식적 의미의 경찰이란 실정법상 보통경찰기관에 분배되어 있는 임무를 달성하기 위해 행하여지는 경찰활동을 의미한다.

정답 및 해설 l ④

① [×] 실질적 의미의 경찰개념은 이론상 · 학문상 정립된 개념이고, 형식적 의미의 경찰이 실무와 실정법상으로 정립된 개념이다.

② [×] 경찰이 아닌 다른 일반행정기관은 형식적 의미의 경찰활동을 할 수는 없으나, 실질적 의미의 경찰활동은 할 수 있다. 이를 '협의의 행정경찰'이라고 한다.

③ [×] 실질적 의미의 경찰과 형식적 의미의 경찰개념은 서로 다른 개념으로 어느 하나가 다른 하나를 포함하는 개념이 아니다.

024 다음 설명 중 틀린 것은 모두 몇 개인가? 09. 경찰승진

□□□

> ㉠ 형식적 의미의 경찰은 실정법상 개념이다.
> ㉡ 일반행정기관도 형식적 의미의 경찰작용을 하는 경우가 있다.
> ㉢ 실질적 의미의 경찰은 사회공공의 안녕, 질서유지와 같은 소극적 목적을 위한 작용이다.
> ㉣ 실질적 의미의 경찰은 학문상으로 정립된 개념이라기보다는 실무상으로 확립된 개념이다.
> ㉤ 실질적 의미의 경찰은 사회공공의 안녕과 질서를 유지하기 위하여 일반통치권에 의거하여 국민에게 명령·강제하는 권력적 작용이다.

① 2개 ② 3개
③ 4개 ④ 5개

정답 및 해설 | ①

틀린 설명은 ㉡㉣ 2개이다.

㉡ [×] 형식적 의미의 경찰작용은 실정법상 보통경찰기관의 직무를 의미하기 때문에, 일반행정기관은 형식적 의미의 경찰작용을 할 수 없다.

㉣ [×] 실질적 의미의 경찰은 학문상으로 정립된 개념이다.

025 경찰개념에 대한 설명 중 틀린 것은 모두 몇 개인가? 10. 경찰승진

□□□

> ㉠ 형식적 의미의 경찰이란 경찰관서에서 하는 일체의 경찰작용을 의미하다
> ㉡ 실질적 의미의 경찰에는 영업경찰, 위생경찰, 서비스활동이 있다.
> ㉢ 권한과 책임의 소재를 기준으로 보안경찰과 협의의 행정경찰로 나뉜다.
> ㉣ 중세국가시대에는 경찰과 행정이 분화되었다.
> ㉤ 영미에서는 '경찰활동이란 무엇인가'라는 문제로 경찰개념이 논의되었다.

① 2개 ② 3개
③ 4개 ④ 5개

정답 및 해설 | ②

틀린 설명은 ㉡㉢㉣ 3개이다.

㉡ [×] 실질적 의미의 경찰에서 서비스활동은 제외된다.

㉢ [×] 보안경찰과 협의의 행정경찰은 업무의 독자성 여부에 따른 분류이다.

㉣ [×] 경찰국가시대에 경찰과 행정이 분화되기 시작했다.

026 □□□ 형식적 의미의 경찰개념과 실질적 의미의 경찰개념에 대한 설명으로 틀린 것은? 09. 경찰

① 실질적 의미의 경찰은 학문적으로 정립된 경찰개념으로 독일행정법학에서 유래한다.

② 실질적 의미의 경찰은 국민에게 명령 · 강제하는 권력작용과 비권력작용을 모두 포함한다.

③ 형식적 의미의 경찰이란 실정법상 보통경찰기관이 관장하는 행정작용을 말하는 것으로, 경찰의 서비스 활동도 이에 속한다.

④ 형식적 의미의 경찰개념에 입각한 경찰활동의 범위는 나라마다 차이가 있을 수 있다.

정답 및 해설 I ②

② [×] 실질적 의미의 경찰은 일반통치권에 근거하여 사회공공의 안녕과 질서유지를 위해 국민에게 명령 · 강제하는 권력적 작용을 내용으로 하며, 비권력작용은 실질적 의미의 경찰에 해당하지 않는다.

027 □□□ 경찰의 개념에 관한 다음 내용 중 가장 적절하지 않은 것은? 11. 경찰

① 형식적 의미의 경찰은 실정법상 보통경찰기관의 직무와 관련이 있으며, 실질적 의미의 경찰은 본질적으로 타인의 자유와 행동을 제한하고 규제하는 것과 같다.

② 형식적 의미의 경찰 중에서 경찰활동의 질과 내용을 기준으로 질서경찰과 봉사경찰로 구분할 수 있으며, 범죄수사 및 진압은 질서경찰에 포함되고, 교통정보 제공이나 청소년 선도 등은 봉사경찰의 개념에 포함된다.

③ 경찰청의 분장사무처럼 사회공공의 안녕과 질서를 유지하기 위하여 다른 행정작용을 동반하지 아니하고 오로지 경찰작용으로만 행정의 일부분을 구성하는 경우를 보안경찰이라고 하고, 건축경찰 또는 위생경찰처럼 다른 행정작용과 결합하여 특별한 사회적 이익의 보호를 목적으로 하면서 그 부수작용으로서 사회공공의 안녕과 질서를 유지하기 위한 경찰작용을 협의의 행정경찰이라 한다.

④ 행정경찰과 사법경찰의 구분은 삼권분립의 사상에 투철했던 프랑스에서 확립된 것이며, 그 영향을 받아 우리나라에서는 조직법상으로 행정경찰과 사법경찰의 구분이 명확하다.

정답 및 해설 I ④

④ [×] 행정경찰과 사법경찰의 구분은 삼권분립의 사상에 투철했던 프랑스에서 확립된 것은 맞는 내용이나, 우리나라에서는 조직법(국가경찰과 자치경찰의 조직 및 운영에 관한 법률)상으로 행정경찰과 사법경찰 모두를 국가경찰(보통경찰)의 임무로 규정하고 있어 양자의 구분이 명확하지 않다.

028 경찰의 개념 중 형식적 의미의 경찰과 실질적 의미의 경찰에 대한 설명으로 가장 적절한 것은?
□□□

17. 경찰승진

① 실질적 의미의 경찰개념은 실정법상 보통경찰기관에 분배된 임무를 달성하기 위한 경찰활동이다.
② 형식적 의미의 경찰개념은 작용을 중심으로 파악한 것이다.
③ 형식적 의미의 경찰개념은 일반통치권에 근거하여 국민에게 명령 · 강제하는 권력적 작용이다.
④ 실질적 의미의 경찰개념은 독일의 행정법학에서 정립된 학문상 개념이다.

정답 및 해설 I ④
① [×] 실정법상 보통경찰기관에 분배된 임무를 달성하기 위한 경찰활동은 형식적 의미의 경찰개념이다.
② [×] 형식적 의미의 경찰개념은 조직을 중심으로 파악한 것이다.
③ [×] 형식적 의미가 아니라 실질적 의미의 경찰개념은 일반통치권에 근거하여 국민에게 명령 · 강제하는 권력적 작용이다.

029 다음은 형식적 의미의 경찰개념과 실질적 의미의 경찰개념에 대한 설명이다. 옳은 것은 모두 몇 개인가?
□□□

20. 경찰

㉠ 형식적 의미의 경찰이 언제나 실질적 의미의 경찰이 되는 것은 아니며, 실질적 의미의 경찰이 모두 형식적 의미의 경찰이 되는 것도 아니다.
㉡ 실질적 의미의 경찰은 사회공공의 안녕과 질서유지를 위한 권력적 작용이므로 소극목적에 한정된다.
㉢ 형식적 의미의 경찰은 사회목적적 작용을 의미하며 작용을 중심으로 파악된 개념이고, 실질적 의미의 경찰은 조직을 기준으로 파악된 개념이다.
㉣ 실질적 의미의 경찰은 실무상 정립된 개념이 아니라 학문적으로 정립된 개념으로 독일 행정법학에서 유래하였다.
㉤ 경찰관 직무집행법 제2조에 규정된 경찰의 직무범위가 우리나라에서의 형식적 의미의 경찰개념에 해당한다.

① 2개 ② 3개
③ 4개 ④ 5개

정답 및 해설 I ③
옳은 설명은 ㉠㉡㉣㉤ 4개이다.
㉢ [×] 실질적 의미의 경찰은 사회목적적 작용을 의미하며 작용을 중심으로 파악된 개념이고, 형식적 의미의 경찰은 조직을 기준으로 파악된 개념이다.

030 경찰개념에 대한 설명 중 옳지 않은 것은?

□□□

20. 경찰간부

① 일반행정기관이 실질적 의미의 경찰작용을 하는 경우는 있으나, 형식적 의미의 경찰작용을 하지는 않는다.

② 정보경찰의 활동은 실질적 의미의 경찰보다는 형식적 의미의 경찰과 관련이 깊다.

③ 실질적 의미의 경찰은 형식적 의미의 경찰개념보다 넓은 의미로 형식적 의미의 경찰을 모두 포괄하는 상위개념이다.

④ 실질적 의미의 경찰은 사회공공의 안녕, 질서유지와 같은 소극적 목적을 위한 권력적 작용이다.

정답 및 해설 I ③

③ [×] 실질적 의미의 경찰과 형식적 의미의 경찰개념은 서로 다른 개념으로 어느 하나가 다른 하나를 포함하는 개념이 아니다.

031 경찰의 개념에 대한 설명 중 가장 적절하지 않은 것은?

□□□

21. 경찰승진

① 실질적 의미의 경찰은 사회공공의 안녕, 질서유지와 같은 소극적 목적을 위한 작용이다.

② 실질적 의미의 경찰은 특별통치권에 근거하여 국민에게 명령·강제하는 권력적 작용으로 독일의 행정법학에서 정립된 학문상 개념이다.

③ 형식적 의미의 경찰작용은 실정법상 보통경찰기관에 분배된 사무를 말하며, 이에 따른 경찰활동의 범위는 나라마다 차이가 있을 수 있다.

④ 형식적 의미의 경찰이 언제나 실질적 의미의 경찰이 되는 것은 아니고, 또한 실질적 의미의 경찰이 모두 형식적 의미의 경찰이 되는 것도 아니다.

정답 및 해설 I ②

② [×] 실질적 의미의 경찰은 일반통치권에 근거하여 국민에게 명령·강제하는 권력적 작용으로 독일의 행정법학에서 정립된 학문상 개념이다.

032 형식적 의미의 경찰개념과 실질적 의미의 경찰개념에 관한 설명으로 옳은 것을 모두 고른 것은?

□□□

23. 경찰승진

㉠ 정보경찰은 권력적 작용이므로 실질적 의미의 경찰이다.
㉡ 실질적 의미의 경찰은 국가의 일반통치권에 근거하여 국민에게 명령·강제하는 권력적 작용으로 독일의 전통적 행정법학에서 정립된 학문상 개념이다.
㉢ 형식적 의미의 경찰은 실정법상 보통경찰기관에 분배된 임무를 달성하기 위하여 행해지는 경찰활동으로 그 범위는 나라마다 차이가 있을 수 있다.
㉣ 실질적 의미의 경찰은 형식적 의미의 경찰을 모두 포괄한다.

① ㉠, ㉡
② ㉡, ㉢
③ ㉠, ㉡, ㉢
④ ㉡, ㉢, ㉣

정답 및 해설 I ②

㉠ [×] 정보경찰은 비권력적 작용이므로 실질적 의미의 경찰이 아니라 형식적 의미의 경찰에만 해당한다.

㉣ [×] 실질적 의미의 경찰은 형식적 의미의 경찰을 모두 포괄하는 개념은 아니다. 실질적 의미의 경찰과 형식적 의미의 경찰은 대등한 위치의 서로 다른 개념일 뿐 어느 하나가 다른 하나를 포함하는 관계는 아니다.

033 형식적 의미의 경찰과 실질적 의미의 경찰에 관한 설명으로 가장 적절하지 않은 것은? 23. 경찰

□□□

① 형식적 의미의 경찰은 실정법상 개념으로 보통경찰기관에 분배되어 있는 임무를 달성하기 위하여 행하여지는 일체의 경찰작용이다.

② 형식적 의미의 경찰은 모두 실질적 의미의 경찰에 포함된다.

③ 실질적 의미의 경찰은 독일의 행정법학에서 정립된 학문상 개념이다.

④ 실질적 의미의 경찰은 사회공공의 안녕, 질서유지와 같은 소극적 목적을 위한 작용이다.

정답 및 해설 I ②

② [×] 형식적 의미의 경찰과 실질적 의미의 경찰은 어느 하나가 다른 하나를 모두 포함하는 관계는 아니며, 동일한 위치의 서로 다른 개념일뿐이다.

034 경찰의 개념 중 형식적 의미의 경찰과 실질적 의미의 경찰에 관한 설명으로 가장 적절한 것은?

□□□

24. 경찰승진

① 형식적 의미의 경찰개념은 실정법상 보통경찰기관에 맡겨져 있는 경찰작용을 의미한다.

② 형식적 의미의 경찰개념은 작용을 중심으로 파악한 것이다.

③ 실질적 의미의 경찰개념은 경찰의 사법경찰활동과 같이 주로 현재 또는 장래의 위험방지를 개념요소로 한다.

④ 실질적 의미의 경찰개념은 사회 질서유지와 봉사활동과 같은 현대 경찰의 핵심적인 기능을 수행하는 경찰을 의미한다.

정답 및 해설 I ①

② [×] 형식적 의미의 경찰개념은 경찰의 조직(작용 ×)을 중심으로 파악된 개념이다. '작용'을 중심으로 파악된 개념은 실질적 의미의 경찰이다.

③ [×] 실질적 의미의 경찰개념은 경찰의 행정(사법 ×)경찰활동과 같이 주로 현재 또는 장래의 위험방지를 개념요소로 한다. 사법경찰활동은 과거에 발생한 위해를 진압하는 진압경찰에 속한다.

④ [×] 실질적 의미의 경찰개념은 명령 · 강제하는 권력작용을 그 개념요소로 하므로 봉사활동과 같은 경찰서비스활동은 이에 해당하지 않는다.

035 □□□ 실질적 의미의 경찰과 형식적 의미의 경찰에 대한 설명으로 적절한 것은 모두 몇 개인가?

23. 경찰간부

> ㉠ 실질적 의미의 경찰은 프랑스 행정법학에서 유래한다.
> ㉡ 형식적 의미의 경찰과 실질적 의미의 경찰은 일치한다.
> ㉢ 사무를 기준으로 하였을 때 우리나라 자치경찰은 형식적 의미의 경찰과 실질적 의미의 경찰 모두에 해당한다.
> ㉣ 공물경찰은 실질적 의미의 경찰에 해당한다.
> ㉤ 사법경찰은 실질적 의미의 경찰에 해당한다

① 1개
② 2개
③ 3개
④ 4개

정답 및 해설 I ②

㉠ [×] 실질적 의미의 경찰은 **독일(프랑스 ×)** 행정법학에서 유래한다.

㉡ [×] 형식적 의미의 경찰과 실질적 의미의 경찰은 **대등한 위치의 서로 다른 개념**이다.

㉢ [○] 우리나라 자치경찰(생활안전경찰, 교통경찰 등)은 보통경찰기관에 의해 행해지므로 형식적 의미의 경찰에 해당함과 동시에 행정경찰사무를 포함하고 있으므로 실질적 의미의 경찰 모두에 해당한다.

㉣ [○] **공물경찰**이란 공물의 사용 관계에서 발생하는 사회적 위해를 방지 · 제거하기 위해 명령 · 강제하는 작용을 말한다. 도로경찰 · 하천경찰 등이 그 예에 속한다. 공물의 목적 달성을 위해 행하는 공법적 작용이라는 점에서는 공물의 관리와 공통되나, 공물관리는 비권력적 작용이나 공물경찰은 권력적 작용으로 행해지므로 실질적 의미의 경찰에 해당한다. 그러나 공물관리는 실질적 의미의 경찰에 해당하지 않는다.

㉤ [×] 사법경찰은 보통경찰기관에 의해 행해지므로 **형식적 의미의 경찰에 해당**하나 국가목적적 작용(사법행정)으로 실질적 의미의 경찰에 해당하지 않는다.

제3절 I 경찰의 분류

036 □□□ 경찰의 분류에 대한 설명으로 가장 적절하지 않은 것은?

21. 경찰

① 행정경찰과 사법경찰: 경찰의 목적에 따라 구분하며, 프랑스의 죄와 형벌법전(경죄처벌법전)에서 이와 같은 구분을 최초로 법제화하였다.

② 협의의 행정경찰과 보안경찰: 다른 행정작용에 부수하느냐의 여부에 따라 구분하며, 협의의 행정경찰은 경찰활동의 능률성과 기동성을 확보할 수 있고 보안경찰은 지역 실정을 반영한 경찰조직의 운영과 관리가 가능하다.

③ 평시경찰과 비상경찰: 위해의 정도와 담당기관에 따라 구분하며, 평시경찰은 평온한 상태하에서 일반경찰법규에 의하여 보통경찰기관이 행하는 경찰작용이고 비상경찰은 비상사태 발생이나 계엄선포시 군대가 일반치안을 담당하는 경우이다.

④ 질서경찰과 봉사경찰: 경찰서비스의 질과 내용에 따라 구분하며, 경범죄 처벌법 위반자에 대한 통고처분은 질서경찰의 영역에, 교통정보의 제공은 봉사경찰의 영역에 해당한다.

정답 및 해설 | ②

② [×] 협의의 행정경찰은 다른 지역사회의 임무와 함께 병행하여 행해질 수 있으므로 지역 실정을 반영한 경찰조직의 운영과 관리가 가능하고, 보안경찰은 경찰임무만 담당하므로 경찰활동의 능률성과 기동성을 확보할 수 있다.

037 경찰의 분류에 대한 설명으로 가장 적절하지 않은 것은?

□□□ 21. 경찰

① 우리나라에서는 보통경찰기관이 행정경찰 및 사법경찰 업무를 모두 담당한다.

② 진압경찰은 이미 발생한 위해의 제거나 범죄의 수사를 위한 경찰작용으로 범죄의 수사, 범죄의 제지, 총포·화약류의 취급제한, 광견의 사살 등이 있다.

③ 봉사경찰은 서비스 계몽지도 등 비권력적인 수단을 통하여 경찰의 직무를 수행하는 경찰활동으로 방범지도, 청소년선도, 교통정보제공 등이 있다.

④ 협의의 행정경찰은 다른 행정작용에 부수하여 그 행정작용과 관련해서 발생하는 위험을 방지하기 위해 행해지는 경찰작용으로 경제경찰, 산림경찰, 철도경찰 등이 있다.

정답 및 해설 | ②

② [×] 범죄의 수사, 범죄의 제지, 광견의 사살은 진압경찰에 해당되지만, **총포·화약류의 취급제한**은 위해가 발생하기 이전에 이를 예방하기 위한 **예방경찰**이다.

038 행정경찰과 사법경찰에 관한 설명으로 가장 적절하지 않은 것은?

16. 경찰승진

① 행정경찰은 공공질서의 유지, 범죄예방을 목적으로 하고, 사법경찰은 범죄의 수사·체포를 목적으로 한다.

② 한국에서는 보통경찰기관이 행정경찰 및 사법경찰 업무를 모두 담당한다.

③ 행정경찰은 각종 경찰법규에 의하여 작용하지만, 사법경찰은 형사소송법에 의하여 권한을 행사한다.

④ 행정경찰의 업무와 사법경찰의 업무는 항상 검사의 지휘하에 수행된다.

정답 및 해설 | ④

④ [×] 행정경찰은 경찰청장과 시·도자치경찰위원회의 지휘하에 수행되나, 사법경찰은 국가수사본부장 또는 검사의 지휘하에 수행된다.

☑ 행정경찰과 사법경찰의 비교

구분	(광의의) 행정경찰	사법경찰
개념	사회공공의 안녕과 질서를 유지하기 위하여 일반 **통치권**에 의거하여 명령·강제하는 권력작용	범죄의 진압·수사·체포 등을 위한 경찰작용
특징	1. 실질적 의미의 경찰 2. 일반 **경찰행정법규**에 근거함 3. 예방경찰	1. 형식적 의미의 경찰 2. **형사소송법**에 근거함 3. 진압경찰
지휘·감독권자	1. 국가경찰사무의 경우: 경찰청장 2. 자치경찰사무의 경우: 시·도자치경찰위원회	1. 원칙: 국가수사본부장 2. 예외: 검사, 경찰청장
비고	1. 양자의 개념은 1795년 **'프랑스 죄와 형벌법전'**에서 최초로 구분함 2. 대륙법계의 경찰개념에 따르면 행정경찰과 사법경찰을 구분하지만(행정경찰만 경찰의 임무에 해당), 영미법계의 경찰개념에 따르면 행정경찰과 사법경찰을 구분하지 않음(양자 모두 경찰의 임무에 해당)	

039 경찰의 개념에 대한 설명 중 가장 적절하지 않은 것은? 14. 경찰승진

□□□

① 경찰개념은 시대성 · 역사성을 반영하며, 일률적 정의가 곤란한 다의적 개념이다.

② 경찰국가시대 대륙법계 국가에서는 국가활동의 확대와 복잡화로 국가작용의 분화현상이 나타나, 경찰개념이 외교 · 군사 · 재정 · 사법을 제외한 내무행정 전반을 의미하였다.

③ 행정경찰과 사법경찰의 구분은 삼권분립의 사상에 투철했던 영국에서 확립된 구분으로, 행정경찰은 형식적 의미의 경찰에 해당하며, 사법경찰은 실질적 의미의 경찰에 해당한다.

④ 제2차 세계대전 이후 독일에서는 협의의 행정경찰사무(영업경찰, 건축경찰, 보건경찰 등)를 다른 관청의 분장사무로 이관하는 비경찰화 현상이 나타났다.

정답 및 해설 I ③

③ [×] 행정경찰과 사법경찰의 구분은 삼권분립의 사상에 투철했던 프랑스(1795년 죄와 형벌법전)에서 확립된 구분으로, 행정경찰은 실질적 의미의 경찰에 해당하며, 사법경찰은 형식적 의미의 경찰에 해당한다.

040 경찰개념의 분류에 대한 설명으로 가장 적절하지 않은 것은? 13. 경찰승진

□□□

① 진압경찰은 발생된 범죄를 수사하고 범인을 체포하기 위한 권력적 작용을 의미하는 경찰개념이다.

② 3권분립 사상을 기준으로 행정경찰과 사법경찰로 분류할 수 있으며, 사법경찰은 형식적 의미의 경찰에 해당한다.

③ 업무의 독자성을 기준으로 보안경찰과 협의의 행정경찰로 분류할 수 있으며, 위생경찰은 협의의 행정경찰에 해당한다.

④ 비상경찰은 특별법 등에 규정된 비상사태가 발생할 경우 보통경찰기관에 의해 공공의 안녕과 질서를 유지하는 경찰개념이다.

정답 및 해설 I ④

④ [×] 평시경찰과 비상경찰은 위해의 정도 및 담당기관에 따른 구분으로 비상경찰은 보통경찰기관이 아니라 군에 의해 공공의 안녕과 질서유지가 이루어진다.

041 다음 중 경찰을 경찰활동의 질과 내용에 따라 분류한 것으로 가장 적절한 것은? 18. 경찰

□□□

① 질서경찰과 봉사경찰

② 보안경찰과 협의의 행정경찰

③ 행정경찰과 사법경찰

④ 보통경찰과 고등경찰

정답 및 해설 I ①

① [○] 경찰활동의 질과 내용에 따라 분류하면 명령 · 강제하는 경찰활동인 질서경찰과 서비스적 활동을 하는 비권력적인 경찰활동, 즉 봉사경찰로 나뉜다.

042 경찰의 분류에 대한 설명으로 가장 적절하지 않은 것은? 22. 경찰간부

□□□

① 우리나라는 조직법상 행정경찰과 사법경찰의 구분이 없으며, 보통경찰기관이 양 사무를 모두 담당한다.

② 예방경찰과 진압경찰은 경찰권 발동시점에 따른 구분이다.

③ 행정경찰은 주로 과거의 상황에 대하여 작용하며, 사법경찰은 주로 현재 또는 장래의 상황에 대하여 작용한다.

④ 질서경찰과 보통경찰은 경찰 활동시 강제력의 사용유무로 구분된다.

정답 및 해설 I ③

③ [×] 행정경찰은 예방경찰로 주로 장래의 위해발생을 방지하기 위한 작용이며, 사법경찰은 진압경찰로 주로 과거 범죄사실에 대한 작용이다.

④ [×] 경찰 활동시 강제력의 사용유무(즉, 경찰활동의 질과 내용)로 구분하면 질서경찰과 봉사경찰로 나눌 수 있다. 따라서 보통경찰은 고등경찰에 대응된 개념으로 정치와 사상을 보호법익으로 하지 않는 경찰을 말하는 것이다. 따라서 옳지 못한 지문으로 보는 것이 옳다. 그러나 복수정답으로는 처리되지 않았다.

043 경찰의 종류와 구별기준의 연결이 가장 적절하지 않은 것은? 23. 경찰

□□□

① 질서경찰 – 봉사경찰: 경찰의 목적에 따른 분류

② 예방경찰 – 진압경찰: 경찰권 발동시점에 따른 분류

③ 국가경찰 – 자치경찰: 권한과 책임의 소재에 따른 분류

④ 평시경찰 – 비상경찰: 위해정도 및 담당기관, 적용법규에 따른 분류

정답 및 해설 I ①

① [×] 질서경찰과 봉사경찰의 구분은 경찰활동의 질과 내용에 따른 구분이다. 경찰의 목적에 따른 분류는 행정경찰과 사법경찰이다.

044 다음 중 경찰의 분류와 그 내용으로 가장 적절하지 않은 것은? 18. 경찰

□□□

① 경찰권 발동시점에 따라 예방경찰과 진압경찰로 구분할 수 있으며, 위해를 미칠 우려가 있는 정신착란자의 보호는 예방경찰에, 사람을 공격하는 멧돼지를 사살하는 것은 진압경찰에 해당한다.

② 업무의 독자성에 따라 보안경찰과 협의의 행정경찰로 구분할 수 있으며, 교통경찰은 보안경찰에, 건축경찰은 협의의 행정경찰에 해당한다.

③ 삼권분립사상에 따라 행정경찰과 사법경찰로 구분할 수 있으며, 형식적 의미의 경찰은 행정경찰에, 실질적 의미의 경찰은 사법경찰에 해당한다.

④ 경찰활동의 질과 내용에 따라 질서경찰과 봉사경찰로 구분할 수 있으며, 범죄수사는 질서경찰에, 방범지도는 봉사경찰에 해당한다.

정답 및 해설 I ③

③ [×] 행정경찰과 사법경찰의 구분은 삼권분립의 사상에 투철했던 프랑스(1795년 죄와 형벌법전)에서 확립된 구분으로, 행정경찰은 실질적 의미의 경찰에 해당하며, 사법경찰은 형식적 의미의 경찰에 해당한다.

045 국가경찰의 장점으로 가장 적절하지 않은 것은? 15. 경찰승진

□□□

① 경찰업무집행의 통일을 기할 수 있다.

② 경찰과 지역주민과의 유대를 강화할 수 있다.

③ 경찰의 범죄예방 및 대응능력을 국가 전역으로 확대할 수 있다.

④ 업무의 협력을 제도적으로 확보할 수 있다.

정답 및 해설 I ②

② [×] 경찰과 지역주민과의 유대를 강화할 수 있는 제도는 영미법계에서 유래하는 자치경찰제이다.

046 자치경찰제도와 비교하여 국가경찰제도가 갖는 장점으로 가장 적절하지 않은 것은? 16. 경찰

□□□

① 국가권력을 배경으로 강력하고 광범위한 집행력을 행사할 수 있다.

② 전국적으로 통계의 정확성을 기할 수 있다.

③ 경찰조직의 운영 · 개혁이 상대적으로 용이하다.

④ 타 행정부문과의 긴밀한 협조 · 조정이 원활하다.

정답 및 해설 I ③

③ [×] 국가경찰은 경찰의 조직이 비대하기 때문에 경찰조직의 운영 · 개혁이 자치경찰에 비해 용이하지 않다.

047 경찰개념에 관한 설명으로 가장 적절하지 않은 것은? 23. 경찰

□□□

① 경찰개념은 역사적으로 발전되고 형성된 개념이므로, 근대국가 에서의 일반적인 경찰개념을 '공공의 안녕과 질서유지를 위한 권력작용'이라고 할 경우, 이는 각국의 실정법상 경찰개념과 반드시 일치한다고는 할 수 없다.

② 실질적 의미의 경찰을 보안경찰과 협의의 행정경찰로 구분하는 것이 일반적인 견해라고 할 때, 보안경찰은 독립적인 경찰기관이 관장하지만 협의의 행정경찰은 각종의 일반행정기관이 함께 것을 관장하는 경우가 많다.

③ 18 ~ 19세기에 등장한 법치국가는 절대주의적 경찰국가에 대항하는 법치국가적 경찰개념이 처음으로 법제화된 경우로는 1794년의 '프로이센 일반란트법'을 들 수 있다.

④ 경찰의 개념을 형식적 의미의 경찰과 실질적 의미의 경찰로 구분할 때, 사법경찰(수사경찰)은 실질적 의미의 경찰에 포함된다.

정답 및 해설 I ④

④ [×] 사법경찰(수사경찰)은 형식적 의미의 경찰에는 포함되지만, 사회목적적 행정이 아니라 국가(사법)목적적 행정으로서 실질적 의미의 경찰에는 포함되지 않는다.

048 경찰의 개념에 관한 설명으로 가장 적절하지 않은 것은? 23. 경채

□□□

① 1530년 독일의 「제국경찰법」은 교회행정을 제외한 나머지 국가행정을 경찰의 개념으로 규정하였다.

② 형식적 의미의 경찰개념은 경찰작용의 성질에 따른 것으로서 보건 · 산림 · 세무 · 의료 · 환경 등을 담당하는 국가기관(특별사법 경찰기관)의 권력작용을 포함하여 지방자치단체(특별시, 광역시, 시 · 군 · 구)의 권력작용도 경찰로 간주된다.

③ 실질적 의미의 경찰개념은 학문상 정립된 경찰개념이며, 사회 공공의 안녕과 질서를 유지하기 위해 국가의 일반통치권에 근거하여 국민에게 명령 · 강제하는 작용이다.

④ 경찰의 개념을 '경찰업무의 독자성' 여부에 따라 보안경찰과 협의의 행정경찰로 구분한다.

정답 및 해설 | ②

② [×] 실질적(형식적 ×) 의미의 경찰개념은 경찰작용의 성질에 따른 것으로서 보건 · 산림 · 세무 · 의료 · 환경 등을 담당하는 국가기관(특별사법 경찰기관)의 권력작용을 포함하여 지방자치단체(특별시, 광역시, 시 · 군 · 구)의 권력작용도 경찰로 간주된다.

049 경찰의 분류에 대한 설명으로 적절한 것을 모두 고른 것은? 19. 경찰승진

㉠ 삼권분립사상에 기초하여 분류할 때 행정경찰은 실질적 의미의 경찰에 해당하고, 사법경찰은 형식적 의미의 경찰에 해당한다.
㉡ 경찰활동의 질과 내용을 기준으로 분류할 때 예방경찰은 경찰상의 위해 발생을 방지하기 위한 작용으로 '위해를 미칠 우려가 있는 정신착란자의 보호'가 이에 해당한다.
㉢ 자치경찰제도는 각 지방특성에 적합한 경찰행정이 가능하지만, 국가경찰제도에 비해 관료화되어 국민을 위한 봉사가 저해될 수 있다.
㉣ 국가경찰제도는 경찰업무집행의 통일을 기할 수 있으나, 정부의 특정정책 수행에 이용되어 본연의 임무를 벗어날 우려가 있다.

① ㉠, ㉡
② ㉠, ㉣
③ ㉡, ㉢
④ ㉢, ㉣

정답 및 해설 | ②

옳은 설명은 ㉠㉣이다.

㉡ [×] 경찰활동의 질과 내용을 기준으로 질서경찰과 봉사경찰로 분류되며, 경찰권의 발동시점을 기준으로 예방경찰과 진압경찰로 분류된다.

㉢ [×] 자치경찰제도는 각 지방특성에 적합한 경찰행정이 가능한 것은 맞지만, 자치경찰은 경찰의 민주성, 즉 국가경찰제도에 비해 국민을 위한 봉사의식이 높다는 장점을 갖는다.

050 □□□ 다음은 국가경찰과 자치경찰에 대한 설명이다. 옳은 것으로 묶인 것은? 20. 경찰

㉠ 국가경찰은 자치경찰과 비교하여 인권과 민주성이 보장되어 주민들의 지지를 받기 쉽다.
㉡ 자치경찰은 국가경찰과 비교하여 권력적 수단보다는 비권력적 수단을 통해 국민의 생명과 신체 · 재산을 보호하고자 한다.
㉢ 국가경찰은 자치경찰과 비교하여 타 행정부문과의 긴밀한 협조 · 조정이 원활하다는 장점이 있다.
㉣ 자치경찰은 국가경찰과 비교하여 지역실정을 반영한 경찰조직의 운영 · 관리가 용이하다.
㉤ 국가경찰은 자치경찰과 비교하여 지역주민에 대한 경찰의 책임의식이 높다.

① ㉠, ㉡, ㉣
② ㉡, ㉢, ㉣
③ ㉡, ㉢, ㉤
④ ㉠, ㉣, ㉤

정답 및 해설 | ②

옳은 설명은 ㉡㉢㉣이다.

㉠ [×] 인권과 민주성이 보장되어 주민들의 지지를 받기 쉬운 경찰제도는 **자치경찰제**이다.

㉤ [×] **자치경찰**은 국가경찰과 비교하여 지역주민에 대한 경찰의 책임의식이 높다.

051 □□□ 자치경찰제도의 도입에 따른 장점으로 옳지 않은 설명으로 묶인 것은? 17. 경찰간부

㉠ 자치경찰제도는 지방에 적합한 경찰행정이 가능하다.
㉡ 자치경찰제도는 타 행정부분과의 긴밀한 협조 · 조정이 원활하다.
㉢ 자치경찰제도는 지방별로 독립된 조직이므로 조직 · 운영의 개혁이 용이하다.
㉣ 자치경찰제도는 전국적으로 균등한 경찰서비스를 제공할 수 있다.
㉤ 자치경찰제도는 전국적인 통계자료의 정확성을 기할 수 있다.
㉥ 자치경찰제도는 민주성이 보장되어 주민들의 지지를 받기 쉽다.

① ㉠, ㉡, ㉣
② ㉠, ㉣, ㉤
③ ㉡, ㉢, ㉥
④ ㉡, ㉣, ㉤

정답 및 해설 | ④

옳지 않은 것은 ㉡㉣㉤이다.

㉡ [×] 자치경찰제도는 타 행정부분과의 긴밀한 협조 · 조정이 원활하지 못하다는 것이 단점이다.

㉣ [×] 자치경찰제도는 지방의 특성을 반영하게 되므로 전국적으로 균등한 경찰서비스를 제공할 수 없다는 것이 단점이다.

㉤ [×] 국가경찰제도의 장점이다.

국가경찰과 자치경찰의 비교

구분	국가경찰(대륙법계)	자치경찰(영 · 미법계)
장점	1. 경찰활동의 **능률성 · 기동성 확보** 용이 2. 강력하고 광범위한 법집행력 행사가 가능하여 비상시에 유리함 3. **전국적 · 통일적 · 보편적** 경찰서비스의 제공 유리 4. 경찰기관이 단일화 · 통일화되어 **경찰정보의 체계적 관리 용이** 5. **전국적 · 광역적** 범죄에 대한 대응 용이 6. 타 행정기관과 경찰기관의 업무협조와 조정 용이 7. 전국적인 통계자료의 정확성을 기할 수 있음	1. **지역의 특수성**을 반영한 경찰조직의 운영과 관리 2. 경찰의 **중립성 · 민주성** 등 보장 3. 지역주민에 대한 봉사자로서 경찰의 책임의식이 높음 4. **경찰조직의 개편 및 개혁 용이** 5. 지역주민에 의한 외부통제가 용이하여 경찰행정의 투명성과 합리성을 담보할 수 있음
단점	1. 지방의 특수한 사정이 반영되기 어려움 2. 경찰의 본연의 업무 이외의 다른 행정업무에 이용될 우려가 있음 3. 관료화되어 지역주민을 위한 봉사의식이 약화될 우려가 높음	1. 경찰활동의 능률성 · 기동성 확보가 용이하지 않음 2. **전국적 · 통일적 · 보편적 경찰활동의 곤란** 3. 지방권력이 개입되어 경찰부패의 요인이 될 수 있음 4. 타 행정기관과 경찰기관의 업무협조와 조정이 곤란함 5. 통계자료가 부정확할 우려가 높음

052 국가경찰제도와 자치경찰제도에 관한 설명으로 가장 적절하지 않은 것은? 22. 법학경채

□□□

① 국가경찰제도는 자치경찰제도와 비교하여 전국적으로 균등한 경찰 서비스를 제공할 수 있다.

② 국가경찰제도는 자치경찰제도와 비교하여 광역적 범죄 수사가 용이하다.

③ 자치경찰제도는 국가경찰제도와 비교하여 지방에 적합한 경찰행정이 가능하다.

④ 자치경찰제도는 관할지역이 광범위하지 않아 타 기관과 협조가 원활하며 통계자료의 정확성을 기할 수 있는 반면 국가경찰제도는 관할지역이 광범위하여 타 기관과의 협조가 어렵고, 전국적인 통계자료의 정확성 또한 기할 수 없다.

정답 및 해설 I ④

④ [×] 국가경찰제도는 타 기관간 협조가 원활하며 통계자료의 정확성을 기할 수 있는 반면 **자치경찰제도**는 타 기관과의 협조가 어렵고, 전국적인 통계자료의 정확성 또한 기할 수 없다.

053 국가경찰과 자치경찰에 대한 설명으로 적절하지 않은 것은 모두 몇 개인가? 22. 경찰간부

□□□

> ㉠ 자치경찰은 국가경찰과 비교하여 비권력적 수단보다는 권력적 수단을 통해 국민의 생명과 신체 · 재산을 보호하고자 한다.
> ㉡ 국가경찰은 자치경찰과 비교하여 타 행정부문과의 긴밀한 협조 · 조정이 원활하다.
> ㉢ 국가경찰은 자치경찰과 비교하여 지역실정을 반영한 경찰조직의 운영 · 관리가 용이하다.
> ㉣ 국가경찰은 자치경찰과 비교하여 지역주민에 대한 경찰의 책임의식이 높다.

① 1개
② 2개
③ 3개
④ 4개

정답 및 해설 I ③

㉠ [×] 영미법계에서 연유하는 자치경찰은 자치권을 중심으로 발전한 것으로 **비권력적 수단**을 통해 국민의 생명과 신체 · 재산을 보호하고자 한다. 일반통치권을 중심으로 국민에 대한 권력적 수단을 중심으로 하는 대륙법계의 국가경찰과 비교된다.

㉢ [×] **자치경찰**이 국가경찰과 비교하여 지역실정을 반영한 경찰조직의 운영 · 관리가 용이하다.

㉣ [×] **자치경찰**은 국가경찰과 비교하여 지역주민에 대한 경찰의 책임의식이 높다.

054 국가경찰과 자치경찰에 관한 설명으로 가장 적절하지 않은 것은? 23. 경찰

□□□

① 자치경찰은 지역사회 특성을 반영한 치안활동이 가능하며 주민들의 지지를 받기 쉽다.
② 국가경찰은 강력하고 광범위한 집행력을 행사할 수 있다.
③ 자치경찰은 지방세력의 간섭으로 인하여 정실주의에 대한 우려가 있다.
④ 국가경찰은 전국단위의 통계자료 수집 및 정확성 측면에서 불리하다.

정답 및 해설 I ④

④ [×] 국가경찰은 특정 지방자치단체의 이해관계와 무관하므로 전국단위의 통계자료 수집 및 정확성 측면에서 **유리하다**는 장점을 갖는다.

055 다음 중 경찰의 종류에 대한 설명으로 옳지 않은 것은? 07. 경찰간부

□□□

① 공공의 안녕과 질서에 대한 위해의 정도와 적용법규 및 담당기관에 따라 평시경찰과 비상경찰로 구분된다.
② 천재지변이나 전시 · 사변 또는 이에 준하는 국가비상사태에 있어서 계엄법에 의하여 군대가 병력으로 공공의 안녕 · 질서를 유지하는 작용을 비상경찰이라 한다.
③ 범죄수사 · 다중범죄진압, 교통위반자에 대한 통고처분 등은 봉사경찰에 해당한다.
④ 권한과 책임의 소재에 따라 국가경찰과 자치제경찰로 나눈다.

정답 및 해설 I ③

③ [×] 범죄수사 · 다중범죄진압, 교통위반자에 대한 통고처분 등은 이미 발생된 범죄의 수사를 위한 권력적 작용으로서 **질서경찰**에 해당한다. **봉사경찰**은 강제력을 수반하지 않는 비권력적 수단으로 직무를 수행하는 경찰을 말한다.

056 다음 경찰의 분류에 대한 설명 중 가장 적절하지 않은 것은? 10. 경찰

① 실질적 의미의 경찰이란 경찰의 개념을 작용과 성질을 중심으로 파악한 것으로 일반통치권에 기초한 활동으로서 이론적 · 학문적 개념이다.

② 실질적 의미의 경찰은 형식적 의미의 경찰개념보다 넓은 의미로서 형식적 의미의 경찰을 모두 포괄하는 상위개념이다.

③ 광의의 행정경찰을 업무의 독자성(타 행정작용에 부수하느냐의 여부)으로 분류하면 보안경찰과 협의의 행정경찰로 나뉜다.

④ 총포화약류의 취급제한, 정신착란자 보호조치는 예방경찰의 임무에 해당한다.

정답 및 해설 I ②

② [×] 형식적 의미의 경찰이 언제나 실질적 의미의 경찰이 되는 것은 아니고 또한 실질적 의미의 경찰이 모두 형식적 의미의 경찰이 되는 것도 아니다. 즉, 양자는 서로 포함관계가 아니라 별개의 개념이다.

057 경찰의 분류와 구분기준에 대한 설명 중 옳지 않은 것은 모두 몇 개인가? 21. 경찰간부

㉠ 보안경찰과 협의의 행정경찰은 업무의 독자성에 따른 구분 또는 경찰작용이 다른 행정작용에 부수(수반) 여부를 기준으로 한다.
㉡ 예방경찰과 진압경찰은 경찰권 발동시점에 따라 분류된다.
㉢ 광의의 행정경찰과 사법경찰은 경찰의 목적임무를 기준으로 한 구분이며 이러한 경찰개념의 구분은 삼권분립사상에 투철했던 프랑스에서 확립된 개념이다.
㉣ 국가경찰과 자치경찰은 경찰유지의 권한과 책임의 소재(경찰의 조직 · 인사 · 비용부담)에 따른 분류이다.
㉤ 평시경찰과 비상경찰은 위해의 정도 및 담당기관에 따른 구분이다.
㉥ 질서경찰과 봉사경찰은 경찰서비스의 질과 내용에 따른 구분이다.

① 0개 ② 1개
③ 2개 ④ 3개

정답 및 해설 I ①

모두 옳은 지문이다. 최근 경찰간부시험의 박스형 OX 문제는 모든 지문이 맞거나 틀리게 출제되는 경향이 있다.

058 경찰의 분류에 대한 설명으로 적절한 것은 모두 몇 개인가?

□□□

22. 경찰간부

> ㉠ 고등경찰과 보통경찰의 구별은 독일에서 유래한 것으로 경찰에 의하여 보호되는 법익을 기준으로 한 구별이다.
> ㉡ 질서경찰과 봉사경찰은 경찰서비스의 질과 내용에 따라 구분한 것으로 범죄수사는 질서경찰에 해당하고, 방범순찰은 봉사경찰에 해당한다.
> ㉢ 평시경찰과 비상경찰은 위해의 정도 및 담당기관에 따라 구분한 것으로 평시경찰은 보통경찰기관이 행하는 경찰작용이고, 비상경찰은 비상사태 발생으로 계엄이 선포될 경우 계엄법에 따라 군대가 담당하는 경찰작용이다.
> ㉣ 보안경찰과 협의의 행정경찰은 권한의 책임과 소재에 따라 구분한 것으로 풍속경찰은 보안경찰에 해당하고 산림경찰은 협의의 행정경찰에 해당한다.
> ㉤ 행정경찰과 사법경찰은 경찰의 목적에 따른 구분이며 삼권분립 사상에서 유래하였다.

① 2개 ② 3개
③ 4개 ④ 5개

정답 및 해설 I ②

옳은 것은 ㉡㉢㉤ 3개이다.

㉠ [×] 고능경찰과 보통경찰의 구별은 프랑스에서 유래한 것으로 경찰에 의하여 보호되는 법익을 기준으로 한 구별이다.

㉣ [×] 보안경찰과 협의의 행정경찰은 경찰업무의 독자성에 따른 구분이다. 권한의 책임과 소재에 따라서는 국가경찰과 자치경찰로 구분된다.

제4절 I 경찰의 임무 및 관할 · 이념

059 경찰의 기본적 임무 중 '공공의 안녕과 질서에 대한 위험의 방지'에 관한 설명으로 가장 옳지 않은 것은?

□□□

10. 경찰

① 공공의 안녕이란 국가 등 집단과 관련되어 있음은 물론 개인과도 관련되어 있는 이중적 개념이다.

② 위험은 보호를 받게 되는 법익에 대해 필수적으로 존재해야 하는 것은 아니다.

③ 가벌성의 범위 내에 이르지 않았더라도 국민의 자유와 권리를 침해하지 않는 범위 내에서 기본적인 경찰활동이 가능하다.

④ 사유재산적 가치 또는 무형의 권리는 보호의 대상이 아니다.

정답 및 해설 I ④

④ [×] 공공의 안녕과 질서에 대한 위험방지를 위한 경찰활동대상으로 인간의 존엄성 · 명예 · 건강 · 자유 등의 개인적 법익뿐만 아니라, 사유재산적 가치 또는 무형의 권리(예 저작권)도 보호의 대상이 된다.

060 '공공질서'에 대한 설명으로 틀린 것은?

□□□

14. 경찰간부

① 공공질서라 함은 당시의 지배적인 윤리와 가치관을 기준으로 판단할 때 그것을 준수하는 것이 시민으로서 원만한 국가공동체생활을 영위하기 위한 불가결적 전제조건이 되는 각 개인의 행동에 대한 성문규범의 총체를 의미한다.

② 공공질서의 개념은 시대에 따라 변화하고 유동적이다.

③ 공공질서개념의 사용가능분야는 점점 축소되고 있다.

④ 통치권의 집행을 위한 개입의 근거로 사용될 수 있어 엄격한 합헌성을 요구받는다.

정답 및 해설 | ①

① [×] 공공질서라 함은 당시의 지배적인 윤리와 가치관을 기준으로 판단할 때 그것을 준수하는 것이 시민으로서 원만한 국가공동체생활을 영위하기 위한 불가결적 전제조건이 되는 각 개인의 행동에 대한 불문규범의 총체를 의미한다.

061 경찰의 기본임무 및 수단에 관한 설명으로 가장 적절하지 않은 것은?

□□□

10. 경찰

① 국가경찰과 자치경찰의 조직 및 운영에 관한 법률 제3조와 경찰관 직무집행법 제2조에서 경찰의 직무에는 범죄의 예방 및 진압, 범죄피해자보호가 포함된다.

② 공공의 질서란 사회생활 속에서 각 개인의 행동에 대한 불문규범의 총체로, 시대에 따라 변화하는 상대적 · 유동적 개념이다.

③ 경찰의 임무로서 범죄수사는 법정주의와 임의수사를 원칙으로 한다.

④ 공공의 안녕 중 개인의 권리와 법익에 대한 위험방지를 위하여 경찰은 사적 분쟁에 대해 잠정적인 보호에 국한되어서는 안 되고 최종적인 권리구제를 하여야 한다.

정답 및 해설 | ④

④ [×] 경찰은 개인의 권리와 법익에 대한 위험방지를 위하여 이에 대한 경찰의 원조는 잠정적인 보호에 국한되어야 하고, 최종적인 권리구제는 법원에 의하여야 한다.

062 □□□ 경찰의 기본적 임무 중 '공공의 안녕과 질서에 관한 위험의 방지'에 관한 설명으로 가장 적절하지 않은 것은? 15. 경찰승진

① 위험이란 가까운 장래에 공공의 안녕에 손해가 나타날 수 있는 가능성이 개개의 경우에 충분히 존재하는 상태를 말한다.

② 위험혐의란 경찰이 의무에 합당한 사려 깊은 판단을 할 때 실제로 위험의 가능성은 예측되나 불확실한 경우를 말한다.

③ 경찰이 상황을 합리적으로 사려 깊게 판단하여 위험이 존재한다고 보고 개입하였으나 실제로는 위험이 없었던 경우, 경찰개입은 적법한 개입으로 인정된다.

④ 오상위험, 즉 객관적으로 판단할 때 위험의 외관 또는 혐의가 인정되지 않음에도 위험의 존재를 잘못 추정하여 경찰개입이 이루어진 경우라도 손해배상의 문제는 발생하지 않는다.

정답 및 해설 I ④

④ [×] 오상위험의 경우 경찰관은 위험의 존재를 잘못 추정하여 경찰개입이 이루어진 경우이므로 위법한 경찰개입이며, 이에 대해 손해배상의 문제가 발생할 뿐만 아니라 위험을 잘못 판단한 경찰관은 민사 또는 형사상 책임까지 지게 된다.

063 □□□ 경찰의 기본적 임무를 공공의 안녕과 질서에 대한 위험의 방지에 있다고 정의할 때 위험에 대한 설명 중 가장 적절하지 않은 것은? 19. 경찰

① '공공의 안녕'이란 개인적 법익과 국가적 법익을 포함한 성문법과 불문법 질서가 침해되지 않는 상태를 말하는 이중적 개념이다.

② 손해란 보호받는 개인 및 공동의 법익에 관한 정상적 상태의 객관적 감소를 뜻하며, 보호법익에 대한 현저한 침해가 있어야만 한다.

③ 의무에 합당한 사려 깊은 판단을 하였으나 집안에서 아이들이 서로 괴성을 지르며 장난치는 것을 밖에서 듣고 강도사건이 발생한 것으로 오인한 경찰관이 문을 부수고 들어갔다면 외관적 위험을 인식한 사례에 해당한다.

④ 경찰의 개입은 구체적 위험뿐만 아니라 추상적 위험이 존재하는 경우에도 가능하다.

정답 및 해설 I ①

① [×] '공공의 안녕'이란 개인적 법익과 국가적 법익을 포함한 객관적인 성문법 질서가 침해되지 않는 상태를 말하는 것으로 불문규범의 총체를 의미하는 공공의 질서와 구별되는 개념이다.

064 법적 보호가 적시에 이루어지지 않고 경찰의 원조 없이는 법을 실현시키는 것이 무효화되거나 사실상 어려워질 경우에만 경찰이 개입할 수 있다는 말과 관련이 깊은 것은? 08. 경찰

① 보충성의 원칙 ② 필요성의 원칙
③ 적합성의 원칙 ④ 비례성의 원칙

정답 및 해설 | ①

① [○] 법적 보호가 적시에 이루어지지 않고 경찰의 원조 없이는 법을 실현시키는 것이 무효화되거나 사실상 어려워질 경우에만 경찰이 개입할 수 있다는 원칙은 **보충성의 원칙**이다.

065 경찰의 임무를 공공의 안녕과 질서에 대한 위험의 방지라고 정의할 때, 위험에 대한 설명으로 가장 적절하지 않은 것은? 17. 경찰승진

① 위험은 가까운 장래에 공공의 안녕에 손해가 나타날 가능성이 개개의 경우에 충분히 존재하는 상태를 말한다.
② 경찰의 개입은 구체적 위험 내지 적어도 오상위험(추정적 위험)이 있을 때 가능하다.
③ 위험은 보호를 받게 되는 법익에 대해 필수적으로 내재해야 하는 것은 아니다.
④ 손해란 보호받는 개인 및 공동의 법익에 관한 정상적 상태의 객관적 감소를 뜻하고, 보호법익에 대한 현저한 침해행위가 있어야 한다.

정답 및 해설 | ②

② [×] 경찰의 개입은 구체적 위험 내지 적어도 **추상적 위험**이 있을 때 가능하다. **오상위험(추정적 위험)**의 경우에는 경찰관은 잘못된 판단에 기초한 것이므로 경찰의 개입을 정당화 시키지 못한다.

066 경찰의 임무를 공공의 안녕과 질서에 대한 위험의 방지라고 정의할 때, 위험에 대한 설명으로 가장 적절한 것은? 20. 경찰승진

① '위험'은 보호받는 개인 및 공동의 법익에 관한 정상적 상태의 객관적 감소를 뜻한다.
② 위험에 대한 인식은 외관적 위험, 위험혐의, 추상적 위험으로 구분할 수 있다.
③ '위험혐의'란 경찰이 의무에 합당한 사려 깊은 판단을 할 때 실제로 위험의 가능성은 예측되나 불확실한 경우를 말한다.
④ 외관적 위험에 대한 경찰권 발동은 경찰상 위험에 해당하는 적법한 개입이므로 경찰관에게 민·형사상 책임을 물을 수 없고, 국가의 손실보상책임도 발생하지 않는다.

정답 및 해설 | ③

① [×] '손해'에 관한 설명이다.
② [×] 위험에 대한 인식은 **외관적 위험, 위험혐의, 오상위험**으로 구분할 수 있다. 추상적 위험과 구체적 위험은 위험의 현실화 정도에 따른 구분이다.
④ [×] 외관적 위험에 대한 경찰권 발동은 적법한 개입이므로 국가의 **손실보상책임**이 인정될 수 있다.

067 □□□ 경찰의 임무를 공공의 안녕과 질서에 대한 위험의 방지라고 정의할 때, 이에 대한 설명으로 가장 적절한 것은?

20. 경찰

① '공공의 안녕'이란 개념은 '법질서의 불가침성'과 '국가의 존립 및 국가기관 기능성의 불가침성', '개인의 권리와 법익의 보호'를 포함하며, 이 중 공공의 안녕의 제1요소는 '개인의 권리와 법익의 보호'이다.

② '공공의 질서'란 원만한 공동체 생활을 위해 개인이 준수해야 할 불문규범의 총체를 의미하며, 법적 안정성 확보를 위해 불문규범이 성문화되어가는 현상으로 인하여 그 영역이 점차 축소되고 있다.

③ 경찰이 의무에 합당한 사려 깊은 상황판단을 했음에도 불구하고 위험을 잘못 긍정한 경우를 '오상위험'이라고 한다.

④ 위험의 현실화 여부에 따라 '추상적 위험'과 '구체적 위험'으로 구분할 수 있으며 경찰의 개입은 구체적 위험의 경우에만 정당화된다.

정답 및 해설 I ②

① [×] 공공의 안녕의 제1요소는 '법질서의 불가침'이다.

③ [×] 경찰이 의무에 합당한 사려 깊은 상황판단을 했음에도 불구하고 위험을 잘못 긍정한 경우를 '외관상 위험'이라고 한다.

④ [×] 경찰의 개입은 구체적 위험의 경우뿐만 아니라 추상적 위험의 경우에도 가능하다.

068 □□□ 경찰의 임무를 공공의 안녕과 질서에 대한 위험의 방지라고 정의할 때, 위험에 대한 설명으로 가장 옳지 않은 것은?

16. 경찰간부

① 위험은 가까운 장래에 공공의 안녕에 손해가 나타날 수 있는 가능성이 개개의 경우 충분히 존재하는 상태를 말한다.

② 경찰이 의무에 합당한 사려 깊은 판단을 하여 심야에 경찰관이 사람을 살려달라는 외침 소리를 듣고 출입문을 부수고 들어갔는데, 실제로는 노인이 크게 켜놓은 TV 형사극 소리였던 경우는 외관적 위험을 인식한 사례에 해당한다.

③ 위험에 대한 인식에 따라 외관적 위험, 위험혐의, 오상위험, 추상적 위험으로 구분된다.

④ 오상위험은 객관적으로 판단할 때 위험의 외관 또는 혐의가 정당화되지 않음에도 경찰이 위험의 존재를 잘못 추정한 경우를 말하며, 위법한 경찰개입이므로 경찰관 개인에게는 민·형사상 책임, 국가에게는 손해배상책임이 발생할 수 있다.

정답 및 해설 I ③

③ [×] 위험에 대한 인식에 따라 외관적 위험, 위험혐의, 오상위험으로 구분되며, 추상적 위험과 구체적 위험은 위험의 현실화 정도에 따른 구분이다.

069 경찰의 임무를 공공의 안녕과 질서에 대한 위험방지라고 할 때, 위험에 대한 설명 중 옳은 것은 모두 몇 개인가? 14. 경찰간부

> ㉠ 위험이란 가까운 장래에 공공의 안녕에 손해가 나타날 수 있는 가능성이 개개의 경우에 충분히 존재하는 상태를 말한다.
> ㉡ 경찰에게 있어 위험의 개념은 주관적 추정을 포함한다.
> ㉢ 경찰이 의무에 합당한 사려 깊은 상황판단을 했음에도 불구하고 위험을 잘못 긍정하는 경우 '오상위험'이라고 한다.
> ㉣ 오상위험의 경우 경찰관 개인에게는 민·형사상 책임이, 국가에게는 배상책임이 발생할 수 있다.
> ㉤ 위험혐의는 위험의 존재 여부가 명백해질 때까지 예비적으로 행하는 위험조사 차원의 개입을 정당화한다.

① 4개 ② 3개
③ 2개 ④ 1개

정답 및 해설 I ①
옳은 설명은 ㉠㉡㉣㉤ 4개이다.
㉢ [×] 경찰이 의무에 합당한 사려 깊은 상황판단을 했음에도 불구하고 위험을 잘못 긍정하는 경우 '외관상 위험'이라고 한다.

070 경찰의 임무에 대한 설명으로 가장 적절하지 않은 것은? 17. 경찰

① '공공의 안녕과 질서에 대한 위험방지'가 경찰의 궁극적 임무라 할 수 있다.
② 오늘날 대부분의 생활 영역에 대한 법적 규범화 추세에 따라 공공질서개념의 사용가능분야는 점점 축소되고 있다.
③ '공공의 안녕'이란 개념은 '법질서의 불가침성'과 '국가의 존립 및 국가기관의 기능성의 불가침성'으로 나눌 수 있는 바, 이 중 '국가의 존립 및 국가기관의 기능성의 불가침성'이 공공의 안녕의 제1요소이다.
④ 경찰의 개입은 구체적 위험 내지 적어도 추상적 위험이 있을 때 가능하다.

정답 및 해설 I ③
③ [×] '공공의 안녕'이란 개념의 제1요소는 '법질서의 불가침'이다.

071 경찰의 기본적 임무에 대한 설명 중 옳지 않은 것은 모두 몇 개인가? 20. 경찰간부

□□□

㉠ '공공질서'는 원만한 공동체 생활을 영위하기 위한 불가결적 전제조건이 되는 각 개인의 행동에 대한 불문규범의 총체로서 오늘날 공공질서개념의 사용가능분야는 확대되고 있다.

㉡ 오늘날 복지국가적 행정을 요구하고 있는 시대적 요청에 따라 경찰행정분야에서도 각 개인이 경찰권의 발동을 요청할 수 있는 권리인 경찰개입청구권을 인정하기에 이르렀는데 이는 '재량권의 0으로의 수축이론'과 관련이 있다.

㉢ 인간의 존엄 · 자유 · 명예 · 생명 등과 같은 개인적 법익뿐만 아니라 사유재산적 가치나 무형의 권리에 대한 위험방지도 경찰의 임무에 해당한다. 그러나 개인적 권리와 법익이 보호된 경우라고 하더라도 경찰의 원조는 잠정적인 보호에 국한되어야 하고, 최종적인 권리구제는 법원(法院)에 의하여야 한다.

㉣ 법적 안정성의 확보를 위해 불문규범이 성문화되어 가는 현상으로 인하여 오늘날 공공의 질서라는 개념은 그 범위가 점차 축소되고 있다.

㉤ 위험은 경찰개입의 전제조건이나 위험이 보호를 받게 되는 법익에 구체적으로 존재해야 하는 것은 아니기 때문에 보행자의 통행이 거의 없는 밤 시간에 횡단보도 보행자 신호등이 녹색등일 때 정지하지 않고 진행한 경우에도 통행한 운전자는 경찰책임자가 된다. 이는 공공의 안녕을 보호법익으로 하는 도로교통법을 침해함으로써 법질서의 불가침성을 침해하기 때문이다.

㉥ 외관적 위험에 대한 경찰권 발동은 경찰상 위험에 해당하는 적법한 개입이므로 경찰관에게 민 · 형사상 책임을 물을 수 없다. 단, 경찰개입으로 인한 피해가 '공공필요에 의한 특별한 희생'에 해당하는 경우에는 국가의 손실보상책임은 발생할 수 있다.

① 0개
② 1개
③ 2개
④ 3개

정답 및 해설 I ②

옳지 않은 설명은 ㉠ 1개이다.

㉠ [×] 공공질서개념의 사용가능분야는 불문규범의 성문화 경향에 따라 점차 **축소**되고 있다.

072 경찰의 임무에 대한 설명으로 가장 적절하지 않은 것은? 21. 경찰

□□□

① 국가경찰과 자치경찰의 조직 및 운영에 관한 법률 제3조에서 경찰의 임무로 '국민의 생명 · 신체 및 재산의 보호', '범죄피해자 보호', '교통의 단속과 위해의 방지' 등을 규정하고 있다.

② 법질서의 불가침성은 공공의 안녕의 제1요소로서, 공법규범에 대한 위반은 일반적으로 공공의 안녕에 대한 위험으로 취급되어 경찰권 발동의 대상이 된다.

③ 공공질서란 원만한 공동체생활을 위한 필수적인 전제조건으로서 공공사회에서 개개인의 행동에 대한 불문규범의 총체를 의미한다. 공공질서는 시대에 따라 변화하는 상대적 유동적 개념이다.

④ 위험이란 가까운 장래에 공공의 안녕이나 질서에 손해가 나타날 수 있는 가능성이 개개의 경우에 충분히 존재하는 상태를 의미한다. 위험은 구체적 위험과 추상적 위험으로 구분할 수 있으며 경찰개입은 구체적 위험이 있을 때에만 가능하다.

정답 및 해설 | ④

④ [×] 위험은 구체적 위험과 추상적 위험으로 구분할 수 있으며 **경찰개입**은 구체적 위험**뿐만** 아니라 **추상적** 위험이 있을 때에도 가능하다.

073 경찰의 기본적 임무인 '위험의 방지'에 대한 설명으로 가장 적절하지 않은 것은? 22. 경찰승진

□□□

① 경찰개입을 위해서는 구체적 위험이 존재해야 하지만, 범죄예방 및 위험방지행위의 준비는 추상적 위험 상황에서도 가능하다.

② '오상위험'이란 경찰이 상황을 합리적으로 사려 깊게 판단하여 위험이 존재한다고 인식하여 개입하였으나 실제로는 위험이 없던 경우를 말하며 이 경우 국가의 손실보상책임이 발생할 수 있다.

③ '위험혐의'란 경찰이 의무에 합당한 사려 깊은 상황 판단을 할 때, 위험의 발생가능성은 예측되지만, 위험의 실제 발생 여부가 불확실한 경우를 의미한다.

④ '손해'란 보호법익에 대한 현저한 침해행위를 의미하고 정상적 상태의 객관적 감소이어야 하므로, 단순한 성가심이나 불편함은 경찰개입의 대상이 아니다.

정답 및 해설 | ②

② [×] '외관상 위험(오상위험 ×)'이란 경찰이 상황을 합리적으로 사려 깊게 판단하여 위험이 존재한다고 인식하여 개입하였으나 실제로는 위험이 없던 경우를 말하며 이 경우 국가의 손실보상책임이 발생할 수 있다.

074 □□□ 경찰의 임무를 공공의 안녕과 공공의 질서에 대한 위험의 방지라고 정의할 때, 위험에 관한 설명 중 가장 적절하지 않은 것은?

22. 경찰

① 구체적 위험은 개별사례에서 실제로 또는 최소한 경찰관의 사전적 시점에서 사실관계를 합리적으로 평가하였을 때, 가까운 장래에 공공의 안녕이나 공공의 질서에 대한 손해가 발생할 충분한 개연성이 있는 상황과 관련이 있다.

② 오상위험에 근거한 경찰의 위험방지조치가 위법한 경우에는 경찰관 개인에게는 민·형사상 책임이 문제되고 국가에게는 손해배상책임이 발생할 수 있다.

③ 외관적 위험은 경찰관이 의무에 합당한 사려 깊은 상황판단을 하였음에도 위험을 잘못 긍정하는 경우이다.

④ 위험의 혐의만 존재하는 경우에 위험의 존재가 명백해지기 전까지는 예비적 조치로서 위험의 존재 여부를 조사할 권한은 없다.

정답 및 해설 | ④

④ [×] 위험의 혐의만 존재하는 경우에 위험의 존재가 명백해지기 전까지는 예비적 또는 준비적 조치로서 위험의 존재 여부를 조사할 권한이 인정된다.

075 □□□ 경찰의 임무와 관할에 대한 설명으로 적절하지 않은 것은 모두 몇 개인가?

22. 경찰간부

㉠ 국가경찰과 자치경찰의 조직 및 운영에 관한 법률은 경찰의 임무로 국민의 생명·신체 및 재산의 보호, 범죄의 예방·진압 및 수사, 범죄피해자 보호, 교통의 단속과 위해의 방지, 외국 정부기관 및 국제기구와의 국제협력 등을 규정하고 있다.

㉡ 인간의 존엄·자유·명예·생명 등과 같은 개인적 법익뿐만 아니라 사유재산적 가치에 대한 위험방지도 경찰의 임무에 해당하나, 무형의 권리에 대한 위험방지는 경찰의 임무에 해당하지 아니한다.

㉢ 경찰공무원이 국회 안에서 현행범인을 체포한 후에는 국회의장의 지시를 받을 필요가 없지만, 회의장 안에 있는 국회의원에 대하여는 국회의장의 명령 없이 체포할 수 없다.

㉣ 재판장은 법정에서의 질서유지를 위해 필요하다고 인정할 때에는 개정 전후에 상관 없이 관할 경찰서장에게 경찰공무원의 파견을 요구할 수 있으며, 파견된 경찰공무원은 법정 내에서만 질서유지에 관하여 재판장의 지휘를 받는다.

① 0개　② 1개
③ 2개　④ 3개

정답 및 해설 | ④

㉡ [×] 개인적 법익의 보호에는 유형의 권리뿐만 아니라 무형의 권리에 대한 위험방지도 경찰의 임무에 해당한다.

㉢ [×] 경찰공무원이 국회 안에서 현행범인을 체포한 후에는 국회의장의 지시를 따라야 한다(국회법 제150조).

㉣ [×] 재판장은 법정에서의 질서유지를 위해 필요하다고 인정할 때에는 개정 전후에 상관 없이 관할 경찰서장에게 경찰공무원의 파견을 요구할 수 있으며, 파견된 경찰공무원은 법정 내외에서 질서유지를 하며 이에 관하여 재판장의 지휘를 받는다.

076 공공질서에 관한 설명으로 가장 적절하지 않은 것은? 23. 경찰

□□□

① 원만한 공동체 생활을 위한 불가결적 전제조건으로서 공공사회에서 각 개인의 행동에 대한 불문규범의 총체이다.

② 공공질서의 개념은 절대적인 것이 아니라, 시대에 따라 변화하는 상대적이고 유동적인 개념이다.

③ 공공질서 개념의 적용 가능분야는 점차 확대되고 있다.

④ 통치권 집행을 위한 개입근거로 활용될 수 있는 공공질서 개념은 엄격한 합헌성이 요구되고, 제한적인 사용이 필요하다.

정답 및 해설 I ③

③ [×] 공공질서 개념의 적용 가능분야는 불문규범의 성문법화 경향으로 인해 점차 **축소**되고 있다.

077 경찰의 위험방지 임무에서 말하는 '위험'에 관한 설명으로 가장 적절하지 않은 것은? 23. 경찰

□□□

① 경찰개입의 대상이 되는 위험은 행위책임에 기인한 것일 수도 있고 상태책임에 기인한 것일 수도 있다.

② 외관상 위험이 존재할 때의 경찰개입이 적법하더라도, 원칙적으로 국가의 손해배상책임을 발생시킨다.

③ 경찰의 범죄예방 및 위험방지 행위의 준비는 추상적 위험이 존재하는 경우에도 가능하다.

④ 위험혐의의 존재는 위험조사 차원의 경찰개입을 정당화시킨다.

정답 및 해설 I ②

② [×] 외관상 위험도 경찰상 위험에 해당하므로 이에 근거한 경찰권발동은 적법하다. 그러나 적법한 경찰권발동으로 인한 피해는 경찰관 직무집행법에 근거한 국가의 **손실보상책임(손해배상책임 ×)**을 발생시킨다.

078 경찰의 기본적 임무 중 '공공의 안녕과 질서에 대한 위험의 방지'에 관한 설명으로 가장 적절하지 않은 것은? 23. 경채

□□□

① 경찰의 개입은 구체적 위험 내지 적어도 오상위험이 있을 때 가능하다.

② 법질서의 불가침성은 공공의 안녕의 제1요소로서, 민주적 정당성을 부여받은 입법자가 창조하고 형성한 법질서는 그 전체로서 보호되어야 한다.

③ 국가의 존립과 기능성을 위험으로부터 보호하기 위하여 가벌성의 범위 내에 이르지 아니하더라도 국민의 자유나 권리를 침해하지 않는 범위 내에서 수사·정보·안보경찰의 첩보수집 활동을 할 수 있다.

④ 공공의 안녕을 위해 경찰은 개인의 권리와 법익을 보호해야 한다. 다만, 사법(私法)에서 인정되는 사적인 권리확보수단이 존재하는 경우에는 경찰의 보충적인 보호만 인정된다.

정답 및 해설 I ①

① [×] 경찰의 개입은 구체적 위험 내지 적어도 **추상적 위험(오상위험 ×)**이 있을 때 가능하다. 오상위험은 경찰상 위험이 아니므로 경찰권발동의 근거로 삼을 수 없다.

079 ☐☐☐ 경찰의 임무를 공공의 안녕과 질서에 대한 위험의 방지라고 정의할 때, 위험에 관한 설명으로 가장 적절한 것은?

24. 경찰승진

① '위험'이란 보호법익의 정상적 상태의 객관적 감소를 뜻하며, 보호법익에 대한 현저한 침해가 있어야 한다.

② 위험에 대한 인식에 따라 외관적 위험, 위험혐의, 오상위험으로 구분할 수 있다.

③ 추상적 위험의 경우 경찰권 발동에 있어 사실적 관점에서의 위험에 대한 예측까지는 필요하지 않다.

④ 위험의 혐의만 존재하는 경우 위험의 존재가 명백해지기 전까지는 경찰관에게 예비적 조치로서 위험의 존재 여부를 조사할 권한은 없다.

정답 및 해설 I ②

① [×] '손해(위험 ×)'이란 보호법익의 정상적 상태의 객관적 감소를 뜻하며, 보호법익에 대한 현저한 침해가 있어야 한다.

③ [×] 추상적 위험이란 구체적 위험이 예상되는 상태를 말하므로 경찰권 발동에 있어 현재의 사실사태가 장래에 구체적 위험에 이를 수 있는지에 대한 예측을 필요로 한다.

④ [×] 위험의 혐의만 존재하는 경우 위험의 존재가 명백해지기 전까지는 경찰관에게 예비적 조치로서 위험의 존재 여부를 조사할 권한은 인정된다(권한은 없다 ×).

080 ☐☐☐ 경찰의 관할에 관한 설명 중 가장 옳지 않은 것은?

19. 경찰간부 변형

① 국회의장은 국회의 경호를 위하여 필요한 때에는 국회운영위원회의 동의를 받아 일정한 기간을 정하여 정부에 경찰공무원의 파견을 요구할 수 있다.

② 경위나 경찰공무원은 국회 안에 현행범인이 있을 때에는 이를 체포한 후 국회의장의 지시를 받아야 한다. 다만, 회의장 안에서는 국회의장의 명령 없이 의원을 체포할 수 없다.

③ 재판장은 법정에서의 질서유지를 위하여 필요하다고 인정할 때에는 개정 전후에 상관없이 관할 경찰서장에게 경찰공무원의 파견을 요구할 수 있으며, 파견된 경찰공무원은 법정 내외의 질서유지에 관하여 재판장의 지휘를 받는다.

④ 외교공관과 외교관의 개인주택은 국제법상 치외법권 지역으로 불가침의 대상이 되지만 외교사절의 승용차, 보트, 비행기 등 교통수단은 불가침의 대상이 아니다.

정답 및 해설 I ④

④ [×] 외교사절의 승용차, 보트, 비행기 등 교통수단도 국제법상 치외법권 지역으로서 우리나라 경찰권을 원칙적으로 발동할 수 없다.

081 경찰의 관할에 대한 설명으로 가장 적절하지 않은 것은? 20. 경찰

□□□

① 사물관할은 경찰이 처리할 수 있고 또 처리해야 하는 사무 내용의 범위를 말하며 우리나라는 범죄수사에 대한 일부가 경찰의 사물관할로 인정되고 있다.

② 경찰은 중대한 죄를 범하고 도주하는 현행범인을 추적하는 때에는 주한미군시설 및 구역 내에서 범인을 체포할 수 있다.

③ 외교공관은 국제법상 치외법권 지역이나 화재, 감염병 발생과 같은 긴급한 상황에서는 외교사절의 동의 없이도 외교공관에 들어갈 수 있다.

④ 국회경위와 경찰공무원은 국회 안에 현행범인이 있을 때에는 국회의장의 지시를 받은 후 체포하여야 한다.

정답 및 해설 I ④

④ [×] 국회경위와 경찰공무원은 국회 안에 현행범인이 있을 때에는 먼저 체포한 후 국회의장의 지시를 받아야 한다(국회법 제150조).

082 경찰의 관할에 대한 설명으로 틀린 것은? 08. 경찰

□□□

① 원칙적으로 해양경찰청은 해양에서의 경찰사무에 대하여 관할권을 가진다.

② 국회의장의 요청에 의하여 파견된 경찰공무원은 회의장 건물 밖에서 경호한다.

③ 외교공관이나 외교관의 개인주택은 치외법권 지역이나, 경찰의 상태책임대상이 될 수 없다.

④ 중대한 죄를 범하고 도주하는 현행범인을 추적할 때에는 미군시설 및 구역 내에서 범인을 체포할 수 있다.

정답 및 해설 I ③

③ [×] 외교공관과 외교관의 개인주택은 국제법상 치외법권 지역에 해당하여 경찰의 상태책임대상이 되지 않아 경찰이 개입할 수 없는 것이 원칙이지만, 예외적으로 화재나 전염병 발생 등 긴급을 요하는 상태책임이 발생한 경우에는 외교사절의 동의 없이도 공관에 들어갈 수 있다는 것이 국제관례이므로 상태책임대상이 될 수 있다.

083 경찰의 지역관할에 관한 다음 설명 중 가장 적절하지 않은 것은? 14. 경찰승진

□□□

① 외교공관에 화재나 전염병이 발생하여 긴급을 요하는 경우에는 외교사절의 동의 없이도 공관에 들어갈 수 있다.

② 국회의장의 요청으로 경찰관이 파견된 경우에는 회의장 건물 밖에서 경호한다.

③ 외교공관과 외교관의 개인주택은 국제법상 치외법권 지역으로 불가침의 대상이 되지만, 외교사절의 승용차, 보트, 비행기 등 교통수단은 불가침의 대상이 아니다.

④ 국회 안에 현행범인이 있을 때에는 이를 체포한 후 의장의 지시를 받아야한다. 다만, 의원은 회의장 안에 있어서는 의장의 명령 없이 이를 체포할 수 없다.

정답 및 해설 I ③

③ [×] 외교사절의 승용차, 보트, 비행기 등 교통수단도 국제법상 치외법권 지역으로서 우리나라 경찰권을 원칙적으로 발동할 수 없다.

084 경찰의 관할에 대한 설명으로 가장 적절하지 않은 것은? 17. 경찰승진 변형

□□□

① 사물관할은 경찰이 처리할 수 있고 또 처리해야 하는 사무 내용의 범위를 말한다.

② 국회경위와 파견 경찰공무원은 국회의장의 지휘를 받으며, 경위는 회의장 건물 안에서, 경찰관은 회의장 건물 밖에서 경호한다.

③ 국회의장은 국회의 경호를 위하여 필요한 때에는 국가경찰위원회의 동의를 받아 일정한 기간을 정하여 정부에 대하여 필요한 경찰공무원의 파견을 요구할 수 있다.

④ 법원에 파견된 경찰공무원은 재판장의 지휘를 받아 법정 내외의 질서유지를 담당한다.

정답 및 해설 I ③

③ [×] 국회의장은 국회의 경호를 위하여 필요한 때에는 **국회운영위원회의 동의**를 받아 일정한 기간을 정하여 정부에 경찰공무원의 파견을 요구할 수 있다(국회법 제144조 제2항).

085 경찰의 관할에 대한 다음 설명 중 가장 옳은 것은? 17. 경찰간부 변형

□□□

① 인적 관할이란 협의의 경찰권이 발동될 수 있는 인적 범위를 의미한다.

② 우리나라는 대륙법계의 영향을 받아 범죄수사에 관한 임무가 경찰의 사물관할로 인정되고 있다.

③ 재판장은 법정에서의 질서유지를 위해 필요하다고 인정할 때에는 개정 전후에 상관없이 관할 경찰서장에게 경찰공무원의 파견을 요구할 수 있으며, 파견된 경찰공무원은 법정 내외의 질서유지에 관하여 재판장의 지휘를 받는다.

④ 국회 안에 현행범인이 있을 때에는 경찰공무원은 반드시 사전에 국회의장의 지시를 받아 체포하여야 한다.

정답 및 해설 I ③

① [×] 인적 관할이란 **광의**의 경찰권이 발동될 수 있는 인적 범위를 의미한다.

② [×] 우리나라는 **영미법계**의 영향을 받아 범죄수사에 관한 임무가 경찰의 사물관할로 인정되고 있다.

④ [×] 국회 안에 현행범인이 있을 때에는 먼저 이를 체포한 후 국회의장의 지시를 받아야 한다(국회법 제150조).

086 경찰의 관할에 관한 설명 중 가장 적절하지 않은 것은? 22. 경찰

□□□

① 국회법상 경위(警衛)나 경찰공무원은 국회 안에 현행범인이 있을 때에는 체포한 후 국회의장의 지시를 받아야 한다. 다만, 회의장 안에서는 국회의장의 명령 없이 국회의원을 체포할 수 없다.

② 법원조직법상 재판장은 법정에서의 질서유지를 위하여 필요하다고 인정할 때에는 개정 전후에 상관없이 관할 경찰서장에게 경찰공무원의 파견을 요구할 수 있으며, 이에 따라 파견된 경찰공무원은 법정 내외의 질서유지에 관하여 재판장의 지휘를 받는다.

③ 헌법상 대통령은 내란 또는 외환의 죄를 범한 경우를 제외하고는 재직 중 형사상의 소추를 받지 아니한다.

④ '사물관할'이란 경찰권이 발동될 수 있는 지역적 범위를 말하고, 대한민국의 영역 내 모든 범위에 적용되는 것이 원칙이다.

정답 및 해설 | ④

④ [×] '지역관할(사물관할 ×)'이란 경찰권이 발동될 수 있는 지역적 범위를 말하고, 대한민국의 영역 내 모든 범위에 적용되는 것이 원칙이다.

087 경찰의 관할에 대한 설명으로 가장 적절하지 않은 것은? 23. 경찰

□□□

① 사물관할이란 경찰이 처리할 수 있고 또 처리해야 하는 사무 내용의 범위를 말한다.

② 인적관할이란 광의의 경찰권이 어떤 사람에게 적용되는가의 문제이다.

③ 우리나라는 대륙법계의 영향으로 범죄수사를 경찰의 사물관할로 인정하고 있다.

④ 헌법상 대통령은 내란 또는 외환의 죄를 범한 경우를 제외하고는 재직 중 형사상의 소추를 받지 아니한다.

정답 및 해설 | ③

③ [×] 우리나라는 영미법계(대륙법계 ×)의 영향으로 범죄수사를 경찰의 사물관할로 인정하고 있다.

088 다음은 경찰활동의 기본이념과 관련된 법적 근거를 제시한 것이다. 이와 관련하여 〈보기 1〉과 〈보기 2〉의 내용이 가장 적절하게 연결된 것은? 22. 경찰

□□□

〈보기 1〉

(가) 헌법 제1조 제2항에서는 "대한민국 주권은 국민에게 있고, 모든 권력은 국민으로부터 나온다" 라고 규정하고 있다.

(나) 헌법 제37조 제1항에서는 "국민의 자유와 권리는 헌법에 열거되지 아니한 이유로 경시되지 아니한다" 라고 규정하고 있다.

(다) 국가공무원법 제65조 제1항에서는 "공무원은 정당이나 그 밖의 정치단체의 결성에 관여하거나 이에 가입할 수 없다" 라고 규정하고 있다.

〈보기 2〉

㉠ 인권존중주의	㉡ 민주주의
㉢ 법치주의	㉣ 정치적 중립주의

	(가)	(나)	(다)
①	㉡	㉣	㉠
②	㉢	㉡	㉣
③	㉡	㉠	㉣
④	㉢	㉠	㉣

정답 및 해설 | ③

(가)는 ㉡ 민주주의, (나)는 ㉠ 인권존중주의, (다)는 ㉣ 정치적 중립주의에 대한 헌법상 근거규정이다.

089 경찰의 기본이념에 대한 설명으로 옳은 것은? 20. 경찰간부

□□□

① 경찰의 중앙과 지방간의 권한 분배, 경찰위원회제도, 성과급제도 확대는 경찰의 민주성 확보방안이다.

② 인권존중주의는 비록 국가경찰과 자치경찰의 조직 및 운영에 관한 법률에서는 언급이 없으나, 헌법상 기본권 조항 등을 통하여 당연히 유추된다.

③ 경찰위원회제도, 부패방지 및 국민권익 위원회의 설치와 운영에 관한 법률상 국민감사청구제도, 경찰책임의 확보 등은 경찰의 민주성을 확보하기 위한 대내적 민주화 방안이다.

④ 국민의 모든 자유와 권리는 국가안전보장 · 질서유지 또는 공공복리를 위하여 필요한 경우에 한하여 법률로써 제한할 수 있으며 제한하는 경우에도 자유와 권리의 본질적인 내용을 침해할 수 없다.

정답 및 해설 | ④

① [×] 성과급제도의 확대는 경찰의 민주성 확보와는 관련이 없고, 경영주의(능률성 및 효과성)를 확보하기 위한 방안이다.

② [×] 국가경찰과 자치경찰의 조직 및 운영에 관한 법률 제5조에서 "경찰은 그 직무를 수행할 때 헌법과 법률에 따라 국민의 자유와 권리 및 모든 개인이 가지는 불가침의 기본적 인권을 보호하고, … "라고 규정하여 인권존중주의를 규정하고 있다.

③ [×] 경찰위원회제도와 국민감사청구제도는 모두 경찰의 민주성을 확보하기 위한 **대외적** 민주화 방안이다.

090 수사경찰이 피의자 등을 대면하는 과정에서 가장 요구된다고 볼 수 있는 경찰의 이념으로 적절한 것은?

□□□

16. 경찰승진

① 민주주의

② 인권존중주의

③ 경영주의

④ 정치적 중립주의

정답 및 해설 | ②

② [O] 수사경찰에서 가장 중시되는 경찰의 이념은 **인권존중주의**이다.

제5절 | 경찰윤리

091 □□□ 존 클라이니히(J. Kleinig)가 주장한 경찰윤리 교육의 목적에 대한 설명으로 가장 적절하지 않은 것은?

23. 경찰간부

① 도덕적 결의의 강화 – 경찰이 업무를 수행하면서 내부 및 외부로부터의 여러 압력과 유혹에도 굴복하지 않고 자신의 소신과 직업의식에 따라 일을 처리하는 것이다.

② 도덕적 감수성의 배양 – 경찰이 다양한 계층의 사람들을 모두 인간으로서 존중하고 공평하게 봉사하는 것이다.

③ 도덕적 연대책임 향상 – 경찰윤리 교육의 가장 중요한 목적은 경찰의 조직적 연대책임을 강화하도록 하는 것이다.

④ 도덕적 전문능력 함양 – 경찰이 비판적 · 반성적 사고방식을 배양하여 조직 내에 관습적으로 내려오는 관행을 비판적으로 검토하여 수행하는 것이다.

정답 및 해설 | ③

③ [×] 존 클라이니히(J. Kleinig)는 경찰윤리 교육의 가장 중요한 목적은 **도덕적 전문능력**을 **함양**하는 것이라 보았다.

092 □□□ 다음은 하이덴하이머(A. J. Heidenheimer)의 부정부패 개념정의 및 분류에 관한 것이다. ㉠부터 ㉢까지 들어갈 말로 옳은 것은?

22. 법학경채

> ㉠ 고객들은 잘 알려진 위험을 감수하고라도 원하는 이익을 받는 것을 확실히 하기 위하여 높은 가격(뇌물)을 지불하는 결과로 부패가 발생한다.
> ㉡ 부패는 뇌물수수행위와 특히 결부되어 있지만, 반드시 금전적인 형태일 필요가 없는 사적 이익을 고려한 결과로 권위를 남용하는 경우를 포괄하는 용어이다.
> ㉢ 공직자가 법적으로 규정되어 있지 않은 금전적인 또는 다른 형태의 보수에 의하여 그 보수를 제공한 사람들에게 이로운 행위를 함으로써 공중의 이익에 손해를 끼칠 때 부패가 발생한다.

	㉠	㉡	㉢
①	시장중심적 정의	관직중심적 정의	공익중심적 정의
②	관직중심적 정의	시장중심적 정의	공익중심적 정의
③	시장중심적 정의	공익중심적 정의	관직중심적 정의
④	관직중심적 정의	공익중심적 정의	시장중심적 정의

정답 및 해설 | ①

하이덴하이머(A. J. Heidenheimer)는 부패의 개념에 대해서 3가지 관점의 개념정의를 시도하였다. ㉠은 시장의 가격을 중심으로 파악하는 **시장중심적 부패**의 개념이고, ㉡은 공직을 중심으로 바라는 **관직중심적 정의**이며, ㉢은 **공익중심적 정의**이다.

093 □□□ 경찰의 일탈과 부패에 대한 설명으로 가장 적절하지 않은 것은? 22. 경찰간부

① 펠드버그는 경찰이 시민의 작은 호의를 받았다고 해서 반드시 큰 부패를 범하는 것은 아니라고 하였다.

② 델라트르는 '미끄러지기 쉬운 경사로이론'에 따라 시민의 작은 호의를 받은 경찰관 중 큰 부패로 이어지는 경찰관은 일부에 불과하므로 시민의 작은 호의를 금지할 필요는 없다고 하였다.

③ 윌슨(O.W.Wilson)은 "경찰은 어떤 작은 호의, 심지어 한 잔의 공짜 커피도 받도록 허용되어서는 안된다."라고 주장하였다.

④ 셔먼의 '미끄러지기 쉬운 경사로이론'은 부패에 해당하지 않는 작은 선물 등의 사소한 호의를 허용하면 나중에는 엄청난 부패로 이어진다는 이론이다.

정답 및 해설 I ②

② [×] 델라트르는 '미끄러지기 쉬운 경사로이론'에 따라 시민의 작은 호의를 받은 경찰관 중 큰 부패로 이어지는 경찰관은 일부에 불과하다고 본 것은 맞지만 그렇다고 하더라도 일부의 경찰관도 부패에 빠지면 안되므로 작은 호의는 금지되어야 한다는 작은 호의금지론을 주장하였다.

094 □□□ 다음은 경찰의 부정부패 이론(가설)에 관한 설명이다. 주장한 학자와 이론이 가장 적절하게 연결된 것은? 22. 경찰

> ㉠ 부패의 사회화를 통하여 신임경찰이 기존의 부패한 경찰에게 물들게 된다는 것으로 부패의 원인을 개인적 결함이 아닌 조직의 체계적 원인으로 보고 있다.
> ㉡ 시카고 경찰의 부패 원인 중 하나로 "시카고 시민이 경찰을 부패시켰다."라는 주장이 거론된 것처럼 시민사회가 경찰관의 부패를 묵인하거나 용인할 때 경찰관이 부패 행위에 빠져들게 된다.

① ㉠ 델라트르(Delattre) - 미끄러지기 쉬운 경사로 이론
　㉡ 니더호퍼(Neiderhoffer), 로벅(Roebuck), 바커(Barker) - 구조원인가설

② ㉠ 셔먼(Sherman) - 구조원인가설
　㉡ 델라트르(Delattre) - 미끄러지기 쉬운 경사로 이론

③ ㉠ 니더호퍼(Neiderhoffer), 로벅(Roebuck), 바커(Barker) - 구조원인가설
　㉡ 윌슨(Wilson) - 전체사회가설

④ ㉠ 윌슨(Wilson) - 전체사회가설
　㉡ 펠드버그(Feldberg) - 구조원인가설

정답 및 해설 I ③

㉠은 니더호퍼(Neiderhoffer), 로벅(Roebuck), 바커(Barker)의 구조원인가설에 관한 설명이고, ㉡은 윌슨(Wilson)의 전체사회가설에 관한 설명이다.

095 경찰부패의 원인에 관한 설명으로 가장 적절하지 않은 것은? 23. 경찰

□□□

① 윌슨은 "시카고 시민이 경찰을 부패시켰다."고 주장하였는데, 이는 시민사회의 부패가 경찰부패의 주원인이라고 보는 입장이다.

② 구조원인가설은 신임경찰관들이 그들의 선배경찰관들에 의해 조직의 부패한 전통 내에서 사회화됨으로써 부패의 길로 들어 선다는 이론이다.

③ '미끄러운 경사로 이론'은 사회전체가 경찰의 부패를 묵인하거나 조장할 때 경찰관은 자연스럽게 부패행위를 하게 되며, 초기 단계에는 설령 불법적인 행위를 하지 않더라도 작은 호의에 길들여져 나중에는 명백한 부정부패로 빠져들게 된다는 것이다.

④ 전체사회가설은 니더호퍼, 로벅, 바커 등이 주장한 가설이다.

정답 및 해설 I ④

④ [×] 전체사회가설은 미국의 윌슨(O.W. Wilson)이 주장한 가설이다. 니더호퍼, 로벅, 바커 등은 구조원인가설을 주장한 학자이다.

096 경찰 부정부패의 원인에 대한 설명 중 가장 적절하지 않은 것은? 12. 경찰승진

□□□

① '셔먼의 미끄러지기 쉬운 경사로이론'에 대해 펠드버그는 작은 호의를 받았다고 해서 반드시 경찰이 큰 부패를 범하는 것은 아니라고 비판한다.

② 썩은 사과 가설은 전체 경찰 중 일부 부패할 가능성이 있는 경찰을 모집단계에서 배제하지 못하여 이들이 조직에 흡수되어 전체가 부패할 가능성이 있다는 이론이다.

③ 미국의 윌슨은 시민사회의 부패가 경찰부패의 주원인이라고 보는 구조원인 가설을 주장하였다.

④ 니더호퍼, 로벅 등은 선배 경찰의 부패행태로부터 신임 경찰이 차츰 사회화되어 신임 경찰도 기존 경찰처럼 부패로 물들게 된다고 주장한다.

정답 및 해설 I ③

③ [×] 시민사회의 부패가 경찰부패의 주원인이라고 부패원인이론은 구조원인 가설이 아니라 전체사회 가설이다. 구조원인 가설을 주장한 학자는 니더호퍼, 로벅, 바커 등이다.

097 □□□ 경찰의 기본이념이 각 경찰관 개개인의 신념체계로서 윤리의 바탕이 되어 부패 없는 바람직한 경찰상으로 나타날 때, 국민의 신뢰를 받을 수 있다. 경찰의 부패원인 가설에 대한 설명이 가장 적절하게 연결된 것은? 12. 경찰

㉠ 전체사회 가설	㉡ 썩은 사과 가설
㉢ 구조원인 가설	㉣ 작은 호의 가설

ⓐ 부패에 해당되지 않는 작은 호의가 습관화될 경우 미끄러운 경사로를 타고 내려오듯이 점점 더 큰 부패와 범죄로 빠진다는 가설
ⓑ 경찰의 부정부패 현상이 나타나는 원인 중 미국의 윌슨은 '시카고 시민이 경찰을 부패시켰다'고 주장하였는데 시민사회의 부패가 경찰부패의 주원인이라고 보는 입장
ⓒ 선배 경찰의 부패행태로부터 신임 경찰이 차츰 사회화되어 신임 경찰도 기존 경찰처럼 부패로 물들게 된다는 이론
ⓓ 일부 부패할 가능성이 있는 경찰을 모집단계에서 배제하지 못하여 이들이 조직에 흡수되어 전체가 부패할 가능성이 있다는 이론

① ㉠ - ⓐ ② ㉡ - ⓑ
③ ㉢ - ⓒ ④ ㉣ - ⓓ

정답 및 해설 I ③
ⓐ 미끄러운 경사로 이론(작은 호의 가설)(㉣)에 대한 설명이다.
ⓑ 전체사회 가설(㉠)에 대한 설명이다.
ⓒ 구조원인 가설(㉢)에 대한 설명이다.
ⓓ 썩은 사과 가설(㉡)에 대한 설명이다.

098 □□□ 경찰부패의 원인에 관한 다음 설명 중 가장 옳은 것은 무엇인가? 18. 경찰간부

① 델라트르는 작은 호의를 금지해야 한다고 주장하였다.
② 미국의 로벅은 '시카고 시민이 경찰을 부패시켰다'고 주장하였다.
③ 경찰부패에 대한 내부고발은 '침묵의 규범'과 같은 개념이다.
④ 썩은 사과 가설은 부패의 원인이 개인이 아닌 조직적 결함에 있다고 본다.

정답 및 해설 I ①
② [×] '시카고 시민이 경찰을 부패시켰다'고 주장한 학자는 **전체사회 가설**을 주장한 **윌슨**이다.
③ [×] 경찰부패에 대한 내부고발과 '침묵의 규범'은 **반대개념**이다.
④ [×] 썩은 사과 가설은 부패의 원인을 조직적 결함이 아닌 **개인적 결함**에서 찾는다.

099 □□□ 경찰의 부정부패 현상과 그 원인에 관한 다음 설명 중 가장 적절하지 않은 것은? 15. 경찰

① 전체사회 가설은 시민사회의 부패를 경찰부패의 주요 원인으로 본다.

② 구조원인 가설은 윌슨이 주장한 가설로 신참 경찰관들이 그들의 고참 동료들에 의해 조직의 부패전통 내에서 사회화됨으로써 부패의 길로 들어선다는 입장이다.

③ 썩은 사과 가설은 일부 부패경찰이 조직 전체를 부패로 물들게 한다는 이론으로 부패문제를 개인적 결함 문제로 바라본다.

④ 미끄러지기 쉬운 경사로이론은 부패에 해당하지 않는 작은 호의가 습관화될 경우 미끄러운 경사로를 타고 내려오듯이 점점 더 큰 부패와 범죄로 빠진다는 가설이다.

정답 및 해설 | ②

② [×] 구조원인 가설을 주장한 학자는 니더호퍼, 로벅, 바커 등이다. 윌슨은 '시카고 시민이 경찰을 부패시켰다'고 주장하면서 전체사회 가설을 주장하였다.

☑ 경찰부패의 원인에 관한 학설

전체사회 가설	1. 미국의 윌슨은 시카고 경찰의 부패원인을 분석하여 시카고 시민이 경찰을 부패시켰다고 보았음 2. 시민사회 전체의 부패가 경찰을 부패시키는 궁극적 원인 3. 미끄러지기 쉬운 경사로이론과 관련이 있음
구조적 원인 가설 (구조, 조직)	1. 바커 · 로벅 · 니더호퍼 2. 경찰조직 내부의 부패전통의 사회화가 경찰을 부패시키는 궁극적 원인 3. 이러한 부패의 관행이 '침묵의 규범(또는 묵시적 관행)'으로 받아들여지는 특징
썩은 사과 가설(개인)	1. 개인의 윤리적 성향에서 부패원인을 찾음 2. 자질 없는 경찰관들이 모집단계에서 배제되지 못하고 조직으로 유입되는 것이 경찰을 부패시키는 궁극적 원인

100 □□□ 경찰부패 문제의 해결을 위해 다음과 같이 경찰청 공무원행동강령을 개정하였다고 가정한다면, 이와 같은 개정의 근거가 된 경찰부패 이론(가설)으로 가장 적절한 것은? 19. 경찰

현행	개정안
공무원은 직무 관련 여부 및 기부 · 후원 · 증여 등 그 명목에 관계없이 동일인으로부터 1회에 100만원 또는 매 회계연도에 300만원을 초과하는 금품 등을 받거나 요구 또는 약속해서는 아니 된다.	공무원은 직무 관련 여부 및 기부 · 후원 · 증여 등 그 명목에 관계없이 어떠한 금품 등도 받거나 요구 또는 약속해서는 아니 된다.

① 썩은 사과 가설
② 미끄러지기 쉬운 경사로이론
③ 형성재론
④ 구조원인 가설

정답 및 해설 | ②

② [○] 해당 지문은 부패에 해당하지 않는 작은 호의를 허용하였다가 이러한 호의가 큰 부패로 이어질 수 있으므로 이를 금지한다는 내용이므로 '미끄러지기 쉬운 경사로이론'과 관련이 있다.

101 다음은 경찰부패에 대한 설명이다. 빈칸 ㉠부터 ㉣까지 들어갈 것으로 가장 적절하게 짝지어진 것은?

□□□

20. 경찰

- (㉠)은 니더호퍼, 로벅, 바커 등이 제시한 이론으로 부패의 사회화를 통하여 신임 경찰이 기존의 부패한 경찰에 물들게 된다는 입장이다.
- (㉡)은(는) 남의 비행에 대하여 일일이 참견하면서 도덕적 충고를 하는 것을 의미한다.
- (㉢)은 공짜 커피, 작은 선물 등의 사소한 호의가 나중에는 큰 부패로 이어질 수 있다는 점을 강조한다.
- (㉣)은(는) 도덕적 가치관이 붕괴되어 동료의 부패를 부패라고 인식하지 못하는 것을 의미하며, 부패를 잘못된 행위로 인식하고 있지만 동료라서 모르는 척하는 침묵의 규범과는 구별되는 개념이다.

	㉠	㉡	㉢	㉣
①	전체사회 가설	Whistle Blowing	사회 형성재이론	Moral Hazard
②	구조원인 가설	Whistle Blowing	미끄러지기 쉬운 경사로이론	Deep Throat
③	전체사회 가설	Busy Bodiness	사회 형성재이론	Deep Throat
④	구조원인 가설	Busy Bodiness	미끄러지기 쉬운 경사로이론	Moral Hazard

정답 및 해설 I ④

④
- (㉠ 구조원인 가설)은 니더호퍼, 로벅, 바커 등이 제시한 이론으로 부패의 사회화를 통하여 신임 경찰이 기존의 부패한 경찰에 물들게 된다는 입장이다.
- (㉡ Busy Bodiness)는 남의 비행에 대하여 일일이 참견하면서 도덕적 충고를 하는 것을 의미한다.
- (㉢ 미끄러지기 쉬운 경사로이론)은 공짜 커피, 작은 선물 등의 사소한 호의가 나중에는 큰 부패로 이어질 수 있다는 점을 강조한다.
- (㉣ Moral Hazard)는 도덕적 가치관이 붕괴되어 동료의 부패를 부패라고 인식하지 못하는 것을 의미하며, 부패를 잘못된 행위로 인식하고 있지만 동료라서 모르는 척하는 침묵의 규범과는 구별되는 개념이다.

102 □□□ 다음은 경찰관들의 일탈 사례와 이를 설명하는 이론(가설)이다. 〈보기 1〉과 〈보기 2〉의 내용이 가장 적절하게 연결된 것은? 20. 경찰

〈보기 1〉

(가) 경찰관 A는 동료경찰관들이 유흥업소 업주들로부터 접대를 받은 사실을 알고도 모른 체했다.
(나) 음주운전으로 징계처분을 받은 적이 있는 B가 다시 음주운전으로 적발되어 징계위원회에 회부되었다.
(다) 주류판매로 단속된 노래연습장 업주가 담당경찰관 C에게 사건무마를 청탁하며 뇌물수수를 시도하였다.

〈보기 2〉

㉠ 썩은 사과 가설　　㉡ 미끄러지기 쉬운 경사로이론
㉢ 구조원인 가설　　㉣ 전체사회 가설

	(가)	(나)	(다)
①	㉢	㉠	㉣
②	㉠	㉢	㉣
③	㉠	㉢	㉡
④	㉢	㉠	㉡

정답 및 해설 | ①
(가) 침묵의 규범에 관한 내용으로 구조원인 가설(㉢)과 관련이 깊다.
(나) 개인적 결함이 있는 공무원에 관한 설명이므로 썩은 사과 가설(㉠)에 대한 내용이다.
(다) 노래연습장 업주가 담당경찰관에게 뇌물을 전달하는 것으로 시민사회의 부패가 경찰을 부패하게 만든다는 전체사회 가설(㉣)에 관한 설명이다. 담당경찰관 C가 뇌물을 수수하였다는 정황은 없으므로 썩은 사과 가설도 보기에는 어렵다.

103 □□□ 경찰의 부정부패 사례와 그에 대한 원인분석을 설명하는 이론 중 가장 옳지 않은 것은? 10. 경찰승진

① 지구대에 근무하는 경찰관 A는 순찰 도중 동네 슈퍼마켓 주인으로부터 음료수를 얻어 마시면서 친분을 유지하다가 나중에는 폭행사건처리 무마 청탁을 받고 큰돈까지 받게 되었다면 '미끄러지기 쉬운 경사로 이론'의 한 예로 볼 수 있다.
② 경제팀 수사관 A가 기소중지자의 신변인수차 출장을 가면서 사실은 1명이 갔으면서도 2명분의 출장비를 수령하였다면, 그 원인은 행정 내부의 '법규 및 예산과 현실의 괴리' 때문이라고도 볼 수 있다.
③ 정직하고 청렴하였던 신임 형사 A가 자신의 조장인 B로부터 관내 유흥업소업자들을 소개받고, 이후 B와 함께 활동을 해가면서 B가 유흥업소업자들로부터 일정금을 받는 것을 보고 점점 그 방식 등을 답습하였다면 '구조원인 가설'로 설명할 수 있다.
④ B지역은 과거부터 지역주민들이 관내 경찰관들과 어울려 도박을 일삼고, 부적절한 사건 청탁을 하는 경우가 종종 있었으나 아무도 이를 문제화하지 않던 곳인데, 동 지역에 새로 발령받은 신임 경찰관 A에게도 지역주민들이 접근하여 도박을 함께 하게 되는 경우는 '썩은 사과 가설'로 설명할 수 있다.

정답 및 해설 I ④

④ [×] 지문의 사례는 썩은 사과 가설이 아니라 시카고 시민이 경찰을 부패시켰다고 주장하면서 시민사회의 부패가 경찰부패의 주원인이라고 보는 '**전체사회 가설**'에 대한 사례로 설명할 수 있다.

104 □□□ 최근 경찰의 부패가 언론에 보도되면 경찰에 대한 신뢰가 많이 저하되고 있다. 이에 따라 경찰의 윤리성 확보 방안이 사회적으로 이슈화되고 있다. 다음 중 경찰의 부패이론과 내부문화에 대한 설명으로 가장 적절하지 않은 것은? 10. 경찰

① 공짜커피, 작은 선물 등의 사소한 호의가 나중에는 큰 부패로 이루어질 수 있다는 것은 '미끄러지기 쉬운 경사로' 이론이다.

② '구조원인 가설'은 신임들이 선임들에 의해 만들어진 조직적인 부패의 전통 내에서 사회화되어 부패의 길로 들어선다는 입장이다.

③ 냉소주의와 회의주의는 모두 불신을 바탕으로 한다는 공통점이 있지만 회의주의는 대상이 특정화되어 있다는 점에서 냉소주의와 차이가 있다.

④ '전체사회 가설'은 클라이니히(John Kleining)가 시카고 시민이 경찰을 부패시켰다고 주장하면서 시민사회의 부패가 경찰부패의 주원인이라고 보는 이론이다.

정답 및 해설 I ④

④ [×] 클라이니히는 내부고발의 정당화 요건을 제시하였고, '전체사회 가설'은 **윌슨**이 시카고 시민이 경찰을 부패시켰다고 주장하면서 시민사회의 부패가 경찰부패의 주원인이라고 보는 이론이다.

105 □□□ 경찰부패이론에 대한 다음 설명 중 가장 적절하지 않은 것은? 13. 경찰

① 전체사회 가설은 윌슨이 주장한 이론으로서 시카고 시민이 경찰을 부패시켰다고 주장하면서 시민사회의 부패가 경찰부패의 주원인이라고 보는 이론이다.

② 구조원인 가설은 신참 경찰관들이 그들의 고참 동료들에 의해 조직의 부패전통 내에서 사회화됨으로써 부패의 길로 들어선다는 이론이다.

③ 썩은 사과 가설은 부패의 원인은 자질이 없는 경찰관들이 모집단계에서 배제되지 못하고 조직 내에 유입됨으로써 경찰의 부패가 나타난다는 이론이다.

④ 미끄러지기 쉬운 경사로이론은 니더호퍼, 로벅, 바커 등이 주장한 이론으로 사회 전체가 경찰의 부패를 묵인하거나 조장할 때 경찰관은 자연스럽게 부패행위를 하게 되며, 처음 단계에는 설령 불법적인 행위를 하지 않더라도 작은 호의와 같은 것에 길들여져 나중에는 명백한 부정부패로 빠져들게 된다는 이론이다.

정답 및 해설 I ④

④ [×] 미끄러지기 쉬운 경사로이론은 **셔먼**이 주장한 이론이다. 니더호퍼, 로벅, 바커 등은 구조원인 가설을 주장하였다.

106 부정부패 현상과 관련하여 틀린 것은 모두 몇 개인가? 14. 경찰간부

□□□

> ㉠ 셔먼의 '미끄러지기 쉬운 경사로'이론에 의하면 공짜 커피 한 잔도 부패에 해당한다.
> ㉡ 선배 경찰의 부패행태로부터 신임 경찰이 차츰 사회화되어 신임 경찰도 기존 경찰처럼 부패로 물들게 된다는 이론은 '썩은 사과 가설'이다.
> ㉢ 경찰관이 동료나 상사의 부정부패에 대하여 감찰이나 외부의 언론매체에 대하여 공표하는 것을 '모랄 해저드(Moral Hazard)'라고 한다.
> ㉣ 셔먼의 '미끄러지기 쉬운 경사로'이론에 대하여 펠드버그는 작은 호의를 받았다고 해서 반드시 경찰이 큰 부패를 범하는 것은 아니라고 하면서 비판하였다.

① 1개 ② 2개

③ 3개 ④ 4개

정답 및 해설 I ③

틀린 설명은 ㉠㉡㉢ 3개이다.

㉠ [×] 공짜 커피 한 잔(사소한 호의)은 어느 견해에 의하든지 **부패에 해당하지 않는다.**

㉡ [×] 선배 경찰의 부패행태로부터 신임 경찰이 차츰 사회화되어 신임 경찰도 기존 경찰처럼 부패로 물들게 된다는 이론은 '**구조원인 가설**'이다.

㉢ [×] 경찰관이 동료나 상사의 부정부패에 대하여 감찰이나 외부의 언론매체에 대하여 공표하는 것을 '**내부고발**(Whistle Blowing)'이라고 한다.

107 다음은 경찰의 부정부패 원인에 대해 설명한 것이다. 가장 적절한 것은? 14. 경찰

□□□

① 전체사회 가설: 대표적으로 니더호퍼, 로벅, 바커 등이 주장한 것으로, '미끄러지기 쉬운 경사로이론'과 관련이 깊다.

② 썩은 사과 가설: 경찰의 부정부패 현상이 나타나는 원인으로 미국의 윌슨은 "시카고 시민이 경찰을 부패시켰다."고 주장하면서, 시민사회의 부패가 경찰부패의 주원인이라고 보았다.

③ 구조원인 가설: 신임 경찰관들이 그들의 선배 동료들에 의해 만들어진 조직적인 부패의 전통 내에서 사회화됨으로써 부패의 길로 들어선다는 입장이다.

④ 전체사회 가설: 자질이 없는 경찰관들이 모집단계에서 배제되지 않고 조직 내로 유입됨으로써 경찰의 부패가 나타난다는 이론이다.

정답 및 해설 I ③

① [×] 전체사회 가설은 미국의 윌슨이 주장한 학설이다.

② [×] **전체사회 가설**에 대한 설명이다.

④ [×] **썩은 사과 가설**에 대한 설명이다.

108 □□□ 다음은 경찰의 부패 원인에 대한 설명이다. 아래 ㉠부터 ㉣까지의 설명 중 옳고 그름의 표시(○, ×)가 바르게 된 것은? 20. 경찰승진

> ㉠ '전체사회 가설'은 시민사회의 부패가 경찰부패의 주요 원인이라고 보는 이론이다.
> ㉡ '썩은 사과 가설'은 선배 경찰의 부패행태로부터 신임 경찰이 차츰 사회화되어 신임 경찰도 기존 경찰처럼 부패로 물들게 된다고 보는 이론이다.
> ㉢ 셔먼의 '미끄러지기 쉬운 경사로이론'에 대해 펠드버그는 작은 호의를 받았다고 해서 반드시 경찰이 큰 부패를 범하는 것은 아니라고 비판한다.
> ㉣ '구조원인 가설'은 부패에 해당하지 않는 작은 호의가 습관화될 경우 더 큰 부패와 범죄로 빠진다고 보는 이론이다.

① ㉠ (○), ㉡ (×), ㉢ (○), ㉣ (×)
② ㉠ (○), ㉡ (○), ㉢ (○), ㉣ (×)
③ ㉠ (×), ㉡ (○), ㉢ (○), ㉣ (×)
④ ㉠ (○), ㉡ (×), ㉢ (○), ㉣ (○)

정답 및 해설 I ①
옳은 설명은 ㉠㉢이다.
㉡ [×] 구조원인 가설에 대한 설명이다.
㉣ [×] 셔먼의 미끄러지기 쉬운 경사로이론에 대한 설명이다.

109 □□□ 경찰의 부정부패 현상과 그 원인에 대한 설명으로 가장 적절한 것은? 17. 경찰

① 사회 전체가 경찰 부패를 묵인하거나 조장할 때 경찰은 부패행위를 하게 되며 시민사회의 부패가 경찰 부패의 주원인으로 보는 이론은 전체사회 가설이다.
② 일부 부패경찰을 모집단계에서 배제하지 못하여 조직 전체를 부패로 물들게 한다는 구조원인 가설은 부패의 원인을 개인적 결함이 아닌 조직의 체계적 원인으로 파악한다.
③ 미끄러지기 쉬운 경사로이론은 부패에 해당하는 작은 호의가 습관화될 경우 미끄러운 경사로를 타고 내려오듯이 점점 더 큰 부패와 범죄로 빠진다는 가설이다.
④ 썩은 사과 가설은 신임 경찰관들이 그들의 선배 경찰관들에 의해 조직의 부패 전통 내에서 사회화되어 신임 경찰도 기존 경찰처럼 부패로 물들게 된다고 주장한다.

정답 및 해설 I ①
② [×] 일부 부패경찰을 모집단계에서 배제하지 못하여 조직 전체를 부패로 물들게 한다는 가설은 '썩은 사과 가설'이다.
③ [×] 미끄러지기 쉬운 경사로이론은 **부패에 해당하지 않는** 작은 호의가 습관화 될 경우 미끄러운 경사로를 타고 내려오듯이 점점 더 큰 부패와 범죄로 빠진다는 가설이다.
④ [×] 구조원인 가설에 대한 설명이다.

110 경찰의 부정부패이론에 대한 설명으로 가장 적절하지 않은 것은? 18. 경찰

□□□

① 윌슨이 주장한 전체사회 가설은 '미끄러지기 쉬운 경사로이론'과 유사하다.

② 구조원인 가설에 따르면, 구조화된 조직적 부패는 서로가 문제점을 알면서도 눈감아주는 '침묵의 규범'을 형성한다.

③ 전체사회 가설은 시민사회의 부패를 경찰부패의 주요 원인으로 본다.

④ 썩은 사과 가설은 일부 부패경찰이 조직 전체를 부패로 물들게 한다는 이론으로 부패의 원인을 조직의 체계적 원인으로 파악한다.

정답 및 해설 I ④

④ [×] 썩은 사과 가설은 경찰부패의 원인을 조직이 아닌 **개인적 결함**에서 찾는다.

111 경찰부패이론에 대한 설명 중 가장 옳지 않은 것은? 11. 경찰간부

□□□

① 셔먼의 '미끄러운 경사로이론'은 부패에 해당되지 않는 작은 호의가 습관화될 경우 미끄러운 경사로를 타고 내려오듯 점점 더 큰 부패와 범죄로 빠진다는 가설이다.

② 펠드버그는 대부분의 경찰관들이 사소한 호의와 뇌물을 구별할 수 있으므로 '미끄러운 경사로이론'은 비현실적일 뿐만 아니라, 경찰관의 지능에 대한 모독이라고 주장했다.

③ 니더호퍼, 로벅, 바커 등이 제시한 이론으로 신임 경찰이 기존의 부패한 경찰로부터 부패의 사회화를 통하여 물들게 된다는 이론을 '구조원인 가설'이라고 한다.

④ 클라이니히는 외부고발론의 정당화요건을 제시하면서 내부문제를 외부에 공표하기 전에 조직 내 다른 채널을 통하여 해결할 수 있으면 먼저 내부적 해결을 해야 한다고 본다.

정답 및 해설 I ④

④ [×] 클라이니히는 외부고발론이 아니라 **내부고발론**의 정당화요건을 제시하면서 내부문제를 외부에 공표하기 전에 조직 내 다른 채널을 통하여 해결할 수 있으면 먼저 내부적 해결을 해야 한다고 본다.

112 경찰의 부패에 관한 설명 중 가장 적절하지 않은 것은? 22. 경찰

□□□

① 'Dirty Harry 문제'는 도덕적으로 선한 목적을 위해 윤리적 · 정치적 혹은 법적으로 더러운 수단을 동원하는 것이 적절한가와 관련된 딜레마적 상황이다.

② 구조화된 조직적 부패는 서로가 문제점을 알면서도 눈감아주는 침묵의 규범 형성의 가능성을 높인다.

③ 셔먼(1985)의 미끄러운 경사(Slippery Slope) 개념은 작은 호의를 받는 것에 익숙해진 경찰관들이 결국 부패에 연루될 수 있음을 경고한다.

④ 전체사회 가설은 신임경찰관이 조직의 부패 전통 내에서 고참 동료들에 의해 사회화됨으로써 부패의 길로 들어선다는 입장이다.

정답 및 해설 I ④

④ [×] 구조원인 가설(전체사회 가설 ×)은 신임경찰관이 조직의 부패 전통 내에서 고참 동료들에 의해 사회화됨으로써 부패의 길로 들어선다는 입장이다.

113 경찰의 부패원인 가설에 대한 설명이 가장 적절하게 짝지어진 것은? 22. 경찰승진

□□□

> ㉠ P경찰관은 부서에서 많은 동료들이 단독 출장을 가면서도 공공연하게 두 사람의 출장비를 청구하고 퇴근 후 잠깐 들러서 시간 외 근무를 한 것으로 퇴근 시간을 허위 기록되게 하는 것을 보고, P경찰관도 동료들과 같은 행동을 하였다.
> ㉡ 경찰관은 순찰 중 주민으로부터 피로회복 음료를 무상으로 받았고, 그 다음 주는 식사대접을 받았다. 순찰 나갈 때마다 주민들에게 뇌물을 받는 습관이 들었고, 주민들도 경찰관이 순찰을 나가면 마음의 선물이라며 뇌물을 주는 것이 관례가 되어버렸다.

	㉠	㉡
①	전체사회 가설	구조원인 가설
②	썩은 사과 가설	구조원인 가설
③	구조원인 가설	전체사회 가설
④	구조원인 가설	썩은 사과 가설

정답 및 해설 I ③

㉠ 경찰부서 내의 구조화된 부패에 동료경찰관들이 사회화과정을 통해 물들게 된다는 것으로 **구조원인 가설**에 관한 내용으로 볼 수 있다.

㉡ 시민사회의 부패의 관행이 경찰관들을 부패로 나아가게 한다는 내용으로 **전체사회 가설**로 설명될 수 있는 내용이다.

114 경찰부패에 대한 설명으로 가장 적절하지 않은 것은? 22. 경찰간부

□□□

① 미끄러지기 쉬운 경사로 이론(Slippery Slope Theory)은 공짜 커피, 작은 선물 등의 사소한 호의가 나중에는 큰 부패로 이어질 수 있다는 점을 강조한다.

② 썩은 사과 이론(Rotten Apple Theory)은 부패의 원인을 개인적 결함보다는 조직의 체계적 원인으로 보고 있으며 조직 차원의 경찰윤리교육의 중요성을 강조한다.

③ 구조원인 가설(Structural Hypothesis)은 신임 경찰들이 선배 경찰에 의해 조직의 부패전통 내에서 사회화되어 신임 경찰도 기존 경찰처럼 부패로 물들게 된다는 이론이다.

④ 윤리적 냉소주의 가설(Ethical Cynicism Hypothesis)은 경찰에 대한 외부통제기능을 수행하는 정치권력, 대중매체, 시민단체의 부패는 경찰의 냉소주의를 부채질하고 부패의 전염효과를 가져 온다고 한다.

정답 및 해설 I ②

② [×] 썩은 사과 이론은 부패의 원인을 조직의 체계적인 원인보다 개인의 윤리적 결함에 원인이 있다고 본다. 조직 차원의 경찰윤리교육의 중요성을 강조한다는 것은 옳은 설명이다.

115 경찰의 부패원인가설 중 '구조원인가설'에 관한 설명으로 가장 적절하지 않은 것은? 23. 경채

□□□

① 부패의 관행이 경찰조직 내부에서 '침묵의 규범'으로 받아들여진다.

② 니더호퍼(Niederhoffer), 로벅(Roebuck), 바커(Barker) 등이 주장하였다.

③ 정직하고 청렴한 신임순경 A가 상사인 B로부터 관내 유흥업소 업자들을 소개받고, 이후 B와 함께 근무를 하면서 B가 유흥업소 업자들로부터 정기적으로 금품을 받는 것을 보고, 점차 부패 관행을 학습한 경우로 설명할 수 있다.

④ 경찰의 부패원인을 조직의 체계적 원인보다는 개인적 결함으로 보고 있다.

정답 및 해설 I ④

④ [×] '구조원인가설'은 경찰의 부패원인을 조직의 체계적 또는 구조적 원인에서 찾는다. 경살의 부패원인을 조직의 체계적 원인보다는 개인적 결함으로 보고 있는 학설은 '썩은 사과가설'이다.

116 부정부패에 관한 설명으로 가장 적절하지 않은 것은? 23. 경찰

□□□

① 작은 호의를 제공받은 경찰관이 도덕적 부채를 느껴 이를 보충하기 위해 결과적으로 선한 후속행위를 하는 상황은 미끄러운 경사 (slippery slope) 가설의 맥락에서 이해할 수 있다.

② 대의명분 있는 부패(noble cause comuption)와 Dirty Harry 문제는 부패의 개념적 징표를 개인적 이익 추구를 넘어 조직 혹은 사회적 차원의 이익 추구로 확대하고자 하는 시도라고 볼 수 있다.

③ 고객이 위험을 감수하고서라도 원하는 이익을 확실히 취하기 위해 높은 가격의 뇌물을 지불하는 상황을 부패로 이해한다면, 이는 하이덴하이머(Heidenheimer)가 제시한 세 가지 유형의 부정부패 정의 중 시장중심적 정의와 가장 관련이 크다.

④ 공직자가 직무와 관련하여 그 지위 또는 권한을 남용하거나 법령을 위반하여 자기 또는 제3자의 이익을 도모하는 행위는 「부패방지 및 국민권익위원회의 설치와 운영에 관한 법률」상 부패행위에 해당한다.

정답 및 해설 I ①

① [×] 작은 호의를 제공받은 경찰관이 점점 더 큰 부패행위(선한 후속행위 ×)를 하는 상황은 미끄러운 경사 (slippery slope) 가설의 맥락에서 이해할 수 있다.

② [○] 대의명분 있는 부패(noble cause comuption)란 정당한 목적을 이루기 위해 필요하여 저지르는 부패를 말한다. Dirty Harry 문제는 정당한 목적이라면 부정한 수단을 동원해도 되는가의 도덕적 딜레마 상황을 말한다. 따라서 양자 모두의 부패는 개인적 이익 추구의 수준을 넘어 정당한 목적이라는 사회적 차원의 이익 추구로 확대하고자 하는 시도에서 빚어지는 부패라는 점에서 공통점을 갖는다.

117 경찰 부패의 원인을 설명할 수 있는 학설에 관한 설명으로 가장 적절하지 않은 것은? 24. 경찰승진

□□□

① '전체사회가설'은 윌슨(Wilson)이 주장한 이론으로, 사회 전체가 경찰의 부패를 묵인하거나 조장할 때 경찰관은 자연스럽게 부패행위를 하게 된다고 설명한다.

② '미끄러지기 쉬운 경사로 이론'은 셔먼(Sherman)이 주장한 이론으로, 부패에 해당하지 않는 작은 호의를 허용하면 나중에는 엄청난 부패로 이어진다는 이론이다.

③ '썩은 사과 가설'은 일부 부패경찰이 조직 전체를 부패로 물들게 한다는 이론으로, 부패의 원인을 조직의 체계적 결함으로 보고 있으며, 신임경찰 채용단계의 중요성을 강조한다.

④ '구조원인 가설'은 니더호퍼(Niederhoffer), 로벅(Robuck), 바커(Barker) 등이 주장한 이론으로, 조직의 부패전통 내에서 청렴한 신임경찰이 선배경찰에 의해 사회화되어 신임경찰도 부패로 물들게 된다는 이론이다.

정답 및 해설 | ③

③ [×] '썩은 사과 가설'은 일부 부패경찰이 조직 전체를 부패로 물들게 한다는 이론으로, 부패의 원인을 조직의 개인의 윤리적(체계적 ×) 결함으로 보고 있으며, 신임경찰 채용단계의 중요성을 강조한다.

118 경찰의 전문직업화에 대한 설명으로 가장 적절한 것은? 22. 경찰간부

□□□

① 미국의 서덜랜드(Edwin H. Sutherland)는 경찰의 높은 사회적 지위를 확보하기 위하여 전문직업화를 추진하였다.

② 경찰의 전문직업화는 경찰이 시민의 입장을 고려하지 않고 전문지식을 바탕으로 일방적으로 의사결정을 하므로 치안서비스의 질이 향상된다.

③ 경찰의 전문직업화는 경제적 · 사회적 약자가 경찰에 진출할 기회를 증대시켜 준다.

④ 경찰의 전문직업화는 경찰위상과 사기제고, 치안서비스 질의 향상 등의 이점이 있다.

정답 및 해설 | ④

① [×] 경찰의 전문직업화는 미국의 어거스트볼머(August Vollmer) 등에 의하여 추진되었다.

② [×] 경찰의 전문직업화는 경찰이 시민의 입장을 고려하지 않고 전문지식을 바탕으로 일방적으로 의사결정(부권주의의 문제)을 하므로 치안서비스의 질이 저하될 수 있다.

③ [×] 경찰의 전문직업화는 경제적 · 사회적 약자가 경찰에 진출할 기회를 상실시킬 수 있다는 문제점을 갖는다(차별).

119 다음 사례에서 나타나는 전문직업인으로서 경찰의 윤리적 문제점으로 가장 적절한 것은? 22. 경찰

□□□

ㅇㅇ경찰서 경비과 소속 경찰관 甲은 집회 현장에서 시위대가 질서유지선을 침범해 경찰관을 폭행하자 교통, 정보, 생활안전 등 다른 전체적인 분야에 대한 고려 없이 경비분야만 생각하고 검거 결정을 하였다.

① 부권주의 ② 소외

③ 차별 ④ 사적 이익을 위한 이용

정답 및 해설 I ②

OO경찰서 경비과 소속 경찰관 甲이 전체적인 맥락(숲)을 보지 못하고 분야는 보지 못하고, 국지적인 자신의 전문분야인 경비분야(나무)만 보고 판단을 한 것이므로 이는 경찰의 직업전문화의 문제점 중 소외에 관한 설명이다.

120 사회계약 사상의 내용 중 사상가와 그의 사상을 연결한 것으로 가장 적절하지 않은 것은?

13. 경찰승진

① 국왕의 통치의지에 절대 복종, 혁명은 절대 불가 – 홉스

② 자연권의 전면적 양도설, 제한군주정치, 반항권의 유보 – 로크

③ 일반의지, 국민주권 발동으로 불평등관계 시정 – 루소

④ 각 개인의 자연권 포기, 절대군주정치를 통한 평화와 안전의 기대 – 홉스

정답 및 해설 I ②

② [×] 자연권의 전면적 양도는 홉스가 주장한 내용이다.

121 경찰활동의 사상적 토대는 사회계약설에서 찾을 수 있다. 홉스, 로크, 루소에 의해 주장된 근대의 사회계약설은 계약이라는 개념을 통해서 경찰제도를 포함한 각종 제도나 정부형태, 법체계 등이 조직되는 원리를 도출하고 있다. 사회계약론을 주창한 위 세 학자들의 사회계약 사상을 기술한 내용 중 옳은 것은 모두 몇 개인가?

12. 경찰승진

㉠ 홉스는 자연상태를 '만인에 대한 만인의 투쟁', '약육강식의 투쟁상태'로 보았다.

㉡ 루소는 자연상태에서 처음에는 자유 · 평등이 보장되는 목가적 상태에서 점차 강자와 약자의 구별이 생기고 불평등 관계가 성립한다고 보았다.

㉢ 로크는 자연상태에서 처음에는 자유롭게 평등하며 정의가 지배하는 사회였다가 인간관계가 확대됨에 따라 자연권의 유지가 불안해진다고 보았다.

㉣ 로크는 자연상태에서도 인간은 자연법의 제한을 받으며 자신의 권리가 침해되었을 때 스스로의 자위권을 발동할 수 있다고 주장하였다.

① 1개 ② 2개

③ 3개 ④ 4개

정답 및 해설 I ④

㉠㉡㉢㉣ 모두 옳은 설명이다.

122 장자크 루소(Jean Jacques Rousseau)가 주장한 사회계약론의 내용으로 가장 적절하지 않은 것은?

□□□

23. 경찰간부

① 공동체의 구성원 전체가 개별적인 의지를 초월하는 일반의지에 따를 것을 약속함으로써 국가가 탄생하였으며 일반의지의 표현이 법이고 일반의지의 행사가 주권이 된다.

② 사회계약은 개인들이 문명사회의 현실을 벗어나 하나의 새로운 사회질서를 창출하는 공동행위이다.

③ 공동체 구성원은 사회계약을 통해서 자연적 자유대신에 사회적 자유를 얻게 된다.

④ 시민들이 기본권을 보호받기 위해 계약을 통해 정부를 구성했으므로 국가가 시민의 기본권을 침해하는 경우 시민은 저항하고 나아가 그 정부를 해산할 수 있는 권리가 있다.

정답 및 해설 I ④

④ [×] 루소에 따르면 국가는 시민의 기본권 즉 자연권을 보호받기 위해 탄생된 것이 아니라 **불평등관계를 시정**하기 위해서 국민의 일반의지의 발로로 탄생된 것이다. 시민들은 불평등관계를 시정하기 위하여 계약을 통해 국가를 구성하였고 그 국가의 주권자의 일반의지인 법을 집행하는 정부(군주)가 이러한 시민의 일반의지를 거슬러 그 권력을 남용한다면 시민은 저항하고 나아가 그 정부를 해산할 수 있는 권리가 있다.

123 사회계약설로부터 도출되는 여러 가지 경찰활동의 기준을 설명한 것이다. 이들 중 다르게 설명하고 있는 것은?

□□□

08. 경찰간부

① 경찰은 사회 전체의 필요에 의해 생겨난 기구로서 경찰서비스에 대한 공정한 접근을 허용해야 한다는 것은 공정한 접근의 확보이다.

② 공공의 신뢰확보는 경찰은 자의적으로 권한을 행사해서는 안 되며, 시민들의 신뢰에 합당한 방식으로 권한을 행사해야 한다는 것이다.

③ 경찰관은 시민의 생명과 재산을 보호하기 위한 목적을 달성하기 위해 협력하여야 할 의무가 있다.

④ 경찰관은 사회의 일부분이 아닌 사회 전체의 이익을 염두에 두어야 한다는 것은 협동의 원칙이다.

정답 및 해설 I ④

④ [×] 경찰관은 사회의 일부분이 아닌 사회 전체의 이익을 염두에 두어야 한다는 것은 **냉정하고 객관적인 자세**에 대한 설명이다.

124 경찰윤리에 관한 설명으로 가장 적절한 것은? 19. 경찰승진

□□□

① 사회계약설에서 도출되는 경찰활동의 기준으로 볼 때 경찰관이 사회의 일부분이 아닌 사회 전체의 이익을 염두에 두어야 한다는 것은 '냉정하고 객관적인 자세'에 해당한다.

② 경찰 전문직업화의 문제점으로 '소외'는 전문직이 되는 데 장기간의 교육이 필요하고 비용이 들어, 가난한 사람은 전문가가 되는 기회를 상실하는 것을 말한다.

③ '썩은 사과 가설'은 부패의 원인을 개인적 결함보다는 조직의 체계적 원인으로 보고 있으며 신임 경찰 채용단계의 중요성을 강조한다.

④ 경찰청 윤리강령의 문제점으로 '비진정성의 조장'은 강령의 내용을 행위의 울타리로 삼아 강령에 제시된 바람직한 행위 그 이상의 자기희생을 하지 않으려는 경향을 의미한다.

정답 및 해설 I ①

② [×] **차별**에 관한 설명이다.

③ [×] 썩은 사과 가설은 부패의 원인을 조직의 체계적 원인보다 **개인적 결함**으로 보는 견해이다.

④ [×] **최소주의의 위험**에 관한 설명이다.

125 사회계약설로부터 도출되는 경찰활동의 기준(코헨과 펠드버그)에 대한 다음 설명 중 가장 적절하지 않은 것은? 11. 경찰

□□□

① 음주단속을 하던 경찰이 동료 경찰관을 적발하고도 동료라는 이유로 눈감아 주었다면 '공공의 신뢰'를 저해하는 편들기에 해당한다.

② 탈주범이 자기 관내에 있다는 첩보를 입수하고도 이를 상부에 보고하지 않고, 단독으로 검거하려다 실패했다면 '협동과 팀워크'에 위배된다.

③ 경찰이 직무수행과정에서 적법절차를 준수하고, 권한을 남용하거나 물리력을 과도하게 사용해서는 아니되며, 오직 시민의 신뢰에 합당한 방식으로 권한을 행사하는 것은 '공공의 신뢰'에 해당한다.

④ '시민의 생명과 재산의 안전보호'가 사회계약의 목적이며, 법집행 자체가 사회계약의 궁극적인 목적은 아니다.

정답 및 해설 I ①

① [×] 음주단속을 하던 경찰이 동료경찰관을 적발하고도 동료라는 이유로 눈감아 주었다면 '**공정한 접근**'을 저해하는 편들기에 해당한다.

126 다음은 사회계약설에서 도출되는 경찰활동의 기준에 관한 설명이다. 옳은 설명은 모두 몇 개인가?
□□□

10. 경찰

> ㉠ 경찰관 김순경은 달아나는 절도범인의 체포를 위해 등 뒤에서 권총을 쏘아 사망케 한 것은 공정한 접근에 위배된다.
> ㉡ 경찰관 김순경이 오토바이를 타고 도망가는 난폭운전자를 추격하다가 난폭운전으로 시민과 운전자의 생명과 재산의 침해가 크게 우려되어 추격을 중단했다면 이는 공공의 신뢰에 위배된다.
> ㉢ 경찰관 김순경은 집에 도둑을 맞은 경험이 있어 강도범을 대할 때면 과거 도둑맞은 경험이 생각나 부당하게 강력대응하였다면 이는 경찰의 냉정하고 객관적인 자세에 위배된다.
> ㉣ 경찰관 김순경은 유흥주점의 단속과 관련하여 유흥주점의 A사업자로부터 뇌물과 향흥을 제공받았다면 냉정하고 협동과 팀워크에 위배된다.

① 4개 ② 3개
③ 2개 ④ 1개

정답 및 해설 | ④

옳은 설명은 ㉢ 1개이다.

㉠ [×] 공공의 신뢰 중 최소침해주의에 위배된 사례이다.

㉡ [×] 시민의 생명과 재산의 안전은 경찰활동의 궁극적인 목적이므로 사안과 같이 시민의 생명과 재산의 침해의 우려가 큰 경우에는 법집행을 강행해서는 안 된다. 생명과 재산의 안전보호에 적합한 사안이며 공공의 신뢰확보 중 법집행의 신뢰에 위배된다고 볼 수 없다.

㉣ [×] 공공의 신뢰확보 중 경찰의 사적 이익추구금지에 위배된 사례이다.

127 코헨(Cohen)과 펠드버그(Feldberg)가 제시한 경찰활동의 기준에 따라 분류할 때 가장 성격이 다른 것은?
□□□

09. 경찰

① 경찰관 甲은 우범지역인 A거리와 B거리의 순찰업무를 맡았으나 A거리에 가족이 산다는 이유로 A거리에서 순찰근무시간의 대부분을 할애한 경우
② 경찰관 乙은 절도범을 추격하던 중 도주하는 범인의 등 뒤에서 권총을 쏘아 사망하게 한 경우
③ 경찰관 丙은 동료 경찰관의 음주운전사실을 발견하였으나 단속하지 않은 경우
④ 경찰관 丁은 순찰근무 중 달동네에 가려고 하지 않고 부자동네만 순찰하는 경우

정답 및 해설 | ②

② 공공의 신뢰와 관련된 내용이다. 나머지 ①③④는 공정한 접근과 관련된 내용이다.

128 □□□ 다음의 예는 코헨(Howard Cohen)과 펠드버그(Michael Feldberg)가 제안한 '사회계약설적 접근을 통해 경찰활동이 지향해야 할 다섯 가지 기준' 중 무엇에 해당하는가? 10. 경찰

> 내가 TV를 잃어버렸고, 옆집에 사는 사람이 의심스럽다고 하자. 그렇지만 법적으로 나는 몽둥이를 들고 함부로 이웃 사람의 집에 들어가서 나의 물건을 찾아낼 수 없다. 그 대신 만약 내가 나의 물건을 되찾고 훔친 사람이 벌을 받기를 원한다면, 나는 형사사법제도를 이용하지 않으면 안 된다. 이를 위해서 우선 경찰을 부른다. 경찰은 수색영장을 얻는 등의 절차를 통해 합법적으로 이웃 사람의 집에 들어가 수색을 하고 범인을 체포할 것이다.

① 공공의 신뢰(Public Trust) 확보

② 생명과 재산의 안전(Safety And Security) 보호

③ 공정한 접근(Fair Access)의 보장

④ 냉정하고 객관적인 자세(Objectivity)

정답 및 해설 I ①

① [O] 공공의 신뢰(Public Trust) 확보를 위해서는 시민들은 특별한 경우 이외에는 자신의 권리를 보호하기 위해 자력구제를 하면 안 되고, 사회계약설에 따라 국민의 신뢰에 의해 맡겨진 공적 기관에 의해 수사 · 공소제기 · 재판 등의 업무를 수행하도록 하여야 한다.

129 □□□ 코헨과 펠드버그가 제시한 윤리표준과 구체적 위반 사례의 연결이 가장 적절하지 않은 것은? 20. 경찰승진

① 생명과 재산의 안전 – 인질이 된 사람의 목숨을 구하는 것보다 교통법규의 준수를 우선함

② 공정한 접근 – 잘 아는 경찰관의 음주운전 무마

③ 역할한계와 팀워크 – 정의감이 투철한 형사가 사건을 취급하면서 좋은 사람과 나쁜 사람을 구별하여 나쁜 사람에게 면박을 주는 경우

④ 공중의 신뢰 – 순찰근무 중 가난한 구역 순찰 누락 사례

정답 및 해설 I ④

④ [×] 순찰근무 중 가난한 구역의 순찰을 누락한 사례는 해태 · 무시에 관한 사례로 공정한 접근보장을 위반한 사례이다.

130 ☐☐☐ 코헨과 펠드버그는 사회계약설적 접근을 통해 경찰활동이 지향해야 할 기준을 제시하였다. 이와 관련하여 가장 적절하지 않은 것은? 14. 경찰승진

① 경찰활동(경찰서비스)대상에 대한 불합리한 차별을 금지하여, 공정한 접근을 보장하여야 한다.

② 사회계약론에 의하면 개개인의 생명과 재산의 안전을 다소 희생하더라도 순수한 법집행 자체가 경찰활동의 궁극적 목적이 되어야 한다.

③ 시민의 신뢰에 합당한 방식으로 경찰력을 행사하여 공공의 신뢰를 확보해야 한다.

④ 사회 일부분이 아닌 사회 전체의 이익을 염두에 둔 경찰활동을 해야 한다.

정답 및 해설 | ②

② [×] 사회계약론에 의하면 경찰활동의 궁극적인 목적은 개인의 **생명과 재산의 안전보호**이다. 따라서 경찰의 법집행의 궁극적인 목적은 순수한 법집행 자체가 되어서는 안 된다.

131 ☐☐☐ 코헨과 펠드버그는 사회계약설로부터 도출되는 경찰활동의 기준을 제시하였다. 다음 각 사례와 가장 연관이 깊은 경찰활동의 기준으로 바르게 연결된 것은 모두 몇 개인가? 17. 경찰간부

> ㉠ 甲순경은 절도범을 추격하던 중 도주하는 범인의 등 뒤에서 권총을 쏘아 사망하게 하였다. - 〈공정한 접근〉
> ㉡ 乙경장은 순찰 근무 중 달동네는 가려고 하지 않고 부자 동네인 구역으로만 순찰을 다니려고 하였다. - 〈공공의 신뢰〉
> ㉢ 丙순경은 경찰 입직 전 집에 도둑을 맞은 경험이 있었다. 그런데 경찰이 되어 절도범을 검거하자, 과거 도둑맞은 경험이 생각나 피의자에게 욕설과 가혹행위를 하였다. - 〈냉정하고 객관적인 자세〉
> ㉣ 丁순경은 강도범을 추격하다가 골목길에서 칼을 든 강도와 조우하였다. 丁순경은 계속 추격하는 척하다가 강도가 도망가도록 내버려 두었다. - 〈공정한 접근〉
> ㉤ 戊경장은 어렸을 적 아버지로부터 가정폭력을 경험하였는데, 가정폭력사건을 처리하면서 모든 잘못은 남편에게 있다고 단정지었다. - 〈공공의 신뢰〉

① 1개 ② 2개
③ 3개 ④ 4개

정답 및 해설 | ①

경찰활동의 기준으로 바르게 연결된 것은 ㉢ 1개이다.

㉠ [×] **공공의 신뢰 중 최소침해원칙**에 관한 사례이다.

㉡ [×] **공정한 접근**에 관한 사례이다.

㉣ [×] **공공의 신뢰 중 법집행의 신뢰**에 관한 사례이다.

㉤ [×] **냉정하고 객관적인 자세**에 관한 사례이다.

132 사회계약설과 이로부터 도출되는 경찰활동의 기준에 대한 설명이다. 가장 적절한 것은? 13. 경찰승진

□□□

① 로크의 사회계약설에 의하면 사회계약을 통하여 개인의 권리보호를 위해 힘을 사용할 권한을 정부에 부여하였다.

② 사회계약론에 의하면 경찰활동의 궁극적 목적은 공공의 신뢰 확보이다.

③ 목욕탕에서 금반지를 잃어버린 손님 甲은 다른 손님 乙이 매우 의심스러웠으나 직접 추궁하지 않고 경찰에 신고하여 체포하도록 하였다. 이는 공정한 접근의 보장에 해당한다.

④ 부친의 가정폭력 경험자인 A경찰관이 사건을 처리하며 남편의 잘못이라고 단정 짓는 경우는 공공의 신뢰 확보에 위배되었다고 볼 수 있다.

정답 및 해설 I ①

② [×] 사회계약론에 의하면 경찰활동의 궁극적 목적은 국민의 생명과 재산의 안전보호이다.

③ [×] 공공의 신뢰 중 자력구제금지에 관한 사례이다.

④ [×] 객관적이고 냉정한 자세에 관한 사례이다.

133 코헨(Cohen)과 펠드버그(Feldberg)는 사회계약설로부터 도출되는 경찰활동의 기준을 제시하였다. 다음 각 사례와 가장 연관이 깊은 경찰활동의 기준을 연결한 것 중 옳지 않은 것은? 20. 경찰간부

□□□

㉠ 김순경은 절도범을 추격하던 중 도주하는 범인의 등 뒤에서 권총을 쏘아 사망하게 하였다. – [공공의 신뢰]

㉡ 1주일간 출장을 마치고 집에 돌아온 A는 자신의 TV가 없어진 것을 발견하였다. 그래서 여기저기 찾아보던 중에 평소부터 사이가 좋지 않던 옆집의 B가 A의 TV를 몰래 훔쳐가 사용 중인 것을 창문너머로 확인하였다. 이때 A는 몽둥이를 들고 가서 직접 자기의 TV를 찾아오려다가 그만두고, 경찰에 신고하여 TV를 되찾았다. – [공공의 신뢰]

㉢ 박순경은 순찰 근무 중 달동네는 가려고 하지 않고 부자 동네인 구역으로만 순찰을 다니려고 하였다. – [공정한 접근]

㉣ 이순경은 어렸을 적 아버지로부터 가정폭력을 경험하였는데, 가정폭력사건을 처리하면서 모든 잘못은 남편에게 있다고 단정지었다. – [냉정하고 객관적인 자세]

㉤ 최순경은 경찰 입직 전 집에 도둑을 맞은 경험이 있었다. 그런데 경찰이 되어 절도범을 검거하자, 과거 도둑맞은 경험이 생각나 피의자에게 욕설과 가혹행위를 하였다. – [냉정하고 객관적인 자세]

㉥ 탈주범이 자기 관내에 있다는 첩보를 입수한 한순경이 상부에 보고하지 않고 공명심에 단독으로 검거하려다 탈주범 검거에 실패하였다. – [협동]

㉦ 은행강도가 어린이를 인질로 잡고 차량도주를 하고 있다면 경찰은 주위 시민들의 안전에 대한 위험에도 불구하고 추격(법집행)을 하여야 한다. – [생명과 재산의 안전 확보]

① 0개 ② 1개

③ 2개 ④ 3개

정답 및 해설 I ①

모두 각 사례와 가장 연관이 깊은 경찰활동의 기준을 연결한 것으로 옳다.

134 ☐☐☐ 코헨(Cohen)과 펠드버그(Feldberg)가 제시한 경찰활동의 윤리적 표준에 대한 설명으로 가장 적절하지 않은 것은?

22. 경찰승진

① 경찰관이 절도범을 추격하던 중 도주하는 범인의 등 뒤에서 권총을 쏘아 사망하게 하는 경우는 '공공의 신뢰' 위반에 해당한다.

② 경찰관이 우범지역인 A지역과 B지역의 순찰업무를 맡았으나, A지역에 가족이 산다는 이유로 A지역에서 순찰 근무시간을 대부분 할애한 경우는 '공정한 접근' 위반에 해당한다.

③ 불법 개조한 오토바이를 단속하던 경찰관이 정지명령에 불응하는 오토바이를 향하여 과도하게 추격한 결과 운전자가 전신주를 들이받고 사망한 경우는 '시민의 생명과 재산의 안전' 위반에 해당한다.

④ 경찰이 사익을 위해 공권력을 사용하거나 필요한 최소한의 강제력을 초과하여 사용하였다면 '공정한 접근' 위반에 해당한다.

정답 및 해설 I ④

④ [×] 경찰이 사익을 위해 공권력을 사용하거나 필요한 최소한의 강제력을 초과하여 사용하였다면 '공공의 신뢰확보(사적 이익추구 금지 및 최소침해원칙)'를 위반한 것에 해당한다.

135 ☐☐☐ 코헨(Cohen)과 펠드버그(Feldberg)가 사회계약설로부터 도출한 경찰활동의 기준과 그 내용의 연결이 가장 적절하지 않은 것은?

23. 경찰

① 생명과 재산의 안전보호 – 경찰활동은 시민의 생명과 재산의 보호가 궁극적인 목적이며 법집행 자체가 목적은 아니다.

② 냉정하고 객관적인 자세 – 과거 아버지의 가정폭력을 경험한 甲경찰관이 가정폭력 사건을 처리하면서 모든 문제는 남편에게 있다고 단정지어 생각하는 경우는 이 기준에 어긋난다.

③ 공공의 신뢰 – 乙경찰관이 공명심이 앞서서 상부에 보고도 없이 탈주범을 혼자서 검거하려다 실패하였다면 이 기준에 어긋난다.

④ 공정한 접근 보장 – 경찰의 법집행 과정에서 발생하는 차별과 편들기는 이 기준에 어긋난다.

정답 및 해설 I ③

③ [×] 乙경찰관이 공명심이 앞서서 상부에 보고도 없이 탈주범을 혼자서 검거하려다 실패하였다면 협동과 팀워크(공공의 신뢰 ×)의 기준에 어긋난다.

136 다음 경찰조직의 냉소주의에 관한 설명으로 가장 적절한 것은? 23. 경찰

□□□

① 니더호퍼(Niederhoffer)는 사회체계에 대한 기존의 신념체제가 붕괴된 후 새로운 신념체제에 의해 급하게 대체될 때 냉소주의가 나타날 수 있다고 하였다.

② 조직 내 팽배한 냉소주의는 경찰의 전문직업화를 저해하는 기제로 작동할 수 있다.

③ 회의주의와 비교할 때, 냉소주의는 조직 내 특정한 대상을 합리적 의심을 통해 신뢰하지 않는 것과 관련이 있다.

④ 냉소주의 극복을 위한 가장 효과적인 조직관리방안은 인간을 본래 게으르고 생리적 욕구 또는 안전의 욕구에 자극을 주는 금전적 보상이나 제재 등 외재적 유인에 반응한다고 상정하여 조직이 권위적으로 관리할 필요가 있다는 맥그리거(McGregor)의 인간모형에 기초한다.

정답 및 해설 | ②

② [○] 조직 내 팽배한 냉소주의는 경찰의 전문직업화를 저해하는 기제로 작동할 수 있다. 냉소주의는 조직 내의 신념의 결여로 경찰조직을 불신함에 따라 발생하는 현상이므로, 경찰조직 내의 냉소주의가 팽배해 있으면 경찰의 사회적 위상제고와 긍지를 불러일으키는 경찰전문직업화의 저해요인이 된다.

① [×] 니더호퍼(Niederhoffer)는 사회체계에 대한 기존의 신념체제가 붕괴된 후 새로운 것에 의해 대체되지 않을 때 냉소주의가 나타날 수 있다고 하였다.

③ [×] 냉소주의는 조직 내 불특정한 대상을 합리적 근거 없이 의심을 통해 신뢰하지 않는 것이다.

④ [×] 냉소주의 극복을 위한 가장 효과적인 조직관리방안은 맥그리거(McGregor)의 Y이론의 인간모형에 기초한다. 인간을 본래 게으르고 생리적 욕구 또는 안전의 욕구에 자극을 주는 금전적 보상이나 제재 등 외재적 유인에 반응한다고 상정하여 조직이 권위적으로 관리할 필요가 있다는 것은 X이론에 관한 설명이다. Y이론은 인간은 일을 자연스러운 것으로 받아 들이며 창의적인 인간으로 상정하여 의사결정에 적극적으로 참여시키는 민주적 관리방안이다.

137 냉소주의와 회의주의에 대한 설명으로 가장 적절하지 않은 것은? 16. 경찰승진

□□□

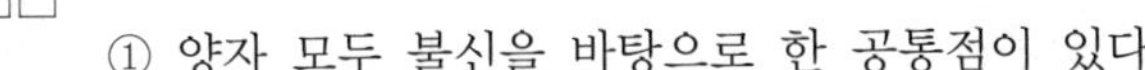

① 양자 모두 불신을 바탕으로 한 공통점이 있다.

② 냉소주의는 대상을 개선시키겠다는 의지가 있다.

③ 냉소주의는 합리적 근거 없이 사회에 대한 신념의 결여로 인해 생겨나는 것이다.

④ 회의주의는 개별적 사안에서 합리적으로 의심하여 비판한다.

정답 및 해설 | ②

② [×] 냉소주의는 대상을 개선시키려는 의지가 없다.

138 클라이니히(John Kleinig)가 제시한 내부고발(Whistle Blowing)의 정당화 요건 중 가장 적절하지 않은 것은?

□□□ 16. 경찰승진

① 어느 정도 성공할 가능성이 있어야 한다.

② 공표 전 다른 채널을 통하여 이견을 말하여야 한다.

③ 부패가 발견되면 제일 먼저 외부에 공개하여야 한다.

④ 적절한 도덕적 동기에 의하여 이루어져야 한다.

정답 및 해설 I ③

③ [×] 내부고발이 정당화되기 위해서는 ㉠ 적절한 도덕적 동기에 의하여 이루어져야 하며, ㉡ 외부에 공표하기 전 조직 내 다른 채널을 통하여 해결을 시도하여야 하고, ㉢ 중대성과 급박성 및 어느 정도 성공할 가능성이 있어야 한다.

139 경찰이 전문직업화 되어 저학력자 등 경제적 · 사회적 약자에게 경찰 직업에의 진입을 차단할 경우 발생할 수 있는 윤리적 문제점으로 가장 적절한 것은?

□□□ 16. 경찰승진

① 권위주의

② 소외

③ 부권주의

④ 차별

정답 및 해설 I ④

④ [○] 경찰이 전문화되면 될수록 전문적인 교육을 받아야 하고, 전문적인 교육을 받기 위해서는 많은 비용과 시간이 소요된다. 따라서 가난한 자들은 경찰이 될 수 있는 기회를 봉쇄당하므로 **차별**의 문제가 발생한다.

140 악법에 대한 법철학적 논의 중 가장 옳지 않은 것은?

□□□ 14. 경찰승진

① 실정법이 자연법에 우선함을 강조하면서 일정한 경우 실정법에 위배된 자연법의 구속력을 부정한다면 이는 자연론적 관점으로 볼 수 있다.

② 경찰이 악법에 대하여 자연법론적 관점을 가지면 악법에 대한 저항을 어느 정도 묵인하는 태도를 취하게 될 수 있다.

③ 공동체가 추구하는 객관적 윤리 질서보다 법적 안정성에 중점을 둔다면 이는 법실증주의적 관점이라고 볼 수 있다.

④ 정당한 절차에 의해 제정된 법이면 '악법도 법'이라고 보는 것은 법실증주의적 관점이라고 볼 수 있다.

정답 및 해설 I ①

① [×] 실정법이 자연법에 우선함을 강조하는 입장은 **법실증주의**에 대한 설명이다.

141 □□□ 경찰시험을 준비하는 甲은 언론에서 경찰공무원의 부정부패 기사를 보고 '나는 경찰이 되면 저런 행위를 하지 않겠다'는 생각을 가졌다. 이런 현상에 대한 설명으로 가장 적절하지 않은 것은? 22. 경찰간부

① 이런 현상을 침묵의 규범이라고 한다.

② 개인적 성향과 조직 내 사회화 과정은 상호보완적 관계에 있다.

③ 경찰공무원의 사회화는 경찰이 되기 전의 가치관에 의해 영향을 받는다.

④ 경찰공무원은 공식적 사회화 과정보다 비공식적 사회화 과정의 영향을 더 많이 받는다.

정답 및 해설 I ①

① [×] 설문은 예기적 사회화 과정에 대한 내용이다. **예기적 사회화**란 특정한 신분이 되기 전에 그 신분에 알맞은 생각과 행동을 학습하는 것을 말한다. 따라서 경찰조직 내부의 부패를 목격하고도 이를 암묵적으로 방관하는 침묵의 규범과 다른 개념이다. 나머지 지문은 예기적 사회화의 특징을 설명한 것이다.

142 □□□ 경찰청 출범에 맞추어 경찰청이 제정 · 선포한 '경찰헌장'의 내용으로 틀린 것은? 09. 경찰

① 모든 사람의 인격을 존중하고 누구에게나 따뜻하게 봉사하는 친절한 경찰이다.

② 우리는 화합과 단결 속에 항상 규율을 지키며 검소하게 생활하는 깨끗한 경찰이다.

③ 건전한 상식 위에 전문지식을 갈고 닦아 맡은 일을 성실하게 수행하는 근면한 경찰이다.

④ 정의의 이름으로 진실을 추구하며 어떠한 불의나 불법과도 타협하지 않는 공정한 경찰이다.

정답 및 해설 I ④

④ [×] 정의의 이름으로 진실을 추구하며 어떠한 불의나 불법과도 타협하지 않는 것은 **의로운 경찰**이다. 공정한 경찰은 국민의 신뢰를 바탕으로 오직 양심에 따라 법을 집행하는 경찰을 말한다.

☑ 경찰헌장(1991년)

1. 우리는, 모든 사람의 **인**격을 존중하고 누구에게나 따뜻하게 **봉**사하는 **친절**한 경찰이다.
2. 우리는, **정의**의 이름으로 진실을 추구하며, 어떠한 **불의**나 불법과도 타협하지 않는 **의로운 경찰**이다.
3. 우리는, 국민의 **신뢰**를 바탕으로 오직 **양**심에 따라 법을 집행하는 **공정**한 경찰이다.
4. 우리는, **건**전한 상식 위에 전문지식을 갈고 닦아 맡은 일을 **성**실하게 수행하는 **근면**한 경찰이다.
5. 우리는, **화합**과 **단**결 속에 항상 규율을 지키며, **검소**하게 생활하는 **깨끗**한 경찰이다.

143 □□□ 경찰윤리강령에 대한 설명 중 가장 적절한 것은? 13. 경찰승진

① 경찰헌장에서는 '우리는 정의의 이름으로 진실을 추구하며, 어떠한 불의나 불법과도 타협하지 않는 공정한 경찰'이라고 하였다.

② 경찰윤리강령의 문제점 중 냉소주의 조장은 강령에 규정된 수준 이상의 근무를 하지 않으려 하는 근무수준의 최저화 경향을 말한다.

③ 경찰윤리강령은 경찰윤리헌장, 새경찰신조, 경찰서비스헌장, 경찰헌장 순으로 제정되었다.

④ 경찰헌장에서는 '친절한 경찰, 의로운 경찰, 공정한 경찰, 근면한 경찰, 깨끗한 경찰'의 5개항을 목표로 제시하였다.

정답 및 해설 I ④

① [×] 경찰헌장에서는 '우리는 정의의 이름으로 진실을 추구하며, 어떠한 불의나 불법과도 타협하지 않는 의로운 경찰'이라고 하였다.

② [×] 경찰윤리강령의 문제점 중 최소주의의 위험에 관한 설명이다.

③ [×] 경찰윤리강령은 경찰윤리헌장(1966년) ⇨ 새경찰신조(1980년) ⇨ 경찰헌장(1991년) ⇨ 경찰서비스헌장(1998년) 순으로 제정되었다.

144 다음은 경찰헌장에서 제시된 경찰의 목표를 나열한 것이다. 가장 옳게 연결된 것은? 16. 경찰간부

□□□

㉠ 친절한 경찰	㉡ 의로운 경찰
㉢ 공정한 경찰	㉣ 근면한 경찰

ⓐ 모든 사람의 인격을 존중하고 누구에게나 따뜻하게 봉사하는 경찰
ⓑ 국민의 신뢰를 바탕으로 오직 양심에 따라 법을 집행하는 경찰
ⓒ 건전한 상식 위에 전문지식을 갈고 닦아 맡은 일을 성실하게 수행하는 경찰
ⓓ 정의의 이름으로 진실을 추구하며 어떠한 불의나 불법과도 타협하지 않는 경찰

① ㉡ - ⓒ
② ㉢ - ⓓ
③ ㉣ - ⓑ
④ ㉠ - ⓐ

정답 및 해설 I ④

ⓐ 친절한 경찰(㉠)에 대한 설명이다.
ⓑ 공정한 경찰(㉢)에 대한 설명이다.
ⓒ 근면한 경찰(㉣)에 대한 설명이다.
ⓓ 의로운 경찰(㉡)에 대한 설명이다.

145 다음 우리나라 경찰윤리강령들을 제정된 연도가 빠른 것부터 느린 순으로 바르게 연결한 것은? 22. 경찰간부

□□□

㉠ 새경찰신조	㉡ 경찰헌장
㉢ 경찰윤리헌장	㉣ 경찰서비스헌장

① ㉠ ⇨ ㉡ ⇨ ㉢ ⇨ ㉣
② ㉡ ⇨ ㉠ ⇨ ㉢ ⇨ ㉣
③ ㉡ ⇨ ㉣ ⇨ ㉠ ⇨ ㉢
④ ㉢ ⇨ ㉠ ⇨ ㉡ ⇨ ㉣

정답 및 해설 I ④

㉢ 경찰윤리헌장(1966년) ⇨ ㉠ 새경찰신조(1980년) ⇨ ㉡ 경찰헌장(1991년) ⇨ ㉣ 경찰서비스헌장(1998년)

146 경찰헌장의 내용 중 괄호 안에 들어갈 가장 적절한 표현은? 23. 경찰승진

□□□

> 우리는 조국 광복과 함께 태어나 나라와 겨레를 위하여 충성을 다하며 오늘의 자유민주사회를 지켜온 대한민국 경찰이다(중략).
>
> Ⅰ. 우리는 정의의 이름으로 진실을 추구하며 어떠한 불의나 불법과 타협하지 않는 (㉠) 경찰이다.
> Ⅰ. 우리는 국민의 신뢰를 바탕으로 오직 양심에 따라 법을 집행하는 (㉡) 경찰이다.
> Ⅰ. 우리는 화합과 단결 속에 항상 규율을 지키며 검소하게 생활하는 (㉢) 경찰이다.

	㉠	㉡	㉢
①	의로운	공정한	깨끗한
②	의로운	깨끗한	친절한
③	공정한	깨끗한	근면한
④	공정한	의로운	깨끗한

정답 및 해설 | ①

㉠ 우리는 정의의 이름으로 진실을 추구하며 어떠한 불의나 불법과 타협하지 않는 (의로운) 경찰이다.
㉡ 우리는 국민의 신뢰를 바탕으로 오직 양심에 따라 법을 집행하는 (공정한) 경찰이다.
㉢ 우리는 화합과 단결 속에 항상 규율을 지키며 검소하게 생활하는 (깨끗한) 경찰이다.

147 경찰헌장에 관한 설명으로 가장 적절하지 않은 것은? 16. 경찰승진

① 우리는 모든 사람의 인격을 존중하고 누구에게나 따뜻하게 봉사하는 친절한 경찰이다.
② 우리는 국민의 신뢰를 바탕으로 오직 양심에 따라 법을 집행하는 공정한 경찰이다.
③ 우리는 건전한 상식 위에 전문지식을 갈고 닦아 맡은 일을 성실하게 수행하는 근면한 경찰이다.
④ 우리는 정의의 이름으로 진실을 추구하며, 어떠한 불의나 불법과도 타협하지 않는 깨끗한 경찰이다.

정답 및 해설 | ④

④ [×] '우리는 정의의 이름으로 진실을 추구하며, 어떠한 불의나 불법과도 타협하지 않는 의로운 경찰'이다.

148 경찰공무원 개개인의 자율적 행동요령을 제정하여 경찰공무원으로서의 공직윤리를 확보하기 위하여 제정된 강령으로 그 형식은 강령 · 윤리강령 · 헌장 등 다양하며 훈령 · 예규의 형태로도 발현되는 것을 경찰강령 또는 경찰윤리강령이라고 하는데 다음 설명 중 가장 적절하지 않은 것은? 13. 경찰승진

□□□

① 경찰윤리강령은 대외적으로는 서비스 수준의 보장, 국민과의 신뢰관계 형성, 과도한 요구에 대한 책임제한 등과 같은 기능을 하며, 대내적으로는 경찰공무원 개인적 기준 설정, 경찰조직의 기준 제시, 경찰조직에 대한 소속감 고취 등의 기능을 한다.

② 경찰윤리강령은 강제력의 부족, 냉소주의 조장, 최소주의의 위험, 우선순위 미결정 등의 문제점이 있다.

③ 우리나라의 경찰윤리강령은 새경찰신조(1966년) ⇨ 경찰윤리헌장(1980년) ⇨ 경찰헌장(1991년) ⇨ 경찰서비스헌장(1998년) 순으로 제정되었다.

④ 경찰헌장에는 '친절한 경찰, 의로운 경찰, 공정한 경찰, 근면한 경찰, 깨끗한 경찰' 5개항을 목표로 제시하였다.

정답 및 해설 | ③

③ [×] 우리나라의 경찰윤리강령은 경찰윤리헌장(1966년) ⇨ 새경찰신조(1980년) ⇨ 경찰헌장(1991년) ⇨ 경찰서비스헌장(1998년) 순으로 제정되었다.

149 경찰과 윤리에 관한 설명 중 적절하지 않은 것은 모두 몇 개인가? 13. 경찰승진

□□□

> ㉠ '셔먼의 미끄러지기 쉬운 경사로'이론은 부패에 해당되지 않는 작은 호의가 습관화될 경우 미끄러운 경사로를 타고 내려오듯이 점점 더 큰 부패와 범죄로 빠진다는 가설이다.
> ㉡ 경찰부패의 원인을 설명하는 이론 중 윌슨이 제시한 이론으로, 신임 경찰이 기존의 부패한 경찰로부터 부패의 사회화를 통하여 물들게 된다는 것은 '전체사회 가설'이다.
> ㉢ '비지바디니스(Busybodiness)'는 남의 비행에 대하여 일일이 참견하여 도덕적 충고를 하는 것이다.
> ㉣ 경찰서비스헌장에서는 친절한 경찰, 의로운 경찰, 공정한 경찰, 근면한 경찰, 깨끗한 경찰의 5개항을 목표로 제시하였다.

① 1개 ② 2개
③ 3개 ④ 4개

정답 및 해설 | ②

틀린 설명은 ㉡㉣ 2개이다.

㉡ [×] 신임 경찰이 기존의 부패한 경찰로부터 부패의 사회화를 통하여 물들게 된다는 것은 니더호퍼, 로벅, 바커가 주장한 **구조원인 가설**이다.

㉣ [×] 지문의 내용은 **경찰헌장**에 규정되어 있다.

150 경찰의 부패이론과 내부고발에 대한 설명으로 가장 옳은 것은? 20. 경찰간부

□□□

① '구조원인설'은 니더호퍼, 로벅, 바커, 윌슨 등이 주장한 이론으로서 신임 경찰들이 선배 경찰에 의해 조직의 부패전통 내에서 사회화되어 신임 경찰도 기존 경찰처럼 부패로 물들게 된다는 이론이다.

② '썩은 사과 가설'은 부패의 원인을 개인적 결함보다는 조직의 체계적 원인으로 보고 있으며 신임 경찰 채용단계의 중요성을 강조한다.

③ '미끄러지기 쉬운 경사로이론'은 펠드버그가 주장한 이론으로 공짜 커피나 작은 선물 등의 사소한 호의가 나중에 엄청난 부패로 이어진다는 이론이다.

④ 내부고발의 정당화 요건으로 적절한 도덕적 동기, 최후수단성, 성공 가능성, 중대성, 급박성 등이 있다.

정답 및 해설 I ④

① [×] 윌슨은 **전체사회 가설**을 주장한 학자이다.

② [×] 썩은 사과 가설은 부패의 원인을 조직의 구조적 · 체계적 원인보다 **개인적 결함**을 강조한 견해이다.

③ [×] 미끄러지기 쉬운 경사로이론을 주장한 학자는 **셔먼**이다.

151 경찰 윤리강령에 따라 발생할 수 있는 문제점에 관한 설명으로 가장 적절하지 않은 것은? 23. 경채

□□□

① 냉소주의: 직원의 참여에 의하여 이루어지는 것이 아니라 상부에서 제정하여 하달되기 때문에 발생할 수 있는 문제

② 비진정성: 전문직업인의 내부규율로서 선언적 효력을 가질 뿐 법적인 강제력이 없기 때문에 이를 위반했을 경우 제재할 방법이 미흡하며, 지나친 이상추구의 성격 때문에 발생할 수 있는 문제

③ 행위중심적 성격: 행위중심적으로 규정되어 있어서 행위 이전의 의도나 동기를 소홀히 하기 때문에 발생할 수 있는 문제

④ 최소주의 위험: 경찰관이 최선을 다하여 헌신과 봉사를 하려다 가도 경찰윤리강령에 포함된 정도의 수준으로만 근무를 하려 하기 때문에 발생할 수 있는 문제

정답 및 해설 I ②

② [×] 지문의 내용은 **강제력의 부족(비진정성 ×)**에 관한 설명이다. 비진정성의 조장이란 경찰윤리강령은 일선 경찰관들의 도덕적 자각에 따라 자발적으로 나온 것이 아니라 외부로부터 요구된 지나치게 타율적으로 형성되어 진정한 봉사가 이루어지지 않을 수 있다는 문제점을 말한다.

152 경찰문화의 냉소주의를 극복하기 위한 방안에 대한 설명이다. ㉠부터 ㉤까지 (   ) 안에 들어갈 용어를 나열한 것으로 가장 적절한 것은? 18. 경찰승진

> 인간관 중 (㉠)이론은 인간이 책임감 있고 정직하여 (㉡)적인 관리를 해야 한다는 이론이고, (㉢)이론은 인간을 게으르고 부정직한 것으로 보아 (㉣)적으로 관리해야 한다는 이론으로, (㉤)이론에 의한 관리가 냉소주의를 극복하는 방안이 된다.

	㉠	㉡	㉢	㉣	㉤
①	X	민주	Y	권위	X
②	X	권위	Y	민주	Y
③	Y	민주	X	권위	Y
④	Y	권위	X	민주	X

정답 및 해설 I ③

③ 인간관 중 (㉠ Y)이론은 인간이 책임감 있고 정직하여 (㉡ **민주**)적인 관리를 해야 한다는 이론이고, (㉢ X)이론은 인간을 게으르고 부정직한 것으로 보아 (㉣ **권위**)적으로 관리해야 한다는 이론으로, (㉤ Y)이론에 의한 관리가 냉소주의를 극복하는 방안이 된다.

153 경찰청 공무원 행동강령에 대한 설명으로 옳은 것은 모두 몇 개인가? 15. 경찰

> ㉠ 공무원은 범죄수사규칙 제30조에 따른 경찰관서 내 수사 지휘에 대한 이의제기와 관련하여 행동강령책임관에게 상담을 요청하여야 한다. 이러한 상담요청을 받은 행동강령책임관은 해당 지휘의 취소 · 변경이 필요하다고 인정되면 소속 기관장에게 보고하여야 한다.
> ㉡ 공무원은 사례를 받고 '외부강의 등'을 할 때에는 미리 외부강의 · 회의 등의 요청자, 요청사유, 장소, 일시 및 대가를 소속 기관장에게 신고하고, 사전에 소속 기관장의 승인을 획득하여야 한다.
> ㉢ 공무원은 상급자가 자기 또는 타인의 부당한 이익을 위하여 공정한 직무수행을 현저하게 해치는 지시를 하였을 때에는 그 사유를 그 상급자에게 소명하고 지시에 따르지 아니하거나 행동강령책임관과 상담하여야 한다.

① 0개 ② 1개
③ 2개 ④ 3개

정답 및 해설 I ①

옳은 설명은 0개이다.

㉠ [×] 공무원은 범죄수사규칙 제30조에 따른 경찰관서 내 수사 지휘에 대한 이의제기와 관련하여 행동강령책임관에게 상담을 요청할 수 있다(경찰청 공무원 행동강령 제4조의2 제1항).

㉡ [×] 공무원은 사례를 받고 '외부강의 · 회의 등'을 한 **후에는 외부강의 등을 마친 날로부터 10일 이내에** 외부강의 · 회의 등의 요청자, 요청사유, 장소, 일시 및 대가를 소속 기관장에게 신고하여야 한다(경찰청 공무원 행동강령 제15조 제2항).

㉢ [×] 공무원은 상급자가 자기 또는 타인의 부당한 이익을 위하여 공정한 직무수행을 현저하게 해치는 지시를 하였을 때에는 그 사유를 그 상급자에게 소명하고 지시에 따르지 아니하거나 행동강령책임관과 **상담할 수 있다**(경찰청 공무원 행동강령 제4조 제1항).

154 경찰청 공무원 행동강령에 대한 설명으로 가장 적절하지 않은 것은? 20. 경찰승진

□□□

① 이 규칙은 경찰청 소속 공무원과 경찰청에 파견된 공무원에게 적용한다.

② 공무원은 자기 또는 타인의 부당한 이익을 위하여 공정한 직무수행을 현저하게 해치는 지시를 하였을 때에는 그 사유를 상급자에게 소명하고 지시에 따르지 아니하거나, 행동강령책임관과 상담할 수 있다.

③ 위 ②에 따라 지시를 이행하지 아니하였는데도 같은 지시가 반복될 때에는 즉시 행동강령책임관과 상담하여야 한다.

④ 위 ②, ③과 관련 상담 요청을 받은 행동강령책임관은 지시 내용을 확인하여 부당한 지시를 한 상급자가 스스로 그 지시를 취소하거나 변경하였을 때에는 소속 기관의 장에게 보고하여야 한다.

정답 및 해설 I ④

④ [×] 위 ②, ③과 관련 상담 요청을 받은 행동강령책임관은 지시 내용을 확인하여 부당한 지시를 한 상급자가 스스로 그 지시를 취소하거나 변경하였을 때에는 소속 기관의 장에게 보고하지 아니할 수 있다(경찰청 공무원 행동강령 제4조 제3항 단서).

155 경찰청 공무원 행동강령에 대한 설명으로 가장 적절한 것은? 18. 경찰승진

□□□

① 공무원은 직무 관련 여부 및 기부 · 후원 · 증여 등 그 명목에 관계없이 동일인으로부터 1회에 100만원 또는 매 회계연도에 200만원을 초과하는 금품 등을 받거나 요구 또는 약속해서는 아니 된다.

② 공무원이 국가나 지방자치단체의 요청으로 대가를 받고 외부강의 등을 할 경우 소속 기관장에게 외부강의 등을 마친 날로부터 10일 이내에 서면으로 신고하여야 한다.

③ 서울시경찰청 소속 甲경정이 자신의 직무와 관련된 교육 강사로 요청받아 월 1회, 1시간 동안 외부강의를 하고 사례금으로 40만원을 받았다면 이는 정당하다.

④ 공무원이 정치인이나 정당 등으로부터 부당한 직무수행을 강요받거나 청탁을 받은 경우에는 소속 기관의 장에게 보고하거나 행동강령책임관과 상담할 수 있다.

정답 및 해설 I ③

① [×] 공무원은 직무 관련 여부 및 기부 · 후원 · 증여 등 그 명목에 관계없이 동일인으로부터 1회에 100만원 또는 매 회계연도에 300만원을 초과하는 금품 등을 받거나 요구 또는 약속해서는 아니 된다(경찰청 공무원 행동강령 제14조 제1항).

② [×] 공무원이 국가나 지방자치단체의 요청으로 대가를 받고 외부강의 등을 할 경우에는 반드시 신고하여야 하는 것은 아니다(경찰청 공무원 행동강령 제15조 제2항 단서).

④ [×] 공무원이 정치인이나 정당 등으로부터 부당한 직무수행을 강요받거나 청탁을 받은 경우에는 소속 기관의 장에게 보고하거나 행동강령책임관과 상담하여야 한다(경찰청 공무원 행동강령 제8조 제1항).

156 경찰청 공무원 행동강령에 규정한 내용으로 가장 적절한 것은? 19. 경찰승진 변형

□□□

① 공무원은 상급자가 자기 또는 타인의 부당한 이익을 위하여 공정한 직무수행을 현저하게 해치는 지시를 하였을 때에는 그 사유를 그 상급자에게 소명하고 지시에 따르지 아니하거나, 소속관서 행동강령책임관과 상담하여야 한다.

② 공무원은 직무 관련 여부 및 기부 · 후원 · 증여 등 그 명목에 관계없이 동일인으로부터 1회에 100만원 또는 매 회계연도에 200만원을 초과하는 금품 등을 받거나 요구 또는 약속해서는 아니 된다.

③ 감독 · 감사 · 조사 · 평가를 하는 기관(이하 '감독기관'이라 한다)에 소속된 공무원은 자신이 소속된 기관의 출장 · 행사 · 연수 등과 관련하여 감독 · 감사 · 조사 · 평가를 받는 기관(이하 '피감기관'이라 한다)에 법령에 근거가 없거나 예산의 목적 · 용도에 부합하지 않는 금품 등의 제공 요구 또는 감독기관 소속 공무원에 대하여 정상적인 관행에 해당하는 예우 · 의전의 요구해당하는 부당한 요구를 해서는 안 된다.

④ 공무원은 직무관련자와는 비용부담 여부와 관계없이 골프를 같이 하여서는 아니 된다. 다만, 부득이한 사정에 따라 골프를 같이 하는 경우에는 소속관서 행동강령책임관에게 사전에 신고하여야 하며 사전에 신고하기 어려운 특별한 사유가 있는 경우에는 사후에 즉시 신고하여야 한다.

정답 및 해설 I ④

① [×] 공무원은 상급자가 자기 또는 타인의 부당한 이익을 위하여 공정한 직무수행을 현저하게 해시는 지시를 하였을 때에는 그 사유를 그 상급자에게 소명하고 지시에 따르지 아니하거나, 소속관서 행동강령책임관과 **상담할 수 있다**(경찰청 공무원 행동강령 제4조 제1항).

② [×] 공무원은 직무 관련 여부 및 기부 · 후원 · 증여 등 그 명목에 관계없이 동일인으로부터 1회에 100만원 또는 매 회계연도에 **300만원**을 초과하는 금품 등을 받거나 요구 또는 약속해서는 아니 된다(경찰청 공무원 행동강령 제14조 제1항).

③ [×] 감독 · 감사 · 조사 · 평가를 하는 기관(이하 '감독기관'이라 한다)에 소속된 공무원은 자신이 소속된 기관의 출장 · 행사 · 연수 등과 관련하여 감독 · 감사 · 조사 · 평가를 받는 기관(이하 이 조에서 '피감기관'이라 한다)에 법령에 근거가 없거나 예산의 목적 · 용도에 부합하지 않는 금품등의 제공 요구 또는 감독기관 소속 공무원에 대하여 정상적인 관행을 벗어난 예우 · 의전의 요구해당하는 부당한 요구를 해서는 안 된다(경찰청 공무원 행동강령 제14조의2 제1항).

157 경찰청 소속 공무원이 준수하여야 할 행동기준을 규정하는 것을 목적으로 제정된 경찰청 공무원 행동강령에 관한 설명으로 가장 적절하지 않은 것은? 14. 경찰승진 변형

□□□

① 상급자가 자기 또는 타인의 부당한 이익을 위하여 공정한 직무수행을 현저하게 해치는 지시를 하였을 때에는 그 사유를 그 상급자에게 소명하고 지시에 따르지 아니하거나 행동강령책임관과 상담할 수 있다.

② 정치인이나 정당 등으로부터 부당한 직무수행을 강요받거나 청탁을 받은 경우에는 소속 기관의 장에게 보고하거나 행동강령책임관과 상담한 후 처리하여야 한다.

③ 공무원은 직무수행 중 알게 된 가상자산과 관련된 정보를 이용한 재산상 거래 또는 투자 행위, 가상자산 정보를 타인에게 제공하여 재산상 거래나 투자를 돕는 행위를 해서는 아니된다. 이에 관한 직무를 수행하는 부서와 직위는 소속 기관장이 정한다.

④ 직무를 수행함에 있어 지연 · 혈연 · 학연 · 종교 등을 이유로 특정인에게 특혜를 주어서는 아니 된다.

정답 및 해설 I ③

③ [×] 공무원은 직무수행 중 알게 된 가상자산과 관련된 정보를 이용한 재산상 거래 또는 투자 행위, 가상자산 정보를 타인에게 제공하여 재산상 거래나 투자를 돕는 행위를 해서는 아니 된다. 이에 관한 직무를 수행하는 부서와 직위는 경찰청장이 정한다(경찰청 공무원 행동강령 제12조 제1항 및 제3항).

158 □□□ 경찰청 공무원 행동강령 제14조 제2항에서는 '공무원은 직무와 관련하여 대가성 여부를 불문하고 제1항에서 정한 금액 이하의 금품 등을 받거나 요구 또는 약속해서는 아니 된다'고 규정하면서 동조 제3항에 그 예외사유를 밝히고 있다. 다음 중 경찰청 공무원 행동강령 제14조 제3항에서 명시한 예외사유로 가장 적절하지 않은 것은?

14. 경찰승진 변형

① 채무의 이행 등 정당한 권원에 의하여 제공되는 금품 등

② 원활한 직무수행 또는 사교 · 의례 또는 부조의 목적으로 제공되는 10만원의 축의금 · 조의금

③ 직무와 관련된 공식적인 행사에서 주최자가 참석자에게 통상적인 범위에서 일률적으로 제공하는 교통 · 숙박 또는 음식물

④ 불특정 다수인에게 배포하기 위한 기념품 또는 홍보용품

정답 및 해설 I ②

② [×] 원활한 직무수행 또는 사교 · 의례 또는 부조의 목적으로 제공되는 축의금 · 조의금의 경우 5만원이다. 축의금 · 조의금을 대신하는 화환이나 조화는 10만원이다(경찰청 공무원 행동강령 제14조 제3항 제2호).

☑ 수수를 금지하는 금품 등의 예외

원활한 직무수행 또는 사교 · 의례 또는 부조의 목적으로 제공되는 음식물 · 경조사비 · 선물 등으로서 아래의 가액 범위 내의 금품 등은 수수를 금지하는 금품 등에 해당하지 아니한다.

가액범위	내용
3만원	음식물: 제공자와 공무원이 함께 하는 식사, 다과, 주류, 음료, 그 밖에 이에 준하는 것)
5만원	1. 경조사비: 축의금 · 조의금 ▶ 돌잔치 × 2. 선물: 금전, 유가증권, 위의 음식물 및 위의 경조사비를 제외한 일체의 물품, 상품권(물품상품권, 용역상품권만 해당) 그 밖에 이에 준하는 것
10만원	축의금 · 조의금을 대신하는 화환 · 조화
15만원	농수산물 품질관리법 제2조 제1항 제1호에 따른 농수산물 및 같은 항 제13호에 따른 농수산가공품(농수산물을 원료 또는 재료의 50%를 넘게 사용하여 가공한 제품만 해당) 단, 설날 · 추석 전 24일부터 설날 · 추석 후 5일까지에는 30만원으로 한다.

159 □□□ 경찰청 공무원 행동강령에서 규정하고 있는 '금품 등을 받는 행위의 제한'에 대한 설명으로 가장 적절하지 않은 것은? 20. 경찰승진

① 공무원은 직무 관련 여부 및 기부 · 후원 · 증여 등 그 명목에 관계없이 동일인으로부터 1회에 100만원 또는 매 회계연도에 300만원을 초과하는 금품 등을 받거나 요구 또는 약속해서는 아니 된다.

② 공무원은 직무와 관련하여 대가성 여부를 불문하고 ①에서 정한 금액 이하의 금품 등을 받거나 요구 또는 약속해서는 아니 된다.

③ 불특정 다수인에게 배포하기 위한 기념품 또는 홍보용품 등이나 경연 · 추첨을 통하여 받는 보상 또는 상품 등은 ① 또는 ②에서 수수를 금지하는 금품 등에 해당하지 아니한다.

④ 공무원은 자신의 배우자나 생계를 같이 하는 친족(민법 제777조에 따른 친족을 말한다)이 자신의 직무와 관련하여 ① 또는 ②에 따라 공무원이 받는 것이 금지되는 금품 등을 받거나 요구하거나 제공받기로 약속하지 아니하도록 하여야 한다.

정답 및 해설 I ④

④ [×] 공무원은 자신의 배우자나 직계존속 · 비속이 자신의 직무와 관련하여 ① 또는 ②에 따라 공무원이 받는 것이 금지되는 금품 등을 받거나 요구하거나 제공받기로 약속하지 아니하도록 하여야 한다(경찰청 공무원 행동강령 제14조 제5항).

160 □□□ 경찰청 공무원 행동강령에 대한 설명 중 옳지 않은 것은 모두 몇 개인가? 19. 경찰간부 변형

㉠ 공무원은 범죄수사규칙 제30조에 따른 경찰관서 내 수사지휘에 대한 이의제기와 관련하여 행동강령책임관에게 상담을 요청할 수 있다.
㉡ 공무원은 직무관련자와는 비용 부담 여부와 관계없이 골프를 같이 하여서는 아니 된다. 다만, 부득이한 사정에 따라 골프를 같이 하는 경우에는 소속 기관장에게 사전에 신고하여야 하며 사전에 신고하기 어려운 특별한 사유가 있는 경우에는 사후에 즉시 신고하여야 한다.
㉢ 공무원은 정치인이나 정당 등으로부터 부당한 직무수행을 강요받거나 청탁을 받은 경우에는 소속 기관의 장에게 보고하거나 행동강령책임관과 상담하여야 한다.
㉣ 공무원은 사례금을 받는 외부강의 등을 한 경우 외부강의 등을 마친 날로부터 10일 이내에 소속 기관의 장에게 신고하여야 한다. 다만, 외부강의 등을 요청한 자가 국가나 지방자치단체인 경우에는 그러하지 아니하다.
㉤ 위 ㉣의 경우 공무원이 위 기간 내에 신고사항 중 상세 명세 또는 사례금 총액 등을 알 수 없는 경우에는 해당 사항을 제외한 사항을 신고한 후 해당 사항을 안 날부터 3일 이내에 보완하여야 한다.
㉥ 공무원이 대가를 받고 수행하는 외부강의 등은 월 2회를 초과할 수 없다. 다만, 국가나 지방자치단체에서 요청하거나 겸직 허가를 받고 수행하는 외부강의 등은 그 횟수에 포함하지 아니한다.

① 1개 ② 2개
③ 3개 ④ 4개

정답 및 해설 | ③

옳지 않은 설명은 ㉡㉤㉥ 3개이다.

㉡ [×] 공무원은 직무관련자와는 비용 부담 여부와 관계없이 골프를 같이 하여서는 아니 된다. 다만, 부득이한 사정에 따라 골프를 같이 하는 경우에는 소속 관서 행동강령 책임관에게 사전에 신고하여야 하며 사전에 신고하기 어려운 특별한 사유가 있는 경우에는 사후에 즉시 신고하여야 한다(경찰청 공무원 행동강령 제16조의3 제1항).

㉤ [×] 공무원이 사례금을 받는 외부강의 등을 한 경우 외부강의 등을 마친 날로부터 10일 이내에 신고하여야 한다. 이 기간 내에 신고사항 중 상세 명세 또는 사례금 총액 등을 알 수 없는 경우에는 해당 사항을 제외한 사항을 신고한 후, 해당 사항을 안 날부터 5일 이내에 보완하여야 한다(경찰청 공무원 행동강령 제15조 제3항).

㉥ [×] 공무원이 대가를 받고 수행하는 외부강의 등은 월 3회를 초과할 수 없다(경찰청 공무원 행동강령 제15조 제4항).

161 □□□ 경찰청 공무원 행동강령에 대한 설명으로 가장 적절하지 않은 것은? 18. 경찰승진

① 경찰청 공무원 행동강령 제15조 제2항 본문에 따른 '외부강의 등'의 신고를 할 때 그 기간 내에 신고사항을 알 수 없는 경우에는 해당 사항을 제외한 사항을 신고한 후 해당 사항을 안 날부터 5일 이내에 보완하여야 한다.

② 경찰청 공무원 행동강령 제15조 제1항 본문에 따른 '외부강의 등'의 사례금 상한액은 1시간 이하로 강의한 경우 직급의 구분 없이 40만원이다.

③ 상한액을 초과하는 사례금을 받은 경우에는 그 사실을 안 날로부터 2일 이내에 소속 기관의 장에게 신고하여야 하며, 지체 없이 소속 기관의 장에게 초과금을 반환하여야 한다.

④ 초과사례금신고를 받은 소속 기관의 장은 초과사례금을 반환하지 아니한 공무원에 대하여 신고사항을 확인한 후 7일 이내 반환하여야 할 초과사례금의 액수를 산정하여 해당 공무원에게 통지하여야 한다.

정답 및 해설 | ③

③ [×] 상한액을 초과하는 사례금을 받은 경우에는 그 사실을 안 날로부터 2일 이내에 소속 기관의 장에게 신고하여야 하며, 지체 없이 제공자에게 초과금을 반환하여야 한다(경찰청 공무원 행동강령 제15조의2 제1항).

162 □□□ 경찰청 공무원 행동강령에 대한 설명으로 가장 적절하지 않은 것은? 17. 경찰승진

① 경찰관은 직무를 수행함에 있어 지연 · 혈연 · 학연 · 종교 등을 이유로 특정인에게 특혜를 주어서는 아니 된다.

② 경찰관은 정치인이나 정당 등으로부터 부당한 직무수행을 강요받거나 청탁을 받은 경우에는 소속 기관의 장에게 보고하거나 행동강령책임관과 상담한 후 처리하여야 한다.

③ 경찰관은 자신의 임용 · 승진 · 전보 등 인사에 부당한 영향을 미치기 위하여 타인으로 하여금 인사업무 담당자에게 청탁을 하도록 해서는 아니 된다.

④ 경찰관은 자신이 소속된 종교단체 · 친목단체 등의 회원이 직무관련자나 직무관련공무원인 경우에는 경조사를 알릴 수 없다.

정답 및 해설 I ④

④ [×] 경찰관은 자신이 소속된 종교단체 · 친목단체 등의 회원이 직무관련자나 직무관련공무원인 경우에는 경조사를 알릴 수 있다(경찰청 공무원 행동강령 제17조 제4호).

163 □□□ **경찰청 소속 공무원이 준수하여야 할 행동기준을 규정하는 것을 목적으로 제정된 경찰청 공무원 행동강령에 관한 설명으로 가장 적절하지 않은 것은?** 14. 경찰승진 변형

① 상급자가 자기 또는 타인의 부당한 이익을 위하여 공정한 직무수행을 현저하게 해치는 지시를 하였을 때에는 그 사유를 그 상급자에게 소명하고 지시에 따르지 아니하거나 행동강령책임관과 상담할 수 있다.

② 정치인이나 정당 등으로부터 부당한 직무수행을 강요받거나 청탁을 받은 경우에는 소속 기관의 장에게 보고하거나 행동강령책임관과 상담하여야 한다.

③ 누구든지 공무원이 이 규칙을 위반한 사실을 알게 되었을 때에는 그 공무원이 소속된 기관의 장, 그 기관의 행동강령책임관 또는 국가경찰위원회에 신고할 수 있다. 이에 따라 신고하는 자는 별지 제16호 서식의 위반행위신고서에 본인과 위반자의 인적 사항과 위반 내용을 구체적으로 제시해야 한다.

④ 직무를 수행함에 있어 지연 · 혈연 · 학연 · 종교 등을 이유로 특정인에게 특혜를 주어서는 아니 된다.

정답 및 해설 I ③

③ [×] 누구든지 공무원이 이 규칙을 위반한 사실을 알게 되었을 때에는 그 공무원이 소속된 기관의 장, 그 기관의 행동강령책임관 또는 국민권익위원회에 신고할 수 있다. 이에 따라 신고하는 자는 별지 제16호 서식의 위반행위신고서에 본인과 위반자의 인적 사항과 위반 내용을 구체적으로 제시해야 한다(경찰청 공무원 행동강령 제19조 제1항).

164 □□□ **경찰청 공무원 행동강령에 관한 설명 중 가장 적절하지 않은 것은?** 22. 경찰 변형

① 공무원은 범죄수사규칙 제30조에 따른 경찰관서 내 수사지휘에 대한 이의제기와 관련하여 행동강령책임관에게 상담을 요청할 수 있다.

② 공무원은 수사 · 단속의 대상이 되는 업소 중 경찰청장이 지정하는 유형의 업소 관계자와 부적절한 사적 접촉을 하여서는 아니 되며, 공적 또는 사적으로 접촉한 경우 경찰청장이 정하는 방법에 따라 사전에 승인을 받아야 한다.

③ 공무원은 동창회 등 친목단체에 직무관련자가 있어 부득이 골프를 하는 경우에는 소속관서 행동강령책임관에게 사전에 신고하여야 하며 사전에 신고하기 어려운 특별한 사유가 있는 경우에는 사후에 즉시 신고하여야 한다.

④ 공무원은 직무관련자나 직무관련공무원에게 경조사를 알려서는 아니 되나, 공무원 자신이 소속된 종교단체 · 친목단체 등의 회원에게 알리는 경우에는 경조사를 알릴 수 있다.

정답 및 해설 I ②

② [×] 공무원은 수사 · 단속의 대상이 되는 업소 중 경찰청장이 지정하는 유형의 업소 관계자와 부적절한 사적 접촉을 하여서는 아니 되며, 공적 또는 사적으로 접촉한 경우 경찰청장이 정하는 방법에 따라 신고하여야 한다(경찰청 공무원 행동강령 제19조 제1항).

165 경찰청 공무원 행동강령에 해당하지 않는 것은? 23. 경찰

□□□

① 공무원은 상급자가 자기 또는 타인의 부당한 이익을 위하여 공정한 직무수행을 현저하게 해치는 지시를 하였을 때에는 그 사유를 상급자에게 소명하고 지시에 따르지 아니하거나 행동강령책임관과 상담할 수 있다.

② 공무원은 수사 · 단속의 대상이 되는 업소 중 경찰청장이 지정하는 유형의 업소 관계자와 부적절한 사적 접촉을 하여서는 아니 되며, 공적 또는 사적으로 접촉한 경우 경찰청장이 정하는 방법에 따라 신고하여야 한다.

③ 공무원은 직무수행 중 알게 된 정보를 이용하여 유가증권, 부동산 등과 관련된 재산상 거래 또는 투자를 하거나 타인에게 그러한 정보를 제공하여 재산상 거래 또는 투자를 돕는 행위를 해서는 아니 된다.

④ 경찰공무원은 정당이나 정치단체에 가입하거나 정치활동에 관여하는 행위를 하여서는 아니 된다.

정답 및 해설 | ④

④ [×] "경찰공무원은 정당이나 정치단체에 가입하거나 정치활동에 관여하는 행위를 하여서는 아니 된다."는 경찰공무원법에 규정된 경찰공무원의 정치관여금지의무에 관한 내용이다(경찰공무원법 제23조).

166 「경찰청 공무원 행동강령」에 대한 설명으로 가장 적절한 것은? 23. 경찰승진

□□□

① 공무원은 어떠한 경우에도 자신의 직무권한을 행사하여 직무관련자로부터 사적 노무를 제공받거나 요구해서는 안된다.

② 공무원은 정치인이나 정당 등으로부터 부당한 직무수행을 강요받거나 청탁을 받은 경우에는 별지 제9호 서식 또는 전자우편 등의 방법으로 소속기관장에게 보고하거나 행동강령책임관과 상담할 수 있다.

③ 경찰유관단체원이 경찰 업무와 관련하여 경찰관에게 금품을 제공한 경우 행동강령책임관은 해당 경찰유관단체 운영 부서장과 협의하여 소속기관장에게 경찰유관단체원의 해촉 등 필요한 조치를 건의하여야 하며, 보고를 받은 소속기관장은 적절한 조치를취해야 한다.

④ 공무원은 사례금을 받는 외부강의(외부강의 등을 요청한 자가 국가나 지방자치단체를 포함함)를 할 때에는 외부강의의 요청명세 등을 외부강의 등 신고서에 따라 소속 기관의 장에게 그 외부강의 등을 마친 날부터 10일 이내에 신고하여야 한다.

정답 및 해설 | ③

③ [○] 최근에 신설된 조문으로 옳은 지문이다.

① [×] 공무원은 다른 법령 또는 사회상규에 따라 허용되는 경우에는 직무관련자로부터 사적 노무를 제공받거나 요구할 수 있다.

② [×] 공무원은 정치인이나 정당 등으로부터 부당한 직무수행을 강요받거나 청탁을 받은 경우에는 별지 제9호 서식 또는 전자우편 등의 방법으로 소속기관장에게 보고하거나 행동강령책임관과 상담하여야 한다.

④ [×] 공무원은 사례금을 받는 외부강의(외부강의 등을 요청한 자가 국가나 지방자치단체를 제외)를 할 때에는 외부강의의 요청명세 등을 외부강의 등 신고서에 따라 소속 기관의 장에게 그 외부강의 등을 마친 날부터 10일 이내에 신고하여야 한다.

167 부정청탁 및 금품 등 수수의 금지에 관한 법률에 대한 설명으로 가장 적절하지 않은 것은?
□□□

22. 경찰간부

① 공직자 등은 사례금을 받는 외부강의를 할 때에는 대통령령으로 정하는 바에 따라 외부강의 요청명세 등을 소속 기관장에게 그 외부강의를 마친 날부터 10일 이내에 서면으로 신고하여야 한다. 다만, 외부강의를 요청한 자가 국가나 지방자치단체인 경우에는 그러하지 아니한다.

② 공직자 등은 부정청탁을 받았을 때에는 부정청탁을 한 자에게 부정청탁임을 알리고 이를 거절하는 의사를 명확히 표시하여야 한다.

③ 증여를 포함한 사적 거래로 인한 채무의 이행 등 정당한 권원(權原)에 의하여 제공되는 금품 등은 수수를 금지하는 금품 등에 해당하지 아니한다.

④ 공직자 등은 직무 관련 및 기부 · 후원 · 증여 등 그 명목에 관계 없이 동일인으로부터 1회에 100만원 또는 매 회계연도에 300만원을 초과하는 금품 등을 받거나 요구 또는 약속해서는 아니된다.

정답 및 해설 I ③

③ [×] 사적 거래로 인한 채무의 이행 등 정당한 권원(權原)에 의하여 제공되는 금품 등은 수수를 금지하는 금품 등에 해당하지 아니한다. 여기서 **증여는 제외**된다.

168 부정청탁 및 금품 등 수수의 금지에 관한 법률에 대한 설명으로 가장 적절한 것은? 18. 경찰승진 변형
□□□

① '공공기관'에는 국회, 법원, 헌법재판소, 감사원, 국가인권위원회, 고위공직자범죄수사처, 중앙행정기관(대통령 소속 기관과 국무총리 소속 기관을 포함한다)과 그 소속 기관 및 지방자치단체를 포함한다. 단, 선거관리위원회는 '공공기관'에 해당하지 않는다.

② '공공기관'에는 초 · 중등교육법, 고등교육법, 유아교육법 및 그 밖의 다른 법령에 따라 설치된 각급학교가 포함된다. 단, 사립학교법에 따른 학교법인은 '공공기관'에 해당하지 않는다.

③ '공직자 등'에는 언론중재 및 피해구제 등에 관한 법률 제2조 제12호에 따른 언론사의 대표자와 그 임직원이 포함된다.

④ '공직자 등'에는 변호사법 제4조에 따른 변호사 자격이 있는 자는 포함된다고 명시되어 있다.

정답 및 해설 I ③

① [×] 선거관리위원회는 '공공기관'에 **해당한다**(부정청탁 및 금품등 수수의 금지에 관한 법률 제2조 제1호 가목).

② [×] 사립학교법에 따른 학교법인은 '공공기관'에 **해당한다**(부정청탁 및 금품등 수수의 금지에 관한 법률 제2조 제1호 라목).

④ [×] 부정청탁 및 금품등 수수의 금지에 관한 법률에서는 '공직자 등'에는 변호사법 제4조에 따른 변호사 자격이 있는 자가 포함된다는 명시적 규정을 두지 않고 있다.

169 부정청탁 및 금품등 수수의 금지에 관한 법률에 대한 설명으로 가장 적절하지 않은 것은?
□□□
20. 경찰승진

① 부정청탁을 받은 공직자 등이 그에 따라 직무를 수행한 경우 2년 이하의 징역 또는 2천만원 이하의 벌금에 처한다.

② 공직자 등은 직무 관련 여부 및 기부 · 후원 · 증여 등 그 명목에 관계없이 동일인으로부터 1회에 100만원 또는 매 회계연도에 300만원을 초과하는 금품 등을 받거나 요구 또는 약속해서는 아니 된다.

③ 사적 거래(증여는 제외한다)로 인한 채무의 이행 등 정당한 권원에 의하여 제공되는 금품 등은 동법 제8조(금품 등의 수수 금지)에서 규정하는 수수가 금지된 금품 등에 해당하지 않는다.

④ 공직자 등과 관련된 직원상조회 · 동호회 · 향우회 · 친목회 · 종교단체 · 사회단체 등이 정하는 기준에 따라 구성원에게 제공하는 금품 등은 동법 제8조(금품 등의 수수 금지)에서 규정하는 수수를 금지하는 금품 등에 해당한다.

정답 및 해설 | ④

④ [×] 공직자 등과 관련된 직원상조회 · 동호회 · 향우회 · 친목회 · 종교단체 · 사회단체 등이 정하는 기준에 따라 구성원에게 제공하는 금품 등은 부정청탁 및 금품등 수수의 금지에 관한 법률 제8조(금품 등의 수수금지)에서 규정하는 수수를 금지하는 금품 등에 해당하지 않는다(부정청탁 및 금품등 수수의 금지에 관한 법률 제8조 제2항 제5호).

170 부정청탁 및 금품등 수수의 금지에 관한 법률 제8조에서 규정하는 '금품 등의 수수 금지'에 대한 설명으로 가장 적절하지 않은 것은?
□□□
19. 경찰승진

① 공직자 등은 직무 관련 여부 및 기부 · 후원 · 증여 등 그 명목에 관계없이 동일인으로부터 1회에 100만원 또는 매 회계연도에 300만원을 초과하는 금품 등을 받거나 요구 또는 약속해서는 아니 된다.

② 공직자 등은 직무와 관련하여 대가성 여부를 불문하고 1회에 100만원 또는 매 회계연도에 300만원 이하의 금품 등을 받거나 요구 또는 약속해서는 아니 된다.

③ 공직자 등과 관련된 직원상조회 · 동호인회 · 동창회 · 향우회 · 친목회 · 종교단체 · 사회단체 등이 정하는 기준에 따라 구성원에게 제공하는 금품 등은 수수를 금지하는 금품 등에 해당하지 아니한다.

④ 공직자 등의 직무와 관련된 공식적인 행사에서 주최자가 참석자에게 통상적인 범위에서 일률적으로 제공하는 교통, 숙박, 음식물 등의 금품 등은 수수를 금지하는 금품 등에 해당한다.

정답 및 해설 | ④

④ [×] 공직자 등의 직무와 관련된 공식적인 행사에서 주최자가 참석자에게 통상적인 범위에서 일률적으로 제공하는 교통, 숙박, 음식물 등의 금품 등은 수수를 금지하는 금품 등에 해당하지 아니한다(부정청탁 및 금품등 수수의 금지에 관한 법률 제8조 제3항 제6호).

171 ☐☐☐ 부정청탁 및 금품등 수수의 금지에 관한 법률에 대한 설명으로 가장 적절하지 않은 것은?

19. 경찰승진 변형

① 누구든지 부정청탁 및 금품등 수수의 금지에 관한 법률의 위반행위가 발생하였거나 발생하고 있다는 사실을 알게 된 경우에는 이 법의 위반행위가 발생한 공공기관 또는 그 감독기관, 감사원 또는 수사기관, 국민권익위원회에 신고할 수 있다.

② '공직자 등'은 부정청탁을 받았을 때에는 부정청탁을 한 자에게 부정청탁임을 알리고 이를 거절하는 의사를 명확히 표시하여야 한다.

③ 부정청탁을 받은 '공직자 등'이 그에 따라 직무를 수행한 경우 2년 이하의 징역 또는 2천만원 이하의 벌금에 처한다.

④ '공직자 등'은 사례금을 받는 '외부강의 등'을 할 때에는 대통령령으로 정하는 바에 따라 외부강의 등을 마친 날로부터 소속 기관장에게 5일 이내에 신고하여야 한다. 다만, 외부강의 등을 요청한 자가 국가나 지방자치단체인 경우에는 그러지 아니하다.

정답 및 해설 I ④

④ [×] '공직자 등'은 사례금을 받는 '외부강의 등'을 할 때에는 대통령령으로 정하는 바에 따라 외부강의 등을 마친 날로부터 소속 기관장에게 10일 이내에 신고하여야 한다. 다만, 외부강의 등을 요청한 자가 국가나 지방자치단체인 경우에는 그러지 아니하다(부정청탁 및 금품등 수수의 금지에 관한 법률 제10조 제2항).

172 ☐☐☐ 부정청탁 및 금품등 수수의 금지에 관한 법률 제8조 '금품 등의 수수금지'에 대한 설명으로 가장 적절하지 않은 것은?

21. 경찰승진

① 경찰서장이 소속 경찰서 경무계 직원들에게 격려의 목적으로 제공하는 회식비는 '수수를 금지하는 금품 등'에 해당하지 아니한다.

② A경위가 휴일날 인근 대형마트 행사에서 추첨권에 당첨되어 수령한 수입차는 '수수를 금지하는 금품 등'에 해당하지 아니한다.

③ 공직자 등이 8촌 이내의 혈족, 4촌 이내의 인척, 배우자로부터 제공받는 금품 등은 '수수를 금지하는 금품 등'에 해당하지 아니한다.

④ 공직자 등은 직무 관련 여부 및 기부 · 후원 · 증여 등 그 명목에 관계없이 동일인으로부터 1회에 100만원 또는 매 회계연도에 200만원을 초과하는 금품 등을 받거나 요구 또는 약속해서는 아니 된다.

정답 및 해설 I ④

④ [×] 공직자 등은 직무 관련 여부 및 기부 · 후원 · 증여 등 그 명목에 관계없이 동일인으로부터 1회에 100만원 또는 매 회계연도에 300만원을 초과하는 금품 등을 받거나 요구 또는 약속해서는 아니 된다(부정청탁 및 금품등 수수의 금지에 관한 법률 제8조 제1항).

173 부정청탁 및 금품등 수수의 금지에 관한 법률 제8조 제3항은 수수를 금지하는 금품 등에 대한 예외사유를 규정하고 있다. 이에 대한 내용으로 가장 적절하지 않은 것은? 18. 경찰승진

□□□

① 공직자 등의 친족(민법 제777조에 따른 친족을 말한다)이 제공하는 금품 등

② 상급 공직자 등이 위로 · 격려 · 포상 등의 목적으로 하급 공직자 등에게 제공하는 금품 등

③ 특정대상자에게 배포하기 위한 기념품 또는 홍보용품 등이나 경연 · 추첨을 통하여 받는 보상 또는 상품 등

④ 공직자 등의 직무와 관련된 공식적인 행사에서 주최자가 참석자에게 통상적인 범위에서 일률적으로 제공하는 교통, 숙박, 음식물 등의 금품 등

정답 및 해설 I ③

③ [×] 금품수수금지 등에 대한 예외사유로 인정되기 위해서는 불특정다수인에게 배포하기 위한 기념품 또는 홍보용품 등이나 경연 · 추첨을 통하여 받는 보상 또는 상품 등이어야 한다(부정청탁 및 금품등 수수의 금지에 관한 법률 제8조 제3항 제7호).

174 부정청탁 및 금품등 수수의 금지에 관한 법률에 대한 설명으로 가장 적절하지 않은 것은? 19. 경찰

□□□

① 원활한 직무수행 목적으로 제공되는 음식물 · 경조사비 · 선물 등으로서 대통령령으로 정하는 가액범위 안의 금품 등은 수수금지의 예외사유이다.

② 사회상규에 따라 허용되는 금품 등은 수수금지의 예외사유이다.

③ 공직자 등은 직무 관련 여부 및 기부 · 후원 · 증여 등 그 명목에 관계없이 동일인으로부터 1회에 100만원 또는 매 회계연도에 300만원을 초과하는 금품 등을 받거나 요구 또는 약속해서는 아니 된다.

④ 사적 거래(증여 포함)로 인한 채무의 이행 등 정당한 권원(權原)에 의하여 제공되는 금품 등은 수수금지의 예외사유이다.

정답 및 해설 I ④

④ [×] 사적 거래(증여는 제외)로 인한 채무의 이행 등 정당한 권원(權原)에 의하여 제공되는 금품 등은 수수금지의 예외사유이다(부정청탁 및 금품등 수수의 금지에 관한 법률 제8조 제3항 제3호).

175 □□□ 부정청탁 및 금품등 수수의 금지에 관한 법률에 대한 설명으로 가장 적절하지 않은 것은? 21. 경찰

① 공직자 등 자신이 수수금지금품 등을 받거나 그 제공의 약속 또는 의사표시를 받은 경우에는 소속 기관장에게 지체 없이 서면 또는 구두로 신고하여야 한다.

② 공직자 등은 사례금을 받는 외부강의 등을 할 때에는 대통령령으로 정하는 바에 따라 외부강의 등의 요청 명세 등을 소속 기관장에게 그 외부강의 등을 마친 날부터 10일 이내에 서면으로 신고하여야 한다. 다만, 외부강의 등을 요청한 자가 국가나 지방자치단체인 경우에는 그러하지 아니하다.

③ 부정청탁 및 금품등 수수의 금지에 관한 법률에 따라 국회, 법원, 헌법재판소, 선거관리위원회, 감사원, 국가인권위원회, 고위공직자범죄수사처, 중앙행정기관(대통령 소속 기관과 국무총리 소속 기관을 포함한다)과 그 소속 기관 및 지방자치단체는 공공기관에 해당한다.

④ 공직자 등은 직무 관련 여부 및 기부 · 후원 · 증여 등 그 명목에 관계없이 동일인으로부터 1회에 100만원 또는 매 회계연도에 300만원을 초과하는 금품 등을 받거나 요구 또는 약속해서는 아니 된다.

정답 및 해설 | ①

① [×] 공직자 등 자신이 수수금지금품 등을 받거나 그 제공의 약속 또는 의사표시를 받은 경우에는 소속 기관장에게 지체 없이 서면으로 신고하여야 한다(부정청탁 및 금품등 수수의 금지에 관한 법률 제9조 제1항 제1호).

176 □□□ 부정청탁 및 금품등 수수의 금지에 관한 법률에 위반되는 사례로 가장 적절한 것은? 22. 경찰승진

① 예술의 전당 소속 공연 관련 업무 담당공무원이 예술의 전당 초청 공연작으로 결정된 뮤직드라마의 공연제작사 대표이사 甲 등과 저녁식사를 하고 25만원 상당(1인당 5만원)의 음식 값을 甲이 지불한 경우

② 경찰서장이 소속 부서 직원들에게 위로 · 격려 · 포상의 목적으로 회식비를 제공한 경우

③ 결혼식을 앞두고 있는 경찰관이 4촌 형으로부터 500만원 상당의 냉장고를 선물받은 경우

④ 경찰관이 홈쇼핑에서 물품을 구매한 후 구매자를 대상으로 경품을 추첨하는 행사에서 당첨되어 300만원 상당의 안마의자를 받은 경우

정답 및 해설 | ①

① [×] 부정청탁 및 금품등 수수의 금지에 관한 법률상 음식물의 경우 3만원까지만 그 수수를 허용하고 있으므로, 1인당 5만원의 식사를 제공받은 경우 부정청탁 및 금품등 수수의 금지에 관한 법률에 위반된다고 보아야 한다.

177 □□□ 부정청탁 및 금품등 수수의 금지에 관한 법률에 대한 설명 중 가장 적절한 것은? 22. 경찰승진

① 공직자 등은 직무 관련 여부 및 기부 · 후원 · 증여 등 그 명목에 관계없이 동일인으로부터 1회에 100만원 또는 매 회계연도에 300만원을 초과하는 금품을 받거나 요구 또는 약속해서는 아니 된다.

② 이 법의 위반행위가 발생하였거나 발생하고 있다는 사실을 알게 된 경우에는 이해관계인만 수사기관에 신고할 수 있다.

③ 직급에 상관 없이 모든 공직자의 외부강의 사례금 상한액은 1시간당 30만원이며 1시간을 초과하면 상한액은 45만원이다.

④ 부정청탁을 받은 공직자 등은 부정청탁을 한 자에게 부정청탁임을 알렸다면 이와 별도로 거절하는 의사는 명확하지 않아도 된다.

정답 및 해설 | ①

② [×] 이 법의 위반행위가 발생하였거나 발생하고 있다는 사실을 알게 된 경우에는 누구든지 수사기관에 신고할 수 있다.

③ [×] 직급에 상관없이 공직자(공무원 및 공직유관단체 및 기관장과 그 임직원의 경우)의 외부강의 사례금 상한액은 1시간당 40만원이며 1시간을 초과하면 상한액은 60만원이며, 각급 학교장과 교직원 및 학교법인 임직원과 언론사 대표자와 그 임직원은 1시간당 100만원이며 1시간을 초과하면 상한액은 150만원이다.

④ [×] 부정청탁을 받은 공직자 등은 부정청탁을 한 자에게 부정청탁임을 알리고 이를 거절하는 의사는 명확히 표시하여야 한다.

178 □□□ 「부정청탁 및 금품등 수수의 금지에 관한 법률」 및 동법 시행령에 관한 설명으로 가장 적절하지 않은 것은? 23. 경찰

① 공직자등은 직무 관련 여부 및 기부 후원 · 증여 등 그 명목에 관계없이 동일인으로부터 1회에 100만원 또는 매 회계연도에 300만원을 초과하는 금품등을 받거나 요구 또는 약속해서는 아니 된다.

② 경찰청에서 근무하는 甲총경은 A전자회사의 요청으로 시간당 30만원의 사례금을 약속받고 A전자회사의 직원을 대상으로 자신의 직무와 관련된 3시간짜리 강의를 월 1회, 총 3개월간 진행하였다. 이 경우 甲총경이 지급받을 수 있는 최대사례금 총액은 270만원이다.

③ B자동차회사의 요청으로 자신의 직무와 관련된 외부강의를 마치고 소정의 사례금을 약속받은 乙경무관은 대통령령으로 정하는 바에 따라 외부강의의 요청 명세 등을 소속기관장에게 그 외부강의를 마친 날부터 10일 이내에 서면으로 신고하여야 한다.

④ 사단법인 C학회가 주관 및 개최한 토론회에 참석하여 자신의 직무와 관련된 토론을 한 丙경감이 상한액을 초과하는 사례금을 받은 경우 초과사례금을 받은 사실을 안 날부터 2일 이내에 동법 시행령이 정한 사항을 적은 서면으로 소속기관장에게 신고하여야 한다.

정답 및 해설 | ②

② [×] 甲총경은 공무원인 공직자에 해당하므로 외부강의 사례금 수수제한은 1시간까지 40만원, 1시간 초과하는 경우에는 60만이 최대사례금이다. 3시간씩 강의하였으므로 1회 최대 사례금은 60만원이다. 이를 총 3개월간 진행하였으므로 60만원 × 월 1회 × 3개월이므로 총 최대사례금 총액은 180만원이다.

179 「부정청탁 및 금품등 수수의 금지에 관한 법률」에 대한 설명으로 가장 적절하지 않은 것은?

□□□

23. 경찰승진

① 공직자등은 직무 관련 여부 및 기부·후원·증여 등 그 명목에 관계없이 동일인으로부터 1회에 100만원 또는 매 회계연도에 300만원을 초과하는 금품등을 받거나 요구 또는 약속해서는 아니 된다.

② 공공기관이 소속 공직자등이나 파견 공직자등에게 지급하거나 상급 공직자등이 위로·격려·포상 등의 목적으로 하급 공직자 등에게 제공하는 금품등은 수수를 금지하는 금품등에 해당하지 아니한다.

③ 공직자등은 사례금을 받는 외부강의등을 할 때에는 대통령령으로 정하는 바에 따라 외부강의등의 요청 명세 등을 소속기관장에게 그 외부강의등을 마친 날부터 10일 이내에 서면으로 신고하여야 한다. 다만, 외부강의등을 요청한 자가 국가나 지방자치단체인 경우에는 그러하지 아니하다.

④ 기관장이 소속 직원에게 업무추진비로 10만원 상당의 화환을 보내고, 별도 사비로 10만원의 경조사비를 주는 것은 이 법 위반이다.

정답 및 해설 I ④

④ [×] 기관장이 소속 직원에게 업무추진비로 10만원 상당의 화환을 보내는 것은 원활한 직무수행 또는 사교·의례·부족의 목적으로 제공되는 것으로서 축의금 또는 조의금을 대신하는 화환에 해당하여 10만원까지 수수가 허용되므로 수수가 허용되는 금품등에 해당한다. 또한 별도 사비로 10만원의 경조사비를 주는 것은 부조의 목적으로 제공되는 금품 등이므로 5만원까지 수수가 허용되나 초과되는 5만원도 직무와 관련없이 사적으로 제공한 것이므로 1회 100만원까지 수수가 허용되어 이 부분도 부정청탁금지법 위반으로 볼 수 없다.

180 공직자의 이해충돌 방지법과 부정청탁 및 금품 등 수수의 금지에 관한 법률에 관한 설명 중 가장 적절한 것은?

□□□

22. 경찰

① 공직자의 이해충돌 방지법상 부동산을 직접 또는 간접으로 취급하는 대통령령으로 정한 공공기관의 공직자가 소속 공공기관의 업무와 관련된 부동산을 보유하고 있거나 매수하는 경우 소속 기관장에게 그 사실을 구두 또는 서면으로 신고하여야 한다.

② 부정청탁 및 금품 등 수수의 금지에 관한 법률상 '공직자 등'이 부정청탁을 받았을 때에는 부정청탁을 한 자에게 부정청탁임을 알리고 이를 거절하는 의사를 명확히 표시하여야 하며, 이러한 조치를 하였음에도 불구하고 동일한 부정청탁을 다시 받은 경우에는 이를 소속 기관장에게 구두 또는 서면(전자서면을 포함)으로 신고하여야 한다.

③ 부정청탁 및 금품 등 수수의 금지에 관한 법률에 따르면 ○○경찰서 소속 경찰관 甲이 모교에서 자신의 직무와 관련된 강의를 요청받아 1시간 동안 강의를 하고 50만원의 사례금을 받았다면 대통령령이 정하는 바에 따라 소속 기관장에게 신고하고 그 초과금액을 소속 기관장에게 지체 없이 반환하여야 한다.

④ 부정청탁 및 금품 등 수수의 금지에 관한 법률상 국가공무원법 또는 지방공무원법에 따른 공무원과 그 밖에 다른 법률에 따라 그 자격·임용·교육훈련·복무·보수·신분보장 등에 있어서 공무원으로 인정된 사람은 '공직자 등' 개념에 포함된다.

정답 및 해설 | ④

① [×] 공직자의 이해충돌 방지법상 부동산을 직접(간접 ×)으로 취급하는 대통령령으로 정한 공공기관의 공직자가 소속 공공기관의 업무와 관련된 부동산을 보유하고 있거나 매수하는 경우 소속 기관장에게 그 사실을 서면(구두 ×)으로 신고하여야 한다(동법 제6조 제1항).

② [×] 부정청탁 및 금품 등 수수의 금지에 관한 법률상 '공직자 등'이 부정청탁을 받았을 때에는 부정청탁을 한 자에게 부정청탁임을 알리고 이를 거절하는 의사를 명확히 표시하여야 하며, 이러한 조치를 하였음에도 불구하고 동일한 부정청탁을 다시 받은 경우에는 이를 소속 기관장에게 서면(구두 ×)으로 신고하여야 한다(동법 제7조 제1항).

③ [×] 부정청탁 및 금품 등 수수의 금지에 관한 법률상 외부강의 1시간 사례금제한이 40만원이므로 경찰관 甲은 10만원을 초과수수하였다. 따라서 경찰관 甲은 대통령령(안 날부터 2일 이내)이 정하는 바에 따라 소속 기관장에게 신고하고 그 초과금액을 제공자에게 지체 없이 반환하여야 한다(동법 제10조 제4항).

181 공직자의 이해충돌 방지법에 관한 설명으로 옳은 것을 모두 고른 것은? 22. 법학경채

□□□

㉠ 동법 제2조 제2항에 따른 공직자로부터 직무상 비밀 또는 소속 공공기관의 미공개정보임을 알면서도 제공받거나 부정한 방법으로 취득하여 이를 이용함으로써 재물 또는 재산상의 이익을 취득한 자는 5년 이하의 징역 또는 5천만원 이하의 벌금에 처한다.

㉡ "고위공직자"에는 치안감 이상의 경찰공무원 및 특별시 · 광역시 · 특별자치시 · 도 · 특별자치도의 시 · 도 경찰청장이 해당된다.

㉢ 사건의 수사 · 재판 · 심판 · 결정 · 조정 · 중재 · 화해 또는 이에 준하는 직무를 수행하는 공직자는 직무관련자(직무관련자의 대리인을 포함한다)가 사적이해관계자임을 안 경우 안 날로부터 14일 이내에 소속 기관장에게 그 사실을 서면(전자문서를 포함한다) 또는 구두로 신고하고 회피를 신청하여야 한다.

㉣ "이해충돌"이란 공직자가 직무를 수행할 때에 자신의 사적 이해관계가 관련되어 공정하고 청렴한 직무수행이 저해되거나 저해될 우려가 있는 상황을 말한다.

① ㉠, ㉡, ㉢
② ㉢, ㉣
③ ㉠, ㉡, ㉣
④ ㉠, ㉢

정답 및 해설 | ③

㉢ [×] 사건의 수사 · 재판 · 심판 · 결정 · 조정 · 중재 · 화해 또는 이에 준하는 직무를 수행하는 공직자는 직무관련자(직무관련자의 대리인을 포함한다)가 사적이해관계자임을 안 경우 안 날로부터 14일 이내에 소속 기관장에게 그 사실을 서면(전자문서를 포함한다) 신고하고(구두로 ×) 회피를 신청하여야 한다(동법 제5조 제1항).

182 공직자의 이해충돌방지법에 관한 내용 중 적절한 것은 모두 몇 개인가? 23. 경찰승진

□□□

> ㉠ 공직자는 배우자가 공직자 자신의 직무관련자(민법 제777조에 따른 친족 제외)와 토지 또는 건축물 등 부동산을 거래하는 행위(다만, 공개모집에 의하여 이루어지는 분양이나 공매 · 경매 · 입찰을 통한 재산상 거래 행위는 제외)를 한다는 것을 사전에 안 경우에는 안 날부터 14일 이내에 소속 기관장에게 그 사실을 서면으로 신고하여야 한다.
>
> ㉡ 공직자는 직무관련자에게 사적으로 노무 또는 조언 · 자문 등을 제공하고 대가를 받는 행위를 해서는 아니 된다(단, 국가공무원법 등 타 법령 · 기준에 따라 허용되는 경우는 제외).
>
> ㉢ 공직자는 사회상규에 따라 허용되는 경우라 할지라도 직무관련자인 소속 기관의 퇴직자(공직자가 아니게 된 날부터 2년이 지나지 아니한 사람만 해당)와 사적 접촉(골프, 여행, 사행성 오락을 같이 하는 행위)시 소속 기관장에게 신고해야 한다.
>
> ㉣ 사적 이해관계자에 공직자 자신 또는 그 가족(민법 제779조에 따른 가족)도 해당된다.

① 1개 ② 2개

③ 3개 ④ 4개

정답 및 해설 I ③

㉢ [×] 공직자는 직무관련자인 소속 기관의 퇴직자(공직자가 아니게 된 날부터 2년이 지나지 아니한 사람만 해당한다)와 사적 접촉(골프, 여행, 사행성 오락을 같이 하는 행위를 말한다)을 하는 경우 소속 기관장에게 신고하여야 한다. **다만, 사회상규에 따라 허용되는 경우에는 그러하지 아니하다**(동법 제15조 제1항).

183 「공직자의 이해충돌 방지법」에 대한 설명으로 가장 적절한 것은? 23. 경찰간부

□□□

① 공직자가 소속된 공공기관과 계약을 체결하거나 체결하려는 것이 명백한 개인이나 법인 또는 단체는 직무관련자에 해당한다.

② 고위공직자는 그 직위에 임용되거나 임기를 개시하기 전 3년 이내에 민간 부문에서 업무활동을 한 경우, 그 활동 내역을 그 직위에 임용되거나 임기를 개시한 다음 날부터 30일 이내에 소속기관장에게 제출하여야 한다.

③ 직무와 관련된 다른 직위에 취임한 공직자는 3천만원 이하의 과태료를 부과한다.

④ 공직자로 채용 · 임용되기 전 3년 이내에 공직자 자신이 대리하거나 고문 · 자문 등을 제공했던 개인이나 법인 또는 단체는 사적이해관계자에 해당한다.

정답 및 해설 I ①

② [×] 고위공직자는 그 직위에 임용되거나 임기를 개시하기 전 3년 이내에 민간 부문에서 업무활동을 한 경우, 그 활동 내역을 그 직위에 임용되거나 임기를 개시한 **(다음 ×)**날부터 30일 이내에 소속기관장에게 제출하여야 한다(동법 제8조 제1항).

③ [×] 제10조(직무 관련 외부활동의 제한)를 위반한 공직자는 나머지 사유이므로 **2천만원** 이하의 과태료를 부과한다(동법 제28조 제3항).

④ [×] 공직자로 채용 · 임용되기 전 **2년** 이내에 공직자 자신이 대리하거나 고문 · 자문 등을 제공했던 개인이나 법인 또는 단체는 사적이해관계자에 해당한다(동법 제2조 제6호).

police.Hackers.com

제2장 | 경찰법학

제1절 | 경찰법학의 기초

001 다음 중 법과 경찰활동의 관계에 대한 설명으로 가장 적절하지 않은 것은? 11. 경찰

□□□

① 어떠한 경찰활동도 경찰활동을 제약하는 법률의 규정에 위반해서는 안 된다. 이를 법률우위의 원칙이라 한다.

② 법률에 일정한 행위를 일정한 요건하에 수행하도록 수권하는 근거규정이 없다면 경찰기관은 자기의 판단에 따라 독창적으로 행위를 할 수 없다는 것을 법률유보원칙이라 한다.

③ 경찰기관의 활동은 조직규범으로서의 법률에 정해진 범위 내에서 행해져야 한다.

④ 경찰행정의 성문법원으로는 헌법, 법률, 국제조약, 명령, 행정규칙, 조리가 있다.

정답 및 해설 | ④

④ [×] 조리는 불문법원에 해당한다. 지방자치단체의 조례와 규칙이 성문법원에 해당한다.

002 법률유보원칙에 관한 다음 설명 중 가장 적절하지 않은 것은? (다툼이 있으면 판례에 의함)

□□□

14. 경행특채

① 헌법재판소는 토지등소유자가 도시환경정비사업을 시행하는 경우 사업시행인가 신청시 요구되는 토지등소유자의 동의정족수를 정하는 것은 국민의 권리와 의무의 형성에 관한 기본적이고 본질적인 사항으로 법률유보 내지 의회유보의 원칙이 지켜져야 한다는 입장이다.

② 오늘날 법률유보원칙은 단순히 행정작용이 법률에 근거를 두기만 하면 충분하다는 것이 아니라, 국가공동체와 그 구성원에게 기본적이고도 중요한 의미를 갖는 영역, 특히 기본권적 중요성을 가진 영역에 있어서는 국민의 대표자인 입법자가 그 본질적 사항에 대해서 스스로 결정하여야 한다는 요구까지 내포하고 있다.

③ 텔레비전수신료금액의 결정은 납부의무자의 범위와는 달리 수신료에 관한 본질적인 중요한 사항이 아니므로 국회가 스스로 결정할 필요는 없다.

④ 법률유보원칙에서의 '법률'에는 국회가 제정하는 형식적 의미의 법률뿐만 아니라 법률의 위임에 따라 제정된 법규명령도 포함된다.

정답 및 해설 I ③

③ [×] 헌법재판소는 텔레비전수신료금액의 결정은 수신료에 관한 사항은 국민의 기본권과 관련된 **본질적인 중요한 사항이므로 국회가 법률로써 스스로 결정하여야 한다**고 판시하였다.

☑ 법률유보원칙과 법률우위원칙의 비교

구분 / 차이	법률우위원칙	법률유보원칙
법치주의적 관점	소극적 의미	적극적 의미
적용범위	모든 범위	일정한 범위
법률의 의미	성문법 + 불문법(관습법, 조리 등)	성문법에 한정(형식적 의미의 법률과 위임명령)
법률의 존재 여부	법률의 존재시 문제	법률의 부존재시 문제

003 법치행정에 대한 설명으로 가장 적절하지 않은 것은? (다툼이 있는 경우 판례에 의함) 18. 경행특채

□□□

① 기본권 제한에 관한 법률유보원칙은 '법률에 근거한 규율'을 요청하는 것이 아니라 '법률에 의한 규율'을 요청하는 것이다.

② 지방자치법에 의하면 지방자치단체가 조례로 주민의 권리 제한 또는 의무 부과에 관한 사항이나 벌칙을 정할 때에는 법률의 위임이 있어야 한다.

③ 오늘날 법률유보원칙은 국민의 기본권실현과 관련된 영역에 있어서 국민의 대표자인 입법자가 그 본질적 사항에 대해서 스스로 결정하여야 한다는 요구까지 내포하고 있다.

④ 집회나 시위 해산을 위한 살수차 사용은 집회의 자유 및 신체의 자유에 대한 중대한 제한을 초래하므로 살수차 사용요건이나 기준은 법률에 근거를 두어야 한다.

정답 및 해설 I ①

① [×] 기본권 제한에 관한 법률유보원칙은 '법률에 의한 규율'을 요청하는 것 뿐만 아니라 **'법률에 근거한 규율'을 요청**하는 것이다.

004 행정의 법률적합성 원칙(법치행정의 원칙)에 관한 설명 중 가장 적절한 것은? (다툼이 있는 경우 판례에 의함) 22. 경찰

□□□

① 법치행정의 원칙에 관한 전통적 견해는 '법률의 지배', '법률의 우위', '법률의 유보'를 내용으로 한다.

② '법률의 우위'에서의 법률에는 형식적 의미의 법률뿐만 아니라 그 밖에 성문법과 불문법이 포함된다.

③ 법규명령에는 위임명령과 집행명령이 있으며, 모두 국민의 권리 · 의무에 관한 사항을 규정할 수 있다.

④ 법령의 구체적 위임 없이 최루액의 혼합 · 살수 방법 등을 규정한 경찰청장의 살수차운용지침(2014.4.3.)은 법률유보의 원칙에 위배되는 측면이 있으나, 그 지침에 따라 살수한 경찰관의 행위는 집회를 해산하기 위한 불가피한 조치라는 점에서 반드시 위헌 · 위법이라 할 수 없다.

정답 및 해설 I ②

① [×] Otto. Mayer의 전통적 법치행정의 원칙에 따르면 **'법률의 법규창조력'**, '법률의 우위', '법률의 유보'를 내용으로 한다.

③ [×] 법규명령에는 위임명령과 집행명령이 있으며, 위임명령은 새로운 국민의 권리·의무에 관한 사항을 규정할 수 있지만, **집행명령은** 새로운 국민의 권리·의무에 관한 사항을 규정할 수 없다.

④ [×] 법령의 구체적 위임 없이 최루액의 혼합·살수 방법 등을 규정한 경찰청장의 살수차운용지침(2014.4.3.)은 **법률유보의 원칙에 위배된다**(헌재결 2018.5.31, 2015헌마476).

005 개인의 자유를 침해하거나 의무를 부과하는 행정은 반드시 법률의 근거가 있어야 한다는 원칙을 전제할 때, 법률의 근거 없이도 가능한 것을 모두 고른 것은? (다툼이 있는 경우 판례에 의함) 22. 경찰

□□□

> ㉠ 경찰관의 학교 앞 등교지도
> ㉡ 주민을 상대로 한 교통정책홍보
> ㉢ 기초생활수급자에 대한 생계비지원
> ㉣ 공무원에 대해 특정종교를 금지하는 훈령
> ㉤ 자살을 시도하는 사람에 대한 경찰관서 보호
> ㉥ 붕괴위험시설에 대한 예방적 출입금지

① ㉠, ㉡, ㉢
② ㉠, ㉡, ㉤
③ ㉠, ㉢, ㉤
④ ㉡, ㉢, ㉣, ㉥

정답 및 해설 I ①

법률유보의 원칙에 관한 학설 중 **침해유보설**에 대한 설명이다. 침해유보설을 전제로 법률의 근거를 요하지 않는 경찰작용을 물어 보는 것이므로 침해적 경찰작용(국민의 권리나 자유를 제한하거나 의무를 부과)이 아닌 것을 고르면 된다. 이에 따르면 ㉠㉡㉢은 서비스활동 내지는 수익적 작용이므로 법률의 근거를 요하지 않으며, ㉣ 공무원에 대해 특정종교를 금지하는 훈령과 ㉥ 붕괴위험시설에 대한 예방적 출입금지는 부작위의무를 명하는 것이고, ㉤ 자살을 시도하는 사람에 대한 경찰관서 보호조치는 **자유를 제한**하는 작용이므로 법률의 근거를 요한다.

006 법치행정의 원칙에 대한 설명으로 옳지 않은 것은? (다툼이 있는 경우 판례에 의함) 22. 경찰간부

□□□

① 개인택시운송사업자에게 운전면허 취소사유가 있는 경우에 그로 인하여 운전면허 취소처분이 이루어지지 않았다고 하더라도 관할관청은 개인택시운송사업면허를 취소할 수 있다.

② 헌법상 보장된 국민의 자유나 권리를 제한할 때에는 적어도 그 제한의 본질적인 사항에 관하여 국회가 법률로써 스스로 규율하여야 한다.

③ 법률의 시행령은 법률에 의한 위임이 없는 한 법률이 규정한 개인의 권리·의무에 관한 내용을 변경·보충하거나 법률에 규정되지 아니한 새로운 내용을 규정할 수는 없다.

④ 도시환경정비사업인가 신청시 요구되는 토지등소유자의 동의정족수를 자치규약에 정하도록 한 구 도시 및 주거환경정비법의 동의요건조항은 법률유보 내지 의회유보원칙에 위배된다.

정답 및 해설 | ①

① [×] 구 여객자동차운수사업법 제76조 제1항 제15호, 같은 법 시행령 제29조에는 관할관청은 개인택시운송사업자의 운전면허가 취소된 때에 그의 개인택시운송사업면허를 취소할 수 있도록 규정되어 있을 뿐 그에게 운전면허 취소사유가 있다는 사유만으로 개인택시운송사업면허를 취소할 수 있도록 하는 규정은 없으므로, 관할관청으로서는 비록 개인택시운송사업자에게 운전면허 취소사유가 있다 하더라도 그로 인하여 **운전면허 취소처분이 이루어지지 않은 이상 개인택시운송사업면허를 취소할 수는 없다.** 따라서 개인택시운송사업자가 음주운전을 하다가 사망한 경우 그 망인에 대하여 음주운전을 이유로 운전면허 취소처분을 하는 것은 불가능하고, 음주운전은 운전면허의 취소사유에 불과할 뿐 개인택시운송사업면허의 취소사유가 될 수는 없으므로, 음주운전을 이유로 한 개인택시운송사업면허의 취소처분은 위법하다(대판 2008.5.15, 2007두26001).

007 행정법의 법원(法源)에 관한 설명이다. 다음 중 가장 적절하지 않은 것은? (다툼이 있으면 판례에 의함)

□□□

15. 경행특채

① 관습법은 성문법의 결여시에 성문법을 보충하는 범위에서 효력을 갖는다.

② 헌법재판소법 제47조 제1항은 "법률의 위헌결정은 법원과 그 밖의 국가기관 및 지방자치단체를 기속한다."라고 규정하고 있다.

③ 1994년 관세 및 무역에 관한 일반협정(GATT)이나 정부조달에 관한 협정(AGP)에 위반되는 조례는 그 효력이 없다.

④ 일반적으로 승인된 국제법규라도 의회에 의한 입법절차를 거쳐야 행정법의 법원(法源)이 된다.

정답 및 해설 | ④

④ [×] 일반적으로 승인된 국제법규는 **별도의 입법조치 없이 국내법으로 수용**되어 행정법의 법원이 된다는 것이 통설 · 판례이다.

008 성문법원에 관한 설명으로 가장 적절하지 않은 것은?

□□□

16. 경찰승진

① 헌법은 기본적인 통치구조와 국가작용의 기본원칙을 정한 기본법이다.

② 헌법에 의하여 체결 · 공포된 조약과 일반적으로 승인된 국제법규는 국내법과 같은 효력을 지닌다.

③ 국회의 의결을 거치지 않고 행정기관에 의하여 제정된 성문법규를 명령이라고 한다.

④ 조리는 지방의회가 법령의 범위 안에서 제정하는 자치법규를 말한다.

정답 및 해설 | ④

④ [×] 조리란 일반적으로 정의에 합치되는 보편적 원리로서 **불문법원**에 해당한다. 지문의 설명은 자치법규 중 **조례**에 대한 내용이다.

009 경찰법의 법원에 대한 설명 중 옳지 않은 것을 모두 고른 것은? 20. 경찰승진

> ㉠ 경찰법의 법원은 일반적으로 성문법과 불문법원으로 나눌 수 있으며, 헌법 · 법률 · 조약과 국제법규 · 조리와 규칙은 성문법원이다.
> ㉡ 국회의 의결을 거치지 않고 행정기관에 의하여 제정된 성문법규를 법규명령이라고 한다.
> ㉢ 국무총리는 직권으로 총리령을 발할 수 있으나, 행정각부의 장은 직권으로 부령을 발할 수 없다.
> ㉣ 지방의회가 법령의 범위 안에서 제정하는 자치법규를 규칙이라고 한다.

① ㉠, ㉡ ② ㉠, ㉢
③ ㉠, ㉡, ㉣ ④ ㉠, ㉢, ㉣

정답 및 해설 I ④
㉠ [×] 경찰법의 법원 중 조리는 성문법원이 아니라 불문법원이다.
㉢ [×] 행정각부의 장도 집행명령의 형태로 직권으로 부령을 발할 수 있다.
㉣ [×] 지방의회가 법령의 범위 안에서 제정하는 자치법규는 조례이다. 규칙은 지방자치단체의 장이 제정하는 자치법규이다.

010 경찰법의 법원(法源)에 관한 설명이다. 아래 ㉠부터 ㉣까지 설명 중 옳고 그름의 표시(○, ×)가 바르게 된 것은? 22. 경찰간부

> ㉠ 헌법은 국가의 기본적인 통치구조를 정한 기본법으로서 행정의 조직이나 작용의 기본원칙을 정한 부분은 그 한도 내에서 경찰법의 법원이 된다.
> ㉡ 경찰권 발동은 법률에 근거해야 하므로, 법률은 경찰법상의 법률관계에 있어서 중요한 법원이다.
> ㉢ 불문법원으로서 일반적으로 정의에 합치되는 보편적 원리로서 인정되고 있는 모든 원칙을 조리라 하고, 경찰관청의 행위가 형식상 적법하면 조리에 위반하더라도 위법이 될 수 없다.
> ㉣ 경찰법의 법원은 일반적으로 성문법원과 불문법원으로 나눌 수 있으며 헌법, 법률, 조약과 국제법규, 규칙은 성문법원이다.

① ㉠ (○), ㉡ (×), ㉢ (×), ㉣ (○)
② ㉠ (○), ㉡ (○), ㉢ (×), ㉣ (×)
③ ㉠ (○), ㉡ (○), ㉢ (×), ㉣ (○)
④ ㉠ (×), ㉡ (○), ㉢ (×), ㉣ (○)

정답 및 해설 I ③
㉢ [×] 불문법원으로서 일반적으로 정의에 합치되는 보편적 원리로서 인정되고 있는 모든 원칙을 조리라 하고, 경찰관청의 행위가 형식상 적법하면 조리에 위반하더라도 위법이 될 수 있다.

011 ☐☐☐ 경찰행정법의 법원(法源)에 관한 설명으로 가장 적절하지 않은 것은? (다툼이 있는 경우 판례에 의함)

23. 경찰

① 경찰행정법의 법원(法源)은 일반적으로 성문법원과 불문법원으로 나눌 수 있으며 헌법, 법률, 조례와 규칙은 성문법원에 해당한다.

② 대통령령, 총리령 및 부령은 특별한 규정이 없으면 공포한 날부터 20일이 경과함으로써 효력을 발생한다.

③ 지방자치단체의 장은 법령의 범위에서 그 사무에 관하여 조리(條理)를 제정할 수 있다.

④ 사회의 거듭된 관행으로 생성한 사회생활규범이 사회의 법적 확신과 인식에 의하여 법적 규범으로 승인·강행되기에 이른 것을 관습법이라 한다.

정답 및 해설 I ③

③ [×] 지방자치단체는 법령의 범위에서 그 사무에 관하여 조례를 제정할 수 있다(지방자치법 제28조 제1항). 지방자치단체의 장이 제정하는 성문법규는 규칙이다(지방자치법 제29조).

012 ☐☐☐ 법률과 법규명령의 공포 및 효력발생시기에 관한 설명으로 가장 적절하지 않은 것은?

23. 승진

① 국회에서 의결된 법률안은 정부에 이송되어 15일 이내에 대통령이 공포한다.

② 법률은 특별한 규정이 없는 한 공포한 날로부터 20일을 경과함으로써 효력을 발생한다.

③ 대통령령, 총리령 및 부령은 특별한 규정이 없으면 공포한 날부터 20일이 경과함으로써 효력을 발생한다.

④ 국민의 권리 제한 또는 의무 부과와 직접 관련되는 법률, 대통령령, 총리령 및 부령은 긴급히 시행하여야 할 특별한 사유가 있는 경우를 제외하고는 공포일로부터 적어도 20일이 경과한 날부터 시행되도록 하여야 한다.

정답 및 해설 I ④

① [O] 헌법 제53조 제1항

④ [×] 국민의 권리 제한 또는 의무 부과와 직접 관련되는 법률, 대통령령, 총리령 및 부령은 긴급히 시행하여야 할 특별한 사유가 있는 경우를 제외하고는 공포일로부터 적어도 30일이 경과한 날부터 시행되도록 하여야 한다(법령 등 공포에 관한 법률 제13조의2).

013 ☐☐☐ 법규명령과 행정규칙에 관한 설명 중 가장 옳지 않은 것은?

19. 경찰간부

① 법규명령은 공포를 요하나 행정규칙은 공포를 요하지 않는다.

② 법규명령의 형식(부령)을 취하고 있지만, 그 내용이 행정규칙의 실질을 가지는 경우 판례는 당해 규범을 행정규칙으로 보고 있다.

③ 재량준칙의 제정은 행정청에게 재량권이 인정되는 경우에만 가능하며 행정청이 기속권만을 갖는 경우에는 인정되지 않는다.

④ 위임명령은 법규명령이고 집행명령은 행정규칙이다.

정답 및 해설 I ④

④ [×] 위임명령뿐만 아니라 집행명령도 행정규칙이 아니라 법규명령에 해당한다.

014 행정규칙과 법규명령에 대한 설명으로 가장 적절하지 않은 것은? 19. 경찰승진

□□□

① 법규명령은 대외적 구속력을 갖기 때문에 그에 반하는 행정권 행사는 위법하다.

② 법규명령은 특별한 규정이 없는 한 공포한 날로부터 20일을 경과함으로써 효력을 발생한다.

③ 위임명령은 법규명령이고, 집행명령은 행정규칙이다.

④ 법규명령의 형식(부령)을 취하고 있지만 그 내용이 행정규칙의 실질을 가지는 경우 판례는 당해 규범을 행정규칙으로 보고 있다.

정답 및 해설 I ③

③ [×] 위임명령뿐만 아니라 **집행명령**도 행정규칙이 아니라 **법규명령**에 해당한다.

015 법규명령과 행정규칙에 대한 설명으로 가장 옳은 것은? (판례에 의함) 20. 경찰간부

□□□

① 법령규정이 특정 행정기관에 그 법령 내용의 구체적 사항을 정할 수 있는 권한을 부여하면서 그 권한 행사의 절차나 방법을 특정하고 있지 않아 수임행정기관이 행정규칙의 형식으로 그 내용을 구체적으로 정하고 있다면 그 행정규칙은 대외적 구속력이 있는 법규명령으로서의 효력을 가진다.

② 행정입법이란 행정부가 제정하는 법을 의미하며, 행정조직 내부의 사무처리기준에 관한 법규명령과 국민을 구속하는 효력이 있는 행정규칙으로 구분된다.

③ 법규명령의 제정에는 헌법·법률 또는 상위명령의 근거가 필요하지 않아 독자적인 행정입법 작용이 허용된다.

④ 법규명령은 특별한 규정이 없는 한 공포일로부터 30일이 경과해야 효력이 발생하나 행정규칙은 공포를 요하지 않는다.

정답 및 해설 I ①

② [×] 행정조직 내부의 사무처리기준에 관한 기준을 **행정규칙**이라고 하고, 국민을 구속하는 효력이 있는 것을 **법규명령**이라고 한다.

③ [×] 법규명령 중 **위임명령**의 제정에는 헌법·법률 또는 상위명령의 근거가 필요하며, **독자적인 행정입법 작용은 허용되지 않는다.**

④ [×] 법규명령은 특별한 규정이 없는 한 공포일로부터 **20일**이 경과해야 효력이 발생하나 행정규칙은 공포를 요하지 않는다.

☑ 법규명령과 행정규칙의 비교

구분	법규명령	행정규칙
의의	행정권이 정립하는 일반·추상적 규범으로서 법규성을 갖는 것	행정권이 행정의 조직과 활동에 관하여 사무처리의 지침으로서 일반·추상적 명령
법형식	대통령령·총리령·부령 등	고시·지침·훈령 등
법적 근거	1. 위임명령: 상위법령상 수권을 요함 2. 집행명령: 요하지 않음	상위법령의 수권을 요하지 않음
수범자	국민에게 적용됨	행정조직 및 특별행정법관계 내부에 적용
규율 내용	국민의 권리·의무에 관한 입법사항을 정할 수 있음	1. 행정의 조직과 공무원의 활동 등 내부에 관한 사항만 정할 수 있음 2. 국민의 권리·의무에 관한 입법사항을 정할 수 없음
법적 성질	법규성 인정	행정내부적 규율에 그침(법규성 부정)
구속력	내부적·외부적 구속력(양면적 구속력)	원칙적으로 내부적 구속력(편면적 구속력)
위반효과	1. 법규명령에 위반한 처분은 위법 ○ 2. 이를 위반한 공무원은 징계책임 ○	1. 행정규칙에 위반한 처분은 위법 × 2. 이를 위반한 공무원은 징계책임 ○
존재형식	조문의 형식	조문의 형식 + 구두로도 가능

016 경찰법의 법원(法源)에 대한 설명으로 가장 적절하지 않은 것은? 14. 경찰승진

□□□

① 경찰법의 존재형식 또는 인식근거에 관한 문제이다.

② 경찰법의 법원은 일반적으로 성문법원과 불문법원으로 나눌 수 있으며, 조례와 규칙은 성문법원의 일종이다.

③ 경찰관청의 행위가 형식상 법령에 적합하다면, 비례의 원칙 등 행정법의 일반원칙에 어긋나더라도 항상 적법한 행위이다.

④ 헌법에 의하여 체결·공포된 조약과 일반적으로 승인된 국제법규도 경찰법의 법원으로 볼 수 있다.

정답 및 해설 I ③

③ [×] 경찰관청의 행위가 형식상 법령에 적합하더라도, 비례의 원칙 등 행정법의 일반원칙에 어긋나면 위법한 행위가 된다.

017 경찰법의 법원에 대한 설명으로 가장 적절하지 않은 것은? 17. 경찰승진

□□□

① 법규명령의 특징은 국민과 행정청을 동시에 구속하는 양면적 구속력을 가짐으로써 재판규범이 된다.

② 대통령령, 총리령 및 부령은 특별한 규정이 없으면 공포한 날부터 14일이 경과함으로써 효력을 발생한다.

③ 국민의 권리 제한 또는 의무 부과와 직접 관련되는 법률, 대통령령, 총리령 및 부령은 긴급히 시행하여야 할 특별한 사유가 있는 경우를 제외하고는 공포일로부터 적어도 30일이 경과한 날부터 시행되도록 하여야 한다.

④ 법규명령의 한계로 행정권에 대한 입법권의 일반적·포괄적 위임은 인정될 수 없고, 국회 전속적 법률사항의 위임은 원칙적으로 금지되며, 법률에 의하여 위임된 사항을 전부 하위명령에 재위임하는 것은 금지된다.

정답 및 해설 I ②

② [×] 대통령령, 총리령 및 부령은 특별한 규정이 없으면 공포한 날부터 20일이 경과함으로써 효력을 발생한다.

018 행정법의 효력에 대한 설명으로 옳은 것을 모두 고른 것은? (다툼이 있는 경우 판례에 의함)

□□□

23. 경찰간부

㉠ 법령등을 공포한 날부터 일정 기간이 경과한 날부터 시행하는 경우 그 기간의 말일이 토요일 또는 공휴일인 때에는 그 말일로 기간이 만료한다.
㉡ 「국회법」에 따라 하는 국회의장의 법률 공포는 관보(官報)에 게재함으로써 한다.
㉢ 「법령 등 공포에 관한 법률」에 따르면, 관보의 내용 해석 및 적용 시기 등에 대하여 종이관보와 전자관보는 동일한 효력을 가진다.
㉣ 법령등을 위반한 행위 후 법령등의 변경에 의하여 그 행위가 법령등을 위반한 행위에 해당하지 아니하거나 제재처분기준이 가벼워진 경우로서 해당 법령등에 특별한 규정이 없는 경우에는 변경된 법령등을 적용한다.

① ㉠, ㉢ ② ㉡, ㉣
③ ㉠, ㉢, ㉣ ④ ㉡, ㉢, ㉣

정답 및 해설 I ③

㉡ [×]

법령 등 공포에 관한 법률 제11조 **【공포 및 공고의 절차】** ① 헌법개정 · 법률 · 조약 · 대통령령 · 총리령 및 부령의 공포와 헌법개정안 · 예산 및 예산 외 국고부담계약의 공고는 관보(官報)에 게재함으로써 한다.
② 「국회법」 제98조 제3항 전단에 따라 하는 국회의장의 법률 공포는 서울특별시에서 발행되는 둘 이상의 일간신문에 게재함으로써 한다.

019 경찰법의 법원(法源)에 대한 설명이다. 옳은 것은 모두 몇 개인가?

20. 경찰간부

□□□

㉠ 경찰법의 법원은 일반적으로 성문법원과 불문법원으로 나눌 수 있으며 헌법, 법률, 조약과 국제법규, 조리와 규칙은 성문법원이다.
㉡ 국회에서 의결을 거치지 않고 행정기관에 의하여 제정된 법규를 법규명령이라고 한다.
㉢ 조례와 규칙은 지방의회가 정한다.
㉣ 헌법은 국가의 기본적인 통치구조를 정한 기본법으로 행정의 조직이나 작용의 기본원칙을 정한 부분은 그 한도 내에서 경찰법의 법원이 된다.
㉤ 위임명령은 법규명령이고 집행명령은 행정규칙이다.
㉥ 헌법재판소의 위헌결정은 법원이나 기타 국가기관 및 지방자치단체를 기속하므로 법원성이 인정된다.
㉦ 조리는 평등의 원칙, 비례의 원칙, 금반언의 원칙, 신의성실의 원칙, 신뢰보호의 원칙 등으로 구성되어 있으며 오늘날 법의 일반원칙은 성문화되어 가는 추세이다.

① 1개 ② 2개
③ 3개 ④ 4개

정답 및 해설 I ④

옳은 설명은 ㉡㉣㉥㉦ 4개이다.

㉠ [×] 경찰법의 법원은 일반적으로 성문법원과 불문법원으로 나눌 수 있으며 헌법, 법률, 조약과 국제법규, **조례**와 규칙은 성문법원이다.

㉢ [×] 조례는 지방의회가 정하지만, **규칙**은 **지방자치단체장**이 정한다.

㉤ [×] 위임명령과 집행명령은 모두 **법규명령**이다.

020 □□□ 경찰행정법의 법원(法源)에 대한 설명으로 가장 적절하지 않은 것은? 23. 경찰간부

① 헌법에 의하여 체결 · 공포된 조약과 일반적으로 승인된 국제법규도 경찰행정법의 법원으로 볼 수 있다.

② 헌법재판소의 위헌결정은 국가경찰 및 자치경찰을 기속하므로 법원성이 인정된다.

③ 경찰행정법의 일반원칙인 평등의 원칙, 비례의 원칙, 권한남용금지의 원칙, 신뢰보호의 원칙은 「행정기본법」에는 규정되어있지 않다.

④ 신의성실의 원칙은 「민법」 뿐만 아니라 경찰행정법을 포함한 모든 법의 일반원칙이며 법원으로 인정된다.

정답 및 해설 I ③

③ [×] 경찰행정법의 일반원칙인 평등의 원칙(제9조), 비례의 원칙(10조), 권한남용금지의 원칙(제11조), 신뢰보호의 원칙(제12조)은 모두 「행정기본법」에는 **규정되어** 있다.

021 □□□ 경찰법의 법원(法源)에 관한 설명으로 가장 적절하지 않은 것은? 19. 경찰

① 행정입법이란 행정부가 제정하는 법을 의미하며, 행정조직 내부의 사무처리기준에 관한 법규명령과 국민을 구속하는 효력이 있는 행정규칙으로 구분된다.

② 법규명령은 특별한 규정이 없는 한 공포일로부터 20일 경과 후 효력이 발생하나, 행정규칙은 공포를 요하지 않는다.

③ 최후의 보충적 법원으로서 조리는 일반적 · 보편적 정의를 의미하는 바, 경찰관청의 행위가 형식상 적법하더라도 조리에 위반할 경우 위법이 될 수 있다.

④ 판례에 의할 때 운전면허취소사유에 해당하는 음주운전을 적발한 경찰관의 소속 경찰서장이 사무착오로 위반자에게 운전면허정지처분을 한 상태에서 위반자의 주소지 관할 시 · 도경찰청장이 위반자에게 운전면허취소처분을 한 경우 이는 법의 일반원칙인 조리에 반하여 허용될 수 없다.

정답 및 해설 I ①

① [×] 행정조직 내부의 사무처리기준에 관한 기준을 **행정규칙**이라고 하고, 국민을 구속하는 효력이 있는 것을 **법규명령**이라고 한다.

022 다음 〈보기〉의 내용 중 공통된 행정의 법 원칙은 무엇인가? 22. 경찰

□□□

> • 행정기본법 제12조 제1항 "행정청은 공익 또는 제3자의 이익을 현저히 해칠 우려가 있는 경우를 제외하고는 행정에 대한 국민의 정당하고 합리적인 신뢰를 보호하여야 한다."
> • 행정절차법 제4조 제2항 "행정청은 법령 등의 해석 또는 행정청의 관행이 일반적으로 국민들에게 받아들여졌을 때에는 공익 또는 제3자의 정당한 이익을 현저히 해칠 우려가 있는 경우를 제외하고는 새로운 해석 또는 관행에 따라 소급하여 불리하게 처리하여서는 아니 된다."

① 비례의 원칙
② 평등의 원칙
③ 신뢰보호의 원칙
④ 부당결부금지의 원칙

정답 및 해설 | ③

③ 모두 신뢰보호의 원칙에 관한 설명이다.

023 행정기본법상 신뢰보호의 원칙에 해당하는 것은? 23. 경찰승진

□□□

① 행정청은 권한 행사의 기회가 있음에도 불구하고 장기간 권한을 행사하지 아니하여 국민이 그 권한이 행사되지 아니할 것으로 믿을 만한 정당한 사유가 있는 경우에는 그 권한을 행사해서는 아니 된다. 다만, 공익 또는 제3자의 이익을 현저히 해칠 우려가 있는 경우는 예외로 한다.

② 행정청은 합리적 이유 없이 국민을 차별해서는 아니 된다.

③ 행정청의 행정작용은 행정목적을 달성하는 데 유효하고 적절해야 하며, 필요한 최소한도에 그칠 것이고, 행정작용으로 인한 국민의 이익 침해가 그 행정작용이 의도하는 공익보다 크지 아니해야 한다.

④ 행정청은 행적작용을 할 때 상대방에게 해당 행정작용과 실질적인 관련이 없는 의무를 부과해서는 아니 된다.

정답 및 해설 | ①

① [○] 동법 제12조 신뢰보호의 원칙
② [×] 동법 제9조 평등의 원칙
③ [×] 동법 제10조 비례의 원칙
④ [×] 동법 제13조 부당결부금지의 원칙

024 행정법의 일반원칙에 대한 설명으로 가장 적절한 것은? (다툼이 있으면 판례에 의함) 11. 경행특채

□□□

① 신뢰보호의 원칙에서 공적 견해나 의사는 반드시 명시적으로 표시되어야 한다.

② 헌법재판소의 위헌결정은 행정청이 개인에 대하여 신뢰의 대상이 되는 공적인 견해를 표명한 것이므로 그 결정에 관련한 개인의 행위에 대하여는 신뢰보호의 원칙이 적용된다.

③ 재량권 행사의 준칙인 행정규칙이 그 정한 바에 따라 되풀이 시행되어 행정관행이 이루어지게 되면 평등의 원칙이나 신뢰보호의 원칙에 따라 행정기관은 그 상대방에 대한 관계에서 그 규칙에 따라야 할 자기구속을 받게 된다.

④ 행정청의 공적 견해표명이 있었는지의 여부를 판단하는 데 있어서는 행정조직상의 형식적인 권한분장만이 그 기준이 되며, 담당자의 조직상의 지위와 임무, 당해 언동을 하게 된 구체적인 경위 등은 상대방의 신뢰 여부를 판단하는 기준이 아니다.

정답 및 해설 I ③

① [×] 신뢰보호의 원칙에서 공적 견해표명은 반드시 명시적으로 할 필요는 없으며, 묵시적 의사표명도 포함된다.

② [×] 헌법재판소의 위헌결정은 신뢰보호의 원칙상 공적 견해표명에 해당하지 않는다(대판 2003.6.27, 2000두6965).

④ [×] 행정청의 공적 견해표명이 있었는지의 여부를 판단하는 데 있어서는 행정조직상의 형식적인 권한분장에 구애될 것이 아니라, 담당자의 조직상의 지위와 임무, 당해 언동을 하게 된 구체적인 경위 등 상대방의 신뢰 여부도 공적 견해표명의 판단기준이 된다(대판 1996.1.23, 95누13746).

025 신뢰보호원칙의 요건에 대한 설명으로 가장 옳지 않은 것은? 19. 서울시 7급

□□□

① 행정청이 개인에 대하여 신뢰의 대상이 되는 공적인 견해표명을 하여야 한다.

② 행정청의 견해표명이 정당하다고 신뢰한 데에 대하여 그 개인에게 귀책사유가 있더라도 신뢰보호의 원칙이 적용된다.

③ 개인이 행정청의 견해표명을 신뢰하고 이에 상응하는 어떠한 행위를 하였어야 한다.

④ 행정청이 그 견해표명에 반하는 처분을 함으로써 견해표명을 신뢰한 개인의 이익이 침해되는 결과가 초래되어야 한다.

정답 및 해설 I ②

② [×] 신뢰보호원칙이 성립하기 위해서는 선행조치에 관한 관계인의 신뢰가 보호가치 있는 것이어야 한다. 신뢰가 보호할 만한 것인가는 정당한 이익형량에 의하여야 하므로 상대방 등에게 귀책사유가 있어서는 안 된다.

026 신뢰보호원칙 또는 신의칙에 관한 기술 중 옳은 것은? (다툼이 있으면 판례에 의함) 18. 소방간부

□□□

① 신뢰보호원칙은 신의칙 혹은 법적 안정성에 근거를 둔 원칙으로 확고한 불문의 법원으로 자리를 잡았으나, 실정법에 명문으로 이러한 원칙을 선언하고 있는 경우는 없다.

② 신뢰보호원칙은 위법을 감내하고서라도 상대방의 신뢰를 보호하려는 것이며, 상대방의 신뢰이익은 항상 공익이나 제3자의 이익에 우선한다.

③ 운전면허 취소사유에 해당하는 음주운전으로 적발되었으나 사무착오로 위반자에게 운전면허정지처분을 한 후, 위반자에게 다시 운전면허취소처분을 한 것은 신뢰보호원칙에 위배된다.

④ 행정청의 언동은 법적인 권한이 있는 자의 것일 필요는 없으므로 병무청의 민원상담 공무원으로부터 보충역편입대상자가 될 수 있다는 상담을 받았으나 실제로 현역입영판정을 받았다면 신뢰보호원칙에 반한다.

정답 및 해설 I ③

① [×] 신뢰보호원칙은 **행정기본법(제12조)**이나 **행정절차법(제4조)**에서 그 법적 근거를 두고 있다.

② [×] 신뢰보호원칙은 중대한 공익이나 제3자의 이익을 현저히 침해하는 경우에는 적용될 수 없다.

④ [×] 행정청의 공적 견해표명은 권한이 있는 자의 행위이어야 한다는 것이 대법원 판례의 태도이므로 병무청 담당 부서의 담당공무원에게 공적 견해의 표명을 구하는 정식의 서면질의 등을 하지 아니한 채 총무과 OOO장에 불과한 공무원이 민원봉사 차원에서 상담에 응하여 안내한 것을 신뢰한 경우, 신뢰보호원칙이 적용되지 아니한다고 판시하였다(대판 2003.12.26, 2003두1875).

027 신뢰보호원칙에 관한 설명으로 옳지 않은 것은? (다툼이 있는 경우 판례에 의함) 19. 소방채용

□□□

① 신뢰보호원칙은 판례뿐만 아니라 실정법상의 근거를 가지고 있다.

② 수익적 행정행위가 수익자의 귀책사유가 있는 신청에 의해 행하여졌다면 그 신뢰의 보호가치성은 인정되지 않는다.

③ 행정기관의 선행조치로서의 공적인 견해 표명은 반드시 명시적인 언동이어야 한다.

④ 처분청 자신의 공적 견해 표명이 있어야만 하는 것은 아니며, 경우에 따라서는 보조기관인 담당 공무원의 공적인 견해 표명도 신뢰의 대상이 될 수 있다.

정답 및 해설 I ③

③ [×] 행정기관의 공적인 견해표명은 반드시 명시적으로 할 필요는 없으며, 묵시적인 언동도 포함된다는 것이 판례의 태도이다.

028 신뢰보호원칙에 관한 설명으로 옳은 것은? 08. 국회직 8급 변형

□□□

① 신뢰의 대상인 행정청의 선행조치에는 적극적·소극적 언동이 모두 포함되지만, 적어도 적법한 선행조치일 것이 요구되므로 위법한 선행조치에 대한 신뢰보호는 허용되지 않는다.

② 행정조직상 권한을 가진 처분청 자신의 공적 견해가 아니라 보조기관에 불과한 담당 공무원의 공적 견해표명이라도 신뢰보호의 대상이 될 수 있다.

③ 행정청의 선행조치와 무관하게 우연히 행해진 사인의 처리행위도 신뢰보호의 대상이 될 수 있다.

④ 행정의 합법률성원칙과 신뢰보호원칙이 충돌하는 경우에는 전자가 우위에 있다는 것이 통설적 견해이다.

정답 및 해설 I ②

① [×] 위법한 선행조치도 신뢰보호원칙의 적용대상이 되는 선행조치에 포함된다는 것이 일반적 견해이다. 이 점에서 신뢰보호원칙은 평등의 원칙 또는 자기구속의 원칙과 구별된다.

③ [×] 행정청의 선행조치를 신뢰한 사인의 조치가 있어야 신뢰보호를 요구할 수 있다. 따라서 **선행조치와 무관한 사인의 행위 또는 사인의 처리행위 자체가 없는 경우에는 신뢰보호원칙이 적용되지 않는다.**

④ [×] 신뢰보호원칙과 법률적합성의 원칙은 모두 법치주의의 원리로서 대등한 지위를 가지므로 양자가 충돌하는 경우에는 **이익형량을 하여야 한다**는 것이 통설과 판례의 태도이다.

029 □□□ 신뢰보호원칙에 대한 설명이다. 아래 ㉠부터 ㉣까지의 설명 중 옳고 그름의 표시(○, ×)가 바르게 된 것은? (다툼이 있는 경우 판례에 의함) 18. 경행특채

> ㉠ 도시계획구역 내 생산녹지로 답(畓)인 토지에 대하여 종교회관 건립을 이용목적으로 하는 토지거래계약의 허가를 받으면서 담당 공무원이 관련 법규상 허용된다 하여 이를 신뢰하고 건축준비를 하였으나 그 후 토지형질변경허가신청을 불허가한 것은 신뢰보호원칙에 반한다.
> ㉡ 폐기물처리업에 대하여 사전에 관할 관청으로부터 적정통보를 받아 이를 믿고 법정허가요건을 갖추고, 상당한 자금과 노력을 투자하여 허가신청을 하였으나 불허가한 사안에서 업체의 난립 및 과당경쟁방지, 생활폐기물의 적정하고도 안정적인 처리라는 제반 사항을 고려하여 불허가한 것이라면 신뢰보호원칙에 반하지 않는다.
> ㉢ 당초 정구장시설을 설치한다는 도시계획결정을 하였다가 정구장 대신 청소년수련시설을 설치한다는 도시계획변경결정 및 지적승인을 한 경우, 당초의 도시계획결정에 따른 도시계획사업의 시행자로 지정받을 것을 예상하여 상당한 비용 등을 지출하였다면 정구장 대신 청소년수련시설을 설치한다는 내용의 도시계획변경결정 및 지적승인을 한 것은 신뢰이익을 침해한 것이다.
> ㉣ 폐기물관리법령에 의한 폐기물처리업 사업계획에 대한 적정통보와 국토이용관리법령에 의한 국토이용계획변경은 각기 그 제도적 취지와 결정단계에서 고려해야 할 사항들이 다르므로 폐기물처리업 사업계획에 대하여 적정통보를 한 것만으로는 그 사업부지 토지에 대한 국토이용계획변경신청을 승인하여 주겠다는 취지의 공적인 견해표명을 한 것으로 볼 수 없다.

① ㉠ (○), ㉡ (×), ㉢ (×), ㉣ (○)
② ㉠ (○), ㉡ (×), ㉢ (○), ㉣ (○)
③ ㉠ (×), ㉡ (○), ㉢ (×), ㉣ (×)
④ ㉠ (○), ㉡ (○), ㉢ (○), ㉣ (×)

정답 및 해설 I ①

옳은 설명은 ㉠㉣이다.

㉡ [×] 폐기물처리업에 대하여 관할 관청의 사전 적정통보를 받고 막대한 비용을 들여 허가요건을 갖춘 다음 허가신청을 하였음에도 청소업자의 난립으로 효율적인 청소업무의 수행에 지장이 있다는 이유로 한 불허가처분은 **신뢰보호의 원칙을 위반한 위법한 처분이다**(대판 1998.5.8, 98두4061).

㉢ [×] 정구장시설을 설치한다는 도시계획결정을 하였다가 정구장 대신 청소년수련시설을 설치한다는 도시계획변경결정 및 지적승인을 한 경우, 정구장시설의 도시계획사업 시행자로 지정받을 것을 예상하고 정구장 설계비용 등을 지출한 자의 **신뢰이익을 침해한 것으로 볼 수 없다**는 것이 판례의 입장이다(대판 2000.11.10, 2000두727).

030 신뢰보호의 원칙에 관한 다음 설명 중 가장 적절한 것은? (다툼이 있는 경우 판례에 의함)

□□□

12. 경행특채

① 신뢰보호의 원칙은 판례를 통해 발전한 행정법의 원칙이지만 현재는 실정법에도 명문규정을 두고 있다.

② 헌법재판소의 위헌결정은 신뢰보호원칙의 적용요건 중 하나인 공적 견해표명에 해당한다.

③ 판례에 의하면, 행정기관의 공적 견해표명 여부를 판단할 때는 반드시 행정조직상의 형식적인 권한분장에 의하여 담당자의 조직상 지위와 임무 등에 비추어 형식적으로 판단하여야 한다.

④ 판례에 의하면, 문화관광부장관이 지방자치단체장에게 한 사업승인 가능성에 대한 회신은 사업신청자인 민원인에 대한 공적 견해표명이다.

정답 및 해설 I ①

② [×] 헌법재판소의 위헌결정은 행정청이 개인에 대하여 신뢰의 대상이 되는 공적인 견해를 표명한 것이라고 할 수 없으므로 그 결정에 관련한 개인의 행위에 대하여는 **신뢰보호의 원칙이 적용되지 아니한다**(대판 2003.6.27, 2002두6965).

③ [×] 행정청의 공적 견해표명이 있었는지 여부를 판단함에 있어서는 반드시 행정조직상의 형식적인 권한분장에 구애될 것은 아니고 담당자의 조직 내 지위와 임무, 당해 언동을 하게 된 구체적 경위 및 그에 대한 상대방의 신뢰가능성에 비추어 **실질에 의하여 판단**하여야 한다(대판 2014.11.13, 2014두10127).

④ [×] 문화관광부장관이 지방자치단체장에게 행한 사업승인 가능성에 대한 회신은 공적 견해표명에 **해당하지 않는다**(대판 2006.4.28, 2005두6539).

031 다음에 제시된 행정법의 기본원칙에 대한 설명으로 옳지 않은 것은? (다툼이 있는 경우 판례에 의함)

□□□

19. 국회직 8급 변형

> (가) 어떤 행정목적을 달성하기 위한 수단은 그 목적달성에 유효·적절하고 또한 가능한 한 최소침해를 가져오는 것이어야 하며 아울러 그 수단의 도입으로 인한 침해가 의도하는 공익을 능가하여서는 안 된다.
> (나) 행정기관은 행정결정에 있어서 동종의 사안에 대하여 이전에 제3자에게 행한 결정과 동일한 결정을 상대방에게 하도록 스스로 구속당한다.
> (다) 개별국민이 행정기관의 어떤 언동의 정당성 또는 존속성을 신뢰한 경우 그 신뢰가 보호받을 가치가 있는 한 그러한 귀책사유 없는 신뢰는 보호되어야 한다.
> (라) 행정주체가 행정작용을 함에 있어서 상대방에게 이와 실질적인 관련이 없는 의무를 부과하거나 그 이행을 강제하여서는 아니 된다.

① 자동차를 이용하여 범죄행위를 한 경우 범죄의 경중에 상관없이 반드시 운전면허를 취소하도록 한 규정은 (가)원칙을 위반한 것이다.

② 반복적으로 행하여진 행정처분이 위법한 것일 경우 행정청은 (나)원칙에 구속되지 않는다.

③ 고속국도 관리청이 고속도로 부지와 접도구역에 송유관 매설을 허가하면서 상대방과 체결한 협약에 따라 송유관 시설을 이전하게 될 경우 그 비용을 상대방에게 부담하도록 한 부관은 (라)원칙에 반하지 않는다.

④ 선행조치의 상대방에 대한 신뢰보호의 이익과 제3자의 이익이 충돌하는 경우에는 (다)원칙이 우선한다.

정답 및 해설 I ④

④ [×] 신뢰보호의 이익과 공익이 충돌하는 경우 신뢰보호이익이 우선하는 것이 아니라 양자의 이익을 비교 · 형량하여야 한다. 즉, (다) 신뢰보호의 원칙이 우선하는 것이 아니다.

① [○] (가) 비례의 원칙을 위반한 것이다.

② [○] (나) 자기구속의 원칙에 구속되지 않는다.

③ [○] (라) 부당결부금지의 원칙에 반하지 않는다.

032 행정법의 일반원칙에 대한 설명으로 옳지 않은 것은? (다툼이 있는 경우 판례에 의함) 20. 소방채용

□□□

① 신뢰보호원칙에 위반하는 경우 그 행정행위는 위법하며, 판례는 이 경우 취소사유로 보지 않고 무효로만 보았다.

② 행정주체가 행정작용을 함에 있어서 상대방에게 이와 실질적 관련이 없는 의무를 부과하거나 그 이행을 강제하여서는 아니 된다.

③ 행정절차법상 규정이 없는 경우에도 행정권 행사가 적정한 절차에 따라 행해지지 아니하면 그 행정권 행사는 적법절차의 원칙에 반한다.

④ 자기구속의 원칙이 인정되는 경우 행정관행과 다른 처분은 특별한 사정이 없는 한 위법하다.

정답 및 해설 I ①

① [×] 대법원 판례는 신뢰보호원칙에 위반하는 행정행위는 원칙적으로 취소사유에 해당한다고 본다.

033 행정의 자기구속의 원칙에 대한 설명으로 옳지 않은 것은? (다툼이 있는 경우 판례에 의함)

□□□

18. 국가직 9급

① 헌법재판소는 평등의 원칙이나 신뢰보호의 원칙을 근거로 행정의 자기구속의 원칙을 인정하고 있다.

② 반복적으로 행해진 행정처분이 위법하더라도 행정의 자기구속의 원칙에 따라 행정청은 선행처분에 구속된다.

③ 행정의 자기구속의 원칙은 법적으로 동일한 사실관계, 즉 동종의 사안에서 적용이 문제되는 것으로 주로 재량의 통제법리와 관련된다.

④ 재량준칙이 공표된 것만으로는 행정의 자기구속의 원칙이 적용될 수 없고, 재량준칙이 되풀이 시행되어 행정관행이 성립한 경우에 행정의 자기구속의 원칙이 적용될 수 있다.

정답 및 해설 I ②

② [×] 자기구속의 원칙은 위법한 행정작용에는 적용되지 않는다. 따라서 자기구속의 선례가 위법한 경우 자기구속의 원칙은 적용될 여지가 없다.

034 □□□ 다음은 행정의 자기구속에 관한 판례의 내용이다. ㉠과 ㉡에 들어갈 행정법의 일반원칙으로 옳은 것은?

15. 교육행정직 9급

> 재량권 행사의 준칙인 행정규칙이 그 정한 바에 따라 되풀이 시행되어 행정관행이 이루어지게 되면 (㉠) 이나 (㉡)에 따라 행정기관은 그 상대방에 대한 관계에서 그 규칙에 따라야 할 자기구속을 받게 되므로, 이러한 경우에는 특별한 사정이 없는 한 그를 위반하는 처분은 (㉠)이나 (㉡)에 위배되어 재량권을 일탈 · 남용한 위법한 처분이 된다.

	㉠	㉡
①	비례의 원칙	신뢰보호의 원칙
②	평등의 원칙	신뢰보호의 원칙
③	비례의 원칙	부당결부금지의 원칙
④	평등의 원칙	부당결부금지의 원칙

정답 및 해설 I ②

② [O] 대법원은 자기구속의 원칙의 근거를 **평등의 원칙**뿐만 아니라 **신뢰보호의 원칙**에서도 찾고 있다.

035 □□□ 다음 사례에서 법원이 피고행정청의 처분이 재량을 남용하였다고 판단하면서 인용한 행정법의 일반원칙을 가장 잘 묶은 것은?

13. 서울시 7급

> 원판결이유에 의하면 원심은 원고가 원판시와 같이 부산시 영도구청의 당직근무 대기 중 약 25분간 같은 근무조원 3명과 함께 시민과장실에서 심심풀이로 돈을 걸지 않고 점수따기 화투놀이를 한 사실을 확정한 다음 이것이 국가공무원법 제78조 제1 · 3호 규정의 징계사유에 해당한다 할지라도 당직 근무시간이 아닌 그 대기 중에 불과 약 25분간 심심풀이로 한 것이고 또 돈을 걸지 아니하고 점수따기를 한 데 불과하며 원고와 함께 화투놀이를 한 3명(지방공무원)은 부산시 소청심사위원회에서 견책에 처하기로 의결된 사실이 인정되는 점 등 제반 사정을 고려하면 피고가 원고에 대한 징계처분으로 파면을 택한 것은 재량의 범위를 벗어난 위법한 것이다.

① 평등의 원칙, 신뢰보호의 원칙

② 행정의 자기구속의 법리, 법률적합성의 원칙

③ 비례의 원칙, 평등의 원칙

④ 신뢰보호의 원칙, 부당결부금지의 원칙

정답 및 해설 I ③

③ [O] 대법원은 위의 사안에서 '국가공무원법 제78조 제1 · 3호 규정의 징계사유에 해당한다 할지라도 당직 근무시간이 아닌 그 대기 중에 불과 약 25분간 심심풀이로 한 것이고 또 돈을 걸지 아니하고 점수따기를 한 데 불과하며'라는 부분은 법위반 정도에 비해 징계가 과하다는 점에서 **비례의 원칙**을 위반한 것으로 볼 수 있다. 또한, '원고와 함께 화투놀이를 한 3명은 견책에 처하기로 의결된 사실이 인정되는 점'이라는 부분은 합리적 사유가 없이 다른 사람과 차별적 대우를 했다는 점에서 **평등의 원칙**을 위반한 것으로 볼 수 있다.

036 행정법의 일반원칙에 관한 설명으로 옳지 않은 것은? 10. 지방직 9급

□□□

① 우리나라 행정기본법과 행정절차법은 신뢰보호의 원칙을 명문으로 규정하고 있다.

② 대법원은 승합차를 혈중알코올농도 0.1% 이상의 음주상태로 운전한 자에 대하여 제1종 보통운전면허 외에 제1종 대형운전면허까지 취소한 행정청의 처분이 부당결부금지원칙을 위반한 것으로 보았다.

③ 대법원은 실권의 법리를 신의성실의 원칙에 바탕을 둔 파생원칙로 보았다.

④ 평등의 원칙은 행정작용에 있어서 특별히 합리적인 차별 사유가 없는 한 국민을 공평하게 처우하여야 한다는 원칙으로 재량권 행사의 한계 원리로서 중요한 의미를 갖는다.

정답 및 해설 I ②

② [×] 제1종 보통운전면허와 제1종 대형운전면허의 소지자가 제1종 보통운전면허로 운전할 수 있는 승합차를 음주운전하다가 적발된 경우, 두 종류의 운전면허 모두 취소할 수 있다. 그 취소처분으로 생업에 막대한 지장을 초래하게 되어 가족의 생계조차도 어려워질 수 있다는 당사자의 불이익보다는 교통법규의 준수 또는 주취운전으로 인한 사고의 예방이라는 공익목적 실현의 필요성이 더욱 크고, 당해 처분 중 **제1종 대형운전면허 부분에 대한 운전면허취소처분이 재량권의 한계를 넘는 위법한 처분이라고 볼 수 없다** (대판 1997.3.11, 96누15176).

037 다음 중 신뢰보호의 원칙에 관한 설명이 가장 타당하지 않은 것은? 04. 지방직 9급

□□□

① 선행조치란 반드시 명시적 · 적극적 언동에 국한하지 않고 국민이 신뢰를 가질 만한 일정한 조치를 취하는 것을 말한다.

② 신뢰보호원칙의 요건을 충족한 때에도 공익 또는 제3자의 정당한 이익을 현저히 해할 우려가 있는 경우는 신뢰보호원칙을 적용할 수 없다.

③ 상대방 개인뿐만 아니라 그의 대리인, 위임인 또는 보조인의 부정행위 개입, 선행조치의 위법성 인식 또는 과실이 존재하는 경우에는 보호가치가 부정된다.

④ 상대방의 추상적인 질의에 대한 국세청의 일반론적인 회신도 공적인 견해를 명시적으로 표명한 것으로 신뢰보호원칙의 적용이 있다는 것이 판례의 원칙이다.

정답 및 해설 I ④

④ [×] 판례는 행정기관의 선행행위를 명시적 또는 묵시적 공적 견해의 표명에 국한시켜, 추상적 질의에 대한 일반적 견해표명은 이러**한 공적 견해의 표명으로 볼 수 없다**고 판시하였다(대판 2000.2.11, 98두2119).

038 행정법상 신뢰보호원칙의 성립요건에 관한 판례의 내용으로 옳지 않은 것은? 08. 지방직 9급

□□□

① 행정청의 공적인 견해표명 여부는 행정조직법상의 권한분장에 따라 판단하여야 한다.

② 행정기관의 공적인 견해나 의사는 묵시적으로 표시되어도 '공적인 견해의 표명'으로 인정될 수 있다.

③ 과세관청의 의사표시가 일반론적인 견해표명인 경우에는 신뢰보호원칙을 적용하지 않는다.

④ 토지거래계약의 허가를 통하여서나 그 과정에서 그 소속 공무원들을 통하여 토지형질변경이 가능하다는 견해표명은 건축을 위한 토지의 형질변경이 가능하다는 공적 견해표명을 한 것이라고 볼 여지가 많다.

정답 및 해설 I ①

① [×] 행정청의 공적인 견해표명 여부는 반드시 행정조직법상의 권한분장에 따라 판단하여야 하는 것은 아니고 담당자의 조직상의 지위와 임무, 당해 언동을 하게 된 구체적인 경위 및 그에 대한 상대방의 신뢰가능성에 비추어 실질에 의하여 판단하여야 한다(대판 1997.9.12, 96누18380).

039 □□□ 신뢰보호의 원칙에 대한 설명으로 옳지 않은 것은? (다툼이 있는 경우 판례에 의함) 23. 경찰간부

① 과세관청이 납세의무자에게 부가가치세 면세사업자용 사업자등록증을 교부한 행위는 부가가치세를 과세하지 아니함을 시사하는 언동이나 공적인 견해를 표명한 것으로 볼 수 있다.

② 폐기물처리업 사업계획에 대하여 적정통보를 한 것만으로 그 사업부지 토지에 대한 국토이용계획변경신청을 승인하여 주겠다는 취지의 공적인 견해표명을 한 것으로 볼 수 없다.

③ 행정청이 상대방에게 장차 어떤 처분을 하겠다고 공적인 의사표명을 하였다고 하더라도, 공적인 의사표명이 있은 후에 사실적·법률적 상태가 변경되었다면, 그와 같은 공적인 의사표명은 행정청의 별다른 의사표시를 기다리지 않고 실효된다.

④ 동일한 사유에 관하여 보다 무거운 면허취소처분을 하기 위하여 이미 행하여진 가벼운 면허정지처분을 취소하는 것은 선행처분에 대한 당사자의 신뢰 및 법적 인정성을 크게 지해하는 것이 되어 허용될 수 없다.

정답 및 해설 I ①

① [×] 과세관청이 납세의무자에게 부가가치세 면세사업자용 사업자등록증을 교부한 행위는 부가가치세를 과세하지 아니함을 시사하는 언동이나 공적인 견해를 표명한 것으로 볼 수 없다는 것이 판례의 태도이다(대판 1995.9.29, 95누7376).

040 □□□ 행정법의 일반원칙에 대한 설명으로 옳지 않은 것은? (다툼이 있는 경우 판례에 의함) 20. 소방채용

① 비례의 원칙에 의할 때 공무원이 단지 1회 훈령에 위반하여 요정 출입을 하였다는 사유만으로 한 파면처분은 위법하다.

② 행정의 자기구속의 원칙은 평등원칙 및 신뢰보호의 원칙과 밀접한 관련을 지니고 있다.

③ 부당결부금지의 원칙은 행정작용을 함에 있어서 그와 실체적 관련이 없는 상대방의 반대급부를 조건으로 하여서는 안 된다는 원칙을 말한다.

④ 신뢰보호의 원칙에서 행정기관의 공적인 견해표명은 명시적이어야 하고 묵시적인 경우에는 인정되지 아니한다.

정답 및 해설 I ④

④ [×] 행정기관의 공적인 견해표명은 반드시 명시적으로 할 필요는 없으며, 묵시적인 언동도 포함된다는 것이 판례의 태도이다(대판 2019.1.17, 2018두42559).

041 비례의 원칙에 관한 설명으로 가장 적절하지 않은 것은? 16. 경찰승진

□□□

① 경찰관 직무집행법 제1조 제2항에 명시적으로 규정되어 있다.

② 비례의 원칙을 위반한 국가작용은 위법한 국가작용으로 국가배상책임이 성립할 수 있다.

③ 비례의 원칙을 충족하려면 세부원칙인 적합성의 원칙, 필요성의 원칙, 상당성의 원칙 중 적어도 하나는 충족해야 한다.

④ 비례의 원칙은 일반조항에 근거하여 경찰권을 발동하는 경우는 물론 개별적 수권조항에 근거하여 경찰권을 발동하는 경우에도 적용된다.

정답 및 해설 I ③

③ [×] 비례원칙은 달성하고자 하는 행정목적과 그 수단 사이에 합리적 비례관계가 유지되어야 한다는 원칙으로서, 이 원칙에 충족되기 위해서는 적합성의 원칙, 필요성의 원칙, 상당성의 원칙 모두를 충족하여야 한다.

042 비례원칙에 대한 설명으로 옳지 않은 것은? (다툼이 있는 경우 판례에 의함) 13. 국가직 9급

□□□

① 도로교통법 제148조의2 제1항 제1호의 '도로교통법 제44조 제1항을 2회 이상 위반한' 것에 구 도로교통법 제44조 제1항을 위반한 음주운전 전과도 포함된다고 해석하는 것은 비례원칙에 위반된다.

② 협의의 비례원칙인 상당성의 원칙은 재량권 행사의 적법성의 기준에 해당한다.

③ 침해행정인가 급부행정인가를 가리지 아니하고 행정의 전 영역에 적용된다.

④ 행정절차법은 행정지도의 원칙으로 비례원칙을 규정하고 있다.

정답 및 해설 I ①

① [×] 도로교통법 제148조의2 제1항 제1호의 '도로교통법 제44조 제1항을 2회 이상 위반한' 것에 구 도로교통법 제44조 제1항 위반 음주운전 전과도 포함된다고 해석하는 것이 형벌불소급원칙이나 일사부재리원칙 또는 비례원칙에 위배되지 않는다(대판 2012.11.29, 2012도10269).

043 행정의 법원칙에 관한 설명 중 가장 적절하지 않은 것은? (다툼이 있는 경우 판례에 의함)

□□□

21. 경행특채

① 행정작용은 법률에 위반되어서는 아니 되며, 국민의 권리를 제한하거나 의무를 부과하는 경우와 그 밖에 국민생활에 중요한 영향을 미치는 경우에는 법률에 근거하여야 한다.

② 재량준칙은 일반적으로 행정조직 내부에서만 효력을 가질 뿐 대외적인 구속력을 갖는 것은 아니므로 행정처분이 이를 위반하였다고 하여 그러한 사정만으로 곧바로 위법하게 되는 것은 아니다. 다만, 그 재량준칙이 정한 바에 따라 되풀이 시행되어 행정관행이 이루어지게 되면 평등의 원칙이나 신뢰보호의 원칙에 따라 행정기관은 상대방에 대한 관계에서 그 규칙에 따라야 할 자기구속을 받는다.

③ 행정청은 공익 또는 제3자의 이익을 현저히 해칠 우려가 있는 경우를 제외하고는 행정에 대한 국민의 정당하고 합리적인 신뢰를 보호하여야 한다.

④ 고속국도의 관리청이 고속도로 부지와 접도구역에 송유관 매설을 허가하면서 상대방과 체결한 협약에 따라 송유관 시설을 이전하게 될 경우 상대방에게 그 비용을 부담하도록 한 부관은 행정작용과 실질적 관련성이 없는 의무를 부과하는 것으로서 부당결부금지원칙에 위반된다.

정답 및 해설 I ④

④ [×] 고속국도 관리청이 고속도로 부지와 접도구역에 송유관 매설을 허가하면서 상대방과 체결한 협약에 따라 송유관 시설을 이전하게 될 경우 그 비용을 상대방에게 부담하도록 하였고, 그 후 도로법 시행규칙이 개정되어 접도구역에는 관리청의 허가 없이도 송유관을 매설할 수 있게 된 사안에서, 위 협약이 효력을 상실하지 않을 뿐만 아니라 위 협약에 포함된 부관이 **부당결부금지의 원칙에도 반하지 않는다**(대판 2009.2.12, 2005다65500).

① [O] 행정기본법 제8조

② [O] 대판 2009.12.24, 2009두7967

③ [O] 행정기본법 제12조 제1항

044 행정법의 일반원칙에 관한 설명 중 가장 적절하지 않은 것은? (다툼이 있는 경우 판례에 의함)

□□□

22. 경찰

① 폐기물처리업에 대하여 사전에 관할 관청으로부터 적정통보를 받고 막대한 비용을 들여 허가요건을 갖춘 다음 허가신청을 하였음에도 관할 관청으로부터 "다수 청소업자의 난립으로 안정적이고 효율적인 청소업무의 수행에 지장이 있다."는 이유로 불허가처분을 받은 경우, 그 처분은 신뢰보호원칙 위반으로 인한 위법한 처분에 해당된다.

② 지방자치단체장이 사업자에게 주택사업계획승인을 하면서 그 주택사업과는 아무런 관련이 없는 토지를 기부채납하도록 하는 부관을 주택사업계획승인에 붙인 경우, 그 부관은 부당결부금지 원칙에 위반되어 위법하다.

③ 같은 정도의 비위를 저지른 자들 사이에 있어서도 그 직무의 특성, 비위의 성격 및 정도를 고려하여 징계 종류의 선택과 양정을 차별적으로 취급하는 것은 합리적 차별로서 평등원칙에 반하지 아니한다.

④ 적법 및 위법을 불문하고 재량준칙에 따른 행정관행이 성립한 경우라면, 행정의 자기구속 원칙이 적용될 수 있다.

정답 및 해설 I ④

④ [×] 대법원 판례는 재량준칙에 따른 행정관행이 성립한 경우 이러한 재량준칙에 따라야 하는 행정의 자기구속 원칙이 적용될 수 있으나, 이러한 행정관행이 위법한 경우에는 자기구속 원칙이 적용될 여지가 없다고 판시하고 있다(대판 2009.10.24, 2009두7967).

045 □□□ **부당결부금지의 원칙에 대한 설명으로 옳지 않은 것은? (다툼이 있는 경우 판례에 의함)** 22. 경찰간부

① 고속국도 관리청이 고속도로 부지와 접도구역에 송유관 매설을 허가하면서 상대방과 체결한 협약에 따라 송유관 시설을 이전하게 될 경우 그 비용을 상대방에게 부담하도록 한 부관은 부당결부금지원칙에 반하지 않는다.

② 이륜자동차로서 제2종 소형면허를 가진 사람만이 운전할 수 있는 오토바이를 음주운전한 사유만 가지고서는 제1종 대형면허나 보통면허의 취소나 정지를 할 수 없다.

③ 행정법의 일반원칙으로서 부당결부금지원칙을 명시적으로 규정한 실정법은 없다.

④ 제1종 대형면허로 운전할 수 있는 차량을 운전면허정지기간 중에 운전한 경우에는 이와 관련된 제1종 보통면허까지 취소할 수 있다.

정답 및 해설 I ③

③ [×] 행정법의 일반원칙으로서 부당결부금지원칙은 **행정기본법 제13조**에서 명시적으로 규정을 두고 있다.

> 행정기본법 제13조 【부당결부금지의 원칙】 행정청은 행정작용을 할 때 상대방에게 해당 행정작용과 실질적인 관련이 없는 의무를 부과해서는 아니 된다.

046 □□□ **부당결부금지의 원칙에 관한 설명으로 가장 적절한 것은? (다툼이 있는 경우 판례에 의함)** 23. 경찰

① 행정청은 행정작용을 할 때 상대방에게 해당 행정작용과 실질적인 관련이 없는 의무를 부과해서는 아니 된다는 원칙이다.

② 현행법상 명시적인 규정은 없지만 법치국가의 원리와 자의금지의 원칙으로부터 도출되는 행정법의 일반원칙이다.

③ 지방자치단체장이 사업자에게 주택사업계획승인을 하면서 그 주택사업과는 아무런 관련이 없는 토지를 기부채납하도록 하는 부관을 붙인 경우에는, 기부채납한 토지 가액이 그 주택사업 계획의 100분의 1 상당의 금액에 불과하고 사업자가 이의를 제기하지 아니하다가 지방자치단체장이 업무착오로 기부채납한 토지에 대하여 보상협조요청서를 보내자 그때서야 비로소 부관의 하자를 들고 나왔다고 하더라도 그 부관은 당연무효이다.

④ 甲이 혈중알코올농도 0.140%의 주취상태로 배기량 125cc 이륜 자동차를 운전하였다는 이유로 甲의 자동차운전면허[제1종 대형, 제1종 보통, 제1종 특수(대형견인 · 구난), 제2종 소형]를 취소한 것은 甲이 음주상태에서 운전을 하지 않으면 안 되는 부득이한 사정이 없었더라도 재량권을 일탈 · 남용한 것이다.

정답 및 해설 I ①

① [○] 행정기본법 제13조

② [×] 부당결부금지의 원칙은 행정기본법 제13조의 근거규정을 두고 있다.

③ [×] 대법원은 지방자치단체장이 사업자에게 주택사업계획승인을 하면서 그 주택사업과는 아무런 관련이 없는 토지를 기부채납하도록 하는 부관을 붙인 사안에서 부당결부금지원칙을 위반한 부관(부담)은 당연무효가 아니라 단순취소사유라고 판시한 바 있다(대판 1997.3.11, 96다49650).

④ [×] 배기량 125cc 이륜자동차는 도로교통법상 원동기장치자전거에 해당한다. 따라서 甲이 취득한 자동차운전면허[제1종 대형, 제1종 보통, 제1종 특수(대형견인 · 구난), 제2종 소형] 모두로 운전할 수 있는 차이므로 복수운전면허를 전부취소한 것은 실질적 관련성이 있는 결부로서 부당결부금지원칙에 위반되지 않는다(재량권의 일탈 · 남용이 인정되지 않는다).

047 경찰비례의 원칙에 관한 설명으로 가장 적절하지 않은 것은? (다툼이 있는 경우 판례에 의함)

□□□

23. 경찰

① 경찰비례의 원칙은 일반적 수권조항에 근거하여 경찰권을 발동하는 경우는 물론, 개별적 수권조항에 근거하여 경찰권을 발동하는 경우에도 적용된다.

② 적합성의 원칙은 경찰기관의 어떤 조치가 경찰목적 달성을 위해 필요한 경우라고 하여도 그 조치에 따른 불이익이 그 조치로 인해 발생하는 이익보다 큰 경우에는 경찰권을 발동해서는 안된다는 원칙이다.

③ 필요성의 원칙(최소침해의 원칙)은 목적을 달성할 수 있는 수단이 여러 가지가 있는 경우에 적합한 여러 가지 수단 중에서 가장 적게 침해를 가져오는 수단을 선택해야 한다는 원칙이다.

④ 경찰비례의 원칙은 행정기본법 제10조, 경찰관 직무집행법 제1조 제2항 등에서 근거를 찾아볼 수 있다.

정답 및 해설 I ②

② [×] 상당성의 원칙(적합성의 원칙 ×)은 경찰기관의 어떤 조치가 경찰목적 달성을 위해 필요한 경우라고 하여도 그 조치에 따른 불이익이 그 조치로 인해 발생하는 이익보다 큰 경우에는 경찰권을 발동해서는 안된다는 원칙이다.

048 경찰비례의 원칙에 대한 설명으로 가장 적절하지 않은 것은?

20. 경찰

□□□

① 독일에서 경찰법상의 판례를 중심으로 발달하여 왔고 오늘날에는 행정법의 모든 영역에서 적용되는 원칙으로 이해되고 있다.

② 최소침해의 원칙은 협의의 비례원칙이라고도 불린다.

③ 경찰관 직무집행법 제1조 제2항이 명문으로 규정하고 있을 뿐만 아니라 헌법 제37조 제2항으로부터도 도출된다.

④ 적합성, 필요성, 상당성의 원칙으로 이루어져 있다.

정답 및 해설 I ②

② [×] 최소침해의 원칙은 필요성의 원칙이라고 불리며, 협의의 비례원칙은 상당성의 원칙을 의미한다.

049 경찰비례의 원칙에 대한 설명으로 가장 적절하지 않은 것은? 22. 경찰승진

□□□

① 행정영역에서 적용되는 원칙으로서, 일반적 수권조항에 근거하여 경찰권을 발동하는 경우는 물론, 개별적 수권조항에 근거하여 경찰권을 발동하는 경우에도 적용된다.

② 경찰행정관청의 특정행위가 공적 목적 달성을 위해 적합하고, 국민에게 가장 피해가 적으며, 달성되는 공익이 침해되는 사익보다 더 커야 적법한 행정작용이 될 수 있다.

③ 상당성의 원칙(협의의 비례원칙)은 경찰기관의 어떤 조치가 경찰목적 달성을 위해 필요한 경우라고 하여도 그 조치에 따른 불이익이 그 조치로 인해 발생하는 이익보다 큰 경우에는 경찰권을 발동해서는 안 된다는 원칙이다.

④ 경찰비례의 원칙은 법률에 명문의 규정은 존재하지 않지만 이를 위반한 경찰작용은 위법한 것으로 평가되어 행정소송의 대상이 되며, 국가배상청구의 대상이 될 수 있다.

정답 및 해설 I ④

④ [×] 경찰비례의 원칙은 경찰관 직무집행법 제1조 제2항에 명시적으로 규정하고 있다.

050 행정에 관한 기간의 계산에 관한 설명 중 가장 적절하지 않은 것은? 21. 경행특채

□□□

① 행정에 관한 기간의 계산에 관하여는 행정기본법 또는 다른 법령 등에 특별한 규정이 있는 경우를 제외하고는 민법을 준용한다.

② 보안관찰처분의 기간은 보안관찰처분결정을 집행하는 날부터 계산한다. 이 경우 초일은 산입한다.

③ 100일간 운전면허정지처분을 받은 사람의 경우, 100일째 되는 날이 공휴일인 경우에도 면허정지기간은 그 날(공휴일 당일)로 만료한다.

④ 법령 등(훈령 · 예규 · 고시 · 지침 등을 포함한다)의 시행일을 정하거나 계산할 때 법령 등을 공포한 날부터 일정 기간이 경과한 날부터 시행하는 경우 법령 등을 공포한 날을 첫날에 산입한다.

정답 및 해설 I ④

④ [×] 법령 등(훈령 · 예규 · 고시 · 지침 등을 포함한다)의 시행일을 정하거나 계산할 때 법령 등을 공포한 날부터 일정 기간이 경과한 날부터 시행하는 경우 법령 등을 공포한 날을 첫날에 산입하지 아니한다(행정기본법 제7조 제2호).

051 행정법의 시간적 효력에 대한 판례의 입장으로 옳지 않은 것은? 15. 사회복지직 9급

□□□

① 법령을 소급적용하더라도 일반국민의 이해에 직접 관계가 없는 경우나 오히려 그 이익을 증진하는 경우, 불이익이나 고통을 제거하는 경우에는 예외적으로 법령의 소급적용이 허용된다.

② 일반적으로 국민이 소급입법을 예상할 수 있었거나 법적 상태가 불확실하고 혼란스러워 보호할 만한 신뢰이익이 적은 경우에도 진정소급입법이 허용되지 않는다.

③ 법률조항에 대하여 헌법재판소가 헌법불합치결정을 하여 그 법률조항을 합헌적으로 개정 또는 폐지하는 임무를 입법자의 형성재량에 맡긴 이상, 그 개선입법의 소급적용 여부와 소급적용의 범위는 원칙적으로 입법자의 재량에 달려 있다.

④ 법령의 효력이 시행일 이전에 소급하지 않는다는 것은 시행일 이전에 이미 종결된 사실에 대하여 법령이 적용되지 않는다는 것을 의미하는 것이지, 시행일 이전부터 계속되는 사실에 대하여도 법령이 적용되지 않는다는 의미가 아니다.

정답 및 해설 I ②

② [×] 일반적으로 ㉠ 국민이 소급입법을 예상할 수 있었거나 ㉡ 법적 상태가 불확실하고 혼란스러워 보호할 만한 신뢰이익이 적은 경우와 ㉢ 소급입법에 의한 당사자의 손실이 없거나 아주 경미한 경우, 그리고 ㉣ 신뢰보호의 요청에 우선하는 심히 중대한 공익상의 사유가 소급입법을 정당화하는 경우 등에는 **예외적으로 진정소급입법이 허용된다**(헌재 1999.7.22, 97헌바76).

052 행정법의 효력에 대한 설명으로 가장 적절하지 않은 것은? (다툼이 있는 경우 판례에 의함)

□□□

19. 경행특채

① 행정처분의 근거 법률이 개정된 경우, 국민의 재산권과 관련하여 종전보다 불리한 법률효과를 규정하고 있더라도, 해당 사실 또는 법률관계가 이미 완성 또는 종결된 것이 아니라면, 헌법상 금지되는 소급입법에 의한 재산권 침해라고 할 수는 없다.

② 개정 법률이 부진정소급입법에 해당하더라도, 개정 전 법률의 존속에 대한 국민의 신뢰가 개정 법률의 적용에 관한 공익상의 요구보다 더 보호가치가 있다고 인정되는 경우, 그러한 국민의 신뢰를 보호하기 위하여 개정 법률의 적용이 제한될 수 있다.

③ 개정 법률이 진정소급입법에 해당하더라도, 국민이 소급입법을 예상할 수 있었거나 신뢰보호의 요청에 우선하는 심히 중대한 공익상의 사유가 소급입법을 정당화하는 경우 등에는 소급입법이 허용될 수 있다.

④ "친일재산은 그 취득 · 증여 등 원인행위시에 국가의 소유로 한다."고 정한 친일반민족행위자 재산의 국가귀속에 관한 특별법 제3조 제1항의 규정은 부진정소급입법에 해당하므로 원칙적으로 허용된다.

정답 및 해설 I ④

④ [×] "친일재산은 그 취득 · 증여 등 원인행위시에 국가의 소유로 한다."고 정한 친일반민족행위자 재산의 국가귀속에 관한 특별법 제3조 제1항의 규정은 **진정소급입법에 해당하므로 원칙적으로 허용될 수 없다**(대판 2016.11.9, 2014두3228).

053 행정기본법의 내용으로 옳지 않은 것은? 23. 소방채용

□□□

① 행정에 대한 기간의 계산에 관하여는 민법 또는 다른 법령 등에 특별한 규정이 있는 경우를 제외하고는 행정기본법에 따른다.

② 당사자의 신청에 따른 처분은 법령에 특별한 규정이 있거나 처분 당시의 법령등을 적용하기 곤란한 특별한 사정이 있는 경우를 제외하고는 처분 당시의 법령 등에 따른다.

③ 국가와 지방자치단체는 소속 공무원이 공공의 이익을 위하여 적극적으로 직무를 수행할 수 있도록 제반 여건을 조성하고, 이와 관련된 시책 및 조치를 추진하여야 한다.

④ 행정청은 공법상 계약의 상대방을 선정하고 계약 내용을 정할 때 공법상 계약의 공공성과 제3자의 이해관계를 고려하여야 한다.

정답 및 해설 | ①

① [×] 행정에 관한 기간의 계산에 관하여는 **이 법(행정기본법)** 또는 다른 법령 등에 특별한 규정이 있는 경우를 제외하고는 **민법**을 준용한다(행정기본법 제6조 제1항).

054 「행정기본법」에 관한 설명으로 가장 적절한 것은? 23. 경찰

□□□

① 행정에 관한 나이는 다른 법령등에 특별한 규정이 있는 경우에도 출생일을 산입하지 않고 만(滿) 나이로 계산하고, 연수(年數)로 표시하되, 1세에 이르지 아니한 경우에는 월수(月數)로 표시할 수 있다.

② 행정작용은 그 행정작용이 의도하는 공익이 행정작용으로 인한 국민의 이익 침해보다 크지 않아야 한다.

③ 행정청은 법률로 정하는 바에 따라 완전히 자동화된 시스템(인공지능 기술을 적용한 시스템을 포함)으로 처분을 할 수 있으나, 처분에 재량이 있는 경우는 그러하지 아니하다.

④ 공익 또는 제3자의 이익을 현저히 해칠 우려가 있는 경우에도 행정청은 권한 행사의 기회가 있음에도 불구하고 장기간 권한을 행사하지 아니하여 국민이 그 권한이 행사되지 아니할 것으로 믿을 만한 정당한 사유가 있는 경우에는 그 권한을 행사해서는 아니 된다.

정답 및 해설 | ③

③ [○] 동법 제20조

① [×] 행정에 관한 나이는 다른 법령등에 특별한 규정이 있는 경우에도 출생일을 **산입하여(산입하지 않고 ×)** 만(滿) 나이로 계산하고, 연수(年數)로 표시하되, 1세에 이르지 아니한 경우에는 월수(月數)로 표시할 수 있다(동법 제7조의2).

② [×] 행정작용으로 인한 국민의 이익 침해가 그 행정작용이 의도하는 공익보다 크지 않아야 한다(동법 제10조).

④ [×] 행정청은 권한 행사의 기회가 있음에도 불구하고 장기간 권한을 행사하지 아니하여 국민이 그 권한이 행사되지 아니할 것으로 믿을 만한 정당한 사유가 있는 경우에는 그 권한을 행사해서는 아니 된다. 다만, **공익 또는 제3자의 이익을 현저히 해칠 우려가 있는 경우는 예외로 한다**(동법 제12조 제2항).

제2절 | 경찰조직법

055 □□□ 경찰기관의 종류는 경찰행정관청, 경찰의결기관, 경찰자문기관, 경찰보조기관, 경찰집행기관 등이다. 각 기관과 관련하여 다음에서 적절하지 않은 것은 모두 몇 개인가? 10. 경찰

> ㉠ 경찰행정관청에는 경찰청장, 시·도경찰청장, 경찰서장, 지구대장 등이 해당한다.
> ㉡ 국가경찰위원회, 경찰공무원인사위원회는 경찰자문기관이다.
> ㉢ 경찰집행기관은 치안총감, 치안정감, 치안감, 경무관, 총경, 경정, 경감, 경위, 경사, 경장, 순경 등에 해당한다.
> ㉣ 경찰청의 차장이나 과장은 보조기관이다.

① 1개 ② 2개
③ 3개 ④ 4개

정답 및 해설 | ②
틀린 설명은 ㉠㉡ 2개이다.
㉠ [×] 경찰행정관청에는 경찰청장, 시·도경찰청장, 경찰서장이 있다. 지구대장은 경찰서장의 **보조기관**에 해당한다.
㉡ [×] 국가경찰위원회는 의결기관이고, 경찰공무원인사위원회는 **자문기관**이다.

056 □□□ 다음 설명 중 가장 옳은 것은? 11. 경찰

① 경찰행정주체를 위하여 경찰에 관한 국가의 의사를 결정하여 외부에 표시하는 권한을 가진 경찰행정기관을 경찰행정관청이라 하며 경찰청장, 시·도경찰청장, 경찰서장, 지구대장이 이에 해당한다.
② 경찰행정에 관한 의사를 결정할 수 있지만 이를 자기의 명의로 표시할 권한이 없는 경찰행정기관을 경찰의결기관이라 하며 국가경찰위원회, 경찰공무원인사위원회가 있다.
③ 경찰청장은 국가경찰위원회의 심의·의결사항이 적정하지 아니하다고 판단할 때에는 재의를 요구할 수 있다.
④ 경찰서장은 경무관, 총경 또는 경정으로 보한다.

정답 및 해설 | ④
① [×] **지구대장**은 경찰서장의 **보조기관**에 해당한다.
② [×] 경찰행정에 관한 인사를 결정할 수 있지만 이를 자기의 명의로 표시할 권한이 없는 경찰행정기관을 경찰의결기관이라 한다. 국가경찰위원회는 의결기관이고, **경찰공무원인사위원회**는 비상설 **자문기관**이다.
③ [×] **행정안전부장관**은 국가경찰위원회의 심의·의결사항이 적정하지 아니하다고 판단할 때에는 재의를 요구할 수 있다(국가경찰과 자치경찰의 조직 및 운영에 관한 법률 제10조 제2항).

057 국가경찰과 자치경찰의 조직 및 운영에 관한 법률상 자치경찰사무에 관한 내용 중 가장 적절하지 않은 것은? □□□

22. 경찰

① 생활안전을 위한 순찰 및 시설의 운영, 주민참여 방범활동의 지원 및 지도, 주민의 일상생활과 관련된 사회질서의 유지 및 그 위반행위의 지도 · 단속 등 지역 내 주민의 생활안전 활동에 관한 사무는 자치경찰의 사무에 포함된다.

② 교통법규 위반에 대한 지도 · 단속, 교통안전시설 및 무인 교통단속용 장비의 심의 · 설치 · 관리 등 지역 내 교통활동에 관한 사무는 자치경찰사무에 포함된다.

③ 학교폭력 등 소년범죄, 가정폭력, 아동학대 범죄, 형법 제245조에 따른 공연음란 및 성폭력범죄의 처벌 등에 관한 특례법 제11조에 따른 공중밀집 장소에서의 추행행위에 관한 범죄는 자치경찰사무에 포함된다.

④ 지역 내 주민의 생활안전 활동에 관한 사무, 지역 내 교통활동에 관한 사무, 지역 내 다중운집 행사 관련 혼잡 교통 및 안전관리의 자치경찰사무에 관한 구체적인 사항 및 범위 등은 대통령령으로 정하는 기준에 따라 시 · 도조례로 정한다.

정답 및 해설 I ③

③ [×] 자치경찰사무 중 수사사무에는 학교폭력 등 소년범죄, 가정폭력, 아동학대 범죄, 형법 제245조에 따른 공연음란 및 성폭력범죄의 처벌 등에 관한 특례법 제12조에 따른 **성적 목적을 위한 다중이용장소 침입행위에 관한 범죄**가 포함된다.

058 국가경찰과 자치경찰의 조직 및 운영에 관한 법률상 자치경찰사무에 대한 설명으로 가장 적절하지 않은 것은? □□□

22. 경찰간부

① 국가는 지방자치단체가 이관받은 사무를 원활히 수행할 수 있도록 인력, 장비 등에 소요되는 비용에 대하여 재정적 지원을 하여야 한다.

② 자치경찰사무의 수행에 필요한 예산은 관할 시 · 도경찰청장의 의견을 들어 시 · 도자치경찰위원회의 심의 · 의결을 거쳐 시 · 도지사가 수립한다.

③ 시 · 도지사는 자치경찰사무 담당 공무원에게 조례에서 정하는 예산의 범위에서 재정적 지원 등을 할 수 있다.

④ 시 · 도의회는 관련 예산의 효율적인 관리를 위하여 의결로써 자치경찰사무에 대해 시 · 도자치경찰위원장의 출석 및 자료 제출을 요구할 수 있다.

정답 및 해설 I ②

② [×] 자치경찰사무의 수행에 필요한 예산은 **경찰청장(시 · 도경찰청장 ×)**의 의견을 들어 시 · 도자치경찰위원회의 심의 · 의결을 거쳐 시 · 도지사가 수립한다.

059 □□□ 국가경찰과 자치경찰의 조직 및 운영에 관한 법률상 경찰청장에 대한 설명 중 옳지 않은 것은 모두 몇 개인가?

16. 경찰간부

> ㉠ 경찰청장은 치안총감으로 보한다.
> ㉡ 경찰청장은 국가경찰위원회의 동의를 얻어 국무총리의 제청으로 대통령이 임명한다.
> ㉢ 경찰청장은 국가경찰사무를 총괄하고 경찰청 업무를 관장하며 소속 공무원 및 각급 경찰기관의 장을 지휘 · 감독한다.
> ㉣ 경찰청장의 임기는 2년으로 하고, 중임할 수 없으며 직무집행에 있어서 헌법이나 법률을 위배할 때에는 국회는 탄핵 소추를 의결할 수 있다.

① 1개 ② 2개
③ 3개 ④ 4개

정답 및 해설 I ①

옳지 않은 설명은 ㉡ 1개이다.

㉡ [×] 경찰청장은 국가경찰위원회의 동의를 받아 **행정안전부장관의 제청**으로 국무총리를 거쳐 대통령이 임명한다(국가경찰과 자치경찰의 조직 및 운영에 관한 법률 제14조 제2항).

060 □□□ 경찰청장에 관한 다음 설명 중 틀린 것은 모두 몇 개인가?

15. 경찰

> ㉠ 경찰청장은 국가경찰위원회의 동의를 받아 국무총리의 제청으로 대통령이 임명한다. 이 경우 국회의 인사청문을 거쳐야 한다.
> ㉡ 경찰청장은 국가경찰에 관한 사무를 총괄하고 경찰청 업무를 관장하며 소속 공무원 및 각급 국가경찰기관의 장을 지휘 · 감독한다.
> ㉢ 경찰청장이 직무를 집행하면서 대통령의 지시를 위배하였을 때에는 국회는 탄핵 소추를 의결할 수 있다.
> ㉣ 경찰청장의 임기는 2년으로 하고, 중임할 수 없다.

① 1개 ② 2개
③ 3개 ④ 4개

정답 및 해설 I ②

틀린 설명은 ㉠㉢ 2개이다.

㉠ [×] 경찰청장은 국가경찰위원회의 동의를 받아 **행정안전부장관의 제청**으로 국무총리를 거쳐 대통령이 임명한다(국가경찰과 자치경찰의 조직 및 운영에 관한 법률 제14조 제2항).

㉢ [×] 경찰청장이 직무를 집행하면서 **헌법이나 법률을 위배**하였을 때에는 국회는 탄핵 소추를 의결할 수 있다(국가경찰과 자치경찰의 조직 및 운영에 관한 법률 제14조 제5항).

061 □□□ 경찰청장에 대한 설명으로 가장 적절한 것은? 20. 경찰

① 징계위원회의 의결을 거친 경무관 이상의 강등 및 정직과 경정 이상의 파면 및 해임을 한다.

② 임기는 2년이 보장되나, 직무수행 중 헌법이나 법률을 위배하였을 때에는 국회는 탄핵할 수 있다.

③ 소속 공무원뿐만 아니라 제주특별자치도의 자치경찰공무원도 언제나 직접 지휘 · 명령할 수 있다.

④ 대통령령으로 정하는 바에 따라 경찰공무원의 임용에 관한 권한의 일부를 소속 기관의 장, 시 · 도경찰청장에게 위임할 수 있다.

정답 및 해설 I ④

① [×] 경무관 이상의 강등 및 정직과 경정 이상의 파면 및 해임은 **대통령**이 징계권자가 된다.

② [×] 경찰청장이 직무를 집행하면서 헌법이나 법률을 위배하였을 때에는 국회는 탄핵 소추를 의결할 수 있다(국가경찰과 자치경찰의 조직 및 운영에 관한 법률 제14조 제5항).

③ [×] 경찰청장은 제주특별자치도의 자치경찰공무원을 비상시, 긴급상태의 경우에만 직접 지휘 · 명령할 수 있다(국가경찰과 자치경찰의 조직 및 운영에 관한 법률 제32조 제1항).

062 □□□ 국가경찰 및 자치경찰의 조직 및 운영에 관한 법률상 비상사태 등 전국적 치안유지에 대한 설명으로 가장 적절하지 않은 것은? 22. 경찰간부

① 경찰청장은 비상사태 등 전국적 치안유지를 위한 지휘 · 명령이 필요한 경우에는 시 · 도자치경찰위원회에 자치경찰사무를 담당하는 경찰공무원을 직접 지휘 · 명령하려는 사유 및 내용 등을 구체적으로 제시하여 통보하여야 한다.

② 경찰청장이 비상사태 등 전국적 치안유지를 위한 지휘 · 명령을 하는 경우에는 국가경찰위원회에 즉시 보고하여야 하지만, 국민안전에 중대한 영향을 미치는 사안에 대하여 다수의 시 · 도에 동일하게 적용되는 치안정책을 시행할 필요가 있다고 인정할 만한 충분한 사유가 있는 경우에는 미리 국가경찰위원회의 의결을 거쳐야 하며 긴급한 경우에는 우선 조치 후 지체 없이 국가경찰위원회의 의결을 거쳐야 한다.

③ 경찰청장은 비상사태 등 전국적 치안유지를 위한 지휘 · 명령할 수 있는 사유가 해소된 때에는 경찰공무원에 대한 지휘 · 명령을 즉시 중단하여야 한다.

④ 시 · 도자치경찰위원회는 자치경찰사무와 관련하여 해당 시 · 도의 경찰력으로는 국민의 생명 · 신체 · 재산의 보호 및 공공의 안녕과 질서유지가 어려워 경찰청장의 지원 · 조정이 필요하다고 인정할 만한 충분한 사유가 있는 경우 의결로 지원 · 조정의 범위 · 기간 등을 정하여 경찰청장에게 지원 · 조정을 요청할 수 있다.

정답 및 해설 I ②

② [×] 경찰청장이 비상사태 등 전국적 치안유지를 위한 지휘 · 명령을 하는 경우에는 국가경찰위원회에 즉시 보고하여야 하지만, 자치경찰사무와 관련하여 해당 시 · 도의 경찰력으로는 국민의 생명 · 신체 · 재산의 보호 및 공공의 안녕과 질서유지가 어려워 경찰청장의 지원 · 조정이 필요하다고 인정할 만한 충분한 사유가 있는 경우에는 미리 국가경찰위원회의 의결을 거쳐야 하며 긴급한 경우에는 우선 조치 후 지체 없이 국가경찰위원회의 의결을 거쳐야 한다(동법 제32조 제4항).

063 □□□ 국가경찰과 자치경찰의 조직 및 운영에 관한 법률상 경찰청장에 관한 설명 중 옳지 않은 것은 모두 몇 개인가?

22. 법학경채

㉠ 경찰청장은 전시 · 사변, 천재지변, 그 밖에 이에 준하는 국가 비상사태, 대규모의 테러 또는 소요사태가 발생하였거나 발생할 우려가 있어 전국적인 치안유지를 위하여 긴급한 조치가 필요하다고 인정할 만한 충분한 사유가 있는 경우 자치경찰사무를 수행하는 경찰공무원(제주특별자치도의 자치경찰공무원을 포함한다)을 직접 지휘 · 명령할 수 있다.
㉡ 경찰청장은 ㉠에 따른 조치가 필요한 경우에는 시 · 도자치경찰위원회에 자치경찰사무를 담당하는 경찰공무원을 직접 지휘 · 명령하려는 사유 및 내용 등을 구체적으로 제시하여 통보하여야 한다.
㉢ 경찰청장은 국민의 생명 · 신체 · 재산 또는 공공의 안전 등에 중대한 위험을 초래하는 긴급하고 중요한 사건의 수사에 있어서 경찰의 자원을 대규모로 동원하는 등 통합적으로 현장 대응할 필요가 있다고 판단할 만한 상당한 이유가 있는 때에는 직접 개별 사건의 수사에 대하여 구체적으로 지휘 · 감독할 수 있다.
㉣ 경찰청장은 개별 사건의 수사에 대한 구체적 지휘 · 감독을 개시한 때에는 이를 국가수사본부장에게 통보하여야 한다.

① 1개 ② 2개
③ 3개 ④ 4개

정답 및 해설 I ②

㉢ [×] 경찰청장은 국민의 생명 · 신체 · 재산 또는 공공의 안전 등에 중대한 위험을 초래하는 긴급하고 중요한 사건의 수사에 있어서 경찰의 자원을 대규모로 동원하는 등 통합적으로 현장 대응할 필요가 있다고 판단할 만한 상당한 이유가 있는 때에는 **국가수사본부장을 통하여** (직접 ×) 개별 사건의 수사에 대하여 구체적으로 지휘 · 감독할 수 있다.
㉣ [×] 경찰청장은 개별 사건의 수사에 대한 구체적 지휘 · 감독을 개시한 때에는 이를 **국가경찰위원회**에게 **보고**하여야 한다.

064 □□□ 국가경찰과 자치경찰의 조직 및 운영에 관한 법률에서 국가수사본부장에 대한 설명으로 가장 적절한 것은?

21. 경찰

① 국가수사본부장은 치안감으로 보하며, 임기가 끝나면 당연히 퇴직한다.
② 국가수사본부장의 임기는 2년으로 하며, 중임할 수 있다.
③ 국가수사본부장은 국가경찰사무를 총괄하고 경찰청 업무를 관장하며 소속 공무원 및 각급 경찰기관의 장을 지휘 · 감독한다.
④ 국가수사본부장이 직무를 집행하면서 헌법이나 법률을 위배하였을 때에는 국회는 탄핵 소추를 의결할 수 있다.

정답 및 해설 I ④

① [×] 국가수사본부장은 **치안정감**으로 보하며, 임기가 끝나면 당연히 퇴직한다(국가경찰과 자치경찰의 조직 및 운영에 관한 법률 제16조 제1항 · 제4항).
② [×] 국가수사본부장의 임기는 2년으로 하며, 중임할 수 **없다**(국가경찰과 자치경찰의 조직 및 운영에 관한 법률 제16조 제3항).
③ [×] **경찰청장**은 국가경찰사무를 총괄하고 경찰청 업무를 관장하며 소속 공무원 및 각급 경찰기관의 장을 지휘 · 감독한다(국가경찰과 자치경찰의 조직 및 운영에 관한 법률 제14조 제3항). 국가수사본부장은 형사소송법에 따른 경찰의 수사에 관하여 각 시 · 도경찰청장과 경찰서장 및 수사부서 소속 공무원을 지휘 · 감독한다(국가경찰과 자치경찰의 조직 및 운영에 관한 법률 제16조 제2항).

☑ 경찰청장과 국가수사본부장의 비교

구분		경찰청장	국가수사본부장
차이점	소속	행정안전부장관 소속	경찰청 소속
	계급	치안총감	치안정감
	권한	1. 각급 국가경찰기관의 장 지휘 · 감독 2. 비상사태의 경우 자치경찰사무를 담당하는 경찰공무원에 대한 지휘 · 명령 3. 개별 수사사건에 대한 구체적 지휘 · 감독: 원칙적으로 할 수 없으나, 예외적으로 긴급하고 중요사건에 한하여 국가수사본부장을 통하여 할 수 있음	형사소송법에 따른 경찰의 수사에 관하여 각 시 · 도경찰청장과 경찰서장 및 수사부서 소속 공무원 지휘 · 감독
공통점	임기	2년, 중임할 수 없음	
	탄핵	직무를 집행하면서 헌법이나 법률을 위배하였을 때 국회는 탄핵의 소추를 의결할 수 있음	

065 「국가경찰과 자치경찰의 조직 및 운영에 관한 법률」상 국가수사본부장에 관한 설명으로 가장 적절하지 않은 것은? 23. 경찰

□□□

① 국가수사본부장은 치안정감으로 보한다.

② 국가수사본부장을 경찰청 외부를 대상으로 모집하여 임용하는 경우 정당의 당원이거나 당적을 이탈한 날부터 3년이 지나지 아니한 사람은 국가수사본부장이 될 수 없다.

③ 국가수사본부장이 직무를 집행하면서 헌법이나 법률을 위배하였을 때에는 국회는 대통령에게 해임을 건의할 수 있다.

④ 국가수사본부장의 임기는 2년으로 하며, 중임할 수 없다.

정답 및 해설 | ③

③ [×] 국가수사본부장이 직무를 집행하면서 헌법이나 법률을 위배하였을 때에는 국회는 탄핵 소추를 의결할 수 있다(경찰법 제14조 제5항).

066 다음 설명 중 옳지 않은 것은 모두 몇 개인가? 09. 경찰 변형

□□□

> ㉠ 경찰청장은 퇴직일로부터 2년 이내에는 정당의 발기인이나 당원이 될 수 없다.
> ㉡ 국가경찰위원회 위원 중 상임위원은 정무직으로 한다.
> ㉢ 경찰청장은 국가경찰위원회의 동의를 받아 행정안전부장관의 제청으로 국무총리를 거쳐 대통령이 임명한다. 이 경우 국회의 인사청문을 거쳐야 한다.
> ㉣ 시 · 도경찰청장은 업무수행에 있어 시 · 도지사의 지휘 · 감독을 받는다.

① 1개 ② 2개

③ 3개 ④ 4개

정답 및 해설 | ②

옳지 않은 설명은 ㉠㉣ 2개이다.

㉠ [×] "경찰청장은 퇴직일로부터 2년 이내에는 정당의 발기인이나 당원이 될 수 없다."라고 규정되어 있었으나, 헌법재판소의 위헌결정(헌재결 1999.12.23, 99헌마135)에 따라 현재는 퇴직 후 언제든지 정당의 발기인이나 당원이 될 수 있다.

㉣ [×] 시·도경찰청장은 **경찰청장**의 지휘·감독을 받아 관할 구역 안의 국가경찰사무를 관장하고 소속 공무원 및 소속 국가경찰기관의 장을 지휘·감독한다.

067 경찰청과 그 소속기관 직제에 대한 설명으로 가장 적절한 것은?

18. 경찰승진 변형

□□□

① 경찰청장의 관장사무를 지원하기 위하여 경찰청장 소속하에 경찰대학, 경찰인재개발원, 중앙경찰학교, 경찰수사연수원 및 국립과학수사연구원을 둔다.

② 지구대·파출소 및 출장소의 명칭·위치 및 관할 구역과 기타 필요한 사항은 관할 경찰서장이 정한다.

③ 경찰서장은 자신의 소관사무를 분장하기 위하여 행정안전부령이 정하는 바에 따라 시·도경찰청장의 승인을 얻어 지구대 또는 파출소를 둘 수 있다.

④ 시·도경찰청장은 임시로 필요한 때에는 출장소를 둘 수 있다.

정답 및 해설 | ④

① [×] 경찰청장의 관장사무를 지원하기 위하여 경찰청장 소속으로 경찰대학, 경찰인재개발원, 중앙경찰학교, 경찰수사연수원을 둔다(경찰청과 그 소속기관 직제 제2조 제1항). **국립과학수사연구원**은 **행정안전부장관** 소속의 기관이다.

② [×] 지구대·파출소 및 출장소의 명칭·위치 및 관할 구역과 기타 필요한 사항은 **시·도경찰청장**이 정한다(경찰청과 그 소속기관 직제 제43조 제3항).

③ [×] **시·도경찰청장**은 경찰서장의 소관사무를 분장하기 위하여 행정안전부령으로 정하는 바에 따라 **경찰청장**의 승인을 받아 지구대 또는 파출소를 둘 수 있다(경찰청과 그 소속기관 직제 제43조 제1항).

068 다음은 국가경찰위원회와 관련된 내용이다. 틀린 것은 모두 몇 개인가?

11. 경찰

□□□

㉠ 국가경찰위원회의 설치근거는 국가경찰과 자치경찰의 조직 및 운영에 관한 법률이다.
㉡ 국가경찰위원회는 위원장 1인을 포함하여 9인의 위원으로 구성된다.
㉢ 위원은 국무총리의 제청으로 대통령이 임명한다.
㉣ 위원의 임기는 2년이며 연임할 수 없다.
㉤ 행정안전부장관은 위원회의 심의·의결된 내용이 적절하지 아니하다고 판단할 때에는 재의를 요구할 수 있다.
㉥ 위원 중 2명은 법관의 자격이 있는 사람이어야 한다.
㉦ 심의·의결사항에는 국가경찰사무와 관련하여 다른 국가기관으로부터 업무협조 요청에 관한 사항도 포함된다.

① 3개
② 4개
③ 5개
④ 6개

정답 및 해설 | ②

틀린 설명은 ㉡㉢㉣㉦ 4개이다.

㉡ [×] 국가경찰위원회는 위원장 1명을 포함한 **7명**의 위원으로 구성하되, 위원장 및 5명의 위원은 비상임으로 하고, 1명의 위원은 상임으로 한다(국가경찰과 자치경찰의 조직 및 운영에 관한 법률 제7조 제2항).

㉢ [×] 국가경찰위원회 위원은 **행정안전부장관의 제청**으로 국무총리를 거쳐 대통령이 임명한다(국가경찰과 자치경찰의 조직 및 운영에 관한 법률 제8조 제1항).

㉣ [×] 위원의 임기는 **3년**으로 하며, 연임할 수 없다. 이 경우 보궐위원의 임기는 전임자 임기의 남은 기간으로 한다(국가경찰과 자치경찰의 조직 및 운영에 관한 법률 제9조 제1항).

㉦ [×] 국가경찰사무 **외에** 다른 국가기관으로부터의 업무협조 요청에 관한 사항은 국가경찰위원회의 심의 · 의결을 거쳐야 한다(국가경찰과 자치경찰의 조직 및 운영에 관한 법률 제10조 제1항 제4호).

069 □□□ 국가경찰과 자치경찰의 조직 및 운영에 관한 법률상 국가경찰위원회에 대한 설명으로 가장 적절한 것은?

20. 경찰승진

① 위원장은 정무직으로 한다.

② 위원회는 위원장 1명을 포함한 7명의 위원으로 구성하되, 위원장 및 5명의 위원은 상임으로 하고, 1명의 위원은 비상임으로 한다.

③ 위원은 경찰청장의 제청으로 행정안전부장관을 거쳐 대통령이 임명한다.

④ 위원 임기는 3년으로 하며, 연임할 수 없다. 이 경우 보궐위원의 임기는 전임자 임기의 남은 기간으로 한다.

정답 및 해설 | ④

① [×] 국가경찰위원회의 위원 중 **상임위원**은 정무직으로 한다(국가경찰과 자치경찰의 조직 및 운영에 관한 법률 제7조 제3항).

② [×] 위원회는 위원장 1명을 포함한 7명의 위원으로 구성하되, 위원장 및 5명의 위원은 **비상임**으로 하고, 1명의 위원은 상임으로 한다(국가경찰과 자치경찰의 조직 및 운영에 관한 법률 제7조 제2항).

③ [×] 위원은 **행정안전부장관**의 제청으로 국무총리를 거쳐 대통령이 임명한다(국가경찰과 자치경찰의 조직 및 운영에 관한 법률 제8조 제1항).

070 □□□ 국가경찰과 자치경찰의 조직 및 운영에 관한 법률의 내용으로 가장 적절하지 않은 것은?

15. 경찰 변형

① 학교폭력 등 소년범죄, 가정폭력, 아동학대 범죄, 교통사고 및 교통 관련 범죄, 경범죄 및 기초질서 관련 범죄, 가출인 및 실종아동 등 관련 수색 및 범죄에 관한 수사사무는 자치경찰의 사무이며 이에 대한 구체적인 범위 및 필요한 사항은 대통령령으로 정한다.

② 경찰청장은 국가경찰사무를 총괄하고 경찰청 업무를 관장하며 소속 공무원 및 각급 경찰기관의 장을 지휘 · 감독한다.

③ 경찰청장은 경찰의 수사에 관한 사무의 개별 사건 수사에 대하여 언제나 구체적으로 지휘 · 감독할 수 없다.

④ 국가수사본부장은 치안정감(治安正監)으로 보하며, 임기는 2년으로, 중임(重任)할 수 없다.

정답 및 해설 I ③

③ [×] 경찰청장은 경찰의 수사에 관한 사무의 경우에는 개별 사건의 수사에 대하여 구체적으로 지휘 · 감독할 수 없다. 다만, 국민의 생명 · 신체 · 재산 또는 공공의 안전 등에 중대한 위험을 초래하는 긴급하고 중요한 사건의 수사에 있어서 경찰의 자원을 대규모로 동원하는 등 통합적으로 현장 대응할 필요가 있다고 판단할 만한 상당한 이유가 있는 때에는 제16조에 따른 국가수사본부장을 통하여 개별 사건의 수사에 대하여 구체적으로 지휘 · 감독할 수 있다(국가경찰과 자치경찰의 조직 및 운영에 관한 법률 제14조 제6항).

071 □□□ 국가경찰과 자치경찰의 조직 및 운영에 관한 법률상 다음 (　　) 안에 들어갈 숫자의 합은?

20. 경찰

㉠ 국가경찰위원회는 위원장 1명을 포함한 (　　)명의 위원으로 구성한다.
㉡ 국가경찰위원회 위원 중 (　　)명은 법관의 자격이 있는 사람이어야 한다.
㉢ 국가경찰위원회 위원의 임기는 (　　)년으로 하며, 연임할 수 없다.
㉣ 경찰청장의 임기는 (　　)년으로 하고, 중임할 수 없다.

① 13
② 14
③ 15
④ 16

정답 및 해설 I ②

② 괄호 안에 들어갈 숫자의 합은 7 + 2 + 3 + 2 = 14이다.

㉠ 국가경찰위원회는 위원장 1명을 포함한 (7)명의 위원으로 구성한다.
㉡ 국가경찰위원회 위원 중 (2)명은 법관의 자격이 있는 사람이어야 한다.
㉢ 국가경찰위원회 위원의 임기는 (3)년으로 하며, 연임할 수 없다.
㉣ 경찰청장의 임기는 (2)년으로 하고, 중임할 수 없다.

072 □□□ 국가경찰과 자치경찰의 조직 및 운영에 관한 법률상 경찰조직에 대한 설명이다. ㉠부터 ㉣까지의 설명 중 옳고 그름의 표시(○, ×)가 바르게 된 것은?

18. 경찰승진

㉠ 경찰청장은 국회의 동의를 받아 행정안전부장관의 제청으로 국무총리를 거쳐 대통령이 임명한다.
㉡ 경찰청장은 국가경찰에 관한 사무를 총괄하고 경찰청 업무를 관장하며 소속 공무원 및 각급 국가경찰기관의 장을 지휘 · 감독한다.
㉢ 경찰청장의 임기는 2년으로 하고, 중임할 수 없다.
㉣ 경찰청장이 헌법이나 법률을 위반했을 때 국회에서 탄핵 소추를 의결할 수 있다고 인정되나, 현행 국가경찰과 자치경찰의 조직 및 운영에 관한 법률에는 국회의 탄핵 소추 의결권이 명기되어 있지 아니하다.

① ㉠ (×), ㉡ (○), ㉢ (○), ㉣ (×)
② ㉠ (×), ㉡ (○), ㉢ (×), ㉣ (○)
③ ㉠ (○), ㉡ (×), ㉢ (○), ㉣ (○)
④ ㉠ (○), ㉡ (○), ㉢ (○), ㉣ (×)

정답 및 해설 | ①

옳은 설명은 ㉡㉢이다.

㉠ [×] 경찰청장은 국가경찰위원회의 동의를 받아 행정안전부장관의 제청으로 국무총리를 거쳐 대통령이 임명한다(국가경찰과 자치경찰의 조직 및 운영에 관한 법률 제14조 제2항).

㉣ [×] 경찰청장이 헌법이나 법률을 위배했을 때 국회에서 탄핵 소추를 의결할 수 있다고 인정되어(국가경찰과 자치경찰의 조직 및 운영에 관한 법률 제14조 제5항), 현행 국가경찰과 자치경찰의 조직 및 운영에 관한 법률에는 국회의 탄핵 소추 의결권이 명기되어 있다.

073 국가경찰과 자치경찰의 조직 및 운영에 관한 법률상 국가경찰위원회에 대한 설명으로 가장 적절한 것은?

□□□ 18. 경찰승진

① 국가경찰위원회는 경찰의 정치적 중립 보장과 중요 정책에 대한 민주적 결정을 위해 설치된 기구로서 행정안전부에 두고, 위원회의 사무도 행정안전부에서 수행한다.

② 경찰, 검찰, 국가정보원 직원 또는 군인의 직에서 퇴직한 날부터 3년이 지나지 아니한 사람은 위원으로 선임될 수 없다.

③ 위원의 임기는 3년으로 하며, 연임할 수 있다.

④ 국가경찰임무와 관련된 다른 국가기관으로부터의 업무협조 요청에 관한 사항은 국가경찰위원회의 심의·의결을 거쳐야 한다.

정답 및 해설 | ②

① [×] 국가경찰위원회는 행정안전부에 두고, 위원회의 사무는 경찰청에서 수행한다.

③ [×] 위원의 임기는 3년으로 하며, 연임할 수 없다(국가경찰과 자치경찰의 조직 및 운영에 관한 법률 제9조 제1항).

④ [×] 국가경찰임무 외에 다른 국가기관으로부터의 업무협조 요청에 관한 사항은 국가경찰위원회의 심의·의결을 거쳐야 한다(국가경찰과 자치경찰의 조직 및 운영에 관한 법률 제10조 제1항 제4호).

074 국가경찰과 자치경찰의 조직 및 운영에 관한 법률과 국가경찰위원회 규정상 국가경찰위원회에 대한 설명으로 가장 적절한 것은?

□□□ 21. 경찰승진

① 행정안전부장관은 위원 임명을 동의할 때, 경찰의 정치적 중립이 보장되도록 하여야 한다.

② 위원장은 필요한 경우 임시회의를 소집할 수 있으며, 위원 3인 이상과 행정안전부장관 또는 경찰청장은 위원장에게 임시회의의 소집을 요구할 수 있다.

③ 경찰, 검찰, 법관, 군인의 직에서 퇴직한 날부터 3년이 지나지 아니한 사람은 위원으로 선임될 수 없다.

④ 국가경찰위원회 규정에 규정된 사항 외에 위원회의 운영을 위하여 필요한 사항은 위원회의 의결을 거쳐 행정안전부장관이 정한다.

정답 및 해설 I ②

① [×] 행정안전부장관은 위원 임명을 **제청**할 때, 경찰의 정치적 중립이 보장되도록 하여야 한다(국가경찰과 자치경찰의 조직 및 운영에 관한 법률 제8조 제2항).

③ [×] 경찰, 검찰, 국가정보원 직원 또는 군인의 직에서 퇴직한 날부터 3년이 지나지 아니한 사람은 위원으로 선임될 수 없다(국가경찰과 자치경찰의 조직 및 운영에 관한 법률 제8조 제5항 제3호). **법관은 제외**되어야 한다.

④ [×] 국가경찰위원회 규정에 규정된 사항 외에 위원회의 운영을 위하여 필요한 사항은 위원회의 의결을 거쳐 **위원장**이 정한다(국가경찰위원회 규정 제11조).

075 □□□ 국가경찰과 자치경찰의 조직과 운영에 관한 법률상 국가경찰위원회에 대한 설명으로 적절한 것은 모두 몇 개인가?

22. 경찰간부

> ㉠ 국가 경찰위원회는 위원장 1명을 포함한 7명의 위원으로 구성하되, 위원장은 당연직 상임이며, 5명의 위원은 비상임으로 하고, 1명의 위원은 상임으로 한다.
> ㉡ 위원의 임기는 3년으로 하며, 연임할 수 있다. 이 경우 보궐위원의 임기는 전임자 임기의 남은 기간으로 한다.
> ㉢ 국가경찰위원회의 사무는 자체에서 수행한다.
> ㉣ 국가경찰위원회의 회의는 재적위원 과반수의 출석과 출석위원 과반수의 찬성으로 의결한다.

① 0개　② 1개
③ 2개　④ 3개

정답 및 해설 I ②

㉠ [×] 국가 경찰위원회는 위원장 1명을 포함한 7명의 위원으로 구성하되, 위원장은 **호선**하며 **비상임**이며, 위원장과 5명의 위원은 비상임으로 하고, 1명의 위원은 상임으로 한다.

㉡ [×] 위원의 임기는 3년으로 하며, 연임할 수 **없다**. 이 경우 보궐위원의 임기는 전임자 임기의 남은 기간으로 한다.

㉢ [×] 국가경찰위원회에서 의결한 사무는 **경찰청**에서 수행한다.

076 □□□ 국가경찰과 자치경찰의 조직 및 운영에 관한 법률 제10조에 따른 국가경찰위원회의 심의 · 의결 사항에 관한 내용으로 가장 적절하지 않은 것은?

23. 경찰

① 국가경찰사무에 관한 인사, 예산, 장비, 통신 등에 관한 주요 정책 및 경찰 업무 발전에 관한 사항
② 국가경찰사무에 관한 인권보호와 관련되는 경찰의 운영 개선에 관한 사항
③ 지방행정과 치안행정의 업무조정에 관한 사항
④ 제주특별자치도의 자치경찰에 대한 경찰의 지원 · 협조 및 협약 체결의 조정 등에 관한 주요 정책사항

정답 및 해설 I ③

③ [×] 지방행정과 치안행정의 업무조정에 관한 사항은 **시 · 도자치경찰위원회**의 심의 · 의결 사항이다(동법 제10조 및 제24조).

077 □□□ 국가경찰과 자치경찰의 조직 및 운영에 관한 법률상 국가경찰위원회와 시 · 도자치경찰위원회에 공통적으로 적용되는 규정 중 가장 적절한 것은?

22. 경찰

① 위원장 및 1명의 위원은 상임위원으로 하고 나머지 5명의 위원은 비상임으로 한다.

② 경찰의 직에서 퇴직한 날로부터 3년이 지나지 아니한 사람은 위원이 될 수 없다.

③ 위원 2명이 회의를 요구하는 경우 임시회의를 개최할 수 있다.

④ 보궐위원은 전임자의 남은 임기가 1년 미만인 경우 한 차례에 한해서 연임할 수 있다.

정답 및 해설 I ②

① [×] 시 · 도자치경찰위원회에 대한 설명이다. 국가경찰위원회는 1명의 위원이 상임위원(정무직)으로 하고 나머지 위원장을 포함한 6명의 위원은 비상임으로 한다.

③ [×] 시 · 도자치경찰위원회의 임시회의는 위원 2명 이상이 요구할 수 있고, 국가경찰위원회의 임시회의는 위원 3명 이상이 요구할 수 있다.

④ [×] 시 · 도자치경찰위원회의 보궐위원에 대한 설명이다. 국가경찰위원회의 보궐위원의 임기는 전임자의 남은 기간이며, 어떠한 경우에도 연임할 수 없다.

078 □□□ 국가경찰과 자치경찰의 조직 및 운영에 관한 법률상 시 · 도자치경찰위원회에 관한 내용의 설명으로 옳지 않은 것을 모두 고른 것은?

22. 법학경채

> ㉠ 위원장은 위원 중에서 시 · 도지사가 임명하고, 상임위원은 시 · 도자치경찰위원회의 의결을 거쳐 위원 중에서 위원장의 제청으로 시 · 도지사가 임명한다.
> ㉡ 위원장이 필요하다고 인정하는 경우, 위원 2명 이상이 요구하는 경우 및 시 · 도지사가 필요하다고 인정하는 경우에는 임시회의를 개최할 수 있다.
> ㉢ 위원 중 1명은 국가경찰위원회가 추천하고 시 · 도지사가 임명한다.
> ㉣ 위원 중 1명은 인권문제에 관하여 전문적인 지식과 경험이 있는 사람이어야 한다.
> ㉤ 위원회의 의결된 내용이 법령에 위반되거나 공익을 현저히 해친다고 판단되면 행정안전부장관은 국가경찰위원회와 경찰청장을 거쳐 시 · 도지사에게 재의를 요구하게 할 수 있다.

① ㉠, ㉤　　② ㉡, ㉢

③ ㉢, ㉣　　④ ㉣, ㉤

정답 및 해설 I ④

㉣ [×] 위원 중 1명은 인권문제에 관하여 전문적인 지식과 경험이 있는 사람이 임명될 수 있도록 노력하여야 한다(의무규정 ×).

㉤ [×] 위원회의 의결된 내용이 법령에 위반되거나 공익을 현저히 해친다고 판단되면 행정안전부장관은 미리 경찰청장의 의견을 들어 국가경찰위원회를 거쳐 시 · 도지사에게 재의를 요구하게 할 수 있다.

079 ☐☐☐ 국가경찰과 자치경찰의 조직 및 운영에 관한 법률상 시 · 도자치경찰위원회의 소관사무에 관한 설명으로 가장 적절하지 않은 것은?

23. 경찰승진

① 자치경찰사무 담당 공무원의 고충심사 및 사기진작

② 국가경찰사무 · 자치경찰사무의 협력 · 조정과 관련하여 시 · 도경찰청장과 협의

③ 국가경찰위원회에 대한 심의 · 조정 요청

④ 그 밖에 시 · 도지사, 시 · 도경찰청장이 중요하다고 인정하여 시 · 도자치경찰위원회의 회의에 부친 사항에 대한 심의 · 의결

정답 및 해설 | ②

② [×] 국가경찰사무 · 자치경찰사무의 협력 · 조정과 관련하여 경찰청장과 협의하는 사안이 시 · 도자치경찰위원회의 심의 · 의결 사항이다.

080 ☐☐☐ 국가경찰과 자치경찰의 조직 및 운영에 관한 법률상 시 · 도 자치경찰위원회에 대한 설명으로 적절한 것만을 모두 고른 것은?

21. 경찰

㉠ 위원장 1명을 포함한 7명의 위원으로 구성하되, 위원장과 1명의 위원은 상임으로 하고 5명의 위원은 비상임으로 한다.

㉡ 위원 중 2명은 법관의 자격이 있는 사람이어야 한다.

㉢ 위원은 시 · 도의회가 추천하는 2명, 국가경찰위원회가 추천하는 1명, 해당 시 · 도 교육감이 추천하는 1명, 시 · 도자치경찰위원회 위원추천위원회가 추천하는 2명, 시 · 도지사가 지명하는 1명을 시 · 도지사가 임명한다.

㉣ 위원장은 비상임위원 중에서 호선하고, 상임위원은 시 · 도자치경찰위원회의 의결을 거쳐 위원 중에서 위원장의 제청으로 시 · 도지사가 임명한다. 이 경우 위원장과 상임위원은 지방자치단체의 공무원으로 한다.

① ㉠, ㉡　　② ㉠, ㉢

③ ㉡, ㉢　　④ ㉢, ㉣

정답 및 해설 | ②

옳은 설명은 ㉠㉢이다.

㉡ [×] 국가경찰위원회에 대한 내용이다.

㉣ [×] 위원장은 비상임위원 중에서 호선하는 것이 아니라 위원 중에서 시 · 도지사가 임명한다(국가경찰과 자치경찰의 조직 및 운영에 관한 법률 제20조 제3항).

081 경찰법령상 국가경찰위원회와 시 · 도자치경찰위원회에 대한 설명이다. 옳은 것은 모두 몇 개인가?
□□□

20. 경찰간부 변형

> ㉠ 경찰행정에 관하여 중요 사항들을 심의 · 의결하기 위하여 행정안전부에 국가경찰위원회를 둔다.
> ㉡ 자치경찰사무를 관장하게 하기 위하여 시 · 도경찰청장 소속으로 소속으로 시 · 도자치경찰위원회를 둔다.
> ㉢ 국가경찰위원회 정기회의는 특별한 사유가 있는 경우를 제외하고는 매월 1회 위원장이 소집한다.
> ㉣ 시 · 도자치경찰위원회 회의는 매분기 1회 개최하되 필요한 경우에는 수시로 개최할 수 있다.
> ㉤ 국가경찰위원회와 시 · 도자치경찰위원회의 위원의 임기는 3년으로 하며, 연임(連任)할 수 있다.

① 1개　② 2개
③ 3개　④ 4개

정답 및 해설 | ①
옳은 설명은 ㉠ 1개이다.
㉡ [×] 자치경찰사무를 관장하게 하기 위하여 시 · 도지사 소속으로 시 · 도자치경찰위원회를 둔다(국가경찰과 자치경찰의 조직 및 운영에 관한 법률 제18조 제1항).
㉢ [×] 국가경찰위원회 정기회의는 특별한 사유가 있는 경우를 제외하고는 매월 2회 위원장이 소집한다(국가경찰위원회 규정 제7조 제2항).
㉣ [×] 시 · 도자치경찰위원회 회의는 특별한 사유가 있는 경우를 제외하고는 월 1회 이상 개최한다(자치경찰사무와 시 · 도자치경찰위원회의 조직 및 운영에 관한 규정 제13조 제1항).
㉤ [×] 국가경찰위원회와 시 · 도자치경찰위원회의 위원의 임기는 3년으로 하며, 연임(連任)할 수 없다(국가경찰과 자치경찰의 조직 및 운영에 관한 법률 제9조 제1항, 제23조 제1항).

082 국가경찰과 자치경찰의 조직 및 운영에 관한 법률에 관한 설명으로 옳은 것은 모두 몇 개인가?
□□□

18. 경찰승진 변형

> ㉠ 경찰청장은 경찰의 수사에 관한 사무의 경우에는 개별 사건의 수사에 대하여 구체적으로 지휘 · 감독할 수 없다. 다만, 국민의 생명 · 신체 · 재산 또는 공공의 안전 등에 중대한 위험을 초래하는 긴급하고 중요한 사건의 수사에 있어서 경찰의 자원을 대규모로 동원하는 등 통합적으로 현장 대응할 필요가 있다고 판단할 만한 상당한 이유가 있는 때에는 제16조에 따른 국가수사본부장을 통하여 개별 사건의 수사에 대하여 구체적으로 지휘 · 감독할 수 있다. 이 경우 경찰청장은 이를 국가경찰위원회에 보고하여야 한다.
> ㉡ 시 · 도자치경찰위원회는 합의제 행정기관으로서 그 권한에 속하는 업무를 독립적으로 수행한다.
> ㉢ 시 · 도경찰청장은 경찰청장이 국가경찰위원회와 협의하여 추천한 사람 중에서 행정안전부장관의 제청으로 국무총리를 거쳐 대통령이 임용한다.
> ㉣ 국가수사본부장의 임기는 2년으로 하며, 중임할 수 없다. 국가수사본부장은 임기가 끝나면 당연히 퇴직한다.
> ㉤ 시 · 도자치경찰위원회는 정기적으로 경찰서장의 자치경찰사무 수행에 관한 평가결과를 시 · 도경찰청장에게 통보하여야 하며 시 · 도경찰청장은 이를 반영하여야 한다.

① 1개　② 2개
③ 3개　④ 4개

제1편 | 총론
2장

정답 및 해설 I ③

옳은 설명은 ㉠㉡㉣ 3개이다.

㉢ [×] 시 · 도경찰청장은 경찰청장이 **시 · 도자치경찰위원회**와 협의하여 추천한 사람 중에서 행정안전부장관의 제청으로 국무총리를 거쳐 대통령이 임용한다(국가경찰과 자치경찰의 조직 및 운영에 관한 법률 제28조 제2항).

㉤ [×] 시 · 도자치경찰위원회는 정기적으로 경찰서장의 자치경찰사무 수행에 관한 평가결과를 **경찰청장**에게 통보하여야 하며 경찰청장은 이를 반영하여야 한다(국가경찰과 자치경찰의 조직 및 운영에 관한 법률 제30조 제4항).

083 국가경찰과 자치경찰의 조직 및 운영에 관한 법률상 다음 ( ) 안에 들어갈 숫자의 합은?

□□□

22. 경찰간부

> ㉠ 시 · 도자치경찰위원회는 위원장 1명을 포함한 ( )명의 위원으로 구성하되, 위원장과 ( )명의 위원은 상임으로 하고, ( )명의 위원은 비상임으로 한다.
> ㉡ 시 · 도자치경찰위원회 위원 중 ( )명은 인권문제에 관하여 전문적인 지식과 경험이 있는 사람이 임명될 수 있도록 노력하여야 한다.
> ㉢ 시 · 도자치경찰위원회 위원장과 위원의 임기는 ( )년으로 하며, 연임할 수 없다.

① 17
② 18
③ 19
④ 20

정답 및 해설 I ①

① 괄호 안에 들어갈 숫자의 합은 7 + 1 + 5 + 1 + 3 = 17이다.

> ㉠ 시 · 도자치경찰위원회는 위원장 1명을 포함한 (7)명의 위원으로 구성하되, 위원장과 (1)명의 위원은 상임으로 하고, (5)명의 위원은 비상임으로 한다.
> ㉡ 시 · 도자치경찰위원회 위원 중 (1)명은 인권문제에 관하여 전문적인 지식과 경험이 있는 사람이 임명될 수 있도록 노력하여야 한다.
> ㉢ 시 · 도자치경찰위원회 위원장과 위원의 임기는 (3)년으로 하며, 연임할 수 없다.

084 ☐☐☐ 경찰청과 그 소속기관 직제상 각 기관과 업무분장 연결이 적절하지 않은 것은 모두 몇 개인가?

22. 경찰간부변형

> ㉠ 범죄예방대응국 – 풍속 및 성매매(아동 · 청소년 대상 성매매는 포함한다) 사범에 대한 지도 · 단속
> ㉡ 안보수사국 – 보안관찰 및 경호안전대책 업무에 관한 사항
> ㉢ 교통국 – 교통사고 · 교통범죄에 관한 수사 지휘 · 감독
> ㉣ 치안정보국 – 외사정보의 수집 · 분석 및 관리 등 외사정보활동
> ㉤ 미래치안정책국 – 정보통신 운영 · 교육 및 보안에 관한 사항

① 없음 ② 1개
③ 2개 ④ 3개

정답 및 해설 I ③
적절하지 않은 것은 ㉠, ㉢ 2개이다.
㉠ [×] 풍속 및 성매매(아동 · 청소년 대상 성매매는 **제외한다**) 사범에 대한 지도 · 단속는 범죄예방대응국의 업무분장사항이지만, 아동 · 청소년 대상 성매매 사범에 대한 지도 · 단속은 국가수사본부 형사국의 업무분장사항이다.
㉢ [×] 교통사고 · 교통범죄에 관한 수사 지휘 · 감독은 국가수사본부 형사국의 업무분장사항이다.

085 ☐☐☐ 국가경찰과 자치경찰의 조직 및 운영에 관한 법률상 국가경찰위원회에 대한 다음 설명 중 옳지 않은 것은 모두 몇 개인가?

18. 경찰간부 변형

> ㉠ 국가경찰위원회는 경찰의 민주주의와 정치적 중립을 보장하기 위하여 경찰청에 설치한 독립적 심의 · 의결기구이다.
> ㉡ 위원 중 2명은 법관의 자격이 있는 사람이어야 한다.
> ㉢ 위원은 중대한 신체상 또는 정신상의 장애로 직무를 수행할 수 없게 된 경우를 제외하고는 그 의사에 반하여 면직되지 아니한다.
> ㉣ 경찰, 검찰, 국가정보원 직원 또는 군인의 직에서 퇴직한 날부터 2년이 지나지 아니한 사람은 위원이 될 수 없다.
> ㉤ 국가경찰 임무와 관련하여 다른 국가기관으로부터 업무협조 요청에 관한 사항이 국가경찰위원회의 심의 · 의결대상이 된다.

① 1개 ② 2개
③ 3개 ④ 4개

정답 및 해설 I ③
옳지 않은 설명은 ㉠㉣㉤ 3개이다.
㉠ [×] 국가경찰위원회는 **행정안전부**에 둔다(국가경찰과 자치경찰의 조직 및 운영에 관한 법률 제7조 제1항).
㉣ [×] 경찰, 검찰, 국가정보원 직원 또는 군인의 직에서 퇴직한 날부터 **3년**이 지나지 아니한 사람은 위원이 될 수 없다(국가경찰과 자치경찰의 조직 및 운영에 관한 법률 제8조 제5항 제3호).
㉤ [×] 국가경찰 임무 **외에** 다른 국가기관으로부터 업무협조 요청에 관한 사항이 국가경찰위원회의 심의 · 의결대상이 된다(국가경찰과 자치경찰의 조직 및 운영에 관한 법률 제10조 제1항 제4호).

086 국가경찰과 자치경찰의 조직 및 운영에 관한 법률에 대한 설명으로 가장 적절하지 않은 것은?
□□□

22. 경찰승진

① 시 · 도경찰청장은 경찰청장이 시 · 도자치경찰위원회와 협의하여 추천한 사람 중에서 행정안전부장관의 제청으로 국무총리를 거쳐 대통령이 임용한다.

② 시 · 도경찰청 차장은 시 · 도경찰청장을 보좌하여 소관 사무를 처리하고, 시 · 도경찰청장이 부득이한 사유로 직무를 수행할 수 없을 때에는 그 직무를 대행한다.

③ 국가수사본부장은 형사소송법에 따른 경찰의 수사에 관하여 각 시 · 도경찰청장과 경찰서장 및 수사부서 소속 공무원을 지휘 · 감독한다.

④ 국가수사본부장이 직무를 집행하면서 헌법이나 법률을 위배하였더라도 국회는 탄핵소추를 의결할 수 없다.

정답 및 해설 I ④

④ [×] 국가수사본부장이 직무를 집행하면서 헌법이나 법률을 위배한 경우 경찰청장과 마찬가지로 국회는 탄핵소추를 의결할 수 있다.

087 국가경찰과 자치경찰의 조직 및 운영에 관한 법률상 시 · 도자치경찰위원회의 설명에 관한 내용 중 가장 적절하지 않은 것은?
□□□

22. 경찰

① 공무원이 아닌 위원에 대해서는 국가공무원법 제55조 및 제57조를 준용한다.

② 위원 중 1명은 인권문제에 관하여 전문적인 지식과 경험이 있는 사람이 임명될 수 있도록 노력하여야 한다.

③ 위원은 정치적 중립을 지켜야 하며, 권한을 남용하여서는 아니 된다.

④ 시 · 도자치경찰위원회는 합의제 행정기관으로서 그 권한에 속하는 업무를 독립적으로 수행한다.

정답 및 해설 I ①

① [×] 공무원이 아닌 위원에 대해서는 지방공무원법 제52조(비밀엄수의무) 및 제57조(정치운동금지의무)를 준용한다. 제55조는 선서의무이다.

088 「국가경찰과 자치경찰의 조직 및 운영에 관한 법률」에 관한 설명으로 가장 적절하지 않은 것은?
□□□

23. 경채

① 경찰청장은 국가경찰위원회의 동의를 받아 행정안전부장관의 제청으로 국무총리를 거쳐 대통령이 임명한다. 이 경우 국회의 인사청문을 거쳐야 한다.

② 국가수사본부장을 경찰청 외부를 대상으로 모집하여 임용하는 경우, 정당의 당원이거나 당적을 이탈한 날부터 5년이 지나지 아니한 사람은 국가수사본부장이 될 수 없다.

③ 시 · 도자치경찰위원회의 위원은 특정 성(性)이 10분의 6을 초과하지 아니하도록 노력하여야 하며 위원 중 1명은 인권문제에 관하여 전문적인 지식과 경험이 있는 사람이 임명될 수 있도록 노력하여야 한다.

④ 시 · 도경찰위원회 위원의 임명은 시 · 도의회가 추천하는 2명, 국가경찰위원회가 추천하는 1명, 해당 시 · 도 교육감이 추천하는 1명, 시 · 도자치경찰위원회 위원추천위원회가 추천하는 2명, 시 · 도 지사가 지명하는 1명으로 시 · 도지사가 임명한다.

정답 및 해설 I ②

② [×] 국가수사본부장을 경찰청 외부를 대상으로 모집하여 임용하는 경우, 정당의 당원이거나 당적을 이탈한 날부터 3(5 ×)년이 지나지 아니한 사람은 국가수사본부장이 될 수 없다(동법 제16조 제7항).

089 「국가경찰과 자치경찰의 조직 및 운영에 관한 법률」상 국가수사본부장 및 시 · 도자치경찰위원회에 대한 설명으로 적절하지 않은 것은 모두 몇 개인가?
□□□

23. 경찰간부

㉠ 대학이나 공인된 연구기관에서 법률학 · 경찰학 분야에서 조교수 이상의 직이나 이에 상당하는 직에 10년 이상 있었던 사람은 국가수사본부장의 자격이 있다.
㉡ 국가수사본부장이 직무를 진행하면서 헌법이나 법률을 위배하였을 때에는 국회는 탄핵 소추를 의결할 수 있다.
㉢ 국가수사본부장의 임기는 2년으로 하며 중임할 수 없고, 임기가 끝나면 당연히 퇴직한다.
㉣ 시 · 도자치경찰위원회는 위원장 1명을 포함한 7명의 위원으로 구성하되, 위원장은 상임으로 하고, 나머지 위원은 비상임으로 한다.
㉤ 시 · 도자치경찰위원회 위원은 시 · 도의회가 추천하는 2명, 국가경찰위원회가 추천하는 2명, 해당 시 · 도 교육감이 추천하는 1명, 시 · 도자치경찰위원회 위원추천위원회가 추천하는1명, 시 · 도지사가 지명하는 1명을 시 · 도지사가 임명한다.
㉥ 대학이나 공인된 연구기관에서 법률학 · 행정학 또는 경찰학 분야의 조교수 이상의 직이나 이에 상당하는 직에 5년 이상있었던 사람은 시 · 도자치경찰위원회 위원의 자격이 있다.

① 1개
② 2개
③ 3개
④ 4개

정답 및 해설 I ②

㉠㉡㉢㉥ [O]

㉣ [×] 시 · 도자치경찰위원회는 위원장 1명을 포함한 7명의 위원으로 구성하되, 위원장과 1명의 위원은 상임으로 하고, 나머지 위원은 비상임으로 한다.

㉤ [×] 시 · 도자치경찰위원회 위원은 시 · 도의회가 추천하는 2명, 국가경찰위원회가 추천하는 1명, 해당 시 · 도 교육감이 추천하는 1명, 시 · 도자치경찰위원회 위원추천위원회가 추천하는 2명, 시 · 도지사가 지명하는 1명을 시 · 도지사가 임명한다.

090 「국가경찰과 자치경찰의 조직 및 운영에 관한 법률」상 시 · 도 자치경찰위원회에 관한 설명으로 가장 적절한 것은?

23. 경찰

① 동법 제18조 제1항 단서에 따라 2개의 시 · 도자치경찰위원회를 두는 경우 해당 시 · 도자치경찰위원회의 명칭, 관할구역, 사무분장, 그 밖에 필요한 사항은 행정안전부령으로 정한다.

② 시 · 도자치경찰위원회 비상임 위원은 특정 성(性)이 10분의 6을 초과하지 아니해야 한다.

③ 시 · 도자치경찰위원회 위원장과 위원의 임기는 3년으로 하되, 위원만 한 차례 연임할 수 있다.

④ 시 · 도자치경찰위원회의 회의는 정기적으로 개최하여야 한다. 다만 위원장이 필요하다고 인정하는 경우, 위원 2명 이상이 요구하는 경우 및 시 · 도지사가 필요하다고 인정하는 경우에는 임시회의를 개최할 수 있다.

정답 및 해설 I ④

① [×] 2개의 시 · 도자치경찰위원회를 두는 경우 해당 시 · 도자치경찰위원회의 명칭, 관할구역, 사무분장, 그 밖에 필요한 사항은 대통령령(행정안전부령 ×)으로 정한다.

② [×] 시 · 도자치경찰위원회 위원은 특정 성(性)이 10분의 6을 초과하지 아니하도록 노력하여야 한다.

③ [×] 시 · 도자치경찰위원회 위원장과 위원의 임기는 3년으로 하되, 위원은 연임할 수 없다. 단, 보궐위원의 잔여임기가 1년 미만인 경우 1회에 한하여 연임할 수 있다.

091 「국가경찰과 자치경찰의 조직 및 운영에 관한 법률」에 대한 설명으로 가장 적절하지 않은 것은?

24. 경찰승진

① 경찰의 민주적인 관리 · 운영과 효율적인 임무수행을 위하여 경찰의 기본조직 및 직무 범위와 그 밖에 필요한 사항을 규정함을 목적으로 한다.

② 국가와 지방자치단체는 국민의 생명 · 신체 및 재산을 보호하고 공공의 안녕과 질서유지에 필요한 시책을 수립 · 시행하여야 한다.

③ 국가는 지방자치단체가 이관받은 사무를 원활히 수행할 수 있도록 인력, 장비 등에 소요되는 비용에 대하여 재정적 지원을 하여야 한다.

④ 시 · 도자치경찰위원회는 자치경찰사무에 대해 심의 · 의결을 통하여 시 · 도경찰청장을 지휘 · 감독한다. 다만, 시 · 도자치경찰위원회가 심의 · 의결할 시간적 여유가 없거나 심의 · 의결이 곤란한 경우 대통령령으로 정하는 바에 따라 시 · 도자치경찰위원회의 지휘 · 감독권을 경찰청장에게 위임한 것으로 본다.

정답 및 해설 | ④

④ [×] 시 · 도자치경찰위원회는 자치경찰사무에 대해 심의 · 의결을 통하여 시 · 도경찰청장을 지휘 · 감독한다. 다만, 시 · 도자치경찰위원회가 심의 · 의결할 시간적 여유가 없거나 심의 · 의결이 곤란한 경우 대통령령으로 정하는 바에 따라 시 · 도자치경찰위원회의 지휘 · 감독권을 시 · 도경찰청장(경찰청장 ×)에게 위임한 것으로 본다.

092 「국가경찰과 자치경찰의 조직 및 운영에 관한 법률」 제20조 시 · 도자치경찰위원회 위원의 임명 및 결격사유에 대한 설명으로 옳지 않은 것을 모두 고른 것은? 24. 경찰승진

> ㉠ 시 · 도자치경찰위원회 위원장은 위원 중에서 시 · 도지사가 임명하고, 상임위원은 시 · 도자치경찰위원회의 의결을 거쳐 위원 중에서 시 · 도경찰청장의 제청으로 시 · 도지사가 임명한다.
> ㉡ 경찰, 검찰, 국가정보원 직원 또는 군인의 직에 있거나 그 직에서 퇴직한 날부터 3년이 지나지 아니한 사람은 위원이 될 수 없다.
> ㉢ 공무원이 아닌 위원에 대해서는 「국가공무원법」 제52조 및 제57조를 준용한다.
> ㉣ 공무원이 아닌 위원은 그 소관 사무와 관련하여 형법이나 그 밖의 법률에 따른 벌칙을 적용할 때에는 공무원으로 본다.

① ㉠, ㉡ ② ㉠, ㉢
③ ㉡, ㉢ ④ ㉢, ㉣

정답 및 해설 | ②

㉠ [×] 시 · 도자치경찰위원회 위원장은 위원 중에서 시 · 도지사가 임명하고, 상임위원은 시 · 도자치경찰위원회의 의결을 거쳐 위원 중에서 위원장(시 · 도경찰청장 ×)의 제청으로 시 · 도지사가 임명한다.

㉢ [×] 공무원이 아닌 위원에 대해서는 「지방(국가 ×)공무원법」 제52조 및 제57조를 준용한다.

093 경찰청과 그 소속기관 직제의 내용으로 가장 적절하지 않은 것은? 17. 경찰승진 변형

① 경찰청장의 관장사무를 지원하기 위하여 경찰청장 소속하에 경찰대학 · 경찰인재개발원 · 중앙경찰학교 및 경찰수사연수원을 둔다.
② 시 · 도경찰청장의 소관사무를 분장하기 위하여 시 · 도경찰청장 소속으로 258개 경찰서의 범위에서 경찰서를 두며, 경찰서의 하부조직, 위치 및 관할 구역과 그 밖에 필요한 사항은 행정안전부령으로 정한다.
③ 시 · 도경찰청장은 사무분장이 임시로 필요한 경우에는 출장소를 둘 수 있다.
④ 지구대 · 파출소 및 출장소의 명칭 · 위치 및 관할 구역과 기타 필요한 사항은 행정안정부령으로 정한다.

정답 및 해설 | ④

④ [×] 지구대 · 파출소 및 출장소의 명칭 · 위치 및 관할 구역과 그 밖에 필요한 사항은 시 · 도경찰청장이 정한다(경찰청과 그 소속기관 직제 제43조 제3항).

094 행정관청의 권한의 위임 · 대리 · 대결에 관한 다음 설명 중 틀린 것은 모두 몇 개인가? 11. 경찰

□□□

> ㉠ 권한의 위임이란 상급관청이 하급관청에 권한의 전부 또는 주요 부분을 이전하여 수임기관의 권한으로 행하도록 하는 것이다.
> ㉡ 대결은 법령상의 근거를 요하지 않으며, 외부에 대한 관계에서는 본래 행정청의 이름으로 표시하여 행한다.
> ㉢ 원칙적으로 임의대리는 권한의 전부에 대해서 가능하고 복대리가 불가능하나, 법정대리는 권한의 일부에 대해서만 가능하고 복대리가 가능하다.
> ㉣ 권한의 위임의 효과는 수임관청에게 귀속되고, 권한의 대리의 효과는 대리관청에게 귀속된다.
> ㉤ 법정대리의 경우 피대리관청은 대리기관의 지휘 · 감독상의 책임을 지는데 비해 임의대리의 경우는 그렇지 않다.
> ㉥ 권한의 위임은 수임기관이 자기명의로 권한을 행사하지만, 권한의 대리는 대리관청을 위한 것임을 표시하여 피대리기관 명의로 권한을 행사한다.

① 3개 ② 4개
③ 5개 ④ 6개

정답 및 해설 I ③

틀린 설명은 ㉠㉢㉣㉤㉥ 5개이다.

㉠ [×] 권한의 위임이란 상급관청이 하급관청에 **권한의 일부**를 이전하여 수임기관의 권한으로 행하도록 하는 것이다.

㉢ [×] **임의대리**는 피대리관청 **권한의 일부**에 대해서만 가능하며 원칙적으로 복대리도 인정되지 않으나, **법정대리**는 피대리관청의 **권한의 전부**에 대해서 가능하며 복대리도 인정된다.

㉣ [×] 권한이 이전되는 위임과는 달리 대리에서는 권한이 이전되지 않으므로 권한의 대리의 효과는 **피대리관청**에게 귀속된다.

㉤ [×] 임의대리의 경우 피대리관청이 대리기관을 지휘 · 감독할 수 있으므로 대리기관의 행위에 대한 피대리관청의 지휘 · 감독책임이 있으나, 법정대리의 경우에는 원칙적으로 피대리관청은 대리기관을 지휘 · 감독할 수 없으므로 지휘 · 감독상의 책임을 지지 않는다.

㉥ [×] 권한의 위임은 수임기관이 자기명의로 권한을 행사하지만, 권한의 대리는 **피대리관청**을 위한 것임을 표시하여 **대리기관 명의**로 권한을 행사한다.

095 대리와 내부위임(대결) 및 위임의 비교설명으로 옳지 않은 것은? 07. 경찰간부

□□□

① 위임은 위임기관의 권한이 수임기관의 권한으로 이전되나, 내부위임은 권한의 이전이 없다.
② 대리는 대리행위임을 외부에 표시하고 행하지만 내부위임은 행위를 한 자가 외부에 표시되지 않는다.
③ 대리는 주로 보조기관이, 위임은 주로 하급관청이 상대방이 된다.
④ 위임과 내부위임은 반드시 법적 근거가 필요하나, 대리는 법적 근거 없이 가능한 경우도 있다.

정답 및 해설 I ④

④ [×] 위임은 권한의 일부를 타 기관으로 이전시키는 것이므로 반드시 법령상의 근거가 필요하지만, 내부위임은 행정청의 내부적인 사무처리의 편의를 도모하기 위하여 행하는 내부규칙이므로 법적 근거 없이 가능하다는 것이 판례의 입장이다. 또한 임의대리는 법적 근거 없이도 가능하지만, 법정대리는 법률상의 근거가 반드시 필요하다.

☑ 권한의 위임과 대리의 비교

구분	권한의 위임	권한의 대리	
		법정대리	임의대리
권한의 이전	○	×	
법적 근거	법적 근거 필요 ○		법적 근거 필요 ×
행사범위	• 권한의 일부만 가능 • 전부 · 본질적 사항의 위임 ×	권한의 전부대리	권한의 일부대리
지휘 및 감독	가능	불가능	가능
상대방	주로 하급관청	주로 보조기관	
법률효과의 귀속주체	수임기관에게 귀속	피대리기관에게 귀속	
권한 행사의 명의	수임기관의 명의로 행사	대리기관의 명의로 하되, 피대리기관을 위한 것임을 현명해야 함	
책임	수임기관의 책임	대리기관의 책임	• 내부적으로는 대리기관의 책임 • 외부적으로는 피대리기관의 책임
피고적격	수임기관	피대리기관	
비용부담	위임기관	피대리기관	
복대리 · 재위임	가능		불가능

096 경찰관청의 권한의 위임 · 위탁 · 대리에 관한 설명으로 옳지 않은 것은 모두 몇 개인가? 10. 경찰승진

□□□

> ㉠ 권한의 위임은 반드시 법적 근거를 요한다.
> ㉡ 행정권한의 위임 및 위탁에 관한 규정 제6조에 따라 위임 및 위탁기관은 수임 및 수탁기관의 수임 및 수탁사무처리에 대하여 지휘 · 감독하고, 그 처리가 위법하다고 인정될 때에만 이를 취소하거나 정지시킬 수 있다.
> ㉢ 법정대리는 법정사실이 발생하였을 때 직접 법령의 규정에 의하여 대리관계가 발생하므로 원칙상 복대리가 허용되지 않는다.

① 없음 ② 1개

③ 2개 ④ 3개

정답 및 해설 | ③

옳지 않은 설명은 ㉡㉢ 2개이다.

㉡ [×] 위임 및 위탁기관은 수임 및 수탁기관의 수임 및 수탁사무처리에 대하여 지휘 · 감독하고, 그 처리가 위법하거나 부당하다고 인정될 때에는 이를 취소화거나 정지시킬 수 있다(행정권한의 위임 및 위탁에 관한 규정 제6조).

㉢ [×] 법정대리는 법정사실이 발생하였을 때 직접 법령의 규정에 의하여 대리관계가 발생하므로 원칙상 복대리가 허용된다.

097 행정관청의 권한의 위임에 관한 설명 중 옳지 않은 것은? 02. 국가직 7급 변형

□□□

① 권한의 위임은 법적 근거를 요하나, 위임의 범위에는 제한이 없는 것이 원칙이다.

② 보통은 하급관청에 위임하나 다른 대등행정관청에 위임(위탁을 의미한다)하는 경우도 있다.

③ 내부위임은 권한의 귀속 자체에 대한 변경을 가져오는 것이 아니라는 점에서 위임과 구별된다.

④ 위임의 경우 법령에 특별한 규정이 없는 한 비용은 위임자가 부담함이 원칙이다.

정답 및 해설 | ①

① [×] 권한의 위임은 권한의 전부를 위임하는 것을 뜻하는 것이 아니므로, 본질적 사항이나 전부의 위임은 허용되지 않는다.

098 권한의 위임 · 대리 · 대결에 대한 설명으로 가장 적절하지 않은 것은? 15. 경찰승진

□□□

① 위임으로 권한의 귀속이 변경되어 수임기관은 자기의 명의와 책임하에 권한을 행사하고 위임된 권한에 관한 쟁송을 할 때는 수임관청 자신이 당사자가 된다.

② 임의대리는 원칙적으로 권한의 일부에 대해서만 가능하고 복대리가 허용되지 않는다.

③ 경찰청장 사고시 차장이 대행하는 것은 협의의 법정대리이다.

④ 위임사무 처리에 소요되는 인력 · 예산 등은 반드시 수임자가 부담하여야 한다.

정답 및 해설 | ④

④ [×] 권한의 위임의 경우 위임사무의 처리에 소요되는 인력과 예산 등은 위임기관이 부담하는 것이 원칙이다.

099 권한의 위임 · 대리 · 대결(전결)에 관한 설명 중 가장 적절하지 않은 것은? 13. 경찰승진

□□□

① 권한의 위임 – 위임으로 권한의 귀속이 변경되어 수임기관은 자기의 명의와 책임하에 권한을 행사하고 위임된 권한에 관한 쟁송시 수임관청 자신이 당사자가 된다. 단, 위임사무처리에 소요되는 인력 · 예산 등은 위임자 부담이 원칙이다.

② 권한의 위임 – 수임기관의 사무처리가 위법 · 부당하다고 인정될 때 위임기관의 취소 · 정지가 가능하다. 단, 위임기관은 수임기관에 대하여 사전승인을 받거나 협의할 것을 요구할 수 있다.

③ 권한의 대리 – 임의대리는 원칙적으로 i) 대리관계 형성에 법적 근거를 요하지 않으며 ii) 권한의 일부에 대해서만 가능하고 iii) 복대리가 허용되지 않으며 iv) 피대리관청은 대리자에 대한 지휘 · 감독이 가능하다. 반면, 법정대리는 원칙적으로 ⓐ 법적 근거를 기반으로 하며 ⓑ 대리권이 피대리관청의 권한의 전부에 미치고 ⓒ 복대리가 허용되며 ⓓ 피대리관청의 대리자에 대한 지휘 · 감독이 불가능하다.

④ 대결과 위임전결 – 권한 자체의 귀속에 있어서 변경을 가져오지 않고 본래의 경찰관청의 이름으로 행해지는 내부적 사실행위라는 점에서 경찰관청의 권한귀속의 변동을 가져오는 권한위임과 구별된다.

정답 및 해설 | ②

② [×] 권한의 위임의 경우 위임기관은 수임기관에 대하여 사전승인을 받거나 협의할 것을 요구할 수 **없다**(행정권한의 위임 및 위탁에 관한 규정 제7조).

100 권한의 대리와 권한의 위임에 관한 설명으로 가장 적절하지 않은 것은? 14. 경찰승진

□□□

① 권한의 위임은 행정관청이 권한의 일부를 하급행정기관 등에 이양해서 행사하게 하는 것으로, 권한이 위임되면 위임한 행정청은 그 권한을 상실하며, 위임을 받은 기관이 자기의 이름과 책임으로 그 권한을 행사하게 된다.

② 행정관청의 권한의 대리 중 임의대리는 원칙적으로 피대리관청의 권한의 전부를 대리할 수 있다.

③ 권한의 위임은 법적 근거를 요한다.

④ 법정대리에는 법정사실의 발생과 함께 법령규정에 따라 당연히 대리관계가 발생하는 '협의의 법정대리'와 법정사실이 발생할 경우 일정한 자의 지정이 있어야 비로소 대리관계가 발생하는 '지정대리'가 있다.

정답 및 해설 I ②

② [×] 행정관청의 권한의 대리 중 임의대리는 원칙적으로 피대리관청의 권한의 **전부를 대리할 수 없다**. 이에 반해 **법정대리**는 원칙적으로 피대리관청의 권한의 **전부를 대리할 수 있다**.

101 행정권한의 위임 및 위탁에 관한 규정에 대한 내용으로 가장 적절하지 않은 것은? 18. 경찰

□□□

① 위임이란 법률에 규정된 행정기관의 장의 권한 중 일부를 그 보조기관 또는 하급행정기관의 장이나 지방자치단체의 장에게 맡겨 그의 권한과 책임 아래 행사하도록 하는 것을 말한다.

② 위임 및 위탁기관은 수임 및 수탁기관의 수임 및 수탁사무 처리에 대하여 지휘 · 감독하고, 그 처리가 위법하거나 부당하다고 인정될 때에는 이를 취소하거나 정지시킬 수 있다.

③ 수임 및 수탁사무의 처리에 관한 책임은 수임 및 수탁기관에 있으므로, 위임 및 위탁기관의 장은 그에 대한 감독책임을 지지 않는다.

④ 위임 및 위탁기관은 위임 및 위탁사무 처리의 적정성을 확보하기 위하여 필요한 경우에는 수임 및 수탁기관의 수임 및 수탁사무 처리 상황을 수시로 감사할 수 있다.

정답 및 해설 I ③

③ [×] 수임 및 수탁사무의 처리에 관한 책임은 수임 및 수탁기관에 있으며, 위임 및 위탁기관의 장은 그에 대한 **감독책임을 진다**(행정권한의 위임 및 위탁에 관한 규정 제8조 제1항).

102 권한의 위임과 대리에 관한 설명으로 가장 적절하지 않은 것은? 19. 경찰

□□□

① 임의대리는 복대리가 허용되지 않는 것이 원칙이다.

② 복대리의 성격은 임의대리에 해당한다.

③ 원칙적으로 대리관청이 대리행위에 대한 행정소송의 피고가 된다.

④ 수임관청이 권한의 위임에서 쟁송의 당사자가 된다.

정답 및 해설 I ③

③ [×] 권한의 대리의 경우 대리관청은 상대방에게 피대리관청을 위한 것임을 현명하기 때문에 행정소송의 피고는 **피대리관청**이 된다.

103 □□□ 행정관청의 권한의 위임과 대리에 대한 설명이다. 아래 ㉠부터 ㉣까지의 설명 중 옳고 그름의 표시(○, ×)가 바르게 된 것은? 19. 경찰승진

> ㉠ 권한의 위임이란 상급관청이 하급관청에 권한의 전부를 이전하여 수임기관의 권한으로 행하도록 하는 것으로 위임의 범위에는 제한이 없는 것이 원칙이다.
> ㉡ 권한의 위임은 수임관청에 권한이 이전되므로 수임관청에 효과가 귀속되나, 권한의 대리는 직무의 대행에 불과하므로 임의대리든 법정대리든 피대리관청에 효과가 귀속된다.
> ㉢ 원칙적으로 임의대리는 권한의 일부에 대해서만 가능하고 복대리가 불가능하나, 법정대리는 권한의 전부에 대해서 가능하고 복대리가 가능하다.
> ㉣ 임의대리의 경우 피대리관청은 대리기관의 행위에 대한 지휘·감독상의 책임을 지나, 법정대리의 경우 피대리관청은 원칙적으로 지휘·감독상의 책임을 지지 않는다.

① ㉠ (○), ㉡ (○), ㉢ (×), ㉣ (○)
② ㉠ (×), ㉡ (○), ㉢ (○), ㉣ (×)
③ ㉠ (×), ㉡ (○), ㉢ (○), ㉣ (○)
④ ㉠ (×), ㉡ (×), ㉢ (○), ㉣ (×)

정답 및 해설 I ③

옳은 설명은 ㉡㉢㉣이다.

㉠ [×] 권한의 위임에는 범위의 제한이 있다. 권한의 일부 이전만이 허용되며, 전부의 위임이나 본질적 내용의 위임은 허용되지 않는다.

104 □□□ 행정관청의 권한의 대리에 대한 설명으로 가장 적절하지 않은 것은? 20. 경찰승진

① 권한의 대리에는 임의대리와 법정대리가 있는데, 보통대리는 임의대리를 의미한다.
② 법정대리는 협의의 법정대리와 지정대리가 있는데, 협의의 법정대리는 일정한 법정사유가 발생하면 당연히 대리권이 발생하는 경우를 말한다.
③ 권한의 대리는 피대리자의 권한의 전부 또는 일부를 대리자가 그 피대리자를 위한 것임을 표시하고 자기의 명의로 대행하는 것으로 그 행위는 대리자의 행위로서 효과가 발생한다.
④ 임의대리는 피대리관청의 대리자에 대한 지휘·감독이 가능하나, 법정대리는 원칙적으로 피대리관청의 대리자에 대한 지휘·감독이 불가능하다.

정답 및 해설 I ③

③ [×] 권한의 대리는 피대리자를 위한 것임을 표시하고 대리자가 권한을 행사하는 것이므로, 그 행위의 효과는 피대리자의 행위로서 발생한다.

105 행정권한의 위임 및 위탁에 관한 규정상 행정기관간 위임 및 위탁에 대한 설명 중 옳지 않은 것은 모두 몇 개인가?

□□□

20. 경찰간부

> ㉠ '위임'이란 법률에 규정된 행정기관의 장의 권한 중 일부를 그 보조기관 또는 하급행정기관의 장이나 지방자치단체의 장에게 맡겨 그의 권한과 책임 아래 행사하도록 하는 것을 말한다.
> ㉡ 행정기관의 장은 행정권한을 위임 및 위탁할 때에는 위임 및 위탁하기 전에 수임기관의 수임능력 여부를 점검하고, 필요한 인력 및 예산을 이관할 수 있다.
> ㉢ 위임 및 위탁기관은 수임 및 수탁기관의 수임 및 수탁사무 처리에 대하여 지휘·감독하고, 그 처리가 위법하거나 부당하다고 인정될 때에는 이를 취소하거나 정지시켜야 한다.
> ㉣ 수임 및 수탁사무의 처리에 관하여 위임 및 위탁기관은 수임 및 수탁기관에 대하여 사전승인을 받거나 협의를 할 것을 요구할 수 없다.
> ㉤ 수임 및 수탁사무의 처리에 관한 책임은 수임 및 수탁기관에 있으며, 위임 및 위탁기관의 장은 그에 대한 감독책임을 진다.
> ㉥ 위임 및 위탁기관은 위임 및 위탁사무 처리의 적정성을 확보하기 위하여 필요한 경우에는 수임 및 수탁기관의 수임 및 수탁사무 처리 상황을 수시로 감사할 수 있다.

① 1개　　② 2개
③ 3개　　④ 4개

정답 및 해설 | ②

옳지 않은 설명은 ㉡㉢ 2개이다.

㉡ [×] 행정기관의 장은 행정권한을 위임 및 위탁할 때에는 위임 및 위탁하기 전에 수임기관의 수임능력 여부를 점검하고, 필요한 인력 및 예산을 **이관하여야 한다**(행정권한의 위임 및 위탁에 관한 규정 제3조 제2항).

㉢ [×] 위임 및 위탁기관은 수임 및 수탁기관의 수임 및 수탁사무 처리에 대하여 지휘·감독하고, 그 처리가 위법하거나 부당하다고 인정될 때에는 이를 취소하거나 **정지시킬 수 있다**(행정권한의 위임 및 위탁에 관한 규정 제6조).

106 다음은 행정권한의 위임 및 위탁에 관한 규정에 대한 설명이다. 적절한 것만을 고른 것은 모두 몇 개인가?

□□□

21. 경찰

> ㉠ 위임 및 위탁기관은, 수임 및 수탁기관의 수임 및 수탁사무 처리에 대하여 지휘·감독하고, 그 처리가 위법하거나 부당하다고 인정될 때에는 이를 취소하거나 정지시킬 수 있다.
> ㉡ 수임 및 수탁사무의 처리에 관하여 위임 및 위탁기관은 수임 및 수탁기관에 대하여 사전승인을 받거나 협의를 할 것을 요구할 수 없다.
> ㉢ 수임 및 수탁사무의 처리에 관한 책임은 수임 및 수탁기관에 있으며, 위임 및 위탁기관의 장은 그에 대한 감독책임을 진다.
> ㉣ 수임 및 수탁사무에 관한 권한을 행사할 때에는 수임 및 수탁기관의 명의로 하여야 한다.

① 1개　　② 2개
③ 3개　　④ 4개

정답 및 해설 | ④

적절한 것은 ㉠㉡㉢㉣ 4개이다.

107 □□□ 경찰관청의 '권한의 대리'와 '권한의 위임'에 관한 설명 중 가장 적절하지 않은 것은? (다툼이 있는 경우 판례에 의함) 22. 경찰

① 권한을 위임받은 수임청은 자기의 이름 및 자기의 책임으로 권한을 행사한다.

② 수임청 및 피대리관청은 항고소송에서 피고가 된다.

③ 법정대리의 경우 피대리관청이 사고 등으로 인해 공석이므로 대리의 법적 효과는 대리관청에 귀속된다.

④ 국가경찰과 자치경찰의 조직 및 운영에 관한 법률상 "경찰청장이 부득이한 사유로 직무를 수행할 수 없을 때에는 경찰청차장이 그 직무를 대행한다."는 대리방식을 협의의 법정대리라고 한다.

정답 및 해설 I ③

③ [×] 법정대리의 경우 피대리관청이 사고 등으로 인해 공석이므로 대리의 법적 효과는 **피대리관청**에 귀속된다.

108 □□□ 「행정권한의 위임 및 위탁에 관한 규정」에 관한 설명으로 가장 적절하지 않은 것은? (다툼이 있는 경우 판례에 의함) 23. 경찰

① "위임"이란 법률에 규정된 행정기관의 장의 권한 중 일부를 다른 행정기관의 장에게 맡겨 그의 권한과 책임 아래 행사하도록 하는 것을 말한다.

② 위임 및 위탁기관은 수임 및 수탁기관의 수임 및 수탁사무 처리에 대하여 지휘·감독하고, 그 처리가 위법하거나 부당하다고 인정될 때에는 이를 취소하거나 정지시킬 수 있다.

③ 행정기관의 장은 행정권한을 위임 및 위탁할 때에는 위임 및 위탁하기 전에 단순한 사무인 경우를 제외하고는 수임 및 수탁기관에 대하여 수임 및 수탁사무 처리에 필요한 교육을 하여야 하며, 수임 및 수탁사무의 처리지침을 통보하여야 한다.

④ 수임 및 수탁사무의 처리가 부당한지 여부의 판단은 위법성 판단과 달리 합목적적·정책적 고려도 포함되므로, 위임 및 위탁기관이 그 사무처리에 관하여 일반적인 지휘·감독을 하는 경우는 물론이고 나아가 수임 및 수탁사무의 처리가 부당하다는 이유로 그 사무처리를 취소하는 경우에도 광범위한 재량이 허용된다고 보아야 한다.

정답 및 해설 I ①

① [×] "위탁(위임 ×)"이란 법률에 규정된 행정기관의 장의 권한 중 일부를 다른 행정기관의 장에게 맡겨 그의 권한과 책임 아래 행사하도록 하는 것을 말한다.

109 권한의 위임 및 위탁에 대한 설명으로 옳지 않은 것은? (다툼이 있는 경우 판례에 의함) 23. 경찰간부

□□□

① 행정기관은 법령으로 정하는 바에 따라 그 소관 사무 중 조사 · 검사 · 검정 · 관리 사무 등 국민의 권리 · 의무와 직접 관계되지 아니하는 사무로서 공익성보다 능률성이 현저히 요청되는 사무를 민간위탁할 수 있다.

② 수임 및 수탁사무의 처리에 관하여 위임 및 위탁기관은 수임 및 수탁기관에 대하여 사전승인을 받거나 협의를 할 것을 요구할 수 있다.

③ 법령으로 정하는 바에 따라 행정기관의 소관사무의 일부를 위임받은 보조기관은 그 위임받은 사항에 대하여는 그 범위에서 행정기관으로서 그 사무를 수행한다.

④ 위임 및 위탁기관은 수임 및 수탁기관의 수임 및 수탁사무처리에 대하여 지휘 · 감독하고, 그 처리가 위법하거나 부당하다고 인정될 때에는 이를 취소하거나 정지시킬 수 있다.

정답 및 해설 I ②

② [×] 수임 및 수탁사무의 처리에 관하여 위임 및 위탁기관은 수임 및 수탁기관에 대하여 사전승인을 받거나 협의를 할 것을 요구할 수 없다(있다 ×).

110 「행정권한의 위임 및 위탁에 관한 규정」에 대한 설명으로 가장 적절하지 않은 것은? (다툼이 있는 경우 판례에 의함) 23. 경찰승진

□□□

① 행정기관의 장은 허가 · 인가 · 등록 등 민원에 관한 사무, 정책의 구체화에 따른 집행사무 및 일상적으로 반복되는 사무로서 그가 직접 시행하여야 할 사무를 제외한 일부 권한을 그 보조기관 또는 하급행정기관의 장, 다른 행정기관의 장, 지방자치단체의 장에게 위임 및 위탁한다.

② 행정기관의 장은 행정권한을 위임 및 위탁할 때에는 위임 및 위탁하기 전에 수임기관의 수임능력 여부를 점검하고, 필요한 인력 및 예산을 이관하여야 한다.

③ 수임 및 수탁사무의 처리에 관하여 위임 및 위탁기관은 수임 및 수탁기관에 대하여 사전승인을 받거나 협의를 할 것을 요구할 수 있으나, 수임 및 수탁사무 처리상황은 감사할 수 없다.

④ 권한위임의 경우에는 수임관청이 자기의 이름으로 그 권한행사를 할 수 있지만 내부위임의 경우에는 수임관청은 위임관청의 이름으로만 그 권한을 행사할 수 있을 뿐 자기의 이름으로는 그 권한을 행사할 수 없다.

정답 및 해설 I ③

③ [×] 수임 및 수탁사무의 처리에 관하여 위임 및 위탁기관은 수임 및 수탁기관에 대하여 사전승인을 받거나 협의를 할 것을 요구할 수 없으며, 수임 및 수탁사무 처리상황은 수시로 감사할 수 있다(동규정 제8좌 및 제9조).

111 직무명령의 형식적 요건에 해당하지 않는 것은 모두 몇 개인가?

10. 경찰

㉠ 권한 있는 상관이 발한 것
㉡ 부하공무원의 직무범위 내의 사항일 것
㉢ 실현 가능성이 있을 것
㉣ 부하공무원의 직무상 독립이 보장된 것이 아닐 것
㉤ 그 내용이 법령과 공익에 적합할 것
㉥ 법정의 형식이나 절차가 있으면 이를 갖출 것

① 없음
② 1개
③ 2개
④ 3개

정답 및 해설 | ③

직무명령의 형식적 요건에 해당하지 않는 것은 ㉢㉤ 2개이다.

☑ 직무명령의 요건

형식적 요건	요건	1. 상급공무원이 발할 것 2. 하급공무원의 직무상 범위 내에 속하는 사항일 것 3. 하급공무원의 **직무행사가 독립성이 보장된 경우가 아닐 것** 4. 법률에 규정된 형식과 절차가 있는 경우 이를 구비하여야 할 것
	심사권	형식적 심사권이 인정되므로 위반시 복종을 거부할 수 있음
실질적 요건	요건	1. 내용이 적법·타당하며 실현가능하여야 하고 명확할 것 2. 합목적적이고 공익에 적합할 것
	심사권	원칙적으로 실질적 심사권이 인정되지 아니하여, 위반시 복종을 거부할 수 없음. 단, 명백한 위법의 경우에는 복종을 거부할 수 있음

112 훈령에 대한 설명으로 가장 적절하지 않은 것은?

12. 경찰승진

① 훈령은 원칙적으로 일반적·추상적 사항에 대해서 발해야 하지만, 개별적·구체적 사항에 대해서도 발해질 수 있다.
② 훈령은 상급공무원이 하급공무원에게 발하는 명령이다.
③ 훈령은 국민의 권리와 의무에 영향을 미치지 않는다.
④ '하급관청의 직무상 독립성이 보장되어 있지 않는 사항일 것'은 훈령의 형식적 요건에 해당한다.

정답 및 해설 | ②

② [×] 상급공무원이 하급공무원에게 발하는 명령은 **직무명령**이다.

113 □□□ 훈령에 대한 설명으로 가장 적절하지 않은 것은? (단, 다툼이 있는 경우 통설 · 판례에 의함)

18. 경찰승진

① 훈령은 원칙적으로 일반적 · 추상적 사항에 대해서 발해야 하지만, 개별적 · 구체적 사항에 대해서도 발해질 수 있다.

② '하급관청의 직무상 독립한 범위에 속하는 사항이 아닌 것'은 훈령의 형식적 요건에 해당한다.

③ 하급관청 구성원의 변동이 있더라도 훈령은 그 효력에 영향을 받지 않는다.

④ 훈령은 내부적 구속력을 갖고 있어, 훈령을 위반한 공무원의 행위는 징계의 사유가 되고, 무효 또는 취소사유에 해당한다.

정답 및 해설 | ④

④ [×] 훈령을 위반한 공무원의 행위는 징계의 사유가 된다. 하지만 훈령은 법규성이 인정되지 아니하므로 훈령을 위반한 공무원의 행위는 위법하지 않아 무효 또는 취소사유에 해당하지 않는다.

114 훈령과 직무명령에 관한 다음 설명 중 적절하지 않은 것은 모두 몇 개인가?

12. 경찰

㉠ 훈령은 상급관청이 하급관청의 권한 행사를 일반적으로 감독하기 위해 발하는 명령이고, 기관의 구성원이 변경되면 그 효력에 영향이 있으나, 상급공무원이 하급공무원에게 발하는 직무명령은 그 직무명령을 수명한 하급공무원이 변경되어도 효력에 영향이 없다.
㉡ 훈령의 실질적 요건으로는 훈령권이 있는 상급관청이 발한 것일 것, 하급관청의 권한 내의 사항에 관한 것일 것, 하급관청의 직무상 독립성이 보장되지 않은 사항일 것이 있다.
㉢ 훈령은 원칙적으로 일반적 · 추상적 사항에 대해서 발하지만, 개별적 · 구체적 사항에 대해서도 발해질 수 있다.
㉣ 직무명령은 상급공무원이 직무에 관하여 하급공무원에게 발하는 명령이며, 직무와 관련없는 사생활에는 효력이 미치지 않는다.

① 1개　　② 2개
③ 3개　　④ 4개

정답 및 해설 | ②

틀린 설명은 ㉠㉡ 2개이다.

㉠ [×] 훈령은 상급관청이 하급관청의 권한 행사를 일반적으로 감독하기 위해 발하는 명령이고, 기관의 구성원이 변경되더라도 그 효력에 영향이 없으나, 상급공무원이 하급공무원에게 발하는 직무명령은 그 직무명령을 수명한 하급공무원이 변경되면 효력에 영향이 있다.

㉡ [×] 훈령의 형식적 요건으로는 훈령권이 있는 상급관청이 발한 것일 것, 하급관청의 권한 내의 사항에 관한 것일 것, 하급관청의 직무상 독립성이 보장되지 않은 사항일 것이 있다.

115 다음 중 훈령에 대한 설명으로 옳은 것은 모두 몇 개인가? 16. 경찰

□□□

> ㉠ 훈령은 구체적인 법령의 근거 없이도 발할 수 있다.
> ㉡ 훈령의 내용은 하급관청의 직무상 독립된 범위에 속하는 사항이어야 한다.
> ㉢ 하급경찰관청의 법적 행위가 훈령에 위반하여 행해진 경우 원칙적으로 위법이 아니며, 그 행위의 효력에는 영향이 없다.
> ㉣ 훈령은 원칙적으로 일반적 · 추상적 사항에 대해서 발해져야 하지만, 개별적 · 구체적 사항에 대해서도 발해질 수 있다.

① 1개 ② 2개

③ 3개 ④ 4개

정답 및 해설 I ③

옳은 설명은 ㉠㉢㉣ 3개이다.

㉡ [×] 훈령의 내용은 형식적 요건상 하급관청의 직무상 독립된 범위에 속하는 사항이 아니어야 한다.

116 훈령에 대한 설명으로 가장 적절하지 않은 것은? 17. 경찰승진

□□□

① 훈령이란 상급관청이 하급관청의 권한 행사를 지휘 · 감독하기 위해 발하는 명령이다.

② 내용이 실현 가능하고 명확할 것, 내용이 적법하고 타당할 것, 공익에 반하지 않을 것은 훈령의 실질적 요건이다.

③ 하급행정기관은 서로 모순되는 둘 이상의 상급관청의 훈령이 경합하는 때에는 주관상급관청의 훈령에 따라야 하고, 주관상급관청이 서로 상하관계에 있을 때에는 직근상급관청의 훈령에 따라야 하며, 주관상급관청이 불명확한 때에는 주관쟁의의 방법으로 해결하여야 한다.

④ 하급관청 구성원의 변동이 있으면 훈령은 그 효력에 영향을 받는다.

정답 및 해설 I ④

④ [×] 하급관청 구성원의 변동이 있어도 훈령은 그 효력에 영향을 받지 않는다.

117 훈령과 직무명령에 대한 설명으로 가장 적절하지 않은 것은? 19. 경찰승진

□□□

① 훈령이란 상급관청이 하급관청의 권한 행사를 지휘하기 위하여 발하는 명령으로 구성원의 변동이 있는 경우에는 당연히 효력을 상실하게 된다.

② 직무명령이란 상관이 부하공무원에게 발하는 명령으로, 특별한 작용법적 근거 없이 발할 수 있다.

③ 훈령의 형식적 요건으로 훈령권이 있는 상급관청이 발한 것일 것, 하급관청의 권한 내의 사항에 관한 것일 것, 직무상 독립한 범위에 속하는 사항이 아닐 것을 들 수 있다.

④ 훈령은 원칙적으로 일반적 · 추상적 사항에 대해서 발해야 하지만, 개별적 · 구체적 사항에 대해서도 발해질 수 있다.

정답 및 해설 I ①

① [×] 훈령이란 상급관청이 하급관청의 권한 행사를 지휘하기 위하여 발하는 명령으로 구성원의 변동이 있어도 당연히 그 효력을 상실하지 않는다.

118 훈령과 직무명령에 관한 다음 설명으로 옳은 것은 모두 몇 개인가? 18. 경찰간부

㉠ 훈령의 내용은 하급관청의 직무상 독립된 범위에 속하는 사항이여야 한다. ㉡ 직무명령은 상관이 직무에 관하여 부하에게 발하는 명령이다. ㉢ 직무명령은 직무와 관련 없는 사생활에는 효력이 미치지 않는다. ㉣ 훈령은 원칙적으로 일반적 · 추상적 사항에 대하여 발해져야 하지만, 개별적 · 구체적 사항에 대해서도 발해질 수 있다. ㉤ 직무명령의 형식적 요건으로는 권한이 있는 상관이 발할 것, 부하공무원의 직무범위 내의 사항일 것, 부하공무원의 직무상 독립이 보장된 것이 아닐 것, 법정의 형식이나 절차가 있으면 이를 갖출 것이다.

① 1개 ② 2개
③ 3개 ④ 4개

정답 및 해설 I ④

옳은 설명은 ㉡㉢㉣㉤ 4개이다.

㉠ [×] 훈령의 내용은 하급관청의 직무상 독립된 범위에 속하는 사항이 아니어야 한다.

119 훈령과 직무명령에 대한 설명으로 가장 옳지 않은 것은? 20. 경찰간부

① 훈령은 원칙적으로 일반 · 추상적 사항에 대해서 발해지지만, 개별 · 구체적 사항에 대해서도 발해질 수 있다.
② 훈령과 직무명령 모두 법령의 구체적 근거가 없어도 발할 수 있다.
③ 훈령은 법규의 성질을 갖지 않기에 하급경찰관청의 법적 행위가 훈령에 위반하여 행해진 경우에도 위법이 아니며 행위 자체의 효력에도 영향이 없다.
④ 훈령의 실질적 요건으로는 훈령이 법규에 저촉되지 않을 것, 공익에 반하지 않을 것, 실현 가능성이 있을 것, 훈령권이 있는 상급관청이 발할 것 등이 있다.

정답 및 해설 I ④

④ [×] 훈령권이 있는 상급관청이 발할 것은 훈령의 실질적 요건이 아니라 형식적 요건이다.

120 훈령에 대한 설명으로 가장 적절하지 않은 것은? 20. 경찰승진

□□□

① 훈령의 형식적 요건으로는 훈령권이 있는 상급관청이 발한 것일 것, 하급관청의 권한 내의 사항에 관한 것일 것, 하급관청의 직무상 독립성이 보장된 사항일 것을 들 수 있다.

② 훈령의 실질적 요건으로는 내용이 실현 가능하고 명확할 것, 내용이 적법하고 타당할 것, 내용이 공익에 반하지 않을 것을 들 수 있다.

③ 훈령은 원칙적으로 일반적 · 추상적 사항에 대해서 발해야 하지만, 개별적 · 구체적 사항에 대해서도 발해질 수 있다.

④ 하급관청 구성원에 변동이 있더라도 훈령의 효력에는 영향이 없다.

정답 및 해설 I ①

① [×] 훈령의 형식적 요건으로는 '훈령권이 있는 상급관청이 발한 것일 것, 하급관청의 권한 내의 사항에 관한 것일 것, 하급관청의 직무상 독립성이 보장된 사항이 아닐 것'을 들 수 있다.

121 훈령과 직무명령에 관한 설명 중 옳지 않은 것을 모두 고른 것은? 19. 경찰

□□□

㉠ 직무명령은 직무와 관련 없는 사생활에는 그 효력이 미치지 않는다.
㉡ 훈령은 일반적 · 추상적 사항에 대하여만 발할 수 있으며, 개별적 · 구체적 사항에 대해서는 발할 수 없다.
㉢ 훈령을 발하기 위해서는 법령의 구체적 근거를 요하나, 직무명령은 법령의 구체적 근거가 없이도 발할 수 있다.
㉣ 훈령의 종류에는 '협의의 훈령', '지시', '예규', '일일명령' 등이 있으며, 이 중 예규는 반복적 경찰사무의 기준을 제시하기 위하여 발하는 명령을 의미한다.
㉤ 훈령은 직무명령을 겸할 수 있으나, 직무명령은 훈령의 성질을 가질 수 없다.

① ㉠, ㉢　　② ㉡, ㉢

③ ㉢, ㉤　　④ ㉣, ㉤

정답 및 해설 I ②

㉡ [×] 훈령은 원칙적으로 일반적 · 추상적 사항에 대하여 발해지지만, **개별적 · 구체적 사항에 대해서도 발할 수 있다.**

㉢ [×] 훈령을 발하기 위해서는 **법령의 구체적 근거를 요하지 아니한다.**

☑ 훈령과 직무명령의 비교

구분	훈령	직무명령
의의	상급경찰행정관청이 하급경찰행정관청에 대하여 발하는 일반 · 추상적 명령(행정조직법 관계)	상급공무원이 하급공무원에 발하는 명령(공무원법 관계)
대상	하급관청의 소관사무에 관한 권한의 행사	공무원의 직무에 관한 권한 행사와 직무와 관련된 사생활에 관한 사항
효력	1. 기관 전체를 구속함 2. 기관의 공무원이 교체되어도 여전히 훈령에 효력은 유효	1. 공무원 개개인을 구속함 2. 기관의 공무원이 교체되면 전임자에 대한 직무명령은 그 효력을 상실함
공통점 및 비교	1. 대내적 구속력만 가지며, 대외적 구속력은 가지지 않음 2. 법규성, 법원성 × 3. 양자 모두 법적 근거를 요하지 않음 4. **훈령은 동시에 직무명령의 성질도 가지나, 직무명령은 훈령의 성질을 가지지 못함**	

122 □□□ 훈령과 직무명령에 관한 설명으로 가장 적절하지 않은 것은? (단, 다툼이 있는 경우 통설 · 판례에 의함)

22. 법학경채

① 직무명령은 상관이 직무에 관하여 부하 공무원에게 발하는 명령으로 명령을 받은 당해 공무원만을 구속함에 따라 특별한 법적 근거 없이 발할 수 있다.

② 직무명령은 훈령의 성격을 가지지 못한다.

③ 직무명령과 훈령 모두 법규가 아니므로 대내외적 구속력이 없어 직무명령과 훈령을 위반한 경우 대내적으로도 징계책임을지지 않는다.

④ 직무명령은 부하 공무원 개인을 구속함으로 수명 공무원의 변동이 있는 경우에는 당연히 효력을 상실하게 된다.

정답 및 해설 I ③

③ [×] 직무명령과 훈령 모두 법규가 아니지만, 대내적으로는 법적 구속력이 인정되므로 직무명령과 훈령을 위반한 경찰공무원은 복종의무위반으로 징계책임을 지게 된다.

123 □□□ 훈령의 형식적 요건에 해당하지 않는 것은?

23. 경채

① 훈령권이 있는 상급관청이 발한 것일 것

② 직무상 독립한 범위에 속하는 사항이 아닌 것

③ 내용이 적법하고 타당할 것

④ 하급관청의 권한 내의 사항에 관한 것일 것

정답 및 해설 I ③

③ [×] 훈령의 내용이 적법하고 타당할 것은 훈령의 실질적 요건에 해당한다.

제3절 | 경찰공무원법

124 경찰의 인사에 대한 설명 중 틀린 것은? 09. 경찰승진

□□□

① 경찰공무원인사위원회는 5명 이상 7명 이하로 구성되고, 위원장은 경찰청 인사담당국장이 되며, 위원은 경찰청 소속 총경 이상의 경찰공무원 중에서 위원장이 임명한다.

② 총경의 휴직, 직위해제, 복직, 정직은 경찰청장이 결정한다.

③ 경정으로의 신규채용, 승진임용 및 면직은 경찰청장의 제청으로 국무총리를 거쳐 대통령이 행한다.

④ 경정의 정직은 경찰청장이 행한다.

정답 및 해설 | ①

① [×] 경찰공무원인사위원회는 인사에 관한 중요사항에 관하여 경찰청장의 자문에 응하기 위하여 경찰청에 두는 비상설 자문기관으로서, 위원장은 경찰청 인사담당국장이 되며, 위원은 경찰청 소속 총경 이상의 경찰공무원 중에서 **경찰청장**이 각각 임명한다(경찰공무원 임용령 제9조 제2항).

125 대통령령인 경찰공무원 임용령상 경찰의 인사에 관한 다음 설명 중 옳지 않은 것은? 19. 경찰간부 변형

□□□

> ㉠ 경찰공무원인사위원회(이하 '인사위원회'라 한다)는 위원장을 포함하여 3명 이상 7명 이하의 위원으로 구성한다.
>
> ㉡ 인사위원회의 위원장은 경찰청 인사담당국장이 되고, 위원은 경찰청 소속 총경 이상의 경찰공무원 중에서 위원장이 임명한다.
>
> ㉢ 회의는 재적위원 과반수의 출석과 출석위원 과반수의 찬성으로 의결한다.
>
> ㉣ 경찰청장은 경찰대학 · 경찰인재개발원 · 중앙경찰학교 · 경찰수사연수원 · 경찰병원 및 시 · 도경찰청의 장에게 그 소속 경찰공무원 중 경정의 전보 · 파견 · 휴직 · 직위해제 및 복직에 관한 권한과 경감 이하의 임용권을 위임한다.
>
> ㉤ 시 · 도경찰청장은 소속 경감 이하 경찰공무원에 대한 해당 경찰서 안에서의 전보권을 경찰서장에게 다시 위임할 수 있다.
>
> ㉥ 임용권의 위임을 받은 소속 기관 등의 장은 경감 또는 경위를 승진시키고자 할 때에는 미리 경찰청장의 승인을 받아야 한다.

① 1개
② 2개
③ 3개
④ 4개

정답 및 해설 | ④

옳지 않은 설명은 ㉠㉡㉢㉥ 4개이다.

㉠ [×] 경찰공무원인사위원회는 위원장을 포함하여 **5명 이상 7명 이하**의 위원으로 구성한다(경찰공무원 임용령 제9조 제1항).

㉡ [×] 인사위원회의 위원장은 경찰청 인사담당국장이 되고, 위원은 경찰청 소속 총경 이상의 경찰공무원 중에서 **경찰청장**이 임명한다(경찰공무원 임용령 제9조 제2항).

㉢ [×] 회의는 **재적위원 과반수의 찬성**으로 의결한다(경찰공무원 임용령 제11조 제2항).

㉥ [×] 임용권의 위임을 받은 소속 기관 등의 장은 **경감 또는 경위를 신규채용**하거나 경위 또는 경사를 승진시키려면 미리 경찰청장의 승인을 받아야 한다(경찰공무원 임용령 제4조 제10항).

126 경찰공무원 임용령상 '경과'에 대한 설명으로 가장 적절하지 않은 것은? (단, 경찰청 소속 경찰공무원에 한함) 17. 경찰승진

□□□

① 일반경과는 총경 이하 경찰공무원에게 부여한다.

② 수사경과와 보안경과는 경정 이하의 경찰공무원에게만 부여한다.

③ 특수경과는 항공경과, 정보통신경과로 구분한다.

④ 임용권자(제4조 제1항부터 제6항까지의 규정에 따라 임용권의 위임을 받은 자를 포함한다) 또는 임용제청권자(경찰공무원법에 따른 추천이 필요한 경우에는 경찰청장을 포함한다)는 경찰공무원을 신규채용할 때에 경과를 부여할 수 있다.

정답 및 해설 | ④

④ [×] 임용권자 또는 임용제청권자는 경찰공무원을 신규채용할 때에 경과를 부여하여야 한다(경찰공무원 임용령 제3조 제2항).

127 경찰공무원 임용에 대한 설명으로 적절하지 않은 것은 모두 몇 개인가? 22. 경찰간부

> ㉠ 채용후보자 명부의 유효기간은 2년으로 하되, 경찰청장은 필요에 따라 1년의 범위에서 그 기간을 연장할 수 있다.
> ㉡ 임용권자 또는 임용제청권자는 채용후보자 명부에 등재된 채용후보자가 학업을 계속하는 경우 채용후보자 명부의 유효기간의 범위에서 기간을 정하여 임용 또는 임용제청을 유예할 수 있다. 다만, 유예기간 중이라도 그 사유가 소멸한 경우에는 임용 또는 임용제청을 할 수 있다.
> ㉢ 신규채용시험에 합격한 사람이 채용후보자 명부에 등재된 이후 그 유효기간 내에 병역법에 따른 병역 복무를 위하여 군에 입대한 경우(대학생 군사훈련 과정 이수자를 포함한다)의 의무복무 기간은 채용후보자 명부의 유효기간에 넣어 계산하지 아니한다.
> ㉣ 채용후보자가 임용 또는 임용제청에 응하지 아니한 경우에는 채용후보자로서의 자격을 상실한다.

① 없음　② 1개

③ 2개　④ 3개

정답 및 해설 | ①

모두 옳은 설명이다.

128 경찰공무원법상 경찰공무원의 임용권자가 바르게 연결된 것은 모두 몇 개인가?

□□□ 17. 경찰승진

㉠ 총경의 휴직 – 경찰청장	㉡ 총경의 강등 – 대통령
㉢ 총경의 복직 – 경찰청장	㉣ 경정의 면직 – 대통령
㉤ 경정으로의 승진 – 경찰청장	㉥ 총경의 정직 – 대통령

① 없음
② 1개
③ 2개
④ 3개

정답 및 해설 | ④

임용권자가 바르게 연결된 것은 ㉠㉢㉣ 3개이다.

㉡ [×] 총경의 강등 – **경찰청장**

㉤ [×] 경정으로의 승진 – **대통령**

㉥ [×] 총경의 정직 – **경찰청장**

☑ 경찰공무원의 임용권자(국가경찰사무의 경우)

<table>
<tr><td rowspan="2">치안총감
~총경</td><td>대통령
(원칙)</td><td colspan="2">1. 경찰청장: 국가경찰위원회의 동의 ⇨ 행정안전부장관의 제청 ⇨ 국무총리 ⇨ 대통령의 임명(국회의 인사청문회)
2. 그 외: 경찰청장의 추천(시 · 도경찰청장의 경우 시 · 도자치경찰위원회와 협의) ⇨ 행정안전부장관의 제청 ⇨ 국무총리 ⇨ 대통령의 임명</td></tr>
<tr><td>경찰청장
(예외)</td><td colspan="2">총경의 전보, 직위해제, 휴직, 강등, 정직, 복직</td></tr>
<tr><td rowspan="4">경정
~순경</td><td>경찰청장
(원칙)</td><td colspan="2">경정 이하의 경찰공무원은 경찰청장이 임용하는 것이 원칙</td></tr>
<tr><td rowspan="3">예외</td><td>대통령</td><td>1. 경정으로 신규채용, 승진임용, 면직
2. 경찰청장의 제청 ⇨ 국무총리 ⇨ 대통령</td></tr>
<tr><td>소속 기관 등의 장
(시 · 도경찰청장 등)
(위임)</td><td>1. 경감 이하의 임용권
2. 경정의 전보, 직위해제, 휴직, 파견, 복직에 대한 임용
3. 경감 · 경위의 신규채용, 경위 · 경사의 승진은 경찰청장의 승인을 받아야 함</td></tr>
<tr><td>경찰서장
(재위임)</td><td>경감 이하의 경찰서 내의 경찰공무원에 대한 전보권 행사</td></tr>
</table>

129 경찰공무원의 인사권자 및 임명절차에 대한 다음 기술 중 관련 규정에 따를 때 가장 옳지 않은 것은?

□□□ 14. 경찰간부

① 경찰청장은 국가경찰위원회의 동의를 받아 행정안전부장관의 제청으로 국무총리를 거쳐 대통령이 임명한다. 이 경우 국회의 인사청문을 거쳐야 한다.

② 총경 이상의 경찰공무원은 경찰청장의 추천을 받아 행정안전부장관의 제청으로 국무총리를 거쳐 대통령이 임용한다.

③ 경정으로의 신규채용, 승진임용 및 면직은 경찰청장의 추천을 받아 행정안전부장관의 제청으로 국무총리를 거쳐 대통령이 한다.

④ 임용권의 위임을 받은 시 · 도경찰청장은 경감 또는 경위를 신규채용하고자 할 때에는 미리 경찰청장의 승인을 얻어야 한다.

정답 및 해설 | ③

③ [×] 경정으로의 신규채용, 승진임용 및 면직은 **경찰청장 또는 해양경찰청장**의 제청으로 국무총리를 거쳐 대통령이 한다(경찰공무원법 제7조 제2항 단서).

130 경찰의 인사권자에 대한 설명으로 틀린 것은? 15. 경찰간부

□□□

① 총경의 전보 · 휴직 · 직위해제 · 강등 · 정직 및 복직은 경찰청장이 행한다.

② 경정 이하의 신규채용 · 승진임용 및 면직은 경찰청장이 행한다.

③ 경찰청장은 경찰공무원의 임용에 관한 권한의 일부를 시 · 도지사, 국가수사본부장, 소속 기관의 장, 시 · 도경찰청장에게 위임할 수 있다.

④ 경찰공무원법 제7조에 따라 경찰청장은 '소속 기관장에 대한 위임규정'에도 불구하고, 경찰공무원의 정원의 조정 · 인사교류 또는 파견을 위하여 필요한 때에는 임용권을 행사할 수 있다.

정답 및 해설 | ②

② [×] 경정 이하의 경찰공무원은 경찰청장 또는 해양경찰청장이 임용한다. 다만, 경정으로의 신규채용, 승진임용 및 면직은 경찰청장 또는 해양경찰청장의 제청으로 국무총리를 거쳐 **대통령**이 한다(경찰공무원법 제7조 제2항).

131 경찰공무원 임용령상 임용권의 위임에 대한 설명 중 가장 적절하지 않은 것은? 20. 경찰

□□□

① 임용권을 위임받은 소속 기관 등의 장은 경감 또는 경위를 신규채용하거나 경사 또는 경장을 승진시키려면 미리 경찰청장의 승인을 받아야 한다.

② 시 · 도경찰청장은 소속 경감 이하 경찰공무원에 대한 해당 경찰서 안에서의 전보권을 경찰서장에게 다시 위임할 수 있다.

③ 경찰청장은 경찰대학 · 경찰인재개발원 · 중앙경찰학교 · 경찰수사연수원 · 경찰병원 및 시 · 도경찰청(이하 '소속 기관 등'이라 한다)의 장에게 그 소속 경찰공무원 중 경정의 전보 · 파견 · 휴직 · 직위해제 및 복직에 관한 권한과 경감 이하의 임용권을 위임한다.

④ 임용권의 위임에도 불구하고 경찰청장은 경찰공무원의 정원 조정, 인사교류 또는 파견을 위하여 필요한 경우에는 임용권을 행사할 수 있다.

정답 및 해설 | ①

① [×] 임용권을 위임받은 소속 기관 등의 장은 **경감 또는 경위**를 신규채용하거나 **경위 또는 경사**를 승진시키려면 미리 경찰청장의 승인을 받아야 한다(경찰공무원 임용령 제4조 제10항).

132 경찰공무원 임용령상 임용권의 위임 등에 관한 설명 중 옳은 것을 모두 고른 것은? 22. 법학경채

□□□

> ㉠ 경찰청장은 국가수사본부장에게 국가수사본부 안에서의 경정 이하에 대한 임용권을 위임한다.
> ㉡ 임용권을 위임받은 시 · 도자치경찰위원회는 시 · 도지사와 경찰청장의 의견을 들어 그 권한의 일부를 시 · 도경찰청장에게 다시 위임할 수 있다.
> ㉢ 시 · 도경찰청장 및 경찰서장은 지구대장 및 파출소장을 보직하는 경우에는 시 · 도자치경찰위원회의 추천을 받아야 한다.
> ㉣ 경찰청장은 수사부서에서 총경을 보직하는 경우에는 국가수사본부장의 추천을 받아야 한다.
> ㉤ 시 · 도자치경찰위원회는 임용권을 행사하는 경우에는 시 · 도경찰청장의 추천을 받아야 한다.

① ㉠, ㉡ ② ㉢, ㉣
③ ㉣, ㉤ ④ ㉡, ㉢, ㉤

정답 및 해설 I ③

㉠ [×] 경찰청장은 국가수사본부장에게 국가수사본부 안에서의 경정 이하에 대한 **전보권**을 위임한다.
㉡ [×] 임용권을 위임받은 시 · 도자치경찰위원회는 시 · 도지사와 시 · **도경찰청장**의 의견을 들어 그 권한의 일부를 시 · 도경찰청장에게 다시 위임할 수 있다.
㉢ [×] 시 · 도경찰청장 및 경찰서장은 지구대장 및 파출소장을 보직하는 경우에는 시 · 도자치경찰위원회의 **의견을 사전에 들어야** 한다.

133 경찰공무원법 제7조에 따른 임용권자에 관한 설명으로 가장 적절하지 않은 것은? 23. 경찰

□□□

① 총경 이상 경찰공무원은 경찰청장 또는 해양경찰청장의 추천을 받아 행정안전부장관 또는 해양수산부장관의 제청으로 국무총리를 거쳐 대통령이 임용한다.
② 총경의 전보, 휴직, 직위해제, 강등, 정직 및 복직은 행정안전부장관 또는 해양수산부장관이 임용한다.
③ 경정 이하의 경찰공무원은 경찰청장 또는 해양경찰청장이 임용한다. 다만, 경정으로의 신규채용, 승진임용 및 면직은 경찰청장 또는 해양경찰청장의 제청으로 국무총리를 거쳐 대통령이 한다.
④ 경찰청장은 대통령령으로 정하는 바에 따라 경찰공무원의 임용에 관한 권한의 일부를 특별시장 · 광역시장 · 도지사 · 특별자치시장 또는 특별자치도지사, 국가수사본부장, 소속 기관의 장, 시 · 도 경찰청장에게 위임할 수 있다.

정답 및 해설 I ②

② [×] 총경의 전보, 휴직, 직위해제, 강등, 정직 및 복직은 **경찰청장 또는 해양경찰청장**(행정안전부장관 또는 해양수산부장관 ×)이 임용한다(동법 제7조 제1항 단서).

134 경찰공무원 임용령상 임용시기에 대한 설명으로 가장 적절하지 않은 것은? 22. 경찰간부 변형

□□□

① 경찰공무원은 임용장이나 임용통지서에 적힌 날짜에 임용된 것으로 보며, 임용일자를 원칙적으로 소급할 수 없다.

② 경찰공무원의 사망으로 인한 면직은 사망한 다음 날에 면직된 것으로 본다.

③ 경찰공무원이 재직 중 전사하거나 순직한 경우로서 특별승진 임용하는 경우에는 사망한 날을 임용일자로 본다.

④ 시보임용예정자가 교육훈련(실무수습을 포함)에 관한 경찰공무원의 직무수행과 관련된 실무수습 중 사망한 경우에는 사망일의 전날을 임용일자로 본다.

정답 및 해설 I ③

③ [×] 경찰공무원 임용령상 경찰공무원이 재직 중 전사하거나 순직한 경우 **사망일의 전날**을, 퇴직 후 사망한 경우에는 **퇴직일의 전날**을 임용일자로 본다(경찰공무원 임용령 제6조 제1항).

135 경찰공무원 임용령에 관한 설명으로 옳은 것을 모두 고른 것은? 23. 경찰승진

□□□

> ㉠ 경찰공무원은 임용장이나 임용통지서에 적힌 날짜에 임용된 것으로 보며, 임용일자를 소급해서는 아니 된다. 사망으로 인한 면직은 사망한 날에 면직된 것으로 본다.
> ㉡ 경찰공무원법 제10조 제3항 제1호에 따라 재임용된 경찰공무원의 계급정년 연한은 재임용 전에 해당 계급의 경찰공무원으로 근무한 연수를 합하여 계산한다.
> ㉢ 종전의 재직기관에서 감봉 이상의 징계처분을 받은 사람은 경력경쟁채용 등의 대상이 될 수 없다.
> ㉣ 임용권자 또는 임용제청권자는 채용후보자 명부에 등재된 채용후보자가 학업을 계속하는 경우 채용후보자 명부의 유효기간의 범위에서 기간을 정하여 임용 또는 임용제청을 유예할 수 있다. 다만, 유예기간 중이라도 그 사유가 소멸한 경우에는 임용 또는 임용제청을 할 수 있다.

① ㉠, ㉡ ② ㉡, ㉢

③ ㉡, ㉢, ㉣ ④ ㉠, ㉢, ㉣

정답 및 해설 I ③

㉠ [×] 경찰공무원은 임용장이나 임용통지서에 적힌 날짜에 임용된 것으로 보며, 임용일자를 소급해서는 아니 된다. 사망으로 인한 면직은 경찰공무원 임용령에 따라 사망한 **다음 날**에 면직된 것으로 본다.

136 경찰공무원법상 경찰공무원 임용결격사유는 모두 몇 개인가?

□□□ 20. 경찰간부

> ㉠ 국적법에 따른 복수국적자
> ㉡ 피한정후견인
> ㉢ 파산선고를 받고 복권된 사람
> ㉣ 도로교통법에 따른 음주운전 후 300만원 벌금형을 선고받고 그 형이 확정된 후 6개월이 지난 사람
> ㉤ 성폭력범죄의 처벌 등에 관한 특례법에 규정된 죄를 범한 후 100만원의 벌금형을 선고받고 그 형이 확정된 후 2년이 지난 사람
> ㉥ 징계로 해임처분을 받은 때부터 3년이 지난 사람

① 2개 ② 3개
③ 4개 ④ 5개

정답 및 해설 | ③

경찰공무원의 임용결격사유에 해당하는 것은 ㉠㉡㉤㉥ 4개이다.

㉢ [×] 파산선고를 받고 복권된 사람은 임용의 결격사유자가 되지 못한다. 파산선고를 받고 **복권되지 아니한 사람**이어야 한다(경찰공무원법 제8조 제2항 제4호).

㉣ [×] **자격정지 이상의 형**을 선고받아야 결격사유가 된다(경찰공무원법 제8조 제2항 제5호). 벌금형은 자격정지 이하의 형벌이다.

㉤ [○] 성폭력범죄의 처벌 등에 관한 특례법에 규정된 죄를 범한 후 **100만원** 이상의 벌금형을 선고받고 그 형이 확정된 후 **3년이 지나지 아니한 사람**이 결격사유자에 해당하므로 2년이 지난 사람은 결격사유에 해당한다(경찰공무원법 제8조 제2항 제8호).

137 다음 중 경찰공무원 임용결격사유에 해당하지 않는 것은?

□□□ 13. 경채

① 피성년후견인 또는 피한정후견인
② 자격정지 이상의 형을 선고받은 사람
③ 파산선고를 받고 복권되지 아니한 사람
④ 자격정지 이상의 형의 선고유예를 받고 그 선고유예기간이 경과한 사람

정답 및 해설 | ④

④ [×] 자격정지 이상의 형의 선고유예를 받고 그 선고유예기간 중에 있는 사람은 임용결격사유에 해당하지만, 그 **선고유예기간이 경과한 사람은** 임용결격사유에 해당하지 **않는다**(경찰공무원법 제8조 제2항 제6호).

138 □□□ 다음은 경찰공무원법 제8조에서 규정하는 '경찰공무원 임용결격사유'이다. ㉠~㉤의 내용 중 옳고 그름의 표시(○, ×)가 모두 바르게 된 것은? 20. 경찰 변형

> ㉠ 미성년자에 대한 다음 각 목의 어느 하나에 해당하는 죄를 저질러 형 또는 치료감호가 확정된 사람(집행유예를 선고받은 후 그 집행유예기간이 경과한 사람을 포함한다)
> 가. 성폭력범죄의 처벌 등에 관한 특례법 제2조에 따른 성폭력범죄
> 나. 아동 · 청소년의 성보호에 관한 법률 제2조 제2호에 따른 아동 · 청소년대상 성범죄
> ㉡ 벌금의 형을 선고받은 사람
> ㉢ 대한민국 국적을 가지지 아니한 사람
> ㉣ 공무원으로 재직기간 중 직무와 관련하여 형법 제355조 및 제356조에 규정된 죄를 범한 사람으로서 300만원 이상의 벌금형을 선고받고 그 형이 확정된 후 2년이 지난 사람
> ㉤ 징계에 의하여 파면 또는 해임처분을 받은 사람

① ㉠ (○), ㉡ (○), ㉢ (○), ㉣ (×), ㉤ (○)
② ㉠ (○), ㉡ (×), ㉢ (○), ㉣ (○), ㉤ (×)
③ ㉠ (×), ㉡ (○), ㉢ (×), ㉣ (○), ㉤ (×)
④ ㉠ (○), ㉡ (×), ㉢ (○), ㉣ (×), ㉤ (○)

정답 및 해설 I ④
옳은 설명은 ㉠㉢㉤이다.
㉡ [×] **자격정지 이상의 형**(刑)을 선고받은 사람이 임용결격사유에 해당한다(경찰공무원법 제8조 제2항 제5호).
㉣ [×] 공무원으로 재직기간 중 직무와 관련하여 형법 제355조 및 제356조에 규정된 죄를 범한 사람으로서 300만원 이상의 벌금형을 선고받고 그 형이 확정된 후 **2년이 지나지 아니한 사람**이 임용결격사유에 해당한다(경찰공무원법 제8조 제2항 제7호).

139 □□□ 경찰공무원법과 국가공무원법상 공통된 임용결격사유가 아닌 것은? 21. 경찰

① 피성년후견인 또는 피한정후견인
② 파산선고를 받고 복권되지 아니한 사람
③ 공무원으로 재직기간 중 직무와 관련하여 형법 제355조(횡령, 배임) 및 제356조(업무상의 횡령과 배임)에 규정된 죄를 범한 자로서 300만원 이상의 벌금형을 선고받고 그 형이 확정된 후 2년이 지나지 아니한 사람
④ 성폭력범죄의 처벌 등에 관한 특례법 제2조(성폭력범죄)에 규정된 죄를 범한 사람으로서 100만원 이상의 벌금형을 선고받고 그 형이 확정된 후 3년이 지나지 아니한 사람

정답 및 해설 I ①

① [×] 피한정후견인은 최근 국가공무원법의 개정으로 결격사유에서 제외되었다. 그러나 경찰공무원법에서는 피성년후견인과 더불어 피한정후견인도 결격사유로 규정하고 있다.

☑ 경찰공무원법과 국가공무원법의 임용결격사유 구분

경찰공무원법(제8조 제2항)	국가공무원법(제33조)
1. 대한민국 국적을 가지지 아니한 사람 2. 국적법 제11조의2 제1항에 따른 복수국적자 3. 피성년후견인 또는 피한정후견인 4. 파산선고를 받고 복권되지 아니한 사람 5. 자격정지 이상의 형(刑)을 선고받은 사람 6. 자격정지 이상의 형의 선고유예를 선고받고 그 유예기간 중에 있는 사람 7. 공무원으로 재직기간 중 직무와 관련하여 형법 제355조(횡령, 배임) 및 제356조(업무상 배임, 횡령죄)에 규정된 죄를 범한 사람으로서 300만원 이상의 벌금형을 선고받고 그 형이 확정된 후 2년이 지나지 아니한 사람 8. 성폭력범죄의 처벌 등에 관한 특례법 제2조에 규정된 죄를 범한 사람으로서 100만원 이상의 벌금형을 선고받고 그 형이 확정된 후 3년이 지나지 아니한 사람 9. 미성년자에 대한 다음의 어느 하나에 해당하는 죄를 저질러 형 또는 치료감호가 확정된 사람(집행유예를 선고받은 후 그 집행유예기간이 경과한 사람을 포함한다) • 성폭력범죄의 처벌 등에 관한 특례법 제2조에 따른 성폭력범죄 • 아동 · 청소년의 성보호에 관한 법률 제2조 제2호에 따른 아동 · 청소년대상 성범죄 10. 징계에 의하여 파면 또는 해임처분을 받은 사람	1. 피성년후견인 2. 파산선고를 받고 복권되지 아니한 자 3. 금고 이상의 실형을 선고받고 그 집행이 종료되거나 집행을 받지 아니하기로 확정된 후 5년이 지나지 아니한 자 4. 금고 이상의 형을 선고받고 그 집행유예기간이 끝난 날부터 2년이 지나지 아니한 자 5. 금고 이상의 형의 선고유예를 받은 경우에 그 선고유예기간 중에 있는 자 6. 법원의 판결 또는 다른 법률에 따라 자격이 상실되거나 정지된 자 7. 공무원으로 재직기간 중 직무와 관련하여 형법 제355조 및 제356조에 규정된 죄를 범한 자로서 300만원 이상의 벌금형을 선고받고 그 형이 확정된 후 2년이 지나지 아니한 자 8. 성폭력범죄의 처벌 등에 관한 특례법 제2조에 규정된 죄를 범한 사람으로서 100만원 이상의 벌금형을 선고받고 그 형이 확정된 후 3년이 지나지 아니한 사람 9. 미성년자에 대한 다음의 어느 하나에 해당하는 죄를 저질러 파면 · 해임되거나 형 또는 치료감호를 선고받아 그 형 또는 치료감호가 확정된 사람(집행유예를 선고받은 후 그 집행유예기간이 경과한 사람을 포함한다) • 성폭력범죄의 처벌 등에 관한 특례법 제2조에 따른 성폭력범죄 • 아동 · 청소년의 성보호에 관한 법률 제2조 제2호에 따른 아동 · 청소년대상 성범죄(헌법불합치, 2020헌마181) 10. 징계로 파면처분을 받은 때부터 5년이 지나지 아니한 자 11. 징계로 해임처분을 받은 때부터 3년이 지나지 아니한 자

140 경찰공무원 임용령에서 규정한 채용후보자의 자격상실사유로 가장 적절하지 않은 것은?

□□□

18. 경찰승진

① 채용후보자가 질병 등 교육훈련을 계속할 수 없는 불가피한 사정으로 퇴학처분을 받은 경우

② 채용후보자가 임용 또는 임용제청에 응하지 아니한 경우

③ 채용후보자로서 받아야 할 교육훈련에 응하지 아니한 경우

④ 채용후보자로서 받은 교육훈련성적이 수료점수에 미달되는 경우

정답 및 해설 I ①

① [×] 채용후보자로서 교육훈련을 받는 중에 퇴학처분을 받은 경우 자격상실사유에 해당한다. 다만, 질병 등 교육훈련을 계속할 수 없는 불가피한 사정으로 퇴학처분을 받은 경우는 제외한다(경찰공무원 임용령 제19조 제4호).

141 경찰공무원의 신규임용에 있어서 채용후보자명부 및 채용후보자 등록에 관한 설명 중 옳지 않은 것은 모두 몇 개인가? 09. 경찰

㉠ 채용후보자명부의 유효기간은 1년의 범위 안에서 대통령령으로 정하나, 경찰청장은 필요에 따라 1년의 범위 안에서 그 기간을 연장할 수 있으므로 최장 유효기간은 2년이다.
㉡ 경찰청장은 신규채용시험에 합격한 자를 대통령령이 정하는 바에 의하여 성적순위에 따라 채용후보자명부에 등재하여야 한다.
㉢ 경찰공무원의 신규채용은 채용후보자명부의 등재순위에 의한다. 다만, 채용후보자가 경찰교육기관에서 신임교육을 받은 때에는 그 교육성적순위에 의한다.
㉣ 채용후보자등록을 하지 아니한 자는 경찰공무원으로 임용될 의사가 없는 것으로 본다.

① 1개
② 2개
③ 3개
④ 4개

정답 및 해설 I ①
옳지 않은 설명은 ㉠ 1개이다.
㉠ [×] 채용후보자명부의 유효기간은 2년의 범위에서 대통령령으로 정한다. 다만, 경찰청장 또는 해양경찰청장은 필요에 따라 1년의 범위에서 그 기간을 연장할 수 있다(경찰공무원법 제12조 제3항). 따라서 최장 유효기간은 3년이다.

142 경찰공무원법상 시보임용에 대한 설명으로 옳은 것은? 17. 경찰승진

① 경정 이하 경찰공무원을 신규채용할 때에는 시보임용하고, 그 기간이 만료된 날 정규 경찰공무원으로 임용한다.
② 직위해제기간 및 징계에 의한 정직처분이나 감봉처분을 받은 기간은 시보임용기간에 산입하지 않지만, 휴직기간은 시보임용기간에 산입한다.
③ 퇴직한 경찰공무원으로서 퇴직시 재직하였던 계급의 채용시험에 합격한 사람을 재임용하는 경우 시보임용을 거치지 아니한다.
④ 시보임용기간 중에 있는 경찰공무원이 근무성적 또는 교육훈련성적이 불량할 때는 면직시키거나 면직을 제청하여야 한다.

정답 및 해설 I ③
① [×] 경정 이하의 경찰공무원을 신규채용할 때에는 1년간 시보로 임용하고, 그 기간이 만료된 다음 날(만료된 날 ×)에 정규 경찰공무원으로 임용한다(경찰공무원법 제13조 제1항).
② [×] 직위해제기간 및 징계에 의한 정직처분 또는 감봉처분, 휴직기간은 시보임용기간에 산입하지 않는다(경찰공무원법 제13조 제2항).
④ [×] 시보임용기간 중에 있는 경찰공무원이 근무성적 또는 교육훈련성적이 불량할 때는 면직시키거나 면직을 제청할 수 있다(경찰공무원법 제13조 제3항).

143 □□□ 경찰공무원법 및 경찰공무원 임용령상 시보임용에 대한 설명으로 가장 적절하지 않은 것은? 12. 경찰

① 대상자는 원칙적으로 신규채용하는 경정 이하의 경찰공무원으로서 기간은 1년이다.

② 휴직기간, 직위해제기간 및 징계에 의한 정직처분, 감봉처분을 받은 기간은 시보임용기간에 산입하지 아니한다.

③ 퇴직한 경찰공무원으로서 퇴직시에 재직한 계급의 채용시험에 합격한 자를 재임용하는 경우에는 이 제도의 예외사유에 해당한다.

④ 교육훈련성적이 만점의 60퍼센트 이하이거나 생활기록이 극히 불량한 경우 이 제도의 면직사유가 된다.

정답 및 해설 | ④

④ [×] 교육훈련성적이 만점의 60퍼센트 **미만**이거나 생활기록이 극히 불량한 경우 이 제도의 면직사유가 된다(경찰공무원 임용령 제20조 제2항 제2호).

144 □□□ 다음의 내용은 자질 있는 인적 자원을 찾아내고 이 자원을 효율적으로 활용하여 생산성의 극대화를 추구하기 위한 인사관리제도의 한 예이다. 이 제도의 상세 설명으로서 가장 적절하지 않은 것은? 10. 경찰

㉠ 경찰관으로서의 적격성을 보유하고 있는지를 확인하기 위해, 그리고 경찰 실무를 습득하기 위해 일정기간 동안 시험보직을 명하게 하는 제도 ㉡ 이 제도의 기간 중에는 신분보장을 받지 않는다. ㉢ 경찰대학을 졸업한 자 또는 경찰간부 후보생으로서 소정의 교육을 마친 자를 경위로 임용하는 경우에는 이 제도의 예외사유에 해당한다.

① 대상자는 원칙적으로 신규채용하는 경정 이하의 경찰공무원으로서 기간은 1년이다.

② 휴직기간 · 직위해제기간 및 징계에 의한 정직, 감봉 또는 견책처분을 받은 기간은 이 제도의 기간에 산입하지 아니한다.

③ 퇴직한 경찰공무원으로서 퇴직시에 재직한 계급의 채용시험에 합격한 자를 재임용하는 경우에는 이 제도의 예외사유에 해당한다.

④ 교육훈련성적이 만점의 60퍼센트 미만일 경우 이 제도의 면직사유가 된다.

정답 및 해설 | ②

② [×] 휴직기간 · 직위해제기간 및 징계에 의한 정직, 감봉처분을 받은 기간은 시보임용기간에 산입하지 아니하나(경찰공무원법 제13조 제2항), 견책처분을 받은 기간은 시보임용기간에 산입한다.

145 다음 중 경찰공무원 시보임용에 관하여 옳은 것으로 짝지어진 것은? 12. 경찰

□□□

> ㉠ 시보임용은 시험으로 알아내지 못한 점을 검토해보고 직무를 감당할 능력이 있는가를 알아보는 데 그 목적이 있다.
> ㉡ 시보임용 중에 있는 경찰공무원은 근무성적이나 교육훈련성적이 현저히 불량하고, 앞으로 경찰공무원으로 근무하기에 부적당한 때에는 징계절차를 거쳐야만 면직시킬 수 있다.
> ㉢ 퇴직한 경찰공무원으로서 퇴직시에 재직하였던 계급의 채용시험에 합격한 사람을 재임용하는 경우 시보임용을 거치지 아니한다.
> ㉣ 경정 이하의 경찰공무원을 신규채용할 때에는 1년간 시보로 임용하고, 그 기간이 만료되는 날 정규 경찰공무원으로 임용한다.

① ㉠, ㉡ ② ㉠, ㉢

③ ㉢, ㉣ ④ ㉡, ㉣

정답 및 해설 I ②

옳은 것은 ㉠㉢이다.

㉡ [×] 임용권자 또는 임용제청권자는 시보임용경찰공무원이 징계사유에 해당할 때, 교육훈련성적이 만점의 60퍼센트 미만이거나 생활기록이 극히 불량할 때, 제2평정 요소에 대한 근무성적평정점이 만점의 50퍼센트 미만일 때에 해당하여 정규 경찰공무원으로 임용함이 부적당하다고 인정되는 경우에는 **정규임용심사위원회의 심사**를 거쳐 해당 시보임용경찰공무원을 면직시키거나 면직을 제청할 수 있다(경찰공무원 임용령 제20조 제2항).

㉣ [×] 경정 이하의 경찰공무원을 신규채용할 때에는 1년간 시보(試補)로 임용하고, 그 기간이 **만료된 다음 날**에 정규 경찰공무원으로 임용한다(경찰공무원법 제13조 제1항).

146 경찰공무원법상 시보임용에 대한 설명 중 가장 적절하지 않은 것은? 17. 경찰

□□□

① 퇴직한 경찰공무원으로서 퇴직시에 재직하였던 계급의 채용시험에 합격한 사람을 재임용하는 경우에는 시보임용을 거치지 아니한다.

② 경정 이하의 경찰공무원을 신규채용할 때에는 1년간 시보로 임용하고, 그 기간이 만료된 다음 날에 정규 경찰공무원으로 임용한다.

③ 경찰대학을 졸업한 사람 또는 경찰간부후보생으로서 정하여진 교육을 마친 사람을 경위로 임용하는 경우에는 시보임용을 거치지 아니한다.

④ 자치경찰공무원을 그 계급에 상응하는 경찰공무원으로 임용하는 경우에는 시보임용을 거쳐야 한다.

정답 및 해설 I ④

④ [×] 자치경찰공무원을 그 계급에 상응하는 경찰공무원으로 임용하는 경우에는 시보임용을 거치지 아니한다(경찰공무원법 제13조 제4항 제4호).

147 □□□ 경찰공무원법 및 경찰공무원 임용령, 경찰공무원 승진임용 규정상 시보임용 및 승진에 대한 설명으로 가장 적절하지 않은 것은?

20. 경찰승진

① 모든 경찰관의 귀감이 되는 공을 세우고 전사하거나 순직한 경위 이하 경찰공무원은 2계급 특별승진 시킬 수 있다.

② 임용권자는 경감으로의 근속승진임용을 위한 심사를 연 2회까지 실시할 수 있다.

③ 계급별로 전체 승진임용 예정 인원에서 특별승진임용 예정 인원을 뺀 인원의 50퍼센트씩을 각각 심사승진임용 예정 인원과 시험승진임용 예정 인원으로 한다.

④ 임용권자 또는 임용제청권자는 시보임용경찰공무원이 제2평정 요소에 대한 근무성적평정점이 만점의 60퍼센트 미만일 경우 해당 시보임용경찰공무원을 면직시키거나 면직을 제청할 수 있다.

정답 및 해설 I ④

④ [×] 임용권자 또는 임용제청권자는 시보임용경찰공무원이 제2평정 요소에 대한 근무성적평정점이 만점의 **50퍼센트** 미만일 경우 해당 시보임용경찰공무원을 면직시키거나 면직을 제청할 수 있다(경찰공무원 임용령 제20조 제2항 제3호).

148 □□□ 「경찰공무원 임용령」 및 「경찰공무원 임용령 시행규칙」상 시보임용경찰공무원에 관한 설명으로 옳은 것을 모두 고른 것은?

24. 경찰승진

> ㉠ 임용권자 또는 임용제청권자는 시보임용경찰공무원의 근무사항을 항상 지도 · 감독하여야 한다.
> ㉡ 임용권자 또는 임용제청권자는 시보임용경찰공무원의 교육 훈련성적이 만점의 60퍼센트 미만 또는 근무성적 평정 제2평정 요소의 평정점이 만점의 50퍼센트 미만에 해당하여 정규 경찰공무원으로 임용하는 것이 부적당하다고 인정되는 경우 정규임용심사위원회의 심사를 거쳐 해당 시보임용경찰공무원을 면직시키거나 면직을 제청하여야 한다.
> ㉢ 임용권자 또는 임용제청권자는 시보임용경찰공무원이 징계 사유에 해당하여 정규 경찰공무원으로 임용하는 것이 부적당하다고 인정되는 경우 정규임용심사위원회의 심사를 거쳐 해당 시보임용경찰공무원을 면직시키거나 면직을 제청할 수 있다.
> ㉣ 「경찰공무원 임용령 시행규칙」 제10조 제3항에서는 "시보임용경찰공무원의 면직 또는 면직제청에 따른 동의의 절차는 해당 징계위원회의 해임 의결에 관한 절차를 준용한다."고 규정되어 있다.

① ㉠, ㉡
② ㉠, ㉢
③ ㉡, ㉣
④ ㉢, ㉣

정답 및 해설 I ②

㉡ [×] 임용권자 또는 임용제청권자는 시보임용경찰공무원의 교육 훈련성적이 만점의 60퍼센트 미만 또는 근무성적 평정 제2평정 요소의 평정점이 만점의 50퍼센트 미만에 해당하여 정규 경찰공무원으로 임용하는 것이 부적당하다고 인정되는 경우 정규임용심사위원회의 심사를 거쳐 해당 시보임용경찰공무원을 면직시키거나 면직을 **제청할 수 있다**(「경찰공무원 임용령」 제20조 제2항).

㉣ [×] 「경찰공무원 임용령 시행규칙」 제10조 제3항에서는 "시보임용경찰공무원의 면직 또는 면직제청에 따른 동의의 절차는 해당 징계위원회의 **파면** 의결에 관한 절차를 준용한다."고 규정되어 있다.

149 경찰공무원법상 다음 설명 중 옳은 것은 모두 몇 개인가? 11. 경찰

□□□

> ㉠ 경찰공무원은 그 직무의 종류에 따라 경과에 의하여 구분할 수 있으며, 경과의 구분에 필요한 사항은 행정안전부령으로 정한다.
> ㉡ 휴직기간, 직위해제기간 및 징계에 의한 정직처분 또는 감봉처분을 받은 기간은 시보임용기간에 산입하지 아니한다.
> ㉢ 경찰공무원의 복제에 관한 사항은 대통령령으로 정한다.
> ㉣ 자격정지 이상의 형의 선고유예를 선고받고 그 유예기간 중에 있는 경찰공무원은 당연퇴직사유에 해당한다.
> ㉤ 국가공무원법과 경찰공무원법은 일반법과 특별법의 관계이다.

① 1개 ② 2개
③ 3개 ④ 4개

정답 및 해설 I ②

옳은 설명은 ㉡㉤ 2개이다.

㉠ [×] 경찰공무원은 그 직무의 종류에 따라 경과에 의하여 구분할 수 있으며, 경과의 구분에 필요한 사항은 **대통령령(경찰공무원 임용령)**으로 정한다(경찰공무원법 제4조).

㉢ [×] 경찰공무원의 복제에 관한 사항은 **행정안전부령(경찰복제에 관한 규칙)** 또는 해양수산부령(해양경찰청 소속 경찰공무원 복제에 관한 규칙)으로 정한다(경찰공무원법 제26조 제3항).

㉣ [×] 경찰공무원이 제8조 제2항 각 호의 어느 하나에 해당하게 된 경우에는 당연히 퇴직한다. 다만, 제8조 제2항 제6호(자격정지 이상의 형의 선고유예를 선고받고 그 유예기간 중에 있는 사람)는 「형법」 제129조부터 제132조까지, 「성폭력범죄의 처벌 등에 관한 특례법」 제2조, 「아동 · 청소년의 성보호에 관한 법률」 제2조 제2호 및 직무와 관련하여 「형법」 제355조 또는 제356조에 규정된 죄를 범한 사람으로서 자격정지 이상의 형의 선고유예를 받은 경우만 해당한다.

150 다음은 경찰공무원의 승진에 관한 내용이다. 틀린 것은 모두 몇 개인가? 12. 경찰

□□□

> ㉠ 경찰공무원의 승진방법에는 시험승진, 심사승진, 특별승진, 근속승진이 있다.
> ㉡ 경정 이하 계급의 경우 시험성적으로 승진할 수 있는 인원은 계급별 승진임용 예정 인원의 60퍼센트이다.
> ㉢ 시험으로 승진할 수 있는 계급은 총경까지이다.
> ㉣ 순경, 경장, 경사, 경위의 승진소요 최저근무연수는 각각 4년, 5년, 6년 6개월, 8년이다.
> ㉤ 일정한 계급에서 일정기간 근무하면 승진임용 제한사유에 해당하지 않는 한 경정까지 승진할 수 있다.

① 1개 ② 2개
③ 3개 ④ 4개

정답 및 해설 I ④

틀린 설명은 ㉡㉢㉣㉤ 4개이다.

㉡ [×] 경정 이하 계급의 경우 시험성적으로 승진할 수 있는 인원은 계급별 승진임용 예정 인원의 **50퍼센트**이다. 그러나 동 규정은 아래와 같이 순차적으로 개정될 예정이다.

> **경찰공무원 승진임용령 부칙 제2조【승진임용 예정 인원 결정 등에 관한 특례】** ② 이 영 시행일부터 2025년 12월 31일까지 경정 이하 경장 이상 계급으로의 승진임용을 하려는 경우에는 제25조 제1항의 개정규정에도 불구하고 다음 각 호의 구분에 따라 해당 호에서 정하는 바에 따른다.
> 1. 2024년 12월 31일까지: 승진임용 인원의 **50퍼센트**를 심사승진후보자로, **50퍼센트**를 시험승진후보자로 한다.
> 2. 2025년 12월 31일까지: 승진임용 인원의 **60퍼센트**를 심사승진후보자로, **40퍼센트**를 시험승진후보자로 한다.
> 3. 2026년 1월 1일부터: 경찰공무원의 승진임용시 심사승진후보자와 시험승진후보자가 있을 경우에 승진임용 인원의 **70퍼센트**를 심사승진후보자로, **30퍼센트**를 시험승진후보자로 한다.

㉢ [×] 시험으로 승진할 수 있는 계급은 **경정**까지이다.

㉣ [×] 순경, 경장, 경사, 경위의 **근속승진기간**은 각각 4년, 5년, 6년 6개월, 8년 이상이다. 순경, 경장, 경사, 경위의 승진소요 최저근무연수는 모두 1년 이상이다(경찰공무원 승진임용규정 제5조 제1항).

㉤ [×] 일정한 계급에서 일정기간 근무하면 승진임용 제한사유에 해당하지 않는 한 **경감**까지 승진할 수 있다.

151 경찰공무원의 승진에 관한 설명으로 가장 적절하지 않은 것은?

□□□ 19. 경찰간부

① 경위 이하의 경찰공무원이 모든 경찰공무원의 귀감이 되는 공을 세우고 전사하거나 순직한 사람에 대하여는 2계급 특별승진시킬 수 있다.

② 근속승진은 순경으로 4년, 경장으로 5년, 경사로 6년 6개월, 경위에서 8년 동안 근무시 각각 근속승진임용할 수 있다.

③ 승진심사위원회는 재적위원 과반수의 찬성으로 의결하며, 승진심사위원회의 회의는 비공개로 한다.

④ 심사승진후보자명부에 기록된 사람이 징계처분을 받은 경우에는 심사승진후보자명부에서 그 사람을 제외하여야 한다.

정답 및 해설 I ④

④ [×] 임용권자나 임용제청권자는 심사승진후보자명부에 기록된 사람이 승진임용되기 전에 **정직 이상의 징계처분을 받은 경우**에는 심사승진후보자명부에서 그 사람을 제외하여야 한다(경찰공무원 승진임용 규정 제24조 제3항).

152 경찰공무원 승진임용 규정상 승진에 관한 설명 중 가장 적절하지 않은 것은?

□□□ 22. 경찰

① 경찰공무원의 승진임용은 심사승진임용 · 시험승진임용 및 특별승진임용으로 구분한다.

② 경찰공무원 승진임용 규정 제6조 제1항 제2호에 따르면 소극행정으로 감봉에 해당하는 징계처분을 받은 경찰공무원은 징계처분의 집행이 끝난 날부터 18개월이 지나지 아니하면 심사승진임용될 수 없다.

③ 임용권자나 임용제청권자는 시험승진후보자 명부에 기록된 사람이 승진임용되기 전에 감봉 이상의 징계처분을 받은 경우에는 시험 승진후보자 명부에서 그 사람을 제외하여야 한다.

④ 총경 이하의 경찰공무원에 대해서는 매년 근무성적을 평정하여야하나 휴직 · 직위해제 등의 사유로 해당 연도의 평정기관에서 6개월 이상 근무하지 아니한 경찰공무원에 대해서는 근무성적을 평정하지 아니한다.

정답 및 해설 I ③

③ [×] 임용권자나 임용제청권자는 시험승진후보자 명부에 기록된 사람이 승진임용되기 전에 **정직(감봉 ×) 이상**의 징계처분을 받은 경우에는 시험 승진후보자 명부에서 그 사람을 제외하여야 한다.

153 경찰공무원 관련 법령에 따를 때, 승진에 관한 설명 중 가장 적절하지 않은 것은? (다툼이 있는 경우 판례에 의함)

□□□ 22. 경찰

① ㅇㅇ지구대에 근무하는 순경 甲이 승진후보자명부에 등재된 후 경장으로 승진임용되기 전에 정직 3개월의 징계처분을 받아 임용권자가 순경 甲을 승진후보자명부에서 삭제함으로써 순경 甲이 승진임용의 대상에서 제외되었다면, 임용권자의 승진후보자 명부에서의 삭제 행위 그 자체는 행정처분에 해당한다.

② 만 7세인 초등학교 1학년 외동딸을 양육하기 위하여 1년간 휴직한 경사 乙의 위 휴직기간 1년은 승진소요 최저근무연수에 포함된다.

③ 통상적인 근무시간보다 짧은 시간을 근무하는 시간선택제전환 경찰공무원으로 경위 계급에서 1년간 근무한 경위 丙의 위 근무기간 1년은 승진소요 최저근무연수에 포함된다.

④ 위법 · 부당한 처분과 직접적 관계없이 50만원의 향응을 받아 감봉 1개월의 징계처분을 받은 경감 丁이 그 징계처분을 받은 후 해당 계급에서 경찰청장 표창을 받은 경우(그 외 일체의 포상을 받은 사실 없음)에는 징계처분의 집행이 끝난 날부터 18개월이 지나면 승진임용될 수 있다.

정답 및 해설 I ①

① [×] "시험승진후보자명부에 등재되어 있던 자가 그 명부에서 삭제됨으로써 승진임용의 대상에서 제외되었다 하더라도, 그와 같은 시험승진후보자명부에서의 삭제행위는 결국 그 명부에 등재된 자에 대한 승진 여부를 결정하기 위한 행정청 내부의 준비과정에 불과하고, 그 자체가 어떠한 권리나 의무를 설정하거나 법률상 이익에 직접적인 변동을 초래하는 별도의 **행정처분이 된다고 할 수 없다**"는 것이 대법원 판례의 태도이다(대판 1997.11.14, 97누7325).

154 경찰공무원의 전보에 관한 설명으로 가장 적절하지 않은 것은?

□□□ 15. 경찰승진

① 경찰공무원의 전보란 같은 직급 내에서의 보직의 변경을 말하며, 정기적으로 실시하여야 한다.

② 감사업무를 담당하는 경찰공무원의 경우에는 1년 이내에 다른 직위에 전보할 수 없다.

③ 경찰공무원이 시보임용 중인 경우, 징계처분을 받은 경우, 승진임용된 경찰공무원을 전보하는 경우 등에는 1년 이내라도 전보할 수 있다.

④ 전문직으로 임용된 경찰공무원은 3년의 범위 내에서 경찰청장이 정하는 기간 안에는 다른 직위에 전보할 수 없다.

정답 및 해설 I ②

② [×] 감사업무를 담당하는 경찰공무원의 경우에는 **2년** 이내에 다른 직위에 전보할 수 없다(경찰공무원 임용령 제27조 제1항).

155 □□□ 경찰공무원 임용령상 전보제한 예외사유로 가장 적절하지 않은 것은? 16. 경찰승진

① 징계처분을 받은 경우

② 직제상의 최저단위 보조기관(담당관을 포함한다) 내에서의 전보

③ 경비담당 경찰공무원 가운데 부적격자로 인정되는 경우

④ 기구의 개편, 직제 또는 정원의 변경으로 인한 해당 경찰공무원의 전보

정답 및 해설 I ③

③ [×] 감사담당 경찰공무원 가운데 부적격자로 인정되는 경우에는 2년 이내라도 다른 직위에 전보할 수 있다(경찰공무원 임용령 제27조 제1항 제13호).

156 □□□ 직위해제에 관한 설명으로 가장 적절하지 않은 것은? 17. 경찰승진

① 직위해제는 휴직과는 달리 제재적 성격을 가지는 보직의 해제이며 복직이 보장되지 않는다.

② 직위가 해제되면 직무에는 종사하지 못하나 출근의무는 있다.

③ 직위해제사유가 소멸한 때에는 임용권자는 지체 없이 직위를 부여하여야 한다.

④ 직무수행능력이 부족하거나 근무성적이 극히 나쁜 경우 3개월 범위 내에서 직위해제가 가능하다.

정답 및 해설 I ②

② [×] 직위가 해제되면 직무에는 종사하지 못하고 출근의무도 없다.

157 □□□ 다음 중 국가공무원법상 직위해제의 사유는 모두 몇 개인가? 15. 경찰

㉠ 직무수행능력이 부족하거나 근무성적이 극히 나쁜 자
㉡ 휴직기간이 끝나거나 휴직사유가 소멸된 후에도 직무에 복귀하지 아니하거나 직무를 감당할 수 없을 때
㉢ 형사사건으로 기소된 자(약식명령이 청구된 자는 제외한다)
㉣ 파면, 해임, 강등 또는 정직에 해당하는 징계의결이 요구 중인 자
㉤ 직제와 정원의 개폐 또는 예산의 감소 등에 따라 폐직 또는 과원이 되었을 때

① 2개 ② 3개

③ 4개 ④ 5개

정답 및 해설 I ②

직위해제의 사유에 해당하는 것은 ㉠㉢㉣ 3개이다. ㉡㉤은 직권면직의 사유에 해당한다.

☑ 직위해제의 사유

<table>
<tr><td>직무수행능력이 부족하거나 성적이 극히 나쁜 자</td><td>봉급의 80% 지급</td></tr>
<tr><td>파면 · 해임 · 강등 또는 정직(중징계)에 해당하는 징계의결이 요구 중인 자</td><td rowspan="3">1. 봉급의 50% 지급
2. 3개월 이후: 30% 지급</td></tr>
<tr><td>형사사건으로 기소된 자(약식명령의 청구는 제외)</td></tr>
<tr><td>금품비위, 성범죄 등 비위행위로 인하여 감사원 및 검찰 · 경찰 등 수사기관에서 조사나 수사 중인 자로서 비위의 정도가 중대하고 이로 인하여 정상적인 업무수행을 기대하기 현저히 어려운 자</td></tr>
<tr><td>고위공무원단에 속하는 일반직 공무원으로서 일정 사유로 적격심사를 요구받은 자</td><td>1. 봉급의 70% 지급
2. 3개월 이후: 40% 지급</td></tr>
</table>

158 국가공무원법상 직위해제에 대한 설명으로 가장 적절하지 않은 것은? 20. 경찰승진

□□□

① 직위해제는 공무원의 신분을 보유하면서 일정기간 직위를 부여하지 아니하는 것으로 복직이 보장되지 않는다는 점에서 휴직과 구별된다.

② 직무수행능력이 부족하거나 근무성적이 극히 나쁜 자에 대해서는 3개월 범위에서 대기를 명하며, 그 기간 동안 봉급 80%를 지급한다.

③ 파면, 해임, 강등, 정직 또는 감봉에 해당하는 징계의결이 요구 중인 자는 직위해제대상이다.

④ 형사사건으로 기소된 자(약식명령이 청구된 자는 제외한다)도 임용권자는 직위해제할 수 있다.

정답 및 해설 | ③

③ [×] 파면, 해임, 강등 또는 정직에 해당하는 징계의결이 요구 중인 자는 직위해제대상이다(국가공무원법 제73조의3 제1항 제3호). 감봉은 경징계의 사유로 제외된다.

159 국가공무원법상 직위해제의 사유로 가장 적절하지 않은 것은? 15. 경찰승진

□□□

① 국제기구 등에 임시채용되었을 때

② 파면 · 해임 · 강등 또는 정직에 해당하는 징계의결이 요구 중인 자

③ 형사사건으로 기소된 자(약식명령이 청구된 자 제외)

④ 직무수행능력이 부족하거나 근무성적이 극히 나쁜 자

정답 및 해설 | ①

① [×] 국제기구 등에 임시채용되었을 때는 의원휴직의 사유이다.

160 직위해제에 대한 설명으로 가장 적절하지 않은 것은? 21. 경찰승진

□□□

① 직위해제는 휴직과 달리 제재적 성격을 가지는 보직의 해제이다.

② 직무수행능력이 부족하여 직위해제를 한 경우 대기명령기간 중 근무성적의 향상을 기대하기 어렵다고 인정될 때에는 징계위원회의 동의를 얻어 임용권자가 직권면직시킬 수 있다.

③ 직위해제기간은 원칙적으로 승진소요 최저근무연수에 포함되지 않으나, 파면 · 해임 · 강등 또는 정직에 해당하는 징계의결 요구로 직위해제된 사람에 대하여 관할 징계위원회가 징계하지 아니하기로 의결한 경우 등은 승진소요 최저근무연수에 포함된다.

④ 국가공무원법 제73조의3 제1항 제5호(고위공무원단에 속하는 일반직공무원으로서 제70조의2 제1항 제2호부터 제5호까지의 사유로 적격심사를 요구받은 자)에 따라 직위해제된 사람이 직위해제일부터 3개월이 지나도 직위를 부여받지 못한 경우에는 그 3개월이 지난 후의 기간 중에는 봉급의 50%를 지급한다.

정답 및 해설 I ④

④ [×] 국가공무원법 제73조의3 제1항 제5호(고위공무원단에 속하는 일반직공무원으로서 제70조의2 제1항 제2호부터 제5호까지의 사유로 적격심사를 요구받은 자)에 따라 직위해제된 사람은 3개월이 지나기 이전에는 봉급의 70%를 지급하고, 3개월이 지난 후의 기간 중에는 봉급의 40%를 지급한다.

161 국가공무원법상 직위해제에 대한 설명으로 가장 적절한 것은? 21. 경찰

□□□

① 임용권자는 형사사건으로 기소된 자(약식명령이 청구된 자를 포함한다)에게 직위를 부여하지 아니할 수 있다.

② 임용권자는 신체 · 정신상의 장애로 장기요양이 필요한 자에게 직위를 부여하지 아니할 수 있다.

③ 임용권자는 직무수행능력이 부족하거나 근무성적이 극히 나쁜 직위해제된 자에게 3개월의 범위에서 대기를 명한다.

④ 국가공무원법 제73조의3 제1항에 따라 직위를 부여하지 아니한 경우에 그 직위해제사유가 소멸되면 임용권자는 직위를 부여할 수 있다.

정답 및 해설 I ③

① [×] 임용권자는 형사사건으로 기소된 자(약식명령이 청구된 자를 **제외**한다)에게 직위를 부여하지 아니할 수 있다(국가공무원법 제73조의3 제1항 제4호).

② [×] 신체 · 정신상의 장애로 장기요양이 필요한 자는 **직권휴직사유**에 해당한다(국가공무원법 제71조 제1항 제1호).

④ [×] 국가공무원법 제73조의3 제1항에 따라 직위를 부여하지 아니한 경우에 그 직위해제사유가 소멸되면 임용권자는 지체 없이 직위를 **부여하여야 한다**(국가공무원법 제73조의3 제2항).

162 국가공무원법상 직위해제에 관한 설명으로 가장 적절하지 않은 것은? 23. 경찰

□□□

① 임용권자는 직무수행 능력이 부족하거나 근무성적이 극히 나쁜 자에게 직위를 부여하지 아니할 수 있다.

② 형사사건으로 기소된 자(약식명령이 청구된 자는 제외한다)에게는 직위를 부여하지 아니할 수 있다.

③ 제73조의3 제1항에 따라 직위를 부여하지 아니한 경우에 그 사유가 소멸되면 임용권자는 7일 이내에 직위를 부여할 수 있다.

④ 임용권자는 제1항 제2호에 따라 직위해제된 자에게 3개월의 범위에서 대기를 명한다.

정답 및 해설 I ③

③ [×] 제73조의3 제1항에 따라 직위를 부여하지 아니한 경우에 그 사유가 소멸되면 임용권자는 **지체 없이** 직위를 부여하여야 한다(동법 제73조의3 제2항).

163 경찰공무원 관계의 변동에 관한 내용 중 가장 적절하지 않은 것은? 13. 경찰승진

□□□

① 전문직으로 임용된 경찰공무원은 3년의 범위 내에서 경찰청장이 정하는 기간 안에는 다른 직위에 전보할 수 없다.

② 휴직 중 휴직사유 소멸시 20일 내에 신고해야 한다.

③ 직위해제는 일정한 사유로 직위를 부여하지 아니하는 제재적 성격의 조치이다.

④ 전보란 동일 직위 및 자격 내에서의 근무기관이나 부서를 달리하는 임용을 말한다.

정답 및 해설 I ②

② [×] 휴직기간 중 그 사유가 없어지면 **30일** 이내에 임용권자에게 신고하여야 하며, 임용권자는 **지체 없이** 복직을 명하여야 한다(국가공무원법 제73조 제2항).

164 국가공무원법상 휴직사유와 휴직기간을 연결한 것으로 가장 적절하지 않은 것은? 18. 경찰승진

□□□

① 병역법에 따른 병역복무를 마치기 위하여 징집 또는 소집된 때 – 그 복무기간이 끝날 때까지

② 국외 유학을 하게 된 때 – 3년 이내(다만, 부득이한 경우에는 2년의 범위에서 연장할 수 있다)

③ 중앙인사관장기관의 장이 지정하는 연구기관이나 교육기관 등에서 연수하게 된 때 – 2년 이내

④ 대통령령 등으로 정하는 기간 동안 재직한 공무원이 직무 관련 연구과제 수행 또는 자기개발을 위하여 학습·연구 등을 하게 된 때 – 2년 이내

정답 및 해설 I ④

④ [×] 대통령령 등으로 정하는 기간 동안 재직한 공무원이 직무 관련 연구과제 수행 또는 자기개발을 위하여 학습·연구 등을 하게 된 때 휴직기간은 **1년** 이내이다(국가공무원법 제72조 제10호).

165 국가공무원법상 휴직에 대한 설명으로 가장 적절하지 않은 것은? 20. 경찰승진

□□□

① 공무원이 천재지변이나 전시 · 사변, 그 밖의 사유로 생사 또는 소재가 불명확하게 된 때의 휴직기간은 3개월 이내로 한다.

② 공무원이 국외 유학을 하게 된 때 휴직을 원하면 임용권자는 휴직을 명할 수 있으며, 휴직기간은 3년 이내로 하되, 부득이한 경우에는 2년의 범위에서 연장할 수 있다.

③ 휴직기간 중 그 사유가 없어지면 지체 없이 임용권자 또는 임용제청권자에게 신고하여야 하며, 임용권자는 30일 이내에 복직을 명하여야 한다.

④ 대통령령 등으로 정하는 기간 동안 재직한 공무원이 직무 관련 연구과제 수행 또는 자기개발을 위하여 학습연구 등을 하게 된 때 휴직기간은 1년 이내로 한다.

정답 및 해설 I ③

③ [×] 휴직기간 중 그 사유가 없어지면 **30일** 이내에 임용권자 또는 임용제청권자에게 신고하여야 하며, 임용권자는 **지체 없이** 복직을 명하여야 한다(국가공무원법 제73조 제2항).

166 국가공무원법상 휴직사유와 휴직기간을 연결한 것 중 옳지 않은 것은 모두 몇 개인가? 19. 경찰간부

□□□

㉠ 천재지변이나 전시 · 사변, 그 밖의 사유로 생사 또는 소재가 불명확하게 된 때 – 1개월 이내
㉡ 국제기구, 외국기관, 국내외의 대학 · 연구기관, 다른 국가기관 또는 대통령령으로 정하는 민간기업, 그 밖의 기관에 임시로 채용될 때 – 채용기간(단, 민간기업이나 그 밖의 기관에 채용되면 2년 이내로 한다)
㉢ 국외 유학을 하게 된 때 – 2년 이내(부득이한 경우에는 2년의 범위에서 연장 가능)
㉣ 중앙인사관장기관의 장이 지정하는 연구기관이나 교육기관 등에서 연수하게 된 때 – 2년 이내
㉤ 외국에서 근무 · 유학 또는 연수하게 되는 배우자를 동반하게 된 때 – 3년 이내(부득이한 경우에는 3년의 범위에서 연장 가능)
㉥ 대통령령 등으로 정하는 기간 동안 재직한 공무원이 직무 관련 연구과제 수행 또는 자기개발을 위하여 학습 · 연구 등을 하게 된 때 – 1년 이내

① 1개 ② 2개
③ 3개 ④ 4개

정답 및 해설 I ④

옳지 않은 것은 ㉠㉡㉢㉤ 4개이다.

㉠ [×] 천재지변이나 전시 · 사변, 그 밖의 사유로 생사 또는 소재가 불명확하게 된 때 – **3개월** 이내

㉡ [×] 국제기구, 외국기관, 국내외의 대학 · 연구기관, 다른 국가기관 또는 대통령령으로 정하는 민간기업, 그 밖의 기관에 임시로 채용될 때 – 채용기간(단, 민간기업이나 그 밖의 기관에 채용되면 **3년** 이내로 한다)

㉢ [×] 국외 유학을 하게 된 때 – **3년** 이내(부득이한 경우에는 2년의 범위에서 연장 가능)

㉤ [×] 외국에서 근무 · 유학 또는 연수하게 되는 배우자를 동반하게 된 때 – 3년 이내(부득이한 경우에는 **2년**의 범위에서 연장 가능)

167 □□□ 경찰공무원법상 당연퇴직사유에 해당하지 않는 것은? 18. 경찰승진

① 피성년후견인 또는 피한정후견인

② 자격정지 이상의 형(刑)을 선고받은 사람

③ 자격정지 이상의 형의 선고유예를 선고받고 그 유예기간 중에 있는 사람

④ 징계에 의하여 해임처분을 받은 사람

정답 및 해설 I ③

③ [×] 자격정지 이상의 형의 선고유예를 받고 그 선고유예기간 중에 있는 사람은 원칙적으로 당연퇴직사유에 해당하지 않는다. 다만, 형법 제129조부터 제132조까지, **성폭력범죄**의 처벌 등에 관한 특례법 제2조, 아동 · 청소년의 성보호에 관한 법률 제2조 제2호 및 직무와 관련하여 형법 제355조 또는 제356조에 규정된 죄를 범한 사람으로서 **자격정지 이상의 형의 선고유예**를 받은 경우는 당연퇴직사유에 해당한다.

168 □□□ 현행 경찰공무원법에서 경찰공무원의 정년에 대한 설명으로 가장 옳지 않은 것은? 11. 경찰간부

① 경찰공무원은 그 정년이 된 날 1월에서 6월 사이에 있으면 6월 30일에 당연퇴직하고, 7월에서 12월 사이에 있으면 12월 31일에 당연퇴직한다.

② 계급정년은 치안감 4년, 경무관 6년, 총경 12년, 경정 14년이다.

③ 징계로 인하여 강등(경감으로 강등된 경우를 포함한다)된 경찰공무원의 계급정년은 강등되기 전에 계급 중 가장 높은 계급의 계급정년으로 한다.

④ 계급정년을 산정할 때에는 강등되기 전 계급의 근무연수와 강등 이후의 근무연수를 합산한다.

정답 및 해설 I ②

② [×] 계급정년은 치안감 4년, 경무관 6년, **총경 11년**, 경정 14년이다(경찰공무원법 제30조 제1항 제2호).

169 다음 경찰공무원법상 경찰공무원의 정년에 대한 내용이다. 다음 각 (　　)에 해당하는 숫자의 합은?

□□□

13. 경찰승진

> ㉠ 계급정년은 치안감 4년, 총경 (　　)년이다.
> ㉡ 수사, 정보, 외사, 보안, 자치경찰사무 등 특수 부문에 근무하는 경찰공무원으로서 대통령령으로 정하는 바에 따라 지정을 받은 사람은 총경 및 경정의 경우에는 (　　)년의 범위에서 대통령령으로 정하는 바에 따라 계급정년을 연장할 수 있다.
> ㉢ 경찰청장 또는 해양경찰청장은 전시·사변이나 그 밖에 이에 준하는 비상사태에서는 (　　)년의 범위에서 계급정년을 연장할 수 있다.

① 11　② 15
③ 16　④ 17

정답 및 해설 | ④

④ 괄호 안의 숫자의 합은 11 + 4 + 2 = 17이다.

> ㉠ 계급정년은 치안감 4년, 총경 (11)년이다(경찰공무원법 제30조 제1항 제2호).
> ㉡ 수사, 정보, 외사, 보안, 자치경찰사무 등 특수 부문에 근무하는 경찰공무원으로서 대통령령으로 정하는 바에 따라 지정을 받은 사람은 총경 및 경정의 경우에는 (4)년의 범위에서 대통령령으로 정하는 바에 따라 계급정년을 연장할 수 있다(경찰공무원법 제30조 제3항).
> ㉢ 경찰청장 또는 해양경찰청장은 전시·사변이나 그 밖에 이에 준하는 비상사태에서는 (2)년의 범위에서 계급정년을 연장할 수 있다(경찰공무원법 제30조 제4항).

170 경찰공무원법에 대한 설명으로 가장 적절하지 않은 것은?

□□□

22. 경찰간부

① 경위 이하의 경찰공무원으로서 모든 경찰공무원의 귀감이 되는 공을 세우고 전사하거나 순직한 사람에 대하여는 2계급 특별승진 시킬 수 있다.

② 경찰청장은 전시·사변이나 그 밖에 이에 준하는 비상사태에서는 2년의 범위에서 동법에 따른 계급정년을 연장할 수 있고, 이 경우 총경 이상의 경찰공무원에 대하여는 행정안전부장관과 국무총리를 거쳐 대통령의 승인을 받아야 한다.

③ 경찰청 소속 경무관 이상의 강등 및 정직과 경정 이상의 파면 및 해임은 경찰청장의 제청으로 행정안전부장관과 국무총리를 거쳐 대통령이 한다.

④ 경무관 이상의 경찰공무원에 대한 징계의결은 국가공무원법에 따라 국무총리 소속으로 설치된 징계위원회에서 한다.

정답 및 해설 | ②

② [×] 경찰청장은 전시·사변이나 그 밖에 이에 준하는 비상사태에서는 2년의 범위에서 동법에 따른 계급정년을 연장할 수 있고, 이 경우 **경무관** 이상의 경찰공무원에 대하여는 행정안전부장관과 국무총리를 거쳐 대통령의 승인을 받아야 한다.

171 □□□ 다음은 경찰공무원법에 대한 설명이다. ㉠~㉤의 내용 중 옳고 그름의 표시(○, ×)가 모두 바르게 된 것은?

20. 경찰

㉠ 경찰청장 또는 해양경찰청장은 경찰공무원의 채용시험 또는 경찰간부후보생 공개경쟁선발시험에서 부정행위를 한 응시자에 대하여는 해당 시험을 정지 또는 무효로 하고, 그 처분이 있은 날부터 5년간 시험응시 자격을 정지한다.
㉡ 총경 이상 경찰공무원은 경찰청장 또는 해양경찰청장의 추천을 받아 행정안전부장관 또는 해양수산부장관의 제청으로 국무총리를 거쳐 대통령이 임용한다. 다만, 총경의 전보, 휴직, 직위해제, 강등, 정직 및 복직은 경찰청장 또는 해양경찰청장이 한다.
㉢ 경찰청장 또는 해양경찰청장은 전시 · 사변이나 그 밖에 이에 준하는 비상사태에서는 2년의 범위에서 계급정년을 연장할 수 있다. 이 경우 치안감 이상의 경찰공무원에 대하여는 행정안전부장관 또는 해양수산부장관과 국무총리를 거쳐 대통령의 승인을 받아야 하고, 경무관 · 총경 · 경정의 경찰공무원에 대하여는 국무총리를 거쳐 대통령의 승인을 받아야 한다.
㉣ 경장을 경사로 근속승진임용하려는 경우에는 해당 계급에서 6년 6개월 이상 근속자이어야 한다.
㉤ 경찰공무원은 그 정년이 된 날이 1월에서 6월 사이에 있으면 6월 30일에 당연퇴직하고, 7월에서 12월 사이에 있으면 12월 31일에 당연퇴직한다.

① ㉠ (○), ㉡ (○), ㉢ (○), ㉣ (×), ㉤ (○)
② ㉠ (○), ㉡ (×), ㉢ (○), ㉣ (○), ㉤ (×)
③ ㉠ (○), ㉡ (○), ㉢ (×), ㉣ (○), ㉤ (○)
④ ㉠ (○), ㉡ (○), ㉢ (×), ㉣ (×), ㉤ (○)

정답 및 해설 I ④

옳은 설명은 ㉠㉡㉤이다.

㉢ [×] 경찰청장 또는 해양경찰청장은 전시 · 사변이나 그 밖에 이에 준하는 비상사태에서는 2년의 범위에서 계급정년을 연장할 수 있다. 이 경우 **경무관 이상**의 경찰공무원에 대하여는 행정안전부장관 또는 해양수산부장관과 국무총리를 거쳐 대통령의 승인을 받아야 하고, **총경 · 경정**의 경찰공무원에 대하여는 국무총리를 거쳐 대통령의 승인을 받아야 한다(경찰공무원법 제30조 제4항).
㉣ [×] 경장을 경사로 근속승진임용하려는 경우에는 해당 계급에서 **5년** 이상 근속자이어야 한다(경찰공무원법 제16조 제1항 제2호).

172 □□□ 경찰공무원법상 경찰공무원의 직권면직사유로 가장 적절하지 않은 것은?

16. 경찰승진

① 직제와 정원의 개폐 또는 예산의 감소로 폐직 또는 과원이 되었을 때
② 병역법에 따른 병역복무를 마치기 위하여 징집 또는 소집된 때
③ 휴직기간이 끝나거나 휴직사유가 소멸된 후에도 직무에 복귀하지 아니하거나 직무를 감당할 수 없을 때
④ 직무수행하는 데에 있어서 위험을 일으킬 우려가 있을 정도의 성격적 또는 도덕적 결함이 있는 사람으로서 대통령령으로 정하는 사유에 해당된다고 인정될 때

정답 및 해설 I ②

② [×] 병역법에 따른 병역복무를 마치기 위하여 징집 또는 소집된 때는 **직권휴직사유**이다.

173 □□□ 다음 경찰공무원법상 경찰공무원의 직권면직사유 가운데 직권면직처분을 위해 징계위원회의 동의가 필요한 사유끼리 묶인 것은? 11. 경찰

> ㉠ 직제와 정원의 개폐 또는 예산의 감소 등에 따라 폐직 또는 과원이 되었을 때
> ㉡ 휴직기간이 끝나거나 휴직사유가 소멸된 후에도 직무에 복귀하지 아니하거나 직무를 감당할 수 없을 때
> ㉢ 직위해제로 인한 대기명령을 받은 자가 그 기간에 능력 또는 근무성적의 향상을 기대하기 어렵다고 인정된 때
> ㉣ 경찰공무원으로서 부적합할 정도로 직무수행능력이나 성실성이 현저하게 결여된 사람으로서 대통령령으로 정하는 사유에 해당된다고 인정될 때
> ㉤ 직무를 수행함에 있어서 위험을 일으킬 우려가 있을 정도의 성격적 또는 도덕적 결함이 있는 사람으로서 대통령령으로 정하는 사유에 해당된다고 인정될 때
> ㉥ 해당 경과에서 직무를 수행하는 데 필요한 자격증의 효력이 상실되거나 면허가 취소되어 담당 직무를 수행할 수 없게 되었을 때

① ㉠, ㉡, ㉤　　② ㉡, ㉢, ㉥
③ ㉢, ㉣, ㉤　　④ ㉢, ㉣, ㉥

정답 및 해설 | ③
직권면직사유 가운데 징계위원회의 동의가 필요한 사유는 ㉢㉣㉤이다.

174 □□□ 경찰공무원법상 경찰공무원의 직권면직사유 중 직권면직처분을 위해 징계위원회의 동의가 필요한 사유로 옳은 것은 모두 몇 개인가? 22. 경찰

> ㉠ 해당 경과에서 직무를 수행하는 데 필요한 자격증의 효력이 상실되거나 면허가 취소되어 담당 직무를 수행할 수 없게 되었을 때
> ㉡ 직무를 수행하는 데에 위험을 일으킬 우려가 있을 정도의 성격적 또는 도덕적 결함이 있는 사람으로서 대통령령으로 정하는 사유에 해당된다고 인정될 때
> ㉢ 경찰공무원으로는 부적합할 정도로 직무수행능력이나 성실성이 현저하게 결여된 사람으로서 대통령령으로 정하는 사유에 해당된다고 인정될 때
> ㉣ 휴직기간이 끝나거나 휴직사유가 소멸된 후에도 직무에 복귀하지 아니하거나 직무를 감당할 수 없을 때

① 1개　　② 2개
③ 3개　　④ 4개

정답 및 해설 | ②
징계위원회의 동의가 필요한 사유는 ㉡㉢ 2개이다.
• 징계위원회의 **동의가 필요한 사유**(주관적 사유): ㉡㉢
• 징계위원회의 **동의가 필요하지 않는 사유**(객관적 사유): ㉠㉣

175 경찰공무원의 직권면직사유 중 징계위원회의 동의를 얻어야 하는 경우는? 09. 경찰

□□□

① 해당 경과에서 직무를 수행하는 데 필요한 자격증의 효력이 상실되거나 면허가 취소되어 담당직무를 수행할 수 없게 된 때

② 직제와 정원의 개폐 또는 예산의 감소 등에 의하여 폐직 또는 과원이 되었을 때

③ 휴직기간이 끝나거나 휴직사유가 소멸된 후에도 직무에 복귀하지 아니하거나 직무를 감당할 수 없을 때

④ 인격장애, 알코올 · 약물중독 그 밖의 정신장애로 인하여 경찰업무를 감당할 수 없는 경우

정답 및 해설 I ④

④ [○] 주로 주관적인 사유에 의한 직권면직은 징계위원회의 동의를 거치도록 하여 당사자의 권리를 보호하고 있다.

☑ 직권면직 사유 중 징계위원회의 동의 요부

구분	사유
징계위원회의 동의 ○ (주관적 사유)	1. 대기명령을 받은 자가 그 기간에 능력 또는 근무성적의 향상을 기대하기 어렵다고 인정된 때 2. 경찰공무원으로는 부적합할 정도로 직무수행능력이나 성실성이 현저하게 결여된 사람으로 일정한 사유에 해당된다고 인정될 때 3. 직무를 수행하는 데에 위험을 일으킬 우려가 있을 정도의 성격적 또는 도덕적 결함이 있는 사람으로서 일정한 사유에 해당된 때
징계위원회의 동의 × (객관적 사유)	1. 직제와 정원의 개폐 또는 예산의 감소 등에 따라 폐직 또는 과원이 되었을 때 2. 휴직기간이 끝나거나 휴직사유가 소멸된 후에도 직무에 복귀하지 아니하거나 직무를 감당할 수 없을 때 3. 해당 경과에서 직무를 수행하는 데 필요한 자격증의 효력이 상실되거나 **면허가 취소**되어 담당직무를 수행할 수 없게 되었을 때

176 「경찰공무원법」에 대한 설명으로 가장 적절한 것은? 23. 경찰간부

□□□

① 경정 이하의 경찰공무원을 신규 채용할 때에는 1년간 시보로 임용하고, 그 기간이 만료된 날에 정규 경찰공무원으로 임용한다.

② 경찰공무원의 복제에 관한 사항은 대통령령으로 정한다.

③ 임용권자는 경찰공무원이 해당 경과에서 직무를 수행하는 데 필요한 자격증의 효력이 상실되거나 면허가 취소되어 담당 직무를 수행할 수 없게 되었을 때에는 직권으로 면직시킬 수 있으며, 이 경우에는 징계위원회의 동의를 받아야 한다.

④ 징계처분, 휴직처분, 면직처분, 그 밖에 의사에 반하여 불리한 처분에 대한 행정소송은 경찰청장을 피고로 하는 것이 원칙이며, 예외도 있다.

정답 및 해설 I ④

① [×] 경정 이하의 경찰공무원을 신규 채용할 때에는 1년간 시보로 임용하고, 그 기간이 만료된 **다음 날**에 정규 경찰공무원으로 임용한다.

② [×] 경찰공무원의 복제에 관한 사항은 **행정안전부령(대통령령 ×)**으로 정한다.

③ [×] 임용권자는 경찰공무원이 해당 경과에서 직무를 수행하는 데 필요한 자격증의 효력이 상실되거나 면허가 취소되어 담당 직무를 수행할 수 없게 되었을 때에는 직권으로 면직시킬 수 있으며, 이 경우에는 **징계위원회의 동의를 받지 않아도 된다.**

177 □□□ 「국가공무원법」 제70조에 따른 직권면직 요건으로 가장 적절한 것은? 24. 경찰승진

① 전직시험에서 세 번 이상 불합격한 자로서 직무수행 능력이 부족하다고 인정된 때

② 직무수행 능력이 부족하거나 근무성적이 극히 나쁜 자

③ 파면 · 해임 · 강등 또는 정직에 해당하는 징계 의결이 요구 중인 자

④ 형사 사건으로 기소된 자(약식명령이 청구된 자는 제외한다)

정답 및 해설 I ①

「국가공무원법」상 ①은 직권면직의 사유이나, ②③④는 직위해제의 사유이다. 그러나 「국가공무원법」 제70조의 규정은 경찰공무원에게는 적용되지 않는다. 「경찰공무원법」 제28조에서 이에 관한 특칙규정을 두고 있기 때문이다. 만약 「국가공무원법」이 아니라 「경찰공무원법」으로 문제가 출제되었다면 정답은 없게 된다.

> 국가공무원법 제70조(직권 면직) ① 임용권자는 공무원이 다음 각 호의 어느 하나에 해당하면 직권으로 면직시킬 수 있다.
> 1. 〈삭제〉
> 2. 〈삭제〉
> 3. 직제와 정원의 개폐 또는 예산의 감소 등에 따라 폐직(廢職) 또는 과원(過員)이 되었을 때
> 4. 휴직 기간이 끝나거나 휴직 사유가 소멸된 후에도 직무에 복귀하지 아니하거나 직무를 감당할 수 없을 때
> 5. 제73조의3 제3항에 따라 대기 명령을 받은 자가 그 기간에 능력 또는 근무성적의 향상을 기대하기 어렵다고 인정된 때
> 6. 전직시험에서 세 번 이상 불합격한 자로서 직무수행 능력이 부족하다고 인정된 때
> 7. 병역판정검사 · 입영 또는 소집의 명령을 받고 정당한 사유 없이 이를 기피하거나 군복무를 위하여 휴직 중에 있는 자가 군복무 중 군무(軍務)를 이탈하였을 때
> 8. 해당 직급 · 직위에서 직무를 수행하는데 필요한 자격증의 효력이 없어지거나 면허가 취소되어 담당 직무를 수행할 수 없게 된 때
> 9. 고위공무원단에 속하는 공무원이 제70조의2에 따른 적격심사 결과 부적격 결정을 받은 때

178 □□□ 국가공무원법에 규정된 직권휴직과 직권면직의 사유에 대한 내용이다. 각 사유를 바르게 나열한 것은?

20. 경찰승진

> ㉠ 해당 경과에서 직무를 수행하는 데 필요한 자격증의 효력이 상실되거나 면허가 취소되어 담당직무를 수행할 수 없게 되었을 때
> ㉡ 병역법에 따른 병역 복무를 마치기 위하여 징집 또는 소집된 때
> ㉢ 신체 · 정신상의 장애로 장기 요양이 필요할 때
> ㉣ 직제와 정원의 개폐 또는 예산의 감소 등에 따라 폐직 또는 과원이 되었을 때

	직권면직	직권휴직
①	㉠, ㉡	㉢, ㉣
②	㉡, ㉢	㉠, ㉣
③	㉠, ㉣	㉡, ㉢
④	㉠, ㉢	㉡, ㉣

정답 및 해설 I ③

㉠㉣ 직권면직사유에 해당한다(국가공무원법 제70조 제1항 제8호).

㉡㉢ 직권휴직사유에 해당한다(국가공무원법 제71조 제1항).

179 경찰공무원의 지위(권리 · 의무)와 관련하여 그 법적 근거에 대한 설명으로 맞는 것은 모두 몇 개인가?
□□□

09. 경찰

> ㉠ 거짓보고금지, 지휘권남용금지의무는 경찰공무원법에서 규정하고 있다.
> ㉡ 무기휴대권리는 경찰공무원법에서 규정하고, 무기사용권리는 경찰관 직무집행법에서 규정하고 있다.
> ㉢ 재산등록 및 재산공개의무는 국가공무원법에서 규정하고 있다.
> ㉣ 종교에 따른 차별 없이 직무를 수행해야 할 의무는 국가공무원법에서 규정하고 있다.

① 1개 ② 2개
③ 3개 ④ 4개

정답 및 해설 I ③
옳은 설명은 ㉠㉡㉣ 3개이다.
㉢ [×] 재산등록 및 재산공개의무는 **공직자윤리법**에서 규정하고 있다.

180 경찰공무원의 의무로는 신분상의 의무와 직무상의 의무가 있다. 다음 중 직무상의 의무에 해당하는 것은 몇 개인가?
□□□

08. 경찰간부

> ㉠ 법령준수의 의무 ㉡ 복종의 의무
> ㉢ 친절 · 공정의 의무 ㉣ 비밀엄수의 의무
> ㉤ 청렴의 의무 ㉥ 정치운동의 금지

① 1개 ② 2개
③ 3개 ④ 4개

정답 및 해설 I ③
직무상 의무에 해당하는 것은 ㉠㉡㉢ 3개이다. ㉣㉤㉥는 신분상 의무에 해당한다.

☑ 경찰공무원의 권리 · 의무 개관

구분	법령	유형	내용
의무	국가공무원법	일반의무	선서의무, 성실의무
		신분상 의무	영예제한, 집단행위금지의무, 비밀엄수의무, 품위유지의무, 청렴의무, 정치운동금지의무
		직무상 의무	복종의무, 직무전념의무, 법령준수의무, 종교중립의무, 친절 · 공정의무
	경찰공무원법	직무상 의무	거짓보고 및 직무유기금지의무, 제복착용의무, 지휘권남용금지의무
		신분상 의무	정치관여금지의무
	공직자윤리법		선물신고의무, 재산등록의무 및 공개의무, 취업의 제한 등
	경찰공무원 복무규정		근무시간 중 음주금지의무, 민사분쟁에 부당개입금지의무, 지정장소 외에서의 직무수행금지의무, 여행제한의무, 신고의무
권리	신분상 권리	일반적 권리	직무수행권, 신분 및 직위보유권, 쟁송제기권
		특수한 권리	제복착용권, 무기휴대 및 사용권, 장구사용권
	재산상 권리		보수청구권, 연금청구권, 실비변상청구권, 보급품수령권, 보상청구권

181 ☐☐☐ 경찰공무원의 의무를 나열한 것이다. 다음 중 국가공무원법상 의무와 경찰공무원법상 의무의 개수를 바르게 짝지은 것은? 11. 경찰

㉠ 법령준수의 의무	㉡ 비밀엄수의 의무	㉢ 집단행위금지의 의무
㉣ 제복착용의 의무	㉤ 종교중립의 의무	㉥ 복종의 의무
㉦ 품위유지의 의무	㉧ 재산등록과 공개의 의무	㉨ 청렴의 의무
㉩ 지휘권남용금지의 의무		

① 국가공무원법상의 의무 6개, 경찰공무원법상의 의무 4개
② 국가공무원법상의 의무 7개, 경찰공무원법상의 의무 2개
③ 국가공무원법상의 의무 7개, 경찰공무원법상의 의무 3개
④ 국가공무원법상의 의무 6개, 경찰공무원법상의 의무 3개

정답 및 해설 I ②
㉠㉡㉢㉤㉥㉦㉨ 국가공무원법상 의무: 7개
㉣㉩ 경찰공무원법상 의무: 2개
㉧ 공직자윤리법상 의무: 1개

182 ☐☐☐ 다음 중 국가공무원법상 경찰공무원의 의무로서 직무상의 의무는 모두 몇 개인가? 13. 경찰간부

㉠ 선서의무	㉡ 법령준수의무
㉢ 친절 · 공정의무	㉣ 영예의 제한
㉤ 지휘권남용 등 금지의무	㉥ 비밀엄수의무
㉦ 거짓보고 및 직무유기금지의무	㉧ 복종의무

① 2개
② 3개
③ 4개
④ 5개

정답 및 해설 I ②
국가공무원법상 경찰공무원의 의무로서 직무상의 의무는 ㉡㉢㉧ 3개이다.
㉠ 국가공무원법상 **일반적** 의무이다.
㉣㉥ 국가공무원법상 **신분상** 의무이다.
㉤㉦ **경찰공무원법상** 직무상 의무이다.

183 □□□ 경찰공무원의 권리 · 의무에 관한 다음 설명 중 적절하지 않은 것은 모두 몇 개인가? 11. 경찰

> ㉠ 공무 외에 영리를 목적으로 하는 업무에 종사하지 못하며, 소속 상관의 허가 없이 다른 직무를 겸할 수 없다.
> ㉡ 외국 정부로부터 영예나 증여를 받을 경우에는 대통령의 허가를 받아야 한다.
> ㉢ 직무상 관계가 없을 때에는, 소속 상관에게 증여하거나 소속 공무원으로부터 증여를 받을 수 있다.
> ㉣ 무기휴대에 관해서는 경찰관 직무집행법에 규정되어 있고, 무기사용에 관해서는 경찰공무원법에 규정되어 있다.

① 1개 ② 2개
③ 3개 ④ 4개

정답 및 해설 I ③
틀린 설명은 ㉠㉢㉣ 3개이다.
㉠ [×] 공무 외에 영리를 목적으로 하는 업무에 종사하지 못하며, **소속 기관장**의 허가 없이 다른 직무를 겸할 수 없다(국가공무원법 제64조 제1항).
㉢ [×] 직무상 관계가 있든 없든, 그 소속 상관에게 증여하거나 소속 공무원으로부터 증여를 **받아서는 아니 된다**(국가공무원법 제61조 제2항).
㉣ [×] 무기휴대에 관해서는 **경찰공무원법** 제26조 제2항에 규정되어 있고, 무기사용에 관해서는 **경찰관 직무집행법** 제10조의4에 규정되어 있다.

184  경찰공무원법상 경찰공무원의 의무는 모두 몇 개인가? 19. 경찰간부

> ㉠ 영리업무종사금지의무 ㉡ 거짓보고 등의 금지의무
> ㉢ 품위유지의무 ㉣ 법령준수의 의무
> ㉤ 제복착용의무 ㉥ 집단행위금지의무
> ㉦ 비밀엄수의무 ㉧ 지정장소 외에서의 직무수행금지의무

① 2개 ② 3개
③ 4개 ④ 5개

정답 및 해설 I ①
경찰공무원법에 규정된 의무는 ㉡㉤ 2개이다.

185 경찰공무원법상 경찰공무원의 의무에 해당하는 것은 모두 몇 개인가? 22. 경찰간부

□□□

㉠ 정치관여금지의무	㉡ 영리업무종사금지의무
㉢ 품위유지의무	㉣ 법령준수의 의무
㉤ 지휘권남용 등의 금지의무	㉥ 집단행위금지의무
㉦ 비밀엄수의무	㉧ 거짓보고 등의 금지의무

① 3개 ② 4개

③ 5개 ④ 6개

정답 및 해설 I ①

경찰공무원법상 경찰공무원의 의무에 해당하는 것은 ㉠㉤㉧ 3개이다.

186 경찰공무원의 의무와 근거법령이다. 옳지 않은 것은? 20. 경찰간부

□□□

①	경찰공무원법	• 정치관여금지의무 • 거짓보고 및 직무유기금지의무 • 지휘권남용금지의무 • 제복착용의무
②	국가공무원법	• 법령준수의무 • 친절공정의무 • 종교중립의무
③	경찰공무원 복무규정	• 근무시간 중 음주금지의무 • 품위유지의무(직무 내외 불문) • 민사분쟁에 부당개입금지의무
④	공직자윤리법	• 재산의 등록과 공개의무 • 선물신고의무 • 취업금지의무(퇴직공직자 취업 제한)

정답 및 해설 I ③

③ [×] 품위유지의무(직무 내외 불문)는 국가공무원법상 의무이다.

187 다음 중 경찰공무원의 권리와 의무에 대한 설명으로 적절하지 않은 것은 몇 개인가? 11. 경찰간부

□□□

> ㉠ 비밀엄수의무 위반은 징계의 원인이 될 뿐 형법상 처벌대상은 되지 않는다.
> ㉡ 비밀의 범위에는 자신이 처리하는 직무와 직결된 직무에 한정되고 직무와 관련하여 알게 된 모든 비밀을 포함하는 것은 아니다.
> ㉢ 거짓보고금지의무는 국가공무원법상의 의무는 아니며 경찰공무원법상 의무에 속하는 것이다.
> ㉣ 공무원은 직무와 관련이 없는 경우에도 그 소속 상관에게 증여하거나 소속 공무원으로부터 증여를 받을 수 없다.
> ㉤ 국가공무원법은 공무원의 청렴의무의 제도적 확보를 위하여 일정한 공직자의 재산등록 및 공개, 선물신고에 관하여 정하고 있다.
> ㉥ 경찰공무원법상 성실의 의무는 공무원의 기본적 의무로서 모든 의무의 원천이 된다.

① 3개 ② 4개
③ 5개 ④ 6개

정답 및 해설 | ②
틀린 설명은 ㉠㉡㉤㉥ 4개이다.
㉠ [×] 비밀엄수의무의 위반에 대하여는 **형사벌 및 징계처분이 가능**하며, 퇴직 후에는 형사벌에 의한 제재가 가능하다.
㉡ [×] 비밀의 범위에는 자신이 처리하는 직무와 직결된 비밀뿐만 아니라 **직무와 관련하여 알게 된 모든 비밀을 포함**한다.
㉤ [×] **공직자윤리법**은 공무원의 청렴의무의 제도적 확보를 위하여 일정한 공직자의 재산등록 및 공개, 선물신고에 관하여 정하고 있다.
㉥ [×] **국가공무원법**상 성실의 의무는 공무원의 기본적 의무로서 모든 의무의 원천이 된다.

188 경찰공무원의 권리와 의무에 대한 설명으로 가장 적절하지 않은 것은? 17. 경찰 변형

□□□

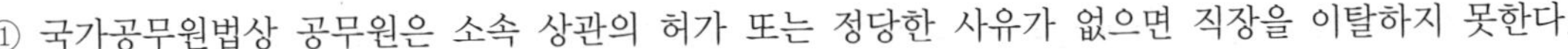

① 국가공무원법상 공무원은 소속 상관의 허가 또는 정당한 사유가 없으면 직장을 이탈하지 못한다.
② 복종의 의무와 관련하여, 경찰공무원법은 경찰공무원이 구체적 사건 수사와 관련된 상관의 적법성 또는 정당성에 대하여 이견이 있을 때에는 이의를 제기할 수 있다고 규정하고 있다.
③ 국가공무원법상 공무원은 공무 외에 영리를 목적으로 하는 업무에 종사하지 못하며 소속 기관장의 허가 없이 다른 직무를 겸할 수 없다.
④ 공직자윤리법상 등록의무자(취업심사대상자)는 퇴직일부터 3년간 퇴직 전 5년 동안 소속하였던 부서 또는 기관의 업무와 밀접한 관련성이 있는 취업제한기관에 취업할 수 없다. 다만, 관할 공직자윤리위원회의 승인을 받은 때에는 그러하지 아니하다.

정답 및 해설 | ②
② [×] **국가경찰과 자치경찰의 조직 및 운영에 관한 법률**은 경찰공무원이 구체적 사건수사와 관련된 상관의 적법성 또는 정당성에 대하여 이견이 있을 때에는 이의를 제기할 수 있다고 규정하고 있다.

189 경찰공무원의 권리와 의무를 규정하는 법령에 대한 설명으로 가장 적절하지 않은 것은? 21. 경찰승진

□□□

① 공직자윤리법상 공무원 또는 공직유관단체의 임직원은 외국으로부터 선물(대가 없이 제공되는 물품 및 그 밖에 이에 준하는 것을 말하되, 현금은 제외한다. 이하 같다)을 받거나 그 직무와 관련하여 외국인(외국단체 포함)에게 선물을 받으면 지체 없이 소속 기관·단체의 장에게 신고하고 그 선물을 인도하여야 한다.

② ①에 따라 공직자윤리법 시행령상 신고하여야 할 선물은 그 선물 수령 당시 증정한 국가 또는 외국인이 속한 국가의 시가로 미국화폐 100달러 이상이거나 국내 시가로 10만원 이상인 선물로 한다.

③ 공직자윤리법상 취업심사대상자는 퇴직일부터 3년간 취업심사대상기관에 취업할 수 없다. 다만, 관할 공직자윤리위원회로부터 취업심사대상자가 퇴직 전 5년 동안 소속하였던 부서 또는 기관의 업무와 취업심사대상기관간에 밀접한 관련성이 없다는 확인을 받으면 취업할 수 있다.

④ 공무원 재해보상법에 따른 급여를 받을 권리는 그 급여의 사유가 발생한 날부터 요양급여·재활급여·간병급여·부조급여는 5년간, 그 밖의 급여는 3년간 행사하지 아니하면 시효로 인하여 소멸한다.

정답 및 해설 I ④

④ [×] 공무원 재해보상법에 따른 급여를 받을 권리는 그 급여의 사유가 발생한 날부터 요양급여·재활급여·간병급여·부조급여는 3년간, 그 밖의 급여는 5년간 행사하지 아니하면 시효로 인하여 소멸한다(공무원 재해보상법 제54조 제1항).

190 국가공무원법상 경찰공무원의 의무에 관한 설명으로 가장 적절하지 않은 것은? 14. 경찰승진

□□□

① 경찰공무원은 소속 상관의 허가 또는 정당한 사유가 없으면 직장을 이탈하지 못한다.

② 경찰공무원은 직무상 그 소속 상관에게 증여하거나 소속 경찰공무원으로부터 증여를 받아서는 아니 된다. 다만, 직무상 관계가 없는 증여에 대해서는 그러하지 아니하다.

③ 경찰공무원은 공무 외에 영리를 목적으로 하는 업무에 종사하지 못하며 소속 기관장의 허가 없이 다른 직무를 겸할 수 없다.

④ 경찰공무원은 선거에서 특정 정당 또는 특정인을 지지 또는 반대하기 위한 문서나 도서를 공공시설 등에 게시하거나 게시하게 하는 것을 하여서는 아니 된다.

정답 및 해설 I ②

② [×] 경찰공무원은 **직무상 관계가 있든 없든** 그 소속 상관에게 증여하거나 소속 경찰공무원으로부터 증여를 받아서는 아니 된다(국가공무원법 제61조 제2항).

191 경찰공무원의 의무와 관련된 설명 중 가장 적절하지 않은 것은? 13. 승진

□□□

① 국가공무원법에서는 성실의무를 규정하고 있는데, 이는 공무원의 기본적 의무로 다른 의무의 원천이라 할 수 있다.

② 경찰공무원은 직무와 관련하여 직접 · 간접을 불문하고 사례 · 증여 · 향응을 주거나 받을 수 없다는 것은 국가공무원법상 청렴의 의무에 해당한다.

③ 국가공무원법상 비밀엄수의 의무와 관련하여 비밀의 범위에는 자신이 처리하는 직무에 관한 비밀뿐만 아니라 직무와 관련하여 알게 된 모든 비밀을 포함한다.

④ 복종의 의무와 관련하여 경찰공무원법은 구체적 사건수사와 관련된 소속 상관의 지휘 · 감독에 대한 경찰공무원의 이의제기권을 명문화하였다.

정답 및 해설 I ④

④ [×] 복종의 의무와 관련하여 구체적 사건수사와 관련된 소속 상관의 지휘 · 감독에 대한 경찰공무원의 이의제기권은 경찰공무원법이 아니라 **국가경찰과 자치경찰의 조직 및 운영에 관한 법률**에 명문화되어 있다.

192 보기에 적용될 수 있는 가장 적절한 법률은 무엇인가? 12. 경찰승진

□□□

> ㉠ 파출소에 근무하는 甲경장은 외국정부로부터 영예 또는 증여를 받을 경우에는 대통령의 허가를 얻어야 한다.
>
> ㉡ 교통외근으로 근무하는 乙경위는 공무 이외에 다른 직무를 겸직하기 위해서는 소속 기관장의 허가를 얻어야 한다.

① 국가공무원법

② 국가경찰과 자치경찰의 조직 및 운영에 관한 법률

③ 경찰공무원법

④ 경찰관 직무집행법

정답 및 해설 I ①

① [○] ㉠ 국가공무원법상 영예제한, ㉡ 국가공무원법상 직무전념의무 중 겸직금지의무에 해당한다.

193 다음 보기 중 국가공무원법상 직무상의 의무에 해당하는 것은 모두 몇 개인가? 19. 경찰간부

□□□

㉠ 종교중립의 의무	㉡ 복종의 의무
㉢ 비밀엄수의 의무	㉣ 친절 · 공정의 의무
㉤ 정치운동의 금지	㉥ 법령준수의 의무

① 3개 ② 4개

③ 5개 ④ 6개

정답 및 해설 I ②

국가공무원법상 **직무상 의무**에 해당하는 것은 ㉠㉡㉣㉥ 4개이다. ㉢㉤은 **신분상 의무**에 해당한다.

194 경찰공무원의 권리와 의무에 대한 설명 중 가장 적절한 것은? (다툼이 있는 경우 판례에 의함)

14. 경찰승진

① 무기휴대권의 법적 근거는 국가경찰과 자치경찰의 조직 및 운영에 관한 법률 제20조이며, 무기사용권의 법적 근거는 경찰관 직무집행법 제10조의4로 분리되어 있다.

② 공무원의 보수는 봉급과 기타 각종 수당을 합산한 금액을 말하는데, 경찰공무원의 보수에 관한 사항을 별도로 규정하는 법령은 존재치 않고 행정안전부령인 공무원보수규정안에서 통합하여 규정하고 있다.

③ 연금은 기획재정부장관이 결정하고 공무원연금공단이 지급하는데, 공무원연금법상 연금청구권의 소멸시효는 단기급여의 경우에는 3년, 장기급여의 경우에는 5년이다.

④ 법령준수의 의무, 영리업무종사금지, 친절 · 공정의 의무, 종교중립의 의무는 경찰공무원의 직무상 의무에 해당한다.

정답 및 해설 I ④

① [×] 무기휴대권의 법적 근거는 **경찰공무원법 제26조**이며, 무기사용권의 법적 근거는 경찰관 직무집행법 제10조의4로 분리되어 있다.

② [×] 경찰공무원의 보수에 관한 사항을 별도로 규정하는 법령은 존재치 않고 **대통령령**인 공무원보수규정안에서 통합하여 규정하고 있다.

③ [×] 연금은 **인사혁신처장**이 결정하고 공무원연금공단이 지급하는데, 공무원연금법상 연금청구권의 소멸시효는 **5년**이다.

195 국가공무원법상 공무원의 의무에 대한 설명으로 가장 적절하지 않은 것은?

18. 경찰승진

① 청렴의 의무 – 공무원은 직무상의 관계가 있든 없든 그 소속 상관에게 증여하거나 소속 공무원으로부터 증여를 받아서는 아니 된다.

② 외국 정부의 영예 등을 받을 경우 – 공무원이 외국 정부로부터 영예나 증여를 받을 경우에는 대통령의 허가를 받아야 한다.

③ 영리업무 및 겸직금지 – 공무원은 공무 외에 영리를 목적으로 하는 업무에 종사하지 못하며 소속 상관의 허가 없이 다른 직무를 겸할 수 없다.

④ 직장 이탈금지 – 공무원은 소속 상관의 허가 또는 정당한 사유가 없으면 직장을 이탈하지 못한다.

정답 및 해설 I ③

③ [×] 영리업무 및 겸직금지 – 공무원은 공무 외에 영리를 목적으로 하는 업무에 종사하지 못하며 **소속 기관장**의 허가 없이 다른 직무를 겸할 수 없다(국가공무원법 제64조 제1항).

196 경찰공무원의 의무에 대한 설명으로 가장 적절하지 않은 것은? 19. 경찰승진 변형

□□□

① 국가공무원법에 따라 직무와 관련하여 직접적이든 간접적이든 사례 · 증여 또는 향응을 주거나 받을 수 없다.

② 국가공무원법에 따라 재직 중은 물론 퇴직 후에도 직무상 알게 된 비밀을 엄수하여야 한다.

③ 공직자윤리법 시행령에서는 경찰공무원 중 경정, 경감, 경위, 경사를 재산등록 의무자로 규정하고 있다.

④ 국가공무원법에 따라 제복을 착용하여야 한다.

정답 및 해설 I ④

④ [×] 제복착용의무는 **경찰공무원법상 의무**이다(경찰공무원법 제26조 제1항).

197 국가공무원법상 공무원의 의무에 대한 설명으로 가장 적절하지 않은 것은? 20. 경찰승진

□□□

① 공무원은 소속 상관의 허가 또는 정당한 사유가 없으면 직장을 이탈하지 못한다.

② 공무원은 직무의 내외를 불문하고 그 품위가 손상되는 행위를 하여서는 아니된다.

③ 공무원은 재직 중에 직무상 지득한 비밀을 엄수하여야 하나, 퇴직 후에는 그러한 의무가 없다.

④ 공무원은 정당이나 그 밖의 정치단체의 결성에 관여하거나 이에 가입할 수 없으며, 선거에서 특정 정당 또는 특정인을 지지 또는 반대하기 위해 투표를 하거나 하지 아니하도록 권유 운동을 하여서는 아니 된다.

정답 및 해설 I ③

③ [×] 공무원은 재직 중은 물론 **퇴직 후에도** 직무상 알게 된 비밀을 엄수하여야 한다(국가공무원법 제60조).

198 경찰공무원의 의무 중 그 근거법령이 나머지 셋과 다른 하나는? 19. 경찰

□□□

① 법령을 준수하며 성실히 직무를 수행하여야 한다.

② 직무를 수행할 때 소속 상관의 직무상 명령에 복종하여야 한다.

③ 직무에 관하여 거짓으로 보고나 통보를 하여서는 아니 된다.

④ 소속 상관의 허가 또는 정당한 사유가 없으면 직장을 이탈하지 못한다.

정답 및 해설 I ③

③ 거짓보고금지의무는 **경찰공무원법상** 의무이다.

①②④ **국가공무원법상**의 의무이다.

199 □□□ 경찰공무원의 의무에 대한 설명으로 가장 적절하지 않은 것은? 17. 경찰간부

① 소속 상관의 허가 또는 정당한 사유가 없으면 직장을 이탈하지 못한다.

② 외국 정부로부터 영예나 증여를 받을 경우에는 대통령의 허가를 받아야 한다.

③ 공직자윤리법에서는 총경 이상의 경찰공무원을, 공직자윤리법 시행령에서는 경위 이상의 경찰공무원을 각각 재산등록의무자로 규정하고 있다.

④ 친절 · 공정의무는 국가공무원법에 규정된 법적인 의무이다.

정답 및 해설 I ③

③ [×] 공직자윤리법 시행령에서는 **경사 이상 경정 이하**의 경찰공무원에 대한 재산등록의무를 규정하고 있다(공직자윤리법 시행령 제3조 제5항 제6호).

200 □□□ 국가공무원법상 공무원의 의무에 관한 설명으로 가장 적절하지 않은 것은? 23. 경찰승진

① 공무원은 재직 중은 물론 퇴직 후에도 직무상 알게 된 비밀을 엄수(嚴守)하여야 한다.

② 공무원은 직무와 관련하여 간접적인 사례 · 증여 또는 향응을 주거나 받을 수 있다.

③ 공무원이 외국 정부로부터 영예나 증여를 받을 경우에는 대통령의 허가를 받아야 한다.

④ 공무원은 종교에 따른 차별 없이 직무를 수행하여야 한다.

정답 및 해설 I ②

② [×] 공무원은 직무와 관련하여 **직접이든 간접적이든** 사례 · 증여 또는 향응을 주거나 받을 수 **없다**(국가공무원법 제61조 제1항).

201 □□□ 경찰공무원 복무규정에 관한 다음 설명 중 가장 적절하지 않은 것은? 15. 경찰

① 경찰공무원은 상사의 허가를 받거나 그 명령에 의한 경우를 제외하고는 직무와 관계없는 장소에서 직무수행을 하여서는 아니 된다.

② 경찰공무원은 휴무일 또는 근무시간 외에 3시간 이내에 직무에 복귀하기 어려운 지역으로 여행을 하고자 할 때에는 소속 경찰기관의 장에게 신고를 하여야 한다.

③ 경찰공무원은 근무시간 중 음주를 하여서는 아니 된다. 다만, 특별한 사정이 있는 경우에는 예외로 하되, 이 경우 주기가 있는 상태에서 직무를 수행하여서는 아니 된다.

④ 경찰기관의 장은 근무성적이 탁월하거나 다른 경찰공무원의 모범이 될 공적이 있는 경찰공무원에 대하여 1회 10일 이내의 포상휴가를 허가할 수 있다. 이 경우의 포상휴가기간은 연가일수에 산입하지 아니한다.

정답 및 해설 I ②

② [×] 경찰공무원은 휴무일 또는 근무시간 외에 **2시간** 이내에 직무에 복귀하기 어려운 지역으로 여행을 하고자 할 때에는 소속 경찰기관의 장에게 신고를 하여야 한다(경찰공무원 복무규정 제13조).

202 □□□ 다음은 경찰공무원 복무규정의 내용이다. 아래 ㉠부터 ㉣까지의 설명으로 옳고 그름의 표시(○, ×)가 바르게 된 것은? 17. 경찰승진

> ㉠ 경찰공무원의 기본강령으로 제1호에 경찰사명, 제2호에 경찰정신, 제3호에 규율, 제4호에 책임, 제5호에 단결, 제6호에 성실 · 청렴을 규정하고 있다.
> ㉡ 경찰공무원은 직위 또는 직권을 이용하여 부당하게 타인의 민사분쟁에 개입하여서는 아니 된다.
> ㉢ 경찰기관의 장은 근무성적이 탁월하거나 다른 경찰공무원의 모범이 될 공적이 있는 경찰공무원에 대하여 1회 10일 이내의 포상휴가를 허가할 수 있다. 이 경우의 포상휴가기간은 연가일수에 산입하지 아니한다.
> ㉣ 경찰기관의 장은 특별한 사정이 없는 한, 연일근무자 및 공휴일 근무자에 대하여는 그 다음 날 1일의 휴무, 당직 또는 철야근무자에 대하여는 다음 날 오후 2시를 기준으로 하여 오전 또는 오후의 휴무를 허가할 수 있다.

① ㉠ (○), ㉡ (○), ㉢ (○), ㉣ (○)
② ㉠ (○), ㉡ (×), ㉢ (○), ㉣ (×)
③ ㉠ (×), ㉡ (○), ㉢ (○), ㉣ (×)
④ ㉠ (×), ㉡ (○), ㉢ (×), ㉣ (○)

정답 및 해설 | ③

옳은 설명은 ㉡㉢이다.

㉠ [×] 경찰공무원의 기본강령으로 제1호에 경찰사명, 제2호에 경찰정신, 제3호에 규율, **제4호에 단결**, **제5호에 책임**, 제6호에 성실 · 청렴을 규정하고 있다(경찰공무원 복무규정 제3조).

㉣ [×] 경찰기관의 장은 특별한 사정이 없는 한, 연일근무자 및 공휴일 근무자에 대하여는 그 다음 날 1일의 휴무, 당직 또는 철야근무자에 대하여는 다음 날 오후 2시를 기준으로 하여 오전 또는 오후의 휴무를 **허가하여야 한다**(경찰공무원 복무규정 제19조).

203 □□□ 경찰공무원 복무규정상 기본강령과 그에 대한 내용으로 가장 적절하게 연결된 것은? 18. 경찰

① 경찰사명: 경찰공무원은 주어진 사명을 다하기 위하여 긍지를 가지고 한마음 한뜻으로 굳게 뭉쳐 임무수행에 모든 역량을 기울여야 한다.
② 경찰정신: 경찰공무원은 국가와 민족을 위하여 충성과 봉사를 다하며, 국민의 생명 · 신체 및 재산을 보호하고, 공공의 안녕과 질서를 유지함을 그 사명으로 한다.
③ 규율: 경찰공무원은 성실하고 청렴한 생활태도로써 국민의 모범이 되어야 한다.
④ 책임: 경찰공무원은 창의와 노력으로써 소임을 완수하여야 하며, 직무수행의 결과에 대하여 책임을 진다.

정답 및 해설 | ④

① [×] 경찰사명: 경찰공무원은 국가와 민족을 위하여 충성과 봉사를 다하며, 국민의 생명 · 신체 및 재산을 보호하고, 공공의 안녕과 질서를 유지함을 그 **사명**으로 한다(경찰공무원 복무규정 제3조 제1호).

② [×] 경찰정신: 경찰공무원은 국민의 수임자로서 일상의 직무수행에 있어서 국민의 자유와 권리를 존중하는 호국 · 봉사 · 정의의 **정신**을 그 바탕으로 삼는다(경찰공무원 복무규정 제3조 제2호).

③ [×] 규율: 경찰공무원은 법령을 준수하고 직무상의 명령에 복종하며, 상사에 대한 존경과 부하에 대한 존중으로써 **규율**을 지켜야 한다(경찰공무원 복무규정 제3조 제3호).

☑ 경찰공무원 복무규정의 기본강령

> 경찰공무원은 다음의 기본강령에 따라 복무해야 한다.
> 1. 경찰사명: 경찰공무원은 국가와 민족을 위하여 충성과 봉사를 다하며, 국민의 생명 · 신체 및 재산을 보호하고, 공공의 안녕과 질서를 유지함을 그 사명으로 한다.
> 2. 경찰정신: 경찰공무원은 국민의 수임자로서 일상의 직무수행에 있어서 국민의 자유와 권리를 존중하는 호국 · 봉사 · 정의의 정신을 그 바탕으로 삼는다.
> 3. 규율: 경찰공무원은 법령을 준수하고 직무상의 명령에 복종하며, 상사에 대한 존경과 부하에 대한 존중으로써 규율을 지켜야 한다.
> 4. 단결: 경찰공무원은 주어진 사명을 다하기 위하여 긍지를 가지고 한마음 한뜻으로 굳게 뭉쳐 임무수행에 모든 역량을 기울여야 한다.
> 5. 책임: 경찰공무원은 창의와 노력으로써 소임을 완수하여야 하며, 직무수행의 결과에 대하여 책임을 진다.
> 6. 성실 · 청렴: 경찰공무원은 성실하고 청렴한 생활태도로써 국민의 모범이 되어야 한다.

204 □□□ 경찰공무원 복무규정상 경찰공무원의 의무에 대한 설명으로 가장 적절하지 않은 것은? 21. 경찰

① 경찰공무원은 상사의 허가를 받거나 그 명령에 의한 경우를 제외하고는 직무와 관계없는 장소에서 직무수행을 하여서는 아니 된다.

② 경찰공무원은 신규채용 · 승진 · 전보 · 파견 · 출장 · 연가 · 교육훈련기관에의 입교, 기타 신분관계 또는 근무관계 또는 근무관계의 변동이 있는 때에는 소속 상관에게 신고를 하여야 한다.

③ 경찰공무원은 직위 또는 직권을 이용하여 부당하게 타인의 민사분쟁에 개입하여서는 아니 된다.

④ 경찰공무원은 휴무일 또는 근무시간 외에 2시간 이내에 직무에 복귀하기 어려운 지역으로 여행을 하고자 할 때에는 소속 상관의 허가를 받아야 한다.

정답 및 해설 I ④

④ [×] 경찰공무원은 휴무일 또는 근무시간 외에 2시간 이내에 직무에 복귀하기 어려운 지역으로 여행을 하고자 할 때에는 **소속 경찰기관의 장에게 신고**하여야 한다(경찰공무원 복무규정 제13조).

205 □□□ 다음은 甲총경과 친족의 재산 현황이다. 「공직자윤리법」을 기준으로 甲총경이 등록해야 하는 재산의 총액으로 가장적절한 것은? (단, 제시한 자료 이외의 친족 및 재산은 없음) 23. 경찰승진

> ㉠ 甲총경이 소유한 미국에 있는 5천만원 상당의 아파트
> ㉡ 甲총경의 성년 아들이 소유한 합계액 500만원의 예금
> ㉢ 甲총경의 배우자가 소유한 합계액 2천만원의 채권
> ㉣ 甲총경의 부친이 소유한 합계액 500만원의 현금
> ㉤ 甲총경의 외조모가 소유한 합계액 3천만원의 주식
> ㉥ 甲총경의 혼인한 딸이 소유한 합계액 5천만원의 현금

① 7천만원　　② 7천 500만원
③ 8천만원　　④ 8천 500만원

정답 및 해설 I ①

㉠ [O] 본인명의의 부동산 소유권으로 등록대상재산에 해당한다.
㉡ [×] 등록대상범위에는 해당하나 1천만원 미만의 예금이므로 제외된다.
㉢ [O] 본인의 배우자가 소유한 1천만원 이상의 채권이므로 등록대상재산에 해당한다.
㉣ [×] 부친이므로 등록대상범위자에는 해당하나, 소유한 합계액이 1천만원 미만의 현금이므로 제외된다.
㉤ [×] 외조모이므로 등록대상범위에서 제외된다.
㉥ [×] 혼인한 딸이므로 등록대상범위에서 제외된다.

> 「공직자윤리법」 제4조 【등록대상재산】 ① 등록의무자가 등록할 재산은 다음 각 호의 어느 하나에 해당하는 사람의 재산(소유 명의와 관계없이 사실상 소유하는 재산, 비영리법인에 출연한 재산과 외국에 있는 재산을 포함한다. 이하 같다)으로 한다.
> 1. 본인
> 2. 배우자(사실상의 혼인관계에 있는 사람을 포함한다)
> 3. 본인의 직계존속 · 직계비속. 다만, **혼인한 직계비속인 여성과 외증조부모, 외조부모, 외손자녀 및 외증손자녀는 제외한다.**
>
> ② 등록의무자가 등록할 재산은 다음 각 호와 같다.
> 1. **부동산에 관한 소유권** · 지상권 및 전세권
> 2. 광업권 · 어업권 · 양식업권, 그 밖에 부동산에 관한 규정이 준용되는 권리
> 3. 다음 각 목의 동산 · 증권 · 채권 · 채무 및 지식재산권(知識財産權)
>   가. **소유자별 합계액 1천만원 이상의 현금**(수표를 포함한다)
>   나. **소유자별 합계액 1천만원 이상의 예금**
>   다. 소유자별 합계액 1천만원 이상의 주식 · 국채 · 공채 · 회사채 등 증권
>   라. **소유자별 합계액 1천만원 이상의 채권**
>   마. 소유자별 합계액 1천만원 이상의 채무
>   바. 소유자별 합계액 500만원 이상의 금 및 백금(금제품 및 백금제품을 포함한다)
>   사. 품목당 500만원 이상의 보석류
>   아. 품목당 500만원 이상의 골동품 및 예술품
>   자. 권당 500만원 이상의 회원권
>   차. 소유자별 연간 1천만원 이상의 소득이 있는 지식재산권
>   카. 자동차 · 건설기계 · 선박 및 항공기
> 4. 합명회사 · 합자회사 및 유한회사의 출자지분
> 5. 주식매수선택권
> 6. 「특정 금융거래정보의 보고 및 이용 등에 관한 법률」 제2조 제3호에 따른 가상자산(이하 "가상자산"이라 한다)

206 징계에 관한 다음 설명 중 가장 옳은 것은? 12. 경찰
□□□

① 징계란 공무원의 의무위반이 있는 경우 또는 비행이 있는 경우 공무원 내부관계의 질서유지를 위하여 특별권력관계가 아닌 일반통치권에 의해 과해지는 제재이다.

② 국가공무원법이나 국가공무원법에 의한 명령을 위반하였을 경우, 직무상의 의무를 위반하거나 직무를 태만히 한 경우, 직무수행능력이 부족하거나 근무성적이 극히 나쁜 경우는 징계사유에 해당한다.

③ 징계에 관하여 다른 법률의 적용을 받는 공무원이 국가공무원법의 징계에 관한 규정의 적용을 받는 공무원으로 임용된 경우에 임용 이전의 다른 법률에 따른 징계사유는 그 사유가 발생한 날부터 국가공무원법에 따른 징계사유가 발생한 것으로 본다.

④ 경찰기관의 장은 소속 경찰공무원 중 징계사유가 있다고 인정한 때와 징계의결 요구의 신청을 받은 때에는 지체 없이 관할 징계위원회를 구성하여 징계의결을 요구할 수 있다.

정답 및 해설 I ③

① [×] 경찰공무원의 의무위반이나 비행이 있는 경우 공법상 특별권력관계의 내부질서를 유지하기 위하여 임용권자에 의해 그 책임을 추궁하여 과해지는 제재를 말한다.

② [×] 국가공무원법이나 국가공무원법에 의한 명령을 위반하였을 경우, 직무상의 의무를 위반하거나 직무를 태만히 한 경우는 징계사유(국가공무원법 제78조 제1항)에 해당하지만, 직무수행능력이 부족하거나 근무성적이 극히 나쁜 경우는 직위해제사유에 해당한다(국가공무원법 제73조의3 제1항).

④ [×] 경찰기관의 장은 소속 경찰공무원에게 징계사유가 있거나, 징계의결 요구의 신청을 받은 때에는 지체 없이 관할 징계위원회를 구성하여 징계의결을 요구하여야 한다(경찰공무원 징계령 제9조 제1항).

207 다음은 징계에 관한 설명이다. 잘못된 것은? 07. 경찰 변형

□□□

> ㉠ 현행 국가공무원법에서는 검찰 · 경찰, 그 밖의 수사기관에서 수사 중인 사건에 대하여는 징계의결을 하지 못한다.
> ㉡ 징계의결의 요구는 징계사유가 발생한 날로부터 3년(금품 및 향응수수, 공금의 횡령 혹은 유용의 경우에는 5년, 성매매 · 성폭력범죄 등의 경우에는 10년)이 경과한 때에는 이를 행사하지 못한다.
> ㉢ 국가공무원법에 의한 명령에 위반하였을 때에는 징계가 가능하나, 직무를 태만히 한 때에는 징계할 수 없다.
> ㉣ 징계위원회는 징계요구서를 받은 날로부터 15일 이내에 의결하여야 한다.
> ㉤ 징계의결을 요구한 자는 감봉 또는 견책의 징계의결의 통고를 받은 날부터 15일 이내에 집행하여야 한다.

① ㉠, ㉡, ㉢ ② ㉠, ㉢, ㉣

③ ㉡, ㉣, ㉤ ④ ㉢, ㉣, ㉤

정답 및 해설 I ②

틀린 설명은 ㉠㉢㉣이다.

㉠ [×] 징계와 형벌과의 관계에서 형사소추선행의 원칙이 적용되지 아니한다. 즉, 검찰 · 경찰, 그 밖의 수사기관에서 수사 중인 사건에 대하여는 수사기관으로부터 수사개시 통보를 받은 날부터 징계의결이 요구나 그 밖의 징계절차를 진행하지 아니할 수 있다(국가공무원법 제83조 제2항).

㉢ [×] 직무상의 의무를 위반하거나 직무를 태만히 한 경우에도 징계의결을 요구하여야 하고 그 징계의결의 결과에 따라 징계처분을 하여야 한다(국가공무원법 제78조 제1항).

㉣ [×] 징계위원회는 징계요구서를 받은 날부터 30일 이내에 징계 등에 관한 의결을 하여야 한다. 다만, 부득이한 사유가 있을 때에는 해당 징계 등 의결을 요구한 경찰기관의 장의 승인을 받아 30일 이내의 범위에서 그 기한을 연기할 수 있다(경찰공무원 징계령 제11조 제1항).

208 경찰공무원의 징계에 관한 설명으로 옳지 않은 것은 모두 몇 개인가? 12. 경찰간부

□□□

> ㉠ '직무수행능력이 부족한 때'는 국가공무원법상 징계사유에 해당하지 않는다.
> ㉡ 징계의결 등의 요구는 징계 등의 사유가 발생한 날부터 3년(금품 및 향응수수, 공금의 횡령 혹은 유용의 경우에는 5년, 성매매 · 성폭력범죄 등의 경우에는 10년)이 지나면 하지 못한다.
> ㉢ 징계벌과 형벌은 이중적 처벌이 되지 않아야 하기 때문에 병과할 수 없다.
> ㉣ 중징계라 함은 파면, 해임, 강등을 말하고 정직은 중징계에 해당하지 아니한다.
> ㉤ 경찰공무원으로 임용되기 전의 행위는 임용 후의 경찰공무원의 체면 또는 위신을 손상하게 된 경우라도 징계사유로 삼을 수 없다.

① 1개 ② 2개

③ 3개 ④ 4개

정답 및 해설 I ③

옳지 않은 설명은 ㉢㉣㉤ 3개이다.

㉢ [×] 징계벌과 형벌은 그 목적과 성질이 다르기 때문에 병과하여도 일사부재리원칙에 위반되지 않는다.

㉣ [×] 중징계라 함은 파면, 해임, 강등, 정직을 말한다(경찰공무원 징계령 제2조 제1호).

㉤ [×] 경찰공무원으로 임용되기 전의 행위는 임용 후의 경찰공무원의 체면 또는 위신을 손상하게 된 경우라면 징계사유로 삼을 수 있다.

209 경찰공무원 징계령에 따른 경찰공무원 징계에 관한 다음 설명 중 가장 적절하지 않은 것은? 11. 경찰

□□□

① 경찰공무원 보통징계위원회는 해당 징계위원회가 설치된 경찰기관 소속 경감 이하의 경찰공무원에 대한 징계사건을 심의 · 의결한다.

② 경찰공무원 중앙징계위원회는 총경 및 경정에 대한 징계사건을 심의 · 의결한다.

③ 각 징계위원회는 위원장 1명을 포함하여 11명 이상 51명 이하의 공무원위원과 민간위원으로 구성한다.

④ 징계위원회의 위원은 징계심의대상자보다 상위 계급의 경감 이상의 소속 경찰공무원 중에서 해당 경찰기관의 장이 임명한다.

정답 및 해설 I ④

④ [×] 징계위원회 위원은 징계 등 심의대상자보다 상위 계급인 경위 이상의 소속 경찰공무원 또는 상위 직급에 있는 6급 이상의 소속 공무원 중에서 해당 경찰기관의 장이 임명한다(경찰공무원 징계령 제6조 제2항).

210 경찰공무원 징계령상 경찰공무원 징계에 대하여 설명한 것이다. 옳은 것을 모두 고른 것은?

□□□

17. 경찰 변형

> ㉠ 경찰공무원 보통징계위원회는 해당 징계위원회가 설치된 경찰기관 소속 경정 이하 경찰공무원에 대한 징계 등 사건을 심의 · 의결한다.
> ㉡ 경찰공무원 보통징계위원회는 위원장과 징계위원회가 설치된 경찰기관의 장이 회의마다 지정하는 4명 이상 6명 이하의 위원으로 성별을 고려하여 구성하되, 민간위원의 수는 위원장을 포함한 위원 수의 2분의 1 이상이어야 한다.
> ㉢ 징계 등 의결 요구를 받은 징계위원회는 그 요구서를 받은 날부터 30일 이내에 징계 등에 관한 의결을 하여야 한다. 다만, 부득이한 사유가 있을 때에는 해당 징계 등 의결을 요구한 경찰기관의 장의 승인을 받아 30일 이내의 범위에서 그 기한을 연기할 수 있다.
> ㉣ 징계위원회의 위원 중 징계 등 심의 대상자의 친족이나 그 징계사유와 관계가 있는 사람은 그 징계 등 사건의 심의에 관여하지 못한다.
> ㉤ 징계위원회는 징계 등 사건을 의결할 때에는 징계 등 심의대상자의 비위행위 당시 계급 및 직위, 비위행위가 공직 내외에 미치는 영향, 평소 행실, 공적(功績), 뉘우치는 정도나 그 밖의 정상과 징계 등 의결을 요구한 자의 의견을 고려할 수 있다.

① ㉠, ㉤
② ㉡, ㉢, ㉣
③ ㉡, ㉢, ㉤
④ ㉡, ㉢, ㉣, ㉤

정답 및 해설 I ②

옳은 설명은 ㉡㉢㉣이다.

㉠ [×] 경찰공무원 보통징계위원회는 해당 징계위원회가 설치된 경찰기관 소속 경감 이하 경찰공무원에 대한 징계 등 사건을 심의 · 의결한다(경찰공무원 징계령 제4조 제2항).

㉤ [×] 징계위원회는 징계 등 사건을 의결할 때에는 징계 등 심의대상자의 비위행위 당시 계급 및 직위, 비위행위가 공직 내외에 미치는 영향, 평소 행실, 공적(功績), 뉘우치는 정도나 그 밖의 정상과 징계 등 의결을 요구한 자의 의견을 고려해야 한다(경찰공무원 징계령 제16조).

211 경찰공무원의 징계에 대한 설명 중 가장 적절하지 않은 것은?

13. 경찰승진

□□□

① 대통령령인 경찰공무원 징계령에 의하면 경찰공무원 보통징계위원회는 위원장과 징계위원회가 설치된 경찰기관의 장이 회의마다 지정하는 4명 이상 6명 이하의 위원으로 성별을 고려하여 구성하되, 민간위원의 수는 위원장을 포함한 위원 수의 2분의 1 이상이어야 한다.

② 소속이 다른 2명 이상의 경찰공무원이 관련된 징계 등 사건으로서 관할 징계위원회가 서로 다른 경우에는 모두를 관할하는 바로 위 상급 경찰기관에 설치된 징계위원회에서 심의 · 의결한다.

③ 금품 및 향응 수수로 징계 해임된 자의 퇴직급여는 재직기간이 5년 이상인 경우, 퇴직급여의 4분의 1을 지급한다.

④ 경찰기관의 장은 소속 경찰공무원 중 징계사유가 있다고 인정한 때와 징계의결 요구의 신청을 받은 때에는 지체 없이 관할 징계위원회를 구성하여 징계의결을 요구하여야 한다.

정답 및 해설 I ③

③ [×] 금품 및 향응 수수로 징계 해임된 자의 퇴직급여는 재직기간이 5년 이상인 경우 퇴직급여의 4분의 1을 감액하여 지급한다(공무원연금법 시행령 제61조 제1항).

212 □□□ 징계에 대한 설명으로 가장 적절하지 않은 것은? 14. 경찰승진

① 해임은 경찰관의 신분을 박탈하는 배제징계이고 향후 공직에 3년간 임용될 수 없으며, 특히 경찰공무원으로서는 연한에 관계없이 다시 임용될 수 없다.

② 형벌과 징계는 동일한 행위에 대해 병과할 수 있다.

③ 감사원에서 조사 중인 사건에 대하여는 조사개시의 통보를 받은 날로부터 징계의결의 요구나 기타 징계절차를 진행하지 못한다.

④ 징계위원회는 경정 이하 경찰공무원이 경찰청장 이상의 표창을 받은 공적이 있는 경우 징계를 감경할 수 있다.

정답 및 해설 I ④

④ [×] 징계위원회는 징계의결이 요구된 자가 다음 각 호의 어느 하나에 해당하는 공적이 있는 경우 별표 9에 따라 징계를 감경할 수 있다(경찰공무원 징계령 세부시행규칙 제8조).

1. 상훈법에 따라 훈장 또는 포장을 받은 공적
2. 정부표창규정에 따라 국무총리 이상의 표창을 받은 공적, 다만 경감 이하의 경찰공무원 등은 경찰청장 또는 중앙행정기관 차관급 이상 표창을 받은 공적
3. 모범공무원규정에 따라 모범공무원으로 선발된 공적

213 □□□ 다음은 경찰공무원 징계를 설명한 것이다. 가장 적절한 것은? 14. 경찰 변형

① 총경과 경정의 강등 및 정직은 경찰청장이 행한다.

② 경무관 이상의 경찰공무원에 대한 징계의결은 국가공무원법에 따라 경찰청에 설치된 경찰공무원 중앙징계위원회에서 한다.

③ 징계 등 의결을 요구한 자는 경징계의 징계 등 의결을 통지받았을 때에는 통지받은 날부터 30일 이내에 징계 등을 집행하여야 한다.

④ 징계의결 등의 요구는 징계 등의 사유가 발생한 날부터 2년(금품 및 향응 수수, 공금의 횡령 · 유용의 경우에는 3년, 성매매 · 성폭력범죄의 경우에는 10년)이 지나면 하지 못한다.

정답 및 해설 I ①

② [×] 경무관 이상의 경찰공무원에 대한 징계의결은 국가공무원법에 따라 국무총리 소속으로 설치된 징계위원회에서 한다(경찰공무원법 제32조 제1항).

③ [×] 징계 등 의결을 요구한 자는 경징계의 징계 등 의결을 통지받았을 때에는 통지받은 날부터 15일 이내에 징계 등을 집행하여야 한다(경찰공무원 징계령 제18조 제1항).

④ [×] 징계의결 등의 요구는 징계 등의 사유가 발생한 날부터 3년(금품 및 향응 수수, 공금의 횡령 · 유용의 경우에는 5년, 성매매 · 성폭력범죄의 경우에는 10년)이 지나면 하지 못한다(국가공무원법 제83조의2 제1항).

214 경찰공무원의 인사관리에 대한 설명으로 틀린 것은? 11. 경찰

□□□

① 경찰공무원 중앙징계위원회는 경무관 이상의 경찰공무원에 대한 징계를 의결한다.

② 전보는 계급의 변화 없이 직위만 바꾸는 것이다.

③ 경찰공무원인사위원회는 위원장을 포함한 위원 5명 이상 7명 이하로 구성한다.

④ 경찰서장은 시·도경찰청장의 권한을 위임받아 소속경찰관 중 경감 이하의 전보를 행할 수 있다.

정답 및 해설 I ①

① [×] 경무관 이상의 경찰공무원에 대한 징계의 의결은 국무총리 소속으로 설치된 징계위원회에서 행한다(경찰공무원법 제32조 제1항). 총경 및 경정에 대한 징계사건은 경찰공무원 중앙징계위원회에서 심의·의결한다(경찰공무원 징계령 제4조 제1항).

215 경찰조직 구성원들의 잘못된 행동을 교정하고자 하는 의도와 함께 사전에 잘못된 행동을 예방하고자 하는 의도로서 징계라는 수단을 통해 경찰활동을 관리한다. 다음 경찰공무원의 징계유형으로서 강등에 대한 설명으로 가장 적절하지 않은 것은? 10. 경찰

□□□

① 강등 징계시 3개월간 직무에 종사하지 못하며 그 기간 중 보수의 전액을 감한다.

② 강등된 계급의 계급정년은 강등되기 전 계급 중 가장 높은 계급의 계급정년으로 한다.

③ 징계로 인하여 경감으로 강등된 경찰공무원의 계급정년을 산정할 때에는 강등되기 전 계급인 경정의 근무연수와 강등 이후의 계급인 경감의 근무연수를 합산한다.

④ 금품 또는 향응수수로 강등 징계처분을 받은 경찰공무원은 그 처분의 집행이 끝난 날로부터 18개월이 지나지 아니한 경우 승진임용을 할 수 없다.

정답 및 해설 I ④

④ [×] 징계처분의 집행이 끝난 날부터 강등·정직은 18개월, 감봉은 12개월, 견책은 6개월(금품 및 향응수수, 공금의 횡령·유용에 따른 징계처분과 성폭력, 성희롱 및 성매매에 따른 징계처분을 받은 경우에는 각각 6개월을 더한 기간)이 지나지 않은 경찰공무원은 승진임용될 수 없다. 따라서, 18개월이 아니라 **24개월**(18개월 + 6개월)이라고 해야 옳은 설명이 된다.

216 경찰의 징계에 관한 설명 중 옳지 않은 것은? 08. 경찰간부

□□□

① 징계권은 임용권에 포함되는 것이므로 징계권자는 임용권자가 되는 것이 원칙이다.

② 파면된 자의 퇴직급여는 재직기간이 8년째인 경우 2분의 1을 감액하여 지급하고, 퇴직수당은 재직기간에 상관없이 2분의 1을 감액한다.

③ 금품 및 향응수수, 공금의 횡령으로 해임된 자의 퇴직급여는 재직기간이 20년인 때에는 2분의 1을 감액하여 지급한다.

④ 파면의 경우 5년간 공무원 임용이 제한되며, 해임의 경우는 3년간 제한된다.

정답 및 해설 I ③

③ [×] 금품 및 향응수수, 공금의 횡령으로 징계에 의하여 해임된 자의 퇴직급여는 재직기간이 5년 미만인 경우 8분의 1을, 5년 이상인 경우 4분의 1을 감액하여 지급하고, 퇴직수당은 재직기간에 상관없이 4분의 1을 감액한다(공무원연금법 시행령 제61조 제1항 제2호).

217 □□□ 다음은 국가공무원법, 공무원연금법 및 동법 시행령상 경찰공무원의 징계에 관한 설명이다. (   ) 안에 들어갈 숫자를 가장 적절하게 나열한 것은? 14. 경찰승진

> • 강등은 1계급 아래로 직급을 내리고 공무원 신분은 보유하나 (㉠)개월간 직무에 종사하지 못하며 그 기간 중 보수의 (㉡)을(를) 감한다.
> • 징계에 의하여 파면된 경우, 재직기간이 5년 미만인 사람의 퇴직급여는 그 금액의 (㉢)분의 1을 감액한다.
> • 징계의결 등의 요구는 징계 등의 사유가 발생한 날부터 (㉣)년(금품 및 향응 수수, 공금의 횡령 · 유용의 경우에는 5년, 성매매 및 성폭력범죄 등의 경우에는 10년)이 지나면 하지 못한다.

	㉠	㉡	㉢	㉣
①	3	2분의 1	2	3
②	3	전액	4	3
③	3	전액	4	2
④	3	2분의 1	2	2

정답 및 해설 I ②

②
> • 강등은 1계급 아래로 직급을 내리고 공무원 신분은 보유하나 (㉠ 3)개월간 직무에 종사하지 못하며 그 기간 중 보수의 (㉡ 전액)을(를) 감한다(국가공무원법 제80조 제1항).
> • 징계에 의하여 파면된 경우, 재직기간이 5년 미만인 사람의 퇴직급여는 그 금액의 (㉢ 4)분의 1을 감액한다(공무원연금법 시행령 제61조 제1항 제1호).
> • 징계의결 등의 요구는 징계 등의 사유가 발생한 날부터 (㉣ 3)년(금품 및 향응 수수, 공금의 횡령 · 유용의 경우에는 5년)이 지나면 하지 못한다.

218 □□□ 경찰공무원법상 징계에 관한 다음 설명 중 가장 적절하지 않은 것은? 16. 경찰

① 경무관 이상의 경찰공무원에 대한 징계의결은 국가공무원법에 따라 국무총리 소속으로 설치된 징계위원회에서 한다.

② 총경 이하의 경찰공무원에 대한 징계의결을 하기 위하여 대통령령으로 정하는 경찰기관 및 해양경찰관서에 경찰공무원 징계위원회를 둔다.

③ 경찰청 소속 경무관 이상의 강등 및 정직과 경정 이상의 파면 및 해임은 행정안전부장관의 제청으로 국무총리를 거쳐 대통령이 한다.

④ 총경 및 경정의 강등 및 정직은 경찰청장 또는 해양경찰청장이 한다.

정답 및 해설 I ③

③ [×] 경찰청 소속 경무관 이상의 강등 및 정직과 경정 이상의 파면 및 해임은 **경찰청장 또는 해양경찰청장의 제청**으로 행정안전부장관 또는 해양수산부장관과 국무총리를 거쳐 대통령이 한다(경찰공무원법 제33조 단서).

219 경찰공무원 징계령에 대한 내용으로 가장 적절하지 않은 것은?

□□□ 18. 경찰 변형

① 징계위원회의 위원장은 위원회의 사무를 총괄하고 위원회를 대표하며, 표결권을 가진다.

② 징계위원회는 출석통지를 하였음에도 불구하고 징계 등 심의 대상자가 정당한 사유 없이 출석하지 아니하였을 때에는 그 사실을 기록에 분명히 적고 서면심사로 징계 등 의결을 할 수 있다. 다만, 징계 등 심의 대상자의 소재가 분명하지 아니할 때에는 출석통지를 관보에 게재하고, 그 게재일부터 10일이 지나면 출석통지가 송달된 것으로 보며, 징계 등 의결을 할 때에는 관보 게재의 사유와 그 사실을 기록에 분명히 적어야 한다.

③ 징계 등 의결을 요구한 자는 경징계의 징계 등 의결을 통지받았을 때에는 통지받은 날부터 15일 이내에 징계 등을 집행하여야 한다.

④ 징계 등 의결 요구를 받은 징계위원회는 그 요구서를 받은 날부터 30일 이내에 징계 등에 관한 의결을 하여야 한다. 다만, 부득이한 사유가 있을 때에는 해당 징계심의대상자의 동의를 얻어 30일 이내의 범위에서 그 기한을 연기할 수 있다.

정답 및 해설 I ④

④ [×] 징계 등 의결 요구를 받은 징계위원회는 그 요구서를 받은 날부터 30일 이내에 징계 등에 관한 의결을 하여야 한다. 다만, 부득이한 사유가 있을 때에는 해당 징계 등 의결을 요구한 **경찰기관의 장의 승인을 받아** 30일 이내의 범위에서 그 기한을 연기할 수 있다(경찰공무원 징계령 제11조 제1항).

220 경찰공무원의 징계책임에 대한 설명으로 가장 적절한 것은?

□□□ 21. 경찰

① 경찰공무원 징계령상 중징계에는 파면, 해임 및 강등이 있으며, 경징계에는 정직, 감봉 및 견책이 있다.

② 경찰공무원 징계령상 징계 등 심의대상자는 증인의 심문을 신청할 수 있다. 이 경우 징계위원회의 위원장이 그 채택 여부를 결정한다.

③ 국가공무원법상 정직은 1개월 이상 3개월 이하의 기간으로 하고, 정직처분을 받은 자는 그 기간 중 공무원의 신분은 보유하나 직무에 종사하지 못하며 보수의 3분의 2를 감한다.

④ 경찰공무원법상 경무관 이상의 경찰공무원에 대한 징계의결은 국가공무원법에 따라 국무총리 소속으로 설치된 징계위원회에서 한다.

정답 및 해설 I ④

① [×] 경찰공무원 징계령상 중징계에는 파면, 해임 및 강등, **정직**이며, 경징계에는 감봉 및 견책이 있다(경찰공무원 징계령 제2조).

② [×] 경찰공무원 징계령상 징계 등 심의대상자는 증인의 심문을 신청할 수 있다. 이 경우 징계위원회의 **의결**로써 그 채택 여부를 결정하여야 한다(경찰공무원 징계령 제13조 제3항).

③ [×] 국가공무원법상 정직은 1개월 이상 3개월 이하의 기간으로 하고, 정직처분을 받은 자는 그 기간 중 공무원의 신분은 보유하나 직무에 종사하지 못하며 보수의 **전액**을 감한다(국가공무원법 제80조 제3항).

221 경찰공무원 징계령상 경찰공무원 징계에 대한 설명으로 가장 적절한 것은? 21. 경찰 변형

□□□

① 징계위원회는 징계 등 사건을 의결할 때에는 징계 등 심의대상자의 비위행위 당시 계급 및 직위, 비위행위가 공직 내외에 미치는 영향, 평소 행실, 공적(功績), 뉘우치는 정도나 그 밖의 정상과 징계 등 의결을 요구한 자의 의견을 고려할 수 있다.

② 징계 등 의결 요구를 받은 징계위원회는 그 요구서를 받은 날부터 60일 이내에 징계 등에 관한 의결을 하여야 한다. 다만, 부득이한 사유가 있을 때에는 해당 징계 등 의결을 요구한 경찰기관의 장의 승인을 받아 30일 이내의 범위에서 그 기한을 연기할 수 있다.

③ 징계 등 심의대상자의 소재가 분명하지 아니할 때에는 출석통지를 관보에 게재하고, 그 게재일부터 7일이 지나면 출석통지가 송달된 것으로 보며, 징계 등 의결을 할 때에는 관보게재의 사유와 그 사실을 기록에 분명히 적어야 한다.

④ 징계위원회의 의결은 위원장을 포함한 위원 과반수의 출석과 출석위원 과반수의 찬성으로 의결하되, 의견이 나뉘어 출석위원 과반수의 찬성을 얻지 못한 경우에는 출석위원 과반수가 될 때까지 징계 등 심의대상자에게 가장 불리한 의견을 제시한 위원의 수를 그 다음으로 불리한 의견을 제시한 위원의 수에 차례로 더하여 그 의견을 합의된 의견으로 본다.

정답 및 해설 I ④

① [×] 징계위원회는 징계 등 사건을 의결할 때에는 징계 등 심의대상자의 비위행위 당시 계급 및 직위, 비위행위가 공직 내외에 미치는 영향, 평소 행실, 공적(功績), 뉘우치는 정도나 그 밖의 정상과 징계 등 의결을 요구한 자의 의견을 **고려해야 한다**(경찰공무원 징계령 제16조).

② [×] 징계 등 의결 요구를 받은 징계위원회는 그 요구서를 받은 날부터 **30일** 이내에 징계 등에 관한 의결을 하여야 한다. 다만, 부득이한 사유가 있을 때에는 해당 징계 등 의결을 요구한 경찰기관의 장의 승인을 받아 30일 이내의 범위에서 그 기한을 연기할 수 있다(경찰공무원 징계령 제11조 제1항).

③ [×] 징계 등 심의대상자의 소재가 분명하지 아니할 때에는 출석통지를 관보에 게재하고, 그 게재일부터 **10일**이 지나면 출석통지가 송달된 것으로 보며, 징계 등 의결을 할 때에는 관보게재의 사유와 그 사실을 기록에 분명히 적어야 한다(경찰공무원 징계령 제12조 제3항 단서).

222 경찰 징계에 대한 설명으로 옳은 것은? 10. 경찰승진

□□□

① 경찰청에 설치하는 경찰공무원 중앙징계위원회는 경무관 이상 경찰공무원에 대한 징계사건을 심의 · 의결한다.

② 감봉은 1개월 이상 3개월 이하의 기간 동안 보수의 3분의 1을 감한다.

③ 재직기간이 5년 미만인 자에 대한 파면처분의 경우 퇴직수당은 4분의 1을 감액하여 지급한다.

④ 징계사유가 발생하면 징계위원회에서의 의결을 거치게 되고, 그 의결만으로 효력을 발생한다.

정답 및 해설 I ②

① [×] 경찰청에 설치하는 경찰공무원 중앙징계위원회는 **총경과 경정**의 경찰공무원에 대한 징계사건을 심의 · 의결한다.

③ [×] 재직기간이 5년 미만인 자에 대한 파면처분의 경우 퇴직급여는 4분의 1을 감액하여 지급하며, **퇴직수당**은 재직기간에 상관없이 2분의 1을 감액하여 지급한다(공무원연금법 시행령 제61조 제1항 제1호).

④ [×] 징계사유가 발생하면 징계위원회에서의 의결을 거치게 되고, 그 **의결만으로는 그 내용에 관한 효력을 발생하지 못하고**, 그 임명자(징계권자)가 그 의결을 실시(집행)함으로써 비로소 그 효력을 발생한다.

223 징계의 종류와 효과에 관한 다음 설명 중 가장 옳은 것은? 11. 경찰

□□□

① 징계에 의하여 파면 또는 해임처분을 받은 사람도 경찰공무원에 임용될 수 있다.

② 강등은 1계급 아래로 직급을 내리고(고위공무원단에 속하는 공무원은 3급으로 임용하고, 연구관 및 지도관은 연구사 및 지도사로 한다) 공무원신분은 보유하나 3개월간 직무에 종사하지 못하며 그 기간 중 보수의 전액을 감한다.

③ 임용권자 또는 임용제청권자는 심사승진후보자명부에 등재된 자가 승진임용되기 전에 정직 이상의 징계처분을 받은 경우에는 심사승진후보자명부에서 이를 삭제할 수 있다.

④ 견책은 1개월 이상 3개월 이하의 기간 동안 보수의 3분의 1을 감한다.

정답 및 해설 I ②

① [×] 징계에 의하여 파면 또는 해임처분을 받은 사람은 경찰공무원에 임용될 수 **없다**(경찰공무원법 제8조 제1항 제10호).

③ [×] 임용권자 또는 임용제청권자는 심사승진후보자명부에 등재된 자가 승진임용되기 전에 정직 이상의 징계처분을 받은 경우에는 심사승진후보자명부에서 이를 **삭제하여야 한다**.

④ [×] **감봉**은 1개월 이상 3개월 이하의 기간 동안 보수의 3분의 1을 감한다(국가공무원법 제80조 제4항).

224 경찰공무원 징계령에 관한 설명으로 가장 적절하지 않은 것은? 14. 경찰승진 변형

□□□

① 경찰기관의 장은 소속 경찰공무원이 징계사유가 있다고 인정할 때와 징계의결 요구의 신청을 받았을 때에는 관할 징계위원회를 구성하여 징계 등 의결을 요구할 수 있다.

② 징계 등 의결을 요구한 자는 경징계의 징계 등 의결을 통지받았을 때에는 통지받은 날부터 15일 이내에 징계 등을 집행하여야 한다.

③ 경찰공무원징계위원회의 위원장은 위원회의 사무를 총괄하고 위원회를 대표하며, 표결권을 가진다.

④ 징계 등 의결 요구를 받은 징계위원회는 그 요구서를 받은 날부터 30일 이내에 징계 등에 관한 의결을 하여야 한다. 다만, 부득이한 사유가 있을 때에는 해당 징계 등 의결을 요구한 경찰기관의 장의 승인을 받아 30일 이내의 범위에서 그 기한을 연기할 수 있다.

정답 및 해설 I ①

① [×] 경찰기관의 장은 소속 경찰공무원이 징계사유가 있다고 인정할 때와 징계의결 요구의 신청을 받았을 때에는 지체 없이 관할 징계위원회를 구성하여 징계 등 의결을 요구하여야 한다(경찰공무원 징계령 제9조 제1항).

225 경찰공무원 징계령상 징계와 관련된 규정에 대한 설명으로 가장 적절하지 않은 것은? 22. 경찰간부

□□□

① 각 징계위원회는 위원장 1명을 포함하여 11명 이상 51명 이하의 공무원위원과 민간위원으로 구성한다.

② 징계위원회의 회의는 위원장과 징계위원회가 설치된 경찰기관의 장이 회의마다 지정하는 4명 이상 6명 이하의 위원으로 성별을 고려하여 구성하되, 민간위원의 수는 위원장을 포함한 위원 수의 2분의 1 이상이어야 한다.

③ 징계위원회가 징계 등 심의대상자의 출석을 요구할 때에는 출석통지서로 하되, 징계위원회 개최일 5일 전까지 그 징계 등 심의대상자에게 도달되도록 해야 한다.

④ 징계 등 의결을 요구한 자는 중징계의 징계 등 의결을 통지받았을 때에는 통지받은 날부터 15일 이내에 징계 등 처분대상자의 임용권자에게 의결서 정본을 보내어 해당 징계 등 처분을 제청하여야 한다. 다만, 경무관 이상의 강등 및 정직, 경정 이상의 파면 및 해임처분의 제청, 총경 및 경정의 강등 및 정직의 집행은 경찰청장 또는 해양경찰청장이 한다.

정답 및 해설 I ④

④ [×] 징계등 의결을 요구한 자는 중징계의 징계 등 의결을 통지받았을 때에는 지체 없이 징계 등 처분대상자의 임용권자에게 의결서 정본을 보내어 해당 징계 등 처분을 제청하여야 한다(경찰공무원 징계령 제19조 제1항).

226 다음은 경찰공무원 징계령의 내용이다. 아래 ㉠부터 ㉣까지의 설명으로 옳고 그름의 표시(○, ×)가 바르게 된 것은?

□□□

18. 경찰승진 변형

> ㉠ 경찰공무원 중앙징계위원회와 보통징계위원회는 위원장 1명과 위원 5명 이상 7명 이하의 공무원위원과 민간위원으로 구성한다.
>
> ㉡ 소속이 다른 2명 이상의 경찰공무원이 관련된 징계 등 사건으로서 관할 징계위원회가 서로 다른 경우에는 모두를 관할하는 바로 위 상급 경찰기관에 설치된 징계위원회에서 심의 · 의결한다.
>
> ㉢ 징계 등 의결 요구를 받은 징계위원회는 그 징계요구서를 받은 날부터 30일 이내에 징계 등에 관한 의결을 하여야 한다. 다만, 부득이한 사유가 있을 때에는 해당 징계 등 의결을 요구한 경찰기관의 장의 승인을 받아 30일 이내의 범위에서 그 기한을 연기할 수 있다.
>
> ㉣ 징계위원회는 출석통지를 하였음에도 불구하고 징계 등 심의대상자가 정당한 사유 없이 출석하지 아니하였을 때에는 그 사실을 기록에 분명히 적고 서면심사로 징계 등 의결을 할 수 있다. 다만, 징계 등 심의대상자의 소재가 분명하지 아니할 때에는 출석통지를 관보에 게재하고, 그 게재일 다음 날부터 10일이 지나면 출석통지가 송달된 것으로 보며, 징계 등 의결을 할 때에는 관보게재의 사유와 그 사실을 기록에 분명히 적어야 한다.

① ㉠ (○), ㉡ (○), ㉢ (○), ㉣ (○)
② ㉠ (×), ㉡ (○), ㉢ (○), ㉣ (○)
③ ㉠ (×), ㉡ (○), ㉢ (○), ㉣ (×)
④ ㉠ (×), ㉡ (×), ㉢ (×), ㉣ (○)

정답 및 해설 I ③

옳은 설명은 ㉡㉢이다.

㉠ [×] 경찰공무원 보통징계위원회는 위원장과 징계위원회가 설치된 경찰기관의 장이 회의마다 지정하는 **4명 이상 6명 이하의 위원**으로 성별을 고려하여 구성하되, 민간위원의 수는 위원장을 포함한 위원 수의 2분의 1 이상이어야 한다(경찰공무원 징계령 제7조 제1항).

㉣ [×] 징계 등 심의대상자의 소재가 분명하지 아니할 때에는 출석통지를 관보에 게재하고, 그 **게재일부터** 10일이 지나면 출석통지가 송달된 것으로 보며, 징계 등 의결을 할 때에는 관보게재의 사유와 그 사실을 기록에 분명히 적어야 한다(경찰공무원 징계령 제12조 제3항).

227 경찰공무원 징계령에 관한 설명으로 가장 적절하지 않은 것은? 23. 경찰승진

□□□

① 징계위원회는 위원과 징계 등 심의 대상자, 징계 등 의결을 요구하거나 요구를 신청한 자, 증인, 관계인 등 회의에 출석하는 사람이 동영상과 음성이 동시에 송수신되는 장치가 갖추어진 서로 다른 장소에 출석하여 진행하는 원격영상회의 방식으로 심의·의결할 수 있다.

② 징계위원회는 위원장 1명을 포함하여 11명 이상 51명 이하의 공무원위원과 민간위원으로 구성한다.

③ 징계 등 의결 요구를 받은 징계위원회는 그 요구서를 받은 날로부터 30일 이내에 징계 등에 관한 의결을 하여야 한다. 다만, 부득이한 사유가 있을 때에는 해당 징계심의대상자의 동의를 받아 30일 이내의 범위에서 그 기한을 연기할 수 있다.

④ 징계위원회가 설치된 경찰기관의 장은 위원 수의 2분의 1 이상을 자격이 있는 민간위원으로 위촉한다. 이 경우 특정 성별의 위원이 민간위원 수의 10분의 6을 초과하지 않도록 해야 한다.

정답 및 해설 I ③

③ [×] 징계 등 의결 요구를 받은 징계위원회는 그 요구서를 받은 날로부터 30일 이내에 징계 등에 관한 의결을 하여야 한다. 다만, 부득이한 사유가 있을 때에는 해당 징계 등 의결을 요구한 **경찰기관의 장의 승인(징계심의대상자의 동의 ×)**를 받아 30일 이내의 범위에서 그 기한을 연기할 수 있다.

228 경찰공무원 관련 법령에 따를 때, 다음 설명 중 가장 적절한 것은? 22. 경찰

□□□

① ○○경찰서 소속 지구대장 경감 甲과 동일한 지구대 소속 순경 乙이 관련된 징계 등 사건(甲의 감독상 과실책임만으로 관련된 경우, 관련자에 대한 징계 등 사건을 분리하여 심의·의결하는 것이 타당하다고 인정되는 경우는 제외)은 ○○경찰서에 설치된 징계위원회에서 심의·의결한나.

② 경찰공무원 임용 당시 임용결격사유가 있었더라도 국가의 과실에 의해 임용결격자임을 밝혀내지 못했다면, 그 임용행위는 당연무효로 볼 수 없다.

③ 국가경찰사무를 담당하는 ○○경찰서 소속 경사 丙에 대한 정직처분은 소속 기관장인 ○○경찰서장이 행하지만, 그 처분에 대한 행정소송의 피고는 경찰청장이다.

④ 징계의결이 요구된 경정 丁에게 국무총리 표창을 받은 공적이 있는 경우에 징계위원회는 징계를 감경할 수 있지만, 그 표창이 丁에게 수여된 표창이 아니라 丁이 속한 ○○경찰서에 수여된 단체표창이라면 감경할 수 없다.

정답 및 해설 I ④

① [×] OO경찰서 소속 지구대장 경감 甲과 동일한 지구대 소속 순경 乙이 관련된 징계 등 사건은 상위 계급자와 하위 계급자와의 관계이므로 상위 계급자인 경감 甲을 기준으로 관할 징계위원회가 결정된다. 경감 甲은 OO경찰서 소속이고, 경찰서에 설치하는 경찰공무원 보통징계위원회는 경위이하의 경찰공무원의 징계사건만을 다루므로 **시·도경찰청 소속 경찰공무원 보통징계위원회**에서 심의·의결한다.

② [×] 대법원은 경찰공무원 임용 당시 임용결격사유가 있었더라도 국가의 과실에 의해 임용결격자임을 밝혀내지 못했다면 그 임용행위는 **당연무효**라고 본다(대판 1996.2.27, 선고 95누9617).

③ [×] 국가경찰사무를 담당하는 OO경찰서 소속 경사 丙에 대한 정직처분은 **경감이하의 임용권의 행사이므로 시·도경찰청장**이 행하고, 그 처분에 대한 행정소송의 피고도 **권한의 위임의 경우에는 수임청이 피고이므로 시·도경찰청장**이다.

229 「경찰공무원 징계령」에 관한 설명으로 가장 적절하지 않은 것은? 23. 경채

□□□

① 경찰기관의 장은 그 소속 경찰공무원에 대한 징계등 사건이 상급 경찰기관에 설치된 징계위원회의 관할에 속한 경우에는 그 상급 경찰기관의 장에게 징계의결서등을 첨부하여 징계등 의결의 요구를 신청하여야 한다.

② 징계위원회 회의는 위원장과 징계위원회가 설치된 경찰기관의 장이 회의마다 지정하는 4명 이상 6명 이하의 위원으로 성별을 고려하여 구성하되, 「성폭력범죄의 처벌 등에 관한 특례법」에 따른 성폭력범죄, 「양성평등기본법」에 따른 성희롱에 해당하는 징계 사건이 속한 징계위원회의 회의를 구성하는 경우에는 피해자와 같은 성별의 위원이 위원장을 제외한 위원 수의 2분의 1 이상 포함되어야 한다.

③ 징계위원회는 징계등 심의 대상자가 그 징계위원회에 출석하여 진술하기를 원하지 아니할 때에는 진술권 포기서를 제출하게 하여 이를 기록에 첨부하고 서면심사로 징계등 의결을 할 수 있다.

④ 징계 의결을 요구한 자 또는 징계 의결의 요구를 신청한 자는 징계위원회에 출석하여 의견을 진술하거나 서면으로 의견을 진술할 수 있다. 다만, 중징계나 중징계 관련 징계부가금 요구 사건의 경우에는 특별한 사유가 없는 한 징계위원회에 출석하여 의견을 진술해야 한다.

정답 및 해설 I ②

② [×] 징계위원회 회의는 위원장과 징계위원회가 설치된 경찰기관의 장이 회의마다 지정하는 4명 이상 6명 이하의 위원으로 성별을 고려하여 구성하되, 「성폭력범죄의 처벌 등에 관한 특례법」에 따른 성폭력범죄, 「양성평등기본법」에 따른 성희롱에 해당하는 징계 사건이 속한 징계위원회의 회의를 구성하는 경우에는 피해자와 같은 성별의 위원이 위원장을 제외한 위원 수의 **3분의 1(2분의 1 ×) 이상 포함**되어야 한다.

230 경찰공무원의 징계에 관한 설명으로 가장 적절하지 않은 것은? (다툼이 있는 경우 판례에 의함) 23. 경찰

□□□

① 공무원인 피징계자에게 징계사유가 있어서 징계처분을 하는 경우 어떠한 처분을 할 것인가는 징계권자의 재량에 맡겨진 것이고, 다만 징계권자가 재량권의 행사로서 한 징계처분이 사회통념상 현저하게 타당성을 잃어 징계권자에게 맡겨진 재량권을 남용한 것이라고 인정되는 경우에 한하여 그 처분을 위법하다고 할 수 있다.

② 동료 경찰관에 대한 성희롱을 이유로 징계에 의하여 해임처분을 받은 경찰관은 해임처분을 받은 때부터 3년이 지나면 경찰 공무원으로 임용될 수 있다.

③ 징계등 의결 요구를 받은 징계위원회는 그 요구서를 받은 날부터 30일 이내에 징계등에 관한 의결을 하여야 하나, 부득이한 사유가 있을 때에는 해당 징계등 의결을 요구한 경찰기관의 장의 승인을 받아 30일 이내의 범위에서 그 기한을 연기할 수 있다.

④ 징계위원회는 징계등 의결을 하였을 때에는 지체 없이 징계등 의결을 요구한 자에게 의결서 정본(正本)을 보내어 통지하여야 한다.

정답 및 해설 I ②

② [×] 징계로 인한 파면과 해임은 경찰공무원의 임용결격사유가 된다. 동료 경찰관에 대한 성희롱을 이유로 징계에 의하여 해임처분을 받은 경찰관은 해임처분을 받은 때부터 3년이 지나면 경찰 공무원으로 임용될 수 **없다(있다 ×)**.

231 ☐☐☐ 「경찰공무원 징계령」상 징계위원회의 회의에 대한 설명으로 가장 적절하지 않은 것은? 23. 경찰간부

① 징계위원회의 회의는 위원장과 징계위원회가 설치된 경찰기관의 장이 회의마다 지정하는 4명 이상 6명 이하의 위원으로 성별을 고려하여 구성하되, 민간위원의 수는 위원장을 포함한 위원수의 2분의 1 이상이어야 한다.

② 징계사유가 「성폭력범죄의 처벌 등에 관한 특례법」에 따른 성폭력범죄, 「양성평등기본법」에 따른 성희롱에 해당하는 징계사건이 속한 징계위원회의 회의를 구성하는 경우에는 피해자와 같은 성별의 위원이 위원장을 포함한 위원 수의 3분의 1 이상 포함되어야 한다.

③ 위원장이 부득이한 사유로 직무를 수행할 수 없거나 위원장이 필요하다고 인정하는 경우에는 출석한 위원 중 최상위 계급 또는 이에 상응하는 직급에 있거나 최상위 계급 또는 이에 상응하는 직급에 먼저 승진 임용된 공무원이 위원장이 된다.

④ 징계위원회의 위원장은 위원회의 사무를 총괄하며 위원회를 대표하고, 표결권을 가진다.

정답 및 해설 I ②

② [×] 징계사유가 「성폭력범죄의 처벌 등에 관한 특례법」에 따른 성폭력범죄, 「양성평등기본법」에 따른 성희롱에 해당하는 징계사건이 속한 징계위원회의 회의를 구성하는 경우에는 피해자와 같은 성별의 위원이 위원장을 **제외(포함 ×)**한 위원 수의 3분의 1 이상 포함되어야 한다.

232 ☐☐☐ 경찰공무원 관련 법령에 따를 때, 경찰공무원의 신분변동에 관한 설명 중 가장 적절한 것은? 22. 경찰

① 중징계 의결이 요구 중인 경찰공무원 甲에 대해 직위해제처분을 할 경우, 임용권자는 3개월의 범위 내에서 대기를 명하고 능력회복이나 근무성적의 향상을 위한 교육훈련 또는 특별한 연구과제의 부여 등 필요한 조치를 하여야 한다.

② 위원장 포함 12명이 출석하여 구성된 징계위원회에서 정직 3월 2명, 정직 1월 2명, 감봉 3월 1명, 감봉 2월 1명, 감봉 1월 3명, 견책 3명으로 의견이 나뉜 경우, 감봉 1월로 의결해야 한다.

③ 자치경찰사무를 담당하는 ㅇㅇ경찰서 소속 경위 乙의 경감으로의 승진임용을 시·도지사가 하므로, 경위 乙에 대한 휴직이나 복직도 시·도지사가 한다.

④ 순경 채용후보자 명부에 등재된 채용후보자 丙이 학업을 계속하고자 이를 증명할 수 있는 자료를 첨부하여 임용권자가 정하는 기간 내에 원하는 유예기간을 적어 신청할 경우, 임용권자는 채용후보자 명부의 유효기간 범위에서 기간을 정하여 임용을 유예해야 한다.

정답 및 해설 I ②

① [×] **능력부족·근무성적이 극히 나쁜 자의 경우** 임용권자는 3개월의 범위 내에서 대기를 명하고 능력회복이나 근무성적의 향상을 위한 교육훈련 또는 특별한 연구과제의 부여 등 필요한 조치를 하여야 한다.

③ [×] 자치경찰사무를 담당하는 OO경찰서 소속 경위 乙의 경감으로의 승진임용을 시·도지사가 하나, 경위 乙에 대한 휴직이나 복직은 경감이하의 임용권이므로 **시·도자치경찰위원회가** 하거나 이를 위임하여 **시·도경찰청장이** 하도록 할 수 있다.

④ [×] 순경 채용후보자 명부에 등재된 채용후보자 丙이 학업을 계속하고자 이를 증명할 수 있는 자료를 첨부하여 임용권자가 정하는 기간 내에 원하는 유예기간을 적어 신청할 경우, 임용권자는 채용후보자 명부의 유효기간 범위에서 기간을 정하여 임용을 **유예할 수 있다**(경찰공무원 임용령 제18조의 2).

233 국가공무원법에 대한 설명으로 가장 적절하지 않은 것은? 15. 경찰

□□□

① 강등은 1계급 아래로 직급을 내리고 공무원신분은 보유하나 1개월 이상 3개월 이하의 기간 동안 직무에 종사하지 못하며 그 기간 중 보수는 전액을 감한다.

② 정직은 1개월 이상 3개월 이하의 기간으로 하고, 정직처분을 받은 자는 그 기간 중 공무원의 신분은 보유하나 직무에 종사하지 못하며 보수는 전액을 감한다.

③ 견책은 전과에 대하여 훈계하고 회개하게 한다.

④ 감사원과 검찰 · 경찰, 그 밖의 수사기관은 조사나 수사를 시작한 때와 이를 마친 때에는 10일 내에 소속 기관의 장에게 그 사실을 통보하여야 한다.

정답 및 해설 I ①

① [×] 강등은 1계급 아래로 직급을 내리고 공무원신분은 보유하나 3개월 동안 직무에 종사하지 못하며 그 기간 중 보수는 전액을 감한다(국가공무원법 제80조 제1항).

234 소청심사에 대한 설명으로 가장 적절하지 않은 것은? 19. 경찰승진

□□□

① 소청심사란 징계처분 기타 그의 의사에 반하는 불이익처분을 받은 자가 관할 소청심사위원회에 심사를 청구하는 행정심판의 일종이다.

② 경찰공무원이 징계처분 등 불리한 처분을 받았을 때 행정소송은 소청심사위원회의 심사 · 결정을 거치지 아니하면 제기할 수 없다.

③ 소청심사위원회는 소청을 접수하면 지체 없이 심사하여야 하며, 심사할 때 필요하면 검증 · 감정, 그 밖의 사실조사를 하거나 증인을 소환하여 질문하거나 관계 서류를 제출하도록 명할 수 있다.

④ 3급 이상 공무원 또는 고위공무원단에 속하는 공무원으로 3년 이상 근무한 자는 비상임위원이 될 수 있다.

정답 및 해설 I ④

④ [×] 3급 이상 공무원 또는 고위공무원단에 속하는 공무원으로 3년 이상 근무한 자는 비상임위원이 될 수 없다(국가공무원법 제10조 제1항 제3호).

235 경찰공무원 등이 징계처분 등 불리한 처분을 받았을 때 그 시정을 요구할 수 있는 기관인 '소청심사위원회'에 관한 설명으로 가장 적절한 것은? 14. 경찰승진 변형

□□□

① 소청인에게 의견진술기회가 보장되나 의견진술기회를 부여하지 않고 행한 결정이라도 무효는 아니다.

② 소청심사위원회의 결정은 해당 처분행정청을 기속하는 것은 아니다.

③ 소청사건의 결정은 재적위원 3분의 2 이상의 출석과 출석위원 과반수의 합의에 따르되, 의견이 나뉘어 출석위원 과반수의 합의에 이르지 못하였을 때에는 과반수에 이를 때까지 소청인에게 가장 불리한 의견에 차례로 유리한 의견을 더하여 그중 가장 유리한 의견을 합의된 의견으로 본다.

④ 다른 행정심판과 달리 소청심사 없이도 행정소송 제기가 가능하다.

정답 및 해설 l ③

① [×] 소청인에게 의견진술기회를 부여하지 않고 행한 소청결정은 무효이다.

② [×] 소청심사위원회의 결정은 해당 처분행정청을 기속한다.

④ [×] 다른 행정심판과 달리 소청심사 없이 행정소송을 제기할 수 없다(필요적 전치주의).

236 경찰공무원의 권익보장제도에 대한 설명으로 적절한 것을 모두 고른 것은? 18. 경찰승진

> ㉠ 경찰공무원에 대하여 징계처분을 할 때에는 그 처분권자 또는 처분제청권자는 처분사유를 적은 설명서를 교부하여야 한다.
> ㉡ 징계처분으로 처분사유 설명서를 받은 경찰공무원이 그 징계처분에 불복할 때에는 그 설명서를 받은 날부터 30일 이내에 소청심사위원회에 이에 대한 심사를 청구할 수 있다.
> ㉢ 경찰공무원의 권리구제 범위 확대를 위해 징계처분 등 불리한 처분을 받았을 때 소청심사청구와 행정소송 제기 중 하나를 선택하는 것이 가능하다.
> ㉣ 소청심사위원회는 심사 중 다른 비위사실이 발견되는 등 특단의 사정이 없는 한 원징계처분보다 중한 징계를 부과하는 결정을 할 수 없다.

① ㉠, ㉡ ② ㉠, ㉢

③ ㉡, ㉣ ④ ㉢, ㉣

정답 및 해설 l ①

옳은 설명은 ㉠㉡이다.

㉢ [×] 경찰공무원의 권리구제 범위 확대를 위해 징계처분 등 불리한 처분을 받았을 때 소청심사청구와 행정소송 제기 중 하나를 선택할 수 없다. 소청심사 없이 행정소송을 제기할 수 없다(필요적 전치주의).

㉣ [×] 불이익변경금지원칙에 대한 설명이다. 불이익변경금지의 원칙은 예외기 존재하지 않는다. 따라서 '특단의 사정이 없는 한'이라는 문구가 제외되어야 한다.

237 다음 중 국가공무원법상 징계처분과 그 불복에 대한 설명 중 옳은 것을 모두 고른 것은? 18. 경찰간부

> ㉠ 정직은 1개월 이상 3개월 이하의 기간으로 하고, 정직처분을 받은 자는 그 기간 중 공무원의 신분은 보유하나 직무에 종사하지 못하며 보수는 3분의 1을 감한다.
> ㉡ 소청심사위원회의 취소명령 또는 변경명령결정은 그에 따른 징계나 그 밖의 처분이 있을 때까지는 종전에 행한 징계처분에 영향을 미치지 아니한다.
> ㉢ 소청심사위원회가 소청사건을 심사할 때에 대통령령으로 정하는 바에 따라 소청인 또는 대리인에게 진술기회를 주어야 하고, 진술기회를 주지 아니한 결정은 취소할 수 있다.
> ㉣ 소청심사위원회는 심사 중 다른 비위사실이 발견되더라도 원처분보다 중한 징계를 부과하는 결정은 할 수 없다.

① ㉠, ㉡ ② ㉡, ㉢

③ ㉠, ㉢ ④ ㉡, ㉣

정답 및 해설 I ④

옳은 설명은 ㉡㉣이다.

㉠ [×] 정직처분을 받은 자는 그 기간 중 공무원의 신분은 보유하나 직무에 종사하지 못하며 보수는 전액을 감한다.

㉢ [×] 소청심사위원회가 소청인 또는 대리인에게 진술기회를 주지 아니한 결정은 취소가 아니라 무효이다.

238 인사혁신처에 설치된 소청심사위원회에 대한 설명으로 가장 적절하지 않은 것은? 19. 경찰승진

□□□

① 소청심사위원회의 위원은 금고 이상의 형벌이나 장기의 심신쇠약으로 직무를 수행할 수 없게 된 경우 외에는 본인의 의사에 반하여 면직되지 아니한다,

② 위원장 1명을 포함한 5명 이상 7명 이하의 상임위원과 상임위원 수의 2분의 1 이상인 비상임위원으로 구성되며, 위원은 인사혁신처장의 제청으로 국무총리를 거쳐 대통령이 임명한다.

③ 3급 이상 공무원 또는 고위공무원단에 속하는 공무원으로 3년 이상 근무한 자는 비상임위원은 될 수 있으나, 상임위원은 될 수 없다.

④ 소청심사위원회의 취소명령 또는 변경명령결정은 그에 따른 징계나 그 밖의 처분이 있을 때까지는 종전에 행한 징계처분에 영향을 미치지 아니한다.

정답 및 해설 I ③

③ [×] 3급 이상 공무원 또는 고위공무원단에 속하는 공무원으로 3년 이상 근무한 자는 상임위원은 될 수 있으나, 비상임위원은 될 수 없다(국가공무원법 제10조 제1항 제3호).

239 국가공무원법상 소청심사위원회에 관한 설명으로 가장 적절한 것은? 16. 경찰승진

□□□

① 인사혁신처 소속의 소청심사위원회는 5명 이상 7명 이내의 상임위원과 상임위원 수의 2분의 1 이상인 비상임위원으로 구성한다.

② 의결은 재적위원 3분의 2 이상 출석과 재적위원 과반수의 합의에 의한다.

③ 대학에서 행정학, 정치학, 법률학을 담당한 부교수 이상의 직에 3년 이상 근무한 자는 위원이 될 수 있다.

④ 소청심사위원회의 위원은 벌금 이상의 형벌이나 장기의 심신쇠약으로 직무를 수행할 수 없게 된 경우 외에는 본인의 의사에 반하여 면직되지 아니한다.

정답 및 해설 I ①

② [×] 의결은 재적위원 3분의 2 이상 출석과 출석위원 과반수의 합의에 의한다(국가공무원법 제14조 제1항).

③ [×] 대학에서 행정학, 정치학, 법률학을 담당한 부교수 이상의 직에 5년 이상 근무한 자는 위원이 될 수 있다(국가공무원법 제10조 제1항 제2호).

④ [×] 소청심사위원회의 위원은 금고 이상의 형벌이나 장기의 심신쇠약으로 직무를 수행할 수 없게 된 경우 외에는 본인의 의사에 반하여 면직되지 아니한다(국가공무원법 제11조).

240 다음 보기 중 인사혁신처 소속의 '소청심사위원회'를 설명한 것으로 틀린 것은 모두 몇 개인가?

□□□

14. 경찰 변형

㉠ 대학에서 행정학 · 정치학 또는 법률학을 담당한 부교수 이상의 직에 5년 이상 근무한 자는 위원이 될 수 있다.
㉡ 위원장 1명을 포함한 5명 이상 7명 이내의 상임위원과 상임위원 수의 2분의 1 이상인 비상임위원으로 구성하되, 위원장은 정무직으로 보한다.
㉢ 소청사건의 결정은 재적위원 3분의 2 이상의 출석과 재적위원 과반수의 합의에 따르되, 의견이 나뉘어 출석위원 과반수의 합의에 이르지 못하였을 때에는 과반수에 이를 때까지 소청인에게 가장 불리한 의견에 차례로 유리한 의견을 더하여 그중 가장 유리한 의견을 합의된 의견으로 본다.
㉣ 상임위원의 임기는 3년으로 하며, 연임할 수 없다.
㉤ 상임위원은 다른 직무를 겸할 수 없다.

① 1개
② 2개
③ 3개
④ 4개

정답 및 해설 I ②

틀린 설명은 ㉢㉣ 2개이다.

㉢ [×] 소청사건의 결정은 재적위원 3분의 2 이상의 출석과 출석위원 과반수의 합의에 따르되, 의견이 나뉘어 출석위원 과반수의 합의에 이르지 못하였을 때에는 과반수에 이를 때까지 소청인에게 가장 불리한 의견에 차례로 유리한 의견을 더하여 그중 가장 유리한 의견을 합의된 의견으로 본다(국가공무원법 제14조 제1항).
㉣ [×] 상임위원의 임기는 3년으로 하며, 한 번만 연임할 수 있다(국가공무원법 제10조 제2항).

241 인사혁신처에 두는 소청심사위원회에 대한 설명으로 가장 적절하지 않은 것은? 19. 경찰승진

□□□

① 행정기관 소속 공무원의 징계처분, 그 밖에 그 의사에 반하는 불리한 처분이나 부작위에 대한 소청을 심사 · 결정한다.
② 본인의 의사에 반한 불리한 처분에 관한 행정소송은 소청심사위원회의 심사 · 결정을 거치지 아니하면 제기할 수 없다.
③ 소청심사위원회의 취소명령 또는 변경명령결정은 그에 따른 징계나 그 밖의 처분이 있기 전이라도 종전에 행한 징계처분에 영향을 미칠 수 있다.
④ 소청심사위원회는 처분의 취소 또는 변경을 구하는 심사청구가 이유 있다고 인정되면 처분을 취소 또는 변경하거나 처분 행정청에 취소 또는 변경할 것을 명한다.

정답 및 해설 I ③

③ [×] 소청심사위원회의 취소명령 또는 변경명령결정은 그에 따른 징계나 그 밖의 처분이 있기 전에는 종전에 행한 징계처분에 영향을 미치지 아니한다(국가공무원법 제14조 제7항).

242 인사혁신처 소속의 소청심사위원회에 대한 설명으로 가장 옳지 않은 것은? 16. 경찰간부

□□□

① 소청사건의 결정은 재적위원의 3분의 2 이상 출석과 출석위원 과반수의 합의에 의하여 결정한다.

② 소청심사위원회의 위원은 금고 이상의 형벌이나 장기의 심신쇠약으로 직무를 수행할 수 없게 된 경우 외에는 본인의 의사에 반하여 면직되지 아니한다.

③ 소청심사위원회는 위원장 1명을 포함한 5명 이상 7명 이내 상임위원과 상임위원 수의 2분의 1 이상인 비상임위원으로 구성되며, 위원은 인사혁신처장이 임명한다.

④ 대학에서 정치학을 담당한 부교수 이상의 직에 5년 이상 근무한 자는 위원이 될 수 있다.

정답 및 해설 I ③

③ [×] 소청심사위원회는 위원장 1명을 포함한 5명 이상 7명 이하 상임위원과 상임위원 수의 2분의 1 이상인 비상임위원으로 구성되며, 위원은 인사혁신처장의 제청으로 국무총리를 거쳐 대통령이 임명한다(국가공무원법 제9조 제3항, 제10조 제1항).

243 국가공무원법상 소청심사위원회에 관한 다음 설명 중 적절하지 않은 것은 모두 몇 개인가?

□□□

11. 경찰 변형

㉠ 행정기관 소속 공무원과 국회, 법원, 헌법재판소 및 선거관리위원회 소속 공무원의 소청에 관한 사항을 심사·결정하기 위해 인사혁신처에 소청심사위원회를 둔다.

㉡ 소청심사위원회 위원은 자격정지 이상의 형벌이나 장기의 심신쇠약으로 직무를 수행할 수 없게 된 경우 외에는 본인의 의사에 반하여 면직되지 아니한다.

㉢ 소청사건의 결정은 재적위원 3분의 2 이상의 출석과 출석위원 과반수의 합의에 따르되, 의견이 나뉘어 출석위원 과반수의 합의에 이르지 못하였을 때에는 과반수에 이를 때까지 소청인에게 가장 불리한 의견에 차례로 유리한 의견을 더하여 그중 가장 유리한 의견을 합의된 의견으로 본다.

㉣ 소청심사위원회의 상임위원은 다른 직무를 겸할 수 없다.

① 1개 ② 2개

③ 3개 ④ 4개

정답 및 해설 I ②

틀린 설명은 ㉠㉡ 2개이다.

㉠ [×] 행정기관 소속 공무원의 징계처분, 그 밖에 그 의사에 반하는 불리한 처분이나 부작위에 대한 소청을 심사·결정하게 하기 위하여 인사혁신처에 소청심사위원회를 둔다. 국회, 법원, 헌법재판소 및 선거관리위원회 소속 공무원의 소청에 관한 사항을 심사·결정하기 위해 각각 해당 소청심사위원회를 둔다(국가공무원법 제9조 제1항·제2항).

㉡ [×] 소청심사위원회 위원은 금고 이상의 형벌이나 장기의 심신쇠약으로 직무를 수행할 수 없게 된 경우 외에는 본인의 의사에 반하여 면직되지 않는다(국가공무원법 제11조).

244 □□□ 국가공무원법상 소청심사에 대한 설명으로 가장 적절하지 않은 것은? 16. 경찰승진

① 심사청구가 이유 있다고 인정할 때에는 처분을 취소 또는 변경하거나 처분 행정청에 취소 또는 변경할 것을 명한다.

② 소청인 또는 대리인에게 진술의 기회를 부여하지 아니한 결정은 무효이다.

③ 소청은 징계처분 기타 불이익처분을 받은 자가 심사를 청구하는 것으로, 인사에 관한 일종의 행정심판으로 볼 수 있다.

④ 의원면직의 형식에 의한 면직은 심사대상이 아니다.

정답 및 해설 I ④

④ [×] 대법원 판례는 의원면직의 형식에 의한 면직도 소청심사의 대상이 된다고 판시한 바 있다. 처분사유설명서의 교부와 혼동하면 안 된다.

245 □□□ 국가공무원법 및 관련 법령에 따를 때, 소청심사와 관련하여 아래 사례에 관한 설명 중 가장 적절하지 않은 것은? 22. 경찰

○○경찰서 소속 지구대에서 근무하는 순경 甲이 법령준수 의무위반 등 각종 비위행위로 인하여 관련 절차를 거쳐 징계권자로부터 해임의 징계처분을 받았다. 이에 순경 甲은 소청심사를 제기하고자 한다.

① 소청심사위원회는 소청심사 결과 甲의 비위행위의 정도에 비해 해임의 징계처분이 경미하다는 판단에 이르더라도 파면의 징계처분으로 변경하는 결정을 할 수 없다.

② 소청심사위원회에서 해임처분 취소명령결정을 내릴 경우, 그 해임의 징계처분은 소청심사위원회의 결정에 따른 징계나 그 밖의 처분이 있기 전에 당연히 효력을 상실한다.

③ 소청심사위원회에서 해임처분을 취소 또는 변경하고자 할 경우에는 재적 위원 3분의 2 이상의 출석과 출석 위원 3분의 2 이상의 합의가 있어야 한다.

④ 甲이 징계처분사유 설명서를 받은 날부터 30일 이내(甲에게 책임이 없다는 사유로 소청심사를 청구할 수 없는 기간은 없다고 전제한다) 소청심사를 제기하지 않은 경우에는 행정소송을 제기할 수 없다.

정답 및 해설 I ②

② [×] 소청심사위원회에서 징계처분 취소 또는 변경명령결정을 내릴 경우, 그 당초 징계처분은 소청심사위원회의 결정에 따른 징계나 그 밖의 처분이 있기 전에는 아무런 영향을 미치지 아니한다.

246 고충처리에 대한 설명으로 가장 적절하지 않은 것은? 22. 경찰승진

□□□

① 국가공무원법에 따라 공무원은 인사 · 조직 · 처우 등 각종 직무조건과 그 밖에 신상 문제와 관련한 고충에 대하여 상담을 신청 하거나 심사를 청구할 수 있다.

② 경찰공무원법에 따라 '경찰공무원 고충심사위원회'의 심사를거친 재심청구와 경정 이상 경찰공무원의 인사상담 및 고충심사는 국가공무원법에 따라 설치된 중앙고충심사위원회에서 한다.

③ 공무원고충처리규정에 따라 고충심사위원회가 청구서를 접수한 때에는 30일 이내에 고충심사에 대한 결정을 하여야 한다. 다만, 부득이하다고 인정되는 경우에는 고충심사위원회의 의결로 30일을 연장할 수 있다.

④ 국가공무원법에 따라 중앙인사관장기관의 장, 임용권자 또는 임용제청자는 기관 내 성폭력 범죄 또는 성희롱 발생 사실의 신고를 받은 경우에는 지체 없이 사실 확인을 위한 조사를 하고 그에 따라 필요한 조치를 할 수 있다.

정답 및 해설 l ④

④ [×] 중앙인사관장기관의 장, 임용권자 또는 임용제청권자는 기관 내 성폭력 범죄 또는 성희롱 발생 사실의 신고를 받은 경우에는 지체 없이 사실 확인을 위한 조사를 하고 그에 따라 **필요한 조치를 하여야 한다**(국가공무원법 제76조의2 제3항).

제4절 l 경찰작용법 일반

247 경찰관 직무집행법 제2조 제7호(그 밖의 공공의 안녕과 질서유지)의 일반조항 인정 여부에 관한 긍정설의 입장 중 틀린 것은? 16. 경찰 변형

□□□

① 경찰관 직무집행법 제2조 제7호는 경찰의 직무범위를 규정한 것으로 본질적으로 조직법적 성질이다.

② 경찰권의 성질상 입법기관이 미리 경찰권의 발동사태를 사정해서 모든 요건을 법률에 규정하는 것은 불가능하기 때문에 일반조항이 필요하다.

③ 일반조항은 개별수권규정에 의한 조치로도 대응할 수 없는 경우에 보충적으로 적용한다.

④ 일반조항으로 인한 경찰권 발동의 남용가능성은 조리상의 한계 등으로 충분히 통제 가능하다.

정답 및 해설 l ①

① [×] 경찰관 직무집행법 제2조 제7호를 경찰의 직무범위를 규정한 것으로 조직법적 직무규범으로 보는 입장은 **일반조항을 부정하는 견해**의 논거이다.

248 경찰책임의 원칙에 관한 설명으로 가장 적절하지 않은 것은? 19. 경찰

□□□

① 경찰책임의 원칙이란 경찰위반상태에 책임 있는 자에게만 경찰권이 발동되어야 한다는 원칙을 의미한다.

② 경찰책임의 예외로서 경찰긴급권은 급박성, 보충성 등의 요건이 인정되는 충족되는 경우 경찰책임자가 아닌 제3자에게 경찰권 발동이 인정되는 경우를 의미한다. 법적 근거는 요하지 않으나 제3자의 승낙이 있는 경우에 한하여 경찰긴급권의 발동이 허용된다. 다만, 이 경우에도 생명 · 건강 등 제3자의 중대한 법익에 대한 침해는 허용되지 않는다.

③ 경찰책임의 종류에는 행위책임, 상태책임, 복합적 책임이 있다. 먼저 행위책임은 사람의 행위로 인해 경찰위반상태가 발생한 경우를 의미하며, 상태책임은 물건 또는 동물의 소유자 · 점유자 · 관리자가 그 지배범위 안에 속하는 물건 · 동물로 인해 경찰위반상태가 발생한 경우를 의미한다. 마지막으로 복합적 책임은 다수의 행위책임, 다수의 상태책임 또는 행위 · 상태 책임이 중복되는 경우를 의미한다.

④ 경찰책임은 사회 공공의 안녕과 질서에 대한 객관적 위험상황이 존재하면 인정되며, 자연인 · 법인, 고의 · 과실, 위법성 유무, 의사 · 행위 · 책임능력의 유무 등을 불문한다.

정답 및 해설 | ②

② [×] 경찰긴급권의 발동에는 반드시 법적 근거를 필요로 한다. 조리나 제3자의 승낙은 허용될 수 없다.

249 경찰책임의 원칙에 대한 설명 중 가장 적절하지 않은 것은? 14. 경찰

□□□

① 경찰긴급권은 경찰책임의 원칙에 부합하는 대표적인 예로 볼 수 있다.

② 경찰권은 원칙적으로 경찰상의 장해에 책임이 있는 자에게 발동한다.

③ 경찰책임은 사회공공의 질서를 유지함에 있어서 장해의 상태가 존재하는 한 작위 · 부작위를 가리지 않는다.

④ 질서위반상태 야기자가 고의나 과실이 없더라도 책임을 물을 수 있다.

정답 및 해설 | ①

① [×] 경찰긴급권은 경찰책임원칙의 예외에 해당한다.

250 경찰책임의 원칙에 대한 설명으로 가장 적절하지 않은 것은? 19. 경찰

① 민법상 행위능력이 없는 경우에도 경찰책임이 인정될 수 있다.

② 경찰위반의 상태는 개별법규를 위반하지 않더라도 인정될 수 있다.

③ 경찰권발동이 경찰책임의 원칙에 위배되면 그것은 위법행위로서 무효 또는 취소사유가 된다.

④ 경찰긴급권에 의하여 예외적으로 경찰책임이 없는 자에게 경찰권을 발동하기 위해서는 자연법적 근거에 의해 발동하여야 한다.

정답 및 해설 | ④

④ [×] 경찰긴급권에 의하여 예외적으로 경찰책임이 없는 자에게 경찰권을 발동하기 위해서는 자연법적 근거에 의해서는 안 되며, 성문법상 법률의 근거가 있어야 발동될 수 있다.

251 경찰책임의 원칙에 관한 설명으로 가장 적절하지 않은 것은? 16. 경찰승진

□□□

① 경찰권은 원칙적으로 경찰위반상태에 대하여 책임이 있는 자에게 발동된다.

② 행위책임이 인정되기 위해서는 민법상의 행위능력이 요구된다.

③ 경찰책임은 경찰책임자의 고의 · 과실 여부와 무관하다.

④ 자신의 보호 · 감독하에 있는 자의 행위에 대해서도 책임을 진다.

정답 및 해설 I ②

② [×] 경찰상 행위책임이 인정되기 위해서는 민법상의 행위능력이나 형법상 책임능력을 요구하지 않는다.

252 경찰책임에 대한 설명으로 가장 적절하지 않은 것은? 22. 경찰간부

□□□

① 형사미성년자도 행위책임의 주체가 될 수 있다.

② 행위자의 고의나 과실에 무관하게 행위책임을 진다.

③ 행위자의 작위나 부작위에 상관없이 위험을 야기시키면 행위책임을 진다.

④ 경찰책임자에 대한 경찰의 경찰권발동으로 경찰책임자에게 재산적 손해가 발생한 경우, 그 경찰책임자에게 손실보상청구권이 인정된다.

정답 및 해설 I ④

④ [×] 경찰책임자에 대한 경찰의 경찰권발동으로 경찰책임자에게 재산적 손실이 발생한 경우, 그 경찰책임자에게 손실보상청구권이 인정된다.

253 다음 상황에 대한 설명으로 가장 적절하지 않은 것은? 22. 경찰간부

□□□

A는 자신이 운영하는 옷가게에서 여자모델 B에게 수영복만을 입게 하여 쇼윈도우에 서 있도록 하였다. 지나가던 사람들이 이를 구경하기 위해 쇼윈도우 앞에 몰려들어 도로교통상의 심각한 장해가 발생하였다.

① 조건설에 의하면 군중, A, B 모두 경찰책임자가 된다.

② 의도적 간접원인제공자이론(목적적 원인제공자책임설)을 인정한다면 A에게 경찰권을 발동하여 A로 하여금 B를 쇼윈도우에서 나가도록 하라고 할 수 있다.

③ 직접원인설에 의할 때 경찰책임자는 B이다.

④ 교통장해가 그다지 중대하지 않다면 A를 경찰책임자로 보아서는 안 될 것이다.

정답 및 해설 I ③

③ [×] 행위책임의 인과관계의 문제이다. 행위책임의 인과관계에 대해서는 형법과 마찬가지로 조건설, 합법칙적 조건설, 상당인과관계설이 대립되나 경찰법의 특유의 성질을 반영하는 직접원인설이 일반적 견해이다. 직접원인설이란 위험발생에 직접적으로 영향을 미친 행위자가 그에 대한 경찰책임이 인정된다는 이론이다. 이 때 직접성이란 시간적 또는 장소적 근접성을 기준으로 판단하는데 이와 관련하여 목적적 원인제공자책임설이 이론상 주장되고 있다. 사안은 쇼윈도우 사건이라는 유명한 독일 사례이다. 사안과 같이 상점의 주인(A)가 많은 사람들의 주목을 끌기 위한 목적으로 수영복을 진열시켰다면 목적적 야기자로서 직접원인설에 따라 행위책임을 진다는 것이다. 따라서 직접원인설에 따르면 상점의 주인 A가 공공의 안녕과 질서에 대한 위험의 직접적 원인제공자로서 행위책임을 지게 된다.

254 경찰상 긴급상태(경찰비책임자에 대한 경찰권발동)에 대한 설명으로 가장 적절하지 않은 것은?

□□□

22. 경찰간부

① 위험이 이미 현실화되었거나 위험의 현실화가 목전에 급박하여야 한다.

② 경찰상 긴급상태에 대한 일반적 근거는경찰관 직무집행법에 규정되어 있다.

③ 경찰비책임자에 대한 경찰권발동을 위해서 보충성은 전제조건이므로 경찰책임자에 대한 경찰권발동 또는 경찰 자신의 고유한 수단으로는 위험방지가 불가능한지 여부를 먼저 심사하여야 한다.

④ 경찰권발동으로 인하여 손실을 입은 경찰비책임자에게는 정당한 보상이 행해져야 하며, 결과제거청구와 같은 구제수단이 마련되어야 한다.

정답 및 해설 I ②

② [×] 현행 경찰관 직무집행법에 경찰긴급상태에 관한 규정은 없다.

255 경찰권 발동의 조리상 한계에 대한 설명으로 가장 적절하지 않은 것은? 19. 경찰

□□□

① 경찰비례의 원칙이란 경찰작용에 있어 목적 실현을 위한 수단과 해당 목적 사이에 합리적인 비례관계가 있어야 한다는 원칙이다.

② 경찰비례의 원칙의 내용 중 상당성의 원칙은 경찰권 발동에 따른 이익보다 사인의 피해가 더 큰 경우 경찰권을 발동해서는 안 된다는 원칙으로서 최소침해원칙이라고도 한다.

③ 경찰책임의 원칙이란 경찰권은 경찰위반상태에 책임이 있는 자에게만 발동되어야 한다는 원칙이다.

④ 경찰책임 원칙의 예외로서 긴급한 필요가 있는 경우 경찰책임 있는 자가 아닌 제3자에 대한 경찰권 발동이 허용되는 경우가 있다.

정답 및 해설 I ②

② [×] 경찰비례의 원칙의 내용 중 상당성의 원칙은 경찰권 발동에 따른 이익보다 사인의 피해가 더 큰 경우 경찰권을 발동해서는 안 된다는 원칙으로서 협의의 비례원칙이라고도 한다. 최소침해원칙은 필요성의 원칙을 의미한다.

256 경찰권 행사에 대한 설명으로 가장 적절하지 않은 것은? 23. 경찰간부

□□□

① 공공의 안녕은 법질서의 불가침성, 국가존립과 기능성의 불가침성, 개인의 권리와 법익의 보호로 구성되며, 경찰은 사회공공과 관련하여 국가의 존립과 기능을 보호할 의무가 있다.

② 위험은 경찰개입의 전제요건이므로 보호를 받게 되는 법익에 구체적으로 존재해야만 하고 경찰책임자가 누구인지는 불문한다.

③ 범죄수사에 있어서 범죄피해자를 위한 사법경찰권의 적극적인 개입을 인정하는 입법례가 증가하는 추세이다.

④ 공공질서와 관련하여 경찰이 개입할 것인가의 여부는 경찰의 결정에 맡겨져 있더라도 헌법상 과잉금지원칙이 준수되어야 한다.

정답 및 해설 I ②

② [×] 위험은 경찰개입의 전제요건이나, 그렇다하여 보호를 받게 되는 법익이 구체적으로 존재해야만 하는 것은 아니다.

257 경찰개입청구권에 대한 설명으로 가장 적절하지 않은 것은? 14. 경찰승진

□□□

① 독일에서 경찰개입청구권을 인정한 판결의 효시로 띠톱 판결이 있다.

② 경찰권 행사로 국민이 받는 이익이 반사적 이익인 경우에도 인정된다.

③ 경찰재량이 0으로 수축되는 경우를 전제로 함이 보통이다.

④ 오늘날 사회적 법치국가에서는 경찰개입청구권이 인정될 여지가 점점 확대되어가고 있는 경향이다.

정답 및 해설 I ②

② [×] 경찰권 행사로 국민이 받는 이익이 반사적 이익인 경우에는 법률상 보호되는 이익이 아니므로 경찰개입청구권이 성립될 수 없다. 경찰개입청구권이 인정되기 위해서는 법률에 의해 직접 보호되는 사익보호성을 가져야 한다.

258 다음 설명과 가장 관련이 깊은 것은 무엇인가? 14. 경찰승진

□□□

오늘날 복지국가적 행정을 요구하고 있는 시대적 상황에 따라 경찰행정분야에서도 각 개인이 경찰권의 발동을 요청할 수 있는 권리인 경찰개입청구권을 인정하기에 이르렀다.

① 재량권의 0으로의 수축이론

② 비례의 원칙

③ 상당성의 원칙

④ 보충성의 원칙

정답 및 해설 I ①

① [○] 지문의 내용은 경찰개입청구권에 관한 설명이다. 경찰개입청구권은 재량영역에서도 재량권의 0으로의 수축이론을 통해 공권의 성립을 긍정하였다는 점에서 의의를 갖는다.

259 다음과 같은 규율 내용의 법적 성격은? 09. 지방직 9급

□□□

> 2007년 독일에서 개최된 G8 정상회담 당시, 독일정부는 회담기간 중 행사장 주변지역에서의 모든 옥외집회를 금지하였다.

① 개별적 · 구체적 규율로서 행정행위이다.

② 개별적 · 추상적 규율로서 행정행위이다.

③ 일반적 · 구체적 규율로서 행정행위이다.

④ 일반적 · 추상적 규율로서 법규명령이다.

정답 및 해설 | ③

③ 일반적 · 구체적 규율로서 일반처분이며, 행정행위에 해당한다. 옥외금지명령은 구체적 사실에 대한 규율이지만 불특정 다수인에게 부작위의무를 부과하는 내용이기 때문이다.

260 경찰하명에 대한 설명 중 틀린 것은? 09. 경찰승진

□□□

① 하명에 위반한 행위는 원칙적으로 그 법적 효력에는 아무런 영향을 받지 않는다.

② 경찰하명의 효과는 원칙적으로 그 수명자에게만 발생하는 것이나, 대물적 하명의 경우에는 그 대상인 물건에 대한 법적 지위를 승계한 자에게도 그 효과가 미친다.

③ 공공시설에서 공중의 건강을 위하여 흡연행위를 금지시키는 것은 부작위하명에 해당한다.

④ 경찰위반의 경우 경찰상의 강제집행이 행해질 수 있고, 경찰의무의 불이행의 경우 경찰벌이 과하여진다.

정답 및 해설 | ④

④ [×] 경찰위반의 경우 경찰상의 경찰벌이 과하여지며, 경찰의무의 불이행의 경우 강제집행이 행해질 수 있다.

261 경찰하명에 대한 설명으로 가장 적절하지 않은 것은? 19. 경찰

□□□

① 경찰하명이란 경찰목적을 달성하기 위해 상대방에게 일정한 작위 · 부작위 · 수인 · 급부의 의무를 명하는 행정행위이다.

② 경찰하명 위반시에는 경찰상 강제집행의 대상이 되거나 경찰벌이 과해질 수 있으나, 하명을 위반한 행위의 법적 효력에는 원칙적으로 영향을 미치지 않는다.

③ 경찰하명의 상대방인 수명자는 수인의무를 지므로 경찰하명이 위법하더라도 손해배상을 청구할 수 없다.

④ 경찰하명이 있는 경우, 상대방은 행정주체에 대하여만 의무를 이행할 책임이 있고 그 이외의 제3자에 대하여 법상 의무를 부담하는 것은 아니다.

정답 및 해설 | ③

③ [×] 경찰하명의 상대방인 수명자는 수인의무를 지더라도 경찰하명이 위법하다면 국가배상법에 따라 손해배상(국가배상)을 청구할 수 있다.

262 경찰하명에 대한 설명으로 가장 적절하지 않은 것은? 20. 경찰승진

□□□

① 경찰하명은 경찰목적을 위하여 국가의 일반통치권에 의거 개인에게 특정한 작위 · 부작위 · 수인 · 급부의 의무를 명하는 행정행위이다.

② 부작위하명은 소극적으로 어떤 행위를 하지 말 것을 명하는 것으로 '금지'라 부르기도 한다.

③ 공공시설에서 공중의 건강을 위하여 흡연행위를 금지하는 것은 부작위하명이다.

④ 위법한 하명으로 인하여 권리 · 이익이 침해된 자는 손실보상을 청구할 수 있다.

정답 및 해설 I ④

④ [×] 위법한 하명으로 인하여 권리 · 이익이 침해된 자는 **손해배상**을 청구할 수 있다.

263 경찰하명에 관한 설명으로 가장 적절하지 않은 것은? (다툼이 있는 경우 판례에 의함) 23. 경찰

□□□

① 경찰하명은 경찰상의 목적을 위하여 국가의 일반통치권에 의거, 개인에게 특정한 작위 · 부작위 · 수인 또는 급부의 의무를 명하는 행정행위이다.

② 부작위하명은 적극적으로 어떤 행위를 하지 말 것을 명하는 것으로 '면제'라 부르기도 한다.

③ 경찰하명에 위반한 행위는 강제집행이나 처벌의 대상이 되지만, 원칙적으로 사법(私法)상의 법률적 효력까지 부인하는 것은 아니다.

④ 위법한 경찰하명으로 인하여 권리 · 이익이 침해된 자는 행정쟁송 또는 손해배상을 청구할 수 있다.

정답 및 해설 I ②

② [×] 부작위하명은 **소극적**으로 어떤 행위를 하지 말 것을 명하는 것으로 '**금지**'라 부르기도 한다. 면제란 부작위의무를 제외한 작위의무, 수인의무, 급부의무를 소멸시키는 행정행위를 말한다.

264 다음 행정행위 중 강학상 특허에 해당하는 것은? 22. 경찰

□□□

① 자동차운전면허

② 재단법인의 정관변경 허가

③ 한의사 면허

④ 국유재산 등의 관리청이 행정재산의 사용 · 수익에 대하여 하는 허가

정답 및 해설 I ④

④ [○] 대법원은 국유재산 등의 관리청이 행정재산의 사용 · 수익에 대하여 하는 허가는 특정인에게 행정재산의 사용 · 수익권을 특별하게 인정하는 강학상 특허로서 재량행위로 판시한 바 있다.

265 경찰하명에 대한 다음 설명 중 가장 옳지 않은 것은? 16. 경찰간부

① 하명이란 법령에 의한 일반적 · 상대적 금지를 특정한 경우에 해제함으로써 일정한 행위를 적법하게 행할 수 있도록 자연의 자유를 회복시켜 주는 행정행위를 말한다.

② 작위, 부작위, 급부, 수인하명이 있으며, 그 효과는 원칙적으로 수명자에게만 발생한다.

③ 청소년 대상 주류 판매금지, 불량(부패)식품 판매금지 등은 부작위하명에 해당한다.

④ 위법한 하명으로 인하여 권리 · 이익이 침해된 자는 행정심판 또는 행정소송을 제기하여 하명의 취소 등을 구하거나, 손해배상소송을 제기하여 손해배상을 청구할 수 있다.

정답 및 해설 | ①

① [×] 허가란 법령에 의한 일반적 · 상대적 금지를 특정한 경우에 해제함으로써 일정한 행위를 적법하게 행할 수 있도록 자연의 자유를 회복시켜 주는 행정행위를 말한다.

266 하명의 종류 중 공공시설에서 공중의 건강을 위하여 흡연행위를 금지하는 하명으로 가장 적절한 것은? 16. 경찰승진

① 작위하명
② 부작위하명
③ 급부하명
④ 수인하명

정답 및 해설 | ②

② [○] '금지'는 부작위하명을 의미한다.

267 경찰하명에 대한 설명으로 가장 적절한 것은 모두 몇 개인가? 23. 경찰간부

㉠ 「경찰관 직무집행법」 제4조의 강제보호조치 대상자에 대한 응급을 요하는 구호조치에 따른 수인의무는 하명이 아니다.

㉡ 대간첩 지역이나 국가중요시설에 대한 접근제한명령이나 통행제한명령은 수인의무를 명하는 행위로서 하명의 성질이 아니다.

㉢ 「경찰관 직무집행법」 제5조 제1항 제3호의 관계인에게 '필요한조치를 하게 하는 것'은 상대방이 필요한 조치를 하도록 명하는 행위이더라도 하명의 성질은 아니다.

㉣ 도로교통법위반에 의한 과태료납부의무는 하명이 아니다.

① 없음
② 1개
③ 2개
④ 3개

정답 및 해설 I ①

㉠ [×] 「경찰관 직무집행법」 제4조의 강제보호조치 대상자에 대한 응급을 요하는 구호조치는 경찰상 즉시강제로서 즉시강제는 권력적 사실행위이므로 수인의무를 수반한다. 따라서 수인의무를 수반하는 한도내에서는 경찰하명에 해당한다.

㉡ [×] 대간첩 지역이나 국가중요시설에 대한 접근제한명령이나 통행제한명령은 **부작위의무**를 명하는 행위로서 **하명의 성질**을 갖는다.

㉢ [×] 「경찰관 직무집행법」 제5조 제1항 제3호의 관계인에게 '필요한조치를 하게 하는 것'은 상대방이 필요한 조치를 하도록 명하는 행위는 **경찰하명**의 성질을 갖는다.

㉣ [×] 도로교통법위반에 의한 과태료납부의무는 **급부하명**으로서 경찰하명에 해당한다.

268 □□□ 허가에 대한 다음 설명 중 가장 적절한 것은? (다툼이 있는 경우 판례에 의함) 18. 경찰

① 허가는 허가가 유보된 상대적 금지에 인정되며, 절대적 금지의 경우에는 인정되지 않는다.

② 허가는 행위의 유효요건일 뿐, 적법요건은 아니다.

③ 판례에 의하면 허가 여부의 결정기준은 특별한 사정이 없는 한 원칙적으로 신청 당시의 법령에 의한다.

④ 허가는 법령에 의하여 과하여진 작위 · 급부 · 수인의무를 특정한 경우에 해제하여 주는 경찰상의 행정행위이다.

정답 및 해설 I ①

② [×] 허가는 행위의 적법요건일 뿐, **효력발생(유효)요건**은 아니다.

③ [×] 판례에 의하면 허가 여부의 결정기준은 특별한 사정이 없는 한 원칙적으로 **허가** 당시의 법령에 의한다.

④ [×] 허가는 법령에 의하여 과하여진 **부작위의무**를 특정한 경우에 해제하여 주는 경찰상의 행정행위이다.

269 □□□ 행정청의 재량권에 관한 설명으로 옳지 않은 것은? (다툼이 있으면 판례에 의함) 16. 교육행정직 9급

① 재량권의 일탈 · 남용이 있으면 위법하다.

② 구 주택건설촉진법상 주택건설사업계획승인은 재량행위이다.

③ 숙박용 건물의 건축허가는 기속행위이므로 중대한 공익상의 이유가 있다 할지라도 그 허가를 거부할 수 없다.

④ 사실의 존부에 대한 판단에는 재량권이 인정될 수 없으므로 사실을 오인하여 재량권을 행사한 경우에 그 처분은 위법하다.

정답 및 해설 I ③

③ [×] 일반적인 건축허가는 기속행위에 해당하지만 위락시설이나 숙박시설의 경우 재량행위로 볼 수 있다.

> 건축법 제11조 【건축허가】 ④ 허가권자는 ...... 다음 각 호의 어느 하나에 해당하는 경우에는 이 법이나 다른 법률에도 불구하고 건축위원회의 심의를 거쳐 **건축허가**를 하지 아니할 수 있다.
> 1. 위락시설이나 숙박시설에 해당하는 건축물의 건축을 허가하는 경우 해당 대지에 건축하려는 건축물의 용도 · 규모 또는 형태가 주거환경이나 교육환경 등 주변 환경을 고려할 때 부적합하다고 인정되는 경우(이하 생략)

270 재량권의 한계에 대한 설명으로 옳은 것은? 15. 국가직 9급

□□□

① 재량권의 일탈이란 재량권의 내적 한계를 벗어난 것을 말하고, 재량권의 남용이란 재량권의 외적 한계를 벗어난 것을 말한다.

② 판례는 재량권의 일탈과 재량권의 남용을 명확히 구분하고 있다.

③ 재량권의 불행사에는 재량권을 충분히 행사하지 아니한 경우는 포함되지 않는다.

④ 개인의 신체, 생명 등 중요한 법익에 급박하고 현저한 침해의 우려가 있는 경우 재량권이 영으로 수축된다.

정답 및 해설 I ④

① [×] **재량권의 일탈**이란, 재량권의 **외적 한계를 넘어** 재량권이 행사된 경우를 말한다. 이에 반하여 **재량권의 남용**은 재량권의 외적 한계는 넘지 않았으나 재량권을 부여한 법의 목적이나 평등의 원칙 · 비례의 원칙 등 **내적 한계에 위배**되는 경우의 재량권 행사를 말한다.

② [×] 대부분의 판례는 재량의 일탈과 남용을 명확하게 구분하지 않고 있다.

③ [×] 재량권의 불행사에는 행정기관이 재량행위를 기속행위로 오인하여 재량권을 행사하지 않은 경우(결정재량의 불행사)뿐만 아니라 재량을 행사할 때 고려해야 할 사항을 충분히 고려하지 않은 경우(선택재량의 불행사)까지 포함된다.

271 기속행위와 재량행위에 대한 설명으로 가장 적절하지 않은 것은? (다툼이 있는 경우 판례에 의함)

□□□ 18. 경행특채

① 기속행위에 대한 사법심사는 그 법규에 대한 원칙적인 기속성으로 인하여 법원이 사실인정과 관련 법규의 해석 · 적용을 통하여 일정한 결론을 도출한 후 그 결론에 비추어 행정청이 한 판단의 적법 여부를 독자의 입장에서 판정하는 방식에 의한다.

② 식품위생법상 일반음식점영업허가는 성질상 일반적 금지의 해제에 불과하므로 허가권자는 허가신청이 법에서 정한 요건을 구비한 때에는 원칙적으로 허가를 하여야 하나, 다만 예외적으로 관계 법령에서 정하는 제한사유 외에 공공복리 등의 사유를 들어 허가신청을 거부할 수 있다.

③ 국토의 계획 및 이용에 관한 법률에 의한 토지의 형질변경허가는 그 금지요건이 불확정개념으로 규정되어 있어 그 금지요건에 해당하는지 여부를 판단함에 있어서 행정청에게 재량권이 부여되어 있다고 할 것이므로, 같은 법에 의하여 지정된 도시지역 안에서 토지의 형질변경행위를 수반하는 건축허가는 결국 재량행위에 속한다.

④ 개발제한구역 내에서의 건축물의 건축 등에 대한 예외적 허가는 그 상대방에게 수익적인 것으로서 재량행위에 속하는 것이라고 할 것이므로 그에 관한 행정청의 판단이 사실오인, 비례 · 평등의 원칙 위배, 목적 위반 등에 해당하지 아니하는 이상 재량권의 일탈 · 남용에 해당한다고 할 수 없다.

정답 및 해설 I ②

② [×] 식품위생법상 일반음식점영업허가는 성질상 일반적 금지의 해제에 불과하므로 허가권자는 허가신청이 법에서 정한 요건을 구비한 때에는 원칙적으로 허가를 하여야 하고, 관계 법령에서 정하는 제한사유 외에 공공복리 등의 사유를 들어 허가신청을 거부할 수 없다.

272 재량행위에 관한 설명으로 옳지 않은 것은? (다툼이 있는 경우 판례에 의함) 15. 서울시 7급

□□□

① 재량행위에 있어서도 비례원칙을 위반하는 경우에는 위법한 행위가 된다.

② 재량권의 일탈·남용 여부에 대한 입증책임은 처분청인 행정청에게 있다.

③ 판례에 의할 때 식품위생법상 일반음식점영업허가는 재량행위로 보고 있지 않다.

④ 공유수면점용허가는 특정인에게 공유수면이용권이라는 독점적 권리를 설정하여 주는 처분으로서 그 처분의 여부 및 내용의 결정은 원칙적으로 행정청의 재량에 속한다.

정답 및 해설 I ②

② [×] 대법원은 재량에 의한 행정처분이 그 재량권의 한계를 벗어난 것이어서 위법하다는 점은 그 행정처분의 효력을 다투는 자인 원고가 이를 주장·입증하여야 한다고 판시하고 있다(대판 1987.12.8, 87누861).

273 기속행위와 재량행위에 관한 설명으로 옳지 않은 것은? 09. 국가직 9급

□□□

① 기속행위에 부관을 붙이면 무효라는 것이 판례의 입장이다.

② 재량행위가 그 한계를 넘거나 남용이 있더라도 법원은 이를 취소할 수 없다.

③ 재량행위라고 할지라도 재량이 영으로 수축하는 경우에는 행정개입청구권이 성립할 수 있다.

④ 기속행위와 재량행위는 법원의 심사방식이 다르다는 것이 판례의 입장이다.

정답 및 해설 I ②

② [×] 재량권의 한계를 넘거나 그 남용이 있는 때에는 법원은 이를 취소할 수 있다(행정소송법 제27조).

274 행정행위에 대한 설명으로 옳지 않은 것은? (다툼이 있는 경우 판례에 의함) 23. 경찰간부

□□□

① 구 「기부금품모집규제법」상의 기부금품모집허가는 공익목적을 위하여 일반적·상대적으로 제한된 기본권적 자유를 다시 회복시켜주는 강학상의 허가에 해당한다.

② 재단법인의 임원취임을 인가할 것인지 여부는 주무관청의 권한에 속하는 사항으로서, 임원취임승인 신청에 대하여 주무관청은 이에 기속되어 이를 당연히 승인(인가)하여야 하는 것은 아니다.

③ 관할관청은 개인택시 운송사업의 양도·양수에 대한 인가를 한 후에는 그 양도·양수 이전에 있었던 양도인에 대한 운송사업면허 취소사유를 들어 양수인의 사업면허를 취소할 수 없다.

④ 「국가공무원법」에 의한 정년퇴직 발령은 정년퇴직 사실을 알리는 이른바 관념의 통지에 불과하다.

정답 및 해설 I ③

③ [×] 관할 관청이 개인택시운송사업의 양도·양수에 대한 인가를 하였을 경우 거기에는 양도인과 양수인간의 양도행위를 보충하여 그 법률효과를 완성시키는 의미에서의 인가처분뿐만 아니라 양수인에 대해 양도인이 가지고 있던 면허와 동일한 내용의 면허를 부여하는 처분이 포함되어 있다. 또한 구 여객자동차 운수사업법 제14조 제4항에 의하면 개인택시운송사업을 양수한 사람은 양도인의 운송사업자로서의 지위를 승계하므로, 관할 관청은 개인택시 운송사업의 양도·양수에 대한 인가를 한 후에도 그 양도·양수 이전에 있었던 양도인에 대한 운송사업면허 취소사유를 들어 양수인의 사업면허를 취소할 수 있다(대판 2010.11.11, 2009두14934).

275 ☐☐☐ 기속행위와 재량행위에 대한 설명으로 가장 적절하지 않은 것은? (다툼이 있는 경우 판례에 의함)

17. 경행특채

① 입법목적 등을 달리하는 법률들이 일정한 행위에 관한 요건을 각기 정하고 있는 경우 어느 법률이 다른 법률에 우선하여 배타적으로 적용된다고 풀이되지 아니하는 한 그 행위에 관하여 각 법률의 규정에 따른 허가를 받아야 할 것인바, 이러한 경우 그중 하나의 허가에 관한 관계 법령 등에서 다른 법령상의 허가에 관한 규정을 원용하고 있는 경우나 그 행위가 다른 법령에 의하여 절대적으로 금지되고 있어 그것이 객관적으로 불가능한 것이 명백한 경우 등에는 그러한 요건을 고려하여 허가 여부를 결정할 수 있다.

② 행정소송법 제27조에 의하면 행정청의 재량에 속하는 처분이라도 재량권의 한계를 넘거나 그 남용이 있는 때에는 법원은 이를 취소하여야 한다.

③ 어느 행정행위가 기속행위인지 재량행위인지 나아가 재량행위라고 할지라도 기속재량행위인지 또는 자유재량에 속하는 것인지의 여부는 이를 일률적으로 규정지을 수는 없는 것이고, 해당 처분의 근거가 된 규정의 형식이나 체재 또는 문언에 따라 개별적으로 판단하여야 한다.

④ 술에 취한 상태에 있다고 인정할 만한 상당한 이유가 있음에도 불구하고 경찰공무원의 측정에 응하지 아니한 때에는 필요적으로 운전면허를 취소하도록 되어 있어 처분청이 그 취소 여부를 선택할 수 있는 재량의 여지가 없음이 도로교통법상 명백하므로, 동법 요건에 해당하였음을 이유로 한 운전면허취소처분에 있어서 재량권의 일탈 또는 남용의 문제는 생길 수 없다.

정답 및 해설 | ②

② [×] 행정소송법 제27조에 의하면 행정청의 재량에 속하는 처분이라도 재량권의 한계를 넘거나 그 남용이 있는 때에는 법원은 이를 취소할 수 있다.

276 ☐☐☐ 기속행위와 재량행위에 대한 설명으로 옳지 않은 것은?

13. 지방직 7급

① 판례는 자유재량에 대한 사법심사에 있어서는 법원이 일정한 결론을 도출한 후 그 결론에 비추어 행정청이 한 판단의 적법 여부를 독자의 입장에서 판정하는 방식에 의하게 된다고 보고 있다.

② 판례는 일반적으로 기속행위에는 부관을 붙일 수 없다는 입장이다.

③ 판례는 공무원 임용을 위한 면접전형에서 임용신청자의 능력이나 적격성 등에 관한 판단이 면접위원의 자유재량에 속한다고 보고 있다.

④ 행정청의 재량에 속하는 처분이라도 재량권의 한계를 넘거나 그 남용이 있는 때에는 법원은 이를 취소할 수 있다.

정답 및 해설 | ①

① [×] 재량행위에 대한 사법심사에 있어서는 행정청의 재량에 기한 공익판단의 여지를 감안하여 법원의 독자의 결론을 도출함이 없이 당해 행위에 재량권의 일탈 · 남용이 있는지 여부만을 심사하게 되고, 이러한 재량권의 일탈 · 남용 여부에 대한 심사는 사실오인, 비례 · 평등의 원칙 위배 등을 그 판단대상으로 한다(대판 2010.2.25, 2009두19960).

277 경찰재량에 관한 설명 중 가장 적절하지 않은 것은? (다툼이 있는 경우 판례에 의함) 22. 경찰

□□□

① 도로교통법상 교통단속임무를 수행하는 경찰공무원을 폭행한 사람의 운전면허를 취소하는 것은 행정청이 재량여지가 없으므로 재량권의 일탈 · 남용과는 관련이 없다.

② 재량을 선택재량과 결정재량으로 나눌 경우, 경찰공무원의 비위에 대해 징계처분을 하는 결정과 그 공무원의 건강 등 제반사정을 고려하여 징계처분을 하지 않는 결정 사이에서 선택권을 갖는 것을 결정재량이라 한다.

③ 재량의 일탈 · 남용뿐만 아니라 단순히 재량권 행사에서 합리성을 결하는 등 재량을 그르친 경우에도 행정심판의 대상이 된다.

④ 재량권의 일탈이란 재량권의 내적 한계(재량권이 부여된 내재적 목적)를 벗어난 것을 말하며, 재량권의 남용이란 재량권의 외적 한계(법적 · 객관적 한계)를 벗어난 것을 의미한다.

정답 및 해설 I ④

④ [×] 재량권의 일탈이란 재량권의 외적 한계(법적 · 객관적 한계)를 벗어난 것을 말하며, 재량권의 남용이란 재량권의 내적 한계(재량권이 부여된 내재적 목적)를 벗어난 것을 의미한다.

278 행정청의 재량권이 인정되기 가장 어려운 경우는? (다툼이 있는 경우 판례에 의함) 22. 경찰간부

□□□

① 보건의료정책을 위하여 필요하거나 국민보건에 중대한 위해가 발생하거나 발생할 우려가 있을 때 지도와 명령을 할 것인지의 결정

② 술에 취한 상태에 있다고 인정할 만한 상당한 이유가 있음에도 불구하고 경찰공무원의 음주측정에 응하지 아니한 때 운전면허 취소 여부의 결정

③ 감정평가사시험을 실시함에 있어 어떠한 합격기준을 선택할 것인가 여부의 결정

④ 건설공사를 계속하기 위한 발굴허가신청에 대하여 그 공사를 계속하기 위하여 부득이 발굴할 필요가 있는지 여부에 대한 허가권자의 결정

정답 및 해설 I ②

② [×] 술에 취한 상태에 있다고 인정할 만한 상당한 이유가 있음에도 불구하고 경찰공무원의 음주측정에 응하지 아니한 때 운전면허 취소여부의 결정은 도로교통법 제93조에 따라 기속행위이다.

279 재량행위에 대한 설명으로 옳지 않은 것은? (다툼이 있는 경우 판례에 의함) 22. 경찰간부

□□□

① 과징금 납부 명령에 대하여 그 명령이 재량권을 일탈하였을 경우 법원이 적정하다고 인정되는 부분을 초과한 부분만 취소할 수 있다.

② 귀화신청인이 귀화요건을 갖추지 못한 경우 법무부장관은 재량권을 행사할 여지 없이 귀화불허처분을 하여야 한다.

③ 처분이 재량권을 일탈 · 남용하였다는 사정은 처분의 효력을 다투는 자가 주장 · 증명하여야 한다.

④ 재량행위의 경우 행정청의 재량에 기한 공익판단의 여지를 감안하여 법원은 독자의 결론을 도출함이 없이 당해 행위에 재량권의 일탈 · 남용이 있는지 여부만을 심사하게 된다.

정답 및 해설 I ①

① [×] 과징금 납부 명령에 대하여 그 명령이 재량권을 일탈하였을 경우 법원이 적정하다고 인정되는 부분을 초과한 부분만 취소할 수 없다는 것이 판례의 입장이다. 자동차운수사업면허조건 등을 위반한 사업자에 대하여 행정청이 행정제재수단으로 사업 정지를 명할 것인지, 과징금을 부과할 것인지, 과징금을 부과키로 한다면 그 금액은 얼마로 할 것인지에 관하여 재량권이 부여되었다 할 것이므로 과징금부과처분이 법이 정한 한도액을 초과하여 위법할 경우 법원으로서는 그 전부를 취소할 수밖에 없고, 그 한도액을 초과한 부분이나 법원이 적정하다고 인정되는 부분을 초과한 부분만을 취소할 수 없다(대판 1998.4.10, 98두2270).

280 허가를 설명한 것이다. 다음 중 가장 적절하지 않은 것은? (다툼이 있으면 판례에 의함)

□□□ 15. 경행특채 2차

① 특별한 규정이 없는 한 관계법상의 금지가 해제될 뿐이고, 타법상의 제한까지 해제되는 것은 아니다.

② 대물적 허가의 성질을 갖는 석유판매업이 양도된 경우, 양도인에게 허가를 취소할 위법사유가 있다면 이를 이유로 양수인에게 제재조치를 취할 수 있다.

③ 신청 후 허가기준이 변경된 경우에는 원칙적으로 처분시가 아닌 신청시의 법령과 기준에 의해 처리되어야 한다.

④ 허가의 요건은 법령으로 규정되어야 하며, 법령의 근거 없이 행정권이 독자적으로 허가요건을 추가하는 것은 허용되지 아니한다.

정답 및 해설 I ③

③ [×] 허가 등의 행정처분은 원칙적으로 처분시의 법령과 허가기준에 의하여 처리되어야 하고 허가신청 당시의 기준에 따라야 하는 것은 아니라는 것이 판례의 입장이다(대판 1996.8.20, 95누10877).

281 □□□ 다음 (가) 그룹과 (나) 그룹에 대한 설명으로 옳지 않은 것은? (다툼이 있는 경우 판례에 의함)

12. 국가직 9급

(가)	• 주거지역 내의 건축허가	• 상가지역 내의 유흥주점업 허가
(나)	• 개발제한구역 내의 건축허가	• 학교환경위생정화구역 내의 유흥주점업 허가

	(가) 그룹	(나) 그룹
①	예방적 금지의 해제	억제적 금지의 해제
②	허가	예외적 승인
③	법률행위적 행정행위	준법률행위적 행정행위
④	기속행위	재량행위

정답 및 해설 | ③

③ [×] (가) 그룹은 일반적 허가의 예이고, (나) 그룹은 예외적 허가(승인)의 예이다. 허가와 예외적 허가(승인) 모두 법률행위적 행정행위에 해당한다. 허가와 예외적 허가를 도표로 정리하면 다음과 같다.

허가	예외적 허가(승인)
• 예방적 금지의 해제 • 기속행위의 성질	• 억제적 금지의 해제 • 재량행위의 성질
양자 모두 법률행위적 행정행위이며 부작위의무를 해제하는 명령적 행정행위	

282 □□□ 허가에 대한 설명으로 가장 적절한 것은?

14. 경찰

① 허가란 법령에 의하여 과하여진 작위 · 급부 · 수인의무를 특정한 경우에 해제하여 주는 행정행위이다.

② 허가는 행위의 '적법요건'이지만 '유효요건'은 아니므로, 무허가행위는 행정상 강제집행 또는 행정벌의 대상은 되지만, 행위 자체의 법적 효력은 영향을 받지 않는 것이 원칙이다.

③ 허가는 허가가 유보된 상대적 금지뿐만 아니라 절대적 금지의 경우에도 인정된다.

④ 허가는 상대방의 신청에 의하여 행하여지는 것으로 신청에 의하지 않고는 행하여질 수 없다.

정답 및 해설 | ②

① [×] 면제란 법령에 의하여 과하여진 작위 · 급부 · 수인의무를 특정한 경우에 해제하여 주는 행정행위이다.

③ [×] 허가는 허가가 유보된 상대적 금지를 대상으로 할 뿐 절대적 금지를 대상으로 하지 않는다.

④ [×] 허가는 상대방의 신청에 의하여 행하여지는 것이 원칙이지만, 통행금지의 해제와 같이 신청에 의하지 않고 행하여질 수도 있다.

283 행정행위에 대한 설명으로 옳지 않은 것은? 20. 경찰간부

□□□

① 경찰하명이란 일반통치권에 기인하여 경찰목적을 달성하기 위해 국민에 대하여 작위 · 부작위 · 급부 · 수인 등 의무의 일체를 명하는 법률행위적 행정행위를 말하며 경찰관의 수신호나 교통신호 등의 신호도 의무를 부과하는 행위로서 경찰하명에 해당한다.

② 부작위 하명의 유형으로는 절대적 금지와 상대적 금지가 있으며, 청소년에게 술이나 담배 판매금지는 절대적 금지이고, 유흥업소의 영업금지는 상대적 금지에 해당한다.

③ 법률행위적 행정행위는 명령적 행정행위(하명 · 허가 · 면제 등)와 형성적 행정행위(특허 · 인가 · 대리)로 구분할 수 있고, 준법률행위적 행정행위는 확인 · 공증 · 통지 · 수리 등으로 구분할 수 있다.

④ 경찰하명에 위반하여 이루어진 행위는 원칙적으로 그 법적 효력에는 아무런 영향을 받지 않는다. 그러나 영업정지명령에 위반하여 영업을 계속하였을 경우는 해당 영업에 대한 거래행위의 효력이 부인된다.

정답 및 해설 I ④

④ [×] 경찰하명에 위반하여 이루어진 행위는 원칙적으로 그 법적 효력에는 아무런 영향을 받지 않는다. 그러므로 영업정지명령에 위반하여 영업을 계속하였을 경우는 해당 영업에 대한 거래행위의 효력이 부인되지 않는다.

284 甲은 강학상 허가에 해당하는 식품위생법상 영업허가를 신청하였다. 이에 대한 설명으로 옳은 것은? (다툼이 있는 경우 판례에 의함)

□□□

19. 지방직 · 교육행정직 9급

① 甲이 공무원인 경우 허가를 받으면 이는 식품위생법상의 금지를 해제할 뿐만 아니라 국가공무원법상의 영리업무금지까지 해제하여 주는 효과가 있다.

② 甲이 허가를 신청한 이후 관계법령이 개정되어 허가요건을 충족하지 못하게 된 경우, 행정청이 허가신청을 수리하고도 정당한 이유 없이 그 처리를 늦추어 그 사이에 허가기준이 변경된 것이 아닌 이상 甲에게는 불허가처분을 하여야 한다.

③ 甲에게 허가가 부여된 이후 乙에게 또 다른 신규허가가 행해진 경우, 甲에게는 특별한 규정이 없더라도 乙에 대한 신규허가를 다툴 수 있는 원고적격이 인정되는 것이 원칙이다.

④ 甲에 대해 허가가 거부되었음에도 불구하고 甲이 영업을 한 경우, 당해 영업행위는 사법(私法)상 효력이 없는 것이 원칙이다.

정답 및 해설 I ②

① [×] 허가는 그 근거가 된 법령에 의한 금지를 해제할 뿐이고 다른 법률에 의한 금지까지 해제하지 않는 것이 원칙이다. 그러므로 공무원인 甲이 음식점영업허가를 받는다 하더라도 그 허가는 식품위생법상의 금지를 해제할 뿐이지 국가공무원법상의 영리업무금지까지 해제해 주는 것은 아니다.

③ [×] 경업자소송에서, 기존업자가 허가업자인 경우 기존업자가 누리는 영업상 이익은 원칙적으로 반사적 이익에 불과하므로 기존허가업자는 특허사업의 경우와 달리 신규영업허가에 대해 취소소송을 제기할 수 있는 원고적격이 없다. 사안의 경우 甲은 허가업자이므로 甲은 특별한 규정이 없는 한 乙에 대한 신규허가를 다툴 수 있는 원고적격이 인정되지 않는다.

④ [×] 허가를 받아야 할 행위임에도 불구하고 허가를 받지 않고 행한 사법(私法)상 행위의 법률상 효력은 유효함이 원칙이다. 그러므로 甲에 대해 허가가 거부되었음에도 불구하고 甲이 영업을 한 경우라도, 그 영업행위는 사법상 유효하다.

285 □□□ 강학상 경찰허가에 관한 설명 중 가장 적절한 것은? (다툼이 있는 경우 판례에 의함) 22. 경찰

① 특별한 규정이 없는 한, 허가를 받게 되면 다른 법령상의 제한들도 모두 해제되는 것이 원칙이다.

② 특별한 규정이 없는 한, 허가는 법령이 부과한 작위의무, 부작위의무 및 급부의무를 모두 해제하는 것이다.

③ 강학상 허가와 강학상 특허는 당사자의 신청이 없어도 가능하다는 점에서 공통점이 있다.

④ 일반적으로 영업허가를 받지 아니한 상태에서 행한 사법상 법률행위는 유효하다.

정답 및 해설 I ④

① [×] 특별한 규정이 없는 한, 허가는 관련법령상의 금지만 해제되며, **다른 법령에 따른 금지는 해제되지 않는다.**

② [×] 특별한 규정이 없는 한, 허가는 법령에 의해 부가된 **부작위의무만**을 해제하는 것이다.

③ [×] 강학상 허가는 예외적으로 일반허가에서와 같이 당사자의 신청이 없이도 가능하나, **강학상 특허**는 당사자의 신청이 반드시 있어야 하며 **무출원(무신청) 특허는 허용되지 않는다.**

286 □□□ 행정청이 행하는 구체적 사실에 관한 법 집행으로서 공권력의 행사 또는 그 거부와 그 밖에 이에 준하는 행정작용에 해당하는 것은 모두 몇 개인가? (다툼이 있는 경우 판례에 의함) 22. 경찰

> ㉠ 도로점용허가
> ㉡ 주민등록번호 변경신청 거부
> ㉢ 교통경찰관의 수신호
> ㉣ 교통신호등에 의한 신호
> ㉤ 경찰청장의 횡단보도 설치 기본계획 수립

① 1개　　② 2개

③ 3개　　④ 4개

정답 및 해설 I ④

항고쟁송의 대상이 되는 '처분'에 해당하는 것을 고르는 문제이다.

㉠ 도로점용허가, ㉡ 주민등록번호 변경신청 거부(피해자의 의사와 무관하게 주민등록번호가 유출된 경우에는 조리상 주민등록번호의 변경을 요구할 신청권을 인정함이 타당하고, 구청장의 주민등록번호 변경신청 거부행위는 **항고소송의 대상이 되는 행정처분에 해당한다**(대판 2017.6.15, 2013두2945), ㉢ 교통경찰관의 수신호, ㉣ 교통신호등에 의한 신호는 처분에 해당한다.

㉤ 경찰청장의 횡단보도 설치 기본계획 수립은 시도경찰청장의 횡단보도 설치행위의 기준이 되는 내부적 사무처리의 지침이므로 처분에 해당하지 않다.

287 행정작용과 그 성격을 연결한 것으로 옳지 않은 것을 모두 고르면? 16. 서울시 7급

□□□

> ㉠ 특허출원의 공고 – 확인
> ㉡ 운전면허 – 허가
> ㉢ 발명권특허 – 특허
> ㉣ 한의사면허 – 특허
> ㉤ 선거당선인 결정 – 확인

① ㉠, ㉡, ㉣　② ㉠, ㉢, ㉣
③ ㉠, ㉢, ㉤　④ ㉢, ㉣, ㉤

정답 및 해설 | ②

옳지 않은 것은 ㉠㉢㉣이다.

㉠ [×] 특허출원의 공고 – 통지

㉢ [×] 발명권특허 – 확인

㉣ [×] 한의사면허 – 허가

288 다음 중 특허에 해당하지 않는 것은? (다툼이 있는 경우 판례에 의함) 20. 소방채용

□□□

① 귀화허가

② 공무원임명

③ 개인택시운송사업면허

④ 사립학교 법인이사의 선임행위

정답 및 해설 | ④

④ [×] 사립학교 법인이사의 선임행위는 특허가 아니라 강학상 인가에 해당한다.

289 판례상 행정행위에 관한 설명으로 옳지 않은 것은? 19. 소방채용

① 출입국관리법상 체류자격 변경허가는 설권적 처분의 성격을 가지므로, 허가권자는 허가 여부를 결정할 수 있는 재량을 가진다.

② 유기장 영업허가는 유기장영업권을 설정하는 설권행위이다.

③ 한의사면허는 경찰금지를 해제하는 명령적 행위에 해당한다.

④ 개인택시운송사업면허는 특정인에게 권리나 이익을 부여하는 재량행위이다.

정답 및 해설 | ②

② [×] 유기장영업허가는 유기장경영권을 설정하는 설권행위가 아니고 일반적 금지를 해제하는 영업자유의 회복이라 할 것이므로 그 영업상의 이익은 반사적 이익에 불과하다(대판 1986.11.25, 84누147).

290 준법률행위적 행정행위에 대한 설명으로 가장 옳지 않은 것은? 19. 서울시 7급

□□□

① 토지대장상의 소유자명의변경신청을 거부하는 행위는 실체적 권리관계에 영향을 미치는 사항으로 행정처분이다.

② 친일반민족행위자재산조사위원회의 친일재산 국가귀속결정은 문제된 재산이 친일재산에 해당한다는 사실을 확인하는 준법률행위적 행정행위이다.

③ 국가공무원법에 근거하여 정년에 달한 공무원에게 발하는 정년퇴직발령은 정년퇴직 사실을 알리는 관념의 통지이다.

④ 국세징수법에 의한 가산금과 중가산금의 납부독촉에 절차상 하자가 있는 경우 그 징수처분에 대하여 취소소송에 의한 불복이 가능하다.

정답 및 해설 I ①

① [×] 토지대장에 기재된 일정한 사항을 변경하는 행위는, 그것이 지목의 변경이나 정정 등과 같이 토지소유권 행사의 전제요건으로서 토지소유자의 실체적 권리관계에 영향을 미치는 사항에 관한 것이 아닌 한 행정사무집행의 편의와 사실증명의 자료로 삼기 위한 것일 뿐이어서, 그 소유자 명의가 변경된다고 하여도 이로 인하여 당해 토지에 대한 실체상의 권리관계에 변동을 가져올 수 없고 토지소유권이 지적공부의 기재만에 의하여 증명되는 것도 아니다. 따라서 소관청이 토지대장상의 소유자명의변경신청을 거부한 행위는 이를 항고소송의 대상이 되는 행정처분이라고 할 수 없다(대판 2012.1.12, 2010두12354).

291 행정행위에 관한 설명 중 가장 적절하지 않은 것은? (다툼이 있는 경우 판례에 의함) 21. 경행특채

□□□

① 건축허가는 대물적 성질을 갖는 것이어서 행정청으로서는 그 허가를 할 때에 건축주 또는 토지소유자가 누구인지 등 인적요소에 관하여는 형식적 심사만 한다.

② 횡단보도를 설치하여 보행자 통행방법 등을 규제하는 것은 특정 사항에 대하여 의무의 부담을 명하는 행위이고, 이는 국민의 권리 · 의무에 직접 관계가 있는 행위로서 행정처분이다.

③ 국토의 계획 및 이용에 관한 법률이 정한 용도지역 안에서 토지의 형질변경(경작을 위한 경우로서 대통령령으로 정하는 토지의 형질변경은 제외)을 수반하는 건축허가는 건축법 제11조 제1항에 의한 건축허가와 국토의 계획 및 이용에 관한 법률상의 개발행위허가의 성질을 아울러 갖게 되므로 재량행위에 해당한다.

④ 건설업 등록증 및 건설업 등록수첩의 재발급은 건설업 등록을 하였다고 하는 사실을 특정인이나 불특정인에게 알리는 준법률행위적 행정행위인 통지행위에 해당한다.

정답 및 해설 I ④

④ [×] 건설업 등록증 및 건설업 등록수첩의 재발급은 건설업 등록을 하였다고 하는 사실을 특정인이나 불특정인에게 알리는 준법률행위적 행정행위인 공증행위에 해당한다.

292 다음 행정청의 행위 중 판례에 의해 처분성이 인정되는 것을 모두 고른 것은? 14. 서울시 7급

□□□

> ㉠ 지적공부 소관청이 지목변경신청을 반려한 행위
> ㉡ 건축물대장 소관청이 용도변경신청을 거부한 행위
> ㉢ 지적공부 소관청이 토지대장을 직권으로 말소한 행위
> ㉣ 소관청이 토지대장상의 소유자명의변경신청을 거부한 행위
> ㉤ 건물등재대장 소관청이 무허가건물을 무허가건물관리대장에서 삭제하는 행위

① ㉠, ㉡, ㉢
② ㉠, ㉡, ㉤
③ ㉠, ㉣, ㉤
④ ㉡, ㉢, ㉣
⑤ ㉢, ㉣, ㉤

정답 및 해설 I ①

처분성이 인정되는 것은 ㉠㉡㉢이다.

㉣ [×] 행정청이 토지대장의 소유자명의변경신청을 거부한 행위는 항고소송의 대상이 되는 행정처분이 아니다.

㉤ [×] 무허가건물등재대장 삭제행위는 행정처분이 아니라는 것이 판례의 입장이다(대판 2009.3.12, 2008두11525).

293 경찰허가의 효과를 제한 또는 보충하기 위하여 주된 의사표시에 부가된 종된 의사표시를 부관이라고 한다. 부관에 대한 설명으로 옳지 않은 것은? 21. 경찰간부

□□□

① 법정부관의 경우 처분의 효과제한이 직접 법규에 의해서 부여되는 부관으로서 이는 행정행위의 부관과는 구별되는 개념으로 원칙적으로 부관의 개념에 속하지 않는다.
② 부담은 그 자체가 하나의 행정행위이다. 즉, 하명으로서의 성격을 지니기 때문에 분리가 가능하지만, 그 자체가 독립적으로 행정쟁송 및 행정강제의 대상이 될 수 없다.
③ 부담과 정지조건의 구별이 불분명한 경우에는 최소침해의 원칙에 따라 부담으로 보아야 한다.
④ 수정부담은 새로운 의무를 부가하는 것이 아니라 상대방이 신청한 것과는 다르게 행정행위의 내용을 정하는 부관을 말하며 상대방의 동의가 있어야 효력이 발생한다.

정답 및 해설 I ②

② [×] 부담은 그 자체가 하나의 행정행위이기 때문에 그 자체가 독립적으로 행정쟁송의 대상인 처분에 해당하며, 독립하여 행정강제의 대상이 될 수 있다.

294 행정행위에 부담이 부가되었으나 사후에 그 부담을 변경할 수 있는 경우로 옳은 것은 몇 개인가? (다툼이 있으면 판례에 의함)

□□□ 16. 경행특채

> ㉠ 법률에 명문의 규정이 있는 경우
> ㉡ 부관의 변경이 미리 유보되어 있는 경우
> ㉢ 행정청의 동의가 있는 경우
> ㉣ 사정변경으로 인하여 당초에 부담을 부가할 목적을 달성할 수 없게 된 경우

① 1개 ② 2개
③ 3개 ④ 4개

정답 및 해설 I ③

부담의 사후변경사유가 되는 것은 ㉠㉡㉣ 3개이다.

㉢ [×] 행정청의 동의가 아니라 **상대방**의 동의가 있어야 한다. 대법원 "행정처분에 이미 부담이 부가되어 있는 상태에서 그 의무의 범위 또는 내용 등을 변경하는 부관의 사후변경은, 법률에 명문의 규정이 있거나 그 변경이 미리 유보되어 있는 경우 또는 상대방의 동의가 있는 경우에 한하여 허용되는 것이 원칙이지만, **사정변경으로 인하여 당초에 부담을 부가한 목적을 달성할 수 없게 된 경우에도 그 목적달성에 필요한 범위 내에서 예외적으로 허용된다.**"라고 판시하고 있다(대판 1997.5.30, 97누2627).

295 행정행위의 부관을 설명한 것이다. 다음 중 가장 적절한 것은? (다툼이 있으면 판례에 의함)

□□□ 16. 경행특채

① 행정처분의 상대방이 수익적 행정처분을 얻기 위하여 행정청과 사이에 행정처분에 부가할 부담에 관한 협약을 체결하고 행정청이 수익적 행정처분을 하면서 협약상의 의무를 부담으로 부가하였으나 부담의 전제가 된 주된 행정처분의 근거법령이 개정됨으로써 행정청이 더 이상 부관을 붙일 수 없게 된 경우에도 곧바로 협약의 효력은 소멸한다.

② 부담부 행정처분에 있어서 처분의 상대방이 부담(의무)을 이행하지 아니한 경우에 처분행정청으로서는 이를 들어 해당 처분을 취소(철회)할 수 있다.

③ 주택재건축사업시행의 인가는 상대방에게 권리나 이익을 부여하는 효과를 가진 이른바 수익적 행정처분으로서 법령에 행정처분의 요건에 관하여 일의적으로 규정되어 있지 아니한 이상 행정청의 재량행위에 속하지만, 처분청으로서는 법령상의 제한에 근거한 것이 아니라면 공익상 필요 등에 의하여 필요한 범위 내라고 하더라도 여러 조건(부담)을 부과할 수 없다.

④ 부담의 이행으로서 하게 된 사법상 매매 등의 법률행위는 부담을 붙인 행정처분과는 별개의 법률행위라 볼 수 없으므로, 그 부담의 불가쟁력의 문제와 함께 법률행위가 사회질서 위반이나 강행규정에 위반되는지 여부 등을 따져보아 그 법률행위의 유효 여부를 판단하여야 한다.

정답 및 해설 I ②

① [×] 행정청이 수익적 행정처분을 하면서 부가한 부담의 위법 여부는 처분 당시 법령을 기준으로 판단하여야 하고, 부담이 처분 당시 법령을 기준으로 적법하다면 처분 후 부담의 전제가 된 주된 행정처분의 근거법령이 개정됨으로써 행정청이 더 이상 부관을 붙일 수 없게 되었다 하더라도 곧바로 위법하게 되거나 그 효력이 소멸하게 되는 것은 아니다(대판 2009.2.12, 2005다65500).

③ [×] 주택재건축사업시행의 인가는 상대방에게 권리나 이익을 부여하는 효과를 가진 이른바 수익적 행정처분으로서 법령에 행정처분의 요건에 관하여 일의적으로 규정되어 있지 아니한 이상 행정청의 재량행위에 속하므로, 처분청으로서는 법령상의 제한에 근거한 것이 아니라 하더라도 공익상 필요 등에 의하여 필요한 범위 내에서 여러 조건(부담)을 부과할 수 있다(대판 2007.7.12, 2007두6663).

④ [×] 행정처분에 부담인 부관을 붙인 경우 부관의 무효화에 의하여 본체인 행정처분 자체의 효력에도 영향이 있게 될 수는 있지만, 그 처분을 받은 사람이 부담의 이행으로 사법상 매매 등의 법률행위를 한 경우에는 그 부관은 특별한 사정이 없는 한 법률행위를 하게 된 동기 내지 연유로 작용하였을 뿐이므로 이는 법률행위의 취소사유가 될 수 있음은 별론으로 하고 그 법률행위 자체를 당연히 무효화하는 것은 아니다. 또한, 행정처분에 붙은 부담인 부관이 제소기간의 도과로 확정되어 이미 불가쟁력이 생겼다면 그 하자가 중대하고 명백하여 당연무효로 보아야 할 경우 외에는 누구나 그 효력을 부인할 수 없을 것이지만, 부담의 이행으로서 하게 된 사법상 매매 등의 법률행위는 부담을 붙인 행정처분과는 어디까지나 별개의 법률행위이므로 그 부담의 불가쟁력의 문제와는 별도로 법률행위가 사회질서 위반이나 강행규정에 위반되는지 여부 등을 따져보아 그 법률행위의 유효 여부를 판단하여야 한다(대판 2009.6.25, 2006다18174).

296 부관에 대한 설명으로 가장 적절하지 않은 것은? (다툼이 있는 경우 판례에 의함) 20. 경행특채

□□□

① 행정처분과 부관 사이에 실제적 관련성이 있다고 볼 수 없는 경우 공무원이 공법상의 제한을 회피할 목적으로 행정처분의 상대방과 사이에 사법상 계약을 체결하는 형식을 취하였다면 이는 법치행정의 원리에 반하는 것으로서 위법하다.

② 기한이란 행정행위 효력의 발생 · 소멸을 장래에 발생 여부가 확실한 사실에 종속시키는 부관을 말한다.

③ 부담의 이행으로서 하게 된 사법상 매매 등의 법률행위는 그 부담을 붙인 행정처분과는 어디까지나 별개의 법률행위이므로, 그 부담의 불가쟁력의 문제와는 별도로 그 법률행위가 사회질서 위반이나 강행규정에 위반되는지 여부 등을 따져보아 그 법률행위의 유효 여부를 판단하여야 한다.

④ 부담은 그 자체로서 행정쟁송의 대상이 될 수 없다.

정답 및 해설 I ④

④ [×] 부담은 그 자체로서 행정쟁송의 대상이 될 수 있다.

297 ☐☐☐ 행정법상 부관에 관한 설명이다. 아래 ㉠부터 ㉤까지의 설명 중 옳은 것만을 모두 고른 것은? (다툼이 있는 경우 판례에 의함) 18. 경행특채

> ㉠ 행정청이 수익적 행정처분을 하면서 부가한 부담의 위법 여부는 처분 당시 법령을 기준으로 판단하여야 한다.
> ㉡ 면허발급 당시에 붙이는 부관뿐만 아니라 면허발급 이후에 붙이는 부관도 법률에 명문 규정이 있거나 변경이 미리 유보되어 있는 경우 또는 상대방의 동의가 있는 경우 등에는 특별한 사정이 없는 한 허용된다.
> ㉢ 공유재산에 대한 40년간의 사용허가신청에 대해 행정청이 20년간 사용허가한 경우에 사용허가기간에 대해서 독립하여 행정소송을 제기할 수 있다.
> ㉣ 종전 허가의 유효기간이 지나서 신청한 기간연장신청은 별도의 새로운 허가를 내용으로 하는 행정처분을 구하는 것이라기보다는 종전의 허가처분을 전제로 하여 단순히 그 유효기간을 연장하여 주는 행정처분을 구하는 것으로 보아야 한다.
> ㉤ 토지소유자가 토지형질변경행위허가에 붙은 기부채납의 부관에 따라 토지를 국가나 지방자치단체에 기부채납(증여)한 경우, 기부채납의 부관이 당연무효이거나 취소되지 아니한 이상 토지소유자는 그 부관으로 인하여 증여계약의 중요 부분에 착오가 있음을 이유로 증여계약을 취소할 수 없다.

① ㉠, ㉡, ㉢
② ㉠, ㉡, ㉤
③ ㉡, ㉢, ㉣
④ ㉢, ㉣, ㉤

정답 및 해설 | ②

옳은 설명은 ㉠㉡㉤이다.

㉢ [×] 공유재산에 대한 40년간의 사용허가신청에 대해 행정청이 20년간 사용허가한 경우에 사용허가기간은 기한으로서 기타 부관이므로 독립하여 행정소송의 대상이 될 수 없다.

㉣ [×] 종전 허가의 유효기간이 지나서 신청한 기간연장신청은 별도의 새로운 허가를 신청하는 것으로, 종전의 허가처분을 전제로 하여 단순히 그 유효기간을 연장하여 주는 행정처분을 구하는 것으로 볼 수 없다.

298 ☐☐☐ 행정행위의 부관에 대한 설명으로 옳은 것은? (다툼이 있는 경우 판례에 의함) 20. 지방직 · 서울시 9급

① 부관 중에서 부담은 주된 행정행위로부터 분리될 수 있다 할지라도 부담 그 자체는 독립된 행정행위가 아니므로 주된 행정행위로부터 분리하여 쟁송의 대상이 될 수 없다.

② 기부채납받은 행정재산에 대한 사용 · 수익허가에서 공유재산의 관리청이 정한 사용 · 수익허가의 기간은 그 허가의 효력을 제한하기 위한 행정행위의 부관으로서, 이러한 사용 · 수익허가의 기간에 대해서는 독립하여 행정소송을 제기할 수 있다.

③ 지방국토관리청장이 일부 공유수면매립지를 국가 또는 지방자치단체에 귀속처분한 것은 법률효과의 일부를 배제하는 부관을 붙인 것이므로 이러한 행정행위의 부관은 독립하여 행정쟁송대상이 될 수 없다.

④ 행정청이 부담을 부가하기 이전에 상대방과 협의하여 부담의 내용을 협약의 형식으로 미리 정한 경우에는 행정처분을 하면서 이를 부담으로 부가할 수 없다.

정답 및 해설 I ③

① [×] 부담은 그 자체로 행정행위의 성질을 가지므로 주된 행정행위로부터 분리하여 쟁송의 대상이 될 수 **있다**는 것이 통설 및 판례의 입장이다.

② [×] 부담이 아닌 부관에 대해서는 독립하여 소송을 제기하여 다툴 수는 없고 부관부 행정행위 전체를 소송대상으로 하여 다툴 수 있을 뿐이다. 설문의 경우 기한에 해당하므로 독립하여 소송을 제기할 수 **없다**.

④ [×] 수익적 행정처분에 있어서는 법령에 특별한 근거규정이 없다고 하더라도 그 부관으로서 부담을 붙일 수 있고, 그와 같은 부담은 행정청이 행정처분을 하면서 일방적으로 부가할 수도 있지만 부담을 부가하기 이전에 **상대방과 협의하여 부담의 내용을 협약의 형식으로 미리 정한 다음 행정처분을 하면서 이를 부가할 수도 있다**(대판 2009.2.12, 2005다65500).

299 □□□ 행정행위의 부관에 대한 설명으로 옳지 않은 것은? (다툼이 있는 경우 판례에 의함) 19. 국가직 9급

① 도로점용허가의 점용기간을 정함에 있어 위법사유가 있다면 도로점용허가처분 전부가 위법하게 된다.

② 기속행위에 대해서는 법령상 특별한 근거가 없는 한 부관을 붙일 수 없고, 가사 부관을 붙였다고 하더라도 이는 무효이다.

③ 행정처분에 부담인 부관을 붙인 경우, 부관이 무효라면 부담의 이행으로 이루어진 사법상 매매행위도 당연히 무효가 된다.

④ 사정변경으로 당초에 부담을 부가한 목적을 달성할 수 없게 된 경우에도 그 목적달성에 필요한 범위 내에서 예외적으로 부담의 사후변경이 허용된다.

정답 및 해설 I ③

③ [×] 행정처분에 붙인 부담인 부관이 무효가 되더라도 그 부담의 이행으로 한 사법상 법률행위가 당연히 무효가 되는 것은 아니라는 것이 판례의 입장이다(대판 2009.6.25, 2006다18174).

300 □□□ 행정행위의 부관에 대한 설명으로 가장 옳은 것은? (다툼이 있는 경우 판례에 따름) 19. 서울시 7급

① 공유수면매립준공인가처분 중 매립지 일부에 대하여 한 국가 및 지방자치단체에의 귀속처분은 독립하여 행정소송의 대상이 될 수 있다.

② 부담부 행정행위에 있어서 처분의 상대방이 부담을 이행하지 아니한 경우에 당해 부담부 행정행위는 당연히 효력을 상실하게 된다.

③ 부담 이외의 부관으로 인하여 권리를 침해당한 자는 부관부 행정행위 전체에 대해 취소소송을 제기하거나, 행정청에 부관이 없는 행정행위로 변경해 줄 것을 청구한 다음 그것이 거부된 경우 거부처분취소소송을 제기할 수 있다.

④ 행정청이 수익적 행정처분을 하면서 부가한 부담이 처분 당시 법령을 기준으로는 적법하였지만 처분 후 부담의 전제가 된 주된 행정처분의 근거법령이 개정됨으로써 행정청이 더 이상 부관을 붙일 수 없게 되었다면 그 부담은 위법하게 된다.

정답 및 해설 I ③

① [×] 공유수면매립준공인가 중 매립지 일부에 대하여 한 국가귀속처분은 공유수면매립법 제14조의 효과 일부를 배제하는 부관을 붙인 것이므로 이러한 행정행위의 부관에 대하여는 독립하여 행정소송의 대상으로 삼을 수 없다는 것이 판례의 입장이다(대판 1991.12.13, 90누8503).

② [×] 부담부 행정행위는 부담을 이행하지 않더라도 당연히 그 효력이 소멸되지 않는 반면, 해제조건은 조건이 성취되면 행정행위는 당연히 효력이 소멸된다.

④ [×] 판례는 부담의 적법 여부는 처분 당시 법령을 기준으로 판단하여야 하고, 부담이 처분 당시 법령을 기준으로 적법하다면 처분 후 부담의 전제가 된 주된 행정처분의 근거법령이 개정됨으로써 행정청이 더 이상 부관을 붙일 수 없게 되었다 하더라도 부담이 곧바로 위법하게 되는 것은 아니다(대판 2009.2.12, 2005다65500).

301 □□□ 행정행위의 부관에 대한 설명으로 옳은 것은? (다툼이 있는 경우 판례에 의함) 17. 지방직 9급

① 부담부 행정행위의 경우 부담에서 부과하고 있는 의무의 이행이 있어야 비로소 주된 행정행위의 효력이 발생한다.

② 공유재산의 관리청이 기부채납된 행정재산에 대하여 행하는 사용 · 수익허가의 경우, 부관인 사용 · 수익허가의 기간에 위법사유가 있다면 허가 전부가 위법하게 된다.

③ 학설의 다수견해는 수정부담의 성격을 부관으로 이해한다.

④ 행정행위의 부관은 법령에 명시적 근거가 있는 경우에만 부가할 수 있다.

정답 및 해설 I ②

① [×] 부담부 행정행위는 처음부터 주된 행정행위의 효력이 발생하며, 다만 상대방은 부담을 이행하여야 할 의무가 발생할 뿐이다. 이 점에서 조건이 성취되어야 비로소 주된 행정행위의 효력이 발생하는 정지조건부 행정행위와 구별된다.

③ [×] 수정부담은 부담과는 구별되는 수정허가로 보는 것이 일반적 견해이다. 즉, 부담은 신청한 대로 허가하면서 부수적으로 일정한 의무를 부과하는 것임에 반하여, 수정부담은 신청에 대한 허가를 거부하고 새로운 내용의 행정행위를 행하는 것이다.

④ [×] 재량행위에는 법률의 근거가 없더라도 부관을 붙일 수 있다(행정기본법 제17조 제1항).

302 □□□ 행정행위의 부관에 대한 설명으로 옳지 않은 것은? (다툼이 있는 경우 판례에 의함) 15. 사회복지직 9급

① 해제조건부 행정행위는 조건사실의 성취에 의하여 당연히 효력이 소멸된다.

② 정지조건은 독립하여 취소소송의 대상이 되지 못하는데 반하여, 부담은 독립하여 취소소송의 대상이 될 수 있다.

③ 부담과 조건의 구분이 명확하지 않을 경우, 조건이 당사자에게 부담보다 유리하기 때문에 원칙적으로 조건으로 추정해야 한다.

④ 철회권유보의 경우 유보된 사유가 발생하였더라도 철회권을 행사함에 있어서는 이익형량에 따른 제한을 받게 된다.

정답 및 해설 I ③

③ [×] 행정청의 의사가 불분명한 경우 최소침해의 원칙에 따라 상대방에게 유리한 부담으로 보아야 한다.

303 행정행위와 이에 대한 부관의 종류가 바르게 연결되지 않은 것은? 11. 사회복지직 9급

□□□

① 공유수면매립준공인가 중 매립지 일부에 대하여 한 국가귀속처분 – 법률효과의 일부배제

② 일정기간 내에 공사에 착수할 것을 조건으로 한 공유수면매립면허 – 정지조건

③ 어업면허처분을 함에 있어 그 면허의 유효기간을 1년으로 정한 경우 – 종기

④ 공장건축허가를 부여하면서 근로자의 정기건강진단의무를 부과하는 것 – 부담

정답 및 해설 I ②

② [×] 일정기간 내에 공사에 착수할 것은 장래에 불확실한 사실이므로 조건에 해당한다. 공유수면매립면허의 효력이 발생하되 공사에 착수하지 않으면 공유수면매립면허의 효력이 상실되는 것으로 **해제조건**으로 보아야 한다.

304 행정기본법상 부관에 대한 설명으로 옳지 않은 것은? 22. 경찰간부

□□□

① 행정청은 처분에 재량이 없는 경우에는 법률에 근거가 있는 경우에 부관을 붙일 수 있다.

② 행정청은 처분에 재량이 있는 경우에는 법률에 근거가 없어도 부관을 붙일 수 있다.

③ 사정이 변경되어 부관을 새로 붙이거나 종전의 부관을 변경하지 아니하면 해당 처분의 목적을 달성할 수 없다고 인정되는 경우 그 처분을 한 후에도 부관을 새로 붙이거나 종전의 부관을 변경할 수 있다.

④ 부관이 해당 처분과 실질적인 관련이 없더라도 목적을 달성하기 위하여 필요한 최소한의 범위이면 붙일 수 있다.

정답 및 해설 I ④

④ [×] 부관이 해당 처분과 실질적인 관련이 없는 경우 부당결부금지의 원칙상 목적을 달성하기 위하여 필요한 최소한의 범위 내라 하더라도 붙일 수 없다(행정기본법 제17조 제4항).

> 행정기본법 제17조 【부관】 ③ 행정청은 부관을 붙일 수 있는 처분이 다음 각 호의 어느 하나에 해당하는 경우에는 그 처분을 한 후에도 부관을 새로 붙이거나 종전의 부관을 변경할 수 있다.
> 1. 법률에 근거가 있는 경우
> 2. 당사자의 동의가 있는 경우
> 3. 사정이 변경되어 부관을 새로 붙이거나 종전의 부관을 변경하지 아니하면 해당 처분의 목적을 달성할 수 없다고 인정되는 경우
>
> ④ 부관은 다음 각 호의 요건에 적합하여야 한다.
> 1. 해당 처분의 목적에 위배되지 아니할 것
> 2. 해당 처분과 실질적인 관련이 있을 것
> 3. 해당 처분의 목적을 달성하기 위하여 필요한 최소한의 범위일 것

305 행정기본법상 부관에 관한 설명으로 가장 적절하지 않은 것은? 23. 경찰

□□□

① 행정청은 처분에 재량이 있는 경우에는 부관을 붙일 수 있다.

② 행정청은 처분에 재량이 없는 경우에는 법률에 근거가 있는 경우에 부관을 붙일 수 있다.

③ 행정청은 부관을 붙일 수 있는 처분이 당사자의 동의가 있는 경우에는 그 처분을 한 후에도 부관을 새로 붙이거나 종전의 부관을 변경할 수 있다.

④ 부관은 해당 처분의 목적에 위배되지 아니하고, 실질적 관련이 없을 것을 요건으로 한다.

정답 및 해설 I ④

④ [×] 부관은 해당 처분의 목적에 위배되지 아니하고, 부당결부금지의 원칙에 위배되지 않아야 하기 때문에 실질적 관련이 있을 것을 요건으로 한다(동법 제17조 제4항).

306 행정행위의 부관은 ( )인 경우를 제외하고는 독립하여 행정소송의 대상이 될 수 없다. 빈칸에 들어갈 말로 가장 적절한 것은? (다툼이 있는 경우 판례에 의함) 23. 경찰

□□□

① 부담 ② 조건

③ 기한 ④ 기간

정답 및 해설 I ①

① [○] 행정행위의 부관은 행정행위의 일반적인 효력이나 효과를 제한하기 위하여 의사표시의 주된 내용에 부가되는 종된 의사표시이지 그 자체로서 직접 법적 효과를 발생하는 독립된 처분이 아니므로 현행 행정쟁송제도 아래서는 부관 그 자체만을 독립된 쟁송의 대상으로 할 수 없는 것이 원칙이나 행정행위의 부관 중에서도 행정행위에 부수하여 그 행정행위의 상대방에게 일정한 의무를 부과하는 행정청의 의사표시인 부담의 경우에는 다른 부관과는 달리 행정행위의 불가분적인 요소가 아니고 그 존속이 본체인 행정행위의 존재를 전제로 하는 것일 뿐이므로 부담 그 자체로서 행정쟁송의 대상이 될 수 있다(대판 1992.1.21, 91누1264).

307 경찰작용에 관한 설명으로 가장 적절하지 않은 것은? 23. 경찰승진

□□□

① 행정목적을 위하여 국가의 일반통치권에 의거 개인에게 특정한 작위·부작위·수인 또는 급부의 의무를 명하는 행정행위, 개인에게 특정의무를 명하는 명령적 행정행위를 하명이라 한다.

② 법령에 의한 일반적·절대적 금지를 특정한 경우에 해제하여 적법하게 일정한 행위를 할 수 있게 하는 행정행위를 허가라 한다.

③ 부관은 조건·기한·부담·철회권의 유보 등과 같이 주된 처분에 부과되는 종된 규율로서, 주된 처분의 효과를 제한하거나 의무를 부과함으로써 국민의 권리·의무에 영향을 미치는 효과가 있다.

④ 행정지도는 일정한 행정목적을 달성하기 위해 상대방인 국민에게 임의적인 협력을 요청하는 비권력적 사실행위를 말한다.

정답 및 해설 I ②

② [×] 법령에 의한 일반적·상대적(절대적 ×) 금지를 특정한 경우에 해제하여 적법하게 일정한 행위를 할 수 있게 하는 행정행위를 허가라 한다.

308 다음 행정행위의 부관에 대한 설명 중 옳지 않은 것으로만 묶은 것은? 10. 국가직 9급

□□□

> ㉠ 부담과 조건의 구별이 애매한 경우 조건으로 보는 것보다 부담으로 해석하는 것이 상대방에게 유리하다.
> ㉡ 부담부 행정행위의 경우에는 부담을 이행해야 주된 행정행위의 효력이 발생한다.
> ㉢ 숙박영업허가를 함에 있어 윤락행위를 알선하면 허가를 취소한다는 부관을 붙인 경우에는 철회권의 유보이다.
> ㉣ 법률행위적 행정행위에는 부관을 붙일 수 있는 것이 원칙이므로 귀화허가 및 공무원의 임명행위 등과 같은 신분설정행위에는 부관을 붙일 수 있다.
> ㉤ 조건과 부담은 독립하여 행정쟁송의 대상이 될 수 없다.
> ㉥ 행정처분과 부관 사이에 실체적 관련성이 없는 경우, 공법상 제한을 회피하고자 사법상 계약을 체결하는 형식을 취한 것은 위법하다.

① ㉠, ㉡, ㉣
② ㉡, ㉣, ㉤
③ ㉡, ㉢, ㉣, ㉥
④ ㉢, ㉣, ㉤, ㉥

정답 및 해설 I ②

㉡㉣㉤이 옳지 않다.

㉡ [×] 부담부 행정행위는 처음부터 행정행위의 효력이 발생한다. 이에 반해 정지조건부 행정행위는 조건이 성취된 시점부터 행정행위의 효력이 발생한다는 점에서 차이가 있다.

㉣ [×] 귀화허가와 공무원임명행위 등과 같은 포괄적 신분설정행위는 그 성질상 부관을 붙이기가 곤란하다는 것이 일반적 견해이다.

㉤ [×] 부관 중 부담만이 독립하여 행정쟁송의 대상이 된다는 것이 통설 및 판례의 입장이다.

309 행정행위의 공정력과 선결문제에 대한 설명으로 옳지 않은 것은? (다툼이 있는 경우 판례에 의함)

□□□

20. 국회직 8급

① 조세과오납에 따른 부당이득반환청구사안에서 민사법원은 사전통지 및 의견제출절차를 거치지 않은 하자를 이유로 행정행위의 효력을 부인할 수 있다.

② 위법한 행정처분으로 인해 피해를 입은 자가 제기한 국가배상청구소송에서 민사법원은 행정행위의 위법성 여부를 확인하여 배상청구를 인용할 수 있다.

③ 연령미달의 결격자가 이를 속이고 운전면허를 교부받아 운전 중 적발되어 기소된 경우, 형사법원은 운전면허처분의 효력을 부인하고 무면허운전죄로 판단할 수 없다.

④ 행정행위에 중대·명백한 하자가 있는 경우 선결문제에도 불구하고 민사법원 및 형사법원은 제기된 청구에 대하여 판결을 내릴 수 있다.

정답 및 해설 I ①

① [×] 사전통지 및 의견제출절차를 거치지 않은 하자는 취소사유에 해당한다. 조세부과처분에 취소사유가 있는 경우 공정력으로 인하여 민사법원은 그 효력을 부인할 수 없다.

310 행정행위의 효력에 대한 설명으로 옳지 않은 것은? (다툼이 있는 경우 판례에 의함)

□□□

19. 지방직 · 교육행정직 9급

① 민사소송에 있어서 어느 행정처분의 당연무효 여부가 선결문제로 되는 때에는 당해 소송의 수소법원은 이를 판단하여 그 행정처분의 무효확인판결을 할 수 있다.

② 과세처분의 하자가 단지 취소할 수 있는 정도에 불과할 때에는 과세관청이 이를 스스로 취소하거나 행정쟁송절차에 의하여 취소되지 않는 한 그로 인한 조세의 납부가 부당이득이 된다고 할 수 없다.

③ 구 소방시설 설치 · 유지 및 안전관리에 관한 법률 제9조에 의한 소방시설 등의 설치 또는 유지 · 관리에 대한 명령이 행정처분으로서 하자가 있어 무효인 경우에는 명령에 따른 의무 위반이 생기지 아니하므로, 명령 위반을 이유로 행정형벌을 부과할 수 없다.

④ 행정처분이 불복기간의 경과로 인하여 확정될 경우, 그 확정력은 처분으로 인하여 법률상 이익을 침해받은 자가 처분의 효력을 더 이상 다툴 수 없다는 의미일 뿐 판결에 있어서와 같은 기판력이 인정되는 것은 아니다.

정답 및 해설 I ①

① [×] 민사소송인 부당이득반환청구소송에서 처분의 효력 유무가 부당이득반환청구권 성립의 전제문제로서 다투어질 경우, 민사법원은 처분이 무효라면 이를 전제로 부당이득반환청구를 인용할 수 있다. 그러나 당해 처분이 무효가 아닌 취소사유인 경우 민사법원은 행정행위의 공정력 또는 구성요건적 효력에 근거하여 처분의 효력을 부인하여 인용판결을 할 수 없다.

311 행정행위의 공정력과 선결문제에 대한 설명으로 가장 적절하지 않은 것은? (다툼이 있으면 판례에 의함)

□□□

11. 경행특채

① 미리 그 행정처분의 취소판결이 있어야만, 그 행정처분의 위법임을 이유로 한 손해배상의 청구를 할 수 있다.

② 소방시설 등의 설치 또는 유지 · 관리에 대한 명령이 행정처분으로서 하자가 있어 무효인 경우에는 명령에 따른 의무 위반이 생기지 아니하므로 행정형벌을 부과할 수 없다.

③ 과세처분의 하자가 단지 취소할 수 있는 정도에 불과할 때에는 취소되지 않는 한 그로 인한 조세의 납부가 부당이득이 된다고 할 수 없다.

④ 연령미달의 결격자인 피고인이 소외인의 이름으로 운전면허시험에 응시, 합격하여 교부받은 운전면허는 취소되지 않는 한 유효하다.

정답 및 해설 I ①

① [×] 대법원은 "행정처분에 위법 · 취소사유의 하자가 있는 경우 그에 대한 취소판결이 있어야만, 그 행정처분의 위법임을 이유로 한 손해배상의 청구를 할 수 있는 것은 아니다."라고 판시하여 취소판결이 없어도 국가배상청구소송에서 처분의 위법 여부를 민사법원이 심리 · 판단할 수 있다는 입장이다.

312 □□□ 행정행위의 공정력과 선결문제에 대한 설명으로 가장 적절하지 않은 것은? (다툼이 있는 경우 판례에 의함)

19. 경행경채 2차

① 민사소송에 있어서 어느 행정처분의 당연무효 여부가 선결문제로 되는 때에는 이를 판단하여 당연무효임을 전제로 판결할 수 있고, 반드시 행정소송 등의 절차에 의하여 그 취소나 무효확인을 받아야 하는 것은 아니다.

② 국민이 조세부과처분의 위법을 이유로 이미 납부한 세금의 반환을 청구하는 민사소송을 제기한 경우, 과세처분의 하자가 단지 취소할 수 있는 정도에 불과하더라도, 당해 민사법원은 위법한 과세처분의 효력을 직접 상실시켜 납부된 세금의 반환을 명할 수 있다.

③ 연령미달의 결격자 甲이 타인(자신의 형)의 이름으로 운전면허시험에 응시, 합격하여 교부받은 운전면허라 하더라도 당연무효는 아니고, 당해 면허가 취소되지 않는 한 유효하므로, 甲의 운전행위는 무면허운전죄에 해당하지 않는다.

④ 개발제한구역의 지정 및 관리에 관한 특별조치법에 따라 행정청으로부터 시정명령을 받은 자가 이를 이행하지 않은 경우, 당해 시정명령이 위법한 것으로 인정되는 한 죄가 성립하지 않는다.

정답 및 해설 I ②

② [×] 행정행위의 하자가 취소사유에 불과한 때에는 민사법원이 공정력 및 구성요건적 효력에 의해 당해 행정행위의 효력을 부인할 수 없다. 따라서 민사법원은 행정행위의 효력을 인정하여 법률상 원인 없는 이득, 즉 부당이득이 아니라고 판시하여야 한다(대판 1994.11.11, 94다28000).

313 □□□ 행정행위의 효력에 관한 설명으로 옳지 않은 것은? (단, 다툼이 있는 경우 판례에 따름)

18. 교육행정직 9급

① 형사법원은 행정행위가 당연무효라면, 선결문제로서 그 행정행위의 효력을 부인할 수 있다.

② 불가쟁력은 행정행위의 상대방이나 이해관계인에 대하여 발생하는 효력이다.

③ 민사법원은 행정처분의 당연무효 여부가 재판의 선결문제로 되는 때에는 이를 판단하여 당연무효임을 전제로 판결할 수 있다.

④ 위법한 행정행위에 대한 국가배상소송이 제기된 경우, 민사법원은 해당 행정행위가 취소되어야만 그 위법 여부를 심리·판단하여 배상을 명할 수 있다.

정답 및 해설 I ④

④ [×] 행정상 손해배상청구권의 발생요건으로는 행정작용의 위법성이 요구될 뿐이며 행정작용이 취소되어야만 하는 것은 아니다. 따라서 처분의 위법성은 민사법원도 판단할 수 있으므로, 사전에 처분의 취소판결이 있어야만 처분의 위법을 이유로 손해배상청구를 할 수 있는 것은 아니다.

314 행정행위의 존속력에 관한 설명으로 옳지 않은 것은? (다툼이 있는 경우 판례에 의함) 21. 소방채용

□□□

① 불가변력은 처분청에 미치는 효력이고, 불가쟁력은 상대방 및 이해관계인에게 미치는 효력이다.

② 불가쟁력이 생긴 경우에도 국가배상청구를 할 수 있다.

③ 불가변력이 있는 행위가 당연히 불가쟁력을 발생시키는 것은 아니다.

④ 불가쟁력은 실체법적 효력만 있고, 절차법적 효력은 전혀 가지고 있지 않다.

정답 및 해설 I ④

④ [×] 불가쟁력은 형식적 확정력으로서 절차법적 효력을 가지며, 불가변력은 실질적 확정력으로서 실체법상 효력을 갖는다.

315 행정행위에 관한 설명으로 옳지 않은 것을 모두 고른 것은? (다툼이 있는 경우 판례에 의함)

□□□

15. 서울시 9급

> ㉠ 행정권한을 위임받은 사인도 행정청으로서 행정행위를 할 수 있다.
> ㉡ 부하 공무원에 대한 상관의 개별적인 직무명령은 행정행위가 아니다.
> ㉢ 일정한 불복기간이 경과하거나 쟁송수단을 다 거친 후에는 더 이상 행정행위를 다툴 수 없게 되는 효력을 행정행위의 불가변력이라 한다.
> ㉣ 판례에 따르면 행정행위의 집행력은 행정행위의 성질상 당연히 내재하는 효력으로서 별도의 법적 근거를 요하지 않는다.
> ㉤ 지방경찰청장(현 시 · 도경찰청장)이 횡단보도를 설치하여 보행자 통행방법 등을 규제하는 것은 행정행위에 해당한다.

① ㉠, ㉣

② ㉢, ㉤

③ ㉡, ㉤

④ ㉢, ㉣

정답 및 해설 I ④

옳지 않은 것은 ㉢㉣이다.

㉢ [×] 불가쟁력에 관한 설명이다. 불가변력이란, 일정한 행정행위의 경우 행정행위가 행해지면 행위를 한 행정청 자신도 직권으로 자유로이 취소 · 변경할 수 없는 효력을 의미한다.

㉣ [×] 행정행위의 자력집행이란 행정행위에 의해 부과된 의무를 상대방이 이행하지 않는 경우에 행정청이 스스로 강제력을 발동하여 그 의무를 실현시키는 힘을 말한다. 이러한 자력집행력이 인정되기 위해서는 행정행위의 근거와는 별도의 법적 근거가 필요하다.

316 □□□ 행정행위의 효력에 대한 설명으로 옳은 것은? (다툼이 있는 경우 판례에 의함) 23. 경찰간부

① 운전면허취소처분이 행정쟁송절차에 의하여 취소되었다면, 그 처분은 단지 장래에 향하여서만 효력을 잃게 된다.

② 위법한 행정대집행이 완료되면 계고처분의 취소를 구할 소의 이익은 없다 하더라도, 미리 그 처분의 취소판결이 있어야만 그 처분의 위법임을 이유로 한 손해배상 청구를 할 수 있는 것은 아니다.

③ 행정처분이 불복기간의 경과로 인하여 확정될 경우 그 확정력에는 판결에 있어서와 같은 기판력이 인정되고 법원은 이에 기속되어 모순되는 판단을 할 수 없다.

④ 행정행위의 불가변력은 당해 행정행위에 대하여 인정될 뿐만 아니라, 동종의 행정행위라면 그 대상을 달리하더라도 이를 인정할 수 있다.

정답 및 해설 I ②

① [×] 운전면허취소처분이 행정쟁송절차에 의하여 취소되었다면, 그 처분은 처분발령당시로 소급하여 그 효력을 잃게 된다.

③ [×] 행정처분이 불복기간의 경과로 인하여 확정될 경우 그 확정력에는 판결에 있어서와 같은 기판력이 인정되지 않는다. 즉, 불가쟁력에 의해 기판력의 효력이 부여되지 않는다. 따라서 법원은 이에 기속되어 모순되는 판단을 할 수 없는 것은 아니다.

④ [×] 행정행위의 불가변력은 당해 행정행위에 대하여 인정될 뿐이며, 동종의 행정행위라 하더라도 그 대상을 달리하므로 불가변력이 인정되는 것은 아니다.

317 □□□ 위헌 · 위법인 법령에 근거한 행정처분의 효력에 대한 설명으로 옳은 것은? (다툼이 있는 경우 판례에 따름) 19. 사회복지직 9급

① 행정처분 이후에 처분의 근거법령에 대하여 헌법재판소 또는 대법원이 위헌 또는 위법하다는 결정을 하게 되면, 당해 처분은 법적 근거가 없는 처분으로 하자 있는 처분이고 그 하자는 중대한 것으로 당연무효이다.

② 헌법재판소의 위헌결정의 효력은 위헌제청을 한 당해 사건은 물론 위헌제청신청은 아니하였지만 당해 법률 또는 법률의 조항이 재판의 전제가 되어 법원에 계속 중인 사건에도 미친다.

③ 처분이 있은 후에 근거법률이 위헌으로 결정된 경우, 그 법률을 적용한 공무원에게 고의 또는 과실이 있었다고 단정할 수 있다.

④ 조세 부과의 근거가 되었던 법률규정이 위헌으로 선언된 이후, 조세채권의 집행을 위한 새로운 체납처분에 착수하거나 이를 속행하더라도 위법하지 않다.

정답 및 해설 I ②

① [×] 처분 후 처분의 근거법률에 대해 위헌결정이 내려진 경우 행정처분의 하자는 헌법재판소의 위헌결정이 있기 전에는 객관적으로 명백한 것이라고 할 수는 없으므로 취소사유에 불과할 뿐 당연무효는 아니다(대판 1994.10.28, 92누19463).

③ [×] 처분이 있은 후에 근거법률이 위헌으로 결정된 경우, 그 법률을 적용한 공무원에게 고의 또는 과실이 있었다고 단정할 수 없다(헌재 2009.9.24, 2008헌바23).

④ [×] 과세처분 이후 조세 부과의 근거가 되었던 법률규정에 대하여 위헌결정이 내려진 경우, 그 조세채권의 집행을 위한 체납처분은 당연무효가 된다(대판 2012.2.16, 2010두10907 전합).

318 무효와 취소에 대한 설명으로 가장 적절하지 않은 것은? (다툼이 있는 경우 판례에 의함)

□□□

20. 경행특채

① 과세대상이 되지 않는 법률관계나 사실관계에 대하여 이를 과세대상이 되는 것으로 오인할 만한 객관적인 사실이 있는 경우에 이것이 과세대상이 되는지 여부가 그 사실관계를 정확히 조사하여야 비로소 밝혀질 수 있는 경우라도 이를 오인한 하자가 중대하고, 외관상 명백하다고 할 것이다.

② 일단 성립된 행정처분에 내재하는 하자가 중요한 법규에 위반한 것이고 객관적으로도 명백한 것인 때에는 그 행정처분은 효력을 발생하지 못하는 것이고 여기에서 행정처분의 하자가 객관적으로 명백하다 함은 그 행정처분 자체에 하자가 있음이 외관상 명백함을 말하는 것으로 단순히 행정처분의 대상 자체에 명백한 하자가 있음만을 가리키는 것은 아니다.

③ 공공사업의 경제성 내지 사업성의 결여로 인하여 행정처분이 무효로 되기 위하여는 공공사업을 시행함으로 인하여 얻는 이익에 비하여 공공사업에 소요되는 비용이 훨씬 커서 이익과 비용이 현저하게 균형을 잃음으로써 사회통념에 비추어 행정처분으로 달성하고자 하는 사업 목적을 실질적으로 실현할 수 없는 정도에 이르렀다고 볼 정도로 과다한 비용과 희생이 요구되는 등 그 하자가 중대하여야 할 뿐만 아니라, 그러한 사정이 객관적으로 명백한 경우라야 한다.

④ 행정청이 어느 법률관계나 사실관계에 대하여 어느 법률의 규정을 적용하여 행정처분을 한 경우에 그 법률관계나 사실관계에 대하여는 그 법률의 규정을 적용할 수 없다는 법리가 명백히 밝혀져 그 해석에 다툼의 여지가 없음에도 행정청이 그 규정을 적용하여 처분을 한 때에는 그 하자가 중대하고도 명백하다고 할 것이다.

정답 및 해설 I ①

① [×] 과세대상이 되는 법률관계나 사실관계(소득 또는 행위)가 전혀 없는 사람에게 하는 과세처분은 그 하자가 명백하고 중대하다 할 것이나, 과세대상이 되지 아니하는 어떠한 법률관계나 사실관계에 대하여 이를 과세대상이 되는 것으로 오인할 만한 객관적인 사정이 있는 경우에, 그것이 과세대상이 되는지의 여부가 그 사실관계를 정확히 조사하여야 비로서 밝혀질 수 있는 경우라면, 이를 오인한 하자가 중대한 경우라도 외관상 명백하다고는 할 수 없으므로, 과세대상의 법률관계 내지 사실관계를 오인하고 세금을 부과한 경우에는 그 과세처분을 당연무효라고는 할 수 없고 단지 취소할 수 있음에 불과한 것이다(대판 1982.10.26, 81누69).

319 행정행위의 하자에 대한 내용으로 가장 옳지 않은 것은? (다툼이 있는 경우 판례에 따름)

□□□

19. 서울시 7급

① 적법한 건축물에 대한 철거명령은 그 하자가 중대하고 명백하여 당연무효이고 그 후행행위인 건축물철거 대집행계고처분 역시 당연무효이다.

② 처분의 하자가 그 내용에 관한 것인 경우, 판례는 소제기 이후에도 하자의 치유가 가능한 것으로 본다.

③ 법치주의 원칙을 강조할 경우 행정행위의 하자의 치유는 원칙적으로 허용될 수 없지만 예외적으로 행정의 무용한 반복을 피하고 당사자의 법적 안정성을 위해 허용될 수 있다.

④ 행정행위의 하자가 치유되면 당해 행정행위는 처분 당시부터 하자가 없는 적법한 행정행위로 효력을 발생한다.

정답 및 해설 I ②

② [×] 대법원은 하자가 행정처분의 내용에 관한 것인 경우에는 치유가 인정되지 않는다는 입장이다(대판 1991.5.28, 90누1359).

320 행정행위의 하자에 대한 설명으로 옳지 않은 것은? (다툼이 있는 경우 판례에 의함) 17. 국가직 9급

□□□

① 행정행위의 내용상의 하자에 대해서는 하자의 치유가 인정되지 않는다.

② 행정처분을 한 처분청은 그 처분의 성립에 하자가 있는 경우 이를 취소할 별도의 법적 근거가 없다고 하더라도 직권으로 취소할 수 있다.

③ 납세의무자가 부과된 세금을 자진납부하였다고 하더라도 세액산출근거 등의 기재사항이 누락된 납세고지서에 의한 과세처분의 하자는 치유되지 않는다.

④ 수익적 행정행위의 거부처분을 함에 있어서 당사자에게 사전통지를 하지 아니하였다면, 그 거부처분은 위법하여 취소를 면할 수 없다.

정답 및 해설 I ④

④ [×] 대법원은 특별한 사정이 없는 한 거부처분은 직접 당사자의 권익을 제한하는 것은 아니어서, 신청에 대한 거부처분은 직접 당사자의 권익을 제한하는 것은 아니어서 **사전통지대상이 된다고 할 수 없다**(대판 2003.11.28, 2003두674).

321 행정행위의 하자에 대한 설명으로 옳지 않은 것은? (다툼이 있는 경우 판례에 의함) 22. 경찰간부

□□□

① 행정처분의 근거법률이 헌법에 위반된다는 사정은 헌법재판소의 위헌결정이 있기 전까지는 객관적으로 명백한 것이라고 할 수는 없다.

② 소청심사위원회가 소청사건을 심사할 때 소청인 또는 그 대리인에게 진술의 기회를 주지 아니하고 한 결정은 절차를 지키지 아니한 것으로서 당연무효가 된다고 할 수 없다.

③ 조세 부과의 근거가 되었던 법률규정이 위헌으로 선언된 이후, 이러한 위헌 결정의 효력을 위배하여 이루어진 체납처분은 그 사유만으로 하자가 중대하고 객관적으로 명백하여 당연무효라고 보아야 한다.

④ 행정청이 어느 법률관계나 사실관계에 대하여 어느 법률의 규정을 적용하여 행정처분을 한 경우에 그 해석에 다툼의 여지가 있을 때에는 행정청이 이를 잘못 해석하여 행정처분을 하였더라도 이는 그 처분 요건사실을 오인한 것에 불과하여 그 하자가 명백하다고 할 수 없다.

정답 및 해설 I ②

② [×] 소청심사위원회가 소청사건을 심사할 때 소청인 또는 그 대리인에게 진술의 기회를 주지 아니하고 한 결정은 절차를 지키지 아니한 것으로서 **당연무효이다**.

322 행정행위의 하자에 대한 설명으로 옳은 것만을 모두 고른 것은? (다툼이 있는 경우 판례에 의함)

□□□

17. 지방직 9급

> ㉠ 명백성 보충설에 의하면 무효판단의 기준에 명백성이 항상 요구되지는 아니하므로 중대·명백설보다 무효의 범위가 넓어지게 된다.
> ㉡ 조세부과처분이 무효라 하더라도 그로써 압류 등 체납처분의 효력을 다툴 수는 없다.
> ㉢ 구 학교보건법상 학교환경위생정화구역에서의 금지행위 및 시설의 해제 여부에 관한 행정처분을 함에 있어 학교환경위생정화위원회의 심의절차를 누락한 행정처분은 무효이다.
> ㉣ 선행행위의 하자를 이유로 후행행위를 다투는 경우뿐만 아니라, 후행행위의 하자를 이유로 선행행위를 다투는 것도 하자의 승계이다.

① ㉠
② ㉠, ㉣
③ ㉡, ㉢
④ ㉡, ㉢, ㉣

정답 및 해설 I ①

옳은 것은 ㉠이다.

㉡ [×] 체납처분은 부과처분의 집행을 위한 절차에 불과하므로 그 부과처분에 중대하고도 명백한 하자가 있어 무효인 경우에는 그 부과처분의 집행을 위한 체납처분도 무효라 할 것이다(대판 1987.9.22, 87누383).

㉢ [×] 구 학교보건법상 학교환경위생정화구역의 금지행위 및 시설의 해제 여부에 관한 행정처분을 함에 있어 학교환경위생정화위원회의 심의를 누락한 행정처분은 특별한 사정이 없는 한 **취소사유**가 된다(대판 2007.3.15, 2006두15806).

㉣ [×] 행정행위의 하자승계는 선행 행정행위가 위법하지만 쟁송제기기간의 경과로 불가쟁력이 발생한 경우 선행 행정행위의 취소의 하자가 후행 행정행위에 승계되는가의 문제를 말한다. 따라서 후행행위의 하자를 이유로 선행행위를 다투는 것은 하자의 승계문제가 아닐뿐더러, 인정될 수도 없다.

323 행정행위의 하자의 치유에 대한 설명으로 옳은 것은? (다툼이 있는 경우 판례에 의함) 16. 지방직 9급

□□□

① 처분에 하자가 있더라도 처분청이 처분 이후에 새로운 사유를 추가하였다면, 처분 당시의 하자는 치유된다.
② 징계처분이 중대하고 명백한 하자로 인해 당연무효의 것이라도 징계처분을 받은 원고가 이를 용인하였다면 그 하자는 치유된다.
③ 행정청이 청문서 도달기간을 다소 어겼다 하더라도 당사자가 이에 대하여 이의하지 아니한 채 스스로 청문일에 출석하여 방어의 기회를 충분히 가졌다면 청문서 도달기간을 준수하지 아니한 하자는 치유된다.
④ 토지소유자 등의 동의율을 충족하지 못했다는 주택재건축정비사업조합 설립인가처분 당시의 하자는 후에 토지소유자 등의 추가동의서가 제출되었다면 치유된다.

정답 및 해설 I ③

① [×] 행정처분의 적법 여부는 특별한 사정이 없는 한 그 처분 당시를 기준으로 하여 판단하여야 하고, **처분청이 처분 이후에 추가한 새로운 사유를 보태어 처분 당시의 흠을 치유시킬 수는 없다**(대판 1996.12.20, 96누9799).

② [×] 징계처분이 중대하고 명백한 흠 때문에 당연무효의 것이라면 징계처분을 받은 자가 이를 용인하였다 하여 그 흠이 치유되는 것은 아니라고 봄이 판례의 입장이다(대판 1989.12.12, 88누8869).

④ [×] 대법원은 토지소유자 등의 동의율을 충족하지 못했다는 주택재건축정비사업조합 설립인가처분 당시의 하자는 후에 토지소유자 등의 추가동의서가 제출되었다 하더라도, 치유될 수 없다는 입장이다(대판 2014.6.12, 2012두28520).

324 행정행위의 하자의 치유에 대한 설명으로 옳지 않은 것은? (다툼이 있는 경우 판례에 의함)

□□□

14. 사회복지직 9급

① 행정행위의 하자의 치유는 원칙적으로 허용될 수 없고, 예외적으로 행정행위의 무용한 반복을 피하고 당사자의 법적 안정성을 위해 허용하는 때에도 국민의 권리나 이익을 침해하지 않는 범위에서 인정될 수 있다.

② 행정청이 청문서 도달기간을 다소 어겼다고 하더라도 상대방이 이의를 제기하지 아니한 채 스스로 청문일에 출석하여 방어의 기회를 충분히 가졌다면 청문서 도달기간을 준수하지 아니한 하자는 치유된다.

③ 당연무효인 징계처분을 받은 자가 이를 용인하였다면 그 징계처분의 하자는 치유된다.

④ 하자의 치유는 늦어도 행정처분에 대한 불복 여부의 결정 및 불복신청을 할 수 있는 상당한 기간 내에 해야 하므로, 소가 제기된 이후에는 하자의 치유가 인정될 수 없다.

정답 및 해설 | ③

③ [×] 무효인 행정행위에 대해서는 하자의 치유를 인정하지 않는다. 징계처분이 중대하고 명백한 흠 때문에 당연무효의 것이라면 징계처분을 받은 자가 이를 용인하였다 하여 그 흠이 치유되는 것은 아니라고 봄이 판례의 입장이다(대판 1989.12.12, 88누8869).

325 하자의 승계에 대한 설명으로 옳지 않은 것은? (다툼이 있는 경우 판례에 의함)

17. 지방직 9급

□□□

① 선행행위에 무효의 하자가 존재하더라도 선행행위와 후행행위가 결합하여 하나의 법적 효과를 목적으로 하는 경우에는 하자의 승계에 대한 논의의 실익이 있다.

② 적정행정의 유지에 대한 요청에서 나오는 하자의 승계를 인정하면 국민의 권리를 보호하고 구제하는 범위가 더 넓어진다.

③ 선행행위에 대하여 불가쟁력이 발생하지 않았거나 선행행위와 후행행위가 서로 독립하여 각각 별개의 법률효과를 목적으로 하는 때에는 원칙적으로 선행행위의 하자를 이유로 후행행위의 효력을 다툴 수 없다.

④ 선행행위와 후행행위가 서로 독립하여 별개의 법률효과를 목적으로 하는 경우라도 선행행위의 불가쟁력이나 구속력이 그로 인하여 불이익을 입는 자에게 수인한도를 넘는 가혹함을 가져오고 그 결과가 예측가능한 것이 아닌 때에는 하자의 승계를 인정할 수 있다.

정답 및 해설 | ①

① [×] 선행행위가 무효인 경우에는 불가쟁력이 없으므로 당사자는 선행행위의 무효를 언제나 주장할 수 있다. 또한 선행행위가 무효인 경우에는 선행행위와 후행행위의 전제요건과 무관하게 선행행위의 하자는 당연히 후행 행정행위에 승계되어 후행행위도 무효가 되므로 하자의 승계를 논의할 실익이 없다.

326 행정행위의 하자의 승계에 대한 설명으로 가장 적절하지 않은 것은? (다툼이 있는 경우 판례에 의함)
□□□

17. 경행특채

① 구 경찰공무원법 제50조 제1항에 의해 선행된 직위해제처분의 위법사유를 들어 동법 제50조 제3항에 의한 후행 면직처분의 효력을 다툴 수 없다.

② 대집행에 있어서 선행처분인 계고처분이 하자가 있는 위법한 처분이라면 후행처분인 대집행영장발부 통보처분의 취소를 청구하는 소송에서 청구원인으로 선행처분인 계고처분이 위법한 것이기 때문에 그 계고처분을 전제로 행하여진 대집행영장발부통보처분도 위법한 것이라는 주장을 할 수 있다.

③ 하자의 승계문제는 선행 행정행위에 하자가 존재하고, 그 하자가 무효가 아닌 취소사유인 경우에 문제가 되는 것이다.

④ 수용보상금의 증액을 구하는 소송에서, 선행처분으로서 그 수용대상 토지가격 산정의 기초가 된 비교표준지공시지가결정의 위법을 독립한 사유로 주장할 수 없다.

정답 및 해설 | ④

④ [×] 대법원은 수용보상금의 증액을 구하는 소송에서, 선행처분으로서 그 수용대상 토지가격 산정의 기초가 된 비교표준지공시지가결정의 위법을 독립한 사유로 주장할 수 있다고 판시하고 있다.

☑ 행정행위의 하자승계 여부에 관한 판례 정리

하자승계를 긍정한 경우	하자승계를 부정한 경우
1. 대집행의 계고처분 ⇨ 대집행영장발부 통보처분 사이	1. 도시계획시설변경 및 지적승인고시처분 ⇨ 사업계획승인처분 사이의 흠의 승계
2. 국립보건원장의 안경사시험합격무효처분 ⇨ 보건사회부장관의 안경사면허취소처분 사이	2. 병역법상 보충역편입처분 ⇨ 공익근무요원소집처분 사이의 흠의 승계
3. 표준지공시지가결정 ⇨ 관할 토지수용위원회의 보상액재결	3. 조세부과처분 ⇨ 체납처분 사이의 흠의 승계
4. 귀속재산의 임대처분 ⇨ 후행 매각처분 사이	4. 공무원의 직위해제처분 ⇨ 면직처분 사이
5. 개별통지를 하지 아니하고 공고·고시된 개별공시지가결정 ⇨ 양도소득세부과처분 사이	5. 구 토지수용법상의 사업인정 ⇨ 토지수용재결 사이
6. 한지의사시험자격인정 ⇨ 한지의사면허처분 사이	6. 건축철거명령 ⇨ 행정대집행계고처분 사이
7. 강제징수의 절차로서 독촉처분 ⇨ 압류처분 사이	7. 표준공시지가결정 ⇨ 개별공시지가결정 사이
	8. 액화석유가스판매사업허가 ⇨ 사업개시신고반려처분 사이
	9. 국제항공노선운수권배분처분 ⇨ 노선면허처분 사이
	10. 개별통지를 한 개별공시지가결정 ⇨ 과세처분 사이

327 판례가 행정행위의 하자의 승계를 인정한 것을 모두 고른 것은? 17. 서울시 9급

□□□

> ㉠ 행정대집행에서의 계고와 대집행영장의 통지
> ㉡ 안경사시험합격취소처분과 안경사면허취소처분
> ㉢ 개별공시지가결정과 과세처분
> ㉣ 일제강점하 반민족행위 진상규명에 관한 특별법에 따른 친일반민족행위자 결정과 독립유공자 예우에 관한 법률에 의한 법적용배제 결정
> ㉤ 공무원의 직위해제처분과 면직처분
> ㉥ 건물철거명령과 대집행계고처분
> ㉦ 과세처분과 체납처분

① ㉠, ㉡, ㉢, ㉣　　② ㉠, ㉢, ㉣, ㉦

③ ㉠, ㉣, ㉤, ㉦　　④ ㉡, ㉢, ㉣, ㉤

정답 및 해설 I ①

행정행위의 하자승계를 인정한 것은 ㉠㉡㉢㉣이다.

하자승계 긍정	하자승계 부정
㉠ 행정대집행에서의 계고와 대집행영장의 통지(대판 1996.2.9, 95누12507) ㉡ 안경사시험합격취소처분과 안경사면허취소처분(대판 1993.2.9, 92누4567) ㉢ 개별공시지가결정과 과세처분(대판 1994.1.25, 93누8542) ㉣ 일제강점하 반민족행위 진상규명에 관한 특별법에 따른 친일반민족행위자 결정과 독립유공자 예우에 관한 법률에 의한 법적용배제 결정(대판 2013.3.14, 2012두6964)	㉤ 공무원의 직위해제처분과 면직처분(대판 1984.9.11, 84누191) ㉥ 건물철거명령과 대집행계고처분(대판 1999.4.27, 97누6780) ㉦ 과세처분과 체납처분(대판 1961.10.26, 4292행상73)

328 행정행위의 하자의 승계에 관한 설명으로 옳지 않은 것은? (다툼이 있는 경우 판례에 따름)

□□□ 16. 교육행정직 9급

① 대집행계고처분과 대집행영장발부통보처분 사이에는 하자의 승계가 인정된다.

② 광고물에 대한 자진철거명령과 대집행영장발부통보처분 사이에는 하자의 승계가 부정된다.

③ 하자의 승계가 인정되기 위해서는 선행행위와 후행행위에 모두 불가쟁력이 발생한 경우이어야 한다.

④ 하자의 승계가 인정되기 위해서는 선행행위와 후행행위가 모두 항고소송의 대상이 되는 처분이어야 한다.

정답 및 해설 I ③

③ [×] 하자의 승계를 논의하기 위해서는 선행 행정행위에만 불가쟁력이 발생한 경우이어야 한다.

329 □□□ 다음 〈보기〉 중 하자의 승계가 인정되는 것은 모두 몇 개인가? (다툼이 있는 경우 판례에 의함)

15. 경행특채 1차

〈보기〉

㉠ 도시계획결정과 수용재결처분
㉡ 안경사국가시험합격무효처분과 안경사면허취소처분
㉢ 직위해제처분과 면직처분
㉣ 구 병역법상 보충역편입처분과 공익근무요원소집처분
㉤ 토지등급의 설정 또는 수정처분과 과세처분
㉥ 표준지공시지가결정과 수용재결처분

① 1개　② 2개
③ 3개　④ 4개

정답 및 해설 I ②

하자의 승계가 인정되는 것은 ㉡㉥ 2개이다.

㉠ [×] 선행 도시계획결정과 후행 수용재결 사이에는 하자의 승계가 부정된다(대판 1990.1.23, 87누947).

㉢ [×] 선행 직위해제처분과 후행 면직처분 사이에는 하자의 승계가 부정된다(대판 1984.9.11, 84누191).

㉣ [×] 보충역편입처분과 공익근무요원소집처분은 양자가 별개의 법률효과를 목표로 하는 것이므로 선행처분에 대한 하자는 후행처분에 승계되지 않는다(대판 2002.12.10, 2001두5422).

㉤ [×] 토지등급의 설정 또는 수정처분과 과세처분 사이에는 하자의 승계가 부정된다(대판 1995.3.28, 93누23565).

330 □□□ 행정행위의 직권취소 및 철회에 대한 설명으로 가장 옳지 않은 것은? (다툼이 있는 경우 판례에 따름)

18. 서울시 9급

① 한 사람이 여러 종류의 자동차운전면허를 취득하는 경우뿐 아니라 이를 취소 또는 정지함에 있어서도 서로 별개의 것으로 취급하는 것이 원칙이다.

② 처분청은 하자 있는 행정행위의 행위자로서 그 하자를 시정할 지위에 있어 그 취소에 관한 법률의 규정이 없어도 행정행위를 취소할 수 있다.

③ 수익적 행정행위의 철회는 법령에 명시적인 규정이 있거나 행정행위의 부관으로 그 철회권이 유보되어 있는 경우, 또는 원래의 행정행위를 존속시킬 필요가 없게 된 사정변경이 생겼거나 또는 중대한 공익상의 필요가 발생한 경우 등의 예외적인 경우에만 허용된다.

④ 철회 자체가 행정행위의 성질을 가지는 것은 아니어서 행정절차법상 처분절차를 적용하여야 하는 것은 아니나, 신뢰보호원칙이나 비례원칙과 같은 행정법의 일반원칙은 준수해야 한다.

정답 및 해설 I ④

④ [×] 철회 역시 하나의 행정행위이므로 특별한 규정이 없는 한 일반 행정행위와 같은 절차에 따른다. 따라서 수익적 행정행위의 철회는 권리를 제한하는 처분이므로 사전통지절차(행정절차법 제21조) 등 행정절차법상의 절차에 거쳐야 한다.

331 행정행위의 직권취소 및 철회에 대한 설명으로 옳지 않은 것은? (다툼이 있는 경우 판례에 의함)

□□□

18. 국회직 8급

① 수익적 행정행위의 철회는 법령에 명시적인 규정이 있거나 행정행위의 부관을 그 철회권이 유보되어 있는 등의 경우가 아니라면, 원래의 행정행위를 존속시킬 필요가 없게 된 사정변경이 생겼거나 또는 중대한 공익상의 필요가 발생한 경우 등의 예외적인 경우에만 허용된다.

② 행정행위의 처분권자는 취소사유가 있는 경우 별도의 법적 근거가 없더라도 직권취소를 할 수 있다.

③ 행정청이 행한 공사중지명령의 상대방은 그 명령 이후에 그 원인사유가 소멸하였음을 들어 행정청에게 공사중지명령의 철회를 요구할 수 있는 조리상의 신청권이 없다.

④ 외형상 하나의 행정처분이라 하더라도 가분성이 있거나 그 처분대상의 일부가 특정될 수 있다면 그 일부만의 취소도 가능하고 그 일부의 취소는 당해 취소부분에 관하여 효력이 생긴다.

정답 및 해설 I ③

③ [×] 조리상의 신청권을 인정한 판례이다. 처분청은 별도의 법적 근거가 없어도 별개의 행정행위로 이를 철회 · 변경을 요구할 신청권이 인정되지 않는다는 판례(대판 1997.9.12, 96누6219)와 비교해 두어야 한다.

332 행정행위의 취소에 대한 설명으로 가장 옳지 않은 것은? (다툼이 있는 경우 판례에 따름)

□□□

18. 서울시 7급

① 변상금 부과처분에 대한 취소소송이 진행 중이라도 처분청은 위법한 처분을 스스로 취소하고 그 하자를 보완하여 다시 적법한 부과처분을 할 수 있다.

② 수익적 행정처분의 경우 상대방의 신뢰보호와 관련하여 직권취소가 제한되나 그 필요성에 대한 입증책임은 기존 이익과 권리를 침해하는 처분을 한 행정청에 있다.

③ 처분청의 행정처분 후 사정변경이 있거나 중대한 공익상 필요가 있는 경우 법적 근거가 없어도 그 처분의 효력을 상실케 하는 별도의 행정행위로 이를 철회할 수 있다.

④ 명문의 규정을 불문하고 처분청과 감독청은 철회권을 가진다.

정답 및 해설 I ④

④ [×] 행정행위의 철회는 처분을 한 행정청만이 할 수 있으며, 감독청은 법률에 근거가 없는 한 직접 철회할 수는 없다는 것이 일반적 견해이다.

333 행정행위의 직권취소에 대한 설명으로 옳지 않은 것은? (다툼이 있는 경우 판례에 의함)
□□□

16. 국가직 9급

① 처분청이라도 자신이 행한 수익적 행정행위를 위법 또는 부당을 이유로 취소하려면 취소에 대한 법적 근거가 있어야 한다.

② 과세처분을 직권취소한 경우 그 취소가 당연무효가 아닌 한 과세처분은 확정적으로 효력을 상실하므로, 취소처분을 직권취소하여 원과세처분의 효력을 회복시킬 수 없다.

③ 위법한 행정행위에 대하여 불가쟁력이 발생한 이후에도 당해 행정행위의 위법을 이유로 직권취소할 수 있다.

④ 행정행위의 위법이 치유된 경우에는 그 위법을 이유로 당해 행정행위를 직권취소할 수 없다.

정답 및 해설 | ①

① [×] 원래 행정처분을 한 처분청은 그 행위에 하자가 있는 경우에는 원칙적으로 별도의 법적 근거가 없더라도 스스로 이를 직권으로 취소할 수 있는 것이다(대판 1995.9.15, 95누6311).

334 다음은 행정행위의 취소와 철회에 대해 설명한 것이다. 가장 적절하지 않은 것은? (다툼이 있는 경우 판례에 의함)
□□□

14. 경행경채 1차

① 처분청은 불가쟁력이 발생한 행정행위라도 불가변력이 발생하지 않는 한 직권으로 취소하거나 철회할 수 있다.

② 영업허가취소처분이 행정쟁송절차에 의하여 취소된 경우 영업허가취소처분 이후의 영업행위를 무허가영업이라고 볼 수는 없다.

③ 수익적 행정처분의 하자가 당사자의 사실은폐에 의한 신청행위에 기인한 것이라면 행정청이 당사자의 신뢰이익을 고려하지 않고 취소하였다 하더라도 재량권 남용이 되지 않는다는 것이 판례의 입장이다.

④ 처분청이 법령의 근거가 없어도 직권취소를 할 수 있다는 사정이 있는 경우, 이해관계인에게 처분청에 대하여 그 취소를 요구할 신청권이 부여된 것으로 볼 수 있다.

정답 및 해설 | ④

④ [×] 행정청이 직권취소를 할 수 있다는 사정만으로 이해관계인인 제3자에게 행정청에 대한 직권취소청구권이 부여된 것으로 볼 수 없다는 것이 판례의 입장이다(대판 2006.6.30, 2004두701).

335 행정행위의 취소와 철회에 대한 설명으로 가장 적절하지 않은 것은? (다툼이 있는 경우 판례에 의함)

□□□

13. 경행특채

① 외형상 하나의 행정처분이라 하더라도 가분성이 있거나 그 처분대상의 일부가 특정될 수 있다면 그 일부만의 취소도 가능하다.

② 행정행위를 한 처분청은 그 행위에 하자가 있더라도 별도의 법적 근거가 없으면 스스로 이를 취소할 수 없다.

③ 철회는 적법요건을 구비하여 완전히 효력을 발하고 있는 행정행위를 사후적으로 그 행위의 효력의 전부 또는 일부를 장래에 향해 소멸시키는 행정처분이다.

④ 행정청은 종전 처분과 양립할 수 없는 처분을 함으로써 묵시적으로 종전 처분을 취소할 수도 있다.

정답 및 해설 | ②

② [×] 처분청은 별도의 법적 근거가 없더라도 행정행위를 철회하거나 변경할 수 있다는 것이 판례의 입장이다(대판 1992.1.17, 91누3130 등).

336 행정처분의 취소와 철회에 관한 설명 중 가장 적절하지 않은 것은? (다툼이 있는 경우 판례에 의함)

□□□

18. 경행특채

① 수익적 행정처분에 하자가 있음을 이유로 처분청이 이를 취소하는 경우, 그 처분의 하자가 당사자의 사실은폐나 기타 사위의 방법에 의한 신청행위에 기인한 것이라면, 처분의 상대방은 그 처분에 의한 이익이 위법하게 취득되었음을 알아 그 취소가능성도 예상하고 있었다고 할 것이므로 행정청이 당사자의 신뢰이익을 고려하지 아니하였다고 하여도 재량권의 남용이 되지 아니한다.

② 행정처분을 한 처분청은 처분의 성립에 하자가 있는 경우 별도의 법적 근거가 없더라도 직권으로 이를 취소할 수 있다고 봄이 원칙이므로, 국민연금법이 정한 수급요건을 갖추지 못하였음에도 연금 지급결정이 이루어진 경우에는 이미 지급된 급여부분에 대한 환수처분과 별도로 지급결정을 취소할 수 있다.

③ 과세관청은 과세처분의 취소처분이 당연무효의 하자가 없는 한 이를 다시 취소함으로써 원과세처분을 소생시킬 수 있으며, 새로이 법률에서 정한 절차에 따라 동일한 내용의 처분을 다시 할 필요는 없다.

④ 수익적 행정처분에 대한 취소권 등의 행사는 기득권의 침해를 정당화할 만한 중대한 공익상의 필요 또는 제3자의 이익보호의 필요가 있는 때에 한하여 허용될 수 있다는 법리는, 처분청이 수익적 행정처분을 직권으로 취소·철회하는 경우에 적용되는 법리일 뿐 쟁송취소의 경우에는 적용되지 않는다.

정답 및 해설 | ③

③ [×] 과세관청은 과세처분의 취소처분이 당연무효의 하자가 없는 한 이를 다시 취소할 수는 있으나 이로써 원과세처분의 효력이 소생한다고 볼 수 없다. 이 경우 새로이 법률에서 정한 절차에 따라 동일한 내용의 처분을 다시 할 수 밖에 없다는 것이 판례의 태도이다.

337 행정처분의 취소와 철회에 관한 설명으로 옳지 않은 것은? (다툼이 있는 경우 판례에 의함)

□□□

23. 소방채용

① 행정청은 부당한 처분의 전부나 일부를 소급하여 취소할 수 있다.

② 행정청은 인허가 등을 취소하는 처분을 할 때는 원칙적으로 청문을 하여야 한다.

③ 행정청은 당사자에게 권리나 이익을 부여하는 처분을 취소 하려는 경우, 당사자가 중대한 과실로 처분의 위법성을 알지 못하면 취소로 인하여 입게 될 불이익을 취소로 달성 되는 공익과 비교·형량하여야 한다.

④ 행정청은 중대한 공익을 위하여 필요한 경우 적법한 처분의 전부 또는 일부를 장래를 향하여 철회할 수 있다.

정답 및 해설 | ③

행정기본법 제18조【위법 또는 부당한 처분의 취소】① 행정청은 위법 또는 부당한 처분의 전부나 일부를 소급하여 취소할 수 있다. 다만, 당사자의 신뢰를 보호할 가치가 있는 등 정당한 사유가 있는 경우에는 장래를 향하여 취소할 수 있다.
② 행정청은 제1항에 따라 당사자에게 권리나 이익을 부여하는 처분을 취소하려는 경우에는 취소로 인하여 당사자가 입게 될 불이익을 취소로 달성되는 공익과 비교·형량 하여야 한다. 다만, 다음 각 호의 어느 하나에 해당하는 경우에는 그러하지 아니하다.
1. 거짓이나 그 밖의 부정한 방법으로 처분을 받은 경우
2. 당사자가 처분의 위법성을 알고 있었거나 중대한 과실로 알지 못한 경우

338 행정절차법에 대한 설명으로 가장 적절하지 않은 것은?

□□□

19. 경찰승진

① 행정청이 당사자에게 의무를 부과하거나 권익을 제한하는 처분을 할 때 다른 법령에 특별한 규정이 없으면 청문을 거쳐야 한다.

② 행정청은 청문을 하려면 청문이 시작되는 날부터 10일 전까지 처분의 제목 등 일정한 사항을 당사자 등에게 통지하여야 한다.

③ 행정지도는 그 목적 달성에 필요한 최소한도에 그쳐야 하며, 행정지도의 상대방의 의사에 반하여 부당하게 강요하여서는 아니 된다.

④ 행정지도를 하는 자는 그 상대방에게 그 행정지도의 취지 및 내용과 신분을 밝혀야 하며, 행정지도의 상대방은 해당 행정지도의 방식·내용 등에 관하여 행정기관에 의견제출을 할 수 있다.

정답 및 해설 | ①

① [×] 행정청이 당사자에게 의무를 부과하거나 ㉠ 권익을 제한하는 처분을 할 때, ㉡ 다른 법령에 특별한 규정이 있거나, ㉢ 인·허가 등의 취소, 신분·자격 박탈, 법인이나 조합의 설립허가의 취소처분이 있는 경우도 청문을 실시한다(행정절차법 제23조 제1항).

339 □□□ 행정절차법상 행정지도에 관한 설명으로 가장 적절하지 않은 것은? 15. 경찰승진

① 행정지도는 임의성에 기반하므로 과잉금지원칙과 무관하다.

② 행정지도를 하는 자는 그 상대방에게 그 행정지도의 취지 및 내용과 신분을 밝혀야 한다.

③ 행정지도의 상대방은 해당 행정지도의 방식 · 내용 등에 관하여 행정기관에 의견제출을 할 수 있다.

④ 행정기관은 행정지도의 상대방이 행정지도에 따르지 아니하였다는 것을 이유로 불이익한 조치를 하여서는 아니 된다.

정답 및 해설 I ①

① [×] 행정지도는 임의성에 기반하지만, 목적 달성에 필요한 최소한도 내에 그쳐야 하므로 비례원칙(과잉금지원칙)과 관련이 깊다(행정절차법 제48조 제1항).

340 □□□ 행정절차법상 행정지도에 대한 설명으로 가장 적절하지 않은 것은? 19. 경찰

① 반드시 문서의 형식으로 하여야만 한다.

② 임의성 원칙을 명문화하고 있다.

③ 행정기관이 그 소관 사무의 범위에서 일정한 행정목적을 실현하기 위하여 특정인에게 일정한 행위를 하거나 하지 아니하도록 지도, 권고, 조언 등을 하는 행정작용을 말한다.

④ 행정지도의 상대방은 해당 행정지도의 방식 · 내용 등에 관하여 행정기관에 의견제출을 할 수 있다.

정답 및 해설 I ①

① [×] 행정지도는 말 또는 문서의 형식으로 할 수 있다.

341 행정입법에 대한 설명으로 가장 적절하지 않은 것은? (다툼이 있는 경우 판례에 의함) 20. 경행특채

□□□

① 법령의 규정이 특정 행정기관에게 법령 내용의 구체적 사항을 정할 수 있는 권한을 부여하면서도 권한 행사의 절차나 방법을 특정하지 아니한 경우에는 수임 행정기관으로서는 행정규칙이나 규정 형식으로 법령 내용이 될 사항을 구체적으로 정할 수 없다.

② 건강보험심사평가원의 원장이 보건복지부장관의 고시('요양급여비용 심사 · 지급업무 처리기준')에 따라 진료심사평가위원회의 심의를 거쳐 정한 요양급여비용의 심사기준 또는 심사지침은 행정규칙에 불과하다.

③ 구 건축법(2016.8.4. 법률 제14016호로 개정된 것) 제80조 제1항 제2호, 지방세법 제4조 제2항, 구 지방세법 시행령(2017.3.30. 법률 제27972호로 개정된 것) 제4조 제1항 제1호의 내용, 형식 및 취지 등을 종합하면, '2014년도 건물 및 기타물건 시가표준액 조정기준'은 이행강제금의 산정기준이 되는 시가표준액에 관하여 법령 규정의 내용을 보충하고 있으므로, 그 법령 규정과 결합하여 대외적인 구속력이 있는 법규명령으로서의 효력을 가진다.

④ 규정형식상 부령인 시행규칙으로 정한 행정처분의 기준은 행정처분 등에 관한 사무처리기준과 처분절차 등 행정청 내의 사무처리준칙을 규정한 것에 불과하므로 행정조직 내부에 있어서의 행정명령의 성격을 지닐 뿐 대외적으로 국민이나 법원을 구속하는 힘이 없다.

정답 및 해설 | ①

① [×] 대법원은 "법령의 규정이 특정 행정기관에게 법령 내용의 구체적 사항을 정할 수 있는 권한을 부여하면서도 권한 행사의 절차나 방법을 특정하지 아니한 경우에는 수임 행정기관으로서는 행정규칙이나 규정 형식으로 법령 내용이 될 사항을 구체적으로 정할 수 있다."고 판시하고 있다.

342 행정입법의 통제에 관한 다음 설명 중 가장 적절하지 않은 것은? (다툼이 있으면 판례에 의함)

□□□

14. 경행특채

① 행정절차법은 법령 등을 제정 · 개정 또는 폐지하려는 경우에 해당 입법안을 마련한 행정청이 예고하는 행정상 입법예고에 관한 규정을 두고 있다.

② 중앙행정심판위원회는 심판청구를 심리 · 재결할 때에 처분 또는 부작위의 근거가 되는 명령 등이 법령에 근거가 없거나 상위법령에 위배되거나 국민에게 과도한 부담을 주는 등 크게 불합리하면 관계 행정기관에 그 명령 등의 개정 · 폐지 등 적절한 시정조치를 요청할 수 있다.

③ 일반적 · 추상적인 법령이나 규칙 등은 그 자체로서 국민의 구체적인 권리 · 의무에 직접적 변동을 초래하게 하지 않는 경우에도 취소소송의 대상이 될 수 있다.

④ 명령 · 규칙 또는 처분이 헌법이나 법률에 위반되는 여부가 재판의 전제가 된 경우에는 대법원은 이를 최종적으로 심사할 권한을 가진다.

정답 및 해설 | ③

③ [×] 일반적 · 추상적인 법령이나 규칙 등은 그 자체로서 국민의 구체적인 권리 · 의무에 직접적 변동을 초래하게 하지 않으므로 **취소소송의 대상인 처분이 될 수 없다.** 다만, 집행행위의 매개 없이 국민의 구체적인 권리 · 의무에 직접적 변동을 초래하는 처분적 법규명령이나 규칙은 항고소송의 대상인 처분이 된다.

343 위임명령과 집행명령의 차이점을 옳게 설명한 것은? 96. 경찰간부

☐☐☐

① 명령을 발할 수 있는 기관이 다르다.

② 전자는 법규성을 가지나, 후자는 법규성이 없다.

③ 전자는 공포를 요하나, 후자는 요하지 않는다.

④ 전자는 국민의 권리 · 의무에 관해 새로운 사항을 규정할 수 있는 데 대하여, 후자는 그것이 불가능하다.

정답 및 해설 I ④

④ [O] 위임명령과 집행명령의 차이점에 대한 옳은 설명이다.

☑ 위임명령과 집행명령의 비교

구분	위임명령	집행명령
근거	법령에서 위임받은 사항에 대해서만 규정이 가능함	법령의 위임이 없어도 직권으로 규정이 가능함
한계	국민의 권리 · 의무에 관한 새로운 사항을 규정할 수 있음	국민의 권리 · 의무에 관한 새로운 사항을 규정할 수 없고, 법집행을 위한 절차와 형식만 규율이 가능함

344 행정상 입법에 대한 설명으로 옳지 않은 것은? 10. 지방직 9급

☐☐☐

① 위임명령은 새로운 법규사항을 정할 수 있으나 집행명령은 상위법령의 집행에 필요한 절차나 형식을 정하는 데 그쳐야 하며 새로운 법규사항을 정할 수 없다.

② 대법원은 제재적 처분의 기준이 대통령령의 형식으로 정해진 경우 당해 기준을 법규명령으로 보고 있다.

③ 판례는 행정입법부작위에 대하여 헌법소원을 인정하고 있지 않다.

④ 법규명령에 대하여 헌법소원을 제기할 수 있는가에 대하여 우리 헌법재판소는 이를 긍정하고 있다.

정답 및 해설 I ③

③ [×] 헌법재판소는 진정입법부작위의 경우 예외적으로 헌법소원을 인정하고 있다. 즉, **원칙적으로 부정**되나, ㉠ 행정청에게 시행령을 제정할 법적 의무가 있고, ㉡ 상당한 기간이 지났음에도 불구하고 ㉢ 시행령제정권이 행사되지 않았을 경우, 즉 이른바 진정입법부작위의 경우에는 헌법소원을 긍정한다(헌재 1998.7.16, 96헌마246).

☑ 행정입법부작위에 대한 구제

구분	구제수단
부작위 위법확인소송	대법원은 "행정소송은 구체적 사건에 대한 법률상 분쟁을 법에 의하여 해결함으로써 법적 안정을 기하자는 것이므로 부작위위법확인소송의 대상이 될 수 있는 것은 구체적 권리의무에 관한 분쟁이어야 하고 추상적인 법령에 관하여 제정의 여부 등은 그 자체로서 국민의 구체적인 권리의무에 직접적 변동을 초래하는 것이 아니어서 그 소송의 대상이 될 수 없다(대판 1992.5.8, 91누11261)."고 하여 부작위위법확인소송의 제기가능성을 **부정**한다.
헌법소원	**원칙적으로 부정**되나, ① 행정청에게 시행령을 제정할 법적 의무가 있고, ② 상당한 기간이 지났음에도 불구하고 ③ 시행령제정권이 행사되지 않았을 경우, 즉 이른바 진정입법부작위의 경우에는 헌법소원을 긍정한다(헌재 1998.7.16, 96헌마246).
국가배상	입법부가 법률로써 행정부에게 특정한 사항을 위임했음에도 불구하고 행정부가 정당한 이유 없이 이를 이행하지 않는다면 권력분립의 원칙과 법치국가 내지 법치행정의 원칙에 위배되는 것으로서 위법함과 동시에 위헌적인 것이 되는바, 구 군법무관임용법 제5조 제3항과 군법무관임용 등에 관한 법률 제6조가 군법무관의 보수를 법관 및 검사의 예에 준하도록 규정하면서 그 구체적 내용을 시행령에 위임하고 있는 이상, 위 법률의 규정들은 군법무관의 보수의 내용을 법률로써 일차적으로 형성한 것이고, 위 법률들에 의해 상당한 수준의 보수청구권이 인정되는 것이므로, 위 보수청구권은 단순한 기대이익을 넘어서는 것으로서 법률의 규정에 의해 인정된 재산권의 한 내용이 되는 것으로 봄이 상당하고, 따라서 **행정부가 정당한 이유 없이 시행령을 제정하지 않은 것은 위 보수청구권을 침해하는 불법행위에 해당**한다(대판 2007.11.29, 2006다3561).

345 법규명령에 관한 설명으로 옳지 않은 것은? 09. 국가직 9급

□□□

① 국회전속적 입법사항의 위임이 금지된다는 것이 전적으로 법률로 규율되어야 한다는 것을 의미하지는 않는다.

② 법규명령에 대하여는 특정 법규명령의 위헌 · 위법 여부가 구체적 사건에 대한 재판의 전제가 된 경우에 법원이 이를 심리 · 판단하는 선결문제 심리 방식에 의한 간접적 통제가 인정되고 있다.

③ 법규명령의 근거법령이 소멸된 경우에는 법규명령도 소멸함이 원칙이나, 근거법령이 개정됨에 그친 경우에는 집행명령은 여전히 그 효력을 유지할 수 있다.

④ 헌법 제107조 제2항에서 명령 · 규칙에 대한 위헌심사권을 법원에 부여하고 있기 때문에, 헌법재판소는 이에 대한 위헌심사권을 행사할 수 없다는 것이 헌법재판소의 입장이다.

정답 및 해설 I ④

④ [×] 헌법재판소는 헌법 제107조 제2항에서 명령 · 규칙에 대한 위헌심사권을 법원에 부여하고 있음에도 불구하고 이에 대한 위헌심사권을 행사할 수 있다고 판시하고 있다.

346 법규명령에 대한 설명으로 옳지 않은 것은? (다툼이 있는 경우 판례에 의함) 14. 국가직 7급

□□□

① 어떠한 법규명령이 위임의 근거가 없어 무효였더라도 사후에 법개정으로 위임의 근거가 부여되면 그때부터는 유효한 법규명령이 된다.

② 추상적인 법규명령을 제정하지 않은 행정입법 부작위에 대하여 행정소송법상 부작위위법확인소송을 제기하여 다툴 수 있다.

③ 자치사무에 관한 자치조례에 대한 법률의 위임은 법령의 범위 안이라는 사항적 한계가 적용될 뿐 법규명령에 대한 법률의 위임과 같이 반드시 구체적으로 범위를 정하여 할 필요가 없으며 포괄위임도 가능하다.

④ 교육에 관한 시 · 도의 조례에 대한 무효확인소송은 시 · 도지사가 아니라 시 · 도교육감을 피고로 하여 제기하여야 한다.

정답 및 해설 I ②

② [×] 추상적인 법규명령을 제정하지 않은 행정입법 부작위에 대하여 행정소송법상 부작위위법확인소송을 제기하여 다툴 수 없다는 것이 대법원 판례의 태도이다(대판 1992.5.8, 91누11261).

347 행정입법에 대한 설명으로 옳지 않은 것은? (다툼이 있는 경우 판례에 의함) 15. 지방직 9급

□□□

① 구 청소년 보호법의 위임에 따라 제정된 청소년 보호법 시행령으로 정한 '위반행위의 종별에 따른 과징금 처분기준'은 법규명령에 해당되며, 그 기준에서 정한 과징금 액수는 정액이 아니라 최고한도액이다.

② 상위법령에서 세부사항 등을 시행규칙으로 정하도록 위임하였음에도 이를 고시 등 행정규칙으로 정하였다면, 당해 고시 등은 상위법령과 결합하여 대외적 구속력을 가지는 법규명령으로서 효력이 인정된다.

③ 법률이 공법적 단체 등의 정관에 자치법적 사항을 위임한 경우에는 포괄적인 위임입법의 금지는 원칙적으로 적용되지 않는다.

④ 법령의 위임관계는 반드시 하위법령의 개별조항에서 위임의 근거가 되는 상위법령의 해당 조항을 구체적으로 명시하고 있어야만 하는 것은 아니다.

정답 및 해설 | ②

② [×] 상위법령에서 세부사항 등을 시행규칙의 형식으로 정하도록 위임하였는데, 이를 위반하여 시행규칙(부령)의 형식이 아닌 행정규칙의 형식인 고시로 정한 경우에는 대외적 구속력을 가지는 법규명령으로서의 효력이 인정될 수 없다.

348 다음 중 행정입법에 대한 설명 중 옳은 것을 모두 고른 것은? (다툼이 있는 경우 판례에 의함)

□□□

17. 사회복지직 9급

> ㉠ 법령의 직접적인 위임에 따라 위임행정기관이 그 법령을 시행하는 데 필요한 구체적인 사항을 정한 것이라면, 그 제정형식이 고시, 훈령, 예규 등과 같은 행정규칙이더라도 그것이 상위법령의 위임한계를 벗어나지 아니하는 한, 상위법령과 결합하여 대외적 구속력을 가진다.
> ㉡ 상위법령에서 세부사항 등을 시행규칙으로 정하도록 위임하였는데, 이를 고시로 정한 경우에 대외적 구속력을 가지는 법규명령으로서의 효력이 인정될 수 있다.
> ㉢ 판례는 종래부터 법령의 위임을 받아 부령으로 정한 제재적 행정처분의 기준을 행정규칙으로 보고, 대통령령으로 정한 제재적 행정처분의 기준은 법규명령으로 보는 경향이 있다.
> ㉣ 하위법령은 그 규정이 상위법령의 규정에 명백히 저촉되어 무효인 경우를 제외하고는 관련 법령의 내용과 그 입법취지, 연혁 등을 종합적으로 살펴서 그 의미를 상위법령에 합치되는 것으로 해석하여야 한다.

① ㉠, ㉡ ② ㉡, ㉢

③ ㉠, ㉡, ㉢ ④ ㉠, ㉢, ㉣

정답 및 해설 | ④

옳은 것은 ㉠㉢㉣이다.

㉡ [×] 상위법령에서 세부사항 등을 시행규칙의 형식으로 정하도록 위임하였는데, 이를 위반하여 시행규칙(부령)의 형식이 아닌 행정규칙의 형식인 고시로 정한 경우에 대외적 구속력을 가지는 법규명령으로서의 효력이 인정될 수 없다.

349 행정입법에 대한 판례의 입장으로 옳지 않은 것은? 15. 사회복지직 9급

□□□

① 산업자원부장관이 공업배치 및 공장설립에 관한 법률 제8조의 위임에 따라 공장입지의 기준을 구체적으로 정한 고시는 법규명령으로서 효력을 가진다.

② 구 청소년 보호법 시행령 제40조 [별표 6]의 위반행위의 종별에 따른 과징금 처분기준은 법규명령에 해당하지만, 그 과징금의 액수는 정액이 아니라 최고한도액이다.

③ 경찰공무원 채용시험에서의 부정행위자에 대한 5년간의 응시자격제한을 규정한 경찰공무원 임용령 제46조 제1항은 행정청 내부의 사무처리기준을 규정한 재량준칙에 불과하다.

④ 행정규칙에 근거한 처분이라도 상대방의 권리 · 의무에 직접 영향을 미치는 경우에는 항고소송의 대상이 되는 행정처분에 해당한다.

정답 및 해설 I ③

③ [×] 경찰공무원 임용령은 경찰공무원법의 위임을 받아 제정된 **대통령령**으로서 법규명령에 해당한다.

350 행정입법에 관한 설명으로 옳지 않은 것은? (다툼이 있는 경우 판례에 의함) 10. 지방직 7급

□□□

① 행정규제에 관한 법령이 전문적 · 기술적 사항이나 경미한 사항으로서 업무의 성질상 위임이 불가피한 사항에 관하여 구체적으로 범위를 정하여 위임한 경우에는 고시 등으로 정할 수 있다.

② 헌법이 인정하고 있는 위임입법의 형식은 한정적인 것으로 보아야 할 것이고, 그것은 법률이 행정규칙에 위임하더라도 그 행정규칙은 위임된 사항만을 규율할 수 있으므로, 국회입법의 원칙과 상치되지도 않는다.

③ 헌법재판소는 행정규칙이 법령의 규정에 의하여 행정관청에 법령의 구체적 내용을 보충할 권한을 부여한 경우 또는 재량권 행사의 준칙인 규칙이 그 정한 바에 따라 되풀이 시행되어 행정관행이 이룩되게 되면, 평등의 원칙이나 신뢰보호의 원칙에 따라 행정기관은 그 상대방에 대한 관계에서 그 규칙에 따라야 할 자기구속을 당하게 되고, 그러한 경우에는 대외적인 구속력을 가지게 된다고 판시한 바 있다.

④ 고시가 일반 · 추상적 성격을 가질 때는 법규명령 또는 행정규칙에 해당하지만, 고시가 구체적인 규율의 성격을 갖는다면 행정처분에 해당한다.

정답 및 해설 I ②

② [×] 헌법이 인정하고 있는 위임입법의 형식은 **예시적인 것으로 보아야 하고**, 그것은 법률이 행정규칙에 위임하더라도 그 행정규칙은 위임된 사항만을 규율할 수 있으므로, 국회입법의 원칙과 상치되지도 않는다(헌재 2006.2.28, 2005헌바59).

351 행정입법에 관한 설명 중 가장 적절하지 않은 것은? (다툼이 있는 경우 판례에 의함) 21. 경행특채

□□□

① 지방자치단체의 조례가 규정하고 있는 사항이 근거법령 등에 비추어 볼 때 자치사무나 단체위임사무에 관한 것이라면 위임조례와 같이 국가법에 적용되는 일반적인 위임입법의 한계가 적용될 여지는 없다.

② 일반적으로 법률의 위임에 따라 효력을 갖는 법규명령의 경우, 위임의 근거가 없어 무효였다고 하더라도 나중에 법률 개정을 통해 위임의 근거가 부여되었다면 그때부터는 유효한 법규명령으로 볼 수 있다.

③ 전결(專決)과 같은 행정권한의 내부위임은 법령상 처분권자인 행정관청이 내부적인 사무처리의 편의를 도모하기 위하여 그의 보조기관 또는 하급 행정관청으로 하여금 그의 권한을 사실상 행사하게 하는 것으로서 법률의 위임이 있어야 허용된다.

④ 헌법이 인정하고 있는 위임입법의 형식은 예시적인 것으로 보아야 할 것이고, 법률이 행정규칙에 위임하더라도 그 행정규칙은 위임된 사항만을 규율할 수 있으므로 국회입법의 원칙과 상치되지 않는다.

정답 및 해설 | ③

③ [×] 전결과 같은 행정권한의 내부위임은 **법률이 위임을 허용하고 있지 아니한 경우에도** 행정관청의 내부적인 사무처리의 편의를 도모하기 위하여 그의 보조기관 또는 하급 행정관청으로 하여금 그의 권한을 사실상 행사하게 하는 것이므로, 권한위임의 경우에는 수임관청이 자기의 이름으로 그 권한 행사를 할 수 있지만, 내부위임의 경우에는 수임관청은 위임관청의 이름으로만 그 권한을 행사할 수 있을 뿐 자기의 이름으로는 그 권한을 행사할 수 없는 것이다(대판 1992.4.24, 91누5792).

② [○] 대판 2017.4.20, 2015두45700 전합

352 행정규칙에 대한 설명으로 가장 옳지 않은 것은? (다툼이 있는 경우 판례에 따름) 18. 서울시 7급

□□□

① 행정규칙이 법령의 규정에 의하여 행정관청에 법령의 구체적 내용을 보충할 권한을 부여한 경우, 평등의 원칙이나 신뢰보호의 원칙에 따라 행정기관은 그 상대방에 대한 관계에서 그 규칙에 따라야 할 자기구속을 당하게 된다.

② 상급 행정기관이 하급 행정기관에 대하여 업무처리지침이나 법령의 해석적용에 관한 기준을 정하여 발하는 행정규칙은 일반적으로 행정조직 내부에서만 효력을 가질 뿐 대외적인 구속력을 갖는 것은 아니다.

③ 행정규칙도 행정작용의 하나이므로 하자가 있으면 하자의 정도에 따라 무효 또는 취소할 수 있는 행정규칙이 된다.

④ 어떠한 처분의 근거나 법적인 효과가 행정규칙에 규정되어 있다고 하더라도, 그 처분이 행정규칙의 내부적 구속력에 의하여 상대방에게 권리의 설정 또는 의무의 부담을 명하거나 기타 법적인 효과를 발생하게 하는 등 그 상대방의 권리의무에 직접 영향을 미치는 행위라면, 이는 항고소송의 대상이 되는 행정처분에 해당한다.

정답 및 해설 | ③

③ [×] 행정규칙은 행정행위가 아니므로 공정력이 인정되지 않는다. 공정력이 인정되지 않는 행정작용은 그 하자의 정도와 관계 없이 무효임이 원칙이다.

353 행정입법에 대한 설명으로 가장 적절하지 않은 것은? (다툼이 있는 경우 판례에 의함) 17. 경행특채

□□□

① 법률에서 위임받은 사항을 전혀 규정하지 않고 재위임하는 것은 허용되지 않는다.

② 일반적으로 법률의 위임에 의하여 효력을 갖는 법규명령의 경우, 구법에 위임의 근거가 없어 무효였더라도 사후에 법개정으로 위임의 근거가 부여되면 그때부터는 유효한 법규명령이 된다.

③ 조례에 대한 법률의 위임은 법규명령에 대한 법률의 위임과 같이 반드시 구체적으로 범위를 정하여야 할 필요가 없으며 포괄적인 것으로 족하다.

④ 행정소송법 제6조에 의하면 행정소송에 대한 대법원판결에 의하여 명령 · 규칙이 헌법 또는 법률에 위반된다는 것이 확정된 경우에는 대법원은 지체 없이 그 사유를 법무부장관에게 통보하여야 한다.

정답 및 해설 I ④

④ [×] 행정소송법 제6조에 의하면 행정소송에 대한 대법원판결에 의하여 명령 · 규칙이 헌법 또는 법률에 위반된다는 것이 확정된 경우에는 대법원은 지체 없이 그 사유를 **행정안전부장관**에게 통보하여야 한다.

354 행정규칙에 대한 설명으로 옳지 않은 것은? 23. 지방직 9급

□□□

① 「여객자동차 운수사업법」의 위임에 따른 시외버스운송사업의 사업계획변경 기준 등에 관한 「여객자동차 운수사업법 시행규칙」의 관련 규정은 대외적인 구속력이 있는 법규명령이라고 할 것이다.

② 법령에 반하는 위법한 행정규칙은 무효이므로 위법한 행정규칙을 위반한 것은 징계사유가 되지 않는다.

③ 법률이 일정한 사항을 고시와 같은 행정규칙에 위임하는 것은 전문적 · 기술적 사항이나 경미한 사항으로서 업무의 성질상 위임이 불가피한 사항에 한정된다.

④ 행정 각부의 장이 정하는 고시가 법령에 근거를 둔 것이라면, 그 규정 내용이 법령의 위임 범위를 벗어난 것이라도 법규명령으로서의 대외적 구속력이 인정된다.

정답 및 해설 I ④

④ [×] 행정 각부의 장이 정하는 고시가 법령에 근거를 둔 것이라도, 그 규정 내용이 법령의 위임 범위를 벗어난 것이라면 법규명령으로서의 대외적 구속력을 인정할 여지는 없다.

355 행정규칙에 대한 설명으로 가장 적절하지 않은 것은? (다툼이 있는 경우 판례에 의함) 18. 경행특채

□□□

① 행정규칙은 원칙적으로 그 성격상 대외적 효력을 갖는 것은 아니나, 예외적인 경우에 대외적으로 효력을 가질 수 있다.

② 이른바 법령보충적 행정규칙은 그 자체로서 직접적으로 대외적인 구속력을 갖는다.

③ 법령의 규정이 특정 행정기관에게 법령 내용의 구체적 사항을 정할 수 있는 권한을 부여하면서 권한 행사의 절차나 방법을 특정하지 아니한 경우에는 수임 행정기관은 행정규칙이나 규정 형식으로 법령 내용이 될 사항을 구체적으로 정할 수 있다.

④ 고시가 일반 · 추상적 성격을 가질 때는 법규명령 또는 행정규칙에 해당하지만, 고시가 구체적인 규율의 성격을 갖는다면 행정처분에 해당한다.

정답 및 해설 I ②

② [×] 대법원은 이른바 법령보충적 행정규칙은 그 자체로서가 아니라 **상위법령과 결합하여서만** 직접적으로 대외적인 구속력을 갖는다고 본다. 상급 행정기관이 하급 행정기관에게 대하여 업무처리지침이나 법령의 해석적용에 관한 기준을 정하여 발하는 이른바 행정규칙은 행정기관에 법령의 구체적 내용을 보충할 권한을 부여한 법령규정의 효력에 의하여 그 내용을 보충하는 기능을 갖게 된다 할 것이고, 따라서 이와 같은 **행정규칙은 당해 법령의 위임한계를 일탈하지 아니하는 한 그것들과 결합하여 대외적인 구속력이 있는 법규명령으로서의 효력을 갖게 된다**(대판 1998.6.9, 97누19915).

356 □□□ 행정입법에 관한 설명으로 옳지 않은 것은? (다툼이 있는 경우 판례에 의함) 23. 소방채용

① 일반적으로 법률의 위임에 의하여 효력을 갖는 법규명령의 경우, 구법에 위임의 근거가 없어 무효였더라도 사후에 법개정으로 위임의 근거가 부여되면 그때부터는 유효한 법규명령이 된다.

② 법령에서 행정처분의 요건 중 일부 사항을 부령으로 정한 것을 위임한 데 따라 시행규칙 등 부령에서 이를 정한 경우에 그 부령의 규정은 국민에 대해서도 구속력이 있는 법규명령에 해당한다.

③ 상급행정기관이 소속 공무원이나 하급행정기관에 대하여 세부적인 업무처리절차나 법령의 해석 · 적용 기준을 정해 주는 행정규칙은 상위법령에 반하지 않는다고 하더라도 상위법령의 구체적 위임이 있지 않는 한, 행정조직 내부적으로도 효력을 가지지 못하고 대외적으로도 국민이나 법원을 구속하는 효력이 없다.

④ 법령보충적 행정규칙은 물론이고, 재량권 행사의 준칙이 되는 행정규칙이 그 정한 바에 따라 되풀이 시행되어 행정관행이 이루어지고 행정의 자기구속원리에 따라 대외적 구속력을 가지는 경우에는 헌법소원의 대상이 될 수 있다.

정답 및 해설 I ③

③ [×] 상급행정기관이 소속 공무원이나 하급행정기관에 대하여 세부적인 업무처리절차나 법령의 해석 · 적용 기준을 정해 주는 행정규칙은 상위법령에 반하지 않는다고 하더라도 상위법령의 구체적 위임이 있지 않는 한, 행정조직 내부적으로는 **효력(구속력)**을 갖으나 대외적으로도 국민이나 법원을 구속하는 효력이 없다.

357 □□□ 공법상 계약에 대한 설명으로 옳지 않은 것은? (다툼이 있는 경우 판례에 의함) 23. 경찰간부

① 수익적 행정처분에 있어서 행정청은 부담을 부가하기 이전에 상대방과 협의하여 부담의 내용을 협약의 형식으로 미리 정한 다음 행정처분을 하면서 부담을 부가할 수도 있다.

② 지방전문직공무원 채용계약 해지의 의사표시에 대하여는 공법상 당사자소송으로 그 의사표시의 무효확인을 청구할 수 있다.

③ 광주광역시 문화예술회관장의 단원위촉은 광주광역시와 단원이 되고자 하는 자 사이에 대등한 지위에서 의사가 합치되어 성립하는 공법상 근로계약에 해당한다.

④ 구 「중소기업 기술혁신 촉진법」상 중소기업 정보화지원사업에 따른 지원금 출연을 위하여 중소기업청장이 체결하는 협약은 공법상 계약에 해당하지만 그 협약의 해지 및 그에 따른 환수통보는 행정처분에 해당한다.

정답 및 해설 I ④

④ [×] 구 「중소기업 기술혁신 촉진법」상 중소기업 정보화지원사업에 따른 지원금 출연을 위하여 중소기업청장이 체결하는 협약은 공법상 계약에 해당하고 그 협약의 해지 및 그에 따른 환수통보는 행정처분이라고 볼 수 없다.

358 행정절차법상 의견청취절차에 대한 설명 중 적절하지 않은 것은 모두 몇 개인가? 13. 경찰승진

□□□

> ㉠ 현행법상 의견청취절차는 청문, 공청회, 의견제출로 나누어진다.
> ㉡ 현행법상 청문은 행정청이 필요하다고 인정하는 경우에만 실시하도록 규정되어 있다.
> ㉢ 현행법상 행정청은 청문을 실시하고자 하는 경우에 청문이 시작되는 날부터 10일 전까지 일정한 사항을 당사자 등에게 통지하여야 한다.
> ㉣ 현행법상 청문절차시 문서의 열람 또는 복사의 요청이 있는 경우 행정청은 다른 법령에 의하여 제한되는 경우를 제외하고는 거부할 수 없다.

① 없음　　② 1개
③ 2개　　④ 3개

정답 및 해설 I ②

틀린 설명은 ㉡ 1개이다.

㉡ [×] 현행법상 청문은 행정청이 필요하다고 인정하는 경우뿐만 아니라 다른 법령의 규정이 있는 경우, 당사자 등의 신청이 있는 경우에 실시하도록 규정되어 있다(행정절차법 제22조 제1항).

359 행정절차에 대한 설명으로 가장 적절하지 않은 것은? (다툼이 있는 경우 판례에 의함) 18. 경찰 2차

□□□

① 행정절차법은 공법상 계약과 행정조사절차에 관해서는 별도의 규정이 없다.

② 행정절차법상 당사자 등은 처분 전에 그 처분의 관할 행정청에 서면이나 정보통신망을 이용하여 의견을 제출할 수 있으나, 말로는 할 수 없다.

③ 행정절차법은 절차적 규정뿐만 아니라 신뢰보호원칙과 같이 실체적 규정을 포함하고 있다.

④ 행정청은 국내에 주소·거소·영업소 또는 사무소가 없는 외국사업자에 대하여 우편송달의 방법으로 문서를 송달할 수 있다.

정답 및 해설 I ②

② [×]

> 행정절차법 제27조 【의견제출】 ① 당사자 등은 처분 전에 그 처분의 관할 행정청에 서면이나 말로 또는 정보통신망을 이용하여 의견제출을 할 수 있다.

360 다음은 행정절차법상 기간과 관련된 규정을 정리한 것이다. ㉠~㉣에 들어갈 기간을 바르게 나열한 것은?

17. 지방직 9급

- 행정청은 공청회를 개최하려는 경우에는 공청회 개최 (㉠)일 전까지 제목, 일시 및 장소 등을 당사자 등에게 통지하고 관보, 공보, 인터넷 홈페이지 또는 일간신문 등에 공고하는 등의 방법으로 널리 알려야 한다.
- 입법예고기간은 예고할 때 정하되, 특별한 사정이 없으면 (㉡)일 [자치법규는 (㉢)일] 이상으로 한다.
- 행정예고기간은 예고내용의 성격 등을 고려하여 정하되, (㉣)일 이상으로 한다.

	㉠	㉡	㉢	㉣
①	10	40	30	30
②	14	30	20	20
③	14	40	20	20
④	15	30	20	30

정답 및 해설 I ③

- 행정청은 공청회를 개최하려는 경우에는 공청회 개최 (㉠ 14)일 전까지 제목, 일시 및 장소 등을 당사자 등에게 통지하고 관보, 공보, 인터넷 홈페이지 또는 일간신문 등에 공고하는 등의 방법으로 널리 알려야 한다(행정절차법 제38조 제1항).
- 입법예고기간은 예고할 때 정하되, 특별한 사정이 없으면 (㉡ 40)일 [자치법규는 (㉢ 20)일] 이상으로 한다(행정절차법 제43조).
- 행정예고기간은 예고내용의 성격 등을 고려하여 정하되, (㉣ 20)일 이상으로 한다(행정절차법 제46조 제3항).

361 □□□ 행정절차법에 대한 설명이다. 아래 ㉠부터 ㉣까지의 설명 중 옳고 그름의 표시(O, X)가 바르게 된 것은?

17. 경찰 2차

㉠ 행정청은 처분을 할 때에 당사자 등이 제출한 의견이 상당한 이유가 있다고 인정하는 경우에는 이를 반영할 수 있다.
㉡ 행정청은 처분에 오기, 오산 또는 그 밖에 이에 준하는 명백한 잘못이 있을 때에는 직권으로 또는 신청에 따라 지체 없이 정정하고 그 사실을 당사자에게 통지하여야 한다.
㉢ 행정청의 관할이 분명하지 아니한 경우에는 해당 행정청을 공통으로 감독하는 상급 행정청이 그 관할을 결정하며, 공통으로 감독하는 상급 행정청이 없는 경우에는 당해 행정청의 협의로 그 관할을 결정한다.
㉣ 입법예고기간은 예고할 때 정하되, 특별한 사정이 없으면 40일(자치법규는 20일) 이상으로 한다.

① ㉠ (○), ㉡ (×), ㉢ (○), ㉣ (×)
② ㉠ (×), ㉡ (○), ㉢ (○), ㉣ (○)
③ ㉠ (×), ㉡ (○), ㉢ (×), ㉣ (○)
④ ㉠ (○), ㉡ (○), ㉢ (×), ㉣ (×)

정답 및 해설 I ③

옳은 설명은 ㉡㉣이다.

㉠ [×]

> 행정절차법 제27조의2【제출의견의 반영 등】① 행정청은 처분을 할 때에 당사자 등이 제출한 의견이 상당한 이유가 있다고 인정하는 경우에는 이를 반영하여야 한다.

㉢ [×]

> 행정절차법 제6조【관할】② 행정청의 관할이 분명하지 아니한 경우에는 해당 행정청을 공통으로 감독하는 상급 행정청이 그 관할을 결정하며, 공통으로 감독하는 상급 행정청이 없는 경우에는 각 상급 행정청이 협의하여 그 관할을 결정한다.

362 □□□ 행정절차법에 관한 설명으로 옳지 않은 것은?

11. 경행특채

㉠ 이유부기, 의견제출은 권리를 제한하거나 의무를 부과하는 처분에 한하여 인정된다.
㉡ 행정절차법은 순수한 절차규정만으로 이루어져 있다.
㉢ 행정청은 신청에 구비서류의 미비 등 흠이 있는 경우에는 보완에 필요한 상당한 기간을 정하여 지체 없이 신청인에게 보완을 요구하여야 한다.
㉣ 의견제출은 서면 또는 정보통신망을 이용하여 할 수 있으나, 말로는 할 수 없다.

① 1개　② 2개
③ 3개　④ 4개

정답 및 해설 I ③

옳지 않은 것은 ㉠㉡㉣ 3개이다.

㉠ [×] 이유부기는 수익적 처분이나 권리를 제한 또는 의무를 부과하는 경우 모두 필요한 절차이다.
㉡ [×] 행정절차법은 주로 절차적 규정으로 구성되나 신뢰보호의 원칙, 신의성실의 원칙 등 일부 실체적 규정도 구성되어 있다.
㉣ [×] 의견제출은 서면 또는 정보통신망뿐만 아니라 말로도 할 수 있다.

363 행정절차에 대한 설명으로 옳은 것은? (다툼이 있는 경우 판례에 의함) 20. 국가직 9급

□□□

① 퇴직연금의 환수결정은 당사자에게 의무를 과하는 처분이기는 하나 관련 법령에 따라 당연히 환수금액이 정하여지는 것이므로, 퇴직연금의 환수결정에 앞서 당사자에게 의견진술의 기회를 주지 아니하여도 행정절차법에 어긋나지 아니한다.

② 수익적 행정행위의 신청에 대한 거부처분은 직접 당사자의 권익을 제한하는 처분에 해당하므로, 그 거부처분은 행정절차법상 처분의 사전통지대상이 된다.

③ 절차상의 하자를 이유로 과세처분을 취소하는 판결이 확정된 후 그 위법사유를 보완하여 이루어진 새로운 부과처분은 확정판결의 기판력에 저촉된다.

④ 행정청이 당사자와 사이에 도시계획사업의 시행과 관련한 협약을 체결하면서 관련 법령상 요구되는 청문절차를 배제하는 조항을 두었다면, 이는 청문을 실시하지 않아도 되는 예외적인 경우에 해당한다.

정답 및 해설 I ①

② [×] 판례는 수익적 처분이 행해지기 전에는 아직 당사자에게 권익이 부여되지 않았으므로 **거부처분**은 당사자의 권익을 침해하는 처분이 아니라고 보아 **사전통지의 대상이 아니라고 한다.**

③ [×] 절차상의 하자를 이유로 과세처분을 취소하는 판결이 확정된 후 그 위법사유를 보완하여 이루어진 새로운 부과처분은 **확정판결의 기속력(반복금지효)에 저촉되지 않는다.**

④ [×] 행정청이 당사자와 사이에 도시계획사업의 시행과 관련한 협약을 체결하면서 관계법령 및 행정절차법에 규정된 청문의 실시 등 의견청취절차를 배제하는 조항을 둔 경우, 청문의 실시에 관한 규정의 적용이 배제되거나 **청문을 실시하지 않아도 되는 예외적인 경우에 해당한다고 할 수 없다**(대판 2004.7.8, 2002두8350).

364 행정절차법에 대한 설명으로 옳은 것은? 22. 경찰간부

□□□

① 처분기준이 법규명령 형식으로 제정된 경우에는 입법절차에 따라 공포하여야 하나, 행정규칙 형식으로 설정된 경우에는 이를 공고하지 않는다.

② 처분의 이유제시 원칙은 직접적으로 부담을 주는 행정처분에 적용되며, 수익적 행정행위의 거부에는 적용되지 않는다.

③ 처분의 방식과 처분 신청의 방식 모두에서 문서주의를 취한다.

④ 사전통지의 예외에 해당하여 사전통지하지 않는 경우에는 처분을 할 때도 당사자 등에게 통지하지 아니한 사유를 알릴 필요가 없다.

정답 및 해설 I ③

① [×] 처분기준이 법규명령 형식으로 제정된 경우에는 입법절차에 따라 공포하여야 하며, 행정규칙 형식으로 설정된 경우에도 이를 공고하여야 한다(행정절차법 제20조).

② [×] 처분의 이유제시 원칙은 모든 처분에 적용되는 공통절차이므로 **수익적 행정행위의 거부에는 적용된다.**

④ [×] 사전통지의 예외에 해당하여 사전통지하지 않는 경우에는 처분을 할 때 당사자 등에게 통지하지 아니한 사유를 알려야 한다(행정절차법 제21조 제5항).

365 행정절차법상 행정청이 처분을 할 때 청문을 하여야 하는 경우가 아닌 것은? 23. 경찰

□□□

① 다른 법령 등에서 청문을 하도록 규정하고 있는 경우

② 해당 처분의 영향이 광범위하여 널리 의견을 수렴할 필요가 있다고 행정청이 인정하는 경우

③ 인허가 등의 취소의 처분을 하는 경우

④ 법인이나 조합 등의 설립허가의 취소의 처분을 하는 경우

정답 및 해설 I ②

행정절차법 제22조【의견청취 등】① 행정청이 처분을 할 때 다음 각 호의 어느 하나에 해당하는 경우에는 청문을 한다.
1. 다른 법령 등에서 청문을 하도록 규정하고 있는 경우
2. 행정청이 필요하다고 인정하는 경우
3. 다음 각 목의 처분을 하는 경우
가. 인허가 등의 취소
나. 신분·자격의 박탈
다. 법인이나 조합 등의 설립허가의 취소

366 행정절차법상 의견청취절차에 대한 설명으로 옳은 것만을 모두 고르면? (다툼이 있는 경우 판례에 의함)

□□□

19. 지방직 7급

㉠ 의견제출제도는 당사자에게 의무를 부과하거나 권익을 제한하는 경우에 적용되고 수익적 행위나 수익적 행위의 신청에 대한 거부에는 적용이 없으며, 일반처분의 경우에도 적용이 없다.
㉡ 처분의 상대방에게 이익이 되며 제3자의 권익을 침해하는 이중효과적 행정행위는 행정절차법상 사전통지·의견제출의 대상이 된다.
㉢ 공무원연금법상 퇴직연금의 환수결정은 당사자에게 의무를 과하는 처분이므로, 퇴직연금의 환수결정에 앞서 당사자에게 행정절차법상의 의견진술의 기회를 주지 아니한 경우 당해 처분은 행정절차법 위반이다.
㉣ 행정청과 당사자 사이에 청문의 실시 등 의견청취절차를 배제하는 협약이 있었다 하더라도, 이와 같은 협약의 체결로 청문의 실시에 관한 규정의 적용을 배제할 수 있다고 볼 만한 법령상의 규정이 없는 한, 청문의 실시에 관한 규정의 적용이 배제되지 않으며 청문을 실시하지 않아도 되는 예외적인 경우에 해당하지 아니한다.

① ㉠, ㉡
② ㉠, ㉣
③ ㉡, ㉢
④ ㉢, ㉣

정답 및 해설 I ②

옳은 것은 ㉠㉣이다.

㉡ [×] 처분의 상대방에게는 이익이 되는 행정행위라면 **불이익처분이 아니므로** 제3자의 권익을 침해하는 이중효과적 행정행위이더라도 행정절차법상 사전통지·의견제출의 대상이 되는 것은 아니다.

㉢ [×] 퇴직연금의 환수결정은 당사자에게 의무를 과하는 처분이기는 하나, 관련 법령에 따라 당연히 환수금액이 정하여지는 것이므로, 퇴직연금의 환수결정에 앞서 당사자에게 의견진술의 기회를 주지 아니하여도 행정절차법 제22조 제3항이나 신의칙에 어긋나지 아니한다는 것이 판례의 입장이다(대판 2000.11.28, 99두5443).

367 「행정절차법」상 행정절차에 대한 설명으로 옳지 않은 것은? (다툼이 있는 경우 판례에 의함)

□□□

23. 경찰간부

① 행정청에 대하여 처분을 구하는 신청을 할 때 전자문서로 하는 경우에는 행정청의 컴퓨터 등에 입력된 때에 신청한 것으로 본다.

② 행정청은 대통령령을 입법예고하는 경우 국회 소관 상임위원회에 이를 제출하여야 한다.

③ 행정청은 공청회를 마친 후 처분을 할 때까지 새로운 사정이 발견되어 공청회를 다시 개최할 필요가 있다고 인정할 때에는 공청회를 다시 개최할 수 있다.

④ 지방자치단체장이 구 「공유재산 및 물품관리법」에 근거하여 민간투자사업을 추진하던 중 우선협상대상자의 지위를 박탈하는 처분을 하기 위하여는 반드시 청문을 실시하여야 한다.

정답 및 해설 I ④

④ [×] 지방자치단체의 장이 공유재산 및 물품관리법에 근거하여 민간투자사업을 추진하던 중 우선협상대상자 지위를 박탈하는 처분을 하기 위하여 반드시 청문을 실시할 의무가 있다고 볼 수는 없다(대판 2020.4.29, 2017두31064).

368 이유제시에 대한 설명으로 가장 적절하지 않은 것은?

□□□

11. 경행특채

① 이유제시란 행정처분 등을 함에 있어서 그 근거가 되는 법적 · 사실적 이유를 구체적으로 명기하는 것이다.

② 신청 내용을 모두 그대로 인정하는 처분인 경우에는 이유제시의 생략이 가능하다.

③ 현행 행정절차법에는 이유제시에 대한 명문의 규정이 없다.

④ 이유제시 하자의 치유는 늦어도 처분에 대한 불복 여부의 결정 및 불복신청에 편의를 줄 수 있는 상당한 기간 내에 하여야 한다는 것이 판례의 입장이다.

정답 및 해설 I ③

③ [×] 현행 행정절차법 제23조에 이유제시에 대한 명문의 규정을 두고 있다.

369 행정행위의 절차상 하자를 설명한 것이다. 다음 중 적절하지 않은 것은? (다툼이 있으면 판례에 의함)

□□□

16. 경행특채

① 행정처분의 상대방이 통지된 청문일시에 불출석하였다는 이유만으로 행정청이 관계 법령상 그 실시가 요구되는 청문을 실시하지 아니한 채 침해적 행정처분을 할 수는 없을 것이므로, 행정처분의 상대방에 대한 청문통지서가 반송되었다거나, 행정처분의 상대방이 청문일시에 불출석하였다는 이유로 청문을 실시하지 아니하고 한 침해적 행정처분은 위법하다.

② 행정청이 구 학교보건법상 학교환경위생정화구역 내에서 금지행위 및 시설의 해제 여부에 관한 행정처분을 하면서 학교환경위생정화위원회의 심의를 누락한 흠이 있더라도 행정처분의 효력에 아무런 영향을 주지 않는다.

③ 행정청이 청문서 도달기간을 다소 어겼다 하더라도 영업자가 이에 대하여 이의하지 아니한 채 스스로 청문일에 출석하여 그 의견을 진술하고 변명하는 등 방어의 기회를 충분히 가졌다면 청문서 도달기간을 준수하지 아니한 하자는 치유된다.

④ 행정청이 침해적 행정처분을 함에 있어서 당사자에게 행정절차법상의 사전통지를 하거나 의견제출의 기회를 주지 아니하였다면, 사전통지를 하지 않거나 의견제출의 기회를 주지 아니하여도 되는 예외적인 경우에 해당하지 아니하는 한 그 처분은 위법하여 취소를 면할 수 없다.

정답 및 해설 I ②

② [×] 행정청이 구 학교보건법 소정의 학교환경위생정화구역 내에서 금지행위 및 시설의 해제 여부에 관한 행정처분을 함에 있어 학교환경위생정화위원회의 심의를 거치도록 한 취지는 그에 관한 전문가 내지 이해관계인의 의견과 주민의 의사를 행정청의 의사결정에 반영함으로써 공익에 가장 부합하는 민주적 의사를 도출하고 행정처분의 공정성과 투명성을 확보하려는 데 있고, 나아가 그 심의의 요구가 법률에 근거하고 있을 뿐 아니라 심의에 따른 의결내용도 단순히 절차의 형식에 관련된 사항에 그치지 않고 금지행위 및 시설의 해제 여부에 관한 행정처분에 영향을 미칠 수 있는 사항에 관한 것임을 종합해 보면, 금지행위 및 시설의 해제 여부에 관한 행정처분을 하면서 절차상 위와 같은 심의를 누락한 흠이 있다면 그와 같은 흠을 가리켜 위 행정처분의 효력에 아무런 영향을 주지 않는다거나 경미한 정도에 불과하다고 볼 수는 없으므로, 특별한 사정이 없는 한 이는 행정처분을 위법하게 하는 취소사유가 된다(대판 2007.3.15, 2006두15806).

370 행정지도에 대한 설명으로 가장 적절하지 않은 것은? (다툼이 있으면 판례에 의함) 11. 경행특채

□□□

① 교육인적자원부장관(현 교육부장관)의 대학총장들에 대한 학칙시정요구는 행정지도의 일종으로서 헌법소원의 대상이 되는 공권력의 행사라고 할 수 없다.

② 행정지도는 그 목적달성에 필요한 최소한도에 그쳐야 하며, 행정지도의 상대방의 의사에 반하여 부당하게 강요하여서는 아니 된다.

③ 행정지도를 하는 자는 그 상대방에게 그 행정지도의 취지 및 내용과 신분을 밝혀야 한다.

④ 행정지도의 상대방은 해당 행정지도의 방식 · 내용 등에 관하여 행정기관에 의견제출을 할 수 있다.

정답 및 해설 I ①

① [×] 헌법재판소는 교육인적자원부장관(현 교육부장관)의 대학총장들에 대한 학칙시정요구는 행정지도의 한계를 넘어 구속적 또는 규제적 성격을 갖는 행정지도로서 헌법소원의 대상이 되는 공권력의 행사로 판시하고 있다.

371 행정절차법상 행정지도에 관한 설명 중 가장 적절하지 않은 것은? 22. 경찰

□□□

① 행정지도는 그 목적 달성에 필요한 최소한도에 그쳐야 하며, 행정지도의 상대방의 의사에 반하여 부당하게 강요하여서는 아니 된다.

② 행정기관은 행정지도의 상대방이 행정지도에 따르지 아니하였다는 것을 이유로 불이익한 조치를 하여서는 아니 된다.

③ 행정지도가 말로 이루어지는 경우에 상대방이 행정지도의 취지 및 내용과 신분의 사항을 적은 서면의 교부를 요구하면 그 행정지도를 하는 자는 직무 수행에 특별한 지장이 없으면 이를 교부하여야 한다.

④ 행정지도의 상대방은 해당 행정지도의 방식 · 내용 등에 관하여 행정기관에 의견제출을 할 수 없다.

정답 및 해설 I ④

④ [×] 행정지도의 상대방은 해당 행정지도의 방식 · 내용 등에 관하여 행정기관에 의견제출을 할 수 있다(행정절차법 제50조).

372 다음은 행정지도에 대해 설명한 것이다. 가장 적절하지 않은 것은? (다툼이 있는 경우 판례에 의함)

□□□

14. 경행특채 1차

① 행정지도는 행정기관이 그 소관 사무의 범위에서 일정한 행정목적을 실현하기 위하여 특정인에게 일정한 행위를 하거나 하지 아니하도록 지도 · 권고 · 조언 등을 하는 행정작용을 말한다.

② 행정지도가 강제성을 띠지 않은 비권력적 작용으로서 행정지도의 한계를 일탈하지 아니하였다 하더라도 그로 인하여 상대방에게 어떤 손해가 발생하였다면 행정기관은 그에 대한 손해배상책임을 진다.

③ 토지거래계약신고에 관한 행정관청의 위법한 관행에 따라 토지의 매매가격을 허위로 신고한 행위라 하더라도 사회상규에 위배되지 않는 정당행위라고 볼 수 없다.

④ 행정기관은 행정지도의 상대방이 행정지도에 따르지 아니하였다는 것을 이유로 불이익한 조치를 하여서는 아니 된다.

정답 및 해설 I ②

② [×] 일탈한 위법한 행정지도로 인하여 상대방이 손해를 입은 경우 행정기관에 손해를 배상할 책임이 있으나, 한계를 일탈하지 않은 행정지도로 인하여 상대방에게 손해가 발생한 경우라면 행정기관은 손해배상책임을 지지 않는다는 것이 판례의 입장이다(대판 2008.9.25, 2006다18228).

373 □□□ 경찰상 의무이행 확보수단을 전통적 수단과 새로운 수단으로 구분할 때, 전통적 수단에 해당하지 않는 것은?

20. 경찰간부

① 대집행

② 집행벌

③ 과징금

④ 강제징수

정답 및 해설 I ③

③ [×] 새로운 의무이행 확보수단에 해당한다.

①②④ [○] 전통적 의무이행 확보수단에 해당한다.

374 □□□ 경찰상 강제집행의 수단에 대한 설명이다. ㉠부터 ㉣까지의 설명과 명칭이 가장 적절하게 연결된 것은?

18. 경찰승진

> ㉠ 대체적 작위의무의 불이행이 있는 경우 행정청이 의무자의 작위의무를 스스로 행하거나 제3자로 하여금 이를 행하게 하고 그 비용을 의무자로부터 징수하는 행위
> ㉡ 경찰상 의무를 이행하지 않는 경우에 그 이행을 강제하기 위해 과하는 금전벌
> ㉢ 국민이 국가 또는 공공단체에 대해 부담하고 있는 공법상의 금전급부의무를 이행하지 않는 경우에 행정청이 강제적으로 의무가 이행된 것과 동일한 상태를 실현하는 작용
> ㉣ 경찰상 의무불이행에 대해 최후의 수단으로서 직접 의무자의 신체나 재산에 실력을 가하여 의무의 이행이 있었던 것과 동일한 상태를 실현하는 작용

	㉠	㉡	㉢	㉣
①	대집행	집행벌	강제징수	직접강제
②	집행벌	강제징수	대집행	직접강제
③	대집행	강제징수	직접강제	집행벌
④	강제징수	집행벌	직접강제	대집행

정답 및 해설 I ①

① [○] ㉠ 대집행, ㉡ 집행벌, ㉢ 강제징수, ㉣ 직접강제에 대한 설명이다.

375 행정상 즉시강제에 해당하는 것을 모두 고른 것은? 22. 경찰

□□□

> ㉠ 경찰관 직무집행법 제6조 범죄의 예방을 위한 제지
> ㉡ 경찰관 직무집행법 제4조 제1항 제1호에서 규정하는 술에 취한 상태로 인하여 자기 또는 타인의 생명 · 신체와 재산에 위해를 미칠 우려가 있는 피구호자에 대한 보호조치
> ㉢ 행정대집행법 제2조의 대집행
> ㉣ 국세징수법 제24조 강제징수

① ㉠, ㉢ ② ㉡, ㉢
③ ㉠, ㉡ ④ ㉡, ㉣

정답 및 해설 I ③
행정상 의무의 불이행을 전제로 하지 않는 즉시강제에 해당하는 것은 ㉠㉡이다. ㉢㉣은 의무의 불이행을 전제로 이루어지는 강제집행이다.

376 다음 설명과 관련이 있는 강제집행수단으로 가장 적절한 것은? 16. 경찰승진

□□□

> 의무의 불이행이 있는 경우 직접 의무자의 신체 · 재산에 실력을 가하여 의무의 이행이 있었던 것과 같은 상태를 실현하는 작용으로 의무이행 확보를 위한 최후의 수단

① 직접강제 ② 강제징수
③ 집행벌 ④ 대집행

정답 및 해설 I ①
① [O] 지문은 의무의 불이행을 전제로 하므로 직접강제에 대한 설명이다.

377 경찰상 강제집행의 수단에 대한 설명으로 가장 적절하지 않은 것은? 20. 경찰승진

□□□

① 직접강제란 의무의 불이행이 있는 경우 직접 의무자의 신체 · 재산에 실력을 가하여 의무의 이행이 있었던 것과 같은 상태를 실현하는 작용을 말한다.
② 강제징수의 일반법으로서 국세징수법이 있다.
③ 집행벌은 반복적으로 부과하는 것도 가능하다.
④ 대집행이란 비대체적 작위의무의 불이행이 있는 경우 행정청이 의무자의 작위의무를 스스로 행하거나 또는 제3자로 하여금 이를 행하게 하고 그 비용을 의무자로부터 징수하는 것을 말한다.

정답 및 해설 I ④
④ [×] 대집행이란 대체적 작위의무의 불이행이 있는 경우 행정청이 의무자의 작위의무를 스스로 행하거나 또는 제3자로 하여금 이를 행하게 하고 그 비용을 의무자로부터 징수하는 것을 말한다.

378 행정기본법상 행정상 강제에 관한 설명 중 가장 적절하지 않은 것은? 22. 경찰간부

□□□

① 행정대집행은 의무자가 행정상 의무를 이행하지 아니하는 경우 행정청이 의무자의 신체나 재산에 실력을 행사하여 그 행정상 의무의 이행이 있었던 것과 같은 상태를 실현하는 것이다.

② 이행강제금의 부과는 의무자가 행정상 의무를 이행하지 아니하는 경우 행정청이 적절한 이행기간을 부여하고, 그 기한까지 행정상 의무를 이행하지 아니하면 금전급부의무를 부과하는 것이다.

③ 즉시강제는 현재의 급박한 행정상의 장해를 제거하기 위하여 행정청이 미리 행정상 의무 이행을 명할 시간적 여유가 없는 경우 또는 그 성질상 행정상 의무의 이행을 명하는 것만으로는 행정목적 달성이 곤란한 경우에 행정청이 곧바로 국민의 신체 또는 재산에 실력을 행사하여 행정목적을 달성하는 것이다.

④ 강제징수는 의무자가 행정상 의무 중 금전급부의무를 이행하지 아니하는 경우 행정청이 의무자의 재산에 실력을 행사하여 그 행정상 의무가 실현된 것과 같은 상태를 실현하는 것이다.

정답 및 해설 I ①

① [×] 직접강제(행정대집행 ×)란 의무자가 행정상 의무를 이행하지 아니하는 경우 행정청이 의무자의 신체나 재산에 실력을 행사하여 그 행정상 의무의 이행이 있었던 것과 같은 상태를 실현하는 것이다.

379 행정대집행에 관한 설명으로 옳지 않은 것은? (다툼이 있는 경우 판례에 의함) 23. 소방채용

□□□

① 타인이 대신하여 행할 수 있는 행위가 조례에 의하여 직접 명령된 경우에는 행정대집행의 대상이 될 수 있다.

② 위법건축물에 대한 철거명령 및 계고처분에 불응하자 제2차로 계고처분을 행한 경우, 제2차 계고처분은 항고소송의 대상인 행정처분에 해당한다.

③ 대집행비용은 국세징수법의 예에 의하여 징수할 수 있다.

④ 계고처분은 독립한 처분으로서, 위법건축물에 대한 철거 명령과 동시에 발령할 수 있다.

정답 및 해설 I ②

② [×] 계고처분이 연속하여 이루어진 경우 판례는 1차 계고처분만 항고소송의 대상인 처분에 해당하고, 제2차 계고처분은 항고소송의 대상인 처분에 해당하지 않는다.

380 행정대집행법상 대집행에 관한 설명 중 가장 적절하지 않은 것은? (다툼이 있는 경우 판례에 의함)

□□□

18. 경행특채

① 적법한 건축물에 대한 철거명령은 그 하자가 중대하고 명백하여 당연무효이고, 그 후행행위인 건축물철거 대집행계고 역시 당연무효이다.

② 제1차로 철거명령 및 대집행계고를 한 데 이어 제2차로 대집행 계고를 하였는데도 불응하여 대집행을 일부 실행한 후 철거의무자의 연기 요청을 받아들여 중단하였다가 그 기한이 지나 다시 제3차로 철거명령 및 대집행계고를 한 경우에 제3차로 한 철거명령 및 대집행계고는 항고소송의 대상이 되지 않는다.

③ 행정청이 행정대집행의 방법으로 건물의 철거 등 대체적 작위의무의 이행을 실현할 수 있는 경우에는 따로 민사소송의 방법으로 그 의무의 이행을 구할 수 없다.

④ 행정대집행을 실시하기 위하여 지출한 비용은 민사소송절차에 의하여 그 비용의 상환을 청구할 수 있다.

정답 및 해설 I ④

④ [×] 행정대집행을 실시하기 위하여 지출한 비용은 국세징수법의 예에 의하여 그 비용을 징수할 수 있다(행정대집행법 제6조 제1항).

381 행정상 즉시강제에 대한 설명으로 옳지 않은 것은? (다툼이 있는 경우 판례에 의함) 17. 국가직 9급

□□□

① 행정강제는 행정상 강제집행을 원칙으로 하고, 행정상 즉시강제는 예외적으로 인정되는 강제수단이다.

② 행정상 즉시강제는 실정법의 근거를 필요로 하고, 그 발동에 있어서는 법규의 범위 안에서도 행정상의 장해가 목전에 급박하고, 다른 수단으로는 행정목적을 달성할 수 없는 경우이어야 하며, 이러한 경우에도 그 행사는 필요 최소한도에 그쳐야 함을 내용으로 하는 한계에 기속된다.

③ 행정상 즉시강제에 관한 일반법은 없고 개별법에서 행정상 즉시강제에 해당하는 수단을 규정하고 있다.

④ 불법게임물을 발견한 경우 관계공무원으로 하여금 영장 없이 이를 수거하여 폐기하게 할 수 있도록 규정한 구 음반 · 비디오물 및 게임물에 관한 법률의 조항은 급박한 상황에 대처하기 위해 행정상 즉시강제를 행할 불가피성과 정당성이 인정되지 않으므로 헌법상 영장주의에 위배된다.

정답 및 해설 I ④

④ [×] 관계행정청이 등급분류를 받지 아니하거나 등급분류를 받은 게임물과 다른 내용의 게임물을 발견한 경우 관계공무원으로 하여금 영장 없이 이를 수거 · 폐기하게 할 수 있도록 한 구 음반 · 비디오물 및 게임물에 관한 법률의 조항은 급박한 상황에 대처하기 위한 것으로서 그 불가피성과 정당성이 충분히 인정되는 경우이므로, 이 사건 법률조항이 영장 없는 수거를 인정한다고 하더라도 이를 두고 헌법상 영장주의에 위배되는 것으로는 볼 수 없다(헌재 2002.10.31, 2000헌가12).

382 직접강제와 즉시강제를 구분하는 전통적 견해에 의할 때 성질이 다른 하나는? 13. 국가직 9급

□□□

① 출입국관리법상의 외국인 등록의무를 위반한 사람에 대한 강제퇴거

② 소방기본법상의 소방활동에 방해가 되는 물건 등에 대한 강제처분

③ 식품위생법상의 위해식품에 대한 압류

④ 마약류 관리에 관한 법률상의 승인을 받지 못한 마약류에 대한 폐기

정답 및 해설 I ①

① 직접강제에 해당한다.

②③④ 즉시강제에 해당한다.

383 경찰상 강제집행에 대한 설명 중 가장 적절한 것은? 13. 경찰승진

□□□

① 대집행은 비대체적 작위의무의 불이행이 있는 경우 행정청이 의무자의 작위의무를 스스로 행하거나 또는 제3자로 하여금 이를 행하게 하고 그 비용을 의무자로부터 징수하는 것을 말하는데, 그 예로 이동명령에 불응하는 불법주차차량의 견인조치가 있다.

② 집행벌(이행강제금)은 부작위의무 또는 대체적 작위의무를 강제하기 위하여 일정한 기한까지 의무를 이행하지 않으면 과태료를 과한다는 뜻을 미리 계고하여 의무자에게 심리적 압박을 가함으로써 의무이행을 간접적으로 강제하는 수단을 말하는데, 경찰벌과 병과해서 행할 수는 없다.

③ 강제징수는 국민이 국가 또는 공공단체에 대해 부담하고 있는 공법상의 금전급부의무를 이행하지 않는 경우에 행정청이 강제적으로 의무가 이행된 것과 동일한 상태를 실현시키는 작용을 말하는데, 국세징수법상 강제징수절차는 '독촉 ⇨ 압류 ⇨ 청산 ⇨ 매각' 순으로 진행된다.

④ 직접강제는 의무의 불이행이 있는 경우 직접 의무자의 신체·재산에 실력을 가하여 의무의 이행이 있었던 것과 같은 상태를 실현하는 작용을 말하는데, 대체적 작위의무뿐만 아니라 비대체적 작위의무·부작위의무·수인의무 등 모든 의무의 불이행에 대하여 활용할 수 있다.

정답 및 해설 I ④

① [×] 대집행은 **대체적 작위의무의 불이행**이 있는 경우 행정청이 의무자의 작위의무를 스스로 행하거나 또는 제3자로 하여금 이를 행하게 하고 그 비용을 의무자로부터 징수하는 것을 말한다.

② [×] 집행벌(이행강제금)과 경찰벌은 그 목적과 성질을 달리하므로 양자는 **병과해서 부과할 수 있다.**

③ [×] 국세징수법상 강제징수절차는 '독촉 ⇨ **압류** ⇨ **매각** ⇨ **청산**' 순으로 진행된다.

384 행정대집행법상 대집행에 대한 설명으로 가장 옳지 않은 것은? 19. 서울시 7급

□□□

① 계고서라는 명칭의 1장의 문서로써 일정기간 내에 위법건축물의 자진철거를 명함과 동시에 그 소정 기한 내에 자진철거를 하지 아니할 때에는 대집행할 뜻을 미리 계고한 경우라도 건축법에 의한 철거명령과 행정대집행법에 의한 계고처분의 각 요건이 충족되었다고 볼 수 있다.

② 부작위의무 위반행위에 대하여 대체적 작위의무로 전환하는 규정을 두고 있지 아니하더라도 그 금지규정으로부터 그 위반결과의 시정을 명하는 원상복구명령을 할 수 있는 권한이 도출될 수 있다.

③ 명도의무는 대체적 작위의무라고 볼 수 없으므로 특별한 사정이 없는 한 행정대집행법에 의한 대집행의 대상이 될 수 없다.

④ 행정청이 대집행계고를 함에 있어서는 의무자가 스스로 이행하지 아니하는 경우에 대집행할 행위의 내용 및 범위가 구체적으로 특정되어야 하지만, 그 행위의 내용 및 범위는 반드시 대집행계고서에 의하여서만 특정되어야 하는 것은 아니다.

정답 및 해설 | ②

② [×] 대법원은 부작위의무로부터 그 의무를 위반함으로써 생긴 결과를 시정하기 위한 작위의무를 당연히 끌어낼 수는 없으며, 또 위 금지규정으로부터 작위의무, 즉 위반결과의 시정을 명하는 권한이 당연히 추론(推論)되는 것도 아니라고 본다. 따라서 부작위의무 위반의 경우 작위의무를 끌어내기 위해서는(작위의무로 전환하기 위해서는) 별도의 명문규정이 있어야 한다(대판 1996.6.28, 96누4374).

385 행정대집행에 대한 설명으로 옳은 것을 모두 고른 것은? (다툼이 있는 경우 판례에 의함)

□□□

17. 지방직 7급

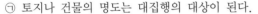

㉠ 토지나 건물의 명도는 대집행의 대상이 된다. ㉡ 대집행권한을 위탁받아 공무인 대집행을 실시하기 위하여 지출한 비용은 행정대집행법의 절차에 따라 국세징수법의 예에 의하여 징수할 수 있다. ㉢ 비상시 또는 위험이 절박한 경우에 있어서 당해 행위의 급속한 실시를 요하여 대집행영장에 의한 통지절차를 취할 여유가 없을 때에는 그 절차를 거치지 아니하고 대집행을 할 수 있다. ㉣ 행정대집행의 절차가 인정되는 경우에는 따로 민사소송의 방법으로 의무이행을 구할 수는 없다. ㉤ 공유재산 대부계약이 적법하게 해지되었음에도 불구하고 공유재산의 점유자가 그 지상물을 점유하고 있는 경우, 지방자치단체의 장은 원상회복을 위해 행정대집행의 방법으로 그 지상물을 철거시킬 수는 없다.

① ㉠, ㉡, ㉢　　② ㉡, ㉢, ㉣

③ ㉢, ㉣, ㉤　　④ ㉠, ㉣, ㉤

정답 및 해설 I ②

옳은 것은 ⓒⓓⓔ이다.

㉠ [×] 토지 · 건물의 점유이전, 즉 집 등을 비워서 남에게 넘겨줘야 하는 명도의무는 토지 · 건물을 점유하고 있는 사람의 퇴거를 필요로 하는데, 이는 대체적 작위의무라고 할 수 없으므로 대집행의 대상이 될 수 없다는 것이 판례의 입장이다.

㉤ [×] 공유재산 및 물품관리법에서는 "공유재산을 정당한 이유 없이 점유하거나 그에 시설을 한 때에는 이를 강제로 철거하게 할 수 있다."고 규정하고, 그 제2항은 지방자치단체의 장이 제1항의 규정에 의한 강제철거를 하게 하고자 할 때에는 행정대집행법 제3조 내지 제6조의 규정을 준용한다고 규정하고 있는바, 공유재산의 점유자가 그 공유재산에 관하여 대부계약 외 달리 정당한 권원이 있다는 자료가 없는 경우 그 대부계약이 적법하게 해지된 이상 그 점유자의 공유재산에 대한 점유는 정당한 이유 없는 점유라 할 것이고, 따라서 지방자치단체의 장은 지방재정법 제85조에 의하여 행정대집행의 방법으로 그 지상물을 철거시킬 수 있다(대판 2001.10.12, 2001두4078).

386 □□□ 행정대집행법상 대집행에 대한 설명으로 가장 적절하지 않은 것은? (다툼이 있는 경우 판례에 의함)

19. 경찰 2차

① 행정청의 명령에 의한 행위뿐만 아니라 법률에 의하여 직접 명령된 행위도 행정대집행의 대상이 된다.

② 도시공원시설인 매점에 대해서 관리청이 점유자에게 매점으로부터 퇴거하고 이에 부수하여 그 판매 시설물 및 상품을 반출하라고 명한 경우에 행정대집행을 할 수 있다.

③ 행정대집행의 절차가 인정되는 경우에 따로 민사소송의 방법으로 공작물의 철거를 구할 수는 없다.

④ 건물의 점유자가 철거의무자일 때에 행정청이 행정대집행의 방법으로 건물철거의무의 이행을 실현할 수 있는 경우에 건물철거 대집행 과정에서 부수적으로 그 건물의 점유자들에 대한 퇴거 조치를 할 수 있다.

정답 및 해설 I ②

② [×] 점유자의 퇴거 및 명도의무는 그 점유자의 행위가 필요한 것으로 비대체적 의무가 된다. 따라서 대집행의 대상이 될 수 없다.

387 □□□ 대집행에 대한 설명으로 옳은 것은? (다툼이 있는 경우 판례에 의함)

15. 사회복지직 9급

① 제1차 철거명령 및 계고처분에 불응하여 다시 철거촉구 및 대집행의 뜻을 알리는 제2차 계고처분 역시 행정처분의 성질을 가진다.

② 대집행의 요건이 충족되는 한 대집행은 반드시 행해야 하는 기속행위의 성질을 갖는다.

③ 부작위의무 위반행위에 대하여 법률에 부작위의무를 대체적 작위의무로 전환하는 규정이 있으면 부작위의무를 대체적 작위의무로 전환시켜 대집행할 수 있다.

④ 대집행이 행해지기 위해서는 대체적 작위의무의 불이행을 방치함이 심히 공익을 해할 것으로 인정될 때이어야 하나, 다른 수단으로써 그 이행을 확보하기 곤란할 필요까지는 요하지 않는다.

정답 및 해설 I ③

① [×] 계고처분 자체는 행정소송의 대상이 된다. 제2차 · 제3차의 계고처분은 새로운 철거의무를 부과한 것이 아니고, 다만 대집행기한의 연기통지에 불과하므로 행정처분이 아니라는 것이 판례의 입장이다(대판 1994.10.28, 94누5144).

② [×] 대집행의 요건이 충족되는 경우에 대집행을 발동할 것인지는 조문의 표현방식상 행정청의 재량에 속한다는 것이 다수설의 입장이다.

④ [×] 행정대집행법 제2조는 다른 수단으로써 그 이행을 확보하기 곤란할 것을 대집행의 요건으로 하고 있다.

388 행정상 강제징수에 관한 설명으로 옳지 않은 것은? 16. 교육행정직 9급

□□□

① 국세징수법에 의한 체납처분절차는 '재산압류 – 압류재산매각 – 청산'으로 이루어진다.

② 체납자는 압류된 재산에 대하여 법률상의 처분을 할 수 있다.

③ 청산 후 배분하거나 충당하고 남은 금액이 있으면 이를 체납자에게 지급하여야 한다.

④ 국세기본법에 의하면 강제징수절차에 불복하는 당사자는 심사청구 또는 심판청구를 거친 후 행정소송을 제기하여야 한다.

정답 및 해설 I ②

② [×] 압류란 의무자의 재산에 대해 사실상 처분 및 법률상 처분(매매 · 증여 등)을 금지하고 재산을 확보하는 권력적 사실행위를 말한다. 따라서 체납자는 압류된 재산에 대하여 법률상의 처분을 할 수 없다.

389 경찰상 강제집행 및 그 수단에 대한 설명으로 가장 적절하지 않은 것은? 20. 경찰

□□□

① 경찰상 강제집행은 경찰하명에 의한 의무의 존재 및 그 불이행을 전제로 한다는 점에서 의무불이행을 전제로 하지 않는 경찰상 즉시강제와 구별된다.

② 경찰상 강제집행은 장래에 향하여 의무이행을 강제한다는 점에서 과거의 의무위반에 대한 제재인 경찰벌과 구별된다.

③ 강제징수란 의무자가 관련 법령상의 대체적 작위의무를 이해하지 않을 경우, 해당 경찰관청이 스스로 행하거나 또는 제3자로 하여금 의무자가 하여야 할 행위를 하게 함으로써 의무의 이행이 있는 것과 같은 상태를 실현시킨 후 그 비용을 의무자로부터 징수하는 것이다.

④ 대집행의 근거가 되는 일반법으로는 행정대집행법이 있다.

정답 및 해설 I ③

③ [×] 대집행이란 의무자가 관련 법령상의 대체적 작위의무를 이해하지 않을 경우, 해당 경찰관청이 스스로 행하거나 또는 제3자로 하여금 의무자가 하여야 할 행위를 하게 함으로써 의무의 이행이 있는 것과 같은 상태를 실현시킨 후 그 비용을 의무자로부터 징수하는 것이다.

390 경찰상 즉시강제에 대한 설명으로 가장 적절하지 않은 것은? 20. 경찰

□□□

① 경찰상 즉시강제는 권력적 사실행위인 처분이기 때문에 행정쟁송이 가능하다.

② 즉시강제의 절차적 한계에 있어서 영장주의의 적용 여부에 대하여 영장필요설이 통설과 판례이다.

③ 경찰상 즉시강제시 필요 이상의 실력을 행사하여 경찰책임자 이외의 자에게 유형력을 행사하는 것은 위법이 된다.

④ 적법한 즉시강제에 대한 구제로 손실보상을 청구할 수 있으며, 일정한 요건하에서 형법상 위법성조각사유에 해당하는 긴급피난도 가능하다.

정답 및 해설 I ②

② [×] 즉시강제의 절차적 한계에 있어서 영장주의의 적용 여부에 대하여 절충설이 통설과 판례이다.

391 즉시강제에 대한 설명으로 가장 적절하지 않은 것은? 13. 경찰승진

□□□

① 행정상 즉시강제는 이른바 권력적 사실행위로서 행정쟁송의 대상인 '처분 등'에 해당한다고 할 수 있다.

② 즉시강제는 성질상 단기간 내에 종료되어 행정처분과 같이 취소·변경을 구할 법률상의 이익이 존재하지 않는 것이 대부분이어서, 행정소송에 의한 구제는 즉시강제의 성질상 적합하지 아니하다.

③ 행정상 즉시강제는 권력적 사실작용이라는 점에서 행정상 강제집행과 같으므로 반드시 선행의무 및 그 불이행을 전제로 한다.

④ 위법한 즉시강제에 대하여는 형법상 정당방위가 인정될 수 있으므로 이 경우 저항행위는 공무집행방해죄가 성립하지 않는다.

정답 및 해설 I ③

③ [×] 행정상 즉시강제는 행정상 강제집행과 달리 반드시 선행의무 및 그 불이행을 전제로 하지 않으나, 행정상 강제집행은 의무의 불이행을 전제로 한다.

392 경찰상 강제집행의 수단에 대한 설명이다. 다음 중 옳은 것은? 20. 경찰간부

□□□

① 대집행의 절차는 계고 ⇨ 통지 ⇨ 비용의 징수 ⇨ 실행 순이다.

② 집행벌은 경찰벌과 병과해서 행할 수 없다.

③ 강제징수 절차는 독촉 ⇨ 압류 ⇨ 매각 ⇨ 청산 순으로 진행한다.

④ 강제집행과 즉시강제는 선행의무 불이행을 전제하지 않는다.

정답 및 해설 I ③

① [×] 대집행의 절차는 계고 ⇨ 통지 ⇨ (대집행)실행 ⇨ 비용징수 순이다.

② [×] 집행벌(이행강제금)과 경찰벌은 그 목적과 성질을 달리하므로 양자는 병과해서 부과할 수 있다.

④ [×] 강제집행은 선행의무의 불이행을 전제로 하지만, 즉시강제는 선행의무 불이행을 전제하지 않는다.

393 경찰상 의무이행 확보수단에 대한 설명으로 가장 적절한 것은?

□□□ 21. 경찰승진

① 경찰상 강제집행은 경찰하명에 따른 경찰의무의 불이행이 있는 경우에 상대방의 신체 또는 재산이나 주거 등에 실력을 행사하여 경찰상 필요한 상태를 실현하는 작용으로 간접적 의무이행 확보수단이다.

② 강제징수란 국민이 국가 또는 공공단체에 대해 부담하고 있는 공법상의 금전급부의무를 이행하지 않는 경우에 행정청이 강제적으로 의무가 이행된 것과 동일한 상태를 실현하는 작용으로 새로운 의무이행 확보 수단이다.

③ 집행벌은 의무이행을 위한 강제집행이라는 점에서 의무위반에 대한 제재인 경찰벌과 구별되며, 경찰벌과 병과해서 행할 수 있고, 의무이행될 때까지 반복적으로 부과하는 것도 가능하다.

④ 해산명령 불이행에 따른 해산조치, 불법영업소의 폐쇄조치, 감염병 환자의 즉각적인 강제격리는 모두 즉시강제에 해당한다.

정답 및 해설 I ③

① [×] 경찰상 강제집행은 경찰하명에 따른 경찰의무의 불이행이 있는 경우에 상대방의 신체 또는 재산이나 주거 등에 실력을 행사하여 경찰상 필요한 상태를 실현하는 작용으로 직접적 의무이행 확보수단이다.

② [×] 강제징수란 국민이 국가 또는 공공단체에 대해 부담하고 있는 공법상의 금전급부의무를 이행하지 않는 경우에 행정청이 강제적으로 의무가 이행된 것과 동일한 상태를 실현하는 작용으로 전통적 의무이행 확보수단이다.

④ [×] 해산명령 불이행에 따른 해산조치, 불법영업소의 폐쇄조치는 의무의 불이행을 전제로 하는 경찰상 직접강제에 해당한다.

394 행정상 의무이행확보수단에 관한 설명으로 가장 적절하지 않은 것은? (다툼이 있는 경우 판례에 의함)

□□□ 23. 경찰

① 과징금은 원칙적으로 행정법상의 의무를 위반한 자에 대하여 당해 위반행위로 얻게 된 경제적 이익을 박탈하기 위한 목적으로 부과하는 금전적인 제재이다.

② 경찰관 직무집행법 제6조 "경찰관은 범죄행위가 목전에 행하여지려고 하고 있다고 인정될 때에는 이를 예방하기 위하여 관계인에게 필요한 경고를 하고, 그 행위로 인하여 사람의 생명 · 신체에 위해를 끼치거나 재산에 중대한 손해를 끼칠 우려가 있는 긴급한 경우에는 그 행위를 제지할 수 있다." 규정은 행정상 즉시강제에 해당한다.

③ 경찰관 직무집행법 제4조 제1항 제1호에서 규정하는 술에 취한 상태로 인하여 자기 또는 타인의 생명 · 신체와 재산에 위해를 미칠 우려가 있는 피구호자에 대한 보호조치는 행정상 강제 집행에 해당한다.

④ 가산세는 개별 세법이 과세의 적정을 기하기 위하여 정한 의무의 이행을 확보할 목적으로 그 의무 위반에 대하여 세금의 형태로 가하는 행정상 제재이다.

정답 및 해설 I ③

③ [×] 경찰관 직무집행법 제4조 제1항 제1호에서 규정하는 술에 취한 상태로 인하여 자기 또는 타인의 생명 · 신체와 재산에 위해를 미칠 우려가 있는 피구호자에 대한 보호조치는 경찰상 즉시강제(강제집행 ×)에 해당한다.

395 행정의 실효성 확보수단에 관한 설명 중 가장 적절한 것은? (다툼이 있는 경우 판례에 의함)

☐☐☐

22. 경찰

① 통고처분은 형식적 의미의 행정이며 실질적 의미의 사법이다.

② 작위의무를 부과한 행정처분의 법적 근거가 있다면 행정대집행은 별도의 법적 근거를 요하지 아니하며, 즉시강제는 법률의 근거가 없더라도 일반긴급권에 기초하여 행사할 수 있다.

③ 행정대집행과 행정상 즉시강제는 제3자에 의해 집행될 수 없고 행정청이 직접 행사해야 한다.

④ 관세법상 통고처분 여부는 관세청장의 재량에 맡겨져 있지만, 경범죄 처벌법 및 도로교통법상 통고처분은 재량의 여지가 없다.

정답 및 해설 I ①

② [×] 작위의무를 부과한 행정처분(하명)의 법적 근거가 있더라도행정대집행은 행정대집행법이라는 일반법이 있으므로 별도의 법적 근거를 요하지 아니하나, 즉시강제는 이러한 일반법이 없으므로 개별적인 법률의 근거가 있어야 행사할 수 있다.

③ [×] 행정대집행은 행정대집행법상 타자집행이 허용되므로 제3자에 의해 집행될 수도 있고, 행정청이 직접 행사할 수도 있다.

④ [×] 관세법상 통고처분 뿐만 아니라 경범죄 처벌법 및 도로교통법상 통고처분도 "~ 통고처분을 할 수 있다."고 규정하여 재량이 인정되고 있다.

396 경찰의무의 이행확보수단에 대한 설명으로 가장 적절한 것은?

☐☐☐

22. 경찰간부

① 형사처벌과 이행강제금을 병과하는 것은 헌법상의 이중처벌금지의 원칙에 위반된다.

② 경찰상의 강제집행의 실정법적 근거로는 「경찰관 직무집행법」이 유일하다.

③ 즉시강제는 경찰상의 이행을 확보하기 위한 가장 효과적인 수단이며, 공공의 안녕 또는 질서에 대한 급박한 위해가 존재하는 경우에는 국가는 그 위해를 제거하여 공공의 안녕과 질서를 유지할 자연법적 권리와 의무를 가지므로, 특별한 법률적 근거가 없다 하더라도 경찰상의 즉시강제가 가능하다.

④ 경찰상의 강제집행을 하기 위해서는 경찰의무를 부과하는 경찰하명의 근거가 되는 법률 이외에 경찰상의 강제집행을 위한 별도의 법적 근거가 있어야 한다.

정답 및 해설 I ④

① [×] 형사처벌과 이행강제금을 병과하는 것은 헌법상의 이중처벌금지의 원칙에 위반되지 않는다는 것이 판례의 입장다.

② [×] 경찰상의 강제집행의 실정법적 근거로는경찰관 직무집행법뿐만 아니라 도로교통법 등 다른 일반경찰작용법에도 규정이 있다.

③ [×] 즉시강제는 불문법인 자연법적 근거에 의해서는 발동될 수 없고, 법률유보원칙상 성문법상의 개별적인 법률적 근거가 있어야 경찰상의 즉시강제가 가능하다.

397 행정의 실효성 확보수단에 관한 설명으로 옳지 않은 것은? (다툼이 있는 경우 판례에 의함)

□□□

23. 소방채용

① 소방기본법상 소방본부장, 소방서장 또는 소방대장이 소방활동을 위하여 긴급하게 출동할 때에는 소방자동차의 통행과 소방활동에 방해가 되는 주차 또는 정차된 차량 및 물건 등을 제거하거나 이동시킬 수 있는 것은 즉시 강제에 해당한다.

② 건축법상 시정명령을 받은 자가 이를 이행하면 이미 부과된 이행강제금은 징수하여야 하지만, 새로이 이행강제금을 부과하지는 않는다.

③ 통고처분에 대하여 이의가 있으면 통고내용을 이행하지 않음으로써 고발되어 형사재판절차에서 통고처분의 위법·부당함을 다툴 수 있으므로 행정소송의 대상으로서의 처분성이 인정되지 않는다.

④ 조세 부과의 근거가 되었던 법률규정이 위헌결정되었다하더라도, 그에 기한 과세처분이 위헌결정 전에 이루어졌다면 위헌결정 이후에 조세채권의 집행을 위한 새로운 체납처분에 착수할 수 있다.

정답 및 해설 I ④

④ [×] 구 헌법재판소법(2011.4.5. 법률 제10546호로 개정되기 전의 것) 제47조 제1항은 "법률의 위헌결정은 법원 기타 국가기관 및 지방자치단체를 기속한다."고 규정하고 있는데, 이러한 위헌결정의 기속력과 헌법을 최고규범으로 하는 법질서의 체계적 요청에 비추어 국가기관 및 지방자치단체는 위헌으로 선언된 법률규정에 근거하여 새로운 행정처분을 할 수 없음은 물론이고, 위헌결정 전에 이미 형성된 법률관계에 기한 후속처분이라도 그것이 새로운 위헌적 법률관계를 생성·확대하는 경우라면 이를 허용할 수 없다. 따라서 조세 부과의 근거가 되었던 법률규정이 위헌으로 선언된 경우, 비록 그에 기한 과세처분이 위헌결정 전에 이루어졌고, 과세처분에 대한 제소기간이 이미 경과하여 조세채권이 확정되었으며, 조세채권의 집행을 위한 체납처분의 근거규정 자체에 대하여는 따로 위헌결정이 내려진 바 없다고 하더라도, **위와 같은 위헌결정 이후에 조세채권의 집행을 위한 새로운 체납처분에 착수하거나 이를 속행하는 것은 더 이상 허용되지 않고,** 나아가 이러한 위헌결정의 효력에 위배하여 이루어진 체납처분은 그 사유만으로 하자가 중대하고 객관적으로 명백하여 당연무효라고 보아야 한다[대판 2012.2.16, 2010두10907(전합)].

398 질서위반행위 규제법에 관한 내용으로 가장 적절하지 않은 것은?

□□□

22. 법학경채

① 법률에 규정되지 않은 행위는 질서위반행위의 과태료 대상이 될 수 없다.

② 행정청의 과태료 처분이나 법원의 과태료 재판이 확정된 후 법률이 변경되어 그 행위가 질서위반행위에 해당하지 아니하게 된 때에는 변경된 법률에 특별한 규정이 없는 한 과태료의 징수 또는 집행을 면제한다.

③ 행정청은 당사자가 동법 제24조의3 제1항 각 호의 어느 하나에 해당하여 과태료(체납된 과태료와 가산금, 중가산금 및 체납처분비를 포함한다)를 납부하기가 곤란하다고 인정되면 1년의 범위에서 대통령령으로 정하는 바에 따라 과태료의 분할납부나 납부기일의 연기를 결정할 수 있다.

④ 심신(心神)장애로 인하여 행위의 옳고 그름을 판단할 능력이 미약하거나 그 판단에 따른 행위를 할 능력이 미약한 자의 질서위반행위는 과태료를 부과하지 아니한다.

정답 및 해설 I ④

④ [×] 심신(心神)장애로 인하여 행위의 옳고 그름을 판단할 능력이 **없거나** 그 판단에 따른 행위를 할 능력이 **없는** 자의 질서위반행위는 과태료를 부과하지 아니한다. 그러나 심신장애로 인하여 판단능력이 **미약하거나** 그 판단에 따른 행위를 할 능력이 **미약한** 자의 질서위반행위는 과태료를 감경한다.

399 질서위반행위규제법상 행정청의 과태료 부과 및 징수에 관한 설명으로 가장 적절하지 않은 것은?
□□□

23. 경찰

① 행정청은 법 제16조 제2항에 따라 당사자가 제출한 의견에 상당한 이유가 있는 경우에는 과태료를 부과하지 아니하거나 통지한 내용을 변경할 수 있다.

② 법 제20조 제1항에 따른 이의제기가 있는 경우에는 행정청의 과태료 부과처분은 그 효력을 상실하지 않는다.

③ 당사자가 법 제18조 제1항에 따라 감경된 과태료를 납부한 경우에는 해당 질서위반행위에 대한 과태료 부과 및 징수절차는 종료한다.

④ 행정청은 당사자가 납부기한까지 과태료를 납부하지 아니한 때에는 납부기한을 경과한 날부터 체납된 과태료에 대하여 100분의 3에 상당하는 가산금을 징수한다.

정답 및 해설 I ②

② [×] 법 제20조 제1항에 따른 이의제기가 있는 경우에는 행정청의 과태료 부과처분은 그 효력을 상실한다(동법 제20조 제2항).

400 다음 질서위반행위규제법상 규정내용으로 가장 적절하지 않은 것은? 15. 경행특채
□□□

① 질서위반행위규제법은 대한민국 영역 밖에서 질서위반행위를 한 대한민국의 국민에게 적용한다.

② 신분에 의하여 성립하는 질서위반행위에 신분이 없는 자가 가담한 때에는 신분이 없는 자에 대하여도 질서위반행위가 성립한다.

③ 행정청은 당사자가 납부기한까지 과태료를 납부하지 아니한 때에는 납부기한을 경과한 날부터 체납된 과태료에 대하여 100분의 10에 상당하는 가산금을 징수한다.

④ 과태료 재판은 검사의 명령으로써 집행하며, 이 경우 그 명령은 집행력 있는 집행권원과 동일한 효력이 있다.

정답 및 해설 I ③

③ [×]

> 질서위반행위규제법 제24조【가산금 징수 및 체납처분 등】① 행정청은 당사자가 납부기한까지 과태료를 납부하지 아니한 때에는 납부기한을 경과한 날부터 체납된 과태료에 대하여 100분의 3에 상당하는 가산금을 징수한다.

401 과태료에 대한 설명으로 옳지 않은 것은? (다툼이 있는 경우 판례에 의함) 16. 국가직 9급
□□□

① 행정법규 위반행위에 대하여 과하여지는 과태료는 행정형벌이 아니라 행정질서벌에 해당한다.

② 질서위반행위규제법에 따르면 고의 또는 과실이 없는 질서위반행위에는 과태료를 부과하지 아니한다.

③ 지방자치단체의 조례도 과태료 부과의 근거가 될 수 있다.

④ 질서위반행위규제법에 따른 과태료 부과처분은 항고소송의 대상인 행정처분에 해당한다.

정답 및 해설 | ④

④ [×] 질서위반행위규제법에 따르면 과태료 부과에 대해 불복이 있는 자는 이의제기를 하며, 이 경우 법원은 비송사건절차법을 준용하여 과태료 재판을 하도록 하는 별도의 규정을 두고 있으므로 과태료 부과처분은 **항고소송의 대상이 되는 처분이 아니라는 것이** 판례의 입장이다.

402 행정의 실효성 확보수단에 대한 설명으로 옳지 않은 것은? 15. 사회복지직 9급

□□□

① 고의 또는 과실이 없는 질서위반행위는 과태료를 부과하지 아니한다.

② 행정법상 의무위반자에 대한 명단의 공표는 법적인 근거가 없더라도 허용된다.

③ 법원의 과태료 부과결정에 불복하는 자는 즉시항고할 수 있다.

④ 과태료 처분을 받고 이를 납부한 후에 형사처벌을 한다고 하여 일사부재리원칙에 반하지 않는다는 것이 대법원의 입장이다.

정답 및 해설 | ②

② [×] **명단공표**는 상대방에게 인격권 · 프라이버시 등의 침해를 가져올 우려가 있으므로 원칙적으로 **법적 근거가 필요하다**고 보는 것이 일반적 견해이다.

403 질서위반행위규제법에 대한 설명으로 가장 적절하지 않은 것은? 19. 경찰승진

□□□

① 고의 또는 과실이 없는 질서위반행위는 과태료를 부과하지 아니한다.

② 과태료는 행정청의 과태료 부과처분이나 법원의 과태료 재판이 확정된 후 3년간 징수하지 아니하거나 집행하지 아니하면 시효로 인하여 소멸한다.

③ 행정청이 질서위반행위에 대하여 과태료를 부과하고자 하는 때에는 미리 당사자에게 대통령령으로 정하는 사항을 통지하고, 10일 이상의 기간을 정하여 의견을 제출할 기회를 주어야 한다. 이 경우 지정된 기일까지 의견제출이 없는 경우에는 의견이 없는 것으로 본다.

④ 행정청의 과태료 부과에 불복하는 당사자는 과태료 부과통지를 받은 날로부터 60일 이내에 해당 행정청에 서면으로 이의제기를 할 수 있다.

정답 및 해설 | ②

② [×] 과태료는 행정청의 과태료 부과처분이나 법원의 과태료 재판이 확정된 후 5년간 징수하지 아니하거나 집행하지 아니하면 시효로 인하여 소멸한다(질서위반행위규제법 제15조 제1항).

404 질서위반행위규제법에 대한 내용으로 가장 적절한 것은?

□□□

16. 경찰

① 18세가 되지 아니한 자의 질서위반행위는 과태료를 부과하지 아니한다. 다만, 다른 법률에 특별한 규정이 있는 경우에는 그러하지 아니하다.

② 행정청이 질서위반행위에 대하여 과태료를 부과하고자 하는 때에는 미리 당사자에게 대통령령으로 정하는 사항을 통지하고, 7일 이상의 기간을 정하여 의견을 제출할 기회를 주어야 한다. 이 경우 지정된 기일까지 의견제출이 없는 경우에는 의견이 없는 것으로 본다.

③ 과태료는 행정청의 과태료 부과처분이나 법원의 과태료 재판이 확정된 후 3년간 징수하지 아니하거나 집행하지 아니하면 시효로 인하여 소멸한다.

④ 고의 또는 과실이 없는 질서위반행위는 과태료를 부과하지 아니한다.

정답 및 해설 I ④

① [×] 14세가 되지 아니한 자의 질서위반행위는 과태료를 부과하지 아니한다. 다만, 다른 법률에 특별한 규정이 있는 경우에는 그러하지 아니하다(질서위반행위규제법 제9조).

② [×] 행정청이 질서위반행위에 대하여 과태료를 부과하고자 하는 때에는 미리 당사자에게 대통령령으로 정하는 사항을 통지하고, 10일 이상의 기간을 정하여 의견을 제출할 기회를 주어야 한다. 이 경우 지정된 기일까지 의견제출이 없는 경우에는 의견이 없는 것으로 본다(질서위반행위규제법 제16조 제1항).

③ [×] 과태료는 행정청의 과태료 부과처분이나 법원의 과태료 재판이 확정된 후 5년간 징수하지 아니하거나 집행하지 아니하면 시효로 인하여 소멸한다(질서위반행위규제법 제15조 제1항).

405 질서위반행위규제법에 관한 다음 설명 중 가장 옳지 않은 것은?

□□□

18. 경찰간부

① 이 법은 법률상 의무의 효율적인 이행을 확보하고 국민의 권리와 이익을 보호하기 위하여 질서위반행위의 성립요건과 과태료의 부과 · 징수 및 재판 등에 관한 사항을 규정하는 것을 목적으로 한다.

② 질서위반행위 후 법률이 변경되어 그 행위가 질서위반행위에 해당하지 아니하게 되거나 과태료가 변경되기 전의 법률보다 가볍게 된 때에는 법률에 특별한 규정이 없는 한 변경된 법률을 적용한다.

③ 심신장애로 인하여 행위의 옳고 그름을 판단할 능력이 없거나 그 판단에 따른 행위를 할 능력이 없는 자의 질서위반행위는 과태료를 부과하지 아니한다.

④ 19세가 되지 아니한 자의 질서위반행위는 과태료를 부과하지 아니한다. 다만, 다른 법률에 특별한 규정이 있는 경우에는 그러하지 아니하다.

정답 및 해설 I ④

④ [×] 14세가 되지 아니한 자의 질서위반행위는 과태료를 부과하지 아니한다. 다만, 다른 법률에 특별한 규정이 있는 경우에는 그러하지 아니하다(질서위반행위규제법 제9조).

406 질서위반행위규제법에 대한 설명으로 가장 적절한 것은? 17. 경찰

□□□

① 질서위반행위의 성립과 과태료처분은 처분시의 법률에 따른다.

② 고의 또는 과실이 없는 질서위반행위에도 과태료를 부과한다.

③ 2인 이상이 질서위반행위에 가담한 때에는 각자가 질서위반행위를 한 것으로 본다.

④ 과태료는 행정청의 과태료 부과처분이나 법원의 과태료 재판이 확정된 후 3년간 징수하지 아니하거나 집행하지 아니하면 시효로 인하여 소멸한다.

정답 및 해설 I ③

① [×] 질서위반행위의 성립과 과태료처분은 (질서위반)행위시의 법률에 따른다(질서위반행위규제법 제3조 제1항).

② [×] 고의 또는 과실이 없는 질서위반행위는 과태료를 부과하지 아니한다(질서위반행위규제법 제7조).

④ [×] 과태료는 행정청의 과태료 부과처분이나 법원의 과태료 재판이 확정된 후 5년간 징수하지 아니하거나 집행하지 아니하면 시효로 인하여 소멸한다(질서위반행위규제법 제15조 제1항).

407 법률상 의무의 효율적인 이행을 확보하고 국민의 권리와 이익을 보호하기 위하여 질서위반행위의 성립요건과 과태료의 부과·징수 및 재판 등에 관한 사항을 규정하는 것을 목적으로 제정된 질서위반행위규제법의 내용으로 가장 적절하지 않은 것은? 16. 경찰승진

□□□

① 질서위반행위의 성립과 과태료처분은 행위시의 법률에 따른다.

② 과태료 부과는 의견제출절차를 마친 후 서면 또는 구두로 한다.

③ 2인 이상이 질서위반행위에 가담한 때에는 각자가 질서위반행위를 한 것으로 본다.

④ 과태료는 행정청의 과태료 부과처분이나 법원의 과태료 재판이 확정된 후 5년간 징수하지 아니하거나 집행하지 아니하면 시효로 인하여 소멸한다.

정답 및 해설 I ②

② [×] 과태료 부과는 의견제출절차를 마친 후 서면(구두 ×)으로 한다(질서위반행위규제법 제17조 제1항).

408 다음 질서위반행위규제법 및 질서위반행위규제법 시행령에 대한 내용에서 괄호 안에 들어갈 숫자를 모두 더한 값은? 21. 경찰승진

> ㉠ 과태료는 행정청의 과태료 부과처분이나 법원의 과태료 재판이 확정된 후 ( )년간 징수하지 아니하거나 집행하지 아니하면 시효로 인하여 소멸한다.
> ㉡ 동법 제19조 제1항에 따라 행정청은 질서위반행위가 종료된 날부터 ( )년이 경과한 경우에는 해당 질서위반행위에 대하여 과태료를 부과할 수 없다.
> ㉢ ( )세가 되지 아니한 자의 질서위반행위는 과태료를 부과하지 아니한다.
> ㉣ 행정청은 당사자가 동법 제24조의3 제1항에 따라 과태료를 납부하기가 곤란하다고 인정되면 ( )년의 범위에서 과태료의 분할납부나 납부기일의 연기를 결정할 수 있다.
> ㉤ 행정청은 ㉣에 따라 과태료의 분할납부나 납부기일의 연기(이하 '징수유예 등'이라 한다)를 결정하는 경우 그 기간을 그 징수유예 등을 결정한 날의 다음 날부터 ( )개월 이내로 하여야 한다.

① 26 ② 28
③ 33 ④ 34

정답 및 해설 I ④

④ 괄호 안에 들어갈 숫자를 모두 더한 값은 5 + 5 + 14 + 1 + 9 = 34이다.

> ㉠ 과태료는 행정청의 과태료 부과처분이나 법원의 과태료 재판이 확정된 후 (5)년간 징수하지 아니하거나 집행하지 아니하면 시효로 인하여 소멸한다.
> ㉡ 동법 제19조 제1항에 따라 행정청은 질서위반행위가 종료된 날부터 (5)년이 경과한 경우에는 해당 질서위반행위에 대하여 과태료를 부과할 수 없다.
> ㉢ (14)세가 되지 아니한 자의 질서위반행위는 과태료를 부과하지 아니한다.
> ㉣ 행정청은 당사자가 동법 제24조의3 제1항에 따라 과태료를 납부하기가 곤란하다고 인정되면 (1)년의 범위에서 과태료의 분할납부나 납부기일의 연기를 결정할 수 있다.
> ㉤ 행정청은 ㉣에 따라 과태료의 분할납부나 납부기일의 연기(이하 '징수유예 등'이라 한다)를 결정하는 경우 그 기간을 그 징수유예 등을 결정한 날의 다음 날부터 (9)개월 이내로 하여야 한다.

409 질서위반행위규제법에 관한 설명 중 가장 적절하지 않은 것은? 22. 경찰

① 행정청의 과태료 처분이나 법원의 과태료 재판이 확정된 후 법률이 변경되어 그 행위가 질서위반행위에 해당하지 아니하게 된 때에는 변경된 법률에 특별한 규정이 없는 한 과태료의 징수 또는 집행을 면제한다.
② 고의 또는 과실이 없는 질서위반행위는 과태료를 부과하지 아니한다.
③ 자신의 행위가 위법하지 아니한 것으로 오인하고 행한 질서위반행위는 그 오인에 정당한 이유가 있는 때에도 과태료를 부과하다
④ 과태료는 행정청의 과태료 부과처분이나 법원의 과태료 재판이 확정된 후 5년간 징수하지 아니하거나 집행하지 아니하면 시효로 인하여 소멸한다.

정답 및 해설 I ③

③ [×] 자신의 행위가 위법하지 아니한 것으로 오인하고 행한 질서위반행위는 그 오인에 정당한 이유가 있는 때에는 과태료를 부과하지 아니한다.

410 행정상 의무이행 확보수단에 관한 설명으로 가장 적절하지 않은 것은? (다툼이 있는 경우 판례에 의함)

23. 경찰

① 질서위반행위에 대하여 과태료 부과의 근거 법률이 개정되어 행위시의 법률에 의하면 과태료 부과대상이었지만 재판시의 법률에 의하면 과태료 부과대상이 아니게 된 때에는 개정 법률의 부칙에서 종전 법률 시행 당시에 행해진 질서위반행위에 대해서는 행위시의 법률을 적용하도록 특별한 규정을 두지 않은 이상 재판시의 법률을 적용하여야 하므로 과태료를 부과할 수 없다.

② 경찰서장이 범칙행위에 대하여 통고처분을 한 이상 통고처분에서 정한 범칙금 납부기간까지는 원칙적으로 경찰서장은 즉결심판을 청구할 수 없다.

③ 피고인이 즉결심판에 대하여 제출한 정식재판청구서에 피고인의 자필로 보이는 이름이 기재되어 있고 그 옆에 서명이 되어 있어 위 서류가 작성자 본인인 피고인의 진정한 의사에 따라 작성 되었다는 것을 명백하게 확인할 수 있더라도 피고인의 인장이나 지장이 찍혀 있지 않다면 정식재판청구는 부적법하다고 보아야 한다.

④ 「질서위반행위규제법」에 따르면 고의 또는 과실이 없는 질서 위반행위는 과태료를 부과하지 아니한다.

정답 및 해설 I ③

③ [×] 구 형사소송법 제59조에서 정한 기명날인의 의미, 이 규정이 개정되어 기명날인 외에 서명도 허용한 경위와 취지 등을 종합하면, 피고인이 즉결심판에 대하여 제출한 정식재판청구서에 피고인의 자필로 보이는 이름이 기재되어 있고 그 옆에 서명이 되어 있어 위 서류가 작성자 본인인 피고인의 진정한 의사에 따라 작성되었다는 것을 명백하게 확인할 수 있으며 형사소송절차의 명확성과 안정성을 저해할 우려가 없으므로, 정식재판청구는 적법하다고 보아야 한다. 피고인의 인장이나 지장이 찍혀 있지 않다고 해서 이와 달리 볼 것이 아니다(대결 2019.11.29.자 2017모3458).

411 「질서위반행위규제법」 제3조 법 적용의 시간적 범위와 제4조 법 적용의 장소적 범위에 관한 내용으로 가장 적절하지 않은 것은?

24. 경찰승진

① 질서위반행위의 성립과 과태료 처분은 행위 시의 법률에 따른다.

② 질서위반행위 후 법률이 변경되어 그 행위가 질서위반행위에 해당하지 아니하게 되거나 과태료가 변경되기 전의 법률보다 가볍게 된 때에는 법률에 특별한 규정이 없는 한 변경된 법률을 적용한다.

③ 이 법은 대한민국 영역 밖에 있는 대한민국의 선박 또는 항공기 안에서 질서위반행위를 한 외국인에게는 적용하지 아니한다.

④ 이 법은 대한민국 영역 안에서 질서위반행위를 한 자에게 적용한다.

정답 및 해설 I ③

③ [×] 이 법은 대한민국 영역 밖에 있는 대한민국의 선박 또는 항공기 안에서 질서위반행위를 한 외국인에게는 적용한다(「질서위반행위규제법」 제4조 제3항).

412 □□□ 경찰상 의무이행 확보수단을 전통적 의무이행 확보수단과 새로운 의무이행 확보수단으로 구분할 때, 새로운 의무이행 확보수단에 해당하지 않은 것은? 23. 경채

① 과징금
② 수익적 행정행위의 취소 · 철회
③ 공급거부
④ 행정질서벌

정답 및 해설 l ④

①②③ [○] 새로운 의무이행확보수단에 해당한다.

④ [×] 경찰질서벌은 전통적 강제수단 중 간접적 강제수단인 경찰벌에 속한다.

413 □□□ 다음은 경찰 의무이행 확보수단이다. 간접적인 의무이행 확보수단은 모두 몇 개인가? 11. 경찰간부

㉠ 경찰벌	㉡ 집행벌
㉢ 경찰상 즉시강제	㉣ 대집행
㉤ 강제징수	㉥ 공급거부
㉦ 명단공개	㉧ 관허사업의 제한

① 3개
② 4개
③ 5개
④ 6개

정답 및 해설 l ③

간접적 의무이행 확보수단은 ㉠㉡㉥㉦㉧ 5개이다.

☑ 직접적 · 간접적 의무이행 확보수단

직접적 의무이행 확보수단	1. 경찰상 강제집행(대집행, 직접강제, 강제징수) 2. 즉시강제
간접적 의무이행 확보수단	1. 경찰벌(경찰형벌, 경찰질서벌) 2. 새로운 의무이행 확보수단 3. 이행강제금(집행벌)

414 □□□ 행정조사에 관한 설명 중 가장 적절한 것은? (다툼이 있는 경우 판례에 의함) 22. 경찰

① 행정조사기본법상 조사대상자의 자발적 협조를 얻어 조사를 실시하는 경우에는 법령의 근거를 요하지 아니하며 조직법상의 권한 범위 밖에서도 가능하다.

② 조사대상자의 자발적 협조로 조사가 이루어지는 경우일지라도 행정의 적법성 및 공공성 등을 높이기 위해서 조사목적 등을 반드시 서면으로 통보하여야 한다.

③ 경찰작용은 행정작용의 일환이므로 경찰의 수사에도 행정조사 기본법이 적용되는 것이 원칙이다.

④ 행정조사는 행정기관이 향후 행정작용에 필요한 자료 및 정보를 얻기 위한 준비적 · 보조적 작용이다.

정답 및 해설 I ④

① [×] 행정조사기본법상 조사대상자의 자발적 협조를 얻어 조사를 실시하는 경우에는 법령의 근거를 요하지 아니하나, 행정조사 뿐만 아니라 모든 행정작용은 조직법상의 권한 범위 밖에서는 행사될 수 없다.

② [×] 조사대상자의 자발적 협조로 조사가 이루어지는 경우일지라도 행정의 적법성 및 공공성 등을 높이기 위해서 조사목적 등은 반드시 서면으로 통보하지 않아도 되며, 구두로 통보할 수도 있다(동법 제17조 제1항).

③ [×] 경찰작용은 행정작용의 일환이므로 경찰의 수사(형사)에는 행정조사 기본법이 적용되지 않는 것이 원칙이다(동법 제3조 제2항).

415 행정조사에 관한 설명으로 가장 적절한 것은? (다툼이 있는 경우 판례에 의함) 23. 경찰승진

□□□

① 「고용보험법」상 '실업인정대상기간 중의 취업 사실'에 대한 행정조사 절차에는 수사절차에서의 진술거부권 고지의무에 관한 「형사소송법」 규정이 준용되지 않는다.

② 경찰공무원이 「도로교통법」 규정에 따라 호흡측정 또는 혈액검사 등의 방법으로 운전자가 술에 취한 상태에서 운전하였는지를 조사하는 것은 수사로서의 성격을 갖지만, 행정조사의 성격을 가지는 것은 아니다.

③ 조사대상자의 자발적 협조로 조사가 이루어지는 경우일지라도 행정의 적법성 및 공공성 등을 높이기 위해서 조사목적 등을 반드시 서면으로 통보하여야 한다.

④ 「행정조사기본법」상 행정기관은 행정조사를 통하여 알게 된 정보를 어떠한 경우에도 원래의 조사목적 이외의 용도로 이용할 수 없다.

정답 및 해설 I ①

① [○] 「고용보험법」상 '실업인정대상기간 중의 취업 사실'에 대한 행정조사 절차에는 수사절차에서의 진술거부권 고지의무에 관한 「형사소송법」 규정이 준용되지 않는다고 판단한 원심판단은 정당하다(대판 2020.5.14, 2020두31323).

② [×] 경찰공무원이 「도로교통법」 규정에 따라 호흡측정 또는 혈액 검사 등의 방법으로 운전자가 술에 취한 상태에서 운전하였는지를 조사하는 것은, 수사기관과 경찰행정조사자의 지위를 겸하는 주체가 형사소송에서 사용될 증거를 수집하기 위한 수사로서의 성격을 가짐과 아울러 교통상 위험의 방지를 목적으로 하는 운전면허 정지 · 취소의 행정처분을 위한 자료를 수집하는 행정조사의 성격을 동시에 가지고 있다고 볼 수 있다(대판 2016.12.27, 2014두46850).

③ [×] 조사대상자의 자발적 협조로 조사가 이루어지는 경우에는 행정의 적법성 및 공공성 등을 높이기 위해서 조사목적 등을 구두로 통지할 수 있다.

> 행정조시기본법 제17조 【조사의 사전통지】 ① 행정조사를 실시하고자 하는 행정기관의 장은 제9조에 따른 출석요구서, 제10조에 따른 보고요구서 · 자료제출요구서 및 제11조에 따른 현장출입조사서를 조사개시 7일 전까지 조사대상자에게 서면으로 통지하여야 한다. 다만, 다음 각 호의 어느 하나에 해당하는 경우에는 행정조사의 개시와 동시에 출석요구서등을 조사대상자에게 제시하거나 행정조사의 목적 등을 조사대상자에게 구두로 통지할 수 있다.
> 1. 행정조사를 실시하기 전에 관련 사항을 미리 통지하는 때에는 증거인멸 등으로 행정조사의 목적을 달성할 수 없다고 판단되는 경우
> 2. 「통계법」 제3조 제2호에 따른 지정통계의 작성을 위하여 조사하는 경우
> 3. 제5조 단서에 따라 조사대상자의 자발적인 협조를 얻어 실시하는 행정조사의 경우

④ [×] 「행정조사기본법」상 행정기관은 행정조사를 통하여 알게 된 정보를 다른 법률에 따라 내부에서 이용하거나 다른 기관에 제공하는 경우를 제외하고는 원래의 조사목적 이외의 용도로 이용하거나 타인에게 제공하여서는 아니 된다(동법 제4조 제6항).

416 행정기본법상 처분에 대한 내용으로 옳지 않은 것은? 22. 경찰간부

□□□

① 법령 등을 위반한 행위 후 법령 등의 변경에 의하여 그 행위가 법령 등을 위반한 행위에 해당하지 아니하거나 제재처분 기준이 가벼워진 경우로서 해당 법령 등에 특별한 규정이 없는 경우에는 변경된 법령 등을 적용한다.

② 행정청은 처분에 재량이 있는 경우 법률이 정하는 바에 따라 완전히 자동화된 시스템으로 처분할 수 있다.

③ 행정청은 재량이 있는 처분을 할 때에는 관련 이익을 정당하게 형량하여야 하며, 그 재량권의 범위를 넘어서는 아니 된다.

④ 처분은 권한이 있는 기관이 취소 또는 철회하거나 기간의 경과 등으로 소멸되기 전까지는 유효한 것으로 통용된다.

정답 및 해설 I ②

② [×] 행정청은 법률로 정하는 바에 따라 완전히 자동화된 시스템(인공지능 기술을 적용한 시스템을 포함한다)으로 처분을 할 수 있다. 다만, **처분에 재량이 있는 경우는 그러하지 아니하다**(행정기본법 제20조).

제5절 I 경찰관 직무집행법

417 경찰관 직무집행법에 관한 설명으로 가장 적절하지 않은 것은? 15. 경찰승진

□□□

① 경찰관은 수상한 행동이나 그 밖의 주위 사정을 합리적으로 판단하여 볼 때 어떠한 죄를 범하였거나 범하려 하고 있다고 의심할 만한 상당한 이유가 있는 사람을 정지시켜 질문할 수 있다.

② 경찰관의 직권은 그 직무수행에 필요한 최소한도 내에서 행사되어야 한다.

③ 불심검문시 상대방을 정지시킨 장소에서 질문을 하는 것이 그 사람에게 불리하거나 교통에 방해가 된다고 인정될 때에는 질문을 위하여 경찰관서로 동행할 것을 요구할 수 있고, 동행을 요구받은 사람은 그 요구를 거절할 수 없다.

④ 외국 정부기관 및 국제기구와의 국제협력을 직무의 범위로 명시하고 있다.

정답 및 해설 I ③

③ [×] 불심검문시 상대방을 정지시킨 장소에서 질문을 하는 것이 그 사람에게 불리하거나 교통에 방해가 된다고 인정될 때에는 질문을 위하여 경찰관서로 동행할 것을 요구할 수 있고, 동행을 요구받은 사람은 그 요구를 **거절할 수 있다**(경찰관 직무집행법 제3조 제2항).

418 경찰관 직무집행법상 불심검문에 대한 설명으로 틀린 것은 모두 몇 개인가? 15. 경찰

□□□

> ㉠ 경찰관은 수상한 행동이나 그 밖의 주위 사정을 합리적으로 판단하여 볼 때 어떠한 죄를 범하였거나 범하려 하고 있다고 의심할 만한 상당한 이유가 있는 사람을 정지시켜 질문하여야 한다.
> ㉡ 경찰관은 이미 행하여진 범죄나 행하여지려고 하는 범죄행위에 관한 사실을 안다고 인정되는 사람을 정지시켜 질문할 수 있다.
> ㉢ 경찰관은 불심검문대상자를 정지시킨 장소에서 질문을 하는 것이 그 사람에게 불리하거나 교통에 방해가 된다고 인정될 때에는 질문을 하기 위하여 가까운 경찰관서로 동행할 것을 요구할 수 있다. 이 경우 동행을 요구받은 사람은 그 요구를 거절할 수 없다.
> ㉣ 경찰관은 불심검문대상자에게 질문을 할 때에 그 사람이 흉기를 가지고 있는지를 조사하여야 한다.

① 1개 ② 2개

③ 3개 ④ 4개

정답 및 해설 I ③

틀린 것은 ㉠㉢㉣ 3개이다.

㉠ [×] 경찰관은 수상한 행동이나 그 밖의 주위 사정을 합리적으로 판단하여 볼 때 어떠한 죄를 범하였거나 범하려 하고 있다고 의심할 만한 상당한 이유가 있는 사람을 정지시켜 **질문할 수 있다**(경찰관 직무집행법 제3조 제1항 제1호).

㉢ [×] 경찰관은 불심검문대상자를 정지시킨 장소에서 질문을 하는 것이 그 사람에게 불리하거나 교통에 방해가 된다고 인정될 때에는 질문을 하기 위하여 가까운 경찰관서로 동행할 것을 요구할 수 있다. 이 경우 동행을 요구받은 사람은 그 요구를 **거절할 수 있다**(경찰관 직무집행법 제3조 제2항).

㉣ [×] 경찰관은 불심검문대상자에게 질문을 할 때에 그 사람이 흉기를 가지고 있는지를 **조사할 수 있다**(경찰관 직무집행법 제3조 제3항).

419 경찰관 직무집행법상 불심검문에 대한 설명으로 가장 적절한 것은? 19. 경찰

□□□

① 경찰관은 상대방의 신원확인이 불가능하거나 교통에 방해된다고 인정될 때에는 임의동행을 요구할 수 있다.

② 경찰관은 임의동행한 사람의 가족이나 친지 등에게 동행한 경찰관의 신분, 동행 장소, 동행 목적과 이유를 알리거나 본인으로 하여금 즉시 연락할 수 있는 기회를 주어야 하며, 변호인의 도움을 받을 권리가 있음을 알려야 한다.

③ 경찰관은 질문을 하거나 임의동행을 요구할 경우 자신의 신분을 표시하는 증표를 제시하면서 소속과 성명을 밝혀야 한다. 이때 증표는 경찰공무원증뿐만 아니라 흉장도 포함된다.

④ 경찰관이 불심검문시 흉기 조사뿐 아니라, 흉기 이외의 일반소지품 조사도 할 수 있다고 규정하고 있다.

정답 및 해설 I ②

① [×] 경찰관은 상대방의 **사람을 정지시킨 장소에서 질문을 하는 것이 그 사람에게 불리**하거나 교통에 방해된다고 인정될 때에는 임의동행을 요구할 수 있다(경찰관 직무집행법 제3조 제2항).

③ [×] 경찰관은 질문을 하거나 임의동행을 요구할 경우 자신의 신분을 표시하는 증표를 제시하면서 소속과 성명을 밝혀야 한다. 이때 증표는 경찰공무원증만 해당하고 **흉장은 포함되지 않는다**(경찰관 직무집행법 제3조 제4항).

④ [×] 경찰관이 불심검문시 흉기 조사에 대한 규정만 있고, **흉기 이외의 일반소지품 조사에 관한 규정을 두고 있지 않다.**

420 경찰관 직무집행법상 불심검문에 대한 설명으로 가장 적절하지 않은 것은? 19. 경찰승진

□□□

① 불심검문시 경찰관은 신분을 표시하는 증표를 제시하면서 소속과 성명을 밝히고 검문의 목적과 이유를 설명해야 한다.

② 불심검문시 진술거부권은 반드시 고지해야 할 사항은 아니다.

③ 대상자가 신원을 밝히기를 거부한다는 이유로 인근 경찰관서로 임의동행을 요구할 수 없다.

④ 인근 경찰관서로 임의동행시 가족 등에게 연락할 기회를 부여했다면 불심검문에 의한 임의동행은 체포나 구속이 아니므로 변호인의 도움을 받을 권리가 있음을 고지하지 않아도 된다.

정답 및 해설 | ④

④ [×] 인근 경찰관서로 임의동행시 가족 등에게 연락할 기회를 부여했더라도 불심검문에 의한 임의동행의 경우 변호인의 도움을 받을 권리가 있음을 고지하여야 한다(경찰관 직무집행법 제3조 제5항).

421 경찰관 직무집행법상 불심검문에 대한 다음 설명 중 옳은 것은 모두 몇 개인가? 17. 경찰간부

□□□

> ㉠ 경찰관은 거동불심자를 정지시켜 질문을 할 때에 그 사람이 흉기를 가지고 있는지 여부를 조사할 수 있다.
> ㉡ 경찰관은 거동불심자를 정지시켜 질문을 할 때에 미리 진술거부권이 있음을 상대방에게 고지하여야 한다.
> ㉢ 경찰관은 불심검문시 거동불심자를 정지시킨 장소에서 질문하는 것이 그 사람에게 불리하거나 교통에 방해가 된다고 인정될 때에는 질문을 하기 위하여 가까운 경찰관서로 동행할 것을 요구할 수 있다.
> ㉣ 거동불심자에 대한 동행요구시 당해인은 그 요구를 거절할 수 있으나, 이러한 내용이 경찰관 직무집행법에 규정되어 있는 것은 아니다.
> ㉤ 경찰관은 동행한 사람의 가족이나 친지 등에게 동행한 경찰관이 신분, 동행장소, 동행목적과 이유를 알리거나 본인으로 하여금 즉시 연락할 수 있는 기회를 주어야 하지만, 변호인의 도움을 받을 권리가 있음을 알릴 필요는 없다.

① 0개 ② 1개

③ 2개 ④ 3개

정답 및 해설 | ③

옳은 설명은 ㉠㉢ 2개이다.

㉡ [×] 경찰관이 거동불심자를 정지시켜 질문을 할 때에 진술거부권을 고지하여야 할 의무규정은 없다.

㉣ [×] 거동불심자에 대한 동행요구시 당해인은 그 요구를 거절할 수 있으며, 이러한 내용이 경찰관 직무집행법에 규정되어 있다.

㉤ [×] 경찰관은 동행한 사람의 가족이나 친지 등에게 동행한 경찰관이 신분, 동행장소, 동행목적과 이유를 알리거나 본인으로 하여금 즉시 연락할 수 있는 기회를 주어야 하며 변호인의 도움을 받을 권리가 있음을 알려야 한다(경찰관 직무집행법 제3조 제5항).

422 □□□ 경찰관 직무집행법상 불심검문에 대한 설명으로 적절한 것은 모두 몇 개인가? (다툼이 있는 경우 판례에 따름) 22. 경찰간부

> ㉠ 경찰관은 동행한 사람의 가족이나 친지 등에게 동행한 경찰관의 신분, 동행 장소, 동행 목적과 이유를 알리거나 다른 사람으로 하여금 즉시 연락할 수 있는 기회를 주어야 하며, 변호인의 도움을 받을 권리가 있음을 알려야 한다.
> ㉡ 검문하는 사람이 경찰관이고 검문하는 이유가 범죄행위에 관한 것임을 충분히 알고 있었다고 보이는 경우에 신분증을 제시하지 않았다 하더라도 그 불심검문을 위법한 공무집행이라고 할 수 없다.
> ㉢ 경찰관은 불심검문시 그 장소에서 질문을 하는 것이 그 사람에게 불리하거나 교통에 방해가 된다고 인정될 때에는 질문을 하기 위하여 가까운 경찰청·경찰서·지구대·파출소 또는 출장소(해양경찰관서 미포함)로 동행할 것을 요구할 수 있다. 이 경우 동행을 요구받은 사람은 그 요구를 거절할 수 있다.
> ㉣ 경찰관은 질문을 하거나 동행을 요구할 경우 자신의 신분을 표시하는 증표를 제시하면서 소속과 성명을 밝히고 질문이나 동행의 목적과 이유를 설명할 수 있으며, 동행을 요구하는 경우에는 동행 장소를 밝힐 수 있다.

① 0개 ② 1개
③ 2개 ④ 3개

정답 및 해설 | ②

㉠ [×] 경찰관은 동행한 사람의 가족이나 친지 등에게 동행한 경찰관의 신분, 동행 장소, 동행 목적과 이유를 알리거나 본인(다른 사람 ×)으로 하여금 즉시 연락할 수 있는 기회를 주어야 하며, 변호인의 도움을 받을 권리가 있음을 알려야 한다.

㉢ [×] 경찰관은 불심검문시 그 장소에서 질문을 하는 것이 그 사람에게 불리하거나 교통에 방해가 된다고 인정될 때에는 질문을 하기 위하여 가까운 (경찰청 ×)·경찰서·지구대·파출소 또는 출장소(해양경찰관서 포함)로 동행할 것을 요구할 수 있다. 이 경우 동행을 요구받은 사람은 그 요구를 거절할 수 있다.

㉣ [×] 경찰관은 질문을 하거나 동행을 요구할 경우 자신의 신분을 표시하는 증표를 제시하면서 소속과 성명을 밝히고 질문이나 동행의 목적과 이유를 설명할 수 있으며, 동행을 요구하는 경우에는 동행 장소를 밝혀야 한다.

423 □□□ 「경찰관 직무집행법」상 불심검문에 대한 설명으로 가장 적절하지 않은 것은? (다툼이 있는 경우 판례에 의함) 23. 경찰간부

① 미리 입수된 용의자에 대한 인상착의와 일부 일치되지 않는 부분이 있다고 하더라도 그것만으로 경찰관이 불심검문 대상자로 삼은 조치가 위법하다고 볼 수 없다.
② 경찰관은 불심검문 대상자에게 질문을 하기 위하여 범행의 경중, 범행과의 관련성, 상황의 긴박성, 혐의의 정도, 질문의 필요성 등에 비추어 목적 달성에 필요한 최소한의 범위 내에서 사회통념상 용인될 수 있는 상당한 방법으로 대상자를 정지시킬 수 있고 질문에 수반하여 흉기의 소지 여부도 조사할 수 있다.
③ 경찰관이 신분증을 제시하지 않고 불심검문을 하였으나, 검문하는 사람이 경찰관이고 검문하는 이유가 범죄행위에 관한 것임을 피고인이 알고 있었던 경우, 그 불심검문이 위법한 공무집행이라고 할 수 없다.
④ 경찰관이 불심검문 대상자 해당 여부를 판단할 때에는 불심검문 당시의 구체적 상황은 물론 사전에 얻은 정보나 전문적 지식 등에 기초하여 불심검문 대상자인지를 객관적·합리적인 기준에 따라 판단하여야 하며, 불심검문 대상자에게 「형사소송법」에 의한 체포나 구속에 이를 정도의 혐의가 있을 것을 요한다.

정답 및 해설 | ④

④ [×] 경찰관 직무집행법(이하 '법'이라고 한다)의 목적, 법 제1조 제1항 · 제2항, 제3조 제1항 · 제2항 · 제3항 · 제7항의 내용 및 체계 등을 종합하면, 경찰관이 법 제3조 제1항에 규정된 대상자(이하 '불심검문 대상자'라 한다) 해당 여부를 판단할 때에는 불심검문 당시의 구체적 상황은 물론 사전에 얻은 정보나 전문적 지식 등에 기초하여 불심검문 대상자인지를 객관적 · 합리적인 기준에 따라 판단하여야 하나, **반드시 불심검문 대상자에게 형사소송법상 체포나 구속에 이를 정도의 혐의가 있을 것을 요한다고 할 수는 없다**(대판 2014.2.27, 2011도13999).

424 「경찰관 직무집행법」 제3조에 규정된 불심검문에 관한 설명 중 옳고 그름의 표시(○, ×)가 바르게 된 것은?

□□□ 24. 경찰승진

> ㉠ 경찰관은 수상한 행동이나 그 밖의 주위 사정을 합리적으로 판단하여 볼 때 어떠한 죄를 범하였거나 범하려 하고 있다고 의심할 만한 상당한 이유가 있는 사람을 정지시켜 질문하여야 한다.
> ㉡ 불심검문을 하던 중 정지시킨 장소에서 질문하는 것이 그 사람에게 불리하거나 교통에 방해가 된다고 인정될 때에는 질문을 하기 위하여 가까운 경찰서 · 지구대 · 파출소 또는 출장소(지방해양경찰관서 포함)로 동행할 것을 요구할 수 있다.
> ㉢ 경찰관은 동행한 사람의 가족이나 친지 등에게 동행한 경찰관의 신분, 동행 장소, 동행 목적과 이유를 알리거나 본인으로 하여금 즉시 연락할 수 있는 기회를 주어야 하나, 변호인의 도움을 받을 권리가 있음을 알릴 필요는 없다.
> ㉣ 경찰관은 불심검문 대상자를 임의동행한 경우 동행한 사람을 6시간을 초과하여 경찰관서에 머물게 할 수 없다.

① ㉠ (○), ㉡ (○), ㉢ (×), ㉣ (×)
② ㉠ (×), ㉡ (○), ㉢ (○), ㉣ (○)
③ ㉠ (○), ㉡ (×), ㉢ (○), ㉣ (×)
④ ㉠ (×), ㉡ (○), ㉢ (×), ㉣ (○)

정답 및 해설 | ④

㉠ [×] 경찰관은 수상한 행동이나 그 밖의 주위 사정을 합리적으로 판단하여 볼 때 어떠한 죄를 범하였거나 범하려 하고 있다고 의심할 만한 상당한 이유가 있는 사람을 정지시켜 질문**할 수 있다**(동법 제3조 제1항).

㉢ [×] 경찰관은 동행한 사람의 가족이나 친지 등에게 동행한 경찰관의 신분, 동행 장소, 동행 목적과 이유를 알리거나 본인으로 하여금 즉시 연락할 수 있는 기회를 주어야 하며, **변호인의 도움을 받을 권리가 있음을 알려야 한다**(동법 제3조 제5항).

425 ☐☐☐ 경찰관 직무집행법상 보호조치에 대한 설명으로 적절하지 않은 것만을 모두 고른 것은? 22. 경찰간부

> ㉠ 경찰관은 적당한 보호자가 없는 부상자에 대해 응급구호가 필요하다고 인정할 만한 사유가 있다면 본인이 구호를 거절하더라도 보호조치를 할 수 있다.
> ㉡ 경찰관은 보호조치를 하였을 때에는 지체 없이 구호대상자의 가족, 친지 또는 그 밖의 연고자에게 그 사실을 알려야 하며, 연고자가 발견되지 아니할 때에는 구호대상자를 적당한 공공보건의료기관이나 공공구호기관에 즉시 인계할 수 있다.
> ㉢ 경찰관이 구호대상자를 공공보건의료기관이나 공공구호기관에 인계하였을 때에는 해당 경찰관이 즉시 그 사실을 해당 공공보건의료기관 또는 공공구호기관의 장 및 그 감독행정청에 통보하여야 한다.
> ㉣ 경찰관은 구호대상자를 발견하였을 때 보건의료기관이나 공공구호기관에 긴급구호를 요청할 수 있고, 긴급구호를 요청받은 기관이 정당한 이유없이 이를 거절하는 경우 경찰관 직무집행법에 따라 처벌하도록 규정되어 있다.

① ㉠, ㉡ ② ㉡, ㉢
③ ㉡, ㉢, ㉣ ④ ㉠, ㉡, ㉢, ㉣

정답 및 해설 | ④

㉠ [×] 적당한 보호자가 없는 부상자는 임의보호대상자이다. 따라서 본인이 구호를 거절하는 경우에는 보호조치를 할 수 없다.
㉡ [×] 경찰관은 보호조치를 하였을 때에는 지체 없이 구호대상자의 가족, 친지 또는 그 밖의 연고자에게 그 사실을 알려야 하며, 연고자가 발견되지 아니할 때에는 구호대상자를 적당한 공공보건의료기관이나 공공구호기관에 즉시 **인계하여야** 한다.
㉢ [×] 경찰관이 구호대상자를 공공보건의료기관이나 공공구호기관에 인계하였을 때에는 해당 경찰관이 즉시 그 사실을 소속 경찰서장이나 해양경찰서장에게 보고하여야 하며, 이를 보고 받은 소속 경찰서장이나 해양경찰서장이 인계한 사실을 지체 없이 해당 공공보건의료기관 또는 공공구호기관의 장 및 그 감독행정청에 통보하여야 한다.
㉣ [×] 경찰관은 구호대상자를 발견하였을 때 보건의료기관이나 공공구호기관에 긴급구호를 요청할 수 있고, 긴급구호를 요청받은 기관이 정당한 이유없이 이를 거절하는 경우 경찰관 직무집행법에는 처벌하는 규정이 없다. 응급의료에 관한 법률에 처벌규정의 대상이 될 뿐이다.

426 ☐☐☐ 경찰관 직무집행법상 보호조치 등에 관한 설명으로 가장 적절한 것은? 23. 경찰

① 긴급구호를 요청받은 공공보건의료기관이나 공공구호기관은 정당한 이유 없이 긴급구호를 거절할 수 있다.
② 경찰관은 보호조치를 하는 경우에 구호대상자가 휴대하고 있는 무기·흉기 등 위험을 일으킬 수 있는 것으로 인정되는 물건을 공공보건의료기관이나 공공구호기관에 임시로 영치하여 놓을 수 있다.
③ 경찰관은 보호조치를 하였을 때에는 지체 없이 구호대상자의 가족, 친지 또는 그 밖의 연고자에게 그 사실을 알려야 하며, 연고자가 발견되지 아니할 때에는 구호대상자를 적당한 공공 보건의료기관이나 공공구호기관에 즉시 인계하여야 한다.
④ 구호대상자를 경찰관서에서 보호하는 기간은 48시간을 초과할 수 없고, 물건을 공공보건의료기관이나 공공구호기관에 임시로 영치하는 기간은 10일을 초과할 수 없다.

정답 및 해설 I ③

① [×] 긴급구호를 요청받은 공공보건의료기관이나 공공구호기관은 정당한 이유 없이 긴급구호를 거절할 수 없다(동법 제4조 제2항).

② [×] 경찰관은 보호조치를 하는 경우에 구호대상자가 휴대하고 있는 무기·흉기 등 위험을 일으킬 수 있는 것으로 인정되는 물건을 경찰관서에 임시로 영치하여 놓을 수 있다.

④ [×] 구호대상자를 경찰관서에서 보호하는 기간은 24시간을 초과할 수 없고, 물건을 경찰관서에 임시로 영치하는 기간은 10일을 초과할 수 없다.

427 □□□ 경찰관 직무집행법 제4조(보호조치 등)에 관한 설명으로 괄호 안의 내용을 가장 적절하게 연결한 것은?

23. 경찰승진

> 경찰관이 보호조치 등을 하였을 때에는 (㉠) 구호대상자의 가족, 친지 또는 그 밖의 연고자에게 그 사실을 알려야 하며, 연고자가 발견되지 아니할 때에는 구호대상자를 적당한 공공보건의료기관이나 공공구호기관에 즉시 인계하여야 한다. 구호대상자를 경찰관서에서 보호하는 기간은 (㉡)시간을 초과할 수 없고, 물건을 경찰관서에 임시로 영치하는 기간은 (㉢)일을 초과할 수 없다.

	㉠	㉡	㉢
①	24시간 이내에	12	20
②	지체 없이	24	10
③	24시간 이내에	24	10
④	지체 없이	12	20

정답 및 해설 I ②

② [○]

> 경찰관 직무집행법 제4조【보호조치 등】④ 경찰관은 제1항의 조치를 하였을 때에는 지체 없이(㉠) 구호대상자의 가족, 친지 또는 그 밖의 연고자에게 그 사실을 알려야 하며, 연고자가 발견되지 아니할 때에는 구호대상자를 적당한 공공보건의료기관이나 공공구호기관에 즉시 인계하여야 한다.
> ⑦ 제1항에 따라 구호대상자를 경찰관서에서 보호하는 기간은 24시간(㉡)을 초과할 수 없고, 제3항에 따라 물건을 경찰관서에 임시로 영치하는 기간은 10일(㉢)을 초과할 수 없다.

428 □□□ 경찰관 직무집행법상 보호조치에 관한 설명으로 가장 적절하지 않은 것은?

19. 경찰승진

① 정신착란자 또는 자살기도자를 경찰관서에서 보호하는 기간은 24시간을 초과할 수 없다.

② 보호조치대상자가 소지하고 있는 물건에 대한 임시영치 기간은 10일을 초과할 수 없다.

③ 경찰관이 관계기관에 긴급구호를 요청한 경우 관계기관은 정당한 이유 없이 긴급구호를 거절할 수 없다.

④ 경찰관이 긴급구호나 보호조치를 한 경우 24시간 이내에 가족 등에게 그 사실을 알려야 한다.

정답 및 해설 I ④

④ [×] 경찰관이 긴급구호나 보호조치를 한 경우 지체 없이 가족 등에게 그 사실을 알려야 한다(경찰관 직무집행법 제4조 제4항).

429 □□□ 다음은 경찰관 직무집행법 제4조 보호조치를 설명한 것이다. 가장 적절한 것은? 14. 경찰

① 경찰관은 수상한 거동 기타 주위의 사정을 합리적으로 판단하여 보호조치대상자에 해당함이 명백하며 응급의 구호를 요한다고 믿을 만한 상당한 이유가 있는 자를 발견한 때에는 보건의료기관 또는 공공구호기관에 긴급구호를 요청하거나 경찰관서에 보호하는 등 적당한 조치를 하여야 한다.

② 경찰관이 보호조치를 한 때에는 지체 없이 이를 피구호자의 가족 · 친지 기타 연고자에게 그 사실을 통지하여야 하며, 연고자가 발견되지 아니할 때에는 피보호자를 적당한 공중보건 의료기관이나 공공구호기관에 즉시 인계하여야 한다.

③ 경찰관서에서의 보호조치는 12시간을 초과할 수 없다.

④ 미아 · 병자 · 부상자 등으로서 적당한 보호자가 없으며 응급의 구호를 요한다고 인정되면 당해인이 거절하더라도 보호조치가 가능하다.

정답 및 해설 I ②

① [×] 경찰관은 수상한 행동이나 그 밖의 주위 사정을 합리적으로 판단하여 보호조치대상자에 해당함이 명백하며 응급의 구호를 요한다고 믿을 만한 상당한 이유가 있는 자를 발견한 때에는 보건의료기관 또는 공공구호기관에 긴급구호를 요청하거나 경찰관서에 보호하는 등 적당한 조치를 할 수 있다(경찰관 직무집행법 제4조 제1항).

③ [×] 경찰관서에서의 보호조치는 24시간을 초과할 수 없다(경찰관 직무집행법 제4조 제7항).

④ [×] 미아 · 병자 · 부상자 등은 임의보호대상자이므로 당해인이 거절하면 보호조치가 불가능하다(경찰관 직무집행법 제4조 제1항 제3호).

430 □□□ 경찰관 직무집행법상 보호조치에 대한 설명으로 가장 적절한 것은? 18. 경찰

① 긴급구호를 요청받은 보건의료기관 또는 공공구호기관은 정당한 이유 없이 긴급구호를 거절할 수 없다고 명시되어 있다.

② 긴급구호나 보호조치의 경우 24시간 이내에 피구호자의 가족들에게 연락해 주어야 한다.

③ 자살기도자에 대하여는 경찰관서에 6시간 이내 보호가 가능하다.

④ 임시영치기간은 10일을 초과할 수 없으며, 법적 성질은 대인적 즉시강제이다.

정답 및 해설 I ①

② [×] 긴급구호나 보호조치의 경우 지체 없이 피구호자의 가족들에게 연락해 주어야 한다(경찰관 직무집행법 제4조 제4항).

③ [×] 자살기도자에 대하여는 경찰관서에 24시간 이내 보호가 가능하다(경찰관 직무집행법 제4조 제7항).

④ [×] 임시영치기간은 10일을 초과할 수 없으며, 법적 성질은 대물적 즉시강제이다(경찰관 직무집행법 제4조 제7항).

431 □□□ 경찰관 직무집행법 제4조 보호조치에 대한 설명 중 옳지 않은 것은 모두 몇 개인가? 19. 경찰간부

> ㉠ 경찰관이 구호대상자를 경찰관서에 보호조치하는 경우 지체 없이 해당 구호대상자의 가족, 친지 또는 그 밖의 연고자에게 그 사실을 알려야 하며, 연고자가 발견되지 아니할 때에는 구호대상자를 적당한 공공보건의료기관이나 공공구호기관에 즉시 인계하여야 한다.
> ㉡ 경찰관이 구호대상자를 공공보건의료기관이나 공공구호기관에 인계하였을 때에는 해당 경찰관이 즉시 그 사실을 해당 공공보건의료기관 또는 공공구호기관의 장 및 그 감독행정청에 통보하여야 한다.
> ㉢ 경찰관이 구호대상자를 경찰관서에 보호조치 하는 경우에 구호대상자가 휴대하고 있는 무기·흉기 등 위험을 일으킬 수 있는 것으로 인정되는 물건을 경찰관서에 임시로 영치하여 놓을 수 있다.
> ㉣ 구호대상자를 경찰관서에서 보호하는 기간은 24시간을 초과할 수 없고, 물건을 경찰관서에 임시로 영치하는 기간은 10일을 초과할 수 없다.
> ㉤ 경찰관은 자살을 시도하는 것이 명백하고 응급구호가 필요하다고 믿을 만한 상당한 이유가 있는 구호대상자에 대하여 해당 구호대상자의 동의 여부와 관계없이 보호조치를 실시할 수 있다.

① 1개 ② 2개
③ 3개 ④ 4개

정답 및 해설 | ①
옳지 않은 설명은 ㉡ 1개이다.
㉡ [×] 경찰관이 구호대상자를 공공보건의료기관이나 공공구호기관에 인계하였을 때에는 해당 경찰관이 즉시 그 사실을 **소속 경찰서장이나 해양경찰서장에게 보고하여야 한다**(경찰관 직무집행법 제4조 제5항).

432 □□□ 경찰관 직무집행법 제4조의 보호조치에 대한 설명으로 가장 적절하지 않은 것은? 20. 경찰

① 경찰관은 정신착란을 일으키거나 술에 취하여 자신 또는 다른 사람의 생명·신체·재산에 위해를 끼칠 우려가 있음이 명백하고 응급구호가 필요하다고 믿을 만한 상당한 이유가 있는 사람을 발견하였을 때에는 보건의료기관이나 공공구호기관에 긴급구호를 요청하거나 경찰관서에 보호하는 등 적절한 조치를 할 수 있다.
② 미아, 병자, 부상자 등으로서 적당한 보호자가 없으며 응급구호가 필요하다고 인정되는 사람이 구호를 거절하지 않는 경우 경찰관은 보호조치를 할 수 있다.
③ 경찰관은 보호조치를 하였을 때에는 지체 없이 구호대상자의 가족, 친지 또는 그 밖의 연고자에게 그 사실을 알려야 하며, 구호대상자를 경찰관서에서 보호하는 기간은 6시간을 초과할 수 없다.
④ 경찰관은 보호조치를 하는 경우에 구호대상자가 휴대하고 있는 무기·흉기 등 위험을 일으킬 수 있는 것으로 인정되는 물건을 경찰관서에 임시로 영치하여 놓을 수 있다.

정답 및 해설 | ③
③ [×] 구호대상자를 경찰관서에서 보호하는 기간은 **24시간**을 초과할 수 없다(경찰관 직무집행법 제4조 제7항).

433 경찰관 직무집행법 제4조 '보호조치 등'에 대한 설명으로 가장 적절한 것은? 21. 경찰승진

□□□

① 경찰관은 자살기도자를 발견하여 경찰관서에 보호할 경우 지체 없이 구호대상자의 가족, 친지 또는 그 밖의 연고자에게 그 사실을 알려야 하며, 연고자가 발견되지 아니할 때에는 구호대상자의 의사와 상관없이 공공보건의료기관이나 공공구호기관에 인계할 수 있다.

② 경찰관은 보호조치 등을 하는 경우에 구호대상자가 휴대하고 있는 무기 · 흉기 등 위험을 일으킬 수 있는 것으로 인정되는 물건을 경찰관서에 임시로 영치(領置)하여 놓을 수 있고, 그 기간은 10일을 초과할 수 없다.

③ 긴급구호요청을 받은 응급의료종사자가 정당한 이유 없이 긴급구호요청을 거절할 경우, 경찰관 직무집행법에 따라 3년 이하의 징역 또는 3천만원 이하의 벌금에 처한다.

④ 보호조치는 경찰관서에서 일시보호하여 구호의 방법을 강구하는 것으로 경찰관의 재량행위에 해당하기 때문에 국가배상책임이 인정되는 경우는 없다.

정답 및 해설 | ②

① [×] 경찰관은 연고자가 발견되지 아니할 때에는 구호대상자를 적당한 공공보건의료기관이나 공공구호기관에 즉시 **인계하여야** 한다(경찰관 직무집행법 제4조 제4항).

③ [×] 긴급구호요청을 받은 응급의료종사자가 정당한 이유 없이 긴급구호요청을 거절할 경우, **경찰관 직무집행법에는 처벌규정이 없다**.

④ [×] 경찰관의 재량행위의 경우에도 이러한 재량권의 행사를 일탈하거나 남용한 때에는 **국가배상책임이 인정될 수 있다**.

434 경찰관 직무집행법에서 보호조치 등에 대한 설명으로 가장 적절한 것은? 21. 경찰

□□□

① 경찰관 직무집행법 제4조 제1항에 따라 긴급구호를 요청받은 보건의료기관이나 공공구호기관은 정당한 이유 없이 긴급구호를 거절할 수 없다. 만약, 긴급구호를 요청받은 응급의료종사자가 정당한 이유 없이 거절한 경우 경찰관 직무집행법에 따라 처벌한다.

② 경찰관은 경찰관 직무집행법 제4조 제1항의 조치를 하였을 때에는 지체 없이 구호대상자의 가족, 친지 또는 그 밖의 연고자에게 그 사실을 알려야 하며, 연고자가 발견되지 아니할 때에는 구호대상자를 적당한 관할 경찰관서에 즉시 인계하여야 한다.

③ 경찰관은 경찰관 직무집행법 제4조 제1항의 조치를 하는 경우에, 구호대상자가 휴대하고 있는 무기 · 흉기 등 위험을 일으킬 수 있는 것으로 인정되는 물건을 경찰관서에 임시로 영치하여 놓을 수 있다. 물건을 경찰관서에 임시로 영치하는 기간은 10일을 초과할 수 없다.

④ 미아, 병자, 부상자 등으로서 적당한 보호자가 없으며 응급구호가 필요한 경우 본인이 구호를 거절하더라도 보호조치할 수 있다.

정답 및 해설 I ③

① [×] 긴급구호를 요청받은 응급의료종사자가 정당한 이유 없이 거절한 경우 경찰관 직무집행법에는 처벌규정이 없다. 이에 대하여 다른 법률(응급의료에 관한 법률)에 처벌규정을 두고 있다.

② [×] 경찰관은 경찰관 직무집행법 제4조 제1항의 조치를 하였을 때에는 지체 없이 구호대상자의 가족, 친지 또는 그 밖의 연고자에게 그 사실을 알려야 하며, 연고자가 발견되지 아니할 때에는 구호대상자를 적당한 공공보건의료기관이나 공공구호기관에 즉시 인계하여야 한다(경찰관 직무집행법 제4조 제4항).

④ [×] 미아, 병자, 부상자는 임의보호대상자로 본인이 구호를 거절하는 경우에는 경찰관이 보호조치할 수 없다(경찰관 직무집행법 제4조 제1항 제3호).

435 □□□ 「경찰관 직무집행법」상 보호조치에 대한 설명으로 가장 적절하지 않은 것은? (다툼이 있는 경우 판례에 의함)

23. 경찰간부

① 「경찰관 직무집행법」에서 규정하는 술에 취한 상태로 인하여 자기 또는 타인의 생명 · 신체와 재산에 위해를 미칠 우려가 있는 피구호자에 대한 보호조치는 경찰 행정상 즉시강제에 해당한다.

② 술에 취한 상태란 피구호자가 술에 만취하여 정상적인 판단능력이나 의사능력을 상실할 정도에 이른 것을 말하지 않는다.

③ 경찰공무원이 보호조치된 운전자에 대하여 음주측정을 요구하였다는 이유만으로 음주측정 요구가 당연히 위법하거나 보호조치가 당연히 종료된 것으로 볼 수는 없다.

④ 술에 취한 피구호자의 가족 등에게 인계할 수 있다면 특별한 사정이 없는 한 경찰관서에서 피구호자를 보호하는 것은 허용되지 않는다.

정답 및 해설 I ②

② [×] 경찰관 직무집행법 제4조 제1항 제1호(이하 '이 사건 조항'이라 한다)에서 규정하는 술에 취한 상태로 인하여 자기 또는 타인의 생명 · 신체와 재산에 위해를 미칠 우려가 있는 피구호자에 대한 보호조치는 경찰 행정상 즉시강제에 해당하므로, 그 조치가 불가피한 최소한도 내에서만 행사되도록 발동 · 행사 요건을 신중하고 엄격하게 해석하여야 한다. 따라서 이 사건 조항의 '술에 취한 상태'란 피구호자가 술에 만취하여 정상적인 판단능력이나 의사능력을 상실할 정도에 이른 것을 말하고, 이 사건 조항에 따른 보호조치를 필요로 하는 피구호자에 해당하는지는 구체적인 상황을 고려하여 경찰관 평균인을 기준으로 판단하되, 그 판단은 보호조치의 취지와 목적에 비추어 현저하게 불합리하여서는 아니 되며, 피구호자의 가족 등에게 피구호자를 인계할 수 있다면 특별한 사정이 없는 한 경찰관서에서 피구호자를 보호하는 것은 허용되지 않는다(대판 2012.12.13, 2012도11162).

436 다음은 경찰관 직무집행법 제5조 위험 발생의 방지조치를 설명한 것이다. 빈칸의 내용을 가장 적절하게 연결한 것은?
□□□

19. 경찰승진

> 경찰관은 사람의 생명 또는 신체에 위해를 끼치거나 재산에 중대한 손해를 끼칠 우려가 있는 천재, 사변, 인공구조물의 파손이나 붕괴, 교통사고, 위험물의 폭발, 위험한 동물 등의 출현, 극도의 혼잡, 그 밖의 위험한 사태가 있을 때에는 다음 각 호의 조치를 할 수 있다.
> 1. 그 장소에 모인 사람, 사물의 관리자, 그 밖의 관계인에게 필요한 (㉠)을(를) 하는 것
> 2. 매우 긴급한 경우에는 위해를 입을 우려가 있는 사람을 필요한 한도에서 (㉡)시키는 것
> 3. 그 장소에 있는 사람, 사물의 관리자, 그 밖의 관계인에게 위해를 방지하기 위하여 필요하다고 인정되는 조치를 하게 하거나 (㉢)을(를) 하는 것

	㉠	㉡	㉢
①	경고	제지	억류하거나 피난
②	경고	억류하거나 피난	직접조치
③	직접조치	제지	억류하거나 피난
④	직접조치	억류하거나 피난	경고

정답 및 해설 I ②

②
> 경찰관 직무집행법 제5조【위험 발생의 방지 등】① 경찰관은 사람의 생명 또는 신체에 위해를 끼치거나 재산에 중대한 손해를 끼칠 우려가 있는 천재, 사변, 인공구조물의 파손이나 붕괴, 교통사고, 위험물의 폭발, 위험한 동물 등의 출현, 극도의 혼잡, 그 밖의 위험한 사태가 있을 때에는 다음 각 호의 조치를 할 수 있다.
> 1. 그 장소에 모인 사람, 사물의 관리자, 그 밖의 관계인에게 필요한 (㉠ 경고)을(를) 하는 것
> 2. 매우 긴급한 경우에는 위해를 입을 우려가 있는 사람을 필요한 한도에서 (㉡ 억류하거나 피난)시키는 것
> 3. 그 장소에 있는 사람, 사물의 관리자, 그 밖의 관계인에게 위해를 방지하기 위하여 필요하다고 인정되는 조치를 하게 하거나 (㉢ 직접조치)을(를) 하는 것

437 경찰관 직무집행법 제5조의 위험발생의 방지조치에 대한 설명 중 가장 적절하지 않은 것은?
□□□

13. 경찰승진 변형

① 위험발생의 방지조치란 경찰관이 인명 또는 신체에 위해를 미치거나 재산에 중대한 손해를 끼칠 우려가 있는 천재 · 사변, 공작물의 손괴, 교통사고, 위험물의 폭발, 광견 · 분마류 등의 출현, 극단한 혼잡 기타 위험한 사태가 발생시 이를 방지하기 위해 취하는 특정 조치를 말한다.

② 위험발생 방지조치의 성질은 대인적 · 대물적 · 대가택적 즉시강제이다.

③ 위험발생 방지조치의 수단으로 경고, 억류 · 피난조치, 위해방지조치, 접근 · 통행의 제한 · 금지조치가 있다.

④ 경찰관 직무집행법상 위험발생의 방지를 위한 조치 중 '매우 긴급한 경우'에 위해를 입을 우려가 있는 자는 경고의 대상자로 규정되어 있다.

정답 및 해설 I ④

④ [×] 경찰관 직무집행법상 위험발생의 방지를 위한 조치 중 '특히 긴급을 요할 경우'에 위해를 받을 우려가 있는 자는 억류 또는 피난의 대상자로 규정되어 있다.

438 경찰관 직무집행법상 위험방지를 위한 출입에 대한 설명으로 가장 적절하지 않은 것은? 19. 경찰승진

□□□

① 위험방지를 위한 출입의 성질은 대가택적 즉시강제이다.

② 경찰공무원은 여관에 불이 나서 객실에 쓰러져 있는 사람이 있는 경우에는 주인이 허락하지 않더라도 들어갈 수 있다.

③ 새벽 3시에 영업이 끝난 식당에서 주인만 머무르는 경우라도, 경찰공무원은 범죄의 예방을 위해 출입을 요구할 수 있고, 상대방은 이를 거절할 수 없다.

④ 경찰공무원은 위험방지를 위해 여관에 출입할 경우에는 그 신분을 표시하는 증표를 제시하여야 하며, 함부로 관계인이 하는 정당한 업무를 방해해서는 아니 된다.

정답 및 해설 I ③

③ [×] 새벽 3시에 영업이 끝난 식당에서 주인만 머무르는 경우에는 일반인에게 공개된 시간이 아니기 때문에 경찰공무원은 출입을 요구할 수 없고, 상대방은 이를 거절할 수 있다.

439 경찰관 직무집행법 제5조(위험 발생의 방지 등)에 관한 내용 중 가장 적절하지 않은 것은?

□□□

23. 경찰승진

① 경찰관은 위험 발생의 방지 등에 관한 조치 중 매우 긴급한 경우에 위해를 입을 우려가 있는 사람을 필요한 한도에서 억류하거나 피난시킬 수 있다.

② 경찰관은 위험 발생의 방지 등에 관한 조치를 하였을 때에는 지체 없이 그 사실을 소속 경찰관서의 장에게 보고하여야 한다.

③ 경찰관서의 장은 대간첩 작전의 수행이나 소요 사태의 진압을 위하여 필요하다고 인정되는 상당한 이유가 있을 때에는 대간첩 작전지역이나 경찰관서 · 무기고 등 다중이용시설에 대한 접근 또는 통행을 제한하거나 금지할 수 있다.

④ 경찰관은 위험한 동물 등의 출현으로 인해 사람의 생명 또는 신체에 위해를 끼치거나 재산에 중대한 손해를 끼칠 우려가 있는 경우 위험 발생 방지 등의 조치를 할 수 있다.

정답 및 해설 I ③

③ [×] 경찰관서의 장은 대간첩 작전의 수행이나 소요 사태의 진압을 위하여 필요하다고 인정되는 상당한 이유가 있을 때에는 대간첩 작전지역이나 경찰관서 · 무기고 등 **국가중요시설(다중이용시설 ×)**에 대한 접근 또는 통행을 제한하거나 금지할 수 있다(동법 제5조 제3항).

440 경찰권 발동의 근거와 한계에 관한 설명으로 가장 적절하지 않은 것은? (다툼이 있는 경우 판례에 의함)
□□□

23. 경찰

① 일반수권조항이란 경찰권의 발동근거가 되는 개별적인 작용법적 근거가 없을 때 경찰권 발동의 일반적·보충적 근거가 될 수 있도록 개괄적으로 수권된 일반조항을 말한다.

② 「경찰관 직무집행법」 제5조는 형식상 경찰관에게 재량에 의한 직무수행권한을 부여한 것처럼 되어 있으나, 경찰관에게 그러한 권한을 부여한 취지와 목적에 비추어 볼 때 구체적인 사정에 따라 경찰관이 그 권한을 행사하여 필요한 조치를 취하지 아니하는 것이 현저하게 불합리하다고 인정되는 경우에는 그러한 권한의 불행사는 직무상의 의무를 위반한 것이 되어 위법하게 된다.

③ 경찰청장과 해양경찰청장은 경찰관이 「경찰관 직무집행법」 제2조 각 호에 따른 직무의 수행으로 인하여 민·형사상 책임과 관련된 소송을 수행할 경우 변호인 선임 등 소송 수행에 필요한 지원을 할 수 있다.

④ 「경찰관 직무집행법」은 "경찰공무원은 직위 또는 직권을 이용 하여 부당하게 타인의 사생활에 개입하여서는 아니된다."고 규정하고 있다.

정답 및 해설 I ④

④ [×] 「경찰공무원 복무규정(경찰관 직무집행법 ×)」은 "경찰공무원은 직위 또는 직권을 이용 하여 부당하게 타인의 사생활에 개입하여서는 아니된다."고 규정하고 있다(동 규정 제10조).

441 경찰관 직무집행법 제6조(범죄예방과 제지) 및 제7조(위험방지를 위한 출입)에 관한 내용 중 가장 적절하지 않은 것은? (다툼이 있는 경우 판례에 의함)
□□□

23. 경찰승진

① 경찰관의 제지 조치가 적법한지는 제기 조치 당시의 구체적 상황을 기초로 판단하여야 하고 사후적으로 순수한 객관적 기준에서 판단할 것은 아니다.

② 경찰관은 위험 방지를 위해 필요한 장소에 출입할 때에는 그 신분을 표시하는 증표를 제시하여야 하며, 함부로 관계인이 하는 정당한 업무를 방해해서는 아니 된다.

③ 경찰관의 경고나 제지는 범죄의 예방을 위하여 범죄행위에 관한 실행의 착수 전에 행하여질 수 있을 뿐만 아니라, 이후 범죄행위가 계속되는 중에 그 진압을 위하여도 당연히 행하여질 수 있다고 보아야 한다.

④ 경찰관은 범죄행위가 목전(目前)에 행하여지려고 하고 있다고 인정될 경우 이를 예방하기 위하여 관계인에게 필요한 제지를 하여야 한다.

정답 및 해설 I ④

④ [×] 경찰관은 범죄행위가 목전(目前)에 행하여지려고 하고 있다고 인정될 때에는 이를 예방하기 위하여 관계인에게 필요한 경고를 하고, 그 행위로 인하여 사람의 생명·신체에 위해를 끼치거나 재산에 중대한 손해를 끼칠 우려가 있는 긴급한 경우에는 그 행위를 제지할 수 있다(동법 제6조).

442 다음은 경찰관 직무집행법상 범죄의 예방과 제지에 관한 사례이다. 이와 관련한 설명 중 가장 적절한 것은? (다툼이 있는 경우 판례에 의함)

22. 경찰

> 甲은 평소 집에서 심한 고성과 욕설, 시끄러는 음악 소리 등으로 이웃 주민들로부터 수 회에 걸쳐 112신고가 있어 왔던 사람이다. 사건 당일에도 甲이 자정에 가까운 한밤중에 집 안에서 음악을 크게 켜놓고 심한 고성을 지른다는 112신고를 받고 경찰관이 출동하였다. 출동한 경찰관이 인터폰으로 甲에게 문을 열어달라고 하였으나, 甲은 심한 욕설을 할 뿐 출입문을 열어주지 않은 채, 소란행위를 멈추지 않았다. 이에 경찰관들이 甲을 만나기 위해 甲의 집으로 통하는 전기를 일시적으로 차단하여 甲이 집 밖으로 나오도록 유도하였다.

① 경찰관 직무집행법상 경찰관의 제지에 관한 부분은 눈앞의 급박한 경찰상 장해를 제거하여야 할 필요가 있고 의무를 명할 시간적 여유가 없거나 의무를 명하는 방법으로는 그 목적을 달성하기 어려운 상황에서 의무이행을 전제로 하지 않고 경찰이 직접 실력을 행사하여 경찰상 필요한 상태를 실현하는 비권력적 사실행위에 관한 근거조항이다.

② 甲의 행위는 경범죄 처벌법상 '인근소란 등'에 해당하고 이로 인하여 인근 주민들이 잠을 이루지 못할 수 있으며 출동한 경찰관들을 만나지 않고 소란행위를 지속하고 있으므로, 甲의 행위를 제지하는 것은 경찰관의 직무상 권한이자 의무로 볼 수 있다.

③ 경찰관 직무집행법상 경찰관의 제지 조치의 위법 여부는 사후적으로 순수한 객관적 기준에서 판단해야 하고 제지 조치 당시의 구체적 상황을 기초로 판단하는 것은 아니다.

④ 경찰관의 조치는 사람의 생명·신체에 위해를 끼치거나 재산에 중대한 손해를 끼칠 우려가 있는 긴급한 경우로 보기는 어려워 즉시강제가 아니라 직접강제의 요건에 부합한다.

정답 및 해설 | ②

대법원 2018.12.13. 선고 2016도19417 판결의 사안이다.

① [×] 경찰관 직무집행법상 경찰관의 제지는 경찰상 즉시강제로서 (비 ×)권력적 사실행위에 관한 근거조항이다.

③ [×] 경찰관 직무집행법상 경찰관의 제지 조치의 위법 여부는 제지 조치 당시의 구체적 상황을 기초로 판단하여야 하고 사후적으로 순수한 객관적 기준에서 판단할 것은 아니다.

④ [×] 경착관 직무집행법 제6조상의 범죄의 예방과 제지는 경찰상 즉시강제이며 직접강제가 아니다.

443 경찰작용에 대한 판례의 설명으로 가장 적절하지 않은 것은? 23. 경찰간부

□□□

① 경찰관이 구체적 상황에 비추어 인적 및 물적 능력의 범위 내에서 적절한 조치라는 판단에 따라 범죄의 진압 및 수사에 관한 직무를 수행한 경우에는 그러한 직무수행이 객관적 정당성을 상실하여 현저하게 불합리한 것으로 인정되지 않는 한 이를 위법하다고 할 수는 없다.

② 본래 범의를 가지지 아니한 자에 대하여 수사기관이 사술이나 계략 등을 써서 범의를 유발케 하여 범죄인을 검거하는 함정수사는 위법함을 면할 수 없고, 범의를 가진 자에 대하여 단순히 범행의 기회를 제공하는 것에 불과한 경우라도 위법한 함정수사이다.

③ 「경찰관 직무집행법」 제6조 제1항의 '경찰관의 제지에 관한 부분'은 범죄의 예방을 위한 경찰행정상 즉시강제, 즉 눈앞의 급박한 경찰상 장해를 제거하여야 할 필요가 있고 의무를 명할 시간적 여유가 없거나 의무를 명하는 방법으로는 그 목적을 달성하기 어려운 상황에서 의무불이행을 전제로 하지 않고 경찰이 직접 실력을 행사하여 경찰상 필요한 상태를 실현하는 권력적 사실행위에 관한 근거조항이다.

④ 주거지에서 음악 소리를 크게 내거나 큰 소리로 떠들어 이웃을 시끄럽게 하는 행위는 「경범죄 처벌법」 제3조 제1항 제21호에서 경범죄로 정한 '인근소란 등'에 해당하고, 경찰관은 「경찰관 직무집행법」에 따라 경범죄에 해당하는 행위를 예방 · 진압 · 수사하고, 필요한 경우 제지할 수 있다.

정답 및 해설 | ②

② [×] 본래 범의를 가지지 아니한 자에 대하여 수사기관이 사술이나 계략 등을 써서 범의를 유발케 하여 범죄인을 검거하는 함정수사는 위법함을 면할 수 없고, 이러한 함정수사에 기한 공소제기는 그 절차가 법률의 규정에 위반하여 무효인 때에 해당한다 할 것이지만, 범의를 가진 자에 대하여 단순히 범행의 기회를 제공하는 것에 불과한 경우에는 위법한 함정수사라고 단정할 수 없다(대판 2007.5.31, 2007도1903).

444 「경찰관 직무집행법」에 관한 설명으로 가장 적절한 것은?(다툼이 있는 경우 판례에 의함) 23. 경찰

□□□

① 경찰 병력이 행정대집행 이후 "A자동차 희생자 추모와 해고자 복직을 위한 범국민대책위원회"(이하 'A차 대책위'라 함)가 또다시 같은 장소를 점거하고 물건을 다시 비치하는 것을 막기 위해 당해 사건 장소를 미리 둘러싼 뒤 'A차 대책위'가 같은 장소에서 기자회견 명목의 집회를 개최하려는 것을 불허하면서 소극적으로 제지한 것은 범죄행위 예방을 위한 경찰 행정상 즉시강제로서 적법한 공무집행에 해당한다.

② 「아동학대범죄의 처벌 등에 관한 특례법」에 따른 아동학대범죄가 행하여지려고 하거나 행하여지고 있어 타인의 생명 · 신체에 대한 위해 발생의 우려가 명백하고 긴급한 상황에서, 경찰관의 그 위해를 예방하거나 진압하기 위한 행위 또는 범인의 검거 과정에서 경찰관을 향한 직접적인 유형력 행사에 대응하는 행위를 하여 그로 인하여 타인에게 피해가 발생한 경우, 그 경찰관의 직무수행이 불가피한 것이고 필요한 최소한의 범위에서 이루어졌으며 해당 경찰관에게 고의 또는 중대한 과실이 없는 때에는 형을 감경하거나 면제한다.

③ 경찰관은 형사처벌의 대상이 되는 행위가 눈앞에서 막 이루어지려고 하는 것이 주관적으로 인정될 수 있는 상황이고 그 행위를 당장 제지하지 않으면 곧 인명 · 신체에 중대한 위해를 미치거나 재산에 손해를 끼칠 우려가 있는 상황이어서, 직접 제지하는 방법 외에는 위와 같은 결과를 막을 수 없는 급박한 상황일 때에만 「경찰관 직무집행법」 제6조에 의하여 적법하게 그 행위를 제지할 수 있다.

④ 「경찰관 직무집행법」은 제1조 제2항에서 "경찰관의 직권은 그 직무 수행에 필요한 최소한도에서 행사되어야 하며 남용되어서는 아니 된다."라고 선언하여 경찰비례의 원칙을 명시적으로 규정하고 있는데, 이는 경찰행정 영역에서의 헌법상 과소보호금지원칙을 표현한 것이다.

정답 및 해설 I ①

① [○] 대판 2021.10.14, 2018도2993

② [×] 「아동학대범죄의 처벌 등에 관한 특례법」에 따른 아동학대범죄가 행하여지려고 하거나 행하여지고 있어 타인의 생명 · 신체에 대한 위해 발생의 우려가 명백하고 긴급한 상황에서, 경찰관이 그 위해를 예방하거나 진압하기 위한 행위 또는 범인의 검거 과정에서 경찰관을 향한 직접적인 유형력 행사에 대응하는 행위를 하여 그로 인하여 타인에게 피해가 발생한 경우, 그 경찰관의 직무수행이 불가피한 것이고 필요한 최소한의 범위에서 이루어졌으며 해당 경찰관에게 고의 또는 중대한 과실이 없는 때에는 그 정상을 참작하여 **형을 감경하거나 면제할 수 있다**(동법 제11조의5).

③ [×] 「경찰관 직무집행법」 제6조에 의하여 범죄를 예방하기 위한 경찰관의 제지 조치가 적법한 직무집행으로 평가될 수 있기 위해서는 형사처벌의 대상이 되는 행위가 눈앞에서 막 이루어지려고 하는 것이 **객관적(주관적 ×)**으로 인정될 수 있는 상황이고, 그 행위를 당장 제지하지 않으면 곧 생명 · 신체에 위해를 미치거나 재산에 중대한 손해를 끼칠 우려가 있는 상황이어서, 직접 제지하는 방법 외에는 위와 같은 결과를 막을 수 없는 절박한 사태가 있어야 한다(대판 2017.3.15, 2013도2168).

④ [×] 「경찰관 직무집행법」은 제1조 제2항에서 "경찰관의 직권은 그 직무 수행에 필요한 최소한도에서 행사되어야 하며 남용되어서는 아니 된다."라고 선언하여 경찰비례의 원칙을 명시적으로 규정하고 있는데, 이는 경찰행정 영역에서의 헌법상 **과잉금지원칙(과소보호금지원칙 ×)**을 표현한 것이다.

445 □□□ 경찰관 직무집행법상 즉시강제에 해당하는 것은 모두 몇 개인가? (다툼이 있는 경우 판례에 의함)

22. 경찰

> ㉠ 주택가에서 흉기를 들고 난동을 부리며 경찰관의 중지명령에 항거하는 사람에 대해 전자충격기를 사용하여 강제로 제압하는 것
> ㉡ 음주운전 등 교통법규 위반자에 대해 운전면허를 취소하는 것
> ㉢ 불법집회로 인한 공공시설의 안전에 대한 위해를 억제하기 위해 최루탄을 사용하는 것
> ㉣ 위험물의 폭발로 인해 매우 긴급한 경우에 위해를 입을 우려가 있는 사람을 억류하거나 피난시키는 것
> ㉤ 지정된 기한까지 체납액을 완납하지 않은 국세체납자의 재산을 압류하는 것
> ㉥ 무허가건물의 철거 명령을 받고도 이를 불이행하는 사람의 불법건축물을 철거하는 것

① 3개 ② 4개
③ 5개 ④ 6개

정답 및 해설 | ①

즉시강제[○]: 경찰관 직무집행법상 ㉠ 경찰장구의 사용(제10조의2), ㉢ 분사기 및 최루탄의 사용(제10조의3), ㉣ 위험방지를 위한 조치(제5조)는 경찰상 즉시강제이다.

즉시강제[×]: ㉡은 도로교통법상 행정행위의 철회이며, ㉤은 국세징수법상 강제징수이며, ㉥은 행정대집행법상 대집행에 해당한다.

446 □□□ 다음 중 경찰관 직무집행법상 출석요구의 사유가 아닌 것은?

07. 경찰간부

① 미아를 인수할 수 있는 보호자인가의 확인
② 유실물을 인수할 권리자의 여부를 확인
③ 사고로 인한 사상자 확인
④ 형사책임을 규명하기 위한 사실조사

정답 및 해설 | ④

④ [×] 행정처분을 위한 교통사고 조사에 필요한 사실확인을 위해 출석요구를 할 수 있다(경찰관 직무집행법 제8조 제2항 제4호).

447 □□□ 경찰관의 정보수집 및 처리 등에 관한 규정상 경찰관이 정보 수집을 위해 상시적으로 출입해서는 안 되며, 정보활동을 위해 필요한 경우에 한정하여 일시적으로 출입할 수 있는 장소에 포함되지 않는 곳은?

22. 경찰간부

① 언론 · 교육 · 종교 · 시민사회 단체 등 민간단체
② 민간기업
③ 정당의 사무소
④ 공기업

정답 및 해설 I ④

④ [×] 경찰관의 정보수집 및 처리 등에 관한 규정상 정보활동을 위해 필요한 경우에 한정하여 일시적으로 출입할 수 있는 장소는(언론·교육·종교·시민사회 단체 등 민간단체(①), 민간기업(②), 정당의 사무소(③)이다.

448 □□□

경찰관 직무집행법 및 경찰관의 정보수집 및 처리 등에 관한 규정(대통령령)상 경찰관이 정보활동을 위해 필요한 경우에 한정하여 일시적으로만 출입이 가능한 곳은 모두 몇 개인가? 22. 경찰

㉠ 언론기관	㉡ 종교시설
㉢ 민간기업	㉣ 정당의 사무소
㉤ 시민사회 단체	

① 2개 ② 3개

③ 4개 ④ 5개

정답 및 해설 I ④

경찰관의 정보수집 및 처리 등에 관한 규정(대통령령)제5조에 따라 경찰관이 정보활동을 위해 필요한 경우에 한정하여 일시적으로만 출입해야 하는 장소는 다음과 같다.

1. ㉠ 언론·교육 ㉡ 종교·시민사회 단체 등 민간단체
2. ㉢ 민간기업
3. ㉣ 정당의 사무소

449 □□□

경찰관의 정보수집 및 처리 등에 관한 규정에 대한 설명으로 가장 적절하지 않은 것은? 23. 경찰승진

① 경찰관의 정보수집·작성·배포에 있어 정보의 구체적인 범위에는 범죄의 예방과 대응에 필요한 정보가 포함된다.

② 경찰관은 정보를 수집하거나 정보의 수집·작성·배포에 수반되는 사실을 확인하려는 경우에는 상대방에게 자신의 신분을 밝히고 정보수집 또는 사실 확인의 목적을 설명해야 한다.

③ ②의 경우 강제적인 방법을 사용할 수 있다.

④ 범죄의 대응을 위한 정보활동에 현저한 지장을 초래할 우려가 있는 경우에는 ②의 절차를 생략할 수 있다.

정답 및 해설 I ③

③ [×] ②의 경우 강제적인 방법을 사용할 수 없다.

450 「경찰관의 정보수집 및 처리 등에 관한 규정」에 대한 설명으로 가장 적절하지 않은 것은?

□□□

24. 경찰승진

① 경찰관이 「경찰관 직무집행법」 제8조의2 제1항에 따라 수집 · 작성 · 배포할 수 있는 정보의 범위에는 국가중요시설의 안전 및 주요 인사(人士)의 보호에 필요한 정보가 포함된다.

② 경찰관은 정보활동과 관련하여 직무와 무관한 비공식적 직함을 사용하는 행위를 해서는 안 된다.

③ 경찰관은 언론 · 교육 · 종교 · 시민사회 단체 등 민간단체, 지방자치단체, 정당의 사무소에 상시적으로 출입해서는 안 되며 정보활동을 위해 필요한 경우에 한정하여 일시적으로만 출입해야 한다고 규정되어 있다.

④ 경찰관은 명백히 위법한 지시라고 판단되는 경우에는 그 집행을 거부할 수 있다.

정답 및 해설 | ③

③ [×] 경찰관은 언론 · 교육 · 종교 · 시민사회 단체 등 민간단체, 민간기업(지방자치단체 ×), 정당의 사무소에 상시적으로 출입해서는 안 되며 정보활동을 위해 필요한 경우에 한정하여 일시적으로만 출입해야 한다고 규정되어 있다(동규정 제5조).

451 경찰관 직무집행법에 대한 설명으로 가장 적절한 것은?

19. 경찰승진

□□□

① 경찰관은 이미 행하여진 범죄나 행하여지려고 하는 범죄행위에 관한 사실을 안다고 인정되는 사람에 대하여 질문을 하는 경우 자신의 신분을 표시하는 증표를 제시하면서 소속과 성명을 밝히고 질문의 목적과 이유를 설명하여야 하며 변호인의 도움을 받을 권리가 있음을 알려야 한다.

② 경찰관은 수상한 행동이나 그 밖의 주위 사정을 합리적으로 판단해 볼 때 구호대상자에 해당함이 명백하여 응급의 구호를 요한다고 믿을 만한 상당한 이유가 있는 자를 발견한 때에는 보건의료기관이나 공공구호기관에 긴급구호를 요청하거나 경찰관서에 보호하는 등 적절한 조치를 하여야 한다.

③ 경찰관은 범죄행위가 목전에 행하여지려고 하고 있다고 인정될 때에는 이를 예방하기 위하여 관계인에게 필요한 경고를 하고 즉시 그 행위를 제지할 수 있다.

④ 경찰관은 자신이나 다른 사람의 생명 · 신체의 방어 및 보호를 위하여 필요하다고 인정되는 상당한 이유가 있을 때에는 그 사태를 합리적으로 판단하여 필요한 한도에서 경찰장구를 사용할 수 있다.

정답 및 해설 | ④

① [×] 변호인의 조력을 받을 권리의 고지는 불심검문시에 하는 것이 아니라 임의동행에 응한 경우에 하는 것이다.

② [×] 경찰관은 수상한 행동이나 그 밖의 주위 사정을 합리적으로 판단해 볼 때 구호대상자에 해당함이 명백하여 응급의 구호를 요한다고 믿을 만한 상당한 이유가 있는 자를 발견한 때에는 보건의료기관이나 공공구호기관에 긴급구호를 요청하거나 경찰관서에 보호하는 등 적절한 조치를 할 수 있다(경찰관 직무집행법 제4조 제1항).

③ [×] 경찰관은 범죄행위가 목전에 행하여지려고 하고 있다고 인정될 때에는 이를 예방하기 위하여 관계인에게 필요한 경고를 하고 즉시가 아니라 긴급한 경우에만 그 행위를 제지할 수 있다(경찰관 직무집행법 제6조).

452 경찰관 직무집행법에 관한 내용 중 가장 적절하지 않은 것은? 22. 경찰

□□□

① 경찰관서의 장은 직무 수행에 필요하다고 인정되는 상당한 이유가 있을 때에는 국가기관이나 공사(公私) 단체 등에 직무수행에 관련된 사실을 조회할 수 있다. 다만, 긴급한 경우에는 소속 경찰관으로 하여금 현장에 나가 해당 기관 또는 단체의 장의 협조를 받아 그 사실을 확인하게 할 수 있다.

② 국가경찰위원회 위원장은 경찰관이 경찰관 직무집행법 제2조(직무의 범위) 각 호에 따른 직무의 수행으로 인하여 민·형사상 책임과 관련된 소송을 수행할 경우 변호인 선임 등 소송 수행에 필요한 지원을 하여야 한다.

③ 경찰청장, 시·도경찰청장 또는 경찰서장은 경찰관 직무집행법 제11조의3 제2항에 따른 보상금심사위원회의 심사·의결에 따라 보상금을 지급하고, 거짓 또는 부정한 방법으로 보상금을 받은 사람에 대하여는 해당 보상금을 환수한다.

④ 보상금심사위원회는 위원장 1명을 포함한 5명 이내의 위원으로 구성한다.

정답 및 해설 I ②

② [×] 경찰청장(국가경찰위원회 위원장 ×)은 경찰관이 경찰관 직무집행법 제2조(직무의 범위) 각 호에 따른 직무의 수행으로 인하여 민·형사상 책임과 관련된 소송을 수행할 경우 변호인 선임 등 소송 수행에 필요한 지원을 할 수 있다.

453 「경찰관 직무집행법」에 관한 설명으로 가장 적절한 것은? 23. 경찰

□□□

① 「경찰관 직무집행법」에 따르면 경찰관은 유실물을 인수할 권리자 확인의 직무를 수행하기 위하여 필요하면 관계인에게 출석하여야 하는 사유·일시 및 장소를 명확히 적은 출석 요구서를 보내 경찰관서에 출석할 것을 요구할 수 있다.

② 「경찰관 직무집행법」에 따르면 위해성 경찰장비의 종류 및 그 사용기준, 안전교육·안전검사의 기준 등은 행정안전부령으로 정한다.

③ 「경찰관 직무집행법」 제11조의2 제1항에 따른 손실보상을 청구할 수 있는 권리는 손실이 있음을 안 날부터 3년, 손실보상이 확정된 때부터 5년간 행사하지 아니하면 시효의 완성으로 소멸한다.

④ 「경찰관 직무집행법」 제2조 직무의 범위에 "테러경보 발령·대테러 작전 수행"을 명시하고 있다.

정답 및 해설 I ①

① [O] 경찰관 직무집행법 제8조

② [×] 「경찰관 직무집행법」에 따르면 위해성 경찰장비의 종류 및 그 사용기준, 안전교육·안전검사의 기준 등은 **대통령령령**으로 정한다.

③ [×] 「경찰관 직무집행법」 제11조의2 제1항에 따른 손실보상을 청구할 수 있는 권리는 손실이 있음을 안 날부터 3년, **손실이 발생한 날**(손실보상이 확정된 때 ×)부터 5년간 행사하지 아니하면 시효의 완성으로 소멸한다.

④ [×] 「경찰관 직무집행법」 제2조 직무의 범위에 "**대간첩**(테러경보 발령 ×)·대테러 작전 수행"을 명시하고 있다.

454 경찰장비에 대한 설명으로 맞는 것은? 09. 경찰 변형

□□□

① 현행범인이나 사형 · 무기 또는 장기 3년 이상의 징역이나 금고에 해당하는 죄를 범한 범인의 체포 · 도주의 방지를 위하여 위해를 수반한 무기의 사용이 허용된다.

② 정당방위, 긴급피난, 자구행위에 해당하는 경우 위해를 수반하여 무기를 사용할 수 있다.

③ 범인의 체포 · 도주 방지를 위하여 부득이한 경우 현장책임자의 판단으로 필요한 최소한의 범위 안에서 분사기 또는 최루탄을 사용할 수 있다.

④ 경찰장구로는 수갑, 전자충격기 등이 있고, 무기로는 권총, 소총, 석궁 등이 있으며, 기타 장비로는 가스차, 살수차 등이 있다.

정답 및 해설 I ③

① [×] 현행범인이나 사형 · 무기 또는 장기 3년 이상의 징역이나 금고에 해당하는 죄를 범한 범인의 체포 · 도주의 방지, 자신이나 다른 사람의 생명 · 신체의 방어 및 보호, 공무집행에 대한 항거 제지를 위하여 필요하다고 인정되는 상당한 이유가 있을 때에는 그 사태를 합리적으로 판단하여 필요한 한도에서 **경찰장구를 사용할 수 있다**(경찰관 직무집행법 제10조의2 제1항).

② [×] 정당방위와 긴급피난에 해당하는 경우에 위해를 수반하여 무기를 사용할 수 있다(경찰관 직무집행법 제10조의4 제1항 단서).

④ [×] 석궁은 무기가 아니라 기타 장비에 해당한다(위해성 경찰장비의 사용기준 등에 관한 규정 제2조 제4호).

455 경찰관 직무집행법상 경찰장구의 사용기준으로 가장 적절하지 않은 것은? 15. 경찰

□□□

① 현행범이나 사형 · 무기 또는 장기 3년 이상의 징역이나 금고에 해당하는 죄를 범한 범인의 체포 또는 도주 방지

② 불법집회 · 시위로 인한 자신이나 다른 사람의 생명 · 신체와 재산 및 공공시설 안전에 대한 현저한 위해의 발생 억제

③ 자신이나 다른 사람의 생명 · 신체의 방어 및 보호

④ 공무집행에 대한 항거 제지

정답 및 해설 I ②

② [×] '불법집회 · 시위로 인한 자신이나 다른 사람의 생명 · 신체와 재산 및 공공시설 안전에 대한 현저한 위해의 발생 억제'는 분사기 · 최루탄의 사용요건이다(경찰관 직무집행법 제10조의3 제2호).

456 경찰관 직무집행법상 다음 설명 중 적절하지 않은 것은 모두 몇 개인가? 11. 경찰 변형

□□□

> ㉠ 경찰관 직무집행법 제2조 제7호는 그 밖에 공공의 안녕과 위해의 방지를 직무범위로 규정하고 있다.
> ㉡ 경찰서 및 해양경찰서에 법률이 정한 절차에 따라 체포 · 구속되거나 신체의 자유를 제한하는 판결 또는 처분을 받은 자를 수용하기 위해 유치장을 둔다라고 규정하고 있다.
> ㉢ 경찰관이 불심검문을 하기 위해 질문하거나 동행을 요구할 경우 경찰관은 동행을 요구받은 사람에게 구두로 소속과 성명만을 밝히면 된다.
> ㉣ 경찰관은 현행범인인 경우와 사형 · 무기 또는 장기 3년 이상의 징역이나 금고에 해당하는 죄를 범한 범인의 체포 · 도주의 방지, 자신이나 다른 사람의 생명 · 신체에 대한 방호, 공무집행에 대한 항거 제지를 위하여 필요하다고 인정되는 상당한 이유가 있을 때에는 그 사태를 합리적으로 판단하여 필요한 한도 내에서 경찰장구를 사용할 수 있다.

① 1개 ② 2개

③ 3개 ④ 4개

정답 및 해설 I ②

틀린 설명은 ㉠㉢ 2개이다.

㉠ [×] 경찰관 직무집행법 제2조 제7호는 그 밖에 공공의 안녕과 질서유지를 직무범위로 규정하고 있고 위해의 방지를 직접 규정하고 있지는 않다.

㉢ [×] 경찰관이 불심검문을 하기 위해 질문하거나 동행을 요구할 경우 경찰관은 동행을 요구받은 사람에게 자신의 신분을 표시하는 증표를 제시하면서 소속과 성명을 밝히고 그 목적과 이유를 설명하여야 하며, 동행의 경우에는 동행 장소를 밝혀야 한다(경찰관 직무집행법 제3조 제4항).

457 경찰관 직무집행법상 '경찰장비'에 대한 설명으로 옳지 않은 것은? 20. 경찰간부

□□□

① 경찰관은 직무수행 중 경찰장비를 사용할 수 있다. 다만, 사람의 생명이나 신체에 위해를 끼칠 수 있는 경찰장비를 사용할 때에는 필요한 안전교육과 안전검사를 받은 후 사용하여야 한다.

② '경찰장구'란 무기, 최루제와 그 발사장치, 살수차, 감식기구, 해안 감시기구, 통신기기, 차량 · 선박 · 항공기 등 경찰이 직무를 수행할 때 필요한 장치와 기구를 말한다.

③ 경찰청장은 사람의 생명이나 신체에 위해를 끼칠 수 있는 경찰장비를 새로 도입하려는 경우에는 대통령령으로 정하는 바에 따라 안전성 검사를 실시하여 그 안전성 검사의 결과 보고서를 국회 소관 상임위원회에 제출하여야 한다. 이 경우 안전성 검사에는 외부 전문가를 참여시켜야 한다.

④ 경찰관은 경찰장비를 함부로 개조하거나 경찰장비에 임의의 장비를 부착하여 일반적인 사용법과 달리 사용함으로써 다른 사람의 생명 · 신체에 위해를 끼쳐서는 아니 된다.

정답 및 해설 I ②

② [×] '경찰장비'란 무기, 최루제와 그 발사장치, 살수차, 감식기구, 해안 감시기구, 통신기기, 차량 · 선박 · 항공기 등 경찰이 직무를 수행할 때 필요한 장치와 기구를 말한다(경찰관 직무집행법 제10조 제2항).

458 경찰관 직무집행법에 대한 설명 중 옳지 않은 것을 모두 고른 것은?

10. 경찰간부

> ㉠ 경찰관 직무집행법상 보호조치에 있어서, 피구호자가 휴대하고 있는 무기 · 흉기 등에 대한 임시영치기간은 30일을 초과할 수 없다.
> ㉡ 경찰관 직무집행법은 경찰조직에 관한 기본법이라고 할 수 있다.
> ㉢ 사형, 무기 또는 단기 3년 이상의 징역이나 금고에 해당하는 죄를 범한 자가 경찰관의 공무집행에 대하여 항거하거나 도주하려고 할 때, 이를 방지 또는 체포하기 위하여 무기를 사용하지 아니하고는 다른 수단이 없다고 인정되는 상당한 이유가 있을 때는 위해를 수반할 수 있는 무기사용 요건에 해당한다.
> ㉣ 경찰관 직무집행법상 불심검문 중 경찰관서 동행시, 동행요구를 받은 사람은 '특별한 사정 존재시'에 한하여 거절이 가능하다.
> ㉤ 불심검문을 하던 중 그 사람에게 불리하거나 신원확인이 불가능한 경우 또는 교통에 방해가 되는 경우에는 임의동행할 수 있다.

① ㉠, ㉡, ㉢, ㉣, ㉤ ② ㉠, ㉡, ㉣, ㉤
③ ㉡, ㉣ ④ ㉡, ㉢, ㉣, ㉤

정답 및 해설 | ①

옳지 않은 설명은 ㉠㉡㉢㉣㉤이다.

㉠ [×] 경찰관 직무집행법상 보호조치에 있어서, 피구호자가 휴대하고 있는 무기 · 흉기 등에 대한 임시영치기간은 10일을 초과할 수 없다(경찰관 직무집행법 제4조 제7항).

㉡ [×] 경찰관 직무집행법은 경찰작용에 관한 기본법이라고 할 수 있다. 조직에 관한 일반법은 국가경찰과 자치경찰의 조직 및 운영에 관한 법률이다.

㉢ [×] 사형 · 무기 또는 장기(단기 ×) 3년 이상의 징역이나 금고에 해당하는 죄를 범한 자가 경찰관의 공무집행에 대하여 항거하거나 도주하려고 할 때, 이를 방지 또는 체포하기 위하여 무기를 사용하지 아니하고는 다른 수단이 없다고 인정되는 상당한 이유가 있을 때는 위해를 수반할 수 있는 무기사용 요건에 해당한다(경찰관 직무집행법 제10조의4 제1항 제2호).

㉣ [×] 경찰관 직무집행법상 불심검문 중 경찰관서 동행시, 동행요구를 받은 사람은 이때 특별한 사정이 없더라도 동행요구를 거절할 수 있다(경찰관 직무집행법 제3조 제2항).

㉤ [×] 경찰관 직무집행법상 신원확인이 불가능한 경우는 임의동행의 사유가 되지 않는다.

459 경찰관 직무집행법 제10조의4에 규정된 위해를 수반할 수 있는 무기사용 요건에 해당하지 않는 것은?

□□□

15. 경찰승진

① 대간첩 작전 수행과정에서 무장간첩이 항복하라는 경찰관의 명령을 받고도 따르지 아니할 때
② 공무집행에 대한 항거의 제지
③ 형법에 규정된 정당방위와 긴급피난
④ 무기 · 흉기 등 위험한 물건을 지니고 경찰관으로부터 3회 이상 물건을 버리라는 명령이나 항복하라는 명령을 받고도 따르지 아니하면서 계속 항거하는 범인을 체포하기 위하여 무기를 사용하지 아니하고는 다른 수단이 없다고 인정되는 상당한 이유가 있을 때

정답 및 해설 | ②

② [×] 공무집행에 대한 항거의 제지는 위해를 수반하지 않는 무기사용의 요건에 해당한다.

460 □□□ 경찰관 직무집행법 제10조의4(무기의 사용)에 대한 설명으로 가장 적절한 것은? 17. 경기북부여경

① 무기란 사람의 생명이나 신체에 위해를 끼칠 수 있도록 제작된 권총 · 소총 · 도검 등을 말한다.

② 형법에 규정된 정당방위와 긴급피난에 해당할 때 경찰관은 무기사용은 가능하나 위해를 줄 수는 없다.

③ 체포 · 구속영장을 집행하는 과정에서 경찰관의 직무집행에 항거하거나 도주하려고 할 때 위해를 수반한 무기사용이 가능하다. 다만, 이 경우 압수 · 수색영장을 집행하는 과정에서는 상대방에게 위해를 수반한 무기사용이 불가능하다.

④ 사형 · 무기 또는 장기 1년 이상의 징역이나 금고에 해당하는 죄를 범하였다고 의심할 만한 충분한 이유가 있는 사람이 경찰관의 직무집행에 항거하거나 도주하려고 하는 경우 위해를 수반한 무기사용이 가능하다.

정답 및 해설 I ①

② [×] 형법에 규정된 정당방위와 긴급피난은 **위해를 수반하는 무기사용**의 요건에 해당한다.

③ [×] 체포 · 구속영장뿐만 아니라 **압수 · 수색영장을 집행하는 과정에서도** 경찰관의 직무집행에 항거하거나 도주하려고 할 때 위해를 수반한 무기사용이 가능하다.

④ [×] 사형 · 무기 또는 **장기 3년 이상**의 징역이나 금고에 해당하는 죄를 범하였다고 의심할 만한 충분한 이유가 있는 사람이 경찰관의 직무집행에 항거하거나 도주하려고 하는 경우 위해를 수반한 무기사용이 가능하다.

461 □□□ 경찰관 직무집행법상 경찰장구로 가장 적절하지 않은 것은? 16. 경찰승진

① 포승(捕繩)

② 권총

③ 경찰봉

④ 방패

정답 및 해설 I ②

② [×] 권총은 경찰관 직무집행법상 **무기**에 해당한다(경찰관 직무집행법 제10조의4 제2항).

462 경찰관 직무집행법상 경찰장비에 대한 설명으로 적절한 것은 모두 몇 개인가?

22. 경찰간부

> ㉠ 경찰관은 현행범이나 사형 · 무기 또는 장기 3년 이상의 징역이나 금고에 해당하는 죄를 범한 범인의 체포 또는 도주 방지의 직무를 수행하기 위하여 필요하다고 인정되는 상당한 이유가 있을 때에는 그 사태를 합리적으로 판단하여 필요한 한도에서 경찰장구를 사용할 수 있다.
> ㉡ 경찰관은 직무수행 중 경찰장비를 사용할 수 있다. 다만, 재산의 침해 또는 생명이나 신체에 위해를 끼칠 수 있는 경찰장비를 긴급하게 사용할 때에는 안전검사 없이 안전교육을 받은 후 사용할 수 있다.
> ㉢ 위해성 경찰장비는 필요한 최소한도에서 사용하여야 하며, 위해성 경찰장비의 종류 및 그 사용기준, 안전교육 · 안전검사의 기준 등은 행정안전부령으로 정한다.
> ㉣ 경찰청장은 위해성 경찰장비를 새로 도입하려는 경우에는 대통령령으로 정하는 바에 따라 안전교육을 실시하여 그 안전교육의 결과보고서를 국회 소관 상임위원회에 제출하여야 한다. 이 경우 안전교육에는 외부 전문가를 참여시킬 수 있다.

① 0개　　② 1개
③ 2개　　④ 3개

정답 및 해설 I ②

㉡ [×] 경찰관은 직무수행 중 경찰장비를 사용할 수 있다. 다만, **(재산의 침해×)** 사람의 생명이나 신체에 위해를 끼칠 수 있는 경찰장비를 긴급하게 사용할 때에는 필요한 **안전교육과 안전검사**를 받은 후 사용할 수 있다(동법 제10조 제1항).

㉢ [×] 위해성 경찰장비는 필요한 최소한도에서 사용하여야 하며, 위해성 경찰장비의 종류 및 그 사용기준, 안전교육 · 안전검사의 기준 등은 **대통령령**으로 정한다(동법 제10조 제6항).

㉣ [×] 경찰청장은 위해성 경찰장비를 새로 도입하려는 경우에는 대통령령으로 정하는 바에 따라 **안전성 검사**를 실시하여 그 **안전성 검사**의 결과보고서를 국회 소관 상임위원회에 제출하여야 한다. 이 경우 **안전성 검사**에는 외부 전문가를 **참여시켜야 한다**(동법 제10조 제5항).

463 경찰관의 무기사용에 대한 설명으로 옳은 것으로만 묶인 것은?

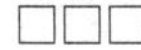

10. 경찰승진

> ㉠ 경찰공무원법에는 경찰관이 무기를 휴대해야만 한다고 규정하고 있다.
> ㉡ 경찰관은 범인의 체포 · 도주의 방지, 자신이나 다른 사람의 생명 · 신체에 대한 방호, 공무집행에 대한 항거의 제지를 위하여 무기를 사용하여야 한다.
> ㉢ 형법에 규정한 정당방위와 긴급피난에 해당하는 때에는 상대방에게 위해를 수반할 수 있다.
> ㉣ 범인 또는 소요 행위자가 무기 · 흉기 등 위험한 물건을 지니고 경찰관으로부터 3회 이상의 물건을 버리라는 명령이나 항복하라는 명령을 받고도 따르지 아니하면서 계속 항거하여 이를 방지 또는 체포하기 위하여 무기를 사용하지 아니하고는 다른 수단이 없다고 인정되는 상당한 이유가 있을 때는 위해를 수반할 수 있다.

① ㉠, ㉢　　② ㉡, ㉢
③ ㉠, ㉡, ㉢　　④ ㉢, ㉣

정답 및 해설 | ④

옳은 설명은 ㉢㉣이다.

㉠ [×] 경찰공무원법 제26조에는 경찰공무원은 직무수행을 위하여 필요할 때에는 무기를 휴대할 수 있다고 규정하고 있다. 즉, 경찰공무원법상 무기휴대는 의무가 아니라 권리이다.

㉡ [×] 경찰관 직무집행법 제10조의4에서 경찰관은 범인의 체포·도주의 방지, 자신이나 다른 사람의 생명·신체에 대한 방호, 공무집행에 대한 항거의 제지를 위하여 필요하다고 인정되는 상당한 이유가 있을 때에는 그 사태를 합리적으로 판단하여 필요한 한도 내에서 무기를 사용할 수 있다고 규정하고 있다.

464 □□□ 경찰관 직무집행법상 경찰관의 무기사용시 상대방에게 위해를 주어서는 아니 되는 경우로 가장 적절한 것은? 15. 경찰

① 자기 또는 타인의 생명·신체에 대한 방호
② 무장간첩이 투항명령을 받고도 불응하는 때
③ 형법상 정당방위·긴급피난에 해당하는 때
④ 무기를 소지한 자가 3회 이상 투기·투항명령에 불응하며 항거하는 때

정답 및 해설 | ①

① [○] 자기 또는 타인의 생명·신체에 대한 방호는 위해를 수반하지 않는 무기사용의 요건에 해당한다.

465  경찰관 직무집행법에 대한 다음 설명 중 옳은 것은 모두 몇 개인가? 17. 경찰간부

> ㉠ 미아·병자·부상자 등으로 적당한 보호자가 없으며 응급의 구호를 요한다고 인정되는 경우 당해인이 이를 거절하는 때에도 보호조치를 할 수 있다.
> ㉡ 위험 발생의 방지를 위한 조치수단 중 긴급을 요할 때 '억류 또는 피난조치를 할 수 있는 대상자'로 규정된 자는 그 장소에 모인 사람, 사물의 관리자, 그 밖의 관계인이다.
> ㉢ 법 제10조의4에 따른 무기를 사용하는 경우 그 책임자는 사용 일시·장소·대상, 현장책임자, 종류, 수량 등을 기록하여 보관하여야 한다.
> ㉣ 이 법에 규정된 경찰관의 의무를 위반하거나 직권을 남용하여 다른 사람에게 해를 끼친 사람은 1년 이하의 징역이나 금고에 처한다.
> ㉤ 손실보상을 청구할 수 있는 권리는 손실이 있음을 안 날로부터 2년, 손실이 발생한 날로부터 5년간 행사하지 아니하면 시효의 완성으로 소멸한다.

① 1개 ② 2개
③ 3개 ④ 4개

정답 및 해설 I ②

옳은 설명은 ㉢㉣ 2개이다.

㉠ [×] 미아 · 병자 · 부상자 등으로 적당한 보호자가 없으며 응급의 구호를 요한다고 인정되는 경우 당해인이 이를 거절하는 때에는 보호조치를 할 수 없다(경찰관 직무집행법 제4조 제1항 제3호).

㉡ [×] 위험 발생의 방지를 위한 조치수단 중 긴급을 요할 때 '억류 또는 피난조치를 할 수 있는 대상자'로 규정된 자는 '위해를 입을 우려가 있는 사람'이다(경찰관 직무집행법 제5조 제1항 제2호).

㉤ [×] 손실보상을 청구할 수 있는 권리는 손실이 있음을 안 날로부터 3년, 손실이 발생한 날로부터 5년간 행사하지 아니하면 시효의 완성으로 소멸한다(경찰관 직무집행법 제11조의2 제2항).

466 □□□ 「경찰관 직무집행법」에 관한 설명으로 가장 적절하지 않은 것은? (다툼이 있는 경우 판례에 의함)

23. 경채

① 경찰관은 범인의 체포 또는 범인의 도주 방지, 불법집회 · 시위로 인한 자신이나 다른 사람의 생명 · 신체와 재산 및 공공시설 안전에 대한 현저한 위해의 발생 억제를 위해서 부득이한 경우에는 현장사용자가 판단하여 최소한의 범위에서 「총포 · 도검 · 화약류 등의 안전관리에 관한 법률」에 따른 분사기를 사용할 수 있다.

② 경찰관이 경찰관 직무집행법 제3조 제1항에 규정된 불심검문 대상자 해당 여부를 판단함에 있어서는 불심검문 당시의 구체적 상황은 물론 사전에 얻은 정보나 전문적 지식 등에 기초하여 불심검문 대상자인지 여부를 객관적 · 합리적인 기준에 따라 판단하여야 할 것이나, 반드시 불심검문 대상자에게 형사소송법상 체포나 구속에 이를 정도의 혐의가 있을 것을 요한다고 할 수는 없다.

③ 경찰관은 현행범이나 사형 · 무기 또는 장기 3년 이상의 징역이나 금고에 해당하는 죄를 범한 범인의 체포 또는 도주 방지를 위해서 필요하다고 인정되는 상당한 이유가 있을 때에는 그 사태를 합리적으로 판단하여 필요한 한도에서 수갑, 포승, 경찰봉, 방패 등을 사용할 수 있다.

④ 경찰관의 제지 조치가 적법한지 여부는 제지 조치 당시의 구체적 상황을 기초로 판단하여야 하고 사후적으로 순수한 객관적 기준에서 판단할 것은 아니다.

정답 및 해설 I ①

① [×] 경찰관은 범인의 체포 또는 범인의 도주 방지, 불법집회 · 시위로 인한 자신이나 다른 사람의 생명 · 신체와 재산 및 공공시설 안전에 대한 현저한 위해의 발생 억제를 위해서 부득이한 경우에는 현장책임자(사용자 ×)가 판단하여 최소한의 범위에서 「총포 · 도검 · 화약류 등의 안전관리에 관한 법률」에 따른 분사기를 사용할 수 있다(동법 제10조의3).

467 경찰관 무기사용에 대한 설명으로 적절한 것은 모두 몇 개인가? (다툼이 있는 경우 판례에 의함)

□□□

23. 경찰간부

> ㉠ 경찰관이 신호위반을 이유로 정지명령에 불응하고 도주하던 차량에 탑승한 동승자를 추격하던 중 수차례에 걸쳐 경고하고 공포탄을 발사했음에도 불구하고 계속 도주하자 실탄을 발사하여 사망케 한 경우, 위 총기 사용 행위는 허용 범위를 벗어난 위법행위이다.
>
> ㉡ 경찰관의 무기 사용이 특히 사람에게 위해를 가할 위험성이 큰 권총의 사용에 있어서는 그 요건을 더욱 엄격하게 판단하여야 한다.
>
> ㉢ 「경찰관 직무집행법」상 무기란 사람의 생명이나 신체에 위해를 끼칠 수 있도록 제작된 권총 · 소총 · 도검 등을 말하며, 대간첩 · 대테러 작전 등 국가안전에 관련되는 작전을 수행할 때에는 개인화기 외에 공용화기를 사용할 수 있다.
>
> ㉣ 경찰관이 길이 40cm 가량의 칼로 반복적으로 위협하며 도주하는 차량 절도 혐의자를 추적하던 중, 도주하기 위하여 등을 돌린 혐의자의 몸 쪽을 향하여 약 2m 거리에서 실탄을 발사하여 혐의자를 복부관통상으로 사망케 한 경우, 경찰관의 총기사용은 사회통념상 허용범위를 벗어난 위법행위이다.

① 1개
② 2개
③ 3개
④ 4개

정답 및 해설 I ④

모두 옳은 지문이다.

㉠ [O] 대판 1999.6.22, 98다61470

㉡ [O] 대판 1999.3.23, 98다63445

㉢ [O] 경찰관 직무집행법 제10조의4 제3항

㉣ [O] 대판 1999.3.23, 98다63445

468 경찰권의 발동과 한계에 대한 설명으로 가장 적절하지 않은 것은? (다툼이 있는 경우 판례에 의함)

□□□

23. 경찰간부

① 「경찰관 직무집행법」 제1조 제2항은 경찰비례의 원칙을 명시적으로 선언하고 있는 것이며, 이는 공공의 안녕과 질서유지라는 공익목적과 이를 실현하기 위하여 개인의 권리나 재산을 침해하는 수단 사이에는 합리적인 비례관계가 있어야 한다는 의미를 갖는다.

② 「경찰관 직무집행법」상 경찰장비 규정은 경찰관의 직무수행중 경찰장비의 사용 여부, 용도, 방법 및 범위에 관하여 재량의 한계를 정한 것이라 할 수 있고, 특히 위해성 경찰장비는 그 사용의 위험성과 기본권 보호 필요성에 비추어 볼 때 본래의 사용방법에 따라 지정된 용도로 사용되어야 하며 다른 용도나 방법으로 사용하기 위해서는 반드시 법령에 근거가 있어야 한다.

③ 형법상 공무집행방해죄는 공무원의 직무집행이 적법한 경우에 한하여 성립하며, 이때 적법한 공무집행은 그 행위가 공무원의 추상적 권한이 아니라 구체적 직무집행에 관한 법률상 요건과 방식을 갖춘 경우를 가리키므로, 경찰관이 적법절차를 준수하지 않은 채 실력으로 현행범인을 연행하려 하였다면 적법한 공무집행이라고 할 수 없다.

④ 위법이나 비난의 정도가 미약한 사안을 포함한 모든 경우에 부정 취득하지 않은 운전면허까지 필요적으로 취소하고 이로 인해 2년 동안 해당 운전면허 역시 받을 수 없게 하는 것은, 공익의 중대성을 감안하더라도 지나치게 기본권을 제한하는 것이 아니므로 비례의 원칙에 위배되지 않는다.

정답 및 해설 | ③, ④

③ [×] 형법 제136조가 규정하는 공무집행방해죄는 공무원의 직무집행이 적법한 경우에 한하여 성립한다. 이때 적법한 공무집행은 그 행위가 공무원의 추상적 권한에 속할 뿐 아니라(추상적 권한이 아니라 ×) 구체적 직무집행에 관한 법률상 요건과 방식을 갖춘 경우를 가리키므로, 경찰관이 적법절차를 준수하지 않은 채 실력으로 현행범인을 연행하려 하였다면 적법한 공무집행이라고 할 수 없다(대판 2017.3.15, 2013도2168).

④ [×] 이 사건 규정은 자동차 등을 이용하여 범죄행위를 하기만 하면 그 범죄행위가 얼마나 중한 것인지, 그러한 범죄행위를 행함에 있어 자동차 등이 당해 범죄 행위에 어느 정도로 기여했는지 등에 대한 아무런 고려 없이 무조건 운전면허를 취소하도록 하고 있으므로 이는 구체적 사안의 개별성과 특수성을 고려할 수 있는 여지를 일체 배제하고 그 위법의 정도나 비난의 정도가 극히 미약한 경우까지도 운전면허를 취소할 수밖에 없도록 하는 것으로 최소침해성의 원칙에 위반된다 할 것이다. 한편, 이 사건 규정에 의해 운전면허가 취소되면 2년 동안은 운전면허를 다시 발급 받을 수 없게 되는바, 이는 지나치게 기본권을 제한하는 것으로서 법익균형성 원칙에도 위반된다. 그러므로 이 사건 규정은 직업의 자유 내지 일반적 행동자유권을 침해하여 헌법에 위반된다(헌재 2005.11.24, 2004헌가28).

469 □□□ **경찰관의 직무수행 및 경찰장비의 사용과 관련한 재량의 범위 및 한계에 대한 설명으로 가장 적절하게 나열한 것은? (다툼이 있는 경우 판례에 의함)**

23. 경찰간부

불법적인 농성을 진압하는 방법 및 그 과정에서 어떤 경찰장비를 사용할 것인지는 (㉠)인 상황과 예측되는 피해 발생의 (㉡) 위험성의 내용 등에 비추어 경찰관이 그 재량의 범위 내에서 정할 수 있다. 그러나 그 직무수행 중 특정한 경찰장비를 필요한 최소한의 범위를 넘어 관계 법령에서 정한 통상의 용법과 달리 사용함으로써 타인의 생명·신체에 위해를 가하였다면, 불법적인 농성의 진압을 위하여 그러한 방법으로라도 해당 경찰장비를 사용할 필요가 있고 그로 인하여 발생할 우려가 있는 타인의 생명·신체에 대한 위해의 정도가 (㉢)으로 예견되는 범위 내에 있다는 등의 특별한 사정이 없는 한 그 직무수행은 위법하다고 보아야 한다. 나아가 경찰관이 농성 진압의 과정에서 경찰장비를 위법하게 사용함으로써 그 직무 수행이 적법한 범위를 벗어난 것으로 볼 수밖에 없다면, 상대방이 그로 인한 생명·신체에 대한 위해를 면하기 위하여 (㉣)으로 대항하는 과정에서 그 경찰장비를 손상시켰더라도 이는 위법한 공무집행으로 인한 신체에 대한 현재의 부당한 침해에서 벗어나기 위한 행위로서 정당방위에 해당한다.

	㉠	㉡	㉢	㉣
①	구체적	추상적	특수적	간접적
②	추상적	구체적	통상적	직접적
③	구체적	추상적	통상적	직접적
④	구체적	구체적	통상적	직접적

정답 및 해설 | ④

불법적인 농성을 진압하는 방법 및 그 과정에서 어떤 경찰장비를 사용할 것인지는 (㉠ 구체적)인 상황과 예측되는 피해 발생의 (㉡ 구체적) 위험성의 내용 등에 비추어 경찰관이 그 재량의 범위 내에서 정할 수 있다. 그러나 그 직무수행 중 특정한 경찰장비를 필요한 최소한의 범위를 넘어 관계 법령에서 정한 통상의 용법과 달리 사용함으로써 타인의 생명·신체에 위해를 가하였다면, 불법적인 농성의 진압을 위하여 그러한 방법으로라도 해당 경찰장비를 사용할 필요가 있고 그로 인하여 발생할 우려가 있는 타인의 생명·신체에 대한 위해의 정도가 (㉢ 통상적)으로 예견되는 범위 내에 있다는 등의 특별한 사정이 없는 한 그 직무수행은 위법하다고 보아야 한다. 나아가 경찰관이 농성 진압의 과정에서 경찰장비를 위법하게 사용함으로써 그 직무 수행이 적법한 범위를 벗어난 것으로 볼 수밖에 없다면, 상대방이 그로 인한 생명·신체에 대한 위해를 면하기 위하여 (㉣ 직접적)으로 대항하는 과정에서 그 경찰장비를 손상시켰더라도 이는 위법한 공무집행으로 인한 신체에 대한 현재의 부당한 침해에서 벗어나기 위한 행위로서 정당방위에 해당한다(대판 2022.11.30, 2016다26662·26679·26686).

470 다음은 경찰관 무기사용과 관련된 사건이다. 이에 대한 설명으로 가장 적절하지 않은 것은? 11. 경찰

□□□

> ㉠ 경찰관 A는 동료 경찰관 B와 함께 순찰차를 타고 관내를 순찰하고 있었다. 이 때 경찰서 상황실로부터 신고에 의하면 K라는 사람이 한 술집에서 술병으로 타인을 찌르고, 자신의 집인 꽃집으로 가서 아들을 칼로 위협하는 사건이 발생하였으니 이에 대응하라는 무선지령을 받고 지원 출동하였다.
>
> ㉡ 용의자의 꽃집에 도착하여, 동료 경찰관 B는 주위에 있는 막대기를 들고 앞장서고, A는 권총을 꺼내 안전장치를 풀고 B의 뒤에 서서 엄호하며 집 안으로 걸어 들어갔다. 이 때 용의자 K가 세면장에서 나오면서 경찰관 A와 B에게 소리를 지르며 달려들었다. 일반부 씨름선수에서 우승할 정도의 건장한 체격을 가진 K는 쉽게 경찰관 A와 B를 넘어뜨리고 넘어진 경찰관 B의 몸 위에 올라 타 몸싸움을 하였다.
>
> ㉢ 이를 본 경찰관 A는 넘어져 있는 상태에서 소지하고 있던 권총으로 공포탄 1발을 발사하였다. 그러나 K는 이에 굴복하지 않고 계속 경찰관 B의 몸 위에서 그의 목을 누르는 등의 물리력을 행사하여 일어나지 못하게 하였다.
>
> ㉣ 이에 경찰관 A는 K를 향하여 실탄 1발을 발사하였고, 그 실탄은 K의 우측 흉부 하단 늑간 부위를 관통하였다. K는 즉시 병원에 후송되어 입원치료를 받았으나 간파열 등으로 인한 패혈증으로 며칠 뒤에 사망하였다. 나중에 확인하여 보니 K는 경찰관과 격투를 할 당시 칼을 소지하지 않고 있었던 것으로 밝혀졌다.

① 경찰관은 범인이 무기·흉기 등 위험한 물건을 소지하고, 경찰관으로부터 3회 이상의 투기명령 또는 투항명령을 받고도 이에 불응하면서 계속 항거하여 이를 방지 또는 체포하기 위하여 무기를 사용하지 아니하고는 다른 수단이 없다고 인정되는 상당한 이유가 있을 경우에는 총기를 사용할 수 있다.

② 사망한 K의 유가족은 경찰관 A를 상대로 형법 제268조의 업무상 과실치사를 주장할 수 있다.

③ 경찰관 A는 자기 또는 동료경찰관 B의 현재의 부당한 침해를 방위하기 위한 행위로서 상당성이 있기 때문에 형법 제21조상의 정당방위를 주장할 수 있다.

④ 이 사건에서 경찰관 A의 정당방위가 인정된다면, 민사상에 있어서 국가의 국가배상책임 역시 면책된다고 할 수 있다.

정답 및 해설 I ④

④ [×] 설문의 사안은 경찰관이 범인을 제압하는 과정에서 총기를 사용하여 범인을 사망에 이르게 한 사안에서, 경찰관이 총기사용에 이르게 된 동기나 목적, 경위 등을 고려하여 형사사건에서 무죄판결이 확정되었더라도 당해 경찰관의 과실의 내용과 그로 인하여 발생한 결과의 중대함에 비추어 민사상 불법행위책임을 인정한 사례이다(대판 2008.2.1, 2006다6713).

471 □□□ 위해성 경찰장비의 사용기준 등에 관한 규정 제2조에는 경찰장비의 종류가 '경찰장구', '무기', '분사기 · 최루탄 등', '기타 장비'로 구분이 되어 있다. 다음 중 '경찰장구'로 분류되어 있는 것은 모두 몇 개인가?

13. 경찰승진

㉠ 수갑	㉡ 전자충격기	㉢ 수류탄
㉣ 권총	㉤ 살수차	㉥ 전자방패
㉦ 가스차	㉧ 물포	㉨ 다목적발사기
㉩ 유탄발사기	㉪ 호송용포승	㉫ 가스발사총

① 2개 ② 3개
③ 4개 ④ 5개

정답 및 해설 I ③

경찰장구는 ㉠㉡㉥㉪ 총 4개이다.
㉢㉣㉩ 무기에 해당한다.
㉤㉦㉧㉨ 기타 장비에 해당한다.
㉫ 분사기 · 최루탄 등에 해당한다.

472 □□□ 위해성 경찰장비의 사용기준 등에 관한 규정상 '위해성 경찰장비'의 종류에 대한 설명으로 가장 적절하지 않은 것은?

17. 경찰승진

① 수갑 · 포승 · 경찰봉 · 전자충격기는 '경찰장구'에 포함된다.
② 권총 · 소총 · 산탄총 · 유탄발사기 · 박격포 · 함포 · 크레모아 · 수류탄 · 폭약류 및 도검은 '무기'에 포함된다.
③ 가스발사총(고무탄 발사겸용을 포함) 및 최루탄(그 발사장치를 포함)은 '분사기 · 최루탄 등'에 포함된다.
④ 가스차 · 살수차 · 특수진압차 · 물포 · 석궁 · 전자방패는 '기타 장비'에 포함된다.

정답 및 해설 I ④

④ [×] 전자방패는 '기타 장비'가 아니라 **'경찰장구'**에 해당한다.

473 다음 중 위해성 경찰장비의 사용기준 등에 관한 규정상 기타 장비는 모두 몇 개인가? 11. 경찰간부

□□□

㉠ 수갑	㉡ 방패	㉢ 전자방패
㉣ 최루탄 발사장치	㉤ 가스차	㉥ 다목적발사기
㉦ 석궁	㉧ 크레모아	㉨ 가스분사기
㉩ 살수차	㉪ 도주차량 차단장비	㉫ 물포

① 4개 ② 5개

③ 6개 ④ 7개

정답 및 해설 I ③

기타 장비는 ㉤㉥㉦㉩㉪㉫ 6개이다.

㉠㉡㉢ 경찰장구에 해당한다.

㉣㉨ 분사기 · 최루탄 등에 해당한다.

㉧ 무기에 해당한다.

474 대통령령인 위해성 경찰장비의 사용기준 등에 관한 규정에 대한 다음 설명 중 옳지 않은 것은?

□□□ 17. 경찰간부

① 경찰관은 전극침 발사장치가 있는 전자충격기를 사용하는 경우 상대방의 얼굴을 향하여 전극침을 발사하여서는 아니 된다.

② 경찰관은 총기 또는 폭발물을 가지고 대항하는 경우를 제외하고는 14세 미만의 자 또는 임산부에 대하여 권총 또는 소총을 발사하여서는 아니 된다.

③ 경찰관은 가스발사총을 사용할 경우 1미터 이내의 거리에서 상대방의 얼굴을 향하여 이를 발사하여서는 아니 된다.

④ 경찰관은 최루탄발사기로 최루탄을 발사하는 경우 15도 이상의 발사각을 유지하여야 하고 가스차 · 살수차 또는 특수진압차의 최루탄발사대로 최루탄을 발사하는 경우에는 30도 이상의 발사각을 유지하여야 한다.

정답 및 해설 I ④

④ [×] 경찰관은 최루탄발사기로 최루탄을 발사하는 경우 30도 이상의 발사각을 유지하여야 하고, 가스차 · 살수차 또는 특수진압차의 최루탄발사대로 최루탄을 발사하는 경우에는 15도 이상의 발사각을 유지하여야 한다(위해성 경찰장비의 사용기준 등에 관한 규정 제12조 제2항).

475 위해성 경찰장비의 사용기준 등에 관한 규정에 대한 내용으로 가장 적절하지 않은 것은?

□□□

18. 경찰 변형

① 경찰관은 범인·술에 취한 사람 또는 정신착란자의 자살 또는 자해기도를 방지하기 위하여 필요한 때에는 수갑·포승 또는 호송용포승을 사용할 수 있다.

② 경찰관은 총기 또는 폭발물을 가지고 대항하는 경우를 제외하고는 14세 미만의 자 또는 임산부에 대하여 권총 또는 소총을 발사하여서는 아니 된다.

③ 경찰관은 최루탄발사기로 최루탄을 발사하는 경우 30도 이상의 발사각을 유지하여야 하고, 가스차·살수차 또는 특수진압차의 최루탄발사대로 최루탄을 발사하는 경우에는 15도 이상의 발사각을 유지하여야 한다.

④ 경찰청장은 신규 도입 장비에 대한 안전성 검사를 실시한 후 3개월 이내에 안전성 검사 결과보고서를 국무회의에 제출하여야 한다.

정답 및 해설 I ④

④ [×] 경찰청장은 신규 도입 장비에 대한 안전성 검사를 실시한 후 3개월 이내에 안전성 검사 결과보고서를 국회 소관 상임위원회에 제출하여야 한다(위해성 경찰장비의 사용기준 등에 관한 규정 제18조의2 제4항).

476 위해성 경찰장비의 사용기준 등에 관한 규정의 내용으로 가장 적절하지 않은 것은?

□□□

18. 경찰승진

① 경찰장구에는 수갑·포승(捕繩)·호송용포승·경찰봉·호신용경봉을 포함한다.

② 무기에는 산탄총·유탄발사기·3인치포·전자충격기·폭발류 및 도검을 포함한다.

③ 경찰관은 범인의 체포 또는 도주방지, 타인 또는 경찰관의 생명·신체에 대한 방호, 공무집행에 대한 항거의 억제를 위하여 필요한 때에는 최소한의 범위 안에서 가스발사총을 사용할 수 있다. 이 경우 경찰관은 1미터 이내의 거리에서 상대방의 얼굴을 향하여 이를 발사하여서는 아니 된다.

④ 경찰관은 범인·술에 취한 사람 또는 정신착란자의 자살 또는 자해기도를 방지하기 위하여 필요한 때에는 수갑·포승 또는 호송용포승을 사용할 수 있다. 이 경우 경찰관은 소속 국가경찰관서의 장(경찰청장, 해양경찰청장, 시·도경찰청장, 지방해양경찰청장, 경찰서장 또는 해양경찰서장 기타 경무관, 총경, 경정 또는 경감을 장으로 하는 국가경찰관서의 장을 말한다. 이하 같다)에게 그 사실을 보고해야 한다.

정답 및 해설 I ②

② [×] 무기란 '권총·소총·기관총(기관단총을 포함한다)·산탄총·유탄발사기·박격포·3인치포·함포·크레모아·수류탄·폭약류 및 도검'을 말한다(위해성 경찰장비의 사용기준 등에 관한 규정 제2조 제2호). 전자충격기는 무기가 아니라 경찰장구에 해당한다.

477 위해성 경찰장비의 사용기준 등에 관한 규정에 대한 설명으로 가장 적절하지 않은 것은? 19. 경찰승진

□□□

① 직무수행 중 위해성 경찰장비를 사용하는 경찰관은 위해성 경찰장비 사용을 위한 안전교육을 받아야 한다.

② 위해성 경찰장비를 사용하는 경찰관이 소속한 국가경찰관서의 장은 소속 경찰관이 사용할 위해성 경찰장비에 대한 안전검사를 실시하여야 한다.

③ 경찰청장은 위해성 경찰장비를 새로 도입하려는 경우에는 안전성 검사를 실시하여 새로 도입하려는 장비가 사람의 생명이나 신체에 미치는 영향을 평가하여야 한다.

④ 위해성 경찰장비를 새로 도입하려는 경우에 안전성 검사에 참여한 외부 전문가는 안전성 검사를 실시한 후 3개월 이내에 안전성 검사 결과보고서를 국회 소관 상임위원회에 제출하여야 한다.

정답 및 해설 I ④

④ [×] 위해성 경찰장비를 새로 도입하려는 경우에 안전성 검사에 참여한 외부 전문가는 안전성 검사가 끝난 후 30일 이내에 신규 도입 장비의 안전성 여부에 대한 의견을 경찰청장에게 제출하여야 한다(위해성 경찰장비의 사용기준 등에 관한 규정 제18조의2 제3항).

478 위해성 경찰장비의 사용기준 등에 관한 규정에 대한 설명 중 가장 옳은 것은? 19. 경찰간부

□□□

① 경찰관은 최루탄발사기로 최루탄을 발사하는 경우 15도 이상의 발사각을 유지하여야 하고, 가스차 · 살수차 또는 특수진압차의 최루탄발사대로 최루탄을 발사하는 경우에는 30도 이상의 발사각을 유지하여야 한다.

② 경찰관은 14세 이하의 자 또는 임산부에 대하여 전자충격기 또는 전자방패를 사용하여서는 아니 된다.

③ 분사기 · 최루탄 등에는 근접분사기 · 가스분사기 · 가스발사총(고무탄 발사겸용을 제외) 및 최루탄(그 발사장치를 포함)이 있다.

④ 경찰관은 범인의 체포 또는 도주방지, 타인 또는 경찰관의 생명 · 신체에 대한 방호, 공무집행에 대한 항거의 억제를 위하여 필요한 때에는 최소한의 범위 안에서 가스발사총을 사용할 수 있다. 이 경우 경찰관은 1미터 이내의 거리에서 상대방의 얼굴을 향하여 이를 발사하여서는 아니 된다.

정답 및 해설 I ④

① [×] 경찰관은 최루탄발사기로 최루탄을 발사하는 경우 30도 이상의 발사각을 유지하여야 하고, 가스차 · 살수차 또는 특수진압차의 최루탄발사대로 최루탄을 발사하는 경우에는 15도 이상의 발사각을 유지하여야 한다(위해성 경찰장비의 사용기준 등에 관한 규정 제12조 제2항).

② [×] 경찰관은 14세 미만의 자 또는 임산부에 대하여 전자충격기 또는 전자방패를 사용하여서는 아니 된다(위해성 경찰장비의 사용기준 등에 관한 규정 제8조 제1항).

③ [×] 분사기 · 최루탄 등에는 근접분사기 · 가스분사기 · 가스발사총(고무탄 발사겸용을 포함한다) 및 최루탄(그 발사장치를 포함)이 있다(위해성 경찰장비의 사용기준 등에 관한 규정 제2조 제3호).

479 경찰관 직무집행법 및 위해성 경찰장비의 사용기준 등에 관한 규정상 경찰장비의 사용에 대한 설명으로 가장 적절한 것은?

□□□

20. 경찰 변형

① 경찰관은 범인의 체포 또는 도주 방지, 자신이나 다른 사람의 생명·신체의 방어 및 보호, 공무집행에 대한 항거의 제지를 위하여 필요한 상당한 이유가 있는 경우 경찰장구를 사용할 수 있다.

② 경찰관은 불법집회·시위 또는 소요사태로 인하여 발생할 수 있는 타인 또는 경찰관의 생명·신체의 위해와 재산·공공시설의 위험을 억제하기 위하여 부득이한 경우에는 시·도경찰청장의 명령에 따라 필요한 최소한의 범위에서 가스차를 사용할 수 있다.

③ 제11조(사용기록의 보관)에 따라 살수차, 분사기, 전자충격기 및 전자방패, 무기를 사용하는 경우 그 책임자는 사용 일시·장소·대상, 현장책임자, 종류, 수량 등을 기록하여 보관하여야 한다.

④ 경찰관은 범인·술에 취한 사람 또는 정신착란자의 자살 또는 자해기도를 방지하기 위하여 필요한 때에는 수갑·포승 또는 호송용포승을 사용할 수 있다. 이 경우 경찰관은 소속 국가경찰관서의 장에게 그 사실을 보고하여야 한다.

정답 및 해설 | ④

① [×] 경찰관은 현행범이나 사형·무기 또는 장기 3년 이상의 징역이나 금고에 해당하는 죄를 범한 범인의 체포 또는 도주 방지, 자신이나 다른 사람의 생명·신체의 방어 및 보호, 공무집행에 대한 항거의 제지를 위하여 필요한 상당한 이유가 있는 경우 경찰장구를 사용할 수 있다(경찰공무원 공무집행법 제10조의4 제1항).

② [×] 경찰관은 불법집회·시위 또는 소요사태로 인하여 발생할 수 있는 타인 또는 경찰관의 생명·신체의 위해와 재산·공공시설의 위험을 억제하기 위하여 부득이한 경우에는 **현장책임자의 판단**에 의하여 필요한 최소한의 범위에서 가스차를 사용할 수 있다(위해성 경찰장비의 사용기준 등에 관한 규정 제13조 제1항).

③ [×] **전자충격기 및 전자방패**는 경찰장구에 해당하므로 사용기록보관의 대상이 아니다.

480 다음은 위해성 경찰장비의 사용기준 등에 관한 규정에 대한 설명이다. 적절한 것만을 고른 것은 모두 몇 개인가?

□□□ 21. 경찰

> ㉠ 경찰관은 소요사태로 인해 타인의 법익이나 공공의 안녕질서에 대한 직접적인 위험이 명백하게 초래되어 살수차 외의 경찰장비로는 그 위험을 제거 · 완화시키는 것이 현저히 곤란한 경우에는 시 · 도경찰청장의 명령에 따라 살수차를 배치 · 사용할 수 있다.
> ㉡ 경찰관은 총기 또는 폭발물을 가지고 대항하는 경우를 제외하고는 14세 미만의 자 또는 임산부에 대하여 권총 또는 소총을 발사하여서는 아니 된다.
> ㉢ 경찰관 직무집행법 제10조 제5항 후단에 따라 안정성 검사에 참여한 외부 전문가는 안전성 검사가 끝난 후 3개월 이내에 신규도입 장비의 안전성 여부에 대한 의견을 경찰청장에게 제출하여야 한다.
> ㉣ 국가경찰관서의 장(경찰청장, 해양경찰청장, 시 · 도경찰청장, 지방해양경찰청장, 경찰서장 또는 해양경찰서장 기타 경무관, 총경, 경정 또는 경감을 장으로 하는 국가경찰관서의 장을 말한다)은 폐기대상인 위해성 경찰장비 또는 성능이 저하된 위해성 경찰장비를 개조할 수 있으며, 소속경찰관으로 하여금 이를 본래의 용법에 준하여 사용하게 할 수 있다.
> ㉤ 위해성 경찰장비의 사용기준 등에 관한 규정 제2조 제2호부터 제4호까지의 위해성 경찰장비(제4호의 경우에는 가스차만 해당한다)를 사용하는 경우 그 현장책임자 또는 사용자는 사용보고서를 작성하여 직근상급 감독자에게 보고하고, 직근상급 감독자는 이를 3년간 보관하여야 한다.

① 1개 ② 2개

③ 3개 ④ 4개

정답 및 해설 I ③

옳은 설명은 ㉠㉡㉣ 3개이다.

㉢ [×] 경찰관 직무집행법 제10조 제5항 후단에 따라 안정성 검사에 참여한 외부 전문가는 안전성 검사가 끝난 후 30일 이내에 신규도입 장비의 안전성 여부에 대한 의견을 경찰청장에게 제출하여야 한다(위해성 경찰장비의 사용기준 등에 관한 규정 제18조의2 제3항).

㉤ [×] 위해성 경찰장비의 사용기준 등에 관한 규정 제2조 제2호부터 제4호까지의 위해성 경찰장비(제4호의 경우에는 살수차만 해당한다)를 사용하는 경우 그 현장책임자 또는 사용자는 사용보고서를 작성하여 직근상급 감독자에게 보고하고, 직근상급 감독자는 이를 3년간 보관하여야 한다(위해성 경찰장비의 사용기준 등에 관한 규정 제20조 제1항).

481 □□□ 위해성 경찰장비의 사용기준 등에 관한 규정에 관한 설명 중 가장 적절하지 않은 것은? 22. 경찰

① 권총 · 소총 · 기관총 · 함포 · 크레모아 · 수류탄 · 가스발사총은 무기에 해당한다.

② 경찰관은 14세 미만의 자 또는 임산부에 대하여 전자충격기 또는 전자방패를 사용하여서는 아니 된다.

③ 경찰관은 전극침(電極針) 발사장치가 있는 전자충격기를 사용하는 경우 상대방의 얼굴을 향하여 전극침을 발사하여서는 아니 된다.

④ 경찰관(경찰공무원으로 한정한다)은 체포 · 구속영장을 집행하거나 신체의 자유를 제한하는 판결 또는 처분을 받은 자를 법률이 정한 절차에 따라 호송하거나 수용하기 위하여 필요한 때에는 최소한의 범위 안에서 수갑 · 포승 또는 호송용포승을 사용할 수 있다.

정답 및 해설 I ①

① [×] 가스발사총은 무기가 아니라 분사기 · 최루탄에 해당한다.

482 □□□ 경찰장비에 대한 설명이다. 아래 ㉠부터 ㉣까지의 설명 중 옳고 그름의 표시(○, ×)가 바르게 된 것은?

22. 경찰승진

> ㉠ 경찰관 직무집행법상 경찰청장은 위해성 경찰장비를 새로 도입하려는 경우에는 대통령령으로 정하는 바에 따라 안전성 검사를 실시하여 그 안전성 검사의 결과보고서를 행정안전부장관에게 제출하여야 한다.
> ㉡ 위해성 경찰장비의 사용기준 등에 관한 규정상 경찰관은 14세 미만의 자 또는 65세 이상의 고령자에 대하여 전자충격기를 사용하여서는 아니 된다.
> ㉢ 경찰관 직무집행법상 경찰관은 범인의 체포 또는 범인의 도주 방지를 위하여 부득이한 경우에는 현장책임자가 판단하여 필요한 최소한의 범위에서 총포 · 도검 · 화약류 등의 안전관리에 관한 법률에 따른 분사기를 사용할 수 있다.
> ㉣ 경찰관 직무집행법상 경찰관은 범인의 체포, 범인의 도주 방지, 자신이나 다른 사람의 생명 · 신체의 방어 및 보호, 공무 집행에 대한 항거의 제지를 위하여 필요하다고 인정되는 상당한 이유가 있을 때에는 그 사태를 합리적으로 판단하여 필요한 한도에서 무기를 사용할 수 있다.

① ㉠ (×), ㉡ (○), ㉢ (○), ㉣ (×)

② ㉠ (○), ㉡ (×), ㉢ (○), ㉣ (×)

③ ㉠ (×), ㉡ (×), ㉢ (×), ㉣ (○)

④ ㉠ (×), ㉡ (×), ㉢ (○), ㉣ (○)

정답 및 해설 I ④

옳은 설명은 ㉢㉣이다.

㉠ [×] 경찰관 직무집행법상 경찰청장은 위해성 경찰장비를 새로 도입하려는 경우에는 대통령령으로 정하는 바에 따라 안전성 검사를 실시하여 그 안전성 검사의 결과보고서를 국회 소관 상임위원회(행정안전부장관 ×)에게 제출하여야 한다.

㉡ [×] 위해성 경찰장비의 사용기준 등에 관한 규정상 경찰관은 14세 미만의 자 또는 임산부에 대하여 전자충격기를 사용하여서는 아니 된다.

483 경찰관 직무집행법상 다음 ( ) 안에 들어갈 숫자의 합은?

☐☐☐

17. 경찰승진

㉠ 불심검문을 위하여 가까운 경찰관서로 검문대상자를 동행한 경우, 그 검문대상자로 하여금 ( )시간을 초과하여 경찰관서에 머물게 할 수 없다.
㉡ 경찰관은 보호조치를 하는 경우에 구호대상자가 휴대하고 있는 무기 · 흉기 등 위험을 일으킬 수 있는 것으로 인정되는 물건을 경찰관서에 임시로 영치하여 놓을 수 있다. 이 때 경찰관서에 임시로 영치하는 기간은 ( )일을 초과할 수 없다.
㉢ 손실보상을 청구할 수 있는 권리는 손실이 있음을 안 날부터 ( )년, 손실이 발생한 날로부터 5년간 행사하지 아니하면 시효의 완성으로 소멸한다.
㉣ 이 법에 규정된 경찰관의 의무를 위반하거나 직권을 남용하여 다른 사람에게 해를 끼친 사람은 ( )년 이하의 징역이나 금고에 처한다.

① 20
② 21
③ 22
④ 23

정답 및 해설 | ①

① 괄호 안에 들어갈 숫자의 합은 6 + 10 + 3 + 1 = 20이다.

㉠ 불심검문을 위하여 가까운 경찰관서로 검문대상자를 동행한 경우, 그 검문대상자로 하여금 (6)시간을 초과하여 경찰관서에 머물게 할 수 없다.
㉡ 경찰관은 보호조치를 하는 경우에 구호대상자가 휴대하고 있는 무기 · 흉기 등 위험을 일으킬 수 있는 것으로 인정되는 물건을 경찰관서에 임시로 영치하여 놓을 수 있다. 이 때 경찰관서에 임시로 영치하는 기간은 (10)일을 초과할 수 없다.
㉢ 손실보상을 청구할 수 있는 권리는 손실이 있음을 안 날부터 (3)년, 손실이 발생한 날로부터 5년간 행사하지 아니하면 시효의 완성으로 소멸한다.
㉣ 이 법에 규정된 경찰관의 의무를 위반하거나 직권을 남용하여 다른 사람에게 해를 끼친 사람은 (1)년 이하의 징역이나 금고에 처한다.

484 경찰관 직무집행법 및 동법 시행령상 손실보상에 대한 설명으로 가장 적절하지 않은 것은?

☐☐☐

20. 경찰승진

① 국가는 경찰관의 적법한 직무집행으로 인하여 손실발생의 원인에 대하여 책임이 없는 자가 생명 · 신체 또는 재산상의 손실을 입은 경우 정당한 보상을 하여야 한다.
② 물건의 멸실 · 훼손으로 인한 손실 외의 재산상 손실에 대해서는 직무집행과 상당한 인과관계가 있는 범위에서 보상한다.
③ 손실보상을 청구할 수 있는 권리는 손실이 있음을 안 날부터 1년, 손실이 발생한 날부터 3년간 행사하지 아니하면 시효의 완성으로 소멸한다.
④ 손실보상심의위원회는 위원장 1명을 포함한 5명 이상 7명 이하의 위원으로 구성한다.

정답 및 해설 | ③

③ [×] 손실보상을 청구할 수 있는 권리는 손실이 있음을 안 날부터 3년, 손실이 발생한 날부터 5년간 행사하지 아니하면 시효의 완성으로 소멸한다(경찰관 직무집행법 제11조의2 제2항).

485 경찰관 직무집행법과 관련된 설명 중 옳지 않은 것은? 09. 경찰

□□□

① 경찰관 직무집행법은 직무의 범위에 공공안녕에 대한 위험의 예방과 대응을 위한 정보의 수집·작성 및 배포에 관한 규정을 명문으로 두고 있지는 않다.

② 경찰관 직무집행법에는 유치장의 설치와 관련하여 근거규정이 있다.

③ 경찰관은 미아를 인수할 보호자의 여부, 유실물을 인수할 권리자의 여부 또는 사고로 인한 사상자를 확인하기 위하거나 행정처분을 위한 교통사고조사상의 사실을 확인하기 위하여 필요한 때에는 관계인에게 출석을 요구할 수 있다.

④ 경찰관 직무집행법에 규정된 경찰관의 의무에 위반하거나 직권을 남용하여 다른 사람에게 해를 끼친 자는 1년 이하의 징역이나 금고에 처한다.

정답 및 해설 I ①

① [×] 경찰관 직무집행법 제2조 제4호 직무의 범위에 공공안녕에 대한 위험의 예방과 대응을 위한 정보의 수집·작성 및 배포에 관한 규정을 명문으로 두고 있다.

486 경찰관 직무집행법상 손실보상에 대한 설명으로 틀린 것은 모두 몇 개인가? 15. 경찰

㉠ 보상을 청구할 수 있는 권리는 손실이 있음을 안 날로부터 1년, 손실이 발생한 날로부터 3년간 행사하지 아니하면 시효의 완성으로 소멸한다.

㉡ 소속 경찰공무원의 직무집행으로 인하여 발생한 손실보상청구사건을 심의하기 위하여 경찰청, 시·도경찰청 및 경찰서에 손실보상심의위원회를 설치한다.

㉢ 보상금은 다른 법률에 특별한 규정이 있는 경우를 제외하고는 현금으로 지급하여야 하고, 일시불로 지급하되 예산부족 등의 사유로 일시금으로 지급할 수 없는 특별한 사정이 있는 경우에는 청구인의 동의를 받아 분할하여 지급할 수 있다.

㉣ 물건의 멸실·훼손으로 인한 손실 외의 재산상 손실에 대해서는 직무집행과 상당한 인과관계가 있는 범위에서 보상한다.

① 1개 ② 2개

③ 3개 ④ 4개

정답 및 해설 I ②

틀린 설명은 ㉠㉡ 2개이다.

㉠ [×] 손실보상을 청구할 수 있는 권리는 손실이 있음을 안 날로부터 3년, 손실이 발생한 날로부터 5년간 행사하지 아니하면 시효의 완성으로 소멸한다(경찰관 직무집행법 제11조의2 제2항).

㉡ [×] 경찰공무원의 직무집행으로 인하여 발생한 손실보상청구사건을 심의하기 위하여 **경찰청, 해양경찰청, 시·도경찰청 및 지방해양경찰청**에 손실보상심의위원회를 설치한다(경찰관 직무집행법 시행령 제11조 제1항). **경찰서에는 손실보상심의위원회를 설치하지 않는다.**

487 □□□ 경찰관 직무집행법 및 동법 시행령상 손실보상에 대한 설명으로 가장 적절하지 않은 것은? 17. 경찰

① 국가는 경찰관의 적법한 직무집행으로 인하여 손실발생의 원인에 대하여 책임이 있는 자가 자신의 책임에 상응하는 정도를 초과하는 재산상의 손실을 입은 경우 손실을 입은 자에 대하여 정당한 보상을 하여야 한다.

② 보상을 청구할 수 있는 권리는 손실이 있음을 안 날부터 3년, 손실이 발생한 날부터 5년간 행사하지 아니하면 시효의 완성으로 소멸한다.

③ 경찰공무원의 직무집행으로 인하여 발생한 손실보상청구사건을 심의하기 위하여 경찰청, 해양경찰청, 시 · 도경찰청 및 지방해양경찰청, 경찰서 및 해양경찰서에 손실보상심의위원회를 설치한다.

④ 손실보상심의위원회의 회의는 재적위원 과반수의 출석으로 개의(開議)하고, 출석위원 과반수의 찬성으로 의결한다.

정답 및 해설 I ③

③ [×] 경찰공무원의 직무집행으로 인하여 발생한 손실보상청구사건을 심의하기 위하여 **경찰청, 해양경찰청, 시 · 도경찰청 및 지방해양경찰청**에 손실보상심의위원회를 설치한다. **경찰서에는 손실보상심의위원회를 설치하지 않는다**(경찰관 직무집행법 시행령 제11조 제1항).

488 □□□ 경찰관 직무집행법 및 동법 시행령상 손실보상에 대한 설명으로 가장 적절하지 않은 것은? 18. 경찰

① 보상을 청구할 수 있는 권리는 손실이 있음을 안 날부터 3년, 손실이 발생한 날부터 5년간 행사하지 아니하면 시효의 완성으로 소멸한다.

② 소속 경찰공무원의 직무집행으로 인하여 발생한 손실보상청구사건을 심의하기 위하여 경찰청, 해양경찰청, 시 · 도경찰청, 지방해양경찰청, 경찰서 및 해양경찰서에 손실보상심의위원회(이하 '위원회'라 한다)를 설치하며, 위원회는 위원장 1명을 포함한 5명 이상 7명 이하의 위원으로 구성한다.

③ 보상금은 일시불로 지급하되, 예산 부족 등의 사유로 일시금으로 지급할 수 없는 특별한 사정이 있는 경우에는 청구인의 동의를 받아 분할하여 지급할 수 있다.

④ 손실보상의 기준, 보상금액, 지급절차 및 방법, 손실보상심의위원회의 구성 및 운영, 그 밖에 필요한 사항은 대통령령으로 정한다.

정답 및 해설 I ②

② [×] 경찰공무원의 직무집행으로 인하여 발생한 손실보상청구사건을 심의하기 위하여 **경찰청, 해양경찰청, 시 · 도경찰청 및 지방해양경찰청**에 손실보상심의위원회를 설치한다. **경찰서에는 손실보상심의위원회를 설치하지 않는다**(경찰관 직무집행법 시행령 제11조 제1항).

489 경찰관 직무집행법 시행령상 손실보상심의위원회에 대한 설명으로 적절하지 않은 것은? 17. 경찰승진

□□□

① 소속 경찰공무원의 직무집행으로 인하여 발생한 손실보상청구사건을 심의하기 위하여 경찰청, 시·도경찰청에 손실보상심의위원회를 설치한다.

② 손실보상심의위원회는 위원장 1명을 포함한 5명 이상 7명 이하의 위원으로 구성한다. 이 경우 위원의 과반수 이상은 경찰공무원이 아닌 사람으로 하여야 한다.

③ 위원장은 위원 중에서 호선(互選)하며, 위원장이 부득이한 사유로 직무를 수행할 수 없는 때에는 위촉위원 중 먼저 위촉된 자가 그 직무를 대행한다.

④ 위촉위원의 임기는 2년으로 하며, 위원회의 사무를 처리하기 위하여 위원회에 간사 1명을 두되, 간사는 소속 경찰공무원 중에서 경찰청장 등이 지명한다.

정답 및 해설 I ③

③ [×] 위원장이 부득이한 사유로 직무를 수행할 수 없는 때에는 위원장이 미리 지명한 위원이 그 직무를 대행한다(경찰관 직무집행법 시행령 제12조 제3항).

490 다음은 경찰관 직무집행법 및 동법 시행령의 내용이다. 아래 ㉠부터 ㉥까지의 (　　) 안에 들어갈 숫자가 바르게 나열된 것은?

17. 경찰승진

가. 경찰관은 보호조치를 하는 경우에 구호대상자가 휴대하고 있는 무기·흉기 등 위험을 일으킬 수 있는 것으로 인정되는 물건을 경찰관서에 임시로 영치하여 놓을 수 있다. 이때 물건을 경찰관서에 임시로 영치하는 기간은 (㉠)일을 초과할 수 없다.
나. 손실보상을 청구할 수 있는 권리는 손실이 있음을 안 날부터 (㉡)년, 손실이 발생한 날부터 (㉢)년간 행사하지 아니하면 시효의 완성으로 소멸한다.
다. 손실보상심의위원회는 위원장 1명을 포함한 (㉣)명 이상 (㉤)명 이하의 위원으로 구성한다.
라. 경찰관 직무집행법에 규정된 경찰관의 의무를 위반하거나 직권을 남용하여 다른 사람에게 해를 끼친 사람은 (㉥)년 이하의 징역이나 금고에 처한다.

	㉠	㉡	㉢	㉣	㉤	㉥
①	10	5	7	3	5	1
②	10	3	7	3	5	1
③	10	3	5	5	7	1
④	7	5	7	3	7	2

정답 및 해설 I ③

③
가. 경찰관은 보호조치를 하는 경우에 구호대상자가 휴대하고 있는 무기·흉기 등 위험을 일으킬 수 있는 것으로 인정되는 물건을 경찰관서에 임시로 영치하여 놓을 수 있다. 이때 물건을 경찰관서에 임시로 영치하는 기간은 (㉠ 10)일을 초과할 수 없다.
나. 손실보상을 청구할 수 있는 권리는 손실이 있음을 안 날부터 (㉡ 3)년, 손실이 발생한 날부터 (㉢ 5)년간 행사하지 아니하면 시효의 완성으로 소멸한다.
다. 손실보상심의위원회는 위원장 1명을 포함한 (㉣ 5)명 이상 (㉤ 7)명 이하의 위원으로 구성한다.
라. 경찰관 직무집행법에 규정된 경찰관의 의무를 위반하거나 직권을 남용하여 다른 사람에게 해를 끼친 사람은 (㉥ 1)년 이하의 징역이나 금고에 처한다.

491 경찰관 직무집행법 및 동법 시행령상 손실보상에 대한 내용으로 가장 적절하지 않은 것은?

20. 경찰승진

① 손실보상을 청구할 수 있는 권리는 손실이 있음을 안 날로부터 3년, 손실이 발생한 날로부터 5년간 행사하지 아니하면 시효의 완성으로 소멸한다.
② 손실보상심의위원회는 위원장 1명을 포함한 5명 이상 7명 이하의 위원으로 구성한다.
③ 손실보상심의위원회의 위원장은 위원회 위원 중 경찰청장 등이 지명한다.
④ 위원회의 회의는 재적위원 과반수의 출석으로 개의하고, 출석위원 과반수의 찬성으로 의결한다.

정답 및 해설 I ③

③ [×] 손실보상심의위원회의 위원장은 **호선한다**(경찰관 직무집행법 시행령 제12조 제1항).

492 다음 중 경찰관 직무집행법상 손실보상에 관한 설명으로 옳지 않은 것은 모두 몇 개인가?
□□□

20. 경찰간부

> ㉠ 국가는 경찰관의 적법한 직무집행으로 인하여 손실발생의 원인에 대하여 책임이 없는 자가 생명 · 신체 또는 재산상의 손실을 입은 경우 손실을 입은 자에게 정당한 보상을 하여야 한다.
> ㉡ 손실을 입은 물건을 수리할 수 있는 경우에는 수리비에 상당하는 금액으로 보상한다.
> ㉢ 손실을 입은 물건을 수리할 수 없는 경우에는 보상 당시의 해당 물건의 교환가액으로 보상한다.
> ㉣ 영업자가 손실을 입은 물건의 수리나 교환으로 인하여 영업을 계속할 수 없는 경우에는 기간 중 영업상 이익에 상당하는 금액으로 보상한다.
> ㉤ 물건의 멸실 · 훼손으로 인한 손실 외의 재산상 손실에 대해서는 직무집행과 상당한 인과관계가 있는 범위에서 보상한다.
> ㉥ 보상금은 다른 법률에 특별한 규정이 있는 경우를 제외하고는 현금으로 지급하여야 한다.

① 1개　　② 2개
③ 3개　　④ 4개

정답 및 해설 I ①

옳지 않은 것은 ㉢ 1개이다.

㉢ [×] 손실을 입은 물건을 수리할 수 없는 경우에는 보상 당시가 아니라 손실을 입은 당시의 해당 물건의 교환가액으로 보상한다(경찰관 직무집행법 시행령 제9조 제1항 제2호).

493 경찰관 직무집행법 및 경찰관 직무집행법 시행령상 손실보상에 대한 설명으로 가장 적절한 것은?

□□□

21. 경찰

① 손실발생의 원인에 대하여 책임이 없는 자가 경찰관의 적법한 직무집행으로 인하여 생명 · 신체 또는 재산상의 손실을 입은 경우(손실발생의 원인에 대하여 책임이 없는 자가 경찰관의 직무집행에 자발적으로 협조하거나 물건을 제공하여 생명 · 신체 또는 재산상의 손실을 입은 경우를 제외한다), 국가는 그 손실을 입은 자에 대하여 정당한 보상을 하여야 한다.

② 경찰청장 또는 시 · 도경찰청장은 손실보상심의위원회의 심의 · 의결에 따라 보상금을 지급하고, 거짓 또는 부정한 방법으로 보상금을 받은 사람에 대하여는 해당 보상금을 환수할 수 있다.

③ 손실보상심의위원회는 위원장 1명을 포함한 5명 이상 7명 이하의 위원으로 구성하며, 위원장이 부득이한 사유로 직무를 수행할 수 없는 때에는 상임위원, 위원 중 연장자 순으로 위원장의 직무를 대행한다.

④ 보상금을 지급하기로 결정한 경우 경찰청장 등(경찰청, 해양경찰청, 시 · 도경찰청 및 지방해양경찰청의 장)은 경찰관 직무집행법 시행령 제10조 제3항에 따른 결정일부터 10일 이내에 보상금 지급청구 승인 통지서에 결정 내용을 적어서 청구인에게 통지하여야 한다.

정답 및 해설 | ④

① [×] 손실발생의 원인에 대하여 책임이 없는 자가 경찰관의 적법한 직무집행으로 인하여 생명 · 신체 또는 재산상의 손실을 입은 경우(손실발생의 원인에 대하여 책임이 없는 자가 경찰관의 직무집행에 자발적으로 협조하거나 물건을 제공하여 생명 · 신체 또는 재산상의 손실을 입은 경우를 포함한다), 국가는 그 손실을 입은 자에 대하여 정당한 보상을 하여야 한다(경찰관 직무집행법 제11조의2 제1항 제1호).

② [×] 경찰청장 또는 시 · 도경찰청장은 손실보상심의위원회의 심의 · 의결에 따라 보상금을 지급하고, 거짓 또는 부정한 방법으로 보상금을 받은 사람에 대하여는 해당 보상금을 환수하여야 한다(경찰관 직무집행법 제11조의2 제4항).

③ [×] 손실보상심의위원회는 위원장 1명을 포함한 5명 이상 7명 이하의 위원으로 구성하며, 위원장이 부득이한 사유로 직무를 수행할 수 없는 때에는 위원장이 미리 지명한 위원이 그 직무를 대행한다(경찰관 직무집행법 시행령 제11조 제2항, 제12조 제3항).

494 경찰관 직무집행법 및 동법 시행령상 손실보상에 관한 내용 중 가장 적절하지 않은 것은? 22. 경찰

□□□

① 소속 경찰공무원의 직무집행으로 인하여 발생한 손실보상청구사건을 심의하기 위하여 경찰청, 해양경찰청, 시·도경찰청 및 지방해양경찰청에 손실보상심의위원회를 설치한다.

② 손실보상을 청구할 수 있는 권리는 손실이 있음을 안 날로부터 3년, 손실이 발생한 날부터 5년간 행사하지 아니하면 시효의 완성으로 소멸한다.

③ 손실보상금 지급 청구서를 받은 경찰청장 등은 손실보상심의위원회의 심의·의결에 따라 손실보상 여부 및 손실보상금액을 결정하되 손실보상 청구가 요건과 절차를 갖추지 못한 경우(다만, 그 잘못된 부분을 시정할 수 있는 경우는 제외한다) 그 청구를 기각하는 결정을 하여야 한다.

④ 손실보상금은 일시불로 지급하되, 예산 부족 등의 사유로 일시금으로 지급할 수 없는 특별한 사정이 있는 경우에는 청구인의 동의를 받아 분할하여 지급할 수 있다.

정답 및 해설 | ③

③ [×] 손실보상금 지급 청구서를 받은 경찰청장 등은 손실보상심의위원회의 심의·의결에 따라 손실보상 여부 및 손실보상금액을 결정하되 손실보상 청구가 요건과 절차를 갖추지 못한 경우(다만, 그 잘못된 부분을 시정할 수 있는 경우는 제외한다) 그 청구를 각하(기각 ×)하는 결정을 하여야 한다.

495 「경찰관 직무집행법」상 손실보상에 대한 설명으로 가장 적절하지 않은 것은? 23. 경찰간부

□□□

① 손실보상의 원인에 대하여 책임이 없는 자가 경찰관의 직무집행에 자발적으로 협조하거나 물건을 제공하여 생명·신체 또는 재산상의 손실을 입은 경우 정당한 보상을 하여야 한다.

② 손실발생의 원인에 대하여 책임이 있는 자가 자신의 책임에 상응하는 정도를 초과하는 생명·신체 또는 재산상의 손실을 입은 경우 정당한 보상을 하여야 한다.

③ 손실보상을 청구할 수 있는 권리는 손실이 발생한 날부터 3년, 손실이 있음을 안 날부터 5년간 행사하지 아니하면 시효의 완성으로 소멸한다.

④ 보상금이 지급된 경우 손실보상심의위원회는 대통령령으로 정하는 바에 따라 국가경찰위원회에 심사자료와 결과를 보고하여야 한다.

정답 및 해설 | ③

③ [×] 경찰관 직무집행법상 손실보상을 청구할 수 있는 권리는 손실이 있음을 **안 날부터** 3년, 손실이 **발생한 날부터** 5년간 행사하지 아니하면 시효의 완성으로 소멸한다(동법 제11조의2 제2항).

496 경찰관 직무집행법에 대한 내용으로 옳지 않은 것은 모두 몇 개인가? 20. 경찰

□□□

> ㉠ 일반적 수권조항의 존재를 부정하는 학자들에 따르면 경찰관 직무집행법 제2조 제7호는 경찰의 직무범위만을 정한 것으로서 본질적으로 조직법적 성질의 규정에 해당다고 주장한다.
> ㉡ 경찰관은 수상한 행동이나 그 밖의 주위 사정을 합리적으로 판단해 볼 때 보호조치대상자에 해당하는 것이 명백하고 응급구호가 필요하다고 믿을 만한 상당한 이유가 있는 사람을 발견하였을 때에는 보건의료기관이나 공공구호기관에 긴급구호를 요청하거나 경찰관서에 보호하는 등 적절한 조치를 하여야 한다.
> ㉢ 구호대상자를 경찰관서에서 보호하는 기간은 24시간을 초과할 수 없고, 물건을 경찰관서에 임시로 영치하는 기간은 10일을 초과할 수 없다.
> ㉣ 경찰관은 '현행범이나 사형 · 무기 또는 장기 3년 이상의 징역이나 금고에 해당하는 죄를 범한 범인의 체포 또는 도주방지', '자신이나 다른 사람의 생명 · 신체 및 재산의 보호', '공무집행에 대한 항거 제지'의 직무를 수행하기 위하여 필요하다고 인정되는 상당한 이유가 있을 때에는 그 사태를 합리적으로 판단하여 필요한 한도 내에서 경찰장구를 사용할 수 있다.
> ㉤ 경찰청장 또는 시 · 도경찰청장은 손실보상심의위원회의 심의 · 의결에 따라 보상금을 지급하고, 거짓 또는 부정한 방법으로 보상금을 받은 사람에 대하여는 해당 보상금을 환수할 수 있다.

① 1개 ② 2개
③ 3개 ④ 4개

정답 및 해설 | ③

옳지 않은 것은 ㉡㉣㉤ 3개이다.

㉡ [×] 경찰관은 수상한 행동이나 그 밖의 주위 사정을 합리적으로 판단해 볼 때 보호조치대상자에 해당하는 것이 명백하고 응급구호가 필요하다고 믿을 만한 상당한 이유가 있는 사람을 발견하였을 때에는 보건의료기관이나 공공구호기관에 긴급구호를 요청하거나 경찰관서에 보호하는 등 적절한 **조치를 할 수 있다**(경찰관 직무집행법 제4조 제1항).

㉣ [×] 경찰관은 '현행범이나 사형 · 무기 또는 장기 3년 이상의 징역이나 금고에 해당하는 죄를 범한 범인의 체포 또는 도주방지', '자신이나 다른 사람의 생명 · 신체(재산 ×)의 보호', '공무집행에 대한 항거 제지'의 직무를 수행하기 위하여 필요하다고 인정되는 상당한 이유가 있을 때에는 그 사태를 합리적으로 판단하여 필요한 한도 내에서 경찰장구를 사용할 수 있다(경찰관 직무집행법 제10조의2 제1항).

㉤ [×] 경찰청장 또는 시 · 도경찰청장은 손실보상심의위원회의 심의 · 의결에 따라 보상금을 지급하고, 거짓 또는 부정한 방법으로 보상금을 받은 사람에 대하여는 해당 **보상금을 환수하여야 한다**(경찰관 직무집행법 제11조의2 제4항).

497 경찰관 직무집행법상 보상금 지급에 대한 설명으로 가장 적절하지 않은 것은? 17. 경찰승진

□□□

① 경찰청장, 시·도경찰청장 또는 경찰서장은 테러범죄의 예방활동에 현저한 공로가 있는 사람에게 보상금을 지급할 수 있다.

② 경찰청장, 시·도경찰청장 및 경찰서장은 보상금 지급의 심사를 위하여 대통령령으로 정하는 바에 따라 각각 보상금심사위원회를 설치·운영하여야 한다.

③ 보상금심사위원회의 위원은 경찰청장, 시·도경찰청장 또는 경찰서장이 임명하고, 위원의 과반수 이상은 경찰공무원이 아닌 사람으로 하여야 한다.

④ 경찰청장, 시·도경찰청장 또는 경찰서장은 보상금심사위원회의 심사·의결에 따라 보상금을 지급하고, 거짓 또는 부정한 방법으로 보상금을 받은 사람에 대하여는 해당 보상금을 환수한다.

정답 및 해설 | ③

③ [×] 보상금심사위원회의 위원은 소속 경찰공무원 중에서 경찰청장, 시·도경찰청장 또는 경찰서장이 임명하므로 위원의 전원이 경찰공무원이다(경찰관 직무집행법 제11조의3 제4항). 위원의 과반수 이상은 경찰공무원이 아닌 사람으로 하여야 하는 것은 손실보상심의위원회이다.

498 경찰관 직무집행법 시행령에서 위임받아 제정된 범인검거 등 공로자 보상에 관한 규정에 대한 설명으로 가장 적절하지 않은 것은? 18. 경찰승진

□□□

① 장기 5년 미만의 징역 또는 금고, 장기 10년 이상의 자격정지 또는 벌금형 범죄에 대한 보상금 지급기준 금액은 30만원이다.

② 장기 10년 미만의 징역 또는 금고에 해당하는 범죄에 대한 보상금 지급기준 금액과 벌금형에 해당하는 범죄에 대한 보상금 지급기준 금액의 합은 70만원이다.

③ 범인검거 등 공로자가 2명 이상인 경우에는 각자의 공로, 당사자간의 분배 합의 등을 감안해서 보상금을 배분하여 지급할 수 있다.

④ 보상금 지급 심사·의결을 거쳐 지급이 이루어진 이후에는 동일한 사건에 대하여 보상금을 지급할 수 없다.

정답 및 해설 | ②

② [×] 장기 10년 미만의 징역 또는 금고에 해당하는 범죄에 대한 보상금 지급기준 금액은 50만원이고, 벌금형에 해당하는 범죄에 대한 보상금 지급기준 금액은 30만원이므로 합은 80만원이다(범인검거 등 공로자 보상에 관한 규정 제6조 제1항).

☑ 범인검거 등 공로자 보상에 관한 규정(경찰청 고시)

지급기준	100만원	사형, 무기징역 또는 무기금고, 장기 10년 이상의 징역 또는 금고에 해당하는 범죄
	50만원	장기 10년 미만의 징역 또는 금고에 해당하는 범죄
	30만원	장기 5년 미만의 징역 또는 금고, 장기 10년 이상의 자격정지 또는 벌금형
배분지급	범인·검거 등 공로자가 2명 이상인 경우에는 각자의 공로, 당사자간의 분배 합의 등을 감안해서 배분하여 지급할 수 있음	

499 □□□ 범인검거 등 공로자 보상에 관한 규정에 대한 내용으로 가장 적절하지 않은 것은? 18. 경찰

① 사형, 무기징역 또는 무기금고, 장기 10년 이상의 징역 또는 금고에 해당하는 범죄에 대한 보상금 지급기준 금액은 50만원이다.

② 장기 10년 미만의 징역 또는 금고에 해당하는 범죄에 대한 보상금 지급기준 금액과 벌금형에 대한 보상금 지급기준 금액의 합은 80만원이다.

③ 동일한 사람에게 지급결정일을 기준으로 연간(1월 1일부터 12월 31일까지를 말한다) 5회를 초과하여 보상금을 지급할 수 없다.

④ 보상금 지급 심사 · 의결을 거쳐 지급이 이루어진 이후에는 동일한 사건에 대하여 보상금을 지급할 수 없다.

정답 및 해설 I ①

① [×] 사형, 무기징역 또는 무기금고, 장기 10년 이상의 징역 또는 금고에 해당하는 범죄에 대한 보상금 지급기준 금액은 100만원이다(범인검거 등 공로자 보상에 관한 규정 제6조 제1항 제1호).

500 □□□ 경찰관 직무집행법상 범인검거 등 공로자 보상에 대한 ㉠부터 ㉣까지의 내용 중 옳은 것을 모두 고른 것은? 19. 경찰승진

> 제11조의3(범인검거 등 공로자 보상) ① 경찰청장, 시 · 도경찰청장 또는 경찰서장은 다음 각 호의 어느 하나에 해당하는 사람에게 ㉠ 보상금을 지급하여야 한다.
> 1. 범인 또는 범인의 소재를 신고하여 검거하게 한 사람
> ㉡ 2. 범인을 검거하여 경찰공무원에게 인도한 사람
> ㉢ 3. 테러범죄의 예방활동에 현저한 공로가 있는 사람
> ② 경찰청장, 시 · 도경찰청장 및 경찰서장은 제1항에 따른 보상금 지급의 심사를 위하여 대통령령으로 정하는 바에 따라 각각 보상금심사위원회를 설치 · 운영하여야 한다.
> ③ 제2항에 따른 보상금심사위원회는 ㉣ 위원장 1명을 제외한 5명 이내의 위원으로 구성한다.

① ㉠, ㉡　　② ㉠, ㉣

③ ㉡, ㉢　　④ ㉡, ㉣

정답 및 해설 I ③

옳은 설명은 ㉡㉢이다.

㉠ [×] 보상금을 지급할 수 있다(경찰관 직무집행법 제11조의3 제1항).

㉣ [×] 위원장 1명을 포함한 5명 이내의 위원으로 구성한다(경찰관 직무집행법 제11조의3 제3항).

501 □□□ 경찰 물리력 행사의 기준과 방법에 관한 규칙 제2장에 따른 대상자 행위에 대한 설명이다. 각 단계와 내용의 연결이 가장 적절하지 않은 것은?
22. 경찰

① 소극적 저항 – 대상자가 경찰관의 지시 · 통제를 따르지 않고 비협조적이지만 경찰관 또는 제3자에 대해 직접적인 위해를 가하지 않는 상태

② 적극적 저항 – 대상자가 자신에 대한 경찰관의 체포 · 연행 등 정당한 공무집행을 방해하지만 경찰관 또는 제3자에 대해 위해수준이 낮은 행위만을 하는 상태

③ 폭력적 공격 – 대상자가 경찰관 또는 제3자에 대해 신체적 위해를 가하는 상태

④ 치명적 공격 – 대상자가 경찰관에게 폭력을 행사하려는 자세를 취하여 그 행사가 임박한 상태, 주먹 · 발 등을 사용해서 경찰관에 대해 신체적 위해를 초래하고 있는 상태

정답 및 해설 I ④

④ [×] 치명적 공격 – 대상자가 경찰관 또는 제3자에 대해 사망 또는 심각한 부상을 초래할 수 있는 행위를 하는 상태를 말한다.

502 □□□ 경찰 물리력 행사의 기준과 방법에 관한 규칙상 경찰 물리력 수준에 관한 설명으로 가장 적절하지 않은 것은?
23. 경찰

① 협조적 통제는 '순응' 이상의 상태인 대상자에 대해 사용할 수 있는 물리력 수준으로서, 대상자의 협조를 유도하거나 협조에 따른 물리력을 말한다.

② 접촉 통제는 '소극적 저항' 이상의 상태인 대상자에 대해 사용 할 수 있는 물리력 수준으로서, 대상자 신체 접촉을 통해 경찰목적 달성을 강제하지만 신체적 부상을 야기할 가능성은 극히 낮은 물리력을 말한다.

③ 저위험 물리력은 '적극적 저항' 이상의 상태인 대상자에 대해 사용할 수 있는 물리력 수준으로서, 대상자가 통증을 느낄 수 있으나 신체적 부상을 당할 가능성은 낮은 물리력을 말한다.

④ 중위험 물리력은 '치명적 공격' 상태의 대상자로 인해 경찰관 또는 제3자의 생명 · 신체에 급박하고 중대한 위해가 초래될 가능성이 있는 경우 최후의 수단으로 사용할 수 있는 물리력 수준으로서, 대상자의 사망 또는 심각한 부상을 초래할 수 있는 물리력을 말한다.

정답 및 해설 I ④

④ [×] 고위험(중위험 ×) 물리력은 '치명적 공격' 상태의 대상자로 인해 경찰관 또는 제3자의 생명 · 신체에 급박하고 중대한 위해가 초래될 가능성이 있는 경우 최후의 수단으로 사용할 수 있는 물리력 수준으로서, 대상자의 사망 또는 심각한 부상을 초래할 수 있는 물리력을 말한다.

503 □□□ 「경찰 물리력 행사의 기준과 방법에 관한 규칙」에서 정하는 대상자의 행위에 따른 경찰관의 대응 수준 중 중위험 물리력의 종류로 가장 적절하지 않은 것은? 23. 경채

① 손바닥, 주먹, 발 등 신체부위를 이용한 가격

② 경찰봉으로 중요부위가 아닌 신체부위를 찌르거나 가격

③ 분사기 사용

④ 방패로 강하게 압박하거나 세게 미는 행위

정답 및 해설 I ③

중위험 물리력이란 '폭력적 공격' 이상의 상태의 대상자에 대해 사용할 수 있는 물리력 수준으로서, 대상자에게 신체적 부상을 입힐 수 있으나 생명·신체에 대한 중대한 위해 발생 가능성은 낮은 물리력을 말한다. 그 종류는 다음과 같다.

① 손바닥, 주먹, 발 등 신체부위를 이용한 가격

② 경찰봉으로 중요부위가 아닌 신체 부위를 찌르거나 가격

④ 방패로 강하게 압박하거나 세게 미는 행위

③ 전자충격기(분사기 ×) 사용

504 □□□ 「경찰 물리력 행사의 기준과 방법에 관한 규칙」상 대상자의 행위와 내용의 연결이 가장 적절하지 않은 것은? 24. 경찰승진

① 순응 – 대상자가 경찰관의 지시, 통제에 따르는 상태를 말한다. 다만, 대상자가 경찰관의 요구에 즉각 응하지 않고 약간의 시간만 지체하는 경우는 '순응'으로 본다.

② 소극적 저항 – 대상자가 경찰관의 지시, 통제를 따르지 않고 비협조적이지만 경찰관 또는 제3자에 대해 직접적인 위해를 가하지 않는 상태를 말한다. 경찰관이 정당한 이동 명령을 발하였음에도 가만히 서있거나 앉아 있는 등 전혀 움직이지 않는 상태, 일부러 몸의 힘을 모두 빼거나, 고정된 물체를 꽉 잡고 버팀으로써 움직이지 않으려는 상태 등이 이에 해당한다.

③ 적극적 저항 – 대상자가 자신에 대한 경찰관의 체포·연행 등 정당한 공무집행을 방해하지만 경찰관 또는 제3자에 대해 위해 수준이 낮은 행위만을 하는 상태를 말한다. 대상자가 자신을 체포·연행하려는 경찰관으로부터 물리적으로 이탈하거나 도주하려는 행위, 체포·연행을 위해 팔을 잡으려는 경찰관의 손을 뿌리치거나, 경찰관을 밀고 잡아끄는 행위, 경찰관에게 침을 뱉거나 경찰관을 밀치는 행위 등이 이에 해당한다.

④ 폭력적 공격 – 대상자가 경찰관 또는 제3자에 대해 사망 또는 심각한 부상을 초래할 수 있는 행위를 하는 상태를 말한다. 흉기(칼·도끼·낫 등)를 이용하여 경찰관, 제3자에 대해 위력을 행사하고 있거나 위해 발생이 임박한 경우, 경찰관이나 제3자의 목을 세게 조르거나 무자비 폭행하는 등 생명·신체에 대해 중대한 위해가 발생할 정도의 위험한 폭력을 행사하는 경우가 이에 해당한다.

정답 및 해설 I ④

④ [×] 대상자가 경찰관 또는 제3자에 대해 사망 또는 심각한 부상을 초래할 수 있는 행위를 하는 상태는 '**치명적 공격(폭력적 공격 ×)**'에 해당한다.

제6절 | 경찰구제법

505 공무원의 위법행위로 인한 국가배상책임에 관한 다음 설명 중 가장 적절하지 않은 것은? (다툼이 있으면 판례에 의함)

□□□ 14. 경행특채 변형

① 법령에 의해 대집행권한을 위탁받은 한국토지공사(현 한국토지주택공사)는 국가배상법 제2조에서 말하는 공무원에 해당한다.

② 국가배상청구의 요건인 '공무원의 직무'에는 권력적 작용만이 아니라 비권력적 작용도 포함된다.

③ 행정처분이 항고소송에서 취소되었다고 할지라도 그 자체만으로 그 행정처분이 공무원의 고의 또는 과실로 인한 불법행위를 구성한다고 할 수는 없다.

④ 처분이 있은 후에 근거법률이 위헌으로 결정된 경우, 그 법률을 적용한 공무원에게 고의 또는 과실이 있었다고 단정할 수 없다.

정답 및 해설 | ①

① [×] 대법원은 법령에 의해 대집행권한을 위탁받은 한국토지공사(현 한국토지주택공사)는 '국가배상법 제2조에서 말하는 공무원에 해당하지 않는다'고 판시하고 있다.

☑ 국가배상법상 공무원 인정 여부

구분	내용
공무원 긍정 판례	1. 강제집행을 하는 집행관(집달관)(대판 1966.7.26, 66다854) 2. 소집 중인 향토예비군(대판 1970.5.26, 70다471) 3. 미군부대의 카투사(대판 1969.2.18, 68다2346) 4. 시청소차량 운전원(대판 1980.9.24, 80다1051) 5. 통장(전입신고서에 확인인을 찍는 행위)(대판 1991.7.9, 91다5570) 6. 지방자치단체로부터 어린이보호 등의 공무를 위탁받아 집행하는 교통할아버지(대판 2001.1.5, 98다39060) 7. 육군 병기기계공작창 내규에 의하여 채용되어 군무수행을 위하여 채용된 자(대판 1970.11.24, 70다2253) 8. 국가나 지방자치단체에 소속된 청원경찰(대판 1993.7.13, 92다47564) 9. 전투경찰(대판 1995.11.10, 95다23879) 10. 국회의원(대판 1997.6.13, 96다56115) 11. 법관(대판 2001.10.12, 2001다47290) 12. 검사(대판 2002.2.22, 2001다23447) 13. 헌법재판소 재판관(대판 2003.7.11, 99다24218) 14. 조세원천징수자 15. 각종 위원회의 위원 16. 공탁공무원(대판 2002.8.27, 2001다73107) 17. 소방원(대판 1970.5.12, 70다347) 18. 국가공무원의 임용령에 의하여 출제를 위촉받은 시험위원 19. 별정우체국장 20. 수산청장으로부터 뱀장어에 대한 수출추천업무를 위탁받은 수산업협동조합(대판 2003.11.14, 2002다55304) 21. 대집행을 실제 수행한 한국토지공사(현 한국토지주택공사) 직원과 철거용역회사 및 그 대표자
공무원 부정 판례	1. 의용소방대원(대판 1978.7.11, 78다584) 2. 시영버스운전사(대판 1970.11.24, 70다1148) 3. 법령에 의해 대집행권한을 위탁받은 한국토지공사(현 한국토지주택공사)

506 □□□ 국가배상법 제2조의 '공무원'에 대한 판례의 내용이다. 다음 중 적절하지 않은 것은? (다툼이 있으면 판례에 의함) 16. 경행특채

① 지방자치단체가 '교통할아버지 봉사활동계획'을 수립한 후 관할 동장으로 하여금 '교통할아버지'를 선정하게 하여 어린이 보호, 교통안내, 거리질서 확립 등의 공무를 위탁하여 집행하게 하던 중 '교통할아버지'로 선정된 노인이 위탁받은 업무 범위를 넘어 교차로 중앙에서 교통정리를 하다가 교통사고를 발생시킨 경우, 지방자치단체가 국가배상법 제2조 소정의 배상책임을 부담한다.

② 국가 소속 전투경찰들이 시위진압을 함에 있어서 합리적이고 상당하다고 인정되는 정도로 가능한 한 최루탄의 사용을 억제하고 또한 최대한 안전하고 평화로운 방법으로 시위진압을 하여 그 시위진압 과정에서 타인의 생명과 신체에 위해를 가하는 사태가 발생하지 아니하도록 하여야 하는데도, 이를 게을리한 채 합리적이고 상당하다고 인정되는 정도를 넘어 지나치게 과도한 방법으로 시위진압을 한 잘못으로 시위 참가자로 하여금 사망에 이르게 하였다는 이유로 국가의 손해배상책임을 인정한 바 있다.

③ 향토예비군도 그 동원기간 중에는 국가배상법 제2조 소정의 공무원 중에 포함된다.

④ 구 소방법 제63조의 규정에 의하여 시 · 읍 · 면이 소방서장의 소방업무를 보조하게 하기 위하여 설치한 의용소방대는 국가기관이라고 할 수 있다.

정답 및 해설 I ④

④ [×] 대법원은 소방법에 의하여 시 · 읍에 설치한 의용소방대는 국가기관이라 할 수 없으니 그 대원 역시도 국가배상법상 공무원으로 볼 수 없다고 판시하고 있다(대판 1966.11.22, 66다1501).

507 □□□ 국가배상에 대한 설명으로 가장 적절하지 않은 것은? (다툼이 있는 경우 판례에 의함) 17. 경행경채

① 국가배상법 제2조 제1항 '직무를 집행함에 당하여'라 함은 직접 공무원의 직무집행행위이거나 그와 밀접한 관련이 있는 행위를 포함하고, 이를 판단함에 있어서는 행위 자체의 외관을 객관적으로 관찰하여 공무원의 직무행위로 보여질 때에는 비록 그것이 실질적으로 직무행위가 아니거나 또는 행위자로서는 주관적으로 공무집행의 의사가 없었다고 하더라도 그 행위는 공무원이 '직무를 집행함에 당하여'한 것으로 보아야 한다.

② 국회의원의 입법행위는 그 입법내용이 헌법의 문언에 명백히 위반됨에도 불구하고 국회가 굳이 당해 입법을 한 것과 같은 특수한 경우가 아닌 한 국가배상법 제2조 제1항 소정의 위법행위에 해당한다고 볼 수 없다.

③ 공무원의 직무집행이 법령이 정한 요건과 절차에 따라 이루어진 것이라면 특별한 사정이 없는 한 이는 법령에 적합한 것이나, 그 과정에서 개인의 권리가 침해된 경우에는 법령적합성이 곧바로 부정된다.

④ 담당공무원이 보통 일반의 공무원을 표준으로 하여 볼 때 객관적 주의의무를 결하여 그 행정처분이 객관적 정당성을 상실하였다고 인정될 정도에 이른 경우에 국가배상법 제2조 소정의 국가배상책임의 요건을 충족하였다고 봄이 상당하다.

정답 및 해설 I ③

③ [×] 공무원의 직무집행이 법령이 정한 요건과 절차에 따라 이루어진 것이라면 그 과정에서 개인의 권리가 침해되는 일이 생긴다고 하여 법령적합성이 곧바로 부정되는 것은 아니다(대판 1997.7.25, 94다2480).

508 국가배상에 대한 설명으로 옳은 것만을 모두 고르면? (다툼이 있는 경우 판례에 의함)

□□□

19. 지방직·교육행정직 9급

> ㉠ 헌법재판소 재판관이 청구기간 내에 제기된 헌법소원심판청구사건에서 청구기간을 오인하여 각하결정을 한 경우, 이에 대한 불복절차 내지 시정절차가 없는 때에는 국가배상책임을 인정할 수 있다.
> ㉡ 형벌에 관한 법령이 헌법재판소의 위헌결정으로 소급하여 효력을 상실한 경우, 위헌 선언 전 그 법령에 기초하여 수사가 개시되어 공소가 제기되고 유죄판결이 선고되었더라도, 그러한 사정만으로 국가의 손해배상책임이 발생한다고 볼 수 없다.
> ㉢ 법령의 위탁에 의해 지방자치단체로부터 대집행을 수권받은 구 한국토지공사는 지방자치단체의 기관으로서 국가배상법 제2조 소정의 공무원에 해당한다.
> ㉣ 취소판결의 기판력은 국가배상청구소송에도 미치므로, 행정처분이 후에 항고소송에서 위법을 이유로, 취소된 경우에는 그 기판력에 의하여 당해 행정처분이 곧바로 공무원의 고의 또는 과실에 의한 불법행위를 구성한다고 보아야 한다.

① ㉠, ㉡　② ㉠, ㉣
③ ㉡, ㉢　④ ㉢, ㉣

정답 및 해설 | ①

옳은 것은 ㉠㉡이다.

㉢ [×] 법령에 의해 대집행권한을 위탁받은 한국토지공사(현 한국토지주택공사)는 국가배상법 제2조에서 말하는 **공무원이 아니라는** 것이 대법원 판례의 태도이다.

㉣ [×] 어떠한 처분이 취소소송에서 취소되었다 하더라도 그 판결의 기판력은 처분이 위법하다는 점에 미치는 것일 뿐 그것만으로 그 처분이 공무원의 고의 또는 과실에 의한 불법행위를 구성한다고 단정할 수는 **없다**는 것이 판례의 입장이다.

509 행정상 손해배상에 대한 설명으로 옳지 않은 내용만을 모두 고른 것은? (다툼이 있는 경우 판례에 의함)

□□□

12. 국가직 9급

> ㉠ 법령해석에 여러 견해가 있어 관계 공무원이 신중한 태도로 어느 일설을 취하여 처분한 경우, 위법한 것으로 판명되었다고 하더라도 그것만으로 배상책임을 인정할 수 없다.
> ㉡ 법령에 명시적으로 공무원의 작위의무가 규정되어 있지 않은 경우라 할지라도 공무원의 부작위로 인한 국가배상책임을 인정할 수 있다.
> ㉢ 실질적으로 직무행위가 아니거나 또는 직무행위를 수행한다는 행위자의 주관적 의사가 없는 공무원의 행위는 국가배상법상 공무원의 직무행위가 될 수 없다.
> ㉣ 국가배상법상 과실을 판단할 경우 보통 일반의 공무원을 그 표준으로 하고, 반드시 누구의 행위인지 가해공무원을 특정하여야 한다.
> ㉤ 재판행위로 인한 국가배상에 있어서 위법은 판결 자체의 위법이 아니라 법관의 공정한 재판을 위한 직무수행상 의무의 위반으로서의 위법이다.
> ㉥ 서울특별시 강서구 교통할아버지 사건과 같은 경우 공무를 위탁받아 수행하는 일반 사인(私人)은 국가배상법 제2조 제1항에 따른 공무원이 될 수 없다.

① 2개　② 3개
③ 4개　④ 5개

정답 및 해설 I ②

옳지 않은 것은 ㉢㉣㉥ 3개이다.

㉢ [×] 직무행위의 판단기준에 관한 통설 · 판례의 입장인 외형설에 따르면 순수한 직무집행행위뿐만 아니라 실질적으로 직무집행행위가 아닌 경우 또는 행위자에게 주관적인 직무집행의사가 없더라도, 행위 자체의 외관을 객관적으로 관찰하여 직무행위로 보여질 때에는 '직무를 집행하면서'라는 요건을 충족한 것으로 본다.

㉣ [×] 국가배상법상의 과실을 판단할 경우 보통 일반의 공무원을 표준으로 하며, 또한 가해공무원을 특정할 필요는 없다는 것이 판례의 입장이다.

㉥ [×] 지방자치단체로부터 어린이 보호 등의 공무를 위탁받아 교통정리를 하던 이른바 교통할아버지도 국가배상법상 공무원에 해당한다는 것이 판례의 입장이다(대판 2001.1.5, 98다39060).

510 □□□ 「국가배상법」상 경찰공무원의 배상책임에 대한 설명으로 가장 적절하지 않은 것은? (다툼이 있는 경우 판례에 의함) 23. 경찰간부

① 경찰공무원이 공무를 수행하는 과정에서 위법행위로 타인에게 손해를 가한 경우에 국가 등이 손해배상책임을 지는 것 외에 그 개인은 고의 또는 중과실이 있는 경우에는 손해배상책임을 진다.

② 경찰공무원의 중과실이란 공무원에게 통상 요구되는 정도의 상당한 주의를 하지 않더라도 약간의 주의를 한다면 손쉽게 위법 · 위해한 결과를 예견할 수 있는 경우임에도 만연히 이를 간과한 경우와 같이, 거의 고의에 가까운 현저한 주의를 결여한 상태를 의미한다.

③ 경찰공무원이 직무를 수행함에 있어 경과실로 타인에게 손해를 입힌 경우에는 그로 인하여 발생한 손해에 대하여 경찰공무원 개인에게 배상책임을 부담시키지 아니하는 것은 공무원의 공무집행의 안정성을 확보하려는 데 있다.

④ 국민의 생명 · 신체 · 재산 등을 보호하는 것을 본래의 사명으로 하는 국가는 형식적 의미의 법령에 근거가 없다면 경찰공무원에 대하여 위험을 배제할 작위의무를 인정할 수 없으므로, 경찰공무원의 부작위를 이유로 국가배상책임을 인정할 수 없다.

정답 및 해설 I ④

④ [×] 국민의 생명 · 신체 · 재산 등에 대하여 절박하고 중대한 위험상태가 발생하였거나 발생할 상당한 우려가 있어서 국민의 생명 등을 보호하는 것을 본래적 사명으로 하는 국가가 초법규적 · 일차적으로 그 위험의 배제에 나서지 아니하면 국민의 생명 등을 보호할 수 없는 경우에는 형식적 의미의 법령에 근거가 없더라도 국가나 관련 공무원에 대하여 그러한 위험을 배제할 작위의무를 인정할 수 있을 것이다(대판 2012.7.2, 294다947).

511 국가배상법상 공무원의 개인책임에 대한 설명으로 가장 옳지 않은 것은? 18. 서울시 7급

□□□

① 공무원책임에 대한 규정인 헌법 제29조 제1항 단서는 그 조항 자체로 공무원 개인의 구체적인 손해배상 책임의 범위까지 규정한 것으로 보기는 어렵다.

② 공무원의 불법행위책임을 국가 자신의 책임으로 보는 입장에서는 일반적으로 공무원의 피해자에 대한 책임을 부인한다.

③ 공무원의 위법행위가 고의 · 중과실인 경우에는 공무원의 개인책임이 인정된다.

④ 국가가 공무원의 불법행위로 인한 손해배상을 한 경우에 공무원에게 고의 또는 중대한 과실이 있으면 국가는 그 공무원에게 구상권을 행사할 수 있다.

정답 및 해설 I ②

② [×] 국가배상책임의 성질에 관해 이른바 **대위책임설**은 국가는 불법을 행할 수 없으며 따라서 공무원의 위법한 행위는 국가의 행위가 될 수는 없고 공무원만이 책임을 져야 하는 것이지만, 피해자를 두텁게 보호하고자 하는 정책적 고려에서 **국가 등이 공무원 책임을 갈음하여 지는 것**이라고 본다. 이 견해에 따르면 **공무원의 책임을 국가가 갈음하여 지는 것이므로 공무원의 개인책임을 인정하지 않는 것이 논리적**이다. 이에 반해 **자기책임설**은 국가배상책임을 국가가 공무원을 대신하여 지는 배상책임이 아니라 **국가 자신의 책임으로서 지는 배상책임**이라고 이해한다. **자기책임설에 따르면 국가의 배상책임과 공무원 개인의 책임은 독립하여 별개로 존재하는 책임이므로 국가배상책임이 성립하는 경우에도 공무원의 개인책임을 인정하는 것이 논리적**이다.

512 국가배상 제2조의 '군인 · 군무원 · 경찰공무원 또는 예비군대원이 전투 · 훈련 등 직무집행과 관련하여 전사(戰死), 순직(殉職)하거나 공상(公傷)을 입은 경우'에 대한 설명으로 가장 적절하지 않은 것은?

□□□

19. 경행경채

① 현역병으로 입영하여 소정의 군사교육을 마치고 전임되어 법무부장관에 의하여 경비교도로 임용된 자는 국가배상법 제2조 제1항 단서에 따라 손해배상청구가 제한되는 군인 · 군무원 · 경찰공무원 또는 향토예비군대원에 해당한다고 할 수 없다.

② 전투경찰순경은 국가배상법 제2조 제1항 단서에 따라 손해배상청구가 제한되는 군인 · 군무원 · 경찰공무의 또는 향토예비군대원에 해당한다고 보아야 한다.

③ 전투 · 훈련 등 직무집행과 관련하여 공상을 입은 군인이 국가배상법에 따라 손해배상금을 지급받은 다음에 국가유공자 등 예우 및 지원에 관한 법률이 정한 보훈급여금의 지급을 청구하는 경우, 국가는 국가배상법에 따라 손해배상을 받았다는 사정을 들어 보훈급여금의 지급을 거부할 수 있다.

④ 경찰공무원이 전투 · 훈련 등 직무집행과 관련하여 순직을 한 경우에는 전투 · 훈련 또는 이에 준하는 직무집행뿐만 아니라 일반 직무집행에 관하여도 국가나 지방자치단체의 배상책임이 제한된다.

정답 및 해설 I ③

③ [×] 직무집행과 관련하여 공상을 입은 군인이 먼저 국가배상법상 손해배상을 받은 다음 구 국가유공자 등 예우 및 지원에 관한 법률상 보훈급여금을 지급청구하는 경우, 국가배상을 받았다는 이유로 그 지급을 거부할 수 없다.

513 □□□ 공무원의 위법한 직무행위로 인한 손해배상에 대한 설명으로 옳지 않은 것은? (다툼이 있는 경우 판례에 의함)

18. 지방직 7급

① 특별한 사정이 없는 한 일반적으로 공무원이 관계법규를 알지 못하거나 필요한 지식을 갖추지 못하고 법규의 해석을 그르쳐 행정처분을 하였다면 그가 법률전문가가 아닌 행정직 공무원이라도 과실이 있다.

② 헌법재판소 재판관이 잘못된 각하결정을 하여 청구인으로 하여금 본안판단을 받을 기회를 상실하게 하였더라도, 본안판단에서 어차피 청구가 기각되었을 것이라는 사정이 있다면 국가배상책임이 인정되지 않는다.

③ 공익근무요원은 국가배상법상 손해배상청구가 제한되는 군인 · 군무원 · 경찰공무원 또는 향토예비군대원에 해당한다고 할 수 없다.

④ 인사업무 담당공무원이 다른 공무원의 공무원증 등을 위조한 행위는 실질적으로 직무행위에 속하지 아니한다 할지라도 외관상으로는 국가배상법상의 직무집행에 해당한다.

정답 및 해설 I ②

② [×] 헌법재판소 재판관의 위법한 직무집행의 결과 잘못된 각하결정을 함으로써 청구인으로 하여금 본안판단을 받을 기회를 상실하게 한 이상, 설령 본안판단을 하였더라도 어차피 청구가 기각되었을 것이라는 사정이 있다고 하더라도, 청구인의 합리적인 기대를 침해한 것이고 그 침해로 인한 정신상 고통에 대하여는 위자료를 지급할 의무가 있다(대판 2003.7.11, 99다24218).

514 국가배상에 관한 설명 중 가장 적절하지 않은 것은? (다툼이 있는 경우 판례에 의함) 22. 경찰

□□□

① 일반적으로 공무원이 직무를 집행함에 있어서 법령에 대한 해석이 그 문언 자체만으로는 명백하지 아니하여 여러 견해가 있을 수 있는 데다가 이에 대한 선례나 학설, 판례 등도 귀일된 바 없어 이의(異義)가 없을 수 없는 경우, 관계 국가공무원이 그 나름대로 신중을 다하여 합리적인 근거를 찾아 그 중 어느 한 견해를 따라 내린 해석이 후에 대법원이 내린 입장과 같지 않아 결과적으로 잘못된 해석에 돌아가고, 이에 따른 처리가 역시 결과적으로 위법하게 되어 그 법령의 부당집행이라는 결과를 가져오게 되었다고 하더라도 국가배상법상 공무원의 과실을 인정할 수는 없다.

② 국가공무원이 고의 또는 과실로 직무상 의무를 위반하였을 경우라고 하더라도 국가는 그러한 직무상의 의무 위반과 피해자가 입은 손해 사이에 상당인과관계가 인정되는 범위 내에서만 배상책임을 지는 것이고, 이 경우 상당인과관계가 인정되기 위하여는 공무원에게 부과된 직무상 의무의 내용이 단순히 공공일반의 이익을 위한 것이거나 행정기관 내부의 질서를 규율하기 위한 것이 아니고 전적으로 또는 부수적으로 사회구성원 개인의 안전과 이익을 보호하기 위하여 설정된 것이어야 한다.

③ 외국인이 피해자인 경우 국가배상청구권은 해당 국가와 상호보증이 있을 때에만 인정되므로, 그 상호보증은 외국의 법령, 판례 및 관례 등에 의한 발생요건을 비교하여 인정되는 것이 아니라 반드시 당사국과의 조약이 체결되어 있어야 한다.

④ 국민의 생명, 신체 및 재산의 보호, 범죄의 예방·진압 및 수사, 기타 공공의 안녕과 질서유지 등의 직무를 수행하는 경찰은 경찰관 직무집행법, 형사소송법 등 관련 법령에서 부여한 여러 권한을 제반 상황에 대응하여 적절하게 행사하여 필요한 조치를 취할 수 있고, 그 권한을 일반적으로 경찰관의 전문적 판단에 기한 합리적인 재량에 위임되어 있지만, 경찰관에게 권한을 부여한 취지와 목적에 비추어 볼 때 구체적인 사정에 따라 경찰관이 그 권한을 행사하여 필요한 조치를 취하지 아니하는 것이 현저하게 불합리하다고 인정되는 경우에는 그러한 권한의 불행사는 직무상의 의무를 위반한 것이 되어 위법하게 된다.

정답 및 해설 I ③

③ [×] 국가배상법 제7조는 우리나라와 외국 사이에 국가배상청구권의 발생요건이 현저히 균형을 상실하지 아니하고 외국에서 정한 요건이 우리나라에서 정한 그것보다 전체로서 과중하지 아니하여 중요한 점에서 실질적으로 거의 차이가 없는 정도라면 국가배상법 제7조가 정하는 상호보증의 요건을 구비하였다고 봄이 타당하다. 그리고 상호보증은 외국의 법령, 판례 및 관례 등에 의하여 발생요건을 비교하여 인정되면 충분하고 반드시 당사국과의 조약이 체결되어 있을 필요는 없으며, 당해 외국에서 구체적으로 우리나라 국민에게 국가배상청구를 인정한 사례가 없더라도 실제로 인정될 것이라고 기대할 수 있는 상태이면 충분하다(대판 2015.6.11, 2013다208388).

515 □□□ 국가배상의 청구 등에 대한 설명으로 옳고 그름의 표시(○, ×)가 바르게 된 것은? 22. 경찰간부

> ㉠ 배상심의회에 의한 결정절차는 일종의 특별행정심판에 해당하며 임의절차이다.
> ㉡ 특별심의회는 군인 · 군무원이 타인에게 가하는 사건의 배상 결정을 위하여 국방부에 두며, 본부심의회 아래에 있는 하급 심의회이다.
> ㉢ 판례에 따르면 국가배상법상 배상기준은 단순한 배상의 기준에 불과하며 법원을 구속하지 않는다고 한다.
> ㉣ 판례는 국가배상법에 따라 손해배상을 받았다는 사정을 들어 국가배상법 제2조 제1항 단서가 정한 '다른 법령'에 따른 보상의 지급을 거부할 수 없다고 한다.

① ㉠ (○), ㉡ (○), ㉢ (○), ㉣ (○)
② ㉠ (×), ㉡ (○), ㉢ (×), ㉣ (×)
③ ㉠ (×), ㉡ (×), ㉢ (○), ㉣ (○)
④ ㉠ (×), ㉡ (×), ㉢ (○), ㉣ (×)

정답 및 해설 I ③

㉠ [×] 배상심의회에 의한 결정절차는 임의절차는 맞지만, 행정심판이나 항고소송의 대상이 되는 처분으로 볼 수 없다는 것이 판례의 입장입니다(대판 1981.2.10, 80누317).
㉡ [×] 특별심의회는 군인 · 군무원이 타인에게 가하는 사건의 배상 결정을 위하여 국방부에 두며, 본부심의회와 분리된 특별심의회이다. 본부심의회는 법무부에 두며, 그 아래에 있는 지구심의회를 둔다.

516 □□□ 다음 중 국가배상법 제5조에 의한 영조물에 해당하지 않는 것은? (다툼이 있으면 판례에 의함) 10. 경행특채

① 매향리 사격장
② 철도건널목 자동경보기
③ 노선인정 기타 공용지정을 갖추지 못하였으나 사실상 군민의 통행에 제공되고 있던 도로
④ 도로와 일체가 되어 그 효용을 다하게 되는 시설인 여의도광장

정답 및 해설 I ③

③ [×] ①②④는 공물로서 국가배상법상의 영조물에 해당한다. 그러나 공물 중 인공공물로서의 공공용물이 성립하기 위해서는 공중의 이용에 제공한다는 행정청의 의사표시인 공용지정행위가 있어야 하는바, ③의 경우 공용지정행위가 없으므로 공물이 아니라고 봄이 판례의 입장이다.

517 ☐☐☐ 공공의 영조물의 설치 · 관리의 하자로 인한 국가배상법상 배상책임에 대한 설명으로 옳지 않은 것은? (다툼이 있으면 판례에 의함)

18. 국회직 8급

① 영조물의 설치 · 관리의 하자란 '영조물이 그 용도에 따라 통상 갖추어야 할 안전성을 갖추지 못한 상태에 있음'을 말한다.

② 영조물의 설치 · 관리상의 하자로 인한 배상책임은 무과실책임이고, 국가는 영조물의 설치 · 관리상의 하자로 인하여 타인에게 손해를 가한 경우에 그 손해방지에 필요한 주의를 해태하지 아니하였다 하여 면책을 주장할 수 없다.

③ 객관적으로 보아 시간적 · 장소적으로 영조물의 기능상 결함으로 인한 손해발생의 예견가능성과 회피가능성이 없는 경우에는 영조물의 설치 · 관리상의 하자를 인정할 수 없다.

④ 광역시와 국가 모두가 도로의 점유자 및 관리자, 비용부담자로서의 책임을 중첩적으로 지는 경우 국가만이 국가배상법에 따라 궁극적으로 손해를 배상할 책임이 있는 자가 된다.

정답 및 해설 I ④

④ [×] 광역시와 국가 모두가 도로의 점유자 및 관리자, 비용부담자로서 책임을 중첩적으로 지는 경우에는, 광역시와 국가 모두가 국가배상법 제6조 제2항 소정의 궁극적으로 손해를 배상할 책임이 있는 자라고 할 것이고, 결국 광역시와 국가의 내부적인 부담 부분은, 그 도로의 인계 · 인수경위, 사고의 발생경위, 광역시와 국가의 그 도로에 관한 분담비용 등 제반 사정을 종합하여 결정함이 상당하다(대판 1998.7.10, 96다42819).

518 ☐☐☐ 국가배상법 제5조에 따른 배상책임에 대한 설명으로 옳지 않은 것은? (다툼이 있으면 판례에 의함)

16. 국가직 9급

① '공공의 영조물'이란 국가 또는 지방자치단체가 소유권, 임차권, 그 밖의 권한에 기하여 관리하고 있는 경우를 의미하고, 그러한 권원 없이 사실상의 관리를 하고 있는 경우는 제외된다.

② '영조물의 설치 또는 관리의 하자'란 공공의 목적에 제공된 영조물이 그 용도에 따라 통상 갖추어야 할 안전성을 갖추지 못한 상태에 있음을 말한다.

③ 예산부족 등 설치 · 관리자의 재정사정은 배상책임 판단에 있어 참작사유는 될 수 있으나 안전성을 결정지을 절대적 요건은 아니다.

④ 소음 등을 포함한 공해 등의 위험지역으로 이주하여 거주하는 것이 피해자가 위험의 존재를 인식하고 그로 인한 피해를 용인하면서 접근한 것이라고 볼 수 있는 경우 가해자의 면책이 인정될 수 있다.

정답 및 해설 I ①

① [×] 공공의 영조물에는 국가 또는 지방자치단체가 소유권, 임차권, 그 밖의 권한에 기하여 관리하고 있는 경우뿐만 아니라 사실상의 관리를 하고 있는 경우도 포함된다는 것이 판례의 입장이다(대판 1998.10.23, 98다17381).

519 국가배상에 대한 설명으로 가장 적절한 것은? (다툼이 있으면 판례에 의함) 11. 경행특채

□□□

① 국가배상법에 따른 손해배상의 소송은 배상심의회에 배상신청을 하지 아니하면 제기할 수 없다.

② 국가배상법상 생명 · 신체의 침해로 인한 국가배상을 받을 권리는 압류하지는 못하나 양도할 수는 있다.

③ 어떠한 행정처분이 후에 항고소송에서 위법한 것으로서 취소되었다면 그로써 곧 당해 행정처분이 공무원의 고의 또는 과실에 의한 불법행위를 구성한다고 단정할 수 있다.

④ 국가배상법상 배상주체는 '국가 또는 지방자치단체'이다.

정답 및 해설 I ④

① [×] 국가배상법에 따른 손해배상의 소송은 배상심의회에 **배상신청을 거치지 아니하여도 제기할 수 있다.**

② [×] 국가배상법상 생명 · 신체의 침해로 인한 국가배상을 받을 권리는 **압류와 양도 모두 허용될 수 없다**(국가배상법 제4조).

③ [×] 대법원은 "어떠한 행정처분이 후에 항고소송에서 위법한 것으로서 취소되었다면 그로써 곧 당해 행정처분이 공무원의 고의 또는 과실에 의한 불법행위를 구성한다고 단정할 수 **없다.**"고 판시하고 있다.

520 국가배상법에 대한 설명으로 적절한 것은 모두 몇 개인가? (다툼이 있는 경우 판례에 따름)

□□□

22. 경찰간부

㉠ 경찰관들의 시위진압에 대항하여 시위자들이 던진 화염병에 의하여 발생한 화재로 인하여 손해를 입은 주민이 국가를 상대로 국가배상을 청구한 경우에는 국가의 배상책임이 인정되지 않는다. ㉡ 시위진압 과정에서 가해공무원인 전투경찰이 특정되지 않더라도 손해배상책임이 인정된다. ㉢ 전투경찰순경은 국가배상법 제2조 제1항 단서에 따라 손해배상청구가 제한되는 군인 · 군무원 · 경찰공무원 또는 예비군대원에 해당한다. ㉣ 경찰공무원이 전투 · 훈련 등 직무집행과 관련하여 순직한 경우에는 전투 · 훈련 또는 이에 준하는 직무집행뿐만 아니라 일반 직무집행에 관하여도 국가나 지방자치단체의 배상책임이 제한된다. ㉤ 국가배상법 제5조에 따라 도로나 하천은 물론 경찰견도 영조물에 포함된다.

① 2개 ② 3개

③ 4개 ④ 5개

정답 및 해설 I ④

모두 옳은 지문이다.

521 □□□ 甲은 A지방자치단체가 관리하는 도로를 운행하던 중 도로에 방치된 낙하물로 인하여 손해를 입었고, 이를 이유로 국가배상법상 손해배상을 청구하려고 한다. 이에 대한 설명으로 옳지 않은 것은? (다툼이 있으면 판례에 의함) 20. 국가직 9급

① A지방자치단체가 위 도로를 권원 없이 사실상 관리하고 있는 경우에는 A지방자치단체의 배상책임은 인정될 수 없다.

② 위 도로의 설치 · 관리상의 하자가 있는지 여부는 위 도로가 그 용도에 따라 통상 갖추어야 할 안전성을 갖추었는지 여부에 따라 결정된다.

③ 위 도로가 국도이며 그 관리권이 A지방자치단체의 장에게 위임되었다면, A지방자치단체가 도로의 관리에 필요한 일체의 경비를 대외적으로 지출하는 자에 불과하더라도 甲은 A지방자치단체에 대해 국가배상을 청구할 수 있다.

④ 甲이 배상을 받기 위하여 소송을 제기하는 경우에는 민사소송을 제기하여야 한다.

정답 및 해설 I ①

① [×] 국가배상법 제5조 소정의 '공공의 영조물'은 국가 또는 지방자치단체가 소유권, 임차권, 그 밖의 권한에 기하여 관리하고 있는 경우뿐만 아니라 사실상의 관리를 하고 있는 경우도 포함된다는 것이 판례의 입장이다. 따라서 A지방자치단체의 배상책임은 인정될 수 있다.

522 □□□ 손실보상에 대한 다음 설명 중 옳지 않은 것은? (다툼이 있을 경우 판례에 의함) 14. 서울시 9급

① 헌법 제23조 제3항이 헌법적 근거가 된다.

② 손실보상청구권을 발생시킨 침해는 재산권에 대한 것이면 족하며 재산권의 종류는 불문한다.

③ 피수용재산의 객관적인 재산가치를 완전하게 보상한다는 것은 불가능하므로 보상은 상당한 보상이면 족하다는 것이 대법원의 입장이다.

④ 최근에는 재산권보상뿐만 아니라 생활보상의 개념도 등장하였다.

⑤ 손실보상청구권의 법적 성질에 대해서는 공권설과 사권설의 대립이 있다.

정답 및 해설 I ③

③ [×] 정당한 보상이란 완전보상을 뜻하는 것으로서 보상금액뿐만 아니라 보상의 시기나 방법 등에 있어서도 어떠한 제한을 두어서는 아니 된다는 것을 의미한다(헌재 1995.4.29, 93헌바20 · 94헌바6 병합).

523 행정상 손실보상에 대한 설명으로 옳지 않은 것은? (다툼이 있을 경우 판례에 의함) 11. 사회복지직 9급

□□□

① 하천법상 하천구역 편입토지에 대한 손실보상청구권은 공법상 권리이므로 행정소송절차에 의해야 한다.

② 재산권의 수용 · 사용 · 제한은 법률로써 하여야 하고, 이 '법률'에 법률종속명령이나 조례는 포함되지 아니한다.

③ 구 도시계획법에 따른 개발제한구역제도는 합헌이기에 개발제한구역으로 지정된 토지를 실질적으로 수용 · 수익할 수 없어 사회적 제약을 초과하는 가혹한 부담이 발생하더라도 보상 없이 감수하도록 하는 것도 합헌이다.

④ 손실보상이 이루어지는 재산권에는 지가상승에 대한 기대이익이나 영업이익의 가능성이 포함되지 아니한다.

정답 및 해설 I ③

③ [×] 헌법재판소는 개발제한구역제도 자체는 합헌이나 개발제한구역지정으로 말미암아 일부 토지소유자에게 사회적 제약의 범위를 넘는 부담이 발생하는 예외적인 경우(토지를 종래의 목적으로도 사용할 수 없거나 또는 실질적으로 토지의 사용 · 수익의 길이 없는 경우)에도 아무런 보상 없이 이를 감수하도록 하는 것은 비례의 원칙에 위배되어 당해 토지소유자의 재산권을 과도하게 침해하는 것으로 헌법에 위반된다고 판시하였다.

524 생활보상으로서의 이주대책에 관한 설명으로 옳지 않은 것은? (다툼이 있을 경우 판례에 의함)

□□□ 10. 지방직 7급

① 이주대책은 그 본래의 취지에 있어 이주자들에 대하여 종전의 생활상태를 원상으로 회복시키면서 동시에 인간다운 생활을 보장하여 주기 위한 이른바 생활보상의 일환으로 국가의 적극적이고 정책적인 배려에 의하여 마련된 제도이다.

② 사업시행자는 이주대책을 수립 · 실시하지 아니하는 경우 또는 이주대책대상자가 이주정착지가 아닌 다른 지역으로 이주하고자 하는 경우에는 이주대책대상자에게 이주정착금을 지급하여야 한다.

③ 사업시행자가 이주대책을 수립하고자 하는 때에는 미리 관할 지방자치단체의 장과 협의하여야 한다.

④ 사업시행자는 이주대책을 수립할 의무를 질 뿐, 그 내용결정에 있어서 재량권을 갖는 것은 아니다.

정답 및 해설 I ④

④ [×] 사업자는 이주대책의 내용결정에 있어서 재량권을 갖는다. 대법원은 도시개발사업의 사업시행자는 이주대책기준을 정하여 이주대책대상자 가운데 이주대책을 수집 · 실시하여야 할 자를 선정하여 그들에게 공급할 택지 등을 정하는 데 재량을 가진다고 판시하였다(대판 2009.3.12, 2008두12610).

525 공익사업을 위한 토지 등의 취득 및 보상에 관한 법률상 손실보상의 원칙에 관한 설명으로 옳지 않은 것은?

□□□

17. 서울시 9급

① 동일한 사업지역에 보상시기를 달리하는 동일인 소유의 토지 등이 여러 개 있는 경우 토지소유자나 관계인이 요구할 때에는 한꺼번에 보상금을 지급하도록 하여야 한다.

② 공익사업에 필요한 토지 등의 취득 또는 사용으로 인하여 토지소유자나 관계인이 입은 손실은 사업시행자가 보상하여야 한다.

③ 보상액의 산정은 협의에 의한 경우에는 협의 성립 당시의 가격을, 재결에 의한 경우에는 수용 또는 사용의 재결 당시의 가격을 기준으로 한다.

④ 보상액을 산정할 경우에 해당 공익사업으로 인하여 토지 등의 가격이 변동되었을 때에는 이를 고려하여야 한다.

정답 및 해설 | ④

④ [×]

> 공익사업을 위한 토지 등의 취득 및 보상에 관한 법률 제67조 【보상액의 가격시점 등】 ① 보상액의 산정은 협의에 의한 경우에는 협의 성립 당시의 가격을, 재결에 의한 경우에는 수용 또는 사용의 재결 당시의 가격을 기준으로 한다.
> ② 보상액을 산정할 경우에 해당 공익사업으로 인하여 토지 등의 가격이 변동되었을 때에는 이를 고려하지 아니한다.

③ [○] 공익사업을 위한 토지 등의 취득 및 보상에 관한 법률 제67조 제1항

526 국가배상에 대한 설명으로 가장 적절하지 않은 것은? (다툼이 있는 경우 판례에 의함) 17. 경행특채

□□□

① 국가배상법 제2조 제1항의 '직무를 집행함에 당하여'라 함은 직접 공무원의 직무집행행위이거나 그와 밀접한 관련이 있는 행위를 포함하고, 이를 판단함에 있어서는 행위 자체의 외관을 객관적으로 관찰하여 공무원의 직무행위로 보여질 때에는 비록 그것이 실질적으로 직무행위가 아니거나 또는 행위자로서는 주관적으로 공무집행의 의사가 없었다고 하더라도 그 행위는 공무원이 '직무를 집행함에 당하여' 한 것으로 보아야 한다.

② 국회의원의 입법행위는 그 입법 내용이 헌법의 문언에 명백히 위반됨에도 불구하고 국회가 굳이 당해 입법을 한 것과 같은 특수한 경우가 아닌 한 국가배상법 제2조 제1항 소정의 위법행위에 해당한다고 볼 수 없다.

③ 공무원의 직무집행이 법령이 정한 요건과 절차에 따라 이루어진 것이라면 특별한 사정이 없는 한 이는 법령에 적합한 것이나, 그 과정에서 개인의 권리가 침해된 경우에는 법령적합성이 곧바로 부정된다.

④ 담당공무원이 보통 일반의 공무원을 표준으로 하여 볼 때 객관적 주의의무를 결하여 그 행정처분이 객관적 정당성을 상실하였다고 인정될 정도에 이른 경우에 국가배상법 제2조 소정의 국가배상책임의 요건을 충족하였다고 봄이 상당하다.

정답 및 해설 I ③

③ [×] 대법원은 "행정처분이 **객관적 정당성을 상실**하였다고 인정될 정도에 이른 경우에 국가배상법 제2조 소정의 국가배상책임의 요건을 충족하였다고 봄이 상당하다."고 판시하여 **상대적 위법성설**의 입장이나, "공무원의 직무집행이 법령이 정한 요건과 절차에 따라 이루어진 것이라면 특별한 사정이 없는 한 이는 법령에 적합한 것이고 그 과정에서 개인의 권리가 침해되는 일이 생긴다고 하여 그 **법령적합성이 곧바로 부정되는 것은 아니다**."라고 판시하고 있다.

527 공무원의 직무행위로 인한 손해배상에 대한 설명으로 가장 적절하지 않은 것은? (다툼이 있는 경우 판례에 의함) 20. 경행특채

□□□

① 공무원이 통상의 근무지로 자기 소유 차량을 운전하여 출근하던 중 교통사고를 일으킨 경우, 특별한 사정이 없는 한 국가배상법 제2조 제1항에 따른 직무집행 관련성이 부정된다.

② 국가배상법이 정한 배상청구의 요건인 공무원의 직무에는 권력적 작용만이 아니라 행정지도와 같은 비권력적 작용도 포함된다.

③ 형사상 범죄행위를 구성하지 않는 침해행위라 하더라도 그것이 민사상 불법행위를 구성하는지 여부는 형사책임과 별개의 관점에서 검토하여야 한다.

④ 공무원이 재량준칙에 따라 행정처분을 하였는데 결과적으로 그 처분이 재량을 일탈 · 남용하여 위법하게 된 때에는 그에게 직무집행상의 과실이 인정된다.

정답 및 해설 I ④

④ [×] 대법원은 "공무원이 재량준칙(행정규칙)에 따라 행정처분을 하였는데 결과적으로 그 처분이 재량을 일탈 · 남용하여 위법하게 된 때에는 공무원에게 직무집행상의 과실이 **인정할 수 없다**."고 판시하고 있다.

528 국가배상에 관한 다음 설명 중 가장 적절하지 않은 것은? (다툼이 있으면 판례에 의함) 14. 경행특채

□□□

① 국가배상법 제2조 제1항의 '직무를 집행하면서'라고 할 때 직무집행에 대한 판단기준은 행위 자체의 외관을 객관적으로 관찰하여 판단하여야 하므로 직무행위로 보여질 때에는 공무원의 행위가 실질적으로 직무행위가 아니거나 또는 행위자로서 주관적으로 공무집행 의사가 없다고 하여도 '직무를 집행하면서'로 보아야 한다.

② 도로 · 하천, 그 밖의 공공의 영조물의 설치나 관리에 하자가 있기 때문에 타인에게 손해를 발생하게 하였을 때에는 국가나 지방자치단체는 그 손해를 배상하여야 하며, 손해의 원인에 대하여 책임을 질 자가 따로 있으면 국가나 지방자치단체는 그 자에게 구상할 수 있다.

③ 공무원이 그 직무를 집행하기 위하여 국가 또는 지방자치단체 소유의 공용차를 운행하는 경우, 그 자동차에 대한 운행지배나 운행이익은 그 공무원이 소속한 국가 또는 지방자치단체에 귀속된다고 할 것이므로, 그 공무원이 자기를 위하여 공용차를 운행하는 자로서 자동차손해배상 보장법 제3조 소정의 손해배상책임의 주체가 될 수는 없다.

④ '국가의 철도운행사업'은 국가가 공권력의 행사로 하는 것이 아니고 사경제적 작용이라 하여도 그로 인한 사고에 공무원이 관여하였을 경우 국가배상법에 따라 배상청구를 하는 배상절차를 거쳐야 한다.

정답 및 해설 | ④

④ [×] 대법원은 국가가 공권력의 행사로 하는 것이 아니고 사경제적 작용의 경우에는 직무집행에 관한 행위가 아니므로 국가배상법에 따라 국가배상청구를 하는 배상절차를 거칠 수 없다(광의설)고 본다.

529 국가배상에 대한 설명으로 가장 적절하지 않은 것은? (다툼이 있는 경우 판례에 의함) 18. 경행특채

□□□

① 국가배상법 제5조 소정의 '공공의 영조물'은 국가 또는 지방자치단체가 소유권, 임차권 그 밖의 권한에 기하여 관리하고 있는 경우뿐만 아니라 사실상의 관리를 하고 있는 경우도 포함된다.

② 국가배상법 제2조 제1항을 적용할 때 피해자가 손해를 입은 동시에 이익을 얻은 경우에는 손해배상액에서 그 이익에 상당하는 금액을 빼야 한다.

③ 국가나 지방자치단체는 공무원 또는 공무를 위탁받은 사인이 직무를 집행하면서 고의 또는 과실로 법령을 위반하여 타인에게 손해를 입히거나, 자동차손해배상 보장법에 따라 손해배상의 책임이 있을 때에는 국가배상법에 따라 그 손해를 배상하여야 한다.

④ 공무원이 직무수행 중 불법행위로 타인에게 손해를 입힌 경우에 국가 등이 국가배상책임을 부담하는 외에 공무원 개인도 고의가 있는 경우에만 불법행위로 인한 손해배상책임을 부담한다.

정답 및 해설 | ④

④ [×] 공무원이 직무수행 중 불법행위로 타인에게 손해를 입힌 경우에 국가 등이 국가배상책임을 부담하는 외에 공무원 개인도 고의 또는 중과실이 있는 경우에 불법행위로 인한 민사상 손해배상책임을 부담한다는 것이 판례의 태도이다(대판 1996.2.15, 95다38677).

530 □□□ 국토교통부장관이 관리하는 국가하천(이하 A)의 유지 · 보수 사무가 지방자치단체(이하 B)의 장에게 위임되고, B가 A의 유지 · 보수에 필요한 비용을 부담하며 이에 관한 국가의 보조금을 받아오던 중에, A의 관리상 하자로 인하여 그 이용자가 사망하는 사고가 발생하였다. 이에 관한 설명 중 가장 적절하지 않은 것은? (다툼이 있는 경우 판례에 의함)

21. 경행특채

① 국가는 A의 설치 · 관리사무의 귀속주체로서 배상책임을 진다.

② 국가는 A의 설치 · 관리비용을 부담하는 자로서 배상책임을 진다.

③ B는 A의 설치 · 관리사무의 귀속주체로서 배상책임을 진다.

④ B는 A의 설치 · 관리비용을 부담하는 자로서 배상책임을 진다.

정답 및 해설 I ③

③ [×] 국가는 A의 설치 · 관리사무의 귀속주체로서 배상책임을 진다. A의 사무는 기관위임사무이므로 B는 (형식적) 비용부담자로서만 배상책임을 진다.

531 □□□ 국가배상법 및 국가배상법 시행령상 배상심의회에 대한 설명으로 가장 적절하지 않은 것은?

19. 경행특채

① 국가나 지방자치단체에 대한 배상신청사건을 심의하기 위하여 법무부에 본부심의회를 둔다. 다만, 군인이나 군무원이 타인에게 입힌 손해에 대한 배상신청사건을 심의하기 위하여 국방부에 특별심의회를 둔다.

② 본부심의회와 특별심의회에는 적어도 소속공무원 · 법관 · 변호사 · 의사(군의관을 포함한다) 각 1인을 위원으로 두어야 한다.

③ 배상신청이 신청인의 주소지관할 지구심의회를 포함하여 2중으로 접수된 사건은 신청인의 주소지관할 지구심의회에서 처리한다.

④ 지구심의회에서 배상신청이 기각(일부기각된 경우를 포함한다) 또는 각하된 신청인은 결정정본이 송달된 날부터 1주일 이내에 그 심의회를 거쳐 본부심의회나 특별심의회에 재심(再審)을 신청할 수 있다.

정답 및 해설 I ④

④ [×] 지구심의회에서 배상신청이 기각(일부기각된 경우를 포함한다) 또는 각하된 신청인은 결정정본이 송달된 날부터 2주일 이내에 그 심의회를 거쳐 본부심의회나 특별심의회에 재심(再審)을 신청할 수 있다(국가배상법 제15조의2 제1항).

532 손실보상에 대한 설명으로 가장 적절하지 않은 것은? (다툼이 있는 경우 판례에 의함) 17. 경행특채

□□□

① 공익사업을 위한 토지 등의 취득 및 보상에 관한 법률 제85조 제2항에 의하면, 동법 제1항에 따라 제기하려는 행정소송이 보상금의 증감에 관한 소송인 경우 그 소송을 제기하는 자가 토지소유자 또는 관계인일 때에는 사업시행자를, 사업시행자일 때에는 토지소유자 또는 관계인을 각각 피고로 한다.

② 대법원은 하천구역 편입토지에 대한 손실보상청구권이 공법상의 권리라는 입장이다.

③ 헌법 제23조 제3항에서 규정한 '정당한 보상'이란 원칙적으로 피수용재산의 객관적인 재산가치를 완전하게 보상하여야 한다는 완전보상을 뜻하는 것이지만, 공익사업의 시행으로 인한 개발이익은 완전보상의 범위에 포함되는 피수용토지의 객관적 가치 내지 피수용자의 손실이라고는 볼 수 없다.

④ 손실보상에 관한 일반법으로 손실보상법이 있다.

정답 및 해설 I ④

④ [×] 손실보상에 관한 일반법은 현행법상 존재하지 않는다. 다만, 토지 등의 수용에 관한 손실보상의 일반법으로 공익사업을 위한 토지 등의 취득 및 보상에 관한 법률이 있을 뿐이다.

533 공익사업을 위한 토지 등의 취득 및 보상에 관한 법률상 손실보상 지급원칙으로 가장 적절하지 않은 것은? 14. 경행특채

□□□

① 물건별 보상의 원칙

② 사업시행자 보상의 원칙

③ 사전보상의 원칙

④ 현금보상의 원칙

정답 및 해설 I ①

① [×] 공익사업을 위한 토지 등의 취득 및 보상에 관한 법률상 손실보상은 개인별 보상의 원칙이 적용된다.

> 공익사업을 위한 토지 등의 취득 및 보상에 관한 법률 제64조 【개인별 보상】 손실보상은 토지소유자나 관계인에게 개인별로 하여야 한다. 다만, 개인별로 보상액을 산정할 수 없을 때에는 그러하지 아니하다.

534 행정소송에 대한 설명으로 가장 적절하지 않은 것은? 11. 경행특채

□□□

① 부작위위법확인소송에 있어서는 사정판결이 적용되지 아니한다.

② 취소소송의 제기는 처분 등의 효력이나 그 집행 또는 절차의 속행에 영향을 주지 아니한다.

③ 취소소송은 처분 등이 있음을 안 날부터 90일, 처분 등이 있은 날부터 180일이 경과하면 이를 제기하지 못한다.

④ 처분 등을 취소하는 확정판결은 그 사건에 관하여 당사자인 행정청과 그 밖의 관계행정청을 기속한다.

정답 및 해설 I ③

③ [×] 취소소송은 처분 등이 있음을 안 날부터 90일, 처분 등이 있은 날부터 1년이 경과하면 이를 제기하지 못한다(행정소송법 제20조). 취소심판의 경우 처분이 있음을 안 날부터 90일, 처분 등이 있은 날부터 180일이 경과하면 이를 제기하지 못한다.

535 행정소송법상 항고소송에 해당하지 않는 것은? 22. 경찰

□□□

① 국가 또는 공공단체의 기관이 법률에 위반되는 행위를 한 때에 직접 자기의 법률상 이익과 관계없이 그 시정을 구하기 위하여 제기하는 민중소송

② 행정청의 처분 등의 효력 유무 또는 존재 여부를 확인하는 무효 등 확인소송

③ 행정청의 부작위가 위법하다는 것을 확인하는 부작위위법확인소송

④ 행정청의 위법한 처분 등을 취소 또는 변경하는 취소소송

정답 및 해설 I ①

① [×] 행정소송법상 항고소송은 취소소송, 무효 등 확인소송, 부작위위법확인소송(민중소송 ×)으로 구분된다.

536 행정소송법상 행정소송의 종류에 대한 설명이다. 아래 ㉠부터 ㉣까지의 설명 중 옳고 그름의 표시(○, ×)가 바르게 된 것은? 17. 경행특채

□□□

> ㉠ 항고소송이란 행정청의 처분 등이나 부작위에 대하여 제기하는 소송이다.
> ㉡ 당사자소송이란 행정청의 처분 등을 원인으로 하는 법률관계에 관한 소송 그 밖에 공법상의 법률관계에 관한 소송으로서 그 법률관계의 한쪽 당사자를 피고로 하는 소송이다.
> ㉢ 민중소송이란 국가 또는 공공단체의 기관이 법률에 위반되는 행위를 한 때에 직접 자기의 법률상 이익과 관계없이 그 시정을 구하기 위하여 제기하는 소송이다.
> ㉣ 기관소송이란 국가 또는 공공단체의 기관 상호간에 있어서의 권한의 존부 또는 그 행사에 관한 다툼이 있는 때에 이에 대하여 제기하는 소송이다. 다만, 헌법재판소법 제2조의 규정에 의하여 헌법재판소의 관장사항으로 되는 소송은 제외한다.

① ㉠ (○), ㉡ (○), ㉢ (○), ㉣ (○)

② ㉠ (○), ㉡ (○), ㉢ (×), ㉣ (○)

③ ㉠ (○), ㉡ (○), ㉢ (×), ㉣ (×)

④ ㉠ (×), ㉡ (×), ㉢ (○), ㉣ (×)

정답 및 해설 I ①

㉠㉡㉢㉣ 모두 옳은 지문이다.

537 행정소송법에 관한 설명이다. 다음 중 적절하지 않은 것은? 16. 경행특채

□□□

① 행정소송법 제3조에서는 행정소송을 항고소송, 기관소송, 당사자소송, 예방적 금지소송으로 구분한다.

② 당사자소송이란 행정청의 처분 등을 원인으로 하는 법률관계에 관한 소송 그 밖에 공법상의 법률관계에 관한 소송으로서 그 법률관계의 한쪽 당사자를 피고로 하는 소송을 말한다.

③ 취소소송은 법령의 규정에 의하여 당해 처분에 대한 행정심판을 제기할 수 있는 경우에도 이를 거치지 아니하고 제기할 수 있다. 다만, 다른 법률에 당해 처분에 대한 행정심판의 재결을 거치지 아니하면 취소소송을 제기할 수 없다는 규정이 있는 때에는 그러하지 아니하다.

④ 법원은 필요하다고 인정할 때에는 직권으로 증거조사를 할 수 있고, 당사자가 주장하지 아니한 사실에 대하여도 판단할 수 있다.

정답 및 해설 I ①

① [×] 행정소송법 제3조에서는 행정소송을 항고소송, 기관소송, 당사자소송으로 규정하고 있다. 예방적 금지소송은 대법원 판례와 다수설에 따라 인정될 수 없다고 본다.

538 판례에 따를 때 항고소송의 대상이 되는 처분에 해당하는 것은? (다툼이 있는 경우 판례에 따름)

□□□

19. 서울시 9급

① 행정규칙에 의한 불문경고조치

② 국가공무원 당연퇴직의 인사발령

③ 국세기본법에 따른 과세관청의 국세환급금결정

④ 국가균형발전특별법에 따른 시·도지사의 혁신도시최종입지 선정행위

정답 및 해설 I ①

② [×] 대법원은 국가공무원 당연퇴직의 인사발령은 행정소송의 대상인 행정처분이 아니라고 한다(대판 1995.11.14, 95누2036).

③ [×] 국세환급결정이나 환급신청에 대한 거부결정은 내부적 사무절차로서 항고소송의 대상이 되는 처분이 아니다. 국세기본법 제51조 제1항, 제52조 및 같은 법 시행령 제30조에 따른 세무서장의 국세환급금(국세환급가산금 포함)에 대한 결정은 이미 납세의무자의 환급청구권이 확정된 국세환급금에 대하여 내부적인 사무처리절차로서 과세관청의 환급절차를 규정한 것에 지나지 않고 그 규정에 의한 국세환급금의 결정에 의하여 비로소 환급청구권이 확정되는 것이 아니므로, 국세환급금결정이나 그 결정을 구하는 신청에 대한 환급거부결정 등은 항고소송의 대상이 되는 처분이라고 볼 수 없다(대판 1994.12.2, 92누14250).

④ [×] 법과 법 시행령 및 이 사건 지침에는 공공기관의 지방이전을 위한 정부 등의 조치와 공공기관이 이전할 혁신도시 입지선정을 위한 사항 등을 규정하고 있을 뿐 혁신도시입지 후보지에 관련된 지역주민 등의 권리·의무에 직접 영향을 미치는 규정을 두고 있지 않으므로, 피고가 원주시를 혁신도시 최종입지로 선정한 행위는 항고소송의 대상이 되는 행정처분으로 볼 수 없다(대판 2007.11.15, 2007두10198).

539 행정소송법상 '처분'에 해당하지 않는 것은? (다툼이 있는 경우 판례에 따름)

19. 서울시 7급

□□□

① 지적공부 소관청의 지목변경신청반려행위

② 공정거래위원회의 고발조치

③ 국가인권위원회의 성희롱결정 및 시정조치권고

④ 개발부담금 산정을 위한 개별공시지가결정

정답 및 해설 I ②

② [×] 이른바 고발은 수사의 단서에 불과할 뿐 그 자체 국민의 권리 · 의무에 어떤 영향을 미치는 것이 아니고, 특히 독점규제 및 공정거래에 관한 법률 제71조는 공정거래위원회의 고발을 위 법률위반죄의 소추요건으로 규정하고 있어 공정거래위원회의 고발조치는 사직 당국에 대하여 형벌권 행사를 요구하는 행정기관 상호간의 행위에 불과하여 항고소송의 대상이 되는 행정처분이라 할 수 없으며, 더욱이 공정거래위원회의 고발 · 의결은 행정청 내부의 의사결정에 불과할 뿐 최종적인 처분은 아닌 것이므로 이 역시 항고소송의 대상이 되는 행정처분이 되지 못한다(대판 1995.5.12, 94누13794).

540 판례에 따를 경우 甲이 제기하는 소송이 적법하게 되기 위한 설명으로 옳은 것은?

18. 국가직 9급

□□□

> A시장은 2016.12.23. 식품위생법 위반을 이유로 甲에 대하여 3월의 영업정지처분을 하였고, 2016.12.26. 처분서를 송달받았다. 甲은 이에 대해 행정심판을 청구하였고, 행정심판위원회는 2017.3.6. "A시장은 甲에 대하여 한 3월의 영업정지처분을 2월의 영업정지에 갈음하는 과징금 부과처분으로 변경하라."라는 일부인용의 재결을 하였으며, 그 재결서 정본은 2017.3.10. 甲에게 송달되었다. A시장은 재결취지에 따라 2017.3.13. 甲에 대하여 과징금 부과처분을 하였다. 甲은 여전히 자신이 식품위생법 위반을 이유로 한 제재를 받을 이유가 없다고 생각하여 취소소송을 제기하려고 한다.

① 행정심판위원회를 피고로 하여 2016.12.23.자 영업정지처분을 대상으로 취소소송을 제기하여야 한다.

② 행정심판위원회를 피고로 하여 2017.3.13.자 과징금 부과처분을 대상으로 취소소송을 제기하여야 한다.

③ 과징금 부과처분으로 변경된 2016.12.23.자 원처분을 대상으로 2017.3.10.부터 90일 이내에 제기하여야 한다.

④ 2017.3.13.자 과징금 부과처분을 대상으로 2017.3.6.부터 90일 이내에 제기하여야 한다.

정답 및 해설 I ③

③ [○] 처분변경명령재결에 따른 변경처분의 경우 취소소송의 대상은 변경처분이 아니라 변경된 내용의 당초 처분이므로, 사안의 경우 항고소송의 대상은 2017.3.13.자 처분이 아니라 2016.12.23.자의 당초 처분(과징금 부과처분으로 변경된 당초 처분)이다. 그런데 2016.12.23.자 처분의 경우 그 처분에 대해 바로 취소소송을 제기한 것이 아니라 행정심판의 재결을 거친 후 취소소송을 제기한 경우이므로 제소기간은 재결서의 정본을 송달받은 날인 2017.3.10.부터 기산된다. 따라서 甲은 A시장을 피고로 2016.12.23.자의 과징금 부과처분을 대상으로 하여 2017.3.10.부터 90일 이내에 취소소송을 제기하여야 한다.

541 판례가 항고소송의 대상인 처분성을 부정한 것을 모두 고른 것은? 17. 서울시 9급

□□□

> ㉠ 수도요금체납자에 대한 단수조치
> ㉡ 전기·전화의 공급자에게 위법건축물에 대한 단전 또는 전화통화 단절조치의 요청행위
> ㉢ 공무원에 대한 당연퇴직통지
> ㉣ 병역법상의 신체등위판정
> ㉤ 교육부장관이 내신성적산정기준의 통일을 기하기 위해 시·도 교육감에게 통보한 대학입시기본계획 내의 내신성적산정지침

① ㉠, ㉡, ㉢

② ㉡, ㉣, ㉤

③ ㉠, ㉡, ㉣, ㉤

④ ㉡, ㉢, ㉣, ㉤

정답 및 해설 | ④

처분성을 부정한 판례는 ㉡㉢㉣㉤이다.

㉡ [×] 위법건축물에 대한 **단전 및 전화통화 단절조치 요청행위**는 **권고적 성격**에 불과한 것으로 항고소송의 대상이 되는 **행정처분이 아니다**(대판 1996.3.22, 96누433).

㉢ [×] 국가공무원법 제69조에 의하면 공무원이 제33조 각 호의 1에 해당할 때에는 당연히 퇴직한다고 규정하고 있으므로, 국가공무원법상 당연퇴직은 결격사유가 있을 때 법률상 당연히 퇴직하는 것이지 공무원관계를 소멸시키기 위한 별도의 행정처분을 요하는 것이 아니며, 당연퇴직의 인사발령은 법률상 당연히 발생하는 퇴직사유를 공적으로 확인하여 알려주는 이른바 관념의 통지에 불과하고 공무원의 신분을 상실시키는 새로운 형성적 행위가 아니므로 행정소송의 대상이 되는 **독립한 행정처분이라고 할 수 없다**(대판 1995.11.14, 95누2036).

㉣ [×] 병역법상 신체등위판정은 행정청이라고 볼 수 없는 군의관이 하도록 되어 있으며, 그 자체만으로 바로 병역법상의 권리의무가 정하여지는 것이 아니라 그에 따라 지방병무청장이 병역처분을 함으로써 비로소 병역의무의 종류가 정하여지는 것이므로 항고소송의 대상이 되는 **행정처분이라 보기 어렵다**(대판 1993.8.27, 93누3356).

㉤ [×] 교육부장관이 시·도 교육감에게 통보한 대학입시기본계획 내의 내신성적산정지침은 항고소송의 대상인 **행정처분이 아니다**(대판 1994.9.10, 94두33).

542 □□□ 다음 중 항고소송의 대상이 되는 행정처분을 모두 고른 것은? (다툼이 있는 경우 판례에 따름)

16. 서울시 9급

> ㉠ 국가인권위원회의 성희롱결정 및 시정조치권고
> ㉡ 지목변경신청반려행위
> ㉢ 반복된 제2차 대집행계고
> ㉣ 국세환급금결정신청에 대한 환급거부결정
> ㉤ 지방계약직 공무원에 대한 보수삭감 조치

① ㉠, ㉡, ㉤
② ㉠, ㉣, ㉤
③ ㉡, ㉣, ㉤
④ ㉠, ㉡, ㉢, ㉣

정답 및 해설 I ①

항고소송의 대상이 되는 행정처분은 ㉠㉡㉤이다.

㉢ [×] 계고란 '상당한 기간' 내에 의무를 이행하지 않으면 대집행을 한다는 뜻을 문서로써 알리는 행위를 말한다. 판례는 **계고**에 대해 **처분성을 인정하나 반복된 계고**의 경우에는 처음의 계고, 즉 **1차 계고에 대해서만 처분성을 긍정**하며, **2차 · 3차의 계고** 등에 대해서는 처분성을 부정한다.

㉣ [×] **국세환급결정이나 환급신청에 대한 거부결정**은 내부적 사무절차로서 항고소송의 대상이 되는 **처분이 아니라는 것**이 판례의 입장이다(대판 1994.12.2, 92누14250).

543 □□□ 재결과 항고소송에 대한 설명으로 옳지 않은 것은? (다툼이 있는 경우 판례에 의함) 19. 국회직 8급

① 재결취소소송의 경우 재결 자체에 고유한 위법이 있는지 여부를 심리할 것이고 재결 자체에 고유한 위법이 없는 경우에는 원처분의 당부와는 상관없이 당해 재결취소소송은 기각되어야 한다.
② 소청심사위원회가 해임처분을 정직 2월로 변경한 경우 처분의 상대방은 소청심사위원회를 피고로 하여 정직 2월의 재결에 대한 취소소송을 제기할 수 있다.
③ 감사원의 변상판정처분에 대하여서는 행정소송을 제기할 수 없고 그 재결에 해당하는 재심의판정에 대하여만 감사원을 피고로 하여 행정소송을 제기할 수 있다.
④ 중앙토지수용위원회의 이의재결에 불복하여 취소소송을 제기하는 경우에는 원처분인 수용재결을 대상으로 하여야 한다.

정답 및 해설 I ②

② [×] 공무원에 대한 해임처분이 행정심판기관인 소청심사위원회에서 정직 2월로 변경된 경우, 즉 수정재결의 경우 통설과 판례는 원처분주의원칙을 관철하여 **피고를 행정심판기관인 소청심사위원회가 아니라 원처분청으로 하여**, 소송의 대상인 처분은 수정처분이 아니라 **변경된 원처분(2개월 정직처분으로 변경된 해임처분)을 대상으로 하여 취소소송을 제기**하여야 한다고 본다.

544 취소소송의 소송요건에 관한 설명으로 옳은 것은? (다툼이 있으면 판례에 따름) 15. 교육행정직 9급

□□□

① 재결취소소송의 대상이 되는 재결의 고유한 위법에는 주체 · 형식 · 절차상의 위법은 물론, 내용상의 위법도 포함된다.

② 행정청의 거부행위가 거부처분이 되려면 국민에게 법규상의 신청권이 있어야 하며, 조리상의 신청권으로는 될 수 없다.

③ 환경영향평가대상지역 밖의 주민은 자신에 대한 수인한도를 넘는 환경피해를 입증하더라도 원고적격이 인정될 수 없다.

④ 처분이 있음을 알고 90일이 경과하였더라도 처분이 있은 지 1년이 경과하지 않은 경우에는 취소소송을 제기할 수 있다.

정답 및 해설 I ①

② [×] 거부가 처분이 되기 위해서는 신청인에게 법규상 또는 조리상의 신청권이 있으면 된다. 행정청이 국민의 신청에 대하여 한 거부행위가 항고소송의 대상이 되는 행정처분에 해당하려면, 행정청의 행위를 요구할 법규상 또는 조리상의 신청권이 그 국민에게 있어야 한다(대판 2005.2.25, 2004두4031).

③ [×] 환경영향평가대상지역 밖의 주민은 자신에 대한 수인한도를 넘는 환경피해를 입증하면 원고적격이 인정될 수 있다.

④ [×] 처분이 있음을 알고 90일이 경과하였다면 처분이 있은 지 1년의 기간이 경과하였는지와 무관하게 제소기간은 도과하여 취소소송을 제기할 수 없다.

545 행정심판의 재결에 대한 항고소송에 관한 설명으로 옳은 것은? (다툼이 있는 경우 판례에 의함)

□□□

15. 서울시 7급

① 제3자효를 수반하는 행정행위에 대한 행정심판청구에 있어서, 그 청구를 인용하는 내용의 재결로 인해 비로소 권리이익을 침해받게 되는 자라도 인용재결에 대해서는 항고소송을 제기하지 못한다.

② 원처분주의에 반하여 재결에 대해 항고소송을 제기했으나 재결 자체에 고유한 위법이 없다면, 각하판결을 해야 한다.

③ 서면에 의하지 않은 재결의 경우 형식상 하자가 있으므로 재결에 대해서 항고소송을 제기할 수 있다.

④ 기각재결에 대해서는 원칙적으로 재결 자체의 위법을 이유로 항고소송을 제기해야 한다.

정답 및 해설 I ③

① [×] 제3자효를 수반하는 행정행위에 대한 행정심판청구의 인용재결로 권익을 침해받은 제3자는 재결취소를 구할 소의 이익이 있다(대판 1995.6.13, 94누15592).

② [×] 재결취소소송의 경우 재결 자체에 고유한 위법이 있는지 여부를 심리할 것이고, 재결 자체에 고유한 위법이 없는 경우에는 원처분의 당부와는 상관없이 당해 재결취소소송은 이를 기각하여야 한다는 것이 판례의 입장이다(대판 1994.1.25, 93누16901).

④ [×] 기각재결에 대해서는 원칙적으로 재결 자체의 고유한 위법이 인정되지 아니하므로 이에 대한 항고소송을 제기할 수 없다고 본다.

546 행정소송의 당사자에 대한 설명으로 옳지 않은 것은? (다툼이 있는 경우 판례에 의함)

□□□

19. 지방직 · 교육행정직 9급

① 대리기관이 대리관계를 표시하고 피대리 행정청을 대리하여 행정처분을 한 때에는 피대리 행정청이 피고로 되어야 한다.

② 국가공무원법에 따른 처분, 그 밖에 본인의 의사에 반한 불리한 처분이나 부작위에 관한 행정소송을 제기할 때에 대통령의 처분 또는 부작위의 경우에는 소속 장관을 피고로 한다.

③ 약제를 제조 · 공급하는 제약회사는 보건복지부 고시인 약제급여 · 비급여목록 및 급여상한금액표 중 약제의 상한금액 인하 부분에 대하여 그 취소를 구할 원고적격이 있다.

④ 개발제한구역 안에서의 공장설립을 승인한 처분이 위법하다는 이유로 쟁송취소되었다면, 설령 그 승인처분에 기초한 공장건축허가처분이 잔존하는 경우에도 인근 주민들에게는 공장건축허가처분의 취소를 구할 법률상 이익이 없다.

정답 및 해설 | ④

④ [×] 개발제한구역 안에서의 공장설립을 승인한 처분이 위법하다는 이유로 쟁송취소되었으나 그 승인처분에 기초한 공장건축허가처분이 잔존하는 경우, 인근 주민들에게 공장건축허가처분의 취소를 구할 법률상 이익이 있다.

547 취소소송의 원고적격 및 협의의 소익에 대한 설명으로 옳지 않은 것은? (다툼이 있는 경우 판례에 의함)

□□□

15. 국가직 9급

① 허가를 받은 경업자에게는 원고적격이 인정되나, 특허사업의 경업자는 특별한 사정이 없는 한 원고적격이 부인된다.

② 원천납세의무자는 원천징수의무자에 대한 납세고지를 다툴 수 있는 원고적격이 없다.

③ 사법시험 제2차 시험 불합격처분 이후 새로 실시된 제2차 및 제3차 시험에 합격한 자는 불합격처분의 취소를 구할 협의의 소익이 없다.

④ 고등학교 졸업학력 검정고시에 합격하였다 하더라도, 고등학교에서 퇴학처분을 받은 자는 퇴학처분의 취소를 구할 협의의 소익이 있다.

정답 및 해설 | ①

① [×] 경업자관계에서 기존업자가 특허업자인 경우에는 일반적으로 관련 법규가 기존업자의 경영상 이익을 보호하고 있는 것으로 해석되므로 원고적격이 인정되지만, 허가업자인 경우에는 일반적으로 기존업자의 이익은 반사적 이익으로 해석되므로 원고적격이 인정되지 않는다.

548 취소소송에서 협의의 소의 이익에 대한 설명으로 옳지 않은 것은? (다툼이 있는 경우 판례에 의함)

□□□

19. 국가직 9급

① 현역입영대상자가 현역병입영통지처분에 따라 현실적으로 입영을 한 후에는 처분의 집행이 종료되었고 입영으로 처분의 목적이 달성되어 실효되었으므로 입영통지처분을 다툴 법률상 이익이 인정되지 않는다.

② 가중요건이 법령에 규정되어 있는 경우, 업무정지처분을 받은 후 새로운 제재처분을 받음이 없이 법률이 정한 기간이 경과하여 실제로 가중된 제재처분을 받을 우려가 없어졌다면 특별한 사정이 없는 한 업무정지처분의 취소를 구할 법률상 이익이 인정되지 않는다.

③ 공장등록이 취소된 후 그 공장시설물이 철거되었고 다시 복구를 통하여 공장을 운영할 수 없는 상태라 하더라도 대도시 안의 공장을 지방으로 이전할 경우 조세감면 및 우선입주 등의 혜택이 관계법률에 보장되어 있다면, 공장등록취소처분의 취소를 구할 법률상 이익이 인정된다.

④ 지방의회의원에 대한 제명의결 취소소송 계속 중 의원의 임기가 만료된 경우에도 여전히 제명의결의 취소를 구할 법률상 이익이 인정된다.

정답 및 해설 I ①

① [×] 입영으로 그 처분의 목적이 달성되어 실효되었다는 이유로 다툴 수 없도록 한다면, 병역법상 현역입영대상자로서는 현역병입영통지처분이 위법하다 하더라도 법원에 의하여 그 처분의 집행이 정지되지 아니하는 이상 현실적으로 입영을 할 수밖에 없으므로 현역병입영통지처분에 대하여는 불복을 사실상 원천적으로 봉쇄하는 것이 되고, … 현역병입영통지처분이 적법함을 전제로 하는 것으로서 그 처분이 위법한 경우까지를 포함하는 의미는 아니라고 할 것이므로, **현역입영대상자로서는 현실적으로 입영을 하였다고 하더라도, 입영 이후의 법률관계에 영향을 미치고 있는 현역병입영통지처분 등을 한 관할 지방병무청장을 상대로 위법을 주장하여 그 취소를 구할 소송상의 이익이 있다**(대판 2003.12.26, 2003두1875).

549 다음 판례 중 협의의 소의 이익(권리보호의 필요)이 인정되지 않는 것은?

□□□

17. 서울시 9급

① 현역입영대상자로서 현실적으로 입영을 한 자가 입영 이후의 법률관계에 영향을 미치고 있는 현역병입영통지처분 등을 한 관할 지방병무청장을 상대로 위법을 주장하여 그 취소를 구하는 경우

② 행정청이 영업허가신청 반려처분의 취소를 구하는 소의 계속 중 사정변경을 이유로 위 반려처분을 직권취소함과 동시에 위 신청을 재반려하는 내용의 재처분을 한 경우 당초의 반려처분의 취소를 구하는 경우

③ 도시개발사업의 공사 등이 완료되고 원상회복이 사회통념상 불가능하게 된 경우 도시개발사업의 시행에 따른 도시계획변경결정처분과 도시개발구역지정처분 및 도시개발사업 실시계획인가처분의 취소를 구하는 경우

④ 행정처분의 효력기간이 경과하였다고 하더라도 그 처분을 받은 전력이 장래에 불이익하게 취급되는 것으로 법정(법률)상 가중요건으로 되어 있고, 법정가중요건에 따라 새로운 제재적인 행정처분이 가해지고 있는 경우

정답 및 해설 I ②

② [×] 행정청이 당초의 분뇨 등 관련 영업허가신청 반려처분의 취소를 구하는 소의 계속 중, 사정변경을 이유로 위 반려처분을 직권취소함과 동시에 위 신청을 재반려하는 내용의 재처분을 한 경우, 당초의 반려처분의 취소를 구하는 소는 더 이상 **소의 이익이 없다**(대판 2006.9.28, 2004두5317).

550 행정소송과 그 피고에 대한 연결이 옳은 것만을 모두 고르면? 18. 지방직 9급

□□□

> ㉠ 대통령의 검사임용처분에 대한 취소소송 – 법무부장관
> ㉡ 국토교통부장관으로부터 권한을 내부위임받은 국토교통부차관이 처분을 한 경우에 그에 대한 취소소송 – 국토교통부차관
> ㉢ 헌법재판소장이 소속 직원에게 내린 징계처분에 대한 취소소송 – 헌법재판소 사무처장
> ㉣ 환경부장관의 권한을 위임받은 서울특별시장이 내린 처분에 대한 취소소송 – 서울특별시장

① ㉠, ㉡
② ㉢, ㉣
③ ㉠, ㉢, ㉣
④ ㉠, ㉡, ㉢, ㉣

정답 및 해설 I ③

연결이 옳은 것은 ㉠㉢㉣이다.

㉡ [×] 내부위임에서는 처분의 권한이 수임자에게 이전되지 않으므로 처분은 위임자의 명의로 하게 되며 피고적격을 가지는 자도 위임청이 된다. 따라서 사안의 경우 내부위임청인 국토교통부장관이 피고가 된다.

551 행정소송의 피고적격에 대한 설명으로 가장 옳지 않은 것은? (다툼이 있는 경우 판례에 따름)

□□□ 18. 서울시 9급

① 조례가 항고소송의 대상이 되는 경우 피고는 지방자치단체의 의결기관으로서 조례를 제정한 지방의회이다.
② 대리권을 수여받은 데 불과하여 그 자신의 명의로는 행정처분을 할 권한이 없는 행정청의 경우 대리관계를 밝힘이 없이 그 자신의 명의로 행정처분을 하였다면 그에 대하여는 처분명의자인 당해 행정청이 항고소송의 피고가 되어야 하는 것이 원칙이다.
③ 취소소송은 다른 법률에 특별한 규정이 없는 한 그 처분 등을 행한 행정청을 피고로 하며, 당사자소송은 국가 · 공공단체 그 밖의 권리주체를 피고로 한다.
④ 국가공무원법에 의한 처분, 기타 본인의 의사에 반한 불리한 처분이나 부작위에 관한 행정소송을 제기할 때에 대통령의 처분 또는 부작위의 경우에는 소속 장관을 피고로 한다.

정답 및 해설 I ①

① [×] 조례가 항고소송의 대상이 되는 경우 피고는 조례를 의결한 지방의회가 아니라, 조례의 공포권자인 **지방자치단체장 또는 교육감**이 된다.

552 □□□ 행정소송의 피고적격에 대한 설명이다. 아래 ㉠부터 ㉣까지의 설명 중 옳은 것을 모두 고른 것은?

17. 경행경채

> ㉠ 헌법재판소장이 한 처분에 대한 행정소송의 피고는 헌법재판소 사무처장으로 한다.
> ㉡ 대법원장이 한 처분에 대한 행정소송의 피고는 대법원장이다.
> ㉢ 중앙노동위원회의 처분에 대한 행정소송은 중앙노동위원회 위원장을 피고로 한다.
> ㉣ 국회의장이 행한 처분에 대한 행정소송의 피고는 국회부의장이 된다.

① ㉠, ㉢
② ㉡, ㉢
③ ㉢, ㉣
④ ㉠, ㉡

정답 및 해설 | ①

옳은 내용은 ㉠㉢이다.

㉡ [×]

> 법원조직법 제70조 【행정소송의 피고】 대법원장이 한 처분에 대한 행정소송의 피고는 법원행정처장으로 한다.

㉣ [×]

> 국회사무처법 제4조 【사무총장】 ③ 의장이 한 처분에 대한 행정소송의 피고는 사무총장으로 한다.

553 □□□ 서울지방경찰청장(현 서울경찰청장)은 운전면허와 관련된 처분권한을 각 경찰서장에게 내부위임하였다. 이에 따라 종로경찰서장은 자신의 명의로 甲에게 운전면허정지처분을 하였다. 甲이 적법한 절차에 따라 운전면허정지처분 취소소송을 제기하고자 한다. 피고적격자는? (다툼이 있는 경우 판례에 의함)

15. 지방직 9급

① 서울지방경찰청(현 서울경찰청)
② 서울지방경찰청장(현 서울경찰청장)
③ 종로경찰서
④ 종로경찰서장

정답 및 해설 | ④

④ [○] 상급 행정청으로부터 내부위임을 받은 데 불과한 하급행정청이 권한 없이 한 행정처분에 대한 행정소송의 피고적격이 있는 자는 처분을 행할 적법한 권한 있는 상급행정청이 아닌 실제로 처분을 행한 하급 행정청이라는 것이 판례의 입장이다(대판 1991.2.22, 90누5641).

554 항고소송의 피고에 관한 설명으로 옳지 않은 것은? (다툼이 있는 경우 판례에 의함) 23. 소방채용

□□□

① 항고소송은 원칙적으로 소송의 대상인 처분 등을 외부적으로 그의 명의로 행한 행정청을 피고로 하여야 하는 것이다.

② 행정소송법 제14조에 의한 피고경정은 사실심 변론종결에 이르기까지 허용된다.

③ 처분 등이 있은 뒤에 그 처분 등에 관계되는 권한이 다른 행정청에 승계된 때에는 그 처분 등에 대한 사무가 귀속되는 국가 또는 지방자치단체를 피고로 한다.

④ 대리기관이 대리관계를 표시하고 피대리 행정청을 대리하여 행정처분을 한 때에는 피대리 행정청이 피고가 되어야 한다.

정답 및 해설 I ③

> 행정소송법 제13조【피고적격】① 취소소송은 다른 법률에 특별한 규정이 없는 한 그 처분 등을 행한 행정청을 피고로 한다. 다만, 처분 등이 있은 뒤에 그 처분 등에 관계되는 권한이 다른 행정청에 승계된 때에는 이를 승계한 행정청을 피고로 한다.
> ② 제1항의 규정에 의한 행정청이 없게 된 때에는 그 처분 등에 관한 사무가 귀속되는 국가 또는 공공단체를 피고로 한다.

제1편 I 총론

2장

555 다음은 행정소송법상 제소기간에 대한 설명이다. ㉠~㉤에 들어갈 내용은? 20. 지방직 · 서울시 9급

□□□

> 취소소송은 처분 등이 (㉠)부터 (㉡) 이내에 제기하여야 한다. 다만, 행정심판청구를 할 수 있는 경우 또는 행정청이 행정심판청구를 할 수 있다고 잘못 알린 경우에 행정심판청구가 있은 때의 기간은 (㉢)을 (㉣)부터 기산한다. 한편 취소소송은 처분 등이 있은 날부터 (㉤)을 경과하면 이를 제기하지 못한다. 다만, 정당한 사유가 있는 때에는 그러하지 아니하다.

	㉠	㉡	㉢	㉣	㉤
①	있은 날	30일	결정서의 정본	통지받은 날	180일
②	있음을 안 날	90일	재결서의 정본	송달받은 날	1년
③	있은 날	1년	결정서의 부본	통지받은 날	2년
④	있음을 안 날	1년	재결서의 부본	송달받은 날	3년

정답 및 해설 I ②

② [×]

> 행정소송법 제20조【제소기간】① 취소소송은 처분 등이 (㉠ 있음을 안 날)부터 (㉡ 90일) 이내에 제기하여야 한다. 다만, 제18조 제1항 단서에 규정한 경우와 그 밖에 행정심판청구를 할 수 있는 경우 또는 행정청이 행정심판청구를 할 수 있다고 잘못 알린 경우에 행정심판청구가 있은 때의 기간은 (㉢ 재결서의 정본)을 (㉣ 송달받은 날)부터 기산한다.
> ② 취소소송은 처분 등이 있은 날부터 (㉤ 1년)(제1항 단서의 경우는 재결이 있은 날부터 1년)을 경과하면 이를 제기하지 못한다. 다만, 정당한 사유가 있은 때에는 그러하지 아니하다.

556 행정소송법상 가구제에 대한 설명으로 가장 적절하지 않은 것은? (다툼이 있을 경우 판례에 의함)

□□□

19. 경행경채

① 집행정지를 결정하기 위해서는 본안으로 취소소송 · 무효등확인소송 · 부작위위법확인소송이 계속 중이어야 한다.

② 거부처분은 그 효력이 정지되더라도 그 처분이 없었던 것과 같은 상태를 만드는 것에 지나지 아니하는 것이므로 정지할 필요성이 없다.

③ 항고소송의 대상이 되는 행정처분의 효력이나 집행 혹은 절차속행 등의 정지를 구하는 신청은 행정소송법상 집행정지신청의 방법으로만 가능할 뿐 민사소송법상 가처분의 방법으로는 허용될 수 없다.

④ 당사자소송에 대하여는 행정소송법 제23조 제2항의 집행정지에 관한 규정이 준용되지 아니하므로, 이를 본안으로 하는 가처분에 대하여는 민사집행법상의 가처분에 관한 규정이 준용되어야 한다.

정답 및 해설 | ①

① [×] 집행정지는 본안소송이 취소소송이나 무효등확인소송인 경우에만 허용되고, 부작위위법확인소송인 경우에는 허용되지 않는다. 집행정지는 처분의 효력정지 등을 목적으로 하는 것인데, 부작위위법확인소송은 처분을 다투는 소송이 아니기 때문이다.

557 행정소송법상 집행정지에 대한 설명으로 옳지 않은 것은? (다툼이 있는 경우 판례에 따름)

□□□

16. 서울시 9급

① 집행정지는 본안사건이 법원에 계속되어 있을 것을 요건으로 한다.

② 집행정지결정을 한 후에 본안소송이 취하되더라도 그 집행정지결정의 효력이 당연히 소멸하는 것은 아니고, 별도의 취소조치를 필요로 한다.

③ 집행정지의 결정이 확정된 후라도 집행정지가 공공복리에 중대한 영향을 미치는 경우 당사자의 신청 또는 직권에 의해 집행정지결정을 취소할 수 있다.

④ 집행정지의 소극적 요건에 대한 주장 · 소명책임은 행정청에 있다.

정답 및 해설 | ②

② [×] 행정처분의 집행정지는 행정처분집행부정지의 원칙에 대한 예외로서 인정되는 일시적인 응급처분이라 할 것이므로 집행정지결정을 하려면 이에 대한 본안소송이 법원에 제기되어 계속 중임을 요건으로 하는 것이므로 집행정지결정을 한 후에라도 본안소송이 취하되어 소송이 계속하지 아니한 것으로 되면 집행정지결정은 당연히 그 효력이 소멸되는 것이고 별도의 취소조치를 필요로 하는 것이 아니다(대판 1975.11.11, 75누97).

558 사정판결에 대한 설명으로 옳지 않은 것은? (다툼이 있는 경우 판례에 의함) 13. 지방직 7급

□□□

① 사정판결은 행정의 법률적합성 원칙의 예외적 현상이다.

② 법원이 사정판결을 함에 있어서는 미리 원고가 그로 인하여 입게 될 손해의 정도와 배상방법 그 밖의 사정을 조사하여야 한다.

③ 사정판결이 필요한가의 판단의 기준시는 판결시점(변론종결시)이 된다.

④ 당사자의 명백한 주장이 없는 경우에는 기록에 나타난 여러 사정을 기초로 법원이 직권으로 사정판결을 할 수 없다.

정답 및 해설 I ④

④ [×] 법원은 일정한 한도 내에서 직권으로 사정판결을 할 수 **있다**(대판 1995.7.28, 95누4629).

559 행정소송에 대한 판례의 입장으로 옳은 것은? 12. 지방직 7급

□□□

① 취소판결 후에 취소된 처분을 대상으로 하는 처분은 당연히 무효이다.

② 사정판결은 무효등확인소송의 경우에도 허용된다.

③ 당사자소송은 본질상 민사소송이므로 행정소송법상 직권증거조사규정이 적용될 수 없다.

④ 거부처분의 효력정지는 그 거부처분으로 인하여 신청인에게 생길 손해를 방지하는 데 보탬이 되므로 효력정지를 구할 이익이 있다.

정답 및 해설 I ①

② [×] 사정판결은 **취소소송**에서만 허용된다.

③ [×] 심리절차에 관한 행정심판기록제출명령, 변론주의, 처분권주의, **직권증거조사규정**, 구술심리주의, 쌍방심문주의 등은 **당사자소송에 적용된다**.

④ [×] 행정청의 거부처분의 효력정지를 구할 이익은 **없다**(대결 1995.6.21, 95두26).

560 甲은 A행정청에 허가신청을 하였으나 거부되었고, 이에 대해 거부처분취소소송을 제기하여 인용판결이 확정되었다. 이에 대한 설명으로 가장 옳지 않은 것은? (다툼이 있는 경우 판례에 따름)

□□□

16. 서울시 9급

① 위 거부처분이 절차의 위법을 이유로 취소된 경우에는 A행정청은 적법한 절차를 거쳐 다시 거부처분을 할 수 있다.

② 위 거부처분이 실체적 위법을 이유로 취소된 경우에는 A행정청은 취소판결의 기속력에 의해 다시 거부처분을 할 수 없고, 甲에게 허가처분을 하여야 한다.

③ A행정청이 기속력에 반하는 재처분을 한 경우, 그 처분은 당연무효이다.

④ A행정청이 재처분을 하였더라도 기속력에 위반된 경우에는 간접강제의 대상이 된다.

정답 및 해설 I ②

② [×] 거부처분이 실체상의 위법을 이유로 취소된 경우에 위법판단의 기준시에 관해 통설 및 판례의 입장인 처분시설에 따르면 거부처분 이후의 새로운 사유(예 법령의 변경 또는 사실상황의 변경)를 이유로 다시 거부처분을 하는 것은 가능하다.

561 취소판결의 기속력에 대한 설명으로 옳은 것은? (다툼이 있는 경우 판례에 의함) 15. 국가직 7급

□□□

① 취소소송이 기각되어 처분의 적법성이 확정된 이후에도 처분청은 당해 처분이 위법함을 이유로 직권취소 할 수 있다.

② 거부처분 취소판결이 확정된 후, 사실심변론종결 이후에 발생한 새로운 사유를 근거로 다시 거부처분을 하는 것은 기속력에 위반된다.

③ 행정청이 판결확정 이후 상대방에 대해 재처분을 하였다면 그 처분이 기속력에 위반되는 경우라도 간접강제의 대상은 되지 않는다.

④ 기속력은 당해 취소소송의 당사자인 행정청에 대해서만 효력을 미치며, 그 밖의 다른 행정청은 기속하지 않는다.

정답 및 해설 I ①

② [×] 거부처분취소의 확정판결을 받은 행정청이 사실심변론종결 이후 발생한 새로운 사유를 내세워 다시 이전의 신청에 대하여 거부처분을 한 경우 이러한 처분은 행정소송법 제30조 제2항에 규정된 재처분에 해당한다(기속력에 반하는 처분이 아니라는 의미이다)(대판 1999.12.28, 98두1895).

③ [×] 거부처분에 대한 취소의 확정판결 후 재처분을 하였다 하더라도 그것이 종전 거부처분에 대한 취소의 확정판결의 기속력에 반하는 등 당연무효라면 이는 아무런 재처분을 하지 아니한 때와 마찬가지이므로, 이러한 경우에는 행정소송법 제30조 제2항, 제34조 제1항 등에 의한 간접강제신청에 필요한 요건을 갖춘 것으로 보아야 한다는 것이 판례의 입장이다(대결 2002.12.11, 2002무22).

④ [×]

> 행정소송법 제30조 【취소판결 등의 기속력】 ① 처분 등을 취소하는 확정판결은 그 사건에 관하여 당사자인 행정청과 그 밖의 관계행정청을 기속한다.

562 취소소송에 있어서 판결의 기속력에 관한 설명으로 옳은 것은? (다툼이 있는 경우 판례에 따름)

□□□

14. 국회직 8급

① 기속력은 인용판결과 기각판결에서 모두 인정된다.

② 기속력은 원고와 피고, 나아가 관계행정청에 미친다.

③ 위법성 판단기준시점인 처분시 이후에 생긴 새로운 사실관계나 개정된 법령과 같이 새로운 처분사유를 들어 동일한 내용의 처분을 하는 것은 가능하다.

④ 기속력은 판결주문에 나타난 판단에만 미친다.

정답 및 해설 I ③

① [×] 기속력은 형성력과 동일하게 청구인용판결의 경우에만 인정되며 청구기각판결에는 인정되지 않는다.

② [×] 기속력은 피고인 행정청뿐만 아니라, 그 밖의 모든 관계행정청에도 미친다. 다만, 승소한 원고에게는 기속력이 미치지 않는다.

④ [×] 기속력은 판결의 주문과 이유에서 적시된 개개의 위법사유에 미친다.

563 무효등확인소송에 대한 설명으로 옳지 않은 것은? (다툼이 있는 경우 판례에 의함) 17. 국회직 8급

□□□

① 처분 등을 취소하는 확정판결의 기속력 및 행정청의 재처분의무에 관한 행정소송법 제30조가 무효확인소송에도 준용되므로 무효확인판결 자체만으로도 실효성이 확보될 수 있다.

② 거부처분에 대해서 무효확인판결이 내려진 경우에는 당해 행정청에 판결의 취지에 따른 재처분의무가 인정됨은 물론 간접강제도 허용된다.

③ 행정처분의 근거법률에 의하여 보호되는 직접적 · 구체적인 이익이 있는 경우에는 행정소송법 제35조에 규정된 '무효확인을 구할 법률상 이익'이 있다고 보아야 하며, 이와 별도로 무효확인소송의 보충성이 요구되는 것은 아니므로 행정처분의 무효를 전제로 한 이행소송 등과 같은 직접적인 구제수단이 있는지 여부를 따질 필요가 없다.

④ 행정처분의 당연무효를 주장하여 그 무효확인을 구하는 행정소송에 있어서는 원고에게 그 행정처분이 무효인 사유를 주장 · 입증할 책임이 있다.

정답 및 해설 | ②

② [×] 행정소송법상 무효확인소송에는 취소소송에 관한 규정 중 간접강제를 준용한다는 규정이 없으므로 무효확인소송에는 간접강제가 인정되지 않는다는 것이 판례의 입장이다(대결 1998.12.24, 98무37).

564 무효등확인소송에 대한 설명으로 옳지 않은 것은? (다툼이 있는 경우 판례에 의함) 22. 경찰간부

□□□

① 무효인 행정처분의 집행이 종료된 경우에 부당이득반환청구소송을 제기하여 직접 위법상태를 제거할 수 있는 경우에도 무효확인소송은 소의 이익이 있다.

② 취소소송에 관한 규정으로서 예외적 행정심판전치주의, 사정판결에 관한 규정 등은 무효등확인소송에 준용되지 않는다.

③ 무효등확인소송에는 직권증거조사주의가 적용되지 않는다.

④ 행정처분에 대한 취소청구와 무효확인청구는 서로 양립할 수 없는 청구로서 선택적 청구로서의 병합이나 단순 병합을 할 수 없다.

정답 및 해설 | ③

③ [×] 무효등확인소송에도 행정소송법 제26조의 직권증거조사주의가 적용된다.

565 행정소송법상 취소소송에 대한 사항으로 무효등확인소송의 경우에 준용되는 것은? 16. 사회복지직 9급

□□□

① 행정심판전치주의의 적용

② 취소소송의 대상

③ 제소기간

④ 사정판결

정답 및 해설 I ②

② 취소소송의 규정 중 행정심판전치주의(①), 제소기간(③), 사정판결(④)에 관한 규정은 무효등확인소송에 준용되지 않는다. 한편 무효등확인소송 또한 처분 등을 그 대상으로 하므로 취소소송의 대상적격(②)에 관한 규정은 무효등확인소송에도 준용된다.

566 행정소송법상 취소소송의 규정이 무효확인소송에는 준용되나 부작위위법확인소송에는 준용되지 않는 것은? 14. 서울시 7급

□□□

① 제3자에 의한 재심청구

② 행정심판기록의 제출명령

③ 처분변경으로 인한 소의 변경

④ 거부처분취소판결의 간접강제

정답 및 해설 I ③

③ [O] 무효확인소송에는 준용되지만, 부작위위법확인소송에는 준용되지 않는다.

①② [×] 무효확인소송과 부작위위법확인소송에 모두 준용된다.

④ [×] 무효확인소송에는 준용되지 않지만, 부작위위법확인소송에는 준용된다.

567 행정소송법상 항고소송에 대한 설명으로 옳지 않은 것은? 13. 국가직 7급

□□□

① 간접강제결정에 기한 배상금은 확정판결에 따른 재처분의 지연에 대한 제재 또는 손해배상이라는 것이 판례의 입장이다.

② 행정청이 처분 등을 취소 또는 변경함으로 인하여 취소청구가 각하 또는 기각된 경우, 소송비용은 피고의 부담이 된다.

③ 무효등확인소송에는 취소소송의 제소기간에 관한 규정이 준용되지 않는다.

④ 판례는 무효를 선언하는 의미의 취소판결을 인정하고 있다.

정답 및 해설 I ①

① [×] 행정소송법 제34조 소정의 간접강제결정에 기한 배상금의 성질은 확정판결의 취지에 따른 재처분의 지연에 대한 제재나 손해배상이 아니고 재처분의 **이행에 관한 심리적 강제수단**에 불과한 것으로 보아야 한다(대판 2004.1.15, 2002두2444).

568 부작위위법확인소송에 대한 설명으로 옳지 않은 것은? (다툼이 있는 경우 판례에 의함) 18. 국회직 8급

□□□

① 부작위위법확인의 소는 부작위상태가 계속되는 한 그 위법의 확인을 구할 이익이 있다고 보아야 하므로 원칙적으로 제소기간의 제한을 받지 않으나, 행정심판 등 전심절차를 거친 경우에는 행정소송법 제20조가 정한 제소기간 내에 소를 제기해야 한다.

② 소제기의 전후를 통하여 판결시까지 행정청이 그 신청에 대하여 적극 또는 소극의 처분을 함으로써 부작위상태가 해소된 때에는 소의 이익을 상실하게 되어 당해 소는 각하를 면할 수가 없다.

③ 행정청에 대하여 어떠한 행정처분을 하여 줄 것을 요청할 수 있는 법규상 또는 조리상의 권리를 갖는 자만이 제기할 수 있다.

④ 법원은 단순히 행정청의 방치행위의 적부에 관한 절차적 심리만 하는 게 아니라, 신청의 실체적 내용이 이유 있는지도 심리하며 그에 대한 적정한 처리방향에 관한 법률적 판단을 해야 한다.

정답 및 해설 | ④

④ [×] 판례는 부작위위법확인소송은 부작위의 위법성을 확인하는 데 그치고 신청에 따른 특정 처분의무가 있는지 여부 등의 실체적 내용까지는 심리할 수 없다고 한다.

569 부작위위법확인소송에 대한 설명으로 가장 옳지 않은 것은? (다툼이 있는 경우 판례에 따름)

□□□

16. 서울시 7급

① 집행정지결정은 부작위위법확인소송에 준용되지 않는다.

② 부작위위법확인소송에서 예외적으로 행정심판전치가 인정될 경우 그 전치되는 행정심판은 의무이행심판이다.

③ 당사자의 신청에 대한 행정청의 거부처분이 있는 경우에는 행정청이 당사자의 신청에 대하여 일정한 처분을 이행하지 아니함으로써 위법상태가 야기된 것이므로 이를 제거하기 위하여 부작위위법확인소송도 허용된다.

④ 부작위위법확인소송은 부작위의 위법함을 확인함으로써 행정청의 응답을 신속하게 하여 부작위 내지 무응답이라고 하는 소극적인 위법상태를 제거하는 것을 목적으로 한다.

정답 및 해설 | ③

③ [×] 부작위위법확인소송의 대상은 부작위이며 처분이 있는 경우에는 부작위가 아니므로 부작위위법확인소송을 제기할 수 없다.

570 행정소송법상 취소소송에 관한 규정 중 부작위위법확인소송에 준용되는 것을 모두 옳게 고른 것은?

□□□

13. 국가직 9급

㉠ 행정심판과의 관계
㉡ 제소기간
㉢ 집행정지
㉣ 사정판결
㉤ 거부처분취소판결의 간접강제

① ㉠, ㉣
② ㉠, ㉡, ㉤
③ ㉠, ㉡, ㉢, ㉣
④ ㉠, ㉡, ㉢, ㉤

정답 및 해설 | ②

② 취소소송에 관한 규정 중 ㉠ 행정심판과의 관계(행정소송법 제18조), ㉡ 제소기간(동법 제20조), ㉤ 거부처분취소판결의 간접강제(동법 제34조)에 관한 규정은 부작위위법확인소송에 준용된다. 그러나 취소소송에 관한 규정 중 ㉢ 집행정지(동법 제23조), ㉣ 사정판결(동법 제28조)에 관한 규정은 부작위위법확인소송에 준용되지 않는다.

571 판례가 행정소송의 대상이 아니라 민사소송의 대상이라고 판단한 것만을 〈보기〉에서 모두 고른 것은?

□□□

18. 서울시 9급

㉠ 개발부담금 부과처분 취소로 인한 그 과오납금의 반환을 청구하는 소송
㉡ 공립유치원 전임강사에 대한 해임처분의 시정 및 수령지체된 보수의 지급을 구하는 소송
㉢ 도시 및 주거환경정비법상 관리처분계획안에 대한 조합총회결의의 효력을 다투는 소송
㉣ 공무원의 직무상 불법행위로 손해를 받은 국민이 국가 또는 공공단체에 배상을 청구하는 소송
㉤ 하천구역 편입토지 보상에 관한 특별조치법 제2조 제1항의 규정에 의한 손실보상금의 지급을 구하거나 손실보상청구권의 확인을 구하는 소송

① ㉠, ㉢
② ㉠, ㉣
③ ㉡, ㉤
④ ㉠, ㉣, ㉤

정답 및 해설 | ②

민사소송의 대상이라고 판단한 것은 ㉠㉣이다.

㉠ **[민사소송]** 개발부담금 부과처분이 취소된 이상 그 후의 부당이득으로서의 과오납금 반환에 관한 법률관계는 단순한 민사관계에 불과한 것이고, 행정소송절차에 따라야 하는 관계로 볼 수 없다(대판 1995.12.22, 94다51253).

㉡ **[당사자소송]** 교육부장관(당시 문교부장관)의 권한을 재위임받은 공립교육기관의 장에 의하여 공립유치원의 임용기간을 정한 전임강사로 임용되어 지방자치단체로부터 보수를 지급받으면서 공무원복무규정을 적용받고 사실상 유치원 교사의 업무를 담당하여 온 유치원 교사의 자격이 있는 자에 대한 해임처분의 시정 및 수령지체된 보수의 지급을 구하는 소송은 행정소송의 대상이다(대판 1991.5.10, 90다10766).

㉢ **[당사자소송]** 관리처분계획안에 대한 조합총회결의는 관리처분계획이라는 행정처분에 이르는 절차적 요건 중 하나이다. 따라서 관리처분계획안에 대한 조합총회결의의 효력 등을 다투는 소송은 행정처분에 이르는 절차적 요건의 존부나 효력 유무 관한 소송으로서 공법상 법률관계에 관한 것이므로, 행정소송법상의 당사자소송에 해당한다는 것이 판례의 입장이다.

㉤ **[당사자소송]** 구 하천법상 하천구역 편입토지 보상에 대한 손실보상청구권의 법적 성질은 공법상 권리로서 이에 따른 손실보상금의 지급을 구하거나 손실보상청구권의 확인을 구하는 소송은 당사자소송이다(대판 2006.5.18, 2004다6207).

572 □□□ 당사자소송의 대상이 아닌 것은? (단, 다툼이 있는 경우 판례에 의함) 17. 사회복지직 9급

① 구 도시재개발법상 재개발조합의 조합원자격 확인
② 구 석탄산업법상 석탄가격안정지원금의 지급청구
③ 납세의무자의 부가가치세 환급세액 지급청구
④ 구 공익사업을 위한 토지 등의 취득 및 보상에 관한 법률상 환매금액의 증감청구

정답 및 해설 I ④
④ [×] 환매권은 사권으로서 환매금액의 증감을 구하는 소송 또는 민사소송에 해당한다.

573 □□□ 항고소송의 소송요건에 대한 설명으로 가장 적절하지 않은 것은? (다툼이 있는 경우 판례에 의함) 18. 경행특채

① 지방의회 의장에 대한 불신임의결은 행정처분으로 볼 수 없으므로 항고소송의 대상이 되지 아니한다.
② 현역병입영대상자로 병역처분을 받은 자가 그 취소소송 도중에 모병에 응하여 현역병으로 자진 입대한 경우에는 권리보호의 필요가 없는 경우로서 소의 이익을 인정할 수 없다.
③ 검사의 공소에 대하여는 형사소송절차에 의하여서만 다툴 수 있고 행정소송의 방법으로 공소의 취소를 구할 수는 없다.
④ 행정심판전치주의의 요건을 충족하였는지의 여부는 사실심 변론 종결시를 기준으로 한다.

정답 및 해설 I ①
① [×] 대법원은 지방의회 의장에 대한 불신임의결은 행정처분으로 본다. 따라서 항고소송의 대상이 된다.

574 □□□ A광역시 경찰청장은 혈중알콜농도 0.13%의 주취상태에서 차량을 운전하다가 적발된 甲에게 도로교통법에 의거 운전면허취소처분을 하였고, 甲은 이 처분을 다투고자 한다. 가장 적절하지 않은 것은? (다툼이 있으면 판례에 의함) 11. 경행특채

① 甲이 행정심판을 청구하면 국민권익위원회에 소속된 중앙행정심판위원회가 심리 · 재결한다.
② 甲은 행정심판을 거치지 않고 바로 행정소송을 제기할 수도 있다.
③ 사전통지 없이 운전면허가 취소됐다면 쟁송에서 이를 취소사유로 주장할 수 있다.
④ 판례에 따르면, 이 처분이 관계법령상의 기준에 따른 것이라도 재량권 일탈 · 남용에 해당할 수 있다.

정답 및 해설 I ②
② [×] 도로교통법 제142조(행정소송과의 관계)에 따라 도로교통법상 처분에 대해서는 필요적 전치주의가 적용된다.

> 도로교통법 제142조 【행정소송과의 관계】 이 법에 따른 처분으로서 해당 처분에 대한 행정소송은 행정심판의 재결(裁決)을 거치지 아니하면 제기할 수 없다.

575 행정소송에 있어 소의 이익에 대한 설명으로 가장 적절하지 않은 것은? (다툼이 있으면 판례에 의함)

□□□

11. 경행특채

① 행정청이 공무원에 대하여 새로운 직위해제사유에 기한 직위해제처분을 한 경우라도 그 이전에 한 직위해제처분을 철회한 것은 아니므로, 그 이전 직위해제처분의 취소를 구할 소의 이익이 있다.

② 고등학교에서 퇴학처분을 당한 후 고등학교졸업학력검정고시에 합격한 경우, 퇴학처분의 취소를 구할 소의 이익이 있다.

③ 공익근무요원 소집해제신청을 거부한 후에 원고가 계속하여 공익근무요원으로 복무함에 따라 복무기간 만료를 이유로 소집해제처분을 한 경우, 원고가 입게 되는 권리와 이익의 침해는 소집해제처분으로 해소되었으므로 위 거부처분의 취소를 구할 소의 이익이 없다.

④ 현역병입영 대상자로 병역처분을 받은 자가 그 취소소송 중 모병에 응하여 현역병으로 자진 입대한 경우, 소의 이익이 없다.

정답 및 해설 | ①

① [×] 행정청이 공무원에 대하여 새로운 직위해제사유에 기한 직위해제처분을 한 경우 그 이전에 한 직위해제처분은 이를 묵시적으로 철회하였다고 봄이 상당하고, 그렇다면 직위해제처분무효확인 및 정직처분취소소송 중 이미 철회되어 그 효력이 상실된 직위해제처분의 취소를 구하는 부분은 존재하지 않는 행정처분을 대상으로 한 것으로서, 그 **소의 이익이 없다**(대판 1996.10.15, 95누8119).

576 행정소송법상 가구제에 관한 다음 설명 중 가장 적절하지 않은 것은? (다툼이 있으면 판례에 의함)

□□□

14. 경행특채

① 행정처분의 효력정지나 집행정지를 구하는 신청사건에 있어서 집행정지사건 자체에 의하여도 신청인의 본안청구가 적법한 것이어야 한다는 것을 집행정지의 요건에 포함시켜야 할 것이다.

② 집행정지의 결정 또는 기각의 결정에 대하여는 즉시항고할 수 있으며, 집행정지의 결정에 대한 즉시항고에는 결정의 집행을 정지하는 효력이 없다.

③ 무효인 처분은 효력 자체가 발생하지 아니하므로 본안소송이 무효등확인소송인 경우에는 집행정지에 관한 규정이 준용되지 아니한다.

④ 처분의 효력정지는 처분 등의 집행 또는 절차의 속행을 정지함으로써 목적을 달성할 수 있는 경우에는 허용되지 아니한다.

정답 및 해설 | ③

③ [×] 무효등확인소송의 경우에도 행정소송법 제38조에 따라 **집행정지에 관한 규정이 준용되고 있다**. 따라서 무효등확인소송에서도 집행정지결정이 가능하다.

577 행정소송법상 집행정지에 대한 설명으로 가장 적절하지 않은 것은? (다툼이 있는 경우 판례에 의함)

□□□

18. 경행특채

① 행정처분에 대한 효력정지신청을 구함에 있어서도 이를 구할 법률상 이익이 있어야 한다.

② 집행정지결정을 한 후에라도 행정사건의 본안소송이 취하되어 그 소송이 계속하지 아니한 것으로 되면 이에 따라 집행정지결정은 당연히 그 효력이 소멸되며 별도의 취소조치가 필요한 것은 아니다.

③ 집행정지는 행정처분의 집행부정지원칙의 예외로 인정되는 것이므로 본안청구의 적법과는 상관이 없기 때문에 적법한 본안소송의 계속을 요건으로 하지 않는다.

④ 집행정지의 요건으로 규정하고 있는 '공공복리에 중대한 영향을 미칠 우려'가 없을 것이라고 할 때의 '공공복리'는 그 처분의 집행과 관련된 구체적이고 개별적인 공익을 말한다.

정답 및 해설 I ③

③ [×] 집행정지는 본안청구가 적법하게 청구되어 **적법한 본안소송의 계속하고 있을 것**을 그 요건으로 한다.

578 행정소송법에 대한 설명으로 가장 적절하지 않은 것은? (다툼이 있는 경우 판례에 의함) 20. 경행특채

□□□

① 경찰청장을 피고로 하여 취소소송을 제기하는 경우, 대법원소재지를 관할하는 행정법원이 제1심 관할법원으로 될 수 있다.

② 부작위위법확인소송은 처분의 신청을 한 자로서 부작위의 위법의 확인을 구할 법률상 이익이 있는 자만이 제기할 수 있다.

③ 법원은 필요하다고 인정할 때에는 직권으로 증거조사를 할 수 있고, 당사자가 주장하지 아니한 사실에 대하여도 판단할 수 있다.

④ 법원은 행정청이 소송의 대상인 처분을 소가 제기된 후 변경한 때에는 원고의 신청이 없더라도 결정으로써 청구의 취지 또는 원인을 변경할 수 있다.

정답 및 해설 I ④

④ [×] 법원은 행정청이 소송의 대상인 처분을 소가 제기된 후 변경한 때에는 **원고의 신청에 의하여** 결정으로써 청구의 취지 또는 원인을 변경할 수 있다(행정소송법 제22조 제1항).

579 행정소송법상 사정판결에 대한 설명으로 가장 적절하지 않은 것은? (다툼이 있는 경우 판례에 의함)
□□□

17. 경행특채

① 법원은 당사자의 명백한 주장이 없는 경우에도 일건 기록에 나타난 사실을 기초로 하여 직권으로 사정판결을 할 수 있다.

② 법원이 사정판결을 함에 있어서는 미리 원고가 그로 인하여 입게 될 손해의 정도와 배상방법 그 밖의 사정을 조사하여야 한다.

③ 원고의 청구가 이유가 있다고 인정하는 경우에도 처분 등을 취소하는 것이 현저히 공공복리에 적합하지 아니하다고 인정하는 때에는 법원은 원고의 청구를 각하할 수 있다.

④ 사정판결시 법원은 그 판결의 주문에서 그 처분 등이 위법함을 명시하여야 한다.

정답 및 해설 I ③

③ [×] 원고의 청구가 이유가 있다고 인정하는 경우에도 처분 등을 취소하는 것이 현저히 공공복리에 적합하지 아니하다고 인정하는 때에는 법원은 원고의 청구를 기각할 수 있다(행정소송법 제28조 제1항).

580 무효등확인소송에 관한 다음 설명 중 가장 적절하지 않은 것은? (다툼이 있으면 판례에 의함)
□□□

14. 경행특채

① 무효등확인소송은 처분 등의 효력 유무 또는 존재 여부의 확인을 구할 법률상 이익이 있는 자가 제기할 수 있다.

② 무효등확인소송은 다른 법률에 특별한 규정이 없는 한 그 처분 등을 행한 행정청을 피고로 한다.

③ 무효등확인소송의 제기는 처분 등의 효력이나 그 집행 또는 절차의 속행에 영향을 주지 아니한다.

④ 무효확인소송은 보충성이 요구되므로 '무효확인을 구할 법률상 이익'이 있는지를 판단할 때 행정처분의 무효를 전제로 한 이행소송 등과 같은 직접적인 구제수단이 있는지 여부를 살펴보아야 한다.

정답 및 해설 I ④

④ [×] 대법원은 2008년 대법원 전원합의체 판결(대판 2008.3.20, 2007두6342)을 통해 "무효확인소송의 보충성이 요구되는 것은 아니므로 행정처분의 무효를 전제로 한 직접적인 구제수단이 있는지 여부를 따질 필요가 없다고 해석함이 상당하다."라고 판시하여 종래에 유지하던 즉시확정이익(보충성)을 요구하지 않고 있다.

581 행정소송법상 취소판결의 기속력에 관한 설명 중 가장 적절하지 않은 것은? (다툼이 있는 경우 판례에 의함)

□□□

21. 경행특채

① 거부처분을 취소하는 판결이 확정된 경우에 행정청은 사실심변론종결 이후 발생한 새로운 사유를 내세워 다시 이전의 신청에 대한 거부처분을 할 수 있지만, 재처분을 부당하게 지연하면서 확정판결의 기속력을 잠탈하기 위하여 인위적으로 새 거부처분사유를 만들어 낸 것이라면 유효한 재처분이 아니다.

② 새로운 처분의 처분사유가 종전 처분의 처분사유와 기본적 사실관계에서 동일하지 않은 다른 사유에 해당하는 이상, 처분사유가 종전 처분 당시 이미 존재하고 있었고 당사자가 이를 알고 있었더라도 이를 내세워 새로이 처분을 하는 것은 확정판결의 기속력에 저촉되지 않는다.

③ 어떤 행정처분을 위법하다고 판단하여 취소하는 판결이 확정되면 행정청은 취소판결의 기속력에 따라 그 판결에서 확인된 위법사유를 배제한 상태에서 다시 처분을 하거나 그 밖에 위법한 결과를 제거하는 조치를 할 의무가 있다.

④ 수익적 행정처분을 신청한 여러 사람이 서로 경원관계에 있어서 한 사람에 대한 허가처분이 다른 사람에 대한 불허가로 귀결될 수밖에 없을 때 허가처분을 받지 못한 사람의 신청에 대한 거부처분의 취소판결이 확정되는 경우 행정청은 취소판결의 기속력에 따라 경원자에 대한 수익적 처분을 취소하여야 할 의무가 있다.

정답 및 해설 I ④

④ [×] 수익적 행정처분을 신청한 여러 사람이 서로 경원관계에 있어서 한 사람에 대한 허가처분이 다른 사람에 대한 불허가로 귀결될 수밖에 없을 때 허가처분을 받지 못한 사람의 신청에 대한 거부처분의 취소판결이 확정되는 경우 행정청은 취소판결의 기속력에 따라 경원자에 대한 **수익적 처분을 취소하여야 할 의무를 반드시 부담하는 것은 아니고,** 행정소송법 제30조 제2항에 따라 판결의 취지에 따라 이전의 신청에 대하여 재처분할 의무가 있을 뿐이다. 이 경우 판결의 취지를 어긋나지 않는 범위에서 다시 종전의 신청에 대한 거부처분을 할 수 있고, 그러한 경우도 위 조항에 규정된 재처분에 해당한다(대판 2005.1.14, 2003두13045).

① [O] 대판 1999.12.28, 98두1895

② [O] 대판 2020.12.24, 2019두5567

③ [O] 대판 2020.4.9, 2019두49953

582 행정소송법상 항고소송의 제소기간에 대한 설명으로 가장 적절한 것은? (다툼이 있는 경우 판례에 의함)

□□□

20. 경행특채

① 취소소송은 처분 등이 있음을 안 날부터 90일 이내에 제기하여야 하는데, 행정심판청구를 할 수 있는 경우에 행정심판청구가 있은 때의 기간은 재결서의 정본을 송달받은 날부터 기산하며, 여기서 말하는 '행정심판'은 행정심판법에 따른 일반행정심판만을 의미한다.

② 처분이 있음을 안 날부터 90일을 넘겨 청구한 부적법한 행정심판청구에 대한 재결이 있은 후 재결서를 송달받은 날부터 90일 이내에 원래의 처분에 대하여 취소소송을 제기하면 취소소송은 제소기간을 준수한 것으로 본다.

③ 무효등확인소송의 경우에도 취소소송과 같이 제소기간에 제한이 있다.

④ 처분 당시에는 취소소송의 제기가 법제상 허용되지 않아 소송을 제기할 수 없다가 위헌결정으로 인하여 비로소 취소소송을 제기할 수 있게 된 경우에는 객관적으로는 '위헌결정이 있은 날', 주관적으로는 '위헌결정이 있음을 안 날' 비로소 취소소송을 제기할 수 있게 되어 이때를 제소기간의 기산점으로 삼아야 한다.

정답 및 해설 I ④

① [×] 취소소송은 처분 등이 있음을 안 날부터 90일 이내에 제기하여야 하는데, 행정심판청구를 할 수 있는 경우에 행정심판청구가 있은 때의 기간은 재결서의 정본을 송달받은 날부터 기산하며, 여기서 말하는 '행정심판'은 행정심판법에 따른 일반행정심판뿐만 아니라 **이에 대한 특례로서 다른 법률에서 사안의 전문성과 특수성을 살리기 위하여 특히 필요하여 일반행정심판을 갈음하는 특별한 행정불복절차를 정한 경우의 특별행정심판**(행정심판법 제4조)을 뜻한다(대판 2014.4.24, 2013두10809).

② [×] 처분이 있음을 안 날부터 90일을 넘겨 청구한 부적법한 행정심판청구에 대한 재결이 있은 후 재결서를 송달받은 날부터 90일 이내에 원래의 처분에 대하여 취소소송을 제기하면 취소소송은 제소기간을 준수한 것으로 **볼 수 없다**. 따라서 행정소송법 제20조 제1항 단서에 따른 기간은 적법하게 청구된 행정심판에 한한다(대판 2011.11.24, 2011두18786).

③ [×] 무효등확인소송의 경우에는 취소소송과 같은 제소기간(행정소송법 제20조)의 규정이 **적용되지 않는다**.

583 다음 빈칸에 들어갈 말로 가장 적절한 것은?(다툼이 있는 경우 판례에 의함)

□□□

23. 경찰

명예퇴직한 법관이 미지급 명예퇴직수당액에 대하여 가지는 권리는 명예퇴직수당 지급대상자 결정 절차를 거쳐 명예퇴직수당규칙에 의하여 확정된 공법상 법률관계에 관한 권리로서, 그 지급을 구하는 소송은 「행정소송법의」 (   )에 해당하며, 그 법률관계의 당사자인 국가를 상대로 제기하여야 한다.

① 취소소송

② 부작위위법확인소송

③ 기관소송

④ 당사자소송

정답 및 해설 | ④

법관이 이미 수령한 수당액이 위 규정에서 정한 정당한 명예퇴직수당액에 미치지 못한다고 주장하며 차액의 지급을 신청함에 대하여 법원행정처장이 거부하는 의사를 표시했더라도, 그 의사표시는 명예퇴직수당액을 형성 · 확정하는 행정처분이 아니라 공법상의 법률관계의 한쪽 당사자로서 지급의무의 존부 및 범위에 관하여 자신의 의견을 밝힌 것에 불과하므로 행정처분으로 볼 수 없다. 결국 명예퇴직한 법관이 미지급 명예퇴직수당액에 대하여 가지는 권리는 명예퇴직수당 지급대상자 결정 절차를 거쳐 명예퇴직수당규칙에 의하여 확정된 공법상 법률관계에 관한 권리로서, 그 지급을 구하는 소송은 행정소송법의 **당사자소송**에 해당하며, 그 법률관계의 당사자인 국가를 상대로 제기하여야 한다(대판 2016.5.24, 2013두14863).

584 경찰작용에 있어서 행정소송에 대한 설명으로 가장 적절한 것은 모두 몇 개인가? (다툼이 있는 경우 판례에 의함)
□□□

23. 경찰승진

㉠ 관할 경찰청장은 운전면허와 관련된 처분권한을 각 경찰서장에게 위임하였고, 이에 따라 A경찰서장은 자신의 명의로 甲에게 운전면허정지처분을 하였다면, 甲의 운전면허정지처분 취소소송의 피고적격자는 A경찰서장이 아니라 관할 경찰청장이다.
㉡ 혈중알콜농도 0.13%의 주취상태에서 차량을 운전하다가 적발된 乙에게 관할 경찰청장이 「도로교통법」에 의거 운전면허취소처분을 하였을 경우, 乙은 행정심판을 거치지 않고 바로 행정소송을 제기할 수 있다.
㉢ 도로 외의 곳에서의 음주운전 · 음주측정거부 등에 대해서는 형사처벌도 가능하고 운전면허취소처분도 부과할 수 있다.
㉣ 경찰청장을 피고로 하여 취소소송을 제기하는 경우, 대법원 소재지를 관할하는 행정법원이 제1심 관할 법원으로 될 수 있다.

① 1개 ② 2개
③ 3개 ④ 4개

정답 및 해설 | ①

㉠ [×] 권한의 위임에 해당하면 위임청의 권한이 수임청으로 이전하여 수임청이 피고가 된다. 설문의 경우 A경찰서장이 권한을 이전받아 자신의 명의로 운전면허정지처분을 하였으므로 A경찰서장이 피고이다.

㉡ [×] 도로교통법 제142조에 따라 도로교통법상 행정처분에 대한 행정소송은 행정심판의 재결(裁決)을 거치지 아니하면 제기할 수 없다.

㉢ [×] 도로 외의 곳에서의 음주운전 · 음주측정거부 등에 대해서는 형사처벌은 가능하나, 도로교통법상 행정처분인 운전면허취소처분은 부과할 수 없다는 것이 판례의 태도이다(대판 2017.12.28, 2017도17762).

㉣ [○] 행정소송법 제9조에 따라 "취소소송의 제1심관할법원은 피고의 소재지를 관할하는 행정법원으로 한다." 또한 중앙행정기관에 해당하는 피고에 대하여 취소소송을 제기하는 경우에는 대법원소재지를 관할하는 행정법원에 제기**할 수 있다**. 경찰청장은 중앙행정기관의 장이므로 경찰청장을 피고로 하여 취소소송을 제기하는 경우, 대법원 소재지를 관할하는 행정법원이 제1심 관할 법원으로 될 수 있다.

585 행정상 법률관계에 관한 설명으로 가장 적절하지 않은 것은? (다툼이 있는 경우 판례에 의함)

□□□

23. 경찰

① 국유재산의 관리청이 그 무단점유자에 대하여 하는 변상금부과 처분은 순전히 사경제 주체로서 행하는 사법상의 법률행위이다.

② 국가나 지방자치단체에 근무하는 청원경찰은 「국가공무원법」이나 「지방공무원법」상의 공무원은 아니지만 그 근무관계를 사법상의 고용계약관계로 보기는 어렵다.

③ 원천징수의무자가 비록 과세관청과 같은 행정청이라 하더라도 그의 원천징수행위는 법령에서 규정된 징수 및 납부의무를 이행하기 위한 것에 불과한 것이지, 공권력의 행사로서의 행정 처분을 한 경우에 해당되지 아니한다.

④ 국립 교육대학 학생에 대한 퇴학처분은 행정처분이다.

정답 및 해설 I ①

① [×] 국유재산법 제51조 제1항은 국유재산의 무단점유자에 대하여는 대부 또는 사용, 수익허가 등을 받은 경우에 납부하여야 할 대부료 또는 사용료 상당액 외에도 그 징벌적 의미에서 국가측이 일방적으로 그 2할 상당액을 추가하여 변상금을 징수토록 하고 있으며 동조 제2항은 변상금의 체납시 국세징수법에 의하여 강제징수토록 하고 있는 점 등에 비추어 보면 국유재산의 관리청이 그 무단점유자에 대하여 하는 변상금부과처분은 순전히 사경제 주체로서 행하는 사법상의 법률행위라 할 수 없고 이는 관리청이 공권력을 가진 우월적 지위에서 행한 것으로서 행정소송의 대상이 되는 행정처분이라고 보아야 한다(대판 1988.2.23, 87누1046,1047).

586 행정심판법에 대한 설명이다. 아래 ㉠부터 ㉤까지의 설명 중 옳고 그름의 표시(○, ×)가 바르게 된 것은?

□□□

17. 경행특채

> ㉠ 행정청의 처분 또는 부작위에 대하여는 다른 법률에 특별한 규정이 있는 경우 외에는 이 법에 따라 행정심판을 청구할 수 있다.
> ㉡ 대통령의 처분 또는 부작위에 대하여는 다른 법률에서 행정심판을 청구할 수 있도록 정한 경우 외에는 행정심판을 청구할 수 없다.
> ㉢ 사안(事案)의 전문성과 특수성을 살리기 위하여 특히 필요한 경우 외에는 이 법에 따른 행정심판을 갈음하는 특별한 행정불복절차(이하 '특별행정심판'이라 한다)나 이 법에 따른 행정심판절차에 대한 특례를 다른 법률로 정할 수 있다.
> ㉣ 다른 법률에서 특별행정심판이나 이 법에 따른 행정심판절차에 대한 특례를 정한 경우에도 그 법률에서 규정하지 아니한 사항에 관하여는 이 법에서 정하는 바에 따른다.
> ㉤ 관계 행정기관의 장이 특별행정심판 또는 이 법에 따른 행정심판절차에 대한 특례를 신설하거나 변경하는 법령을 제정 · 개정할 때에는 미리 중앙행정심판위원회의 동의를 구하여야 한다.

① ㉠ (○), ㉡ (○), ㉢ (○), ㉣ (○), ㉤ (×)
② ㉠ (○), ㉡ (○), ㉢ (×), ㉣ (○), ㉤ (×)
③ ㉠ (○), ㉡ (○), ㉢ (×), ㉣ (○), ㉤ (○)
④ ㉠ (×), ㉡ (×), ㉢ (○), ㉣ (○), ㉤ (○)

정답 및 해설 | ②

옳은 설명은 ㉠㉡㉣이다.

㉢ [×] 사안(事案)의 전문성과 특수성을 살리기 위하여 특히 필요한 경우 외에는 이 법에 따른 행정심판을 갈음하는 특별한 행정불복절차(이하 '특별행정심판'이라 한다)나 이 법에 따른 행정심판절차에 대한 특례를 다른 법률로 정할 수 없다(행정심판법 제4조 제1항).

㉤ [×] 관계 행정기관의 장이 특별행정심판 또는 이 법에 따른 행정심판절차에 대한 특례를 신설하거나 변경하는 법령을 제정 · 개정할 때에는 미리 중앙행정심판위원회와 협의하여야 한다(행정심판법 제4조 제3항).

587 행정심판법상 재결에 관한 설명 중 가장 적절한 것은? (다툼이 있는 경우 판례에 의함) 21. 경행특채

□□□

① 피청구인이 거부처분을 취소하는 재결의 취지에 따라 다시 이전의 신청에 대한 처분을 하지 아니하는 경우에 행정심판위원회는 직접 처분을 할 수 있다.

② 피청구인이 당사자의 신청을 거부한 처분의 이행을 명하는 재결에도 불구하고 이전의 신청에 대하여 재결의 취지에 따라 처분을 하지 아니하는 경우에 행정심판위원회는 간접강제를 할 수 있다.

③ 재결이 확정되면 기판력이 인정되므로 처분의 기초가 된 사실관계나 법률적 판단이 확정되고 당사자들이나 법원은 이에 기속되어 모순되는 주장이나 판단을 할 수 없다.

④ 당사자가 합의한 사항을 조정서에 기재한 후 당사자가 서명 또는 날인하고 행정심판위원회가 이를 확인함으로써 성립하는 조정에 대하여는 제51조(행정심판 재청구의 금지)의 규정이 준용되지 않는다.

정답 및 해설 | ②

① [×] 피청구인이 거부처분을 취소하는 재결의 취지에 따라 다시 이전의 신청에 대한 처분을 하지 아니하는 경우에 행정심판위원회는 직접 처분을 할 수 없다. 행정심판법상 직접처분은 처분명령재결에 따른 재처분을 하지 아니하는 경우에 허용된다.

③ [×] 재결은 법원의 판결이 아니므로 기판력은 인정되지 않는다. 대법원도 "행정심판의 재결은 피청구인인 행정청을 기속하는 효력을 가지므로 재결청이 취소심판의 청구가 이유 있다고 인정하여 처분청에 처분을 취소할 것을 명하면 처분청으로서는 재결의 취지에 따라 처분을 취소하여야 하지만, 나아가 재결에 판결에서와 같은 기판력이 인정되는 것은 아니어서 재결이 확정된 경우에도 처분의 기초가 된 사실관계나 법률적 판단이 확정되고 당사자들이나 법원이 이에 기속되어 모순되는 주장이나 판단을 할 수 없게 되는 것은 아니다."고 판시하고 있다(대판 2015.11.27, 2013다6759).

④ [×] 당사자가 합의한 사항을 조정서에 기재한 후 당사자가 서명 또는 날인하고 행정심판위원회가 이를 확인함으로써 성립하는 조정에 대하여도 제51조(행정심판 재청구의 금지)의 규정이 준용된다(행정심판법 제43조의2 제4항).

588 행정심판법상 행정심판에 관한 내용이다. (   ) 안에 들어갈 숫자를 모두 더한 값은? 16. 경행특채

□□□

> ㉠ 행정심판은 처분이 있음을 알게 된 날부터 (   )일 이내에 청구하여야 한다.
>
> ㉡ 청구인이 천재지변, 전쟁, 사변, 그 밖의 불가항력으로 인하여 ㉠의 기간에 심판청구를 할 수 없었을 때에는 그 사유가 소멸한 날부터 (   )일 이내에 행정심판을 청구할 수 있다. 다만, 국외에서 행정심판을 청구하는 경우에는 그 기간을 (   )일로 한다.
>
> ㉢ 재결은 행정심판법 제23조에 따라 피청구인 또는 위원회가 심판청구서를 받은 날부터 (   )일 이내에 하여야 한다. 다만, 부득이한 사정이 있는 경우에는 위원장이 직권으로 (   )일을 연장할 수 있다.

① 134 ② 164

③ 224 ④ 254

정답 및 해설 I ③

③ 괄호 안에 들어갈 숫자를 모두 더하면 90 + 14 + 30 + 60 + 30 = 224이다.

> ㉠ 행정심판은 처분이 있음을 알게 된 날부터 (90)일 이내에 청구하여야 한다.
> ㉡ 청구인이 천재지변, 전쟁, 사변, 그 밖의 불가항력으로 인하여 ㉠의 기간에 심판청구를 할 수 없었을 때에는 그 사유가 소멸한 날부터 (14)일 이내에 행정심판을 청구할 수 있다. 다만, 국외에서 행정심판을 청구하는 경우에는 그 기간을 (30)일로 한다.
> ㉢ 재결은 행정심판법 제23조에 따라 피청구인 또는 위원회가 심판청구서를 받은 날부터 (60)일 이내에 하여야 한다. 다만, 부득이한 사정이 있는 경우에는 위원장이 직권으로 (30)일을 연장할 수 있다.

589 행정심판법상 의무이행심판에 대한 설명으로 가장 적절하지 않은 것은? (다툼이 있는 경우 판례에 의함)

□□□

19. 경행특채 2차

① 당사자의 신청에 대한 행정청의 위법 또는 부당한 거부처분이나 부작위에 대하여 일정한 처분을 하도록 하는 행정심판을 말한다.

② 당사자의 신청을 거부하거나 부작위로 방치한 처분의 이행을 명하는 재결이 있으면 행정청은 지체 없이 이전의 신청에 대하여 재결의 취지에 따라 처분을 하여야 한다.

③ 행정심판위원회는 처분의 이행을 명하는 재결에도 불구하고 처분을 하지 아니하는 피청구인에게 배상을 할 것을 명할 수 있다.

④ 피청구인이 처분의 이행을 명하는 재결에도 불구하고 처분을 하지 않는다고 해서 행정심판위원회가 직접 처분을 할 수는 없다.

정답 및 해설 I ④

④ [×]

> 행정심판법 제49조【재결의 기속력 등】③ 당사자의 신청을 거부하거나 부작위로 방치한 처분의 이행을 명하는 재결이 있으면 행정청은 지체 없이 이전의 신청에 대하여 재결의 취지에 따라 처분을 하여야 한다.
> 제50조【위원회의 직접처분】① 위원회는 피청구인이 제49조 제3항에도 불구하고 처분을 하지 아니하는 경우에는 당사자가 신청하면 기간을 정하여 서면으로 시정을 명하고 그 기간에 이행하지 아니하면 직접처분을 할 수 있다. 다만, 그 처분의 성질이나 그 밖의 불가피한 사유로 위원회가 직접처분을 할 수 없는 경우에는 그러하지 아니하다.

590 행정심판법상 행정심판의 청구에 대한 설명으로 가장 옳지 않은 것은?

19. 서울시 7급

□□□

① 대통령의 처분 또는 부작위에 대하여는 다른 법률에서 행정심판을 청구할 수 있도록 정한 경우 외에는 행정심판을 청구할 수 없다.

② 처분의 효과가 기간의 경과, 처분의 집행, 그 밖의 사유로 소멸된 뒤에도 그 처분의 취소로 회복되는 법률상 이익이 있는 자는 취소심판을 청구할 수 있다.

③ 행정청이 심판청구기간을 알리지 아니한 경우에는 청구인은 언제든지 심판청구를 할 수 있다.

④ 행정심판을 청구하려는 자는 심판청구서를 작성하여 피청구인이나 위원회에 제출하여야 한다.

정답 및 해설 I ③

③ [×]

> 행정심판법 제27조【심판청구의 기간】 ③ 행정심판은 처분이 있었던 날부터 180일이 지나면 청구하지 못한다. 다만, 정당한 사유가 있는 경우에는 그러하지 아니하다.
> ⑥ 행정청이 심판청구기간을 알리지 아니한 경우에는 제3항에 규정된 기간에 심판청구를 할 수 있다.

591 행정심판에 대한 설명으로 옳지 않은 것은? 13. 지방직 9급

□□□

① 행정심판은 행정의 자기통제절차이므로 심판청구의 대상이 되는 처분보다 청구인에게 불리한 재결을 하는 것도 가능하다.

② 기속력은 인용재결에만 발생하고 각하재결이나 기각재결에는 발생하지 않는다.

③ 처분청은 기각재결을 받은 후에도 정당한 이유가 있으면 원처분을 취소 · 변경할 수 있다.

④ 무효등확인심판의 경우에는 사정재결이 인정되지 않는다.

정답 및 해설 I ①

① [×]

> 행정심판법 제47조【재결의 범위】 ② 위원회는 심판청구의 대상이 되는 처분보다 청구인에게 불리한 재결을 하지 못한다.

592 행정심판법상 중앙행정심판위원회의 구성에 대한 내용으로 옳은 것만을 〈보기〉에서 모두 고르면? 19. 국회직 8급

□□□

〈보기〉

㉠ 중앙행정심판위원회는 위원장 1명을 포함하여 50명 이내의 위원으로 구성하되, 위원 중 상임위원은 5명 이내로 한다.

㉡ 중앙행정심판위원회의 위원장은 국민권익위원회의 부위원장 중 1명이 된다.

㉢ 중앙행정심판위원회의 상임위원은 행정심판에 관한 지식과 경험이 풍부한 사람 중에서 중앙행정심판위원회 위원장의 제청으로 국무총리를 거쳐 대통령이 임명할 수 있다.

㉣ 중앙행정심판위원회의 비상임위원은 변호사 자격을 취득한 후 3년 이상의 실무경험이 있는 사람 중에서 중앙행정심판위원회 위원장의 제청으로 국무총리가 성별을 고려하여 위촉할 수 있다.

㉤ 중앙행정심판위원회의 회의는 소위원회 회의를 제외하고 위원장, 상임위원 및 위원장이 회의마다 지정하는 비상임위원을 포함하여 총 7명으로 구성한다.

① ㉠
② ㉠, ㉡
③ ㉡, ㉢
④ ㉡, ㉢, ㉣
⑤ ㉢, ㉣, ㉤

정답 및 해설 I ③

옳은 것은 ⓛⓒ이다.

㉠ [×] 중앙행정심판위원회는 위원장 1명을 포함하여 70명 이내의 위원으로 구성하되, 위원 중 상임위원은 4명 이내로 한다(행정심판법 제8조 제1항).

㉣ [×] 행정심판위원회의 위원은 변호사 자격을 취득한 후 5년 이상의 실무 경험이 있는 사람 중에서 성별을 고려하여 위촉하거나 그 소속 공무원 중에서 지명한다(행정심판법 제7조 제4항 제1호).

㉤ [×] 중앙행정심판위원회의 회의(소위원회 회의는 제외한다)는 위원장, 상임위원 및 위원장이 회의마다 지정하는 비상임위원을 포함하여 총 9명으로 구성한다(행정심판법 제8조 제5항).

593 행정심판법상 중앙행정심판위원회에 관한 내용 중 가장 적절하지 않은 것은? 22. 법학경채

□□□

① 위원장 1명을 포함하여 70명 이내의 위원으로 구성하되, 위원 중 상임위원은 4명 이내로 한다.

② 위원장은 국민권익위원회의 부위원장 중 1명이 된다.

③ 비상임위원은 제7조 제4항 각 호의 어느 하나에 해당하는 사람 중에서 중앙행정심판위원회 위원장의 제청으로 국무총리가 성별을 고려하여 위촉한다.

④ 비상임위원의 임기는 2년으로 하되, 1차에 한하여 연임할 수 있다.

정답 및 해설 I ④

④ [×] 비상임위원의 임기는 2년으로 하되, 2차에 한하여 연임할 수 있다.

594 행정심판법상 사정재결에 관한 설명 중 가장 적절하지 않은 것은? (다툼이 있는 경우 판례에 의함) 22. 경찰

□□□

① 사정재결은 인용재결의 일종이다.

② 무효등확인심판에서는 사정재결을 할 수 없다.

③ 사정재결을 하는 경우 반드시 재결주문에 그 처분 또는 부작위가 위법하다는 것을 명시해야 한다.

④ 사정재결 이후에도 행정심판의 대상인 처분등의 효력은 유지된다.

정답 및 해설 I ①

① [×] 사정재결은 인용재결의 일종이 아니라 청구인의 청구를 배척하는 기각재결의 일종이다.

595 행정심판법상 재결에 관한 설명으로 가장 적절하지 않은 것은? (다툼이 있는 경우 판례에 의함)
□□□

23. 경찰

① 재결은 서면으로 한다.

② 위원회는 심판청구가 이유가 없다고 인정하면 그 심판청구를 기각(棄却)한다.

③ 위원회는 지체 없이 당사자에게 재결서의 등본을 송달하여야 하며, 재결서가 청구인에게 발송되었을 때에 그 효력이 생긴다.

④ 재결의 기속력은 재결의 주문 및 그 전제가 된 요건사실의 인정과 판단, 즉 처분 등의 구체적 위법사유에 관한 판단에만 미친다고 할 것이고, 종전 처분이 재결에 의하여 취소되었다 하더라도 종전처분시와는 다른 사유를 들어서 처분을 하는 것은 기속력에 저촉되지 않는다.

정답 및 해설 I ③

③ [×] 위원회는 지체 없이 당사자에게 재결서의 정본(등본 ×)을 송달하여야 한다. 이 경우 중앙행정심판위원회는 재결 결과를 소관 중앙행정기관의 장에게도 알려야 한다. 또한 재결은 청구인에게 송달되었을 때에 그 효력이 생긴다(동법 제48조 제1항 및 제2항).

596 행정심판에 대한 설명으로 옳은 것은?
□□□

14. 지방직 9급 변형

① 행정심판위원회는 직접처분을 하였을 때에는 그 사실을 해당 행정청에 통보하여야 하며, 그 통보를 받은 행정청은 행정심판위원회가 한 처분을 자기가 한 처분으로 보아 관계법령에 따라 관리 · 감독 등 필요한 조치를 하여야 한다.

② 임시처분은 집행정지와 보충성 관계가 없고, 행정심판위원회는 집행정지로 목적을 달성할 수 있는 경우에도 임시처분 결정을 할 수 있다.

③ 취소심판의 인용재결에는 취소재결, 취소명령재결, 변경재결, 변경명령재결이 있다.

④ 행정심판법에서는 간접강제제도를 두고 있지 않다.

정답 및 해설 I ①

② [×] 임시처분은 집행정지로 목적달성할 수 없는 경우에 할 수 있으므로 보충성과 관계가 있다.

③ [×] 개정 전 행정심판법에서는 취소명령재결이 있었으나 위원회의 재결이 있음에도 처분청이 처분을 취소하지 않는 경우에는 실효성이 떨어진다는 점에서 개정 행정심판법에는 취소명령재결을 삭제하였다. 따라서 취소심판의 인용재결에는 취소재결, 변경재결, 변경명령재결이 있다.

④ [×] 행정심판법에서는 제50조의2에서 간접강제에 관한 규정을 두고 있다.

597 행정심판제도에 대한 설명으로 가장 옳지 않은 것은? 18. 서울시 9급

□□□

① 행정심판청구는 엄격한 형식을 요하지 않는 서면행위로 해석된다.

② 행정처분이 있은 날이라 함은 그 행정처분의 효력이 발생한 날을 의미한다.

③ 행정심판의 가구제제도에는 집행정지제도와 임시처분제도가 있다.

④ 행정심판재결의 기속력은 인용재결뿐만 아니라 각하재결과 기각재결에도 인정되는 효력이다.

정답 및 해설 I ④

④ [×] 재결의 기속력은 인용재결의 경우에만 인정되고 각하재결, 기각재결에는 인정되지 않는다.

598 「행정심판법」에 관한 설명으로 가장 적절한 것은? 23. 경찰

□□□

① 대통령의 처분 또는 부작위에 대하여는 다른 법률에서 행정심판을 청구할 수 있도록 정한 경우 외에는 행정심판을 청구할 수 없다.

② 취소심판은 당사자의 신청에 대한 행정청의 위법 또는 부당한 거부처분이나 부작위에 대하여 일정한 처분을 하도록 하는 행정심판이다.

③ 처분 또는 부작위에 대한 행정심판은 청구서를 제출하거나 말로써 청구할 수 있다.

④ 행정심판위원회는 심판청구가 이유가 있다고 인정하는 경우에도 이를 인용하는 것이 공공복리에 크게 위배된다고 인정하면 그 심판청구를 기각하는 재결을 하여야 한다.

정답 및 해설 I ①

② [×] **의무이행심판(취소심판 ×)**은 당사자의 신청에 대한 행정청의 위법 또는 부당한 거부처분이나 부작위에 대하여 일정한 처분을 하도록 하는 행정심판이다.

③ [×] 행정심판을 청구하려는 자는 동법 제28조의 **심판청구서를 작성하여** 피청구인이나 행정심판위원회에 제출하여야 한다. 말로써 청구할 수는 없다.

④ [×] 행정심판위원회는 심판청구가 이유가 있다고 인정하는 경우에도 이를 인용하는 것이 공공복리에 크게 위배된다고 인정하면 그 심판청구를 기각하는 재결(사정재결)을 **할 수 있다(하여야 한다 ×)**(동법 제44조 제1항).

599 현행 우리나라 「행정심판법」과 「행정소송법」에 관한 설명으로 가장 적절하지 않은 것은? 23. 경채

□□□

① 「행정소송법」은 행정소송을 항고소송, 당사자소송, 민중소송, 기관소송으로 구분하고 있다.

② 「행정심판법」은 행정심판의 종류로 취소심판, 무효등확인심판, 의무이행심판을 규정하고 있다.

③ 「행정심판법」상 중앙행정심판위원회는 위원장 1명을 포함하여 70명 이내의 위원으로 구성하되, 위원 중 상임위원은 4명 이내로 한다.

④ 「행정심판법」상 중앙행정심판위원회 상임위원의 임기는 2년으로 하며, 연임할 수 없다.

정답 및 해설 I ④

④ [×] 「행정심판법」상 중앙행정심판위원회 상임위원의 임기는 **3년**으로 하며, **1차에 한하여 연임할 수 있다.**

600 행정심판의 심리와 재결에 대한 설명으로 옳은 것은? 08. 지방직 9급

□□□

① 당사자가 구술심리를 신청하면 당사자주의에 의하여 구술심리를 하여야 하고 서면심리를 할 수는 없다.

② 재결은 피청구인인 행정청이 행정심판청구서를 받은 날로부터 90일 이내에 하여야 한다.

③ 행정심판의 청구를 심리 · 재결하기 위하여 행정심판위원회를 둔다.

④ 재결의 효력으로서 행정청에 대한 불가변력이 인정되나, 불가쟁력은 인정되지 않는다.

정답 및 해설 I ③

① [×] 행정심판법은 당사자가 구술심리를 신청한 때에는 서면심리만으로 결정할 수 있다고 인정되는 경우 외에는 구술심리를 하여야 한다고 규정하고 있어 구술심리를 신청하더라도 서면심리를 할 수 있다.

② [×] 재결은 피청구인인 행정청이 행정심판청구서를 받은 날로부터 60일 이내에 하여야 한다.

④ [×] 재결은 행정행위의 효력으로서 불가변력과 불가쟁력 모두 인정된다.

601 〈보기〉에서 행정심판법상의 고지제도에 관한 설명으로 옳은 것을 모두 고르면? (다툼이 있는 경우 판례에 따름) 11. 국회직 8급

□□□

〈보기〉

㉠ 직권에 의한 고지와 신청에 의한 고지가 있다.

㉡ 고지는 불복제기의 가능성 여부 및 불복청구의 요건 등 불복청구에 필요한 사항을 알려 주는 권력적 사실행위로서 처분성이 인정된다.

㉢ 직권에 의하여 고지하는 경우 처분의 상대방에 대해서만 고지하면 된다.

㉣ 불고지나 오고지는 처분 자체의 효력에 직접 영향을 미치지 않는다.

㉤ 신청에 의하여 고지하는 경우 해당 처분이 행정심판의 대상이 되는 처분인지에 대하여 고지하여야 한다.

① ㉠, ㉢

② ㉠, ㉢, ㉤

③ ㉠, ㉣, ㉤

④ ㉠, ㉢, ㉣, ㉤

정답 및 해설 I ④

옳은 것은 ㉠㉢㉣㉤이다.

㉡ [×] 고지는 비권력적 사실행위라는 것이 통설의 입장이다.

제3장 | 경찰관리

제1절 | 경찰조직관리

001 정책결정 모델과 그에 대한 설명으로 가장 적절한 것은? 23. 경찰간부

□□□

① 엘리트 모델에 의하면 정책결정자는 고도의 합리성을 기반으로 최선의 대안을 결정한다.

② 사이버네틱스 모델은 설정된 목표를 달성하기 위해 정보분석과 환류과정을 통해 자신의 행동을 스스로 조정해 나간다고 가정한다.

③ 혼합탐사 모델은 합리모델의 비현실성과 점증모델의 보수성을 극복하기 위한 모델로 기존의 정책을 바탕으로 이루어지는 점증주의 성향을 비판하면서, 새로운 정책을 내릴 때마다 정책 방향도 다시 검토할 것을 주장한다.

④ 관료정치 모델에 의하면 정책결정시 정치적 합리성을 기반으로 기존 정책의 문제점을 부분적으로 수정하거나 약간의 향상을 가져오는 결정을 한다.

정답 및 해설 | ②

① [×] 합리모델(엘리트 모델 ×)에 의하면 정책결정자는 고도의 합리성을 기반으로 최선의 대안을 결정한다.

③ [×] 최적모델(혼합탐사 모델 ×)은 합리모델의 비현실성과 점증모델의 보수성을 극복하기 위한 모델로 기존의 정책을 바탕으로 이루어지는 점증주의 성향을 비판하면서, 새로운 정책을 내릴 때마다 정책 방향도 다시 검토할 것을 주장한다.

④ [×] 점증모델(관료정치 모델 ×)에 의하면 정책결정시 정치적 합리성을 기반으로 기존 정책의 문제점을 부분적으로 수정하거나 약간의 향상을 가져오는 결정을 한다.

002 경찰조직의 편성원리에 대한 설명으로 가장 적절하지 않은 것은? 23. 경찰간부

□□□

① 계층제의 원리 - 권한 및 책임 한계가 명확하며 경찰행정의 능률성과 조직의 안정성을 확보할 수 있다.

② 분업의 원리 - 업무의 전문화를 통해 업무습득에 걸리는 시간을 단축할 수 있지만 분업의 정도가 높아질수록 조직할거주의가 초래될 수 있다.

③ 명령통일의 원리 - 업무수행의 혼선을 방지하여 신속한 의사결정을 하도록 한다.

④ 통솔범위의 원리 - 업무의 종류가 단순할수록 통솔범위는 좁아지며 계층의 수가 많을수록 통솔범위는 넓어진다.

정답 및 해설 | ④

④ [×] 통솔범위의 원리 - 업무의 종류가 단순할수록 통솔범위는 넓어지며 계층의 수가 많을수록 통솔범위는 좁아진다.

003 ☐☐☐ 경찰조직편성의 원리에 관한 설명으로 가장 적절하지 않은 것은? 23. 경찰

① 분업의 원리 – 가급적 한 사람에게 동일한 업무를 분담시킴으로써 특정 분야에 대한 업무의 전문화 확보를 가능하게 한다.

② 계층제의 원리 – 권한과 책임의 정도에 따라 직무를 계층화함으로써 상 · 하 계층간에 직무상 지휘 · 감독관계에 있도록 한다.

③ 조정과 통합의 원리 – 구성원의 노력과 행동을 질서있게 배열하고 통일시키는 작용을 함으로써 경찰행정의 목표를 효율적으로 달성시킬 수 있게 한다.

④ 통솔범위의 원리 – 1인의 상관 또는 감독자가 직접 통솔할 수 있는 부하직원의 수를 의미하며, 무니(Mooney)는 이러한 통솔범위의 원리를 조직편성 제1의 원리라고 하였다.

정답 및 해설 I ④

④ [×] 통솔범위의 원리란 1인의 상관 또는 감독자가 직접 통솔할 수 있는 부하직원의 수를 의미하는 것은 옳으나, 무니(Mooney)는 조정과 통합의 원리를 조직편성 제1의 원리라고 하였다.

004 ☐☐☐ 경찰조직편성의 원리 중 통솔범위의 원리에 관한 설명으로 가장 적절하지 않은 것은? 23. 경채

① 업무의 종류가 동질적이고, 단순할수록 통솔범위는 넓어진다.

② 교통기관이 발달할수록 통솔범위는 넓어진다.

③ 조직규모가 작을수록 통솔범위는 작아진다.

④ 통솔범위의 원리는 구조조정의 문제와 깊은 관련성이 있다.

정답 및 해설 I ③

③ [×] 통솔범위와 조직의 규모는 반비례관계이다. 따라서 조직규모가 작을수록 통솔범위는 넓어진다.

005 ☐☐☐ 정책결정이 일정한 규칙에 따라 이루어지는 것이 아니라 문제, 해결책, 선택기회, 참여자의 네 요소가 뒤죽박죽으로 움직이다가 어떤 계기로 만나게 될 때 이루어진다고 보는 정책결정모델은 무엇인가? 22. 경찰간부

① 카오스모델

② 쓰레기통모델

③ 아노미모델

④ 혼합탐사모델

정답 및 해설 | ②

② [×] 위 지문의 설명은 쓰레기통모델에 대한 설명이다.

합리모델	정책결정자가 **고도의 합리성**을 기반으로 최선의 대안을 결정한다.
만족모델	현실적으로 정책결정자는 최선의 합리성을 추구하는 것이 아니라 **제한된 합리성**을 기반으로 시간적 · 공간적 · 재정적 측면에서 여러 요인을 고려하여 **주관적으로 만족스러운 수준**에서 대안을 결정한다.
점증모델	정책결정시 **정치적 합리성**을 기반으로 **기존 정책의 문제점을 부분적으로 수정**하거나 약간의 향상을 가져오는 결정
혼합탐사모델	합리모델과 점증모델을 절충한 혼합형, 점증모델의 단점을 합리모델과의 통합을 통해서 보완하기 위해서 주장, **기본적 결정은 합리모델을 따르고, 기본적 결정에 따른 세부적인 결정은 점증모델**을 따른다.
최적모델	합리모델의 비현실성과 점증모델의 보수성을 극복하기 위하여 이상주의와 현실주의의 통합을 시도, 기존의 정책을 바탕으로 이루어지는 점증주의 성향을 비판하면서, 새로운 결정을 내릴때마다 정책방향도 다시 검토할 것을 주장
쓰레기통모델	정책결정이 일정한 규칙에 따라 이루어지는 것이 아니라, **문제, 해결책, 선택기회, 참여자**의 네 요소가 쓰레기통 속에서와 같이 뒤죽박죽으로 움직이다가 어떤 계기로 서로 만나게 될 때 이루어진다고 보는 이론
사이버네틱스모델	설정된 목표를 달성하기 위해 정보분석과 환류과정을 통해 자신의 행동을 스스로 조정해 나간다고 가정하는 모델
엘리트모델	정책결정이 통치엘리트의 가치나 이해관계에 의해 결정, 소수의 권력자만이 정책을 배분할 수 있고 대중은 이에 영향을 받는다.

006 경찰조직편성의 원리에 대한 설명으로 가장 적절하지 않은 것은?

□□□ 22. 경찰간부

① 통솔범위의 원리에서 조직의 역사, 교통통신의 발달, 관리자의 리더십(Leadership), 부하의 능력 등은 통솔범위의 중요 요소이다.

② 통솔범위의 원리는 직무를 책임과 난이도에 따라 상하로 나누어 배치하고 상하계층간에 명령복종관계를 적용하는 조직편성원리로 상위로 갈수록 권한과 책임이 무거운 임무를 수행한다는 원리이다.

③ 무니(J. Mooney)는 조정 · 통합의 원리를 조직의 제1원리이며 가장 최종적인 원리라고 하였다.

④ 명령통일의 원리는 조직구성원 누구나 한 사람의 상관에게 보고하며 한 사람의 상관으로부터 명령을 받아야 한다는 원리이다.

정답 및 해설 | ②

② [×] **계층제의 원리**는 직무를 책임과 난이도에 따라 상하로 나누어 배치하고 상하계층간에 명령복종관계를 적용하는 조직편성원리로 상위로 갈수록 권한과 책임이 무거운 임무를 수행한다는 원리이다.

007 통솔범위의 원리에 관한 설명으로 가장 적절하지 않은 것은?

□□□ 22. 법학경채

① 계층의 수가 많을수록 통솔범위는 좁아지고, 계층의 수가 적을수록 통솔범위는 넓어진다.

② 부하의 능력 및 경험이 높아질수록 통솔범위가 넓어지고, 감독자의 능력 및 경험이 높아질수록 통솔범위가 넓어진다.

③ 업무의 종류가 전문적일수록 통솔범위는 넓어지고, 업무의 종류가 단순할수록 통솔범위는 좁아진다.

④ 조직의 규모가 클수록 통솔범위는 좁아지고, 조직의 규모가 작을수록 통솔범위는 넓어진다.

정답 및 해설 I ③

③ [×] 통솔범위는 업무의 종류가 전문적일수록 좁아지고, 업무의 종류가 단순할수록 그 범위는 넓어진다.

008 경찰조직 편성원리에 관한 설명 중 옳지 않은 것을 모두 고른 것은? 23. 경찰승진

□□□

> ㉠ 통솔범위의 원리는 관리자의 능률적인 감독을 위해서는 통솔하는 대상의 범위를 적정하게 제한하여야 한다는 것으로 관리의 효율성을 좌우하는 중요한 원리이다.
> ㉡ 조직의 집단적 노력을 질서있게 배열하는 과정으로 개별적인 활동을 전체적인 관점에서 통일하여 조직의 목표달성도를 높이려는 조직편성의 원리를 명령통일의 원리라고 한다.
> ㉢ 계층제의 원리는 관리자의 공백 등을 대비하여 대리, 위임, 유고관리자 사전지정 등이 필요하다.
> ㉣ 조정과 통합의 원리는 조직편성 원리의 장단점을 조화롭게 승화시키는 원리로, 무니(Mooney)는 조정의 원리를 '제1의 원리'라고 하였다.

① ㉠, ㉡ ② ㉠, ㉢

③ ㉡, ㉢ ④ ㉢, ㉣

정답 및 해설 I ③

㉡ [×] 조직의 집단적 노력을 질서있게 배열하는 과정으로 개별적인 활동을 전체적인 관점에서 통일하여 조직의 목표달성도를 높이려는 조직편성의 원리를 조정과 통합의 원리(명령통일의 원리 ×)라고 한다.

㉢ [×] 명령통일의 원리(계층제의 원리 ×)는 관리자의 공백 등을 대비하여 대리, 위임, 유고관리자 사전지정 등이 필요하다.

009 경찰조직편성의 원리에 관한 설명으로 가장 적절하지 않은 것은? 23. 경찰

□□□

① 할거주의는 조정과 통합의 원리를 실현시키는 필수적 요소이다.

② 계층제는 조직의 경직화를 초래하여 환경변화에 대한 조직의 신축적 대응을 어렵게 한다.

③ 명령통일의 원리는 부하직원이 한 사람의 상관으로부터만 명령을 받고, 보고도 그 상관에게만 하도록 하는 것을 의미한다.

④ 통솔의 범위는 한 사람의 상관이 효과적으로 감독할 수 있는 최대한의 부하의 수를 의미한다.

정답 및 해설 I ①

① [×] 할거주의(자신의 부처나 조직의 형편 또는 처지만을 앞세우는 배타적 경향을 말한다)는 조정과 통합의 원리를 저해시키는 요소이다.

010 경찰조직편성의 원리에 관한 다음 설명 중 가장 적절하지 않은 것은? 12. 경찰

□□□

① 계층제의 원리는 조직구성을 각자가 맡은 임무의 기능 및 성질상의 차이로 구분하여 보수를 달리하는 통제체계의 수립을 위한 것이다.

② 일반적으로 조직의 규모가 클수록 통솔의 범위는 좁아지는데 반하여 조직의 규모가 작을수록 통솔의 범위는 넓어진다.

③ 분업의 원리는 다수가 일을 함에 있어서 각자의 임무를 나누어서 분명하게 부과하고 협력을 하도록 하는 것으로, 인간능력의 한계를 극복하고 업무를 효율적으로 수행하기 위한 것이다.

④ 둘 이상의 사람으로부터 지시나 명령을 받는 경우 서로 모순되는 지시가 나오고, 이로 인해 집행하는 사람은 혼란을 겪게 되기 때문에 업무수행의 혼선과 그로 인한 비능률을 막기 위해서 명령통일의 원칙이 요구된다.

정답 및 해설 I ①

① [×] 계층제는 조직의 목적 수행을 위한 구성원의 임무를 책임과 난이도에 따라 등급화하여 상하로 나누어 배치하고, 상위로 갈수록 권한과 책임이 무거운 임무를 수행하도록 편성하는 원리를 말한다. 조직구성을 각자가 맡은 임무의 기능 및 성질상의 차이로 구분하는 것은 전문화·분업화 원리에 대한 설명이고, 공무원의 보수의 차이를 두기 위한 것은 계급제에 대한 설명이다.

011 다음의 내용은 경찰조직편성의 원리 중 무엇에 관한 설명인가? 11. 경찰

□□□

> 한 사람의 감독자가 직접 감독할 수 있는 부하의 수는 일정한 한도로 제한해 줄 필요가 있다. 한 사람이 직접적으로 감독할 수 있는 부하의 수는 업무의 성질, 고용 기술, 작업성과 기준에 달려 있으며, 모든 조직은 일반적으로 상관보다 부하가 더 많다. 이러한 이유 때문에 경찰 조직은 사다리 모양보다는 피라미드 모양을 취하고 있다.

① 통솔범위의 원리
② 전문화의 원리
③ 계층제의 원리
④ 명령통일의 원리

정답 및 해설 I ①

① [○] 경찰조직편성의 원리 중 통솔범위의 원리에 관련된 설명이다.

012 경찰조직편성의 원리에 관한 다음 설명 중 옳은 것은 모두 몇 개인가?

18. 경찰간부

□□□

㉠ 계층제는 경찰조직의 일체감과 통일성을 확보하지만 조직의 경직화를 초래한다.
㉡ 둘 이상의 상관으로부터 지시나 명령을 받게 되면 업무수행의 혼선이 발생할 수 있으므로 명령통일의 원리가 필요하다.
㉢ Mooney는 조정의 원리를 제1의 원리라고 하였다.
㉣ 구조조정의 문제와 깊은 관련성이 있는 것은 통솔범위의 원리이다.
㉤ 분업은 전문화라는 장점이 있지만 전체적인 통찰력을 약화시키는 단점이 있다.

① 2개
② 3개
③ 4개
④ 5개

정답 및 해설 | ④

옳은 것은 ㉠㉡㉢㉣㉤ 5개이다. 특히 ㉣ 지문을 잘 기억해 두어야 한다.

013 경찰조직편성의 원리에 대한 설명으로 가장 옳지 않은 것은?

16. 경찰간부

□□□

① 계층제의 원리는 조직목적 수행을 위한 구성원의 임무를 책임과 난이도에 따라 상하로 나누어 배치한다.
② 분업의 원리는 조직의 종류와 성질, 업무의 전문화 정도에 따라 기관별 · 개인별로 업무를 분담시킨다.
③ 조정의 원리는 조직구성원간 행동양식을 조정하여 조직목적을 효율적으로 달성하기 위해 노력한다.
④ 계층제의 원리는 '경찰업무처리의 신중성'이라는 측면에서 문제점이 제기된다.

정답 및 해설 | ④

④ [×] 계층제의 원리는 '경찰업무처리의 신중성'을 기할 수 있다는 점에서 장점을 갖는다.

014 조직편성의 일반원리와 이에 대한 설명으로 가장 적절한 것은?

17. 경찰승진

□□□

① 계층제의 원리 – 조직의 목적 수행을 위해 구성원의 임무를 책임과 난이도에 따라 상하로 나누어 배치하는 원리로서, 지휘계통을 확립하고 조직의 업무수행활동에 질서와 통일을 기할 수 있는 장점이 있으며, 계층이 많아질수록 의사소통과 업무처리시간에 효율을 기할 수 있다.
② 통솔범위의 원리 – 한 사람의 관리자가 조직 구성원을 몇 명 정도나 관리할 수 있는지에 관한 원리로서, 부하의 능력과 의욕, 경험 등의 수준이 높아질수록 관리자의 통솔범위는 축소된다고 할 수 있다.
③ 명령통일의 원리 – 조직의 구성원간에 지시나 보고를 주고받는 과정에서 지시는 한 사람만이 할 수 있고 보고도 한 사람에게만 하여야 하는 원리이다. 한편, 형식적으로 명령통일의 원리를 적용할 경우 생길 수 있는 한계를 보완할 수 있는 제도는 없다.
④ 조정과 통합의 원리 – 조직의 목표달성과정에서 여러 단위간의 충돌과 갈등을 방지하기 위해 질서 정연한 행동통일을 기하는 원리로서, 관리자의 리더십을 강화하거나 위원회제도 등을 활용하여 조직단위의 권한과 책임의 한계를 명확히 함으로써 제고될 수 있다.

정답 및 해설 I ④

① [×] 계층제의 원리는 계층이 많아질수록 의사소통과 업무처리시간에 효율을 기하기 곤란하다는 단점을 갖는다.

② [×] 부하의 능력과 의욕, 경험 등의 수준이 높아질수록 관리자의 통솔범위는 확대된다고 할 수 있다.

③ [×] 형식적으로 명령통일의 원리를 적용할 경우 생길 수 있는 한계를 보완할 수 있는 제도로는 권한의 위임과 대리가 있다.

015 □□□ 조직편성의 원리 중 조직의 구성원간에 지시나 보고를 주고받는 과정에서 지시는 한 사람만이 할 수 있고, 보고도 한 사람에게만 하여야 한다는 원칙과 관련이 깊은 것을 모두 고른 것은? 12. 경찰승진

> ㉠ 경찰의 경우에 수사나 사고처리 및 범죄예방활동에 이르기까지 거의 모든 업무수행에서 결단과 신속한 집행을 필요로 하는데, 이때 지시가 분산되고 여러 사람으로부터 지시를 받는다면, 범인을 놓친다든지 사고처리가 늦어 인명이나 재산의 피해에 신속하게 대응할 수 없게 된다.
> ㉡ 조직의 집단적 노력을 질서 있게 배열하는 과정으로서 개별적인 활동을 전체적인 관점에서 통일하여 조직의 목표달성도를 높이려는 원리라고 하겠으며, 특히 J. Mooney 교수는 '조직의 제1원리'라고 명명하며 그 중요성을 강조한 바 있다.
> ㉢ 관리자의 공백 등을 대비하여 대리나 권한의 위임 또는 유고관리자의 사전지정 등을 적절히 활용하여야 한다.
> ㉣ 관리자의 통솔능력한계를 벗어나게 인원을 배치하면 적정한 지휘통솔이 되지 않기 때문에 하위자들의 지시대기시간이 길어지고 의사소통이 되지 않아 지시자의 의도와 다르게 집행되는 문제가 생긴다. 즉, 관리자의 통솔범위로 적정한 부하의 수는 어느 정도인가라는 문제는 관리의 효율성을 좌우하는 중요한 원리이다.

① ㉠, ㉡
② ㉠, ㉢
③ ㉡, ㉢
④ ㉢, ㉣

정답 및 해설 I ②

명령통일의 원리에 대한 옳은 설명은 ㉠㉢이다.

㉡ [×] 조정의 원리에 대한 설명이다.

㉣ [×] 통솔범위의 원리에 대한 설명이다.

016 □□□ 조직 내부의 갈등은 업무의 효율성을 떨어뜨리는 요인이 된다. 다음 중 갈등의 조정과 통합방법에 대한 설명으로 가장 적절하지 않은 것은? 17. 경찰승진

① 부서간의 갈등이 일어나고 있을 때는 더 높은 상위목표를 제시, 상호간 이해와 양보를 유도하는 것이 바람직하다.

② 한정된 인력이나 예산을 가지고 갈등이 생기는 경우에는 가능하면 예산과 인력을 확보하고 업무추진의 우선순위를 지정할 필요가 있다.

③ 문제해결이 어려운 경우에는 갈등을 완화, 양자간의 타협을 도출, 관리자가 갈등을 초래할 수 있는 결정을 보류 또는 회피하는 방식을 사용한다.

④ 조직의 구조, 보상체계, 인사 등의 제도개선과 조직원의 행태를 합리적으로 개선하는 것은 갈등의 단기적인 대응방안이다.

정답 및 해설 I ④

④ [×] 조직의 구조, 보상체계, 인사 등의 제도개선과 조직원의 행태를 합리적으로 개선하는 것은 갈등의 **장기적인 대응방안**이다.

017 조직편성의 원리 중 명령통일의 원리에 대한 설명으로 가장 적절하지 않은 것은? 18. 경찰승진

□□□

① 조직의 구성원간에 지시나 보고를 주고받는 과정에서 지시는 한 사람만이 할 수 있고, 보고도 한 사람에게만 하여야 한다는 원칙이다.

② 경찰의 경우에 수사나 사고처리 및 범죄예방활동에 이르기까지 거의 모든 업무수행에서 결단과 신속한 집행을 필요로 하는데, 이때 지시가 분산되고 여러 사람으로부터 지시를 받는다면, 범인을 놓친다든지 사고처리가 늦어 인명이나 재산의 피해에 신속한 대응이 불가하다.

③ 관리자의 공백 등을 대비하여 대리, 위임, 유고관리자 사전지정 등이 필요하다.

④ 조직목적 수행을 위한 구성원의 임무를 책임과 난이도에 따라 상위로 갈수록 권한과 책임이 무거운 임무를 수행하도록 편성한다.

정답 및 해설 I ④

④ [×] 조직목적 수행을 위한 구성원의 임무를 책임과 난이도에 따라 상위로 갈수록 권한과 책임이 무거운 임무를 수행하도록 편성하는 원리는 계층제의 원리이다.

018 경찰조직편성의 원리에 대한 설명 중 적절한 것을 모두 고른 것은? 18. 경찰

□□□

㉠ 계층제의 원리 – 책임과 난이도에 따라 상위로 갈수록 권한과 책임이 무거운 임무를 수행하도록 편성한다.
㉡ 통솔범위의 원리 – 신설조직보다 기성조직에서, 단순반복업무보다 전문적 사무를 담당하는 조직에서 상관이 많은 부하직원을 통솔할 수 있다.
㉢ 명령통일의 원리 – 상위직에 부여된 권한과 책임을 하위자에게 분담시키는 권한의 위임제도를 적절히 활용하여 명령통일의 한계를 완화할 수 있다.
㉣ 조정과 통합의 원리 – 조직의 구조, 보상체계, 인사 등의 제도개선과 조직원의 행태를 합리적으로 개선하는 것은 갈등의 단기적인 대응방안이다.

① ㉠, ㉡ ② ㉠, ㉢
③ ㉠, ㉣ ④ ㉡, ㉢

정답 및 해설 I ②

옳은 설명은 ㉠㉢이다.

㉡ [×] 통솔범위의 원리 – 신설조직보다 기성조직에서, **전문적 사무보다 단순반복적 업무**를 담당하는 조직에서 상관이 많은 부하직원을 통솔할 수 있다.

㉣ [×] 조정과 통합의 원리 – 조직의 구조, 보상체계, 인사 등의 제도개선과 조직원의 행태를 합리적으로 개선하는 것은 갈등의 **장기적인 대응방안**이다.

019 조직편성의 원리에 대한 설명으로 가장 적절하지 않은 것은? 19. 경찰승진

□□□

① 계층제의 원리 – 직무를 책임과 난이도에 따라 등급화하고 계층간에 명령복종관계를 적용하는 원리로, 지휘계통을 확립하고 조직의 업무수행에 통일을 기할 수 있다.

② 통솔범위의 원리 – 1인의 상관 또는 감독자가 효과적으로 직접 통솔할 수 있는 부하의 수를 정하는 원리로, 통솔범위는 신설부서보다는 오래된 부서, 지리적으로 분산된 부서보다는 근접 부서, 복잡한 업무보다는 단순한 업무의 경우에 넓어진다.

③ 명령통일의 원리 – 조직의 집단적 노력을 질서 있게 배열하는 과정으로서 개별적인 활동을 전체적인 관점에서 통일하여 조직의 목표달성도를 높이려는 원리로, 관리자의 공백 등을 대비하여 대리, 위임, 유고관리자 사전지정 등이 필요하다.

④ 조정의 원리 – 조직편성의 각각의 원리는 장단점을 가지고 있는 바, 이러한 장단점을 조화롭게 승화시키는 원리로, 문제해결이 어려운 경우 관리자가 갈등을 초래할 수 있는 결정을 보류 또는 회피하는 방식을 사용할 수 있다.

정답 및 해설 I ③

③ [×] 명령통일의 원리란 "명령은 한 사람만이 할 수 있고, 보고도 한 사람에게만 하여야 한다."는 원리이다. 지문의 내용은 조정과 통합의 원리에 대한 설명이다.

020 조직 내부 갈등의 해결방법에 대한 설명으로 가장 적절하지 않은 것은? 19. 경찰승진

□□□

① 부서간의 갈등이 일어나고 있을 때는 더 높은 상위목표를 제시, 상호간 이해와 양보를 유도하는 것이 바람직하다.

② 문제해결이 어려운 경우에는 갈등을 완화하거나 관리자가 갈등을 초래할 수 있는 결정을 보류 또는 회피하는 방식을 사용할 수 있다.

③ 갈등의 장기적 대응을 위해서 조직의 구조, 보상체계, 인사 등의 제도개선과 조직원의 행태를 합리적으로 개선하는 방안이 있다.

④ 갈등의 원인이 세분화된 업무처리에 있다면 업무추진의 우선순위를 정해주는 것이 바람직하고, 한정된 인력이나 예산으로 갈등이 생기는 경우 전체적인 업무처리과정의 조정과 통합이 바람직하다.

정답 및 해설 I ④

④ [×] 갈등의 원인이 세분화된 업무처리에 있다면 대화채널을 만들어 주는 등 전체적인 업무처리과정의 조정과 통합이 바람직하고, 한정된 인력이나 예산으로 갈등이 생기는 경우 업무추진의 우선순위를 정해주는 것이 바람직하다.

021 경찰조직편성의 원리에 대한 설명으로 가장 적절하지 않은 것은? 19. 경찰

□□□

① 통솔범위는 신설부서보다는 오래된 부서, 지리적으로 근접한 부서보다는 분산된 부서, 복잡한 업무보다는 단순한 업무의 경우에 넓어진다.

② 계층제는 조직의 경직화를 가져와 환경변화에 대한 조직의 신축적 대응을 어렵게 한다.

③ 조정의 원리는 구성원이나 단위기관의 활동을 전체적인 관점에서 통일하여 조직의 목표달성도를 높이려는 원리를 말한다.

④ 분업의 원리란 업무를 성질과 종류별로 구분하여 한 사람에게 한 가지의 동일한 업무만을 전담토록 하는 원리를 말한다.

정답 및 해설 | ①

① [×] 통솔범위는 신설부서보다는 오래된 부서, 지리적으로 분산된 부서보다는 근접한 부서, 복잡한 업무보다는 단순한 업무의 경우에 넓어진다.

022 경찰조직편성의 원리에 대한 설명으로 가장 적절하지 않은 것은? 20. 경찰

□□□

① 계층제의 원리의 무리한 적용은 행정능률과 횡적 조정을 저해한다.

② 통솔범위의 원리에서 통솔범위는 계층 수, 업무의 복잡성, 조직 규모의 크기와 반비례 관계이다.

③ 관리자의 공백 등에 의한 업무의 공백에 대비하기 위하여 조직은 권한의 위임 · 대리 또는 유고관리자의 사전지정 등을 활용하여 명령통일의 한계를 완화할 수 있다.

④ 분업화의 정도가 높아질수록 조정과 통합이 어려워져서 할거주의가 초래될 수 있다.

정답 및 해설 | ①

① [×] 계층제의 원리의 무리한 적용은 행정능률과 종적 조정을 저해한다. 행정능률과 횡적 조정을 저해시키는 원리는 명령통일의 원리이다.

023 경찰조직편성원리에 대한 설명으로 가장 적절하지 않은 것은? 20. 경찰승진

□□□

① 통솔범위의 원리란 조직목적 수행을 위한 구성원의 임무를 책임과 난이도에 따라 상위로 갈수록 권한과 책임이 무거운 임무를 수행하도록 편성하는 것을 말한다.

② 명령통일의 원리란 조직구성원간에 지시나 보고를 주고받는 과정에서 지시는 한 사람만이 할 수 있고, 보고도 한 사람에게만 하여야 한다는 원칙을 말한다.

③ 명령통일의 원리에 따르면 관리자의 공백 등을 대비하여 대리, 위임, 유고관리자 사전지정 등이 필요하다.

④ 계층제의 원리는 권한과 책임의 배분을 통하여 신중한 업무처리가 가능하다는 장점이 있다.

정답 및 해설 | ①

① [×] 계층제의 원리란 조직목적 수행을 위한 구성원의 임무를 책임과 난이도에 따라 상위로 갈수록 권한과 책임이 무거운 임무를 수행하도록 편성하는 것을 말한다.

024 ☐☐☐ 경찰조직편성의 원리에 관한 설명 중 가장 적절하지 않은 것은? 22. 경찰

① '통솔의 범위'는 한 사람의 상관이 효과적으로 감독할 수 있는 최대한의 부하의 수를 말한다.

② '계층제'는 권한의 책임의 정도에 따라 직무를 등급화 함으로써 상·하계층간 직무상 지휘·감독관계에 놓이게 하는 것을 말한다.

③ '명령통일의 원리'는 조직구성원들은 한 사람의 상관으로부터만 명령을 받고, 보고도 그 상관에게만 하여야 한다는 것을 의미한다.

④ '할거주의'는 타기관 및 타부처에 대한 횡적인 조정과 협조를 용이하게 만드는 대표적인 요인으로 조정·통합의 원리에 필수적인 요소이다.

정답 및 해설 | ④

④ [×] '할거주의'는 타기관 및 타부처에 대한 횡적인 조정과 협조를 어렵게 만드는 대표적인 요인이다.

025 ☐☐☐ 다음에 설명하는 내용을 볼 때, 경찰조직에 필요한 조직편성의 원리로 가장 적절한 것은? 22. 경찰간부

경찰은 대부분의 경우 예기치 못한 사태가 돌발적으로 발생하며, 시급히 해결하지 않으면 피해를 회복하기 곤란한 경우가 많아 신속한 집행을 필요로 하는데, 이때 지시가 분산되고 여러 사람으로부터 지시를 받는다면, 범인을 놓친다든지 사고처리가 늦어 인명이나 재산의 피해에 신속한 대응이 불가능하다.

① 계층제의 원리(Hierarchy)

② 통솔범위의 원리(Span of Control)

③ 명령통일의 원리(Unity of Command)

④ 조정과 통합의 원리(Coordination)

정답 및 해설 | ③

③ 설문의 지문은 명령통일의 원리에 관한 설명이다.

제2절 | 경찰인사관리

026 엽관주의와 실적주의에 대한 설명으로 가장 적절하지 않은 것은? 16. 경찰승진

① 잭슨(Jackson) 대통령이 암살당한 사건은 미국에서 실적주의 도입의 배경이 되었다.

② 엽관주의는 관직을 만인에게 개방함으로써 특정 계층의 공직 독점을 타파하고 민주주의의 평등이념에 부합한다.

③ 실적주의는 개인의 자격 · 능력 · 직성 · 실적 중심의 인시제도이다.

④ 실적주의는 정치로부터의 중립을 중시하며, 인사행정을 소극화 · 형식화시켰다.

정답 및 해설 | ①

① [×] 가필드(James A. Garfield) 대통령이 암살당한 사건은 미국에서 실적주의 도입의 배경이 되었다.

027 엽관주의와 실적주의에 관한 설명으로 옳은 것을 모두 고른 것은? 24. 경찰승진

> ㉠ 엽관주의는 정치지도자의 국정지도력을 강화함으로써 공공정책의 실현을 용이하게 해준다.
> ㉡ 잭슨(Jackson) 대통령이 암살당한 사건은 미국에서 실적주의 도입의 배경이 되었다.
> ㉢ 엽관주의는 행정의 안정성과 지속성을 확보하기 어렵다.
> ㉣ 실적주의는 정치적 중립에 집착하여 인사행정을 소극화 · 형식화시켰다.

① ㉠, ㉡ ② ㉡, ㉢

③ ㉠, ㉢, ㉣ ④ ㉠, ㉡, ㉢, ㉣

정답 및 해설 | ③

㉡ [×] 가필드(잭슨 ×)대통령이 암살당한 사건은 미국에서 실적주의 도입의 배경이 되었다.

028 인사행정에 대한 설명으로 가장 옳지 않은 것은? 11. 경찰승진

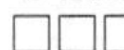

① 실적주의는 공무원 임용기준이 직무수행능력과 성적이다.

② 각국의 인사행정은 실적주의와 엽관주의가 적절히 조화되어 실행되고 있고, 우리나라는 실적주의를 주로 하되 엽관주의적 요소가 가미된 것으로 이해할 수 있다.

③ 엽관주의는 인사행정의 기준을 당파성과 정실에 두는 제도로 행정을 단순하게 보아 누구나 수행할 수 있는 것으로 보기 때문에 법령에 저촉되지 않는 한 일체의 신분상의 불이익을 받지 않는다.

④ 실적주의는 19세기 말 미국 등에서 공직의 매관매직, 공직부패 등이 문제되어 대두되었고, 공직은 모든 국민에게 개방되며 어떠한 차별도 받지 않는다.

정답 및 해설 | ③

③ [×] 엽관주의는 인사행정에 정치적 영향력이 크게 좌우되므로 법령에 저촉되지 않더라도 선거에서 당선이 안 된다든지, 인사권자의 직권에 의해 신분상의 불이익을 받는 경우가 있다.

029 계급제와 직위분류제에 대한 설명으로 가장 적절하지 않은 것은? 12. 경찰승진

□□□

① 계급제는 사람 중심, 직위분류제는 직무 중심이며 계급제는 충원방식에서 폐쇄형을, 직위분류제는 개방형을 채택하고 있고, 계급제는 인사배치의 신축성이 있으나 직위분류제는 보다 비융통적이다.

② 중간계급에의 진입을 허용하지 않는 계급제가 공직을 평생 직장으로 이해하는 직업공무원제도의 정착에 보다 유리하다.

③ 계급제와 직위분류제의 관계는 양립될 수 없는 상호배타적인 관계가 아니라 서로의 결함을 시정할 수 있는 상호보완적인 관계에 있다고 볼 수 있다.

④ 직위분류제는 시험 · 채용 · 전직의 합리적 기준을 제공하여 인사행정의 합리화를 기할 수 있고, 동일직무에 대한 동일보수의 원칙을 확립함으로써 보수제도의 합리적 기준을 제시할 수 있으나, 전직이 제한되고 행정의 전문화가 곤란하며 권한과 책임의 한계가 불명확하고 신분보장이 미흡하다는 단점이 있다.

정답 및 해설 I ④

④ [×] 직위분류제는 전직이 제한되지만 행정의 전문화가 용이하며 권한과 책임의 한계가 명확하다는 장점을 갖는다.

030 계급제와 직위분류제를 비교한 것으로 가장 적절하지 않은 것은? 14. 경찰승진

□□□

① 계급제는 보통 계급의 수가 적고 계급간의 차별이 심하며 외부로부터의 충원이 힘든 폐쇄형의 충원방식을 취하고 있다.

② 계급제는 널리 일반적 교양 · 능력을 가진 사람을 채용하여 신분보장과 함께 장기간에 걸쳐 능력이 키워지므로 공무원이 보다 종합적 · 신축적인 능력을 가질 수 있다.

③ 직위분류제는 시험 · 채용 · 전직의 합리적 기준을 제공하여 인사행정의 합리화를 기할 수 있고, '동일직무에 대한 동일보수의 원칙'을 확립함으로써 보수제도의 합리적 기준을 제시할 수 있다.

④ 계급제는 직무를 중요시하며, 직무분석과 직무평가의 중요성을 강조하는 제도이다.

정답 및 해설 I ④

④ [×] 직위분류제는 직무를 중요시하며, 직무분석과 직무평가의 중요성을 강조하는 제도이다.

031 □□□ 다음은 공직분류방식 중 계급제와 직위분류제에 대한 설명이다. 옳은 것은 모두 몇 개인가?

16. 경찰

> ㉠ 직위분류제는 계급제에 비해서 보수결정의 합리적인 기준을 제시하는 것이 장점이다.
> ㉡ 계급제는 이해력이 넓어져 직위분류제에 비해서 기관간의 횡적 협조가 용이한 편이다.
> ㉢ 직위분류제는 프랑스에서 처음 실시된 후 독일 등으로 전파되었다.
> ㉣ 우리나라의 공직 분류는 계급제 위주에 직위분류제적 요소를 가미한 혼합형태라고 할 수 있다.

① 1개 ② 2개
③ 3개 ④ 4개

정답 및 해설 | ③
옳은 설명은 ㉠㉡㉣ 3개이다.
㉢ [×] 직위분류제는 1909년 미국 시카고에서 처음 실시된 후 다른 나라로 전파되었다.

032 □□□ 공직분류방식 중 계급제와 직위분류제에 대한 설명이다. 가장 적절하지 않은 것은? 17. 경찰

① 계급제는 사람을, 직위분류제는 직무를 중요시한다.
② 직위분류제는 계급제보다 권한의 한계가 불명확하다.
③ 공직을 평생 직장으로 이해하는 직업공무원제도의 정착에는 직위분류제보다 계급제가 유리하다.
④ 우리나라의 공직 분류는 계급제 위주에 직위분류제적 요소를 가미한 혼합형태라고 할 수 있다.

정답 및 해설 | ②
② [×] 직위분류제가 계급제보다 권한과 책임의 한계가 명확하다.

033 □□□ 다음은 경찰직업공무원제도에 대한 설명이다. 옳은 것은 모두 몇 개인가? 20. 경찰

> ㉠ 실적주의는 직업공무원제로 발전되어 가는 기반이 되지만, 실적주의가 바로 직업공무원 제도를 의미하는 것은 아니다.
> ㉡ 행정의 안정성, 계속성, 독립성, 중립성 확보가 용이하다.
> ㉢ 행정통제 및 행정책임확보가 용이하다.
> ㉣ 젊은 인재의 채용을 위한 연령제한으로 공직 임용의 기회균등을 저해한다.

① 1개 ② 2개
③ 3개 ④ 4개

정답 및 해설 | ③
옳은 설명은 ㉠㉡㉣ 3개이다.
㉢ [×] 직업공무원제는 강력한 신분보장을 전제로 하므로 행정통제 및 행정책임확보가 곤란하다는 단점을 갖는다.

034 □□□ 직업공무원제도에 대한 설명이다. 아래 ㉠부터 ㉣까지 설명 중 옳고 그름의 표시(○, ×)가 바르게 된 것은?

23. 경찰간부

> ㉠ 직업공무원제도는 신분보장, 정치적 중립, 자격이나 능력중시, 개방형 인력충원 방식의 선호라는 점에서 실적주의와 공통점을 가진다.
> ㉡ 직업공무원제도의 성공적 정착을 위해서는 공직에 대한 사회의 높은 평가가 필요하며 퇴직 후의 불안해소와 생계보장을 위해 적절한 연금제도가 확립되어야 한다.
> ㉢ 직업공무원제도는 장기적인 발전가능성을 선발기준으로 삼고 있으며 직위분류제가 계급제보다 직업공무원제도의 정착에 더 유리하다.
> ㉣ 직업공무원제도는 행정의 안정성과 독립성 확보에 용이하며 외부환경 변화에 신속하게 대응한다는 장점이 있다.

① ㉠ (○), ㉡ (○), ㉢ (○), ㉣ (×)
② ㉠ (×), ㉡ (○), ㉢ (×), ㉣ (×)
③ ㉠ (○), ㉡ (○), ㉢ (×), ㉣ (○)
④ ㉠ (×), ㉡ (○), ㉢ (○), ㉣ (×)

정답 및 해설 | ②

㉠ [×] 직업공무원제도는 신분보장, 정치적 중립, 자격이나 능력중시(**개방형 인력충원 방식의 선호 ×**)라는 점에서 실적주의와 공통점을 가진다. 직업공무원제도는 개방형 인력충원 방식을 폭넓게 허용하지만 이것이 실적주의의 요소는 아니다.
㉢ [×] **계급제**가 **직위분류제**보다 직업공무원제도의 정착에 더 유리하다.
㉣ [×] 직업공무원제도는 행정의 안정성과 독립성 확보에 용이한 것은 맞지만, **공직계층에 자유로운 충원이 곤란하기 때문에** 국민의 요구와 외부환경 변화에 신속하게 대응하지 못한다는 단점이 있다.

035 □□□ 공직분류방식에 대한 설명으로 가장 적절한 것은?

19. 경찰승진

① 계급제는 인간 중심의 분류방법으로 널리 일반적 교양·능력을 가진 사람을 채용하여 신분보장과 함께 장기간에 걸쳐 능력이 키워지므로 공무원이 보다 종합적·신축적인 능력을 가질 수 있다.
② 직위분류제는 동일한 직무를 장기간 담당하게 되어 행정의 전문화에 유용하나, 권한과 책임의 한계가 불명확하다는 단점이 있다.
③ 계급제는 충원방식에서 폐쇄형을 채택하여 인사배치가 비융통적이나 직위분류제는 개방형을 채택하고 있어 인사배치의 신축성이 있다.
④ 직위분류제는 계급제에 비해서 보수결정의 합리적인 기준을 제시할 수 있으며, 직무분석을 통한 이해력이 넓어져 기관간의 횡적 협조가 용이한 편이다.

정답 및 해설 | ①

② [×] 직위분류제는 전직이 제한되지만 **행정의 전문화가 용이하며 권한과 책임의 한계가 명확하다는 장점**을 갖는다.
③ [×] 계급제는 충원방식에서 폐쇄형을 채택하여 인사배치가 **융통적**이나 직위분류제는 개방형을 채택하고 있어 인사배치의 **비신축적**이다.
④ [×] 직무분석을 통한 이해력이 넓어져 기관간의 횡적 협조가 용이한 공직분류방식은 **계급제의 특징**이다.

036 계급제와 직위분류제에 대한 설명으로 가장 적절하지 않은 것은? 19. 경찰

□□□

① 직위분류제의 경우 직무 중심 분류로서 계급제보다 인사배치에 신축성을 기할 수 있다.

② 계급제의 경우 널리 일반적 교양, 능력을 갖춘 사람을 채용하여 장기간에 걸쳐 능력을 향상시키므로 공무원이 종합적 · 신축적인 능력을 갖출 수 있다.

③ 직위분류제의 경우 동일한 직무를 장기간 담당하게 되어 행정의 전문화에 기여한다.

④ 우리나라의 공직분류는 계급제 위주에 직위분류제적 요소를 가미한 혼합 형태라고 할 수 있다.

정답 및 해설 I ①

① [×] 직위분류제의 경우 직무 중심 분류로서 계급제보다 인사배치에 비신축적인 특징을 갖는다.

037 계급제와 직위분류제를 비교한 것으로 가장 적절한 것은? 19. 경찰승진

□□□

① 계급제는 공직을 분류함에 있어서 행정기관을 구성하는 개개의 직위에 내포되어 있는 직무의 종류와 책임도 및 곤란도에 따라 여러 직종과 등급 및 직급을 분류하는 제도이다.

② 계급제는 보통 계급의 수가 적고 계급간의 차별이 심하며, 동일한 직무를 장기간 담당하게 되어 직위분류제에 비해 행정의 전문화에 기여한다.

③ 직위분류제는 직무 중심의 분류방법으로 시험 · 채용 · 전직의 합리적 기준을 제공하여 계급제에 비해 인사배치의 신축성을 기할 수 있다.

④ 직위분류제는 권한과 책임의 한계를 명확히 하는 장점이 있지만, 유능한 일반행정가의 확보 곤란, 신분보장의 미흡 등의 단점이 있다.

정답 및 해설 I ④

① [×] 직위분류제는 공직을 분류함에 있어서 행정기관을 구성하는 개개의 직위에 내포되어 있는 직무의 종류와 책임도 및 곤란도에 따라 여러 직종과 등급 및 직급을 분류하는 제도이다.

② [×] 계급제는 직위분류제에 비해 행정의 전문화에 기여하기가 곤란하다.

③ [×] 직위분류제는 직무 중심의 분류방법으로 시험 · 채용 · 전직의 합리적 기준을 제공하여 계급제에 비해 인사배치가 비신축적이고 비융통적이다.

038 계급제와 직위분류제에 관한 설명으로 가장 적절하지 않은 것은? 23. 경찰

□□□

① 직위분류제는 사람 중심 분류로서 계급제보다 인사배치의 신축성 측면에서 유리하다.

② 우리나라의 공직분류는 계급제 위주에 직위분류제적 요소를 가미한 혼합 형태라고 할 수 있다.

③ 직위분류제는 미국에서 실시된 후 다른 나라로 전파되었다.

④ 직위분류제는 계급제에 비해서 보수결정의 합리적인 기준을 제시하는 것이 장점이다.

정답 및 해설 I ①

① [×] 계급제는 사람 중심 분류로서 직위분류제보다 인사배치의 신축성 측면에서 유리하다.

039 경찰의 근무성적평정에 관한 설명 중 가장 적절하지 않은 것은? 22. 경찰

□□□

① 공무원에 대한 근무성적평정은 현대에 이르러 조직발전의 기초로 작용하는 공무원의 능력개발과 행정제도개선의 수단으로도 활용될 수 있다.

② 전통적 근무성적평정제도는 생산성과 능률성에 중점을 두어 공무원의 직무수행능력을 측정하고 이를 인사행정의 표준화와 직무수행의 통제를 위한 수단으로 활용하였다.

③ 근무성적평정과정에서 평정자에 의한 집중화 · 엄격화 등의 오류를 방지하기 위해 경찰서 수사과에서 고소 · 고발 등에 대한 조사업무를 직접 처리하는 경위 계급의 경찰공무원의 제2평정요소에 따른 근무성적평정은 수 20%, 우 40%, 양 30%, 가 10%로 분배해야 한다.

④ 총경에 대한 근무성적평정은 매년 하되, 근무실적, 직무수행능력 및 직무수행태도로만 평정한다.

정답 및 해설 I ③

③ [×] 근무성적평정과정에서 평정자에 의한 집중화 · 엄격화 등의 오류를 방지하기 위해 경찰서 수사과에서 고소 · 고발 등에 대한 조사업무를 직접 처리하는 경위 계급의 경찰공무원의 제2평정요소에 따른 근무성적 평정은 수 20%, 우 40%, 양 30%, 가 10%의 분배비율을 적용하지 아니할 수 있다(경찰공무원 승진임용규정 제7조 제4항).

040 매슬로우(Maslow)의 욕구 이론에 대한 설명으로 가장 적절하지 않은 것은? 17. 경찰

□□□

① 매슬로우는 욕구를 생리적 욕구(Physiological Needs), 안전의 욕구(Safety Needs), 사회적 욕구(Social Needs), 존경의 욕구(Esteem Needs), 자기실현욕구(Self – actualization Needs)로 구분하였다.

② 안전의 욕구는 현재 및 장래의 신분이나 생활에 대한 불안 해소에 관한 것으로 신분보장, 연금제도 등을 통해 충족시켜 줄 수 있다.

③ 존경의 욕구는 동료 · 상사 · 조직 전체에 대한 친근감 · 귀속감 충족에 관한 것으로 인간관계의 개선, 고충처리 상담 등을 통해 충족시켜 줄 수 있다.

④ 생리적 욕구는 의 · 식 · 주 및 건강 등에 관한 것으로 적정보수제도, 휴양제도 등을 통해 충족시켜 줄 수 있다.

정답 및 해설 I ③

③ [×] 사회적(애정) 욕구에 대한 내용이다.

☑ 매슬로우(Maslow)의 5단계 인간의 기본욕구

구분	내용	충족방안
자기실현의 욕구	자기발전, 자기완성의 욕구 및 성취감 충족	공정한 승진, 공무원 단체의 활동
존경의 욕구	타인의 인정, 존중, 신망을 받으려는 욕구	제안제도, 참여확대, 포상, 권한의 위임
사회적 욕구 (애정의 욕구)	동료, 상사, 조직 전체에 대한 친근감이나 귀속감을 충족	인간관계의 개선, 고충처리상담
안전의 욕구	공무원의 현재 및 장래의 신분이나 생활에 대한 불안감을 해소하려는 욕구	신분보장, 연금제도
생리적 욕구	의 · 식 · 주 · 건강 등 기본적 욕구(가장 강한 욕구)	적정보수제도, 휴양제도

041 보기는 Maslow의 5단계 기본욕구에 대한 설명이다. 가장 적절하게 연결된 것은? 12. 경찰승진

〈보기 1〉

㉠ 생리적 욕구 ㉡ 안전욕구 ㉢ 사회적 욕구
㉣ 존경욕구 ㉤ 자기실현욕구

〈보기 2〉

ⓐ 타인의 인정 · 신망을 받으려는 욕구
ⓑ 장래에의 자기발전 · 자기완성의 욕구 및 성취감 충족
ⓒ 현재 및 장래의 공무원 신분이나 생활에 대한 불안을 해소
ⓓ 동료 · 상사 · 조직 전체에 대한 친근감 · 귀속감을 충족
ⓔ 건강 등에 관한 욕구

〈보기 3〉

甲. 합리적인 승진, 공무원 단체 활용
乙. 참여확대, 권한의 위임, 제안 · 포상제도
丙. 신분보장, 연금제도
丁. 인간관계의 개선, 고충처리 상담
戊. 적정보수제도, 휴양제도

① ㉢ - ⓓ - 丁 ② ㉡ - ⓒ - 甲
③ ㉠ - ⓔ - 丙 ④ ㉣ - ⓐ - 丁

정답 및 해설 I ①
㉠ 생리적 욕구 - ⓔ 건강 등에 관한 욕구 - 戊. 적정보수제도, 휴양제도
㉡ 안전욕구 - ⓒ 현재 및 장래의 공무원 신분이나 생활에 대한 불안을 해소 - 丙. 신분보장, 연금제도
㉢ 사회적 욕구 - ⓓ 동료 · 상사 · 조직 전체에 대한 친근감 · 귀속감을 충족 - 丁. 인간관계의 개선, 고충처리 상담
㉣ 존경욕구 - ⓐ 타인의 인정 · 신망을 받으려는 욕구 - 乙. 참여확대, 권한의 위임, 제안 · 포상제도
㉤ 자기실현욕구 - ⓑ 장래에의 자기발전 · 자기완성의 욕구 및 성취감 충족 - 甲. 합리적인 승진, 공무원 단체 활용

042 매슬로우(Maslow)의 욕구계층 이론에 대한 설명으로 가장 적절한 것은? 19. 경찰승진

□□□

① 경찰관이 포상휴가를 가는 것보다 유능한 경찰관이라는 인정을 받고 싶어서 열심히 범인을 검거하였다면 자아실현의 욕구를 충족하고 싶은 것이다.

② 매슬로우는 5단계 기본욕구가 우선순위의 계층을 이루고 있어 한 단계의 욕구가 충족되어야 비로소 다음 단계의 욕구가 발로된다고 보았다.

③ 소속 직원들간 인간관계의 개선, 공무원 단체의 활용, 고충처리 상담, 적정한 휴양제도는 사회적 욕구를 충족시켜 주기 위한 방안에 해당한다.

④ 경찰관에 대한 공정하고 합리적인 승진제도를 마련하고 권한의 위임과 참여를 확대하는 것은 자아실현의 욕구를 충족시켜 주기 위한 방안에 해당한다.

정답 및 해설 | ②

① [×] 경찰관이 포상휴가를 가는 것보다 유능한 경찰관이라는 인정을 받고 싶어서 열심히 범인을 검거하였다면 **존경욕구**를 충족하고 싶은 것이다.

③ [×] 소속 직원들간 인간관계의 개선, 고충처리 상담은 사회적 욕구를 충족시켜 주기 위한 방안에 해당한다. 그러나 **공무원 단체의 활용은 자아실현의 욕구 충족방안**에 해당하고, **적정한 휴양제도는 생리적 욕구**에 대한 충족방안이다.

④ [×] 경찰관에 대한 공정하고 합리적인 승진제도를 마련하는 것은 자아실현의 욕구를 충족시키는 방안이지만, **권한의 위임과 참여를 확대하는 것은 존경욕구**를 충족시켜 주기 위한 방안에 해당한다.

043 매슬로우(Maslow)의 욕구 5단계 이론에 관한 설명으로 가장 적절하지 않은 것은? 23. 경채

□□□

① 생리적 욕구, 안전의 욕구, 애정욕구(사회적 욕구), 존경의 욕구, 자아실현 욕구로 구분하였으며, 이러한 인간의 5가지 욕구는 한 단계의 욕구가 충족되어야 비로소 다음 단계의 욕구로 순차적 · 상향적으로 진행된다.

② 생리적 욕구는 의 · 식 · 주 및 건강 등에 관한 것으로 신분보장, 연금제도 등을 통해 충족시켜 줄 수 있다.

③ 자아실현 욕구는 조직목표와 가장 조화되기 어려운 욕구이다.

④ 애정욕구(사회적 욕구)는 직원들의 불만 · 갈등을 평소 들어줄 수 있도록 상담창구 마련 등을 통해 충족시켜 줄 수 있다.

정답 및 해설 | ②

② [×] 생리적 욕구는 의 · 식 · 주 및 건강 등에 관한 것으로 적정한 **보수제도**, **휴양제도**를 통해 충족시켜 줄 수 있다. 신분보장과 연금제도 등은 **안전욕구**의 충족방안이다.

044 □□□ A경찰서장은 동기부여이론 및 사기이론을 활용하여 소속 경찰관들의 사기를 높이기 위한 방안을 모색하였다. 이론의 적용으로 가장 적절하지 않은 것은? 20. 경찰

① Maslow의 욕구계층 이론에 따라 존경의 욕구를 충족시켜주기 위하여 권한위임을 확대하였다.

② Herzberg의 동기위생요인 이론에 따르면 사기진작을 위해서는 동기요인이 강화되어야 하므로 적성에 맞는 직무에 배정하고 책임감과 성취감을 느낄 수 있도록 독려하였다.

③ McGregor의 X이론에 따르면 인간은 근본적으로 업무에 대한 의욕을 가지고 있기 때문에 이러한 의욕을 강화시키기 위해 금전적 보상과 포상제도를 강화하였다.

④ McGregor의 Y이론을 적용하여 상급자의 일방적 지시와 명령을 줄이고 의사결정과정에 일선경찰관들의 참여를 확대시키도록 지시하였다.

정답 및 해설 I ③

③ [×] X이론이 아니라 Y이론에 대한 설명이다.

045 □□□ 경찰조직관리를 위한 동기부여이론을 내용이론과 과정이론으로 나눌 때 내용이론을 주창한 사람이 아닌 자는? 22. 경찰간부

① 맥클랜드(McClelland)

② 허즈버그(Herzberg)

③ 아담스(Adams)

④ 매슬로우(Maslow)

정답 및 해설 I ③

③ [×] 아담스의 공정이론은 과정이론에 해당한다.

내용이론 (What)	의의	내용이론은 인간의 특정 욕구가 동기부여를 한다고 보는 이론
	내용	Maslow의 인간욕구 5단계설, 앨더퍼(Alderfer)의 ERG이론, 허즈버그(Herzberg)의 동기위생요인이론, 맥클랜드(McClelland)의 성취욕구(동기)이론, 맥그리저(McGregor)의 X이론 · Y이론, 아지리스의 성숙-미성숙이론, E. Schein의 인간관이론 등
과정이론 (How)	의의	인간의 특정 욕구가 직접적으로 동기부여하는 것이 아니라 욕구와는 별도의 다양한 요인들이 동기부여 과정에 작용한다는 이론이다.
	내용	포터&롤러(Porter & Lawler)의 업적만족이론, 브룸(Vroom)의 기대이론, 아담스(Adams)의 공정성이론, 로크의 목표설정이론 등

046 다음 중 인간의 동기가 어떤 과정을 고쳐서 유발되는지에 초점을 두는 이론으로 가장 적절하지 않은 것은? 22. 법학경채

① 아담스(Adams)의 공정성이론
② 아지리스(Argyris)의 성숙 · 미성숙이론
③ 포터&롤러(Poter & Lawler)의 업적만족이론
④ 브룸(Vroom)의 기대이론

정답 및 해설 I ②
② [×] 아지리스(Argyris)의 성숙 – 미성숙이론은 동기부여의 내용이론이다. 나머지는 모두 과정이론에 속한다.

047 동기부여이론에 관한 설명과 학자가 가장 적절하게 연결된 것은? 22. 경찰

㉠ 인간은 자신의 욕구를 충족시키기 위해서 노력하며 하위단계의 욕구가 충족되어야 다음 단계로 발전되는 순차적 특성을 갖는다.
㉡ Y이론적 인간형은 부지런하고, 책임과 자율성 및 창의성을 발휘하기를 좋아하고, 스스로 통제와 발전이 가능하기 때문에 민주적이고 인간적인 동기유발 전략이 필요한 유형이다.
㉢ 인간의 개인적 성격과 성격의 성숙과정을 '미성숙에서 성숙으로'라고 보고, 관리자는 조직 구성원을 최대의 성숙상태로 실현시켜야 한다고 하였다.
㉣ 위생요인을 제거해주는 것은 불만을 줄여주는 소극적 효과일 뿐이기 때문에, 근무태도 변화에 단기적 영향을 주어 사기는 높여줄 수 있으나 생산성을 높여주지는 못한다. 만족요인이 충족되면 자기실현욕구를 자극하여, 적극적 만족을 유발하고 동기유발에 장기적 영향을 준다.

	㉠	㉡	㉢	㉣
①	매슬로우(Maslow)	맥그리거(McGregor)	아지리스(Argyris)	허즈버그(Herzberg)
②	매슬로우(Maslow)	아지리스(Argyris)	맥그리거(McGregor)	허즈버그(Herzberg)
③	매슬로우(Maslow)	맥그리거(McGregor)	허즈버그(Herzberg)	아지리스(Argyris)
④	맥그리거(McGregor)	아지리스(Argyris)	허즈버그(Herzberg)	매슬로우(Maslow)

정답 및 해설 I ①
㉠은 매슬로우(Maslow)의 5단계 욕구계층이론에 대한 설명이다.
㉡은 맥그리거(McGregor)의 XY이론에 관한 설명이다.
㉢은 아지리스(Argyris)의 성숙 · 미성숙이론에 관한 설명이다.
㉣은 허즈버그(Herzberg)의 동기부여 2요소(동기 · 위생이론)에 관한 설명이다.

048 다음 학자와 그가 주장하는 이론에 대한 설명으로 적절한 것은 모두 몇 개인가? 23. 경찰간부

□□□

> ㉠ 맥클리랜드(McClelland) – 개인마다 욕구의 계층은 차이가 있다고 보았으며 인간의 욕구를 성취 욕구, 자아실현 욕구, 권력 욕구로 구분하였다.
> ㉡ 허즈버그(Herzberg) – 주어진 일에 대한 성취감, 주변의 인정, 승진 가능성 등은 동기(만족)요인으로, 열악한 근무환경, 낮은 보수 등은 위생요인으로 구분하였으며 두 요인은 상호 독립되어 있다고 보았다.
> ㉢ 맥그리거(McGregor) – 인간의 욕구는 5단계의 계층으로 이루어지며 하위 욕구부터 상위 욕구로 발달한다고 보았다.
> ㉣ 앨더퍼(Alderfer) – 인간의 욕구를 계층화하여 생존(Existence) 욕구, 존경(Respect) 욕구, 성장(Growth) 욕구의 3단계로 구분하였다.

① 1개 ② 2개

③ 3개 ④ 4개

정답 및 해설 I ①

㉡ [O]

㉠ [×] 맥클리랜드(McClelland) – 개인마다 욕구의 계층은 차이가 있다고 보았으며 인간의 욕구를 성취 욕구, **친교(자아실현 ×)** 욕구, 권력 욕구로 구분하였다.

㉢ [×] 매슬로우(M.Maslow)의 인간의 기본욕구 5단계론에 관한 내용이다.

㉣ [×] 앨더퍼(Alderfer) – 인간의 욕구를 계층화하여 생존(Existence) 욕구, **관계(Relationship) 욕구(존경욕구 ×)**, 성장(Growth) 욕구의 3단계로 구분하였다.

049 동기부여이론 중 내용이론에 해당하는 것으로 가장 적절하지 않은 것은? 23. 경찰

□□□

① 매슬로우(Maslow)의 욕구단계이론

② 맥그리거(McGregor)의 X이론 · Y이론

③ 포터와 롤러(Porter & Lawler)의 업적만족이론

④ 허즈버그(Herzberg)의 욕구충적요인 이원론(동기위생이론)

정답 및 해설 I ③

③ [×] 포터와 롤러(Porter & Lawler)의 업적만족이론은 **과정이론**에 속한다.

제3절 I 경찰예산관리

050 예산을 성립과정 중심으로 분류할 때, 다음이 설명하는 예산제도로 가장 적절한 것은? 12. 경찰승진

□□□

> 가. (㉠)은 회계연도 개시 전까지 예산의 불성립시에 전년도 예산에 준하여 지출하는 예산제도로서 예산집행의 신축성을 부여하고 예산 불성립으로 인한 행정중단의 방지를 도모한다.
> 나. (㉡)은 예산안을 국회에 제출한 후 부득이한 사유로 그 내용의 일부를 수정하고자 하는 예산제도로서 국무회의의 심의를 거쳐 대통령의 승인을 얻어야 한다.

① ㉠ - 추가경정예산 ㉡ - 준예산
② ㉠ - 준예산 ㉡ - 수정예산
③ ㉠ - 수정예산 ㉡ - 준예산
④ ㉠ - 준예산 ㉡ - 추가경정예산

정답 및 해설 I ②

②
> 가. (㉠ **준예산**)은 회계연도 개시 전까지 예산의 불성립시에 전년도 예산에 준하여 지출하는 예산제도로서 예산집행의 신축성을 부여하고 예산 불성립으로 인한 행정중단의 방지를 도모한다.
> 나. (㉡ **수정예산**)은 예산안을 국회에 제출한 후 부득이한 사유로 그 내용의 일부를 수정하고자 하는 예산제도로서 국무회의의 심의를 거쳐 대통령의 승인을 얻어야 한다.

051 예산에 관한 다음 설명 중 가장 적절하지 않은 것은? 12. 경찰

□□□

① 예산집행의 신축성을 부여하고 예산 불성립으로 인한 행정중단의 방지를 도모하고자 회계연도 개시 전까지 예산의 불성립시에 전년도 예산에 준하여 지출하는 예산제도를 '준예산'이라고 한다.
② 예산편성시 전년도 예산을 기준으로 점증적으로 예산액을 책정하는 폐단을 시정하려는 목적에서 유래된 것이 '영기준예산'이다.
③ 특별회계는 원칙적으로 설치 소관부서가 관리하며 기획재정부의 직접적인 통제를 받지 않는다.
④ 경찰예산의 대부분은 특별회계에 속한다.

정답 및 해설 I ④

④ [×] 경찰예산의 대부분은 **일반회계**에 속한다.

052 준예산에 관한 설명으로 가장 적절하지 않은 것은? 16. 경찰승진

□□□

① 예산이 새로운 회계연도가 개시될 때까지 의결되지 않을 경우 일정한 경비를 전년도에 준하여 지출할 수 있도록 하는 제도를 말한다.

② 준예산으로 지출할 수 있는 경비는 공무원 보수, 명시이월비와 예비비, 예산상 승인된 계속비, 법률상 지출의무가 있는 경비이다.

③ 준예산은 예산 불성립시 대처방안으로 국회 사전동의가 필요하지 않다.

④ 제도의 도입 이후 중앙정부에서는 한 번도 활용된 적이 없다.

정답 및 해설 | ②

② [×] 준예산으로 지출할 수 있는 경비는 공무원 보수, 예산상 승인된 계속비, 법률상 지출의무가 있는 경비이다. **명시이월비와 예비비는 준예산의 지출용도에 해당하지 않는다.**

053 경찰예산에 관한 설명으로 가장 적절하지 않은 것은? 19. 경찰

□□□

① 정부 예산안이 국회를 통과하여 확정된 후에 새롭게 발생한 사유로 인하여 이미 성립한 예산에 변경을 가할 필요가 있을 때 편성하는 예산은 추가경정예산이다.

② 예산의 집행은 예산의 배정으로부터 시작되므로 예산이 확정되더라도 해당 예산이 배정되지 않은 상태에서는 지출원인행위를 할 수 없다.

③ 품목별 예산제도는 세출예산의 대상 · 성질에 따라 편성한 예산으로 집행에 대한 회계책임을 명백히 하고 경비사용의 적정화에 유리한 장점이 있다.

④ 기획재정부장관은 예산안을 편성하여 국무회의 심의를 거쳐 대통령의 승인을 얻어야 하며, 정부는 이 예산안을 회계연도 개시 90일 전까지 국회에 제출하여야 한다.

정답 및 해설 | ④

④ [×] 기획재정부장관은 예산안을 편성하여 국무회의 심의를 거쳐 대통령의 승인을 얻어야 하며, 정부는 이 예산안을 회계연도 개시 120일 전까지 국회에 제출하여야 한다.

054 예산제도에 대한 설명으로 가장 적절한 것은? 18. 경찰승진

□□□

① 품목별 예산제도는 지출의 대상 · 성질을 기준으로 세출예산의 금액을 분류하는 통제지향적 제도로 회계책임의 명확화를 통해 계획과 지출의 불일치를 극복할 수 있다는 장점이 있다.

② 성과주의예산제도는 정부가 구입하는 물품보다 정부가 수행하는 업무에 중점을 두는 관리지향적 예산제도로 기능의 중복을 피하기가 곤란하고 인건비 등 경직성 경비에 적용이 어렵다.

③ 영기준예산제도는 예산편성시 전년도 예산을 기준으로 점증적으로 예산을 책정하는 폐단을 탈피하기 위한 예산제도이다.

④ 일몰법은 특정의 행정기관이나 사업이 일정기간 지나면 의무적 · 자동적으로 폐지되게 하는 예산제도로 행정부가 예산편성을 통해 정하며 중요사업에 대해 적용된다.

정답 및 해설 I ③

③ [O] 영기준예산제도는 예산편성시 '전년도 예산을 기준으로' 한다는 말이 아니라 '전년도 예산을 기준으로 한 점증적으로 예산을 책정하는 폐단'을 탈피하기 위한 제도이므로 옳은 지문이다.

① [×] 품목별 예산제도는 지출의 대상 · 성질을 기준으로 세출예산의 금액을 분류하는 통제지향적 제도로 회계책임의 명확화를 기할 수 있지만, 계획과 지출의 불일치를 극복하기 어렵다는 단점이 있다.

② [×] 성과주의예산제도는 기능의 중복을 피하기가 용이하다는 장점을 갖는다.

④ [×] 일몰법은 법률이므로 행정부가 아니라 입법부가 법으로 예산의 집행이 자동적으로 폐지되도록 정하는 제도이다.

055 다음은 품목별 예산제도에 관한 설명이다. 옳지 않은 것은? 07. 경찰

□□□

① 지출의 대상 · 성질을 기준으로 세출예산의 금액을 분류하는 예산제도이다.

② 통제지향적이라고 볼 수 있으며, 예산담당 공무원들에게 필요한 핵심적 기술은 회계기술이다.

③ 기능의 중복을 피하기 용이하나, 운영하기 어려운 단점이 있다.

④ 품목과 비용을 따지는 미시적 관리로 정부 전체 활동의 통합조정에 필요한 수단을 제공하지 못한다.

정답 및 해설 I ③

③ [×] 품목별 예산제도는 지출의 목적이 불분명하여 품목별로 기능의 중복을 피하기 곤란하지만, 운영하기는 쉽다는 장점이 있다.

056 경찰예산에 대한 설명으로 가장 옳은 것은? 09. 경찰

□□□

① 예산제도에 있어서 일몰법이란 특정의 행정기관이나 사업이 일정기간 경과하면 의무적 · 자동적으로 폐지되게 하는 것으로 행정부에서 제정한다.

② 계획예산(PPBS)제도는 회계책임이 명확해지고, 인사행정에 유용한 정보와 자료를 제공할 수 있다는 장점이 있다.

③ 이미 예산으로 승인된 사업의 계속비는 헌법에서 보장하고 있는 준예산의 지출용도에 포함된다.

④ 예산집행상의 필요에 따라 미리 예산으로써 국회의 의결을 얻은 때에 기획재정부장관의 승인을 얻거나 기획재정부장관이 위임하는 범위 안에서 장 · 관 · 항간에 예산금액을 상호이용하는 것을 예산의 전용이라 한다.

정답 및 해설 I ③

① [×] 예산제도에 있어서 일몰법이란 특정의 행정기관이나 사업이 일정기관 경과하면 의무적 · 자동적으로 폐지되게 하는 것으로 입법부에서 재정한다.

② [×] 회계책임이 명확해지고, 인사행정에 유용한 정보와 자료를 제공할 수 있다는 장점이 있는 것은 품목별 예산(LIBS)제도이다.

④ [×] 예산집행상의 필요에 따라 미리 예산으로써 국회의 의결을 얻은 때에 기획재정부장관의 승인을 얻거나 기획재정부장관이 위임하는 범위 안에서 장 · 관 · 항간에 예산금액을 상호이용하는 것을 예산의 이용이라 한다.

057 예산제도에 대한 설명 중 가장 적절하지 않은 것은? 13. 경찰승진

□□□

① 품목별 예산은 회계책임을 명확히 하고, 인사행정에 유용한 자료를 제공할 수 있는 예산제도이다.

② 성과주의예산은 정부가 구입하는 물품보다 정부가 수행하는 업무에 중점을 두는 관리지향적 예산제도이다.

③ 계획예산은 예산편성시 전년도 예산을 기준으로 점증적으로 예산액을 책정하는 폐단을 시정하려는 목적에서 유래되었다.

④ 준예산은 회계연도 개시 전까지 예산의 불성립시에 전년도에 준해서 지출하는 예산제도로서 예산집행의 신축성을 부여하고, 예산 불성립으로 인한 행정의 중단을 방지한다. 즉, 예산확정 전이라도 공무원의 보수와 사무처리에 관한 기본경비 등에는 준예산제도로 지출할 수 있다.

정답 및 해설 I ③

③ [×] 영기준예산제도는 예산편성시 전년도 예산을 기준으로 점증적으로 예산액을 책정하는 폐단을 시정하려는 목적에서 유래되었다.

058 예산제도에 관한 설명으로 가장 적절하지 않은 것은? 23. 경찰

□□□

① 영기준 예산제도는 전년도 예산을 기준으로 하여 점증적으로 예산액을 결정하는 데서 생기는 폐단을 시정하려고 개발한 것이다.

② 품목별 예산제도는 일반 국민들이 정부사업에 대한 이해를 용이하게 하지만 인건비 등 경직성 경비적용에 어려움이 있다.

③ 계획예산의 핵심은 프로그램 예산형식을 따르는 것으로서, 기획(planning), 사업구조화(programing), 예산(budgeting)을 연계시킨 시스템적 예산제도이다.

④ 준예산은 새로운 회계연도가 개시될 때까지 국회에서 예산안이 의결되지 못한 경우 예산안이 의결될 때까지 전년도 예산에 준하여 지출하는 예산이다.

정답 및 해설 I ②

② [×] 성과주의(품목별 ×)예산제도는 일반 국민들이 정부사업에 대한 이해를 용이하게 하지만 인건비 등 경직성 경비적용에 어려움이 있다.

059 예산제도에 관한 설명으로 가장 적절하지 않은 것은? 23. 경채

□□□

① 정부는 예산안을 국회에 제출한 후 부득이한 사유로 인하여 그 내용의 일부를 수정하고자 하는 때에는 국무회의의 심의를 거쳐 대통령의 승인을 얻은 준예산안을 국회에 제출할 수 있다.

② 예산과정상 분류에서 본예산은 정부가 매년 정기적으로 다음 연도의 세입과 세출을 예산안으로 최초 편성하여 국회에서 심의 · 의결하여 확정된 예산을 말한다.

③ 성과주의 예산제도는 정부가 구입하는 물품보다 정부가 수행하는 업무에 중점을 두는 관리지향적 예산제도이다.

④ 중앙관서의 장은 예산의 목적범위 안에서 재원의 효율적 활용을 위하여 대통령령이 정하는 바에 따라 기획재정부장관의 승인을 얻어 각 세항 또는 목의 금액을 전용할 수 있다.

정답 및 해설 I ①

① [×] 정부는 예산안을 국회에 제출한 후 부득이한 사유로 인하여 그 내용의 일부를 수정하고자 하는 때에는 국무회의의 심의를 거쳐 대통령의 승인을 얻은 **수정예산안(준예산안 ×)**을 국회에 제출할 수 있다.

060 국가재정법상 경찰 예산안의 편성에 대한 설명으로 가장 적절하지 않은 것은? 20. 경찰승진

□□□

① 경찰청장은 매년 1월 31일까지 당해 회계연도부터 5회계연도 이상의 기간 동안의 신규사업 및 기획재정부장관이 정하는 주요 계속사업에 대한 중기사업계획서를 기획재정부장관에게 제출하여야 한다.

② 기획재정부장관은 국무회의의 심의를 거쳐 대통령의 승인을 얻은 다음 연도의 예산편성지침을 매년 3월 31일까지 경찰청장에게 통보하여야 한다.

③ 경찰청장은 예산편성지침에 따라 그 소관에 속하는 다음 연도의 세입세출예산 계속비 명시이월비 및 국고채무부담행위 요구서를 작성하여 매년 5월 31일까지 기획재정부장관에게 제출하여야 한다.

④ 기획재정부장관은 예산요구서에 따라 예산안을 편성하여 국회의 심의를 거친 후 대통령의 승인을 얻어야 한다.

정답 및 해설 I ④

④ [×] 기획재정부장관은 예산요구서에 따라 예산안을 편성하여 **국무회의의 심의**를 거친 후 대통령의 승인을 얻어야 한다.

061 □□□ 경찰예산의 편성과 집행에 관한 설명 중 적절하지 않은 것은 모두 몇 개인가? 12. 경찰

> ㉠ 경찰청장은 매년 1월 31일까지 다음 회계연도부터 5회계연도 이상의 기간 동안의 신규사업 및 기획재정부장관이 정하는 주요 계속사업에 대한 중기사업계획서를 기획재정부장관에게 제출하여야 한다.
> ㉡ 기획재정부장관은 국회의 심의를 거쳐 대통령의 승인을 얻은 다음 연도의 예산안편성지침을 매년 3월 31일까지 각 중앙관서의 장에게 통보하여야 한다.
> ㉢ 경찰청장은 예산안편성지침에 따라 그 소관에 속하는 다음 연도의 예산요구서를 작성하여 매년 5월 31일까지 기획재정부장관에게 제출하여야 한다.
> ㉣ 경찰청장은 예산요구서에 따라 예산안을 편성하여 국무회의의 심의를 거쳐 대통령의 승인을 얻은 후 회계연도 개시 120일 전까지 국회에 제출하여야 한다.

① 1개 ② 2개
③ 3개 ④ 4개

정답 및 해설 | ③
틀린 설명은 ㉠㉡㉣ 3개이다.
㉠ [×] 경찰청장은 매년 1월 31일까지 **해당** 회계연도부터 5회계연도 이상의 기간 동안의 신규사업 및 기획재정부장관이 정하는 주요 계속사업에 대한 중기사업계획서를 기획재정부장관에게 제출하여야 한다(국가재정법 제28조).
㉡ [×] 기획재정부장관은 **국무회의**의 심의를 거쳐 대통령의 승인을 얻은 다음 연도의 예산안편성지침을 매년 3월 31일까지 각 중앙관서의 장에게 통보하여야 한다(국가재정법 제29조 제1항).
㉣ [×] **기획재정부장관**은 예산요구서에 따라 예산안을 편성하여 국무회의의 심의를 거쳐 대통령의 승인을 얻은 후 회계연도 개시 120일 전까지 국회에 제출하여야 한다(국가재정법 제9조의2).

062 □□□ 경찰예산의 편성에 대한 설명으로 가장 적절하지 않은 것은? 13. 경찰승진

① 경찰청장은 매년 1월 31일까지 해당 회계연도부터 5회계연도 이상의 기간 동안의 신규사업 및 행정안전부장관이 정하는 주요 계속사업에 대한 중기사업계획서를 기획재정부장관에게 제출하여야 한다.
② 기획재정부장관은 국무회의의 심의를 거쳐 대통령의 승인을 얻은 다음 연도의 예산안편성지침을 매년 3월 31일까지 각 중앙관서의 장에게 통보하여야 한다.
③ 경찰청장은 예산안편성지침에 따라 그 소관에 속하는 다음 연도의 세입세출예산 · 계속비 · 명시이월비 및 국고채무부담행위 요구서를 작성하여 매년 5월 31일까지 기획재정부장관에게 제출하여야 한다.
④ 기획재정부장관은 예산안을 편성하여 국무회의의 심의를 거쳐 대통령의 승인을 얻어야 하며, 정부는 이 예산안을 회계연도 개시 120일 전까지 국회에 제출하여야 한다.

정답 및 해설 | ①
① [×] 경찰청장은 매년 1월 31일까지 해당 회계연도부터 5회계연도 이상의 기간 동안의 신규사업 및 **기획재정부장관**이 정하는 주요 계속사업에 대한 중기사업계획서를 기획재정부장관에게 제출하여야 한다(국가재정법 제28조).

063 국가재정법상 예산안의 편성에 대한 내용으로 가장 적절하지 않은 것은? 18. 경찰

□□□

① 각 중앙관서의 장은 매년 1월 31일까지 해당 회계연도부터 3회계연도 이상의 기간 동안의 신규사업 및 기획재정부장관이 정하는 주요 계속사업에 대한 중기사업계획서를 기획재정부장관에게 제출하여야 한다.

② 기획재정부장관은 국무회의의 심의를 거쳐 대통령의 승인을 얻은 다음 연도의 예산안편성지침을 매년 3월 31일까지 각 중앙관서의 장에게 통보하여야 한다.

③ 각 중앙관서의 장은 제29조의 규정에 따른 예산안편성지침에 따라 그 소관에 속하는 다음 연도의 세입세출예산 · 계속비 · 명시이월비 · 국고채무부담행위요구서를 작성하여 매년 5월 31일까지 기획재정부장관에게 제출하여야 한다.

④ 정부는 제32조의 규정에 따라 대통령의 승인을 얻은 예산안을 회계연도 개시 120일 전까지 국회에 제출하여야 한다.

정답 및 해설 I ①

① [×] 각 중앙관서의 장은 매년 1월 31일까지 해당 회계연도부터 5회계연도 이상의 기간 동안의 신규사업 및 기획재정부장관이 정하는 주요 계속사업에 대한 중기사업계획서를 기획재정부장관에게 제출하여야 한다(국가재정법 제28조).

064 국가재정법상 예산의 집행에 대한 설명 중 가장 적절한 것은? 20. 경찰승진

□□□

① 각 중앙관서의 장은 예산이 확정되기 전에 사업운영계획 및 이에 따른 세입세출예산 · 계속비와 국고채무부담행위를 포함한 예산배정요구서를 기획재정부장관에게 제출하여야 한다.

② 기획재정부장관은 예산배정요구서에 따라 분기별 예산배정계획을 작성하여 국무회의의 심의를 거친 후 대통령의 승인을 얻어야 한다.

③ 예산이 확정되면 해당 예산이 배정되지 않은 상태라도 지출원인행위를 할 수 있다.

④ 경찰청장은 예산이 정한 각 기관간 또는 각 장 · 관 · 항간에 상호이용(移用)할 수 있는 것이 원칙이다.

정답 및 해설 I ②

① [×] 각 중앙관서의 장은 예산이 확정된 후에 사업운영계획 및 이에 따른 세입세출예산 · 계속비와 국고채무 부담행위를 포함한 예산배정요구서를 기획재정부장관에게 제출하여야 한다(국가재정법 제42조).

③ [×] 예산이 확정되더라도 해당 예산이 배정되지 않은 상태에는 지출원인행위를 할 수 없다.

④ [×] 경찰청장은 예산이 정한 각 기관간 또는 각 장 · 관 · 항간에 상호이용(移用)할 수 없는 것이 원칙이다. 다만, 일정한 경우에 한정하여 미리 예산으로써 국회의 의결을 얻은 때에는 기획재정부장관의 승인을 얻어 이용하거나 기획재정부장관이 위임하는 범위 안에서 자체적으로 이용할 수 있다(국가재정법 제47조 제1항).

065 경찰의 예산편성과정을 순서대로 바르게 나열한 것은? 13. 경찰승진

□□□

㉠ 중기사업계획서의 제출	㉡ 정부안의 확정 및 국회제출
㉢ 예산요구서 제출	㉣ 국회의 심의 · 의결
㉤ 예산편성지침 통보	

① ㉠ - ㉤ - ㉢ - ㉡ - ㉣

② ㉠ - ㉢ - ㉤ - ㉡ - ㉣

③ ㉤ - ㉠ - ㉢ - ㉡ - ㉣

④ ㉤ - ㉢ - ㉠ - ㉡ - ㉣

정답 및 해설 I ①

① [O] ㉠ 중기사업계획서의 제출 ⇨ ㉤ 예산편성지침 통보 ⇨ ㉢ 예산요구서 제출 ⇨ ㉡ 정부안의 확정 및 국회제출 ⇨ ㉣ 국회의 심의 · 의결 순에 따른다.

066 다음은 경찰예산의 과정을 순서 없이 나열한 것이다. 과정의 순서를 가장 바르게 나열한 것은?

□□□

20. 경찰

> ㉠ 경찰청장은 다음 연도의 세입 · 세출예산 · 계속비 · 명시이월비 및 국고채무부담행위 요구서를 작성하여 기획재정부장관에게 제출한다.
> ㉡ 기획재정부장관은 대통령의 승인을 받은 국가결산보고서를 감사원에 제출하여야 한다.
> ㉢ 정부는 국가결산보고서를 국회에 제출하여야 한다.
> ㉣ 경찰청장은 예산배정요구서를 기획재정부장관에게 제출하여야 한다.
> ㉤ 기획재정부장관은 국무회의 심의를 거쳐 대통령의 승인을 얻은 다음 연도의 예산편성지침을 경찰청장에게 통보한다.
> ㉥ 정부는 대통령의 승인을 얻은 예산안을 국회에 제출하고 국회는 심의와 의결을 거쳐 예산안을 확정한다.

① ㉤ - ㉠ - ㉣ - ㉥ - ㉢ - ㉡

② ㉠ - ㉤ - ㉥ - ㉣ - ㉢ - ㉡

③ ㉤ - ㉠ - ㉥ - ㉣ - ㉡ - ㉢

④ ㉣ - ㉤ - ㉠ - ㉥ - ㉡ - ㉢

정답 및 해설 I ③

③ [O] 경찰예산은 예산편성(사업계획서의 제출) ⇨ 예산편성지침의 통보(㉤) ⇨ 예산요구서의 제출(㉠) ⇨ 예산안의 국회제출(㉥) ⇨ 국회의 심의 · 의결(㉥) ⇨ 예산의 집행(㉣) ⇨ 예산결산(㉡ ⇨ ㉢) 순에 따른다.

067 경찰예산과정에 대한 내용으로 옳지 않은 것은? 20. 경찰간부

□□□

① 경찰청장은 예산안편성지침에 따라 그 소관에 속하는 다음 연도의 예산요구서를 기획재정부장관에게 제출하고 기획재정부장관은 예산요구서에 따라 예산안을 편성하여 국무회의 심의를 거쳐 대통령의 승인을 얻은 후 회계연도 개시 120일 전까지 국회에 제출하여야 한다.

② 국회에 제출된 경찰예산안은 행정안전위원회에 종합심사를 통해 구체적이고 실질적인 금액 조정이 이루어지며 종합심사가 끝난 예산안은 본회의에 상정되어 회계연도 개시 30일 전까지 본회의 의결을 거침으로써 확정된다.

③ 경찰청장은 예산이 확정된 후 예산배정요구서를 기획재정부장관에게 제출하고 기획재정부장관은 예산배정요구서에 따라 분기별 예산배정계획을 작성하여 국무회의 심의와 대통령 승인을 얻은 후 분기별 예산배정계획에 따라 경찰청장에게 예산을 배정한다.

④ 경찰청장은 결산보고서를 기획재정부장관에게 제출하여야 하며 정부는 감사원 검사를 거친 국가결산보고서를 다음 연도 5월 31일까지 국회에 제출하여야 한다.

정답 및 해설 I ②

② [×] 국회에 제출된 경찰예산안은 행정안전위원회가 아니라 **예산결산특별위원회**가 구성되어 종합심사를 하게 된다.

068 국가재정법상 예산 편성 및 집행에 관한 설명 중 가장 적절하지 않은 것은? 22. 경찰

□□□

① 각 중앙관서의 장은 제29조의 규정에 따른 예산안편성지침에 따라 그 소관에 속하는 당해 연도의 세입세출예산 · 계속비 · 명시이월비 및 국고채무부담행위 요구서를 작성하여 매년 3월 31일까지 기획재정부장관에게 제출하여야 한다.

② 각 중앙관서의 장은 매년 1월 31일까지 해당 회계연도부터 5회계연도 이상의 기간 동안의 신규사업 및 기획재정부장관이 정하는 주요 계속사업에 대한 중기사업계획서를 기획재정부장관에게 제출하여야 한다.

③ 기획재정부장관은 각 중앙관서의 장에게 예산을 배정한 때에는 감사원에 통지하여야 한다.

④ 정부는 제32조의 규정에 따라 대통령의 승인을 얻은 예산안을 회계연도 개시 120일 전까지 국회에 제출하여야 한다.

정답 및 해설 I ①

① [×] 각 중앙관서의 장은 제29조의 규정에 따른 예산안편성지침에 따라 그 소관에 속하는 다음 연도의 세입세출예산 · 계속비 · 명시이월비 및 국고채무부담행위 요구서를 작성하여 **매년 5월 31일까지** 기획재정부장관에게 제출하여야 한다.

069 국가재정법상 경찰예산에 대한 설명으로 가장 적절하지 않은 것은? 22. 경찰간부

□□□

① 경찰청장은 매년 1월 31일까지 당해 회계연도부터 5회계연도 이상의 기간 동안의 신규사업 및 기획재정부장관이 정하는 주요 계속사업에 대한 중기사업계획서를 기획재정부장관에게 제출하여야 한다.

② 경찰청장은 예산이 확정된 후 사업운영계획 및 이에 따른 세입세출예산 · 계속비와 국고채무 부담행위를 포함한 예산배정요구서를 기획재정부장관에게 제출하여야 한다.

③ 경찰청장은 세출예산이 정한 목적 외에 경비를 사용할 수 없다.

④ 경찰청장은 국가재정법 제29조의 규정에 따른 예산안편성지침에 따라 그 소관에 속하는 다음 연도의 세입세출예산 · 계속비 · 명시이월비 및 국고채무부담행위 요구서를 작성하여 매년 6월 30일까지 우선 행정안전부장관에게 제출하여야 한다.

정답 및 해설 I ④

④ [×] 경찰청장(중앙관서의 장)은 제29조의 규정에 따른 예산안편성지침에 따라 그 소관에 속하는 다음 연도의 세입세출예산 · 계속비 · 명시이월비 및 국고채무부담행위 요구서를 작성하여 매년 5월 31일까지 **기획재정부장관**에게 제출하여야 한다(동법 제31조 제1항).

070 국가재정법상 예산안의 편성 절차를 순서대로 나열한 것으로 가장 적절한 것은? 23. 경찰승진

□□□

㉠ 기획재정부장관은 국무회의의 심의를 거쳐 대통령의 승인을 얻은 다음 연도의 예산안편성지침을 각 중앙관서의 장에게 통보하여야 한다. ㉡ 기획재정부장관은 예산요구서에 따라 예산안을 편성하여 국무회의의 심의를 거친 후 대통령의 승인을 얻어야 한다. ㉢ 각 중앙관서의 장은 예산안편성지침에 따라 그 소관에 속하는 다음 연도의 세입세출예산 · 계속비 · 명시이월비 및 국고채무부담행위 요구서를 작성하여 기획재정부장관에게 제출하여야 한다. ㉣ 기획재정부장관은 각 중앙관서의 장에게 통보한 예산안 편성지침을 국회 예산결산특별위원회에 보고하여야 한다.

① ㉠ ⇨ ㉡ ⇨ ㉢ ⇨ ㉣

② ㉠ ⇨ ㉣ ⇨ ㉢ ⇨ ㉡

③ ㉣ ⇨ ㉠ ⇨ ㉢ ⇨ ㉡

④ ㉣ ⇨ ㉢ ⇨ ㉠ ⇨ ㉡

정답 및 해설 I ②

㉠ 예산편성지침의 중앙관서의 장에게 통보(3월 31일까지) ⇨ ㉣ 예산안편성지침의 국회(예결산특별위원회)에 보고 ⇨ ㉢ 예산요구서의 제출(5월 31일 까지) ⇨ ㉡ 예산안편성

071 □□□ 국가재정법상 예산안의 편성과 집행에 관한 설명으로 가장 적절하지 않은 것은? 23. 경찰

① 각 중앙관서의 장은 예산편성지침에 따라 그 소관에 속하는 다음 연도의 세입세출예산 · 계속비 · 명시이월비 및 국고채무부담행위 요구서를 작성하여 매년 5월 31일까지 기획재정부장관에게 제출하여야 한다.

② 기획재정부장관은 예산요구서에 따라 예산안을 편성하여 국회 심의를 거친 후 대통령의 승인을 얻어야 한다.

③ 각 중앙관서의 장은 예산이 확정된 후 사업운영계획 및 이에 따른 세입세출예산 · 계속비와 국고채무부담행위를 포함한 예산 배정요구서를 기획재정부장관에게 제출하여야 한다.

④ 기획재정부장관은 각 중앙관서의 장에게 예산을 배정한 때에는 감사원에 통지하여야 한다.

정답 및 해설 I ②

② [×] 기획재정부장관은 예산요구서에 따라 예산안을 편성하여 **국무회의의(국회 ×)** 심의를 거친 후 대통령의 승인을 얻어야 한다(동법 제32조).

072 □□□ 「국가재정법」에 대한 설명으로 적절한 것은 모두 몇 개 인가? 23. 경찰간부

> ㉠ 기획재정부장관은 국무회의의 심의를 거쳐 대통령의 승인을 얻은 다음 연도의 예산안편성지침을 매년 1월 31일까지 각 중앙관서의 장에게 통보하여야 한다.
> ㉡ 각 중앙관서의 장은 예산의 목적범위 안에서 재원의 효율적 활용을 위하여 대통령령으로 정하는 바에 따라 국무회의의 심의를 거친 후 대통령의 승인을 얻어 각 세항 또는 목의 금액을 전용할 수 있다.
> ㉢ 각 중앙관서의 장은 「국가회계법」에서 정하는 바에 따라 회계연도마다 작성한 결산보고서를 다음 연도 2월 말일까지 기획재정부장관에게 제출하여야 한다.
> ㉣ 기획재정부장관은 「국가회계법」에서 정하는 바에 따라 회계연도마다 작성하여 대통령의 승인을 받은 국가결산보고서를 다음 연도 5월 20일까지 감사원에 제출하여야 한다.

① 1개 ② 2개

③ 3개 ④ 4개

정답 및 해설 I ①

㉠ [×] 기획재정부장관은 국무회의의 심의를 거쳐 대통령의 승인을 얻은 다음 연도의 예산안편성지침을 매년 **3월 31일까지** 각 중앙관서의 장에게 통보하여야 한다(동법 제29조 제1항).

㉡ [×] 각 중앙관서의 장은 예산의 목적범위 안에서 재원의 효율적 활용을 위하여 대통령령으로 정하는 바에 따라 **기획재정부장관의 승인을** 얻어 각 세항 또는 목의 금액을 전용할 수 있다(동법 제46조 제1항).

㉣ [×] 기획재정부장관은 「국가회계법」에서 정하는 바에 따라 회계연도마다 작성하여 대통령의 승인을 받은 국가결산보고서를 다음 연도 **4월 10일까지** 감사원에 제출하여야 한다(동법 제59조).

제4절 | 경찰장비관리

073 경찰장비관리규칙상 무기를 휴대한 자 중에서 '무기 · 탄약을 회수할 수 있는 자'에 해당하는 것을 모두 고른 것은? 18. 경찰승진

□□□

> ㉠ 직무상의 비위 등으로 인하여 중징계의결 요구된 자
> ㉡ 정신 및 건강상 문제가 우려되어 치료가 필요한 자
> ㉢ 사의를 표명한 자
> ㉣ 경찰공무원의 직무적성검사 결과 고위험군에 해당되는 자
> ㉤ 형사사건의 수사의 대상이 된 자
> ㉥ 기타 경찰기관의 장이 부적합하다고 심의를 요청한 자

① ㉠, ㉡, ㉤ ② ㉡, ㉢, ㉣, ㉤
③ ㉡, ㉣, ㉤, ㉥ ④ ㉢, ㉣, ㉥

정답 및 해설 | ③

임의회수대상자(무기 · 탄약을 회수할 수 있는 자)에 해당하는 것은 ㉡㉣㉤㉥이다. ㉠㉢은 강제회수대상자에 해당한다.

구분	내용
강제회수 대상자	① 직무상의 비위 등으로 인하여 중징계 의결 요구된 된 자 ② 사의를 표명한 자
임의회수 대상자	① 직무상의 비위 등으로 인하여 감찰조사의 대상이 되거나 경징계의결 요구 또는 경징계 처분 중인 자 ② 형사사건의 수사 대상이 된 자 ③ 경찰공무원 직무적성검사 결과 고위험군에 해당되는 자 ④ 정신건강상 문제가 우려되어 치료가 필요한 자 ⑤ 정서적 불안 상태로 인하여 무기 소지가 적합하지 않은 자로서 소속 부서장의 요청이 있는 자 ⑥ 그 밖에 경찰기관의 장이 무기 소지 적격 여부에 대해 심의를 요청하는 자

074 경찰장비관리규칙상 경찰기관의 장이 무기를 휴대한 자 중에서 즉시 대여한 무기 · 탄약을 회수하여야 할 사유로 가장 적절하지 않은 것은? 17. 경찰승진

□□□

① 직무상의 비위 등으로 인하여 징계대상이 된 자
② 형사사긴의 조사의 대상이 된 자
③ 술자리 또는 연회장소에 출입한 자
④ 사의를 표명한 자

정답 및 해설 | ③

③ [×] 술자리 또는 연회장소에 출입한 자의 경우에는 무기고에 보관하도록 하여야 한다(경찰장비관리규칙 제120조 제4항 제1호).

075 경찰장비관리규칙에 대한 설명 중 옳은 것은 모두 몇 개인가? 13. 경찰

□□□

> ㉠ '간이무기고'란 경찰기관의 각 기능별 운용부서에서 효율적 사용을 위하여 집중무기고로부터 무기 · 탄약의 일부를 대여받아 별도로 보관 · 관리하는 시설을 말한다.
> ㉡ 무기고와 탄약고의 환기통 등에는 손이 들어가지 않도록 쇠창살 시설을 하고, 출입문은 2중으로 하여 각 1개소 이상씩 자물쇠를 설치하여야 한다.
> ㉢ 경찰기관의 장은 무기를 휴대한 자 중에서 직무상 비위 등으로 인하여 중징계대상이 된 자가 발생한 때에는 즉시 대여한 무기 · 탄약을 회수하여야 한다.
> ㉣ 경찰기관의 장은 무기를 휴대한 자 중에서 정신건강상 문제가 우려되어 치료가 필요한 자가 있을 때에는 무기 소지 적격 심의위원회의 심의를 거쳐 대여한 무기 · 탄약을 회수할 수 있다.
> ㉤ 경찰기관의 장은 무기를 휴대한 자 중에서 술자리 또는 연회장소에 출입할 경우에는 대여한 무기 · 탄약을 무기고에 보관하도록 하여야 한다.

① 2개 ② 3개

③ 4개 ④ 5개

정답 및 해설 I ④

㉠㉡㉢㉣㉤ 모두 옳은 지문이다.

076 경찰장비관리규칙상 차량관리에 대한 설명으로 가장 옳은 것은? 11. 경찰승진

□□□

① 차량 교체를 위한 불용차량 선정에는 내용연수 경과 여부 등 차량사용기간을 최우선적으로 고려하여 선정한다.

② 차량 열쇠는 지정된 열쇠함에 집중보관하여야 하며, 예비열쇠를 확보하기 위해 복제해 놓아야 한다.

③ 부속기관 및 시 · 도경찰청은 소속 기관 차량 중 다음 연도 교체대상 차량을 매년 12월 말까지 경찰청장에게 보고하여야 한다.

④ 차량운행시 책임자는 1차 선임탑승자(사용자), 2차 운전자, 3차 경찰기관의 장으로 한다.

정답 및 해설 I ①

② [×] 예비열쇠를 확보 등을 위한 **무단복제**와 전 · 의경 운전원의 임의 소지 및 **보관을 금한다**(경찰장비관리규칙 제96조 제1항).

③ [×] 부속기관 및 시 · 도경찰청은 소속 기관 차량 중 다음 연도 교체대상 차량을 **매년 11월 말**까지 경찰청장에게 보고하여야 한다(경찰장비관리규칙 제93조 제1항).

④ [×] 차량운행시 책임자는 1차 **운전자**, 2차 **선임탑승자(사용자)**, 3차 경찰기관의 장으로 한다(경찰장비관리규칙 제98조 제3항).

077 경찰장비관리규칙에서 규정하고 있는 내용과 다른 것은 모두 몇 개인가? 14. 경찰승진

□□□

> ㉠ 경찰기관의 장은 무기를 휴대한 자 중에서 직무상의 비위 등으로 인하여 징계대상이 된 자, 형사사건의 조사의 대상이 된 자, 사의를 표명한 자가 발생한 때에는 즉시 대여한 무기 · 탄약을 회수하여야 한다.
> ㉡ 차량운행시 책임자는 1차 운전자, 2차 선임탑승자(사용자), 3차 경찰기관의 장으로 한다.
> ㉢ 차량교체를 위한 불용 대상차량은 부속기관 및 시 · 도경찰청에 배정되는 수량의 범위 내에서 내용연수 경과 여부 등 차량사용기간을 최우선적으로 고려하여 선정한다.
> ㉣ 불용처분된 차량은 부속기관 및 시 · 도경찰청별로 실정에 맞게 공개매각을 원칙으로 하되, 공개매각이 불가능한 때에는 폐차처분을 할 수 있다. 다만, 매각을 할 때에는 경찰표시도색을 제거하는 등 필요한 조치를 하여야 한다.

① 없음 ② 1개

③ 2개 ④ 3개

정답 및 해설 I ①

㉠㉡㉢㉣ 모두 옳은 설명이다.

078 현행 경찰장비관리규칙상 경찰차량관리에 대한 설명 중 가장 적절하지 않은 것은? 12. 경찰승진

□□□

① 교체를 위한 불용차량 선정에는 내용연수 경과 여부 등 차량사용기간을 최우선적으로 고려하여 선정하며 사용기간이 동일한 경우에는 주행거리와 차량의 노후상태, 사용부서 등을 종합적으로 검토하여 신중하게 선정한다.

② 차량열쇠는 지정된 열쇠함에 집중 보관하여 경찰장비관리규칙에 규정된 자가 관리하고, 예비열쇠의 확보 등을 위한 무단복제와 전 · 의경 운전원의 임의 소지 및 보관을 금한다.

③ 부속기관 및 시 · 도경찰청의 장은 다음 연도에 소속 기관의 차량정수를 증감시킬 필요가 있을 때에는 매년 3월 말까지 다음 연도 차량정수 소요계획을 경찰청장에게 제출하여야 한다.

④ 차량은 용도별로 전용 · 지휘용 · 업무용 · 순찰용 · 수사용 · 특수용 차량으로 구분한다.

정답 및 해설 I ④

④ [×] 경찰장비관리규칙상 차량은 용도별로 전용 · 지휘용 · 업무용 · 순찰용 · 특수용 차량으로 구분하며, 수사용은 없다.

079 경찰장비관리규칙에 관한 다음 설명 중 옳은 것은 모두 몇 개인가? 18. 경찰간부

□□□

> ㉠ 전자충격기는 물품관리관의 책임하에 집중관리함을 원칙으로 하나, 운용부서에 대여하여 그 부서장의 책임하에 관리 · 운용하게 할 수 있다.
> ㉡ 차량의 차종은 승용 · 승합 · 화물 · 특수용으로 구분하고, 차형은 차종별로 대형 · 중형 · 소형 · 경형 · 다목적형으로 구분한다.
> ㉢ 각 경찰기관의 업무용차량은 운전요원의 부족 등 불가피한 사유가 없는 한 집중관리를 원칙으로 한다.
> ㉣ 부속기관 및 시 · 도경찰청의 장은 다음 연도에 소속 기관의 차량정수를 증감시킬 필요가 있을 때에는 매년 3월 말까지 다음 연도 차량정수 소요계획을 경찰청장에게 제출하여야 한다.
> ㉤ 경찰기관의 장은 무기를 휴대한 자 중에서 술자리 또는 연회장소에 출입할 경우, 상사의 사무실을 출입할 경우, 기타 정황을 판단하여 필요하다고 인정되는 경우에는 대여한 무기 · 탄약을 무기고에 보관하도록 하여야 한다.

① 2개 ② 3개
③ 4개 ④ 5개

정답 및 해설 I ④
모두 옳은 지문이다.

080 경찰장비관리규칙상 무기 · 탄약의 회수 및 보관에 대한 설명 중 가장 적절한 것은? 20. 경찰간부

□□□

① 경찰기관의 장은 무기를 휴대한 자 중에서 사의를 표명한 자에게 대여한 무기 · 탄약을 즉시 회수하여야 한다.
② 경찰기관의 장은 무기를 휴대한 자 중에서 경찰공무원 직무적성검사결과 고위험군에 해당하는 자에게 대여한 무기 · 탄약을 즉시 회수하여야 한다.
③ 경찰기관의 장은 무기를 휴대한 자 중에서 형사사건의 수사의 대상이 된 자에게 대여한 무기 · 탄약을 즉시 회수하여야 한다.
④ 경찰기관의 장은 무기를 휴대한 자 중에서 정신건강상 문제가 우려되어 치료가 필요한 자에게 대여한 무기 · 탄약을 즉시 회수하여야 한다.

정답 및 해설 I ①
② [×] 경찰기관의 장은 무기를 휴대한 자 중에서 경찰공무원 직무적성검사결과 고위험군에 해당되는 자에게 대여한 무기 · 탄약을 무기 소지 적격 심의위원회의 심의를 거쳐 회수할 수 있다(경찰장비관리규칙 제120조 제1항 제1호).
③ [×] 경찰기관의 장은 무기를 휴대한 자 중에서 형사사건의 수사의 대상이 된 자에게 대여한 무기 · 탄약을 무기 소지 적격 심의위원회의 심의를 거쳐 회수할 수 있다(경찰장비관리규칙 제120조 제2항).
④ [×] 경찰기관의 장은 무기를 휴대한 자 중에서 정신건강상 문제가 우려되어 치료가 필요한 자에게 대여한 무기 · 탄약을 무기 소지 적격 심의 위원회의 심의를 거쳐 회수할 수 있다(경찰장비관리규칙 제120조 제1항 제2호).

081 경찰장비관리규칙상 무기고 및 탄약고 설치에 관한 설명 중 가장 적절하지 않은 것은? 22. 경찰

☐☐☐

① 무기·탄약고 비상벨은 상황실과 숙직실 등 초동조치 가능장소와 연결하고, 외곽에는 철조망 장치과 조명등 및 순찰함을 설치하여야 한다.

② 탄약고 내에는 전기시설을 하는 것이 원칙이나, 조명은 건전지 등으로 하고 방화시설을 완비하여야 한다.

③ 무기고와 탄약고의 환기통 등에는 손이 들어가지 않도록 쇠창살 시설을 하고, 출입문은 2중으로 하여 각 1개소 이상씩 자물쇠를 설치하여야 한다.

④ 탄약고는 무기고와 분리되어야 하며 가능한 본 청사와 격리된 독립 건물로 하여야 한다.

정답 및 해설 I ②

② [×] 탄약고 내에는 전기시설을 하지 않는 것이 원칙이나, 조명은 건전지 등으로 하고 방화시설을 완비하여야 한다.

082 「경찰장비관리규칙」상 무기류관리에 대한 설명으로 가장 적절하지 않은 것은? 23. 경찰간부

☐☐☐

① 경찰기관의 장은 무기를 휴대한 자 중에서 직무상의 비위 등으로 인하여 징계대상이 된 자, 형사사건의 조사의 대상이 된 자, 경찰공무원 직무적성검사 결과 고위험군에 해당되는 자가 발생한때에는 즉시 대여한 무기·탄약을 회수하여야 한다.

② 간이무기고는 근무자가 24시간 상주하는 지구대, 파출소, 상황실 및 112타격대 등 경찰기관의 장이 필요하다고 인정하는 상당한 이유가 있는 장소에 설치할 수 있다.

③ 탄약고 내에는 전기시설을 하여서는 아니되며, 조명은 건전지 등으로 하고 방화시설을 완비하여야 한다. 단, 방폭설비를 갖춘 경우 전기시설을 설치할 수 있다.

④ 지구대 등의 간이무기고의 경우는 소속 경찰관에 한하여 무기를 지급하되 감독자 입회(감독자가 없을 경우 반드시 타 선임 경찰관 입회)하에 무기탄약 입출고부에 기재한 뒤 입출고 하여야한다. 다만, 긴급상황 발생시 경찰서장의 사전허가를 받은 경우의 대여는 예외로 한다.

정답 및 해설 I ①

① [×] 경찰기관의 장은 무기를 휴대한 자 중에서 직무상의 비위 등으로 인하여 중징계 의결요구된 자, (형사사건의 조사의 대상이 된 자 ×), 사의를 표명한 자(경찰공무원 직무적성검사 결과 고위험군에 해당되는 자 ×)가 발생한 때에는 즉시 대여한 무기·탄약을 회수하여야 한다(동 규칙 제120조 제1항).

083 「경찰장비관리규칙」상 무기 및 탄약관리에 관한 설명으로 가장 적절하지 않은 것은? 23. 경찰

□□□

① 간이무기고란 경찰인력 및 경찰기관별 무기책정기준에 따라 배정된 개인화기와 공용화기를 집중보관 · 관리하기 위하여 각 경찰기관에 설치된 시설을 말한다.

② 무기 · 탄약을 대여 받은 자는 그 무기를 휴대하고 근무하는 경우를 제외하고는 무기고에 보관하여야 하며, 근무 종료시에는 감독자 입회아래 무기탄약 입출고부에 기재한 뒤 즉시 입고하여야 한다.

③ 경찰기관의 장은 무기를 휴대한 자가 형사사건의 수사의 대상이 된 때에는 무기 소지 적격 심의위원회의 심의를 거쳐 대여한 무기 · 탄약을 회수할 수 있다.

④ 경찰기관의 장은 무기를 휴대한 자가 상사의 사무실을 출입할 경우 대여한 무기 · 탄약을 무기고에 보관하도록 하여야 한다.

정답 및 해설 I ①

① [×] 집중무기고(간이무기고 ×)란 경찰인력 및 경찰기관별 무기책정기준에 따라 배정된 개인화기와 공용화기를 집중보관 · 관리하기 위하여 각 경찰기관에 설치된 시설을 말한다.

084 「경찰장비관리규칙」상 무기류에 관한 설명으로 가장 적절하지 않은 것은? 24. 경찰승진

□□□

① 탄약고 내에는 전기시설을 하여서는 아니되며, 조명은 건전지 등으로 하고 방화시설을 완비하여야 한다. 단, 방폭설비를 갖춘 경우 전기시설을 설치할 수 있다.

② 중무기 · 탄약고의 열쇠보관은 일과시간에는 무기 관리부서의 장이, 일과시간 후에는 당직 업무(청사방호) 책임자가 한다.

③ 경찰기관의 장은 무기를 휴대한 자가 술자리 또는 연회장소에 출입할 경우 즉시 대여한 무기 · 탄약을 회수해야 한다.

④ 경찰관이 권총을 휴대 · 사용하는 경우 1탄은 공포탄, 2탄 이하는 실탄을 장전한다. 다만, 대간첩작전, 살인 · 강도 등 중요범인이나 무기 · 흉기 등을 사용하는 범인의 체포 및 위해의 방호를 위하여 불가피한 경우에 1탄부터 실탄을 장전할 수 있다.

정답 및 해설 I ③

③ [×] 경찰기관의 장은 무기를 휴대한 자가 술자리 또는 연회장소에 출입할 경우 대여한 무기 · 탄약을 무기고에 보관(회수 ×)하도록 하여야 한다(「경찰장비관리규칙」 제120조 제4항).

제5절 | 경찰보안관리

085 비밀에 대한 설명 중 가장 적절한 것은? 12. 경찰승진

□□□

① 비밀분류의 원칙은 과도 또는 과소분류금지의 원칙, 독립분류의 원칙, 보안과 효율의 조화가 있다.

② 비밀은 그 자체의 내용과 가치의 정도에 따라 분류하여야 한다는 원칙은 과도 또는 과소분류금지의 원칙이다.

③ A경찰서 경비과에서 생산한 중요시설 경비대책이란 제목의 비밀문건은 보안과에서 비밀분류를 담당한다.

④ 비밀의 보관용기 외부에는 비밀의 보관을 알리거나 나타내는 어떠한 표시도 하여서는 안 된다.

정답 및 해설 | ④

① [×] 비밀분류의 원칙은 과도 또는 과소분류금지의 원칙, 독립분류의 원칙, **외국 또는 국제기구의 비밀존중의 원칙**이 있다.

② [×] 비밀은 그 자체의 내용과 가치의 정도에 따라 분류하여야 한다는 원칙은 **독립분류의 원칙**이다.

③ [×] A경찰서 경비과에서 생산한 중요시설 경비대책이란 제목의 비밀문건은 **경비과(장)**에서 비밀분류를 담당한다.

086 보안업무규정상 비밀에 대한 설명으로 가장 적절하지 않은 것은? 15. 경찰

□□□

① 비밀이란 그 내용이 누설되는 경우 국가안전보장에 유해로운 결과를 초래할 우려가 있는 국가기밀로서 이 영에 의하여 비밀로 분류된 것을 말한다.

② 비밀은 그 중요성과 가치의 정도에 따라 Ⅰ급비밀 · Ⅱ급비밀 및 Ⅲ급비밀로 구분한다.

③ 누설되는 경우 대한민국과 외교관계가 단절되고 전쟁을 유발하며, 국가의 방위계획 · 정보활동 및 국가방위상 필요불가결한 과학과 기술의 개발을 위태롭게 하는 등의 우려가 있는 비밀은 이를 Ⅰ급비밀로 한다.

④ 누설되는 경우 국가안전보장에 해를 끼칠 우려가 있는 비밀은 이를 Ⅱ급비밀로 한다.

정답 및 해설 | ④

④ [×] 누설되는 경우 국가안전보장에 해를 끼칠 우려가 있는 비밀은 이를 **Ⅲ급비밀**로 한다(보안업무규정 제4조 제3호).

087 보안업무규정상 비밀보호에 대한 설명으로 가장 적절하지 않은 것은? 19. 경찰승진

□□□

① Ⅰ급비밀은 그 생산자의 허가를 받은 경우에도 모사·타자·인쇄·조각·녹음·촬영·인화·확대 등 그 원형을 재현하는 행위를 할 수 없다.

② 비밀은 해당 등급의 비밀취급인가를 받은 사람 중 그 비밀과 업무상 직접 관계가 있는 사람만 열람할 수 있다.

③ 공무원 또는 공무원이었던 사람은 법률에서 정하는 경우를 제외하고는 소속 기관의 장이나 소속되었던 기관의 장의 승인 없이 비밀을 공개해서는 아니 된다.

④ 비밀은 보관하고 있는 시설 밖으로 반출해서는 아니 된다. 다만, 공무상 반출이 필요할 때에는 소속 기관의 장의 승인을 받아야 한다.

정답 및 해설 I ①

① [×] Ⅰ급비밀은 그 생산자의 허가를 받은 경우에는 그 모사·타자·인쇄·조각·녹음·촬영·인화·확대 등 그 원형을 재현하는 행위를 할 수 있다(보안업무규정 제23조 제1항 제1호).

088 보안업무규정상 비밀분류의 원칙으로 가장 적절하지 않은 것은? 16. 경찰승진

□□□

① 과도 또는 과소분류금지의 원칙

② 독립분류의 원칙

③ 외국비밀존중의 원칙

④ 부분화의 원칙

정답 및 해설 I ④

④ [×] 부분화의 원칙은 보안업무의 원칙이다.

089 비밀의 분류와 비밀취급인가권자에 대한 설명 중 틀린 것은? 11. 경찰간부

□□□

① 보안업무규정상 비밀구분의 기준이 되는 것은 비밀의 중요성과 가치의 정도이다.

② 국가의 방위 계획·정보활동 및 국가방위상 필요불가결한 과학과 기술의 개발을 위태롭게 하는 등의 우려가 있는 비밀을 Ⅰ급비밀로 분류하고, 누설되는 경우 국가안전보장에 막대한 지장을 초래할 우려가 있는 비밀은 Ⅱ급비밀로 한다.

③ 검찰총장, 국정원장, 경찰청장은 Ⅰ급비밀 취급인가권자이다.

④ 대외비는 비밀은 아니지만 일시적으로 누설을 방지하기 위하여 직무수행상 특별히 보호를 요하는 사항으로 비밀에 준하여 보관한다.

정답 및 해설 I ③

③ [×] 검찰총장, 국정원장은 Ⅰ급비밀과 암호자재 취급인가권자이지만, 경찰청장은 Ⅱ급과 Ⅲ급비밀 취급인가권자이다(보안업무규정 제9조).

090 보안업무규정상 비밀보호에 관한 설명으로 틀린 것은 모두 몇 개인가? 16. 경찰

□□□

> ㉠ 각급기관의 장은 비밀의 분류 · 취급 · 유통 및 이관 등의 모든 과정에서 비밀이 누설되거나 유출되지 아니하도록 보안대책을 수립하여 시행하여야 한다.
> ㉡ 비밀은 해당 등급의 비밀취급인가를 받은 사람만 취급할 수 있다.
> ㉢ 비밀은 적절히 보호할 수 있는 최고등급으로 분류하되, 과도하거나 과소하게 분류해서는 아니 된다.
> ㉣ 비밀은 그 자체의 내용과 가치의 정도에 따라 분류하여야 하며, 다른 비밀과 관련해서 분류해서는 아니 된다.
> ㉤ 경찰청장은 Ⅱ급 및 Ⅲ급비밀 취급인가권자이다.

① 1개 ② 2개
③ 3개 ④ 4개

정답 및 해설 Ⅰ ①

틀린 설명은 ㉢ 1개이다.

㉢ [×] 비밀은 적절히 보호할 수 있는 최저등급으로 분류하되, 과도하거나 과소하게 분류해서는 아니 된다(보안업무규정 제12조 제1항).

091 보안업무규정상 비밀의 구분 및 분류에 관한 설명으로 가장 적절한 것은? 16. 경찰승진

□□□

① 비밀은 그 중요성과 가치에 따라 Ⅰ급비밀, Ⅱ급비밀, Ⅲ급비밀, 대외비로 구분된다.
② Ⅱ급비밀은 누설되는 경우 국가안전보장에 해를 끼칠 우려가 있는 비밀을 말한다.
③ 비밀은 적절히 보호할 수 있는 최고등급으로 분류하되, 과도하거나 과소하게 분류해서는 아니 된다.
④ 비밀은 그 자체의 내용과 가치의 정도에 따라 분류하여야 하며 다른 비밀과 관련하여 분류해서는 아니 된다.

정답 및 해설 Ⅰ ④

① [×] 비밀은 그 중요성과 가치에 따라 Ⅰ급비밀, Ⅱ급비밀, Ⅲ급비밀로 구분된다. 대외비는 비밀이 아니다(보안업무규정 제4조).
② [×] Ⅱ급 비밀은 누설되는 경우 국가안전보장에 막대한 지장을 끼칠 우려가 있는 비밀을 말한다(보안업무규정 제4조 제2호).
③ [×] 비밀은 적절히 보호할 수 있는 최저등급으로 분류하되, 과도하거나 과소하게 분류해서는 아니 된다(보안업무규정 제12조 제1항).

092 보안업무규정상 비밀에 관한 설명 중 가장 적절하지 않은 것은? 22. 경찰

□□□

① Ⅱ급비밀은 누설될 경우 국가안전보장에 막대한 지장을 끼칠 우려가 있는 비밀을 말한다.
② 비밀은 적절히 보호할 수 있는 최고등급으로 분류하되, 과도하거나 과소하게 분류해서는 아니 된다.
③ 비밀은 보관하고 있는 시설 밖으로 반출해서는 아니 된다. 다만, 공무상 반출이 필요할 때에는 소속 기관의 장의 승인을 받아야 한다.
④ 비밀을 휴대하고 출장 중인 사람은 비밀을 안전하게 보호하기 위하여 국내 경찰기관 또는 재외공관에 보관을 위탁할 수 있으며, 위탁받은 기관은 그 비밀을 보관하여야 한다.

정답 및 해설 I ②

② [×] 비밀은 적절히 보호할 수 있는 **최저(최고 ×)**등급으로 분류하되, 과도하거나 과소하게 분류해서는 아니 된다.

093 비밀에 대한 설명으로 가장 적절하지 않은 것은? 22. 경찰승진

□□□

① 보안업무규정 시행 세부규칙상 모든 경찰공무원(전투경찰순경을 포함한다)은 임용과 동시 Ⅲ급비밀취급권을 가진다.

② 보안업무규정 시행 세부규칙상 정보부서에 근무하는 경찰공무원은 그 보직 발령과 동시에 II급비밀취급권을 인가받은 것으로 한다.

③ 보안업무규정과 보안업무규정 시행규칙상 보호지역 중 제한구역은 비인가자가 비밀, 주요시설 및 Ⅲ급비밀 소통용 암호 자재에 접근하는 것을 방지하기 위하여 안내를 받아 출입하여야 하는 구역을 말한다.

④ 보안업무규정상 비밀은 그 중요성과 가치의 정도에 따라 구분하며 누설될 경우 국가안전보장에 해를 끼칠 우려가 있는 비밀은 Ⅱ급비밀에 해당한다.

정답 및 해설 I ④

④ [×] 보안업무규정상 비밀은 그 중요성과 가치의 정도에 따라 구분하며 누설될 경우 국가안전보장에 해를 끼칠 우려가 있는 비밀은 **Ⅲ급비밀**에 해당한다.

094 대통령훈령인 보안업무규정 시행규칙에 대한 다음 설명 중 옳지 않은 것은 모두 몇 개인가?

□□□

17. 경찰간부

> ㉠ Ⅰ급비밀은 반드시 금고에 보관하여야 하며, 보관책임자가 Ⅰ급비밀 취급인가를 받은 때에는 Ⅰ급비밀을 Ⅱ · Ⅲ급비밀과 혼합 보관할 수 있다.
> ㉡ 비밀의 보관용기 외부에는 비밀의 보관을 알리거나 나타내는 어떠한 표시도 하여서는 아니 된다.
> ㉢ 비밀열람기록전은 그 비밀을 파기시에 같이 파기하는 것이 아니라 분리하여 따로 철하여 보관하여야 한다.
> ㉣ 비밀열람기록전의 보존기간은 5년이며, 그 이전에 폐기할 때에는 경찰청장의 승인을 받아야 한다.

① 0개
② 1개
③ 2개
④ 3개

및 해설 I ③

옳지 않은 설명은 ㉠㉣ 2개이다.

㉠ [×] Ⅰ급비밀은 반드시 금고에 보관하여야 하며, **다른 비밀과 혼합하여 보관하여서는 아니 된다**(보안업뮤규정 시행규칙 제33조 제2항).

㉣ [×] 비밀열람기록전의 보존기간은 **5년**이다(보안업무규정 시행규칙 제70조 제1항). **국가정보원장**의 승인을 받아 그 이전에 폐기할 수 있다는 조항은 **현재 삭제**되었다.

095 보안업무에 관한 설명으로 가장 적절한 것은? 15. 경찰승진

□□□

① 경찰공무원은 임용과 동시에 Ⅰ급비밀 취급권을 갖는다.

② 비밀의 등급은 보안과에서 일괄 결정한다.

③ 비밀의 보관용기는 외부에 비밀의 보관을 알리거나 나타내는 표시를 반드시 하여야 한다.

④ 비밀분류시 과도 또는 과소분류금지원칙, 독립분류의 원칙, 외국비밀존중의 원칙을 준수하여야 한다.

정답 및 해설 | ④

① [×] 경찰공무원은 임용과 동시에 **Ⅲ급**비밀 취급권을 갖는다.

② [×] 비밀의 등급은 **생산기관**이 결정한다.

③ [×] 비밀의 보관용기는 외부에 비밀의 보관을 알리거나 나타내는 표시를 반드시 **하여서는 아니 된다.**

096 보안업무규정에 대한 설명으로 가장 적절한 것은? 17. 경찰승진

□□□

① 비밀은 그 중요성과 가치의 정도에 따라 Ⅰ급비밀, Ⅱ급비밀, Ⅲ급비밀, 대외비로 구분한다.

② 외국 정부나 국제기구로부터 접수한 비밀은 그 접수기관이 필요로 하는 정도로 보호할 수 있도록 분류하여야 한다.

③ 경찰청장은 Ⅰ급비밀 취급인가권자이다.

④ 누설될 경우 국가안전보장에 막대한 지장을 끼칠 우려가 있는 비밀은 Ⅱ급비밀이다.

정답 및 해설 | ④

① [×] 비밀은 그 중요성과 가치의 정도에 따라 Ⅰ급비밀, Ⅱ급비밀, Ⅲ급비밀로 구분한다(보안업무규정 제4조). **대외비는 비밀이 아니다.**

② [×] 외국 정부나 국제기구로부터 접수한 비밀은 그 **생산기관**이 필요로 하는 정도로 보호할 수 있도록 분류하여야 한다(보안업무규정 제12조 제2항).

③ [×] 경찰청장은 Ⅱ급 및 Ⅲ급비밀 취급인가권자이다(보안업무규정 제9조 제2항).

097 보안업무규정에 대한 설명으로 가장 적절한 것은? 18. 경찰

□□□

① 각급기관의 장은 비밀의 작성 · 분류 · 접수 · 발송 및 취급 등에 필요한 모든 관리사항을 기록하기 위하여 비밀관리기록부를 작성하여 갖추어 두어야 한다. 다만, Ⅱ급 이상 비밀관리기록부는 따로 작성하여 갖추어 두어야 하며, 암호자재는 암호자재 관리기록부로 관리한다.

② 그 생산자가 특정한 제한을 하지 아니한 것으로서 해당 등급의 비밀취급인가를 받은 사람이 공용(共用)으로 사용하는 경우 Ⅰ급비밀의 일부 또는 전부에 대해서 모사(模寫) · 타자(打字) · 인쇄 · 조각 · 녹음 · 촬영 · 인화(印畵) · 확대 등 그 원형을 재현(再現)하는 행위를 할 수 있다.

③ 비밀취급인가를 받지 아니한 사람에게 비밀을 열람하거나 취급하게 할 때에는 국가정보원장이 정하는 바에 따라 소속 기관의 장(비밀이 군사와 관련된 사항인 경우에는 국방부장관)이 미리 열람자의 인적사항과 열람하려는 비밀의 내용 등을 확인하고 열람시 비밀 보호에 필요한 자체 보안대책을 마련하는 등의 보안조치를 하여야 한다. 다만, Ⅰ급비밀의 보안조치에 관하여는 국가정보원장과 미리 협의하여야 한다.

④ 각급기관의 장은 보안업무의 효율적인 수행을 위하여 필요하다고 인정되는 경우에는 국가정보원장의 승인하에 해당 비밀의 보존기간 내에서 그 사본을 제작하여 보관할 수 있다.

정답 및 해설 | ③

① [×] 각급기관의 장은 비밀의 작성 · 분류 · 접수 · 발송 및 취급 등에 필요한 모든 관리사항을 기록하기 위하여 비밀관리기록부를 작성하여 갖추어 두어야 한다. 다만, **Ⅰ급비밀 관리기록부**는 따로 작성하여 갖추어 두어야 하며, 암호자재는 암호자재 관리기록부로 관리한다(보안업무규정 제22조 제1항).

② [×] Ⅰ급비밀의 일부 또는 전부에 대해서 모사(模寫) · 타자(打字) · 인쇄 · 조각 · 녹음 · 촬영 · 인화(印畵) · 확대 등 그 원형을 재현(再現)하는 행위를 할 수 있으려면 **그 생산자의 허가를 받은 경우에 가능하다**(보안업무규정 제23조 제1항 제1호).

④ [×] 각급기관의 장은 보안업무의 효율적인 수행을 위하여 필요하다고 인정되는 경우에는 해당 비밀의 보존기간 내에서 **Ⅰ급비밀은 그 생산자의 허가를 받은 경우, Ⅱ급비밀 및 Ⅲ급비밀은 그 생산자가 특정한 제한을 하지 아니한 것으로서 해당 등급의 비밀취급 인가를 받은 사람이 공용(共用)으로 사용하는 경우에 그 사본을 제작하여 보관할 수 있다**(보안업무규정 제23조 제1항 · 제2항).

098 보안업무규정및 동 시행규칙에 대한 설명으로 가장 적절하지 않은 것은? 22. 경찰간부

□□□

① 누설되는 경우 국가안전보장에 손해를 끼칠 우려가 있는 비밀은 이를 III급 비밀로 하며, II급 비밀은 누설되는 경우 국가안전보장에 막대한 지장을 초래할 우려가 있는 비밀을 말한다.

② 비밀취급 인가권자는 업무상 조정 · 감독을 받는 기업체나 단체에 소속된 사람에 대하여 소관 비밀을 계속적으로 취급하게 하여야 할 필요가 있을 때에는 미리 경찰청장과의 협의를 거쳐 해당하는 사람에게 II급 이하의 비밀취급을 인가할 수 있다.

③ 제한구역이란 비인가자가 비밀, 주요시설 및 III급 비밀 소통용 암호자재에 접근하는 것을 방지하기 위하여 안내를 받아 출입하는 구역을 말한다.

④ 비밀열람기록전의 자료는 비밀과 함께 철하여 보관 · 활용하고, 비밀의 보호기간이 만료되면 비밀에서 분리한 후 각각 편철하여 5년간 보관해야 한다.

정답 및 해설 I ②

② [×] 비밀취급 인가권자는 업무상 조정 · 감독을 받는 기업체나 단체에 소속된 사람에 대하여 소관 비밀을 계속적으로 취급하게 하여야 할 필요가 있을 때에는 미리 **국가정보원장**과의 협의를 거쳐 해당하는 사람에게 Ⅱ급 이하의 비밀취급을 인가할 수 있다(보안업무시행규칙 제13조 제1항).

099 □□□ 보안업무규정상 비밀보호에 관한 설명으로 가장 적절하지 않은 것은? 23. 경찰

① 비밀은 그 중요성과 가치의 정도에 따라 구분되는데, 누설될 경우 대한민국과 외교관계가 단절되고 전쟁을 일으키며 국가의 방위계획 · 정보활동 및 국가방위에 반드시 필요한 과학과 기술의 개발을 위태롭게 하는 등의 우려가 있는 비밀은 'I급비밀'에 속한다.

② 비밀은 해당 등급의 비밀취급 인가를 받은 사람만 취급할 수 있으며, 암호자재는 해당 등급의 비밀 소통용 암호자재취급 인가를 받은 사람만 취급할 수 있다.

③ 검찰총장, 국가정보원장, 경찰청장은 I급비밀 취급 인가권자와 I급 및 Ⅱ급비밀 소통용 암호자재 취급 인가권자에 해당한다.

④ 비밀은 적절히 보호할 수 있는 최저등급으로 분류하되, 과도 하거나 과소하게 분류해서는 아니 된다.

정답 및 해설 I ③

③ [×] 검찰총장, 국가정보원장 등(**경찰청장** ×)은 I급비밀 취급 인가권자와 I급 및 Ⅱ급비밀 소통용 암호자재 취급 인가권자에 해당한다(동 규정 제9조 제1항).

100 □□□ 보안업무규정 및 보안업무규정 시행규칙에 대한 설명으로 가장 적절한 것은? 19. 경찰승진

① 외국 정부나 국제기구로부터 접수한 비밀은 사용기관이 필요로 하는 정도로 보호할 수 있도록 분류하여야 한다.

② 비밀은 그 중요성과 가치의 정도에 따라 Ⅰ급비밀, Ⅱ급비밀, Ⅲ급비밀로 구분하며, 대외비란 보안업무규정 제4조에 규정된 특별히 보호를 요청하는 사항을 말한다.

③ 비밀이 누설될 경우 외교관계가 단절되고 국가의 방위계획 · 정보활동 및 국가방위에 반드시 필요한 과학과 기술의 개발을 위태롭게 하는 등의 우려가 있는 비밀은 Ⅱ급비밀이다.

④ 보관용기에 넣을 수 없는 비밀은 제한구역 또는 통제구역에 보관하는 등 그 내용이 노출되지 아니하도록 특별한 보호대책을 마련하여야 한다.

정답 및 해설 I ④

① [×] 외국 정부나 국제기구로부터 접수한 비밀은 그 **생산기관**이 필요로 하는 정도로 보호할 수 있도록 분류하여야 한다(보안업무규정 제12조 제3항).

② [×] 비밀은 그 중요성과 가치의 정도에 따라 Ⅰ급비밀, Ⅱ급비밀, Ⅲ급비밀로 구분하며, 대외비란 보안업무규정 제4조에 규정된 **비밀 외에 비공개대상 정보** 중 직무 수행상 특별히 보호가 필요한 사항을 말한다(보안업무규정 시행규칙 제16조 제3항).

③ [×] 비밀이 누설될 경우 **외교관계가 단절**되고 국가의 방위계획 · 정보활동 및 국가방위에 반드시 필요한 과학과 기술의 개발을 위태롭게 하는 등의 우려가 있는 비밀은 **Ⅰ급비밀**이다(보안업무규정 제4조).

101 「보안업무규정」상 비밀보호에 관한 설명으로 가장 적절하지 않은 것은? 23. 경찰

□□□

① 각급기관의 장은 비밀의 작성 · 분류 · 접수 · 발송 및 취급 등에 필요한 모든 관리사항을 기록하기 위하여 비밀관리기록부를 작성하여 갖추어 두어야 한다. 다만, Ⅱ급 이상 비밀관리기록부는 따로 작성하여 갖추어 두어야 한다.

② 각급기관의 장은 비밀문서의 접수 · 발송 · 복제 · 열람 및 반출 등의 통제에 필요한 규정을 따로 작성 · 운영할 수 있다.

③ 각급기관의 장은 연2회 비밀 소유 현황을 조사하여 국가정보원장에게 통보하여야 한다.

④ 중앙행정기관등의 장은 국가안전보장을 위하여 국민에게 긴급히 알려야 할 필요가 있다고 판단될 때에는 그가 생산한 비밀을 「보안업무규정」 제3조의3에 따른 보안심사위원회 심의를 거쳐 공개할 수 있다. 다만, Ⅰ급비밀의 공개에 관하여는 국가정보원장과 미리 협의해야 한다.

정답 및 해설 I ①

① [×] 각급기관의 장은 비밀의 작성 · 분류 · 접수 · 발송 및 취급 등에 필요한 모든 관리사항을 기록하기 위하여 비밀관리기록부를 작성하여 갖추어 두어야 한다. 다만, Ⅰ급(Ⅱ급 이상 ×) 비밀관리기록부는 따로 작성하여 갖추어 두어야 한다.

102 「보안업무규정」에 관한 내용으로 가장 적절한 것은? 24. 경찰승진

□□□

① 비밀은 그 중요성과 가치의 정도에 따라 구분하는데, 누설될 경우 국가안전보장에 막대한 지장을 끼칠 우려가 있는 비밀은 Ⅰ급비밀로 구분한다.

② 지방자치단체의 장, 광역시 · 도의 교육감, 경찰청장은 Ⅱ급 및 Ⅲ급비밀 취급 인가권자와 Ⅲ급비밀 소통용 암호자재 취급 인가권자이다.

③ 비밀은 적절히 보호할 수 있는 최고등급으로 분류하되, 과도하거나 과소하게 분류해서는 아니 된다.

④ 각급기관의 장은 비밀 분류를 통일성 있고 적절하게 하기 위하여 세부 분류지침을 작성하여 시행하여야 하며 이 경우 세부 분류지침은 공개하는 것을 원칙으로 한다.

정답 및 해설 I ②

① [×] 비밀은 그 중요성과 가치의 정도에 따라 구분하는데, 누설될 경우 국가안전보장에 막대한 지장을 끼칠 우려가 있는 비밀은 **Ⅱ급비밀**로 구분한다.

③ [×] 비밀은 적절히 보호할 수 있는 **최저(최고 ×)**등급으로 분류하되, 과도하거나 과소하게 분류해서는 아니 된다.

④ [×] 각급기관의 장은 비밀 분류를 통일성 있고 적절하게 하기 위하여 세부 분류지침을 작성하여 시행하여야 한다. 이 경우 세부 분류지침은 **공개하지 않는다**(동규정 제13조).

103 보안업무규정 및 보안업무규정 시행규칙의 내용으로 가장 적절한 것은? 19. 경찰승진

□□□

① 비밀은 그 중요성과 가치의 정도에 따라 'Ⅰ급비밀'·'Ⅱ급비밀'·'Ⅲ급비밀'로 구분하며, 비밀 중에 직무 수행상 특별히 보호가 필요한 사항은 '대외비'로 한다.

② 비밀의 분류원칙은 보안업무규정에 규정되어 있으며, 비밀은 적절히 보호할 수 있는 최고등급으로 분류하되, 과도하거나 과소하게 분류해서는 아니 된다.

③ Ⅰ급비밀의 일부 또는 전부에 대해서는 그 생산자의 허가를 받은 경우 모사(模寫)·타자(打字)·인쇄·조각·녹음·촬영·인화(印畵)·확대 등 그 원형을 재현(再現)하는 행위를 할 수 있다.

④ 비밀을 복제하거나 복사한 경우에는 그 원본과 동일한 비밀등급과 예고문을 기재하여야 하고, 이에 따른 예고문에 재분류 구분이 '파기'로 되어 있더라도 원본의 파기 시기보다 그 시기를 앞당길 수 없다.

정답 및 해설 | ③

① [×] 비밀은 그 중요성과 가치의 정도에 따라 'Ⅰ급비밀'·'Ⅱ급비밀'·'Ⅲ급비밀'로 구분하며, **비밀 외에 직무 수행상 특별히 보호가 필요한 사항은 '대외비'로 한다**(보안업무규정 시행규칙 제16조 제3항).

② [×] 비밀의 분류원칙은 보안업무규정에 규정되어 있으며, 비밀은 적절히 보호할 수 있는 **최저등급**으로 분류하되, 과도하거나 과소하게 분류해서는 아니 된다(보안업무규정 제12조 제1항).

④ [×] 비밀을 복제하거나 복사한 경우에는 그 원본과 동일한 비밀등급과 예고문을 기재하여야 하고, 이에 따른 예고문에 재분류 구분이 '파기'로 되어 있더라도 원본의 파기 시기보다 **그 시기를 앞당길 수 있다**(보안업무규정 제23조 제5항).

104 보안업무규정 시행 세부규칙상 제한구역을 모두 고른 것은? 20. 경찰승진

□□□

㉠ 정보통신실	㉡ 과학수사센터
㉢ 암호취급소	㉣ 발간실
㉤ 치안상황실	㉥ 작전·경호·정보·보안업무 담당부서 전역

① ㉠, ㉡, ㉢, ㉣　　② ㉠, ㉢, ㉤, ㉥

③ ㉠, ㉡, ㉣, ㉥　　④ ㉡, ㉢, ㉤, ㉥

정답 및 해설 | ③

제한구역에 해당하는 것은 ㉠㉡㉣㉥이다. ㉢㉤은 통제구역에 해당한다.

105 보안업무규정 시행 세부규칙에서 제한구역에 해당하는 것은 모두 몇 개인가? 21. 경찰

□□□

㉠ 전자교환기(통합장비)실	㉡ 정보통신관제센터
㉢ 정보보안기록실	㉣ 경찰청 및 시·도경찰청 항공대
㉤ 종합상황실	

① 2개　　② 3개

③ 4개　　④ 5개

정답 및 해설 | ②

제한구역에 해당하는 것은 ㉠㉡㉣ 3개이다. ㉢㉤은 **통제구역**에 해당한다.

☑ 보호구역

제한지역	비밀 또는 국·공유재산의 보호를 위하여 울타리 또는 방호·경비인력에 의하여 **일반인의 출입에 대한 감시가 필요한** 지역	경찰서 전역
제한구역	비인가자가 비밀, 주요시설 및 Ⅲ급 비밀 소통용 암호자재에 접근하는 것을 방지하기 위하여 **안내를 받아 출입** 하여야 하는 구역	1. 전자교환기(통합장비)실, 정보통신실 2. 발간실(경찰기관) 3. 송신 및 중계소, 정보통신관제센터 4. 과학수사센터 5. 경찰청 및 시·도경찰청 항공대 6. 작전·경호·정보·안보업무 담당부서 전역
통제구역	보안상 매우 중요한 구역으로서 **비인가자의 출입이 금지되는** 구역	1. **암**호취급소, **암**호장비관리실 2. 종합**상**황실 3. 종합조회**처리**실 4. 정보**상**황실, 정보보안**기**록실 5. 치안**상**황실 6. **무기**창, **무기**고, 탄약고 7. **비**밀발간실 (※ **비암**이 **기상**하여 **무기**로 **처리**하였다)

106 보안업무규정상 비밀에 대한 다음 설명 중 옳은 것은 모두 몇 개인가? 19. 경찰간부

□□□

> ㉠ 비밀은 그 중요성과 가치의 정도에 따라 Ⅰ급, Ⅱ급, Ⅲ급비밀로 구분된다.
> ㉡ 누설될 경우 국가안전보장에 해를 끼칠 우려가 있는 경우 Ⅱ급비밀로 분류한다.
> ㉢ 외국 정부나 국제기구로부터 접수한 비밀은 그 접수기관이 필요로 하는 정도로 보호할 수 있도록 분류하여야 한다.
> ㉣ 비밀은 적절히 보호할 수 있는 최고등급으로 분류하되, 과도하거나 과소하게 분류해서는 아니 된다.
> ㉤ 국가정보원장은 비밀 소통용 암호자재를 제작하여 필요한 기관에 공급한다. 다만, 국가정보원장이 필요하다고 인정하는 암호자재의 경우 그 암호자재를 사용하는 기관은 국가정보원장이 인가하는 암호체계의 범위에서 암호자재를 제작할 수 있다.
> ㉥ 암호자재를 사용하는 기관의 장은 사용기간이 끝난 암호자재를 지체 없이 국가정보원장에게 반납해야 한다.

① 1개　　② 2개
③ 3개　　④ 4개

정답 및 해설 | ②

옳은 설명은 ㉠㉤ 2개이다.

㉡ [×] 누설될 경우 국가안전보장에 해를 끼칠 우려가 있는 경우 **Ⅲ급비밀**로 분류한다(보안업무규정 제4조 제3호).

㉢ [×] 외국 정부나 국제기구로부터 접수한 비밀은 그 **생산기관**이 필요로 하는 정도로 보호할 수 있도록 분류하여야 한다(보안업무규정 제12조 제3항).

㉣ [×] 비밀은 적절히 보호할 수 있는 **최저등급**으로 분류하되, 과도하거나 과소하게 분류해서는 아니 된다(보안업무규정 제12조 제1항).

㉥ [×] 암호자재를 사용하는 기관의 장은 사용기간이 끝난 암호자재를 지체 없이 **그 제작기관의 장**에게 반납해야 한다(보안업무규정 제7조 제2항).

107 □□□ 비인가자의 출입이 금지된 보안상 극히 중요한 지역인 통제구역은 모두 몇 개인가? 13. 경찰승진

> ㉠ 과학수사센터
> ㉡ 경찰청 항공대 및 시 · 도경찰청 항공대
> ㉢ 정보상황실
> ㉣ 종합조회처리실
> ㉤ 정보보안기록실

① 2개 ② 3개
③ 4개 ④ 5개

정답 및 해설 | ②
통제구역에 해당하는 것은 ㉢㉣㉤ 3개이다. ㉠㉡은 제한구역에 해당한다.
※ 통제구역은 '비암이 기상하여 무기로 처리하였다'라고 암기하면 된다.

108 보안업무규정상 신원조사에 대하여 설명한 것이다. 옳은 것을 모두 고른 것은? 17. 경찰

> ㉠ 신원조사는 국가정보원장이 국가보안을 위하여 국가에 대한 충성심 · 성실성을 조사하기 위하여 한다.
> ㉡ 국가보안시설 · 보호장비를 관리하는 기관 등의 장(해당 국가보안시설 등의 관리업무를 수행하는 소속직원을 포함한다)은 신원조사의 대상이 된다.
> ㉢ 공무원 임용 예정자(국가안전보장에 한정된 국가기밀을 취급하는 직위에 임용될 예정인 사람으로 한정한다)와 비밀취급인가 예정자는 신원조사의 대상이 된다.
> ㉣ 그 밖에 다른 법령에서 정하는 사람이나 각급기관의 장이 국가안전보장을 위하여 필요하다고 인정하는 사람은 신원조사의 대상이 된다.
> ㉤ 국가정보원장은 신원조사결과 국가안전보장에 해를 끼칠 정보가 있음이 확인된 사람에 대해서는 관계기관의 장에게 통보할 수 있으며, 통보를 받은 관계기관의 장은 신원조사결과에 따라 필요한 보안대책을 마련하여야 한다.

① ㉠, ㉡ ② ㉠, ㉢, ㉣
③ ㉡, ㉢, ㉣ ④ ㉠, ㉢, ㉣, ㉤

정답 및 해설 | ③
옳은 설명은 ㉡㉢㉣이다.
㉠ [×] 신원조사는 국가정보원장이 국가보안을 위하여 국가에 대한 충성심 · **신뢰성**을 조사하기 위하여 한다.
㉤ [×] 국가정보원장은 신원조사결과 국가안전보장에 해를 끼칠 정보가 있음이 확인된 사람에 대해서는 관계기관의 장에게 **통보하여야 하며**, 통보를 받은 관계기관의 장은 신원조사결과에 따라 필요한 보안대책을 마련하여야 한다(보안업무규정 제37조 제1항 · 제2항).

109 □□□ 행정 효율과 협업 촉진에 관한 규정상 공문서에 관한 설명 중 가장 적절하지 않은 것은? 22. 경찰

① '지시문서'란 훈령 · 지시 · 예규 · 일일명령 등 행정기관이 그 하급기관이나 소속 공무원에 대하여 일정한 사항을 지시하는 문서를 말한다.

② '공고문서'란 고시 · 공고 등 행정기관이 일정한 사항을 일반에게 알리는 문서를 말한다.

③ '일반문서'란 민원인이 행정기관에 허가, 인가, 그 밖의 처분 등 특정한 행위를 요구하는 문서와 그에 대한 처리문서를 말한다.

④ '법규문서'란 헌법 · 법률 · 대통령령 · 총리령 · 부령 · 조례 · 규칙 등에 관한 문서를 말한다.

정답 및 해설 I ③

③ [×] '민원문서(일반문서 ×)'란 민원인이 행정기관에 허가, 인가, 그 밖의 처분 등 특정한 행위를 요구하는 문서와 그에 대한 처리문서를 말한다.

110 □□□ 「행정업무의 운영 및 혁신에 관한 규정」에 대한 설명으로 가장 적절하지 않은 것은? 23. 경찰승진

① 공문서는 「국어기본법」에 따른 어문규범에 맞게 한글로 작성하되, 뜻을 정확하게 전달하기 위하여 필요한 경우에는 괄호 안에 한자나 그 밖의 외국어를 함께 적을 수 있다.

② 공문서는 결재권자가 해당 문서에 서명(전자이미지서명, 전자 문자서명 및 행정전자서명을 포함한다)의 방식으로 결재함으로써 성립된다.

③ 공문서는 수신자에게 도달(전자문서의 경우는 수신자가 관리하거나 지정한 전자적 시스템 등에 입력되는 것을 말한다) 됨으로써 효력을 발생한다. 다만, 공고문서의 경우 그 문서에서 효력발생 시기를 구체적으로 밝히고 있지 않으면 그 고시 또는 공고 등이 있은 날부터 5일이 경과한 때에 효력이 발생한다.

④ 공문서에는 음성정보나 영상정보 등이 수록되거나 연계된 바코드 등을 표기할 수 없다.

정답 및 해설 I ④

④ [×] 공문서에는 음성정보나 영상정보 등이 수록되거나 연계된 바코드 등을 표기할 수 있다.

police.Hackers.com

제4장 | 경찰통제와 홍보

제1절 | 경찰통제

001 경찰통제의 유형이 가장 바르게 연결된 것은? 19. 경찰

□□□

① 내부통제: 청문감사관제도, 경찰위원회, 직무명령권

② 외부통제: 국민권익위원회, 소청심사위원회, 국민감사청구제도

③ 사전통제: 행정예고제, 상급기관의 하급기관에 대한 감독권

④ 사후통제: 사법부에 의한 사법심사, 국회의 입법권 · 예산심의권

정답 및 해설 | ②

① [×] 국가경찰위원회는 행정안전부 소속이므로 경찰 외부적 통제에 해당한다.

③ [×] 상급기관의 하급기관에 대한 감독권은 사후적 통제수단에 해당한다.

④ [×] 국회의 입법권 · 예산심의권은 사전적 통제수단에 해당한다.

002 다음 경찰의 통제유형 가운데 사후통제인 동시에 외부통제에 해당하는 것은 모두 몇 개인가?

□□□

㉠ 청문감사관제도	㉡ 국회의 예산심의권
㉢ 국회의 국정감사	㉣ 국가경찰위원회의 심의 · 의결
㉤ 법원의 사법심사	㉥ 감사원의 직무감찰

① 2개 ② 3개

③ 4개 ④ 5개

정답 및 해설 | ②

사후통제인 동시에 외부통제에 해당하는 것은 ㉢㉤㉥ 3개이다.

㉠ [×] 청문감사관제도는 사후통제이자 내부통제이다.

㉡ [×] 국회의 예산심의권은 사전통제이자 외부통제이다.

㉣ [×] 국가경찰위원회의 심의 · 의결은 사전통제이자 외부통제이다.

003 경찰통제의 유형에 대한 설명 중 옳은 것은? 20. 경찰간부

□□□

① 행정절차법, 국회에 의한 예산결산권은 사전통제에 해당한다.

② 경찰청의 감사관, 시 · 도경찰청의 청문감사담당관, 경찰서의 청문감사관은 외부적 통제에 해당한다.

③ 국가인권위원회의 통제는 행정통제로서 내부적 통제에 해당한다.

④ 행정안전부장관의 경찰청장과 국가경찰위원회의 위원의 임명제청권은 행정통제로서 외부통제에 해당한다.

정답 및 해설 | ④

① [×] 국회에 의한 예산결산권은 사전통제가 아니라 **사후통제**에 해당한다.

② [×] 경찰청의 감사관, 시 · 도경찰청의 청문감사담당관, 경찰서의 청문감사관은 **내부적 통제**에 해당한다.

③ [×] 국가인권위원회의 통제는 **행정부에 의한 외부적 통제**에 해당한다.

004 다음은 경찰의 사전통제와 사후통제, 내부통제와 외부통제를 구분 없이 나열한 것이다. 이 중 사전통제와 내부통제에 관한 것으로 올바르게 짝지어진 것은? 17. 경찰간부

□□□

〈사전통제와 사후통제〉

가. 행정절차법에 의한 청문
나. 국회의 입법권
다. 국회의 국정감사 · 조사권
라. 사법부에 의한 사법심사
마. 국회의 예산심의권

〈내부통제와 외부통제〉

㉠ 국가경찰위원회의 심의 · 의결
㉡ 감사원에 의한 직무감찰
㉢ 청문감사관제도
㉣ 경찰청장의 훈령권
㉤ 중앙행정심판위원회의 심리 · 재결

	사전통제	내부통제
①	가, 나	㉠, ㉢
②	나, 다	㉢, ㉣
③	라, 마	㉡, ㉤
④	나, 마	㉢, ㉣

정답 및 해설 | ④

가. 나. 마.는 **사전통제**이며, 다. 라.는 사후통제이다.

㉠㉡㉤은 외부통제이며, ㉢㉣은 **내부통제**이다.

005 경찰통제에 대한 설명으로 가장 적절하지 않은 것은? 20. 경찰

□□□

① 경찰위원회제도와 국민감사청구제도는 경찰행정에 대하여 국민들의 참여를 보장하는 민주적 통제장치이다.

② 경찰의 위법행위에 대한 국가배상판결이나 행정심판에 의한 통제는 사법통제이며, 국가인권위원회의 국민권익위원회에 의한 통제는 행정통제이다.

③ 상급기관이 갖는 훈령권 · 직무명령권은 하급기관의 위법이나 재량권 행사의 오류를 시정할 수 있는 내부적 통제장치이다.

④ 국회가 갖는 입법권과 예산심의권은 사전통제에 해당하나, 예산결산권과 국정감사조사권은 사후통제에 해당한다.

정답 및 해설 | ②

② [×] 경찰의 위법행위에 대한 국가배상판결은 사법통제이나, 행정심판에 의한 통제는 **행정심판위원회가 행하는 행정통제**이다.

006 경찰통제에 대한 설명으로 가장 적절하지 않은 것은? 20. 경찰승진 변형

□□□

① 18세 이상의 국민은 경찰을 비롯한 공공기관의 사무처리가 법령 위반 또는 부패행위로 인하여 공익을 현저히 해하는 경우 200인 이상의 연서로 감사원에 감사를 청구할 수 있다.

② 국가경찰위원회제도는 경찰의 주요 정책 등에 관하여 심의의결하는 권한을 가지고 있으므로 민주적 통제에 해당하고, 행정안전부 소속으로 외부적 통제에도 해당한다.

③ 청문감사관제도는 경찰 내부적 통제이다.

④ 행정절차법은 입법예고, 행정예고 등 행정에 대한 사전통제를 규정하고 있다.

정답 및 해설 | ①

① [×]

> 부패방지 및 국민권익위원회의 설치와 운영에 관한 법률 제72조【감사청구권】① 18세 이상의 국민은 공공기관의 사무처리가 법령 위반 또는 부패행위로 인하여 공익을 현저히 해하는 경우 대통령령으로 정하는 일정한 수(300명) 이상의 국민의 연서로 감사원에 감사를 청구할 수 있다. 다만, 국회 · 법원 · 헌법재판소 · 선거관리위원회 또는 감사원의 사무에 대하여는 국회의장 · 대법원장 · 헌법재판소장 · 중앙선거관리위원회 위원장 또는 감사원장(이하 '당해 기관의 장'이라 한다)에게 감사를 청구하여야 한다. 〈2022.7.5. 시행〉

007 경찰통제에 관한 설명으로 가장 적절하지 않은 것은? 22. 법학경채

□□□

① 상급기관의 하급기관에 대한 감독권은 사후통제이며, 국회의 입법권 · 예산심의권은 사전통제이다.

② 법원은 행정소송, 규칙심사를 통해 외부통제가 가능하다.

③ 경찰은 감사관 제도를 통해 내부통제를 하고 있다.

④ 경찰은 국가경찰위원회라는 내부통제 조직을 가짐으로써 민주적 통제의 기반을 마련하였다.

정답 및 해설 | ④

④ [×] 국가경찰위원회는 행정안전부에 속하는 경찰의 외부적 통제조직이며 민주적 통제의 기반이다.

008 경찰작용 및 경찰공무원을 통제하는 행정기관의 역할과 기능에 관한 설명 중 옳은 것을 모두 고른 것은?
□□□

22. 경찰

> ㉠ 행정심판위원회는 경찰관청의 위법한 처분 및 대통령의 부작위에 대해서 심리하여 침해된 국민의 권리를 구제하고 경찰행정의 적정한 운영을 도모한다.
> ㉡ 시 · 도자치경찰위원회는 자치경찰사무 담당 경찰공무원에 대한 징계를 요구할 수 있다.
> ㉢ 국민권익위원회는 누구든지 경찰공무원 등의 부패행위를 알게 된 때에는 무기명으로 신고할 수 있도록 하고 있다.
> ㉣ 인사혁신처에 소청심사위원회를 설치하여, 경찰공무원이 징계처분, 그 밖에 그 의사에 반하는 불리한 처분이나 부작위를 구제받을 수 있도록 하고 있다.
> ㉤ 국가인권위원회는 경찰기관 및 경찰공무원 등에 의한 인권침해행위 또는 차별행위에 대해 조사하고 구제할 수 있다.
> ㉥ 감사원은 국회 · 법원 및 헌법재판소를 포함한 모든 국가기관 및 그에 소속한 공무원의 사무를 감찰하여 비위를 적발하고 시정한다.

① ㉠, ㉢, ㉤
② ㉡, ㉣, ㉤
③ ㉡, ㉢, ㉣
④ ㉢, ㉣, ㉥

정답 및 해설 I ②

㉠ [×] 행정심판위원회는 대통령의 처분 · 부작위에 대해서는 심리할 수 없다(행정심판법 제3조 제2항).

㉢ [×] 누구든지 경찰공무원 등의 부패행위를 알게 된 때에는 국민권익위원회에 신고할 수 있지만, **본인의 인적사항과 신고취지 및 이유를 기재한 기명의 문서(무기명 ×)**로써 하여야 한다(부패방지 및 국민권익위원회의 설치와 운영에 관한 법률 제58조).

㉥ [×] 감사원은 국회 · 법원 및 헌법재판소를 **제외**한 모든 국가기관 및 그에 소속한 공무원의 사무를 감찰하여 비위를 적발하고 시정한다(감사원법 제24조 제3항).

009 다음 경찰통제의 유형 중 내부적 통제에 해당하는 것은 모두 몇 개인가?
□□□

23. 경찰

> ㉠ 청문감사인권관제도
> ㉡ 국민권익위원회
> ㉢ 국가경찰위원회
> ㉣ 소청심사위원회
> ㉤ 경찰청장의 훈령권
> ㉥ 국회의 입법권

① 2개
② 3개
③ 4개
④ 5개

정답 및 해설 I ①

㉠ 청문감사인권관제도, ㉤ 경찰청장의 훈령권 2개만이 경찰내부적 통제수단이다.

㉡ [×] 국민권익위원회는 국무총리 소속이다.

㉢ [×] 국가경찰위원회는 행정안전부 소속이다.

㉣ [×] 소청심사위원회는 인사혁신처 소속이다.

010 경찰통제의 유형 중 가장 적절하게 연결된 것은? 23. 경찰승진

□□□

① 민주적 통제 – 국가경찰위원회, 국민감사청구, 국가배상제도

② 사전통제 – 입법예고제, 국회의 예산심의권, 사법부의 사법심사

③ 외부통제 – 소청심사위원회, 행정소송, 훈령권

④ 사후통제 – 행정심판, 국정 감사 · 조사권, 국회의 예산결산권

정답 및 해설 I ④

① [×] **국가배상제도**는 민주적 통제가 아니라 **사법적 통제수단**에 해당한다.

② [×] **사법부의 사법심사**는 **사후적 통제수단**에 해당한다.

③ [×] **훈령권**의 발령권자는 상급 경찰행정기관이므로 **내부적 통제수단**에 해당한다.

011 경찰통제에 관한 설명 중 가장 적절하지 않은 것은? 22. 경찰

□□□

① 국회는 입법권과 예산심의권을 통해 경찰을 사전 통제할 수 있다.

② 부패방지 및 국민권익위원회의 설치와 운영에 관한 법률 및 동법 시행령에 따르면, 18세 이상의 국민은 경찰 등 공공기관의 사무처리가 법령위반 또는 부패행위로 인하여 공익을 현저히 해하는 경우, 100명 이상의 국민의 연서로 감사원에 감사를 청구할 수 있다.

③ 상급자의 하급자에 대한 직무명령권은 내부적 통제의 일환이다.

④ 경찰의 위법한 처분에 대한 행정소송제도는 사법통제로서 외부적 통제 장치이다.

정답 및 해설 I ②

② [×] 부패방지 및 국민권익위원회의 설치와 운영에 관한 법률 및 동법 시행령에 따르면, 18세 이상의 국민은 경찰 등 공공기관의 사무처리가 법령위반 또는 부패행위로 인하여 공익을 현저히 해하는 경우, **300명(100명 ×)** 이상의 국민의 연서로 감사원에 감사를 청구할 수 있다.

012 경찰 통제에 관한 설명으로 가장 적절한 것은? 23. 경채

□□□

① 대통령에 의한 통제, 감사원에 의한 통제, 국민권익위원회에 의한 통제, 중앙행정심판위원회에 의한 통제, 소청심사위원회에 의한 통제, 경찰청장에 대한 탄핵소추 의결권에 의한 통제는 외부통제로서 사법통제에 해당한다.

② 경찰서의 감찰 · 감사업무, 민원인의 고충 상담, 인권보호 상황을 확인 · 점검하는 감사관제(청문감사인권관)는 내부통제에 해당한다.

③ 국가경찰위원회는 심의 · 의결하는 권한을 가지고 있으므로 민주적 통제에 해당하고 내부통제에 해당된다.

④ 사법부에 의한 사법심사(행정소송) 및 국회에 의한 예산결산권, 국정감사권 · 조사권은 사전통제에 해당된다.

정답 및 해설 I ②

① [×] 대통령에 의한 통제, 감사원에 의한 통제, 국민권익위원회에 의한 통제, 중앙행정심판위원회에 의한 통제, 소청심사위원회에 의한 통제는 외부통제로서 행정(사법 ×)통제에 해당한다. 경찰청장에 대한 탄핵소추의결권에 의한 통제는 외부적 통제로서 국회에 의한 통제이다.

③ [×] 국가경찰위원회는 심의 · 의결하는 권한을 가지고 있으므로 민주적 통제에 해당하고 행정안전부에 소속되어 있으므로 외부통제(내부통제 ×)에 해당된다.

④ [×] 사법부에 의한 사법심사(행정소송) 및 국회에 의한 예산결산권, 국정감사권 · 조사권은 사후(사전 ×)통제에 해당된다.

013 공공기관의 정보공개에 대한 다음 설명 중 옳은 것은? 09. 경찰

□□□

① 모든 국민은 정보의 공개를 청구할 권리를 가진다. 그러나 외국인은 정보의 공개를 청구할 수 없다.

② 공공기관은 정보공개의 청구를 받으면 그 청구를 받은 날부터 20일 이내에 공개 여부를 결정하여야 한다.

③ 청구인이 정보공개와 관련한 공공기관의 비공개결정 또는 부분공개결정에 대하여 불복이 있거나 정보공개청구 후 20일이 경과하도록 정보공개결정이 없는 때에는 공공기관으로부터 정보공개 여부의 결정 통지를 받은 날 또는 정보공개청구 후 20일이 경과한 날부터 30일 이내에 해당 공공기관에 문서로 이의신청을 할 수 있다.

④ 공공기관은 공개청구된 공개대상정보의 전부 또는 일부가 제3자와 관련이 있다고 인정되는 때에는 그 사실을 제3자에게 지체 없이 통지하여야 하며, 그 사실을 통지받은 제3자는 통지받은 날부터 5일 이내에 해당 공공기관에 대하여 자신과 관련된 정보를 공개하지 않을 것을 요청할 수 있다.

정답 및 해설 I ③

① [×] 모든 국민은 정보의 공개를 청구할 권리를 가진다. 외국인의 정보공개청구에 관하여는 대통령령으로 정한다(공공기관의 정보공개에 관한 법률 제5조).

② [×] 공공기관은 정보공개의 청구를 받으면 그 청구를 받은 날부터 10일 이내에 공개 여부를 결정하여야 한다(공공기관의 정보공개에 관한 법률 제11조 제1항).

④ [×] 공공기관은 공개청구된 공개대상정보의 전부 또는 일부가 제3자와 관련이 있다고 인정되는 때에는 그 사실을 제3자에게 지체 없이 통지하여야 하며, 그 사실을 통지받은 제3자는 그 통지를 받은 날부터 3일 이내에 해당 공공기관에 대하여 자신과 관련된 정보를 공개하지 않을 것을 요청할 수 있다(공공기관의 정보공개에 관한 법률 제21조 제1항).

014 공공기관의 정보공개에 관한 법률상 '불복 구제절차'에 대한 내용으로 가장 적절하지 않은 것은?

□□□

18. 경찰승진

① 청구인이 정보공개와 관련한 공공기관의 비공개결정 또는 부분공개결정에 대하여 불복이 있거나 정보공개청구 후 20일이 경과하도록 정보공개결정이 없는 때에는 공공기관으로부터 정보공개 여부의 결정 통지를 받은 날 또는 정보공개청구 후 20일이 경과한 날부터 60일 이내에 해당 공공기관에 문서로 이의신청을 할 수 있다.

② 공공기관은 이의신청을 받은 날부터 7일 이내에 그 이의신청에 대하여 결정하고 그 결과를 청구인에게 지체 없이 문서로 통지하여야 한다. 다만, 부득이한 사유로 정하여진 기간 이내에 결정할 수 없을 때에는 그 기간이 끝나는 날의 다음 날부터 기산하여 7일의 범위에서 연장할 수 있으며, 연장사유를 청구인에게 통지하여야 한다.

③ 청구인이 정보공개와 관련한 공공기관의 결정에 대하여 불복이 있거나 정보공개청구 후 20일이 경과하도록 정보공개결정이 없는 때에는 행정심판법에서 정하는 바에 따라 행정심판을 청구할 수 있으며, 이 경우 이의신청절차를 거치지 아니하고 행정심판을 청구할 수 있다.

④ 청구인이 정보공개와 관련한 공공기관의 결정에 대하여 불복이 있거나 정보공개청구 후 20일이 경과하도록 정보공개결정이 없는 때에는 행정소송법에서 정하는 바에 따라 행정소송을 제기할 수 있다.

정답 및 해설 | ①

① [×] 청구인이 정보공개와 관련한 공공기관의 비공개결정 또는 부분공개결정에 대하여 불복이 있거나 정보공개청구 후 20일이 경과하도록 정보공개결정이 없는 때에는 공공기관으로부터 정보공개 여부의 결정 통지를 받은 날 또는 정보공개청구 후 20일이 경과한 날부터 **30일 이내**에 해당 공공기관에 문서로 이의신청을 할 수 있다(공공기관의 정보공개에 관한 법률 제18조 제1항).

015 정보공개제도에 관한 다음 설명 중 가장 적절하지 않은 것은?

11. 경찰 변형

□□□

① 공공기관은 정보공개의 청구를 받은 날부터 10일 이내에 공개 여부를 결정하여야 한다. 부득이한 사유로 규정된 기간 내에 공개 여부를 결정할 수 없을 때에는 그 기간의 만료일 다음 날부터 기산하여 10일의 범위 내에서 공개 여부 결정기간을 연장할 수 있다.

② 공공기관은 이의신청을 받은 날부터 7일 이내에 그 이의신청에 대하여 결정하고 그 결과를 청구인에게 지체 없이 문서로 통지하여야 한다. 다만, 부득이한 사유로 정하여진 기간 이내에 결정할 수 없을 때에는 그 기간이 끝나는 날의 다음 날부터 기산하여 7일의 범위에서 연장할 수 있으며, 연장사유를 청구인에게 통지하여야 한다.

③ 비공개결정에 대해 청구인은 이의신청 또는 행정심판을 청구할 수 있고, 직접 행정소송을 제기할 수 있다. 이때, 청구인이 행정심판을 청구하기 위해서는 반드시 이의신청절차를 거쳐야 한다.

④ 공공기관은 공개청구된 공개대상정보의 전부 또는 일부가 제3자와 관련이 있다고 인정되는 때에는 그 사실을 제3자에게 지체 없이 통지하여야 하며, 필요한 경우에는 그의 의견을 청취할 수 있다. 공개청구된 사실을 통지받은 제3자는 그 통지를 받은 날부터 3일 이내에 해당 공공기관에 대하여 자신과 관련된 정보를 공개하지 아니할 것을 요청할 수 있다.

정답 및 해설 | ③

③ [×] 비공개결정에 대해 청구인은 이의신청 또는 행정심판을 요구할 수 있고, 직접 행정소송을 제기할 수 있다. 이때, 청구인이 행정심판을 청구하기 위해서는 **이의신청절차를 거치지 아니하고 행정심판을 청구할 수 있다**(공공기관의 정보공개에 관한 법률 제19조 제2항).

016 공공기관의 정보공개에 관한 법률에 대한 설명 중 옳은 것은 모두 몇 개인가? 12. 경찰 변형

□□□

㉠ 모든 국민은 정보의 공개를 청구할 권리를 가지며, 외국인의 정보공개청구에 관하여는 대통령령으로 정한다.
㉡ 공공기관은 정보공개의 청구가 있는 때에는 청구를 받은 날부터 10일 이내에 공개 여부를 결정하여야 하고, 10일 이내의 범위에서 공개 여부 결정기간을 연장할 수 있으며, 정보공개를 청구한 날부터 30일 이내에 공공기관이 공개 여부를 결정하지 아니한 때에는 해당 기관에 대하여 이의신청을 할 수 있다.
㉢ 정보의 공개 및 우송 등에 소요되는 비용은 공공기관의 비용으로 부담한다.
㉣ 정보공개위원회는 성별을 고려하여 위원장 1명과 부위원장 2명을 포함한 11명의 위원으로 구성한다.
㉤ 정보공개위원회 위원의 임기는 2년으로 하되, 연임할 수 없다. 다만, 공무원인 위원의 임기는 그 직위에 재직하는 기간으로 한다.

① 1개 ② 2개
③ 3개 ④ 없음

정답 및 해설 | ①

옳은 설명은 ㉠ 1개이다.

㉡ [×] 공공기관은 정보공개의 청구가 있는 때에는 청구를 받은 날부터 10일 이내에 공개 여부를 결정하여야 하고, 10일 이내의 범위에서 공개 여부 결정기간을 연장할 수 있으며, 정보공개를 청구한 날부터 **20일 이내**에 공공기관이 공개 여부를 결정하지 아니한 때에는 해당 기관에 대하여 이의신청을 할 수 있다(공공기관의 정보공개에 관한 법률 제11조 제1항 · 제2항, 제18조 제1항).

㉢ [×] 정보의 공개 및 우송 등에 소요되는 비용은 실비의 범위 안에서 **청구인**의 부담으로 한다(공공기관의 정보공개에 관한 법률 제17조 제1항).

㉣ [×] 정보공개위원회는 성별을 고려하여 위원장과 **부위원장 각 1명**을 포함한 11명의 위원으로 구성한다(공공기관의 정보공개에 관한 법률 제23조 제1항).

㉤ [×] 정보공개위원장 및 부위원장 및 위원의 임기는 **2년**으로 하되, **연임할 수 있다**. 다만, 공무원인 위원의 임기는 그 직위에 재직하는 기간으로 한다(공공기관의 정보공개에 관한 법률 제23조 제3항).

017 공공기관의 정보공개에 관한 법률에 대한 설명으로 틀린 것은 모두 몇 개인가?

15. 경찰 변형

□□□

> ㉠ 공공기관이 보유·관리하는 정보는 국민의 알권리 보장 등을 위하여 이 법에서 정하는 바에 따라 적극적으로 공개하여야 한다.
>
> ㉡ 모든 국민은 정보의 공개를 청구할 권리를 가진다. 외국인의 정보공개청구에 관하여는 대통령령으로 정한다.
>
> ㉢ 청구인이 정보공개와 관련한 공공기관의 비공개결정 또는 부분공개결정에 대하여 불복이 있거나 정보공개 청구 후 20일이 경과하도록 정보공개결정이 없는 때에는 공공기관으로부터 정보공개 여부의 결정 통지를 받은 날 또는 정보공개청구 후 20일이 경과한 날부터 30일 이내에 해당 공공기관에 문서로 이의신청을 할 수 있다.
>
> ㉣ 정보공개위원회는 성별을 고려하여 위원장과 부위원장 각 1명을 포함한 7명의 위원으로 구성한다. 이 경우 위원장을 포함한 5명은 공무원이 아닌 사람으로 위촉할 수 있다.
>
> ㉤ 행정안전부장관은 정보공개위원회가 정보공개제도의 효율적 운영을 위하여 필요하다고 요청하면 공공기관(국회·법원·헌법재판소 및 중앙선거관리위원회를 포함한다)의 정보공개제도 운영실태를 평가할 수 있다.

① 1개　　② 2개

③ 3개　　④ 4개

정답 및 해설 I ②

틀린 설명은 ㉣㉤ 2개이다.

㉣ [×] 정보공개위원회는 성별을 고려하여 위원장과 부위원장 각 1명을 포함한 **11명**의 위원으로 구성한다. 이 경우 위원장을 포함한 **7명**은 공무원이 아닌 사람으로 위촉하여야 한다(공공기관의 정보공개에 관한 법률 제23조 제1항·제2항).

㉤ [×] 행정안전부장관은 위원회가 정보공개제도의 효율적 운영을 위하여 필요하다고 요청하면 공공기관(국회·법원·헌법재판소 및 중앙선거관리위원회는 **제외**한다)의 정보공개제도 운영실태를 평가할 수 있다(공공기관의 정보공개에 관한 법률 제24조 제2항).

018 공공기관의 정보공개에 관한 법률상 불복절차에 관한 다음 설명 중 가장 적절하지 않은 것은?

□□□

16. 경찰

① 공공기관은 이의신청을 받은 날부터 10일 이내에 그 이의신청에 대하여 결정하고 그 결과를 청구인에게 지체 없이 문서로 통지하여야 한다. 다만, 부득이한 사유로 정하여진 기간 이내에 결정할 수 없을 때에는 그 기간이 끝나는 날의 다음 날부터 기산하여 10일의 범위에서 연장할 수 있으며, 연장사유를 청구인에게 통지하여야 한다.

② 청구인이 정보공개와 관련한 공공기관의 결정에 대하여 불복이 있거나 정보공개청구 후 20일이 경과하도록 정보공개결정이 없는 때에는 행정심판법에서 정하는 바에 따라 행정심판을 청구할 수 있다.

③ 청구인은 이의신청절차를 거치지 아니하고 행정심판을 청구할 수 있다.

④ 청구인이 정보공개와 관련한 공공기관의 결정에 대하여 불복이 있거나 정보공개청구 후 20일이 경과하도록 정보공개결정이 없는 때에는 행정소송법에서 정하는 바에 따라 행정소송을 제기할 수 있다.

정답 및 해설 I ①

① [×] 공공기관은 이의신청을 받은 날부터 **7일** 이내에 그 이의신청에 대하여 결정하고 그 결과를 청구인에게 지체 없이 문서로 통지하여야 한다. 다만, 부득이한 사유로 정하여진 기간 이내에 결정할 수 없을 때에는 그 기간이 끝나는 날의 다음 날부터 기산하여 **7일**의 범위에서 연장할 수 있으며, 연장사유를 청구인에게 통지하여야 한다(공공기관의 정보공개에 관한 법률 제18조 제3항).

019 공공기관의 정보공개에 관한 법률에 대한 설명으로 가장 적절하지 않은 것은? 17. 경찰승진

□□□

① 모든 국민은 정보의 공개를 청구할 권리를 가지며, 외국인의 정보공개청구에 관하여는 대통령령으로 정한다.

② 정보의 공개를 청구하는 자는 해당 정보를 보유하거나 관리하고 있는 공공기관에 정보공개 청구서를 제출하거나 말로써 정보의 공개를 청구할 수 있다.

③ 정보의 공개 및 우송 등에 드는 비용은 실비의 범위에서 정보공개청구를 받은 행정청이 부담한다.

④ 청구인은 이의신청절차를 거치지 아니하고 행정심판을 청구할 수 있다.

정답 및 해설 I ③

③ [×] 공공기관의 정보공개에 관한 법률상 정보의 공개 및 우송 등에 드는 비용은 실비의 범위에서 정보공개청구를 한 **청구인**이 부담한다(공공기관의 정보공개에 관한 법률 제17조 제1항).

020 다음은 공공기관의 정보공개에 관한 법률상 이의신청에 대한 설명이다. ㉠부터 ㉤까지에 들어갈 숫자를 모두 합한 값은? 18. 경찰

□□□

> • 청구인이 정보공개와 관련한 공공기관의 비공개결정 또는 부분공개결정에 대하여 불복이 있거나 정보공개 청구 후 (㉠)일이 경과하도록 정보공개결정이 없는 때에는 공공기관으로부터 정보공개 여부의 결정 통지를 받은 날 또는 정보공개청구 후 (㉡)일이 경과한 날부터 (㉢)일 이내에 해당 공공기관에 문서로 이의신청을 할 수 있다.
> • 공공기관은 이의신청을 받은 날부터 (㉣)일 이내에 그 이의신청에 대하여 결정하고 그 결과를 청구인에게 지체 없이 문서로 통지하여야 한다. 다만, 부득이한 사유로 정하여진 기간 이내에 결정할 수 없을 때에는 그 기간이 끝나는 날의 다음 날부터 기산하여 (㉤)일의 범위에서 연장할 수 있으며, 연장사유를 청구인에게 통지하여야 한다.

① 84 ② 90

③ 94 ④ 100

정답 및 해설 I ①

① ㉠부터 ㉤까지의 숫자를 모두 합한 값은 20 + 20 + 30 + 7 + 7 = 84이다.

> • 청구인이 정보공개와 관련한 공공기관의 비공개결정 또는 부분공개결정에 대하여 불복이 있거나 정보공개청구 후 (㉠ 20)일이 경과하도록 정보공개결정이 없는 때에는 공공기관으로부터 정보공개 여부의 결정 통지를 받은 날 또는 정보공개청구 후 (㉡ 20)일이 경과한 날부터 (㉢ 30)일 이내에 해당 공공기관에 문서로 이의신청을 할 수 있다(공공기관의 정보공개에 관한 법률 제18조 제1항).
> • 공공기관은 이의신청을 받은 날부터 (㉣ 7)일 이내에 그 이의신청에 대하여 결정하고 그 결과를 청구인에게 지체 없이 문서로 통지하여야 한다. 다만, 부득이한 사유로 정하여진 기간 이내에 결정할 수 없을 때에는 그 기간이 끝나는 날의 다음 날부터 기산하여 (㉤ 7)일의 범위에서 연장할 수 있으며, 연장사유를 청구인에게 통지하여야 한다(공공기관의 정보공개에 관한 법률 제18조 제3항).

021 공공기관의 정보공개에 관한 법률에 대한 설명 중 가장 옳지 않은 것은?

□□□ 19. 경찰간부 변형

① 청구인은 공공기관으로부터 정보공개 여부의 결정 통지를 받은 날 또는 정보공개청구 후 20일이 경과한 날부터 30일 이내에 당해 공공기관에 문서로 이의신청을 할 수 있다.

② 공공기관은 이의신청을 받은 날부터 7일 이내에 그 이의신청에 대하여 결정하고 그 결과를 청구인에게 지체 없이 문서로 통지하여야 한다. 다만, 부득이한 사유로 정하여진 기간 이내에 결정할 수 없을 때에는 그 기간이 끝나는 날의 다음 날부터 기산하여 7일의 범위에서 연장할 수 있으며, 연장사유를 청구인에게 통지하여야 한다.

③ 공공기관은 공개청구된 공개대상정보의 전부 또는 일부가 제3자와 관련이 있다고 인정되는 때에는 그 사실을 제3자에게 지체 없이 통지하여야 하며, 필요한 경우에는 그의 의견을 청취할 수 있다. 공개청구된 사실을 통지받은 제3자는 통지받은 날부터 3일 이내에 해당 공공기관에 대하여 자신과 관련된 정보를 공개하지 아니할 것을 요청할 수 있다.

④ 정보공개위원회는 성별을 고려하여 위원장과 부위원장 각 1명을 포함한 7명의 위원으로 구성한다.

정답 및 해설 I ④

④ [×] 정보공개위원회는 성별을 고려하여 위원장과 부위원장 각 1명을 포함한 11명의 위원으로 구성한다(공공기관의 정보공개에 관한 법률 제23조 제1항).

022 공공기관의 정보공개에 관한 법률에 대한 설명으로 가장 적절한 것은?

□□□ 20. 경찰승진

① 정보의 공개를 청구하는 자는 해당 정보를 보유하거나 관리하고 있는 공공기관에 대하여 서면으로만 정보의 공개를 청구할 수 있다.

② 정보의 공개 및 우송 등에 드는 비용은 실비의 범위에서 정보공개청구를 받은 행정청이 부담한다.

③ 청구인이 정보공개와 관련한 공공기관의 결정에 대하여 불복하는 경우 이의신청절차를 거치지 않아도 행정심판을 청구할 수 있다.

④ 공공기관은 정보공개청구를 받으면 그 청구를 받은 날부터 7일 이내에 공개 여부를 결정하여야 한다.

정답 및 해설 | ③

① [×] 정보의 공개를 청구하는 자는 해당 정보를 보유하거나 관리하고 있는 공공기관에 대하여 정보공개청구서를 제출하거나 **말로써**(서면으로만 ×) 정보의 공개를 청구할 수 있다(공공기관의 정보공개에 관한 법률 제10조 제1항).

② [×] 정보의 공개 및 우송 등에 드는 비용은 실비의 범위에서 정보공개청구를 한 **청구인**이 부담한다(공공기관의 정보공개에 관한 법률 제17조 제1항).

④ [×] 공공기관은 정보공개청구를 받으면 그 청구를 받은 날부터 **10일** 이내에 공개 여부를 결정하여야 한다(공공기관의 정보공개에 관한 법률 제11조 제1항).

023 공공기관의 정보공개에 관한 법률상 정보공개의 절차에 관한 설명 중 가장 적절한 것은? 22. 경찰

□□□

① 정보의 공개를 청구하는 자는 해당 정보를 보유하거나 관리하고 있는 공공기관에 정보공개 청구서를 제출하여 정보의 공개를 청구할 수 있으나, 말로써 정보의 공개를 청구할 수 없다.

② 공공기관은 부득이한 사유로 공공기관의 정보공개에 관한 법률 제11조 제1항에 따른 기간 이내에 공개 여부를 결정할 수 없을 때에는 그 기간이 끝난 날부터 기산하여 10일의 범위에서 공개 여부 결정기간을 연장할 수 있다.

③ 공공기관은 전자적 형태로 보유 · 관리하는 정보에 대하여 청구인이 전자적 형태로 공개하여 줄 것을 요청하는 경우에는 그 정보의 성질상 현저히 곤란한 경우를 제외하고는 청구인의 요청에 따라야 한다.

④ 정보의 공개 및 우송 등에 드는 비용은 실비의 범위에서 공공기관이 부담한다.

정답 및 해설 | ③

① [×] 정보의 공개를 청구하는 자는 해당 정보를 보유하거나 관리하고 있는 공공기관에 정보공개 청구서를 제출하여 정보의 공개를 청구할 수 있고, **말로써 정보의 공개를 청구할 수 있다.**

② [×] 공공기관은 부득이한 사유로 공공기관의 정보공개에 관한 법률 제11조 제1항에 따른 기간 이내에 공개 여부를 결정할 수 없을 때에는 그 기간이 끝난 **다음** 날부터 기산하여 10일의 범위에서 공개 여부 결정기간을 연장할 수 있다.

④ [×] 정보의 공개 및 우송 등에 드는 비용은 실비의 범위에서 **청구인**이 부담한다.

024 공공기관의 정보공개에 관한 법률상 정보공개의 절차상 내용으로 가장 적절하지 않은 것은?

□□□

23. 경찰승진

① 공공기관은 비공개대상 정보에 해당하는 정보가 기간의 경과 등으로 인하여 비공개의 필요성이 없어진 경우에는 그 정보를 공개대상으로 하여야 한다.

② 정보의 공개를 청구하는 자는 해당 정보를 보유하거나 관리하고 있는 공공기관에 정보공개청구서를 제출하거나 말로써 정보의 공개를 청구할 수 있다.

③ 공공기관은 부득이한 사유로 정보공개의 청구를 받은 날부터 10일 이내에 공개 여부를 결정할 수 없을 때에는 그 기간이 끝나는 날부터 기산(起算)하여 10일의 범위에서 공개 여부결정기간을 연장할 수 있다. 이 경우 공공기관은 연장된 사실과 연장사유를 청구인에게 지체 없이 문서로 통지하여야 한다.

④ 청구인이 공개청구한 정보가 비공개대상 정보에 해당하는 부분과 공개 가능한 부분이 혼합되어 있는 경우 공개청구의 취지에 어긋나지 아니하는 범위에서 두 부분을 분리할 수 있는 경우에는 비공개 대상 정보에 해당하는 부분을 제외하고 공개하여야 한다.

정답 및 해설 I ③

③ [×] 공공기관은 부득이한 사유로 정보공개의 청구를 받은 날부터 10일 이내에 공개 여부를 결정할 수 없을 때에는 그 기간이 끝나는 날의 **다음 날부터** 기산(起算)하여 10일의 범위에서 공개 여부 결정기간을 연장할 수 있다. 이 경우 공공기관은 연장된 사실과 연장사유를 청구인에게 지체 없이 문서로 통지하여야 한다(동법 제11조 제2항).

025 공공기관의 정보공개에 관한 법률에 관한 설명으로 가장 적절하지 않은 것은? 23. 경찰

□□□

① 청구인은 이의신청 절차를 거치지 아니하고 행정심판을 청구 할 수 없다.

② "정보"란 공공기관이 직무상 작성 또는 취득하여 관리하고 있는 문서(전자문서를 포함한다) 및 전자매체를 비롯한 모든 형태의 매체 등에 기록된 사항을 말한다.

③ 공공기관은 부득이한 사유로 법 제11조 제1항에 따른 기간 이내에 공개 여부를 결정할 수 없을 때에는 그 기간이 끝나는 날의 다음 날부터 기산(起算)하여 10일의 범위에서 공개 여부 결정 기간을 연장할 수 있다. 이 경우 공공기관은 연장된 사실과 연장사유를 청구인에게 지체 없이 문서로 통지하여야 한다.

④ 공공기관은 청구인이 사본 또는 복제물의 교부를 원하는 경우에는 이를 교부하여야 한다.

정답 및 해설 I ①

① [×] 청구인은 이의신청 절차를 거치지 아니하고도 행정심판을 청구**할 수 있다**(동법 제19조 제2항).

026 경찰상 정보공개에 대한 설명으로 옳은 것은? (다툼이 있는 경우 판례에 의함) 22. 경찰간부

□□□

① 지방자치단체는 법률의 수권 없이 독자적으로 정보공개조례를 제정할 수 없다.

② 정보의 공개에 관하여 다른 법률에 특별한 규정이 있는 경우에도 공공기관의 정보공개에 관한 법률이 우선하여 적용된다.

③ 국가안전보장에 관련되는 정보의 정보목록의 작성 · 비치 및 공개에 대하여는 공공기관의 정보공개에 관한 법률을 적용한다.

④ 공공기관에 의하여 보유 · 관리되는 정보가 공개청구인이 구하는 대로 되어 있지 아니한 경우, 당해 정보가 전자적 정보로서 당해 기관에서 통상 사용되는 기술로 기초자료를 검색 · 편집할 수 있고 당해 기관의 컴퓨터 시스템 운용에 별다른 지장을 초래하는 것이 아니라도 공개청구의 대상이 될 수 없다.

정답 및 해설 I ③

① [×] 공공기관의 정보공개에 관한 법률에 따라 지방자치단체는 법률의 수권 없이 독자적으로 **법령의 범위에서** 정보공개조례를 제정할 수 있다.

② [×] 정보의 공개에 관하여 다른 법률에 특별한 규정이 있는 경우를 **제외하고는** 공공기관의 정보공개에 관한 법률이 적용된다.

④ [×] 공공기관에 의하여 보유 · 관리되는 정보가 공개청구인이 구하는 대로 되어 있지 아니한 경우, 당해 정보가 전자적 정보로서 당해 기관에서 통상 사용되는 기술로 기초자료를 검색 · 편집할 수 있고 당해 기관의 컴퓨터 시스템 운용에 별다른 지장을 초래하는 것이 아니라면 공개청구의 대상이 될 수 **있다**.

027 「공공기관의 정보공개에 관한 법률」상 정보공개에 대한 설명으로 옳지 않은 것은? (다툼이 있는 경우 판례에 의함) 23. 경찰간부

□□□

① 한국방송공사(KBS)는 정보공개의무가 있는 '공공기관'에 해당한다.

② 직무를 수행한 공무원의 성명 · 직위는 사생활의 비밀 또는 자유를 침해할 우려가 있다고 인정되는 정보이므로 비공개 대상 정보이다.

③ 공개청구의 대상이 되는 정보가 이미 인터넷 등을 통하여 공개되어 인터넷검색 등을 통하여 쉽게 알 수 있다는 사정만으로는 소의 이익이 없다거나 비공개결정이 정당화될 수 없다.

④ 공공기관이 공개청구의 대상이 된 정보를 공개는 하되, 청구인이 신청한 공개방법 이외의 방법으로 공개하기로 하는 결정을 하였다면, 이는 정보공개청구 중 정보공개방법에 관한 부분에 대하여 일부 거부처분을 한 것이다.

정답 및 해설 I ②

② [×] 직무를 수행한 공무원의 성명 · 직위는 사생활의 비밀 또는 자유를 침해할 우려가 있다고 인정되는 정보에 해당하지 않으므로 비공개 대상 정보로 볼 수 없다.

028 개인정보 보호법상 정의 및 개념에 관한 설명 중 가장 적절하지 않은 것은? 22. 경찰

□□□

① 살아 있는 개인에 관한 정보로서 해당 정보만으로는 특정 개인을 알아볼 수 없더라도 다른 정보와 쉽게 결합하여 알아볼 수 있는 정보를 '개인정보'라 한다.

② 개인정보의 일부를 삭제하거나 일부 또는 전부를 대체하는 등의 방법으로 추가 정보가 없이는 특정 개인을 알아볼 수 없도록 처리하는 것을 '가명처리'라 한다.

③ 정보처리 기술을 활용하여 기존의 다양한 정보를 가공해서 만들어 낸 새로운 정보에 관한 독점적 권리를 가지는 사람을 '정보주체'라 한다.

④ 일정한 공간에 지속적으로 설치되어 사람 또는 사물의 영상 등을 촬영하거나 이를 유 · 무선망을 통하여 전송하는 장치로서 네트워크 카메라와 같은 장치를 '영상정보처리기기'라 한다.

정답 및 해설 I ③

③ [×] **'정보주체'**란 처리되는 정보에 의하여 알아볼 수 있는 사람으로서 그 정보의 주체가 되는 사람을 말한다(동법 제2조 제3호).

029 「개인정보 보호법」에 관한 설명으로 가장 적절하지 않은 것은? 23. 경찰

□□□

① 살아 있는 개인에 관한 정보로서 성명, 주민등록번호 및 영상 등을 통하여 개인을 알아볼 수 있는 정보는 "개인정보"에 해당한다.

② "개인정보처리자"란 업무를 목적으로 개인정보파일을 운용하기 위하여 스스로 또는 다른 사람을 통하여 개인정보를 처리하는 공공기관, 법인, 단체 및 개인 등을 말한다.

③ 정보주체는 자신의 개인정보 처리와 관련하여 개인정보의 처리 정지 · 정정 · 삭제 및 파기를 요구할 권리를 가진다.

④ "익명처리"란 개인정보의 전부를 삭제하거나 일부를 대체하는 등의 방법으로 추가 정보가 없이는 특정 개인을 알아볼 수 없도록 처리하는 것을 말한다.

정답 및 해설 | ④

④ [×] "가명처리(익명처리 ×)"란 개인정보의 일부를 삭제하거나 일부 또는 전부를 대체하는 등의 방법으로 추가 정보가 없이는 특정 개인을 알아볼 수 없도록 처리하는 것을 말한다(동법 제2조 제1호의2).

030 「개인정보 보호법」상 개인정보에 대한 설명으로 옳지 않은 것은? (다툼이 있는 경우 판례에 의함) 23. 경찰간부

□□□

① 옥외집회 · 시위에 대한 경찰의 촬영행위에 의해 취득한 자료는 '개인정보'의 보호에 관한 일반법인 「개인정보 보호법」이 적용될 수 없다.

② 시장 · 군수 또는 구청장이 개인의 지문정보를 수집하고, 경찰청장이 이를 보관 · 전산화하여 범죄수사목적에 이용하는 것은 모두 개인정보자기결정권을 제한하는 것이다.

③ 개인정보자기결정권의 보호대상이 되는 개인정보는 반드시 개인의 내밀한 영역이나 사사(私事)의 영역에 속하는 정보에 국한되지 않고 공적 생활에서 형성되었거나 이미 공개된 정보까지 포함한다.

④ 자신의 개인정보를 열람한 정보주체는 개인정보처리자에게 그 개인정보의 정정 또는 삭제를 요구할 수 있지만 다른 법령에서 그 개인정보가 수집 대상으로 명시되어 있는 경우에는 그 삭제를 요구할 수 없다.

정답 및 해설 | ①

① [×] 경찰이 옥외집회 및 시위 현장을 촬영하여 수집한 자료의 보관 · 사용 등은 엄격하게 제한하여, 옥외집회 · 시위 참가자 등의 기본권 제한을 최소화해야 한다. 옥외집회 · 시위에 대한 경찰의 촬영행위에 의해 취득한 자료는 '개인정보'의 보호에 관한 일반법인 '개인정보 보호법'이 적용될 수 **있다**(헌재 2018.8.30, 2014헌마843).

031 경찰 감찰 규칙에 대한 설명으로 가장 적절하지 않은 것은? 16. 경찰

□□□

① 경찰기관장은 1년 이상 성실히 근무한 감찰관에 대해서는 희망부서를 고려하여 전보한다.

② 감찰관은 소속 경찰공무원 등의 의무위반사실에 대한 민원을 접수하였을 때에는 접수일로부터 2개월 내에 신속히 처리하여야 한다.

③ 감찰관은 심야(오후 10시부터 오전 6시까지를 말한다)에 조사를 하여서는 아니 된다. 다만, 사안에 따라 신속한 조사가 필요하고, 조사대상자로부터 심야조사 동의서를 받은 경우에는 심야에도 조사할 수 있다.

④ 감찰관은 상급 경찰기관장의 지시에 따라 일정기간 동안 소속 경찰기관이 아닌 다른 경찰기관의 소속 직원의 복무실태, 업무추진 실태 등을 점검할 수 있다.

정답 및 해설 | ③

③ [×] 감찰관은 심야(**자정부터** 오전 6시까지를 말한다)에 조사를 하여서는 아니 된다. 다만, 감찰관은 조사대상자 또는 그 변호인의 별지 제6호 서식에 의한 심야조사 요청이 있는 경우에는 예외적으로 심야조사를 할 수 있다. 이 경우 심야조사의 사유를 조서에 명확히 기재하여야 한다(경찰 감찰 규칙 제32조 제1항 · 제2항).

032 경찰 감찰 규칙에 대한 설명으로 가장 적절하지 않은 것은? 17. 경찰승진

□□□

① 경찰기관장은 1년 이상 성실히 근무한 감찰관에 대해서는 희망부서를 고려하여 전보한다.

② 감찰관은 상급경찰기관의 장의 지시에 따라 일정기간 동안 소속 경찰기관이 아닌 다른 경찰기관의 소속 직원의 복무실태, 업무추진 실태 등을 점검할 수 있다.

③ 감찰관은 다른 경찰기관 또는 검찰, 감사원 등 다른 행정기관으로부터 통보받은 소속 직원의 의무위반행위에 대해서는 통보받은 날로부터 1개월 이내에 신속히 처리하여야 한다.

④ 감찰관은 심야(자정부터 오전 6시까지를 말한다)에 조사를 하여서는 아니 된다. 다만, 사안에 따라 신속한 조사가 필요하고, 조사대상자로부터 심야조사 동의서를 받은 경우에는 심야에도 조사할 수 있다.

정답 및 해설 | ④

④ [×] '경찰 감찰 규칙'에 따르면 심야조사는 조사대상자 또는 그 변호인의 **심야조사 요청이 있는 경우에 한하여** 예외적으로 실시할 수 있다.

033 경찰청 훈령인 경찰 감찰 규칙에서 규정하고 있는 내용과 다른 것은 모두 몇 개 인가?

□□□ 14. 경찰승진

> ㉠ 감찰관은 상급 경찰기관장의 지시에 따라 일정기간 동안 소속 경찰기관이 아닌 다른 경찰기관의 소속 직원의 복무실태, 업무추진 실태 등을 점검하게 할 수 있다.
> ㉡ 감찰관은 소속 경찰공무원 등의 의무위반사실에 대한 민원을 접수하였을 때에는 접수일로부터 2개월 내에 신속히 처리하여야 한다. 다만, 부득이한 사유로 민원을 기한 내에 처리할 수 없을 때에는 소속 경찰기관의 감찰부서장에게 보고하여 그 처리기간을 연장할 수 있다.
> ㉢ 감찰관은 심야(자정부터 오전 6시까지를 말한다)에 조사를 하여서는 아니 된다. 다만, 사안에 따라 신속한 조사가 필요하고, 조사대상자로부터 심야조사 동의서를 받은 경우에는 심야에도 조사할 수 있다.
> ㉣ 감찰관은 다른 경찰기관 또는 검찰, 감사원 등 다른 행정기관으로부터 통보받은 소속 직원의 의무위반행위에 대해서는 통보받은 날로부터 1개월 이내에 신속히 처리하여야 한다.

① 없음　　② 1개
③ 2개　　④ 3개

정답 및 해설 | ②

틀린 설명은 ㉢ 1개이다.

㉢ [×] 감찰관은 심야(자정부터 오전 6시까지를 말한다)에 조사를 하여서는 아니 된다. 다만, 조사대상자 또는 그 변호인의 심야조사 요청이 있는 경우에 예외적으로 심야조사를 할 수 있다(경찰 감찰 규칙 제32조 제1항 · 제2항).

034 경찰 감찰 규칙에 대한 설명으로 가장 적절한 것은?

□□□ 17. 경찰

① 감찰관은 심야(오후 10시부터 오전 6시까지를 말한다)에 조사를 하여서는 아니 된다. 다만, 사안에 따라 신속한 조사가 필요하고, 조사대상자로부터 심야조사 동의서를 받은 경우에는 심야에도 조사할 수 있다.
② 감찰관은 소속 경찰기관의 관할 구역 안에서 활동하는 것을 원칙으로 한다. 다만, 상급 경찰기관의 장의 지시가 있는 경우에는 관할 구역 밖에서도 활동할 수 있다.
③ 감찰관은 검찰 · 경찰, 그 밖의 수사기관으로부터 수사개시 통보를 받은 경우에는 징계의결 요구권자의 결재를 받아 해당 기관으로부터 수사결과의 통보를 받을 때까지 감찰조사, 징계의결요구 등의 절차를 진행해야 한다.
④ 감찰관은 감찰조사를 실시하기 전에 조사대상자에게 의무위반행위 사실의 요지를 알릴 수 없지만 다른 감찰관의 참여를 요구할 수 있음은 고지하여야 한다.

정답 및 해설 | ②

① [×] 감찰관은 심야(자정부터 오전 6시까지를 말한다)에 조사를 하여서는 아니 된다. 다만, 조사대상자 또는 그 변호인의 심야조사 요청이 있는 경우에 예외적으로 심야조사를 할 수 있다(경찰 감찰 규칙 제32조 제1항 · 제2항).

③ [×] 감찰관은 검찰 · 경찰, 그 밖의 수사기관으로부터 수사개시 통보를 받은 경우에는 징계의결 요구권자의 결재를 받아 해당 기관으로부터 수사결과의 통보를 받을 때까지 감찰조사, 징계의결요구 등의 절차를 진행하지 아니할 수 있다(경찰 감찰 규칙 제36조 제2항).

④ [×] 감찰관은 감찰조사를 실시하기 전에 조사대상자에게 의무위반행위 사실의 요지를 알려야 한다(경찰 감찰 규칙 제29조 제1항).

035 경찰 감찰 규칙에 관한 설명으로 가장 적절하지 않은 것은? 16. 경찰승진

□□□

① 직무와 관련한 금품 및 향응 수수, 공금횡령 · 유용, 성폭력범죄의 처벌 및 피해자보호 등에 관한 법률에 따른 성폭력 범죄로 징계처분을 받은 사람은 말소기간의 경과 여부에 상관없이 감찰관이 될 수 없다.

② 감찰관은 직무수행에 있어서 조사를 위한 출석, 질문에 대한 답변 및 진술서 제출, 증거품 및 자료 제출, 현지조사의 협조 등을 요구할 수 있으며, 경찰공무원 등은 정당한 사유가 없는 한 그 요구에 응하여야 한다.

③ 감찰관은 반드시 소속 경찰기관의 관할 구역 안에서만 활동하여야 한다.

④ 경찰기관장은 1년 이상 성실히 근무한 감찰관에 대해서는 희망부서를 고려하여 전보한다.

정답 및 해설 I ③

③ [×] 감찰관은 소속 경찰기관의 관할 구역 안에서 활동하여야 한다. 다만, 상급 경찰기관의 장의 지시가 있는 경우에는 관할 구역 밖에서도 활동할 수 있다(경찰 감찰 규칙 제12조).

036 경찰 감찰 규칙에 대한 설명으로 가장 적절한 것은? 18. 경찰승진 변형

□□□

① 감찰관은 소속 경찰공무원 등의 의무위반사실에 대한 민원을 접수하였을 때에는 부득이한 사유로 민원을 기한 내에 처리할 수 없는 경우가 아닌 한 접수일로부터 2개월 내에 신속히 처리하여야 한다.

② 감찰관은 직무상 증거품 등 자료 제출, 현지조사의 협조 등을 요구할 수 있으며, 경찰공무원 등은 정당한 사유가 없더라도 감찰관의 요구에 응하지 않을 수 있다.

③ 감찰관은 감찰조사를 위해서 조사대상자의 출석을 요구할 때에는 조사기일 3일 전까지 출석요구서 또는 구두로 조사일시, 의무위반행위사실 요지 등을 통지하여야 한다. 다만, 사안이 급박한 경우에만 즉시 조사에 착수할 수 있다.

④ 감찰관의 의무위반행위 중 직무와 관련된 금품 및 향응 수수, 공금횡령 · 유용, 성폭력범죄에 한하여 경찰공무원 징계양정 등에 관한 규칙의 징계양정에 정한 기준보다 가중하여 징계조치한다.

정답 및 해설 I ①

② [×] 감찰관은 직무상 증거품 등 자료 제출, 현지조사의 협조 등을 요구할 수 있으며, 경찰공무원 등은 정당한 사유가 없는 한 이에 응하여야 한다(경찰 감찰 규칙 제17조 제1항 · 제2항).

③ [×] 감찰관은 사안이 급박한 경우 또는 조사대상자의 요청이 있는 경우에도 즉시 조사에 착수할 수 있다(경찰 감찰 규칙 제25조 제1항 단서).

④ [×] 감찰관의 의무위반행위 중 직무와 관련된 금품 및 향응 수수, 공금횡령 · 유용, 성폭력범죄에 한정되지 않고 감찰관의 모든 의무위반행위에 대해서는 경찰공무원 징계양정 등에 관한 규칙의 징계양정에 정한 기준보다 가중하여 징계조치한다(경찰 감찰 규칙 제40조 제2항).

037 경찰 감찰 규칙의 내용으로 가장 적절한 것은? 18. 경찰승진

□□□

① 경찰 감찰 규칙 제1조는 "경찰공무원 등의 공직기강 확립과 경찰행정의 효율성 확보를 위한 감찰에 필요한 사항을 규정함을 목적으로 한다."라고 명시하고 있다.

② 감찰관은 다른 경찰기관 또는 검찰, 감사원 등 다른 행정기관으로부터 통보받은 소속 직원의 의무위반행위에 대해서는 통보받은 날로부터 2개월 이내에 신속히 처리하여야 한다.

③ 경찰 감찰 규칙 제10조는 '특별감찰'에 대해 "감찰관은 상급 경찰기관장의 지시에 따라 일정기간 동안 소속 경찰기관이 아닌 다른 경찰기관의 소속 직원의 복무실태, 업무추진 실태 등을 점검할 수 있다."라고 규정하고 있다.

④ 감찰관은 경찰공무원 등의 의무위반행위에 관한 첩보, 진정 · 탄원 등이 있을 때, 그 사실을 확인한 후 의무위반혐의가 있다고 판단될 때에는 감찰업무 담당 부서장에게 보고하고 감찰조사에 착수하여야 한다.

정답 및 해설 | ④

① [×] 경찰 감찰 규칙 제1조는 "이 규칙은 경찰청 및 그 소속 기관에 소속하는 경찰공무원, 별정 · 일반직 공무원(무기계약 및 기간제 근로자를 포함한다), 의무경찰 등의 공직기강 확립과 경찰 행정의 **적정성 확보**를 위한 감찰에 필요한 사항을 규정함을 목적으로 한다."라고 명시하고 있다.

② [×] 감찰관은 다른 경찰기관 또는 검찰, 감사원 등 다른 행정기관으로부터 통보받은 소속 공무원의 의무위반행위에 대해서는 통보받은 날로부터 **1개월 이내**에 신속히 처리하여야 한다(경찰 감찰 규칙 제36조 제1항).

③ [×] 경찰 감찰 규칙 제14조는 '**교류감찰**'에 대해 "경찰기관의 장은 상급 경찰기관의 장의 지시에 따라 소속 감찰관으로 하여금 일정기간 동안 다른 경찰기관 소속 직원의 복무실태, 업무추진 실태 등을 점검하게 할 수 있다."라고 규정하고 있다.

038 경찰 감찰 규칙에 대한 설명으로 가장 적절한 것은? 18. 경찰승진

□□□

① 감찰관은 소속 경찰공무원 등의 의무위반사실에 대한 민원을 접수하였을 때에는 부득이한 사유로 민원을 기한 내에 처리할 수 없는 경우가 아닌 한 접수일로부터 2개월 내에 신속히 처리하여야 한다.

② 감찰관은 직무상 증거품 등 자료 제출, 현지조사의 협조 등을 요구할 수 있으며, 경찰공무원 등은 정당한 사유가 없더라도 감찰관의 요구에 응하지 않을 수 있다.

③ 감찰관은 감찰조사를 위해서 조사대상자의 출석을 요구할 때에는 조사기일 2일 전까지 출석요구서 또는 구두로 조사일시, 의무위반행위사실 요지 등을 통지하여야 한다. 다만, 사안이 급박한 경우에는 즉시 조사에 착수할 수 있다.

④ 감찰관의 의무위반행위 중 직무와 관련된 금품 및 향응 수수, 공금횡령 · 유용, 성폭력범죄에 한하여 경찰공무원 징계양정 등에 관한 규칙의 징계양정에 정한 기준보다 가중하여 징계조치한다.

정답 및 해설 | ①

② [×] 감찰관은 직무상 조사를 위한 출석, 질문에 대한 답변 및 진술서 제출, 증거품 등 자료 제출, 현지조사의 협조 등을 요구할 수 있으며, 소속공무원은 감찰관으로부터 요구를 받은 때에는 **정당한 사유가 없는 한 그 요구에 응하여야 한다**(경찰 감찰 규칙 제17조 제2항).

③ [×] 감찰관은 감찰조사를 위해서 조사대상자의 출석을 요구할 때에는 조사기일 3일 전까지 별지 제5호 서식의 출석요구서 또는 구두로 조사일시, 의무위반행위사실 요지 등을 통지하여야 한다. 다만, 사안이 급박한 경우 또는 조사대상자의 요청이 있는 경우에는 즉시 조사에 착수할 수 있다(경찰 감찰 규칙 제25조 제1항).

④ [×] 감찰관의 의무위반행위에 대해서는 경찰공무원 징계령 세부시행규칙의 징계양정에 정한 기준보다 가중하여 징계조치한다(경찰 감찰 규칙 제40조 제2항). 의무위반행위 중 직무와 관련된 금품 및 향응 수수, 공금횡령 · 유용, 성폭력범죄에 한하여 가중하여 징계조치하는 것이 아니라 **모든 의무위반행위에 대하여 가중하여 징계조치한다**.

039 경찰 감찰 규칙에 의한 감찰활동에 대한 설명으로 가장 적절하지 않은 것은? 19. 경찰승진 변형

□□□

① 감찰관은 상급 경찰기관장의 지시에 따라 일정기간 동안 소속 경찰기관이 아닌 다른 경찰기관의 소속 직원의 복무실태, 업무추진 실태 등을 점검할 수 있다.

② 감찰관은 감찰조사를 위해서 의무위반행위와 관련된 경찰공무원 등의 출석을 요구할 때에는 조사기일 3일 전까지 출석요구서 또는 구두로 조사일시, 의무위반행위사실 요지 등을 통지하여야 한다.

③ 감찰관은 경찰공무원 등의 의무위반행위에 관한 첩보, 진정 · 탄원 등이 있을 때 그 사실을 확인한 후 의무위반혐의가 있다고 판단될 때에는 감찰업무 담당 부서장에게 보고하고 감찰조사에 착수하여야 한다.

④ 감찰관은 검찰 · 경찰, 그 밖의 수사기관으로부터 수사개시 통보를 받은 경우에는 해당 기관으로부터 수사결과의 통보를 받을 때까지 감찰조사, 징계의결요구 등의 절차를 진행해서는 아니 된다.

정답 및 해설 | ④

④ [×] 감찰관은 검찰 · 경찰, 그 밖의 수사기관으로부터 수사개시 통보를 받은 경우에는 징계의결요구권자의 결재를 받아 해당 기관으로부터 수사결과의 통보를 받을 때까지 감찰조사, 징계의결요구 등의 절차를 진행하지 **아니할 수 있다**(경찰 감찰 규칙 제36조 제2항).

040 경찰 감찰 규칙에 대한 설명 중 가장 옳은 것은? 19. 경찰간부

□□□

① 감찰관은 감찰조사를 위해서 조사대상자의 출석을 요구할 때에는 조사기일 2일 전까지 출석요구서 또는 구두로 조사일시, 의무위반행위사실 요지 등을 통지하여야 한다. 다만, 사안이 급박한 경우에는 즉시 조사에 착수할 수 있다.

② 감찰관은 소속 경찰공무원 등의 의무위반사실에 대한 민원을 접수하였을 때에는 접수일로부터 1개월 내에 신속히 처리하여야 한다.

③ 감찰관은 다른 경찰기관 또는 검찰, 감사원 등 다른 행정기관으로부터 통보받은 소속 직원의 의무위반행위에 대해서는 통보받은 날로부터 2개월 이내에 신속히 처리하여야 한다.

④ 경찰기관장은 1년 이상 성실히 근무한 감찰관에 대해서는 희망부서를 고려하여 전보한다.

정답 및 해설 I ④

① [×] 감찰관은 감찰조사를 위해서 조사대상자의 출석을 요구할 때에는 조사기일 **3일** 전까지 출석요구서 또는 구두로 조사일시, 의무위반행위사실 요지 등을 통지하여야 한다. 다만, 사안이 급박한 경우에는 즉시 조사에 착수할 수 있다(경찰 감찰 규칙 제25조 제1항).

② [×] 감찰관은 소속 경찰공무원 등의 의무위반사실에 대한 민원을 접수하였을 때에는 접수일로부터 **2개월** 내에 신속히 처리하여야 한다(경찰 감찰 규칙 제35조 제1항).

③ [×] 감찰관은 다른 경찰기관 또는 검찰, 감사원 등 다른 행정기관으로부터 통보받은 소속 직원의 의무위반행위에 대해서는 통보받은 날로부터 **1개월 이내**에 신속히 처리하여야 한다(경찰 감찰 규칙 제36조 제1항).

041 경찰 감찰 규칙상 감찰활동에 대한 설명 중 가장 적절하지 않은 것은? 20. 경찰승진

□□□

① 감찰관은 직무상 조사를 위한 출석, 질문에 대한 답변 및 진술서 제출, 증거품 등 자료 제출, 현지조사의 협조를 요구할 수 있다.

② ①과 같은 요구를 받은 소속 공무원은 정당한 사유가 없는 한 그 요구에 응하여야 한다.

③ 감찰관은 다른 경찰기관 또는 검찰, 감사원 등 다른 행정기관으로부터 통보받은 소속 공무원은 의무위반행위에 대해서는 통보받은 날로부터 1개월 이내에 신속히 처리하여야 한다.

④ 감찰관은 심야(오후 10시부터 오전 6시까지를 말한다)에 조사를 하여서는 아니 된다.

정답 및 해설 I ④

④ [×] 감찰관은 심야(**자정부터** 오전 6시까지를 말한다)에 조사를 하여서는 아니 된다(경찰 감찰 규칙 제32조 제1항).

042 경찰 감찰 규칙상 감찰활동에 대한 설명으로 가장 적절하지 않은 것은? 22. 경찰간부

□□□

① 경찰기관의 장은 의무위반행위가 자주 발생하거나 그 발생가능성이 높다고 인정되는 시기, 업무분야 및 경찰관서 등에 대하여는 일정기간 동안 전반적인 조직관리 및 업무추진 실태 등을 집중 점검할 수 있다.

② 감찰관은 소속 공무원의 의무위반행위에 관한 단서(현장인지, 진정 · 탄원 등을 포함한다)를 수집 · 접수한 경우 소속 경찰기관의 장에게 보고하여야 한다.

③ 감찰관은 직무상 조사를 위한 출석, 질문에 대한 답변 및 진술서 제출, 증거품 등 자료 제출, 현지조사의 협조를 요구할 수 있다.

④ 경찰기관의 장은 상급 경찰기관의 장의 지시에 따라 소속 감찰관으로 하여금 일정기간 동안 다른 경찰기관 소속 직원의 복무실태, 업무추진 실태 등을 점검하게 할 수 있다.

정답 및 해설 | ②

② [×] 감찰관은 소속 공무원의 의무위반행위에 관한 단서(현장인지, 진정 · 탄원 등을 포함한다)를 수집 · 접수한 경우 소속 경찰기관의 감찰부서장에게 보고하여야 한다(경찰 감찰 규칙 제15조 제1항).

043 「경찰 감찰 규칙」에 관한 설명으로 가장 적절하지 않은 것은? 23. 경찰

□□□

① "감찰"이란 복무기강 확립과 경찰행정의 적정성을 확보하기 위해 경찰기관 또는 소속공무원의 제반업무와 활동 등을 조사 · 점검 · 확인하고 그 결과를 처리하는 감찰관의 직무활동을 말한다.

② 감찰부서장은 소속 감찰관에 대하여 감찰관 보직 후 3년마다 적격심사를 실시하여 인사에 반영하여야 한다.

③ 경찰기관의 장은 의무위반행위가 자주 발생하거나 그 발생 가능성이 높다고 인정되는 시기, 업무분야 및 경찰관서 등에 대하여는 일정기간 동안 전반적인 조직관리 및 업무추진 실태 등을 집중 점검할 수 있다.

④ 감찰관은 감찰관 본인이 의무위반행위로 인해 감찰대상의 된 때에는 당해 감찰직무(감찰조사 및 감찰업무에 대한 지휘를 포함한다)에서 제척된다.

정답 및 해설 | ②

② [×] 경찰기관의 장(감찰부서장 ×)은 소속 감찰관에 대하여 감찰관 보직 후 2(3 ×)년마다 적격심사를 실시하여 인사에 반영하여야 한다.

044 경찰 인권보호 규칙상에 대한 설명 중 가장 적절하지 않은 것은? 13. 경찰

□□□

① '경찰관 등'이란 경찰청과 그 소속 기관의 경찰공무원, 일반직공무원을 의미하며, 무기계약근로자 및 기간제근로자, 의무경찰은 해당하지 않는다.

② 경찰활동 전반에 걸친 민주적 통제를 구현하여 경찰력 오·남용을 예방하고, 경찰행정의 인권지향성을 높여 인권을 존중하는 경찰활동을 정립하기 위해 경찰청장 및 시·도경찰청장의 자문기구로서 각각 경찰청 인권위원회, 시·도경찰청 인권위원회(이하 '위원회'라 한다)를 설치하여 운영한다.

③ 위원회는 위원장 1명을 포함하여 7명 이상 13명 이하의 위원으로 구성한다. 이때, 특정 성별이 전체 위원 수의 10분의 6을 초과하지 아니해야 한다.

④ 위원장과 위촉위원의 임기는 위촉된 날로부터 2년으로 하며 위원장의 직은 연임할 수 없고, 위촉 위원은 두 차례만 연임할 수 있다.

정답 및 해설 | ①

① [×] '경찰관 등'이란 경찰청과 그 소속 기관의 경찰공무원, 일반직공무원, **무기계약근로자 및 기간제근로자, 의무경찰을 의미한다**(경찰 인권보호 규칙 제2조 제1호).

045 경찰 인권보호 규칙상 경찰청 및 시·도경찰청 인권위원회에 대한 설명으로 가장 적절한 것은? 18. 경찰

□□□

① 위원회는 위원장 1명을 포함하여 7명 이상 15명 이하의 위원으로 구성한다. 이때, 특정 성별이 전체 위원 수의 10분의 6을 초과하지 아니해야 한다.

② 위원회의 회의는 정기회의와 임시회의로 구분하며, 정기회의는 경찰청은 분기 1회, 시·도경찰청은 월 1회 개최한다.

③ 위원장과 위촉위원의 임기는 위촉된 날로부터 2년으로 하며 위원장의 직은 연임할 수 없고, 위촉 위원은 두 차례만 연임할 수 있다.

④ 위촉위원에 결원이 생긴 경우 새로 위촉할 수 있고, 이 경우 위촉된 위원의 임기는 위촉된 날의 다음 날부터 기산한다.

정답 및 해설 | ③

① [×] 위원회는 위원장 1명을 포함하여 7명 이상 **13명 이하**의 위원으로 구성한다. 이때, 특정 성별이 전체 위원 수의 10분의 6을 초과하지 아니해야 한다(경찰 인권보호 규칙 제5조 제1항).

② [×] 위원회의 회의는 정기회의와 임시회의로 구분하며, 정기회의는 경찰청은 **월 1회**, 시·도경찰청은 **분기 1회** 개최한다(경찰 인권보호 규칙 제11조 제1항·제2항).

④ [×] 위촉위원에 결원이 생긴 경우 새로 위촉할 수 있고, 이 경우 위촉된 위원의 임기는 **위촉된 날부터** 기산한다(경찰 인권보호 규칙 제7조 제2항).

046 경찰 인권보호 규칙에 대한 설명으로 옳지 않은 것은? 19. 경찰

□□□

① 경찰청 인권위원회는 위원장 1명을 포함하여 7명 이상 13명 이하의 위원으로 구성한다. 이때, 특정 성별이 전체 위원 수의 10분의 6을 초과하지 아니해야 한다.

② 위원장과 위촉 위원의 임기는 위촉된 날로부터 2년으로 하며 위촉 위원은 두 차례만 연임할 수 있다.

③ 경찰청장은 매년 인권교육종합계획을 수립하여 시행하여야 한다.

④ 경찰관서의 장은 경찰청 인권교육종합계획의 내용을 반영하여 매년 인권교육계획을 수립·시행하여야 한다.

정답 및 해설 I ③

③ [×] 경찰청장은 경찰관 등이 근무하는 동안 지속적·체계적으로 교육을 받을 수 있도록 **3년 단위**로 인권교육종합계획을 수립하여 시행하여야 한다(경찰 인권보호 규칙 제18조 제1항).

047 경찰 인권보호 규칙상 경찰청 및 시·도경찰청 인권위원회에 대한 설명 중 가장 적절하지 않은 것은? 20. 법학경채

□□□

① 경찰활동 전반에 걸친 민주적 통제를 구현하여 경찰력 오·남용을 예방하고, 경찰 행정의 인권지향성을 높여 인권을 존중하는 경찰활동을 정립하기 위해 경찰청장 및 시·도경찰청장의 심의의결기구로서 각각 경찰청 인권위원회, 시·도경찰청 인권위원회를 설치하여 운영한다.

② 경찰청 및 시·도경찰청 인권위원회는 위원장 1명을 포함하여 7명 이상 13명 이하의 위원으로 구성한다.

③ 위원장과 위촉위원의 임기는 위촉된 날로부터 2년으로 하며 위원장의 직은 연임할 수 없고, 위촉위원에 결원이 생긴 경우 새로 위촉할 수 있고, 이 경우 위촉된 위원의 임기는 위촉된 날부터 기산한다.

④ 경찰청장은 경찰관 등이 근무하는 동안 지속적·체계적으로 교육을 받을 수 있도록 3년 단위로 인권교육종합계획을 수립하여 시행하여야 한다

정답 및 해설 I ①

① [×] 경찰활동 전반에 걸친 민주적 통제를 구현하여 경찰력 오·남용을 예방하고, 경찰 행정의 인권지향성을 높여 인권을 존중하는 경찰활동을 정립하기 위해 경찰청장 및 시·도경찰청장의 **자문기구**로서 각각 경찰청 인권위원회, 시·도경찰청 인권위원회를 설치하여 운영한다(경찰 인권보호 규칙 제3조).

048 다음 중 경찰 인권보호 규칙상 경찰청 및 그 소속 기관의 장이 진정을 기각할 수 있는 경우로 가장 적절한 것은? 21. 경찰

□□□

① 진정인이 진정을 취소한 경우

② 사건 해결과 진상 규명에 핵심적인 중요 참고인의 소재를 알 수 없는 경우

③ 진정 내용이 사실이 아니거나 사실 여부를 확인하는 것이 불가능한 경우

④ 진정의 원인이 된 사실이 공소시효, 징계시효 및 민사상 시효 등이 모두 완성된 경우

정답 및 해설 I ③

③ [O] 기각사유에 해당한다.

①④ [×] 각하사유에 해당한다.

② [×] 중지사유에 해당한다.

☑ 진정의 결정 종류

진정의 각하	1. 진정 내용이 인권침해에 해당하지 아니하는 것이 명백한 경우 2. 진정 내용이 명백히 사실이 아니거나 이유가 없다고 인정되는 경우 3. 피해자가 아닌 사람이 한 진정으로서 피해자가 조사를 원하지 않는다는 의사표시를 명백하게 한 경우 4. 진정의 원인이 된 사실이 공소시효, 징계시효 및 민사상 시효 등이 모두 완성된 경우 5. 진정의 원인이 된 사실에 관하여 법원이나 헌법재판소의 재판, 수사기관의 수사 또는 그 밖에 법률에 따른 권리구제절차가 진행 중이거나 종결된 경우(기간의 경과 등 형식 요건을 제대로 갖추지 못하여 종결된 경우는 제외한다) 6. 진정이 익명(匿名)이나 가명(假名)으로 제출된 경우 7. 진정인이 진정을 취소한 경우 8. 기각 또는 각하된 진정과 동일한 내용으로 다시 진정한 경우 9. 진정 내용이 추상적이거나 관계자를 근거 없이 비방하는 등 업무를 방해할 의도로 진정한 것으로 판단되는 경우 10. 진정의 취지가 그 진정의 원인이 된 사실에 관한 법원의 확정 판결이나 헌법재판소의 결정에 반대되는 경우 11. 국가인권위원회에서 진정서의 내용과 같은 사실을 이미 조사 중이거나 조사한 사실이 확인된 경우(진정인의 진정 취소를 이유로 각하 처리된 사건은 제외한다)
진정의 기각	1. 진정 내용이 사실이 아니거나 사실 여부를 확인하는 것이 불가능한 경우 2. 진정 내용이 이미 피해회복이 이루어지는 등 따로 구제조치가 필요하지 아니하다고 인정되는 경우 3. 진정 내용은 사실이나 인권침해에 해당하지 아니하는 경우
진정의 중지	1. 진정인이나 피해자의 소재를 알 수 없는 경우 2. 사건 해결과 진상 규명에 핵심적인 중요 참고인의 소재를 알 수 없는 경우 3. 그 밖에 1. 또는 2.와 유사한 사정으로 더 이상 사건 조사를 진행할 수 없는 경우 4. 감사원의 조사, 경찰, 검사 등 수사기관에서 조사 또는 수사가 개시된 경우

049 경찰 인권보호 규칙에 관한 설명 중 가장 적절하지 않은 것은? 22. 경찰

□□□

① '인권침해'란 경찰관 등이 직무를 수행하는 과정에서 모든 사람에게 보장된 인권을 침해하는 것을 말한다.

② 경찰 활동 전반에 걸친 민주적 통제를 구현하여 경찰력 오·남용을 예방하고, 경찰 행정의 인권지향성을 높여 인권을 존중하는 경찰 활동을 정립하기 위해 시·도경찰청 인권위원회, 경찰서 인권위원회를 설치하여 운영한다.

③ 경찰청장은 경찰관 등이 근무하는 동안 지속적·체계적으로 교육을 받을 수 있도록 3년 단위로 인권교육 종합계획을 수립하여 시행하여야 한다.

④ 인권보호담당관은 인권침해를 예방하고 제도를 개선하기 위해 연 1회 이상 인권 관련 정책 이행 실태, 인권교육 추진 현황, 경찰청장과 소속 기관의 청사 및 부속 시설 전반의 인권침해적 요소의 존재 여부를 진단하여야 한다.

정답 및 해설 I ②

② [×] 경찰 활동 전반에 걸친 민주적 통제를 구현하여 경찰력 오·남용을 예방하고, 경찰 행정의 인권지향성을 높여 인권을 존중하는 경찰 활동을 정립하기 위해 **경찰청 인권위원회, 시·도경찰청 인권위원회(경찰서 인권위원회 ×)**를 설치하여 운영한다.

050 경찰활동의 인권지향성을 제고하기 위한 제도적 수단들로 옳은 것은? 20. 경찰간부

□□□

① 국가재정법에 따라 경찰은 예산을 편성할 때 예산이 인권에 미친 영향을 평가하는 보고서를 작성하여야 한다.

② 국가경찰과 자치경찰의 조직 및 운영에 관한 법률에 따라 인권보호와 관련된 국가경찰의 운영개선에 관한 사항은 국가경찰위원회의 심의·의결을 거칠 수 있다.

③ 경찰 인권보호 규칙에 따라 경찰청장은 인권침해를 예방하고 인권친화적인 치안 행정이 구현되도록 소정의 사항에 대하여 인권영향평가를 실시하여야 한다.

④ 국가인권위원회법에 따라 국가인권위원회는 인권의 보호와 향상을 위하여 필요하다고 인정하면 경찰정책과 관행을 개선 또는 시정할 수 있다.

정답 및 해설 | ③

① [×] 국가재정법에 따라 경찰이 예산을 편성할 때 예산이 인권에 미친 영향을 평가하는 보고서를 작성하여야 한다는 명문의 규정은 없다.

② [×] 국가경찰과 자치경찰의 조직 및 운영에 관한 법률에 따라 인권보호와 관련된 국가경찰의 운영개선에 관한 사항은 국가경찰위원회의 심의·의결을 거쳐야 한다.

④ [×] 국가인권위원회법에 따라 국가인권위원회는 인권의 보호와 향상을 위하여 필요하다고 인정하면 경찰정책과 관행을 개선 또는 시정을 권고하거나 의견을 제시할 수 있다.

051 경찰 인권보호 규칙에 대한 설명이다. 아래 ㉠부터 ㉣까지 설명 중 옳고 그름의 표시(○, ×)가 바르게 된 것은? 22. 경찰간부

□□□

> ㉠ 인권보호담당관은 분기별 1회 이상 인권영향평가의 이행 여부를 점검하고, 이를 경찰청 인권위원회에 제출하여야 한다.
>
> ㉡ 경찰청장은 경찰관 등이 근무하는 동안 지속적·체계적으로 교육을 받을 수 있도록 매년 단위로 인권교육종합계획을 수립하여 시행하여야 한다.
>
> ㉢ 경찰 활동 전반에 걸친 민주적 통제를 구현하여 경찰력 오·남용을 예방하고, 경찰 행정의 인권 지향성을 높여 인권을 존중하는 경찰 활동을 정립하기 위해 경찰청장 및 시·도경찰청장, 경찰서장의 자문기구로서 각각 경찰청 인권위원회, 시·도경찰청 인권위원회, 경찰서 인권위원회를 설치하여 운영한다.
>
> ㉣ 조사담당자는 사건을 조사하는 과정에서 동일한 사건에 대하여 경찰·검찰 등의 수사가 시작된 경우에는 사건 조사를 즉시 중단하고 종결하거나 해당 기관에 이첩할 수 없다. 다만, 확인된 인권침해 사실에 대한 구제절차는 계속하여 이행할 수 있다.

① ㉠ (○), ㉡ (×), ㉢ (○), ㉣ (×)
② ㉠ (×), ㉡ (×), ㉢ (○), ㉣ (○)
③ ㉠ (×), ㉡ (×), ㉢ (×), ㉣ (○)
④ ㉠ (×), ㉡ (×), ㉢ (×), ㉣ (×)

정답 및 해설 | ④

㉠ [×] 인권보호담당관은 **반기별** 1회 이상 인권영향평가의 이행 여부를 점검하고, 이를 경찰청 인권위원회에 제출하여야 한다.

㉡ [×] 경찰청장은 경찰관 등이 근무하는 동안 지속적 · 체계적으로 교육을 받을 수 있도록 **3년 단위**로 인권교육종합계획을 수립하여 시행하여야 한다.

㉢ [×] 경찰 활동 전반에 걸친 민주적 통제를 구현하여 경찰력 오 · 남용을 예방하고, 경찰 행정의 인권 지향성을 높여 인권을 존중하는 경찰 활동을 정립하기 위해 경찰청장 및 시 · 도경찰청장(**경찰서장 ×**)의 자문기구로서 각각 경찰청 인권위원회, 시 · 도경찰청 인권위원회(**경찰서 인권위원회 ×**)를 설치하여 운영한다.

㉣ [×] 조사담당자는 인권침해 사건을 조사하는 과정에서 경찰 · 검찰 등 수사기관에서 조사 또는 수사가 개시된 경우로 **사건 조사를 진행할 수 없는 경우에는 조사를 중지할 수 있다**. 다만, 확인된 인권침해 사실에 대한 구제절차는 계속하여 이행할 수 있다.

052 경찰 인권보호 규칙에 관한 설명으로 가장 적절하지 않은 것은?

□□□ 23. 경찰

① '경찰관 등'이란 경찰청과 그 소속 기관의 경찰공무원, 일반직공무원을 말한다(단, 무기계약근로자 및 기간제근로자, 의무경찰은 제외한다).

② 경찰활동 전반에 걸친 민주적 통제를 구현하여 경찰력 오 · 남용을 예방하고, 경찰행정의 인권지향성을 높여 인권을 존중하는 경찰활동을 정립하기 위해 경찰청장 및 시 · 도경찰청장의 자문 기구로서 각각 경찰청 인권위원회, 시 · 도경찰청 인권위원회를 설치하여 운영한다.

③ 경찰청장은 국민의 인권보호와 증진을 위하여 경찰 인권정책 기본계획을 5년마다 수립해야 한다.

④ 인권보호담당관은 인권침해를 예방하고 제도를 개선하기 위해 연 1회 이상 인권 관련 정책 이행 실태, 인권교육 추진 현황, 경찰청과 소속기관의 청사 및 부속 시설 전반의 인권침해적 요소의 존재 여부를 진단하여야 한다.

정답 및 해설 | ①

① [×] 이 규칙의 '경찰관 등'이란 경찰청과 그 소속기관의 경찰공무원, 일반직공무원, **무기계약근로자 및 기간제근로자, 의무경찰**을 의미한다(경찰 인권보호규칙 제2조 제1호)

053 경찰 인권보호 규칙상 인권침해사건 조사절차에 관한 설명으로 가장 적절하지 않은 것은?

□□□ 23. 경찰승진

① 조사담당자는 사건 조사 과정에서 진정인 · 피진정인 또는 참고인 등이 임의로 제출한 물건 중 사건 조사에 필요한 물건은 보관할 수 있다.

② 조사담당자는 제출받은 물건에 사건번호와 표제, 제출자 성명, 물건 번호, 보관자 성명 등을 적은 표지를 붙인 후 봉투에 넣거나 포장하여 안전하게 보관하여야 한다.

③ 진정인이 진정을 취소한 사건에서 진정인이 제출한 물건이 있는 경우에는 진정인이 요구하는 경우에 한하여 반환할 수 있다.

④ 조사담당자는 사건을 조사하는 과정에서 동일한 사건에 대하여 경찰 · 검찰 등의 수사가 시작된 경우에는 사건 조사를 중지할 수 있다. 다만, 확인된 인권침해 사실에 대한 구제 절차는 계속하여 이행할 수 있다.

정답 및 해설 | ③

③ [×] 진정인이 진정을 취소한 사건에서 진정인이 제출한 물건이 있는 경우에는 **진정인이 요구하지 않더라도** 반환할 수 있다(동 규칙 제32조 제4항).

054 「경찰 인권보호 규칙」상 경찰청 인권위원회에 대한 설명으로 가장 적절하지 않은 것은? 23. 경찰간부

□□□

① 위원회는 위원장 1명을 포함하여 7명 이상 13명 이하의 위원으로 구성한다. 이때, 특정 성별이 전체 위원 수의 10분의 6을 초과하지 아니해야 한다.

② 위원은 경찰의 직에 있거나 그 직에서 퇴직한 날부터 3년이 지나지 아니한 사람이 아니어야 한다.

③ 위원장과 위촉 위원의 임기는 위촉된 날로부터 3년으로 하며 위원장의 직은 연임할 수 없고, 위촉 위원은 두 차례만 연임할 수 있다.

④ 입건 전 조사·수사 중인 사건에 청탁 또는 경찰 인사에 관여하는 행위를 하거나 기타 직무 관련 비위사실이 있는 경우 청장은 위원회의 의견을 들어 위원을 해촉할 수 있다.

정답 및 해설 | ③

③ [×] 위원장과 위촉 위원의 임기는 위촉된 날로부터 2(3 ×)년으로 하며 위원장의 직은 연임할 수 없고, 위촉 위원은 두 차례만 연임할 수 있다(동 규칙 제7조 제1항).

055 경찰 인권보호 규칙상 경찰청 및 시·도경찰청 인권위원회에 관한 설명으로 가장 적절한 것은? 23. 경채

□□□

① 위원회는 위원장 1명을 포함하여 7명 이상 15명 이하의 위원으로 구성한다. 이때, 특정 성별이 전체위원 수의 10분의 6을 초과하지 아니해야 한다. 위원장은 위원회에서 호선(互選)하며, 위원은 당연직 위원과 위촉 위원으로 구분한다.

② 경찰청장은 위원회의 위원이 특별한 사유 없이 연속적으로 임시회의에 2회 불참 등 직무를 태만히 한 경우 직권으로 위원을 해촉할 수 있다.

③ 위촉위원 중 「공직선거법」에 따라 실시하는 선거에 의하여 취임한 공무원이거나 그 직에서 퇴직한 날부터 5년이 지나지 아니한 사람은 결격사유에 해당한다.

④ 위원회의 회의는 정기회의와 임시회의로 구분하며, 재적위원 과반수의 출석으로 개의(開議)하고, 출석위원 과반수의 찬성으로 의결한다.

정답 및 해설 I ④

① [×] 위원회는 위원장 1명을 포함하여 7명 이상 13(15 ×)명 이하의 위원으로 구성한다. 이때, 특정 성별이 전체위원 수의 10분의 6을 초과하지 아니해야 한다. 위원장은 위원회에서 호선(互選)하며, 위원은 당연직 위원과 위촉 위원으로 구분한다.

② [×] 시 · 도경찰청장은 위원회의 위원이 특별한 사유 없이 연속적으로 정기회의(임시회의 ×)에 3(2 ×)회 불참 등 직무를 태만히 한 경우 직권으로 위원을 해촉할 수 있다.

> 제8조 【위원의 해촉】 다음 각 호의 어느 하나에 해당하는 경우에는 청장은 위원회의 의견을 들어 위원을 해촉할 수 있다.
> 1. 입건 전 조사 · 수사 중인 사건에 청탁 또는 경찰 인사에 관여하는 행위를 하거나 기타 직무 관련 비위사실이 있는 경우
> 2. 위원회의 명예를 실추시키거나 위원으로서의 품위를 손상시키는 행위를 한 경우
> 3. 특별한 사유 없이 연속으로 정기회의에 3회 불참 등 직무를 태만히 한 경우
> 4. 위원 스스로 직무를 수행하는 것이 곤란하다고 의사를 밝힌 경우
> 5. 그 밖에 부득이한 사유로 업무를 수행할 수 없는 경우

③ [×] 위촉위원 중 「공직선거법」에 따라 실시하는 선거에 의하여 취임한 공무원이거나 그 직에서 퇴직한 날부터 3(5 ×)년이 지나지 아니한 사람은 결격사유에 해당한다.

056 □□□ 「경찰 인권보호 규칙」상 경찰청 및 시 · 도경찰청 인권위원회에 관한 설명으로 가장 적절한 것은?

23. 경찰

① 당연직 위원은 경찰청은 청문감사인권담당관, 시 · 도경찰청은 감사관으로 한다.

② 경찰청 인권위원회와 시 · 도경찰청 인권위원회 각각의 위원장과 위촉 위원의 임기는 위촉된 날로부터 2년으로 하며 위원장의 직은 연임할 수 없고, 위촉 위원은 세 차례만 연임할 수 있다.

③ 경찰청 인권위원회와 시 · 도경찰청 인권위원회의 정기회의는 각각 분기 1회 개최한다.

④ 경찰의 직에 있거나 그 직에서 퇴직한 날부터 3년이 지나지 아니한 사람은 경찰청 인권위원회나 시 · 도경찰청 인권위원회의 위촉 위원이 될 수 없다.

정답 및 해설 I ④

① [×] 당연직 위원은 경찰청은 감사관, 시 · 도경찰청은 청문감사인권담당관으로 한다.

② [×] 경찰청 인권위원회와 시 · 도경찰청 인권위원회 각각의 위원장과 위촉 위원의 임기는 위촉된 날로부터 2년으로 하며 위원장의 직은 연임할 수 없고, 위촉 위원은 두 차례(세 차례 ×)만 연임할 수 있다.

③ [×] 경찰청 인권위원회의 정기회는 월 1회, 시 · 도경찰청 인권위원회의 정기회의는 분기 1회 개최한다.

057 「경찰 인권보호 규칙」에 관한 설명으로 가장 적절하지 않은 것은? 24. 경찰승진

□□□

① 경찰청장은 국민의 인권보호와 증진을 위하여 경찰 인권정책 기본계획을 3년마다 수립해야 한다.

② 인권보호담당관은 반기 1회 이상 인권영향평가의 이행 여부를 점검하고, 이를 경찰청 인권위원회에 제출하여야 한다.

③ 경찰청 및 그 소속기관의 장은 진정의 원인이 된 사실이 공소시효, 징계시효 및 민사상 시효 등이 모두 완성된 경우에 그 진정을 각하할 수 있다.

④ 경찰 활동 전반에 걸친 민주적 통제를 구현하여 경찰력 오·남용을 예방하고, 경찰 행정의 인권지향성을 높여 인권을 존중하는 경찰 활동을 정립하기 위해 경찰청장 및 시·도경찰청장의 자문기구로서 각각 경찰청 인권위원회, 시·도경찰청 인권위원회를 설치하여 운영한다.

정답 및 해설 I ①

① [×] 경찰청장은 국민의 인권보호와 증진을 위하여 경찰 인권정책 기본계획을 5년마다 수립해야 한다(동규칙 제18조 제1항).

058 경찰청 감사 규칙 제10조(감사결과의 처리기준 등)에 대한 내용이다. ㉠부터 ㉢까지의 내용에 해당하는 조치를 나열한 것으로 가장 적절한 것은? 19. 경찰승진 변형

□□□

㉠ 감사결과 문제점이 인정되는 사실이 있어 그 대안을 제시하고 감사대상기관의 장 등으로 하여금 개선방안을 마련하도록 할 필요가 있는 경우
㉡ 감사결과 위법 또는 부당하다고 인정되는 사실이 있어 추징·회수·환급·추급 또는 원상복구 등이 필요하다고 인정되는 경우
㉢ 감사결과 위법 또는 부당하다고 인정되는 사실이 있으나 그 정도가 징계 또는 문책사유에 이르지 아니할 정도로 경미하거나, 감사대상기관 또는 부서에 대한 제재가 필요한 경우

	㉠	㉡	㉢
①	권고	시정 요구	경고·주의 요구
②	개선 요구	시정 요구	통보
③	권고	개선 요구	경고·주의 요구
④	개선 요구	권고	통보

정답 및 해설 I ①

① [○] ㉠ 권고, ㉡ 시정 요구, ㉢ 경고·주의 요구에 대한 설명이다.

059 경찰청 감사 규칙상 감사결과의 조치기준에 대한 설명으로 옳은 것을 모두 고른 것은?

□□□

20. 경찰승진 변형

> ㉠ 시정 요구 – 감사결과 법령상·제도상 또는 행정상 모순이 있거나 그 밖에 개선할 사항이 있다고 인정되는 경우
> ㉡ 권고 – 감사결과 문제점이 인정되는 사실이 있어 그 대안을 제시하고 감사대상기관의 장 등으로 하여금 개선방안을 마련하도록 할 필요가 있는 경우
> ㉢ 징계 또는 문책 요구 – 국가공무원법과 그 밖의 법령에 규정된 징계 또는 문책 사유에 해당하거나 정당한 사유 없이 자체감사를 거부하거나 자료의 제출을 게을리한 경우
> ㉣ 변상명령 – 감사결과 위법 또는 부당하다고 인정되는 사실이 있어 추징·회수·환급·추급 또는 원상복구 등이 필요하다고 인정되는 경우

① ㉠, ㉡ ② ㉡, ㉢
③ ㉠, ㉢ ④ ㉢, ㉣

정답 및 해설 | ②

옳은 설명은 ㉡㉢이다.

㉠ [×] **개선 요구**에 대한 설명이다.

㉣ [×] **시정 요구**에 대한 설명이다.

060 경찰청 감사 규칙상 감사결과의 처리기준에 관한 설명 중 옳은 것은 모두 몇 개인가? 22. 경찰

> ㉠ 변상명령: 감사결과 경미한 지적사항으로서 현지에서 즉시 시정·개선조치가 필요한 경우
> ㉡ 경고·주의 요구: 감사결과 위법 또는 부당하다고 인정되는 사실이 있으나 그 정도가 징계 또는 문책사유에 이르지 아니할 정도로 경미하거나, 감사대상기관 또는 부서에 대한 제재가 필요한 경우
> ㉢ 시정 요구: 감사결과 법령상·제도상 또는 행정상 모순이 있거나 그 밖에 개선할 사항이 있다고 인정되는 경우
> ㉣ 개선 요구: 감사결과 문제점이 인정되는 사실이 있어 그 대안을 제시하고 감사대상기관의 장 등으로 하여금 개선방안을 마련하도록 할 필요가 있는 경우

① 0개 ② 1개
③ 2개 ④ 3개

정답 및 해설 | ②

옳은 것은 ㉡ 1개이다.

㉠ **현지조치(변상명령 ×)**: 감사결과 경미한 지적사항으로서 현지에서 즉시 시정·개선조치가 필요한 경우

㉢ **개선 요구(시정 요구 ×)**: 감사결과 법령상·제도상 또는 행정상 모순이 있거나 그 밖에 개선할 사항이 있다고 인정되는 경우

㉣ **권고(개선 요구 ×)**: 감사결과 문제점이 인정되는 사실이 있어 그 대안을 제시하고 감사대상기관의 장 등으로 하여금 개선방안을 마련하도록 할 필요가 있는 경우

061 부패방지 및 국민권익위원회의 설치와 운영에 관한 법률에 대한 설명으로 옳지 않은 것은?
□□□

20. 경찰간부 변형

① 국민권익위원회는 신고가 접수된 부패행위의 혐의대상자가 경무관급 이상의 경찰공무원이고, 부패혐의의 내용이 형사처벌을 위한 수사 및 공소제기의 필요성이 있는 경우에는 위원회의 명의로 검찰, 수사처, 경찰 등 관할 수사기관에 고발할 수 있다.

② 조사기관은 신고를 이첩받은 날부터 60일 이내에 감사 · 수사 또는 조사를 종결하여야 한다. 다만, 정당한 사유가 있는 경우에는 그 기간을 연장할 수 있으며, 위원회에 그 연장사유 및 연장기간을 통보하여야 한다.

③ 부패행위를 신고하고자 하는 자는 신고자의 인적사항과 신고취지 및 이유를 기재한 기명의 문서로써 하여야 하며, 신고대상과 부패행위의 증거 등을 함께 제시하여야 한다.

④ 신고자가 신고의 내용이 허위라는 사실을 알았거나 알 수 있었음에도 불구하고 신고한 경우에는 부패방지 및 국민권익 위원회의 설치와 운영에 관한 법률의 보호를 받을 수 없다.

정답 및 해설 I ①

① [×] 국민권익위원회는 신고가 접수된 부패행위의 혐의대상자가 경무관급 이상의 경찰공무원이고, 부패혐의의 내용이 형사처벌을 위한 수사 및 공소제기의 필요성이 있는 경우에는 위원회의 명의로 검찰, 수사처, 경찰 등 관할 수사기관에 **고발을 하여야 한다**(부패방지 및 국민권익위원회의 설치와 운영에 관한 법률 제59조 제6항).

062 「부패방지 및 국민권익위원회의 설치와 운영에 관한 법률」상 부패행위 등의 신고에 대한 설명으로 가장 적절하지 않은 것은?
□□□

24. 경찰승진

① 신고를 하려는 자는 본인의 인적사항과 신고취지 및 이유를 기재한 기명의 문서로써 하여야 하며, 신고대상과 부패행위의 증거 등을 함께 제시하여야 한다.

② 국민권익위원회는 접수된 신고사항에 대하여 신고자를 상대로 신고대상자의 인적사항, 신고의 경위 및 취지 등 신고내용의 특정에 필요한 사항을 확인하여야 한다.

③ 공직자는 그 직무를 행함에 있어 다른 공직자가 부패행위를 한 사실을 알게 되었거나 부패행위를 강요 또는 제의받은 경우에는 지체 없이 이를 수사기관 · 감사원 또는 국민권익위원회에 신고하여야 한다.

④ 조사기관은 신고를 이첩 또는 송부받은 날부터 60일 이내에 감사 · 수사 또는 조사를 종결하여야 한다. 다만, 정당한 사유가 있는 경우에는 그 기간을 연장할 수 있으며, 국민권익위원회에 그 연장사유 및 연장기간을 통보하여야 한다.

정답 및 해설 I ②

② [×] 국민권익위원회는 접수된 신고사항에 대하여 신고자를 상대로 다음 각 호의 사항을 **확인할 수 있다**.

> 부패방지 및 국민권익위원회의 설치와 운영에 관한 법률 제59조 【신고내용의 확인 및 이첩 등】 ① 위원회는 접수된 신고사항에 대하여 신고자를 상대로 다음 각 호의 사항을 확인할 수 있다.
> 1. 신고자의 인적사항, 신고의 경위 및 취지 등 신고내용의 특정에 필요한 사항
> 2. 신고내용이 제29조 제2항 각 호의 어느 하나에 해당하는지의 여부에 관한 사항

063 경찰의 적극행정에 관한 내용 중 가장 적절하지 않은 것은? 23. 경찰승진

□□□

① 경찰청 적극행정 면책제도 운영규정상 자체감사를 받는 사람은 적극행정 면책요건에 해당된다 하더라도 자의적인 법 해석 및 집행으로 법령의 본질적인 사항을 위반한 경우 면책대상에서 제외된다.

② 공공감사에 관한 법률상 자체감사를 받는 사람이 불합리한 규제의 개선 등 공공의 이익을 위하여 업무를 적극적으로 처리한 결과에 대하여 그의 행위에 고의나 중대한 과실이 없는 경우에는 징계 요구 또는 문책 요구 등 책임을 묻지 아니한다.

③ 공무원 징계령 시행규칙상 징계위원회는 징계 등 혐의자와 비위 관련 직무 사이에 사적인 이해관계가 없었고 대상 업무를 처리하면서 중대한 절차상 하자가 없었을 경우 해당 비위가 고의 또는 중과실에 의하지 않은 것으로 추정한다.

④ 적극행정 운영규정상 '적극행정'이란, 공무원이 불합리한 규제를 개선하는 등 공공의 이익을 위해 창의성과 신속성을 바탕으로 적극적으로 업무를 처리하는 행위를 말한다.

정답 및 해설 | ④

④ [×] 적극행정 운영규정상 '적극행정'이란, 공무원이 불합리한 규제를 개선하는 등 공공의 이익을 위해 창의성과 전문성(신속성 ×)을 바탕으로 적극적으로 업무를 처리하는 행위를 말한다.

064 「경찰청 적극행정 면책제도 운영규정」에 대한 설명으로 가장 적절하지 않은 것은? 23. 경찰간부

□□□

① 적극행정이란 경찰청 및 그 소속기관의 공무원 또는 산하단체의 임·직원이 국가 또는 공공의 이익을 증진하기 위해 성실하고 능동적으로 업무를 처리하는 행위를 말한다.

② 면책이란 적극행정 과정에서 발생한 부분적인 절차상 하자 또는 비효율, 손실 등과 관련하여 그 업무를 처리한 경찰청 소속공무원 등에 대하여 「경찰청 감사규칙」 제10조 제1호부터 제3호까지 및 제6호와 「경찰공무원 징계령」에 따른 징계 및 징계부가금의 어느 하나에 해당하는 책임을 묻지 않거나 감면하는 것을 말한다.

③ 법령·행정규칙 등의 해석에 대한 이견 등으로 인하여 능동적인 업무처리가 곤란한 경우와 행정심판, 수사 중인 사안 등은 사전컨설팅 감사의 대상이다.

④ 사전컨설팅 감사란 불합리한 제도 등으로 인해 적극적인 업무수행이 어려운 경우, 해당 업무의 수행에 앞서 업무처리 방향등에 대하여 미리 감사의 의견을 듣고 이를 업무처리에 반영하여 적극행정을 추진하는 것을 말한다.

정답 및 해설 | ③

③ [×]

> 동규정 제15조 【사전컨설팅 감사의 대상】 ① 사전컨설팅 대상 기관등의 장은 다음 각 호의 어느 하나에 해당하는 업무를 수행하기 전에 감사관에게 사전컨설팅 감사를 신청할 수 있다.
> 1. 인가·허가·승인 등 규제관련 업무
> 2. 법령·행정규칙 등의 해석에 대한 이견 등으로 인하여 능동적인 업무처리가 곤란한 경우
> 3. 그 밖에 적극행정 추진을 위해 감사관이 필요하다고 인정하는 경우
>
> ② 행정심판, 소송, 수사 또는 타 기관에서 감사 중인 사항, 타 법령에서 정하고 있는 재심의 절차를 거친 사항 등은 사전컨설팅 감사 대상에서 제외한다.

065 「적극행정 운영규정」 및 「경찰청 적극행정 면책제도 운영규정」에 관한 설명으로 가장 적절하지 않은 것은?

□□□ 23. 경찰

① 「적극행정 운영규정」상 공무원이 적극행정을 추진한 결과에 대해 그의 행위에 고의 또는 중대한 과실이 없는 경우에는 징계 관련 법령에 따라 징계의결 또는 징계부가금 부과의결을 하지 않는다.

② 경찰청 적극행정 면책제도 운영규정에 의한 면책은 경찰청 및 그 소속기관의 공무원 또는 산하단체의 임·직원 등에게 적용된다.

③ 「경찰청 적극행정 면책제도 운영규정」 제5조 제1항 제3호의 요건을 적용하는 경우 자체감사를 받는 사람이 '대상 업무를 처리하면서 중대한 절차상의 하자가 없었을 것'과 '자체감사를 받는 사람과 대상 업무 사이에 사적인 이해관계가 없을 것'이라는 요건을 모두 갖추어 업무를 처리한 것으로 인정되는 경우에는 그 행위에 고의나 중대한 과실이 없는 경우에 해당하는 것으로 추정한다.

④ 「적극행정 운영규정」 제18조의3은 "누구든지 공무원의 소극행정을 국가인권위원회가 운영하는 소극행정 신고센터에 신고할 수 있다."고 규정하고 있다.

정답 및 해설 | ④

④ [×] 「적극행정 운영규정」 제18조의3은 "누구든지 공무원의 소극행정을 중앙행정기관의 장이나 국민권익위원회(국가인권위원회 ×)가 운영하는 소극행정 신고센터에 신고할 수 있다."고 규정하고 있다.

066 경찰의 적극행정에 관한 내용으로 옳은 것을 모두 고른 것은?

□□□ 24. 경찰승진

> ㉠ 국가인권위원회는 중앙행정기관 소속 공무원의 소극행정예방 및 근절을 위해 소극행정 신고센터를 운영하고, 중앙행정기관의 장에게 신고사항에 대해 적절한 조치를 하도록 권고할 수 있다.
> ㉡ 「경찰청 적극행정 면책제도 운영규정」상 '적극행정'이란 경찰청 및 그 소속기관의 공무원 또는 산하단체의 임·직원이 국가 또는 공공의 이익을 증진하기 위해 성실하고 능동적으로 업무를 처리하는 행위를 말한다.
> ㉢ 「적극행정 운영규정」상 '소극행정'이란 공무원이 부작위 또는 직무태만 등 소극적 업무행태로 국민의 권익을 침해하거나 국가 재정상 손실을 발생하게 하는 행위를 말한다.
> ㉣ '적당편의'는 법령이나 지침 등의 변화에도 불구하고 과거 규정에 따라 업무를 처리하거나, 기존의 불합리한 업무관행을 그대로 답습하는 형태를 말한다.

① ㉠, ㉡　　② ㉠, ㉣

③ ㉡, ㉢　　④ ㉢, ㉣

정답 및 해설 | ③

㉠ [×] 국민권익위원회(국가인권위원회 ×)는 중앙행정기관 소속 공무원의 소극행정예방 및 근절을 위해 소극행정 신고센터를 운영하고, 중앙행정기관의 장에게 신고사항에 대해 적절한 조치를 하도록 권고할 수 있다.

㉣ [×] '탁상행정(적당편의 ×)'는 법령이나 지침 등의 변화에도 불구하고 과거 규정에 따라 업무를 처리하거나, 기존의 불합리한 업무관행을 그대로 답습하는 형태를 말한다.

> 적극행정 운영규정 제18조의3【소극행정 신고】① 누구든지 공무원의 소극행정을 **소속 중앙행정기관의 장**이나 제3항에 따른 **소극행정 신고센터**에 신고할 수 있다.
> ② **중앙행정기관의 장**은 제1항에 따른 신고의 내용에 상당한 이유가 있다고 인정되는 경우에는 사실관계 확인을 위한 조사를 하여 신속한 업무처리를 하는 등 적절한 조치를 하고, 그 처리결과를 신고인에게 알려야 한다.
> ③ **국민권익위원회**는 중앙행정기관 소속 공무원의 소극행정 예방 및 근절을 위해 소극행정 신고센터를 운영하고, 중앙행정기관의 장에게 제1항에 따른 신고사항에 대해 적절한 조치를 하도록 권고할 수 있다.
> ④ 제3항에 따른 소극행정 신고센터의 운영과 신고사항의 처리 절차 등에 관한 세부 사항은 국민권익위원회가 정한다.

제2절 | 경찰홍보

067 다음 ( ) 안에 들어갈 인물을 바르게 나열한 것은?

18. 경찰승진

□□□

> 경찰과 대중매체의 관계를 '단란하고 행복스럽지 않더라도, 오래 지속되는 결혼생활'에 비유한 사람은 (㉠)이고, '경찰과 대중매체는 서로를 필요로 하기 때문에 둘 사이에는 공생관계가 발달한다.'고 주장한 사람은 (㉡)이다.

	㉠	㉡
①	Ericson	Crandon
②	Crandon	Sir. Robert Mark
③	Sir. Robert Mark	Ericson
④	Sir. Robert Mark	Crandon

정답 및 해설 | ④

④

> 경찰과 대중매체의 관계를 '단란하고 행복스럽지 않더라도, 오래 지속되는 결혼생활'에 비유한 사람은 (㉠ Sir. Robert Mark)이고, '경찰과 대중매체는 서로를 필요로 하기 때문에 둘 사이에는 공생관계가 발달한다.'고 주장한 사람은 (㉡ G. Crandon)이다.

068 경찰홍보와 관련하여 다음 (　　) 안에 들어갈 말을 나열한 것으로 가장 적절한 것은? 19. 경찰승진

□□□

> (㉠)는 신문 · 잡지 · TV 등의 보도기능에 대응하는 활동으로 대개 사건 · 사고에 대한 질의에 답하는 대응적이고 소극적인 홍보활동을 말하고, (㉡)는 주민을 소비자로 보는 관점으로 유료광고 · 캐릭터 활용 등의 방법이 있다.

	㉠	㉡
①	언론관계	지역공동체관계
②	언론관계	기업식 경찰홍보
③	대중매체관계	지역공동체관계
④	대중매체관계	기업식 경찰홍보

정답 및 해설 | ②

②
> (㉠ 언론관계)는 신문 · 잡지 · TV 등의 보도기능에 대응하는 활동으로 대개 사건 · 사고에 대한 질의에 답하는 대응적이고 소극적인 홍보활동을 말하고, (㉡ 기업식 경찰홍보)는 주민을 소비자로 보는 관점으로 유료광고 · 캐릭터 활용 등의 방법이 있다.

069 언론중재 및 피해구제 등에 관한 법률상 사실적 주장에 관한 언론보도 등이 진실하지 아니함으로 인하여 피해를 입은 자가 그 내용에 관한 정정보도를 청구할 수 있는 기간으로 가장 적절한 것은?

□□□

14. 경찰승진

① 보도가 있음을 안 날부터 15일 이내, 보도가 있은 후 1월 이내

② 보도가 있음을 안 날부터 1월 이내, 보도가 있은 후 2월 이내

③ 보도가 있음을 안 날부터 3월 이내, 보도가 있은 후 6월 이내

④ 보도가 있음을 안 날부터 6월 이내, 보도가 있은 후 1년 이내

정답 및 해설 | ③

③ [O] 피해를 입은 자는 해당 언론보도 등이 있음을 안 날부터 3개월 이내에, 언론보도가 있은 후 6개월 이내에 언론사 등에게 그 언론보도 등의 내용에 관한 정정보도 및 반론보도를 청구할 수 있다(언론중재 및 피해구제 등에 관한 법률 제14조 제1항).

070 언론중재 및 피해구제 등에 관한 법률상 언론중재위원회(이하 '중재위원회'라 한다)의 설치에 관한 내용으로 가장 적절하지 않은 것은? 16. 경찰

① 중재위원회는 40명 이상 90명 이내의 중재위원으로 구성한다.

② 중재위원회에 위원장 1명과 2명 이내의 부위원장 및 2명 이내의 감사를 두며, 각각 중재위원 중에서 호선한다.

③ 위원장, 부위원장, 감사 및 중재위원의 임기는 각각 2년으로 하며, 연임할 수 없다.

④ 중재위원회의 회의는 재적위원 과반수의 출석과 출석위원 과반수의 찬성으로 의결한다.

정답 및 해설 I ③

③ [×] 위원장, 부위원장, 감사 및 중재위원의 임기는 각각 3년으로 하며, 한 차례만 연임할 수 있다(언론중재 및 피해구제 등에 관한 법률 제7조 제5항).

071 언론중재 및 피해구제 등에 관한 법률상 언론중재위원회에 대한 내용으로 ㉠부터 ㉣에 들어갈 숫자를 모두 합한 값은? 18. 경찰

- 중재위원회는 (㉠)명 이상 (㉡)명 이내의 중재위원으로 구성한다.
- 중재위원회에 위원장 1명과 (㉢)명 이내의 부위원장 및 (㉣)명 이내의 감사를 두며, 각각 중재위원 중에서 호선한다.

① 124 ② 125

③ 134 ④ 135

정답 및 해설 I ③

③ ㉠부터 ㉣에 들어갈 숫자를 모두 합한 값은 40 + 90 + 2 + 2 = 134이다.

- 중재위원회는 (㉠ 40)명 이상 (㉡ 90)명 이내의 중재위원으로 구성한다(언론중재 및 피해구제 등에 관한 법률 제7조 제3항).
- 중재위원회에 위원장 1명과 (㉢ 2)명 이내의 부위원장 및 (㉣ 2)명 이내의 감사를 두며, 각각 중재위원 중에서 호선한다(언론중재 및 피해구제 등에 관한 법률 제7조 제4항).

072 □□□ 언론중재 및 피해구제 등에 관한 법률에 규정된 내용이다. 아래 ㉠부터 ㉥까지의 내용 중 옳지 않은 것을 모두 고른 것은? 17. 경찰

제15조 제2항 정정보도청구를 받은 언론사 등의 대표자는 ㉠ 7일 이내에 그 수용 여부에 대한 통지를 청구인에게 발송하여야 한다.

제15조 제4항 다음 각 호의 어느 하나에 해당하는 사유가 있는 경우에는 언론사 등은 정정보도청구를 거부할 수 있다.

1. ㉡ 피해자가 정정보도청구권을 행사할 정당한 이익이 없는 경우
2. ㉢ 청구된 정정보도의 내용이 명백히 사실인 경우
3. ㉣ 청구된 정정보도의 내용이 명백히 위법한 내용인 경우
4. ㉤ 정정보도의 청구가 상업적인 광고만을 목적으로 하는 경우
5. ㉥ 청구된 정정보도의 내용이 국가 · 지방자치단체 또는 공공단체의 비공개회의와 법원의 비공개재판절차의 사실보도에 관한 것인 경우

① ㉠, ㉢, ㉥
② ㉠, ㉣, ㉤
③ ㉡, ㉢, ㉤
④ ㉡, ㉣, ㉥

정답 및 해설 I ①

옳지 않은 설명은 ㉠㉢㉥이다.

언론중재 및 피해구제 등에 관한 법률 제15조【정정보도청구권의 행사】② 제1항의 청구를 받은 언론사 등의 대표자는 3일 이내에 그 수용 여부에 대한 통지를 청구인에게 발송하여야 한다.

④ 다음 각 호의 어느 하나에 해당하는 사유가 있는 경우에는 언론사 등은 정정보도청구를 거부할 수 있다.

1. 피해자가 정정보도청구권을 행사할 정당한 이익이 없는 경우
2. 청구된 정정보도의 내용이 **명백히 사실과 다른 경우**
3. 청구된 정정보도의 내용이 명백히 위법한 내용인 경우
4. 정정보도의 청구가 상업적인 광고만을 목적으로 하는 경우
5. 청구된 정정보도의 내용이 국가 · 지방자치단체 또는 공공단체의 **공개회의**와 법원의 **공개재판절차**의 사실보도에 관한 것인 경우

073 언론중재 및 피해구제 등에 관한 법률상 언론중재위원회에 대한 설명으로 가장 적절하지 않은 것은?

□□□

17. 경찰승진

① 언론 등의 보도 또는 매개로 인한 분쟁의 조정 · 중재 및 침해사항을 심의하기 위하여 언론중재위원회를 둔다.

② 언론중재위원회에 위원장 1명과 2명 이내의 부위원장 및 3명 이내의 감사를 두며, 각각 언론중재위원 중에서 호선한다.

③ 위원장 · 부위원장 · 감사 및 언론중재위원의 임기는 각각 3년으로 하며, 한 차례만 연임할 수 있다.

④ 언론중재위원회의 회의는 재적위원 과반수의 출석과 출석위원 과반수의 찬성으로 의결한다.

정답 및 해설 | ②

② [×] 언론중재위원회에 위원장 1명과 2명 이내의 부위원장 및 **2명 이내의 감사**를 두며, 각각 언론중재위원 중에서 호선한다(언론중재 및 피해구제 등에 관한 법률 제7조 제4항).

074 다음은 언론중재 및 피해구제 등에 관한 법률에 대한 내용이다. 괄호 안에 들어갈 숫자의 총합은?

□□□

17. 경찰간부 변형

- 사실적 주장에 관한 언론보도 등이 진실하지 아니함으로 인하여 피해를 입은 자는 해당 언론보도 등이 있음을 안 날로부터 ( )개월 이내, 해당 언론보도 등이 있은 후 ( )개월 이내에 정정보도를 청구할 수 있다.
- 정정보도청구를 받은 언론사 등의 대표자는 ( )일 이내에 그 수용 여부에 대한 통지를 청구인에게 발송하여야 한다.
- 언론사 등이 정정보도청구를 수용할 때에는 지체 없이 피해자 또는 그 대리인과 정정보도의 내용 · 크기 등에 관하여 협의한 후, 그 청구를 받은 날부터 ( )일 이내에 정정보도문을 방송하거나 게재하여야 한다.

① 18
② 19
③ 24
④ 25

정답 및 해설 | ②

② 괄호 안에 들어갈 숫자의 총합은 3 + 6 + 3 + 7 = 19이다.

- 사실적 주장에 관한 언론보도 등이 진실하지 아니함으로 인하여 피해를 입은 자는 해당 언론보도 등이 있음을 안 날로부터 (3)개월 이내, 해당 언론보도 등이 있은 후 (6)개월 이내에 정정보도를 청구할 수 있다(언론중재 및 피해구제 등에 관한 법률 제14조 제1항).
- 정정보도청구를 받은 언론사 등의 대표자는 (3)일 이내에 그 수용 여부에 대한 통지를 청구인에게 발송하여야 한다(언론중재 및 피해구제 등에 관한 법률 제15조 제2항).
- 언론사 등이 정정보도청구를 수용할 때에는 지체 없이 피해자 또는 그 대리인과 정정보도의 내용 · 크기 등에 관하여 협의한 후, 그 청구를 받은 날부터 (7)일 이내에 정정보도문을 방송하거나 게재하여야 한다(언론중재 및 피해구제 등에 관한 법률 제15조 제3항).

075 언론중재 및 피해구제 등에 관한 법률상 언론중재위원회에 대한 설명 중 가장 옳지 않은 것은?
□□□

19. 경찰간부

① 언론 등의 보도 또는 매개로 인한 분쟁의 조정 · 중재 및 침해사항을 심의하기 위하여 언론중재위원회(이하 '중재위원회'라 한다)를 둔다.

② 중재위원회는 40명 이상 90명 이내의 중재위원으로 구성하며, 중재위원은 문화체육관광부장관이 위촉한다.

③ 중재위원회에 위원장 1명과 2명 이내의 부위원장 및 2명 이내의 감사를 두며, 각각 중재위원 중에서 호선한다.

④ 위원장 · 부위원장 · 감사 및 중재위원의 임기는 각각 2년으로 하며, 한 차례만 연임할 수 있다.

정답 및 해설 I ④

④ [×] 위원장 · 부위원장 · 감사 및 중재위원의 임기는 각각 **3년**으로 하며, 한 차례만 연임할 수 있다(언론중재 및 피해구제 등에 관한 법률 제7조 제5항).

076 언론중재 및 피해구제 등에 관한 법률에 관한 설명으로 가장 적절하지 않은 것은? 19. 경찰
□□□

① 사실적 주장에 관한 언론보도 등이 진실하지 아니함으로 인하여 피해를 입은 자는 해당 언론보도 등이 있음을 안 날부터 6개월 이내에 그 내용에 관한 정정보도를 청구할 수 있다.

② 언론 등의 보도 또는 매개로 인한 분쟁의 조정 · 중재 및 침해사항을 심의하기 위하여 언론중재위원회를 둔다.

③ 정정보도는 해당 언론보도 등이 있은 후 6개월이 경과하면 청구할 수 없다.

④ 정정보도의 청구를 받은 언론사의 대표자는 3일 이내에 그 수용 여부에 대한 통지를 청구인에게 발송하여야 한다.

정답 및 해설 I ①

① [×] 사실적 주장에 관한 언론보도 등이 진실하지 아니함으로 피해를 입은 자는 해당 언론보도 등이 있음을 안 날부터 **3개월** 이내에 언론사 등에게 그 언론보도 등의 내용에 관한 정정보도를 청구할 수 있다(언론중재 및 피해구제 등에 관한 법률 제14조 제1항).

077 언론중재 및 피해구제 등에 관한 법률상 정정보도청구권에 대한 설명으로 가장 적절하지 않은 것은?
□□□

20. 경찰승진

① 사실적 주장에 관한 언론보도 등이 진실하지 아니함으로 인하여 피해를 입은 자는 해당 언론보도 등이 있음을 안 날부터 3개월 이내에 언론사 등에게 그 언론보도 등의 내용에 관한 정정보도를 청구할 수 있다. 다만, 해당 언론보도 등이 있은 후 6개월이 지났을 때에는 그러하지 아니하다.

② 정정보도청구는 언론사 등의 대표자에게 서면으로 하여야 하며, 청구서에는 피해자의 성명 · 주소 · 전화번호 등의 연락처를 적고, 정정의 대상인 언론보도 등의 내용 및 정정을 청구하는 이유와 청구하는 정정보도문을 명시하여야 한다.

③ 청구된 정정보도의 내용이 법원의 공개재판절차의 사실보도에 관한 것일 경우 언론사 등은 정정보도청구를 거부할 수 없다.

④ 이 법에 따른 정정보도청구 등과 관련하여 분쟁이 있는 경우 피해자 또는 언론사 등은 중재위원회에 조정을 신청할 수 있다.

정답 및 해설 I ③

③ [×] 청구된 정정보도의 내용이 법원의 공개재판절차의 사실보도에 관한 것일 경우 언론사 등은 정정보도청구를 거부할 수 있다(언론중재 및 피해구제 등에 관한 법률 제15조 제4항 제5호).

078 언론중재 및 피해구제 등에 관한 법률에 대한 설명 중 옳지 않은 것은 모두 고른 것은? 20. 경찰간부
□□□

㉠ 정정보도청구를 받은 언론사 등의 대표자는 3일 이내에 그 수용 여부에 대한 통지를 청구인에게 발송하여야 한다.
㉡ 피해자가 정정보도청구권을 행사할 정당한 이익이 없는 경우 언론사는 정정보도청구를 거부할 수 있다.
㉢ 청구된 정정보도의 내용이 명백히 사실과 다른 경우 언론사는 정정보도청구를 거부할 수 있다.
㉣ 청구된 정정보도의 내용이 명백히 위법한 내용인 경우 언론사는 정정보도청구를 거부할 수 있다.
㉤ 정정보도의 청구가 공익적인 광고만을 목적으로 하는 경우 언론사는 정정보도청구를 거부할 수 있다.
㉥ 청구된 정정보도의 내용이 국가 · 지방자치단체 또는 공공단체의 공개회의와 법원의 비공개재판절차의 사실보도에 관한 것인 경우 언론사는 정정보도청구를 거부할 수 있다.

① ㉠, ㉡, ㉤
② ㉡, ㉤, ㉥
③ ㉣, ㉥
④ ㉤, ㉥

정답 및 해설 I ④

옳지 않은 것은 ㉤㉥이다.

㉤ [×] 정정보도의 청구가 상업적인 광고만을 목적으로 하는 경우 언론사는 정정보도청구를 거부할 수 있다(언론중재 및 피해구제 등에 관한 법률 제15조 제4항 제4호).

㉥ [×] 청구된 정정보도의 내용이 국가 · 지방자치단체 또는 공공단체의 공개회의와 법원의 **공개재판절차**의 사실보도에 관한 것인 경우 언론사는 정정보도청구를 거부할 수 있다(언론중재 및 피해구제 등에 관한 법률 제15조 제4항 제5호).

079 경찰관이 언론사를 상대로 정정보도를 청구하려고 한다. 법률과 판례에 따를 때 옳지 않은 것은?
□□□

21. 경찰간부

① 사실적 주장에 관한 언론보도가 진실하지 아니함으로 피해를 입은 경우 해당 언론보도가 있음을 안 날부터 3개월 이내에 해당 언론사 대표에게 서면으로 그 언론보도 내용에 관한 정정보도를 청구할 수 있다.

② 사실적 주장이란 의견표명에 대치되는 개념으로서 사실적 주장과 의견표명이 혼재할 경우 양자를 구별할 때에는 해당 언론보도의 객관적인 내용과 아울러 해당 언론보도가 게재한 문맥의 보다 넓은 의미나 배경이 되는 사회적 흐름 및 시청자에게 주는 전체적인 인상도 함께 고려하여야 한다.

③ 복잡한 사실관계를 알기 쉽게 단순하게 만드는 과정에서 일부 특정한 사실관계를 압축 · 강조하거나 대중의 흥미를 끌기 위해 실제 사실관계에 장식을 가하는 과정에서 다소의 수사적 과정이 있더라도 전체적인 맥락에서 보아 보도 내용의 중요부분이 진실에 합치한다면 그 보도의 진실성은 인정된다.

④ 정정보도를 청구하는 경우에 그 언론사의 고의 · 과실이나 위법성을 필요로 하는 것은 아니며, 그 언론사는 언론보도가 진실하다는 것에 대한 증명책임을 부담한다.

정답 및 해설 I ④

④ [×] 언론보도의 진실성이란 그 내용 전체의 취지를 살펴볼 때에 중요한 부분이 객관적 사실과 합치되는 사실이라는 의미로서, 세부에서 진실과 약간 차이가 나거나 다소 과장된 표현이 있더라도 무방하고, 또한 복잡한 사실관계를 알기 쉽게 단순하게 만드는 과정에서 일부 특정한 사실관계를 압축 · 강조하거나 대중의 흥미를 끌기 위하여 실제 사실관계에 장식을 가하는 과정에서 다소의 수사적 과장이 있더라도 전체적인 맥락에서 보아 보도 내용의 중요부분이 진실에 합치한다면 그 보도의 진실성은 인정된다고 보아야 한다(대판 2007.9.6, 2007다2275 등 참조). 이러한 정정보도를 청구하는 경우에 그 언론보도 등이 진실하지 아니하다는 것에 대한 증명책임은 그 청구자인 피해자가 부담한다(대판 2017.10.26, 2015다56413).

080 언론중재 및 피해구제 등에 관한 법률에서 침해구제에 대한 설명으로 가장 적절하지 않은 것은?
□□□

21. 경찰

① 사실적 주장에 관한 언론보도 등이 진실하지 아니함으로 인하여 피해를 입은 자는 해당 언론보도 등이 있음을 안 날 부터 3개월 이내에 언론사, 인터넷뉴스서비스사업자 및 인터넷 멀티미디어 방송사업자에게 그 언론보도 등의 내용에 관한 정정보도를 청구할 수 있다. 다만, 해당 언론보도 등이 있은 후 6개월이 지났을 때에는 그러하지 아니하다.

② 언론중재 및 피해구제 등에 관한 법률에 따른 정정보도청구 등과 관련하여 분쟁이 있는 경우 피해자 또는 언론사 등은 중재위원회에 조정을 신청할 수 있다.

③ 당사자 양쪽은 정정보도청구 등 또는 손해배상의 분쟁에 관하여 중재부의 종국적 결정에 따르기로 합의하고 중재를 신청할 수 있다. 중재결정은 확정판결과 동일한 효력이 있다.

④ 사실적 주장에 관한 언론보도 등으로 인하여 피해를 입은 자는 그 보도 내용에 관한 반론보도를 언론사 등에 청구할 수 있다. 반론보도청구는 언론사 등의 고의 · 과실이나 위법성을 필요로 한다.

정답 및 해설 I ④

④ [×] 반론보도청구는 언론사 등의 고의 · 과실이나 위법성을 필요로 하지 않는다.

081 ☐☐☐ 언론중재 및 피해구제 등에 관한 법률에 관한 설명 중 가장 적절하지 않은 것은? 22. 경찰

① '정정보도'란 언론의 보도 내용의 전부 또는 일부가 진실하지 아니한 경우 이를 진실에 부합되게 고쳐서 보도하는 것을 말한다.

② 언론중재 및 피해구제 등에 관한 법률 제16조 제1항 · 제2항에 따르면, 사실적 주장에 관한 언론보도 등으로 인하여 피해를 입은 자는 그 보도 내용에 관한 반론보도를 언론사 등에 청구할 수 있고, 이러한 청구에는 언론사 등의 고의 · 과실이나 위법성을 필요로 하지 아니하며, 보도 내용의 진실 여부와 상관없이 그 청구를 할 수 있다.

③ 언론중재 및 피해구제 등에 관한 법률 제19조 제3항에 따르면, 제2항의 출석요구를 받은 신청인이 2회에 걸쳐 출석하지 아니한 경우에는 조정신청을 취하한 것으로 보며, 피신청 언론사 등이 2회에 걸쳐 출석하지 아니한 경우에는 조정신청 취지에 따라 정정보도 등을 이행하기로 합의한 것으로 본다.

④ 언론중재위원회는 40명 이상 90명 이내의 중재위원으로 구성하며, 위원장 1명과 2명 이내의 부위원장 및 2명 이내의 감사를 두는데, 위원장 · 부위원장 · 감사 및 중재위원의 임기는 각각 3년으로 하며, 연임할 수 없다.

정답 및 해설 | ④

④ [×] 언론중재위원회는 40명 이상 90명 이내의 중재위원으로 구성하며, 위원장 1명과 2명 이내의 부위원장 및 2명 이내의 감사를 두는데, 위원장 · 부위원장 · 감사 및 중재위원의 임기는 각각 3년으로 하며, **한 번만 연임할 수 있다.**

082 ☐☐☐ 언론중재 및 피해구제 등에 관한 법률에 대한 설명으로 가장 적절한 것은? 22. 경찰간부

① 피해자가 정정보도청구권을 행사할 정당한 이익이 없더라도 피해자 권리 보호를 위해 해당 언론사는 정정보도의 청구를 거부할 수 없다.

② 정정보도 청구를 받은 언론사 등의 대표자는 7일 이내에 그 수용 여부에 대한 통지를 청구인에게 발송하여야 한다.

③ 경찰관이 사실적 주장에 관한 언론보도가 진실하지 아니함으로 피해를 입은 경우 해당 언론보도가 있음을 안 날부터 3개월 이내에 해당 언론사 대표에게 서면으로 그 언론보도 내용에 관한 정정보도를 청구할 수 있다.

④ 청구된 정정보도의 내용이 국가 · 지방자치단체 또는 공공단체의 공개회의와 법원의 공개재판절차의 사실보도에 관한 것인 경우에는 언론사 등은 정정보도 청구를 거부할 수 없다.

정답 및 해설 | ③

① [×] 피해자가 정정보도청구권을 행사할 정당한 이익이 없다면 해당 언론사는 정정보도의 청구를 거부할 수 **있다**(동법 제15조 제4항).

② [×] 정정보도 청구를 받은 언론사 등의 대표자는 **3일** 이내에 그 수용 여부에 대한 통지를 청구인에게 발송하여야 한다(동법 제15조 제1항).

④ [×] 청구된 정정보도의 내용이 국가 · 지방자치단체 또는 공공단체의 공개회의와 법원의 공개재판절차의 사실보도에 관한 것인 경우에는 언론사 등은 정정보도 청구를 거부할 수 **있다**(동법 제15조 제4항).

083 언론중재 및 피해구제 등에 관한 법률에 관한 설명 중 가장 적절하지 않은 것은? 23. 경찰승진

□□□

① 언론중재위원회에 위원장 1명과 2명 이내의 부위원장 및 3명의 감사를 두며, 각각 언론중재위원 중에서 호선(互選)한다.

② 사실적 주장에 관한 언론보도 등이 진실하지 아니함으로 인하여 피해를 입은 자는 해당 언론보도 등이 있음을 안 날부터 3개월 이내에 언론사, 인터넷뉴스서비스사업자 및 인터넷 멀티미디어 방송사업자에게 그 언론보도 등의 내용에 관한 정정보도를 청구할 수 있다. 다만, 해당 언론보도 등이 있은 후 6개월이 지났을 때에는 그러하지 아니하다.

③ 언론중재위원회는 40명 이상 90명 이내의 중재위원으로 구성하며, 중재위원은 문화체육관광부장관이 위촉한다.

④ 피해자가 정정보도청구권을 행사할 정당한 이익이 없는 경우에는 언론사 등은 정정보도 청구를 거부할 수 있다.

정답 및 해설 I ①

① [×] 언론중재위원회에 위원장 1명과 2명 이내의 부위원장 및 **2명 이내**의 감사를 두며, 각각 언론중재위원 중에서 호선(互選)한다.

제5장 | 한국경찰의 역사와 외국경찰

제1절 | 갑오개혁 이전

001 갑오개혁 이전 조선시대 경찰제도에 대한 설명으로 옳지 않은 것은 모두 몇 개인가?

□□□

> ㉠ 의금부는 고려의 순군만호부를 개칭한 것으로 왕명을 받들고 국사범이나 왕족관련 범죄, 사형죄 등 중요한 특별범죄를 담당하였다.
> ㉡ 포도청은 우리나라 최초의 전문적 독립적 경찰기관으로 도적의 횡포를 막기 위해 만들어졌다.
> ㉢ 사헌부는 풍속경찰을 주관하고 민정을 살피어 정사(政事)에 반영하는 등 행정경찰업무도 담당하였다.
> ㉣ 초기의 암행어사는 정보경찰활동을 주로 수행했으며, 이후에는 지방관리에 대한 감찰이나 민생을 암암리에 조사하여 국왕에게 보고하는 등 주로 감독·감찰기관으로서의 업무도 동시에 수행하였다.
> ㉤ 형조는 법률, 형사처벌, 소송 등의 업무를 관장하였다.
> ㉥ 관비인 '다모'는 여성범죄나 양반가의 수색 등을 담당하였다.

① 0개　　② 1개
③ 2개　　④ 3개

정답 및 해설 | ①

㉠㉡㉢㉣㉤㉥ 모두 옳은 설명이다.

제2절 | 갑오개혁 이후

002 1894년 갑오경장 직후 추진되었던 경찰제 내용으로 가장 적절한 것은? 09. 경찰

□□□

① 좌우포도청을 통합한 경무청의 장으로 경무관을 두었다.
② 경무청은 최초에 내무아문 소속으로 결정되었으나, 곧 법무아문 소속으로 변경되었다.
③ 우리나라 최초의 경찰작용법이라 할 수 있는 경부관제가 제정되었다.
④ 경무청은 경찰사무, 감옥사무, 소방사무 등을 담당하였다.

정답 및 해설 | ④

① [×] 좌우포도청을 통합하여 새로 만들어진 경무청의 장으로 '**경무사**'를 두었다. 경무관은 한성부의 오부자내에 설치된 경찰지서의 장이다.
② [×] 일본 각의에 의해 경찰 창설을 요구받고 처음에는 경찰을 법무아문 소속으로 창설할 것을 정하였다가 실제 창설시에는 **내무아문 소속으로 변경**하였다.
③ [×] 우리나라 최초의 경찰작용법이라 할 수 있는 것은 '**행정경찰장정**'이다. 1900년 경부관제에 의하여 경찰을 내부에서 독립시켜 내부와 동등한 중앙관청인 경부를 설치하였다.

003 갑오개혁 및 광무개혁 당시 경찰제도에 관한 설명 중 가장 옳지 않은 것은? 11. 경찰간부

□□□

① 1894년 제정된 경무청관제직장은 한국경찰 최초의 경찰조직법이라고 할 수 있다.

② 1894년 제정된 행정경찰장정은 한국경찰 최초의 경찰작용법이라고 할 수 있다.

③ 갑오개혁 직후 경찰사무는 위생 · 소방 · 감옥사무를 포함하여 그 직무 범위가 광범위하였다.

④ 광무개혁 당시인 1902년에 독립된 중앙관청으로서 경부가 설치되었다.

정답 및 해설 I ④

④ [×] 광무개혁(1897년) 이후 독립된 중앙관청으로서 1900년 **경부관제**에 의하여 경찰을 내부에서 독립시켜 내부와 동등한 중앙관청인 **경부**를 **설치**하였다.

004 갑오개혁 및 광무개혁 당시 경찰제도에 관한 설명 중 가장 적절하지 않은 것은? 14. 경찰승진

□□□

① 1894년에 제정된 '경무청관제직장'은 한국경찰 최초의 경찰조직법이라 할 수 있다.

② 일본의 행정경찰규칙(1875년)과 위경죄즉결례(1885년)를 혼합하여 만든 '행정경찰장정'에서 영업 · 시장 · 회사 및 소방 · 위생, 결사 · 집회, 신문잡지 · 도서 등 광범위한 영역의 사무가 포함되었다.

③ 광무개혁에 따라 1900년 중앙관청으로서 경부(警部)가 한성 및 개항시장의 경찰업무와 감옥사무를 통할하였다.

④ 1894년 갑오개혁 이후 한성부에 종전의 좌우포도청을 합하여 경무청을 창설하였는데 초기에는 외무아문 소속이었다.

정답 및 해설 I ④

④ [×] 1894년 갑오개혁 이후 한성부에 종전의 좌우포도청을 폐지하고 경무청을 창설하였는데 초기에는 **법무아문** 소속이었다가 창설 당시에는 내무아문 소속이었다.

005 다음 중 1900년대의 경부경찰체제에 대한 설명으로 잘못된 것은? 08. 경찰

□□□

① 경부는 한성 및 각 개항시장의 경찰업무와 감옥사무를 통할하는 조직으로서 이로 하여금 국내 일체의 경찰 사무를 관리하도록 하였다.

② 지방에는 총순을 두어 관찰사를 보좌토록 하는 이원적인 체제로 운영하였다.

③ 경찰이 내부직할에서 중앙관청인 경부로 독립했다는 점에서 큰 의미가 있다.

④ 경부경찰제는 1905년 을사보호조약까지 지속되었다.

정답 및 해설 I ④

④ [×] 경부경찰제는 약 1년간 존속하다가 **1902년 신 경무청 체제**로 **전환**되었다.

006 □□□ 갑오개혁부터 한일합병 이전 한국경찰의 역사에 대한 설명으로 가장 적절하지 않은 것은?

14. 경찰승진

① '경무청관제직장'에 의해 당시의 좌우포도청을 합하여 경무청을 신설하였다.

② 한성과 부산간의 군용전신선의 보호를 명목으로 일본의 헌병대가 주둔하게 되었다.

③ 경찰조직법 · 경찰작용법적 근거 마련으로 외형상 근대국가적 경찰체제가 갖추어졌다고 볼 수 있으나, 일본 경찰체제 이식을 통한 지배전략의 일환이라는 한계를 가졌다.

④ 경찰의 임무영역에서 위생경찰, 영업경찰 등이 제외되었다.

정답 및 해설 I ④

④ [×] 갑오개혁 이후 근대적 경찰제도는 경찰업무와 일반 행정업무가 완전히 분화되지 못하여 위생경찰이나 영업경찰업무도 포괄적으로 경찰기관이 담당하였다.

007 □□□ 보기의 설명은 갑오개혁(1894) 이후 한일합방 이전의 경찰변천사에 대한 내용이다. 시대 순으로 가장 적절하게 나열한 것은?

12. 경찰승진

㉠ 경무청관제직장에 의해 당시의 좌우포도청을 합하여 경무청을 신설하고, 내무아문에 예속되어 한성부 내 일체의 경찰사무를 관장하였다. ㉡ 경부가 한성 및 개항시장의 경찰업무와 감옥사무를 통할하게 되었는데 궁내경찰서와 한성부 내 5개 경찰서, 3개 분서를 두고, 이를 지휘하는 경무감독소를 두며, 한성부 이외의 각 관찰부에 총순 등을 둘 것을 정하였다. ㉢ 통감부에 의한 통감정치가 시작되면서, 경무청을 한성부 내의 경찰로 축소시키는 한편 통감부 산하에 별도의 경찰조직을 설립, 직접 지휘하였다. ㉣ '내부관제'의 제정을 통해 내부대신의 경찰에 대한 지휘감독권이 정비되었으며, '지방경찰규칙'이 제정되어 지방경찰의 작용법적 근거가 마련되었다.

① ㉠ - ㉣ - ㉡ - ㉢
② ㉣ - ㉠ - ㉡ - ㉢
③ ㉠ - ㉡ - ㉣ - ㉢
④ ㉠ - ㉡ - ㉢ - ㉣

정답 및 해설 I ①

① [O] ㉠ 경무청체제(1894년) ⇨ ㉣ 내부로 예속(1895년) ⇨ ㉡ 경부로 지위 격상(1900년) ⇨ ㉢ 통감부하에 경무청체제(1905년) 순으로 옳다.

008 갑오개혁부터 한일합병 이전의 경찰역사에 대한 설명 중 가장 적절한 것은? 13. 경찰

□□□

① 경찰에 관한 조직법적 작용법적 근거가 마련되어 외형상 근대국가적 경찰체제가 갖추어졌다고 볼 수 있다.

② 일본 각의의 결정에 따라 김홍집 내각은 경찰을 내무아문에 창설하였으나, 곧 법무아문으로 소속을 변경시켰다.

③ 경무청관제직장에 의해 당시의 좌우포도청을 합하여 경부를 신설하였다.

④ 일본의 행정경찰규칙과 위경죄즉결례를 혼합하여 우리나라 최초의 조직법인 행정경찰장정을 제정하였다.

정답 및 해설 | ①

② [×] 일본 각의의 결정에 따라 김홍집 내각은 경찰을 **법무아문**에 창설하였으나, 곧 **내무아문**으로 소속을 변경시켰다.

③ [×] 경무청관제직장에 의해 당시의 좌우포도청을 합하여 **경무청**를 신설하였다.

④ [×] 일본의 행정경찰규칙과 위경죄즉결례를 혼합하여 우리나라 최초의 **작용법**인 행정경찰장정을 제정하였다.

009 다음은 우리나라 경찰역사에 대한 설명으로 옳은 것은 모두 몇 개인가? 11. 경찰

㉠ 일제강점하에서 3 · 1운동을 계기로 헌병경찰제도에서 보통경찰제도로 전환되었으며 경찰은 치안유지업무만을 관장하고 각종 조장행정에 원조, 민사소송의 조정사무 · 집달관 사무는 경찰임무에서 제외되었다.
㉡ 미군정하에서 우리나라 경찰은 위생업무의 이관 등 '비경찰화'가 이루어지고 8인의 위원으로 구성된 중앙경찰위원회를 설치하였다.
㉢ 1969년 경찰법을 제정하면서 경정 · 경장 2계급을 신설하고 2급지 경찰서장을 경감에서 경정으로 격상했다.
㉣ 1948년 정부조직법에 의해 내무부 산하의 치안본부로 개편되면서 경찰은 독자적 관청으로서 경찰업무를 시작하게 되었다.

① 없음
② 1개
③ 2개
④ 3개

정답 및 해설 | ①

옳은 것은 0개이다.

㉠ [×] 일제강점하에서 3 · 1운동을 계기로 헌병경찰제도에서 보통경찰제도로 전환되었으며 경찰은 치안유지업무뿐만 아니라 각종 조장행정에 원조, 민사소송의 조정사무 · 집달관 사무 등 기존의 업무가 **포함**되었다.

㉡ [×] 미군정하에서 우리나라 경찰은 위생업무의 이관 등 '비경찰화'가 이루어지고 **6인**의 위원으로 구성된 중앙경찰위원회를 설치하였다.

㉢ [×] 1969년 **경찰공무원법**을 제정하면서 경정 · 경장 2계급을 신설하고 2급지 경찰서장을 경감에서 경정으로 격상했다.

㉣ [×] 1948년 정부조직법에 의해 내무부 산하의 **치안국**으로 개편되었다. 경찰은 1991년 경찰법의 제정으로 경찰청장과 지방경찰청장이 독자적 관청으로서 경찰업무를 시작하게 되었다.

010 갑오개혁 이후 경찰제도에 대한 설명으로 가장 적절한 것은? 13. 경찰승진

□□□

① 한국경찰 최초의 조직법인 '경무청관제직장'에 의해 당시의 좌우포도청을 합하여 경부를 신설하였다.

② '행정경찰장정'은 일본의 '행정경찰규칙(1875)'과 '위경죄즉결례(1885)'를 혼합하여 만든 한국경찰 최초의 작용법이다.

③ 1910년 '조선주차헌병조령'에 의해 헌병이 일반치안을 담당할 법적 근거를 마련하였으며, 헌병경찰은 주로 도시나 개항장 등에 배치되었다.

④ 일제 강점기에는 총독에게 주어진 명령권과 경무총장 · 경무부장 등에게 주어진 제령권 등을 통해 각종 전제주의적 · 제국주의적 경찰권 행사가 가능하였다는 특징이 있다.

정답 및 해설 I ②

① [×] 한국경찰 최초의 조직법인 '경무청관제직장'에 의해 당시의 좌우포도청을 폐지하고 경무청을 신설하였다.

③ [×] 1910년 '조선주차헌병조령'에 의해 헌병이 일반치안을 담당할 법적 근거를 마련하였으며, 도시나 개항장 등에 배치된 경찰은 헌병이 아니라 보통경찰인 경무총감부였다.

④ [×] 일제 강점기에는 총독에게 주어진 권한은 제령권이며, 경무총장 · 경무부장 등에게 주어진 권한이 명령권이다.

011 다음은 한국경찰의 역사에 대한 설명이다. 옳지 않은 것은? 07. 경찰간부

□□□

① 헌병경찰기에는 보안법, 집회 단속에 관한 법률, 신문지법, 출판법 등을 적용하고, 3 · 1운동을 기화로 정치범처벌법, 치안유지법 등을 통해 탄압의 지배체제를 더욱 강화하였다.

② 3 · 1운동을 계기로 헌병경찰제도에서 보통경찰제도로 전환되었지만, 경찰의 직무와 권한에는 변동이 없었다.

③ 일제 식민지기에는 치안수요가 많은 도시나 개항장에 헌병경찰을 주로 배치하였다.

④ 일본 헌병은 최초 한성과 부산간의 군용전신선 보호명목으로 주둔하였다.

정답 및 해설 I ③

③ [×] 일제 식민지기에는 치안수요가 많은 도시나 개항장에 일반경찰을, 군사경찰상 필요한 지역 또는 의병활동 지역 등에는 헌병경찰을 주로 배치하였다.

012 한국 근 · 현대 경찰사에 대한 설명으로 가장 적절한 것은? 18. 경찰

□□□

① 일제 강점기에는 총독 · 경무총장에게 주어진 제령권과 경무부장에게 주어진 명령권 등을 통해 각종 전제주의적 · 제국주의적 경찰권 행사가 가능하였다는 특징이 있다.

② 경무청관제직장에 의해 당시의 좌우포도청을 합하여 경무청을 신설(장으로 경무관을 둠)하였다.

③ 3 · 1운동 이후 치안유지법을 제정하고 일본에서 제정된 정치범처벌법을 국내에 적용하는 등 탄압의 지배체제를 더욱 강화하였다.

④ 1894년 각아문관제에서 처음으로 경찰이란 용어를 사용하였다.

정답 및 해설 I ④

① [×] 일제 강점기에는 **총독**에게 주어진 **제령권**과 **경무총장**과 **경무부장**에게 주어진 **명령권** 등을 통해 각종 전제주의적 · 제국주의적 경찰권 행사가 가능하였다는 특징이 있다.

② [×] 경무청관제직장에 의해 당시의 좌우포도청을 합하여 경무청을 신설(장으로 **경무사**를 둠)하였다.

③ [×] 3 · 1운동 직후 제정된 치안입법은 **정치범처벌법**이고, 1925년에 치안유지법이 제정되었다.

013 갑오개혁부터 일제 강점기 이전의 경찰에 대한 설명으로 가장 적절하지 않은 것은?

19. 경찰승진

□□□

① 일본 각의의 결정에 따라, '각아문관제'에서 처음으로 경찰이라는 용어를 사용하였다.

② '경무청관제직장'에 의해 당시의 좌우포도청을 합하여 경무청을 신설하고(장으로 경무사를 둠) 내무아문에 예속되어 한성부 내 일체의 경찰사무를 관장하였다.

③ 광무개혁에 따라 중앙관청으로서 경부가 한성 및 개항시장의 경찰업무와 감옥사무를 통할하였다.

④ 을사조약에 의거 통감부에 의한 통감정치가 시작되면서 경무청을 전국을 관할하는 기관으로 확대하여 사실상 한국경찰을 장악하였다.

정답 및 해설 I ④

④ [×] 을사조약(1905년)에 의거 통감부에 의한 통감정치가 시작되면서 **경무청을 한성부 내의 경찰업무를 담당하는 기관으로 축소**하였다.

014 미군정하의 우리나라 경찰의 특징으로 가장 적절하지 않은 것은?

12. 경찰승진

□□□

① 조직법적 · 작용법적 정비가 이루어지고, 비경찰화 작업이 행해져 경찰의 활동도 축소되었다.

② 경찰작용에 관한 기본법으로서 경찰관 직무집행법이 제정되었다.

③ 경찰제도와 인력은 개혁이 이루어지지 아니하였으며, 경찰은 민주적으로 개혁할 기회를 갖지 못하였고 이로 인해 독립 이후에도 국민의 경찰에 대한 부정적 태도는 유지되었다.

④ 국민의 생명과 재산의 보호라는 새로운 자각이 일어나고, 조직면에서도 '중앙경찰위원회'를 통한 경찰통제가 시도되는 등의 민주적 요소가 강화되었다.

정답 및 해설 I ②

② [×] 경찰작용에 관한 기본법으로서 경찰관 직무집행법이 제정된 시기는 **미군정 이후**인 **1953년 정부수립 이후**이다.

015 다음 보기 중 '미군정시기'의 경찰에 대해 설명한 것으로 틀린 것은 모두 몇 개인가? 14. 경찰

□□□

> ㉠ 경찰의 조직법적 · 작용법적 정비가 이루어 졌으며, 비경찰화 작업이 행해져 경찰의 활동영역이 축소되었다.
> ㉡ 비경찰화 작용의 일환으로 위생사무를 위생국으로 이관하였고, 정보경찰과 고등경찰을 폐지하였다.
> ㉢ 1946년 여자경찰제도를 신설하여 14세 미만의 소년범죄와 여성관련 업무 등을 담당하게 하였다.
> ㉣ 1947년 6인의 위원으로 구성된 중앙경찰위원회가 설치되어 경찰의 민주화 개혁에 성공하였다.
> ㉤ 영미법의 영향을 받아 경찰의 이념 및 제도에 민주적 요소가 도입되었다.

① 0개 ② 1개
③ 2개 ④ 3개

정답 및 해설 | ③

틀린 설명은 ㉡㉣ 2개이다.

㉡ [×] **정보경찰(사찰과)**은 미군정시기에 **신설**되었다.

㉣ [×] 1947년 6인의 위원으로 구성된 중앙경찰위원회가 설치되어 **경찰의 민주화 개혁**에는 **실패**하였다.

016 갑오개혁 이후 경찰제도에 관한 다음 설명 중 가장 적절한 것은? 14. 경찰

□□□

① 경무청관제직장은 일본의 '행정경찰규칙(1875)'과 '위경죄즉결례(1885)'를 혼합하여 만든 한국경찰 최초의 작용법이다.

② 경찰사무에 관한 취극서는 재한국 외국인에 대한 경찰사무의 지휘감독권을 일본관헌의 지휘감독을 받아 일본계 한국경찰관이 행사토록 하는 내용이 있다.

③ 미군정시대에는 일제 강점기의 경찰제도와 인력에 대한 전면적인 개혁이 시행되었다.

④ 경찰법의 제정으로 경찰위원회가 도입되었고, 경찰청장과 지방경찰청장도 경찰관청으로서의 지위를 갖게 되었다.

정답 및 해설 | ④

① [×] **행정경찰장정**은 일본의 '행정경찰규칙(1875)'과 '위경죄즉결례(1885)'를 혼합하여 만든 한국경찰 최초의 작용법이다.

② [×] 경찰사무에 관한 취극서은 재한국 **일본인**에 대한 경찰사무의 지휘감독권을 일본관헌의 지휘감독을 받아 일본계 한국경찰관이 행사토록 하는 내용이 있다.

③ [×] 미군정시대에는 일제 강점기의 경찰제도와 인력에 대한 **전면적인 개혁이 이루어지지 않았다**.

017 한국경찰의 역사에 관한 설명으로 옳지 않은 것은 모두 몇 개인가? 22. 법학경채

□□□

> ㉠ 여성경찰제도는 1946년에 도입되었고 여성경찰은 여성과 15세 미만 아동 대상 사건 등 풍속 · 소년 · 여성 보호 업무를 담당하였다.
> ㉡ 상해시기 초대 경무국장인 백범 김구 선생이 지휘한 임시정부 경찰은 우리 역사상 최초 민주공화제 경찰로 정식예산은 편성되지 않았지만, 규정에 의해 소정의 월급이 지급되었다.
> ㉢ 미군정하의 경찰의 경우 1947년 7인으로 구성된 중앙경찰위원회가 법령 제157호로 설치되었다.
> ㉣ 임시정부경찰은 임시정부를 수호하고 일제 밀정을 방지하는 임무를 통해서, 임시정부의 항일투쟁을 수행하는데 핵심적 역할을 수행하였다.

① 1개 ② 2개

③ 3개 ④ 4개

정답 및 해설 I ③

㉠ [×] 여성경찰제도는 1946년에 도입되었고 여성경찰은 전연령의 여성과 14세(15세 ×) 미만 남아 대상 사건 등 소년 · 여성 보호 업무를 담당하였다.

㉡ [×] 상해시기 초대 경무국장인 백범 김구 선생이 지휘한 임시정부 경찰은 우리 역사상 최초 민주공화제 경찰로 정식예산이 편성되었고, 규정에 의해 소정의 월급이 지급되었다.

㉢ [×] 미군정하의 경찰의 경우 1947년 6인(7인 ×)으로 구성된 중앙경찰위원회가 법령 제157호로 설치되었다.

018 일제강점기와 미군정 시기의 한국경찰에 대한 설명으로 가장 적절하지 않은 것은? 22. 경찰간부

□□□

① 미군정하에서는 조직법적, 작용법적 정비가 이루어지고 경찰제도의 개혁이 이루어져 경찰의 활동영역이 확대되었다.

② 광복 이후 신규경찰 채용과정에서 일제 강점기 경찰경력자들이 다수 임용되었으나, 독립운동가 출신들도 상당히 많이 채용되었다.

③ 의경대는 상해임시정부시기 운영된 경찰기구로서 교민사회의 안녕과 질서유지, 호구조사 등을 담당하였다.

④ 3 · 1운동을 계기로 헌병경찰제도에서 보통경찰제도로 전환되었다.

정답 및 해설 I ①

① [×] 미군정하에서는 경찰제도에 대한 정비는 이루어졌으나, 고등경찰이 폐지되는 등 경찰의 활동영역이 축소되었고 경찰에 대한 개혁도 제대로 일어나지 못했다.

019 한국 경찰사에 대한 설명으로 적절한 것은 모두 몇 개인가? 22. 경찰간부

□□□

> ㉠ 광복 이후 미군정은 일제가 운용하던 비민주적 형사제도를 상당 부분 개선하고, 영미식 형사제도를 도입하기도 하였는데, 1945년 미군정 법무국 검사에 대한 훈령 제3호가 발령되어 수사는 경찰, 기소는 검사 체제가 도입되며 경찰의 독자적 수사권이 인정되었다.
> ㉡ 경찰작용에 관한 기본법으로서경찰관 직무집행법은 정부수립 이후 1948년 제정되었다.
> ㉢ 경찰법이 제정될 때까지 경찰체제의 근거가 되는 법률은정부조직법이었다.
> ㉣ 한국경찰 최초의 작용법은 행정경찰장정이고, 한국경찰 최초의 조직법은 경무청관제직장이다.
> ㉤ 1969년경찰공무원법이 처음으로 제정되어 그동안국가공무원법에 의거하던 경찰공무원을 특별법으로 규율하게 되었다.

① 1개 ② 2개

③ 3개 ④ 4개

정답 및 해설 I ④

㉡ [×] 경찰작용에 관한 기본법으로서경찰관 직무집행법은 정부수립 이후 1953년 제정되었다.

020 미군정시기의 경찰에 대한 설명으로 가장 적절하지 않은 것은? 21. 경찰

□□□

① 경무국을 경무부로 승격·개편하였다.

② 소방업무를 민방위본부로 이관하고 경제경찰과 고등경찰을 폐지하는 등 비경찰화를 단행하였다.

③ 정치범처벌법, 치안유지법, 예비검속법이 폐지되었다.

④ 여자경찰제도를 신설하였다.

정답 및 해설 I ②

② [×] 소방업무를 민방위본부로 이관한 것은 1975년 치안본부시기의 일이다.

021 갑오개혁 및 광무개혁 당시 경찰제도에 관한 설명 중 옳지 않은 것은 모두 몇 개인가? 20. 경찰간부

□□□

> ㉠ 일본의 행정경찰규칙(1875년)과 위경죄즉결례(1885년)를 혼합하여 만든 행정경찰장정에서 영업 · 시장 · 회사 및 소방 · 위생, 결사 · 집회, 신문잡지 · 도서 등 광범위한 영역의 사무가 포함되었다.
> ㉡ 광무개혁 당시인 1900년에는 중앙관청으로서 경부(警部)가 한성 및 개항시장의 경찰업무와 감옥사무를 통할하였고, 이를 지휘하는 경부감독소를 두었다.
> ㉢ 1895년 내부관제의 제정을 통해 내부대신의 경찰에 대한 지휘감독권을 정비하였고, 1896년 지방경찰규칙을 제정하여 지방경찰의 작용법적 근거를 마련하였다.
> ㉣ 경무청관제직장에 의해 당시의 좌우포도청을 합하여 경무청을 신설하고(장으로 경무관을 둠), 한성부 내 일체의 경찰사무를 관장하게 하였다.
> ㉤ 1900년 경부(警部) 신설 이후 잦은 대신 교체 등으로 문제가 많아 경무청이 경부의 업무를 관리하게 되었다.

① 1개 ② 2개

③ 3개 ④ 4개

정답 및 해설 | ②

옳지 않은 설명은 ㉡㉣ 2개이다.

㉡ [×] 광무개혁 당시인 1900년에는 중앙관청으로서 경부(警部)가 한성 및 개항시장의 경찰업무와 감옥사무를 통할하였고, 이를 지휘하는 경무감독소를 두었다.

㉣ [×] 경무청관제직장에 의해 당시의 좌우포도청을 합하여 경무청을 신설하고(장으로 경무사를 둠), 한성부 내 일체의 경찰사무를 관장하게 하였다.

022 한국경찰의 역사에 관한 다음 설명 중 옳은 것은 모두 몇 개인가? 12. 경찰

> ㉠ 포도청은 도적근절을 위해 성종 2년에 시작된 포도장제에서 기원한 것으로 중종 치세기에 포도청이란 명칭이 처음 사용되었으며, 그 임무는 도적을 잡고 야간순찰을 수행하는 것이었고 갑오개혁 때 한성부에 경부가 설치되면서 폐지되었다.
> ㉡ 1894년 갑오개혁 때 한국 최초의 경찰조직법인 행정경찰장정과 한국 최초의 경찰작용법인 경무청관제직장이 제정되었다.
> ㉢ 구한말 일본의 한국경찰권 강탈의 과정은 '재한국 외국인민에 대한 경찰에 관한 한 · 일협정' ⇨ '경찰사무에 관한 취극서' ⇨ '한국사법 및 감옥사무 위탁에 관한 각서' ⇨ '한국경찰사무 위탁에 관한 각서'의 순서로 진행되었다.
> ㉣ 1953년 제정된 경찰관 직무집행법에는 국민의 생명 · 신체 · 재산의 보호라는 영미법적인 사고가 반영되었다.
> ㉤ 1991년 경찰법 제정 이전에 경찰청장만이 경찰에서 유일한 행정관청의 지위를 가지고 있었다.

① 1개 ② 2개

③ 3개 ④ 없음

정답 및 해설 I ①

옳은 설명은 ㉣ 1개이다.

㉠ [×] 포도청은 도적근절을 위해 성종 2년에 시작된 포도장제에서 기원한 것으로, 중종 치세기에 포도청이란 명칭이 처음 사용되었으며, 그 임무는 도적을 잡고 야간순찰을 수행하는 것이었고 갑오개혁 때 한성부에 **경무청이 설치**되면서 폐지되었다.

㉡ [×] 1894년 갑오개혁 때 만들어진 한국 근대 경찰사에 있어서 **최초의 경찰조직법은 경무청관제직장**이고 한국 최초의 **경찰작용법은 행정경찰장정**이다.

㉢ [×] 구한말 일본의 한국경찰권 강탈의 과정은 '**경찰사무에 관한 취극서**' ⇨ '**재한국 외국인민에 대한 경찰에 관한 한 · 일협정**' ⇨ '한국사법 및 감옥사무 위탁에 관한 각서' ⇨ '한국경찰사무 위탁에 관한 각서'의 순서로 진행되었다.

㉤ [×] 1991년 경찰법 제정 이전에 **경찰서장**만이 경찰에서 유일한 행정관청의 지위를 가지고 있었고, 1991년 경찰법 제정 이후에 경찰청장과 지방경찰청장도 행정관청으로서의 지위를 가지게 되었다.

023 다음 설명 중 가장 적절한 것은?

22. 경찰

□□□

① 1919년 3 · 1운동을 계기로 헌병경찰제도에서 보통경찰제도로의 전환은 이루어졌으나, 일본에서 제정된 정치범처벌법을 우리나라에 적용하는 등 일제의 탄압적 지배체제가 강화되었다.

② 미군정기에 고등경찰제도가 폐지되었으며, 경찰에 정보업무를 담당하는 정보과와 경제사범단속을 위한 경제경찰이 신설되었다.

③ 1953년 경찰작용의 기본법인 경찰관 직무집행법이 제정되어 경감 이상의 계급정년제가 도입되었고, 1969년 경찰공무원법이 제정되어 경정 및 경장 계급이 신설되었다.

④ 대한민국 정부 수립 이후 1974년 내무부 치안국이 치안본부로 개편되었고, 2006년 제주특별자치도 '자치경찰단'이 창설되었다.

정답 및 해설 I ④

① [×] **우리나라(일본 ×)**에서 제정된 정치범처벌법을 우리나라에 적용하는 등 일제의 탄압적 지배체제가 강화되었다.

② [×] 미군정기에 경찰에 정보업무를 담당하는 정보과(사찰과)를 신설한 것은 맞으나, **경제사범단속을 위한 경제경찰은 고등경찰과 더불어 폐지되었다.**

③ [×] 1953년 경찰작용의 기본법인 경찰관 직무집행법이 제정되었으며, 1969년 경찰공무원법이 제정되어 경정 및 경장 계급이 신설되었으며 더불어 경감 이상의 계급정년제가 도입되었다.

024 한국경찰의 역사적 사건에 대한 설명으로 가장 옳지 않은 것은?

11. 경찰간부

□□□

① 1948년 대한민국 정부수립 후, 정부조직법에 의해 미군정 당시의 경무부가 치안국으로 격하되었고, 내무부장관의 감독을 받는 보조기관으로 그 지위가 약화되었다.

② 1894년 한국 최초의 경찰조직법인 경무청관제직장과 경찰작용법인 행정경찰장정이 제정되면서 한국 최초의 근대적 경찰이 탄생하게 되었다.

③ 1946년 최초로 여자경찰관을 채용하여 소년업무와 여성 관련 업무를 담당하게 하였다.

④ 1953년 경찰관 직무집행법이 제정되어 그동안 국가공무원법에 의거하던 경찰공무원 채용이 처음으로 특별법에 의해 이루어지게 되었다.

정답 및 해설 I ④

④ [×] 1969년 **경찰공무원법이 제정**되어 그동안 국가공무원법에 의거하던 경찰공무원 채용이 처음으로 특별법에 의해 이루어지게 되었다.

025 우리나라 경찰의 역사와 제도에 대한 설명이다. 시기가 올바르게 묶인 것은?

19. 경찰간부

□□□

㉠ 1947년 경찰병원 설치	㉡ 1953년 경찰관 직무집행법 제정
㉢ 1956년 국립과학수사연구소 설치	㉣ 1966년 경찰관 해외주재관제도 신설
㉤ 1970년 경찰공무원법 제정	㉥ 1974년 내무부 치안국을 치안본부로 개편
㉦ 1996년 해양경찰청을 해양수산부로 이관	㉧ 2005년 제주도 자치경찰 출범

① ㉠, ㉡, ㉦, ㉧
② ㉠, ㉣, ㉤, ㉧
③ ㉡, ㉣, ㉥, ㉧
④ ㉡, ㉣, ㉥, ㉦

정답 및 해설 I ④

시기가 옳은 것은 ㉡㉣㉥㉦이다.

㉠ [×] 1949년 경찰병원 설치

㉢ [×] 1955년 국립과학수사연구소 설치

㉤ [×] 1969년 경찰공무원법 제정

㉧ [×] 2006년 제주도 자치경찰 출범

026 우리나라 경찰과 관련된 연혁을 시간 순서별(오래된 ⇨ 최근순)로 가장 적절하게 나열한 것은?

13. 경찰

□□□

㉠ 경찰법 제정
㉡ 내무부 치안국을 치안본부로 개편
㉢ 경찰관 해외주재관제도 신설
㉣ 경찰관 직무집행법 제정
㉤ 제주 자치경찰 출범

① ㉡ ⇨ ㉢ ⇨ ㉣ ⇨ ㉠ ⇨ ㉤
② ㉡ ⇨ ㉢ ⇨ ㉠ ⇨ ㉣ ⇨ ㉤
③ ㉣ ⇨ ㉢ ⇨ ㉡ ⇨ ㉠ ⇨ ㉤
④ ㉣ ⇨ ㉢ ⇨ ㉠ ⇨ ㉡ ⇨ ㉤

정답 및 해설 I ③

③ [○] 시간 순서별로 가장 적절하게 나열된 것은 ㉣ 경찰관 직무집행법 제정(1953년) ⇨ ㉢ 경찰관 해외주재관제도 신설(1966년) ⇨ ㉡ 내무부 치안국을 치안본부로 개편(1974년) ⇨ ㉠ 경찰법 제정(1991년) ⇨ ㉤ 제주 자치경찰 출범(2006년) 순이다.

027 정부수립 이후 1991년 이전의 경찰의 특징으로 옳지 않은 것은 모두 몇 개인가?

□□□ 12. 경찰승진

> ㉠ 종래 식민지배에 이용되거나 또는 군정통치로 주권이 없는 상태하에서 활동하던 경찰이 비로소 주권국가 대한민국의 존립과 안녕, 대한민국 국민의 생명과 신체 및 재산의 보호라는 경찰 본연의 임무를 수행하였다.
> ㉡ 경찰작용에 관한 기본법으로서 경찰관 직무집행법이 제정되었다.
> ㉢ 독립국가로서 한국 역사상 최초로 자주적인 입장에서 경찰을 운용하였다.
> ㉣ 경찰의 부정선거 개입 등으로 정치적 중립이 경찰에 대한 국민의 요청이었던 바, 그 연장선상에서 경찰의 기구독립이 조직의 숙원이었다.
> ㉤ 1969년 1월 7일 경찰법이 처음으로 제정되어 그동안 국가공무원법에 의거하던 경찰공무원을 특별법으로 규율하게 되었다.
> ㉥ 해양경찰업무, 전투경찰업무, 소방업무가 정식으로 경찰의 업무범위에 추가되었다.

① 1개　② 2개
③ 3개　④ 4개

정답 및 해설 | ②

옳지 않은 것은 ㉤㉥ 2개이다.

㉤ [×] 1969년 1월 7일 경찰공무원법이 처음으로 제정되어 그동안 국가공무원법에 의거하던 경찰공무원을 특별법으로 규율하게 되었다.

㉥ [×] 해양경찰업무를 담당하는 해양경찰대 창설(1953년), 전투경찰업무를 담당하는 전투경찰대 창설(1968년)은 경찰의 업무에 추가된 것은 옳으나, 소방업무는 민방위본부로 이관(1975년)되었으므로 정식으로 경찰의 업무범위에서 제외되게 되었다.

028 다음 경찰조직의 연혁을 시간순서별로 바르게 나열한 것은?

□□□ 09. 경찰승진

> ㉠ 지방경찰국의 지방경찰청으로의 승격
> ㉡ 해양경찰청의 해양수산부로의 이관
> ㉢ 경찰관 해외주재관 제도 신설
> ㉣ 경찰서에 '청문관제' 도입
> ㉤ 사이버테러대응센터 신설

① ㉠ ⇨ ㉡ ⇨ ㉢ ⇨ ㉣ ⇨ ㉤　② ㉢ ⇨ ㉠ ⇨ ㉡ ⇨ ㉤ ⇨ ㉣
③ ㉢ ⇨ ㉠ ⇨ ㉡ ⇨ ㉣ ⇨ ㉤　④ ㉠ ⇨ ㉡ ⇨ ㉢ ⇨ ㉤ ⇨ ㉣

정답 및 해설 | ③

③ [○] ㉢ 경찰관 해외주재관 제도 신설(1966년) ⇨ ㉠ 지방경찰국의 지방경찰청으로의 승격(1991년) ⇨ ㉡ 해양경찰청의 해양수산부로의 이관(1996년) ⇨ ㉣ 경찰서에 '청문관제' 도입(1999년) ⇨ ㉤ 사이버테러대응센터 신설(2000년) 순이다.

029 우리나라 경찰의 역사적 사실을 오래된 것부터 바르게 나열한 것은? 21. 경찰

□□□

> ㉠ 경찰윤리헌장 제정
> ㉡ 내무부 민방위본부 소방국으로 소방업무 이관
> ㉢ 경찰공무원법 제정
> ㉣ 경찰서비스헌장 제정
> ㉤ 치안본부에서 경찰청으로 승격

① ㉢ – ㉠ – ㉣ – ㉡ – ㉤

② ㉠ – ㉡ – ㉢ – ㉣ – ㉤

③ ㉠ – ㉢ – ㉡ – ㉤ – ㉣

④ ㉡ – ㉤ – ㉠ – ㉢ – ㉣

정답 및 해설 | ③

③ [○] ㉠ 경찰윤리헌장 제정(1966년) ⇨ ㉢ 경찰공무원법 제정(1969년) ⇨ ㉡ 내무부 민방위본부 소방국으로 소방업무 이관(1975년) ⇨ ㉤ 치안본부에서 경찰청으로 승격(1991년) ⇨ ㉣ 경찰서비스헌장 제정(1998년) 순이다.

030 한국경찰사에 대한 설명 중 적절한 것은 모두 몇 개인가? 13. 경찰승진

□□□

> ㉠ 통일신라시대에는 병부, 사정부, 품주 등에서 경찰업무를 수행하였으며, 지방행정조직과 군사조직에서도 경찰기능까지 담당하였다.
> ㉡ 1894년 일본 각의의 결정에 따라, 김홍집 내각은 '각아문관제'에서 처음으로 경찰이라는 용어를 사용하고, 동년 7월 14일(음력) '경무청관제직장'과 '행정경찰규칙'을 제정하였다.
> ㉢ 최규식 경무관과 정종수 경사는 화엄사 공적비 건립, '20세기를 빛낸 위대한 인물' 선정, 드라마 '여명의 눈동자' 주인공 장하림(박상원 역) 실제모델 등의 업적이 인정된다.
> ㉣ 1919년 3 · 1운동을 계기로 헌병경찰제도에서 보통경찰제도로의 전환은 이루어 졌으나, 오히려 3 · 1운동을 기화로 일본에서 제정된 정치범처벌법을 우리나라에 적용하는 등 탄압의 지배체제가 강화되었다.
> ㉤ 법률 제1호인 정부조직법에서 기존의 경무부를 내무부의 일국인 치안국에서 인수하도록 함으로써 경찰조직은 부에서 국으로 격하되었는데, '국'체제는 치안본부 개편(1975) 후 1991년 경찰청(내무부 외청)이 독립할 때까지 유지되었다.

① 1개 ② 2개

③ 3개 ④ 4개

정답 및 해설 | ①

옳은 설명은 ㉤ 1개이다.

㉠ [×] 통일신라시대의 **품주는** 경찰업무를 **담당하는 기관이 아니라 재정업무를 담당하는 기관이었다.**

㉡ [×] 1894년 일본 각의의 결정에 따라, 김홍집 내각은 '각아문관제'에서 처음으로 경찰이라는 용어를 사용하고, 동년 7월 14일(음력) '경무청관제직장'과 **'행정경찰장정'**을 제정하였다.

㉢ [×] **차일혁 경무관**에 관한 설명이다.

㉣ [×] 1919년 3 · 1운동을 계기로 헌병경찰제도에서 보통경찰제도로의 전환은 이루어 졌으나, 오히려 3 · 1운동을 기화로 **우리나라에만 적용되는** 정치범처벌법을 우리나라에 적용하는 등 탄압의 지배체제가 강화되었다.

031 ☐☐☐ 한국경찰의 역사와 제도에 대한 설명이다. 시대 순으로 바르게 나열한 것은? 18. 경찰승진

> ㉠ 경찰법 제정으로 내무부로부터의 독립을 통한 정치적 중립성을 확보했다.
> ㉡ 경찰작용에 관한 기본법으로서 경찰관 직무집행법이 제정되었다.
> ㉢ 중앙경찰위원회가 설치되어 경찰민주화를 위한 조치를 시행하였다.
> ㉣ 경찰공무원법이 처음으로 제정되어 그동안 국가공무원법에 의거하던 경찰공무원을 특별법으로 규율하게 되었다.

① ㉡ – ㉣ – ㉠ – ㉢
② ㉢ – ㉣ – ㉡ – ㉠
③ ㉣ – ㉡ – ㉠ – ㉢
④ ㉢ – ㉡ – ㉣ – ㉠

정답 및 해설 I ④

④ [O] 시대 순으로 바르게 나열한 것은 ㉢ 중앙경찰위원회 설치(1947년) ⇨ ㉡ 경찰관 직무집행법 제정(1953년) ⇨ ㉣ 경찰공무원법 제정(1969년) ⇨ ㉠ 경찰법 제정(1991년)이다.

032 ☐☐☐ 한국경찰의 역사적 사실을 과거에서부터 현재 순으로 바르게 나열한 것은? 23. 경찰

> ㉠ 경찰청 사이버테러대응센터 신설
> ㉡ 경찰서비스헌장 제정
> ㉢ 국가수사본부 신설
> ㉣ 「경찰법」 제정
> ㉤ 제주특별자치도 자치경찰단 설치

① ㉣ – ㉡ – ㉠ – ㉤ – ㉢
② ㉡ – ㉣ – ㉤ – ㉠ – ㉢
③ ㉡ – ㉣ – ㉠ – ㉢ – ㉤
④ ㉣ – ㉠ – ㉡ – ㉤ – ㉢

정답 및 해설 I ①

㉣ 「경찰법」 제정(1991년) → ㉡ 경찰서비스헌장 제정(1998년) → ㉠ 경찰청 사이버테러대응센터 신설(2000년) → ㉤ 제주특별자치도 자치경찰단 설치(2006년) → ㉢ 국가수사본부 신설(2021년)

033 한국경찰의 역사에 대한 다음 설명 중 옳은 것은 모두 몇 개인가? 15. 경찰간부

□□□

> ㉠ 동예에서는 각 읍락이 서로 경계를 침범하면 노예나 우마로써 배상하는 책화제도(責禍制度)가 있었다.
> ㉡ 고구려에서는 천군(天君)이 관할하는 소도(蘇塗)라는 별읍이 있어 죄인이 도망하여도 잡지 못하였다.
> ㉢ 한국경찰 최초의 조직법은 행정경찰장정이고, 한국경찰 최초의 작용법은 경무청관제직장이다.
> ㉣ 미군정하에서 경제경찰 · 고등경찰 · 정보경찰이 폐지되는 등 '비경찰화' 작업이 진행되었다.
> ㉤ 미군정하에서 1947년 5인의 위원으로 구성된 중앙경찰위원회가 설치되었다.
> ㉥ 1968년 무장공비 침투사건(1 · 21사태) 당시 종로경찰서 자하문 검문소에서 무장공비를 온몸으로 막아내고 순국함으로써, 청와대를 사수하고 대한민국을 위기에서 건져 올린 호국경찰의 표상은 최규식 경무관과 정종수 경사이다.

① 없음 ② 1개

③ 2개 ④ 3개

정답 및 해설 I ③

옳은 것은 ㉠㉥ 2개이다.

㉡ [×] 지문의 내용은 **삼한**에 대한 설명이다.

㉢ [×] 한국경찰 최초의 **조직법은 경무청관제직장**이고, 한국경찰 최초의 **경찰작용법은 행정경찰장정**이다.

㉣ [×] 미군정하에서 경제경찰 · 고등경찰이 폐지되는 등 '비경찰화' 작업이 진행되었다. 그러나 **정보경찰(정보과 · 사찰과)은 신설된 경찰기능에 해당한다.**

㉤ [×] 미군정하에서 1947년 **6인**의 위원으로 구성된 중앙경찰위원회가 설치되었다.

034 정부 수립 이후 경찰과 관련된 설명으로 가장 적절하지 않은 것은? 20. 경찰

□□□

① 1953년 경찰작용에 관한 기본법으로 제정된 경찰관 직무집행법에는 국민의 생명 · 신체 · 재산의 보호라는 영미법적 사고가 반영되었다.

② 1968년 '무장공비 침투사건(1 · 21 사태)' 당시 종로경찰서 자하문검문소에서 무장공비를 온몸으로 막아내고 순국한 최규식 경무관과 정종수 경사는 호국경찰, 인본경찰, 문화경찰의 표상이다.

③ 1980년 '5 · 18 민주화운동' 당시 안병하 전남경찰국장과 이준규 목포서장은 신군부의 무장 강경진압 방침을 거부하였다.

④ 1987년 '6월 민주항쟁' 이후 경찰 내부에서는 정치적 중립을 지키지 못한 과오를 반성하고 경찰 중립화를 요구하는 성명발표 등 자성의 목소리가 나왔다.

정답 및 해설 I ②

② [×] 1968년 '무장공비 침투사건(1 · 21 사태)'을 막아 낸 최규식 경무관과 정종수 경사는 호국경찰의 표상이며 호국경찰, 인본경찰, 문화경찰의 표상은 **차일혁 경무관**이다.

035 □□□ 갑오개혁 이후부터 일제강점기까지 시행된 법령 등에 대한 아래 ㉠부터 ㉣까지 설명 중 옳고 그름의 표시(○, ×)가 바르게 된 것은? 23. 경찰간부

> ㉠ 「행정경찰장정」은 최초의 경찰작용법으로서 행정경찰의 업무와 목적, 과잉단속 엄금, 순검 채용과 징계 등의 내용으로 구성되어 있다.
> ㉡ 「순검직무세칙」에는 순검이 근무 중 다치거나 순직했을 때 치료비와 장례비의 지급규정을 명시하고 있다.
> ㉢ 「범죄즉결례」는 일상생활과 관련된 97개의 행위를 처벌하는 조항으로 이루어져 있다.
> ㉣ 「치안유지법」은 반정부 · 반체제운동을 막기 위해 1925년에 제정되었다.

① ㉠ (×), ㉡ (○), ㉢ (○), ㉣ (×)
② ㉠ (×), ㉡ (○), ㉢ (×), ㉣ (×)
③ ㉠ (○), ㉡ (×), ㉢ (○), ㉣ (○)
④ ㉠ (○), ㉡ (×), ㉢ (×), ㉣ (○)

정답 및 해설 I ④

㉠㉣ [○]

㉡ [×] 경무청의 관제는 경무사(警務使) · 경무관(警務官) · 총순(總巡) · 순검 등으로 되어 있었다. 순검의 명칭은 1907년 12월 27일 순사(巡査)로 바뀌었다. 「순검직무세칙」(1896.2.6)은 순검의 임무와 임용을 구체적으로 규정하였다.

㉢ [×] 「범죄즉결례(1910.12.3.)」는 일제가 총독의 제령 제10호로 제정하여 공포한 법으로 한국인에게 벌금, 태형, 구류 등의 억압을 행사할 수 있는 즉결 심판권을 경찰서장 또는 헌병 분대장에게 부여하였고, 그 처벌 대상은 87(97 ×)개 조항이었다.

036 □□□ 한국경찰사에 관한 설명으로 가장 적절하지 않은 것은? 23. 경채

① 우리나라에 근대적 의미의 경찰개념이 도입된 것은 갑오개혁 이후로 이 시기에 처음으로 경찰이라는 용어를 사용하였다.

② 한국경찰사 주요 인물 중 1936년 임시정부 군자금 조달 혐의로 5개월간 구금된 인물은 도산 안창호 선생의 조카딸인 안종삼이다.

③ 미군정 시기에는 광범위하게 이루어지던 행정경찰사무가 경찰의 관할에서 분리되는 비경찰화 작업이 진행되었다.

④ 1953년 「경찰관 직무집행법」이 제정되었으며, 국민의 생명 · 신체 · 재산의 보호라는 영 · 미법적 사고가 반영되었다.

정답 및 해설 I ②

② [×] 한국경찰사 주요 인물 중 1936년 임시정부 군자금 조달 혐의로 5개월간 구금된 인물은 도산 안창호 선생의 조카딸인 안맥결(안종삼 ×)이다.

037 한국경찰사에 길이 빛날 경찰의 표상들에 대한 서술이다. 옳은 것을 모두 고른 것은? 18. 경찰승진

□□□

> ㉠ 1968년 무장공비 침투사건(1 · 21사태) 당시 최규식 총경(경무관특진)과 형사 7명이 무장공비를 차단하고 격투 끝에 청와대를 사수하였다.
> ㉡ 정종수는 남부군 사령관 이현상을 사살하는 등 빨치산 토벌의 주역이었다.
> ㉢ 차일혁은 공비들의 근거지가 될 수 있는 사찰을 불태우라는 상부의 명령에 대해 현명하게 대처하여 구례 화엄사 등 여러 사찰과 문화재를 보호하였다.
> ㉣ 안병하는 1987년 6월 항쟁 당시 과격한 진압을 지시한 군과 달리 '분산되는 자는 너무 추격하지 말 것, 부상자 발생치 않도록 할 것, 연행 과정에서 학생의 피해가 없도록 유의하라'고 지시하여 인권경찰의 면모를 보였다.

① ㉠, ㉡ ② ㉠, ㉢

③ ㉡, ㉣ ④ ㉢, ㉣

정답 및 해설 | ②

옳은 설명은 ㉠㉢이다.

㉡ [×] 차일혁 경무관에 대한 설명이다.

㉣ [×] 안병하는 1980년 5 · 18 광주 민주화운동 당시 과격한 진압을 지시한 군과 달리 '분산되는 자는 너무 추격하지 말 것, 부상자 발생치 않도록 할 것, 연행 과정에서 학생의 피해가 없도록 유의하라'고 지시하여 인권경찰의 면모를 보였다.

038 한국 경찰사의 자랑스러운 경찰의 표상에 대한 설명 중 연결이 바르지 않은 것은? 20. 경찰승진

□□□

① 빨치산 토벌의 주역이며, 화엄사 등 문화재를 수호한 인물 – 차일혁

② 5 · 18 광주 민주화운동 당시 비례의 원칙에 입각한 경찰권 행사 강조 – 최규식

③ 1968년 무장공비 침투사건 당시 무장공비를 온몸으로 막아내고 순국 – 정종수

④ 1919년 상하이에서 수립한 대한민국 임시정부의 초대 경무국장 – 김구

정답 및 해설 | ②

② [×] 안병하 경무관에 대한 설명이다. 최규식 경무관과 정종수 경사는 1968년 1 · 21 무장공비 침투사건 당시 군 방어선이 뚫린 상황에서 격투 끝에서 청와대를 사수하였다.

039 □□□ 자랑스러운 경찰의 표상에 대한 서술이다. ㉠부터 ㉣까지의 내용에 해당하는 인물을 바르게 나열한 것은? 18. 경찰승진

> ㉠ 1919년 상하이에서 수립한 대한민국 임시정부의 초대 경무국장
> ㉡ 1968년 무장공비 침투사건(1 · 21사태) 당시 종로경찰서 자하문검문소에서 무장공비를 온몸으로 막아내고 순국함으로써 청와대를 사수하고 대한민국을 위기에서 건져 올린 호국경찰의 표상
> ㉢ 구례 화엄사 등 다수의 사찰을 소실로부터 구해내는 등 문화경찰의 발자취를 남긴 문화경찰의 표상
> ㉣ 5 · 18 광주 민주화운동 당시 전남도경국장으로서 비례의 원칙에 입각한 경찰권 행사와 시위대에 대한 인권보호를 강조

	㉠	㉡	㉢	㉣
①	김원봉	최규식	차일혁	안병하
②	김구	최규식	안병하	차일혁
③	김원봉	정종수	안병하	차일혁
④	김구	정종수	차일혁	안병하

정답 및 해설 I ④

㉠ 1919년 상하이에서 수립한 대한민국 임시정부의 초대 경무국장은 '**김구**'이다.

㉡ 1968년 무장공비 침투사건(1 · 21사태) 당시 종로경찰서 자하문검문소에서 무장공비를 온몸으로 막아내고 순국함으로 청와대를 사수하고 대한민국을 위기에서 건져 올린 호국경찰의 표상은 '**최규식 서장**'과 '**정종수 경사**'이다.

㉢ 구례 화엄사 등 다수의 사찰을 소실로부터 구해내는 등 문화경찰의 발자취를 남긴 문화경찰의 표상과 관련된 인물은 '**차일혁 경무관**'이다.

㉣ 5 · 18 광주 민주화운동 당시 전남도경국장으로서 비례의 원칙에 입각한 경찰권 행사와 시위대에 대한 인권보호를 강조한 인물은 '**안병하 경무관**'이다.

040 □□□ 자랑스런 경찰의 표상에 대한 설명으로 그 인물과 내용이 옳지 않은 것은? 21. 경찰간부

① 차일혁 경무관 – 빨치산 토벌의 주역이며 구례 화엄사 등 문화재를 수호한 인물로 '보관문화훈장'을 수여받은 호국경찰의 영웅이자 인본경찰 · 인권경찰 · 문화경찰의 표상이다.

② 안병하 치안감 – 5 · 18 광주 민주화운동 당시 과격한 진압을 지시했던 군과 달리, '분산되는 자는 너무 추적하지 말 것, 부상자가 발생하지 않도록 할 것, 기타 학생은 연행할 것' 등을 지시하고 '연행과정에서 학생의 피해가 없도록 유의'하라고 지시하였다.

③ 최규식 경무관, 정종수 경사 – 1968년 '무장공비 침투사건(1 · 21사태)' 당시 종로경찰서 자하문검문소에서 무장공비를 온몸으로 막아내고 순국함으로써 청와대를 사수하고 대한민국을 위기에서 건져 올린 호국경찰의 표상이다.

④ 안맥결 – 1980.5.18. 당시 목포경찰서장으로 재임하면서 안병하 국장의 방침에 따라 경찰총기 대부분을 군부대 등으로 사전에 이동시켰으며 자체 방호를 위해 가지고 있던 소량의 총기마저 격발할 수 없도록 방아쇠 뭉치를 모두 제거해 원칙적으로 시민들과의 유혈충돌을 피하도록 조치하여 광주와 달리 목포에서는 사상자가 거의 나오지 않았다.

정답 및 해설 I ④

④ [×] 해당 지문은 이준규 목포경찰서장에 대한 설명이다.

041 다음은 한국경찰사에 있어서 자랑스러운 경찰의 표상에 대한 설명이다. ㉠부터 ㉣에 해당하는 인물을 가장 바르게 나열한 것은? 19. 경찰

> ㉠ 1919년 대한민국 임시정부의 초대 경무국장이다.
> ㉡ 5 · 18 광주 민주화운동 당시 전남도경국장으로서, 과격한 진압을 지시한 군과 달리 '분산되는 자는 너무 추격하지 말 것, 부상자 발생치 않도록 할 것, 연행과정에서 학생의 피해가 없도록 유의하라'고 지시하였다. 신군부의 명령을 어겼다는 이유로 직위해제를 당했다.
> ㉢ 공비들의 근거지가 될 수 있는 사찰을 불태우라는 상부의 명령에 대해 현명하게 대처하여 화엄사(구례), 선운사(고창), 백양사(장성) 등 여러 사찰과 문화재를 보호하였다.
> ㉣ 1968년 1 · 21 무장공비 침투사건 당시 군 방어선이 뚫린 상황에서 격투 끝에 청와대를 사수하였으며, 순국으로 대한민국을 지켜내고 조국의 발전을 가능하게 한 영웅적인 사례로 평가받고 있다.

	㉠	㉡	㉢	㉣
①	김구	안병하	차일혁	정종수
②	김원봉	안병하	최규식	정종수
③	김구	차일혁	안병하	최규식
④	김구	최규식	안병하	차일혁

정답 및 해설 I ①

㉠ 1919년 대한민국 임시정부의 초대 경무국장은 '김구'이다.

㉡ 안병하 경무관에 관한 설명이다.

㉢ 구례 화엄사 등 다수의 사찰을 소시로부터 구해내는 등 문화경찰의 발자취를 남긴 문화경찰의 표상과 관련한 인물은 '차일혁 경무관'이다.

㉣ 최규식 경무관과 정종수 경사에 관한 설명이다.

042 다음은 자랑스러운 경찰의 표상에 대한 서술이다. 해당 인물을 바르게 나열한 것은? 20. 경찰

□□□

> ㉠ 성산포경찰서장 재직시 계엄군의 예비검속자 총살 명령에 '부당함으로 불이행'한다고 거부하고 주민들을 방면함
> ㉡ 1946년 5월 미군정하 제1기 여자경찰간부로 임용되어 국립경찰에 투신하였고 1952년부터 2년간 서울여자경찰서장을 역임하며 풍속 · 소년 · 여성보호업무를 담당함(여자경찰제도는 당시 권위적인 사회 속에서 선진적이고 민주적인 제도였음)
> ㉢ 5 · 18 민주화운동 무장 강경진압 방침이 내려오자 '분산되는 자는 너무 추적하지 말 것, 부상자가 발생하지 않도록 할 것' 등을 지시하여 비례의 원칙에 입각한 경찰권 행사의 및 인권보호를 강조함
> ㉣ 임시정부 경무국 경호원 및 의경대원으로 활동하였고 1926년 12월 식민수탈의 심장인 식산은행과 동양척식회사에 폭탄을 투척하였음

	㉠	㉡	㉢	㉣
①	안맥결	문형순	최규식	나석주
②	문형순	안맥결	안병하	나석주
③	안병하	문형순	나석주	이준규
④	문형순	안맥결	안병하	이준규

정답 및 해설 | ②

㉠ 문형순 경찰서장에 대한 설명이다.
㉡ 독립운동가 출신의 여성경찰관인 안맥결 총경에 대한 설명이다.
㉢ 안병하 치안감에 대한 설명이다.
㉣ 독립운동가 나석주에 대한 설명이다.

043 다음은 한국경찰사에 대한 설명이다. 아래 ( ) 안에 들어갈 내용으로 가장 적절하게 짝지어진 것은?

□□□

22. 경찰승진

> 안병하 치안감은 5 · 18 광주 민주화운동 당시 전라남도 경찰국장으로서 전라남도 경찰들에게 '분산되는 자는 너무 추적하지 말 것' 등을 지시하고, '연행과정에서 학생의 피해가 없도록 유의하라'고 지시하여 (㉠)에 입각한 경찰권 행사 및 시위대의 (㉡)를 강조하였다.

	㉠	㉡
①	호국정신	인권보호
②	비례의 원칙	질서유지
③	호국정신	질서유지
④	비례의 원칙	인권보호

정답 및 해설 I ④

④ [O]

> 안병하 치안감은 5·18 광주 민주화운동 당시 전라남도 경찰국장으로서 전라남도 경찰들에게 '분산되는 자는 너무 추적하지 말 것' 등을 지시하고, '연행과정에서 학생의 피해가 없도록 유의하라'고 지시하여 (㉠ 비례의 원칙)에 입각한 경찰권 행사 및 시위대의 (㉡ 인권보호)를 강조하였다.

044 우리나라 경찰의 표상이 되는 인물과 활동에 대한 설명이다. 아래 ㉠부터 ㉣까지의 설명 중 옳고 그름의 표시(○, ×)가 바르게 된 것은?

23. 경찰간부

> ㉠ 차일혁 경무관 – 일제 강점기에 항일투쟁을 하였고 6·25전쟁 기간 제18전투경찰대장으로 부임하여 빨치산토벌작전에서 탁월한 전공을 세웠으며, 1954년 충주경찰서장으로서 충주직업청소년학교를 설립하여 전쟁고아들에게 학교공부와 직업교육의 기회를 주었다.
> ㉡ 안종삼 총경 – 1950년 7월 24일 구례경찰서 서장으로서 경찰서에 구금 중이던 480명의 국민보도연맹원들을 사살하라는 상부의 명령을 받았으나, 이를 거부하고 전원 석방함으로써 국가범죄의 비극적 살육을 막아냈다.
> ㉢ 박재표 경위 – 1956년 8월 13일 제2대 지방의원 선거 당시 정읍 소성지서에서 순경으로 근무하던 중 투표함을 바꿔치기 하는 부정선거를 목격하고 이를 기자회견을 통해 세상에 알리는 양심적 행동을 하였다.
> ㉣ 이준규 총경 – 1980년 5·18민주화운동 당시 목포 경찰서장으로서 시민과의 유혈충돌을 방지하기 위해 보유 중인 총기들을 목포 인근에 위치한 섬으로 이동시켰고 신군부의 강경한 시위진압에 거부하는 등 시민을 보호하였다.

① ㉠ (○), ㉡ (○), ㉢ (○), ㉣ (○)
② ㉠ (○), ㉡ (○), ㉢ (○), ㉣ (×)
③ ㉠ (×), ㉡ (○), ㉢ (○), ㉣ (×)
④ ㉠ (×), ㉡ (×), ㉢ (○), ㉣ (×)

정답 및 해설 I ①

모두 옳은 설명이다. 박재표 경위가 새롭게 출제되었다.

㉢ 박재표 경위: 1956년 8·13 지방선거 당시 자유당이 저지른 '환표(換票)사건'을 세상에 처음 알린 인물로 2017년 향년 85세의 나이로 별세하였다.

045 자랑스러운 경찰의 표상에 관한 내용과 인물이 바르게 연결된 것은? 24. 경찰승진

□□□

> ㉠ 성산포경찰서장 재직시 계엄군으로부터 예비검속자들을 총살 집행 후 보고하라는 공문을 받고, 그 공문에 직접 "부당함으로 불이행"이라 쓰고 지시를 거부하였다. 자신의 목숨이 위태로울 수 있음에도 용기있는 결단으로 예비검속자들의 목숨을 구해냈다.
>
> ㉡ 5 · 18 광주 민주화운동 당시 전남지역 치안의 총책임자로서 무장 강경진압 방침이 내려오자, '데모 저지에 임하는 경찰의 방침'(주동자 외는 연행 금지, 경찰봉 사용 유의, 절대 희생자가 발생하지 않도록 할 것 등)이라는 근무지침을 전파하여 시민과 경찰 양측의 안전을 우선시하고 인권에 유의한 집회 · 시위 관리를 강조하였다.
>
> ㉢ 1946년 여자경찰간부 1기로 경찰에 투신하여 1952년 서울 여자경찰서장에 취임하였다. 5 · 16군사정변 당시 군부로부터 정권에 합류를 권유받았으나, 민주주의를 부정한 군사정권에 협력할 수 없다며 거부하고 경찰에서 퇴직하였다.
>
> ㉣ 1950년 순경으로 임용, 1986년 총경으로 승진하였지만, 수사현장을 끝까지 지킨다는 의지로 경찰서장 보직을 희망하지 않고 수사 · 형사과장으로만 재직하였다. MBC 드라마 수사반장의 실제 모델이며, 1963년, 1968년, 1969년에 치안국의 포도왕(검거왕)으로 선정되었다.

	㉠	㉡	㉢	㉣
①	문형순	안병하	안맥결	최중락
②	노종해	안종삼	안맥결	이준규
③	문형순	안병하	김해수	이준규
④	노종해	안종삼	김해수	최중락

정답 및 해설 I ①

㉠ 문형순 경감에 대한 설명이다.
㉡ 안병하 치안감에 대한 설명이다.
㉢ 안맥결 총경에 대한 설명이다.
㉣ 최중락 총경에 대한 설명이다.

046 오늘날 우리나라 경찰의 변화에 관한 설명 중 가장 적절하지 않은 것은? 22. 경찰

□□□

① 수사절차 전반에 걸쳐 주관적인 시각으로 사건을 살펴보고 오류를 바로잡을 수 있도록 하기 위하여 일선 지구대 및 파출소에 '영장심사관', '수사심사관' 제도를 도입 · 운영하고 있다.

② 집회 · 시위에 대한 관점을 관리 · 통제에서 인권존중 · 소통으로 근본적으로 바꾸기 위해 스웨덴 집회 · 시위관리 정책을 벤치마킹한 '대화경찰관제'를 도입 · 시행하고 있다.

③ 국경을 초월하는 국제범죄에 능동적으로 대응하고 재외국민 보호를 위해 치안시스템 전수, 외국경찰 초청연수, 치안인프라 구축사업 등을 내용으로 하는 치안한류 사업을 추진하고 있다.

④ 2020년 12월 국가정보원법 개정에 따라 국가정보원의 국가안보 관련 수사업무가 경찰로 이관될 예정이다.

정답 및 해설 I ①

① [×] 수사절차 전반에 걸쳐 객관적인 시각으로 사건을 살펴보고 오류를 바로잡을 수 있도록 하기 위하여 일선 경찰서에 '영장심사관', '수사심사관' 제도를 도입 · 운영하고 있다.

047 근대 한국의 경찰개념 형성에 대한 설명으로 가장 적절하지 않은 것은? 22. 경찰간부

□□□

① 유길준은 경찰의 기본 업무로 치안에 집중할 것을 강조하면서 '위생'을 경찰업무에서 제외할 것을 주장하였다.

② 유길준은 서유견문 '제10편 순찰의 규제'를 통해 경찰제도 개혁을 주장하였다.

③ 유길준은 경찰제도를 행정경찰과 사법경찰로 구분할 것을 주장하였다.

④ 김옥균, 박영효 등이 일본의 경찰제도로부터 영향을 받은 반면, 유길준은 영국의 경찰제도로부터 영향을 받았다.

정답 및 해설 I ①

① [×] 유길준은 '서유견문'을 통해 위생을 근대적 개인의 권리 차원에서 접근하여, 국가 차원의 위생행정을 집행하는 데 가장 중요한 수단으로 법률과 위생경찰을 제시하였다. 나아가 병리관, 위생법규와 경찰제도의 정비, 위생개혁 조치 등 질병관, 국가기구, 법률제도 등의 내용을 모두 포괄하는 가운데 담당부서인 위생국을 구상하였다.

048 1894년 갑오개혁 당시 추진되었던 경찰제의 내용으로 적절한 것을 모두 고른 것은? 22. 경찰간부

□□□

㉠ 좌우포도청을 통합하여 경무청을 신설하고 전국의 경찰 사무를 관장토록 하였다. ㉡ 경무청은 최초에 법무아문 소속으로 설치하였으나, 곧 내무아문 소속으로 변경되었다. ㉢ 경무청관제직장은 일본의 행정경찰 규칙을 모방한 것이다. ㉣ 한성부의 5부 내에 경찰지서를 설치하고 서장을 경무사로 보하였다. ㉤ 경무청은 영업 · 소방 · 전염병 등 광범위한 직무를 담당하였다.

① ㉠, ㉡ ② ㉡, ㉢

③ ㉡, ㉤ ④ ㉣, ㉤

정답 및 해설 I ③

적절한 것은 ㉡㉤이다.

㉠ [×] 좌우포도청을 통합하여 경무청을 신설하였으나 경무청은 전국 관할이 아니라 한성부만 관장토록 하였다.

㉢ [×] 일본의 행정경찰 규칙을 모방한 것은 행정경찰장정이다.

㉣ [×] 한성부의 5부 내에 경찰지서를 설치하고 서장을 경무관으로 보하였다.

049 대한민국 임시정부의 경찰에 대한 설명으로 가장 적절하지 않은 것은? 22. 경찰간부

□□□

① 상해임시정부는 1919년 11월 대한민국 임시관제를 제정하여 내무부에 경무국을 두고 초대 경무국장으로 김구를 임명하였다.

② 상해 교민단 산하에 의경대를 설치하여 교민단의 치안을 보전하고 밀정을 색출하는 역할을 수행하였다.

③ 상해임시정부는 연통제를 실시하여 도(道)에 경무사를 두었다.

④ 중경임시정부에는 내무부 아래에 경무국을 두었고, 별도로 경위대를 설치하였다.

정답 및 해설 | ①, ④ (복수정답)

① [×] 상해임시정부는 1919년 11월 '대한민국 임시정부 장정'을 제정하여 내무부에 경무국을 두고 초대 경무국장으로 김구를 임명하였다.

④ [×] 중경임시정부에는 내무부 아래에 경무과를 두었다. 경무국은 상해임시정부의 경찰조직이다.

050 한국 경찰의 역사와 제도에 대한 아래 사건들을 시대 순으로 바르게 나열한 것은? 22. 경찰간부

□□□

> ㉠ 국립과학수사연구소 설치
> ㉡ 경찰공무원법 제정
> ㉢ 경찰관 직무집행법 제정
> ㉣ 내무부 치안국을 치안본부로 개편

① ㉠ - ㉢ - ㉡ - ㉣
② ㉢ - ㉠ - ㉣ - ㉡
③ ㉢ - ㉠ - ㉡ - ㉣
④ ㉠ - ㉢ - ㉣ - ㉡

정답 및 해설 | ③

③ [○] ㉢ 경찰관 직무집행법 제정(1953년) ⇨ ㉠ 국립과학수사연구소 설치(1955년) ⇨ ㉡ 경찰공무원법 제정(1969년) ⇨ ㉣ 내무부 치안국을 치안본부로 개편(1974년) 순이다.

051 우리나라 경찰의 역사에 관한 설명 중 가장 적절하지 않은 것은? 22. 경찰간부

□□□

① 고려시대 중앙에는 형부, 병부, 어사대, 금오위 등이 경찰업무를 수행하였고, 이 중 어사대는 관리의 비리를 규탄하고 풍속교정을 담당하는 등 풍속경찰의 임무를 수행하였다.

② 이준규 서장은 보도연맹원들에 대한 총살명령이 내려오자 480명의 예비검속자 앞에서 "내가 죽더라도 방면하겠으니 국가를 위해 충성해 달라"라는 연설 후 전원 방면하였다.

③ 정부수립 이후 1991년 이전 경찰의 특징을 살펴보면, 전투경찰업무가 경찰의 업무 범위에 추가되었고 소방업무가 경찰의 업무 범위에서 배제되는 등 경찰활동의 영역에 변화가 있었다.

④ 구 경찰법이 국가경찰과 자치경찰의 조직 및 운영에 관한 법률로 개정됨에 따라 자치경찰사무를 관장하게 하기 위하여 특별시장 · 광역시장 · 특별자치시장 · 도지사 · 특별자치도지사 소속으로 시 · 도자치경찰위원회를 두었다.

정답 및 해설 I ②

② [×] 안종삼에 대한 설명이다. 이준규 목포경찰서장은 안병하 치안감과 더불어 5 · 18 광주민주화운동 당시 신군부의 지시에도 불구하고 인권을 보호한 민주경찰과 인권경찰의 표상이다.

052 □□□ 다음은 자랑스러운 경찰의 표상에 관한 서술이다. 해당 인물을 바르게 나열한 것은? 23. 경찰

㉠ 성산포경찰서장 재직시 계엄군의 예비검속자 총살 명령에 '부당함으로 불이행'한다고 거부하고 주민들을 방면함
㉡ 5 · 18 광주 민주화운동 당시 무장 강경진압 방침이 내려오자 '분산되는 자는 너무 추적하지 말 것, 부상자가 발생하지 않도록 할 것' 등을 지시하여 비례의 원칙에 입각한 경찰권 행사 및 인권보호를 강조함
㉢ 임시정부 경무국 경호원 및 의경대원으로 활동하였고 1926년 12월 식민수탈의 심장인 식산은행과 동양척식회사에 폭탄을 투척함
㉣ 구례경찰서장 재임 당시, 재판을 받지 않고 수감된 보도 연맹원 480명을 방면하였으며, '내가 만일 반역으로 몰려 죽는다면 나의 혼이 여러분 각자의 가슴에 들어가 지킬 것이니 새 사람이 되어주십시오'라고 당부함

	㉠	㉡	㉢	㉣
①	문형순	안병하	차일혁	안종삼
②	이준규	최규식	안맥결	나석주
③	문형순	안병하	나석주	안종삼
④	이준규	최규식	정종수	나석주

정답 및 해설 I ③

③ [×] 각각 ㉠ 문형순, ㉡ 안병하, ㉢ 나석주, ㉣ 안종삼에 관한 설명이다.

제3절 I 외국(비교)경찰

053 □□□ 1829년 런던수도경찰청을 창설한 로버트 필 경(Sir. Robert Peel)이 경찰조직을 운영하기 위하여 제시한 기본적인 원칙 중 가장 적절하지 않은 것은? 20. 경찰

① 경찰의 기본적인 임무는 범죄에 대한 신속한 대응이다.
② 경찰의 성공은 시민의 인정에 의존한다.
③ 적절한 경찰관들을 확보하기 위한 교육훈련은 필수적인 것이다.
④ 경찰은 군대식으로 조직되어야 한다.

정답 및 해설 I ①

① [×] 로버트 필경은 경찰은 미연에 범죄와 무질서를 방지하기 위해 노력해야 한다고 주장하였다.

054 □□□ 런던수도경찰청을 창시(1829년)한 로버트 필 경(Sr. Robert Peel)이 경찰조직을 운영하기 위하여 제시한 기본적인 원칙(경찰개혁안 포함)에 대한 설명으로 가장 적절하지 않은 것은? 22. 경찰간부

① 경찰은 정부의 통제하에 있어야 한다.

② 범죄발생 사항은 반드시 전파되어야 한다.

③ 단정한 외모가 시민의 존중을 산다.

④ 경찰의 효율성은 항상 범죄나 무질서를 진압하는 가시적인 모습으로 판단하는 것이다.

정답 및 해설 | ④

④ [×] R. Peel은 경찰의 효율성은 범죄의 부재를 통해 판단하는 것이다.

055 □□□ 영미법계 국가의 경찰개념 형성 및 발달과정 중 미국경찰의 20세기 초 경찰개혁시대에 관한 설명으로 가장 적절하지 않은 것은? 22. 법학경채

① 미국경찰은 지나친 분권화와 정치적 영향으로 정치와 경찰의 분리를 추진하였다.

② 개혁을 이끈 대표적 인물로 볼머(August Vollmer), 윌슨(O. W. Wilson) 등이 있다.

③ 경찰의 전문직화를 추진·확립하였다.

④ 시민과의 협력을 위해 도보순찰을 강조하였다.

정답 및 해설 | ④

④ [×] 20C 초 O.W. Willson의 경찰개혁 운동에서는 기존의 2인 1조의 도보순찰에서 1인 1차의 자동차 순찰로 전환할 것을 강조하였다.

056 □□□ 각 국의 수사기관에 관한 설명으로 가장 적절하지 않은 것은? 23. 경찰

① 영국의 국립범죄청(NCA)은 2013년 중대조직범죄청(SOCA)과 아동범죄대응센터(CEOPC)를 통합하여 출범하였다.

② 미국의 연방수사국(FBI)은 2001년 9.11 테러 이후 테러예방과 수사에 많은 역량을 집중시키고 있다.

③ 독일의 연방범죄수사청(BKA)은 연방헌법기관 요인들에 대한 신변경호도 담당한다.

④ 한국의 국가수사본부는 고위공직자범죄등에 관한 수사를 독립적으로 수행하기 위하여 법무부장관 소속으로 설치되었다.

정답 및 해설 | ④

④ [×] 한국의 고위공직자범죄수사처는 고위공직자범죄등에 관한 수사를 독립적으로 수행하기 위하여 독립적 기관으로 설치되었다(고위공직자범죄수사처 설치 및 운영에 관한 법률 제3조). 국가수사본부는 경찰청에 소속되어 있다.

057 다음은 외국 경찰의 수사권에 관한 설명이다. 어느 나라 경찰에 관한 것인가? 11. 경찰

□□□

> 수사권의 주체를 1차적으로 수사권을 행사하는 일반사법경찰직원, 특수한 사항에 관해서만 1차적 수사권을 행사하는 특별사법경찰직원, 이들에 대해서 보충적 입장에서 모든 사항에 관해서 2차적 수사권을 행사하는 검찰관으로 구분할 수 있다. 경찰은 독자적 수사권을 가지며, 검사와는 상호협력관계에 있다. 원칙적으로 경찰은 1차적 수사기관이며, 검찰은 2차적 수사권 및 소추권을 가진다. 경찰은 모든 사건에 대한 수사권을 행사하나, 검찰은 모든 범죄에 대한 수사는 가능하지만, 통상 정치 · 금융 · 경제 · 저명인사 사건에 대한 중요 사건에 대해서 직접 수사를 한다.

① 독일 ② 미국

③ 영국 ④ 일본

정답 및 해설 I ④

④ [O] 경찰과 검찰의 상호협력관계에서 제1차적 수사권은 경찰이 행하고, 제2차적 수사권은 검찰이 갖는 나라는 일본이다.

058 프랑스 경찰개념의 발달과정에 대한 설명으로 가장 적절하지 않은 것은? 22. 경찰간부

□□□

① 11세기경 프랑스에서는 법원과 경찰 기능을 가진 프레보(Prévôt)가 파리에 도입되었고, 프레보는 왕이 임명하였다.

② 프랑스에서 경찰권이론은 14세기에 등장하였는데, 이 이론에 따르면 군주는 개인간의 결투와 같은 자구행위를 억제하기 위하여 공동체의 원만한 질서를 보호할 권리와 의무를 갖고 있으며, 이를 위한 필수불가결한 조치를 경찰권에 근거하여 갖고 있다고 보았다.

③ 14세기 프랑스 경찰권 개념은 라 폴리스(La Police)라는 단어에 의해 대표되었는데, 이 단어의 뜻은 초기에는 '공동체의 질서 있는 상태'를 의미했다가 나중에는 '국가목적 또는 국가작용'을 의미하였다.

④ 15세기 말 프랑스에서 독일로 도입된 경찰권이론은 '국민의 공공복리를 위해 강제력을 동원할 수 있는 통치자의 권한'으로 인정되어 절대적 국가권력의 기초를 제공하였다.

정답 및 해설 I ③

③ [×] 14세기 프랑스 경찰권 개념인 라 폴리스(La Police)라는 단어는 초기에는 '국가목적 또는 국가작용'을 의미하였다가 나중에는 '공동체의 질서 있는 상태'를 의미하였다.

059 □□□ **1829년 런던수도경찰청을 창설한 로버트 필 경(Sir. Robert Peel)이 경찰조직을 운영하기 위하여 제시한 기본적인 원칙에 해당하지 않는 것은?** 22. 경찰간부

① 경찰은 안정되고 능률적이며, 군대식으로 조직되어야 한다.

② 경찰의 기본적인 임무는 범죄와 무질서의 예방이다.

③ 모방범죄 예방을 위해 범죄정보는 유출되어서는 안 된다.

④ 적합한 경찰관들의 선발과 교육은 필수적인 것이다.

정답 및 해설 I ③

③ [×] 로버트 필 경(Sir. Robert Peel)의 12가지 경찰개혁안에는 ③의 내용이 포함되어 있지 않다.

☑ 로버트 필 경(Sir. Robert Peel)의 12가지 경찰개혁안

1. 경찰은 안정되고, 능률적이고, 군대식으로 조직화되어야 한다.
2. 경찰은 정부의 통제하에 있어야 한다.
3. 경찰의 능률성은 범죄의 부재(Absence of Crime)에 의해 가장 잘 나타날 것이다.
4. 범죄발생 사항은 반드시 전파되어야 한다.
5. 시간과 지역에 따른 경찰력의 배치가 필요하다.
6. 자기감정을 조절할 줄 아는 것이 가장 중요한 경찰관의 자질이다.
7. 단정한 외모가 시민의 존중을 산다.
8. 적임자를 선발하여 적절한 훈련을 시키는 것이 능률성의 근간이다.
9. 공공의 안전을 위해 모든 경찰관에게는 식별할 수 있도록 번호가 부여되어야 한다.
10. 경찰서는 시내중심지에 위치하여야 하며, 주민의 접근이 용이해야 한다.
11. 경찰은 반드시 시보기간을 거친 후에 채용되어야 한다.
12. 경찰은 항상 기록을 남겨 차후 경찰력 배치를 위한 기준으로 삼아야 한다.

060 □□□ **외국의 경찰에 대한 설명으로 가장 적절하지 않은 것은?** 22. 경찰간부

① 미국은 경찰업무의 집행에 있어 범죄대응의 효율성보다는 인권보장에 중점을 두어 적법절차(Due Process of Law)를 강조하는데, 이는 연방대법원의 판결을 통해 확립되어 있다.

② 프랑스 군경찰은 군인의 신분으로 국방임무를 수행하면서, 행정경찰과 사법경찰의 기능을 수행한다.

③ 일본 경찰은 일반적으로 수사의 개시·진행권 및 종결권을 가지고 있으며, 검찰과 상호대등한 협력관계를 이룬다.

④ 독일경찰은 연방차원에서는 각 주(州)가 경찰권을 가지고 있는 자치경찰이지만, 주(州)의 관점에서 본다면 주(州) 내무부장관을 정점으로 하는 주(州)단위의 국가경찰체제이다.

정답 및 해설 I ③

③ [×] 일본 경찰은 일반적으로 수사의 1차적 개시·진행권만 보유하고 수사종결권은 검사에게만 있다.

061 20세기 초 미국경찰에 대한 설명으로 적절하지 않은 것은 모두 몇 개인가? 23. 경찰간부

□□□

㉠ 위커샴 위원회(Wickersham Commission) 보고서에서는 경찰전문성 향상을 위해 경찰관 채용기준 강화, 임금 및 복지개선, 교육훈련 증대의 필요성이 제기되었다.
㉡ 오거스트 볼머(August Vollmer)는 경찰관 선발을 지원하기 위해서 지능 · 정신병 · 신경학 검사를 도입했다.
㉢ 윌슨(O. W. Wilson)은 1인 순찰제의 효과성에 관한 체계적인 연구를 수행했다.
㉣ 루즈벨트(F. D. Roosevelt) 대통령의 지시로 1903년 최초의 연방수사 기구가 재무부에 창설되었다.

① 1개 ② 2개
③ 3개 ④ 4개

정답 및 해설 I ①
㉠㉡㉢ [○]
㉣ [×] 미 연방수사국(FBI, Federal Bureau of Investigation)은 1908년 루즈벨트(Roosevelt) 대통령에 의해 법무부(재무부 ×) 산하에 창설되었다.

062 경찰개념의 형성 및 변천과 관련한 외국의 판례에 관한 설명으로 가장 적절하지 않은 것은?

□□□

22. 경찰간부

① 경찰개입청구권을 최초로 인정한 판결은 띠톱 판결이다.
② 일반적 수권조항에 근거한 경찰권의 발동은 소극적인 위험방지 분야에 한정된다는 사상을 확립시킨 계기가 된 판결은 1882년 크로이츠베르크(Kreuzberg) 판결이다.
③ 위법수집증거 배제법칙이 확립된 판결은 맵(Mapp) 판결이다.
④ 국가배상이 인정된 최초의 판결은 에스코베도(Escobedo) 판결이다.

정답 및 해설 I ④
④ [×] 국가배상책임을 최초로 인정한 판결은 1873년 프랑스의 블랑코(Blanco) 판결이다.

블랑코 판결(프) (Blanco, 1873)	블랑코라는 소년이 국영담배공장 운반차에 사고를 당한 사안에서 국가배상책임을 최초로 인정, 관할을 행정재판소라는 판결
에스코베도(미) (Escobedo, 1964)	피고인 에스코베도와 변호인의 접견교통권을 침해하여 얻은 자백의 증거능력 부정
미란다(미) (Miranda, 1966)	변호인 선임권, 진술거부권 등 권리 고지 없이 얻은 자백의 증거능력 부정
띠톱판결(독) (1960)	띠톱에서 발생하는 먼지와 소음에 대해 조치를 취해달라는 민원에 대하며, 행정청의 재량권이 0으로 수축되어 행정개입청구권이 인정된다는 판결
맵 판결 (Mapp, 1961)	위법수집증거(별건수사를 통해 수집된 증거) 배제법칙이 확립된 판결

063 다른 나라의 경찰제도에 대한 설명으로 적절하지 않은 것은 모두 몇 개인가? 22. 경찰간부

□□□

㉠ 일본의 관구경찰국은 동경 경시청과 북해도 경찰본부 관할 구역을 제외하고 전국에 7개가 설치되어 있다.
㉡ 프랑스의 군인경찰(La Gendamerie Nationale)은 국립경찰이 배치되지 않는 소규모 인구의 소도시와 농촌지역에서 경찰업무를 수행한다.
㉢ 독일의 연방헌법보호청은 경찰기관의 하나로서 법집행업무를 수행하는데, 헌법 위반과 관련된 사안에 대해서만 구속 · 압수 · 수색 등 강제수사를 할 수 있다.
㉣ 미국의 군 보안관(County Sheriff)은 범죄수사 및 순찰 등 모든 경찰권을 행사하며, 대부분의 주(State)에서 군 보안관 선출은 지역주민의 선거로 이루어진다.
㉤ 영국의 지방경찰은 기존의 3원 체제(지방경찰청장, 지방경찰위원회, 내무부장관)에서 4원 체제(지역치안위원장, 지역치안평의회, 지방경찰청장, 내무부장관)로 변경하면서 자치경찰의 성격을 강화하였다.

① 없음 ② 1개
③ 2개 ④ 3개

정답 및 해설 | ②

적절하지 않은 것은 ㉢ 1개이다.

㉢ [×] 독일의 연방헌법보호청(BVS)은 법률상 강제집행권이 없는 정보기관이다. 따라서 구속 · 압수 · 수색 등 강제수사를 할 수 없으며, 수사단계에서는 수사권을 가진 연방수사청이나 주경찰에 사건을 이관해야 한다.

㉠ [○] 일본의 관구경찰국은 기존의 7개였으나, 2021년 10월 문제 출제 당시 '시코구 관구경찰국'이 '주코구 관구경찰국'으로 병합되면서 6개가 되었다. 그러나 맞는 지문으로 출제되어, 출제오류라고 보아야 한다.

해커스경찰

police.Hackers.com

제2편

각론

제1장 | 생활안전경찰

제1절 | 범죄예방론

001 □□□ 범죄원인론에서 J. F. Sheley가 주장한 범죄인의 입장에서 바라본 범죄를 일으키는 필요조건 4가지로 가장 적절하지 않은 것은? 15. 경찰

① 범행의 기술

② 보호자(감시자)의 부재

③ 범행의 동기

④ 사회적 제재로부터의 자유

정답 및 해설 | ②

② [×] J. F. Sheley가 주장한 범죄인의 입장에서 바라본 범죄를 일으키는 필요조건 4가지는 범행의 동기, 범행의 기회, 범행의 기술, 사회적 제재로부터의 자유를 말한다. 보호자(감시자)의 부재는 일상활동이론에서 주장하는 범죄발생의 필요조건이다.

002 □□□ 다음은 '범죄통제이론'을 설명한 것이다. 가장 적절하지 않은 것은? 14. 경찰

① '억제이론'은 인간의 합리적 판단이 범죄 행동에도 적용된다고 보아서 폭력과 같은 충동적 범죄에는 적용에 한계가 있다.

② '치료 및 갱생이론'은 결정론적 인간관에 입각하여 특별예방효과에 중점을 둔다.

③ '일상활동이론'의 범죄발생 3요소는 '동기가 부여된 잠재적 범죄자', '적절한 대상', '범행의 기술'이다.

④ 로버트 샘슨은 지역주민간의 상호신뢰 또는 연대감과 범죄에 대한 적극적인 개입을 강조하는 '집합효율성이론'을 주장하였다.

정답 및 해설 | ③

③ [×] '일상활동이론'의 범죄발생 3요소는 '동기가 부여된 잠재적 범죄자', '적절한 대상', '보호자(감시자)의 부재'이다.

003 범죄예방(통제)이론에 대한 다음 설명 중 가장 옳지 않은 것은? 10. 경찰

□□□

① 합리적 선택이론에서는 인간의 자유의지를 인정하는 결정론적 인간관에 입각하여 범죄자는 비용과 이익을 계산하고 자신에게 유리한 경우에 범죄를 행한다고 본다.

② 사회발전을 통한 범죄예방이론에 대하여는 개인이나 소규모의 조직체에 의해 수행될 수 없다는 비판이 제기된다.

③ 일상활동이론은 범죄자의 입장에서 범행을 결정하는 데 고려되는 4가지 요소로 가치(Value), 이동의 용이성(Inertia), 가시성(Visibility), 접근성(Access)을 들고 있다.

④ 환경설계를 통한 범죄예방기법(CPTED)은 생태학적 이론의 대표적인 예라 할 수 있다.

정답 및 해설 I ①

① [×] 합리적 선택이론에서는 인간의 자유의지를 인정하는 **비결정론적 인간관**에 입각하여 범죄자는 비용과 이익을 계산하고 자신에게 유리한 경우에 범죄를 행한다고 본다.

004 범죄원인론과 범죄예방론에 대한 설명으로 틀린 것은? 10. 경찰

□□□

① 실증주의 범죄학 – 페리(E. Ferri)는 범죄의 원인이 존재하는 사회에서는 이에 상응하는 일정한 양의 범죄가 반드시 발생한다고 주장하였다.

② 치료 및 갱생이론 – 결정론적 인간관에 기초하여 범죄자에 대한 치료 내지 갱생으로 범죄를 예방하고자 한다.

③ 문화적 전파이론 – 범죄란 특정 개인이 범죄문화에 참가 · 동조함에 의해 정상적으로 학습된 행위로 본다.

④ 생태학적 이론 – 범죄발생을 용이하게 하는 환경적 요소를 개선하거나 제거함으로써 기회성범죄를 줄이려는 범죄예방론으로, 대표적인 예로 환경설계를 통한 범죄예방기법(CPTED)이 있다.

정답 및 해설 I ③

③ [×] **차별적(분화적) 접촉이론**에서 범죄란 특정 개인이 범죄문화에 참가 · 동조함에 의해 정상적으로 학습된 행위로 본다.

005 범죄원인론에 대한 설명으로 가장 적절하지 않은 것은? 19. 경찰승진

□□□

① 고전주의 범죄학에 따르면 범죄는 인간의 자유의지에 의한 것이 아니고, 외적 요소에 의해 강요되는 것이다.

② 마짜(Matza)와 싸이크스(Sykes)는 청소년은 비행의 과정에서 합법적 · 전통적 관습, 규범, 가치관 등을 중화시킨다고 주장하였다.

③ 허쉬(Hirshi)는 범죄의 원인은 사회적인 유대가 약화되어 통제되지 않기 때문이라고 주장하였다.

④ 글레이저(Glaser)는 청소년들이 영화의 주인공을 모방하고 자신과 동일시하면서 범죄를 학습한다고 주장하였다.

정답 및 해설 I ①

① [×] '실증주의 범죄학'에 대한 설명이다. 실증주의 범죄학에 따르면 범죄는 인간의 자유의지에 의한 것이 아니고, 외적 요소에 의해 강요되는 것이다.

006 범죄통제이론에 대한 설명으로 가장 적절하지 않은 것은? 19. 경찰승진

□□□

① '억제이론'은 강력하고 확실한 처벌을 통하여 범죄를 억제할 수 있다고 보며, 범죄의 동기나 원인, 사회적 환경에는 관심이 없다.

② '일상활동이론'은 지역사회 구성원들이 범죄문제를 해결하기 위해 적극적으로 참여하는 것이 중요한 범죄예방의 열쇠라고 한다.

③ '합리적 선택이론'은 인간이 자유의지를 가지고 있다고 가정하고 합리적인 인간관을 전제로 하므로 비결정론적 인간관에 바탕을 두고 있다.

④ '치료 및 갱생이론'은 비용이 많이 들고 범죄자를 대상으로 하므로 일반 예방효과에 한계가 있다는 비판이 존재한다.

정답 및 해설 I ②

② [×] '집합효율성이론'에 대한 설명이다. '일상활동이론'은 동기가 부여된 범죄자, 적절한 범행대상, 보호능력의 부재라는 3가지 범죄유발요건이 존재할 때 범죄가 발생한다고 주장하는 이론이다. 이러한 이 3가지 범죄유발요건이 언제, 어떻게, 어떤 모습으로 나타나는지는 개인의 일상활동에 따라 달라진다고 설명한다.

007 다음 중 범죄원인에 대한 학설의 설명으로 가장 옳지 않은 것은? 14. 경찰간부

□□□

① 문화전파이론은 범죄를 부추기는 가치관으로의 사회화나 범죄에 대한 구조적 · 문화적 유인에 대한 자기통제상실을 범죄의 원인으로 본다.

② 낙인이론은 범죄자로 만드는 것이 행위의 질적인 측면이 아니라 사람들의 인식이라고 본다.

③ 중화기술이론은 자기행위가 실정법상 위법하다는 것을 알지만 그럴 듯한 구실이나 이유를 내세워 자신의 행위를 도덕적으로 문제 없는 정당한 행위로 합리화시켜 준법정신이나 가치관을 마비시킴으로써 범죄에 나아간다는 이론을 말한다.

④ 긴장이론은 비행을 제지할 수 있는 사회적 통제의 결속과 유대의 약화로 인하여 범죄가 발생한다고 본다.

정답 및 해설 I ④

④ [×] 사회적 유대이론에 대한 설명이다.

008 범죄통제이론에 대한 설명 중 적절하지 않은 것은 모두 몇 개인가? 13. 경찰승진

> ㉠ 억제이론은 고전학파의 입장으로 폭력과 같은 충동적 범죄에는 적용에 한계가 있다.
> ㉡ 치료 및 갱생이론은 비용부담이 많고, 적극적 범죄예방에는 한계가 있다.
> ㉢ 상황적 범죄예방이론의 일종인 합리적 선택이론은 억제이론과 같이 인간의 자유의지를 전제로, 범죄자는 비용과 이익을 계산하여 자신에게 유리한 경우에 범죄를 저지른다고 한다.
> ㉣ 방어공간이론은 지역사회 구성원들의 유대강화와 범죄 등 사회문제에 대한 적극적인 개입 등 공동의 노력이 있다면 얼마든지 범죄문제에 효과적으로 대응할 수 있다고 한다.
> ㉤ 상황적 범죄예방이론의 일종인 일상활동이론에서 범죄의 3가지 요인으로는 동기가 부여된 잠재적 범죄자, 보호자의 부재, 범행의 기술이 있다.
> ㉥ 일상활동이론은 시간과 공간적 변동에 따른 범죄발생양상 · 범죄기회 · 범죄조건 등에 대한 추상적이고 거시적인 분석을 토대로 구체적인 상황에 맞는 범죄예방활동을 하고자 한다.

① 0개　　② 1개

③ 2개　　④ 3개

정답 및 해설 I ④

틀린 설명은 ㉣㉤㉥ 3개이다.

㉣ [×] R. Sampson의 집합효율성이론에 대한 설명이다.

㉤ [×] 상황적 범죄예방이론의 일종인 일상활동이론에서 범죄의 3가지 요인으로는 동기가 부여된 잠재적 범죄자, 보호자의 부재, 범행의 대상이 있다.

㉥ [×] 일상활동이론은 시간과 공간적 변동에 따른 범죄발생양상 · 범죄기회 · 범죄조건 등에 대한 구체적이고 미시적인 분석을 토대로 구체적인 상황에 맞는 범죄예방활동을 하고자 한다.

009 □□□ 마짜(Matza)와 싸이크스(Sykes)의 중화기술이론에서 '조그만 잘못을 저지른 비행 청소년이 자신보다 단속하는 경찰관이 더 나쁜 사람'이라고 스스로를 합리화하는 중화기술은? 09. 경찰

① 비난자에 대한 비난

② 피해자의 부인

③ 책임의 부인

④ 충성심에의 호소

정답 및 해설 I ①

① [○] 중화기술이론 중 비난자에 대한 비난을 설명한 것이다.

010 □□□ 범죄원인이론에 대한 설명으로 가장 적절하지 않은 것은? 20. 경찰승진

① Miller는 범죄는 하위문화의 가치와 규범이 정상적으로 반영된 것이라고 하였다.

② Cohen은 하류계층의 청소년들이 목표와 수단의 괴리로 인해 중류계층에 대한 저항으로 비행을 저지르며, 목표달성의 어려움을 극복하기 위해 자신들만의 하위문화를 만들게 되는데 범죄는 이러한 하위문화에 의해 저질러진다고 한다.

③ '사회해체론'과 '아노미이론'은 범죄의 원인을 사회적 구조의 특성에서 찾는 사회적 수준의 범죄원인이론이다.

④ Durkheim은 좋은 자아관념이 주변의 범죄적 환경에도 불구하고 비행행위에 가담하지 않도록 하는 중요한 요소라고 한다.

정답 및 해설 I ④

④ [×] Reckless는 좋은 자아관념이 주변의 범죄적 환경에도 불구하고 비행행위에 가담하지 않도록 하는 중요한 요소라고 주장하였다.

011 다음은 관할 지역 내 범죄문제 해결을 위해 경찰서별로 실시하고 있는 활동들이다. 각 활동들의 근거가 되는 범죄원인론을 가장 적절하게 연결한 것은? 19. 경찰

㉠ A경찰서는 관내에서 음주소란과 폭행 등으로 적발된 청소년들을 형사입건하는 대신 지역사회 축제에서 실시되는 행사에 보안요원으로 봉사할 수 있는 기회를 제공하였다.
㉡ B경찰서는 지역사회에 만연해 있는 경미한 주취소란에 대해서도 예외 없이 엄격한 법집행을 실시하였다.
㉢ C경찰서는 관내 자전거 절도사건이 증가하자 관내 자전거 소유자들을 대상으로 자전거에 일련번호를 각인해 주는 서비스를 제공하였다.
㉣ D경찰서는 관내 청소년 비행문제가 증가하자 청소년들을 대상으로 폭력 영상물의 폐해에 관한 교육을 실시하고, 해당 유형의 영상물에 대한 접촉을 삼가도록 계도하였다.

	㉠	㉡	㉢	㉣
①	낙인이론	깨진 유리창이론	상황적 범죄예방이론	차별적 동일시이론
②	낙인이론	깨진 유리창이론	상황적 범죄예방이론	차별적 접촉이론
③	상황적 범죄예방이론	깨진 유리창이론	낙인이론	차별적 접촉이론
④	상황적 범죄예방이론	낙인이론	깨진 유리창이론	차별적 동일시이론

정답 및 해설 | ①

㉠ 무조건 범죄자로 낙인되는 부정적 효과를 막기 위해 봉사활동으로 전환하여 주는 것이므로 낙인이론에 대한 사례이다.
㉡ 깨진 유리창이론에 근거하여 경미한 무질서에 대해서도 무관용 정신으로 엄정하게 법집행하여야 한다는 사례이다.
㉢ 범죄를 저지르기 어려운 상황을 만들어 범죄의 기회를 감소시키는 것이므로 상황적 범죄예방이론에 대한 사례이다.
㉣ 차별적 동일시이론에 따라 영상물의 주인공과 자신을 동일시하여 모방범죄를 저지르는 것을 예방하는 사례이다.

012 범죄원인에 대한 이론을 설명한 것이다. 옳은 것은 모두 몇 개인가? 20. 경찰간부

□□□

> ㉠ 아노미이론은 Cohen에 의해 주장되었으며 '범죄는 정상적인 것이며 불가피한 사회적 행위'라는 입장에서 사회규범의 붕괴로 인해 범죄가 발생한다고 보고 있다.
> ㉡ J. F. Sheley가 주장한 범죄유발의 4요소는 범행의 동기, 사회적 제재로부터의 자유, 범죄피해자, 범행의 기술이다.
> ㉢ 사회학습이론 중 Burgess & Akers의 차별적 강화이론에 의하면 청소년들이 영화의 주인공을 모방하고 자신과 동일시 하면서 범죄를 학습한다고 한다.
> ㉣ Hirshi는 범죄의 원인은 사회적인 유대가 약화되어 통제되지 않기 때문이라고 보고, 비행을 통제할 수 있는 사회적 통제의 결속을 애착, 전념, 기회, 참여라고 하였다.
> ㉤ 합리적 선택이론에서는 인간의 자유의지를 인정하는 결정론적 인간관에 입각하여 범죄자는 비용과 이익을 계산하고 자신에게 유리한 경우에 범죄를 행한다고 본다.
> ㉥ 일상활동이론은 범죄자의 입장에서 범행을 결정하는 데 고려되는 4가지 요소로 가치(Value), 이동의 용이성(Inertia), 가시성(Visibility), 접근성(Access)을 들고 있다.
> ㉦ 범죄패턴이론은 지역사회 구성원들이 범죄문제를 해결하기 위해 적극적으로 참여하는 것이 중요한 범죄예방의 열쇠라고 한다.

① 0개
② 1개
③ 2개
④ 3개

정답 및 해설 I ②

옳은 설명은 ㉥ 1개이다.

㉠ [×] 아노미이론을 주장한 학자는 뒤르껨이다.

㉡ [×] J. F. Sheley가 주장한 범죄유발의 4요소는 범행의 동기, 사회적 제재로부터의 자유, 범행의 기회, 범행의 기술이다.

㉢ [×] Glaser의 차별적 동일시이론에 대한 설명이다.

㉣ [×] Hirshi는 범죄의 원인은 사회적인 유대가 약화되어 통제되지 않기 때문이라고 보고, 비행을 통제할 수 있는 사회적 통제의 결속을 애착, 전념, 신념, 참여라고 하였다.

㉤ [×] 합리적 선택이론에서는 인간의 자유의지를 인정하는 비결정론적 인간관에 입각하여 범죄자는 비용과 이익을 계산하고 자신에게 유리한 경우에 범죄를 행한다고 본다.

㉦ [×] R. Sampson의 집합효율성이론에 대한 설명이다.

013 다음 〈보기〉를 가장 잘 설명해주는 범죄원인론은? 12. 경찰특공대 특채

□□□

> 甲女는 보석상에서 "내가 반지를 훔치는 것은 남편이 돈을 잘 벌어 주지 못하기 때문이고, 내가 반지를 훔쳐도 주인은 돈이 워낙 많기 때문에 피해도 없을 것이다."라고 생각하고 다이아몬드 반지를 절취하였다.

① 아노미이론
② 중화기술이론
③ 분화적 접촉이론
④ 낙인이론

정답 및 해설 I ②

② [O] 범죄원인론 중 중화기술이론에 관한 사례이다.

014 범죄원인론에 대한 설명으로 가장 적절하지 않은 것은? 18. 경찰승진

□□□

① 범인성 소질은 부모로부터 자식에 전해지는 선천적인 유전물질과 후천적 발전요소(체질과 성격의 이상, 연령, 지능 등) 등에 의하여 형성된다.

② 범죄를 부추기는 가치관으로의 사회화나 범죄에 대한 구조적 · 문화적 유인에 대한 자기통제의 상실을 범죄의 원인으로 보는 이론은 문화적 전파이론이다.

③ Shaw & Macay의 '사회해체'개념에 대비해 Hirshi는 이를 '사회적 분화'라는 개념으로 설명하며, 개인의 학습을 '사회적 학습'이라고 규정하였다.

④ Miller는 범죄는 하위문화의 가치와 규범이 정상적으로 반영된 것이라고 하였다.

정답 및 해설 I ③

③ [×] Hirshi는 '사회적 분화'가 아니라 '사회적 유대'가 약해지면서 범죄가 발생한다고 보았다. '사회적 분화'를 주장한 학자는 스펜서(Spencer. H.)이다.

015 다음의 학자들이 주장한 범죄예방이론에 대한 설명 중 가장 옳지 않은 것은? 17. 경찰간부

□□□

① 클락 & 코니쉬의 합리적 선택이론 – 체포의 위험성과 처벌의 확실성을 높여 효과적으로 범죄를 예방할 수 있다.

② 브랜팅햄의 범죄패턴이론 – 범죄에는 일정한 시간적 패턴이 있으므로, 일정시간대의 집중 순찰을 통해 효율적으로 범죄를 예방할 수 있다.

③ 로버트샘슨의 집합효율성이론 – 지역사회 구성원들이 범죄문제를 해결하기 위해 적극적으로 참여하면 효과적으로 범죄를 예방할 수 있다.

④ 윌슨 & 켈링의 깨진 유리창이론 – 경미한 무질서에 대한 무관용원칙과 지역주민간의 상호협력이 범죄를 예방하는 데 중요한 역할을 한다.

정답 및 해설 I ②

② [×] 브랜팅햄의 범죄패턴이론은 범죄에는 일정한 장소적(지리적) 패턴이 있으므로, 일정장소의 집중 순찰을 통해 효율적으로 범죄를 예방할 수 있다고 본다.

016 범죄원인이론에 대한 설명으로 가장 적절하지 않은 것은? 18. 경찰승진

□□□

① 뒤르껨(Durkeim)은 범죄는 정상적인 것이며 불가피한 사회적 행위라는 입장에서 사회규범의 붕괴로 인해 범죄가 발생한다고 보았다.

② 사이크스(Sykes)의 '중화기술이론'은 청소년은 비행의 과정에서 합법적, 전통적 관습, 규범, 가치관 등을 중화시킨다고 한다.

③ '동조성전념이론'은 좋은 자아관념이 주변의 범죄적 환경에도 불구하고 비행행위에 가담하지 않도록 하는 중요한 요소라고 한다.

④ '사회해체론'과 '아노미이론'은 범죄의 원인을 사회적 구조의 특성에서 찾는 사회적 수준의 범죄원인이론이다.

정답 및 해설 | ③

③ [×] 좋은 자아관념이 주변의 범죄적 환경에도 불구하고 비행행위에 가담하지 않도록 하는 중요한 요소라고 하는 것은 레클리스(Reckless)가 주장한 '견제이론'이다.

017 범죄이론과 범죄통제이론에 대한 설명으로 적절하지 않은 것을 모두 고른 것은? 18. 경찰승진

□□□

㉠ 고전학파 범죄이론은 범죄에 대한 국가의 강력하고 확실한 처벌을 통해 범죄를 억제할 수 있다고 본다.
㉡ 생물학·심리학적 이론은 범죄자의 치료와 갱생을 통한 범죄통제를 주요 내용으로 하며, 범죄자를 대상으로 하므로 일반예방효과에 한계가 있다는 비판이 존재한다.
㉢ 사회학적 이론은 범죄기회의 제거와 범죄행위의 이익을 감소시키는 것을 내용으로 한다.
㉣ 상황적 범죄예방이론은 사회발전을 통해 범죄의 근본적인 원인을 제거하고자 하나, 폭력과 같은 충동적인 범죄에는 적용하는 데 한계가 있다.

① ㉠, ㉡ ② ㉠, ㉢

③ ㉡, ㉢ ④ ㉢, ㉣

정답 및 해설 | ④

적절하지 않은 것은 ㉢㉣이다.

㉢ [×] **합리적 선택이론**은 범죄기회의 제거와 범죄행위의 이익을 감소시키는 것을 내용으로 한다. 사회학적 이론은 사회발전을 통해서 범죄를 예방하고자 한다.

㉣ [×] 사회발전을 통해 범죄의 근본적인 원인을 제거하고자 하는 것은 **사회발전이론**이다. 폭력과 같은 충동적인 범죄에는 적용하는 데 한계가 있는 것은 **고전학파의 억제이론**이다.

018 범죄원인론에 대한 설명 중 가장 옳지 않은 것은?

□□□

19. 경찰간부

① Glaser는 청소년의 비행행위는 처벌이 없거나 칭찬받게 되면 반복적으로 저질러진다고 하였다.

② Miller는 범죄는 하위문화의 가치와 규범이 정상적으로 반영된 것이라고 하였다.

③ Reckless는 좋은 자아관념은 주변의 범죄적 환경에도 불구하고 비행행위에 가담하지 않도록 하는 중요한 요소라고 한다.

④ Cohen은 하류계층의 청소년들이 목표와 수단의 괴리로 인해 중류계층에 대한 저항으로 비행을 저지르며, 목표달성의 어려움을 극복하기 위해 자신들만의 하위문화를 만들게 되며 범죄는 이러한 하위문화에 의해 저질러진다고 한다.

정답 및 해설 I ①

① [×] Glaser는 청소년들이 영화의 주인공을 모방하고 자신과 동일시하면서 범죄를 학습한다는 **'차별적 동일시이론'**을 주장하였다. 청소년의 비행행위는 처벌이 없거나 칭찬받게 되면 반복적으로 저질러진다는 '차별적 강화이론'은 Burgess & Akers가 주장하였다.

019 사회적 수준의 범죄원인론 중 '사회과정원인'에 해당하지 않는 것은?

□□□

21. 경찰승진

① Sutherland의 차별적 접촉이론에 따르면, 범죄는 범죄적 전통을 가진 사회에서 많이 발생하며, 이러한 사회에서 개인은 범죄에 접촉·동조하면서 학습한다.

② Cohen은 하류계층의 청소년들이 목표달성의 어려움을 극복하기 위해 자신들만의 하위문화를 만들고, 범죄는 이러한 하위문화에 의해 저질러진다고 주장하였다.

③ Matza & Sykes에 따르면, 청소년은 비행과정에서 '책임의 회피', '피해자의 부정', '피해 발생의 부인', '비난자에 대한 비난', '충성심에의 호소' 등 5가지 중화기술을 통해 규범, 가치관 등을 중화시킨다.

④ Hirshi에 따르면, 범죄는 사회적인 유대가 약화되어 통제되지 않기 때문에 발생하고, 사회적 결속은 애착, 참여, 전념, 신념의 4가지 요소에 영향을 받는다.

정답 및 해설 I ②

② [×] Cohen의 하위문화이론(비행하위이론)은 사회과정원인론이 아니라 **사회구조원인이론**이다.

☑ 사회학적 범죄학의 분류

구분	학설
사회구조원인	1. 사회해체론 2. 하위문화이론 3. 긴장(아노미)이론 4. 문화전파이론(※ 아사문화)
사회과정원인	1. 사회학습이론(차별적 접촉이론, 차별적 동일시이론, 차별적 강화이론, 중화기술이론) 2. 사회통제이론(견제이론, 사회유대이론) 3. 낙인이론

020 □□□ 범죄원인론에 대한 설명으로 가장 적절하게 연결되지 않은 것은? 21. 경찰

① 쇼와 맥케이(Shaw & Mckay)의 사회해체이론 – 빈민(Slum) 지역에서 범죄 발생률이 높은 것은 도시의 산업화 · 공업화 과정에서 지역사회의 제도나 규범 등이 극도로 해체되기 때문으로, 이 지역에서는 비행적 전통과 가치관이 사회통제를 약화시켜서 일탈이 야기되며 이러한 지역은 구성원이 바뀌더라도 비행발생률은 감소하지 않는다.

② 레클리스(Reckless)의 견제(봉쇄)이론 – 고전주의 범죄학 이론에 기반을 둔 것으로, 인간은 범죄로부터 얻을 수 있는 이익보다 더 큰 고통을 받게 되면, 범죄를 저지르지 않을 것이라는 전제를 하고 있다. 범죄통제를 위해서는 처벌의 엄격성, 신속성, 확실성이 요구되며 이 중 처벌의 확실성이 가장 중요하다.

③ 버제스와 에이커스(Burgess & Akers)의 차별적 강화이론 – 범죄행위의 결과로서 보상이 취득되고 처벌이 회피될 때 그 행위는 강화되는 반면, 보상이 상실되고 처벌이 강화되면 그 행위는 약화된다.

④ 머튼(Merton)의 긴장(아노미)이론 – 목표와 그 목표를 이루기 위한 수단과의 간극이 커지면서 아노미 조건이 유발되어 분노와 좌절이라는 긴장이 초래되고, 그 목적을 달성하기 위한 수단으로서 범죄를 선택한다.

정답 및 해설 I ②

② [×] 신고전주의의에 관한 설명이다. 레클리스(Reckless)의 견제(봉쇄)이론은 자아관념을 발전시킨 강력한 내면적 통제를 강조하여 좋은 자아관념은 주변의 범죄환경에도 불구하고 비행행위에 가담하지 않도록 하는 중요한 요소라고 보았다.

021 □□□ 다음 경찰활동 예시의 근거가 되는 범죄원인론으로 가장 관련성이 높은 것은? 22. 경찰

A경찰서는 관내에서 폭행으로 적발된 청소년을 형사입건하는 대신, 학교전담경찰관이 외부 전문가와 함께 3일 동안 다양한 활동으로 구성된 선도프로그램을 제공함으로써 해당 청소년에게 스스로 잘못을 뉘우치고 장차 지역사회로 다시 통합될 수 있는 기회를 제공하였다.

① 낙인이론

② 일반긴장이론

③ 깨진 유리창이론

④ 일상활동이론

정답 및 해설 I ①

① [○] 관내에서 폭행으로 적발된 청소년을 형사입건하는 대신, 해당 청소년에게 다시 지역사회로 통합될 수 있는 기회를 제공하여 청소년이 낙인이 찍히는 것을 막기 위함이므로 낙인이론에 관한 내용이다.

022 다음에서 설명하는 범죄원인론과 학자를 바르게 연결한 것은? 24. 경찰승진

□□□

> 이 이론은 특정 지역에서의 범죄가 다른 지역에 비해서 많이 발생하는 이유를 규명하고자 하였으며, 연구결과 전이지역(transitional zone)은 타 지역에 비해 범죄율이 상대적으로 높게 나타났다. 또한 '낮은 경제적 지위', '민족적 이질성', '거주 불안정성'을 중요한 3요소로 제시하였으며, 이로 인해 지역 주민은 서로를 모르기 때문에 공동체 의식이 발달하지 못하고 사회적 통제가 약화된다고 보았다.

① 뒤르켐(Durkheim) – 아노미이론

② 코헨(Cohen) – 하위문화이론

③ 갓프레드슨과 허쉬(Gottfredson & Hirschi) – 자기통제이론

④ 쇼와 맥케이(Shaw & Mckay) – 사회해체이론

정답 및 해설 I ④

④ [O] 시카고 학파의 쇼와 맥케이(Shaw & Mckay)는 사회해체이론(social disorganization theory)을 통하여 특정 지역에서의 범죄가 다른 지역에 비해서 많이 발생하는 이유를 규명하고자 하였으며, 연구결과 전이지역(transitional zone)은 타 지역에 비해 범죄율이 상대적으로 높게 나타났다. 이 지역은 새로 이주한 공장들로 인해 기존 주거지역에서 산업지역으로 전환되는 지역으로 기존의 지역사회가 붕괴되면서 기존의 사회적 통제력이 약화되면서 범죄가 발생하는 궁극적인 원인이 된다고 보았다.

023 뉴먼(1972)은 방어공간의 구성요소를 구분하였다. 이와 관련된 〈보기 1〉의 설명과 〈보기 2〉의 구성요소가 가장 적절하게 연결된 것은? 22. 경찰

□□□

> 〈보기 1〉
>
> (가) 지역의 외관이 다른 지역과 고립되어 있지 않고, 보호되고 있으며, 주민의 적극적 행동의지를 보여줌
> (나) 지역에 대한 소유의식은 일상적이지 않은 일이 있을 때 주민으로 하여금 행동을 취하도록 자극함
> (다) 특별한 장치의 도움 없이 실내와 실외의 활동을 관찰할 수 있는 능력임

> 〈보기 2〉
>
> ㉠ 영역성　　㉡ 자연적 감시
> ㉢ 이미지　　㉣ 환경

	(가)	(나)	(다)
①	㉢	㉣	㉠
②	㉢	㉠	㉡
③	㉣	㉠	㉢
④	㉣	㉢	㉡

정답 및 해설 I ②

② [○] 오스카 뉴먼(1972)은 방어공간의 구성요소를 ㉠ 영역성[(나) 지역에 대한 소유의식은 일상적이지 않은 일이 있을 때 주민으로 하여금 행동을 취하도록 자극함], ㉡ 자연적 감시[(다) 특별한 장치의 도움 없이 실내와 실외의 활동을 관찰할 수 있는 능력임], ㉢ 이미지[(가) 지역의 외관이 다른 지역과 고립되어 있지 않고, 보호되고 있으며, 주민의 적극적 행동의지를 보여줌], ㉣ 환경(입지조건)으로 구분하였다.

024 화이트칼라범죄(white-collar crimes)에 관한 설명으로 가장 적절하지 않은 것은? 23. 경찰

□□□

① 초기 화이트칼라범죄를 정의한 학자는 서덜랜드(Sutherland)이다.

② 화이트칼라범죄는 직업활동과 관련하여 높은 지위를 가지고 있는 사람에 의해 저질러지는 범죄이다.

③ 일반적으로 살인 · 강도 · 강간범죄는 화이트칼라범죄로 분류된다.

④ 화이트칼라범죄는 상류계층의 경제범죄에 대한 사회적 심각성을 연구하는 과정에서 등장한 개념이다.

정답 및 해설 I ③

③ [×] 일반적으로 살인 · 강도 · 강간범죄는 화이트칼라범죄로 분류되지 않는다. 화이트칼라범죄는 고위직의 지능형범죄를 지칭하는 용어로 주로 주가조작, 탈세, (폰지) 사기죄, 횡령죄 등이 해당된다.

025 무관용 경찰활동(Zero - Tolerance Policing)에 관한 설명으로 가장 적절하지 않은 것은? 23. 경찰

□□□

① 사소한 무질서에 관대하게 대응했던 전통적 경찰활동의 전략을 계승하였다.

② 무관용 경찰활동은 1990년대 뉴욕에서 본격적으로 시행되었다.

③ 윌슨(Wilson)과 켈링(Kelling)의 '깨어진 창 이론'에 기초하였다.

④ 경미한 비행자에 대한 무관용 개입은 낙인효과를 유발할 수 있다는 비판이 있다.

정답 및 해설 I ①

① [×] 무관용 경찰활동(Zero - Tolerance Policing)은 사소한 무질서에 대해서도 관용을 베풀지 않고 엄격하게 법집행을 하여 사회의 무질서를 제거하고 범죄를 예방하자는 지역사회경찰활동의 전략을 계승하였다.

026 무관용 경찰활동(Zero-Tolerance Policing)에 관한 설명으로 가장 적절하지 않은 것은?

□□□

22. 법학경채

① 깨진 유리창이론(Broken Window Theory)에 근거를 두고 있다.

② 범죄해결에 집중하는 전통적 경찰활동의 전략을 계승하였다.

③ 무관용 개입으로 낙인효과를 유발할 수 있다는 비판이 있다.

④ 일선 경찰관들의 재량권 수준이 낮다.

정답 및 해설 | ②

② [×] 무관용 경찰활동(Zero-Tolerance Policing)은 범죄해결에 집중하는 전통적 경찰활동 보다 사전에 범죄요소인 무질서를 제거하여 범죄예방을 강조하는 지역사회 경찰활동과 일맥상통한다.

027 상황적 범죄예방과 관련된 이론에 대한 설명으로 가장 적절하지 않은 것은? 22. 경찰간부

□□□

① 일상활동이론을 주장한 코헨(Cohen)과 펠슨(Felson)은 절도범죄를 설명하면서 VIVA 모델을 제시했는데, 알파벳 I는 Inertia의 약자로서 '이동의 용이성'을 의미한다.

② 범죄패턴이론은 브랜팅험(Brantingham)이 제시한 이론으로서 지리적 프로파일링의 이론적 배경이 되었다.

③ 상황적 범죄예방이론은 범죄 전이효과가 있다는 비판이 있다.

④ 상황적 범죄예방이론은 개인의 범죄성에 초점을 맞춘 이론으로서 범죄성향이 높은 개인들에게 범죄예방 역량을 집중할 것을 주장한다.

정답 및 해설 | ④

④ [×] 상황적 범죄예방이론은 범죄성향이 높은 개인들에 대한 특별예방을 강조하는 것이 아니라, 누구나 범죄환경이나 기회가 주어지면 범죄를 저지를 수 있는 잠재적 범죄자로 보아 일반예방을 강조한다.

028 환경설계를 통한 범죄예방(CPTED)에 대한 설명으로 가장 적절하지 않은 것은? 22. 경찰간부

□□□

① 뉴먼(O. Newman)과 제프리(C. R. Jeffery)가 주장하였다.

② 방어공간(Defensible Space)과 관련하여 영역성, 감시, 이미지, 안전지대의 4가지 관점을 제시하였다.

③ 기본원리 중 자연적 접근통제란 건축물이나 시설을 설계함에 있어서 가시권을 최대한 확보하고, 외부침입에 대한 감시기능을 확대하여 범죄기회를 감소시키는 원리이다.

④ 우리나라에서는 서울시 마포구 염리동에서 적용한 사례가 있고, 자치단체 조례로 서울특별시 마포구 범죄예방을 위한 도시환경 디자인 조례가 2018년 제정되어 시행되고 있다.

정답 및 해설 | ③

③ [×] 건축물이나 시설을 설계함에 있어서 가시권을 최대한 확보하고, 외부침입에 대한 감시기능을 확대하여 범죄기회를 감소시키는 원리는 자연적 감시이다.

029 □□□ CPTED(환경설계를 통한 범죄예방)의 기본원리와 그 예시에 대한 설명으로 틀린 것은? 12. 경찰간부

① 자연적 감시 – 조명, 조경, 가시권 확대를 위한 건물 배치

② 자연적 접근 통제 – 차단기, 방범창, 잠금장치, 통행로 설치, 출입구 최소화

③ 영역성의 강화 – 청결유지, 사적 · 공적 공간의 구분, 울타리, 펜스의 설치

④ 활동의 활성화 – 놀이터 · 공원의 설치, 체육시설의 접근성과 이용의 증대, 벤치 · 정자의 위치 및 활용성에 대한 설계

정답 및 해설 I ③

③ [×] 청결유지는 CPTED의 기본원리 가운데 유지관리에 해당한다.

030 □□□ 최근 근린생활 지역 치안 확보를 위하여 CPTED(환경설계를 통한 범죄예방) 기법이 강조되고 있다. CPTED 기본원리와 그 설명으로 가장 적절하지 않은 것은? 15. 경찰승진

① 자연적 접근통제 – 일정한 지역에 접근하는 사람들을 정해진 공간으로 유도하거나 외부인의 출입을 통제하도록 설계함으로써 접근에 대한 심리적 부담을 증대시켜 범죄를 예방하는 원리

② 영역성 강화 – 처음 설계된 대로 혹은 개선한 의도대로 기능을 지속적으로 유지하도록 관리함으로써 범죄예방을 위한 환경설계의 장기적이고 지속적인 효과를 유지하는 원리

③ 자연적 감시 – 건축물이나 시설물의 가시권을 최대한 확보하여 외부침입에 대한 감시기능을 확대함으로써 범죄행위의 발견가능성을 증가시키고, 범죄기회를 감소시키는 원리

④ 활동의 활성화 – 지역사회의 설계시 주민들이 모여서 상호의견을 교환하고 유대감을 증대할 수 있는 공공장소를 설치하고 이용하도록 함으로써 '거리의 눈'을 활용한 자연적 감시와 접근통제의 기능을 확대하는 원리

정답 및 해설 I ②

② [×] 처음 설계된 대로 혹은 개선한 의도대로 기능을 지속적으로 유지하도록 관리함으로써 범죄예방을 위한 환경설계의 장기적이고 지속적인 효과를 유지하는 원리는 유지관리이다. 영역성의 강화는 사적 공간에 대한 경계선을 표시하여 주거의식을 강화하는 것을 말한다.

031 환경설계를 통한 범죄예방(CPTED)에 대한 설명으로 가장 적절하지 않은 것은? 16. 경찰

□□□

① 자연적 감시 – 건축물이나 시설물의 설계시 가시권을 최대 확보, 외부침입에 대한 감시기능을 확대하여 범죄행위의 발견가능성을 증가시키고, 범죄기회를 감소시킬 수 있다는 원리이다.

② 자연적 접근통제 – 사적 공간에 대한 경계를 표시하여 주민들의 책임의식과 소유의식을 증대함으로써 사적 공간에 대한 관리권과 권리를 강화시키고, 외부인들에게는 침입에 대한 불법사실을 인식시켜 범죄기회를 차단하는 원리이다.

③ 활동의 활성화 – 지역사회의 설계시 주민들이 모여서 상호의견을 교환하고 유대감을 증대할 수 있는 공공장소를 설치하고 이용하도록 함으로써 '거리의 눈'을 활용한 자연적 감시와 접근통제의 기능을 확대하는 원리이다.

④ 유지관리 – 처음 설계된 대로 혹은 개선한 의도대로 기능을 지속적으로 유지하도록 관리함으로써 범죄예방을 위한 환경설계의 장기적이고 지속적인 효과를 유지하는 원리이다.

정답 및 해설 I ②

② [×] 영역성 강화에 대한 설명이다. 자연적 접근통제란 '일정한 지역에 접근하는 사람들을 정해진 공간으로 유도하거나 외부인의 출입을 통제하도록 설계하여 접근에 대한 심리적 부담을 증대시키는 원리'를 말한다.

032 CPTED(환경설계를 통한 범죄예방)의 원리와 그 내용 및 종류에 대한 설명으로 가장 적절하지 않은 것은? 18. 경찰승진

□□□

① 건축물이나 시설물의 설계시 가시권을 최대 확보, 외부침입에 대한 감시기능을 확대함으로써 범죄행위의 발견가능성을 증가시키고, 기회를 감소시킬 수 있다는 원리를 '자연적 감시'라고 하고, 종류로는 조명 · 조경 · 가시권확대를 위한 건물의 배치 등이 있다.

② 사적 공간에 대한 경계를 표시하여 주민들의 책임의식과 소유의식을 증대함으로써 사적 공간에 대한 관리권과 권리를 강화시키고, 외부인들에게는 침입에 대한 불법사실을 인식시켜 범죄기회를 차단하는 원리를 '영역성의 강화'라고 하고, 종류로는 울타리 · 펜스의 설치, 사적 · 공적 공간의 구분이 있다.

③ 일정한 지역에 접근하는 사람들을 정해진 공간으로 유도하거나 외부인의 출입을 통제하도록 설계함으로써 접근에 대한 심리적 부담을 증대시켜 범죄를 예방하는 원리를 '자연적 접근통제'라고 하고, 종류로는 차단기 · 방범창 설치, 체육시설에의 접근성과 이용의 증대 등이 있다.

④ 처음 설계된 대로 혹은 개선한 의도대로 기능을 지속적으로 유지하도록 관리함으로써 범죄예방을 위한 환경설계의 장기적이고 지속적인 효과를 유지하는 원리를 '유지관리'라고 하고, 종류로는 파손의 즉시보수, 청결유지 등이 있다.

정답 및 해설 I ③

③ [×] '자연적 접근통제'의 종류로는 차단기 · 방범창 설치 등이 있다. 체육시설에의 접근성과 이용의 증대는 '활동성의 활성화'를 위한 방안에 해당한다.

033 CPTED(환경설계를 통한 범죄예방)의 원리와 그 내용 및 종류에 대한 설명으로 가장 적절하지 않은 것은?
□□□

19. 경찰

① '자연적 감시'란 건축물이나 시설물의 설계시 가시권을 최대한 확보하고, 외부침입에 대한 감시기능을 확대함으로써 범죄행위의 발견가능성을 증가시키며, 범죄기회를 감소시킬 수 있다는 원리로서, 종류로는 조명 · 조경 · 가시권 확대를 위한 건물의 배치 등이 있다.

② '영역성의 강화'란 사적 공간에 대한 경계를 표시하여 주민들의 책임의식과 소유의식을 증대시킴으로써 사적 공간에 대한 관리권과 권리를 강화시키고, 외부인들에게는 침입에 대한 불법사실을 인식시켜 범죄기회를 차단한다는 원리이며, 종류로는 출입구의 최소화, 통행로의 설계, 사적 · 공적 공간의 구분이 있다.

③ '활동의 활성화'란 지역사회의 설계시 주민들이 모여서 상호의견을 교환하고 유대감을 증대할 수 있는 공공장소를 설치하고 이용하도록 함으로써 자연적 감시와 접근통제의 기능을 확대한다는 원리이며, 종류로는 체육시설의 접근성과 이용의 증대, 벤치 · 정자의 위치 및 활용성에 대한 설계가 있다.

④ '유지관리'란 처음 설계된 대로 혹은 개선한 의도대로 기능을 지속적으로 유지하도록 관리함으로써 범죄예방을 위한 환경설계의 장기적이고 지속적인 효과를 유지한다는 원리이며, 종류로는 파손의 즉시보수, 청결유지, 조명 · 조경의 관리가 있다.

정답 및 해설 I ②

② [×] '영역성의 강화'에는 사적 · 공적 공간의 구분 등이 있다. 출입구의 최소화와 통행로의 설계는 '자연적 접근통제'의 원리가 적용되는 사례이다.

034 환경설계를 통한 범죄예방(CPTED)원리와 그에 대한 적용을 연결한 것 중에 옳지 않은 것은?
□□□

20. 경찰간부

① 자연적 감시 – 조경 · 가시권의 확대를 위한 건물 배치

② 자연적 접근통제 – 출입구의 최소화, 벤치 · 정자의 위치 및 활용성에 대한 설계

③ 영역성의 강화 – 사적 · 공적 공간의 구분, 울타리의 설치

④ 활동의 활성화 – 놀이터 · 공원의 설치, 체육시설의 접근성과 이용의 증대

정답 및 해설 I ②

② [×] 벤치 · 정자의 위치 및 활용성에 대한 설계는 활동성의 활성화에 대한 사례이다.

035 □□□ 다음은 환경설계를 통한 범죄예방(CPTED)에 대한 설명이다. 〈보기 1〉과 〈보기 2〉의 내용이 가장 적절하게 연결된 것은? 20. 경찰

〈보기 1〉

(가) 사적 공간에 대한 경계를 표시하여 주민들의 책임의식과 소유의식을 증대함으로써 사적 공간에 대한 관리권과 권리를 강화시키고, 외부인들에게는 침입에 대한 불법사실을 인식시켜 범죄기회를 차단하는 원리
(나) 건축물이나 시설물 설계시 가시권을 최대한 확보, 외부침입에 대한 감시기능을 확대함으로써 범죄행위의 발전가능성을 증가시키고 범죄기회를 감소시킬 수 있다는 원리
(다) 일정한 지역에 접근하는 사람들을 정해진 공간으로 유도하거나 외부인의 출입을 통제하도록 설계함으로써 접근에 대한 심리적 부담을 증대시켜 범죄를 예방하는 원리
(라) 지역사회 설계시 주민들이 모여서 상호의견을 교환하고 유대감을 증대할 수 있는 공공장소를 설치하고 이용하도록 함으로써 '거리의 눈'을 활용한 자연적 감시와 접근통제의 기능을 확대하는 원리

〈보기 2〉

㉠ 조명, 조경, 가시권 확대를 위한 건물의 배치
㉡ 체육시설의 접근성과 이용의 증대, 벤치 · 정자의 위치 및 활용성에 대한 설계
㉢ 울타리 · 펜스의 설치, 사적 · 공적 공간의 구분
㉣ 잠금장치, 통행로의 설계, 출입구의 최소화

	(가)	(나)	(다)	(라)
①	㉢	㉡	㉣	㉠
②	㉣	㉠	㉢	㉡
③	㉢	㉠	㉣	㉡
④	㉣	㉡	㉢	㉠

정답 및 해설 I ③

③ [○] (가)는 영역성의 강화, (나)는 자연적 감시, (다)는 자연적 접근의 통제, (라)는 활동성의 강화에 대한 설명이다.

☑ 환경설계를 통한 범죄예방(CPTED)의 원리와 적용

자연적 감시	건축물이나 시설물 등의 설계시 **가시권을 최대로 확보**하여 외부침입이나 범죄에 대한 감시기능을 확대하려는 원리(예 **건물의 배치 및 조명 · 조경**)
자연적 접근의 통제	일정한 지역에 접근하는 사람들을 **정해진 공간으로 유도하거나 출입하는 사람들을 통제**하도록 설계하여 접근에 대한 심리적 부담을 증대시켜 범죄를 예방하는 원리(예 **통행로의 설계, 차단기, 잠금장치, 방범창의 설치, 출입구의 최소화**)
영역성의 강화	**사적 공간에 대한 경계선을 표시**하여 거주자들의 책임의식과 소유의식을 증대함으로써 외부침입에 대한 불법사실을 인식시켜 범죄기회를 차단하는 원리(예 **울타리 · 펜스의 설치, 사적 · 공적 공간의 구분**)
활동성의 강화	공공장소에 대한 주민들의 활발한 사용을 유도하여 **'거리의 눈'**을 활용하여 **자연적 감시와 접근통제의 기능을 확대**하려는 이론(예 **놀이터 · 공원의 설치**, 체육시설의 접근성과 이용의 증대, 벤치 · 정자의 위치 및 활용성에 대한 설계)
유지관리	시설물이나 공공장소를 처음 설계한대로 **지속적으로 이용될 수 있도록 관리함**으로써 범죄예방을 위한 환경설계의 장기적이고 지속적인 효과를 유지하는 원리(예 **시설물의 파손에 대한 즉시보수**, 청결유지, 조명 · 조경의 관리 등)

036 환경설계를 통한 범죄예방(CPTED)의 기본원리에 대한 설명으로 가장 옳은 것은 것은? 20. 경찰간부

□□□

① 자연적 감시는 건축물이나 시설물의 설계시 가시권을 최대한 확보하고 외부침입에 대한 감시기능을 확대함으로써 범죄발각 위험을 증가시켜 기회를 감소시킬 수 있다는 원리이다. 종류로는 조명 · 조경 · 가시권 확대, 방범창 등이 있다.

② 영역성 강화는 사적 공간에 대한 경계를 표시함으로써 책임의식과 소유의식을 증대함으로써 사적 공간에 대한 관리권과 권리를 강화시키고 외부인들에게는 침입에 대한 불법시설을 인식시켜 범죄의 기회를 차단하는 원리이다. 종류로는 울타리 · 펜스의 설치, 청결유지 등이 있다.

③ 자연적 접근통제는 일정한 지역에 접근하는 사람들을 정해진 공간으로 유도하거나 외부인의 출입을 통제하도록 설계함으로써 접근에 대한 심리적 부담을 증대시켜 범죄를 예방한다는 원리이다. 종류로는 차단기, 통행로의 설계 등이 있다.

④ 유지관리는 처음 설계된 대로 혹은 개선한 의도대로 기능을 지속적으로 유지하도록 관리함으로써 범죄예방을 위한 환경설계의 장기적이고 지속적 효과를 유지하는 원리이다. 종류로는 파손의 즉시 수리, 잠금장치, 조명 · 조경의 관리 등이 있다.

정답 및 해설 | ③

① [×] 방범창은 자연적 접근통제의 종류이다.

② [×] 청결유지는 유지관리의 종류이다.

④ [×] 잠금장치는 자연적 접근통제의 종류이다.

037 환경설계를 통한 범죄예방(CPTED)에 관한 설명이다. 이에 관한 ㉠부터 ㉣까지의 설명 중 옳고 그름의 표시(○, ×)가 모두 바르게 된 것은?

22. 경찰간부

> ㉠ 건축물이나 시설물의 설계시 가시권의 최대 확보, 외부침입에 대한 감시기능을 확대하여 범죄행위의 발견가능성은 증가시키고 범죄기회는 감소시킬 수 있다는 원리를 자연적 감시라고 하며, 이에 대한 종류로는 조명, 조경, 가시권 확대를 위한 건물의 배치 등이 있다.
> ㉡ 지역사회의 설계시 주민들이 모여서 상호의견을 교환하고 유대감을 증대할 수 있는 공공장소를 설치하고 이용하도록 함으로써 '거리의 눈'을 활용한 자연적 감시와 접근통제의 기능을 확대하는 원리를 활동의 활성화(활용성의 증대)라고 하며, 이에 대한 종류로는 놀이터 · 공원의 설치, 벤치 · 정자의 위치 및 활용성에 대한 설계, 통행로의 설계 등이 있다.
> ㉢ 사적 공간에 대한 경계를 표시하여 주민들의 책임의식과 소유의식을 증대함으로써 사적 공간에 대한 관리권과 권리를 강화시키고, 외부인들에게는 침입에 대한 불법사실을 인식시켜 범죄기회를 차단하는 원리를 자연적 접근통제라고 하며, 이에 대한 종류로는 방범창, 출입구의 최소화 등이 있다.
> ㉣ 처음 설계된 대로 혹은 개선한 의도대로 기능을 지속적으로 유지하도록 관리함으로써 범죄예방을 위한 환경설계의 장기적이고 지속적인 효과를 유지하는 원리를 유지관리라고 하며, 이에 대한 종류로는 청결유지, 파손의 즉시보수, 조명의 관리 등이 있다.

① ㉠ (○), ㉡ (×), ㉢ (×), ㉣ (○)
② ㉠ (○), ㉡ (○), ㉢ (×), ㉣ (○)
③ ㉠ (×), ㉡ (×), ㉡ (○), ㉣ (○)
④ ㉠ (○), ㉡ (○), ㉢ (○), ㉣ (×)

정답 및 해설 | ①

㉠㉣만 옳은 지문이다.

㉡ [×] 지역사회의 설계 시 주민들이 모여서 상호의견을 교환하고 유대감을 증대할 수 있는 공공장소를 설치하고 이용하도록 함으로써 '거리의 눈'을 활용한 자연적 감시와 접근통제의 기능을 확대하는 원리를 활동의 활성화(활용성의 증대)라고 하며, 이에 대한 종류로는 놀이터 · 공원의 설치, 벤치 · 정자의 위치 및 활용성에 대한 설계(**통행로의 설계 ×**) 등이 있다. 통행로의 설계는 **자연적 접근의 통제**에 관한 종류이다.

㉢ [×] 사적 공간에 대한 경계를 표시하여 주민들의 책임의식과 소유의식을 증대함으로써 사적 공간에 대한 관리권과 권리를 강화시키고, 외부인들에게는 침입에 대한 불법사실을 인식시켜 범죄기회를 차단하는 원리를 영역성의 강화(**자연적 접근통제 ×**)라고 하며, **방범창, 출입구의 최소화 등도 자연적 접근통제의 예시이지 영역성의 강화의 예시가 아니다.**

038 환경설계를 통한 범죄예방(CPTED)의 기본원리에 관한 설명으로 가장 적절한 것은? 24. 경찰승진

□□□

① '활동의 활성화'는 주민들이 모여서 상호의견을 교환하고 유대감을 증대할 수 있는 공공장소를 설치하여 이를 이용하도록 함으로써, '거리의 눈'에 의한 자연적인 감시와 접근통제의 기능을 확대하는 것이다. 놀이터와 공원의 설치, 벤치 · 정자의 위치 및 활용성에 대한 설계를 예로 들 수 있다.

② '영역성의 강화'는 일정한 지역에 접근하는 사람들을 정해진 공간으로 유도하거나 외부인의 출입을 통제하도록 설계함으로써, 접근에 대한 심리적 부담을 증대시켜 범죄를 예방하는 것이다. 출입구의 최소화, 통행로의 설계, 울타리 및 표지판의 설치를 예로 들 수 있다.

③ '유지관리'는 시설물이나 공공장소의 기능을 처음 설계되거나 개선한 의도대로 지속적으로 이용될 수 있도록 관리함으로써, 범죄예방을 위한 환경설계의 장기적이고 지속적 효과를 유지하는 것이다. 청결유지, 파손의 즉시 보수, 체육시설의 접근성 및 이용의 증대를 예로 들 수 있다.

④ '자연적 접근통제'는 건축물이나 시설물의 설계시 가시권을 최대한 확보하고 외부 침입에 대한 감시기능을 확대함으로써, 범죄 발각 위험을 증가시키고 범행 기회를 감소시키는 것이다. 가시권 확대를 위한 건물의 배치, 조명 및 조경 설치를 예로 들 수 있다.

정답 및 해설 I ①

② [×] '**자연적 접근통제**'는 일정한 지역에 접근하는 사람들을 정해진 공간으로 유도하거나 외부인의 출입을 통제하도록 설계함으로써, 접근에 대한 심리적 부담을 증대시켜 범죄를 예방하는 것이다. 출입구의 최소화, 통행로의 설계(**울타리 및 표지판의 설치 ×**)를 예로 들 수 있다.

③ [×] '유지관리'는 시설물이나 공공장소의 기능을 처음 설계되거나 개선한 의도대로 지속적으로 이용될 수 있도록 관리함으로써, 범죄예방을 위한 환경설계의 장기적이고 지속적 효과를 유지하는 것이다. 청결유지, 파손의 즉시 보수를 예로 들 수 있다. **체육시설의 접근성 및 이용의 증대는 활동성의 강화의 예이다.**

④ [×] '**자연적 감시**'는 건축물이나 시설물의 설계시 가시권을 최대한 확보하고 외부 침입에 대한 감시기능을 확대함으로써, 범죄 발각 위험을 증가시키고 범행 기회를 감소시키는 것이다. 가시권 확대를 위한 건물의 배치, 조명 및 조경 설치를 예로 들 수 있다.

039 환경설계를 통한 범죄예방(CPTED)에 관한 설명으로 가장 적절하지 않은 것은? 23. 경찰

□□□

① CPTED는 근본적이고 효과적인 범죄예방을 위한 방안으로 물리적 환경설계 또는 재설계를 통해 범죄기회를 차단하는 것이 핵심이다.

② '자연적 감시(natural surveillance)'는 건축물이나 시설물의 설계시 가시권을 확보하여 외부침입에 대한 감시기능을 확대함으로써 범죄행위 발견 가능성을 증가시켜 범죄의 기회를 감소시킬 수 있다는 원리이다.

③ '영역성 강화(territorial reinforcement)'는 사적공간에 대한 경계 표시로 주민들의 책임의식과 소유의식을 증대함으로써 사적공간에 대한 관리권과 권리를 강화시키는 원리이다.

④ '유지 · 관리(maintenance and management)'는 차단기, 방범창, 잠금장치의 파손을 수리하지 않고 유지하는 원리이다.

정답 및 해설 I ④

④ [×] '유지 · 관리'는 차단기, 방범창, 잠금장치의 파손을 즉시 수리하여 처음 설계한대로 이용될 수 있도록 관리 및 유지하는 원리이다.

제2절 | 지역사회경찰

040 아래 보기에 가장 부합되지 않은 경찰활동은? 11. 경찰

□□□

> ㉠ 범인검거에서 범죄예방분야로의 역량을 강화하기 위해 사후적 검거활동에서 사전적 예방활동으로 전환하고, 범죄예방을 위한 다양한 자원을 투입하였으며, 경찰평가의 기준으로 검거실적에서 범죄예방노력과 범죄발생률로 전환하였다.
> ㉡ 지역사회와의 협력치안을 강화하기 위해 경찰력에만 의존한 치안정책에서 지역사회 협력치안으로 전환하고, 지역사회문제해결과 주민의 경찰행정 참여기회를 보장하였다.
> ㉢ 경찰 내부의 개혁으로는 권한의 집중에서 권한분산을 통한 경찰책임의 증대로 권한과 책임의 일치를 추구하고, 상의하달의 의사구조를 하의상달의 구조로 상호교류를 확대하였다.

① 심각한 범죄에 대한 신속하고 효과적인 대응보다는 지역사회와의 밀접한 상호작용에 가치를 둔다.
② 경찰의 능률성은 체포율과 적발 건수보다는 범죄와 무질서의 부재에 있다.
③ 경찰의 효과성은 현장임장시간보다는 대중의 협조에 무게를 둔다.
④ 경찰의 역할은 폭넓은 지역문제를 해결하는 것보다는 범죄를 해결하는 것이다.

정답 및 해설 | ④

④ [×] 지역사회 경찰활동에 있어 경찰의 패러다임도 변화하고 있으며, 경찰의 역할은 범죄를 해결하는 것보다는 폭넓은 지역문제를 해결하는 것이다.

041 지역사회 경찰활동(Community Policing)에 대한 설명으로 가장 적절하지 않은 것은? 20. 경찰

□□□

① 업무평가의 주요한 척도는 사후진압을 강조한 범인검거율이 아닌 사전예방을 강조한 범죄나 무질서의 감소율이다.
② 지역사회 경찰활동의 프로그램으로 이웃지향적 경찰활동, 전략지향적 경찰활동, 문제지향적 경찰활동 등이 있다.
③ 타 기관과는 권한과 책임문제로 인한 갈등구조가 아닌 지역사회문제해결의 공동목적 수행을 위한 협력구조를 이룬다.
④ 지역사회문제해결을 위한 경찰업무영역의 확대로 일선 경찰관에 대한 감독자의 지휘·통제가 강조된다.

정답 및 해설 | ④

④ [×] 지역사회문제해결을 위한 경찰업무영역의 확대로 일선 경찰관에 대한 감독자의 지휘·통제가 축소되고 일선경찰들의 재량이 강조된다.

☑ 전통적 경찰활동과 지역사회 경찰활동의 비교

구분	전통적 경찰활동	지역사회 경찰활동
의의(주체)	경찰만이 범죄예방과 진압의 책임을 지는 유일한 정부기관	경찰과 시민 모두가 범죄예방의무가 있음
역할	범죄해결사로서의 역할	지역사회의 포괄적 문제해결자로서의 역할
업무평가 방식	**사후통제** ⇨ 범죄와 폭력의 퇴치에 치중(범인검거율)	**사전통제** ⇨ 범죄와 무질서의 감소율
업무의 우선순위	범죄와 폭력의 퇴치	범죄와 폭력의 퇴치 + 지역사회의 문제해결
효율성	범죄 신고에 대한 경찰의 반응시간	지역주민의 경찰업무에 대한 협조 정도
대상	범죄가 경찰활동의 주된 대상	범죄 + 지역사회의 다양한 문제가 대상
조직적 특성	집권화된 조직구조 + 엄격한 법집행	분권화 + 경찰관 개개인의 능력 강조 ⇨ 일선 경찰관들의 재량권 강화(Skolnick)
다른 기관과의 관계	책임과 권한문제로 갈등이 존재	공동목적의 수행을 위한 협력구조
언론접촉부서의 역할	현장경찰관들에 대한 비판적 여론 차단	지역사회와 원활한 소통창구
정보	범죄사건정보(특정범죄사건정보)가 중요	범죄자정보(개인 또는 집단의 활동사항정보)가 중요

042 □□□ 다음은 전통적 경찰활동과 지역사회 경찰활동에 관한 비교 설명이다(Sparrow, 1988). 질문과 답변의 연결이 가장 적절하지 않은 것은? 22. 경찰

① 경찰은 누구인가? - 전통적 경찰활동의 관점에서는 법집행을 주로 책임지는 정부기관이라고 답변할 것이며, 지역사회 경찰활동의 관점에서는 경찰이 시민이고 시민이 경찰이라고 답변할 것이다.

② 언론접촉부서의 역할은 무엇인가? - 전통적 경찰활동의 관점에서는 현장경찰관들에 대한 비판적 여론을 차단하는 것이라고 답변할 것이며, 지역사회 경찰활동의 관점에서는 지역사회와의 원활한 소통창구라고 답변할 것이다.

③ 경찰의 효과성은 무엇이 결정하는가? - 전통적 경찰활동의 관점에서는 경찰의 대응시간이라고 답변할 것이며, 지역사회 경찰활동의 관점에서는 시민의 협조라고 답변할 것이다.

④ 가장 중요한 정보란 무엇인가? - 전통적 경찰활동의 관점에서는 범죄자 정보(개인 또는 집단의 활동사항 관련 정보)라고 답변할 것이며, 지역사회 경찰활동의 관점에서는 범죄사건 정보(특정 범죄사건 또는 일련의 범죄사건 관련 정보)라고 답변할 것이다.

정답 및 해설 I ④

④ [×] 전통적 경찰활동의 관점에서는 **범죄사건 정보(특정 범죄사건 또는 일련의 범죄사건 관련 정보)**라고 답변할 것이며, 지역사회 경찰활동의 관점에서는 **범죄자 정보(개인 또는 집단의 활동사항 관련 정보)**라고 답변할 것이다.

043 지역사회 경찰활동(Community Policing)의 프로그램에 관한 설명으로 가장 적절하지 않은 것은?

□□□

22. 법학경채

① 문제지향적 경찰활동은 경찰활동이 단순한 법집행자의 역할에서 지역사회 범죄문제의 근원적 원인을 확인하고 해결하는 역할로 전환될 것을 추구하며 지역사회 문제 해결을 위해 조사(Scanning)-분석(Analysis)-대응(Response)-평가(Assessment)로 진행되는 문제해결 단계를 제시한다.

② 사건지향적 경찰활동은 범죄를 감소시키기 위해서 범죄의 정보와 분석기법을 통합한 법집행 위주의 경찰활동을 말하며, 범죄의 분석 등을 통해 정보에 입각한 범죄다발지역에 대한 강력한 순찰 등이 있다.

③ 전략지향적 경찰활동은 전통적 경찰활동 및 절차들을 이용하여 범죄요소나 무질서의 원인을 제거하고 효과적으로 범죄를 진압 · 통제하려는 경찰활동을 말하며 지역사회 참여가 경찰임무의 중요한 측면이라 인식한다.

④ 이웃지향적 경찰활동은 경찰과 주민 사이의 의사소통 라인을 개설하는 모든 프로그램을 말하고 거주자들에게 지역에 관한 정보를 제공하며, 주민들은 민간순찰을 실시한다.

정답 및 해설 I ②

② [×] 범죄를 감소시키기 위해서 범죄의 정보와 분석기법을 통합한 법집행 위주의 경찰활동은 정보주도적 경찰활동(ILP)에 관한 내용이다.

044 지역사회 경찰활동(COP)에 관한 설명으로 가장 적절하지 않은 것은? 23. 경찰

□□□

① 경찰과 시민 모두 지역문제 해결을 위한 치안주체로서 인정하고 협력을 강조한다.

② 업무평가의 주요한 척도는 사전예방을 강조한 범죄나 무질서의 감소율이다.

③ 프로그램으로는 전략지향적 경찰활동(Strategy Oriented Policing; SOP), 이웃지향적 경찰활동(Neighborhood Oriented Policing; NOP) 등이 있다.

④ 범죄신고에 대한 출동소요시간을 바탕으로 효과성을 평가한다.

정답 및 해설 I ④

④ [×] 전통적 경찰활동의 효과성이 범죄신고에 대한 출동소요시간을 바탕으로 하고, 지역사회 경찰활동은 경찰과 주민의 협조도가 효과성을 평가하는 기준이 된다.

045 지역사회 경찰활동(Community Oriented Policing)에 대한 설명으로 가장 적절하지 않은 것은?
□□□

22. 경찰간부

① 전략지향 경찰활동(Strategic Oriented Policing), 문제지향 경찰활동(Problem Oriented Policing), 이웃지향 경찰활동(Neighborhood Oriented Policing) 등으로 구성되어 있다.

② 경찰의 역할에서 범죄투사(Crime Fighter)의 역할보다 문제해결자(Problem Solver)로서의 역할에 중점을 둔다.

③ 범죄의 진압 · 수사 같은 사후대응적 경찰활동(Reactive Policing)보다는 범죄예방과 같은 사전예방적 경찰활동(Proactive Policing)을 강조한다.

④ 윌슨(W. Wilson)과 사이몬(H. A. Simon)이 연구한 경찰활동 개념이다.

정답 및 해설 I ④

④ [×] 지역사회 경찰활동을 연구한 학자는 윌슨(W. Wilson)과 조지 켈링(G. L. Kelling)이다. 사이몬(Simon)은 지역사회 경찰활동과 무관하다.

046 지역사회 내의 각종 기관 및 주민들과 유기적인 연락 및 협조체계를 구축하여 지역사회 각계 각층의 문제 · 요구 · 책임을 발견하고 지역사회의 문제해결과 적극적인 지역사회 프로그램을 위해 경찰과 지역사회가 공동으로 노력하는 것을 무엇이라고 하는가?
□□□

22. 경찰간부

① Public Relations(PR: 공공관계)

② Police – Press Relations(PPR: 경찰과 언론관계)

③ Police – Media Relations(PMR: 경찰과 대중매체관계)

④ Police – Community Relations(PCR: 경찰과 지역사회관계)

정답 및 해설 I ④

④ [O] 문제는 Police-Community Relations(PCR: 경찰과 지역사회관계)에 대한 설명이다.

047 문제지향 경찰활동에 대한 설명으로 가장 적절하지 않은 것은?
□□□

20. 경찰

① 일선경찰관에게 문제해결 권한과 필요한 시간을 부여하고 범죄분석자료를 제공한다.

② 조사 – 분석 – 대응 – 평가로 이루어진 문제해결과정을 제시한다.

③ 형법의 적용은 여러 대응 수단 중 하나에 불과하다.

④ 거주자들에게 지역에 관한 정보를 제공하며, 주민들은 민간순찰을 실시한다.

정답 및 해설 I ④

④ [×] 이웃지향적 경찰활동(NOP)에 대한 설명이다.

①②③ [O] 문제지향 경찰활동(POP)에 대한 설명이다.

048 지역사회 경찰활동(Community Policing)에 대한 설명으로 가장 적절하지 않은 것은? 23. 경찰간부

☐☐☐

① 지역중심적 경찰활동(Community Oriented Policing) – 경찰과 지역사회가 협력하여 길거리 범죄, 물리적 무질서 등을 확인하고 해결함으로써 주민들의 삶의 질을 개선하고자 노력한다.

② 문제지향적 경찰활동(Problem Oriented Policing) – 경찰과 지역사회가 전통적인 경찰업무로 해결할 수 없거나 그것의 해결을위하여 특별히 관심을 필요로 하는 사안들에 있어서 그 상황에맞는 대안을 개발하기 위해 노력하는 활동에 주력한다.

③ 이웃지향적 경찰활동(Neighborhood Oriented Policing) – 경찰과 주민의 의사소통을 활성화하고 주민들에 의한 순찰을 실시하는 등 지역사회에 기초를 둔 범죄예방 활동 등을 위해 노력한다.

④ 관용중심적 경찰활동(Tolerance Oriented Policing) – 소규모 지역공동체 모임의 활성화를 통해 상호감시를 증대하고 단속 중심의 경찰활동을 전개함으로써 범죄에 대응하는 전략을 추진한다.

정답 및 해설 | ④

④ [×] 이웃지향적 경찰활동(Neighborhood Oriented Policing)에 관한 설명이다.

049 '지역사회경찰활동'(Community Policing)에 관한 설명으로 가장 적절하지 않은 것은? 23. 경찰

☐☐☐

① 범죄가 자주 발생하는 지점에 경찰력을 집중적으로 배치하여 범죄예방효과를 극대화하는 데 중점을 둔다.

② 경찰활동의 목적과 우선순위를 결정할 때 시민의 참여가 중요하다.

③ 사후적 대응보다 사전적 예방 중심의 경찰활동 전개에 주력한다.

④ 경찰은 지역사회 내 지방자치단체, 학교 등 공적 주체들은 물론 시민단체 등 사적 주체들과도 파트너십을 형성할 필요가 있다.

정답 및 해설 | ①

① [×] '지역사회경찰활동'(Community Policing)은 지역사회의 모든 분야와 협력하여 지역사회의 무질서를 감소시켜(범죄가 자주 발생하는 지점에 경찰력을 집중적으로 배치하여 ×) 범죄예방효과를 극대화하는 데 중점을 둔다.

050 □□□ 에크와 스펠만(Eck & Spelman)은 경찰관서에서 문제지향 경찰활동을 지역문제의 해결에 보다 쉽게 적용할 수 있도록 4단계의 문제해결과정(이른바 SARA 모델)을 제시하였다. 개별 단계에 관한 설명으로 가장 적절하지 않은 것은? 23. 경찰

① 조사단계(scanning)는 일반적으로 지역사회에서 일회적으로 발생하지만 대중의 이목을 집중시키는 심각한 중대범죄 사건을 우선적으로 조사대상화하는 데에서 출발한다.

② 분석단계(analysis)에서는 각종 통계자료 등 수집된 자료를 활용하여 심층적인 분석을 실시하며, 당면 문제의 성격을 정확하게 파악하기 위해 문제분석 삼각모형(problem analysis triangle)을 유용한 분석 도구로 활용할 수 있다.

③ 대응단계(response)에서는 경찰이 보유한 자원과 역량만으로는 한계가 있으므로 지역사회 내의 여러 다른 기관들과의 협력을 통한 대응방안을 추구하며, 상황적 범죄예방에서 제시하는 25가지 범죄예방기술을 적용해 볼 수도 있다.

④ 평가단계(assessment)는 과정평가와 효과평가의 두 단계로 구성되며, 이전 문제해결과정에의 환류를 통해 각 단계가 지속적인 순환 과정으로 작동할 수 있도록 한다는 점에서 중요한 의미를 가진다.

정답 및 해설 I ①

① [×] 조사단계(scanning)는 일반적으로 지역사회에서 지속적으로 발생하는 일련의 유사한 사건을 탐색하는데서 출발한다.

051 □□□ 문제지향 경찰활동에 대한 설명으로 가장 옳지 않은 것은? 20. 경찰간부

① 문제지향 경찰활동은 경찰활동이 단순한 법집행자의 역할에서 지역사회범죄문제의 근원적 원인을 확인하고 해결하는 역할로 전환할 것을 추구한다.

② 지역사회문제해결을 위해 SARA모형이 강조되며 이는 조사(Scanning) – 평가(Assessment) – 대응(Response) – 분석(Analysis)으로 진행되는 문제해결단계를 제시한다.

③ 문제지향 경찰활동에서는 문제들에 대한 효과적인 대응전략을 마련하면서 필요한 경우 경찰과 지역사회가 협력할 수 있는 대응전략들에 보다 높은 가치를 부여한다.

④ 문제지향 경찰활동은 종종 지역사회경찰활동 등과 병행되어 실시되곤 한다.

정답 및 해설 I ②

② [×] 지역사회문제해결을 위해 SARA모형이 강조되며 이는 조사(Scanning) – 분석(Analysis) – 대응(Response) – 평가(Assessment)로 진행되는 문제해결단계를 제시한다.

052 순찰노선에 대한 설명 중 가장 적절하지 않은 것은? 15. 경찰승진

□□□

① 정선순찰은 가급적 관할 구역 전부에 미칠 수 있도록 사전에 정하여진 노선을 규칙적으로 순찰하는 방법이다.

② 난선순찰은 임의로 경찰사고발생상황 등을 고려하여 순찰 지역이나 노선을 선정, 불규칙적으로 순찰하는 방법이다.

③ 요점순찰은 지정된 요점과 요점 사이에서는 정선순찰방식에 따라 순찰하는 방법이다.

④ 구역책임자율순찰은 지구대 관할 지역을 몇 개의 소구역으로 나누고 지정된 개인별 담당구역을 요점순찰하는 방법이다.

정답 및 해설 I ③

③ [×] 요점순찰은 지정된 요점과 요점 사이에서는 **난선순찰방식**에 따라 순찰하는 방법이다.

053 경찰청훈령인 지역경찰의 조직 및 운영에 관한 규칙에 대한 다음 설명 중 가장 옳은 것은? 17. 경찰간부

□□□

① '지역경찰관서'라 함은 경찰청과 그 소속기관 직제에 규정된 지구대, 파출소 및 치안센터를 말한다.

② 경찰서장은 인구, 면적, 행정구역, 교통 · 지리적 여건, 각종 사건사고 발생 등을 고려하여 경찰서의 관할 구역을 나누어 지역경찰관서를 설치한다.

③ 지역 치안수요 및 인력여건 등을 고려하여 지역경찰관서의 관리팀 및 순찰팀의 인원은 시 · 도경찰청장이 결정하고, 순찰팀의 수는 경찰서장이 결정한다.

④ 경찰 중요 시책의 홍보 및 협력치안활동은 지역경찰관서장의 직무로, 관내 중요사건 발생시 현장 지휘는 순찰팀장의 직무로 명시되어 있다.

정답 및 해설 I ④

① [×] '지역경찰관서'라 함은 **지구대**, **파출소**를 말한다(지역경찰의 조직 및 운영에 관한 규칙 제2조 제1호). 치안센터는 해당하지 않는다.

② [×] **시 · 도경찰청장**은 인구, 면적, 행정구역, 교통 · 지리적 여건, 각종 사건사고 발생 등을 고려하여 경찰서의 관할 구역을 나누어 지역경찰관서를 설치한다(지역경찰의 조직 및 운영에 관한 규칙 제4조 제1항).

③ [×] 지역 치안수요 및 인력여건 등을 고려하여 지역경찰관서의 **관리팀 및 순찰팀의 인원은 경찰서장**이 결정하고, **순찰팀의 수는 시 · 도경찰청장**이 결정한다(지역경찰의 조직 및 운영에 관한 규칙 제6조 제2항 · 제3항).

054 ☐☐☐ 지역경찰의 조직 및 운영에 관한 규칙에 대한 설명으로 가장 적절하지 않은 것은? 18. 경찰

① 지역경찰의 근무는 행정근무, 상황근무, 순찰근무, 경계근무, 대기근무, 기타근무로 구분한다.

② 순찰팀의 수는 지역 치안수요 및 인력여건 등을 고려하여 경찰서장이 결정한다.

③ 관리팀 및 순찰팀의 인원은 지역 치안수요 및 인력여건 등을 고려하여 경찰서장이 결정한다.

④ '관리팀원 및 순찰팀원에 대한 일일근무 지정 및 지휘 · 감독'은 순찰팀장의 직무로 명시되어 있다.

정답 및 해설 I ②

② [×] 순찰팀의 수는 지역 치안수요 및 인력여건 등을 고려하여 시 · 도경찰청장이 결정한다(지역경찰의 조직 및 운영에 관한 규칙 제6조 제2항).

055 ☐☐☐ 지역경찰의 조직 및 운영에 관한 규칙상 '순찰근무'에 대한 설명으로 가장 적절하지 않은 것은? 19. 경찰승진

① 각종 사건사고 발생시 초동조치 및 보고, 전파

② 비상 및 작전사태 등 발생시 차량, 선박 등의 통행 통제

③ 경찰사범의 단속 및 검거

④ 통행인 및 차량에 대한 검문검색 등

정답 및 해설 I ②

② [×] 비상 및 작전사태 등 발생시 차량, 선박 등의 통행통제는 순찰근무가 아니라 경계근무에 해당한다(지역경찰 조직 및 운영에 관한 규칙 제26조 제2항 제2호).

056 ☐☐☐ 다음 보기 중 지역경찰의 조직 및 운영에 관한 규칙상 지역경찰의 근무종류와 그 업무를 연결한 것으로 옳은 것은 모두 몇 개인가? 14. 경찰

> ㉠ 행정근무 – 방문민원 및 각종 신고사건의 접수 및 처리
> ㉡ 상황근무 – 요보호자 또는 피의자에 대한 보호 · 감시
> ㉢ 상황근무 – 중요 사건 · 사고 발생시 보고 및 전파
> ㉣ 순찰근무 – 주민여론 및 범죄첩보 수집
> ㉤ 경계근무 – 비상 및 작전사태 등 발생시 차량, 선박 등의 통행 통제

① 1개 ② 2개

③ 3개 ④ 4개

정답 및 해설 I ④

옳은 설명은 ㉡㉢㉣㉤ 4개이다.

㉠ [×] 방문민원 및 각종 신고사건의 접수 및 처리는 상황근무에 해당한다(지역경찰의 조직 및 운영에 관한 규칙 제24조 제1항 제2호).

057 지역경찰의 조직 및 운영에 관한 규칙에 대한 내용으로 옳은 것을 모두 고른 것은? 19. 경찰승진

☐☐☐

> ㉠ 경찰방문 및 방범진단은 순찰근무시의 근무내용이다.
> ㉡ 행정근무시에는 방문민원 및 각종 신고사건의 접수 및 처리를 수행한다.
> ㉢ 관리팀원에 대한 일일근무 지정 및 지휘 · 감독은 지역경찰관서장의 직무이다.
> ㉣ 경찰 중요 시책의 홍보 및 협력치안활동은 관리팀의 직무이다.

① ㉠ ② ㉠, ㉡, ㉢
③ ㉠, ㉢ ④ ㉠, ㉢, ㉣

정답 및 해설 I ①

옳은 설명은 ㉠이다.

㉡ [×] 방문민원 및 각종 신고사건의 접수 및 처리는 **상황근무**에 해당한다(지역경찰의 조직 및 운영에 관한 규칙 제24조 제1항 제2호).

㉢ [×] 관리팀원에 대한 일일근무 지정 및 지휘 · 감독은 **순찰팀장**의 직무이다(지역경찰의 조직 및 운영에 관한 규칙 제8조 제2항 제2호).

㉣ [×] 경찰 중요 시책의 홍보 및 협력치안활동은 **지역경찰관서장**의 직무이다(지역경찰의 조직 및 운영에 관한 규칙 제5조 제3항 제4호).

058 다음 보기 중 지역경찰의 조직 및 운영에 관한 규칙상 지역경찰의 근무종류와 그 업무가 올바르게 연결된 것은? 19. 경찰간부

☐☐☐

> ㉠ 시설 및 장비의 작동 여부 확인
> ㉡ 방문민원 및 각종 신고사건의 접수 및 처리
> ㉢ 주민여론 및 범죄첩보 수집
> ㉣ 비상 및 작전사태 등 발생시 다량, 선박 등의 통행통제

	㉠	㉡	㉢	㉣
①	순찰근무	행정근무	상황근무	순찰근무
②	상황근무	상황근무	순찰근무	경계근무
③	상황근무	행정근무	상황근무	순찰근무
④	순찰근무	상황근무	순찰근무	경계근무

정답 및 해설 I ②

㉠ 시설 및 장비의 작동 여부 확인은 **상황근무**에 해당한다.

㉡ 방문민원 및 각종 신고사건의 접수 및 처리는 **상황근무**에 해당한다.

㉢ 주민여론 및 범죄첩보 수집은 **순찰근무**에 해당한다.

㉣ 비상 및 작전사태 등 발생시 차량, 선박 등의 통행 통제는 **경계근무**에 해당한다.

059 지역경찰의 조직 및 운영에 관한 규칙에 대한 다음 설명 중 가장 적절하지 않은 것은? 14. 경찰

□□□

① 관리팀은 일근근무, 순찰팀장 및 순찰팀원은 상시 · 교대근무를 원칙으로 한다.

② 경계근무는 반드시 2인 이상 합동으로 지정하여야 한다.

③ 지역경찰의 근무는 행정근무, 상황근무, 순찰근무, 경계근무, 대기근무, 기타근무로 구분한다.

④ 경찰서장은 인구, 면적, 교통 · 지리적 여건 등을 고려하여 경찰서의 관할 구역을 나누어 지역경찰관서를 설치한다.

정답 및 해설 I ④

④ [×] 시 · **도경찰청장**은 인구, 면적, 행정구역, 교통 · 지리적 여건, 각종 사건사고 발생 등을 고려하여 경찰서의 관할 구역을 나누어 지역경찰관서를 설치한다(지역경찰의 조직 및 운영에 관한 규칙 제4조 제1항).

060 지역경찰의 조직 및 운영에 관한 규칙에 대한 설명 중 옳지 않은 것 모두 몇 개인가? 20. 경찰간부

□□□

㉠ 행정근무를 지정받은 지역경찰은 각종 현황 · 통계 · 부책 관리 및 중요 사건 · 사고 발생시 보고 · 전파 업무를 수행한다.

㉡ 순찰팀의 수는 지역 치안수요 및 인력여건 등을 고려하여 경찰서장이 결정한다.

㉢ 경찰 중요 시책의 홍보 및 협력치안활동은 지역경찰관서장의 직무로, 관내 중요 사건발생시 현장지휘는 순찰팀장의 직무로 명시되어 있다.

㉣ 경찰서장은 인구, 면적, 교통 · 지리적 여건 등을 고려하여 경찰서 관할 구역을 나누어 지역경찰관서를 설치한다.

㉤ '지역경찰관서'라 함은 경찰청과 그 소속 기관 직제에 규정된 지구대, 파출소 및 치안센터를 말한다.

① 1개　　② 2개

③ 3개　　④ 4개

정답 및 해설 I ④

옳지 않은 설명은 ㉠㉡㉣㉤ 4개이다.

㉠ [×] 중요 사건 · 사고 발생시 보고 · 전파 업무는 **상황근무**에서 수행한다(지역경찰의 조직 및 운영에 관한 규칙 제24조 제1항 제4호).

㉡ [×] 순찰팀의 수는 지역 치안수요 및 인력여건 등을 고려하여 **시 · 도경찰청장**이 결정한다(지역경찰의 조직 및 운영에 관한 규칙 제6조 제2항).

㉣ [×] 시 · **도경찰청장**은 인구, 면적, 행정구역, 교통 · 지리적 여건, 각종 사건사고 발생 등을 고려하여 경찰서의 관할 구역을 나누어 지역경찰관서를 설치한다(지역경찰의 조직 및 운영에 관한 규칙 제4조 제1항).

㉤ [×] '지역경찰관서'라 함은 **지구대**, **파출소**를 말한다(지역경찰의 조직 및 운영에 관한 규칙 제2조 제1호). 치안센터는 해당하지 않는다.

061 지역경찰의 조직 및 운영에 관한 규칙에 관한 설명 중 옳은 것은 모두 몇 개인가? 22. 경찰

□□□

> ㉠ 시 · 도경찰청장은 인구, 면적, 행정구역, 교통 · 지리적 여건, 각종 사건사고 발생 등을 고려하여 경찰서의 관할 구역을 나누어 지역경찰관서를 설치한다.
> ㉡ 관리팀원 및 순찰팀원에 대한 일일근무 지정 및 지휘 · 감독과 관내 중요 사건 발생시 현장 지휘는 순찰팀장의 직무이다.
> ㉢ 직주일체형 치안센터에 배치된 근무자는 근무 종료 후(휴무일 포함)에도 관할 구역 내에 위치하며 지역경찰관서와 연락체계를 유지하여야 한다.
> ㉣ 지역경찰관서장은 관내 치안상황의 분석 및 대책을 수립하고 소속 지역경찰의 근무와 관련된 제반사항에 대해 지휘 및 감독한다.
> ㉤ 상황근무를 지정받은 지역경찰은 지역경찰관서 및 치안센터 내에서 방문민원 및 각종 신고사건의 접수 및 처리를 수행한다.

① 5개 ② 4개
③ 3개 ④ 2개

정답 및 해설 I ②

옳은 것은 ㉠㉡㉣㉤ 4개이다.

㉢ [×] 직주일체형 치안센터에 배치된 근무자는 근무 종료 후(**휴무일은 제외된다**)에도 관할 구역 내에 위치하며 지역경찰관서와 연락체계를 유지하여야 한다.

062 지역경찰의 조직 및 운영에 관한 규칙상 순찰팀장의 업무 내용에 관한 설명으로 가장 적절하지 않은 것은? 16. 경찰승진

□□□

① 근무교대시 주요 취급사항 및 장비 등의 인수인계 확인
② 문서의 접수 및 처리, 시설 및 장비의 관리, 예산의 집행 등 지역경찰관서의 행정업무
③ 관리팀원 및 순찰팀원에 대한 일일근무 지정 및 지휘 · 감독
④ 관내 중요 사건 발생시 현장 지휘

정답 및 해설 I ②

② [×] 문서의 접수 및 처리, 시설 및 장비의 관리, 예산의 집행 등 지역경찰관서의 행정업무는 **지역경찰관의 업무 중 행정근무**에 해당한다(지역경찰의 조직 및 운영에 관한 규칙 제23조).

제2편 I 각론

1장

063 지역경찰의 조직 및 운영에 관한 규칙상 순찰팀장이 수행하는 직무 내용으로 가장 적절하지 않은 것은?

□□□

22. 경찰간부

① 관내 중요 사건 발생시 현장 지휘

② 지역경찰관서의 시설 · 예산 · 장비의 관리

③ 근무교대시 주요 취급사항 및 장비 등의 인수인계 확인

④ 관리팀원 및 순찰팀원에 대한 일일근무 지정 및 지휘 · 감독

정답 및 해설 I ②

② [×] 지역경찰관서의 시설 · 예산 · 장비의 관리는 지역경찰관서장의 권한이다.

064 「지역경찰의 조직 및 운영에 관한 규칙」상 경찰서장이 정하는 사항으로 적절한 것은 모두 몇 개인가?

□□□

23. 경찰승진

㉠ 치안센터 관할구역의 크기
㉡ 순찰팀의 수
㉢ 치안센터 전담근무자의 근무형태 및 근무시간
㉣ 관리팀 및 순찰팀의 인원

① 1개

② 2개

③ 3개

④ 4개

정답 및 해설 I ③

㉠ 치안센터 관할구역의 크기, ㉢ 치안센터 전담근무자의 근무형태 및 근무시간, ㉣ 관리팀 및 순찰팀의 인원은 경찰서장이 정한다.
㉡ 순찰팀의 수는 시 · 도경찰청장이 정한다.

065 「지역경찰의 조직 및 운영에 관한 규칙」에 관한 설명으로 가장 적절한 것은? 23. 경찰

□□□

① 경찰청장은 인구, 면적, 행정구역, 교통 · 지리적 여건, 각종 사건사고 발생 등을 고려하여 경찰서의 관할 구역을 나누어 지역경찰관서를 설치한다.

② 순찰팀은 범죄예방 순찰, 각종 사건사고에 대한 초동조치 등 현장 치안활동을 담당한다.

③ 지역경찰관서장은 지역경찰관서의 운영에 관하여 총괄 지휘 · 감독한다.

④ 「지역경찰의 조직 및 운영에 관한 규칙」 제23조는 "행정근무를 지정받은 지역경찰은 지역경찰관서 및 치안센터 내에서 방문 민원 및 각종 신고사건의 접수 및 처리업무를 수행한다."라고 규정하고 있다.

정답 및 해설 | ②

① [×] **시 · 도경찰청장(경찰청장 ×)**은 인구, 면적, 행정구역, 교통 · 지리적 여건, 각종 사건사고 발생 등을 고려하여 경찰서의 관할 구역을 나누어 지역경찰관서를 설치한다.

③ [×] **경찰서장(지역경찰관서장 ×)**은 지역경찰관서의 운영에 관하여 총괄 지휘 · 감독한다.

> **지역경찰의 조직 및 운영에 관한 규칙 제9조 【지휘 및 감독】** 지역경찰관서에 대한 지휘 및 감독은 다음 각호에 따른다.
> 1. 경찰서장: 지역경찰관서의 운영에 관하여 총괄 지휘 · 감독
> 2. 경찰서 각 과장 등 부서장: 각 부서의 소관업무와 관련된 지역경찰의 업무에 관하여 경찰서장을 보좌
> 3. 지역경찰관서장: 지역경찰관서의 시설 · 장비 · 예산 및 소속 지역경찰의 근무에 관한 제반사항을 지휘 · 감독
> 4. 순찰팀장: 근무시간 중 소속 지역경찰을 지휘 · 감독

④ [×] 「지역경찰의 조직 및 운영에 관한 규칙」 **제24조**는 "**상황근무(행정근무 ×)**를 지정받은 지역경찰은 지역경찰관서 및 치안센터 내에서 방문 민원 및 각종 신고사건의 접수 및 처리업무를 수행한다."라고 규정하고 있다.

066 지역경찰활동에 대한 설명으로 가장 적절한 것은? 20. 경찰승진

□□□

① 지역경찰의 조직 및 운영에 관한 규칙상 관리팀원 및 순찰팀원에 대한 일일근무 지정 및 지휘 · 감독은 지역경찰관서장의 업무이다.

② 지역사회경찰활동은 주민의 경찰업무에의 협조도로 경찰업무의 효율성을 평가한다.

③ 지역경찰의 조직 및 운영에 관한 규칙상 비상 및 작전사태 등 발생시 차량, 선박 등의 통행 통제는 순찰근무에 해당한다.

④ 지역경찰관은 강제추행사건을 처리하는 경우 피해자에게 친고죄를 해당함을 설명하고, 피해자로부터 고소장을 제출받아 경찰서에 전달해야 한다.

정답 및 해설 | ②

① [×] 지역경찰의 조직 및 운영에 관한 규칙상 관리팀원 및 순찰팀원에 대한 일일근무 지정 및 지휘 · 감독은 **순찰팀장**의 업무이다(지역경찰 조직 및 운영에 관한 규칙 제9조 제4호).

③ [×] 지역경찰의 조직 및 운영에 관한 규칙상 비상 및 작전사태 등 발생시 차량, 선박 등의 통행 통제는 **경계근무**에 해당한다(지역경찰의 조직 및 운영에 관한 규칙 제26조 제2항 제2호).

④ [×] 강제추행사건은 **비친고죄에 해당하므로 고소가 없어도 수사와 기소가 가능하다.**

067 경찰공무원의 근무시간 등에 관한 용어 설명으로 가장 적절한 것은? 22. 경찰간부

□□□

① '상시근무'라 함은 일상적으로 24시간 계속하여 대응 · 처리해야 하는 업무를 수행하기 위하여 근무조를 나누어 일정한 계획에 의한 반복주기에 따라 교대로 업무를 수행하는 근무형태를 말한다.

② '대기'라 함은 근무 도중 자유롭게 쉬는 시간을 말하며 식사시간을 포함한다.

③ '비번'이라 함은 교대근무자가 일정한 계획에 따라 다음 근무시작 전까지 자유롭게 쉬는 것을 말한다.

④ '휴게시간'이라 함은 근무일에 해당함에도 불구하고 누적된 피로 회복 등 건강유지를 위하여 일정시간 동안 근무에서 벗어나 자유롭게 쉬는 것을 말한다.

정답 및 해설 I ③

① [×] 근무조를 나누어 일정한 계획에 의한 반복주기에 따라 교대로 업무를 수행하는 근무형태는 **교대근무**다.

② [×] **휴게시간**에 대한 설명이다. '대기'라 함은 신고사건 출동 등 치안상황에 대응하기 위하여 일정시간 지정된 장소에서 근무태세를 갖추고 있는 형태의 근무를 말한다.

④ [×] **휴무**에 대한 설명이다. '휴게시간'이라 함은 근무 도중 자유롭게 쉬는 시간을 말하며 식사시간을 포함한다.

☑ 경찰기관 상시근무 공무원의 근무시간 등에 관한 규칙(경찰청 훈령)

구분	내용
용어의 정의 (제2조)	1. 상시근무: 일상적으로 24시간 계속하여 대응 · 처리해야 하는 업무를 수행하거나 긴급하고 중대한 치안상황에 대비하기 위하여 야간, 토요일 및 공휴일에 관계없이 상시적으로 업무를 수행하는 근무형태 2. 교대근무: 근무조를 나누어 일정한 계획에 의한 반복주기에 따라 교대로 업무를 수행하는 근무형태 3. 휴무: 근무일에 해당함에도 불구하고 누적된 피로 회복 등 건강유지를 위하여 일정시간 동안 **근무에서 벗어나** 자유롭게 쉬는 것 4. 비번: 교대근무자가 일정한 계획에 따라 다음 근무시작 전까지 자유롭게 쉬는 것 5. 휴게시간: **근무 도중** 자유롭게 쉬는 시간을 말하며 식사시간을 포함함 6. 대기: 신고사건 출동 등 치안상황에 대응하기 위하여 일정시간 지정된 장소에서 근무태세를 갖추고 있는 형태의 근무
근무시간 (제3조)	1. 경찰기관에서 상시근무를 하는 공무원의 근무시간은 휴게시간을 제외하고 주 **40시간**을 원칙으로 함 2. 근무시간의 전부 또는 일부를 경찰관서의 외부에서 근무함으로써 근무시간을 산정하기 어려운 때에는 근무명령에 의하여 지정된 근무시간동안 근무한 것으로 봄
휴게시간 (제4조)	1. 각급 경찰기관의 장은 근무시간이 8시간인 경우에는 **1시간 이상**의 휴게시간을 근무시간 도중에 주어야 함. 이 경우 **1시간 이상**을 일괄하여 주거나 30분씩 나누어 줄 수 있음 2. 각급 경찰기관의 장은 지정된 휴게시간이라 할지라도 업무수행상 부득이 하다고 인정할 때에는 1.에 의한 휴게시간을 주지 아니하거나 감축하거나 또는 대기근무를 대체하여 지정할 수 있음
시간 외 근무 및 보상 (제5조)	1. 각급 경찰기관의 장은 공무를 수행하기 위해 상당하고 충분한 이유가 있는 경우에 한하여 제3조의 규정에 의한 근무시간 외의 시간에 근무(이하 '시간 외 근무'라 한다)할 것을 명할 수 있음 2. 각급 경찰기관의 장은 1.에 의하여 시간 외 근무를 명한 때에는 예산의 범위 내에서 그에 상응한 수당을 지급하여야 함 3. 각급 경찰기관의 장은 2.에 의한 수당을 지급하지 못한 때에는 시간 외 근무 시간을 누산하여 그만큼의 휴무를 부여하여야 함. 이 경우 정상적인 기관운영을 위하여 휴무 실시시기를 적절히 조정할 수 있음 4. 3.에 의한 휴무를 부여하기 위해 시간 외 근무시간을 누산할 때는 근무시간별로 지급할 초과근무수당에 상응한 시간만큼 가산하여야 함

068 지역경찰의 조직 및 운영에 관한 규칙에 대한 설명 중 가장 적절한 것은? 23. 경찰승진

☐☐☐

① '지역경찰관서'란 국가경찰과 자치경찰의 조직 및 운영에 관한 법률 제30조 제3항 및 경찰청과 그 소속기관 직제 제43조에 규정된 지구대, 파출소 및 치안센터를 말한다.

② 상황근무를 지정받은 지역경찰은 문서의 접수 및 처리와 중요 사건 · 사고 발생시 보고 · 전파 업무를 수행한다.

③ 지역경찰은 근무 중 주요사항을 근무일지(을지)에 기재하여야 하고 근무일지는 5년간 보관한다.

④ 대기근무를 지정받은 지역경찰은 지정된 장소에서 휴식을 취하되, 무전기를 청취하며 10분 이내 출동이 가능한 상태를 유지하여야 한다.

정답 및 해설 I ④

① [×] '지역경찰관서'란국가경찰과 자치경찰의 조직 및 운영에 관한 법률 제30조 제3항 및 경찰청과 그 소속기관 직제 제43조에 규정된 지구대, 파출소(치안센터 ×)를 말한다.

② [×] 문서의 접수 및 처리는 상황근무가 아니라 **행정근무**에 해당한다.

③ [×] 지역경찰은 근무 중 주요사항을 근무일지(을지)에 기재하여야 하고 근무일지는 **3년간** 보관한다(동규칙 제42조).

069 경찰순찰에 대한 설명으로 가장 적절한 것은? 21. 경찰

☐☐☐

① 뉴왁(Newark)시 도보순찰실험은 도보순찰을 강화하여도 해당 순찰구역의 범죄율을 낮추지는 못하였으나, 도보순찰을 할 때 시민이 경찰서비스에 더 높은 만족감을 드러냈음을 확인하였다.

② 지역경찰의 조직 및 운영에 관한 규칙상 순찰팀장은 일근근무를 원칙으로 하며, 휴게시간, 휴무횟수 등 구체적인 사항은 국가공무원 복무규정 및 경찰기관 상시근무 공무원의 근무시간 등에 관한 규칙이 규정한 범위 안에서 지역경찰관서장이 정한다.

③ 지역경찰의 조직 및 운영에 관한 규칙상 순찰근무를 지정받은 지역경찰은 지정된 근무구역에서 경찰사범의 단속 및 검거, 경찰방문 및 방범진단, 시설 및 장비의 작동 여부 확인, 각종 현황, 통계, 자료 부책 관리와 같은 업무를 수행한다.

④ 워커(Samuel Walker)는 순찰의 3가지 기능으로 범죄의 억제, 대민 서비스 제공, 교통지도단속을 언급하였다.

정답 및 해설 I ①

② [×] 지역경찰의 조직 및 운영에 관한 규칙상 순찰팀장은 **상시 · 교대근무**를 원칙으로 하며, 휴게시간, 휴무횟수 등 구체적인 사항은 국가공무원 복무규정 및 경찰기관 상시근무 공무원의 근무시간 등에 관한 규칙이 규정한 범위 안에서 **시 · 도경찰청장**이 정한다(지역경찰의 조직 및 운영에 관한 규칙 제21조 제3항).

③ [×] 지역경찰의 조직 및 운영에 관한 규칙상 **시설 및 장비의 작동 여부 확인은 상황근무에 속하고**(지역경찰의 조직 및 운영에 관한 규칙 제24조 제1호), **각종 현황, 통계, 자료 부책 관리와 같은 업무는 행정근무에 속한다**(지역경찰의 조직 및 운영에 관한 규칙 제23조 제3호).

④ [×] 워커(Samuel Walker)는 범죄의 억제, 대민 서비스 제공, 공공 안전감의 증진을 언급하였다. 지문의 내용은 **D. Hale이 제시한 기능**에 해당한다.

제3절 | 경비업법과 유실물법

070 다음 중 경비업법상 경비업무에 관한 설명으로 가장 적절하지 않은 것은? 12. 경찰

□□□

① 시설경비업무는 경비를 필요로 하는 시설 및 장소에서의 도난 · 화재 그 밖의 혼잡 등으로 인한 위험발생을 방지하는 업무이다.

② 특수경비업무는 공항(항공기를 제외한다) 등 대통령이 정하는 국가중요시설의 경비 및 도난 · 화재 그 밖의 위험발생을 방지하는 업무이다.

③ 기계경비업무는 경비대상 시설에 설치한 기기에 의하여 감지 · 송신된 정보를 그 경비대상 시설 외의 장소에 설치한 관제시설의 기기로 수신하여 도난 · 화재 등 위험발생을 방지하는 업무이다.

④ 신변보호업무는 사람의 생명이나 신체에 대한 위해의 발생을 방지하고 그 신변을 보호하는 업무이다.

정답 및 해설 | ②

② [×] 특수경비업무는 공항(항공기를 **포함한다**) 등 대통령령이 정하는 국가중요시설의 경비 및 도난 · 화재 그 밖의 위험발생을 방지하는 업무이다(경비업법 제2조 제1호 마목).

071 경비업법상 경비업무에 대한 설명으로 가장 적절한 것은? 15. 경찰

□□□

① 시설경비업무 – 경비대상 시설에 설치한 기기에 의하여 감지 · 송신된 정보를 그 경비대상 시설 외의 장소에 설치한 관제시설의 기기로 수신하여 도난 · 화재 등 위험발생을 방지하는 업무

② 호송경비업무 – 사람의 생명이나 신체에 대한 위해의 발생을 방지하고 그 신변을 보호하는 업무

③ 기계경비업무 – 경비를 필요로 하는 시설 및 장소에서의 도난 · 화재 그 밖의 혼잡 등으로 인한 위험발생을 방지하는 업무

④ 특수경비업무 – 공항(항공기를 포함한다) 등 대통령령이 정하는 국가중요시설의 경비 및 도난 · 화재 그 밖의 위험발생을 방지하는 업무

정답 및 해설 | ④

① [×] **기계경비업무**에 대한 설명이다(경비업법 제2조 제1호 라목).

② [×] **신변보호업무**에 대한 설명이다(경비업법 제2조 제1호 다목). 호송경비업무란 운반 중에 있는 현금 · 유가증권 · 귀금속 · 상품 그 밖의 물건에 대하여 도난 · 화재 등 위험발생을 방지하는 업무를 말한다(경비업법 제2조 제1호 나목).

③ [×] **시설경비업무**에 대한 설명이다(경비업법 제2조 제1호 가목).

072 □□□ 경비업법상 경비업무의 종류에 대한 정의로 가장 적절하지 않은 것은? 16. 경찰

① 특수경비업무 – 공항(항공기를 포함한다) 등 대통령령이 정하는 국가중요시설의 경비 및 도난 · 화재 그 밖의 위험발생을 방지하는 업무를 말한다.

② 기계경비업무 – 경비대상 시설에 설치한 기기에 의하여 감지 · 송신된 정보를 그 경비대상 시설 내의 장소에 설치한 관제시설의 기기로 수신하여 도난 · 화재 등 위험발생을 방지하는 업무를 말한다.

③ 시설경비업무 – 경비를 필요로 하는 시설 및 장소에서의 도난 · 화재 그 밖의 혼잡 등으로 인한 위험발생을 방지하는 업무를 말한다.

④ 신변보호업무 – 사람의 생명이나 신체에 대한 위해의 발생을 방지하고 그 신변을 보호하는 업무를 말한다.

정답 및 해설 I ②

② [×] 기계경비업무란 경비대상 시설에 설치한 기기에 의하여 감지 · 송신된 정보를 그 경비대상 시설 외의 장소에 설치한 관제시설의 기기로 수신하여 도난 · 화재 등 위험발생을 방지하는 업무를 말한다(경비업법 제2조 제1호 라목).

073 □□□ 경비업법 제2조 제1호에 규정된 경비업무의 내용 중 하나이다. 보기와 관련 있는 것으로 가장 적절한 것은? 13. 경찰승진

운반 중에 있는 현금 · 유가증권 · 귀금속 · 상품 그 밖의 물건에 대하여 도난 · 화재 등 위험발생을 방지하는 업무

① 시설경비업무

② 호송경비업무

③ 기계경비업무

④ 특수경비업무

정답 및 해설 I ②

② [○] 지문은 호송경비업무에 대한 설명이다(경비업법 제2조 제1호 나목).

074 □□□ 우리나라 경비업에 대한 설명으로 가장 옳지 않은 것은? 14. 경찰간부

① 경비업법상 경비업무에는 시설경비, 신변보호, 특수경비, 호송경비, 기계경비업무가 있다.

② 특수경비업무는 사람의 생명이나 신체에 대한 발생을 방지하고 그 신변을 보호하는 업무이다.

③ 경비업의 허가권자는 시 · 도경찰청장이다.

④ 법인의 명칭이나 대표자 · 임원을 변경할 때는 시 · 도경찰청장에게 신고해야 한다.

정답 및 해설 I ②

② [×] 해당 지문은 신변보호업무에 관한 설명이다.

075 경비업법상 경비업에 대한 설명이다. 다음 중 옳은 것을 모두 고른 것은? 17. 경찰

□□□

> ㉠ 경비업의 업무에는 시설경비, 호송경비, 신변보호, 기계경비, 특수경비가 있다.
> ㉡ 신변보호업무는 사람의 생명이나 신체에 대한 위해의 발생을 방지하고 그 신변을 보호하는 업무이다.
> ㉢ 시설경비업무는 공항(항공기를 포함) 등 대통령령이 정하는 국가중요시설의 경비 및 도난·화재 그 밖의 위험발생을 방지하는 업무이다.
> ㉣ 기계경비업무는 경비대상시설에 설치한 기기에 의하여 감지·송신된 정보를 그 경비대상시설 내의 장소에 설치한 관제시설의 기기로 수신하여 도난·화재 등 위험발생을 방지하는 업무이다.

① 없음
② ㉠, ㉡
③ ㉠, ㉡, ㉢
④ ㉠, ㉡, ㉢, ㉣

정답 및 해설 | ②

옳은 설명은 ㉠㉡이다.

㉢ [×] 특수경비업무에 대한 설명이다(경비업법 제2조 제1호 마목).

㉣ [×] 기계경비업무는 경비대상시설에 설치한 기기에 의하여 감지·송신된 정보를 그 경비대상시설 외의 장소에 설치한 관제시설의 기기로 수신하여 도난·화재 등 위험발생을 방지하는 업무이다(경비업법 제2조 제1호 라목).

076 경비업법 제2조 정의에 관한 설명 중 가장 적절하지 않은 것은? 22. 경찰

□□□

① '시설경비업무'란 경비를 필요로 하는 시설 및 장소(이하 '경비대상시설'이라 한다)에서의 도난·화재 그 밖의 혼잡 등으로 인한 위험발생을 방지하는 업무를 말한다.
② '호송경비업무'란 운반 중에 있는 현금·유가증권·귀금속·상품 그 밖의 물건에 대하여 도난·화재 등 위험발생을 방지하는 업무를 말한다.
③ '신변보호업무'란 사람의 생명·신체·재산에 대한 위해의 발생을 방지하고 그 신변을 보호하는 업무를 말한다.
④ '기계경비업무'란 경비대상시설에 설치한 기기에 의하여 감지·송신된 정보를 그 경비대상시설 외의 장소에 설치한 관제시설의 기기로 수신하여 도난·화재 등 위험발생을 방지하는 업무를 말한다.

정답 및 해설 | ③

③ [×] '신변보호업무'란 사람의 생명·신체(재산 ×)에 대한 위해의 발생을 방지하고 그 신변을 보호하는 업무를 말한다.

077 □□□ 다음 중 경비업의 허가를 받은 법인이 관할 시 · 도경찰청장에게 신고해야 할 사항이 아닌 것은?

18. 경찰간부

① 영업을 폐업하거나 휴업할 때

② 법인의 주사무소나 출장소를 신설 · 이전 또는 폐지한 때

③ 도급받아 행하고자 하는 경비업무를 변경하는 경우

④ 특수경비업무를 개시하거나 종료한 때

정답 및 해설 I ③

③ [×] 경비업무를 변경하는 경우와 경비업을 영위하고자 하는 경우에는 시 · 도경찰청장의 허가를 받아야 한다(경비업법 제4조 제1항).

078 □□□ 경비업법에 대한 내용으로 가장 적절하지 않은 것은?

18. 경찰

① 경비업은 법인이 아니면 이를 영위할 수 없다.

② 경비업을 영위하고자 하는 법인은 도급받아 행하고자 하는 경비업무를 특정하여 그 법인의 주사무소의 소재지를 관할하는 시 · 도경찰청장의 허가를 받아야 한다. 도급받아 행하고자 하는 경비업무를 변경하는 경우에도 또한 같다.

③ 이 법 제4조 제1항의 규정에 의한 경비업 허가의 유효기간은 허가받은 다음 날부터 5년으로 한다

④ 경비업자는 집단민원현장에 경비원을 배치하는 때에는 경비지도사를 선임하고 그 장소에 배치하여 행정안전부령으로 정하는 바에 따라 경비원을 지도 · 감독하게 하여야 한다.

정답 및 해설 I ③

③ [×] 경비업법 제4조 제1항의 규정에 의한 경비업 허가의 유효기간은 허가받은 날부터 5년으로 한다(경비업법 제6조 제1항).

079 □□□ 경비업법에 대한 내용으로 가장 적절한 것은?

20. 경찰승진

① 경비업허가의 유효기간은 허가받은 날부터 3년으로 한다.

② 경비업자는 집단민원현장에 경비원을 배치하는 때에는 특수경비원을 선임하고 그 장소에 배치하여 행정안전부령으로 정하는 바에 따라 경비원을 지도 · 감독하게 하여야 한다.

③ 경비업자의 경비원 채용시 무자격자나 부적격자 등을 채용하도록 관여하거나 영향력을 행사한 도급인은 3년 이하의 징역 또는 3천만원 이하의 벌금에 처한다.

④ 금고 이상의 형의 집행유예선고를 받고 그 유예기간 중에 있는 자는 특수경비원의 결격사유에 해당하나, 경비지도사 또는 일반경비원의 결격사유에는 해당하지 않는다.

정답 및 해설 | ③

① [×] 경비업허가의 유효기간은 **허가받은 날부터 5년**으로 한다(경비업법 제6조 제1항).

② [×] 경비업자는 집단민원현장에 경비원을 배치하는 때에는 **경비지도사를 선임**하고 그 장소에 배치하여 행정안전부령으로 정하는 바에 따라 경비원을 지도 · 감독하게 하여야 한다(경비업법 제7조 제6항).

④ [×] 사안의 경우 경비지도사 및 일반경비원, 특수경비원의 결격사유에 해당한다. **금고 이상의 형의 선고유예를 받고 그 유예기간 중**에 있는 자는 특수경비원의 결격사유에 해당하고, 금고 이상의 형의 **집행유예선고**를 받고 그 유예기간 중에 있는 자는 경비지도사 또는 일반경비원의 결격사유에 해당한다.

080 경비업법상 경비업에 대한 설명 중 옳은 것을 모든 고른 것은? 20. 경찰간부

□□□

㉠ 기계경비업무는 경비대상시설에 설치한 기기에 의하여 감지 · 송신된 정보를 그 경비대상시설 외의 장소에 설치한 관제시설의 기기로 수신하여 도난 · 화재 등 위험발생을 방지하는 업무이다.

㉡ 신변보호업무는 사람의 생명이나 신체에 대한 위해의 발생을 방지하고 그 신변을 보호하는 업무이다.

㉢ 특수경비업무는 공항(항공기를 제외한다) 등 대통령령이 정하는 국가중요시설의 경비 및 도난 · 화재 그 밖의 위험발생을 방지하는 업무이다.

㉣ 혼잡경비업무는 경비를 필요로 하는 시설 및 장소에서의 도난 · 화재 그 밖의 혼잡 등으로 인한 위험발생을 방지하는 업무이다.

① ㉠
② ㉠, ㉡
③ ㉠, ㉡, ㉢
④ ㉠, ㉡, ㉢, ㉣

정답 및 해설 | ②

옳은 설명은 ㉠㉡이다.

㉢ [×] 특수경비업무는 공항(항공기를 **포함**한다) 등 대통령령이 정하는 국가중요시설의 경비 및 도난 · 화재 그 밖의 위험발생을 방지하는 업무이다(경비업법 제2조 제1호 마목).

㉣ [×] **시설경비업무**에 대한 설명이다. 혼잡경비업무는 경비경찰활동에 해당한다.

081 「경비업법」에 관한 설명으로 가장 적절하지 않은 것은? 23. 경찰승진

□□□

① 주주총회와 관련하여 이해대립이 있어 다툼이 있는 장소, 100명 이상의 사람이 모이는 국제 · 문화 · 예술 · 체육 행사장, 「행정대집행법」에 따라 대집행을 하는 장소는 집단민원현장에 해당한다.

② 경비업을 영위하고자 하는 법인은 도급받아 행하고자 하는 경비업무를 특정하여 그 법인의 주사무소의 소재지를 관할하는 시 · 도경찰청장의 허가를 받아야 한다.

③ 금고 이상의 형의 선고유예를 받고 그 유예기간 중에 있는 자는 경비지도사의 결격사유에 해당한다.

④ 경비업의 허가를 받으려는 법인이 갖추어야 할 요건 중 시설 경비업무의 경비인력 요건은 경비원 10명 이상 및 경비지도사 1명 이상이다.

정답 및 해설 I ③

③ [×] 금고 이상의 형의 **집행유예**(선고유예 ×)를 받고 그 유예기간 중에 있는 자는 경비지도사의 결격사유에 해당한다.

> 경비업법 제10조 【경비지도사 및 경비원의 결격사유】 ① 다음 각 호의 어느 하나에 해당하는 자는 경비지도사 또는 일반경비원이 될 수 없다.
> 1. 18세 미만인 사람 또는 피성년후견인
> 2. 파산선고를 받고 복권되지 아니한 자
> 3. **금고 이상의 실형의 선고**를 받고 그 집행이 종료(집행이 종료된 것으로 보는 경우를 포함한다)되거나 집행이 면제된 날부터 5년이 지나지 아니한 자
> 4. **금고 이상의 형의 집행유예선고**를 받고 그 유예기간중에 있는 자
> 5. 다음 각 목의 어느 하나에 해당하는 죄를 범하여 벌금형을 선고받은 날부터 10년이 지나지 아니하거나 금고 이상의 형을 선고받고 그 집행이 종료된(종료된 것으로 보는 경우를 포함한다) 날 또는 집행이 유예·면제된 날부터 10년이 지나지 아니한 자
>   가. 「형법」 제114조의 죄
>   나. 「폭력행위 등 처벌에 관한 법률」 제4조의 죄
>   다. 「형법」 제297조, 제297조의2, 제298조부터 제301조까지, 제301조의2, 제302조, 제303조, 제305조, 제305조의2의 죄
>   라. 「성폭력범죄의 처벌 등에 관한 특례법」 제3조부터 제11조까지 및 제15조(제3조부터 제9조까지의 미수범만 해당한다)의 죄
>   마. 「아동·청소년의 성보호에 관한 법률」 제7조 및 제8조의 죄
>   바. 다목부터 마목까지의 죄로서 다른 법률에 따라 가중처벌되는 죄
> 6. 다음 각 목의 어느 하나에 해당하는 죄를 범하여 벌금형을 선고받은 날부터 5년이 지나지 아니하거나 금고 이상의 형을 선고받고 그 집행이 유예된 날부터 5년이 지나지 아니한 자
>   가. 「형법」 제329조부터 제331조까지, 제331조의2 및 제332조부터 제343조까지의 죄
>   나. 가목의 죄로서 다른 법률에 따라 가중처벌되는 죄
> 7. 제5호 다목부터 바목까지의 어느 하나에 해당하는 죄를 범하여 치료감호를 선고받고 그 집행이 종료된 날 또는 집행이 면제된 날부터 10년이 지나지 아니한 자 또는 제6호 각 목의 어느 하나에 해당하는 죄를 범하여 치료감호를 선고받고 그 집행이 면제된 날부터 5년이 지나지 아니한 자
> 8. 이 법이나 이 법에 따른 명령을 위반하여 벌금형을 선고받은 날부터 5년이 지나지 아니하거나 금고 이상의 형을 선고받고 그 집행이 유예된 날부터 5년이 지나지 아니한 자

082 유실물법에 대한 설명으로 가장 적절하지 않은 것은? 14. 경찰승진

□□□

① 유실물법에 준용하는 물건을 횡령하여 처벌당한 자는 소유권 취득권리를 상실한다.

② 착오로 인하여 점유한 물건을 준유실물이라고 하며 착오로 점유한 물건에 대하여는 비용과 보상금을 청구할 수 없다.

③ 물건을 반환받는 자는 물건가액의 100분의 5 이상 100분의 20 이하의 범위에서 보상금을 습득자에게 지급하여야 한다.

④ 습득물 공고 후 1년 이내에 소유자가 권리를 주장하지 않으면 습득자가 소유권을 취득한다.

정답 및 해설 I ④

④ [×] 습득물 공고 후 **6개월** 이내에 소유자가 권리를 주장하지 않으면 습득자가 소유권을 취득한다(유실물법 제11조 제2항).

083 유실물법상 유실물 처리에 대한 설명으로 가장 적절하지 않은 것은? 15. 경찰승진

□□□

① 습득자는 미리 신고하여 습득물에 관한 모든 권리를 포기하고 의무를 지지 아니할 수 있다.

② 물건을 반환받는 자는 물건가액의 100분의 5 이상 100분의 20 이하의 범위에서 보상금을 습득자에게 지급하여야 한다.

③ 습득 후 7일 이내에 신고하지 않은 자는 보상금을 받을 수 없다.

④ 국가 또는 지방자치단체와 그 밖에 대통령령으로 정하는 공공기관도 보상금을 청구할 수 있다.

정답 및 해설 | ④

④ [×] 국가 또는 지방자치단체와 그 밖에 대통령령으로 정하는 공공기관은 보상금을 **청구할 수 없다**(유실물법 제4조 단서).

084 유실물 처리와 관련된 다음 설명 중 틀린 것은 모두 몇 개인가? 15. 경찰간부

□□□

㉠ 습득물 공고 후 1년 이내에 소유자가 권리를 주장하지 않으면 습득자가 소유권을 취득한다. ㉡ 국가 또는 지방자치단체와 그 밖에 대통령령으로 정하는 공공기관도 보상금을 청구할 수 있다. ㉢ 물건의 반환을 받는 자는 물건 가액의 100분의 5 내지 100분의 30의 범위 내에서 보상금을 습득자에게 지급하여야 한다. ㉣ 습득물, 유실물, 준유실물, 유기동물은 유실물법의 규정에 따라 처리된다.

① 1개 ② 2개

③ 3개 ④ 4개

정답 및 해설 | ④

㉠㉡㉢㉣ 모두 틀린 설명이다.

㉠ [×] 습득물 공고 후 **6개월** 이내에 소유자가 권리를 주장하지 않으면 습득자가 소유권을 취득한다(유실물법 제11조 제2항).

㉡ [×] 국가 또는 지방자치단체와 그 밖에 대통령령으로 정하는 공공기관은 보상금을 **청구할 수 없다**(유실물법 제4조 단서).

㉢ [×] 물건의 반환을 받는 자는 물건 가액의 100분의 5 내지 **100분의 20의 범위** 내에서 보상금을 습득자에게 지급하여야 한다(유실물법 제4조).

㉣ [×] 습득물, 유실물, 준유실물은 유실물법의 규정에 따라 처리된다. 그러나 유기동물은 **동물보호법**의 규정에 따라 처리된다.

085 유실물 처리에 관한 다음 설명 중 가장 옳지 않은 것은? 18. 경찰간부

□□□

① 유실물이란 점유자의 의사에 의하지 않거나 타인에게 절취된 것이 아니면서 우연히 그 지배에서 벗어난 동산을 말하며, 점유자의 의사에 의하여 버린 물건이나 도품은 유실물에 해당하지 않는다.

② 범죄자가 놓고 간 것으로 인정되는 물건을 습득한 자는 신속히 그 물건을 경찰서에 제출하여야 한다.

③ 유실물을 습득한 자가 보상금을 받을 권리 및 습득물의 소유권을 취득할 권리를 얻기 위해서는 습득일로부터 7일 이내에 경찰서(지구대·파출소 등 소속 경찰관서를 포함한다)에 신고하여야 한다.

④ 유실물을 습득한 자가 유실물의 소유권을 취득할 권리를 보유한 때부터 2개월 이내에 유실물을 수취하지 아니할 때에는 그 소유권을 상실한다.

정답 및 해설 I ④

④ [×] 유실물을 습득한 자가 유실물의 소유권을 취득할 권리를 보유한 때부터 3개월 이내에 유실물을 수취하지 아니할 때에는 그 소유권을 상실한다(유실물법 제14조).

086 □□□ 유실물 및 동법 시행령에 대한 설명으로 가장 적절하지 않은 것은? 18. 경찰승진

① 타인이 유실한 물건을 습득한 자가 습득일부터 10일 이내에 습득물을 유실자 또는 소유자 등에게 반환하거나 경찰서에 제출하지 않은 경우 보상금을 받을 권리를 상실한다.

② 습득물의 보관비, 공고비, 그 밖에 필요한 비용은 물건을 반환받는 자나 물건의 소유권을 취득하여 이를 인도받는 자가 부담한다.

③ 습득자는 미리 신고하여 습득물에 관한 모든 권리를 포기하고 의무를 지지 아니할 수 있다.

④ 착오로 점유한 물건에 대하여는 보상금을 청구할 수 없다.

정답 및 해설 I ①

① [×] 타인이 유실한 물건을 습득한 자가 습득일부터 7일 이내에 습득물을 유실자 또는 소유자 등에게 반환하거나 경찰서에 제출하지 않은 경우 보상금을 받을 권리를 상실한다(유실물법 제9조).

087 □□□ 유실물법에 대한 설명으로 가장 적절한 것은? 20. 경찰승진

① 관리자가 있는 선박에서 물건을 습득한 자는 보상금청구권이 없다.

② 착오로 인하여 점유한 물건을 신고한 자는 보상금을 청구할 수 있다.

③ 경찰서장은 보관한 물건이 보관 중 경제적 가치가 떨어질 때 매각할 수 있다.

④ 습득물, 유실물, 준유실물은 유실물법의 적용을 받는다.

정답 및 해설 I ④

① [×] 관리자가 있는 선박에서 물건을 습득한 자는 보상금청구권이 있다. 보상금은 점유자와 실제로 물건을 습득한 자가 반씩 나누어야 한다(유실물법 제10조 제3항).

② [×] 착오로 점유한 물건에 대하여는 비용과 보상금을 청구할 수 없다(유실물법 제12조).

③ [×] 경찰서장 또는 자치경찰단을 설치한 제주특별자치도지사는 보관한 물건이 멸실되거나 훼손될 우려가 있을 때 또는 보관에 과다한 비용이나 불편이 수반될 때에는 대통령령으로 정하는 방법으로 이를 매각할 수 있다(유실물법 제2조 제1항).

제4절 | 생활질서업무

088 풍속영업의 규제에 관한 법률 및 동법 시행령상 풍속영업의 범위에 포함되는 것으로 가장 적절하지 않은 것은? 13. 경찰승진

□□□

① 음악산업진흥에 관한 법률상 노래연습장업

② 영화 및 비디오물의 진흥에 관한 법률상 비디오감상실업

③ 식품위생법상 일반음식점영업

④ 체육시설의 설치 · 이용에 관한 법률상 무도장업

정답 및 해설 | ③

③ [×] 식품위생법상 식품접객업 중 단란주점과 유흥주점만 규제대상이다(풍속영업의 규제에 관한 법률 시행령 제2조 제1호).

☑ 풍속영업의 범위

1. 게임산업진흥에 관한 법률 제2조 제6호에 따른 **게임제공업** 및 같은 법 제2조 제8호에 따른 **복합유통게임제공업**
2. 영화 및 비디오물의 진흥에 관한 법률 제2조 제16호 가목에 따른 **비디오물감상실업**
3. 음악산업진흥에 관한 법률 제2조 제13호에 따른 **노래연습장업**
4. 공중위생관리법 제2조 제1항 제2호부터 제4호까지의 규정에 따른 **숙박업**, **목욕장업**, **이용업** 중 대통령령으로 정하는 것
5. 식품위생법 제36조 제1항 제3호에 따른 식품접객업 중 대통령령으로 정하는 것(예 **유흥주점**, **단란주점**)
6. 체육시설의 설치 · 이용에 관한 법률 제10조 제1항 제2호에 따른 **무도학원업** 및 **무도장업**
7. 그 밖에 선량한 풍속을 해치거나 청소년의 건전한 성장을 저해할 우려가 있는 영업으로 대통령령으로 정하는 것 ⇨ 청소년 출입 · 고용금지업소에서의 영업(예 **경마** · **경륜장** 등)

※ **티켓다방**, **미용업**, **농어촌 민박** 등은 풍속영업이 아님

089 □□□ 풍속영업의 규제에 관한 법률 제3조는 풍속영업자의 범위 및 풍속영업자의 준수사항에 관하여 규정하고 있다. 다음 중 이와 관련된 판례의 태도와 부합하는 것은? 12. 경찰

① 숙박업소에서 위성방송수신기를 이용하여 수신한 외국의 음란한 위성방송프로그램에 대해 일정한 잠금장치를 설치하여 관람을 원하는 성인만을 상대로 방송을 시청하게 한 경우, 그 시청대상자가 관람을 원하는 성인에 한정되므로, 풍속영업의 규제에 관한 법률 위반으로 처벌할 수 없다.

② 풍속영업자가 지켜야 할 준수사항은 실제로 하고 있는 영업형태에 따라 정하여지는 것이 아니라 그 자가 받은 영업허가 등에 의하여 정하여지는 것이므로, 유흥주점 영업허가를 받고 실제로는 노래연습장 영업을 하고 있다 하더라도 유흥주점영업에 따른 영업자 준수사항을 지켜야 할 의무가 있다.

③ 풍속영업자가 자신이 운영하는 여관에서 친구들과 일시 오락 정도에 불과한 도박을 한 경우, 형법상 도박죄는 성립되지 않는다 할지라도 형법과 그 제정목적이 다른 풍속영업의 규제에 관한 법률 제3조 제4호의 '도박이나 그 밖의 사행행위를 하게 하는 행위'에는 해당되고 위법성도 조각되지 않으므로 이를 처벌할 수 있다.

④ 유흥주점 여종업원들이 웃옷을 벗고 브래지어만 착용하거나 치마를 허벅지가 다 드러나도록 걷어 올리고 가슴이 보일 정도로 어깨 끈을 밑으로 내린 채 손님을 접대하였다는 정황만으로는 위 종업원들의 행위와 노출 정도가 형사법상 규제의 대상으로 삼을 만큼 사회적으로 유해한 영향을 끼칠 위험성이 있다고 평가할 수 있을 정도로 노골적인 방법에 의하여 성적 부위를 노출하거나 성적 행위를 표현한 것이라고 단정하기에 부족하므로 풍속영업의 규제에 관한 법률 제3조에 정한 '음란행위'에 해당한다고 판단하기 어렵다.

정답 및 해설 I ④

① [×] 사안의 경우 대법원은 풍속영업의 규제에 관한 법률 위반으로 처벌의 대상이 된다고 보았다(대판 2008.8.2, 2008도3975).

② [×] 대법원은 실제로 행하고 있는 노래연습장영업을 기준으로 하여야 하므로, 유흥주점영업에 따른 영업자 준수사항을 지켜야 할 의무가 없다고 보았다(대판 1997.9.30, 97도1873).

③ [×] 풍속영업자가 자신이 운영하는 여관에서 친구들과 일시 오락 정도에 불과한 도박을 한 경우, 형법과 그 제정목적이 다른 풍속영업의 규제에 관한 법률 제3조 제4호의 '도박이나 그 밖의 사행행위를 하게 하는 행위'에는 해당되어도 위법성이 조각된다고 보아 처벌할 수 없다고 보았다(대판 2004.4.9, 2003도6351).

090 □□□ 풍속영업의 규제에 관한 법률상 풍속영업자 및 종사자의 준수사항으로 가장 적절하지 않은 것은? 16. 경찰승진

① 도박 기타 사행행위를 하게 하는 행위금지

② 성매매, 음란행위를 하게 하거나 알선 또는 제공금지

③ 음란한 물건을 반포 · 판매 · 대여하는 행위금지

④ 19세 미만 청소년의 출입통제

정답 및 해설 I ④

④ [×] 19세 미만 청소년의 출입통제는 풍속영업의 규제에 관한 법률이 아니라 청소년 보호법의 준수사항에 해당한다.

091 풍속영업의 규제에 관한 법률에서 규정하는 풍속영업의 범위에 해당하지 않는 것은? 17. 경찰간부

□□□

① 게임산업진흥에 관한 법률에 따른 복합유통게임제공업

② 영화 및 비디오물의 진흥에 관한 법률에 따른 비디오물감상실업

③ 공중위생관리법에 따른 미용업

④ 체육시설의 설치 · 이용에 관한 법률에 따른 무도장업

정답 및 해설 I ③

③ [×] 공중위생관리법에 따른 미용업은 풍속영업범위에 해당하지 않으며, 이용업만 해당된다(풍속영업의 규제에 관한 법률 시행령 제2조 제4호).

092 풍속영업의 규제에 관한 법률 및 동법 시행령에 대한 내용으로 가장 적절한 것은? 18. 경찰

□□□

① 식품위생법상 일반음식점, 단란주점, 유흥주점은 풍속영업에 해당한다.

② '풍속영업을 영위하는 자'는 풍속영업의 범위에 해당되는 영업으로 허가나 신고, 등록의 절차를 마친 경우를 말한다.

③ 풍속영업소 내에서 음란한 물건을 대여하는 것만으로 처벌되지 않는다.

④ 풍속영업의 범위에는 청소년의 건강한 성장을 저해할 우려가 있는 청소년 보호법상 청소년 출입고용금지업소도 포함된다.

정답 및 해설 I ④

① [×] 식품위생법상 일반음식점은 풍속영업에 해당하지 않는다(풍속영업의 규제에 관한 법률 제2조 제5호).

② [×] 풍속영업 등의 규제에 관한 법률상 풍속영업의 범위에는 영업으로 허가나 신고, 등록의 절차를 마치지 않은 업소도 포함된다.

③ [×] 풍속영업소 내에서 음란한 물건을 대여 · 반포 · 판매 · 관람 · 열람의 목적으로 진열하거나 보관하는 행위는 처벌대상이 된다(풍속영업의 규제에 관한 법률 제3조 제3호 다목).

093 성매매알선 등 행위의 처벌에 관한 법률에 관한 다음 설명 중 옳은 것은 모두 몇 개인가? 15. 경찰

□□□

> ㉠ '성매매'란 불특정인을 상대로 금품이나 그 밖의 재산상의 이익을 수수하거나 수수하기로 약속하고 성교행위 또는 구강 · 항문 등 신체의 일부 또는 도구를 이용한 유사 성교행위를 하거나 그 상대방이 되는 것을 말한다.
> ㉡ '성매매알선 등 행위'에는 성매매의 장소를 제공하는 것도 포함한다.
> ㉢ 성매매피해자의 성매매는 처벌하지 아니한다.
> ㉣ 이 법에 규정된 죄를 범한 사람이 수사기관에 신고하거나 자수한 경우에는 형을 감경하거나 면제해야 한다.

① 1개
② 2개
③ 3개
④ 4개

정답 및 해설 I ③

옳은 설명은 ㉠㉡㉢ 3개이다.

㉣ [×] 이 법에 규정된 죄를 범한 사람이 수사기관에 신고하거나 자수한 경우에는 형을 감경하거나 면제할 수 있다(성매매알선 등 행위의 처벌에 관한 법률 제26조).

094 성매매알선 등 행위의 처벌에 관한 법률상 '성매매알선 등 행위'의 태양으로 명시하고 있지 않은 것은?

□□□

18. 경찰승진

① 성매매의 장소를 제공하는 행위
② 성매매에 이용됨을 알면서 정보통신망을 제공하는 행위
③ 성매매를 알선, 권유, 유인 또는 강요하는 행위
④ 성매매에 제공되는 사실을 알면서 자금, 토지 또는 건물을 제공하는 행위

정답 및 해설 I ②

② [×] 성매매에 이용됨을 알면서 정보통신망을 제공하는 행위는 성매매알선 등 행위에 해당하지 않는다.

> 성매매알선 등 행위의 처벌에 관한 법률 제2조 【정의】 ① 이 법에서 사용하는 용어의 뜻은 다음과 같다.
> 2. '성매매알선 등 행위'란 다음 각 목의 어느 하나에 해당하는 행위를 하는 것을 말한다.
> 가. 성매매를 알선, 권유, 유인 또는 강요하는 행위
> 나. 성매매의 장소를 제공하는 행위
> 다. 성매매에 제공되는 사실을 알면서 자금, 토지 또는 건물을 제공하는 행위

095 성매매알선 등 행위의 처벌에 관한 법률에 대한 설명으로 적절한 것은 모두 몇 개인가? 21. 경찰

□□□

> ㉠ '성매매'란 불특정인을 상대로 금품이나 그 밖의 재산상의 이익을 수수하거나 수수하기로 약속하고 유사성교행위를 제외한 성교행위를 하거나 그 상대방이 되는 것을 말한다.
> ㉡ '성매매알선 등 행위'에는 성매매를 알선, 권유, 유인 또는 강요하는 행위와 성매매의 장소를 제공하는 행위를 포함한다.
> ㉢ '성매매피해자'란 위계 · 위력에 의하여 성매매를 강요당한 사람, 성매매 목적의 인신매매를 당한 사람 등을 말한다. 다만, 고용관계로 인하여 보호 또는 감독하는 사람에 의하여 마약 등에 중독되어 성매매를 한 사람은 성매매피해자에 포함되지 않는다.
> ㉣ 검사 또는 사법경찰관은 수사과정에서 피의자 또는 참고인이 성매매피해자에 해당한다고 볼만한 상당한 이유가 있을 때에는 지체 없이 법정대리인, 친족 또는 변호인에게 통지하고, 신변보호, 수사의 비공개, 친족 또는 지원시설 · 성매매피해상담소에의 인계 등 그 보호에 필요한 조치를 하여야 한다. 다만, 피의자 또는 참고인의 사생활 보호 등 부득이한 사유가 있는 경우에는 통지하지 아니할 수 있다.
> ㉤ 성매매피해자의 성매매는 형을 감경하거나 면제할 수 있다.

① 1개　　② 2개

③ 3개　　④ 4개

정답 및 해설 I ②

옳은 설명은 ㉡㉣ 2개이다.

㉠ [×] '성매매'란 불특정인을 상대로 금품이나 그 밖의 재산상의 이익을 수수하거나 수수하기로 약속하고 성교행위(**유사성교행위 포함**)를 하거나 그 상대방이 되는 것을 말한다(성매매알선 등 행위의 처벌에 관한 법률 제2조 제1항 제1호).

㉢ [×] '성매매피해자'란 위계 · 위력에 의하여 성매매를 강요당한 사람, 성매매 목적의 인신매매를 당한 사람 등을 말하며, **고용관계로 인하여 보호 또는 감독하는 사람에 의하여 마약 등에 중독되어 성매매를 한 사람도 성매매피해자에 포함**된다(성매매알선 등 행위의 처벌에 관한 법률 제2조 제1항 제4호).

㉤ [×] 성매매피해자의 성매매는 **처벌하지 아니한다**(성매매알선 등 행위의 처벌에 관한 법률 제6조 제1항).

096 사행행위 등 규제 및 처벌 특례법과 동법 시행령상 규정된 사행행위영업으로 가장 적절하지 않은 것은?

□□□

14. 경찰승진

① 카지노　　② 추첨업

③ 복표발행업　　④ 경품업

정답 및 해설 I ①

① [×] 카지노는 **관광진흥법에서 규정하고 있는 관광사업**에 해당한다(관광진흥법 제3조 제1항 제5호).

097 다음 중 경범죄 처벌법상 법정형이 가장 무거운 것은? 13. 경찰

□□□

① 술에 취한 채로 관공서에서 몹시 거친 말과 행동으로 주정하거나 시끄럽게 한 사람

② 흥행장, 경기장, 역, 나루터, 정류장, 그 밖에 정하여진 요금을 받고 입장시키거나 승차 또는 승선시키는 곳에서 웃돈을 받고 입장권 · 승차권 또는 승선권을 다른 사람에게 되판 사람

③ 범죄 피의자로 입건된 사람의 신원을 지문조사 외의 다른 방법으로는 확인할 수 없어 경찰공무원이나 검사가 지문을 채취하려고 할 때에 정당한 이유 없이 이를 거부한 사람

④ 공회당 · 극장 · 음식점 등 여러 사람이 모이거나 다니는 곳 또는 여러 사람이 타는 기차 · 자동차 · 배 등에서 몹시 거친 말이나 행동으로 주위를 시끄럽게 하거나 술에 취하여 이유 없이 다른 사람에게 주정한 사람

정답 및 해설 I ①

① 관공서에서의 주취소란으로서 **60만원 이하**의 벌금, 구류 또는 과료의 형으로 처벌한다(경범죄 처벌법 제3조 제3항).

② 암표매매로서 **20만원 이하**의 벌금, 구류 또는 과료의 형으로 처벌한다(경범죄 처벌법 제3조 제2항).

③④ 지문채취 불응, 음주소란 등으로 **10만원 이하**의 벌금, 구류 또는 과료(科料)의 형으로 처벌한다(경범죄 처벌법 제3조 제1항).

☑ 경범죄의 종류

구분	경범죄의 내용	통고처분	현행범 체포
10만원 이하 벌금 · 구류 · 과료	1. 빈집 등에의 침입 2. 관명사칭 등 3. 물품강매 · 호객행위 4 노상방뇨 5. 장난전화 등 41가지	○	**주거가 불분명**한 경우에만 현행범 체포 가능
20만원 이하 벌금 · 구류 · 과료	1. 업무방해 2. 거짓 광고 3. 암표매매 4. 출판물의 부당게재 등		
60만원 이하 벌금 · 구류 · 과료	1. 관공서에서의 주취소란 2. 거짓신고	×	주거 불분명 상관없이 현행범 체포 가능

098 경범죄 처벌법에 관한 다음 설명 중 가장 적절하지 않은 것은? (다툼이 있으면 판례에 의함)

□□□

14. 경찰

① 버스정류장 등지에서 소매치기할 생각으로 은밀히 성명 불상자들의 뒤를 따라다닌 경우 경범죄 처벌법상 '불안감 조성'에 해당한다.

② 경범죄 처벌법 제3조(경범죄의 종류)에 따라 사람을 벌할 때에는 그 사정과 형편을 헤아려서 그 형을 면제하거나 구류와 과료를 함께 과할 수 있다.

③ 술에 취한 채로 관공서에서 몹시 거친 말과 행동으로 주정하거나 시끄럽게 한 사람은 60만원 이하의 벌금, 구류 또는 과료의 형으로 처벌한다.

④ '범칙자'란 범칙행위를 한 사람으로서 '범칙행위를 상습적으로 하는 사람', '피해자가 있는 행위를 한 사람', '죄를 지은 동기나 수단 및 결과를 헤아려볼 때 구류처분을 하는 것이 적절하다고 인정되는 사람', '18세 미만인 사람' 중 어느 하나에 해당하지 않는 사람을 말한다.

정답 및 해설 I ①

① [×] 경범죄 처벌법상 **불안감 조성**은 '정당한 이유 없이 길을 막거나 시비를 걸거나 주위에 모여들거나 뒤따르거나 몹시 거칠게 겁을 주는 말이나 행동으로 다른 사람을 불안하게 하거나 귀찮고 불쾌하게 한 사람 또는 여러 사람이 이용하거나 다니는 도로·공원 등 공공장소에서 고의로 험악한 문신(文身)을 드러내어 다른 사람에게 혐오감을 준 사람'이라고 규정하고 있다. 정당한 이유 없이 다른 사람의 뒤를 따르는 등의 행위가 위 조항의 처벌대상이 되려면 단순히 뒤를 따르는 등의 행위를 하였다는 것만으로는 부족하고 그러한 행위로 인하여 상대방이 불안감이나 귀찮고 불쾌한 감정을 느끼거나 객관적으로 보아 그러한 감정을 느끼게 할 정도의 것이어야 한다. 이런 이유로 해당 사례에서 버스정류장 등지에서 소매치기할 생각으로 은밀히 성명 불상자들의 뒤를 따라 다닌 경우는 경범죄 처벌법 불안감 조성에 해당하지 않는다(대판 1999.8.24, 99도2034).

099 경범죄 처벌법상 규정된 내용에 대한 설명으로 가장 적절하지 않은 것은?

□□□

16. 경찰

① 주거가 확인된 경우라면 어떠한 경우라도 경범죄 처벌법을 위반한 사람을 체포할 수 없다.

② 거짓 광고, 업무방해, 암표매매의 경우 20만원 이하의 벌금, 구류 또는 과료의 형으로 처벌한다.

③ 경범죄 처벌법 위반의 죄를 짓도록 시키거나 도와준 사람은 죄를 지은 사람에 준하여 벌한다.

④ 경범죄 처벌법상의 범칙금 통고처분서를 받은 사람은 통고처분서를 받은 날로부터 10일 이내에 범칙금을 납부하여야 한다.

정답 및 해설 I ①

① [×] 경범죄 처벌법상 **60만원 이하**의 벌금, 구류 또는 과료의 형으로 처벌하는 관공서에서의 주취소란행위와 거짓신고행위를 한 사람에 대해서는 형사소송법 제214조(경미사건과 현행범의 체포)규정이 적용되지 않기 때문에 **주거가 확인된 경우라도 현행범으로 체포할 수 있다.**

100 경범죄 처벌법에 대한 설명으로 가장 적절하지 않은 것은? 17. 경찰승진

□□□

① 경범죄 처벌법은 형법의 보충법이다.

② 범칙금을 납부한 사람은 그 범칙행위에 대하여 다시 처벌받지 아니한다.

③ '범칙자'란 범칙행위를 한 사람으로서 '통고처분서 받기를 거부한 사람', '주거 또는 신원이 확실하지 아니한 사람', '그 밖에 통고처분하기가 매우 어려운 사람' 중 어느 하나에 해당하지 아니하는 사람을 말한다.

④ 못된 장난 등으로 다른 사람, 단체 또는 공무수행 중인 자의 업무를 방해한 사람은 20만원 이하의 벌금, 구류 또는 과료의 형으로 처벌한다.

정답 및 해설 I ③

③ [×]

> 경범죄 처벌법 제6조【정의】② 이 장에서 '**범칙자**'란 범칙행위를 한 사람으로서 다음 각 호의 어느 하나에 해당하지 아니하는 사람을 말한다.
> 1. 범칙행위를 **상**습적으로 하는 사람
> 2. 죄를 지은 동기나 수단 및 결과를 헤아려볼 때 **구**류처분을 하는 것이 적절하다고 인정되는 사람
> 3. **피**해자가 있는 행위를 한 사람
> 4. 18세 미만인 사람

101 경범죄 처벌법에 규정된 통고처분에 관한 다음의 설명 중 가장 옳지 않은 것은? 18. 경찰간부

□□□

① 주거 또는 신원이 확실하지 아니한 사람은 통고처분의 대상이 아니다.

② 천재지변이나 그 밖의 부득이한 사유로 말미암아 그 기간 내에 범칙금을 납부할 수 없을 때에는 그 부득이한 사유가 없어지게 된 날부터 5일 이내에 납부하여야 한다.

③ 범칙자란 범칙행위를 상습적으로 하는 사람, 피해자가 있는 행위를 한 사람, 죄를 지은 동기나 수단 및 결과를 헤아려볼 때 구류처분을 하는 것이 적절하다고 인정되는 사람을 말한다.

④ 경찰서장은 통고처분서를 받기 거부한 사람에 대하여 지체 없이 즉결심판을 청구하여야 한다.

정답 및 해설 I ③

③ [×]

> 경범죄 처벌법 제6조【정의】② 이 장에서 '**범칙자**'란 **범칙행위를 한 사람으로서** 다음 각 호의 어느 하나에 해당하지 아니하는 사람을 말한다.
> 1. 범칙행위를 **상**습적으로 하는 사람
> 2. 죄를 지은 동기나 수단 및 결과를 헤아려볼 때 **구**류처분을 하는 것이 적절하다고 인정되는 사람
> 3. **피**해자가 있는 행위를 한 사람
> 4. 18세 미만인 사람

102 □□□ 경범죄 처벌법에 대한 다음 설명 중 가장 적절하지 않은 것은? (다툼이 있는 경우 판례에 의함)

18. 경찰

① 버스정류장 등지에서 소매치기할 생각으로 은밀히 성명불상자들의 뒤를 따라다닌 경우 경범죄 처벌법상 불안감 조성에 해당하지 않는다.

② 즉결심판이 청구된 피고인이 통고받은 범칙금에 그 금액의 100분의 50을 더한 금액을 납부하고 그 증명서류를 즉결심판 선고 전까지 제출하였을 때에는 경찰서장, 해양경찰서장 및 제주특별자치도지사는 그 피고인에 대한 즉결심판청구를 취소할 수 있다.

③ 범칙금을 납부한 사람은 그 범칙행위에 대하여 다시 처벌받지 아니한다.

④ 통고처분서를 받은 날부터 10일 이내에 범칙금을 납부하여야 한다. 다만, 천재지변이나 그 밖의 부득이한 사유로 말미암아 그 기간 내에 범칙금을 납부할 수 없을 때에는 그 부득이한 사유가 없어지게 된 날부터 5일 이내에 납부하여야 한다.

정답 및 해설 I ②

② [×] 즉결심판이 청구된 피고인이 통고받은 범칙금에 그 금액의 100분의 50을 더한 금액을 납부하고 그 증명서류를 즉결심판 선고 전까지 제출하였을 때에는 경찰서장, 해양경찰서장 및 제주특별자치도지사는 그 피고인에 대한 즉결심판청구를 취소하여야 한다(경범죄 처벌법 제9조 제2항).

103 □□□ 경범죄 처벌법에 대한 설명으로 가장 적절한 것은? (다툼이 있는 경우 판례에 의함) 19. 경찰승진

① 방조범의 경우 감경한다.

② 18세 미만의 자는 범칙자에서 제외된다.

③ 관공서에서의 주취소란행위는 주거가 분명하지 아니한 때에만 현행범 체포가 가능하다.

④ 경범죄 처벌법 위반자가 서명 후 위반자용 용지와 은행납부용 용지를 지급받자 화를 참지 못하여 통고처분 용지를 찢은 경우 공용서류무효죄에 해당한다.

정답 및 해설 I ②

① [×] 방조범(죄를 짓도록 도와준 사람)의 경우 죄를 지은 사람에 준하여 벌한다(경범죄 처벌법 제4조).

③ [×] 관공서에서의 주취소란행위는 주거가 분명하든 분명하지 아니하든 상관없이 현행범 체포가 가능하다(경범죄 처벌법 제3조 제3항 제1호).

④ [×] 형법상 공용서류무효죄는 공문서나 사문서를 묻지 아니하고 공무소에서 사용 중이거나 사용할 목적으로 보관하는 서류 기타 물건을 그 객체로 하므로, 위반자가 서명 후 교부받은 위반자용 용지와 은행납부용 용지는 지급된 순간 공용서류가 아니므로 홧김에 이를 훼손하였다 하더라도 공용서류무효죄를 적용할 수 없다(대판 1999.2.24, 98도4350).

104 경범죄 처벌법에 대한 설명으로 가장 적절하지 않은 것은? 20. 경찰

□□□

① 범칙행위란 경범죄 처벌법 제3조 제1항 각 호부터 제3항 각 호까지의 어느 하나에 해당하는 위반행위이다.

② 경범죄 처벌법 제3조의 죄를 짓도록 시키거나 도와준 사람은 죄를 지은 사람에 준하여 처벌한다.

③ '범칙자'란 범칙행위를 한 사람으로서 '피해자가 있는 행위를 한 사람', '죄를 지은 동기나 수단 및 결과를 헤아려볼 때 구류처분을 하는 것이 적절하다고 인정되는 사람', '범칙행위를 상습적으로 하는 사람', '18세 미만인 사람'의 어느 하나에도 해당하지 않는 사람을 말한다.

④ 술에 취한 채로 관공서에서 몹시 거친 말과 행동으로 주정하거나 시끄럽게 한 사람에 대해서 60만원 이하의 벌금, 구류 또는 과료의 형으로 처벌한다.

정답 및 해설 I ①

① [×] 범칙행위란 10만원과 20만원 이하의 벌금 · 구류 · 과료에 해당하는 경범죄를 저지른 경우이므로, 범칙행위란 경범죄 처벌법 제3조 제1항과 제2항까지의 어느 하나에 해당하는 위반행위이다.

105 경범죄 처벌법상 경범죄를 범한 자의 주거가 분명한 경우라도 현행범인 체포가 가능한 경범죄로 가장 적절한 것은? 20. 경찰승진

□□□

① 출판물의 부당게재 등

② 거짓신고

③ 암표매매

④ 업무방해

정답 및 해설 I ②

② [○] 경범죄 처벌법 제3조 제3항 제2호에 규정된 '거짓신고'는 60만원 이하의 벌금, 구류 또는 과료의 형으로 처벌하는 범죄이기 때문에 "형사소송법 제214조(경미사건과 현행범인의 체포)의 다액 50만원 이하의 벌금, 구류 또는 과료에 해당하는 죄의 현행범인에 대하여는 범인의 주거가 분명하지 아니한 때에 한하여 제212조(현행범인의 체포) 내지 제213조(체포된 현행범인의 인도)의 규정을 적용한다."라는 규정이 적용되지 아니한다. 그러므로 주거가 분명한 경우든 분명하지 아니한 경우든 상관없이 현행범인으로 체포가 가능하다.

106 경범죄 처벌법에 대한 내용으로 가장 적절하지 않은 것은? 20. 경찰승진

□□□

① 형법의 보충법이고, 특정한 신분 · 사물 · 행위지역에 제한이 없이 일반적으로 적용된다는 점에서 일반법이다.

② 형사실체법이지만 절차법적 성격도 가지고 있다.

③ 죄를 지은 동기나 수단 및 결과를 헤아려볼 때 구류처분을 하는 것이 적절하다고 인정되는 사람은 범칙자에 해당하지 않는다.

④ 거짓광고, 거짓신고에 대해서 통고처분을 할 수 있다.

정답 및 해설 I ④

④ [×] 거짓광고의 경우 20만원 이하의 벌금 · 구류 · 과료에 해당하기 때문에 통고처분을 할 수 있으나(경범죄 처벌법 제3조 제2항 제2호), 거짓신고는 60만원 이하의 벌금 · 구류 · 과료에 해당하기 때문에 통고처분을 할 수 없다(경범죄 처벌법 제3조 제3항 제2호).

107 경범죄 처벌법에 대한 설명으로 가장 적절하지 않은 것은? 21. 경찰

□□□

① 장난전화, 광고물 무단부착, 행렬방해, 흉기의 은닉휴대는 10만원 이하의 벌금, 구류, 과료의 형으로 처벌한다.

② 경범죄 처벌법 제7조 제1항에 따라 범칙자로 인정되는 사람일지라도 통고처분서 받기를 거부한 사람, 주거 또는 신원이 확실하지 아니한 사람, 그 밖에 통고처분을 하기가 매운 어려운 사람에 대하여는 통고처분을 하지 않는다.

③ 경범죄를 짓도록 시키거나 도와준 사람은 죄를 지은 사람에 준하여 벌하며, 경범죄의 미수범도 처벌한다.

④ 경범죄 처벌법 제8조 제1항에 따른 납부기간에 범칙금을 납부하지 아니한 사람은 납부기간의 마지막 날의 다음 날부터 20일 이내에 통고받은 범칙금에 그 금액의 100분의 20을 더한 금액을 납부하여야 한다.

정답 및 해설 I ③

③ [×] 경범죄 처벌법의 특성상 **경범죄의 미수범 처벌규정은** 없다.

108 경범죄 처벌법에 대한 설명으로 적절하지 않은 것은 모두 몇 개인가? 22. 경찰간부

□□□

㉠ 경범죄 처벌법 위반의 죄를 짓도록 시키거나 도와준 사람은 죄를 지은 사람에 준하여 벌한다. ㉡ 경찰청장, 해양경찰청장, 제주특별자치도지사 또는 철도특별사법경찰대장은 범칙자로 인정되는 사람에 대하여 그 이유를 명백히 나타낸 서면으로 범칙금을 부과하고 이를 납부할 것을 통고할 수 있다. ㉢ 통고처분서를 받은 사람은 통고처분서를 받은 날부터 10일 이내에 경찰청장 · 해양경찰청장 또는 철도특별사법경찰대장이 지정한 은행, 그 지점이나 대리점, 우체국 또는 제주특별자치도지사가 지정하는 금융기관이나 그 지점에 범칙금을 납부하여야 한다. 다만, 천재지변이나 그 밖의 부득이한 사유로 말미암아 그 기간 내에 범칙금을 납부할 수 없을 때에는 그 부득이한 사유가 없어지게 된 날부터 5일 이내에 납부하여야 한다. ㉣ 범칙행위를 상습적으로 하는 사람은 경범죄 처벌의 특례를 규정한 장에서 범칙자에 해당하지 않는다. ㉤ 술에 취한 채로 관공서에서 몹시 거친 말과 행동으로 주정하거나 시끄럽게 한 사람은 20만원 이하의 벌금, 구류 또는 과료의 형으로 처벌한다.

① 없음
② 1개
③ 2개
④ 3개

정답 및 해설 I ③

적절하지 않은 것은 ㉡㉤ 2개이다.

㉡ [×] **경찰서장**, 해양**경찰서장**, 제주특별자치도지사 또는 철도특별사법경찰대장은 범칙자로 인정되는 사람에 대하여 그 이유를 명백히 나타낸 서면으로 범칙금을 부과하고 이를 납부할 것을 통고할 수 있다(경범죄 처벌법 제7조 제1항).

㉤ [×] 술에 취한 채로 관공서에서 몹시 거친 말과 행동으로 주정하거나 시끄럽게 한 사람은 **60만원** 이하의 벌금, 구류 또는 과료의 형으로 처벌한다(경범죄 처벌법 제3조 제3항 제1호).

109 甲은 경찰관이 아니면서 경찰제복을 착용하고 다니다가 경찰 乙에게 경범죄 처벌법상의 관명사칭죄로 적발되어 즉결심판에서 10만원의 벌금형을 선고를 받고 확정되었다. 이 경우 甲은 며칠 이내에 벌금을 납부하여야 하는가?

13. 경찰승진

① 7일　② 10일　③ 30일　④ 90일

정답 및 해설 I ③

③ [○] 벌금과 과료는 판결확정일로부터 30일 내에 납입하여야 한다. 단, 벌금을 선고할 때에는 동시에 그 금액을 완납할 때까지 노역장에 유치할 것을 명할 수 있다(형법 제69조 제1항).

110 경범죄 처벌법에 대한 설명으로 가장 적절하지 않은 것은? (다툼이 있는 경우 판례에 의함)

22. 경찰승진

① 범칙행위를 한 사람이라도 18세 미만인 경우에는 범칙자에 해당하지 않는다.

② 주거지에서 음악 소리를 크게 내거나 큰 소리로 떠들어 이웃을 시끄럽게 하는 행위는 경범죄 처벌법상 '인근소란 등'에 해당한다.

③ '관공서에서의 주취소란'과 '거짓신고'의 법정형으로 볼 때, 두 경범죄의 경우에는 형사소송법 제214조(경미사건과 현행범인의 체포)에 해당되지 않아 범인의 주거가 분명하더라도 현행범인 체포가 가능하다.

④ '폭행 등 예비'와 '거짓광고'는 10만원 이하의 벌금, 구류 또는 과료의 형으로 처벌한다.

정답 및 해설 I ④

④ [×] '폭행 등 예비'는 10만원 이하의 벌금, 구류 또는 과료의 형으로 처벌하지만, '거짓광고'는 20만원 이하의 벌금, 구류 또는 과료의 형으로 처벌한다.

111 경범죄 처벌법에 대한 설명이다. 아래 ㉠부터 ㉣까지 설명 중 옳고 그름의 표시(○, ×)가 바르게 된 것은? 22. 경찰간부

□□□

> ㉠ 여러 사람에게 물품을 팔거나 나누어 주거나 일을 해주면서 다른 사람을 속이거나 잘못 알게 할 만한 사실을 들어 광고한 사람은 20만원 이하의 벌금, 구류 또는 과료의 형으로 처벌한다.
> ㉡ 경범죄 처벌법 제8조 제1항에 따른 납부기간에 범칙금을 납부하지 아니한 사람은 납부 기간의 마지막 날의 다음 날부터 30일 이내에 통고받은 범칙금에 그 금액의 100분의 30을 더한 금액을 납부하여야 한다.
> ㉢ 해양경찰서장을 제외한 경찰서장, 제주특별자치도지사 또는 철도특별사법경찰대장은 범칙자로 인정되는 사람에 대하여 그 이유를 명백히 나타낸 서면으로 범칙금을 부과하고 이를 납부할 것을 통고할 수 있다.
> ㉣ 범칙금 납부 기한 내 범칙금을 납부하지 않아 즉결심판이 청구된 피고인이 통고받은 범칙금에 그 금액의 100분의 50을 더한 금액을 납부하고 그 증명서류를 즉결심판 선고 전까지 제출하였을 때에는 경찰청장, 해양경찰청장, 제주특별자치도지사는 그 피고인에 대한 즉결심판 청구를 취소할 수 있다.

① ㉠ (×), ㉡ (×), ㉢ (×), ㉣ (×)
② ㉠ (○), ㉡ (×), ㉢ (○), ㉣ (×)
③ ㉠ (○), ㉡ (×), ㉢ (×), ㉣ (○)
④ ㉠ (○), ㉡ (×), ㉢ (×), ㉣ (×)

정답 및 해설 | ④

㉡ [×] 경범죄 처벌법 제8조 제1항에 따른 납부기간에 범칙금을 납부하지 아니한 사람은 납부 기간의 마지막 날의 다음 날부터 **20일** 이내에 통고받은 범칙금에 그 금액의 100분의 **20**을 더한 금액을 납부하여야 한다.

㉢ [×] 경찰서장, **해양경찰서장(해양경찰서장 제외×)**, 제주특별자치도지사 또는 철도특별사법경찰대장은 범칙자로 인정되는 사람에 대하여 그 이유를 명백히 나타낸 서면으로 범칙금을 부과하고 이를 납부할 것을 통고할 수 있다.

㉣ [×] 범칙금 납부 기한 내 범칙금을 납부하지 않아 즉결심판이 청구된 피고인이 통고받은 범칙금에 그 금액의 100분의 50을 더한 금액을 납부하고 그 증명서류를 즉결심판 선고 전까지 제출하였을 때에는 **경찰서장(경찰청장×)**, **해양경찰서장(해양경찰청장×)**, 제주특별자치도지사는 그 피고인에 대한 즉결심판 청구를 **취소하여야** 한다.

112 경범죄 처벌법에 관한 설명 중 가장 적절하지 않은 것은? 23. 경찰승진

□□□

① 경범죄를 짓도록 시키거나 도와준 사람은 죄를 지은 사람에 준하여 처벌한다.
② 범칙행위를 상습적으로 하는 사람은 범칙자에 해당하지 아니한다.
③ 음주소란, 지속적 괴롭힘, 거짓 인적사항을 사용한 사람은 10만원 이하의 벌금, 구류 또는 과료의 형으로 처벌한다.
④ 술에 취한 채로 관공서에서 몹시 거친 말과 행동으로 주정하거나 시끄럽게 한 사람은 100만원 이하의 벌금, 구류 또는 과료의 형으로 처벌한다.

정답 및 해설 | ④

④ [×] 술에 취한 채로 관공서에서 몹시 거친 말과 행동으로 주정하거나 시끄럽게 한 사람은 **60만원** 이하의 벌금, 구류 또는 과료의 형으로 처벌한다.

113 경범죄 처벌법상 다음 ( ) 안에 들어갈 숫자로 알맞은 것은?

□□□

23. 경찰

> ㉠ 출판물의 부당게재 등 – 올바르지 아니한 이익을 얻을 목적으로 다른 사람 또는 단체의 사업이나 사사로운 일에 관하여 신문, 잡지, 그 밖의 출판물에 어떤 사항을 싣거나 싣지 아니할 것을 약속하고 돈이나 물건을 받은 사람은 (가)만원 이하의 벌금, 구류 또는 과료의 형으로 처벌한다.
> ㉡ 거짓 광고 – 여러 사람에게 물품을 팔거나 나누어 주거나 일을 해주면서 다른 사람을 속이거나 잘못 알게 할 만한 사실을 들어 광고한 사람은 (나)만원 이하의 벌금, 구류 또는 과료의 형으로 처벌한다.
> ㉢ 업무방해 – 못된 장난 등으로 다른 사람, 단체 또는 공무 수행 중인 자의 업무를 방해한 사람은 (다)만원 이하의 벌금, 구류 또는 과료의 형으로 처벌한다.
> ㉣ 암표매매 – 흥행장, 경기장, 역, 나루터, 정류장, 그 밖에 정하여진 요금을 받고 입장시키거나 승차 또는 승선시키는 곳에서 웃돈을 받고 입장권 · 승차권 또는 승선권을 다른 사람에게 되판 사람은 (라)만원 이하의 벌금, 구류 또는 과료의 형으로 처벌한다.

	(가)	(나)	(다)	(라)
①	10	20	60	20
②	20	20	20	20
③	20	10	60	20
④	20	60	20	10

정답 및 해설 I ②

㉠ 출판물의 부당게재 등, ㉡ 거짓 광고, ㉢ 업무방해, ㉣ 암표매매 모두 20만원 이하의 벌금, 구류 또는 과료의 형으로 처벌한다(동법 제3조).

114 즉결심판에 관한 절차법에 대한 설명으로 가장 적절한 것은?

□□□

17. 경찰승진

① 지방법원, 지원 또는 시 · 군법원의 판사는 즉결심판절차에 의하여 피고인에게 20만원 이하의 벌금, 구류 또는 과료, 자격상실, 자격정지에 처할 수 있다.

② 정식재판을 청구하고자 하는 피고인은 정식재판청구서를 판사에게 제출하여야 한다.

③ 판사는 정식재판청구서를 받은 날부터 7일 이내에 경찰서장에게 정식재판청구서를 첨부한 사건기록과 증거물을 송부한다.

④ 경찰서장은 판사가 무죄 · 면소의 선고 또는 즉결심판의 청구를 기각하는 결정을 한 날부터 7일 이내에 정식재판을 청구할 수 있다.

정답 및 해설 I ③

① [×] 지방법원, 지원 또는 시 · 군법원의 판사는 즉결심판절차에 의하여 피고인에게 20만원 이하의 벌금, 구류 또는 과료(**자격상실 · 자격정지 ×**)에 처할 수 있다(즉결심판에 관한 절차법 제2조).

② [×] 정식재판을 청구하고자 하는 피고인은 정식재판청구서를 **경찰서장**에게 제출하여야 한다(즉결심판에 관한 절차법 제14조 제1항).

④ [×] 경찰서장은 판사가 무죄 · 면소의 선고 또는 **공소기각결정**을 한 날부터 7일 이내에 정식재판을 청구할 수 있다(즉결심판에 관한 절차법 제14조 제2항).

115 즉결심판에 관한 절차법에 대한 설명 중 적절한 것으로 연결된 것은? 17. 경찰승진

□□□

> ㉠ 판사는 구류의 선고를 받은 피고인이 일정한 주소가 없거나 또는 도망할 염려가 있을 때에는 5일을 초과하지 아니하는 기간 내에서 경찰서유치장에 유치할 것을 명령할 수 있다. 다만, 이 기간은 선고기간을 초과할 수 없다.
> ㉡ 즉결심판은 공소장일본주의가 적용되지 않는다.
> ㉢ 즉결심판절차에 의한 심리와 재판의 선고는 비공개된 법정에서 행하되, 그 법정은 경찰관서 외의 장소에 설치되어야 한다.
> ㉣ 판사가 즉결심판청구를 기각하는 결정을 한 경우 경찰서장은 지체 없이 사건을 법원에 송치하여야 한다.
> ㉤ 피고인은 정식재판의 청구를 포기할 수 없다.

① ㉠, ㉡ ② ㉡, ㉢

③ ㉢, ㉣ ④ ㉣, ㉤

정답 및 해설 I ①

옳은 설명은 ㉠㉡이다.

㉢ [×] 즉결심판절차에 의한 심리와 재판의 선고는 **공개된 법정**에서 행하되, 그 법정은 경찰관서(해양경찰관서를 포함한다) 외의 장소에 설치되어야 한다(즉결심판에 관한 절차법 제7조 제1항).

㉣ [×] 경찰서장은 지체 없이 사건을 **관할 지방검찰청 또는 지청의 장에게 송치**하여야 한다(즉결심판에 관한 절차법 제5조 제2항).

㉤ [×] **정식재판을 청구하고자 하는 피고인**은 즉결심판의 선고·고지를 받은 날부터 7일 이내에 정식재판청구서를 경찰서장에게 제출하여야 한다(즉결심판에 관한 절차법 제14조 제1항). 따라서 피고인은 7일 이내에 정식재판청구서를 제출하지 않음으로써 정식재판청구를 포기할 수 있다.

116 즉결심판에 관한 절차법에 대한 내용으로 가장 적절한 것은? 19. 경찰승진

□□□

① 형의 집행은 경찰서장이 하고 그 집행결과를 지체 없이 판사에게 보고하여야 한다.

② 형의 집행정지는 사전에 판사의 허가를 얻어야 한다.

③ 즉결심판을 청구함에는 즉결심판청구서를 제출하여야 하며, 청구서에는 피고인의 성명 기타 피고인을 특정할 수 있는 사항, 죄명, 범죄사실과 적용법조, 양형에 필요한 사항을 기재하여야 한다.

④ 경찰서장은 즉결심판의 청구와 동시에 즉결심판을 함에 필요한 서류 또는 증거물을 판사에게 제출하여야 한다.

정답 및 해설 I ④

① [×] 형의 집행은 경찰서장이 하고 그 집행결과를 지체 없이 **검사에게 보고하여야 한다**(즉결심판에 관한 절차법 제18조 제1항).

② [×] 형의 집행정지는 사전에 **검사의 허가**를 얻어야 한다(즉결심판에 관한 절차법 제18조 제4항).

③ [×] **양형에 필요한 사항은 기재해야 할 사항이 아니다.**

> 즉결심판에 관한 절차법 제3조 **【즉결심판청구】** ② 즉결심판을 청구함에는 즉결심판청구서를 제출하여야 하며, 즉결심판청구서에는 피고인의 성명 기타 피고인을 특정할 수 있는 사항, 죄명, 범죄사실과 적용법조를 기재하여야 한다.

117 총포 · 도검 · 화약류 등의 안전관리에 관한 법률에 대한 내용으로 가장 적절한 것은? 15. 경찰승진

□□□

① 총포, 도검, 석궁, 분사기, 전자충격기, 화약류, 유해화학물질이 규율대상이다.

② '총포'란 권총, 소총, 기관총, 포, 엽총, 금속성 탄알이나 가스 등을 쏠 수 있는 장약총포 및 공기총(가스를 이용하는 것을 포함한다)을 말하고, 총포신 · 기관부 등 그 부품은 제외한다.

③ 도검 · 화약류 · 분사기 · 전자충격기 · 석궁을 소지하려는 자는 주소지를 관할하는 경찰서장의 허가를 받아야 한다.

④ 총포 · 도검 · 화약류 · 분사기 · 전자충격기 · 석궁의 판매업을 하려는 자는 경찰청장의 허가를 받아야 한다.

정답 및 해설 I ③

① [×] **유해화학물질**은 이 법의 규율대상이 아니다.

② [×] '총포'란 권총, 소총, 기관총, 포, 엽총, 금속성 탄알이나 가스 등을 쏠 수 있는 장약총포 및 공기총(가스를 이용하는 것을 포함한다)을 말하고, **총포신 · 기관부 등 그 부품도 포함된다**(총포 · 도검 · 화약류 등의 안전관리에 관한 법률 제2조 제1항).

④ [×] 판매업을 하려는 자는 종류에 관계없이 **시 · 도경찰청장의 허가**를 받아야 한다(총포 · 도검 · 화약류 등의 안전관리에 관한 법률 제6조 제1항).

118 다음의 보기 중 경찰서장의 소지허가를 필요로 하는 것끼리 짝지어진 것은? 08. 경찰

□□□

㉠ 엽총	㉡ 석궁	㉢ 공기총	㉣ 마취총
㉤ 소총	㉥ 어획총	㉦ 도살총	㉧ 가스발사총

① ㉠, ㉡, ㉢, ㉣ ② ㉠, ㉡, ㉣, ㉤

③ ㉢, ㉣, ㉥, ㉧ ④ ㉣, ㉥, ㉦, ㉧

정답 및 해설 I ①

경찰서장의 소지허가를 필요로 하는 것은 ㉠㉡㉢㉣㉦㉧이다.

경찰서장의 소지허가가 필요한 것을 **모두** 고르는 문제가 아니며, 경찰서장의 소지허가가 필요한 것끼리 짝지어졌으면 정답이 된다. 따라서 ①이 정답이 된다.

> **총포 · 도검 · 화약류 등의 안전관리에 관한 법률 제12조【총포 · 도검 · 화약류 · 분사기 · 전자충격기 · 석궁의 소지허가】** ① 제10조 각 호의 어느 하나에 해당하지 아니하는 자가 총포 · 도검 · 화약류 · 분사기 · 전자충격기 · 석궁을 소지하려는 경우에는 행정안전부령으로 정하는 바에 따라 다음 각 호의 구분에 따라 허가를 받아야 한다. 다만, 제1호 및 제2호의 총포 소지허가를 받으려는 경우에는 신청인의 정신질환 또는 성격장애 등을 확인할 수 있도록 행정안전부령으로 정하는 서류를 허가관청에 제출하여야 한다.
> 1. 총포(제2호에서 정하는 것은 제외한다): 주소지를 관할하는 시 · 도경찰청장
> 2. 총포 중 **엽총 · 가스발사총 · 공기총 · 마취총 · 도살총 · 산업용총 · 구난구명총** 또는 그 부품: 주소지를 관할하는 경찰서장
> 3. 도검 · 화약류 · 분사기 · 전자충격기 및 석궁: 주소지를 관할하는 경찰서장

119 □□□ 甲이 서울 양천구 목동에서 화약류를 싣고 오후 5시에 출발하여 충남 공주까지 운반하고자 할 때, 甲은 화약류운반신고서를 몇 시 전까지 누구에게 제출하는 것이 가장 적절한가? 14. 경찰승진 변형

① 오후 4시 전, 충남시·도경찰청장

② 오후 3시 전, 서울시·도경찰청장

③ 오후 3시 전, 공주경찰서장

④ 오후 4시 전, 양천경찰서장

정답 및 해설 | ④

④ [○] 운반개시 1시간 전에 발송지 관할 경찰서장에게 제출하여야 하므로 양천경찰서장에게 오후 4시 전에 제출하여야 한다(총포·도검·화약류 등의 안전관리에 관한 법률 시행규칙 제38조 제1항).

120 □□□ 총포·도검·화약류 등의 안전관리에 관한 법률에 대한 내용으로 가장 적절하지 않은 것은? 18. 경찰

① '총포'란 권총, 소총, 기관총, 포, 엽총, 금속성 탄알이나 가스 등을 쏠 수 있는 장약총포, 공기총(가스를 이용하는 것을 포함한다) 및 총포신·기관부 등 그 부품으로서 대통령령으로 정하는 것을 말한다.

② 자격정지 이상의 형을 선고받고 그 집행이 끝나거나 집행을 받지 아니하기로 확정된 후 3년이 지나지 아니한 자는 총포·도검·화약류·분사기·전자충격기·석궁 제조업의 허가를 받을 수 없다.

③ 누구든지 유실·매몰 또는 정당하게 관리되고 있지 아니하는 총포·도검·화약류·분사기·전자충격기·석궁이라고 인정되는 물건을 발견하거나 습득하였을 때에는 24시간 이내에 가까운 경찰관서에 신고하여야 한다.

④ 화약류를 운반하려는 사람은 행정안전부령으로 정하는 바에 따라 발송지를 관할하는 경찰서장에게 신고하여야 한다. 다만, 대통령령으로 정하는 수량 이하의 화약류를 운반하는 경우에는 그러하지 아니하다.

정답 및 해설 | ②

② [×] 금고 이상의 실형을 선고받고 그 집행이 끝나거나 집행을 받지 아니하기로 확정된 후 3년이 지나지 아니한 자는 총포·도검·화약류·분사기·전자충격기·석궁 제조업의 허가를 받을 수 없다(총포·도검·화약류 등의 안전관리에 관한 법률 제5조 제1호).

121 □□□ 총포 · 도검 · 화약류 등의 안전관리에 관한 법률상 총포 · 도검 · 화약류 · 분사기 · 전자충격기 · 석궁 소지자의 결격사유에 대한 설명이다. ㉠부터 ㉣까지의 숫자로 가장 적절하지 않은 것은? 17. 경찰승진

> 제13조(총포 · 도검 · 화약류 · 분사기 · 전자충격기 · 석궁 소지자의 결격사유 등) ① 다음 각 호의 어느 하나에 해당하는 자는 총포 · 도검 · 화약류 · 분사기 · 전자충격기 · 석궁의 소지허가를 받을 수 없다.
> 1. (㉠)세 미만인 자. 다만, 대한체육회장이나 특별시 · 광역시 · 특별자치시 · 도 또는 특별자치도의 체육회장이 추천한 선수 또는 후보자가 사격경기용 총을 소지하려는 경우는 제외한다.
> 3. 금고 이상의 실형을 선고받고 그 집행이 끝나거나(집행이 끝난 것으로 보는 경우를 포함한다) 면제된 날부터 (㉡)년이 지나지 아니한 자
> 4. 이 법을 위반하여 벌금형을 선고받고 (㉢)년이 지나지 아니한 자
> 6. 이 법을 위반하여 금고 이상의 형의 집행유예를 선고받고 그 유예기간이 끝난 날부터 (㉣)년이 지나지 아니한 자

① ㉠ 20　　② ㉡ 5
③ ㉢ 3　　④ ㉣ 3

정답 및 해설 | ③

③ [×] '이 법을 위반하여 벌금형을 선고받고 5년이 지나지 아니한 자'가 옳은 내용이다.

> 총포 · 도검 · 화약류 등의 안전관리에 관한 법률 제13조【총포 · 도검 · 화약류 · 분사기 · 전자충격기 · 석궁 소지자의 결격사유 등】① 다음 각 호의 어느 하나에 해당하는 자는 총포 · 도검 · 화약류 · 분사기 · 전자충격기 · 석궁의 소지허가를 받을 수 없다.
> 1. (㉠ 20)세 미만인 자. 다만, 대한체육회장이나 특별시 · 광역시 · 특별자치시 · 도 또는 특별자치도의 체육회장이 추천한 선수 또는 후보자가 사격경기용 총을 소지하려는 경우는 제외한다.
> 3. 금고 이상의 실형을 선고받고 그 집행이 끝나거나(집행이 끝난 것으로 보는 경우를 포함한다) 면제된 날부터 (㉡ 5)년이 지나지 아니한 자
> 4. 이 법을 위반하여 벌금형을 선고받고 (㉢ 5)년이 지나지 아니한 자
> 6. 이 법을 위반하여 금고 이상의 형의 집행유예를 선고받고 그 유예기간이 끝난 날부터 (㉣ 3)년이 지나지 아니한 자

제5절 I 아동 및 청소년 보호와 성폭력대처업무

122 다음의 보기 중 현행법상 청소년 출입과 고용이 모두 금지된 업소는 몇 개인가? 08. 경찰

□□□

㉠ 유흥주점영업	㉡ 단란주점영업
㉢ 휴게음식점영업 중 티켓다방	㉣ 비디오물소극장업
㉤ 무도학원업	㉥ 무도장업
㉦ 일반음식점영업 중 소주방	㉧ 유료 만화대여업

① 2개 ② 3개
③ 4개 ④ 5개

정답 및 해설 I ③

청소년 출입과 고용이 모두 금지된 업소는 ㉠㉡㉤㉥ 4개이다.

- **청소년 고용 및 출입금지업소:** ㉠ 유흥주점영업, ㉡ 단란주점영업, ㉤ 무도학원업, ㉥ 무도장업
  ※ 두문자: **전경 유비 일사단 복무 성적 노래**
- **청소년 고용금지업소:** ㉢ 휴게음식점영업 중 티켓다방, ㉣ 비디오물소극장업, ㉦ 일반음식점영업 중 소주방, ㉧ 유료 만화대여업

☑ 청소년유해업소

청소년 출입 · 고용금지업소	청소년 고용금지업소
1. 게임산업진흥에 관한 법률에 따른 **일반게임제공업** 및 **복합유통게임제공업** 중 대통령령으로 정하는 것 2. 사행행위 등 규제 및 처벌 특례법에 따른 **사행행위영업** 3. 식품위생법에 따른 **유흥주점영업** 및 **단란주점영업** 4. 영화 및 비디오물의 진흥에 관한 법률 제2조 제16호에 따른 **비디오물감상실업** · 제한관람가비디오물소극장업 및 **복합영상물제공업** 5. 음악산업진흥에 관한 법률에 따른 **노래연습장업** 중 대통령령으로 정하는 것 6. 체육시설의 설치 · 이용에 관한 법률에 따른 **무도학원업** 및 **무도장업** 7. **전기통신설비**를 갖추고 불특정한 사람들 사이의 **음성대화 또는 화상대화**를 매개하는 것을 주된 목적으로 하는 영업. 다만, 전기통신사업법 등 다른 법률에 따라 통신을 매개하는 영업은 제외 8. 성적 행위와 관련된 영업으로서 청소년보호위원회가 결정하고 여성가족부장관이 고시한 것 9. 청소년유해매체물 및 청소년유해약물 등을 제작 · 생산 · 유통하는 영업으로서 청소년보호위원회가 결정하고 여성가족부장관이 고시한 것 10. 한국마사회법 제6조 제2항에 따른 장외발매소 11. 경륜 · 경정법 제9조 제2항에 따른 장외매장	1. 게임산업진흥에 관한 법률에 따른 청소년게임제공업 및 인터넷컴퓨터게임시설제공업 2. 공중위생관리법에 따른 숙박업, 목욕장업, 이용업 중 대통령령으로 정하는 것 3. 식품위생법에 따른 식품접객업 중 대통령령으로 정하는 것(티켓다방, 주로 주류의 조리 · 판매를 목적으로 하는 소주방 · 호프 · 카페 등) 4. 영화 및 비디오물의 진흥에 관한 법률에 따른 비디오물소극장업 5. 화학물질관리법에 따른 유해화학물질 영업. 다만, 유해화학물질 사용과 직접 관련이 없는 영업으로서 대통령령으로 정하는 영업은 제외 6. 회비 등을 받거나 유료로 만화를 빌려 주는 만화대여업 7. 청소년유해매체물 및 청소년유해약물 등을 제작 · 생산 · 유통하는 영업으로서 청소년보호위원회가 결정하고 여성가족부장관이 고시한 것

123 청소년 보호법상 '청소년유해행위'에 해당하지 않는 것은? 16. 경찰간부

□□□

① 영리를 목적으로 청소년으로 하여금 신체적인 접촉 또는 은밀한 부분의 노출 등 성적 접대행위를 하게 하거나 이러한 행위를 알선 · 매개하는 행위

② 영리나 흥행을 목적으로 청소년에게 음란한 행위를 하게 하는 행위

③ 주로 차 종류를 조리 · 판매하는 업소에서 청소년으로 하여금 영업장을 벗어나 차 종류를 배달하는 행위를 하게 하거나 이를 조장하거나 묵인하는 행위

④ 아동 · 청소년에 대하여 폭행이나 협박으로 구강 · 항문 등 신체(성기는 제외한다)의 내부에 성기를 넣는 행위

정답 및 해설 I ④

④ [×] 아동 · 청소년에 대하여 폭행이나 협박으로 구강 · 항문 등 신체(성기는 제외한다)의 내부에 성기를 넣는 행위는 **아동 · 청소년의 성보호에 관한 법률**상 강간 · 강제추행 등에 해당한다(아동 · 청소년의 성보호에 관한 법률 제7조 제2항 제1호).

124 청소년 보호법과 관련된 판례에 대한 설명 중 가장 적절하지 않은 것은? 12. 경찰승진

□□□

① 청소년 보호법의 입법취지와 목적 및 규정 내용 등에 비추어 볼 때, 18세 미만의 청소년에게 술을 판매함에 있어서 가사 그의 민법상 법정대리인의 동의를 받았다고 하더라도 그러한 사정만으로 위 술 판매행위가 정당화될 수는 없다.

② 청소년 보호법상의 '청소년'에 해당하는지의 판단 기준은 가족관계부 등 공법상의 나이가 아니라 실제의 나이를 기준으로 하여야 할 것이다.

③ 청소년이 이른바 '티켓걸'로서 노래연습장 또는 유흥주점에서 손님들의 흥을 돋우어 주고 시간당 보수를 받은 사안에서, 시간제로 보수를 받고 근무하는 위와 같은 영업형태는 업소 주인이 청소년을 시간제 접대부로 고용한 것으로 보아 업소 주인에 대하여 청소년 보호법 위반의 죄책을 묻는 것이 정당하다.

④ 일반음식점 허가를 받은 업소가 실제로는 주로 주류를 조리 · 판매하는 영업행위를 한 경우, 이는 청소년 보호법상의 청소년 고용금지업소에 해당하며, 주간에는 주로 음식류를, 야간에는 주로 주류를 조리 · 판매하는 형태의 영업행위를 한 경우, 야간영업형태의 청소년 보호를 위한 분리의 필요성으로 인하여 주 · 야간의 영업형태를 불문하고 청소년 보호법상의 청소년 고용금지업소에 해당한다.

정답 및 해설 I ④

④ [×] 대법원은 야간영업형태의 청소년 보호를 위한 분리의 필요성으로 인하여 **야간의 영업형태에 있어서는 실제 운영되는 영업형태를 기준으로 청소년 보호법상의 청소년 고용금지업소에 해당한다**(대판 2004.4.12, 2003도6282).

125 □□□ 다음의 청소년 보호법 및 동법 시행령상 청소년유해업소 중 '청소년 출입 · 고용금지업소'를 모두 고른 것은? 18. 경찰

> ㉠ 게임산업진흥에 관한 법률에 따른 인터넷컴퓨터게임시설 제공업
> ㉡ 게임산업진흥에 관한 법률에 따른 일반게임제공업
> ㉢ 영화 및 비디오물의 진흥에 관한 법률 제2조 제16호에 따른 비디오물감상실업
> ㉣ 영화 및 비디오물의 진흥에 관한 법률에 따른 비디오물소극장업

① ㉠, ㉢ ② ㉠, ㉣
③ ㉡, ㉢ ④ ㉡, ㉣

정답 및 해설 I ③
- 청소년 고용 및 출입금지업소: ㉡ 일반게임제공업, ㉢ 비디오물감상실업
  ※ 두문자: 전경 유비 일사단 복무 성적 노래
- 청소년 고용금지업소: ㉠ 인터넷컴퓨터게임시설 제공업, ㉣ 비디오물소극장업

126 □□□ 다음 중 청소년 보호법상 청소년의 출입과 고용이 청소년에게 유해한 것으로 인정되는 청소년 출입 · 고용금지업소를 모두 고른 것은? 19. 경찰승진

> ㉠ 사행행위 등 규제 및 처벌 특례법에 따른 사행행위영업
> ㉡ 체육시설의 설치 · 이용에 관한 법률에 따른 무도학원업 및 무도장업
> ㉢ 영화 및 비디오물의 진흥에 관한 법률에 따른 비디오물소극장업
> ㉣ 회비 등을 받거나 유료로 만화를 빌려 주는 만화대여업

① ㉠, ㉡ ② ㉠, ㉢
③ ㉡, ㉢ ④ ㉡, ㉣

정답 및 해설 I ①
청소년 출입 · 고용금지업소에 해당되는 것은 ㉠ 사행행위영업, ㉡ 무도학원업 및 무도장업이다.

127 ☐☐☐ 청소년 보호법 제2조 제5호의 '청소년 유해업소'란 청소년의 출입과 고용이 청소년에게 유해한 것으로 인정되는 청소년 출입 · 고용금지업소와 청소년의 출입은 가능하나 고용이 청소년에게 유해한 것으로 인정되는 청소년 고용금지업소를 말한다. 다음 중 옳지 않은 것은? (이 경우 업소의 구분은 그 업소가 영업을 할 때 다른 법령에 따라 요구되는 허가 · 인가 · 등록 · 신고 등의 여부와 관계없이 실제로 이루어지고 있는 영업행위를 기준으로 한다) 17. 경찰승진

	청소년 출입 · 고용금지업소	청소년 고용금지업소
①	게임산업진흥에 관한 법률에 따른 '일반게임제공업'	게임산업진흥에 관한 법률에 따른 '청소년게임제공업'
②	영화 및 비디오물의 진흥에 관한 법률에 따른 '비디오물소극장업'	영화 및 비디오물의 진흥에 관한 법률에 따른 '비디오감상실업'
③	사행행위 등 규제 및 처벌 특례법에 따른 '사행행위영업'	게임산업진흥에 관한 법률에 따른 '인터넷컴퓨터게임시설제공업'
④	체육시설의 설치 · 이용에 관한 법률에 따른 '무도학원업'	회비 등을 받거나 유료로 만화를 빌려 주는 '만화대여업'

정답 및 해설 I ②

② [×] 영화 및 비디오물의 진흥에 관한 법률에 따른 '비디오물소극장업'은 청소년 고용금지업소이고, '비디오감상실업'이 청소년 출입 및 고용금지업소이다.

128 ☐☐☐ 청소년 보호법상 '청소년 유해업소'에 관한 설명으로 가장 적절하지 않은 것은? (단, 청소년은 모두 청소년 보호법 제2조 제1호의 '청소년'을 의미한다) 19. 경찰

① 청소년 출입 · 고용금지업소와 청소년 고용금지업소로 구분된다.

② 이 경우 업소의 구분은 그 업소가 영업을 할 때 다른 법령에 따라 요구되는 허가 · 인가 · 등록 · 신고 등의 여부와 관계없이 실제로 이루어지고 있는 영업행위를 기준으로 한다.

③ 사행행위영업, 단란주점영업, 유흥주점영업소의 경우 청소년의 고용뿐 아니라 출입도 금지되어 있다.

④ 청소년은 일반음식점영업 중 주로 주류의 조리 · 판매를 목적으로 한 소주방 · 호프 · 카페는 출입할 수 없다.

정답 및 해설 I ④

④ [×] 청소년은 일반음식점영업 중 주류의 조리 · 판매를 목적으로 한 **소주방 · 호프 · 카페는 출입할 수 있다**(청소년 보호법 시행령 제6조 제2항 제2호).

129 청소년 보호법에 대한 설명으로 가장 적절한 것은? 19. 경찰승진

□□□

① 청소년 유해업소의 업주는 나이 확인을 위하여 필요한 경우 주민등록증이나 기타 증표의 제시를 요구할 수 있으며, 정당한 사유 없이 증표를 제시하지 않는 사람에게는 그 업소의 출입을 제한하여야 한다.

② 청소년 유해업소의 업주는 그 업소에 행정안전부령으로 정하는 바에 따라 청소년의 출입과 고용을 제한하는 내용을 표시해야 한다.

③ 일반음식점영업 중 음식류의 조리 · 판매보다는 주로 주류의 조리 · 판매를 목적으로 하는 소주방, 호프집 등의 업소는 청소년의 출입이 가능한 업소이다.

④ 경찰서장은 특별자치시장 · 특별자치도지사 · 시장 · 군수 · 구청장과 협의 후 청소년 통행금지구역 또는 청소년 통행제한구역을 지정하여야 하고, 청소년이 해당 구역을 통행하려 할 때에는 통행을 막을 수 있으며 통행하고 있는 청소년은 해당 구역 밖으로 나가게 할 수 있다.

정답 및 해설 I ③

① [×] 청소년 유해업소의 업주는 나이 확인을 위하여 주민등록증이나 기타 증표의 제시를 요구할 수 있으며, 정당한 사유 없이 증표를 제시하지 않는 사람에게는 그 업소의 출입을 **제한할 수 있다**(청소년 보호법 제29조 제4항).

② [×] 청소년 유해업소의 업주와 종사자는 그 업소에 **대통령령**으로 정하는 바에 따라 청소년의 출입과 고용을 제한하는 내용을 표시하여야 한다(청소년 보호법 제29조 제6항).

④ [×] 특별자치시장 · 특별자치도지사 · 시장 · 군수 · 구청장(**경찰서장 ×**)은 관할 경찰관서 및 학교 등에 해당 지역의 관계기관과 지역 주민을 반영하여 청소년 보호를 위하여 필요하다고 인정할 경우 청소년의 정신적 · 신체적 건강을 해칠 우려가 있는 구역을 청소년 통행금지구역 또는 청소년 통행제한구역으로 지정하여야 하고, **시장 · 군수 · 구청장 및 경찰서장**은 청소년이 해당 구역을 통행하려 할 때에는 **통행을 막을 수 있으며 통행하고 있는 청소년은 해당 구역 밖으로 나가게 할 수 있다**(청소년 보호법 제31조).

130 아동 · 청소년의 성보호에 관한 법률에 대한 설명이다. 옳게 설명한 것은 모두 몇 개인가? 11. 경찰승진

□□□

> ㉠ '아동 · 청소년'이란 20세 미만의 자를 말한다. 다만, 20세에 도달하는 연도의 1월 1일을 맞이한 자는 제외한다.
>
> ㉡ 영리를 목적으로 청소년으로 하여금 손님과 함께 술을 마시거나 노래 또는 춤 등으로 손님의 유흥을 돋우는 접객행위를 하게 하는 행위도 '아동 · 청소년의 성보호에 관한 법률'에서의 단속대상이다.
>
> ㉢ 아동 · 청소년에 대한 강간 · 강제추행 등의 죄는 DNA 등 죄를 증명할 수 있는 과학적 증거가 있는 때에는 공소시효가 10년 연장된다.
>
> ㉣ 법원은 아동 · 청소년대상 성범죄 피해자를 증인으로 신문하는 경우에 검사, 피해자 또는 법정대리인이 신청하는 경우에는 재판에 지장을 줄 우려가 있는 등 부득이한 경우가 아니면 피해자의 신뢰관계에 있는 사람을 동석하게 할 수 있다.

① 1개 ② 2개

③ 3개 ④ 4개

정답 및 해설 I ①

옳은 설명은 ⓒ 1개이다.

㉠ [×] 아동 · 청소년은 **19세 미만**의 자를 말한다. 다만, 19세에 도달하는 해의 1월 1일을 맞이한 자는 제외한다(아동 · 청소년의 성보호에 관한 법률 제2조 제1호).

㉡ [×] 영리를 목적으로 청소년으로 하여금 손님과 함께 술을 마시거나 노래 또는 춤 등으로 손님의 유흥을 돋우는 접객행위는 **청소년 보호법**에서 규율하는 행위이다.

㉣ [×] 법원은 아동 · 청소년대상 성범죄 피해자를 증인으로 신문하는 경우에 검사, 피해자 또는 법정대리인이 신청하는 경우에는 재판에 지장을 줄 우려가 있는 등 부득이한 경우가 아니면 피해자의 신뢰관계에 있는 사람을 **동석하게 하여야 한다**(아동 · 청소년의 성보호에 관한 법률 제28조 제1항).

131 아동 · 청소년 성보호에 관한 법률상 아동 · 청소년의 성을 사는 행위에 해당하지 않는 것은?

□□□

15. 경찰승진

① 성교행위

② 구강 · 항문 등 신체의 일부나 도구를 이용한 유사성교행위

③ 신체의 전부 또는 일부를 접촉 · 노출하는 행위로서 일반인의 성적 수치심이나 혐오감을 일으키는 행위

④ 노래와 춤 등으로 손님의 유흥을 돋구는 행위

정답 및 해설 I ④

④ [×] 노래와 춤 등으로 손님의 유흥을 돋구는 행위는 **청소년 보호법상 청소년유해행위**에 해당한다.

132 아동 · 청소년의 성보호에 관한 법률에 대한 설명으로 옳은 것은 모두 몇 개인가?

□□□

11. 경찰간부 변형

㉠ 음주 또는 약물로 인한 심신장애 상태에서 13세 미만의 청소년에 대하여 강간을 할 경우에는 형법상의 심신장애로 인한 감경을 적용하지 아니한다.

㉡ 법원은 아동 · 청소년대상 성범죄의 피해자를 증인으로 신문함에 있어서 검사의 신청이 있는 때에는 부득이한 경우가 아닌 한 피해자와 신뢰관계에 있는 자를 동석하게 하여야 한다.

㉢ 아동 · 청소년대상 성범죄사건의 가해자가 피해아동 · 청소년의 친권자인 경우 수사 검사는 법원에 친권상실선고를 청구할 수 있다.

㉣ 영리를 목적으로 아동 · 청소년성착취물을 판매 · 대여 · 배포 · 제공한 행위는 미수범을 처벌하나, 단순히 소지한 행위는 미수범을 처벌하지 않는다.

① 0개 ② 1개

③ 2개 ④ 3개

정답 및 해설 I ②

옳은 설명은 ㉡ 1개이다.

㉠ [×] 음주 또는 약물로 인한 심신장애 상태에서 13세 미만의 청소년에 대하여 강간을 한 경우에는 형법상의 심신장애로 인한 감경을 적용하지 **아니할 수 있다**(아동 · 청소년의 성보호에 관한 법률 제19조).

㉢ [×] 아동 · 청소년대상 성범죄사건의 가해자가 피해아동 · 청소년의 친권자인 경우 수사 검사는 법원에 친권상실선고를 **청구하여야 한다**(아동 · 청소년의 성보호에 관한 법률 제23조 제1항).

㉣ [×] 영리를 목적으로 아동 · 청소년성착취물을 판매 · 대여 · 배포 · 제공하거나 이를 목적으로 소지 · 운반 · 광고 · 소개하거나 공연히 전시 또는 상영한 자는 5년 이하의 징역에 처한다(아동 · 청소년 성보호에 관한 법률 제11조 제2항). 단, **미수범 처벌규정이** 없다.

133 □□□ 아동 · 청소년의 성보호에 관한 법률에 대한 설명으로 가장 적절하지 않은 것은? 17. 경찰 변형

① 아동 · 청소년성착취물을 제작 · 수입 또는 수출한 자(동법 제11조 제1항)에 대하여 미수범 처벌규정을 두고 있다.

② 아동 · 청소년의 성을 사기 위하여 아동 · 청소년을 유인하거나 성을 팔도록 권유한 자(동법 제13조 제2항)의 경우 미수범 처벌규정이 없다.

③ 법원은 아동 · 청소년대상 성범죄를 범한 소년법 제2조의 소년에 대하여 형의 선고를 유예하는 경우에는 반드시 보호관찰을 명하여야 한다.

④ 음주 또는 약물로 인한 심신장애 상태에서 아동 · 청소년대상 성폭력범죄를 범한 때에는 형법 제10조 제1항 · 제2항 및 제11조(심신장애인 · 청각 및 언어장애인 감면규정)를 적용하지 아니한다.

정답 및 해설 I ④

④ [×] 음주 또는 약물로 인한 심신장애 상태에서 아동 · 청소년대상 성폭력범죄를 범한 때에는 형법 제10조 제1항 · 제2항 및 제11조(심신장애인 · 청각 및 언어장애인 감면규정)를 적용하지 **아니할 수 있다**(아동 · 청소년의 성보호에 관한 법률 제19조).

☑ 아동 · 청소년 성보호에 관한 법률상 미수범 처벌규정

미수범 처벌 ○	1. 아동 · 청소년에 대한 **강간 · 강제추행** 등 2. 아동 · 청소년에 대한 **매매행위** 3. 아동 · 청소년성착취물의 **제작 · 수입** 또는 **수출** 4. 아동 · 청소년에 대한 **강요행위** • 폭행이나 협박으로 아동 · 청소년으로 하여금 아동 · 청소년의 성을 사는 행위의 상대방이 되게 한 자 • 선불금, 그 밖의 채무를 이용하는 등의 방법으로 아동 · 청소년을 곤경에 빠뜨리거나 위계 또는 위력으로 아동 · 청소년으로 하여금 아동 · 청소년의 성을 사는 행위의 상대방이 되게 한 자 • 업무 · 고용이나 그 밖의 관계로 자신의 보호 또는 감독을 받는 것을 이용하여 아동 · 청소년으로 하여금 아동 · 청소년의 성을 사는 행위의 상대방이 되게 한 자 • 영업으로 아동 · 청소년을 아동 · 청소년의 성을 사는 행위의 상대방이 되도록 유인 · 권유한 자
미수범 처벌 ×	1. 아동 · 청소년의 성을 사는 행위 2. 아동 · 청소년의 성을 사는 행위의 상대방이 되도록 유인 · 권유하는 행위 3. 아동 · 청소년의 성을 사는 행위의 알선영업행위 4. 영리를 목적으로 아동 · 청소년성착취물을 판매 · 대여 · 배포 · 제공하거나 이를 목적으로 소지 · 운반 · 광고 · 소개하거나 공연히 전시 또는 상영 5. 피해자 등에 대한 강요행위

134 아동 · 청소년의 성보호에 관한 법률에 대한 설명으로 가장 적절하지 않은 것은? 18. 경찰승진 변형

□□□

① 아동 · 청소년성착취물임을 알면서 이를 소지한 자에 대한 처벌규정을 두고 있다.

② 영업으로 아동 · 청소년을 아동 · 청소년의 성을 사는 행위의 상대방이 되도록 유인 · 권유한 자에 대한 미수범 처벌규정을 두고 있다.

③ 아동 · 청소년성착취물을 제작 · 수입 또는 수출한 자에 대한 미수범 처벌규정을 두고 있다.

④ 아동 · 청소년성착취물을 배포 · 제공하거나 공연히 전시 또는 상영한 자에 대한 미수범 처벌규정을 두고 있다.

정답 및 해설 | ④

④ [×] 아동 · 청소년성착취물을 배포 · 제공하거나 공연히 전시 또는 상영한 자(아동 · 청소년의 성보호에 관한 법률 제11조 제3항)에 대한 미수범 처벌규정은 없다.

135 아동 · 청소년의 성보호에 관한 법률에 대한 설명 중 가장 적절하지 않은 것은? 20. 경찰승진

□□□

① 아동 · 청소년성착취물을 제작한 자는 무기징역 또는 5년 이상의 유기징역에 처하며, 그 미수범 처벌규정을 두고 있다.

② 법원은 아동 · 청소년대상 성범죄를 범한 소년법 제2조의 소년에 대하여 형의 선고를 유예하는 경우에는 반드시 보호관찰을 명하여야 한다.

③ '아동 · 청소년의 성을 사는 행위의 장소를 제공하는 행위를 업으로 하는 자'에 대한 처벌규정보다 '폭행이나 협박으로 아동 · 청소년대상 성범죄의 피해자를 상대로 합의를 강요한 자'에 대한 처벌규정이 중하다.

④ 노래와 춤 등으로 손님의 유흥을 돋구는 접객행위는 아동 · 청소년의 성을 사는 행위가 아니다.

정답 및 해설 | ③

③ [×] '아동 · 청소년의 성을 사는 행위의 장소를 제공하는 행위를 업으로 하는 자(7년 이상의 유기징역)'에 대한 처벌규정이 '폭행이나 협박으로 아동 · 청소년대상 성범죄의 피해자를 상대로 합의를 강요한 자(7년 이하의 유기징역)'에 대한 처벌규정보다 중하다.

136 아동 · 청소년의 성보호에 관한 법률상 미수범으로 처벌되는 경우는? 20. 경찰간부

□□□

① 아동 · 청소년의 성을 사는 행위의 장소를 제공하는 행위를 업으로 하는 자

② 폭행이나 협박으로 아동 · 청소년으로 하여금 아동 · 청소년의 성을 사는 행위의 상대방이 되게 한 자

③ 아동 · 청소년의 성을 사는 행위를 알선하는 데 사용되는 사실을 알면서도 자금 · 토지 또는 건물을 제공하는 자

④ 영업으로 아동 · 청소년의 성을 사는 행위의 장소를 제공 · 알선하는 업소에 아동 · 청소년을 고용하도록 한 자

정답 및 해설 I ②

① [×] 아동 · 청소년의 성을 사는 행위의 장소를 제공하는 행위를 업으로 하는 자(아동 · 청소년의 성보호에 관한 법률 제15조 제1항 제1호)에 대해서는 **미수범 처벌규정이** 없다.

③ [×] 아동 · 청소년의 성을 사는 행위를 알선하는 데 사용되는 사실을 알면서도 자금 · 토지 또는 건물을 제공하는 자(아동 · 청소년의 성보호에 관한 법률 제15조 제1항 제3호)에 대해서는 **미수범 처벌규정이** 없다.

④ [×] 영업으로 아동 · 청소년의 성을 사는 행위의 장소를 제공 · 알선하는 업소에 아동 · 청소년을 고용하도록 한 자(아동 · 청소년의 성보호에 관한 법률 제15조 제1항 제4호)에 대해서는 **미수범 처벌규정이** 없다.

137 아동 · 청소년의 성보호에 관한 법률에 대한 설명으로 가장 적절하지 않은 것은? (다툼이 있는 경우 판례에 의함) 21. 경찰승진

□□□

① 아동 · 청소년이 이미 성매매 의사를 가지고 있었던 경우에도 그러한 아동 · 청소년에게 금품이나 그 밖의 재산상 이익, 직무 · 편의제공 등 대가를 제공하거나 약속하는 등의 방법으로 성을 팔도록 권유하는 행위는 동법에서 말하는 '성을 팔도록 권유하는 행위'에 포함된다.

② 아동 · 청소년의 '성을 사는 행위'를 알선하는 행위를 업으로 하는 사람이 알선의 대상이 아동 · 청소년임을 인식하면서 알선행위를 하였더라도, 아동 · 청소년의 성을 사는 행위를 한 사람이 상대방이 아동 · 청소년임을 인식하지 못하였다면 아동 · 청소년의 성보호에 관한 법률 위반으로 처벌할 수 없다.

③ 성을 사는 행위를 알선하는 행위를 업으로 하는 자가 성매매알선을 위한 종업원을 고용하면서 고용대상자에 대하여 연령확인의무 이행을 다하지 아니한 채 아동 · 청소년을 고용하였다면, 특별한 사정이 없는 한 적어도 아동 · 청소년의 성을 사는 행위의 알선에 관한 미필적 고의는 인정된다.

④ 아동 · 청소년의 성을 사기 위하여 아동 · 청소년을 유인하거나 성을 팔도록 권유한 행위(동법 제13조 제2항)는 미수범 처벌규정이 없다.

정답 및 해설 I ②

② [×] 대법원은 "아동 · 청소년의 성을 사는 행위를 한 사람이 상대방이 아동 · 청소년임을 인식하지 못하였다 하더라도 아동 · 청소년의 성보호에 관한 법률 위반으로 **처벌할 수 있다.**"고 판시한 바 있다(대판 2016.2.18, 2015도15664).

138 아동 · 청소년의 성보호에 관한 법률에 관한 설명 중 가장 적절하지 않은 것은? 22. 경찰

□□□

① 사법경찰관리는 아동 · 청소년의 성보호에 관한 법률 제11조 및 제15조의2의 죄, 아동 · 청소년에 대한 성폭력범죄의 처벌 등에 관한 특례법 제14조 제2항 및 제3항의 죄에 해당하는 '디지털 성범죄'에 대하여 신분을 비공개하고 범죄현장(정보통신망 포함) 또는 범인으로 추정되는 자들에게 접근하여 범죄행위의 증거 및 자료 등을 수집할 수 있다.

② 사법경찰관리가 신분비공개수사를 진행하고자 할 때에는 사전에 상급 경찰관서 수사부서의 장의 승인을 받아야 한다. 이 경우 그 수사기간은 1개월을 초과할 수 없다.

③ 사법경찰관리는 신분위장수사를 하려는 경우에는 검사에게 신분위장수사에 대한 허가를 신청하고, 검사는 법원에 그 허가를 청구한다. 다만 신분위장수사 절차를 거칠 수 없는 긴급을 요하는 때에는 동법 제25조의2 제2항의 요건을 구비하고 법원의 허가 없이 신분위장수사를 할 수 있다. 이 경우, 사법경찰관리는 신분위장수사 개시 후 지체 없이 검사에게 허가를 신청하여야 하고, 48시간 이내에 법원의 허가를 받지 못한 때에는 즉시 신분위장수사를 중지하여야 한다.

④ 국가수사본부장은 신분비공개수사가 종료된 즉시 대통령령으로 정하는 바에 따라 국가경찰위원회에 수사 관련 자료를 보고하여야 하며, 국가수사본부장은 대통령령으로 정하는 바에 따라 국회 소관 상임위원회에 신분비공개수사 관련 자료를 반기별로 보고하여야 한다.

정답 및 해설 I ②

② [×] 사법경찰관리가 신분비공개수사를 진행하고자 할 때에는 사전에 상급 경찰관서 수사부서의 장의 승인을 받아야 한다. 이 경우 그 수사기간은 3개월을 초과할 수 없다(동법 제25조의3 제1항).

139 「아동 · 청소년의 성보호에 관한 법률」에 관한 설명으로 가장 적절하지 않은 것은? 23. 경찰

□□□

① "아동 · 청소년"이란 19세 미만의 자를 말한다. 다만, 19세에 도달하는 연도의 1월 1일을 맞이한 자는 제외한다.

② 위계(僞計) 또는 위력으로써 아동 · 청소년을 추행한 자에 대한 미수범 처벌규정을 두고 있다.

③ 사법경찰관리는 19세 이상의 사람이 성적 착취를 목적으로 정보통신망을 통하여 아동 · 청소년에게 성적 욕망이나 수치심 또는 혐오감을 유발할 수 있는 대화를 지속적 또는 반복적으로 하거나 그러한 대화에 지속적 또는 반복적으로 참여시키는 행위를 한 범죄에 대하여 신분을 비공개하고 범인으로 추정되는 자들에게 접근하여 범죄행위의 증거 및 자료 등을 수집할 수 있다.

④ 사법경찰관리가 디지털 성범죄에 대한 신분위장수사를 할 때 신분을 위장하기 위한 문서, 도화 및 전자기록 등의 작성, 변경 또는 행사는 가능하지만, 아동 · 청소년성착취물을 소지, 판매 또는 광고할 수 없다.

정답 및 해설 I ④

④ [×] 사법경찰관리가 디지털 성범죄에 대한 신분위장수사를 할 때 신분을 위장하기 위한 문서, 도화 및 전자기록 등의 작성, 변경 또는 행사, 아동 · 청소년성착취물을 소지, 판매 또는 광고도 할 수 있다(동법 제25조의2 제2항).

140 성폭력범죄의 처벌 등에 관한 특례법상 공소시효 기산에 관한 특례 규정 중 가장 적절하지 않은 것은?

□□□

14. 경찰승진

① 신체적인 또는 정신적인 장애가 있는 사람에 대하여 강간의 죄를 범한 경우에는 공소시효를 적용하지 아니한다.

② 특정한 성폭력범죄의 경우 디엔에이(DNA)증거 등 그 죄를 증명할 수 있는 과학적인 증거가 있는 때에는 공소시효가 10년 연장된다.

③ 16세 미만의 사람에 대하여 강간의 죄를 범한 경우에는 공소시효를 적용하지 아니한다.

④ 미성년자에 대한 성폭력범죄의 공소시효는 해당 성폭력범죄로 피해를 당한 미성년자가 성년에 달한 날부터 진행한다.

정답 및 해설 I ③

③ [×] **13세 미만의 사람**에 대하여 강간의 죄를 범한 경우에는 공소시효를 적용하지 아니한다(성폭력범죄의 처벌 등에 관한 특례법 제7조 제1항).

141 성폭력범죄의 처벌 등에 관한 특례법에 관한 설명으로 가장 적절하지 않은 것은? 15. 경찰승진 변형

□□□

① 검사 또는 사법경찰관은 19세 미만인 피해자나 신체적인 또는 정신적인 장애로 사물을 변별하거나 의사를 결정할 능력이 미약한 피해자(이하 "19세 미만 피해자등"이라 한다)의 진술 내용과 조사 과정을 영상녹화장치로 녹화하고, 그 영상녹화물을 보존하여야 한다.

② ①도 불구하고 19세 미만 피해자등 또는 그 법정대리인(법정대리인이 가해자이거나 가해자의 배우자인 경우를 포함한다)이 이를 원하지 아니하는 의사를 표시하는 경우에는 영상녹화를 하여서는 아니 된다.

③ ①에 따라 19세 미만 피해자등의 진술이 영상녹화된 영상녹화물은 이 법이 정한 절차와 방식에 따라 영상녹화된 것으로서 증거보전기일, 공판준비기일 또는 공판기일에 그 내용에 대하여 피의자, 피고인 또는 변호인이 피해자를 신문할 수 있었던 경우(다만, 증거보전기일에서의 신문의 경우 법원이 피의자나 피고인의 방어권이 보장된 상태에서 피해자에 대한 반대신문이 충분히 이루어졌다고 인정하는 경우로 한정한다)에 증거로 할 수 있다.

④ 경찰청장은 각 경찰서장으로 하여금 성폭력범죄 전담 사법경찰관을 지정하도록 하여 특별한 사정이 없으면 이들로 하여금 피해자를 조사하게 하여야 한다.

정답 및 해설 I ②

② [×] ①도 불구하고 19세 미만 피해자등 또는 그 법정대리인(법정대리인이 가해자이거나 가해자의 배우자인 경우는 **제외**한다)이 이를 원하지 아니하는 의사를 표시하는 경우에는 영상녹화를 하여서는 아니 된다(성폭력범죄의 처벌 등에 관한 특례법 제30조 제3항).

142 □□□ 성폭력범죄의 처벌 등에 관한 특례법의 신상정보 등록 등에 대한 내용으로 가장 적절하지 않은 것은?

18. 경찰

① 등록대상자가 6개월 이상 국외에 체류하기 위하여 출국하는 경우에는 미리 관할 경찰관서의 장에게 허가를 받아야 한다.

② 신상정보 등록의 원인이 된 성범죄로 형의 선고를 유예받은 사람이 선고유예를 받은 날부터 2년이 경과하여 형법 제60조에 따라 면소된 것으로 간주되면 신상정보 등록을 면제한다.

③ 등록대상자의 신상정보의 등록 · 보존 및 관리업무에 종사하거나 종사하였던 자는 직무상 알게 된 등록정보를 누설하여서는 아니 된다.

④ 등록정보의 공개는 여성가족부장관이 집행하고, 법무부장관은 등록정보의 공개에 필요한 정보를 여성가족부장관에게 송부하여야 한다.

정답 및 해설 I ①

① [×] 등록대상자가 6개월 이상 국외에 체류하기 위하여 출국하는 경우에는 미리 관할 경찰관서의 장에게 **신고를 하여야 한다**(성폭력범죄의 처벌 등에 관한 특례법 제43조의2 제1항).

143 □□□ 성폭력범죄의 처벌 등에 관한 특례법에 대한 설명으로 가장 적절한 것은?

19. 경찰승진

① 카메라 등 이용촬영죄는 디엔에이(DNA)증거 등 그 죄를 증명할 수 있는 과학적인 증거가 있는 때에는 공소시효가 10년 연장된다.

② 경찰청장은 각 경찰서장으로 하여금 성폭력범죄 전담 사법경찰관을 지정하도록 하여 특별한 사정이 없으면 이들로 하여금 피의자를 조사하게 하여야 한다.

③ 13세인 사람에 대하여 강간죄를 범한 경우에는 공소시효를 적용하지 아니한다.

④ 신체적인 장애가 있는 사람에 대하여 강제추행죄를 범한 경우에는 공소시효를 적용하지 아니한다.

정답 및 해설 I ④

① [×] **카메라 등 이용촬영죄**는 그 자체로 과학적 증거가 있는 범죄이므로 디엔에이(DNA)증거 등 그 죄를 증명할 수 있는 과학적인 증거가 있는 때에 **공소시효가 10년 연장되는 범죄에 해당하지 아니한다**(성폭력범죄의 처벌 등에 관한 특례법 제21조 제2항).

② [×] 경찰청장은 각 경찰서장으로 하여금 성폭력범죄 전담 사법경찰관을 지정하도록 하여 특별한 사정이 없으면 이들로 하여금 **피해자**를 조사하게 하여야 한다(성폭력범죄의 처벌 등에 관한 특례법 제26조 제2항).

③ [×] **13세 미만의 사람**에 대하여 강간죄를 범한 경우에는 공소시효를 적용하지 아니한다(성폭력범죄의 처벌 등에 관한 특례법 제26조 제3항). **13세인 사람에게는 공소시효를 적용한다.**

144 성폭력범죄의 처벌 등에 관한 특례법에 대한 설명으로 옳은 것은? 20. 경찰간부

□□□

① 등록대상자가 6개월 이상 국외에 체류하기 위하여 출국하는 경우에는 미리 관할 경찰관서의 장에게 허가를 받아야 한다.

② 경찰청장은 각 경찰서장으로 하여금 성폭력범죄 전담 사법경찰관을 지정하도록 하여 특별한 사정이 없으면 이들로 하여금 피해자를 조사하게 하여야 한다.

③ 촬영한 영상물에 수록된 피해자의 진술은 공판기일에 피해자의 진술에 의하여 그 성립의 진정함이 인정된 경우에만 증거로 할 수 있다.

④ 13세 미만의 사람 및 신체적인 또는 정신적인 장애가 있는 사람에 대하여 강간죄를 범한 경우에는 공소시효가 10년 연장된다.

정답 및 해설 | ②

① [×] 등록대상자가 6개월 이상 국외에 체류하기 위하여 출국하는 경우에는 미리 관할 경찰관서의 장에게 체류국가 및 체류기간 등을 **신고**하여야 한다(성폭력범죄의 처벌 등에 관한 특례법 제43조의2 제1항).

③ [×] 촬영한 영상물에 수록된 피해자의 진술은 공판기일에 피해자뿐만 아니라 조사과정에 동석하였던 **신뢰관계에 있는 사람 또는 진술조력인의 진술에 의하여 그 성립의 진정함이 인정된 경우에도** 증거로 할 수 있다(성폭력범죄의 처벌 등에 관한 특례법 제30조 제6항).

④ [×] 13세 미만의 사람 및 신체적인 또는 정신적인 장애가 있는 사람에 대하여 강간죄를 범한 경우에는 공소시효를 **적용하지 아니한다**(성폭력범죄의 처벌 등에 관한 특례법 제21조 제3항).

145 성폭력범죄의 처벌 등에 관한 특례법에 대한 설명으로 가장 적절한 것은? 20. 경찰 변형

□□□

① 수사기관은 성폭력범죄의 처벌 등에 관한 특례법 제3조부터 제8조까지, 제10조, 제14조, 제14조의2, 제14조의3, 제15조(제9조의 미수범은 제외한다) 및 제15조의2에 따른 범죄의 피해자를 증인으로 신문하는 경우에 검사, 피해자 또는 그 법정대리인이 신청할 때에는 재판에 지장을 줄 우려가 있는 등 부득이한 경우가 아니면 피해자와 신뢰관계에 있는 사람을 동석하게 하여야 한다. 이 경우 수사기관은 피해자와 신뢰관계에 있는 사람이 피해자에게 불리하거나 피해자가 원하지 아니하는 경우에는 동석하게 하여서는 아니 된다.

② 모든 성폭력범죄의 피해자를 조사하는 경우에 진술 내용과 조사과정을 비디오녹화기 등 영상물 녹화장치로 촬영·보존하여야 한다.

③ 경찰청장은 각 경찰서장으로 하여금 성폭력범죄 전담 사법경찰관을 지정하도록 하여 특별한 사정이 없으면 이들로 하여금 피의자를 조사하게 하여야 한다.

④ 수사기관과 법원은 성폭력범죄의 피해자를 조사하거나 심리·재판할 때 피해자가 편안한 상태에서 진술할 수 있는 환경을 조성하여야 하며, 조사 횟수는 1회로 마쳐야 한다.

정답 및 해설 I ①

② [×] **성폭력범죄의 피해자가 19세 미만이거나 신체적인 또는 정신적인 장애로 사물을 변별하거나 의사를 결정할 능력이 미약한 경우**에는 피해자의 진술 내용과 조사과정을 비디오녹화기 등 영상물 녹화장치로 촬영 · 보존하여야 한다(성폭력범죄의 처벌 등에 관한 특례법 제30조 제1항).

③ [×] 경찰청장은 각 경찰서장으로 하여금 성폭력범죄 전담 사법경찰관을 지정하도록 하여 특별한 사정이 없으면 이들로 하여금 **피해자**를 조사하게 하여야 한다(성폭력범죄의 처벌 등에 관한 특례법 제26조 제1항).

④ [×] 수사기관과 법원은 성폭력범죄의 피해자를 조사하거나 심리 · 재판할 때 피해자가 편안한 상태에서 진술할 수 있는 환경을 조성하여야 하며, 조사 및 심리 · 재판 횟수는 필요한 범위에서 **최소한으로** 하여야 한다(성폭력범죄의 처벌 등에 관한 특례법 제29조 제2항).

146 성폭력범죄의 수사 및 피해자 보호에 관한 규칙에 관한 설명 중 가장 적절하지 않은 것은?
□□□

22. 경찰 변형

① 경찰관은 성폭력범죄의 피해자가 13세 미만이거나 신체적인 또는 정신적인 장애로 사물을 변별하거나 의사를 결정할 능력이 미약한 경우에는 통합지원센터나 성폭력 전담의료기관과 연계하여 치료, 상담 및 조사를 병행한다. 다만, 피해자가 원하지 않는 경우에는 그러하지 아니하다.

② 시 · 도경찰청장 및 경찰서장은 소속 경찰공무원 중에서 성폭력범죄 전담조사관을 지정하여 성폭력범죄 피해자의 조사를 전담하게 한다. 이 경우 특별한 사정이 없으면 수사경과자 중에서 제7조 제1항의 교육을 이수한 사람을 성폭력범죄 전담조사관으로 지정하되, 1인 이상을 여성경찰관으로 지정해야 한다.

③ 경찰관은 영상녹화를 할 때에는 피해자등에게 영상녹화의 취지 등을 설명하고 동의 여부를 확인하여야 하며, 피해자 등이 녹화를 원하지 않는 의사를 표시한 때에는 촬영을 하여서는 아니 된다. 다만, 가해자가 친권자 중 일방인 경우에는 그러하지 아니하다.

④ 경찰관은 성폭력범죄의 피해자가 13세 미만이거나 신체적인 또는 정신적인 장애로 의사소통이나 의사표현에 어려움이 있는 경우 진술조력인을 조사과정에 반드시 참여시켜야 한다.

정답 및 해설 I ④

④ [×] 경찰관은 성폭력범죄의 피해자가 13세 미만이거나 신체적인 또는 정신적인 장애로 의사소통이나 의사표현에 어려움이 있는 경우 직권이나 피해자 등 또는 변호사의 신청에 따라 진술조력인이 조사과정에 **참여하게 할 수 있다**. 다만, 피해자 등이 이를 원하지 않을 때는 그러하지 아니하다(동규칙 제28조).

147 소년법에 대한 설명으로 가장 적절한 것은? 19. 경찰승진

□□□

① 소년부는 심리결과 금고 이상의 형에 해당하는 범죄 사실이 발견된 경우 그 동기와 죄질이 형사처분을 할 필요가 있다고 인정하면 결정으로써 사건을 관할 지방법원에 대응한 검찰청 검사에게 송치하여야 한다.

② 촉법소년 및 우범소년이 있을 때에 경찰서장은 직접 관할 소년부에 송치할 수 있다.

③ 범죄소년, 촉법소년 및 우범소년을 발견한 보호관찰소의 장은 이를 관할 소년부에 통고하여야 한다.

④ 소년 보호사건의 관할은 소년의 요청지, 행위지, 거주지 또는 현재지로 한다.

정답 및 해설 I ①

② [×] 촉법소년 및 우범소년이 있을 때에 경찰서장은 직접 관할 소년부에 **송치하여야 한다**(소년법 제4조 제2항).

③ [×] 범죄소년, 촉법소년 및 우범소년을 발견한 보호관찰소의 장은 이를 관할 소년부에 **통고할 수 있다**(소년법 제4조 제3항).

④ [×] 소년 보호사건의 관할은 소년의 **행위지, 거주지 또는 현재지**로 한다(소년법 제3조 제1항). **요청지는 관할의 대상이 아니다.**

148 소년법상 소년형사절차의 특례에 대한 설명이다. 빈칸의 숫자를 모두 더한 값은? 15. 경찰간부 변형

□□□

> ㉠ 죄를 범할 당시 (　　)세 미만인 소년에 대하여 사형 또는 무기형으로 처할 경우에는 (　　)년의 유기형으로 한다.
> ㉡ 소년이 법정형으로 장기 (　　)년 이상의 유기형에 해당하는 죄를 범한 경우에는 그 형의 범위에서 장기와 단기를 정해 선고하되, 장기는 (　　)년, 단기는 (　　)년을 초과하지 못한다.
> ㉢ 징역 또는 금고를 선고받은 소년에 대하여는 형의 집행 중에 (　　)세가 되면 일반 교도소에서 집행할 수 있다.

① 70　　② 71

③ 73　　④ 75

정답 및 해설 I ③

③ 빈칸의 숫자를 모두 더한 값은 18 + 15 + 2 + 10 + 5 + 23 = 73이다.

> ㉠ 죄를 범할 당시 (18)세 미만인 소년에 대하여 사형 또는 무기형으로 처할 경우에는 (15)년의 유기형으로 한다(소년법 제59조).
> ㉡ 소년이 법정형으로 장기 (2)년 이상의 유기형에 해당하는 죄를 범한 경우에는 그 형의 범위에서 장기와 단기를 정해 선고하되, 장기는 (10)년, 단기는 (5)년을 초과하지 못한다(소년법 제60조 제1항).
> ㉢ 징역 또는 금고를 선고받은 소년에 대하여는 형의 집행 중에 (23)세가 되면 일반 교도소에서 집행할 수 있다(소년법 제63조).

149 소년법에 관한 다음 설명 중 옳지 않은 것은 모두 몇 개인가? 18. 경찰간부

□□□

> ㉠ 정당한 이유 없이 가출하고, 그의 성격이나 환경에 비추어 앞으로 형벌 법령에 저촉되는 행위를 할 우려가 있는 10세 이상의 소년은 소년부의 보호사건으로 심리한다.
> ㉡ 소년부는 사건이 그 관할에 속하지 아니한다고 인정하면 결정으로써 그 사건을 관할 소년부에 이송하여야 한다.
> ㉢ '소년'이란 19세 미만인 자를 말하며, '보호자'란 법률상 감호교육을 할 의무가 있는 자 또는 현재 감호하는 자를 말한다.
> ㉣ 징역 또는 금고를 선고받은 소년에 대하여는 특별히 설치된 교도소 또는 일반 교도소 안에 특별히 분리된 장소에서 그 형을 집행한다. 다만, 소년이 형의 집행 중에 23세가 되면 일반 교도소에서 집행할 수 있다.
> ㉤ 촉법소년 및 우범소년에 해당하는 때에는 경찰서장은 직접 관할 검찰청에 송치하여야 한다.

① 0개 ② 1개

③ 2개 ④ 3개

정답 및 해설 | ②

옳지 않은 설명은 ㉤ 1개이다.

㉤ [×] 촉법소년 및 우범소년에 해당하는 때에는 경찰서장은 직접 관할 소년부에 송치하여야 한다(소년법 제4조 제2항).

제6절 | 실종아동과 가출인 업무

150 실종아동등의 보호 및 지원에 관한 법률과 실종아동등 및 가출인 업무처리 규칙상 규정된 용어에 대한 설명으로 가장 적절한 것은? 17. 경찰승진

□□□

① 실종아동등의 보호 및 지원에 관한 법률상 '보호시설'이란 사회복지사업법 제2조 제4호에 따른 사회복지시설을 말하고, 인가·신고 등이 없이 아동 등을 보호하는 시설로서 사회복지시설에 준하는 시설은 해당하지 아니한다.

② 실종아동등 및 가출인 업무처리 규칙상 '발생지'란 실종아동 등 또는 가출인을 발견하여 보호 중인 장소를 말하며, 발견한 장소와 보호 중인 장소가 서로 다른 경우에는 보호 중인 장소를 말한다.

③ 실종아동등의 보호 및 지원에 관한 법률상 '실종아동 등'이란 약취·유인 또는 유기되거나 사고를 당하거나 가출하거나 길을 잃는 등의 사유로 인하여 보호자로부터 이탈된 아동 등을 말한다.

④ 실종아동등의 보호 및 지원에 관한 법률상 '아동 등'은 신고 당시 18세 미만인 아동과 장애인복지법 제2조의 장애인 중 지적장애인·자폐성장애인 또는 정신장애인, 치매관리법 제2조 제2호의 치매환자를 말한다.

정답 및 해설 | ③

① [×] 실종아동등의 보호 및 지원에 관한 법률상 '보호시설'이란 사회복지사업법 제2조 제4호에 따른 사회복지시설 및 인가·신고 등이 없이 아동 등을 보호하는 시설로서 **사회복지시설에 준하는 시설을 말한다**(실종아동등의 보호 및 지원에 관한 법률 제2조 제4호).

② [×] 실종아동등 및 가출인 업무처리 규칙상 **'발견지'**란 실종아동 등 또는 가출인을 발견하여 보호 중인 장소를 말하며, 발견한 장소와 보호 중인 장소가 서로 다른 경우에는 보호 중인 장소를 말한다(실종아동등 및 가출인 업무처리 규칙 제2조 제8호).

④ [×] 실종아동등의 보호 및 지원에 관한 법률상 '아동 등'은 **실종 당시** 18세 미만인 아동과 장애인복지법 제2조의 장애인 중 지적장애인 · 자폐성장애인 또는 정신장애인, 치매관리법 제2조 제2호의 치매환자를 말한다(실종아동등의 보호 및 지원에 관한 법률 제2조 제1호).

151 실종아동등의 보호 및 지원에 관한 법률상 사용하는 용어의 정의에 대한 설명으로 가장 적절하지 않은 것은? 16. 경찰

□□□

① '아동 등'이란 실종 당시 19세 미만인 아동, 지적장애인, 자폐성장애인 또는 정신장애인, 치매환자에 해당하는 사람을 말한다.

② '실종아동 등'이란 약취(略取), 유인(誘引) 또는 유기(遺棄)되거나 사고를 당하거나 가출하거나 길을 잃는 등의 사유로 인하여 보호자로부터 이탈(離脫)된 아동 등을 말한다.

③ '보호자'란 친권자, 후견인이나 그 밖에 다른 법률에 따라 아동 등을 보호하거나 부양할 의무가 있는 사람을 말한다. 다만, 보호시설의 장 또는 종사자는 제외한다.

④ '보호시설'이란 사회복지시설 및 인가 · 신고 등이 없이 아동 등을 보호하는 시설로서 사회복지시설에 준하는 시설을 말한다.

정답 및 해설 | ①

① [×] '아동 등'이란 실종 당시 **18세 미만인 아동**, 지적장애인, 자폐성장애인 또는 정신장애인, 치매환자에 해당하는 사람을 말한다(실종아동등의 보호 및 지원에 관한 법률 제2조 제1호).

152 다음 중 실종아동등 가출인 업무처리에 관한 설명으로 틀린 것은? 12. 경찰간부

□□□

① 보호자로부터 신고를 접수한 지 48시간이 경과하도록 발견하지 못한 찾는 실종아동 등은 장기실종아동등에 해당한다.

② 경찰관서의 장은 실종아동 등 프로파일링시스템에 등록한 날로부터 1월까지는 15일에 1회, 1월이 경과한 후에는 분기별 1회씩 보호자에게 추적 진행사항을 통보한다.

③ 보호시설 입소자 중 무연고자는 실종아동 등 프로파일링시스템상 수배대상이지만 실종아동찾기센터 홈페이지(인터넷 안전드림) 수배대상은 아니다.

④ 실종아동등의 보호 및 지원에 관한 법률상 아동 등이란 실종 당시 18세 미만의 아동이나 장애인복지법 제2조의 장애인 중 지적장애인, 자폐성장애인, 정신장애인, 치매관리법 제2조 제2호의 치매환자를 말한다.

정답 및 해설 I ③

③ [×] 실종아동찾기센터 홈페이지상의 수배대상자로는 **실종아동 등, 보호시설 입소자 중 무연고자**가 있으며, **본인 또는 보호자의 동의가 있는 경우** 일반인에게 공개할 수 있다(실종아동등 및 가출인 업무처리 규칙 제1항 · 제4항).

153 □□□ 실종아동등 및 가출인 업무처리 규칙에 관한 다음 설명 중 적절하지 않은 것은 모두 몇 개인가?

12. 경찰

㉠ '장기실종아동 등'이란 보호자로부터 신고를 접수한 지 48시간이 경과한 후에도 발견되지 않은 찾는 실종아동 등을 말한다.
㉡ 발견한 장소와 보호 중인 장소가 서로 다른 경우에는 보호 중인 장소를 '발견지'로 한다.
㉢ 신고자 등이 최종 목격 장소를 진술하지 못하거나, 목격되었을 것으로 추정되는 장소가 대중교통시설 등일 경우 또는 실종 · 가출 발생 후 1개월이 경과한 때에는 실종아동 등 및 가출인의 실종 전 최종 주거지를 '발생지'로 한다.
㉣ 경찰관서의 장은 실종아동 등 프로파일링시스템에 등록한 날부터 1개월까지는 15일에 1회, 1개월이 경과한 후부터는 분기별 1회 보호자에게 추적 진행사항을 통보한다.
㉤ 경찰서장은 가출인을 발견한 때에는 수배를 해제하고, 해당 가출인을 발견한 경찰서와 관할하는 경철서가 다른 경우에는 발견 사실을 관할 경찰서장에게 지체 없이 알려야 한다.

① 1개　② 2개
③ 3개　④ 없음

정답 및 해설 I ④

㉠㉡㉢㉣㉤ 모두 옳은 내용으로 틀린 설명은 없다.

154 □□□ 실종아동등 및 가출인 업무처리 규칙에 관한 설명 중 가장 적절하지 않은 것은?

14. 경찰승진

① '보호시설 입소자 중 보호자가 확인되지 않는 사람'은 실종아동 등 프로파일링시스템 입력대상이다.
② 경찰관서의 장은 실종아동 등 또는 가출인에 대한 신고를 접수한 후 신고대상자가 '보호자가 가출 시 동행한 실종아동 등'에 해당하는 경우에는 신고 내용을 실종아동 등 프로파일링시스템에 입력하지 않을 수 있다.
③ '장기실종아동 등'이란 보호자로부터 신고를 접수한 지 48시간이 경과한 후에도 발견되지 않은 찾는 실종아동 등을 말한다.
④ 실종아동 등 신고는 전화, 서면, 구술 등의 방법으로 실종아동 등 주거지 관할 경찰서에서만 접수할 수 있다.

정답 및 해설 I ④

④ [×] 실종아동 등 신고는 **관할에 관계없이** 실종아동찾기센터, 각 시 · 도경찰청 및 경찰서에서 전화, 서면, 구술 등의 방법으로 접수하며, 신고를 접수한 경찰관은 범죄와의 관련 여부 등을 확인해야 한다(실종아동등 및 가출인 업무처리 규칙 제10조 제1항).

155 다음 설명 중 가장 적절하지 못한 것은? 15. 경찰간부

□□□

① 경찰관서의 장은 찾는 실종아동 등에 대한 신고를 접수한 때에는 정보시스템의 자료를 조회하는 등의 방법으로 실종아동 등을 찾기 위한 조치를 취하고, 실종아동 등을 발견한 경우에는 즉시 보호자에게 인계하는 등 필요한 조치를 하여야 한다.

② 경찰관서의 장이 보호실종아동 등을 수배한 후에도 보호자를 발견하지 못한 경우에는 관할 지방자치단체의 장에게 인계한다.

③ 경찰관서의 장은 실종아동 등에 대하여 실종아동 등 프로파일링시스템 등록한 날로부터 1개월까지는 10일에 1회, 1개월이 경과한 후부터는 매월 1회 보호자에게 추적진행사항을 통보하여야 한다.

④ 실종아동 등의 신고는 관할에 관계없이 실종아동찾기센터, 각 시 · 도경찰청 및 경찰서에서 전화 · 서면 · 구술 등의 방법으로 접수한다.

정답 및 해설 | ③

③ [×] 경찰관서의 장은 실종아동 등에 대하여 실종아동 등 프로파일링시스템에 등록한 날부터 1개월까지는 **15일에 1회**, 1개월이 경과한 후부터는 **분기별 1회** 보호자에게 추적 진행사항을 통보하여야 한다(실종아동등 및 가출인 업무처리 규칙 제11조 제5항).

156 실종아동등의 보호 및 지원에 관한 법률상 실종아동 등의 수색에 대한 설명으로 가장 적절하지 않은 것은? 15. 경찰승진

□□□

① 경찰관서의 장은 실종아동 등의 조속한 발견을 위하여 필요한 때에는 위치정보사업자에게 실종아동 등의 개인위치정보의 제공을 요청할 수 있다.

② 위 ①의 요청을 받은 위치정보사업자는 그 실종아동 등의 동의 없이 개인위치정보 등을 수집할 수 없으며, 실종아동 등의 동의가 없음을 이유로 경찰관서의 장의 요청을 거부할 수 있다.

③ 경찰관은 실종아동 등을 찾기 위한 목적으로 제공받은 개인위치정보 등을 실종아동 등을 찾기 위한 목적 외의 용도로 이용하여서는 아니 된다.

④ 경찰관서의 장은 실종아동 등의 발생신고를 접수하면 지체 없이 수색 또는 수사의 실시 여부를 결정하여야 한다.

정답 및 해설 | ②

② [×] 위 ①의 요청을 받은 위치정보사업자는 그 실종아동 등의 **동의 없이 개인위치정보 등을 수집할 수 있으며**, 실종아동 등의 동의가 없음을 이유로 경찰관서의 장의 요청을 **거부하여서는 아니 된다**(실종아동등의 보호 및 지원에 관한 법률 제9조 제3항).

157 □□□ 실종아동등 및 가출인 업무처리 규칙에 대한 다음 설명 중 옳은 것은 모두 몇 개인가? 16. 경찰간부

> ㉠ '아동 등'이란 실종아동등의 보호 및 지원에 관한 법률 제2조 제1호에 따른 실종 당시 18세 미만 아동, 지적 · 자폐성 · 정신장애인, 치매환자를 말한다.
> ㉡ '장기실종아동 등'이란 보호자로부터 신고를 접수한 지 36시간이 경과한 후에도 발견되지 않은 찾는 실종아동 등을 말한다.
> ㉢ '발견지'란 실종아동 등 또는 가출인을 발견하여 보호 중인 장소를 말하며, 발견한 장소와 보호 중인 장소가 서로 다른 경우에는 발견한 장소를 말한다.
> ㉣ 실종아동 등 프로파일링시스템에 입력하는 대상은 실종아동 등, 가출인, 보호자가 확인된 보호시설 입소자, 변사자 · 교통사고 사상자 중 신원불상자이다.
> ㉤ 미발견자의 경우 실종아동 등 프로파일링시스템에 등록된 자료는 소재 발견시까지 보관한다.

① 0개 ② 1개
③ 2개 ④ 3개

정답 및 해설 I ③

옳은 것은 ㉠㉤ 2개이다.

㉡ [×] '장기실종아동 등'이란 보호자로부터 신고를 접수한 지 **48시간**이 경과한 후에도 발견되지 않은 찾는 실종아동 등을 말한다(실종아동등 및 가출인 업무처리 규칙 제2조 제5호).

㉢ [×] '발견지'란 실종아동 등 또는 가출인을 발견하여 보호 중인 장소를 말하며, 발견한 장소와 보호 중인 장소가 서로 다른 경우에는 **보호 중인 장소**를 말한다(실종아동등 및 가출인 업무처리 규칙 제2조 제5호).

㉣ [×] 실종아동 등 프로파일링시스템에 입력하는 대상은 실종아동 등, 가출인, **보호시설 입소자 중 보호자가 확인되지 아니한 사람(무연고자)**이다(실종아동등 및 가출인 업무처리 규칙 제7조 제1항).

158 □□□ 실종아동등의 보호 및 지원에 관한 법률과 실종아동등 및 가출인 업무처리 규칙상 용어의 설명으로 가장 적절한 것은? 17. 경찰

① '아동 등'이란 실종신고 당시 18세 미만인 아동, 장애인복지법 제2조의 장애인 중 지적장애인, 자폐성장애인 또는 정신장애인 및 치매관리법 제2조 제2호의 치매환자를 말한다.

② '발생지'란 실종아동 등 및 가출인이 실종 · 가출 전 최종적으로 목격되었거나 목격되었을 것으로 추정하여 신고자 등이 진술한 장소를 말하며, 신고자 등이 최종 목격 장소를 진술하지 못하거나, 목격되었을 것으로 추정되는 장소가 대중교통시설 등일 경우 또는 실종 · 가출 발생 후 10일이 경과한 때에는 실종아동등 및 가출인의 실종 전 최종 주거지를 말한다.

③ '발견지'란 실종아동 등 또는 가출인을 발견하여 보호 중인 장소를 말하며, 발견한 장소와 보호 중인 장소가 서로 다른 경우에는 발견한 장소를 말한다.

④ '장기실종아동 등'이란 보호자로부터 신고를 접수한 지 48시간이 경과한 후에도 발견되지 않은 찾는 실종아동 등을 말한다.

정답 및 해설 | ④

① [×] '아동 등'이란 **실종 당시** 18세 미만인 아동, 장애인복지법 제2조의 장애인 중 지적장애인, 자폐성장애인 또는 정신장애인 및 치매관리법 제2조 제2호의 치매환자를 말한다(실종아동등의 보호 및 지원에 관한 법률 제2조 제1호).

② [×] '발생지'란 실종아동 등 및 가출인이 실종 · 가출 전 최종적으로 목격되었거나 목격되었을 것으로 추정하여 신고자 등이 진술한 장소를 말하며, 신고자 등이 최종 목격 장소를 진술하지 못하거나, 목격되었을 것으로 추정되는 장소가 대중교통시설 등일 경우 또는 실종 · 가출 발생 후 **1개월이 경과**한 때에는 실종아동등 및 가출인의 실종 전 최종 주거지를 말한다(실종아동등 및 가출인 업무처리 규칙 제2조 제7호).

③ [×] '발견지'란 실종아동 등 또는 가출인을 발견하여 보호 중인 장소를 말하며, 발견한 장소와 보호 중인 장소가 서로 다른 경우에는 **보호 중인 장소**를 말한다(실종아동등 및 가출인 업무처리 규칙 제2조 제5호).

☑ 그 밖의 용어 정리

실종아동 등	약취(略取) · 유인(誘引) 또는 유기(遺棄)되거나 사고를 당하거나 가출하거나 길을 잃는 등의 사유로 인하여 보호자로부터 이탈(離脫)된 아동 등
보호자	친권자, 후견인이나 그 밖에 다른 법률에 따라 아동 등을 보호하거나 부양할 의무가 있는 사람. 다만, **보호시설의 장 또는 종사자는 제외**
보호시설	사회복지사업법 제2조 제4호에 따른 **사회복지시설 및 인가 · 신고 등이 없이 아동 등을 보호하는 시설**로서 사회복지시설에 준하는 시설
찾는 실종아동 등	보호자가 찾고 있는 실종아동 등
보호실종아동 등	**보호자가 확인되지 않아 경찰관이 보호하고 있는** 실종아동 등
가출인	신고 당시 보호자로부터 이탈된 18세 이상의 사람

159 실종아동등의 보호 및 지원에 관한 법률에 대한 다음 설명 중 옳은 것은 모두 몇 개인가?

□□□

17. 경찰간부

> ㉠ '보호시설'이라 함은 사회복지사업법 제2조 제4호에 따른 사회복지시설만을 의미하고, 인가 · 신고 등이 없이 아동 등을 보호하는 시설로서 사회복지시설에 준하는 시설은 보호시설에 포함되지 않는다.
> ㉡ 직무를 수행하면서 실종아동 등임을 알게 되었을 때에 경찰신고체계로 지체 없이 신고해야 하는 신고의무자로는 보호시설의 장, 사회복지전담공무원이 있고, 보호시설의 종사자는 신고의무자에 해당하지 않는다.
> ㉢ 경찰관서의 장은 실종아동 등의 발생신고를 접수하면 지체 없이 수색 또는 수사의 실시 여부를 결정하여야 한다.
> ㉣ 경찰관서의 장은 실종아동 등(범죄로 인한 경우 포함)의 조속한 발견을 위하여 필요한 때에는 위치정보의 보호 및 이용 등에 관한 법률에 따른 위치정보사업자에게 실종아동 등의 개인위치정보의 제공을 요청할 수 있다.

① 1개 ② 2개
③ 3개 ④ 4개

정답 및 해설 I ①

옳은 설명은 ㉢ 1개이다.

㉠ [×] '보호시설'이란 사회복지사업법 제2조 제4호에 따른 사회복지시설뿐만 아니라 **인가·신고 등이 없이 아동 등을 보호하는 시설로서 사회복지시설에 준하는 시설을 포함하여 말한다**(실종아동등의 보호 및 지원에 관한 법률 제2조 제4호).

㉡ [×] 직무를 수행하면서 실종아동 등임을 알게 되었을 때에 경찰신고체계로 지체 없이 신고해야 하는 신고의무자로는 보호시설의 장, 사회복지전담공무원이 있고, **보호시설의 종사자도 신고의무자에 해당한다**(실종아동등의 보호 및 지원에 관한 법률 제6조 제1항).

㉣ [×] 경찰관서의 장은 실종아동 등(범죄로 인한 경우 **제외**한다)의 조속한 발견을 위하여 필요한 때에는 위치정보의 보호 및 이용 등에 관한 법률에 따른 위치정보사업자에게 실종아동 등의 개인위치정보의 제공을 요청할 수 있다(실종아동등의 보호 및 지원에 관한 법률 제9조 제2항).

160 실종아동등 및 가출인 업무처리 규칙상 규정된 용어에 대한 설명 중 가장 적절하지 않은 것은?

□□□

18. 경찰

① '가출인'이란 신고 당시 보호자로부터 이탈된 18세 이상의 사람을 말한다.

② '장기실종아동 등'이란 보호자로부터 신고를 접수한 지 48시간이 경과한 후에도 발견되지 않은 찾는 실종아동 등을 말한다.

③ '보호실종아동 등'이란 보호자가 확인되어 경찰관이 보호하고 있는 실종아동 등을 말한다.

④ '발견지'란 실종아동 등 또는 가출인을 발견하여 보호 중인 장소를 말하며, 발견한 장소와 보호 중인 장소가 서로 다른 경우에는 보호 중인 장소를 말한다.

정답 및 해설 I ③

③ [×] '보호실종아동 등'이란 보호자가 **확인되지 않아** 경찰관이 보호하고 있는 실종아동 등을 말한다(실종아동등 및 가출인 업무처리 규칙 제2조 제4호).

161 실종아동등의 보호 및 지원에 관한 법률상 실종아동 등에 대한 신고의무자가 아닌 것은 모두 몇 개인가?

□□□

18. 경찰간부

㉠ 아동복지법 제13조에 따른 아동복지전담공무원 ㉡ 사회복지사업법 제14조에 따른 사회복지전담공무원 ㉢ 청소년 보호법 제35조에 따른 청소년 보호·재활센터의 장 또는 그 종사자 ㉣ 업무·고용 등의 관계로 사실상 아동 등을 보호·감독하는 사람

① 0개
② 1개
③ 2개
④ 3개

정답 및 해설 I ①

신고의무자가 아닌 사람은 없다(실종아동등의 보호 및 지원에 관한 법률 제6조 제1항).

162 □□□ 실종아동등의 보호 및 지원에 관한 법률 및 실종아동등 및 가출인 업무처리 규칙에 대한 설명으로 가장 적절한 것은? 19. 경찰승진 변형

① 실종아동 등 및 가출인 업무처리 규칙상 '국가경찰 수사 범죄'란 자치경찰사무와 시·도자치경찰위원회의 조직 및 운영 등에 관한 규정 제3조 제1호부터 제5호까지 또는 제6호 나목의 범죄를 말한다.

② 실종아동등의 보호 및 지원에 관한 법률상 '보호자'란 친권자, 후견인, 보호시설의 장이나 그 밖에 다른 법률에 따라 아동 등을 보호 또는 부양할 의무가 있는 자를 말한다.

③ 경찰관서의 장은 실종아동 등(범죄로 인한 경우를 포함한다)의 조속한 발견을 위하여 필요한 때에는 개인위치정보사업자에게 실종아동 등의 개인위치정보의 제공을 요청할 수 있다.

④ 보호시설의 장 또는 그 종사자는 그 직무를 수행하면서 실종아동 등임을 알게 되었을 때에는 경찰청장이 구축하여 운영하는 신고체계로 지체 없이 신고하여야 한다.

정답 및 해설 I ④

① [×] 실종아동 등 및 가출인 업무처리 규칙상 '국가경찰 수사 범죄'란 자치경찰사무와 시·도자치경찰위원회의 조직 및 운영 등에 관한 규정 제3조 제1호부터 제5호까지 또는 제6호 나목의 범죄가 **아닌 범죄**를 말한다.

② [×] 실종아동등의 보호 및 지원에 관한 법률상 '보호자'란 **친권자, 후견인이나 그 밖에 다른 법률에 따라 아동 등을 보호하거나 부양할 의무가 있는 사람**을 말한다. 다만, 보호시설의 장 또는 종사자는 제외한다(실종아동등의 보호 및 지원에 관한 법률 제2조 제3호).

③ [×] 경찰관서의 장은 실종아동 등(범죄로 인한 경우를 **제외**한다)의 조속한 발견을 위하여 필요한 때에는 개인위치정보사업자에게 실종아동 등의 개인위치정보의 제공을 요청할 수 있다(실종아동등의 보호 및 지원에 관한 법률 제9조 제2항).

163 □□□ 실종아동등의 보호 및 지원에 관한 법률에 대한 설명으로 가장 적절한 것은? 19. 경찰승진

① 경찰관서의 장은 실종아동 등의 발생신고를 접수하면 24시간 내에 수색 또는 수사의 실시 여부를 결정하여야 한다.

② 경찰관서의 장은 실종아동 등(범죄로 인한 경우 포함)의 조속한 발견을 위하여 필요한 때에는 위치정보의 보호 및 이용 등에 관한 법률에 따른 개인위치정보사업자에게 실종아동 등의 개인위치정보의 제공을 요청할 수 있다.

③ 업무에 관계없이 아동을 보호하는 자는 신고의무자에 해당한다.

④ '아동 등'은 실종 당시 18세 미만인 아동과 장애인복지법 제2조의 장애인 중 지적장애인, 자폐성장애인 또는 정신장애인, 치매관리법 제2조 제2호의 치매환자를 말한다.

정답 및 해설 I ④

① [×] 경찰관서의 장은 실종아동 등의 발생신고를 접수하면 **지체 없이** 수색 또는 수사의 실시 여부를 결정하여야 한다(실종아동등의 보호 및 지원에 관한 법률 제9조 제1항).

② [×] 경찰관서의 장은 실종아동 등(범죄로 인한 경우 **제외**)의 조속한 발견을 위하여 필요한 때에는 위치정보의 보호 및 이용 등에 관한 법률에 따른 개인위치정보사업자에게 실종아동 등의 개인위치정보의 제공을 요청할 수 있다(실종아동등의 보호 및 지원에 관한 법률 제9조 제2항).

③ [×] **업무·고용 등의 관계로** 사실상 아동 등을 보호·감독하는 사람은 신고의무자에 해당한다(실종아동등의 보호 및 지원에 관한 법률 제6조 제1항 제6호).

164 □□□ 실종아동등의 보호 및 지원에 관한 법률과 실종아동등 및 가출인 업무처리 규칙에 대한 설명 중 가장 옳지 않은 것은? 19. 경찰간부

① '발견지'란 실종아동 등 또는 가출인을 발견하여 보호 중인 장소를 말하며, 발견한 장소와 보호 중인 장소가 서로 다른 경우에는 보호 중인 장소를 말한다.

② 실종아동 등 프로파일링시스템에 입력하는 대상은 실종아동 등, 가출인, 보호시설 입소자 중 보호자가 확인되지 않은 사람이다.

③ 발견된 18세 미만 아동 및 가출인의 경우 실종아동 등 프로파일링시스템에 등록된 자료는 수배 해제 후로부터 10년간 보관한다.

④ 경찰관서의 장은 실종아동 등(범죄로 인한 경우 제외)의 조속한 발견을 위하여 필요한 때에는 위치정보의 보호 및 이용 등에 관한 법률에 따른 위치정보사업자에게 실종아동 등의 개인위치정보의 제공을 요청할 수 있다.

정답 및 해설 I ③

③ [×] 발견된 18세 미만 아동 및 가출인의 경우 실종아동 등 프로파일링시스템에 등록된 자료는 수배 해제 후로부터 **5년간** 보관한다(실종아동등 및 가출인 업무처리 규칙 제7조 제3항).

165 □□□ 실종아동등 및 가출인 업무처리 규칙에 대한 설명으로 가장 적절한 것은? 19. 경찰승진

① 경찰청 여성청소년과장은 실종아동등의 보호 및 지원에 관한 법률에 따른 정보시스템으로 실종아동 등 프로파일링시스템 및 실종아동찾기센터 홈페이지(인터넷 안전드림)를 운영한다.

② 프로파일링시스템에 등록되어 있는 발견된 가출인의 자료는 수배 해제 후로부터 5년간 보관하며 발견된 18세 미만 아동, 지적 · 자폐성 · 정신장애인 등 및 치매환자는 수배 해제 후로부터 10년간 보관한다.

③ 실종아동 등 또는 가출인에 대한 신고를 접수하거나, 프로파일링시스템에 신고 내용이 입력되어 있는 것을 확인한 경찰관은 보호자가 요청하는 경우에는 신고접수증을 발급해야 한다.

④ 경찰관서장은 찾는 실종아동 등을 발견하거나, 보호실종아동 등 또는 보호시설 무연고자의 보호자를 확인하거나, 본인 또는 보호자가 공개된 자료의 삭제를 요청하는 때는 지체 없이 인터넷안전드림에 공개된 자료를 삭제해야 한다.

정답 및 해설 I ④

① [×] **경찰청 생활안전국장**은 실종아동등의 보호 및 지원에 관한 법률에 따른 정보시스템으로 실종아동 등 프로파일링시스템 및 실종아동찾기센터 홈페이지(인터넷 안전드림)를 운영한다(실종아동등 및 가출인 업무처리 규칙 제6조 제1항).

② [×] 프로파일링시스템에 등록되어 있는 발견된 **18세 미만 아동 및 가출인**의 자료는 수배 해제 후로부터 **5년간 보관**하며 발견된 지적 · 자폐성 · 정신장애인 등 및 치매환자는 수배 해제 후로부터 10년간 보관한다(실종아동등 및 가출인 업무처리 규칙 제7조 제3항).

③ [×] 경찰관은 보호자가 요청하는 경우에는 프로파일링시스템에 신고 내용이 입력되어 있는 것을 확인하고 신고접수증을 **발급할 수 있다**(실종아동등 및 가출인 업무처리 규칙 제7조 제6항).

166 □□□ 실종아동등의 보호 및 지원에 관한 법률과 실종아동등 및 가출인 업무처리 규칙에 대한 설명으로 가장 적절한 것은? 20. 경찰승진

① 실종아동등 및 가출인 업무처리 규칙상 '장기실종아동 등'이란 실종된 지 48시간이 경과한 후에도 발견되지 않은 찾는 실종아동 등을 말한다.

② 실종아동등의 보호 및 지원에 관한 법률상 의료법 제3조에 따른 의료기관의 장 또는 의료인은 신고의무자에 해당한다.

③ 실종아동등 및 가출인 업무처리 규칙 제7조 제2항에 따라 보호시설 무연고자는 실종아동 등 프로파일링 시스템에 입력하지 않을 수 있다.

④ 실종아동등의 보호 및 지원에 관한 법률상 '아동 등'이란 약취 · 유인 또는 유기되거나 사고를 당하거나 길을 잃는 등의 사유로 인하여 보호자로부터 이탈된 아동 등을 말한다.

정답 및 해설 I ②

① [×] 실종아동등 및 가출인 업무처리 규칙상 '장기실종아동 등'이란 **신고를 접수한 지** 48시간이 경과한 후에도 발견되지 않은 찾는 실종아동 등을 말한다(실종아동등 및 가출인 업무처리 규칙 제2조 제5조).

③ [×] 실종아동등 및 가출인 업무처리 규칙 제7조 제2항에 따라 보호시설 무연고자는 실종아동 등 프로파일링시스템에 **입력하는 대상자**이다(실종아동등 및 가출인 업무처리 규칙 제7조 제1항 제3호).

④ [×] 실종아동등의 보호 및 지원에 관한 법률상 '**실종아동 등**'이란 약취 · 유인 또는 유기되거나 사고를 당하거나 길을 잃는 등의 사유로 인하여 보호자로부터 이탈된 아동 등을 말한다(실종아동등 및 가출인 업무처리 규칙 제2조 제2호).

167 □□□ 실종아동 등에 대한 설명으로 가장 적절하지 않은 것은? 22. 경찰승진

① 실종아동등 및 가출인 업무처리 규칙상 '장기실종아동 등'이란 보호자로부터 신고를 접수한 지 48시간이 경과한 후에도 발견되지 않은 찾는 실종아동 등을 말한다.

② 실종아동등 및 가출인 업무처리 규칙상 '발견지'는 실종아동 등 또는 가출인을 발견하여 보호 중인 장소를 말하며, 발견한 장소와 보호 중인 장소가 서로 다른 경우에는 발견한 장소를 말한다.

③ 실종아동등 및 가출인 업무처리 규칙상 경찰관서의 장은 실종아동 등 또는 가출인에 대한 신고를 접수한 후, 신고대상자가 수사기관으로부터 지명수배 또는 지명통보된 사람에 해당하는 경우에는 신고 내용을 실종아동 등 프로파일링시스템에 입력하지 않을 수 있다.

④ 실종아동등의 보호 및 지원에 관한 법률상 경찰관서의 장은 실종아동 등(범죄로 인한 경우 제외)의 조속한 발견을 위하여 위치정보의 보호 및 이용 등에 관한 법률에 따른 개인위치 정보사업자에게 실종아동 등의 위치 확인에 필요한 개인위치정보 등의 제공을 요청할 수 있다.

정답 및 해설 I ②

② [×] 실종아동등 및 가출인 업무처리 규칙상 '발견지'는 실종아동 등 또는 가출인을 발견하여 보호 중인 장소를 말하며, 발견한 장소와 보호 중인 장소가 서로 다른 경우에는 **보호 중인 장소**를 말한다.

168 □□□ 실종아동등의 보호 및 지원에 관한 법률과 실종아동등 및 가출인 업무처리 규칙에 관한 설명 중 옳은 것은 모두 몇 개인가? 22. 경찰

㉠ '장기실종아동등'이라 함은 보호자로부터 이탈한지 48시간이 경과한 후에도 발견되지 않은 '찾는실종아동등'을 말한다.
㉡ 경찰관서의 장은 실종아동등의 발생 신고를 접수하면 24시간 이내에 수색 또는 수사의 실시 여부를 결정하여야 한다.
㉢ 발견된 18세 미만 아동 및 가출인의 경우, 실종아동등 프로파일링시스템에 등록된 자료는 수배 해제 후로부터 10년간 보관한다.
㉣ 실종아동등 프로파일링시스템에 등록된 미발견자의 자료는 소재 발견시까지 보관한다.
㉤ 경찰관서의 장은 실종아동등에 대하여 실종아동등 및 가출인 업무처리 규칙 제18조에 따른 현장 탐문 및 수색 후, 그 결과를 즉시 보호자에게 통보하여야 한다. 이후에는 실종아동등 프로파일링시스템에 등록한 날로부터 1개월까지는 15일에 1회, 1개월이 경과한 후부터는 분기별 1회 보호자에게 추적 진행사항을 통보한다.

① 1개 ② 2개
③ 3개 ④ 4개

정답 및 해설 | ②
㉠ [×] '장기실종아동등'이라 함은 **신고를 접수한지** 48시간이 경과한 후에도 발견되지 않은 '찾는실종아동등'을 말한다.
㉡ [×] 경찰관서의 장은 실종아동등의 발생 신고를 접수하면 **지체 없이** 이내에 수색 또는 수사의 실시 여부를 결정하여야 한다.
㉢ [×] 발견된 18세 미만 아동 및 가출인의 경우, 실종아동등 프로파일링시스템에 등록된 자료는 수배 해제 후로부터 5년간 보관한다.

169 □□□ 실종아동등의 보호 및 지원에 관한 법률상 용어의 정의에 관한 설명 중 가장 적절하지 않은 것은? 22. 법학경채

① '아동등'이란 실종 당시 18세 미만인 아동, 장애인복지법 제2조의 장애인 중 지적장애인, 자폐성장애인 또는 정신장애인, 치매관리법 제2조 제2호의 치매환자를 말한다.
② '실종아동등'이란 약취·유인 또는 유기되거나 사고를 당하거나 길을 잃는 등의 사유로 인하여 보호자로부터 이탈된 아동등을 말한다. 다만, 가출한 경우는 제외한다.
③ '보호자'란 친권자, 후견인이나 그 밖에 다른 법률에 따라 아동등을 보호하거나 부양할 의무가 있는 사람을 말한다. 다만, 동법 제2조 제4호의 보호시설의 장 또는 종사자는 제외한다.
④ '보호시설'이란 사회복지사업법 제2조 제4호에 따른 사회복지시설 및 인가·신고 등이 없이 아동등을 보호하는 시설로서 사회복지시설에 준하는 시설을 말한다.

정답 및 해설 | ②
② [×] '실종아동등'이란 약취·유인 또는 유기되거나 사고를 당하거나 **가출하거나** 길을 잃는 등의 사유로 인하여 보호자로부터 이탈된 아동등을 말한다. 가출한 **가출인도 실종아동 등에 포함된다.**

제7절 | 가정폭력 및 아동학대 등

170 가정폭력범죄의 처벌 등에 관한 특례법에 관한 다음 설명 중 가장 적절한 것은? 14. 경찰승진

□□□

① 계부모와 자녀의 관계 또는 적모와 서자의 관계에 있었던 사람은 가족구성원에 해당하지 않는다.

② 진행 중인 가정폭력범죄에 대하여 신고를 받은 사법경찰관리는 즉시 현장에 나가서 피해자가 동의하지 않는 경우에도 피해자를 가정폭력 관련 상담소 또는 보호시설로 인도할 수 있다.

③ 누구든지 가정폭력범죄를 알게 된 경우에는 수사기관에 신고할 수 있다.

④ 피해자는 행위자가 자기 또는 배우자의 직계존속인 경우 형사소송법 제224조 규정에 의하여 직계존속을 고소할 수 없다.

정답 및 해설 | ③

① [×] 계부모와 자녀의 관계 또는 적모와 서자의 관계에 있었던 사람은 **가족구성원에 해당한다**(가정폭력범죄의 처벌 등에 관한 특례법 제2조 제2호 다목).

② [×] 진행 중인 가정폭력범죄에 대하여 신고를 받은 사법경찰관리는 즉시 현장에 나가서 피해자가 **동의하는 경우에만** 피해자를 가정폭력 관련 상담소 또는 보호시설로 인도할 수 있다(가정폭력범죄의 처벌 등에 관한 특례법 제5조 제2호).

④ [×] 피해자는 행위자가 자기 또는 배우자의 직계존속인 경우 형사소송법 제224조 규정도 불구하고 직계존속을 **고소할 수 있다**(가정폭력범죄의 처벌 등에 관한 특례법 제6조 제2항).

171 가정폭력범죄의 처벌 등에 관한 특례법상 가정폭력범죄에 해당하지 않는 것은? 15. 경찰

□□□

① 공갈죄

② 주거 · 신체수색죄

③ 약취 · 유인죄

④ 명예훼손죄

정답 및 해설 | ③

③ [×] **약취 · 유인죄**는 가정폭력범죄에 해당하지 않는다.

☑ 가정폭력범죄의 범위

가정폭력범죄에 해당 ○	ⓐ **폭**행죄, ⓑ 체**포** · 감금죄, ⓒ **모욕**죄, ⓓ **유**기죄, ⓔ **명**예훼손죄[형법 제307조(명예훼손), 제308조(**사자의 명예훼손**), 제309조(**출판물** 등에 의한 명예훼손)], ⓕ **학**대죄, ⓖ 아동혹**사**죄(형법 제274조), ⓗ **공**갈죄, ⓘ 재물**손**괴죄(형법 제366조)와 **특수손괴죄**(⇨ 단, **중손괴죄는 제외**), ⓙ 주거 · 신체 **수**색죄, ⓚ **강**요죄, ⓛ **협**박죄, ⓜ **상**해죄(⇨ 이상의 죄는 '존속' 및 '특수' 및 '중'으로 가중처벌되는 경우도 포함), ⓝ **주**거침입죄 및 **퇴**거불응죄(형법 제2편 제36장 주거침입의 죄), ⓞ 정보통신망 이용촉진 및 정보보호 등에 관한 법률 제74조 제1항 제3호의 죄(**정**보통신망을 이용하여 공포심이나 불안감을 유발하는 부호 · 문언 · 음향 · 화상 또는 영상을 반복적으로 상대방에게 도달하게 한 자), ⓟ **각종 성범죄**[형법 제2편 제32장 강간과 추행의 죄 중 제297조(강간), 제297조의2(유사강간), 제298조(강제추행), 제299조(준강간, 준강제추행), 제300조(미수범), 제301조(강간 등 상해 · 치상), 제301조의2(강간 등 살인 · 치사), 제302조(미성년자등에 대한 간음), 제305조(미성년자에 대한 간음, 추행), 제305조의2(상습범)(제297조, 제297조의2, 제298조부터 제300조까지의 죄에 한한다)]의 죄 + 성폭력범죄의 처벌 등에 관한 특례법 제14조(**카메라 등을 이용한 촬영**) 및 제15조(미수범)(제14조의 죄에만 해당한다)의 죄 ※ 두문자: **폭포 · 모욕 · 유명 · 학사 · 공손 · 수강 · 협상 · 주퇴정 + 성범죄**
가정폭력범죄에 해당 ×	살인죄, 강도죄, 절도죄, 사기죄, 횡령 · 배임죄, 약취 · 유인죄, **업무방해죄**, **상해치사죄**, **폭행치사상죄**, 유기치사상죄, 체포 · 감금치사상죄, 인질강요죄, **중손괴죄**

172 가정폭력범죄의 처벌 등에 관한 특례법상 가정폭력범죄에 해당되지 않는 것은? 15. 경찰승진

□□□

① 공무집행방해 ② 재물손괴
③ 폭행 ④ 명예훼손

정답 및 해설 I ①

① [×] 공무집행방해는 가정폭력범죄에 해당하지 않는다.

173 다음 중 가정폭력범죄의 처벌 등에 관한 특례법상 가정폭력범죄에 해당되지 않는 것은? 15. 경찰간부

□□□

① 명예훼손 ② 출판물 등에 의한 명예훼손
③ 재물손괴 ④ 인질강요

정답 및 해설 I ④

④ [×] 인질강요는 가정폭력범죄에 해당하지 않는다.

174 가정폭력범죄의 처벌 등에 관한 특례법상 가정폭력범죄에 해당하는 것은 모두 몇 개인가? 16. 경찰

□□□

㉠ 살인	㉡ 폭행	㉢ 중상해
㉣ 영아유기	㉤ 특수공갈	

① 1개 ② 2개
③ 3개 ④ 4개

정답 및 해설 I ④

가정폭력범죄의 처벌 등에 관한 특례법상 가정폭력범죄에 해당하는 것은 ㉡㉢㉣㉤ 4개이다.

175 다음 중 가정폭력범죄의 처벌 등에 관한 특례법상 가정폭력범죄의 유형에 해당하지 않는 죄는 모두 몇 개인가? 17. 경찰간부

□□□

㉠ 폭행죄	㉡ 체포죄	㉢ 모욕죄
㉣ 유기죄	㉤ 주거침입죄	㉥ 공갈죄
㉦ 재물손괴죄	㉧ 사기죄	㉨ 협박죄

① 0개 ② 1개
③ 2개 ④ 3개

정답 및 해설 | ②

가정폭력범죄의 유형에 해당하지 않는 죄는 ⓞ 1개이다.

176 가정폭력범죄의 처벌 등에 관한 특례법상 가정폭력범죄의 유형에 해당하지 않는 죄는 모두 몇 개인가?

□□□

20. 경찰간부

㉠ 공갈죄	㉡ 퇴거불응죄	㉢ 주거 · 신체 수색죄
㉣ 중손괴죄	㉤ 재물손괴죄	㉥ 중감금죄
㉦ 약취 · 유인죄	ⓞ 특수감금죄	㉧ 아동혹사죄

① 1개 ② 2개

③ 3개 ④ 4개

정답 및 해설 | ②

가정폭력범죄의 유형에 해당하지 않는 죄는 ㉣㉦ 2개이다.

177 다음 사례에서 가정폭력범죄의 처벌 등에 관한 특례법상 A의 '가정구성원'에 해당하지 않는 자는?

□□□

22. 경찰간부

A남은 B녀와 혼인하여 살다가 이혼하였고 C녀는 D남과 혼인하여 살다가 이혼하였다. 그 후 A와 C가 재혼하였다. A에게는 부친 E가 있으며, C에게는 모친 F가 있다. 한편 A의 형제자매로는 남동생 G가 있으며, C의 형제자매로는 여동생 H가 있다. G는 아직 결혼을 하지 않고, 충남 아산에 있는 A와 C의 집에서 같이 살고 있으며, H는 결혼하여 남편과 함께 미국에서 살고 있다.

① B ② F

③ G ④ H

정답 및 해설 | ④

① [O] B녀는 가정폭력행위자(A)의 배우자였던 사람이므로 가정구성원에 해당한다.

② [O] F녀는 가정폭력행위자(A)의 배우자(C녀)의 모친이므로 배우자의 직계존비속관계로 가정구성원에 해당한다.

③ [O] G는 가정폭력행위자(A)의 남동생으로 현재 A와 함께 살고 있으므로 동거하는 친족으로 가정구성원에 해당한다.

④ [X] H는 가정폭력행위자(A)의 배우자(C녀)의 형제자매로 친족에는 해당하나 같이 동거하는 친족이 아니므로 가정구성원에 해당하지 않는다.

178 가정폭력범죄의 처벌 등에 관한 특례법상 가정폭력범죄에 대해 사법경찰관이 취할 수 있는 긴급임시조치로 가장 적절하지 않은 것은? 23. 경찰

□□□

① 국가경찰관서의 유치장 또는 구치소에의 유치

② 피해자 또는 가정구성원이나 그 주거 · 직장 등에서 100미터 이내의 접근금지

③ 피해자 또는 가정구성원의 주거 또는 점유하는 방실로부터의 퇴거 등 격리

④ 피해자 또는 가정구성원에 대한 전기통신기본법 제2조 제1호의 전기통신을 이용한 접근금지

정답 및 해설 I ①

① [×] 사법경찰관은 제5조에 따른 응급조치에도 불구하고 가정폭력범죄가 재발될 우려가 있고, 긴급을 요하여 법원의 임시조치 결정을 받을 수 없을 때에는 직권 또는 피해자나 그 법정대리인의 신청에 의하여 피해자 또는 가정구성원이나 그 주거 · 직장 등에서 100미터 이내의 접근금지, 피해자 또는 가정구성원의 주거 또는 점유하는 방실로부터의 퇴거 등 격리, 피해자 또는 가정구성원에 대한 전기통신기본법 제2조 제1호의 전기통신을 이용한 접근금지(**국가경찰관서의 유치장 또는 구치소에의 유치 ×**) 중 어느 하나에 해당하는 조치(이하 '긴급임시조치'라 한다)를 할 수 있다(동법 제8조의2).

179 가정폭력범죄의 처벌 등에 관한 특례법에 대한 설명 중 가장 적절한 것은? 23. 경찰승진

□□□

① '가정구성원'이란 배우자(사실상 혼인관계에 있는 사람은 제외한다) 또는 배우자였던 사람을 의미한다.

② 가정폭력범죄의 형사처벌 절차에 관한 특례를 정하고 가정폭력 범죄를 범한 사람에 대하여 환경의 조정과 성행(性行)의 교정을 위한 보호처분을 함으로써 가정폭력범죄로 파괴된 가정의 평화와 안정을 회복하고 건강한 가정을 가꾸며 피해자와 가족구성원의 인권을 보호함을 목적으로 한다.

③ '가정폭력행위자'는 가정폭력범죄를 범한 사람만을 의미하고 가정구성원인 공범은 포함되지 않는다.

④ '가정폭력'이란 가정구성원 사이의 신체적, 정신적 피해를 수반하는 행위를 말하며, 재산상 피해를 수반하는 행위는 '가정폭력'에 해당하지 않는다.

정답 및 해설 I ②

① [×] '가정구성원'이란 배우자(사실상 혼인관계에 있는 사람을 **포함**한다) 또는 배우자였던 사람을 의미한다.

③ [×] '가정폭력행위자'란 가정폭력범죄를 범한 사람 및 **가정구성원인 공범을 말한다.**

④ [×] '가정폭력'이란 가정구성원 사이의 신체적, 정신적 피해를 수반하는 행위를 말하며, **재산상 피해를 수반하는 행위도** '가정폭력'에 해당한다.

180 ☐☐☐ 가정폭력범죄의 처벌 등에 관한 특례법 제5조(가정폭력범죄의 대한 응급조치)상 진행 중인 가정폭력범죄에 대하여 신고를 받은 사법경찰관리가 즉시 현장에 나가서 취해야 하는 응급조치로 거리가 먼 것을 모두 고른 것은? 13. 경찰 변형

> ㉠ 피해자 또는 가정구성원의 주거 또는 점유하는 방실(傍室)로부터의 퇴거 등 격리
> ㉡ 피해자 또는 가정구성원이나 그 주거, 직장 등에서 100미터 이내의 접근금지
> ㉢ 피해자 또는 가정구성원에 대한 전기통신을 이용한 접근금지
> ㉣ 폭력행위의 제지, 가정폭력행위자 · 피해자의 분리
> ㉤ 피해자를 가정폭력 관련 상담소 또는 보호시설로 인도(피해자가 동의한 경우만 해당)
> ㉥ 긴급치료가 필요한 피해자를 의료기관으로 인도

① ㉠, ㉡, ㉢　　② ㉠, ㉡, ㉤
③ ㉡, ㉢, ㉣　　④ ㉢, ㉣, ㉥

정답 및 해설 I ①
㉠㉡㉢ [×] **임시조치**에 해당한다.
㉣㉤㉥ [○] **응급조치**에 해당한다.

181 ☐☐☐ 가정폭력범죄에 관한 설명 중 가장 적절한 것은? 14. 경찰승진

① 자기 또는 배우자와 직계존비속관계(사실상의 양친자관계는 제외)에 있거나 있었던 사람은 가정구성원 범위에 속한다.
② 영아유기, 주거 · 신체수색, 약취 · 유인은 가정폭력범죄의 처벌 등에 관한 특례법상 가정폭력범죄 유형에 속한다.
③ 가정폭력은 가정구성원간의 신체적 · 정신적 피해를 수반하는 행위만을 말한다.
④ 가정폭력범죄에 대하여 신고를 받은 경찰관이 할 수 있는 응급조치 내용 중 피해자의 보호시설 인도는 피해자의 동의가 있는 경우에 한한다.

정답 및 해설 I ④
① [×] 자기 또는 배우자와 직계존비속관계(사실상의 양친자관계는 **포함**)에 있거나 있었던 사람은 가정구성원 범위에 속한다(가정폭력범죄의 처벌 등에 관한 특례법 제2조 제2호 나목).
② [×] 영아유기, 주거 · 신체수색은 가정폭력범죄의 처벌 등에 관한 특례법상 가정폭력범죄 유형에 속하나, **약취 · 유인은 가정폭력범죄 유형에 속하지 아니한다.**
③ [×] 가정폭력은 가정구성원간의 신체적 · 정신적 피해뿐만 아니라 **재산상 피해도 가정폭력행위에 해당한다**(가정폭력범지의 처벌 등에 관한 특례법 제2조 제1호).

182 가정폭력범죄 처벌 등에 관한 특례법에 대한 설명으로 옳은 것은 모두 몇 개인가? 15. 경찰

□□□

> ㉠ 피해자 또는 그 법정대리인은 가정폭력행위자를 고소할 수 있다. 피해자의 법정대리인이 가정폭력행위자인 경우 또는 가정폭력행위자와 공동으로 가정폭력범죄를 범한 경우에는 피해자의 친족이 고소할 수 없다.
> ㉡ 동거하는 친족관계에 있었던 자는 가정구성원에 해당되지 않는다.
> ㉢ 사법경찰관은 가정폭력범죄를 신속히 수사하여 사건을 검사에게 송치하여야 한다. 이 경우 사법경찰관은 해당 사건을 가정보호사건으로 처리하는 것이 적절한지에 관한 의견을 제시할 수 있다.
> ㉣ 피해자에게 고소할 법정대리인이나 친족이 없는 경우에 이해관계인이 신청하면 검사는 10일 이내에 고소할 수 있는 사람을 지정하여야 한다.

① 없음
② 1개
③ 2개
④ 3개

정답 및 해설 I ④

옳은 설명은 ㉡㉢㉣ 3개이다.

㉠ [×] 피해자 또는 그 법정대리인은 가정폭력행위자를 고소할 수 있다. 피해자의 법정대리인이 가정폭력행위자인 경우 또는 가정폭력행위자와 공동으로 가정폭력범죄를 범한 경우에는 피해자의 친족이 **고소할 수 있다**(가정폭력범죄 처벌 등에 관한 특례법 제6조 제1항).

183 가정폭력범죄의 처벌 등에 관한 특례법상 가정폭력범죄에 대한 설명으로 가장 적절하지 않은 것은?

□□□

17. 경찰승진

① 피해자에게 고소할 법정대리인이나 친족이 없는 경우에 이해관계인이 신청하면 검사는 10일 이내에 고소할 수 있는 사람을 지정하여야 한다.

② 사법경찰관은 가정폭력범죄의 처벌 등에 관한 특례법 제5조에 따른 응급조치에도 불구하고 가정폭력범죄가 재발될 우려가 있고, 긴급을 요하여 법원의 임시조치결정을 받을 수 없을 때에는 직권 또는 피해자나 그 법정대리인의 신청에 의하여 긴급임시조치를 할 수 있다.

③ 사법경찰관은 긴급임시조치를 한 경우에는 즉시 긴급임시조치결정서를 작성하여야 하고, 긴급임시조치결정서에는 범죄사실의 요지, 긴급임시조치가 필요한 사유 등을 기재하여야 한다.

④ '가정폭력범죄'란 가정폭력으로서 형법상 상해, 폭행, 유기, 학대, 아동혹사, 체포, 감금, 협박, 강간, 강제추행, 명예훼손, 모욕, 업무방해, 주거·신체 수색, 강요, 공갈, 재물손괴 중 어느 하나에 해당하는 죄를 말한다.

정답 및 해설 I ④

④ [×] 가정폭력범죄의 처벌 등에 관한 특례법상 **업무방해는 가정폭력범죄에** 해당하지 않는다.

184 가정폭력범죄의 처벌 등에 관한 특례법에 규정된 가정폭력범죄에 대한 설명으로 가장 적절한 것은?
□□□
17. 경찰승진

① 형법상 협박과 공갈은 가정폭력범죄에 해당한다.

② 가정폭력의 피해에는 가정구성원간의 신체적 · 정신적 피해만 해당된다.

③ 자기 또는 배우자와 직계존비속관계에 있거나 있었던 사람은 가정구성원에 해당하지 않는다.

④ 가정폭력범죄는 피해와 관련 있는 고소권자만이 신고할 수 있다.

정답 및 해설 I ①

② [×] 가정폭력의 피해에는 가정구성원간의 신체적 · 정신적 피해뿐만 아니라, **재산상 피해도** 해당된다(가정폭력범죄 처벌 등에 관한 특례법 제2조 제1호).

③ [×] 자기 또는 배우자와 직계존비속관계(사실상의 양친자관계를 포함한다)에 **있거나 있었던 사람도 가정구성원에 해당한다**(가정폭력범죄 처벌 등에 관한 특례법 제2조 제2호 나목).

④ [×] 가정폭력범죄는 **누구나 신고할 수 있다**(가정폭력범죄 처벌 등에 관한 특례법 제4조 제1항).

185 가정폭력범죄의 처벌 등에 관한 특례법에 대한 다음 설명 중 가장 적절하지 않은 것은? 14. 경찰
□□□

① 사법경찰관은 가정폭력범죄에 대한 응급조치에도 불구하고 재발될 우려가 있고, 긴급을 요하여 검사의 임시조치결정을 받을 수 없는 경우에도 긴급임시조치를 할 수 있다.

② 누구든지 가정폭력범죄를 알게 된 경우에는 수사기관에 신고할 수 있다.

③ 모욕, 명예훼손, 재물손괴, 강간, 강제추행은 가정폭력범죄에 해당한다.

④ '가정폭력'이란 가정구성원 사이의 신체적 · 정신적 또는 재산상 피해를 수반하는 행위를 말하며, 사실상 혼인관계에 있는 사람도 가정구성원에 해당한다.

정답 및 해설 I ①

① [×] 사법경찰관은 가정폭력범죄에 대한 응급조치에도 불구하고 가정폭력범죄가 재발될 우려가 있고, 긴급을 요하여 **법원**의 임시조치결정을 받을 수 없을 때에는 직권 또는 피해자나 그 법정대리인의 신청에 의하여 긴급임시조치를 할 수 있다(가정폭력범죄 처벌 등에 관한 특례법 제8조의2 제1항).

186 □□□ 가정폭력범죄의 처벌 등에 관한 특례법에 대한 설명으로 가장 적절하지 않은 것은? 16. 경찰

① 검사는 가정폭력범죄가 재발될 우려가 있다고 인정하는 경우에는 직권으로 또는 사법경찰관의 신청에 의하여 법원에 피해자 또는 가정구성원의 주거 또는 점유하는 방실로부터의 퇴거 등 격리, 피해자 또는 가정구성원의 주거 · 직장 등에서 100미터 이내의 접근금지, 의료기관이나 그 밖의 요양소에 위탁의 임시조치를 청구할 수 있다.

② 사법경찰관은 응급조치에도 불구하고 가정폭력범죄가 재발될 우려가 있고, 긴급을 요하여 법원의 임시조치결정을 받을 수 없을 때에는 직권 또는 피해자나 그 법정대리인의 신청에 의하여 긴급임시조치를 할 수 있다.

③ 임시조치의 청구는 긴급임시조치를 한 때부터 48시간 이내에 청구하여야 하며, 긴급임시조치결정서를 첨부하여야 한다.

④ 형법상 유기죄는 가정폭력범죄에 해당한다.

정답 및 해설 I ①

① [×] 검사는 가정폭력범죄가 재발될 우려가 있다고 인정하는 경우에는 직권으로 또는 사법경찰관의 신청에 의하여 법원에 피해자 또는 가정구성원의 주거 또는 점유하는 방실로부터의 퇴거 등 격리, 피해자 또는 가정구성원이나 그 주거 · 직장 등에서 100미터 이내의 접근금지, 피해자 또는 가정구성원에 대한 전기통신기본법 제2조 제1호의 전기통신을 이용한 접근금지의 임시조치를 청구할 수 있다(가정폭력범죄의 처벌 등에 관한 특례법 제8조 제1항). **의료기관이나 그 밖의 요양소에 위탁은 법원의 재량사항이며, 검사가 법원에 청구할 수 있는 조치가 아니다.**

187 □□□ 서울 동작경찰서 중앙지구대 소속 甲경사와 乙순경은 112순찰 근무 중 관내에서 '술에 취한 남편(A)이 집에서 아내(B)를 폭행하고 있다'라는 신고를 접수하였다. 현장에 도착한 甲경사와 乙순경이 취한 다음 조치 중 가장 적절하지 않은 것은? 12. 경찰

① 아내(B)를 보호하기 위하여 권한을 표시하는 증표를 제시하고 집안으로 들어갔다.

② 남편(A)의 폭력행위를 제지하고 아내(B)와 분리하여 수사를 개시하였다.

③ 아내(B)의 요청에 따라 관내에 있는 보호시설로 인도하였다.

④ 조사한 결과 가정폭력이 재발될 우려가 인정되어 남편(A)에 대하여 직접 법원에 접근금지조치를 청구하였다.

정답 및 해설 I ④

① [○] 가정폭력범죄의 처벌 등에 관한 특례법 제5조 및 경찰관 직무집행법 제7조 제1항 · 제4항에 근거하여 조치할 수 있다. 이 경우 경찰관이 집안으로 들어가는 부분은 가정폭력범죄의 처벌 등에 관한 특례법에 명시적인 규정이 없으므로 **현재 폭행이 진행 중이라는 신고가 있었으므로 범죄의 예방과 제지(경찰관 직무집행법 제6조)를 위해 경찰관 직무집행법 제7조(위험 방지를 위한 출입) 제1항에 근거하여 집안으로 들어갈 수 있고,** 출입하는 경우 **동조 제4항에 따라 그 신분을 표시하는 증표를 제시하여야 한다.** 적절한 조치이다.

③ [○] 가정폭력범죄의 처벌 등에 관한 특례법 제5조 제2호 "피해자 가정폭력 관련 상담소 또는 보호시설로 인도(피해자가 동의한 경우만 해당한다)" 피해자인 아내의 요청이 있으므로 피해자가 동의한 경우에 해당하여 아내를 보호시설로 인도할 수 있다. 적절한 조치이다.

④ [×] 접근 금지는 임시조치의 내용에 해당하지만, 법원에 대한 임시조치의 청구권자는 **검사**이다. 따라서 법원이 아니라 검사에게 임시 조치의 청구를 신청하여야 한다. 적절하지 않은 조치이다.

가정폭력범죄의 처벌 등에 관한 특례법 제8조【임시조치 청구 등】① 검사는 가정폭력범죄가 재발될 우려가 있다고 인정하는 경우에는 직권으로 또는 사법경찰관의 신청에 의하여 법원에 제29조 제1항 제1호(피해자 또는 가정구성원의 주거 또는 점유하는 방실(房室)로부터의 퇴거 등 격리), 제2호(피해자 또는 가정구성원이나 그 주거·직장 등에서 100미터 이내의 접근 금지) 또는 제3호(피해자 또는 가정구성원에 대한 전기통신기본법 제2조 제1호의 전기통신을 이용한 접근 금지)의 임시조치를 청구할 수 있다.

② 검사는 가정폭력행위자가 제1항의 청구에 의하여 결정된 임시조치를 위반하여 가정폭력범죄가 재발될 우려가 있다고 인정하는 경우에는 직권으로 또는 사법경찰관의 신청에 의하여 법원에 제29조 제1항 제5호의 임시조치를 청구할 수 있다.

③ 제1항 및 제2항의 경우 피해자 또는 그 법정대리인은 검사 또는 사법경찰관에게 제1항 및 제2항에 따른 임시조치의 청구 또는 그 신청을 요청하거나 이에 관하여 의견을 진술할 수 있다.

188 □□□ 가정폭력범죄의 처벌 등에 관한 특례법상 사법경찰관의 긴급임시조치에 해당하는 것으로 가장 적절하지 않은 것은? 17. 경찰승진

① 의료기관이나 그 밖의 요양소에의 위탁

② 피해자 또는 가정구성원의 주거, 직장 등에서 100미터 이내의 접근금지

③ 피해자 또는 가정구성원의 주거 또는 점유하는 방실로부터의 퇴거 등 격리

④ 피해자 또는 가정구성원에 대한 유선·무선·광선 및 기타의 전자적 방식에 의하여 부호·문언·음향 또는 영상을 송신하거나 수신하는 전기통신을 이용한 접근금지

정답 및 해설 I ①

① [×] 의료기관이나 그 밖의 요양소에의 위탁하는 것은 법원의 결정사항으로 **사법경찰관이 할 수 있는 긴급임시조치의 내용이 아니다.**

189 □□□ 다음 중 신고를 받고 출동한 지역경찰관이 가정폭력범죄의 처벌 등에 관한 특례법상 가정폭력사건으로 처리할 수 있는 경우는? 19. 경찰승진

① 甲과 사실혼관계에 있는 사람이 甲에게 사기죄를 범한 경우

② 乙의 시어머니가 乙의 아들을 약취한 경우

③ 丙과 같이 살고 있는 사촌동생이 丙의 명예를 훼손한 경우

④ 丁의 배우자의 지인이 丁의 재물을 손괴한 경우

정답 및 해설 I ③

① [×] 甲과 사실혼관계에 있는 사람이 甲에게 사기죄를 범한 경우 사실혼관계는 동법상 가정구성원에 해당되지만, **사기죄는 동법상 가정폭력범죄에 해당하지 않기 때문에** 가정폭력사건으로 처리할 수 없다.

② [×] 乙의 시어머니가 乙의 아들을 약취한 경우 시어머니는 직계존속에 해당하므로 동법상 가정구성원에 해당되지만, **약취를 한 행위는 동법상 가정폭력범죄에 해당하지 않기 때문에** 가정폭력사건으로 처리할 수 없다.

④ [×] 丁의 배우자의 지인이 丁의 재물을 손괴한 경우 동법상 재물을 손괴한 행위는 가정폭력범죄에 해당되지만, **지인은 동법상 가정구성원에 해당되지 않기 때문에** 가정폭력범죄로 처리할 수 없다.

190 □□□ 가정폭력범죄의 처벌 등에 관한 특례법에 대한 설명으로 가장 적절한 것은? 19. 경찰승진

① '가정폭력행위자'에는 가정폭력범죄를 범한 사람 및 가정구성원이 아닌 공범을 포함한다.

② 사법경찰관은 응급조치에도 불구하고 재발될 우려가 있고, 긴급을 요하여 법원의 임시조치결정을 받을 수 없을 때에는 직권 또는 피해자나 그 법정대리인의 신청에 의하여 긴급임시조치를 하여야 한다.

③ 진행 중인 가정폭력범죄에 대하여 신고를 받은 사법경찰관리는 즉시 현장에 나가서 응급조치를 하여야 한다.

④ 사법경찰관이 긴급임시조치를 한 때에는 지체 없이 검사에게 임시조치를 신청하고, 신청받은 검사는 재발될 우려가 있을 경우 법원에 임시조치를 청구할 수 있다.

정답 및 해설 I ③

① [×] '가정폭력행위자'에는 가정폭력범죄를 범한 사람 및 **가정구성원인 공범을 포함한다**(가정폭력범죄의 처벌 등에 관한 특례법 제2조 제4호).

② [×] 사법경찰관은 응급조치에도 불구하고 재발될 우려가 있고, 긴급을 요하여 법원의 임시조치결정을 받을 수 없을 때에는 직권 또는 피해자나 그 법정대리인의 신청에 의하여 **긴급임시조치를 할 수 있다**(가정폭력범죄의 처벌 등에 관한 특례법 제8조의2 제1항).

④ [×] 사법경찰관이 긴급임시조치를 한 때에는 지체 없이 검사에게 임시조치를 신청하고, 신청받은 검사는 **법원에 임시조치를 청구하여야 한다**(가정폭력범죄의 처벌 등에 관한 특례법 제8조의3 제1항).

191 □□□ 가정폭력범죄의 처벌 등에 관한 특례법에 대한 설명으로 가장 적절하지 않은 것은? 19. 경찰승진 변형

① 형법상 중손괴죄와 주거침입죄는 '가정폭력범죄'에 해당하지 않는다.

② 진행 중인 가정폭력범죄에 대하여 신고를 받은 사법경찰관리는 즉시 현장에 나가서 폭력행위의 제지, 가정폭력행위자 · 피해자의 분리 조치를 하여야 한다.

③ 사법경찰관이 긴급임시조치를 한 때에는 지체 없이 검사에게 임시조치를 신청하고, 신청받은 검사는 법원에 임시조치를 청구하여야 한다. 이 경우 임시조치의 청구는 긴급임시조치를 한 때부터 48시간 이내에 청구하여야 하며, 긴급임시조치결정서를 첨부하여야 한다.

④ 자기 또는 배우자와 직계존비속관계(사실상의 양친자관계를 포함)에 있거나 있었던 사람은 '가정구성원'에 해당한다.

정답 및 해설 I ①

① [×] 주거침입죄(형법 제319조)는 **'가정폭력범죄'에 해당한다.**

192 가정폭력범죄의 처벌 등에 관한 특례법에 대한 다음 설명 중 옳지 않은 것은 모두 몇 개인가?
□□□

19. 경찰간부

> ㉠ '가정폭력범죄'란 가정폭력으로서 형법상 상해, 폭행, 유기, 학대, 아동혹사, 체포, 감금, 협박, 강간, 강제추행, 명예훼손, 모욕, 사기, 강요, 공갈, 재물손괴 중 어느 하나에 해당하는 죄를 말한다.
> ㉡ 가정폭력행위자가 자기 또는 배우자의 직계존속일 경우에는 고소할 수 없다.
> ㉢ 피해자에게 고소할 법정대리인이나 친족이 없는 경우에 이해관계인이 신청하면 검사는 7일 이내에 고소할 수 있는 사람을 지정하여야 한다.
> ㉣ 아동, 70세 이상의 노인, 그 밖에 정상적인 판단 능력이 결여된 사람의 치료 등을 담당하는 의료인 및 의료기관의 장이 직무를 수행하면서 가정폭력범죄를 알게 된 경우에는 정당한 사유가 없으면 즉시 수사기관에 신고하여야 한다.

① 1개 ② 2개
③ 3개 ④ 4개

정답 및 해설 I ④

옳지 않은 설명은 ㉠㉡㉢㉣ 4개이다.

㉠ [×] '가정폭력범죄'에 **사기죄는 해당하지 아니한다.**

㉡ [×] 가정폭력행위자가 자기 또는 배우자의 직계존속일 경우에는 **고소할 수 있다**(가정폭력범죄의 처벌 등에 관한 특례법 제6조 제2항).

㉢ [×] 피해자에게 고소할 법정대리인이나 친족이 없는 경우에 이해관계인이 신청하면 검사는 **10일 이내**에 고소할 수 있는 사람을 지정하여야 한다(가정폭력범죄의 처벌 등에 관한 특례법 제6조 제3항).

㉣ [×] 아동, **60세 이상의 노인**, 그 밖에 정상적인 판단 능력이 결여된 사람의 치료 등을 담당하는 의료인 및 의료기관의 장이 직무를 수행하면서 가정폭력범죄를 알게 된 경우에는 정당한 사유가 없으면 즉시 수사기관에 신고하여야 한다(가정폭력범죄의 처벌 등에 관한 특례법 제4조 제2항 제2호).

193 가정폭력범죄의 처벌 등에 관한 특례법에 대한 설명으로 가장 적절하지 않은 것은?
□□□

19. 경찰승진, 21. 경찰

① 가정폭력으로서 출판물 등에 의한 명예훼손, 재물손괴죄, 유사강간, 주거침입의 죄는 가정폭력범죄에 해당한다.

② 사법경찰관은 가정폭력범죄의 처벌 등에 관한 특례법 제5조에 따른 응급조치에도 불구하고 가정폭력범죄가 재발될 우려가 있고, 긴급을 요하여 법원의 임시조치결정을 받을 수 없는 때에는 직권 또는 피해자나 그 법정대리인의 신청에 의하여 긴급임시조치를 할 수 있다.

③ 법원은 가정폭력행위자에 대하여 유죄판결(선고유예는 제외)을 선고하거나 약식명령을 고지하는 경우에는 200시간의 범위에서 재범예방에 필요한 수강명령(보호관찰 등에 관한 법률에 따른 수강명령) 또는 가정폭력 치료프로그램의 이수명령을 병과할 수 있다.

④ 가정폭력범죄 중 아동학대범죄에 대해서는 청소년 보호법을 우선 적용한다.

정답 및 해설 I ④

④ [×] 가정폭력범죄에 대하여는 이 법을 우선 적용한다. 다만, **아동학대범죄에 대하여는 아동학대범죄의 처벌 등에 관한 특례법을 우선 적용한다**(가정폭력범죄의 처벌 등에 관한 특례법 제3조).

194 가정폭력범죄의 처벌 등에 관한 특례법에 대한 설명으로 가장 적절하지 않은 것은? 22. 경찰승진

□□□

① 사법경찰관은 가정폭력범죄에 대한 응급조치에도 불구하고 가정폭력범죄가 재발될 우려가 있고, 긴급을 요하여 법원의 임시조치 결정을 받을 수 없을 때에는 직권 또는 피해자나 그 법정대리인의 신청에 의하여 긴급임시조치를 할 수 있다.

② 진행 중인 가정폭력범죄에 대하여 신고를 받은 사법경찰관리는 즉시 현장에 나가서 폭력행위의 제지, 가정폭력행위자 · 피해자의 분리, 현행범인의 체포 등 범죄수사, 피해자를 가정폭력 관련 상담소 또는 보호시설로 인도(피해자가 동의한 경우만 해당), 긴급치료가 필요한 피해자를 의료기관으로 인도, 폭력행위 재발시 제8조에 따라 임시조치를 신청할 수 있음을 통보, 제55조의2에 따른 피해자보호명령 또는 신변안전조치를 청구할 수 있음을 고지해야 한다.

③ 甲의 배우자였던 乙이 甲에게 폭행을 당한 것을 이유로 112종합 상황실에 가정폭력으로 신고하여 순찰 중이던 경찰관이 출동한 경우, 그 경찰관은 해당 사건에 대해 가정폭력범죄사건으로 처리할 수 없다.

④ 피해자 또는 그 법정대리인은 가정폭력행위자를 고소할 수 있고, 피해자의 법정대리인이 가정폭력행위자인 경우 또는 가정폭력행위자와 공동으로 가정폭력범죄를 범한 경우에는 피해자의 친족이 고소할 수 있다.

정답 및 해설 | ③

③ [×] 甲의 배우자였던 乙이 甲에게 폭행을 당한 것을 이유로 112종합 상황실에 가정폭력으로 신고하여 순찰 중이던 경찰관이 출동한 경우, 해당 사건은 가정구성원간의 가정폭력범죄에 해당하기 때문에 그 경찰관은 가정폭력범죄사건으로 처리할 수 **있다**.

195 아동학대범죄의 처벌 등에 관한 특례법상 응급조치에 대한 설명으로 가장 적절하지 않은 것은?

□□□

15. 경찰 변형

① 현장에 출동하거나 아동학대범죄 현장을 발견한 사법경찰관리 또는 아동학대전담공무원은 피해아동보호를 위하여 즉시 응급조치를 하여야 한다.

② 사법경찰관리나 아동학대전담공무원은 피해아동 등을 분리 · 인도하여 보호하는 경우 지체 없이 피해아동 등을 인도받은 보호시설 · 의료시설을 관할하는 시 · 도지사 또는 시장 · 군수 · 구청장에게 그 사실을 통보하여야 한다.

③ 응급조치는 48시간을 넘을 수 없다.

④ 사법경찰관리 또는 아동학대전담공무원이 응급조치를 한 경우에는 즉시 응급조치결과보고서를 작성하여야 하며, 아동학대전담공무원이 응급조치를 한 경우 소속 시 · 도지사 또는 시장 · 군수 · 구청장이 작성된 응급조치결과보고서를 지체 없이 관할 경찰서의 장에게 송부하여야 한다.

정답 및 해설 | ③

③ [×] 응급조치는 **72시간을 넘을 수 없다**(아동학대범죄의 처벌 등에 관한 특례법 제12조 제3항).

196 아동학대범죄의 처벌 등에 관한 특례법에 대한 다음 설명 중 옳은 것은 모두 몇 개인가?

□□□

17. 경찰간부 변형

> ㉠ 아동이란 19세 미만인 사람을 말한다.
> ㉡ 아동학대범죄 신고를 접수한 사법경찰관리나 아동학대전담공무원은 지체 없이 아동학대범죄의 현장에 출동하여야 한다.
> ㉢ 현장에 출동하거나 아동학대범죄 현장을 발견한 사법경찰관리 또는 아동학대전담공무원은 피해아동 보호를 위하여 즉시 응급조치를 하여야 한다.
> ㉣ 응급조치의 유형에는 아동학대범죄행위의 제지, 아동학대행위자를 피해아동 등으로부터 격리, 피해아동 등을 아동학대 관련 보호시설로 인도, 아동보호전문기관에의 상담 및 교육 위탁이 있다.
> ㉤ 아동학대행위자를 피해아동 등으로부터 격리하는 응급조치는 48시간을 넘을 수 없다.

① 1개 ② 2개
③ 3개 ④ 4개

정답 및 해설 I ②

옳은 설명은 ㉡㉢ 2개이다.

㉠ [×] 아동이란 **18세 미만인 사람**을 말한다(아동학대범죄의 처벌 등에 관한 특례법 제2조 제1호).

㉣ [×] 응급조치의 유형에는 아동학대범죄행위의 제지, 아동학대행위자를 피해아동 등으로부터 격리, 피해아동 등을 아동학대 관련 보호시설로 인도, 긴급치료가 필요한 피해아동 등을 의료기관으로 인도가 있다(아동학대범죄의 처벌 등에 관한 특례법 제12조 제1항). **아동보호전문기관에의 상담 및 교육 위탁은 임시조치에 해당한다.**

㉤ [×] 아동학대행위자를 피해아동 등으로부터 격리하는 응급조치는 **72시간**을 넘을 수 없다(아동학대범죄의 처벌 등에 관한 특례법 제12조 제3항).

197 아동학대범죄의 처벌 등에 관한 특례법에 대한 설명으로 가장 적절하지 않은 것은? 15. 경찰 변형

□□□

① 아동이란 19세 미만인 사람을 말한다.
② 아동학대범죄에 대하여는 이 법을 우선 적용한다. 다만, 성폭력범죄의 처벌 등에 관한 특례법, 아동 · 청소년의 성보호에 관한 법률에서 가중처벌되는 경우에는 그 법에서 정한 바에 따른다.
③ 이 법은 아동학대범죄의 처벌 및 그 절차에 관한 특례와 피해아동에 대한 보호절차 및 아동학대행위자에 대한 보호처분을 규정함으로써 아동을 보호하여 아동이 건강한 사회 구성원으로 성장하도록 함을 목적으로 한다.
④ 아동학대범죄신고를 접수한 사법경찰관리나 아동학대전담공무원은 지체 없이 아동학대범죄의 현장에 출동하여야 한다.

정답 및 해설 I ①

① [×] 아동이란 **18세 미만인 사람**을 말한다(아동학대범죄의 처벌 등에 관한 특례법 제2조 제1호).

198 아동학대범죄의 처벌 등에 관한 특례법에 대한 설명으로 가장 적절하지 않은 것은? 18. 경찰승진

□□□

① 피해아동이 보호자의 학대를 당연하게 받아들이고 이를 학대로 인식하지 못하는 은폐성 때문에 아동학대범죄의 처벌 등에 관한 특례법은 아동학대 신고의무자를 광범위하게 규정하고 있다.

② 응급조치상의 격리란 아동학대행위자를 72시간(단, 검사가 법원에 임시조치를 청구한 경우에는 법원의 임시조치결정시까지 연장)을 기한으로 하여 피해아동 등으로부터 장소적으로 분리하는 조치를 의미한다.

③ 응급조치에도 불구하고 아동학대범죄가 재발될 우려가 있고, 긴급을 요하여 법원의 임시조치결정을 받을 수 없을 때 사법경찰관은 직권이나 피해아동 등의 신청에 따라 긴급임시조치를 할 수 있다.

④ 임시조치는 아동학대범죄의 원활한 조사 · 심리 또는 피해아동 보호를 위하여 필요하다고 인정되는 경우 판사의 결정으로 아동학대행위자의 권한 또는 자유를 일정기간동안 제한하는 조치이다.

정답 및 해설 I ①

① [×] 피해아동이 보호자의 학대를 당연하게 받아들이고 이를 학대로 인식하지 못하는 **미인지성** 때문에 아동학대범죄의 처벌 등에 관한 특례법은 아동학대 신고의무자를 광범위하게 규정하고 있다.

199 아동학대범죄의 처벌 등에 관한 특례법상 아동학대행위자에 대한 임시조치로 가장 적절하지 않은 것은?

□□□

19. 경찰승진 변형

① 피해아동 또는 가정구성원의 주거, 학교 또는 보호시설 등에서 100미터 이내의 접근금지

② 피해아동 등을 아동학대 관련 보호시설로 인도

③ 아동보호전문기관 등에의 상담 및 교육 위탁

④ 친권 또는 후견인 권한 행사의 제한 또는 정지

정답 및 해설 I ②

② [×] 피해아동 등을 아동학대 관련 보호시설로 인도하는 것은 임시조치가 아니라 **응급조치**에 해당한다.

200 아동학대범죄의 처벌 등에 관한 특례법에 대한 설명 중 가장 옳지 않은 것은? 19. 경찰간부 변형

□□□

① 피해아동이 보호자의 학대를 당연하게 받아들이고 이를 학대로 인식하지 못하는 미인지성 때문에 아동학대범죄의 처벌 등에 관한 특례법은 아동학대 신고의무자를 광범위하게 규정하고 있다.

② 응급조치상의 격리란 아동학대행위자를 48시간(단, 검사가 법원에 임시조치를 청구한 경우에는 법원의 임시조치결정시까지 연장)을 기한으로 하여 피해아동 등으로부터 장소적으로 분리하는 조치를 말한다.

③ 응급조치에도 불구하고 아동학대범죄가 재발될 우려가 있고, 긴급을 요하여 법원의 임시조치결정을 받을 수 없을 때 사법경찰관은 직권이나 피해아동 등의 신청에 따라 긴급임시조치를 할 수 있다.

④ 임시조치는 아동학대범죄의 원활한 조사 · 심리 또는 피해아동보호를 위하여 필요하다고 인정되는 경우 판사의 결정으로 아동학대행위자의 권한 또는 자유를 일정기간동안 제한하는 조치이다.

정답 및 해설 I ②

② [×] 응급조치상의 격리란 아동학대행위자를 **72시간**(단, 검사가 법원에 임시조치를 청구한 경우에는 법원의 임시조치결정시까지 연장)을 기한으로 하여 피해아동 등으로부터 장소적으로 분리하는 조치를 말한다. 다만, 공휴일이나 토요일이 포함되는 경우로서 피해아동 등의 보호를 위하여 필요하다고 인정되는 경우에는 48시간의 범위에서 그 기간을 연장할 수 있다(가정폭력범죄의 처벌 등에 관한 특례법 제12조 제3항).

201 □□□ 아동학대범죄의 처벌 등에 관한 특례법상 아동학대사건에 대한 조치에 대한 설명으로 가장 적절하지 않은 것은? 19. 경찰승진

① 피해아동에 대한 응급조치 중 아동학대행위자를 피해아동 등으로부터 격리하는 조치는 72시간을 넘을 수 없다.

② ①에서의 '격리'는 검사가 법원에 임시조치를 청구한 경우에는 법원의 임시조치결정시까지 연장된다.

③ 판사는 아동학대범죄의 원활한 조사 · 심리 또는 피해아동보호를 위하여 필요하다고 인정하는 경우에는 결정으로 '임시조치'를 할 수 있다.

④ 응급조치에도 불구하고 아동학대범죄가 재발될 우려만 있다면 사법경찰관이 '긴급임시조치'를 할 수 있다.

정답 및 해설 I ④

④ [×] 사법경찰관은 응급조치에도 불구하고 **아동학대범죄가 재발될 우려가 있고, 긴급을 요하여 법원의 임시조치결정을 받을 수 없을 때에는** 직권이나 피해아동 등, 그 법정대리인(아동학대행위자를 제외한다), 변호사, 시 · 도지사, 시장 · 군수 · 구청장 또는 아동보호전문기관의 장의 신청에 따라 '긴급임시조치'를 할 수 있다(아동학대범죄의 처벌 등에 관한 특례법 제13조 제1항).

202 □□□ 아동학대사건에 대한 설명으로 가장 적절한 것은? 20. 경찰승진

① 응급학대범죄의 신고를 받아 현장에 출동하거나 아동학대범죄현장을 발견한 사법경찰관리가 피해아동의 보호를 위하여 즉시 행하는 조치를 임시조치라 한다.

② 응급조치상 격리란 학대행위자를 48시간을 기한으로 피해아동으로부터 공간적으로 분리하는 조치를 의미한다.

③ 임시조치는 아동학대범죄의 원활한 조사 · 심리 또는 피해아동 보호를 위하여 필요하다고 인정되어 판사의 결정으로 학대행위자의 권한 또는 자유를 일정기간동안 제한하는 조치이다.

④ 긴급임시조치에는 피해아동 또는 가정구성원의 주거로부터 퇴거 등 격리, 피해아동 또는 가정구성원의 주거, 학교 또는 보호시설 등에서 100미터 이내의 접근금지, 경찰관서의 유치장 또는 구치소에의 유치 등이 있다.

정답 및 해설 I ③

① [×] 응급학대범죄의 신고를 받아 현장에 출동하거나 아동학대범죄현장을 발견한 사법경찰관리가 피해아동의 보호를 위하여 즉시 행하는 조치를 **응급조치**라 한다(아동학대범죄의 처벌 등에 관한 특례법 제12조 제1항).

② [×] 응급조치상 격리란 학대행위자를 **72시간**을 기한으로 피해아동으로부터 공간적으로 분리하는 조치를 의미한다(아동학대범죄의 처벌 등에 관한 특례법 제12조 제3항).

④ [×] 경찰관서의 **유치장 또는 구치소에의 유치는 긴급임시조치에 해당하지 않는다.**

203 □□□ 아동학대범죄의 처벌 등에 관한 특례법에 대한 설명으로 가장 적절하지 않은 것은? 21. 경찰승진

① 동법 제12조 제1항에 따라 응급조치상 아동학대행위자를 피해아동 등으로부터 격리할 경우 48시간을 넘을 수 없으나, 검사가 임시조치를 법원에 청구한 경우에는 법원의 임시조치결정시까지 연장된다.

② 응급조치에도 불구하고 아동학대범죄의 재발이 우려되고, 긴급을 요하여 법원의 임시조치결정을 받을 수 없을 때에는 사법경찰관의 직권으로 긴급임시조치를 할 수 있다.

③ 판사는 아동학대범죄의 원활한 조사 · 심리 또는 피해아동 등의 보호를 위하여 필요하다고 인정하는 경우에는 결정으로 아동학대행위자에게 임시조치를 할 수 있다.

④ 임시조치결정을 통해 아동학대행위자를 경찰관서의 유치장 또는 구치소에의 유치 등을 할 수 있다.

정답 및 해설 I ①

① [×] 응급조치상 아동학대행위자를 피해아동 등으로부터 격리할 경우 **72시간**을 넘을 수 없으나, 공휴일이나 토요일이 포함된 경우로서 피해아동 등의 보호를 위하여 필요하다고 인정되는 경우에는 48시간의 범위에서 그 기간을 연장할 수 있다(아동학대범죄의 처벌 등에 관한 특례법 제12조 제3항).

204 □□□ 아동학대범죄의 처벌 등에 관한 특례법에 대한 설명으로 가장 적절하지 않은 것은? 21. 경찰

① 아동학대 신고의무자가 보호하는 아동에 대하여 아동학대범죄를 범한 때에는 그 죄에 정한 형의 2분의 1까지 가중한다.

② 아동학대범죄 현장을 발견한 경우 또는 학대현장 이외의 장소에서 학대피해가 확인되고 재학대의 위험이 급박한 경우, 사법경찰관리 또는 아동학대전담공무원은 피해아동 등의 보호를 위하여 즉시 응급조치를 하여야 한다. 응급조치에는 아동학대범죄행위의 제지, 아동학대행위자를 피해아동 등으로부터 격리, 피해아동 등을 아동학대 관련 보호시설로 인도, 피해아동 등 또는 가정구성원에 대한 전기통신을 이용한 접근금지 등의 조치가 있다.

③ 아동학대행위자를 피해아동 등으로부터 격리하는 경우, 72시간을 넘을 수 없다. 다만, 공휴일이나 토요일이 포함되는 경우로서 피해아동 등의 보호를 위하여 필요하다고 인정되는 경우에는 48시간의 범위에서 그 기간을 연장할 수 있다.

④ 판사는 아동학대범죄의 원활한 조사 · 심리 또는 피해아동 등의 보호를 위하여 필요하다고 인정하는 경우에는 결정으로 아동학대행위자에게 임시조치를 할 수 있다. 임시조치에는 친권 또는 후견인 권한 행사의 제한 또는 정지, 아동보호전문기관 등에의 상담 및 교육 위탁, 의료기관이나 그 밖의 요양시설에의 위탁, 경찰관서의 유치장 또는 구치소에의 유치 등이 있다.

정답 및 해설 I ②

② [×] 아동학대범죄 현장을 발견한 경우 또는 학대현장 이외의 장소에서 학대피해가 확인되고 재학대의 위험이 급박한 경우, 사법경찰관리 또는 아동학대전담공무원은 피해아동 등의 보호를 위하여 즉시 응급조치를 하여야 한다. 응급조치에는 아동학대범죄행위의 제지, 아동학대행위자를 피해아동 등으로부터 격리, 피해아동 등을 아동학대 관련 보호시설로 인도 등이다(아동학대범죄의 처벌 등에 관한 특례법 제12조 제1항). 피해아동 등 또는 가정구성원에 대한 **전기통신을 이용한 접근금지의 조치는 법원의 임시조치에 해당한다.**

☑ 아동학대범죄의 처벌 등에 관한 특례법상 응급조치와 (긴급)임시조치

응급조치	긴급임시조치	법원의 임시조치
1. 아동학대범죄행위의 **제지** 2. 아동학대행위자를 피해아동 등으로부터 격리 3. 피해아동 등을 아동학대 관련 **보호시설로 인도** 4. 긴급치료가 필요한 피해아동을 **의료기관으로 인도**	1. 피해아동 등 또는 가정구성원의 주거로부터 **퇴거 등 격리** 2. 피해아동 등 또는 가정구성원의 주거, 학교 또는 보호시설 등에서 **100미터 이내의 접근금지** 3. 피해아동 등 또는 가정구성원에 대한 전기통신기본법 제2조 제1호의 **전기통신을 이용한 접근금지**	1. 피해아동 등 또는 가정구성원의 주거로부터 **퇴거 등 격리** 2. 피해아동 등 또는 가정구성원의 주거, 학교 또는 보호시설 등에서 **100미터 이내의 접근금지** 3. 피해아동 등 또는 가정구성원에 대한 전기통신기본법 제2조 제1호의 **전기통신을 이용한 접근금지** 4. 친권 또는 후견인 **권한 행사의 제한 또는 정지** 5. 아동보호전문기관 등에의 **상담 및 교육 위탁** 6. 의료기관이나 그 밖의 **요양시설에의 위탁** 7. 경찰관서의 **유치장 또는 구치소에의 유치**

205 ☐☐☐ 아동학대범죄의 처벌 등에 관한 특례법에 대한 설명으로 가장 적절하지 않은 것은? 22. 경찰승진

① 아동학대범죄 신고를 접수한 사법경찰관리나 아동학대전담공무원이 동행하여 현장출동하지 아니한 경우, 수사기관의 장이나 시 · 도지사 또는 시장 · 군수 · 구청장은 현장출동에 따른 조사 등의 결과를 서로에게 통지할 수 있다.

② 사법경찰관은 피해아동 등에 대한 응급조치에도 불구하고, 아동학대범죄가 재발될 우려가 있고 긴급을 요하여 법원의 임시조치 결정을 받을 수 없을 때에는 직권으로 아동학대행위자에 대한 긴급임시조치를 할 수 있다.

③ 검사는 아동학대범죄사건의 증인이 피고인 또는 그 밖의 사람으로부터 생명 · 신체에 해를 입거나 입을 염려가 있다고 인정될 때에는 관할 경찰서장에게 증인의 신변안전을 위하여 필요한 조치를 할 것을 요청하여야 한다.

④ 판사가 아동학대범죄의 원활한 조사 · 심리 또는 피해아동 등의 보호를 위하여 필요하다고 인정하는 경우에는 결정으로 아동 학대행위자에게 경찰관서의 유치장 또는 구치소에 유치하는 조치를 할 수 있다.

정답 및 해설 I ①

① [×] 현장출동이 사법경찰관리와 아동학대전담공무원이 **서로 동행하여 이루어지지 아니한 경우** 수사기관의 장이나 시 · 도지사 또는 시장 · 군수 · 구청장은 현장출동에 따른 조사 등의 결과를 서로에게 **통지하여야 한다**(아동학대범죄의 처벌 등에 관한 특례법 제11조 제7항).

206 「아동학대범죄의 처벌 등에 관한 특례법」상 사법경찰관의 긴급임시조치로 가장 적절하지 않은 것은?
□□□

23. 경찰

① 피해아동 등 또는 가정구성원의 주거로부터 퇴거 등 격리

② 경찰관서의 유치장 또는 구치소에의 유치

③ 피해아동 등 또는 가정구성원의 수거, 학교 또는 보호시설 등에서 100미터 이내의 접근 금시

④ 피해아동 등 또는 가정구성원에 대한 「전기통신기본법」 제2조 제1호의 전기통신을 이용한 접근 금지

정답 및 해설 I ②

② [×] 「아동학대범죄의 처벌 등에 관한 특례법」상 사법경찰관의 긴급임시조치는 ① 피해아동 등 또는 가정구성원의 주거로부터 퇴거 등 격리, ③ 피해아동 등 또는 가정구성원의 주거, 학교 또는 보호시설 등에서 100미터 이내의 접근 금지, ④ 피해아동 등 또는 가정구성원에 대한 「전기통신기본법」제2조 제1호의 전기통신을 이용한 접근 금지이다. ② 경찰관서의 유치장 또는 구치소에의 유치는 법원의 임시조치이다.

207 「아동학대범죄의 처벌 등에 관한 특례법」에 대한 설명으로 가장 적절한 것은? 23. 경찰간부
□□□

① 피해아동에게 고소할 법정대리인이나 친족이 없는 경우에 이해관계인이 신청하면 검사는 20일 이내에 고소할 수 있는 사람을 지정하여야 한다.

② 아동학대범죄 신고를 접수한 사법경찰관리는 아동학대범죄가 행하여지고 있는 것으로 신고된 현장 또는 피해아동을 보호하기 위하여 필요한 장소에 출입하여 아동 또는 아동학대행위자 등 관계인에 대하여 조사를 하거나 질문을 할 수 있다. 이 경우 사법경찰관리는 피해아동의 보호 및 「아동복지법」 제22조의4의 사례관리계획에 따른 사례관리를 위한 범위에서만 아동학대행위자 등 관계인에 대하여 조사해야 한다.

③ 법원은 아동학대행위자에 대하여 유죄판결(선고유예를 포함한다)을 선고하면서 200시간의 범위에서 재범예방에 필요한 수강명령 또는 아동학대 치료프로그램의 이수명령을 병과할 수 있다.

④ 사법경찰관은 아동학대행위자에 대한 긴급임시조치를 한 경우에는 즉시 긴급임시조치결정서를 작성하여야 하고, 그 내용을 시·도지사또는 시장·군수·구청장에게 지체 없이 통지하여야 한다.

정답 및 해설 I ④

① [×] 피해아동에게 고소할 법정대리인이나 친족이 없는 경우에 이해관계인이 신청하면 검사는 **10일(20일 ×)** 이내에 고소할 수 있는 사람을 지정하여야 한다.

② [×] 아동학대범죄 신고를 접수한 사법경찰관리 또는 **아동학대전담공무원**은 아동학대범죄가 행하여지고 있는 것으로 신고된 현장 또는 피해아동을 보호하기 위하여 필요한 장소에 출입하여 아동 또는 아동학대행위자 등 관계인에 대하여 조사를 하거나 질문을 할 수 있다. 이 경우 **아동학대전담공무원(사법경찰관리 ×)**는 피해아동의 보호 및 「아동복지법」 제22조의4의 사례관리계획에 따른 사례관리를 위한 범위에서만 아동학대행위자 등 관계인에 대하여 조사해야 한다(동법 제11조 제2항).

③ [×] 법원은 아동학대행위자에 대하여 유죄판결[선고유예를 **제외(포함 ×)**한다]을 선고하면서 200시간의 범위에서 재범예방에 필요한 수강명령 또는 아동학대 치료프로그램의 이수명령을 병과할 수 있다.

208 스토킹범죄의 처벌 등에 관한 법률에 관한 설명 중 가장 적절하지 않은 것은? 22. 경찰

□□□

① '스토킹범죄'란 지속적 또는 반복적으로 스토킹행위를 하는 것을 말한다.

② 사법경찰관리는 진행 중인 스토킹행위에 대하여 신고를 받은 경우 즉시 현장에 나가 스토킹행위의 제지, 스토킹행위자와 피해자 분리, 유치장 또는 구치소에의 유치 등의 조치를 할 수 있다.

③ 스토킹범죄를 저지른 사람은 3년 이하의 징역 또는 3천만원 이하의 벌금에 처한다.

④ 흉기 또는 그 밖의 위험한 물건을 휴대하거나 이용하여 스토킹범죄를 저지른 사람은 5년 이하의 징역 또는 5천만원 이하의 벌금에 처한다.

정답 및 해설 I ②

② [×] 사법경찰관리는 진행 중인 스토킹행위에 대하여 신고를 받은 경우 즉시 현장에 나가 스토킹 행위의 제지, 스토킹행위자와 피해자 분리 등의 조치(**유치장 또는 구치소에의 유치 ×)를 하여야 한다.**

209 스토킹범죄의 처벌 등에 관한 법률상 처리절차에 관한 설명 중 옳은 것은 모두 몇 개인가? 22. 경찰

□□□

㉠ 사법경찰관은 스토킹행위 신고와 관련하여 스토킹행위가 지속적 또는 반복적으로 행하여질 우려가 있고 스토킹범죄의 예방을 위하여 긴급을 요하는 경우, 스토킹행위자에게 직권으로 또는 스토킹행위의 상대방이나 그 법정대리인 또는 스토킹행위를 신고한 사람의 요청에 의하여, 스토킹행위의 상대방이나 그 주거 등으로부터 100미터 이내의 접근 금지, 전기통신기본법 제2조 제1호의 전기통신을 이용한 접근금지 등의 조치를 할 수 있다. ㉡ 사법경찰관은 긴급응급조치를 하였을 때에는 지체 없이 검사에게 해당 긴급응급조치에 대한 사후승인을 지방법원 판사에게 청구하여 줄 것을 신청하여야 하며, 신청을 받은 검사는 긴급응급조치가 있었던 때부터 48시간 이내에 지방법원 판사에게 해당 긴급응급조치에 대한 사후승인을 청구한다. ㉢ 긴급응급조치기간은 1개월을 초과할 수 없다. ㉣ 법원은 스토킹범죄의 원활한 조사·심리 또는 피해자 보호를 위하여 잠정조치가 필요하다고 인정하는 경우에는 결정으로 스토킹행위자를 경찰관서의 유치장 또는 구치소에 1개월을 초과하지 않는 범위에서 유치할 수 있다. 다만, 법원은 피해자의 보호를 위하여 그 기간을 연장할 필요가 있다고 인정하는 경우에는 결정으로 2개월의 범위에서 연장할 수 있다.

① 1개　② 2개

③ 3개　④ 4개

정답 및 해설 I ③

㉣ [×] 법원은 스토킹범죄의 원활한 조사·심리 또는 피해자 보호를 위하여 잠정조치가 필요하다고 인정하는 경우에는 결정으로 스토킹행위자를 경찰관서의 유치장 또는 구치소에 1개월을 초과하지 않는 범위에서 유치할 수 있다. 그러나 법원의 **유치결정에 대한 잠정조치는 그 기간을 연장할 수 없다**(동법 제20조 제4항).

210 「스토킹범죄의 처벌 등에 관한 법률」상 잠정조치로 적절한 것은 모두 몇 개인가? 23. 경찰간부

□□□

> ㉠ 국가경찰관서의 유치장 또는 구치소에의 유치
> ㉡ 스토킹행위자와 피해자 등의 분리 및 범죄수사
> ㉢ 피해자 또는 그의 동거인, 가족이나 그 주거 등으로부터 100미터 이내의 접근 금지
> ㉣ 스토킹 피해 관련 상담소 또는 보호시설로의 피해자 등 인도(피해자 등이 동의한 경우만 해당한다)
> ㉤ 피해자 또는 그의 동거인, 가족에 대한 「전기통신기본법」 제2조 제1호의 전기통신을 이용한 접근 금지

① 1개 ② 2개

③ 3개 ④ 4개

정답 및 해설 | ③

- **잠정조치**: ㉠ 국가경찰관서의 유치장 또는 구치소에의 유치, ㉢ 피해자 또는 그의 동거인, 가족이나 그 주거 등으로부터 100미터 이내의 접근 금지, ㉤ 피해자 또는 그의 동거인, 가족에 대한 「전기통신기본법」 제2조 제1호의 전기통신을 이용한 접근 금지
- **응급조치**: ㉡ 스토킹행위자와 피해자 등의 분리 및 범죄수사, ㉣ 스토킹 피해 관련 상담소 또는 보호시설로의 피해자 등 인도(피해자 등이 동의한 경우만 해당한다)

211 「스토킹범죄의 처벌 등에 관한 법률」상 잠정조치에 대한 설명으로 가장 적절하지 않은 것은?

□□□

24. 경찰승진

① 검사는 스토킹범죄가 재발될 우려가 있다고 인정하면 직권 또는 사법경찰관의 신청에 따라 법원에 스토킹행위자에 대한 잠정조치를 청구할 수 있다.

② 법원은 스토킹범죄의 원활한 조사·심리 또는 피해자 보호를 위하여 필요하다고 인정하는 경우에는 결정으로 스토킹행위자에게 피해자 또는 그의 동거인, 가족에 대한 「전기통신기본법」 제2조 제1호의 전기통신을 이용한 접근 금지조치를 할 수 있다.

③ 피해자 또는 그의 동거인, 가족이나 그 주거 등으로부터 100미터 이내의 접근을 금지하는 잠정조치를 이행하지 아니한 사람은 2년 이하의 징역 또는 2천만원 이하의 벌금에 처한다고 규정되어 있다.

④ 법원이 스토킹행위자에게 국가경찰관서의 유치장 또는 구치소에의 유치의 잠정조치를 하는 경우 그 기간은 1개월을 초과할 수 없다. 다만, 법원은 피해자의 보호를 위하여 그 기간을 연장할 필요가 있다고 인정하는 경우에는 결정으로 두 차례에 한정하여 각 1개월의 범위에서 연장할 수 있다.

정답 및 해설 | ④

④ [×] 법원이 스토킹행위자에게 국가경찰관서의 유치장 또는 구치소에의 유치의 잠정조치를 하는 경우 그 기간은 1개월을 초과할 수 없다(동법 제9조 제7항). **유치장 또는 구치소에의 유치의 잠정조치는 인권보호를 위해 기간연장 조항이 인정되지 않는다.**

제2장 | 수사경찰

제1절 | 범죄수사의 원칙

001 수사실행의 5대 원칙에 대한 설명으로 가장 적절하지 않은 것은? 15. 경찰승진

□□□

① 수사실행의 5대 원칙에는 수사자료 완전수집의 원칙, 수사자료 감식 · 검토의 원칙, 적절한 추리의 원칙, 검증적 수사의 원칙, 사실판단 증명의 원칙이 있다.

② 문제해결의 관건이 되는 자료를 누락한다든지, 없어지는 일이 없도록 전력을 다하여 자료를 수집하여야 한다는 수사의 원칙은 적절한 추리의 원칙이다.

③ 여러 가지 추측 중에서 과연 어떤 추측이 정당한 것인가를 가리기 위해서는 그들 추측 하나하나를 모든 각도에서 검토해야 한다는 수사의 원칙은 검증적 수사의 원칙이다.

④ 수사관의 판단이 진실이라는 이유 또는 객관적 증거를 제시해야 한다는 수사의 원칙은 사실판단 증명의 원칙이다.

정답 및 해설 | ②

② [×] 문제해결의 관건이 되는 자료를 누락한다든지, 없어지는 일이 없도록 전력을 다하여 자료를 수집하여야 한다는 수사의 원칙은 수사자료 완전수집의 원칙이다.

002 수사실행의 5대 원칙 중 검증적 수사의 원칙에 대한 설명으로 가장 옳은 것은? 16. 경찰간부

□□□

① 수사의 기본방법에서 제1의 조건 또는 제1의 법칙이다.

② 여러 가지 추측 중에서 과연 어떤 추측이 정당한 것인가를 가리기 위해서 모든 추측 하나하나를 모든 각도에서 검토해야 한다는 원칙이다.

③ 수사관의 판단이 진실이라는 이유 또는 객관적 증거를 제시해야 한다는 원칙이다.

④ 수집된 자료를 기초로 합리적인 판단을 해야 한다는 원칙이다.

정답 및 해설 | ②

① [×] 수사의 기본방법에서 제1의 조건 또는 제1의 법칙은 수사자료 완전수집의 원칙이다.

③ [×] 수사관의 판단이 진실이라는 이유 또는 객관적 증거를 제시해야 한다는 원칙은 사실판단 증명의 원칙이다.

④ [×] 수집된 자료를 기초로 합리적인 판단을 해야 한다는 원칙은 적절한 추리의 원칙이다.

003 수사실행의 5대 원칙에 대한 설명이다. 바르게 짝지어진 것은? 15. 경찰간부

☐☐☐

가. 여러 가지 추측 중에서 과연 어떤 추측이 정당한 것인가를 가리기 위해서는 그들 추측 하나하나를 모든 각도에서 검토해야 한다.
나. 문제해결의 관건이 되는 자료를 누락한다든지, 없어지는 일이 없도록 전력을 다하여 자료를 수집하여야 한다.
다. 수사에 의해 획득한 확신 있는 판단은 모두에게 그 판단이 진실이라는 것을 객관적으로 증명해야 한다.
라. 수사는 단순한 수사관의 상식적 검토나 판단에만 그칠 것이 아니라 감식과학이나 과학적 지식 또는 그 시설장비를 유용하게 이용해야 한다.
마. 추측을 할 때에 수집된 자료를 기초로 합리적인 판단을 하여야 한다.

ⓐ 수사자료 완전수집의 원칙 ⓑ 수사자료 감식 · 검토의 원칙
ⓒ 적절한 추리의 원칙 ⓓ 검증적 수사의 원칙
ⓔ 사실판단 증명의 원칙

① 가 – ⓑ, 나 – ⓐ, 다 – ⓔ, 라 – ⓒ, 마 – ⓓ
② 가 – ⓓ, 나 – ⓐ, 다 – ⓔ, 라 – ⓑ, 마 – ⓒ
③ 가 – ⓒ, 나 – ⓐ, 다 – ⓔ, 라 – ⓑ, 마 – ⓓ
④ 가 – ⓐ, 나 – ⓑ, 다 – ⓒ, 라 – ⓓ, 마 – ⓔ

정답 및 해설 | ②

가 – ⓓ 검증적 수사의 원칙
나 – ⓐ 수사자료 완전수집의 원칙
다 – ⓔ 사실판단 증명의 원칙
라 – ⓑ 수사자료 감식 · 검토의 원칙
마 – ⓒ 적절한 추리의 원칙

☑ 수사실행의 5원칙

1. 수사자료 완전수집의 원칙: 모든 수사자료를 수사관이 완전히 수집해야 한다는 원칙
2. 수사자료 감식 · 검토의 원칙: 수집된 자료는 과학적 지식과 시설을 최대한 활용, 면밀히 감식 · 검토해야 하며 상식으로 판단하면 안 된다는 원칙
3. 적절한 추리의 원칙: 수집된 자료를 기초로 합리적인 판단을 해야 한다는 원칙
4. 수사의 검증적 원칙: 여러 가지 추측 중에서 추측 하나하나를 모든 각도에서 검토해야 한다는 원칙
5. 사실판단 증명의 원칙: 수사관의 판단을 주관적인 판단에 그치지 말고 누가 판단해도 그 판단이 진실이라는 것을 객관적으로 증명해야 한다는 원칙

004 수사실행의 5대 원칙에 대한 설명으로 가장 적절한 것은? 21. 경찰승진

□□□

① 수사자료 감식 · 검토의 원칙: 수사관의 상식적 검토 · 판단에만 의할 것이 아니라 감식과학이나 과학적 지식 또는 시설장비를 최대한 활용하여 수사를 해야 한다는 원칙으로, 수사의 기본방법 중 제1조건이다.

② 적절한 추리의 원칙: 추측시에 수집된 자료를 기초로 합리적인 판단을 하고, 추측은 수사결과에 대한 확정적 판단이므로, 신뢰성이 검증된 증거를 바탕으로 추측을 하여야 한다.

③ 검증적 수사의 원칙: 여러 가지 추측 중에서 어떤 추측이 정당한 것인가를 가리기 위해서는 그들 추측 하나하나를 모든 각도에서 검토해야 한다는 원칙으로, 수사방법의 결정 ⇨ 수사사항의 결정 ⇨ 수사실행이라는 순서에 따라 검토한다.

④ 사실판단 증명의 원칙: 수사관이 한 판단의 진실성이 증명되기 위해서는 누구에게나 그 진위가 확인될 수 있어야 하며, 판단이 언어나 문자로 표현되고 근거의 제시로서 객관화되어야 한다는 원칙이다.

정답 및 해설 I ④

① [×] 수사의 기본방법에서 제1의 조건은 **수사자료 완전수집원칙**이다.

② [×] 추측시에 수집된 자료를 기초로 합리적인 판단을 하고, 추측은 수사결과에 대한 **확정적 판단이 아니므로**, 신뢰성이 검증된 증거를 바탕으로 추측을 하여야 한다.

③ [×] 검증적 수사의 원칙에서는 **수사사항의 결정** ⇨ **수사방법의 결정** ⇨ 수사실행이라는 순서에 따라 검토한다.

005 범죄피해자 보호법에 관한 설명 중 가장 적절하지 않은 것은? 22. 경찰

□□□

① '범죄피해자'란 타인의 범죄행위로 피해를 당한 사람과 그 배우자, 직계친족 및 형제자매를 말한다. 다만, 배우자의 경우 사실상의 혼인관계는 제외한다.

② 국가는 범죄피해자가 해당 사건과 관련하여 수사담당자와 상담하거나 재판절차에 참여하여 진술하는 등 형사절차상의 권리를 행사할 수 있도록 보장하여야 한다.

③ 국가는 범죄피해자가 요청하면 가해자에 대한 수사 결과, 공판기일, 재판 결과, 형 집행 및 보호관찰 집행 상황 등 형사 절차 관련 정보를 대통령령으로 정하는 바에 따라 제공할 수 있다.

④ 국가 및 지방자치단체는 범죄피해자가 형사소송절차에서 한 진술이나 증언과 관련하여 보복을 당할 우려가 있는 등 범죄 피해자를 보호할 필요가 있을 경우에는 적절한 조치를 마련하여야 한다.

정답 및 해설 I ①

① [×] '범죄피해자'란 타인의 범죄행위로 피해를 당한 사람과 그 배우자, 직계친족 및 형제자매를 말한다. **배우자의 경우 사실상의 혼인관계도 포함된다.**

제2절 | 범죄피해자 보호

006 범죄피해자 보호법에 대한 설명으로 가장 적절한 것은? 18. 경찰승진

□□□

① 범죄피해자 보호 · 지원의 기본 정책 등을 정하고 타인의 범죄행위로 인하여 생명 · 신체 및 재산상의 피해를 받은 사람을 구조(救助)함으로써 범죄피해자의 복지 증진에 기여함을 목적으로 한다.

② 구조금은 유족구조금 · 장해구조금 및 중상해구조금으로 구분하며, 일시금으로 지급한다.

③ 범죄행위 당시 구조피해자와 가해자 사이에 부부(사실상의 혼인관계를 포함한다), 직계혈족, 4촌 이내의 친족, 동거친족에 해당하는 친족관계가 있는 경우에는 구조금을 지급하지 아니할 수 있다.

④ 구조피해자가 폭행 · 협박 또는 모욕 등 해당 범죄행위를 유발하는 행위를 한 때에는 구조금의 전부를 지급하지 아니한다.

정답 및 해설 | ②

① [×] 범죄피해자 보호법 제1조에서는 **재산상의 피해**의 문구는 없다.

③ [×] 범죄행위 당시 구조피해자와 가해자 사이에 부부(사실상의 혼인관계를 포함한다), 직계혈족, 4촌 이내의 친족, 동거친족에 해당하는 친족관계가 있는 경우에는 구조금을 **지급하지 아니한다**(범죄피해자 보호법 제19조 제1항).

④ [×] 구조피해자가 폭행 · 협박 또는 모욕 등 해당 범죄행위를 유발하는 행위를 한 때에는 구조금의 **일부**를 지급하지 아니한다(범죄피해자 보호법 제19조 제4항 제1호).

007 범죄피해자 보호법에 대한 설명으로 가장 적절하지 않은 것은? 19. 경찰승진

□□□

① 구조피해자가 과도한 폭행 · 협박 또는 중대한 모욕 등 해당 범죄행위를 유발하는 행위를 한 때에는 구조금의 일부를 지급하지 아니한다.

② 구조피해자가 해당 범죄피해의 발생 또는 증대에 가공(加功)한 부주의한 행위 또는 부적절한 행위를 한 때에는 구조금의 일부를 지급하지 아니한다.

③ 구조피해자가 범죄행위에 대한 보복으로 가해자 또는 그 친족이나 그 밖에 가해자와 밀접한 관계가 있는 사람의 생명을 해치거나 신체를 중대하게 침해하는 행위를 한 때에는 구조금을 지급하지 아니한다.

④ 구조피해자가 집단적 또는 상습적으로 불법행위를 행할 우려가 있는 조직에 속하는 행위(다만, 그 조직에 속하고 있는 것이 해당 범죄피해를 당한 것과 관련이 없다고 인정되는 경우는 제외한다)를 한 때에는 구조금을 지급하지 아니한다.

정답 및 해설 | ①

① [×] 구조피해자가 과도한 폭행 · 협박 또는 중대한 모욕 등 해당 범죄행위를 유발하는 행위를 한 때에는 구조금의 **전부**를 지급하지 아니한다(범죄피해자 보호법 제19조 제3항 제2호).

008 범죄피해자 보호법에 관한 설명 중 가장 적절하지 않은 것은? 22. 법학경채

□□□

① '범죄피해자 보호 · 지원'이란 복지 증진을 제외한 범죄피해자의 손실 복구, 정당한 권리 행사에 기여하는 행위를 말한다. 다만, 수사 · 변호 또는 재판에 부당한 영향을 미치는 행위는 포함되지 아니한다.

② 국가는 구조피해자나 유족이 해당 구조대상 범죄피해를 원인으로 하여 손해배상을 받았으면 그 범위에서 구조금을 지급하지 아니한다.

③ 이 법은 외국인이 구조피해자이거나 유족인 경우에는 해당 국가의 상호보증이 있는 경우에만 적용한다.

④ 구조금을 받으려는 사람은 법무부령으로 정하는 바에 따라 그 주소지, 거주지 또는 범죄 발생지를 관할하는 지구심의회에 신청하여야 한다.

정답 및 해설 I ①

① [×] '범죄피해자 보호 · 지원'이란 범죄피해자의 손실 복구, 정당한 권리 행사 및 **복지 증진**에 **기여(복지증진 제외 ×)**하는 행위를 말한다. 다만, 수사 · 변호 또는 재판에 부당한 영향을 미치는 행위는 포함되지 아니한다.

009 「범죄피해자 보호법」에 관한 설명으로 가장 적절하지 않은 것은? 23. 경채

□□□

① 범죄피해자는 범죄피해 상황에서 빨리 벗어나 인간의 존엄성을 보장받을 권리가 있다.

② 범죄피해 방지 및 범죄피해자 구조 활동으로 피해를 당한 사람도 범죄피해자로 본다.

③ 국민은 범죄피해자의 명예와 사생활의 평온을 해치지 아니하도록 유의하여야 하고, 국가 및 지방자치단체가 실시하는 범죄피해자를 위한 정책의 수립과 추진에 최대한 협력하여야 한다.

④ 구조금을 받을 권리는 그 구조결정이 해당신청인에게 발송된 날부터 1년간 행사하지 아니하면 시효로 인하여 소멸된다.

정답 및 해설 I ④

④ [×] 구조금을 받을 권리는 그 구조결정이 해당 신청인에게 송달된 날부터 **2(1 ×)년간** 행사하지 아니하면 시효로 인하여 소멸된다(동법 제31조).

제3절 | 마약범죄

010 향정신성 의약품 중 L.S.D에 대해 맞게 설명한 것은? 09. 경찰간부

□□□

> ㉠ 곡물의 곰팡이, 보리 맥각에서 추출한 물질을 인공 합성시켜 만든 것이다.
> ㉡ 효과가 강력하여 우편 · 종이 등의 표면에 묻혔다가 뜯어서 입에 넣는 방법으로 복용하기도 한다.
> ㉢ 일명 메스카린이라고도 하며 냄새가 역겹다.
> ㉣ 환각제 중 가장 강력한 효과를 나타낸다.
> ㉤ 정글쥬스라고도 하며 청소년들 사이에서 소주에 타서 마시기도 한다.
> ㉥ 독일에서 식욕감퇴제로 개발되었다.

① ㉠, ㉡, ㉣ ② ㉢, ㉤, ㉥

③ ㉡, ㉣, ㉥ ④ ㉠, ㉡, ㉤

정답 및 해설 | ①

옳은 설명은 ㉠㉡㉣이다.

㉢ [×] **메스카린**에 대한 설명으로 L.S.D에 대한 설명이 아니다.

㉤ [×] 정글쥬스라고도 하며 청소년들 사이에서 소주에 타서 마시기도 하는 것은 **덱스트로메트로판(일명 러미나)**에 대한 설명이다.

㉥ [×] 독일에서 식욕감퇴제로 개발된 것은 **엑스터시(MDMA)**이다.

011 마약류에 대한 설명 중 가장 적절하지 않은 것은? 12. 경찰승진

□□□

① 신종마약류 중 중추신경에 작용하여 골격 근육을 이완시키는 효과가 있고, 과다 사용시 치명적으로 인사불성, 혼수쇼크, 호흡저하, 사망에까지 이르게 되며 금단증상으로는 온몸이 뻣뻣해지고 뒤틀리며 혀꼬부라진 소리 등을 하게 만드는 것은 카리소프로돌(일명 S정)이다.

② 마약성분을 갖고 있으나 타 약품과 혼합되어 마약의 재제조가 불가능한 것으로 신체적 · 정신적 의존성을 일으킬 염려가 없는 것으로 총리령으로 정한 합법의약품을 한외마약이라고 한다.

③ 곡물의 곰팡이, 보리 맥각에서 발견되어 이를 분리 · 가공 · 합성한 것으로 무색 · 무취 · 무미하며, 통상 분말로 제조되나 정제, 캅셀제, 액체 형태로도 밀거래되고 극소량으로도 효과가 강력하게 나타나기 때문에 미량을 유당 · 각설탕 · 과자 등에 첨가시켜 먹거나 우편 · 종이 등의 표면에 묻혔다가 뜯어서 입에 넣는 방법으로 사용하는 환각제는 L.S.D이다.

④ 신종마약류 중 1949년 독일에서 식욕감퇴제로 개발되었고 복용자는 테크노 · 라이브 · 파티장 등에서 막대사탕을 물고 있거나 물을 자주 마시는 등의 행위를 하며 기분이 좋아지는 약, 클럽마약, 도리도리 등으로 지칭되는 것은 GHB(일명 물뽕)이다.

정답 및 해설 | ④

④ [×] GHB(일명 물뽕)가 아니라 **엑스터시(MDMA)**에 관한 설명이다.

012 L.S.D에 관한 설명 중 적절하지 않은 것은 모두 몇 개인가? 13. 경찰승진

□□□

> ㉠ 곡물의 곰팡이, 보리 맥각에서 발견되어 이를 분리 · 가공 · 합성한 것이다.
> ㉡ 극소량으로도 효과가 강력하여 우편 · 종이 등의 표면에 묻혔다가 뜯어 먹는 방법으로 복용하기도 한다.
> ㉢ 각성제 중 가장 강력한 효과를 나타낸다.
> ㉣ 강한 중추신경 억제성 진해작용이 있어 코데인 대용으로 널리 시판된다.
> ㉤ 무색 · 무취 · 무미하다.
> ㉥ 복용자는 테크노, 라이브, 파티장 등에서 막대사탕을 물고 있거나 물을 자주 마시는 등의 행위를 한다.

① 없음
② 1개
③ 2개
④ 3개

정답 및 해설 I ④

적절하지 않은 것은 ㉢㉣㉥ 3개이다.

㉢ [×] L.S.D는 **환각제**로서 가장 강력한 효과를 나타낸다.

㉣ [×] 정글쥬스라고도 하며 청소년들 사이에서 소주에 타서 마시기도 하는 것은 **덱스트로메트로판(일명 러미나)**에 대한 설명이다.

㉥ [×] 독일에서 식욕감퇴제로 개발된 것은 **엑스터시(MDMA)**에 대한 설명이다.

013 신종마약류 중 보기의 설명에 해당하는 것으로 가장 적절한 것은? 12. 경찰승진

□□□

> ㉠ 중추신경에 작용하여 골격근 이완의 효과가 있는 근골격계 질환 치료제
> ㉡ 과다복용시 치명적으로 인사불성, 혼수쇼크, 호흡저하를 가져오며 사망까지 이를 수 있음
> ㉢ 금단증상으로 온몸이 뻣뻣해지고 뒤틀리며 혀가 꼬부라지는 소리 등을 하게 됨

① 덱스트로메트로판(일명 러미나)
② L.S.D
③ 카리소프로돌(일명 S정)
④ GHB(일명 물뽕)

정답 및 해설 I ③

③ [○] 보기의 내용은 **카리소프로돌(일명 S정)**에 대한 설명이다.

014 마약에 관한 다음 설명 중 가장 적절한 것은? 14. 경찰승진

□□□

① 반합성 마약이란 일반약품에 마약성분을 미세하게 혼합한 약品로 신체적 · 정신적 의존성을 일으킬 염려가 없어 감기약 등으로 판매되는 합법의약품이다.

② 러미나는 금단증상으로 온몸이 뻣뻣해지고 뒤틀리며 혀 꼬부라지는 소리 등을 하게 한다.

③ 성범죄용으로 악용되어 '데이트 강간약물'이라고도 불리는 것은 GHB를 말한다.

④ L.S.D는 각성제 중 가장 강력한 효과를 나타낸다.

정답 및 해설 I ③

① [×] **한외마약**이란 일반약품에 마약성분을 미세하게 혼합한 약물로 신체적 · 정신적 의존성을 일으킬 염려가 없어 감기약 등으로 판매되는 합법의약품이다.

② [×] 금단증상으로 온몸이 뻣뻣해지고 뒤틀리며 혀 꼬부라지는 소리 등을 하는 향정신성의약품은 **S정(카리소프로돌)**이다.

④ [×] L.S.D는 **환각제** 중 가장 강력한 효과를 나타낸다

015 마약류에 대한 설명 중 가장 적절하지 않은 것은? 13. 경찰승진

① 마약의 분류 중 반합성 마약으로는 헤로인, 옥시코돈, 하이드로폰 등이 있다.

② 향정신성의약품 중 페이요트, 사일로사이빈은 환각제로 분류된다.

③ 향정신성의약품 중 L.S.D.는 곡물의 곰팡이, 보리 맥각에서 추출한 물질을 인공합성시켜 만든 것으로 무색 · 무취 · 무미한 특징이 있다.

④ 향정신성의약품 중 덱스트로메트로판은 강한 중추신경 억제성 진해작용이 있으며 의존성과 독성이 강하다.

정답 및 해설 I ④

④ [×] 덱스트로메트로판(일명 러미나)은 강한 중추신경 억제성 진해작용이 있어 도취감, 환각작용을 일으키나, **의존성과 독성은 거의 없다.**

016 마약류에 관한 다음 설명 중 옳은 것은 모두 몇 개인가? 18. 경찰간부

□□□

> ㉠ MDMA(엑스터시)는 독일에서 식욕감퇴제로 개발된 것으로, 포옹마약으로도 지칭된다.
> ㉡ GHB(물뽕)는 미국이나 유럽 등지에서는 성범죄용으로 악용되어 '데이트 강간약물'이라고도 불린다.
> ㉢ 러미나(덱스트로메트로판)는 청소년들 사이에서 소주에 타서 마시기도 하는데 정글쥬스라고도 한다.
> ㉣ S정(카리소프로돌)은 근골격계 질환치료제이며 과다복용시 사망까지 이를 수 있다.
> ㉤ L.S.D.는 우편 · 종이 등의 표면에 묻혔다가 뜯어서 입에 넣는 방법으로 복용하기도 한다.
> ㉥ 야바(YABA)는 카페인, 에페드린, 밀가루 등에 필로폰을 혼합한 것으로 순도가 낮다.
> ㉦ 메스카린은 선인장인 페이요트에서 추출 · 합성한 향정신성 의약품이다.

① 4개 ② 5개

③ 6개 ④ 7개

정답 및 해설 I ④

㉠부터 ㉦까지 7개 모두 옳은 설명이다.

017 □□□ 마약류 관리에 관한 법률상 마약류에 대한 설명으로 가장 적절하지 않은 것은? 18. 경찰승진

① GHB는 무색무취의 짠맛이 나는 액체로 소다수 등 음료에 타서 복용하며, 근육강화 호르몬 분비효과가 있다.

② 카리소프로돌(일명 S정)은 내성이나 심리적 의존현상은 있지만 금단증상은 일으키지 않는다고 알려져 있으며, 일부 남용자들은 '플래시백 현상'을 일으키기도 한다.

③ 야바(YABA)는 카페인, 에페드린, 밀가루 등에 필로폰을 혼합한 것으로 원료가 화공약품이기 때문에 보다 안정적인 밀조가 가능하다.

④ 메스카린(Mescaline)은 미국의 텍사스나 멕시코 북부지역에서 자생하는 선인장인 페이요트에서 추출·합성한 향정신성의약품이다.

정답 및 해설 I ②

② [×] 일부 남용자들이 '플래시백 현상'을 일으키기도 하는 것은 L.S.D이다.

018 □□□ 향정신성 의약품 중 엑스터시(MDMA)에 대한 설명 중 옳고 그름의 표시(○, ×)가 바르게 된 것은? 18. 경찰승진

> ㉠ 1914년경 독일에서 식욕감퇴제로 개발되었다.
> ㉡ 강한 중추신경 억제성 진해작용이 있어 코데인 대용으로 널리 시판된다.
> ㉢ 기분이 좋아지는 약, 포옹마약(Hug Drug), 클럽마약, 도리도리 등으로 지칭된다.
> ㉣ '정글쥬스'라고도 하며 청소년들 사이에서 소주에 타서 마시기도 한다.
> ㉤ 복용자는 테크노·라이브·파티장 등에서 막대사탕을 물고 있거나 물을 자주 마시는 등의 행위를 한다.

① ㉠ (○), ㉡ (○), ㉢ (×), ㉣ (○), ㉤ (×)

② ㉠ (○), ㉡ (×), ㉢ (○), ㉣ (×), ㉤ (○)

③ ㉠ (×), ㉡ (×), ㉢ (○), ㉣ (×), ㉤ (○)

④ ㉠ (×), ㉡ (×), ㉢ (○), ㉣ (○), ㉤ (○)

정답 및 해설 I ②

㉠㉢㉤ [○] 엑스터시(MDMA)에 대한 설명이다.

㉡ [×] 강한 중추신경 억제성 진해작용이 있어 코데인 대용으로 널리 시판되는 것은 **덱스트로메트로판(일명 러미나)**에 대한 설명이다.

㉣ [×] '정글쥬스'라고도 하며 청소년들 사이에서 소주에 타서 마시기도 하는 것은 **덱스트로메트로판(일명 러미나)**에 대한 설명이다.

019 다음은 마약류에 대한 설명이다. 옳은 것으로 묶인 것은? 19. 경찰

□□□

> ㉠ 마약이라 함은 양귀비, 아편, 대마와 이로부터 추출되는 모든 알칼로이드로서 대통령령으로 정하는 것을 말한다.
> ㉡ GHB(일명 물뽕)는 무색 · 무취 · 무미의 액체로 유럽 등지에서 데이트 강간약물로도 불린다.
> ㉢ L.S.D는 곡물의 곰팡이, 보리 맥각에서 추출한 물질을 인공 합성시켜 만든 것으로 무색 · 무취 · 무미하다.
> ㉣ 코카인은 마약류 관리에 관한 법률에서 규제하는 향정신성의약품에 해당한다.
> ㉤ 마약성분을 갖고 있으나 다른 약들과 혼합되어 마약으로 다시 제조하거나 제제할 수 없고, 그것에 의하여 신체적 또는 정신적 의존성을 일으키지 아니하는 것으로서 총리령으로 정하는 것을 한외마약이라고 한다.
> ㉥ 한외마약은 코데날, 코데잘, 코데솔, 코데인, 유코데, 세코날 등이 있다.

① ㉠, ㉥ ② ㉡, ㉢

③ ㉢, ㉤ ④ ㉣, ㉤

정답 및 해설 | ③

옳은 설명은 ㉢㉤이다.

㉠ [×] 대마는 마약에 포함되지 않는다.

㉡ [×] GHB(일명 물뽕)는 무색 · 무취의 **짠맛**이 나는 액체로 유럽 등지에서 데이트 강간약물로도 불린다.

㉣ [×] 코카인은 마약류 관리에 관한 법률에서 규제하는 **천연마약**에 해당한다.

㉥ [×] 한외마약은 코데날, 코데잘, 코데솔, 유코데, 세코날 등이 있다. **코데인은** 천연마약에 해당한다.

020 마약류에 대한 설명으로 가장 적절한 것은? 20. 경찰승진

□□□

① 한외마약이란 일반약품에 마약성분을 미세하게 혼합한 약물로 신체적 · 정신적 의존성을 일으킬 염려가 없어 감기약 등으로 판매되는 합법의약품이다.

② 향정신성의약품 중 덱스트로메트로판은 강한 중추신경 억제성 진해작용이 있으며 의존성과 독성이 강하다.

③ 마약의 분류 중 합성마약으로는 헤로인, 옥시코돈, 하이드로폰 등이 있다.

④ GHB는 무색 · 무취의 짠맛이 나는 액체로 소다수 등의 음료에 타서 복용하며, 특히 미국, 유럽 등지에서 성범죄용으로 악용되어 '정글주스'라고도 불린다.

정답 및 해설 | ①

② [×] 향정신성의약품 중 덱스트로메트로판은 강한 중추신경 억제성 진해작용이 있으나 **의존성과 독성은 없다**.

③ [×] 마약의 분류 중 **반합성마약**으로는 헤로인, 옥시코돈, 하이드로폰 등이 있다.

④ [×] 정글주스라고 불리는 것은 **러미나(덱스트로메트로판)**이다. GHB는 '**물뽕**'이라고도 불린다.

021 마약류에 대한 설명으로 가장 적절한 것은? 20. 경찰

□□□

① 러미나(덱스트로메트로판)는 강한 중추신경 억제성 진해작용이 있으며, 의존성과 독성이 강한 특징이 있다.

② 카리소프로돌(일명 S정)은 골격근 이완의 효과가 있는 근골격계 질환치료제로서 과다복용시 인사불성, 혼수쇼크, 호흡저하, 사망에까지 이르게 할 수 있다.

③ GHB는 무색 · 무취 · 무미의 액체로 소다수 등 음료수에 타서 복용하여 '물 같은 히로뽕'이라는 뜻으로 일명 '물뽕'으로 불리고 있다.

④ 사이로시빈은 미국의 텍사스나 멕시코 북부지역에서 자생하는 선인장인 페이요트(Peyote)에서 추출합성한 향정신성의약품이다.

정답 및 해설 | ②

① [×] 러미나(덱스트로메트로판)는 강한 중추신경 억제성 진해작용이 있으며, **의존성과 독성이 거의 없다.**

③ [×] GHB는 무색 · 무취 · **짠맛**의 액체로 소다수 등 음료수에 타서 복용하여 일명 '물뽕'으로 불리고 있다.

④ [×] **메스카린**에 대한 설명이다.

022 마약류 관리에 관한 법률상 '대마'의 정의에 해당하지 않은 것은? 22. 법학경채

□□□

① 대마초와 그 수지(樹脂)

② 대마초와 그 수지(樹脂)와 동일한 화학적 합성품으로서 대통령령으로 정하는 것

③ 대마초 또는 그 수지를 원료로 하여 제조된 모든 제품

④ 대마초의 종자(種子) · 뿌리 및 성숙한 대마초의 줄기

정답 및 해설 | ④

④ [×] 대마초의 종자(種子) · 뿌리 및 성숙한 대마초의 줄기는 '대마'에 해당하지 않는다.

023 □□□ 다음은 마약류 관리에 관한 법률 및 동법 시행령상 마약류에 관한 설명이다. 〈보기 1〉의 설명과 〈보기 2〉 마약류의 품명이 가장 적절하게 연결된 것은? 23. 경찰

〈보기 1〉

㉠ 진해거담제로서 의사의 처방이 있으면 약국에서 구입 가능하고, 도취감과 환각작용을 느끼기 위해 사용량의 수십 배를 남용하는 경우도 있다. 청소년들이 소주에 타서 마시기도 하여 흔히 '정글주스'라고도 불린다.
㉡ 골격근 이완의 효과가 있는 근골격계 질환 치료제이며, 과다복용시 인사불성, 혼수쇼크, 호흡저하, 사망에까지 이를 수 있다.
㉢ 곡물의 곰팡이, 보리 맥각에서 추출 · 합성한 무색 · 무취 · 무미의 매우 강력한 환각제로, 내성은 있으나 금단증상은 일으키지 않는다고 알려져 있다.
㉣ 페놀계 화합물로 흔히 수면마취제라고 불리는 정맥마취제로서 수면내시경검사 마취 등에 사용되고, 환각제 대용으로 오남용되는 사례가 있으며, 정신적 의존성을 유발하기도 한다.

〈보기 2〉

ⓐ 카리소프로돌(S정)
ⓑ 프로포폴
ⓒ LSD
ⓓ 덱스트로메트로판(러미나)

① ㉠ – ⓓ ㉡ – ⓒ ㉢ – ⓐ ㉣ – ⓑ
② ㉠ – ⓓ ㉡ – ⓐ ㉢ – ⓒ ㉣ – ⓑ
③ ㉠ – ⓒ ㉡ – ⓑ ㉢ – ⓓ ㉣ – ⓐ
④ ㉠ – ⓓ ㉡ – ⓐ ㉢ – ⓑ ㉣ – ⓒ

정답 및 해설 I ②

㉠은 ⓓ 덱스트로메트로판(러미나)에 관한 설명이고, ㉡은 ⓐ 카리소프로돌(S정), ㉢은 ⓒ L.S.D, ㉣은 ⓑ 프로포폴(propopol)에 관한 설명이다.

024 □□□ 마약류에 관한 설명으로 가장 적절하지 않은 것은? (다툼이 있는 경우 판례에 의함) 24. 경찰승진

① 마약류 매매 여부가 쟁점이 된 사건에서 매도인으로 지목된 피고인이 수수사실을 부인하고 있고 이를 뒷받침할 금융자료 등 객관적 물증이 없는 경우, 마약류를 매수하였다는 사람의 진술만으로 유죄를 인정하기 위해서는 그 사람의 진술이 증거능력이 있어야 함은 물론 합리적인 의심을 배제할 만한 신빙성이 있어야 한다.
② 「마약류 관리에 관한 법률」 제2조에 따르면 '원료물질'이란 마약류가 아닌 물질 중 마약 또는 향정신성의약품의 제조에 사용되는 물질로서 대통령령으로 정하는 것을 말한다.
③ 프로포폴은 페놀계 화합물로 흔히 수면마취제라고 불리는 정맥마취제로서 수면내시경 등에 사용되나, 환각제 대용으로 오남용되는 사례가 있으며, 정신적 의존성을 유발하기도 하여 향정신성의약품으로 지정되어 관리되고 있다.
④ GHB는 사용 후 통상적으로 15분 후에 효과가 발현되고 그 효과는 3시간 정도 지속되며 무색, 무취, 무미의 액체로 유럽 등지에서 데이트 강간약물로도 불린다.

정답 및 해설 | ④

④ [×] GHB(물뽕)는 사용 후 통상적으로 15분 후에 효과가 발현되고 그 효과는 3시간 정도 지속되며 무색, 무취, **짠맛**(무미 ×)의 액체로 유럽 등지에서 데이트 강간약물로도 불린다.

025 112치안종합상황실 운영 및 신고처리 규칙에 관한 설명 중 가장 적절하지 않은 것은? 22. 경찰

□□□

① 시·도경찰청장 및 경찰서장이 112요원을 배치할 때에는 관할구역 내 지리감각, 언어 능력 및 상황 대처능력이 뛰어난 경찰공무원을 선발·배치하여야 하며, 근무기간은 1년 이상으로 한다.

② 112요원은 접수한 신고의 내용이 code 4의 유형에 해당하는 경우에는 출동요소에 지령하지 않고 자체 종결하거나 소관기관이나 담당 부서에 신고내용을 통보하여 처리하도록 조치하여야 한다.

③ 112신고 이외 경찰관서별 일반전화 또는 직접 방문 등으로 경찰관의 현장출동을 필요로 하는 사건의 신고를 한 경우 해당신고를 받은 자가 접수한다. 이때 접수한 자는 112시스템에 신고내용을 입력하여야 한다.

④ 112치안종합상황실 자료 중 접수처리 입력자료는 1년간 보존하고, 무선지령내용 녹음자료는 24시간 녹음하고 3개월간 보존한다.

정답 및 해설 | ①

① [×] 시·도경찰청장 및 경찰서장이 112요원을 배치할 때에는 관할구역 내 지리감각, 언어 능력 및 상황 대처능력이 뛰어난 경찰공무원을 선발·배치하여야 하며, 근무기간은 **2년 이상**으로 한다(동규칙 제6조 제2항).

026 112치안종합상황실 운영 및 신고처리 규칙에 관한 내용 중 가장 적절하지 않은 것은? 24. 경찰승진

□□□

① 즉각적인 현장조치는 불필요하나 수사, 전문상담 등에 필요한 경우는 112신고의 분류 중 code 3 신고로 분류한다.

② 현장 출동 경찰관은 접수자가 112신고의 대응코드를 분류한 경우라도 추가 사실을 확인하여 코드를 변경할 수 있다.

③ 112요원은 사건이 해결된 경우라면 타 부서의 계속적 조치가 필요하더라도 별도의 인계없이 112신고처리를 종결할 수 있다.

④ 112신고의 처리와 관련하여 출동요소는 현장 상황이 급박하여 신속한 현장 조치가 필요한 경우 우선 조치 후 보고할 수 있다.

정답 및 해설 | ③

③ [×] 112요원은 사건이 해결된 경우라도 타 부서의 계속적 조치가 필요한 경우 **해당부서에 사건을 인계한 이후 종결하여야 한다**(동 규칙 제17조).

027 「112치안종합상황실 운영 및 신고처리 규칙」에 관한 설명으로 가장 적절한 것은? 24. 경찰승진

□□□

① 112신고 접수 및 무선지령내용 녹음자료는 24시간 녹음하고 2개월간 보존한다.

② 접수자는 신고내용을 토대로 강력범죄 현행범인 등 실시간 전파가 필요한 경우에는 112신고의 대응코드 중 code 1 신고로 분류한다.

③ 접수자는 불완전 신고로 인해 정확한 신고내용을 파악하기 힘든 경우라도 신속한 처리를 위해 우선 임의의 코드로 분류하여 하달할 수 있다

④ 112요원은 접수한 신고의 내용이 code 3 신고의 유형에 해당하는 경우에는 출동요소에 지령하지 않고 자체 종결하거나, 소관기관이나 담당 부서에 신고내용을 통보하여 처리하도록 조치해야 한다.

정답 및 해설 I ③

① [×] 112신고 접수 및 무선지령내용 녹음자료는 24시간 녹음하고 **3개월간** 보존한다(동규칙 제24조 제1항).

② [×] 접수자는 신고내용을 토대로 강력범죄 현행범인 등 실시간 전파가 필요한 경우에는 112신고의 대응코드 중 **code 0** 신고로 분류한다(동규칙 제9조 제2항).

④ [×] 112요원은 접수한 신고의 내용이 **code 4** 신고의 유형에 해당하는 경우에는 출동요소에 지령하지 않고 자체 종결하거나, 소관기관이나 담당 부서에 신고내용을 통보하여 처리하도록 조치해야 한다(동규칙 제9조 제2항).

028 「경찰수사규칙」과 「범죄수사규칙」이 규정하고 있는 외국인에 대한 조사 및 수사에 관한 내용으로 가장 적절하지 않은 것은? 23. 경찰

□□□

① 경찰관은 대한민국의 영해에 있는 외국 선박 내에서 발생한 범죄로서 대한민국 육상이나 항내의 안전을 해할 때, 승무원 이외의 사람이나 대한민국의 국민에 관계가 있을 때 또는 중대한 범죄가 행하여졌을 때는 수사를 하여야 한다.

② 사법경찰관리는 외국인을 조사하는 경우에는 조사를 받는 외국인이 이해할 수 있는 언어로 통역해주어야 한다.

③ 사법경찰관은 주한 미합중국 군대의 구성원 · 외국인군무원 및 그 가족이나 초청계약자의 범죄 관련 사건을 인지하거나 고소 · 고발 등을 수리한 때에는 7일 이내에 한미행정협정사건 통보서를 미군 당국에게 통보해야 한다.

④ 경찰관은 외국군함에 속하는 군인이나 군속이 그 군함을 떠나 대한민국의 영해 또는 영토 내에서 죄를 범한 경우에는 신속히 국가수사본부장에게 보고하여 그 지시를 받아야 한다. 다만, 현행범 그 밖의 급속을 요하는 때에는 체포 그 밖의 수사상 필요한 조치를 한 후 신속히 국가수사본부장에게 보고하여 그 지시를 받아야 한다.

정답 및 해설 I ③

③ [×] 사법경찰관은 주한 미합중국 군대의 구성원 · 외국인군무원 및 그 가족이나 초청계약자의 범죄 관련 사건을 인지하거나 고소 · 고발 등을 수리한 때에는 7일 이내에 별지 제95호 서식의 한미행정협정사건 통보서를 검사(**미군 당국 ×**)에게 통보해야 한다(경찰수사규칙 제92조 제1항).

029 다음 설명 중 가장 적절하지 않은 것은? 24. 경찰승진

□□□

① 「경찰수사규칙」에 따르면 사법경찰관리는 외국인을 체포·구속하는 경우 국내 법령을 위반하지 않는 범위에서 영사관원과 자유롭게 접견·교통할 수 있고, 체포·구속된 사실을 영사기관에 통보해 줄 것을 요청할 수 있다는 사실을 알려야 한다.

② 「경찰수사규칙」에 따르면 사법경찰관리는 외국인 변사사건이 발생한 경우에는 영사기관 사망 통보서를 작성하여 지체 없이 검사에게 통보해야 한다.

③ 「범죄수사규칙」에 따르면 경찰관은 외국군함에 관하여는 해당 군함의 함장의 청구가 있는 경우 외에는 이에 출입해서는 아니 된다.

④ 「범죄수사규칙」에 따르면 경찰관은 총영사, 영사 또는 부영사의 사무소는 해당 영사의 청구나 동의가 있는 경우 외에는 이에 출입해서는 아니 된다.

정답 및 해설 I ②

② [×] 「경찰수사규칙」에 따르면 사법경찰관리는 외국인 변사사건이 발생한 경우에는 영사기관 사망 통보서를 작성하여 지체 없이 해당 영사기관(검사 ×)에 통보해야 한다(동규칙 제91조 제4항).

제3장 | 교통경찰

제1절 | 도로교통법

001 도로교통법상 용어의 정의이다. 옳은 것은 모두 몇 개인가? 11. 경찰간부

□□□

㉠ 고속도로란 자동차의 고속교통에만 사용하기 위하여 지정된 도로
㉡ 차로란 연석선, 안전표지 그 밖의 이와 비슷한 공작물로써 그 경계를 표시하여 모든 차의 교통에 사용하도록 된 도로의 부분
㉢ 차선이란 차도와 차도를 구분하기 위하여 그 경계지점을 안전표지에 의하여 표시한 선
㉣ 안전지대란 도로를 횡단하는 보행자나 통행하는 차마의 안전을 위하여 안전표지나 그와 비슷한 공작물로써 표시한 도로의 부분
㉤ 길가장자리구역이란 보도와 차도가 구분된 도로에서 보행자의 안전을 확보하기 위하여 안전표지 등으로 그 경계를 표시한 도로의 가장자리 부분
㉥ 자동차 전용도로란 자동차 등이 다닐 수 있도록 설치된 도로

① 2개 ② 3개
③ 4개 ④ 5개

정답 및 해설 | ①

옳은 설명은 ㉠㉣ 2개이다.

㉡ [×] '차도'에 대한 설명이다(도로교통법 제2조 제4호). '차로'란 차선에 의하여 구분되는 차도의 부분을 말한다(도로교통법 제2조 제6호).

㉢ [×] 차선이란 '차로와 차로'를 구분하기 위하여 그 경계지점을 안전표지에 의하여 표시한 선을 말한다(도로교통법 제2조 제7호).

㉤ [×] 길가장자리구역이란 보도와 차도가 구분되지 아니한 도로에서 보행자의 안전을 확보하기 위하여 안전표지 등으로 그 경계를 표시한 도로의 가장자리 부분을 말한다(도로교통법 제2조 제11호).

㉥ [×] 자동차 전용도로란 자동차만이 다닐 수 있도록 설치된 도로를 말한다(도로교통법 제2조 제2호).

002 도로교통법 제2조에서 규정하고 있는 용어의 정의로 가장 적절하지 않은 것은? 13. 경찰

□□□

① '교차로'란 '十'자로, 'T'자로나 그 밖에 둘 이상의 도로(보도와 차도가 구분되어 있는 도로에서는 차도를 말한다)가 교차하는 부분을 말한다.

② '신호기'란 도로교통에서 문자 · 기호 또는 등화를 사용하여 진행 · 정지 · 방향전환 · 주의 등의 신호를 표시하기 위하여 사람이나 전기의 힘으로 조작하는 장치를 말한다.

③ '주차'란 운전자가 승객을 기다리거나 화물을 싣거나 차가 고장나거나 그 밖의 사유로 차를 계속 정지 상태에 두는 것 또는 운전자가 차에서 떠나서 즉시 그 차를 운전할 수 없는 상태에 두는 것을 말한다.

④ '보도'란 보행자만 다닐 수 있도록 안전표지나 그와 비슷한 인공구조물로 표시한 도로를 말한다.

정답 및 해설 I ④

④ [×] '보행자전용도로'에 대한 설명이다. '보도'란 연석선, 안전표지나 그와 비슷한 인공구조물로 경계를 표시하여 보행자(유모차, 보행보조용 의자차, 노약자용 보행기 등 행정안전부령으로 정하는 기구 · 장치를 이용하여 통행하는 사람을 포함한다)가 통행할 수 있도록 한 도로의 부분을 말한다(도로교통법 제2조 제10호).

003 도로교통법상 용어의 정의와 관련된 다음 기술 중 옳지 않은 것은 모두 몇 개인가? 12. 경찰간부

□□□

㉠ 도로란 도로법에 따른 도로, 유료도로법에 따른 유료도로, 농어촌도로 정비법에 따른 도로에 한정된다. ㉡ 견인된 자동차도 '자동차 일부'로 본다. ㉢ 원동기장치자전거는 '자동차'에 해당한다. ㉣ 건설기계와 자전거도 '차'에 해당한다. ㉤ 도로교통법상 '어린이'는 13세 미만, '유아'는 6세 미만, '노인'은 65세 이상의 사람을 말한다. ㉥ '초보운전자'란 처음 운전면허를 받은 날부터 1년이 지나지 아니한 사람을 말한다. ㉦ '중앙선'의 표시방법은 황색 실선과 황색 점선으로 한정한다. ㉧ '정차'란 차의 운전자가 그 차의 바퀴를 일시적으로 완전히 정지시키는 것을 말한다.

① 3개 ② 4개

③ 5개 ④ 6개

정답 및 해설 I ③

옳지 않은 것은 ㉠㉢㉥㉦㉧ 5개이다.

㉠ [×] 도로란 도로법에 따른 도로, 유료도로법에 따른 유료도로, 농어촌도로 정비법에 따른 농어촌도로, 그 밖에 현실적으로 불특정 다수의 사람 또는 차마가 통행할 수 있도록 공개된 장소로서 안전하고 원활한 교통을 확보할 필요가 있는 장소를 도로교통법상 도로라 한다(도로교통법 제2조 제1호).

㉢ [×] 원동기장치자전거는 자동차가 아니라 '자동차 등'에 해당한다(도로교통법 제2조 제21호).

㉥ [×] '초보운전자'란 처음 운전면허를 받은 날부터 2년이 지나지 아니한 사람을 말한다(도로교통법 제2조 제27호).

㉦ [×] '중앙선'의 표시방법은 황색 실선과 황색 점선으로 한정되지 않는다. 도로교통법상 '중앙선'이란 차마의 통행 방향을 명확하게 구분하기 위하여 도로에 황색 실선이나 황색 점선 등의 안전표지로 표시한 선 또는 중앙분리대나 울타리 등으로 설치한 시설물을 말한다(도로교통법 제2조 제5호).

㉧ [×] '일시정지'에 대한 설명이다. '정차'란 운전자가 5분을 초과하지 아니하고 차를 정지시키는 것으로서 주차 외의 정지상태를 말한다(도로교통법 제2조 제25호).

004 도로교통법에서 규정하고 있는 용어에 대한 정의로 가장 적절하지 않은 것은? 14 · 15. 경찰

□□□

① 자동차전용도로란 자동차만 다닐 수 있도록 설치된 도로를 말한다.

② 고속도로란 자동차의 고속 운행에만 사용하기 위하여 지정된 도로를 말한다.

③ 길가장자리구역이란 보도와 차도가 구분된 도로에서 보행자의 안전을 확보하기 위하여 안전표지 등으로 경계를 표시한 도로의 가장자리 부분을 말한다.

④ 안전지대란 도로를 횡단하는 보행자나 통행하는 차마의 안전을 위하여 안전표지나 이와 비슷한 인공구조물로 표시한 도로의 부분을 말한다.

정답 및 해설 I ③

③ [×] '길가장자리구역'이란 **보도와 차도가 구분되지 않는 도로**에서 보행자의 안전을 확보하기 위하여 안전표지 등으로 경계를 표시한 도로의 가장자리 부분을 말한다(도로교통법 제2조 제11호).

005 도로교통법상 용어의 정의에 대한 다음 설명 중 가장 옳지 않은 것은? 16. 경찰간부 변형

□□□

① '길가장자리구역'이란 보도와 차도가 구분되지 아니한 도로에서 보행자의 안전을 확보하기 위하여 안전표지 등으로 경계를 표시한 도로의 가장자리 부분을 말한다.

② '고속도로'란 자동차의 고속 운행에만 사용하기 위하여 지정된 도로를 말한다.

③ '긴급자동차'란 소방차, 구급차, 혈액 공급차량, 그 밖에 대통령령으로 정하는 자동차로서 그 본래의 긴급한 용도로 사용되고 있는 자동차를 말한다.

④ '보도(步道)'란 연석선, 안전표지나 그와 비슷한 인공구조물로 경계를 표시하여 보행자(유모차, 보행보조용 의자차, 노약자용 보행기 등 행정안전부령으로 정하는 기구 · 장치를 이용하여 통행하는 사람을 제외한다)가 통행할 수 있도록 한 도로의 부분을 말한다.

정답 및 해설 I ④

④ [×] '보도'란 연석선, 안전표지나 그와 비슷한 인공구조물로 경계를 표시하여 보행자(유모차, 보행보조용 의자차, 노약자용 보행기 등 행정안전부령으로 정하는 기구 · 장치를 이용하여 통행하는 사람을 **포함**한다)가 통행할 수 있도록 한 도로의 부분을 말한다(도로교통법 제2조 제10호).

006 도로교통법상 용어의 정의에 대한 설명으로 가장 적절하지 않은 것은? 17. 경찰승진 변형

□□□

① '차도'란 연석선(차도와 보도를 구분하는 돌 등으로 이어진 선을 말한다), 안전표지 또는 그와 비슷한 인공구조물을 이용하여 경계를 표시하여 모든 차가 통행할 수 있도록 설치된 도로의 부분을 말한다.

② '길가장자리구역'이란 보도와 차도가 구분되지 아니한 도로에서 보행자의 안전을 확보하기 위하여 안전표지 등으로 경계를 표시한 도로의 가장자리 부분을 말한다.

③ '정차'란 운전자가 5분을 초과하지 아니하고 차를 정지시키는 것으로서 주차 외의 정지상태를 말한다.

④ '원동기장치자전거'라 함은 자동차관리법 제3조의 규정에 의한 이륜자동차 중 배기량 125cc 이하(전기를 동력으로 하는 경우에는 최고정격출력 11kw 이하)의 이륜자동차와 50cc 이하의 원동기를 단 차를 말한다.

정답 및 해설 | ④

④ [×] '원동기장치자전거'라 함은 자동차관리법 제3조에 따른 이륜자동차 가운데 배기량 125cc 이하의 이륜자동차(전기를 동력으로 하는 경우에는 최고정격출력 11kw 이하)와 **125cc 이하의 원동기**를 단 차를 말한다(도로교통법 제2조 제19호).

007 도로교통법 제2조 용어의 정의에 대한 설명으로 가장 적절하지 않은 것은? 17. 경찰

□□□

① '자전거횡단보도'란 자전거 및 개인형 이동장치가 일반도로를 횡단할 수 있도록 안전표지로 표시한 도로의 부분을 말한다.

② '교차로'란 '十'자로, 'T'자로나 그 밖에 둘 이상의 도로(보도와 차도가 구분되어 있는 도로에서는 차도를 말한다)가 교차하는 부분을 말한다.

③ '길가장자리구역'이란 보도와 차도가 구분되어 있는 도로에서 보행자의 안전을 확보하기 위하여 안전표지 등으로 경계를 표시한 도로의 가장자리 부분을 말한다.

④ '안전표지'란 교통안전에 필요한 주의 · 규제 · 지시 등을 표시하는 표지판이나 도로의 바닥에 표시하는 기호 · 문자 또는 선 등을 말한다.

정답 및 해설 | ③

③ [×] '길가장자리구역'이란 **보도와 차도가 구분되지 않는 도로**에서 보행자의 안전을 확보하기 위하여 안전표지 등으로 경계를 표시한 도로의 가장자리 부분을 말한다(도로교통법 제2조 제11호).

008 도로교통법에 대한 설명이다. 아래 ㉠부터 ㉤까지 설명 중 옳고 그름의 표시(○, ×)가 바르게 된 것은?

22. 경찰간부

□□□

> ㉠ 보도란 연석선, 안전표시나 그와 비슷한 인공구조물로 경계를 표시하여 보행자(유모차와 보행보조용 의자차 제외)가 통행할 수 있도록 한 도로의 부분을 말한다.
> ㉡ 길가장자리구역이란 보도와 차도의 구분되지 않은 도로에서 보행자의 안전을 확보하기 위하여 안전표지 등으로 경계를 표시한 도로의 가장자리 부분을 말한다.
> ㉢ 자동차란 철길이나 가설된 선을 이용하지 아니하고 원동기를 사용하여 운전되는 차로서 승용자동차, 승합자동차, 화물자동차, 특수자동차, 이륜자동차, 원동기장치자전거와 건설기계를 말한다.
> ㉣ 어린이의 보호자는 어린이가 행정안전부령으로 정하는 인명보호 장구를 착용한 경우를 제외하고 도로에서 개인형 이동장치를 운전하게 하여서는 아니된다.
> ㉤ 모범운전자란 동법에 따라 무사고운전자 또는 유공운전자의 표시장을 받거나 2년 이상 사업용 자동차 운전에 종사하면서 교통사고를 일으킨 전력이 없는 사람으로서 시 · 도경찰청장이 정하는 바에 따라 선발되어 교통안전 봉사활동에 종사하는 사람을 말한다.

① ㉠ (×), ㉡ (○), ㉢ (×), ㉣ (○) ㉤ (×)

② ㉠ (×), ㉡ (○), ㉢ (○), ㉣ (×) ㉤ (○)

③ ㉠ (×), ㉡ (×), ㉢ (×), ㉣ (○) ㉤ (×)

④ ㉠ (×), ㉡ (○), ㉢ (×), ㉣ (×) ㉤ (×)

정답 및 해설 I ④

㉠ [×] 보도란 연석선, 안전표시나 그와 비슷한 인공구조물로 경계를 표시하여 보행자(유모차와 보행보조용 의자차 **포함**)가 통행할 수 있도록 한 도로의 부분을 말한다.

㉢ [×] 자동차란 철길이나 가설된 선을 이용하지 아니하고 원동기를 사용하여 운전되는 차로서 승용자동차, 승합자동차, 화물자동차, 특수자동차, 이륜자동차(**원동기장치자전거 ×**)와 **건설기계관리법 제26조 제1항 단서**에 따른 건설기계를 말한다. 원동기장치자전거는 (자동차) **등**에 해당한다.

㉣ [×] 어린이의 보호자는 어린이가 (**행정안전부령으로 정하는 인명보호 장구를 착용한 경우를 제외 ×**) 도로에서 개인형 이동장치를 운전하게 하여서는 아니된다.

㉤ [×] 모범운전자란 동법에 따라 무사고운전자 또는 유공운전자의 표시장을 받거나 2년 이상 사업용 자동차 운전에 종사하면서 교통사고를 일으킨 전력이 없는 사람으로서 **경찰청장(시 · 도경찰청장 ×)**이 정하는 바에 따라 선발되어 교통안전 봉사활동에 종사하는 사람을 말한다.

009 안전표지 중 다음 설명에 해당하는 것으로 가장 적절한 것은?

□□□ 16. 경찰승진

도로의 통행방법 · 통행구분 등 도로교통의 안전을 위하여 필요한 지시를 하는 경우에 도로사용자가 이에 따르도록 알리는 표지

① 주의표지
② 보조표지
③ 규제표지
④ 지시표지

정답 및 해설 I ④

④ [○] 해당 지문은 **지시표지**에 관한 설명이다(도로교통법 시행규칙 제8조 제1항 제3호).

010 도로교통법 시행규칙상 안전표지에 대한 설명으로 가장 적절하지 않은 것은?

□□□ 17. 경찰승진

① 노면표시 – 도로교통의 안전을 위하여 각종 주의 · 규제 · 지시 등의 내용을 노면에 기호 · 문자 또는 선으로 도로사용자에게 알리는 표지

② 규제표지 – 도로교통의 안전을 위하여 각종 제한 · 금지 등의 규제를 하는 경우에 이를 도로사용자에게 알리는 표지

③ 지시표지 – 도로의 통행방법 · 통행구분 등 도로교통의 안전을 위하여 필요한 지시를 하는 경우에 도로사용자가 이에 따르도록 알리는 표지

④ 보조표지 – 도로상태가 위험하거나 도로 또는 그 부근에 위험물이 있는 경우에 필요한 안전조치를 할 수 있도록 이를 도로사용자에게 알리는 표지

정답 및 해설 I ④

④ [×] **주의표지**에 대한 설명이다. **보조표지**란 주의표지 · 규제표지 또는 지시표지의 주기능을 **보충**하기 위하여 도로사용자에게 알리는 표지를 말한다(도로교통법 시행규칙 제8조 제1호 · 제4호).

011 □□□ 도로교통법 시행규칙상 도로상태가 위험하거나 도로 또는 그 부근에 위험물이 있는 경우에 필요한 안전조치를 할 수 있도록 이를 도로사용자에게 알리는 '안전표지'는 무엇인가? 19. 경찰간부

① 규제표지　　② 지시표지
③ 주의표지　　④ 보조표지

정답 및 해설 | ③
③ [○] 해당 지문은 **주의표지**에 대한 설명이다(도로교통법 시행규칙 제8조 제1호).

012 도로교통법 시행규칙상 안전표지에 대한 설명 중 적절하지 않은 것을 모두 고른 것은? 20. 경찰

> ㉠ 보조표지 – 도로상태가 위험하거나 도로 또는 그 부근에 위험물이 있는 경우에 필요한 안전조치를 할 수 있도록 이를 도로사용자에게 알리는 표지
> ㉡ 규제표지 – 도로교통의 안전을 위하여 각종 제한 · 금지 등의 규제를 하는 경우에 이를 도로사용자에게 알리는 표지
> ㉢ 노면표시 – 주의표지 · 규제표지 또는 지시표지의 주기능을 보충하여 도로사용자에게 알리는 표지
> ㉣ 지시표지 – 도로의 통행방법 · 통행구분 등 도로교통의 안전을 위하여 필요한 지시를 하는 경우에 도로사용자가 이에 따르도록 알리는 표지

① ㉠, ㉡　　② ㉡, ㉢
③ ㉠, ㉢　　④ ㉡, ㉣

정답 및 해설 | ③
적절하지 않은 것은 ㉠㉢이다.
㉠ [×] 주의표지에 대한 설명이다.
㉢ [×] 보조표지에 대한 설명이다.

☑ 안전표지의 종류

구분	내용
주의표지	도로상태가 **위험**하거나 도로 또는 그 부근에 **위험물**이 있는 경우에 필요한 안전조치를 할 수 있도록 이를 도로사용자에게 알리는 표지
규제표지	도로교통의 안전을 위하여 각종 **제한 · 금지 등의 규제**를 하는 경우에 이를 도로사용자에게 알리는 표지
지시표지	도로의 통행방법 · 통행구분 등 **도로교통의 안전을 위하여 필요한 지시**를 하는 경우에 도로사용자가 이에 따르도록 알리는 표지
보조표지	주의표지 · 규제표지 또는 지시표지의 주기능을 **보충**하여 도로사용자에게 알리는 표지
노면표시	도로교통의 안전을 위하여 각종 주의 · 규제 · 지시 등의 내용을 **노면**에 기호 · 문자 또는 선으로 도로사용자에게 알리는 표지

013 다음 긴급자동차에 대한 설명으로 틀린 것은? 09. 경찰

□□□

① 긴급자동차는 긴급하고 부득이한 경우 도로의 중앙이나 좌측 부분을 통행할 수 있다.

② 모든 긴급자동차에 대하여는 앞지르기 금지시기 및 장소, 앞지르기방법, 끼어들기의 금지 등에 관한 규정을 적용하지 아니한다.

③ 민방위업무를 수행하는 기관에서 긴급예방 또는 복구를 위한 출동에 사용되는 자동차는 이를 사용하는 사람 또는 기관 등의 신청에 의하여 시 · 도경찰청장이 지정하는 경우에 한해 긴급자동차의 특례를 적용받을 수 있다.

④ 시 · 도경찰청장은 지정받은 긴급자동차가 색칠 · 사이렌 또는 경광등이 도로교통법 시행령 제3조 제1항에 따른 자동차안전기준에 규정된 긴급자동차에 관한 구조에 적합하지 아니한 경우 그 지정을 취소할 수 있다.

정답 및 해설 I ②

② [×] 긴급자동차에 대하여는 앞지르기 금지시기 및 장소, 끼어들기의 금지 등에 관한 규정을 적용하지 아니한다. **앞지르기방법은 소방차, 구급차, 혈액공급차량과 대통령령으로 정하는 경찰용 자동차에 대해서만 적용하지 아니한다**(도로교통법 제30조).

014 도로교통법상 긴급자동차로 간주되는 자동차에 해당하지 않는 것은? 14. 경찰간부

□□□

① 경찰용의 긴급자동차에 의하여 유도되고 있는 자동차

② 국군 및 주한국제연합군용의 긴급자동차에 의하여 유도되고 있는 국군 및 주한국제연합군의 자동차

③ 자동차의 색칠 · 사이렌 또는 경광등이 자동차안전기준에 규정된 긴급자동차에 관한 구조에 적합한 자동차

④ 생명이 위급한 환자나 부상자 또는 수혈을 위한 혈액을 운반 중인 자동차

정답 및 해설 I ③

③ [×] 자동차의 색칠 · 사이렌 또는 경광등이 자동차안전기준에 규정된 긴급자동차에 관한 구조에 적합한 자동차는 **긴급자동차에 해당하지 않는다.**

015 도로교통법 및 동법 시행령상 긴급자동차에 대한 설명이다. 가장 적절한 것은? 14. 경찰승진

□□□

① 우편물 운송에 사용되는 자동차 중 긴급배달 우편물의 운송에 사용되는 자동차는 경찰서장의 지정을 받아야만 긴급자동차로 인정된다.

② 긴급자동차는 교차로에서의 우선통행권을 갖고, 긴급하고 부득이한 경우에는 도로의 우측 부분을 통행할 수 있다.

③ 정지하여야 할 경우에도 교통의 안전에 주의하면서 정지하지 않고 통행할 수 있다.

④ 긴급자동차는 자동차 등의 속도제한, 앞지르기의 방법, 끼어들기의 금지의 적용을 받지 않는다. 다만, 본래의 긴급한 용도로 사용 중인 때에 한한다.

정답 및 해설 I ③

① [×] 우편물 운송에 사용되는 자동차 중 긴급배달 우편물의 운송에 사용되는 자동차는 시 · **도경찰청장**의 지정을 받아야만 긴급자동차로 인정된다(도로교통법 시행령 제2조 제1항 제10호).

② [×] 긴급자동차는 교차로에서의 우선통행권을 갖고, 긴급하고 부득이한 경우에는 **도로의 중앙이나 좌측 부분을 통행할 수 있다**(도로교통법 제29조 제1항).

④ [×] 긴급자동차는 자동차 등의 속도제한, 끼어들기의 금지의 적용을 받지 않는다. 다만, 본래의 긴급한 용도로 사용 중인 때에 한한다. **앞지르기의 방법의 경우는 소방차, 구급차, 혈액공급차량과 대통령령으로 정하는 경찰용 자동차에 대해서만 적용하지 아니한다**(도로교통법 제30조).

016 도로교통법상 긴급자동차에 대한 설명으로 가장 적절한 것은? 14. 경찰승진

□□□

① 긴급자동차의 운전자가 교통사고를 일으킨 경우에는 그 긴급활동의 시급성과 불가피성 등 정상을 참작하여 도로교통법 제151조 또는 교통사고처리 특례법 제3조 제1항에 따른 형을 감경하거나 면제한다.

② 긴급자동차는 자동차의 속도제한, 앞지르기의 방법, 끼어들기의 금지의 적용을 받지 않는다.

③ 긴급자동차는 긴급하고 부득이한 경우에는 도로의 중앙이나 좌측 부분을 통행하여야 한다.

④ 소방차라 하더라도 그 본래의 긴급한 용도로 사용되고 있는 경우에만 긴급자동차에 해당된다.

정답 및 해설 I ④

① [×] 긴급자동차(소방차, 구급차, 혈액공급차량과 대통령령으로 정하는 경찰용 자동차만 해당한다)의 운전자가 그 차를 본래의 긴급한 용도로 운행하는 중에 교통사고를 일으킨 경우에는 그 긴급활동의 시급성과 불가피성 등 정상을 참작하여 도로교통법 제151조 또는 교통사고처리 특례법 제3조 제1항에 따른 형을 **감경하거나 면제할 수 있다**(도로교통법 제158조의2).

② [×] 긴급자동차는 **앞지르기의 방법에 대해서는 소방차, 구급차, 혈액공급차량과 대통령령으로 정하는 경찰용 자동차에 대해서만 적용하지 아니한다**(도로교통법 제30조).

③ [×] 긴급자동차는 긴급하고 부득이한 경우에는 도로의 **중앙이나 좌측 부분을 통행할 수 있다**(도로교통법 제29조 제1항).

017 도로교통법령상 '국내외 요인에 대한 경호업무 수행에 공무로 사용되는 자동차'에 대한 특례로서 해당 긴급자동차에 적용하지 않는 사항들은 모두 몇 개인가? 22. 경찰간부

□□□

㉠ 도로교통법 제17조에 따른 자동차 등의 속도 제한 ㉡ 도로교통법 제23조에 따른 끼어들기 금지 ㉢ 도로교통법 제19조에 따른 안전거리 확보 등 ㉣ 도로교통법 제33조에 따른 주차금지 ㉤ 도로교통법 제21조 제1항에 따른 앞지르기 방법 등

① 2개　　② 3개

③ 4개　　④ 5개

정답 및 해설 I ①

적용되지 않는 것은 ㉠㉡ 2개이다. '국내 외 요인에 대한 경호업무 수행에 공무로 사용되는 자동차'는 경찰용 긴급자동차가 아니므로 속도위반, 앞지르기의 금지(시기 및 장소), 끼어들기의 금지에 대한 특례만 인정된다. 따라서 **도로교통법 제17조에 따른 자동차 등의 속도 제한**(㉠)과 **도로교통법 제23조에 따른 끼어들기 금지**(㉡)만 적용되지 않는다.

018 도로교통법상 자전거 등과 관련된 설명으로 가장 적절하지 않은 것은?

□□□ 13. 경찰 변형

① '자전거 등의 운전자는 자전거에 어린이를 태우고 운전할 때에는 그 어린이에게 행정안전부령으로 정하는 인명보호장구를 착용하도록 하여야 한다.

② 자전거 등의 운전자는 안전표지로 통행이 허용된 경우를 제외하고는 2대 이상이 나란히 차도를 통행하여서는 아니 된다.

③ 자전거 등의 운전자는 약물의 영향과 그 밖의 사유로 정상적으로 운전하지 못할 우려가 있는 상태에서 자전거 등을 운전하여서는 아니 된다.

④ 자전거 등의 운전자가 횡단보도를 이용하여 도로를 횡단할 때에는 보행자의 통행에 방해가 되지 않도록 서행하여야 한다.

정답 및 해설 I ④

④ [×] 자전거 등의 운전자가 횡단보도를 이용하여 도로를 횡단할 때에는 자전거 등에서 **내려서 자전거 등을 끌거나 들고 보행하여야 한다**(도로교통법 제13조의2 제6항).

019 도로교통법상 자전거 등의 통행방법에 대한 설명으로 가장 적절하지 않은 것은?

□□□ 18. 경찰승진 변형

① 자전거 등의 운전자는 자전거도로(도로교통법 제15조 제1항에 따라 자전거만 통행할 수 있도록 설치된 전용차로를 포함한다)가 따로 있는 곳에서는 그 자전거도로로 통행할 수 있다.

② 자전거 등의 운전자는 자전거도로가 설치되지 아니한 곳에서는 도로 우측 가장자리에 붙어서 통행하여야 한다.

③ 자전거 등의 운전자는 안전표지로 통행이 허용된 경우를 제외하고는 2대 이상이 나란히 차도를 통행하여서는 아니 된다.

④ 자전거 등의 운전자가 횡단보도를 이용하여 도로를 횡단할 때에는 자전거 등에서 내려서 자전거 등을 끌거나 들고 보행하여야 한다.

정답 및 해설 I ①

① [×]

> 도로교통법 제13조의2 【자전거 등의 통행방법의 특례】 ① 자전거 등의 운전자는 자전거도로(제15조 제1항에 따라 자전거만 통행할 수 있도록 설치된 전용차로를 포함한다. 이하 이 조에서 같다)가 따로 있는 곳에서는 **그 자전거도로로 통행하여야 한다.**

020 □□□ 도로교통법상 자전거 등과 관련된 다음 설명 중 옳은 것은 모두 몇 개인가? 18. 경찰간부 변형

> ㉠ 자전거 등의 운전자는 자전거도로가 설치되지 아니한 곳에서는 도로 좌측 가장자리에 붙어서 통행하여야 한다.
> ㉡ 자전거 등의 운전자는 길가장자리구역(안전표지로 자전거의 통행을 금지한 구간은 제외한다)을 통행할 수 있다. 이 경우 자전거 등의 운전자는 보행자의 통행에 방해가 될 때에는 서행하거나 일시정지하여야 한다.
> ㉢ 자전거 등의 운전자는 안전표지로 통행이 허용된 경우를 제외하고는 2대 이상이 나란히 차도를 통행하여서는 아니 된다.
> ㉣ 자전거 등의 운전자가 횡단보도를 이용하여 도로를 횡단할 때에는 보행자의 통행에 방해가 되지 않도록 서행하여야 한다.
> ㉤ 자전거 등의 운전자는 자전거 등에 어린이를 태우고 운전할 때에는 그 어린이에게 행정안전부령으로 정하는 인명보호 장구를 착용하도록 하여야 한다.
> ㉥ 자전거 등의 운전자는 밤에 도로를 통행하는 때에는 전조등과 미등을 켜거나 야광띠 등 발광장치를 착용하여야 한다.

① 1개　　② 2개
③ 3개　　④ 4개

정답 및 해설 | ④
옳은 설명은 ㉡㉢㉤㉥ 4개이다.
㉠ [×] 자전거 등의 운전자는 자전거도로가 설치되지 아니한 곳에서는 도로 **우측** 가장자리에 붙어서 통행하여야 한다(도로교통법 제13조의2 제2항).
㉣ [×] 자전거 등의 운전자가 횡단보도를 이용하여 도로를 횡단할 때에는 **자전거 등에서 내려서 자전거 등을 끌거나 들고 보행하여야 한다**(도로교통법 제13조의2 제6항).

021 □□□ 「도로교통법」 및 같은 법 시행령상 자전거의 운전에 관한 설명으로 가장 적절하지 않은 것은?
24. 경찰승진

① 자전거 운전자는 안전표지로 통행이 허용된 경우를 제외하고는 2대 이상이 나란히 차도를 통행하여서는 아니 된다.
② 술에 취한 상태에서 자전거를 운전했을 경우의 범칙금은 3만원이며, 술에 취한 상태에 있다고 인정할 만한 상당한 이유가 있는 자전거 운전자가 경찰공무원의 호흡조사 측정에 불응한 경우의 범칙금은 10만원에 해당된다.
③ 자전거 운전자는 길가장자리구역(안전표지로 자전거등의 통행을 금지한 구간은 제외한다)을 통행할 수 있다. 이 경우 자전거 운전자는 보행자의 통행에 방해가 될 때에는 서행하거나 일시정지하여야 한다.
④ 자전거 운전자는 서행하거나 정지한 다른 차를 앞지르려면 앞차의 좌측으로만 통행하여야 한다. 이 경우 자전거 운전자는 정지한 차에서 승차하거나 하차하는 사람의 안전에 유의하여 서행하거나 필요한 경우 일시정지하여야 한다.

정답 및 해설 I ④

④ [×] 자전거 운전자는 서행하거나 정지한 다른 차를 앞지르려면 앞차의 **좌측 뿐만 아니라 우측으로도 통행할 수 있다.** 이 경우 자전거 운전자는 정지한 차에서 승차하거나 하차하는 사람의 안전에 유의하여 서행하거나 필요한 경우 일시정지하여야 한다(도로교통법 제21조 제2항).

022 도로교통법 및 관련 법령에 따를 때, 다음 설명 중 가장 적절하지 않은 것은? (다툼이 있는 경우 판례에 의함)

□□□

22. 경찰

① 운전자가 음주운전으로 교통사고를 야기한 후, 차에서 내려 피해자(진단 3주)에게 '왜 와서 들이받냐'라는 말을 하고, 교통사고 조사를 위해 경찰서에 가자는 경찰관의 지시에 순순히 응하여 순찰차에 스스로 탑승하여 경찰서까지 갔을 뿐 아니라 경찰서에서 조사받으면서 사고 당시 상황에 대한 자신의 주장을 정확하게 진술하였다면, 비록 경찰관이 작성한 주취운전자 정황진술보고서에는 '언행상태'란에 '발음 약간 부정확', '보행상태'란에 '비틀거림이 없음', '운전자 혈색'란에 '안면 홍조 및 눈 충혈'이라고 기재되어 있다고 하더라도 음주로 인한 특정범죄 가중처벌 등에 관한 법률 위반(위험운전치사상)이 아니라 도로교통법 위반(음주운전)으로 처벌해야 한다.

② 도로교통법 및 관련 법령에는 연습운전면허를 발급받은 사람이 본인에게 귀책사유(歸責事由)가 없는 경우 등 대통령령으로 정하는 경우를 제외하고, 운전 중 고의 또는 과실로 교통사고를 일으키거나 도로교통법 이나 동법에 따른 명령 또는 처분을 위반한 경우에 시 · 도경찰청장은 연습운전면허를 취소하여야 한다고 규정하고 있으므로, 연습운전면허를 받은 사람이 운전을 함에 있어 주행연습 외의 목적으로 운전하여서는 아니된다는 준수사항을 지키지 않았다고 하더라도 무면허운전으로 처벌할 수는 없다.

③ 도로교통법상 도로가 아닌 곳에서 술에 취한 상태에서의 운전은 음주운전으로는 처벌할 수 있지만 운전면허의 정지 또는 취소처분을 부과할 수는 없다.

④ 개인형 이동장치를 타고 신호위반, 중앙선 침범과 진로변경 금지 위반행위를 연달아 하여 다른 사람에게 위협 또는 위해를 가할 뿐 아니라 교통상의 위험을 발생하게 한 운전자에 대해 난폭운전으로 처벌할 수 있다.

정답 및 해설 I ④

④ [×] 개인형 이동장치는 도로교통법 제46조의3 난폭행위금지의 제한을 받지 않는다.

> 도로교통법 제46조의3 **【난폭운전 금지】** 자동차 등(**개인형 이동장치는 제외**한다)의 운전자는 다음 각 호 중 둘 이상의 행위를 연달아 하거나, 하나의 행위를 지속 또는 반복하여 다른 사람에게 위협 또는 위해를 가하거나 교통상의 위험을 발생하게 하여서는 아니 된다.

023 □□□ "개인형 이동장치(PM)"에 대한 설명으로 옳은 것을 모두 고른 것은? 22. 법학경채

> ㉠ 원동기장치자전거 중 시속 20킬로미터 이상으로 운행할 경우 전동기가 작동하지 아니하고 차체 중량이 30킬로그램 미만이어야 한다.
> ㉡ 속도 규정 및 차체 중량을 충족하면서 전동기의 동력만으로 움직일 수 있는 자전거는 개인형 이동장치에 해당한다.
> ㉢ 자전거 · 보행자 겸용도로에서는 개인형 이동장치 통행이 금지된다.
> ㉣ 개인형 이동장치는 자전거횡단도를 이용하여 일반도로를 횡단할 수 있다.
> ㉤ 전동킥보드와 전동이륜평행차의 경우 승차정원 1명을 초과하여 동승자를 태우고 운전하여서는 아니 된다.

① ㉠, ㉣, ㉤ ② ㉡, ㉢, ㉣
③ ㉡, ㉣, ㉤ ④ 모두 적절함

정답 및 해설 I ③
㉠ [×] "개인형 이동장치"란 원동기장치자전거 중 시속 **25킬로미터 이상**으로 운행할 경우 전동기가 작동하지 아니하고 차체 **중량이 30킬로그램 미만**인 것으로서 행정안전부령으로 정하는 것을 말한다(도로교통법 제2조 제19호의2).
㉢ [×] 개인형 이동장치는 자전거 · 보행자 겸용도로에서도 통행이 허용되나, **보행자 구간의 통행만 금지된다**.

024 □□□ 도로교통법상 차의 운전자가 반드시 서행하여야 하는 장소로 가장 적절하지 않은 것은? 16. 경찰승진

① 도로가 구부러진 부근
② 교통정리를 하고 있지 아니하는 교차로
③ 가파른 비탈길의 오르막
④ 비탈길의 고갯마루 부근

정답 및 해설 I ③
③ [×] 가파른 비탈길의 **내리막**이 서행하여야 하는 장소이다(도로교통법 제31조 제1항 제4호).

☑ 서행장소와 일시정지장소

구분	내용
서행 장소	1. 교통정리를 하고 있지 아니하는 교차로 2. 도로가 구부러진 부근 3. 비탈길의 고갯마루 부근 4. 가파른 비탈길의 내리막 5. 시 · 도경찰청장이 도로에서의 위험을 방지하고 교통의 안전과 원활한 소통을 확보하기 위하여 필요하다고 인정하여 안전표지로 지정한 곳
일시정지 장소	1. 교통정리를 하고 있지 아니하고 좌우를 확인할 수 없거나 교통이 빈번한 교차로 2. 보행자가 횡단보도를 통행하고 있는 때 3. 보도의 횡단 4. 철길건널목의 통과 5. 적색등화 점멸시 6. 보행자가 횡단보도가 설치되어 있지 아니한 도로를 횡단하고 있는 때 7. 교차로 또는 그 부근에서 긴급자동차가 접근할 때 8. 어린이가 보호자 없이, 앞을 보지 못하는 사람이 또는 지체장애인이나 노인 등이 도로를 횡단하고 있는 경우 9. 시 · 도경찰청장이 도로에서의 위험을 방지하고 교통의 안전과 원활한 소통을 확보하기 위하여 필요하다고 인정하여 안전표지로 지정한 곳

025 도로교통법상 주 · 정차에 대한 설명으로 적절한 것으로 연결된 것은? (단, 명령 또는 경찰공무원의 지시, 위험방지를 위하여 일시정지하는 등의 경우는 고려하지 아니한다)

17. 경찰승진

㉠ 교차로의 가장자리나 도로의 모퉁이로부터 10m 이내인 곳은 주 · 정차금지장소이다.
㉡ 버스여객자동차의 정류지임을 표시하는 기둥이나 표지판 또는 선이 설치된 곳으로부터 10m 이내인 곳에서는 주 · 정차를 할 수 없다.
㉢ 횡단보도로부터 10m 이내인 곳에서는 주 · 정차를 할 수 없다.
㉣ 소방용수시설 또는 비상소화장치가 설치된 곳으로부터 5m 이내인 곳은 주차만 금지하는 장소이다.
㉤ 터널 안 및 다리 위에서는 주 · 정차를 할 수 없다.

① ㉠, ㉡
② ㉡, ㉢
③ ㉢, ㉣
④ ㉣, ㉤

정답 및 해설 I ②

옳은 설명은 ㉡㉢이다.

㉠ [×] 교차로의 가장자리나 도로의 모퉁이로부터 **5m** 이내인 곳은 주 · 정차금지장소이다(도로교통법 제32조 제2호).

㉣ [×] 소방용수시설 또는 비상소화장치가 설치된 곳으로부터 5m 이내인 곳은 **주차와 정차가 모두 금지**되는 장소이다(도로교통법 제32조 제6호 가목).

㉤ [×] 터널 안 및 다리 위에서는 **주차만 금지되는 장소**이다(도로교통법 제33조 제1호).

026 □□□ 다음 중 도로교통법상 정차 및 주차 모두가 금지되는 장소는 모두 몇 개인가? 17. 경찰간부

> ㉠ 교차로 · 횡단보도 · 건널목이나 보도와 차도가 구분된 도로의 보도(주차장법에 따라 차도와 보도에 걸쳐서 설치된 노상 주차장은 제외)
> ㉡ 다중이용업소의 안전관리에 관한 특별법에 따른 다중이용업소의 영업장이 속한 건축물로 소방본부장의 요청에 의하여 시 · 도경찰청장이 지정한 곳으로부터 5미터 이내인 곳
> ㉢ 도로공사를 하고 있는 경우에는 그 공사 구역의 양쪽 가장자리 5미터 이내인 곳
> ㉣ 교차로의 가장자리나 도로의 모퉁이로부터 5미터 이내인 곳
> ㉤ 건널목의 가장자리 또는 횡단보도로부터 10미터 이내인 곳
> ㉥ 터널 안 및 다리 위

① 2개　　② 3개
③ 4개　　④ 5개

정답 및 해설 | ②
정차 및 주차 모두 금지되는 장소는 ㉠㉣㉤ 3개이다. ㉡㉢㉥은 주차만 금지되는 장소이다.

☑ 정차 · 주차금지장소와 주차금지장소의 비교

정차 · 주차금지장소	주차금지장소
1. **교차로 · 횡단보도 · 건널목**이나 보도와 차도가 구분된 도로의 **보도**(주차장법에 따라 차도와 보도에 걸쳐서 설치된 노상주차장은 제외한다) 2. 교차로의 가장자리나 도로의 모퉁이로부터 **5미터 이내**인 곳 3. 안전지대가 설치된 도로에서는 그 안전지대의 사방으로부터 각각 **10미터 이내**인 곳 4. **버스여객자동차의 정류지임을 표시하는 기둥이나 표지판 또는 선이 설치된 곳으로부터 10미터 이내인 곳.** 다만, 버스여객자동차의 운전자가 그 버스여객자동차의 운행시간 중에 운행노선에 따르는 정류장에서 승객을 태우거나 내리기 위하여 차를 정차하거나 주차하는 경우에는 그러하지 아니하다. 5. 건널목의 가장자리 또는 횡단보도로부터 **10미터 이내**인 곳 6. **소방용수시설 또는 비상소화장치**가 설치된 곳으로부터 **5미터 이내**인 곳 7. 시 · 도경찰청장이 도로에서의 위험을 방지하고 교통의 안전과 원활한 소통을 확보하기 위하여 필요하다고 인정하여 지정한 곳 8. 시장 등이 도로교통법 제12조 제1항에 따라 지정한 **어린이 보호구역**	1. **터널 안 및 다리 위** 2. 다음의 곳으로부터 **5미터 이내**인 곳 • **도로공사**를 하고 있는 경우에는 그 공사 구역의 양쪽 가장자리 • **다중이용업소**의 안전관리에 관한 특별법에 따른 다중이용업소의 영업장이 속한 건축물로 소방본부장의 요청에 의하여 시 · 도경찰청장이 지정한 곳 3. 시 · 도경찰청장이 도로에서의 위험을 방지하고 교통의 안전과 원활한 소통을 확보하기 위하여 필요하다고 인정하여 지정한 곳

027 □□□ 다음 중 주 · 정차금지구역에 해당하지 않은 것은? 20. 경찰승진

① 도로공사를 하고 있는 경우 그 공사 구역의 양쪽 가장자리로부터 5m 이내인 곳
② 교차로의 가장자리나 도로의 모퉁이로부터 5m 이내인 곳
③ 건널목의 가장자리 또는 횡단보도로부터 10m 이내인 곳
④ 안전지대가 설치된 도로에서는 그 안전지대의 사방으로부터 각각 10m 이내인 곳

정답 및 해설 | ①
① [×] **도로공사**를 하고 있는 경우 그 공사 구역의 양쪽 가장자리로부터 5m 이내인 곳은 **주차금지구역**이다(도로교통법 제33조 제2호 가목).

028 도로교통법상 어린이통학버스 등에 대한 다음 설명 중 틀린 것은 모두 몇 개인가? 13. 경찰

□□□

> ㉠ 모든 차의 운전자는 어린이나 영유아를 태우고 있다는 표시를 한 상태로 도로를 통행하는 어린이통학버스를 앞지르지 못한다.
> ㉡ 어린이통학버스(여객자동차 운수사업법 제4조 제3항에 따른 한정면허를 받아 어린이를 여객대상으로 하여 운행되는 운송사업용 자동차는 제외한다)를 운영하려는 자는 행정안전부령으로 정하는 바에 따라 미리 관할 경찰서장에게 신고하고 신고증명서를 발급받아야 한다.
> ㉢ 어린이통학버스를 운전하는 사람은 어린이나 영유아가 어린이통학버스를 탈 때에는 승차한 모든 어린이나 영유아가 좌석안전띠(어린이나 영유아의 신체구조에 따라 적합하게 조절될 수 있는 안전띠를 말한다)를 매도록 한 후에 출발하여야 하며, 내릴 때에는 보도나 길가장자리구역 등 자동차로부터 안전한 장소에 도착한 것을 확인한 후에 출발하여야 한다.
> ㉣ 어린이통학버스를 운영하는 사람과 운전하는 사람은 어린이통학버스의 안전운행 등에 관한 교육(이하 '어린이통학버스 안전교육'이라 한다)을 받아야 한다.

① 1개 ② 2개

③ 3개 ④ 없음

정답 및 해설 | ④

㉠㉡㉢㉣ 모두 옳은 설명이다.

029 현행 도로교통법상 '어린이통학버스'에 대한 설명 중 가장 적절하지 않은 것은? 14. 경찰승진

□□□

① 도로교통법상 어린이라 함은 13세 미만의 사람을 말한다.

② 어린이통학버스가 어린이 또는 유아를 태우고 있다는 표시를 하고 도로를 통행하는 때에는 모든 차는 어린이통학버스를 앞지르지 못한다.

③ 어린이통학버스가 도로에 정차하여 점멸등 등 어린이가 타고 내리는 중임을 표시하는 장치를 가동 중인 때에는 동일한 차로와 그 옆차로를 통행하는 차의 운전자는 어린이통학버스에 이르기 전에 일시정지하여 안전을 확인한 후 서행하여야 한다.

④ 어린이통학버스가 도로에 정차하여 점멸등 등 어린이가 타고 내리는 중임을 표시하는 장치를 가동 중인 때에는 중앙선이 설치되지 아니한 도로의 반대방향에서 진행하는 차의 운전자는 어린이통학버스에 이르기 전에 서행하여야 한다.

정답 및 해설 | ④

④ [×] 어린이통학버스가 도로에 정차하여 어린이나 영유아가 타고 내리는 중임을 표시하는 점멸등 등의 장치를 작동 중일 때에는 중앙선이 설치되지 아니한 도로와 편도 1차로인 도로에서는 반대방향에서 진행하는 차의 운전자도 어린이통학버스에 이르기 전에 일시정지하여 안전을 확인한 후 서행하여야 한다(도로교통법 제51조 제1항).

030 도로교통법에 규정된 '어린이통학버스'에 대한 설명으로 가장 적절하지 않은 것은? 18. 경찰승진

□□□

① 어린이라 함은 13세 미만인 사람을 말한다.

② 어린이통학버스가 도로에 정차하여 어린이나 영유아가 타고 내리는 중임을 표시하는 점멸등 등의 장치를 작동 중일 때에는 어린이통학버스가 정차한 차로와 그 차로의 바로 옆 차로로 통행하는 차의 운전자는 어린이통학버스에 이르기 전에 일시정지하여 안전을 확인한 후 서행하여야 한다.

③ 위 '②'의 경우 중앙선이 설치되지 아니한 도로와 편도 1차로인 도로에서는 반대방향에서 진행하는 차의 운전자도 어린이통학버스에 이르기 전에 일시정지하여 안전을 확인한 후 서행하여야 한다.

④ 모든 차의 운전자는 어린이나 영유아를 태우고 있다는 표시를 한 상태로 도로를 통행하는 어린이통학버스를 앞지를 때 과도하게 속도를 올리는 등 행위를 자제하여야 한다.

정답 및 해설 I ④

④ [×] **모든 차**의 운전자는 어린이나 영유아를 태우고 있다는 표시를 한 상태로 도로를 통행하는 **어린이통학버스를 앞지르지 못한다**(도로교통법 제51조 제3항).

031 도로교통법에 대한 설명(㉠~㉣) 중 옳고 그름의 표시 (○, ×)가 바르게 된 것은? 21. 경찰

□□□

> ㉠ '자동차'란 철길이나 가설된 선을 이용하지 아니하고 원동기를 사용하여 운전되는 차로서 승용자동차, 승합자동차, 화물자동차, 특수자동차, 이륜자동차, 원동기장치자전거를 말한다. 다만, 건설기계는 제외한다.
> ㉡ 자동차 등을 운전하려는 사람은 시·도경찰청장으로부터 운전면허를 받아야 한다. 다만, 도로교통법 제2조 제19호 나목의 원동기를 단 차 중 교통약자의 이동편의 증진법 제2조 제1호에 따른 교통약자가 최고속도 시속 20킬로미터 이하로만 운행될 수 있는 차를 운전하는 경우에는 그러하지 아니하다.
> ㉢ 어린이통학버스가 도로에 정차하여 어린이나 영유아가 타고 내리는 중임을 표시하는 점멸등 등의 장치를 작동 중일 때에는 어린이통학버스가 정차한 차로와 그 차로의 바로 옆 차로로 통행하는 차의 운전자는 어린이통학버스에 이르기 전에 일시정지하여 안전을 확인한 후 서행하여야 한다.
> ㉣ 어린이의 보호자는 어린이가 행정안전부령으로 정하는 인명보호장구를 착용한 경우를 제외하고 도로에서 개인형 이동장치를 운전하게 하여서는 아니 된다.

① ㉠ (○), ㉡ (×), ㉢ (○), ㉣ (×)

② ㉠ (×), ㉡ (○), ㉢ (×), ㉣ (○)

③ ㉠ (×), ㉡ (×), ㉢ (○), ㉣ (×)

④ ㉠ (×), ㉡ (○), ㉢ (○), ㉣ (×)

정답 및 해설 I ④

옳은 설명은 ㉡㉢이다.

㉠ [×] '자동차'란 철길이나 가설된 선을 이용하지 아니하고 원동기를 사용하여 운전되는 차로서 승용자동차, 승합자동차, 화물자동차, 특수자동차, 이륜자동차, **건설기계관리법 제26조 제1항 단서에 따른 건설기계도 포함**된다(도로교통법 제2조 제18호).

㉣ [×] 어린이의 보호자는 (**어떠한 경우에도**) 도로에서 개인형 이동장치를 운전하게 하여서는 아니 된다(도로교통법 제11조 제4항).

032 ☐☐☐ 어린이보호구역 및 어린이통학버스에 대한 설명으로 가장 적절하지 않은 것은? 22. 경찰승진

① 도로교통법상 모든 차의 운전자는 어린이나 영유아를 태우고 있다는 표시를 한 상태로 도로를 통행하는 어린이통학버스를 앞지르지 못한다.

② 어린이 · 노인 및 장애인 보호구역의 지정 및 관리에 관한 규칙상 시 · 도경찰청장이나 경찰서장은 도로교통법 제12조 제1항 또는 제12조의2 제1항에 따라 보호구역에서 구간별 · 시간대별로 도시지역의 간선도로를 일방통행로로 지정 · 운영할 수 있다.

③ 도로교통법 시행령상 어린이통학버스는 교통사고로 인한 피해를 전액 배상할 수 있도록 보험업법에 따른 보험 또는 여객자동차 운수사업법에 따른 공제조합에 가입되어 있어야 한다.

④ 어린이 · 노인 및 장애인 보호구역의 지정 및 관리에 관한 규칙상 시장 등은 조사 결과 보호구역으로 지정 · 관리할 필요가 인정되는 경우에 관할 시 · 도경찰청장 또는 경찰서장과 협의하여 해당 보호구역 지정대상시설의 주(主) 출입문을 중심으로 반경 300미터 이내의 도로 중 일정구간을 보호구역으로 지정하나, 해당 지역의 교통여건 및 효과성 등을 면밀히 검토하여 필요한 경우에 보호구역 지정대상시설의 주 출입문을 중심으로 반경 500미터 이내의 도로에 대해서도 보호구역으로 지정할 수 있다.

정답 및 해설 I ②

② [×] 어린이 · 노인 및 장애인 보호구역의 지정 및 관리에 관한 규칙상 시 · 도경찰청장이나 경찰서장은 도로교통법 제12조 제1항 또는 제12조의2 제1항에 따라 보호구역에서 구간별 · 시간대별로 차마(車馬)의 통행을 금지하거나 제한하는 것, 차마의 정차나 주차를 금지하는 것, 운행속도를 시속 30킬로미터 이내로 제한하는 것, **이면도로**(도시지역에 있어서 간선도로가 아닌 도로로서 일반의 교통에 사용되는 도로를 말한다)를 일방통행로로 지정 · 운영할 수 있다.

033 ☐☐☐ 자동차 등의 운전 중에는 휴대용 전화나 자동차용 전화를 사용할 수 없으나, 예외적으로 도로교통법에서 정한 사유에 해당하는 경우에는 사용할 수 있다. 그 예외사항으로 가장 적절하지 않은 것은? 15. 경찰승진

① 자동차 등이 정지하고 있는 경우

② 긴급자동차를 운전하는 경우

③ 각종 범죄 및 재해신고 등 긴급한 필요가 있는 경우

④ 사업용 자동차를 운전하는 경우

정답 및 해설 I ④

④ [×] 도로교통법상 자동차 운전 중 휴대용 전화의 사용은 ①②③의 경우와 **손으로 잡지 아니하고도 휴대용 전화(자동차용 전화를 포함한다)를 사용할 수 있도록 해 주는 장치는 사용하는 경우**만 허용된다(도로교통법 제49조 제1항 제10호).

034 운전면허에 관한 설명으로 가장 적절하지 않은 것은? 11. 경찰 변형

□□□

① 운전면허는 크게 제1종 운전면허와 제2종 운전면허로 구분된다.

② 1종 면허는 대형면허, 보통면허, 소형면허, 특수면허로 구분된다.

③ 1종 대형과 특수면허는 20세 이상으로 자동차(이륜자동차 제외)의 운전경험이 1년 이상인 사람만이 취득할 수 있고, 1종 보통과 소형면허는 18세 이상, 원동기장치자전거면허는 16세 이상의 사람이 취득할 수 있다.

④ 연습운전면허는 장내 기능검정 합격자에 대해 교부되는 제1종 보통연습면허와 제2종 보통연습면허가 있고, 면허를 받은 날로부터 1년간의 효력을 가진다.

정답 및 해설 I ③

③ [×] 1종 대형과 특수면허는 **19세 이상**으로 자동차(이륜자동차 제외)의 운전경험이 1년 이상인 사람만이 취득할 수 있고, 1종 보통과 소형면허는 18세 이상, 원동기장치자전거면허는 16세 이상의 사람이 취득할 수 있다(도로교통법 제82조 제1항).

035 다음 중 도로교통에 관한 법령에 따른 1종 보통면허로 운전이 가능한 차량은 모두 몇 개인가? 11. 경찰

□□□

> ㉠ 도로를 운행하는 3톤의 지게차
> ㉡ 승차정원 15인승의 승합자동차
> ㉢ 적재중량 12톤의 화물자동차
> ㉣ 총중량 10톤 미만의 특수자동차(구난차 등은 제외한다)

① 1개 ② 2개

③ 3개 ④ 4개

정답 및 해설 I ②

1종 보통면허로 운전이 가능한 차량은 ㉡㉣ 2개이다.

㉠ [×] 도로를 운행하는 **3톤 미만**의 지게차를 운전할 수 있다.

㉢ [×] 적재중량 **12톤 미만**의 화물자동차를 운전할 수 있다.

036 운전면허에 관한 설명 중 틀린 것은? 12. 경찰간부 변형

□□□

① 제1종 특수면허로 운전할 수 있는 차량은 구난차, 견인형 특수자동차, 적재중량 4톤 이하의 화물자동차이다.

② 제1종 보통면허로 승차정원 15명 이하의 승합자동차와 적재중량 12톤 미만의 화물자동차를 운전할 수 있다.

③ 제2종 보통면허로 승차정원 10명 이하의 승합자동차를 운전할 수 있다.

④ 제1종 소형면허로 3륜화물자동차, 3륜승용자동차, 배기량 125cc 초과인 이륜자동차를 운전할 수 있다.

정답 및 해설 | ④

④ [×] 제1종 소형면허로 3륜화물자동차, 3륜승용자동차, 배기량 125cc 이하인 원동기장치자전거를 운전할 수 있다(도로교통법 시행규칙 제53조 [별표 18]).

037 □□□ 다음은 도로교통법 시행규칙상 제1종 보통운전면허와 제2종 보통운전면허로 운전할 수 있는 차량이다. 괄호 안에 들어갈 숫자의 총합은? 14. 경찰 변형

> • 제1종 보통운전면허
> ㉠ 승차정원 (　　)명 이하의 승합자동차
> ㉡ 적재중량 (　　)톤 미만의 화물자동차
> ㉢ 총중량 (　　)톤 미만의 특수자동차(구난차 등은 제외한다)
> • 제2종 보통운전면허
> ㉠ 승차정원 (　　)명 이하의 승합자동차
> ㉡ 적재중량 (　　)톤 이하의 화물자동차

① 41　② 45
③ 48　④ 51

정답 및 해설 | ④

④ 괄호 안에 들어갈 숫자의 총합은 15 + 12 + 10 + 10 + 4 = 51이다.

> • 제1종 보통운전면허
> ㉠ 승차정원 (15)명 이하의 승합자동차
> ㉡ 적재중량 (12)톤 미만의 화물자동차
> ㉢ 총중량 (10)톤 미만의 특수자동차(구난차 등은 제외한다)
> • 제2종 보통운전면허
> ㉠ 승차정원 (10)명 이하의 승합자동차
> ㉡ 적재중량 (4)톤 이하의 화물자동차

038 □□□ 다음 중 도로교통법 및 동법 시행규칙상 '제2종 보통면허'만을 받은 사람이 운전할 수 있는 것은 모두 몇 개인가? 14. 경찰승진

> ㉠ 승용자동차　㉡ 승차정원 12인승의 승합자동차
> ㉢ 적재중량 1.5톤의 화물자동차　㉣ 원동기장치자전거

① 1개　② 2개
③ 3개　④ 4개

정답 및 해설 I ③

제2종 보통면허로 운전할 수 있는 차는 ㉠㉢㉣ 3개이다.

㉡ [×] 제2종 보통면허로 운전할 수 있는 승합자동차는 **승차정원이 10명 이하의 승합자동차**에 한정된다.

039 도로교통법 및 도로교통법 시행규칙상 제1종 보통면허로 운전할 수 없는 것을 모두 고른 것은?

16. 경찰

㉠ 승용자동차
㉡ 총중량 10톤 미만의 특수자동차(구난차 등 포함)
㉢ 배기량 125cc인 이륜자동차
㉣ 승차정원 14명인 승합자동차
㉤ 총중량 3톤의 지게차

① ㉠, ㉡
② ㉡, ㉤
③ ㉡, ㉢
④ ㉡, ㉢, ㉣

정답 및 해설 I ②

제1종 보통면허로 운전할 수 없는 차는 ㉡㉤ 2개이다.

㉡ [×] 총중량 10톤 미만의 특수자동차(구난차 등은 **제외**한다)를 운전할 수 있다.

㉤ [×] 총중량 **3톤** 미만의 지게차를 운전할 수 있다.

☑ 제1종 보통면허로 운전할 수 있는 차

제1종 보통면허	1. 승용자동차 2. 승차정원 **15명** 이하의 **승합자동차** 3. 적재중량 **12톤** 미만의 **화물자동차** 4. 건설기계(도로를 운행하는 **3톤** 미만의 **지게차로 한정**한다) 5. 총중량 10톤 미만의 특수자동차(구난차 등은 제외) 6. 원동기장치자전거

040 도로교통법 시행규칙에 규정된 운전면허를 받은 사람이 운전할 수 있는 자동자 등의 종류에 대한 설명으로 가장 적절하지 않은 것은?

17. 경찰승진

① 제1종 보통면허로 적재중량 12톤 미만의 화물자동차를 운전할 수 있다.

② 제1종 소형면허로 3륜화물자동차를 운전할 수 있다.

③ 제2종 소형면허로 원동기장치자전거를 운전할 수 있다.

④ 제2종 보통면허로 승차정원 12명인 승합자동차를 운전할 수 있다.

정답 및 해설 I ④

④ [×] 제2종 보통면허로 운전할 수 있는 **승합자동차의 승차정원은 10명 이하**이다.

041 도로교통법 및 도로교통법 시행규칙상 제1종 특수면허로 운전할 수 없는 것을 모두 고른 것은?

□□□

> ㉠ 덤프트럭
> ㉡ 도로보수트럭
> ㉢ 배기량 125cc인 이륜자동차
> ㉣ 승차정원 10명인 승합자동차

① 없음
② ㉠, ㉡
③ ㉠, ㉡, ㉢
④ ㉠, ㉡, ㉢, ㉣

정답 및 해설 | ②

제1종 대형면허로 운전할 수 있는 차에 해당하는 것은 ㉠㉡이다. ㉢㉣은 제1종 특수면허는 제2종 보통면허를 포함하므로 제1종 특수면허로 운전할 수 있는 차이다.

☑ 제1종 특수면허로 운전할 수 있는 차

제1종 특수면허	대형견인차	1. 견인형 특수자동차 2. 제2종 보통면허로 운전할 수 있는 차량
	소형견인차	1. 총중량 3.5톤 이하의 견인형 특수자동차 2. 제2종 보통면허로 운전할 수 있는 차량
	구난차	1. 구난형 특수자동차 2. 제2종 보통면허로 운전할 수 있는 차량

042 □□□ 각종 운전면허로 운전할 수 있는 차종에 대한 설명이다. ㉠부터 ㉣까지 (　　) 안에 들어갈 용어를 나열한 것으로 가장 적절한 것은? 18. 경찰승진

운전면허		운전할 수 있는 차의 종류
제1종	보통면허	• 승용자동차 • 승차정원 15명 (㉠)의 승합자동차 • 적재중량 12톤 (㉡)의 화물자동차
제2종	보통면허	• 승용자동차 • 승차정원 10명 (㉢)의 승합자동차 • 적재중량 4톤 (㉣)의 화물자동차

	㉠	㉡	㉢	㉣
①	이하	미만	미만	미만
②	이하	미만	이하	미만
③	미만	이하	미만	이하
④	이하	미만	이하	이하

정답 및 해설 I ④

☑ 운전면허별 운전할 수 있는 차의 종류

운전면허		운전할 수 있는 차의 종류
제1종	보통면허	• 승용자동차 • 승차정원 15명 (㉠ 이하)의 승합자동차 • 적재중량 12톤 (㉡ 미만)의 화물자동차
제2종	보통면허	• 승용자동차 • 승차정원 10명 (㉢ 이하)의 승합자동차 • 적재중량 4톤 (㉣ 이하)의 화물자동차

043 □□□ 도로교통법 시행규칙 별표 18에 따른 각종 운전면허와 운전할 수 있는 차에 대한 설명으로 가장 적절하지 않은 것은? 18. 경찰 변형

① 제1종 보통연습면허로 승차정원 15명의 승합자동차는 운전할 수 있으나 적재중량 12톤의 화물자동차는 운전할 수 없다.

② 제2종 보통면허로 승차정원 10명의 승합자동차는 운전할 수 있으나 적재중량 4톤의 화물자동차는 운전할 수 없다.

③ 제1종 보통면허로 승차정원 15명의 승합자동차는 운전할 수 있으나 적재중량 12톤의 화물자동차는 운전할 수 없다.

④ 제1종 대형면허로 승차정원 45명의 승합자동차는 운전할 수 있으나 대형견인차는 운전할 수 없다.

정답 및 해설 I ②

② [×] 제2종 보통면허로 적재중량 4톤 이하의 화물자동차를 운전할 수 있으므로, 적재중량 4톤의 화물자동차도 운전할 수 있다.

044 운전자를 무면허운전으로 적발할 수 있는 경우에 해당하지 않는 것은?

□□□

19. 경찰승진

① 제1종 대형면허만을 가진 운전자가 배기량 250cc인 이륜자동차를 운전한 경우

② 제1종 보통면허만을 가진 운전자가 적재중량 12톤인 화물자동차를 운전한 경우

③ 소형견인차면허만을 가진 운전자가 적재중량 4톤인 화물자동차를 운전한 경우

④ 제1종 보통면허만을 가진 운전자가 차종의 변경 없이 승차정원 25명인 자동차에서 승차정원 12명인 자동차로 형식이 변경된 자동차를 운전한 경우(단, 자동차관리법 제30조에 따라 자동차의 형식이 변경승인된 경우로 가정함)

정답 및 해설 I ③

③ [×] **특수면허 중 소형견인차면허**만을 가진 운전자는 제2종 보통면허로 운전할 수 있는 차량도 운전할 수 있기 때문에 적재중량 4톤인 화물자동차를 운전한 경우라면 **적법한 경우이므로 무면허운전으로 적발할 수 없다.**

① [○] **배기량 250cc인 이륜자동차는 제2종 소형면허로만 운전이 가능**한 자동차이므로 제1종 대형면허로 운전하였다면 무면허운전으로 적발할 수 있다.

② [○] **제1종 보통면허로는 적재중량 12톤 미만인 화물자동차를 운전할 수 있으므로** 12톤인 화물자동차를 운전한 경우라면 무면허운전으로 적발할 수 있다.

④ [○] 승차정원이 25명인 자동차에서 승차정원 12명인 자동차로 형식이 변경된 경우에는 **변경 전 기준으로 면허를 적용**한다. 그러므로 변경 전과 동일하게 **제1종 대형면허로만 운전이 가능하고 제1종 보통면허로 운전한 경우라면 무면허운전으로 적발할 수** 있다.

045 다음 중 무면허운전에 해당하는 경우로 가장 적절한 것은?

□□□

19. 경찰

① 제1종 보통면허를 소지한 甲이 구난차 등이 아닌 10톤의 특수자동차(구난차 등 제외)를 운전한 경우

② 제1종 대형면허를 소지한 乙이 구난차 등이 아닌 특수자동차(구난차 등 제외)를 운전한 경우

③ 제2종 보통면허를 소지한 丙이 승차정원 10인의 승합자동차를 운전한 경우

④ 제2종 보통면허를 소지한 丁이 적재중량 4톤의 화물자동차를 운전한 경우

정답 및 해설 I ①

① [○] 제1종 보통면허를 소지한 甲이 구난차 등이 아닌 10톤 미만의 특수자동차를 운전한 경우 적법한 운전이 되며, 만일 **10톤의 특수자동차를 운전한 경우는 무면허운전에 해당한다.**

② [×] 제1종 대형면허로 구난차 등이 아닌 특수자동차를 운전할 수 있다.

③ [×] 제2종 보통면허를 소지한 자는 **승차정원 10명 이하**의 승합자동차를 운전할 수 있다.

④ [×] 제2종 보통면허를 소지한 자는 **적재중량 4톤 이하**의 화물자동차를 운전할 수 있다.

046 □□□ 다음 중 도로교통법 및 도로교통법 시행규칙에 따라 제2종 보통연습면허만을 받은 사람이 운전할 수 있는 차량의 개수는? 20. 경찰

- 승차정원 10명 이하의 승합자동차
- 총중량 3.5톤 이하의 견인형 특수자동차
- 적재중량 4톤 이하의 화물자동차
- 건설기계(도로를 운행하는 3톤 미만의 지게차로 한정)

① 1개 ② 2개

③ 3개 ④ 4개

정답 및 해설 I ②

② 도로교통법 시행규칙상 제2종 보통연습면허로 운전할 수 있는 차량은 다음과 같다. 따라서 운전할 수 있는 차량은 2개이다.

- 승용자동차
- 승차정원 10명 이하의 승합자동차
- 적재중량 4톤 이하의 화물자동차

047 □□□ 도로교통법상 운전면허 결격사유에 대한 설명으로 가장 적절하지 않은 것은? 17. 경찰

① 19세 미만(원동기장치자전거의 경우에는 16세 미만)인 사람은 운전면허를 받을 수 없다.

② 제1종 대형면허 또는 제1종 특수면허를 받으려는 경우로서 19세 미만이거나 자동차(이륜자동차는 제외한다)의 운전경험이 1년 미만인 사람은 운전면허를 받을 수 없다.

③ 듣지 못하는 사람(제1종 운전면허 중 대형면허 · 특수면허만 해당한다), 앞을 보지 못하는 사람(한쪽 눈만 보지 못하는 사람의 경우에는 제1종 운전면허 중 대형면허 · 특수면허만 해당한다)이나 그 밖에 대통령령으로 정하는 신체장애인은 운전면허를 받을 수 없다.

④ 교통상의 위험과 장해를 일으킬 수 있는 정신질환자 또는 뇌전증 환자로서 대통령령으로 정하는 사람은 운전면허를 받을 수 없다.

정답 및 해설 I ①

① [×] **18세 미만**(원동기장치자전거의 경우에는 16세 미만)인 사람은 운전면허를 받을 수 없다(도로교통법 제82조 제1항 제1호).

048 도로교통법상 운전면허 결격사유에 대한 설명 중 가장 옳지 않은 것은? 19. 경찰간부

□□□

① 제1종 대형면허 또는 제1종 특수면허를 받으려는 경우로서 19세 미만이거나 자동차(이륜자동차는 제외한다)의 운전경험이 2년 미만인 사람은 운전면허를 받을 수 없다.

② 18세 미만(원동기장치자전거의 경우에는 16세 미만)인 사람은 운전면허를 받을 수 없다.

③ 듣지 못하는 사람(제1종 운전면허 중 대형면허 · 특수면허만 해당한다), 앞을 보지 못하는 사람(한쪽 눈만 보지 못하는 사람의 경우에는 제1종 운전면허 중 대형면허 · 특수면허만 해당한다)이나 그 밖에 대통령령으로 정하는 신체장애인은 운전면허를 받을 수 없다.

④ 교통상의 위험과 장해를 일으킬 수 있는 정신질환자 또는 뇌전증 환자로서 대통령령으로 정하는 사람은 운전면허를 받을 수 없다.

정답 및 해설 | ①

① [×] 제1종 대형면허 또는 제1종 특수면허를 받으려는 경우로서 19세 미만이거나 자동차(이륜자동차는 제외한다)의 운전경험이 1년 미만인 사람은 운전면허를 받을 수 없다(도로교통법 제82조 제1항 제6호).

049 운전면허 행정처분결과에 따른 결격대상자 중 결격기간이 나머지와 다른 것은 무엇인가?

□□□

13. 경찰승진 변형

① 3회 이상 음주운전 또는 측정거부로 운전면허가 취소된 경우

② 다른 사람이 부정하게 운전면허를 받도록 하기 위하여 운전면허시험에 대리응시한 경우

③ 운전면허정지기간 중 운전면허증을 교부받은 경우

④ 자동차 등을 이용하여 범죄행위를 하거나 다른 사람의 자동차를 절취 또는 빼앗은 사람이 무면허로 운전한 경우

정답 및 해설 | ④

④ [×] 3년의 결격기간이 적용된다.

①②③ [○] 2년의 결격기간이 적용된다.

050 도로교통법상 다음 〈보기〉의 운전면허결격기간을 모두 합한 것으로 옳은 것은? 14. 경찰 변형

□□□

> ㉠ 운전면허정지기간 중 운전면허증을 교부받은 경우
> ㉡ 과로상태운전으로 사람을 사상한 후 필요한 조치 및 신고를 하지 아니한 경우
> ㉢ 음주운전의 규정을 2회 이상 위반하여 운전면허가 취소된 경우
> ㉣ 적성검사를 받지 아니하여 운전면허가 취소된 경우

① 9년
② 9년 6개월
③ 10년
④ 10년 6개월

정답 및 해설 | ①

① 운전면허결격기간을 모두 합하면 2년 + 5년 + 2년 = 9년이 된다.

> ㉠ 운전면허정지기간 중 운전면허증을 교부받은 경우 – **2년간** 응시제한
> ㉡ 과로상태운전으로 사람을 사상한 후 필요한 조치 및 신고를 하지 아니한 경우 – **5년간** 응시제한
> ㉢ 음주운전의 규정을 2회 이상 위반하여 운전면허가 취소된 경우 – **2년간** 응시제한
> ㉣ 적성검사를 받지 아니하여 운전면허가 취소된 경우 – **즉시** 응시가능

051 다음 중 도로교통법상 운전면허 행정처분결과에 따른 운전면허 발급제한기간이 3년인 경우는 모두 몇 개인가? (단, 벌금 미만의 형이 확정되거나 선고유예판결이 확정되는 경우는 고려하지 않는다)

□□□

12 · 13. 경찰

> ㉠ 무면허운전, 음주운전, 약물 · 과로운전, 공동위험행위 외의 사유로 사람을 사상한 후 구호조치 및 신고 없이 도주한 경우(취소된 날부터)
> ㉡ 2회 이상 음주운전(음주측정 거부 포함)으로 운전면허가 취소된 경우(취소된 날부터)
> ㉢ 제1종 운전면허를 받은 사람이 적성검사에 불합격되어 다시 제2종 운전면허를 받으려는 경우
> ㉣ 2회 이상의 공동위험행위로 운전면허가 취소된 경우(취소된 날부터)

① 1개
② 2개
③ 3개
④ 없음

정답 및 해설 | ④

운전면허 발급제한기간이 3년인 경우는 없다.

㉠ [×] 무면허운전, 음주운전, 약물 · 과로운전, 공동위험행위 외의 사유로 사람을 사상한 후 구호조치 및 신고 없이 도주한 경우 – **4년간** 운전면허 발급제한
㉡ [×] 2회 이상 음주운전(음주측정 거부 포함)으로 운전면허가 취소된 경우 – **2년간** 운전면허 발급제한
㉢ [×] 제1종 운전면허를 받은 사람이 적성검사에 불합격되어 다시 제2종 운전면허를 받으려는 경우 – **즉시** 응시 가능하다.
㉣ [×] 2회 이상의 공동위험행위로 운전면허가 취소된 경우 – **2년간** 운전면허 발급제한

052 ☐☐☐ 다음 괄호 안에 들어갈 운전면허시험 응시제한기간의 총합은 얼마인가? (단, 해당 행위로 인해 반드시 행정처분이 있다고 볼 것)

14. 경찰간부

- 음주운전으로 2회 이상 교통사고를 야기한 경우, 취소된 날로부터 (년)
- 다른 사람의 자동차 등을 훔치거나 빼앗은 사람이 그 자동차 등을 무면허운전한 경우, 위반한 날로부터 (년)
- 과로운전 중 인적 피해사고 야기 후 구호조치 없이 도주한 경우, 취소된 날로부터 (년)
- 음주운전금지규정을 2회 이상 위반하여 취소된 경우, 취소된 날로부터 (년)
- 다른 사람이 부정하게 운전면허를 받도록 하기 위하여 운전면허시험에 대신 응시하여 취소된 경우, 취소된 날로부터 (년)

① 14년
② 15년
③ 16년
④ 17년

정답 및 해설 | ②

② 운전면허시험 응시제한기간의 총합은 3년 + 3년 + 5년 + 2년 + 2년 = 15년이다.

- 음주운전으로 2회 이상 교통사고를 야기한 경우, 취소된 날로부터 (3년)
- 다른 사람의 자동차 등을 훔치거나 빼앗은 사람이 그 자동차 등을 무면허운전한 경우, 위반한 날로부터 (3년)
- 과로운전 중 인적 피해사고 야기 후 구호조치 없이 도주한 경우, 취소된 날로부터 (5년)
- 음주운전금지규정을 2회 이상 위반하여 취소된 경우, 취소된 날로부터 (2년)
- 다른 사람이 부정하게 운전면허를 받도록 하기 위하여 운전면허시험에 대신 응시하여 취소된 경우, 취소된 날로부터 (2년)

053 ☐☐☐ 운전면허에 대한 설명 중 틀린 것은?

10. 경찰승진

① 도로교통법상 운전면허의 효력은 운전면허시험에 합격한 자가 운전면허증을 본인 또는 그 대리인이 교부받은 때부터 발생한다.

② 임시운전증명서의 유효기간은 20일 이내이며, 취소 또는 정지 대상자의 경우에는 40일 이내로 할 수 있다. 또한 1회에 한하여 20일간의 범위 내에서 기간연장이 가능하다.

③ 국제운전면허증을 발급받은 자라도 운전시 이를 소지하지 않으면 원칙적으로 무면허운전으로 처벌된다.

④ 다른 사람을 위하여 운전면허시험에 대리 응시한 때에는 운전면허가 취소된 날부터 1년간 면허시험 볼 기간을 제한한다.

정답 및 해설 | ④

④ [×] 다른 사람을 위하여 운전면허시험에 대리 응시한 때에는 운전면허가 취소된 날부터 2년간 면허시험 볼 기간을 제한한다.

054 도로교통법상 운전면허시험 응시제한기간에 대한 내용이다. 아래 ㉠부터 ㉤까지 (   ) 안에 들어갈 숫자를 나열한 것으로 가장 적절한 것은? (단, 행위자는 아래 행위로 인하여 벌금 이상의 형이 확정된 것으로 간주한다)

18. 경찰승진

> 가. 제46조(공동위험행위의 금지)를 위반하여 사람을 사상한 후 사상자를 구호하는 등 필요한 조치, 인적사항 제공 및 신고를 하지 아니한 경우에는 운전면허가 취소된 날부터 (㉠)년
> 나. 제43조부터 제46조까지의 규정(무면허, 음주, 약물 · 과로운전, 공동위험행위)에 따른 사유가 아닌 다른 사유로 사람을 사상한 후 사상자를 구호하는 등 필요한 조치, 인적사항 제공 및 신고를 하지 아니한 경우에는 운전면허가 취소된 날부터 (㉡)년
> 다. 다른 사람이 부정하게 운전면허를 받도록 하기 위하여 운전면허시험에 대신 응시한 사유로 운전면허가 취소된 경우에는 운전면허가 취소된 날부터 (㉢)년
> 라. 자동차 등을 이용하여 범죄행위를 하거나 다른 사람의 자동차 등을 훔치거나 빼앗은 사람이 제43조(무면허운전 등의 금지)를 위반하여 그 자동차 등을 운전한 경우에는 그 위반한 날부터 (㉣)년
> 마. 다른 사람의 자동차 등을 훔치거나 빼앗은 사유로 운전면허가 취소된 경우에는 운전면허가 취소된 날부터 (㉤)년

	㉠	㉡	㉢	㉣	㉤
①	5	4	2	3	2
②	5	3	3	4	2
③	5	4	3	4	2
④	3	4	2	3	3

정답 및 해설 I ①

①

> 가. 제46조(공동위험행위의 금지)를 위반하여 사람을 사상한 후 사상자를 구호하는 등 필요한 조치, 인적사항 제공 및 신고를 하지 아니한 경우에는 운전면허가 취소된 날부터 (㉠ 5)년
> 나. 제43조부터 제46조까지의 규정(무면허, 음주, 약물 · 과로운전, 공동위험행위)에 따른 사유가 아닌 다른 사유로 사람을 사상한 후 사상자를 구호하는 등 필요한 조치, 인적사항 제공 및 신고를 하지 아니한 경우에는 운전면허가 취소된 날부터 (㉡ 4)년
> 다. 다른 사람이 부정하게 운전면허를 받도록 하기 위하여 운전면허시험에 대신 응시한 사유로 운전면허가 취소된 경우에는 운전면허가 취소된 날부터 (㉢ 2)년
> 라. 자동차 등을 이용하여 범죄행위를 하거나 다른 사람의 자동차 등을 훔치거나 빼앗은 사람이 제43조(무면허운전 등의 금지)를 위반하여 그 자동차 등을 운전한 경우에는 그 위반한 날부터 (㉣ 3)년
> 마. 다른 사람의 자동차 등을 훔치거나 빼앗은 사유로 운전면허가 취소된 경우에는 운전면허가 취소된 날부터 (㉤ 2)년

055 연습운전면허에 관한 설명으로 옳지 않은 것은 모두 몇 개인가? 10. 경찰

□□□

> ㉠ 연습운전면허는 제1종 보통연습면허와 제2종 보통연습면허의 2종류가 있으며, 원칙적으로 그 면허를 받은 날부터 1년 동안 효력을 가진다.
> ㉡ 주행연습을 하는 때에는 운전면허를 받은 날부터 1년이 경과된 사람과 함께 타서 그의 지도를 받아야 한다.
> ㉢ 교통사고를 일으켰더라도 단순히 물적 피해만 발생한 경우에는 벌점을 부과한다.
> ㉣ 운전면허시험장의 도로주행시험을 담당하는 경찰관의 지시에 따라 운전하던 중 교통사고를 일으킨 경우 면허를 취소하지 않는다.

① 1개
② 2개
③ 3개
④ 4개

정답 및 해설 I ②

옳지 않은 설명은 ㉡㉢ 2개이다.

㉡ [×] 주행연습을 하는 때에는 운전면허를 받은 날부터 2년이 경과된 사람과 함께 승차하여 그 사람의 지도를 받아야 한다(도로교통법 시행규칙 제55조 제1호).

㉢ [×] 연습운전면허를 가진 사람이 교통사고를 일으켰더라도 단순히 물적 피해만 발생한 경우라면 **벌점을 부과하지 않는다.**

056 운전면허 행정처분결과에 따른 결격대상자와 결격기간의 연결이 옳지 않은 것은 모두 몇 개인가? 20. 경찰간부

□□□

> ㉠ 자동차 등을 이용하여 범죄행위를 하거나 다른 사람의 자동차를 훔치거나 빼앗아 무면허로 운전한 자 – 위반한 날부터 3년
> ㉡ 다른 사람이 부정하게 운전면허를 받도록 하기 위하여 운전면허시험에 대리응시한 자 – 취소된 날부터 2년
> ㉢ 과로상태 운전으로 사람을 사상한 후 구호조치 없이 도주한 자 – 취소된 날부터 5년
> ㉣ 2회 이상의 공동위험행위로 운전면허가 취소된 자 – 취소된 날부터 2년
> ㉤ 적성검사를 받지 아니하여 운전면허가 취소된 자 – 취소된 날부터 1년

① 1개
② 2개
③ 3개
④ 4개

정답 및 해설 I ①

옳지 않은 설명은 ㉤ 1개이다.

㉤ [×] 적성검사를 받지 아니하여 운전면허가 취소된 자 – **결격기간의 제한을 받지 않음**

057 연습운전면허에 대한 설명으로 옳은 것을 모두 고른 것은?

17. 경기북부 여성

㉠ 연습운전면허는 그 면허를 받은 날부터 1년 동안 효력을 가진다. 다만, 연습운전면허를 받은 날부터 1년 이전이라도 연습운전면허를 받은 사람이 제1종 보통면허 또는 제2종 보통면허를 받은 경우 연습운전면허는 그 효력을 잃는다.
㉡ 연습운전면허를 발급받은 사람이 운전 중 고의 또는 과실로 교통사고를 일으킨 경우 연습운전면허를 취소하여야 하고, 이때 도로교통공단의 도로주행시험을 담당하는 사람의 지시에 따라 운전하던 중 교통사고를 일으킨 경우도 마찬가지이다.
㉢ 연습운전면허를 발급받은 사람이 도로가 아닌 곳에서 교통사고를 일으킨 경우에는 연습운전면허를 취소하여야 한다.
㉣ 연습운전면허를 발급받은 사람이 교통사고를 일으켰으나 단순 물적 피해만 발생한 경우 면허가 취소되지 않는다.

① ㉠, ㉡
② ㉠, ㉣
③ ㉡, ㉢
④ ㉢, ㉣

정답 및 해설 I ②

옳은 설명은 ㉠㉣이다.

㉡ [×] 연습운전면허를 발급받은 사람이 운전 중 고의 또는 과실로 교통사고를 일으킨 경우 연습운전면허를 취소하여야 한다. 다만, 이때 도로교통공단의 도로주행시험을 담당하는 사람의 **지시에 따라 운전하던 중 교통사고를 일으킨 경우에는 취소하지 아니한다**(도로교통법 시행령 제59조 제1호).

㉢ [×] 연습운전면허를 발급받은 사람이 **도로가 아닌 곳에서 교통사고를 일으킨 경우에는 연습운전면허를 취소하지 아니한다**(도로교통법 시행령 제59조 제2호).

058 도로교통법상 국제운전면허증에 관한 다음 설명 중 옳고 그름의 표시(○, ×)가 바르게 된 것은?

18. 경찰간부

㉠ 국제운전면허증을 외국에서 발급받은 사람은 여객자동차 운수사업법 또는 화물자동차 운수사업법에 따른 사업용 자동차를 운전할 수 없다. 여객자동차 운수사업에 따른 대여사업용 자동차를 임차하여 운전하는 경우에도 마찬가지이다.
㉡ 국제운전면허증을 외국에서 발급받은 사람은 국내에 입국한 날부터 2년 동안만 그 국제운전면허증으로 자동차 등을 운전할 수 있다.
㉢ 국제운전면허는 모든 국가에서 통용된다.
㉣ 국제운전면허증을 발급받은 사람의 국내운전면허의 효력이 정지된 때에는 그 정지기간 동안 그 효력이 정지된다.

① ㉠ (×), ㉡ (×), ㉢ (×), ㉣ (○)
② ㉠ (○), ㉡ (○), ㉢ (×), ㉣ (○)
③ ㉠ (×), ㉡ (○), ㉢ (○), ㉣ (×)
④ ㉠ (×), ㉡ (○), ㉢ (×), ㉣ (○)

정답 및 해설 I ①

옳은 설명은 ㉣이다.

㉠ [×] 국제운전면허증을 외국에서 발급받은 사람은 여객자동차 운수사업법 또는 화물자동차 운수사업법에 따른 사업용 자동차를 운전할 수 없다. 여객자동차 운수사업에 따른 **대여사업용 자동차를 임차하여 운전하는 경우에는 그러하지 아니하다**(도로교통법 제96조 제2항).

㉡ [×] 국제운전면허증을 외국에서 발급받은 사람은 국내에 입국한 날부터 **1년** 동안만 그 국제운전면허증으로 자동차 등을 운전할 수 있다(도로교통법 제96조 제1항).

㉢ [×] 국제운전면허는 **도로교통에 관한 협약이나 협정에 가입한 국가에서만 통용된다**(도로교통법 제96조 제1항).

059 다음 중 운전면허에 대한 설명으로 틀린 것은 모두 몇 개인가?

09. 경찰

> ㉠ 2회 이상 음주운전으로 운전면허가 취소된 경우 운전면허발급 제한기간은 취소된 날로부터 3년이다.
> ㉡ 다른 사람의 자동차 등을 훔치거나 빼앗은 사람이 무면허로 그 자동차 등을 운전한 경우 운전면허발급 제한기간은 위반한 날로부터 2년이다.
> ㉢ 운전면허를 발급받은 사람이 자동차 등을 이용하여 살인 또는 강간죄를 범하여 면허가 취소된 경우 운전면허발급 제한기간은 취소된 날로부터 3년이다.
> ㉣ 국제운전면허를 외국에서 발급받은 사람은 여객자동차 운수사업법 또는 화물자동차 운수사업법에 의한 모든 사업용 자동차를 운전할 수 없다.
> ㉤ 시·도경찰청장은 연습운전면허를 교부받은 사람이 운전 중 고의 또는 과실로 교통사고를 일으키더라도 물적 피해만 발생한 경우에는 운전면허를 취소할 수 없다.
> ㉥ 제1종 대형면허를 취득한 자는 콘크리트 믹서트럭을 운전할 수 없다.

① 2개　　② 3개

③ 4개　　④ 5개

정답 및 해설 I ④

틀린 설명은 ㉠㉡㉢㉣㉥ 5개이다.

㉠ [×] 운전면허발급 제한기간은 취소된 날로부터 **2년**이다.

㉡ [×] 운전면허발급 제한기간은 위반한 날로부터 **3년**이다.

㉢ [×] 운전면허발급 제한기간은 취소된 날로부터 **1년**이다.

㉣ [×] 국제운전면허를 외국에서 발급받은 사람은 여객자동차 운수사업법 또는 화물자동차 운수사업법에 의한 사업용 자동차를 운전할 수 없다. 다만, 여객자동차 운수사업법에 의한 대여 사업용 자동차를 임차하여 운전하는 경우에는 그러하지 아니하다(즉, **대여사업용 자동차를 임차하여 운전하는 경우에는 운전할 수 있다**)(도로교통법 제96조 제2항).

㉥ [×] 제1종 대형면허를 취득한 자는 콘크리트 믹서트럭을 **운전할 수 있다**.

060 국제운전면허증에 대한 설명으로 가장 적절하지 않은 것은? 17. 경찰승진

□□□

① 외국에서 발행한 국제운전면허증은 입국한 날로부터 1년간 유효하다.

② 국제운전면허증으로 국내에서 사업용 차량(대여용 제외)을 운전할 수 없다.

③ 국제운전면허증을 받으려면 국내면허를 받은 후 1년이 경과되어야 한다.

④ 도로교통에 관한 국제협약에 의거, 가입국간에 통용된다.

정답 및 해설 I ③

③ [×] 국제운전면허증을 받으려면 국내면허를 받은 후 일정한 기간이 경과되어야 하는 것은 아니다.

061 연습운전면허에 대한 다음 설명 중 옳지 않은 것은 모두 몇 개인가? 19. 경찰간부

□□□

㉠ 연습운전면허는 그 면허를 받은 날부터 1년 동안 효력을 가진다. 다만, 연습운전면허를 받은 날부터 1년 이전이라도 제1종 보통면허 또는 제2종 보통면허를 받은 경우 연습운전면허는 그 효력을 잃는다.

㉡ 시 · 도경찰청은 연습운전면허를 발급받은 사람이 운전 중 고의 또는 과실로 교통사고를 일으키거나 도로교통법에 따른 명령 또는 처분을 위반한 경우에는 연습운전면허를 취소하여야 한다.

㉢ 다만, 연습운전면허를 받은 사람이 ⅰ) 도로교통공단의 도로주행시험을 담당하는 사람, 자동차운전학원의 강사, 전문학원의 강사 또는 기능검정원의 지시에 따라 운전하던 중 교통사고를 일으킨 경우, ⅱ) 도로가 아닌 곳에서 교통사고를 일으킨 경우, ⅲ) 교통사고를 일으켰으나 물적 피해만 발생한 경우에는 연습운전면허를 취소하지 않는다.

㉣ 연습운전면허를 받은 사람이 도로에서 주행연습을 하는 때에는 운전면허(연습하고자 하는 자동차를 운전할 수 있는 운전면허에 한한다)를 받은 날부터 2년 경과된 사람(소지하고 있는 운전면허의 효력이 정지기간 중인 사람을 제외한다)과 함께 승차하여 그 사람의 지도를 받아야 한다.

① 없음

② 1개

③ 2개

④ 3개

정답 및 해설 I ①

모두 옳은 설명이다.

062 운전면허에 대한 설명으로 가장 적절하지 않은 것은? 19. 경찰승진

□□□

① 외국 발행의 국제운전면허증은 입국일로부터 1년간 유효하다.

② 임시운전증명서는 유효기간 중 운전면허증과 동일한 효력이 있다.

③ 국제운전면허증을 외국에서 발급받은 사람은 여객자동차 운수사업법에 따른 사업용 자동차를 운전할 수 없다(단, 여객자동차 운수사업법에 따른 대여사업용 자동차를 임차하여 운전하는 경우는 제외).

④ 연습운전면허를 발급받은 사람은 여객자동차 운수사업법 또는 화물자동차 운수사업법에 따른 사업용 자동차를 운전할 수 있다.

정답 및 해설 I ④

④ [×] 연습운전면허를 발급받은 사람은 여객자동차 운수사업법 또는 화물자동차 운수사업법에 따른 **사업용 자동차를 운전할 수 없다.**

063 다음은 도로교통법에서 운전면허와 관련하여 규정하는 내용들이다. 괄호 안에 들어갈 숫자를 모두 더한 값은? 20. 경찰간부

□□□

> ㉠ ( )세 미만(원동기장치자전거의 경우 제외)인 사람은 운전면허를 받을 수 없다.
> ㉡ ( )세 이상인 사람으로서 운전면허를 받으려는 사람은 시험에 응시하기 전에 '노화와 안전운전에 관한 사항' 등에 관한 교통안전교육을 받아야 한다.
> ㉢ 연습운전면허는 그 면허를 받은 날부터 ( )년 동안 효력을 가진다.
> ㉣ 운전면허시험에서 부정행위를 하여 해당 시험이 무효로 처리된 사람은 그 처분이 있은 날부터 ( )년간 해당 시험에 응시하지 못한다.

① 94　　② 96

③ 98　　④ 99

정답 및 해설 I ②

② 괄호 안에 들어갈 숫자를 모두 더하면 18 + 75 + 1 + 2 = 96이다.

> ㉠ (18)세 미만(원동기장치자전거의 경우 제외)인 사람은 운전면허를 받을 수 없다.
> ㉡ (75)세 이상인 사람으로서 운전면허를 받으려는 사람은 시험에 응시하기 전에 '노화와 안전운전에 관한 사항' 등에 관한 교통안전교육을 받아야 한다.
> ㉢ 연습운전면허는 그 면허를 받은 날부터 (1)년 동안 효력을 가진다.
> ㉣ 운전면허시험에서 부정행위를 하여 해당 시험이 무효로 처리된 사람은 그 처분이 있은 날부터 (2)년간 해당 시험에 응시하지 못한다.

064 □□□ 보기의 괄호 안에 들어갈 숫자를 순서대로 나열한 것 중 가장 적절한 것은? 12. 경찰승진

> ㉠ 운전면허증 재교부 신청시, 정기 적성검사(면허증 갱신 포함)와 수시 적성검사 신청시 발급되는 임시운전증명서의 유효기간은 (   )일 이내로 하되, 운전면허 취소 · 정지처분 대상자에게 교부되는 임시운전증명서의 유효기간은 (   )일 이내로 할 수 있다. 다만, 경찰서장은 필요하다고 인정되는 경우 유효기간을 1회에 한하여 20일의 범위에서 연장할 수 있다.
> ㉡ 도로교통협약의 규정에 의한 운전면허증을 외국에서 발급받은 사람은 도로교통법 제80조 제1항의 규정에도 불구하고 입국한 날로부터 (   )년 동안만 국내에서 그 국제운전면허증으로 자동차 등을 운전할 수 있다.
> ㉢ 밤에는 고장자동차의 표지와 사방 (   )미터 지점에서 식별할 수 있는 적색의 섬광신호 · 전기제등 또는 불꽃신호를 설치하여야 한다.

① 40 – 20 – 1 – 500　　② 40 – 40 – 2 – 200
③ 20 – 40 – 1 – 500　　④ 20 – 40 – 1 – 200

정답 및 해설 I ③

③
> ㉠ 운전면허증 재교부 신청시, 정기 적성검사(면허증 갱신 포함)와 수시 적성검사 신청시 발급되는 임시운전증명서의 유효기간은 (20)일 이내로 하되, 운전면허 취소 · 정지처분 대상자에게 교부되는 임시운전증명서의 유효기간은 (40)일 이내로 할 수 있다(도로교통법 시행규칙 제88조 제2항).
> ㉡ 도로교통협약의 규정에 의한 운전면허증을 외국에서 발급받은 사람은 도로교통법 제80조 제1항의 규정에도 불구하고 입국한 날로부터 (1)년 동안만 국내에서 그 국제운전면허증으로 자동차 등을 운전할 수 있다(도로교통법 제96조 제1항).
> ㉢ 밤에는 고장자동차의 표지와 사방 (500)미터 지점에서 식별할 수 있는 적색의 섬광신호 · 전기제등 또는 불꽃신호를 설치하여야 한다(도로교통법 시행규칙 제40조 제1항 제2호).

065 □□□ 다음 중 운전면허 행정처분상의 벌점과 관련된 교통사고결과에 대한 설명으로 옳은 것은? 12. 경찰간부

① 사망 1명마다 90점의 벌점이 부과되는 경우는 사고 발생시부터 48시간 이내에 사망한 경우이다.
② 중상 1명마다 15점의 벌점이 부과되는 경우는 4주 이상의 치료를 요하는 의사진단이 있는 사고이다.
③ 경상 1명마다 5점의 벌점이 부과되는 경우는 3주 미만 3일 이상의 치료를 요하는 의사진단이 있는 사고이다.
④ 부상신고 1명마다 2점의 벌점이 부과되는 경우는 5일 미만 치료를 요하는 의사진단이 있는 사고이다.

정답 및 해설 I ④

① [×] 사망 1명마다 90점의 벌점이 부과되는 경우는 사고 발생시부터 **72시간** 이내에 사망한 경우이다(도로교통법 시행규칙 제91조 제1항 [별표 28]).
② [×] 중상 1명마다 15점의 벌점이 부과되는 경우는 **3주 이상**의 치료를 요하는 의사진단이 있는 사고이다(도로교통법 시행규칙 제91조 제1항 [별표 28]).
③ [×] 경상 1명마다 5점의 벌점이 부과되는 경우는 **3주 미만 5일 이상**의 치료를 요하는 의사진단이 있는 사고이다(도로교통법 시행규칙 제91조 제1항 [별표 28]).

066 도로교통법 시행규칙상 운전면허 행정처분에 대한 설명으로 가장 적절한 것은? 19. 경찰승진

□□□

① '누산점수'라 함은, 구체적인 법규위반 · 사고야기에 대하여 앞으로 정지처분기준을 적용하는데 필요한 점수를 말한다.

② 연습운전면허를 받은 사람에 대하여도 벌점을 관리할 수 있다.

③ 위반사항이 '승객의 차내 소란행위 방치운전'인 경우 벌점은 40점이다.

④ 1회의 위반 · 사고로 인한 벌점 또는 1년간 누산점수가 121점 이상 도달한 때에는 그 운전면허를 취소할 수 있다.

정답 및 해설 I ③

① [×] **'처분벌점'**에 관한 설명이다. **'누산점수'**라 함은, 위반 · 사고시의 벌점을 누적하여 합산한 점수에서 상계치(무위반 · 무사고기간 경과시에 부여되는 점수 등)를 뺀 점수를 말한다(도로교통법 시행규칙 제91조 제1항 [별표 28]).

② [×] 연습운전면허를 받은 사람은 **벌점관리의 대상이 아니다.**

④ [×] 1회의 위반 · 사고로 인한 벌점 또는 1년간 누산점수가 121점 이상 도달한 때에는 그 **운전면허를 취소한다**(도로교통법 시행규칙 제91조 제1항 [별표 28]).

067 도로교통법 시행규칙상 자동차 등의 운전 중 교통사고를 일으킨 때 사고결과에 따른 벌점기준이다. 아래 ㉠부터 ㉥까지의 ( ) 안에 들어갈 숫자를 모두 합한 값으로 가장 적절한 것은? (단, 감면규정은 적용되지 않는다) 18. 경찰승진

□□□

구분		벌점	내용
인적 피해 교통 사고	사망 1명마다	(㉠)	사고발생시로부터 (㉤)시간 내에 사망한 때
	중상 1명마다	(㉡)	3주 이상의 치료를 요하는 의사의 진단이 있는 사고
	경상 1명마다	(㉢)	3주 미만 5일 이상의 치료를 요하는 의사 진단이 있는 사고
	부상신고 1명마다	(㉣)	(㉥)일 미만의 치료를 요하는 의사의 진단이 있는 사고

① 165

② 189

③ 214

④ 217

정답 및 해설 I ②

② 괄호 안에 들어갈 숫자를 모두 합한 값은 90 + 15 + 5 + 2 + 72 + 5 = 189이다.

구분		벌점	내용
인적 피해 교통 사고	사망 1명마다	(㉠ 90)	사고발생시로부터 (㉤ 72)시간 내에 사망한 때
	중상 1명마다	(㉡ 15)	3주 이상의 치료를 요하는 의사의 진단이 있는 사고
	경상 1명마다	(㉢ 5)	3주 미만 5일 이상의 치료를 요하는 의사 진단이 있는 사고
	부상신고 1명마다	(㉣ 2)	(㉥ 5)일 미만의 치료를 요하는 의사의 진단이 있는 사고

068 다음은 현행 도로교통법상 음주운전에 관한 설명이다. 가장 적절한 것은? 14. 경찰승진

□□□

① 술에 취한 상태의 기준은 혈중알코올농도 0.3% 이상이다.

② 최초 위반시 혈중알콜농도가 0.2% 이상인 사람은 2년 이상 5년 이하의 징역이나 1천만원 이상 2천만원 이하의 벌금에 처한다.

③ 음주측정 최초 거부시 1년 이상 3년 이하의 징역이나 500만원 이상 2천만원 이하의 벌금에 처한다.

④ 최초 음주운전으로 혈중알코올농도가 0.03% 이상 0.08% 미만인 사람은 1년 이상 2년 이하의 징역이나 500만원 이상 1천만원 이하의 벌금에 처한다.

정답 및 해설 | ②

① [×] 술에 취한 상태의 기준은 혈중알코올농도 **0.03% 이상**이다(도로교통법 제44조 제4항).

③ [×] 음주측정 최초 거부시 1년 이상 **5년 이하**의 징역이나 500만원 이상 2천만원 이하의 벌금에 처한다(도로교통법 제148조의2 제2항).

④ [×] 최초 음주운전으로 혈중알코올농도가 0.03% 이상 0.08% 미만인 사람은 1년 이하의 징역이나 500만원 이하의 벌금에 처한다(도로교통법 제148조의2 제1항).

☑ 음주운전에 대한 처벌규정

위반행위	1차 위반	2차 위반
혈중알코올농도 0.2% 이상	2년~5년 이하의 징역 1~2천만원 이하의 벌금	2년~6년 이하의 징역 1~3천만원 이하의 벌금
음주측정거부	1년~5년 이하의 징역 500만원~2천만원 이하의 벌금	1년~6년 이하의 징역 500만원~3천만원 이하의 벌금
혈중알코올농도 0.08% 이상~0.2% 미만	1년~2년 이하의 징역 500만원~1천만원 이하의 벌금	1년~5년 이하의 징역 500만원~2천만원 이하의 벌금
혈중알코올농도 0.03% 이상~0.08% 미만	1년 이하의 징역 500만원 이하의 벌금	
자전거 등의 주취운전 및 음주측정거부	20만원 이하의 벌금이나 구류 또는 과료	

✎ 2차 위반이란 제44조 제1항 또는 제2항을 위반(자동차 등 또는 노면전차를 운전한 경우로 한정한다. 다만, 개인형 이동장치를 운전한 경우는 제외한다)하여 **벌금 이상의 형**을 선고받고 그 형이 확정된 날부터 **10년 내**에 다시 같은 조 제1항 또는 제2항을 위반한 사람(형이 실효된 사람도 **포함**한다)을 말한다.

069 도로교통법상 주취운전으로 처벌할 수 있는 경우로 가장 적절하지 않은 것은? 17. 경찰승진

□□□

① 승용자동차를 아파트 지하주차장 내에서 약 5m 주취운전한 경우

② 승합자동차를 고속도로에서 약 1km 주취운전한 경우

③ 원동기장치자전거를 공공주차장 내에서 약 2m 주취운전한 경우

④ 경운기를 사설주차장에서 도로까지 약 20m 주취운전한 경우

정답 및 해설 | ④

④ [×] 주취운전은 술에 취한 상태에서 **자동차 등**을 운전하는 경우여야 한다. **경운기, 트랙터, 콤바인 등 농기계는 자동차 등에 해당하지 않아 도로교통법이 적용되지 않는다**(도로교통법 제44조 제1항).

070 도로교통법상 음주운전 처벌기준에 대한 설명으로 가장 적절하지 않은 것은? 15. 경찰

□□□

① 최초 위반시 혈중알코올농도가 0.2% 이상인 경우 2년 이상 5년 이하의 징역이나 1천만원 이상 2천만원 이하의 벌금

② 최초 음주측정에 응하지 않을 시 1년 이상 5년 이하의 징역이나 500만원 이상 2천만원 이하의 벌금

③ 1회 위반시 혈중알코올농도가 0.03% 이상 0.08% 미만인 경우 1년 이하의 징역이나 1천만원 이하의 벌금

④ 1회 위반시 혈중알코올농도가 0.2% 이상시 2년 이상 5년 이하의 징역이나 1천만원 이상 2천만원 이하의 벌금

정답 및 해설 | ③

③ [×] 혈중알코올농도가 0.03% 이상 0.08% 미만인 경우 1년 이하의 징역이나 **500만원 이하의 벌금**에 처한다(도로교통법 제148조의2 제3항 제3호).

071 도로교통법상 음주운전과 관련된 내용이다. 아래 ㉠부터 ㉣까지의 내용 중 옳고 그름의 표시(○, ×)가 바르게 된 것은? (단, '술에 취한 상태'는 혈중알코올농도가 0.03퍼센트 이상인 경우로 전제함) 19. 경찰

□□□

> ㉠ 술에 취한 상태에서 자전거를 운전한 사람은 처벌된다.
> ㉡ 음주운전 3회 이상 위반으로 벌금형을 확정받고 면허가 취소된 경우, 면허가 취소된 날부터 3년간 면허시험 응시자격이 제한된다.
> ㉢ 무면허인 자가 술에 취한 상태에서 자동차 등을 운전한 경우, 무면허운전죄와 음주운전죄는 실체적 경합관계에 있다.
> ㉣ 도로가 아닌 곳에서 술에 취한 상태로 자동차 등을 운전하더라도 음주단속의 대상이 된다.

① ㉠ (○), ㉡ (○), ㉢ (×), ㉣ (×)

② ㉠ (○), ㉡ (×), ㉢ (○), ㉣ (○)

③ ㉠ (○), ㉡ (×), ㉢ (×), ㉣ (○)

④ ㉠ (×), ㉡ (○), ㉢ (○), ㉣ (×)

정답 및 해설 | ③

옳은 설명은 ㉠㉣이다.

㉡ [×] 음주운전 **2회** 이상 위반으로 벌금형을 확정받고 면허가 취소된 경우, 면허가 취소된 날부터 **2년간** 면허시험 응시자격이 제한된다(도로교통법 제82조 제2항 제6호 가목).

㉢ [×] 무면허인 자가 술에 취한 상태에서 자동차 등을 운전한 경우, 무면허운전죄와 음주운전죄는 **상상적 경합관계**에 있다.

072 음주운전 관련 판례에 관한 설명 중 가장 적절하지 않은 것은? (다툼이 있는 경우 판례에 의함)

□□□

23. 경찰

① 경찰관이 술에 취한 상태에서 자동차를 운전한 것으로 보이는 피고인을 경찰관 직무집행법에 따른 보호조치 대상자로 보아 경찰관서로 데려온 직후 음주측정을 요구하였는데 피고인이 불응하여 음주측정불응죄로 기소된 사안에서, 위법한 보호조치 상태를 이용하여 음주측정 요구가 이루어졌다는 등의 특별한 사정이 없는 한 피고인의 행위는 음주측정불응죄에 해당한다.

② 술에 취해 자동차 안에서 잠을 자다가 추위를 느껴 히터를 가동시키기 위하여 시동을 걸었고, 실수로 자동차의 제동장치 등을 건드렸거나 처음 주차할 때 안전조치를 제대로 취하지 아니한 탓으로 원동기의 추진력에 의하여 자동차가 약간 경사진 길을 따라 앞으로 움직여 피해자의 차량 옆면을 충격하게 된 경우는 자동차의 운전에 해당한다.

③ 음주측정 요구 당시 운전자가 술에 취한 상태에서 자동차를 운전하였다고 인정할 만한 상당한 이유가 있었으며, 음주운전 종료 후 별도의 음주 사실이 없었음이 증명된 경우, 경찰관이 음주 및 음주운전 종료로부터 약 5시간 후 집에서 자고 있는 피고인을 연행하여 음주측정을 요구한 데에 대하여 피고인이 불응하였다면, 도로교통법상의 음주측정불응죄가 성립한다.

④ 특별한 이유 없이 호흡측정기에 의한 측정에 불응하는 운전자에게 경찰공무원이 혈액채취에 의한 측정방법이 있음을 고지하고 그 선택 여부를 물어야 할 의무는 없다.

정답 및 해설 I ②

② [×] **음주운전은 고의범에 한하는 것이고 과실에 의한 운전은 자동차의 운전으로 볼 수 없으므로,** 술에 취해 자동차 안에서 잠을 자다가 추위를 느껴 히터를 가동시키기 위하여 시동을 걸었고, 실수로 자동차의 제동장치 등을 건드렸거나 처음 주차할 때 안전조치를 제대로 취하지 아니한 탓으로 원동기의 추진력에 의하여 자동차가 약간 경사진 길을 따라 앞으로 움직여 피해자의 차량 옆면을 충격하게 된 경우는 **자동차의 운전에 해당하지 않는다**(대판 2004.4.23, 2004도1109).

073 「도로교통법」에 관한 설명으로 가장 적절하지 않은 것은?(다툼이 있는 경우 판례에 의함) 23. 경찰

□□□

① 모든 차의 운전자는 예외 없이 터널 안에 차를 주차해서는 아니 된다.

② 긴급자동차에 대하여는 동법 제23조에 따른 끼어들기 금지를 적용하지 아니한다.

③ "정차"란 운전자가 5분을 초과하지 아니하고 차를 정지시키는 것으로서 주차 외의 정지 상태를 말한다.

④ 물로 입 안을 헹굴 기회를 달라는 피고인의 요구를 무시한 채 호흡측정기로 측정한 혈중알코올 농도 수치가 0.05%로 나타난 사안에서, 피고인이 당시 혈중알코올 농도 0.05% 이상의 술에 취한 상태에서 운전하였다고 단정할 수 없다.

정답 및 해설 I ①

① [×] 도로교통법에서는 주정차금지장소의 특례를 다음과 같이 인정하고 있다.

> 제34조의2 【정차 또는 주차를 금지하는 장소의 특례】 ① 다음 각 호의 어느 하나에 해당하는 경우에는 제32조 제1호 · 제4호 · 제5호 · 제7호 · 제8호 또는 제33조 제3호에도 불구하고 정차하거나 주차할 수 있다.
> 1. 「자전거 이용 활성화에 관한 법률」 제2조 제2호에 따른 자전거이용시설 중 전기자전거 충전소 및 자전거주차장치에 자전거를 정차 또는 주차하는 경우
> 2. 시장등의 요청에 따라 시 · 도경찰청장이 안전표지로 자전거등의 정차 또는 주차를 허용한 경우
>
> ② 시 · 도경찰청장이 안전표지로 구역 · 시간 · 방법 및 차의 종류를 정하여 정차나 주차를 허용한 곳에서는 제32조 제7호 · 제8호 또는 제33조 제3호에도 불구하고 정차하거나 주차할 수 있다.

074 □□□ 음주운전으로 운전면허취소처분 또는 정지처분을 받았을 때 일정 요건을 갖춘 경우 면허행정처분을 감경하는 경우가 있다. 이 때 도로교통법 시행규칙상 감경 제외사유로 규정된 것이 아닌 것은?

20. 경찰승진

① 혈중알코올농도 0.1퍼센트를 초과하여 운전한 경우

② 음주운전 중 인적피해 교통사고를 일으킨 경우

③ 과거 3년 이내에 3회 이상의 인적 피해를 교통사고의 전력이 있는 경우

④ 과거 5년 이내에 음주운전 전력이 있는 경우

정답 및 해설 I ③

③ [×] 도로교통법 시행규칙상 과거 5년 이내에 3회 이상의 인적 피해 교통사고의 전력이 있는 경우 감경 제외사유에 해당한다(도로교통법 시행규칙 제91조 제1항 [별표 28]).

☑ 음주운전의 처분감경사유와 감경 제외사유

구분	내용
감경사유	1. 운전이 가족의 생계를 유지할 중요한 수단이 되는 경우 2. 모범운전자로서 처분 당시 3년 이상 교통봉사 활동에 종사하고 있는 경우 3. 교통사고를 일으키고 도주한 운전자를 검거하여 경찰서장 이상의 표창을 받은 사람
감경 제외사유	1. 과거 5년 이내에 인적피해 3회 이상 교통사고의 전력이 있는 경우 2. 과거 5년 이내에 음주운전의 전력이 있는 경우 3. 혈중알코올 농도가 0.1퍼센트를 초과하여 운전한 경우 4. 음주운전 중 인적피해 교통사고를 일으킨 경우 5. 경찰관의 음주측정 요구에 불응하거나 도주한 때 또는 단속경찰관을 폭행한 경우

075 아래는 도로교통법 시행규칙 [별표 28] 운전면허 취소 · 정지처분기준의 일부를 발췌한 것이다. 다음 중 옳은 것은? 18. 경찰

> 1. 일반기준
> 가.~마. 〈생략〉
> 바. 처분기준의 감경
> (1) 감경사유
> (가) 음주운전으로 운전면허 취소처분 또는 정지처분을 받은 경우
> 운전이 가족의 생계를 유지할 중요한 수단이 되거나, ㉠ 모범운전자로서 처분 당시 2년 이상 교통봉사활동에 종사하고 있거나, 교통사고를 일으키고 도주한 운전자를 검거하여 경찰서장 이상의 표창을 받은 사람으로서 다음의 어느 하나에 해당되는 경우가 없어야 한다.
> 1) ㉡ 혈중알코올농도가 0.15퍼센트를 초과하여 운전한 경우
> 2) 음주운전 중 인적피해 교통사고를 일으킨 경우
> 3) 경찰관의 음주측정요구에 불응하거나 도주한 때 또는 단속경찰관을 폭행한 경우
> 4) ㉢ 과거 5년 이내에 3회 이상의 인적피해 교통사고의 전력이 있는 경우
> 5) ㉣ 과거 3년 이내에 음주운전의 전력이 있는 경우

① ㉠ ② ㉡
③ ㉢ ④ ㉣

정답 및 해설 I ③
옳은 설명은 ㉢이다.

> 도로교통법 시행규칙 제91조 제1항 [별표 28]
> 1. 일반기준
> 가.~마. 〈생략〉
> 바. 처분기준의 감경
> (1) 감경사유
> (가) 음주운전으로 운전면허 취소처분 또는 정지처분을 받은 경우
> 운전이 가족의 생계를 유지할 중요한 수단이 되거나, ㉠ **모범운전자로서 처분 당시 3년 이상 교통봉사활동에 종사**하고 있거나, 교통사고를 일으키고 도주한 운전자를 검거하여 경찰서장 이상의 표창을 받은 사람으로서 다음의 어느 하나에 해당되는 경우가 없어야 한다.
> 1) ㉡ **혈중알코올농도가 0.1퍼센트를 초과하여 운전한 경우**
> 2) 음주운전 중 인적피해 교통사고를 일으킨 경우
> 3) 경찰관의 음주측정요구에 불응하거나 도주한 때 또는 단속경찰관을 폭행한 경우
> 4) ㉢ **과거 5년 이내에 3회 이상의 인적피해 교통사고의 전력이 있는 경우**
> 5) ㉣ **과거 5년 이내에 음주운전의 전력이 있는 경우**

076 도로교통법상 통고처분에 대한 설명 중 맞는 것은 모두 몇 개인가? 10. 경찰

□□□

> ㉠ 범칙금 통고처분제도란 경미한 법규위반자에 대하여 경찰관이 범칙금을 납부할 것을 통고하는 형사처분으로 이행시 확정판결과 같은 효력이 발생한다.
> ㉡ 도로교통법상 범칙자란 상습적 범칙행위자, 구류의 형에 해당하는 자, 18세 미만인 자를 제외한 범칙행위자를 말한다.
> ㉢ 도로교통법상의 범칙자 중 성명 또는 주소가 확실하지 아니한 사람, 달아날 우려가 있는 사람, 범칙금납부통고서를 받기 거부한 사람에 대해서는 통고처분대상의 예외에 해당한다.
> ㉣ 통고처분서를 받기 거부한 자에 대해서는 즉결심판을 청구할 수 있다.

① 1개 ② 2개

③ 3개 ④ 4개

정답 및 해설 I ①

옳은 설명은 ㉢ 1개이다.

㉠ [×] 범칙금 통고처분제도란 경미한 법규위반자에 대하여 경찰관이 범칙금을 납부할 것을 통고하는 **행정처분**으로 이행시 확정판결과 같은 효력이 발생한다.

㉡ [×] **경범죄 처벌법상 범칙자**란 상습적 범칙행위자, 구류의 형에 해당하는 자, 피해자가 있는 자, 18세 미만인 자를 제외한 범칙행위자를 말한다(경범죄 처벌법 제6조 제2항). **도로교통법상 범칙자란 경찰공무원의 질문에 불응하거나 운전면허증을 제시하지 못한 운전자, 범칙행위로 교통사고를 일으킨 사람을 제외한 범칙행위자**를 말한다(도로교통법 제162조 제2항).

㉣ [×] 통고처분서를 받기 거부한 자에 대해서는 지체 없이 즉결심판을 **청구하여야 한다**(도로교통법 제165조 제1항).

077 도로교통법상 통고처분에 관한 설명이다. 가장 적절하지 않은 것은? 14. 경찰승진

□□□

① 범칙금 납부통고서 받기를 거부하는 사람, 주소 또는 성명이 불확실한 사람, 통고서를 분실한 사람은 즉결심판청구대상자이다.

② 통고처분 불이행자는 즉결심판에 회부한다.

③ 2차 납부기일은 1차 납부기간이 끝나는 날의 다음 날부터 20일이다.

④ 부득이한 사유로 기간 내에 납부하지 못한 때에는 그 사유가 없어지게 된 날로부터 5일 이내에 납부하여야 한다.

정답 및 해설 I ①

① [×] **통고서를 분실한 사람**은 즉결심판청구대상자가 아니다. 범칙금 납부통고서 받기를 거부하는 사람, 주소 또는 성명이 불확실한 사람, 달아날 우려가 있는 사람이 즉결심판청구대상자이다(도로교통법 제163조 제1항).

078 □□□ 다음은 도로교통법 제164조 범칙금의 납부에 대한 내용이다. ㉠부터 ㉣까지의 설명으로 적절하지 않은 것은? 17. 경찰승진

> 제164조(범칙금의 납부)
> 1. ㉠ 제163조에 따라 범칙금 납부통고서를 받은 사람은 10일 이내에 경찰청장이 지정하는 국고은행, 지점, 대리점, 우체국 또는 제주특별자치도지사가 지정하는 금융회사 등이나 그 지점에 범칙금을 내야 한다. ㉡ 다만, 천재지변이나 그 밖의 부득이한 사유로 말미암아 그 기간에 범칙금을 낼 수 없는 경우에는 부득이한 사유가 없어지게 된 날부터 7일 이내에 내야 한다.
> 2. ㉢ 제1항에 따른 납부기간에 범칙금을 내지 아니한 사람은 납부기간이 끝나는 날의 다음 날부터 20일 이내에 통고받은 범칙금에 100분의 20을 더한 금액을 내야 한다.
> 3. ㉣ 제1항이나 제2항에 따라 범칙금을 낸 사람은 범칙행위에 대하여 다시 벌 받지 아니한다.

① ㉠ ② ㉡

③ ㉢ ④ ㉣

정답 및 해설 | ②

㉡ [×] 다만, 천재지변이나 그 밖의 부득이한 사유로 말미암아 그 기간에 범칙금을 낼 수 없는 경우에는 부득이한 사유가 없어지게 된 날부터 5일 이내에 내야 한다.

079 □□□ 도로교통법 및 동법 시행령상 범칙금 납부와 통고처분 불이행자 처리에 대한 설명으로 가장 적절하지 않은 것은? 20. 경찰승진

① 범칙금 납부통고서를 받은 사람은 10일 이내에 경찰청장이 지정하는 국고은행, 지점, 대리점 또는 우체국 또는 제주특별자치도지사가 지정하는 금융회사 등이나 그 지점에 범칙금을 내야 한다.

② 천재지변 그 밖의 부득이한 사유로 그 기간에 범칙금을 낼 수 없는 경우에는 그 사유가 없어지게 된 날부터 5일 이내 납부하여야 한다.

③ 마지막 범칙금 납부기간이 경과한 사람(도로교통법 제165조 제1항 제2호에 해당하는 통고처분 불이행자)에게는 납부기간 만료일부터 30일 이내에 범칙금액에 그 100분의 20을 더한 금액의 납부와 즉결심판을 위한 출석의 일시 · 장소 등을 알리는 즉결심판 및 범칙금 등 납부통지서를 발송하여야 한다.

④ 위 '③'의 경우 즉결심판을 위한 출석일은 범칙금 납부기간 만료일부터 40일이 초과되어서는 아니 된다.

정답 및 해설 | ③

③ [×] 마지막 범칙금 납부기간이 경과한 사람(도로교통법 제165조 제1항 제2호에 해당하는 통고처분 불이행자)에게는 납부기간 만료일부터 30일 이내에 범칙금액에 그 **100분의 50**을 더한 금액의 납부와 즉결심판을 위한 출석의 일시 · 장소 등을 알리는 즉결심판 및 범칙금 등 납부통지서를 발송하여야 한다(도로교통법 시행령 제99조 제1항).

제2절 | 교통사고처리 특례법

080 다음 설명 중 가장 적절하지 않은 것은? (다툼이 있으면 판례에 의함) 15. 경찰승진

□□□

① 화물차를 주차한 상태에서 적재된 상자 일부가 떨어지면서 지나가던 피해자에게 상해를 입힌 경우, 교통사고로 볼 수 없다.

② 연속된 교통사고로 피해자가 사망한 경우 후행 교통사고 운전자에게 책임을 물으려면 후행 교통사고를 일으킨 사람이 주의의무를 게을리 하지 않았다면 피해자가 사망에 이르지 않았을 것이라는 사실이 증명되어야 한다.

③ 특정범죄 가중처벌 등에 관한 법률 제5조의3 도주차량죄의 교통사고는 도로교통법이 정하는 도로에서의 교통사고로 제한하여야 한다.

④ 아파트 단지 내 통행로가 왕복 4차선의 외부도로와 직접 연결되어 있고, 외부차량의 통행에 제한이 없으며, 별도의 주차관리인이 없다면 도로교통법상 도로에 해당된다.

정답 및 해설 | ③

③ [×] 특정범죄 가중처벌 등에 관한 법률 제5조의3 도주차량죄의 교통사고는 교통사고 후 사후조치의무에 해당하므로 도로교통법이 정하는 도로에서의 교통사고로 **제한되지 않는다**. 음주운전, 약물 등 운전금지의무, 교통사고 후 사후조치의무의 경우(도주)에는 도로교통법상 '도로'에 제한되지 않는다.

081 다음 설명 중 가장 적절하지 않은 것은? (다툼이 있는 경우 판례에 의함) 24. 경찰승진

□□□

① 「교통사고처리 특례법」 제2조 제2호는 '교통사고'란 차의 교통으로 인하여 사람을 사상하거나 물건을 손괴하는 것을 말한다고 규정하고 있는데, 여기서 '차의 교통'은 차량을 운전하는 행위 및 그와 동일하게 평가할 수 있을 정도로 밀접하게 관련된 행위를 모두 포함한다.

② 음주운전 신고를 받고 출동한 경찰관이 만취한 상태로 시동이 걸린 차량 운전석에 앉아 있는 甲을 발견하고 음주측정을 위해 하차를 요구하는 것만으로는 「도로교통법」 제44조 제2항이 정한 음주측정에 관한 직무에 착수하였다고 할 수 없다.

③ 술에 취한 乙이 자동차 안에서 잠을 자다가 추위를 느껴 히터를 가동시키기 위하여 시동을 걸었고, 실수로 기어 등 자동차의 발진에 필요한 장치를 건드려 원동기의 추진력에 의하여 자동차가 움직이거나 또는 불안전한 주차상태나 도로여건 등으로 인하여 자동차가 움직이게 된 경우는 자동차의 운전에 해당하지 아니한다.

④ 모든 차의 운전자는 보행자보다 먼저 횡단보행자용 신호기가 설치되지 않은 횡단보도에 진입한 경우에도, 보행자의 횡단을 방해하지 않거나 통행에 위험을 초래하지 않을 상황이 아니고서는, 차를 일시정지하는 등으로 보행자의 통행이 방해되지 않도록 할 의무가 있다.

정답 및 해설 | ②

② [×] 음주운전 신고를 받고 출동한 경찰관이 만취한 상태로 시동이 걸린 차량 운전석에 앉아있는 피고인을 발견하고 음주측정을 위해 **하차를 요구함으로써 도로교통법 제44조 제2항이 정한 음주측정에 관한 직무에 착수하였다**고 할 것이고, 피고인이 차량을 운전하지 않았다고 다투자 경찰관이 지구대로 가서 차량 블랙박스를 확인하자고 한 것은 음주측정에 관한 직무 중 '운전' 여부 확인을 위한 임의동행 요구에 해당하고, 피고인이 차량에서 내리자마자 도주한 것을 임의동행 요구에 대한 거부로 보더라도, 경찰관이 음주측정에 관한 직무를 계속하기 위하여 피고인을 추격하여 도주를 제지한 것은 앞서 본 바와 같이 도로교통법상 음주측정에 관한 일련의 직무집행 과정에서 이루어진 행위로써 정당한 직무집행에 해당한다(대판 2020.8.20, 2020도7193).

082 □□□ 교통사고처리 특례법 제3조 제2항 단서에 규정된 처벌의 특례 12개 항목에 해당하지 않는 것은 모두 몇 개인가?

16. 경찰간부

㉠ 신호 위반으로 인한 사고 ㉡ 안전거리 미확보로 인한 사고 ㉢ 승객 추락방지의무 위반으로 인한 사고 ㉣ 어린이보호구역 주의의무 위반으로 인한 사고 ㉤ 통행우선순위 위반으로 인한 사고

① 없음　② 1개
③ 2개　④ 3개

정답 및 해설 | ③

교통사고처리 특례법상 12개의 특례에 해당하지 않는 것은 ㉡㉤ 2개이다.

☑ 교통사고처리 특례법상 12개의 특례사항

1. 도로교통법 제5조에 따른 신호기가 표시하는 **신호** 또는 교통정리를 하는 경찰공무원 등의 신호를 위반하거나 통행금지 또는 일시정지를 내용으로 하는 안전표지가 표시하는 지시를 위반하여 운전한 경우
2. 도로교통법 제13조 제3항을 위반하여 **중앙선**을 침범하거나 같은 법 제62조를 위반하여 횡단, 유턴 또는 후진한 경우
3. 도로교통법 제17조 제1항 또는 제2항에 따른 **과속**(제한속도를 시속 **20킬로미터 초과**)하여 운전한 경우
4. 도로교통법 제21조 제1항, 제22조, 제23조에 따른 **앞지르기**의 방법 · 금지시기 · 금지장소 또는 끼어들기의 금지를 위반하거나 같은 법 제60조 제2항에 따른 고속도로에서의 앞지르기 방법을 위반하여 운전한 경우
5. 도로교통법 제24조에 따른 **철길**건널목 통과방법을 위반하여 운전한 경우
6. 도로교통법 제27조 제1항에 따른 **횡단보도**에서의 보행자 보호의무를 위반하여 운전한 경우
7. **무면허**로 운전한 경우
8. 도로교통법 제44조 제1항을 위반하여 술에 취한 상태에서 운전을 하거나 같은 법 제45조를 위반하여 약물의 영향으로 정상적으로 운전하지 못할 우려가 있는 상태에서 운전한 경우 ※ **주취** 및 약물운전
9. 도로교통법 제13조 제1항을 위반하여 보도(步道)가 설치된 도로의 **보도**를 침범하거나 같은 법 제13조 제2항에 따른 보도 횡단방법을 위반하여 운전한 경우
10. 도로교통법 제39조 제3항에 따른 **승객**의 추락방지의무를 위반하여 운전한 경우
11. 도로교통법 제12조 제3항에 따른 **어린이**보호구역에서 같은 조 제1항에 따른 조치를 준수하고 어린이의 안전에 유의하면서 운전하여야 할 의무를 위반하여 어린이의 신체를 상해(傷害)에 이르게 한 경우
12. 도로교통법 제39조 제4항을 위반하여 자동차의 **화물**이 떨어지지 아니하도록 필요한 조치를 하지 아니하고 운전한 경우

※ 두문자: 어린이 신승주가 보횡 중 철길 앞에서 화물과 함께 없어졌다.

083 교통사고처리 특례법 제3조(처벌의 특례) 제2항 각 호에 규정된 12개 예외항목에 해당하지 않는 것은?
□□□

18. 경찰

① 횡단보도에서의 보행자 보호의무를 위반하여 운전한 경우

② 자동차의 화물이 떨어지지 아니하도록 필요한 조치를 하지 아니하고 운전한 경우

③ 제한속도를 시속 10킬로미터 초과하여 운전한 경우

④ 철길건널목 통과방법을 위반하여 운전한 경우

정답 및 해설 I ③

③ [×] **제한속도를 시속 20킬로미터 초과**하여 운전한 경우에 12개 예외항목에 해당한다.

084 교통사고처리 특례법 제3조(처벌의 특례) 제2항 각 호에 규정된 12개 예외항목에 해당하지 않는 것은?
□□□

18. 경찰승진

① 일시정지를 내용으로 하는 안전표지가 표시하는 지시를 위반하여 운전한 경우

② 교차로 통행방법을 위반하여 운전한 경우

③ 횡단보도에서의 보행자 보호의무를 위반하여 운전한 경우

④ 승객의 추락방지의무를 위반하여 운전한 경우

정답 및 해설 I ②

② [×] 교차로 통행방법을 위반하여 운전한 경우 교통사고처리 특례법상 12개 특례에 해당하지 않는다.

085 교통사고처리 특례법 제3조 제2항 단서의 '처벌특례항목'에 해당하지 않는 것을 모두 고른 것은?

□□□

17. 경찰승진

> ㉠ 중앙선을 침범한 경우
> ㉡ 제한속도를 시속 10킬로미터 초과하여 운전한 경우
> ㉢ 고속도로에서의 끼어들기 방법을 위반하여 운전한 경우
> ㉣ 철길건널목 통과방법을 위반하여 운전한 경우
> ㉤ 횡단보도에서의 보행자 보호의무를 위반하여 운전한 경우
> ㉥ 정지선을 침범한 경우
> ㉦ 보도 횡단방법을 위반하여 운전한 경우

① ㉠, ㉡, ㉣
② ㉡, ㉢, ㉥
③ ㉢, ㉣, ㉥
④ ㉤, ㉥, ㉦

정답 및 해설 I ②

교통사고처리 특례법상 12개 특례에 해당하지 않는 것은 ㉡㉢㉥이다.

㉡ [×] 제한속도를 시속 **20킬로미터** 초과하여 운전한 경우가 처벌특례항목에 해당한다.

㉢ [×] 고속도로에서의 **앞지르기** 방법을 위반하여 운전한 경우가 처벌특례항목에 해당한다.

086 다음 ㉠부터 ㉣까지 중 교통사고처리 특례법 제3조 제2항(처벌의 특례) 단서 각 호에 해당하는 것은 모두 몇 개인가?

□□□

22. 경찰승진

> ㉠ 도로교통법 제39조 제4항을 위반하여 자동차의 화물이 떨어지지 아니하도록 필요한 조치를 하지 아니하고 운전한 경우
> ㉡ 도로교통법 제17조 제1항 또는 제2항에 따른 제한속도를 시속 20킬로미터 초과하여 운전한 경우
> ㉢ 도로교통법 제13조 제3항을 위반하여 중앙선을 침범하거나 같은 법 제62조를 위반하여 횡단, 유턴 또는 후진한 경우
> ㉣ 도로교통법 제24조에 따른 철길건널목 통과방법을 위반하여 운전한 경우

① 1개
② 2개
③ 3개
④ 4개

정답 및 해설 I ④

㉠㉡㉢㉣ 4개 모두 교통사고처리 특례법상 12가지 처벌특례 항목에 해당한다.

087 교통사고처리 특례법 제3조 제2항 단서 '처벌특례항목'에 해당하지 않는 것은?

□□□

20. 경찰간부

① 일시정지를 내용으로 하는 안전표지가 표시하는 지시를 위반하여 운전한 경우

② 교차로 통행방법을 위반하여 운전한 경우

③ 고속도로에서의 앞지르기 방법을 위반하여 운전한 경우

④ 약물의 영향으로 정상적으로 운전하지 못할 우려가 있는 상태에서 운전한 경우

정답 및 해설 I ②

② [×] **교차로 통행방법을 위반하여** 운전한 경우는 교통사고처리 특례법 제3조 제2항 단서 '처벌특례항목'에 **해당하지 않는다.**

088 교통사고처리 특례법 제3조 제2항 단서 '처벌특례항목'들에 대한 설명 중 옳은 것들로 묶인 것은?

□□□

21. 경찰간부

> ㉠ 교차로 진입 직전에 백색실선이 설치되어 있으면, 교차로에서의 진로변경을 금지하는 내용의 안전표지가 개별적으로 설치되어 있지 않다고 하더라도 자동차 운전자가 교차로에서 진로변경을 시도하다가 교통사고를 내었다면 이는 특례법상 '통행금지를 내용으로 하는 안전표지가 표시하는 지시를 위반하여 운전한 경우'에 해당한다.
>
> ㉡ 중앙선이 설치된 도로의 어느 구역에서 좌회전이나 유턴이 허용되어 중앙선이 백색 점선으로 표시되어 있는 경우, 그 지점에서 안전표지에 따라 좌회전이나 유턴을 하기 위하여 중앙선을 넘어 운행하다가 반대편 차로를 운행하는 차량과 충돌하는 교통사고를 내었더라도 이를 특례법에서 규정한 중앙선 침범사고라고 할 것은 아니다.
>
> ㉢ 연습운전면허를 받은 사람은 운전을 함에 있어 '주행연습 외의 목적으로 운전하여서는 아니 된다'는 사항을 준수해야 하며 이에 위반하여 운전한 경우 그 운전은 특례법에서 규정한 무면허운전으로 보아 처벌할 수 있다.
>
> ㉣ 화물차 적재함에서 작업하던 피해자가 차에서 내린 것을 확인하지 않은 채 출발함으로써 피해자가 추락하여 상해를 입게된 경우, 특례법 소정의 '승객의 추락방지의무'를 위반하여 운전한 경우에 해당하지 않는다.

① ㉠, ㉡

② ㉠, ㉢

③ ㉡, ㉢

④ ㉡, ㉣

정답 및 해설 I ④

옳은 설명은 ㉡㉣이다.

㉠ [×] 도로교통법은 교차로에서의 앞지르기 금지(제22조 제3항 제1호)와 교차로에서의 통행방법(제25조)을 규정하고 있으면서도, 교차로에서의 진로변경을 금지하는 규정을 두고 있지 않다. 이와 같은 관계 법령의 각 규정을 종합하여 볼 때, 교차로 진입 직전에 설치된 백색실선을 교차로에서의 진로변경을 금지하는 내용의 안전표지와 동일하게 볼 수 없으므로, 교차로에서의 진로변경을 금지하는 내용의 안전표지가 개별적으로 설치되어 있지 않다면 자동차 운전자가 그 교차로에서 진로변경을 시도하다가 교통사고를 야기하였다고 하더라도 이를 교통사고처리 특례법 제3조 제2항 단서 제1호가 정한 **'도로교통법 제5조에 따른 통행금지를 내용으로 하는 안전표지가 표시하는 지시를 위반하여 운전한 경우'에 해당한다고 할 수 없다**(대판 2015.11.12, 2015도3107).

㉢ [×] 도로교통법 제93조 제3항은 "지방경찰청장은 연습운전면허를 발급받은 사람이 운전 중 고의 또는 과실로 교통사고를 일으키거나 이 법이나 이 법에 따른 명령 또는 처분을 위반한 경우에는 연습운전면허를 취소하여야 한다."고 규정하고 있으므로 **무면허운전으로는 볼 수 없다**(대판 2015.6.24, 2013도15031).

089 다음 설명 중 가장 적절한 것은? (다툼이 있으면 판례에 의함) 15. 경찰

□□□

① 일반적으로 고속도로를 운전하는 자동차 운전자에게 도로상에 장애물이 나타날 것을 예견하여 제한속도 이하로 감속 운행할 주의의무가 있다.

② 자동차를 움직이게 할 의도 없이 다른 목적을 위하여 자동차의 원동기(모터)의 시동을 걸었는데, 실수로 기어 등 자동차의 발진에 필요한 장치를 건드려 원동기의 추진력에 의하여 자동차가 움직인 경우 자동차의 운전에 해당한다.

③ 무면허운전으로 인한 도로교통법 위반죄에 있어서는 어느 날에 운전을 시작하여 다음 날까지 동일한 기회에 일련의 과정에서 계속 운전을 한 경우 등 특별한 경우를 제외하고는 사회통념상 운전한 날을 기준으로 운전한 날마다 1개의 운전행위가 있다고 보는 것은 상당하지 않다.

④ 특별한 이유 없이 호흡측정기에 의한 측정에 불응하는 운전자에게 경찰공무원이 혈액채취에 의한 측정방법이 있음을 고지하고 그 선택 여부를 물어야 할 의무가 있다고는 할 수 없다.

정답 및 해설 I ④

① [×] 일반적으로 고속도로를 운전하는 자동차 운전자에게 도로상에 장애물이 나타날 것을 예견하여 제한속도 이하로 감속 운행할 주의의무가 **없다**(대판 1981.12.8, 81도1808).

② [×] 어떤 사람이 자동차를 움직이게 할 의도 없이 다른 목적을 위하여 자동차의 원동기(모터)의 시동을 걸었는데, 실수로 기어 등 자동차의 발진에 필요한 장치를 건드려 원동기의 추진력에 의하여 자동차가 움직이거나 또는 불안전한 주차상태나 도로여건 등으로 인하여 자동차가 움직이게 된 경우는 **자동차의 운전에 해당하지 아니한다**(대판 2004.4.23, 2004도1109).

③ [×] 무면허운전으로 인한 도로교통법 위반죄에 있어서는 어느 날에 운전을 시작하여 다음 날까지 동일한 기회에 일련의 과정에서 계속 운전을 한 경우 등 특별한 경우를 제외하고는 사회통념상 운전한 날을 기준으로 운전한 날마다 1개의 운전행위가 있다고 보는 것이 상당하므로 **운전한 날마다 무면허운전으로 인한 도로교통법 위반의 1죄가 성립한다**고 보아야 할 것이고, 비록 계속적으로 무면허운전을 할 의사를 가지고 여러 날에 걸쳐 무면허운전행위를 반복하였다 하더라도 이를 **포괄하여 일죄로 볼 수는 없다**(대판 2002.7.23, 2001도6281).

090 □□□ 주취운전에 대한 설명으로 가장 적절하지 않은 것은? (다툼이 있는 경우 판례에 의함) 19. 경찰승진

① 신호위반으로 교통사고를 일으킨 사람이 통고처분을 받아 신호위반의 범칙금을 납부하였다고 하더라도, 교통사고처리 특례법상 신호위반으로 인한 업무상 과실치상죄로 처벌하는 것이 이중처벌에 해당한다고 볼 수 없다.

② 음주감지기시험에서 음주반응이 나왔다고 할지라도, 그것만으로 바로 운전자가 술에 취한 상태에 있다고 인정할 만한 상당한 이유가 있다고 볼 수는 없다.

③ 특정범죄 가중처벌 등에 관한 법률 제5조의3 도주차량 운전자의 가중처벌규정과 관련하여, 차의 교통으로 인한 업무상과실치사상의 사고는 도로교통법이 정하는 도로에서의 교통사고로 한정된다고 볼 것은 아니다.

④ 음주로 인한 특정범죄 가중처벌 등에 관한 법률 위반(위험운전치사상)죄와 도로교통법 위반(음주운전)죄가 모두 성립하는 경우 두 죄는 상상적 경합관계에 있다.

정답 및 해설 | ④

④ [×] 음주로 인한 특정범죄 가중처벌 등에 관한 법률 위반(위험운전치사상)죄와 도로교통법 위반(음주운전)죄가 모두 성립하는 경우 두 죄는 **실체적 경합관계**에 있다.

091 □□□ 교통사고처리와 관련된 판례의 입장으로 가장 적절하지 않은 것은? 20. 경찰승진

① 내리막길에 주차되어 있는 자동차의 핸드 브레이크를 풀어 타력주행을 하는 행위는 운전에 해당되지 않는다.

② 고속도로를 운행하는 자동차 운전자는 고속도로를 무단횡단하는 보행자가 있을 것을 예견하여 운전할 주의의무가 없다.

③ 보행자가 횡단보도 보행신호등 녹색등화의 점멸 전에 횡단을 시작하였다면, 보행신호등 녹색등화가 점멸하는 동안에 횡단보도를 통행하고 있다 하여도 횡단보도에서의 보행자 보호의무의 대상이 되지 않는다.

④ 차에 열쇠를 끼워놓은 채 11세 남짓한 어린이를 조수석에 남겨놓고 차에서 내려온 동안 어린이가 시동을 걸어 차량이 진행하여 사고가 발생한 경우 운전자로서는 열쇠를 빼는 등 사고 예방조치를 취할 주의의무가 있다.

정답 및 해설 | ③

③ [×] 보행자가 횡단보도 보행신호등 녹색등화의 점멸 전에 횡단을 시작하였다면, 보행신호등 녹색등화가 점멸하는 동안에 횡단보도를 통행하고 있다하여도 **횡단보도에서의 보행자 보호의무의 대상이 된다**는 것이 판례의 태도이다.

092 다음 중 교통경찰과 관련된 판례의 태도와 부합하지 않는 것은 모두 몇 개인가? 12. 경찰

□□□

㉠ 운전자에게는 특별한 사정이 없는 한 반대차로를 운행하는 차가 갑자기 중앙선을 넘어 올 것까지 예견하여 감속하는 등 미리 충돌을 방지할 태세를 갖추어 운전해야 할 주의의무가 있다고는 할 수 없다.

㉡ 특별한 이유 없이 호흡측정기에 의한 측정에 불응하는 운전자에게 경찰공무원이 혈액채취에 의한 측정방법이 있음을 고지하고 그 선택 여부를 물어야 할 의무가 있다고는 할 수 없다.

㉢ 고속도로를 운행하는 자동차 운전자는 고속도로를 무단횡단하는 보행자가 있을 것을 미리 예견하여 운전할 주의의무가 있다.

㉣ 술에 취한 피고인이 자동차 안에서 잠을 자다가 추위를 느껴 히터를 가동하기 위하여 시동을 걸었고, 실수로 제동장치 등을 건드렸다고 하더라도 자동차가 움직였으면 음주운전에 해당한다.

㉤ 약물 등의 영향으로 정상적으로 운전하지 못할 우려가 있는 상태에서 자동차 등을 운전하였다고 인정하려면, 약물 등의 영향으로 인하여 '정상적으로 운전하지 못할 우려가 있는 상태'에서 운전을 하면 바로 성립하고, 현실적으로 '정상적으로 운전하지 못할 상태'에 이르러야만 하는 것은 아니다.

㉥ 횡단보도 보행신호등의 녹색등화가 점멸할 때에는 보행자의 횡단을 금지하고 있으므로 보행자가 녹색등화의 점멸신호 이후에 횡단을 시작하였다면 설사 녹색등화가 점멸 중이더라도 횡단보도에서의 보행자 보호의무의 대상으로 보기 어렵다.

① 2개 ② 3개

③ 4개 ④ 5개

정답 및 해설 I ②

판례의 태도와 부합하지 않는 것은 ㉢㉣㉥ 3개이다.

㉢ [×] 고속도로를 운행하는 자동차 운전자는 고속도로를 무단횡단하는 보행자가 있을 것을 미리 예견하여 운전할 **주의의무가 없다.**

㉣ [×] 술에 취한 피고인이 자동차 안에서 잠을 자다가 추위를 느껴 히터를 가동하기 위하여 시동을 걸었고, 실수로 제동장치 등을 건드렸다고 하더라도 **음주운전에 해당하지 않는다.**

㉥ [×] 횡단보도 보행신호등의 녹색등화가 점멸할 때에는 보행자의 횡단을 금지하고 있지만 보행자 보호의무규정의 입법취지상 보행자가 녹색등화의 점멸신호 이후에 횡단을 시작하였다고 하더라도 녹색등화가 점멸 중인 경우에는 횡단보도에서의 **보행자 보호의무**의 대상으로 보아야 한다.

093 다음 설명 중 가장 적절하지 않은 것은? (단, 다툼이 있으면 판례에 의함) 14. 경찰승진

□□□

① 교차로 직전의 횡단보도에 따로 차량보조등이 설치되어 있지 아니한 경우, 교차로 차량신호등이 적색이고 횡단보도 보행등이 녹색인 상태에서 횡단보도를 지나 우회전하다가 사람을 다치게 한 경우 교통사고처리 특례법상 특례조항인 신호위반에 해당한다.

② 신호위반으로 교통사고를 야기한 자가 신호위반의 범칙금을 납부하였다면, 교통사고처리 특례법상 신호위반으로 인한 업무상 과실치상죄의 죄책을 물을 수 없다.

③ 부득이한 사정으로 중앙선을 침범하여 교통사고를 야기한 경우 중앙선침범에 해당되지 않는다.

④ 횡단보도의 신호가 적색인 상태에서 반대차선에 정지 중인 차량 뒤에서 보행자가 건너올 것까지 예상하여 주의의무를 다하여야 한다고 할 수 없다.

정답 및 해설 I ②

② [×] 교통사고처리 특례법 제3조 제2항 단서 각 호에서 규정한 예외사유에 해당하는 신호위반 등의 범칙행위와 같은 법 제3조 제1항 위반죄는 그 행위의 성격 및 내용이나 죄질, 피해법익 등에 현저한 차이가 있어 동일성이 인정되지 않는 별개의 범죄행위라고 보아야 할 것이므로, 신호위반 등의 범칙행위로 교통사고를 일으킨 사람이 통고처분을 받아 범칙금을 납부하였다고 하더라도, 업무상과실치상죄 또는 중과실치상죄에 대하여 같은 법 제3조 제1항 위반죄로 처벌하는 것이 도로교통법 제119조 제3항에서 금지하는 **이중처벌에 해당한다고 볼 수 없다**(대판 2007.4.12, 2006도4322).

094 다음 중 신뢰원칙 관련 판례에서 그 내용이 가장 옳지 않은 것은? 14. 경찰간부

□□□

① 고속도로를 운행하는 자동차 운전자는 고속도로를 무단횡단하는 보행자가 있을 것을 예견하여 운전할 주의의무가 없다.

② 횡단보도에서 보행자신호가 녹색에서 적색신호로 깜박거릴 때 운전자의 주의의무가 없다.

③ 전날 밤에 주차해 둔 차량을 그 다음 날 아침에 출발하기에 앞서 차체 밑에 장애물이 있는지 여부를 확인하여야 할 주의의무가 있다.

④ 편도 5차선 도로의 1차로를 신호에 따라 진행하던 자동차 운전자에게 도로의 오른쪽에 연결된 소방도로에서 오토바이가 나와 맞은편 쪽으로 가기 위해 편도 5차선 도로를 대각선 방향으로 가로 질러 진행하는 경우까지 예상하여 진행할 주의의무는 없다.

정답 및 해설 I ②

② [×] 보행자 보호의무에 관한 법률규정의 입법취지가 차를 운전하여 횡단보도를 지나는 운전자의 보행자에 대한 주의의무를 강화하여 횡단보도를 통행하는 보행자의 생명 · 신체의 안전을 두텁게 보호하려는 데 있는 것임을 감안하면, 보행신호등의 녹색등화의 점멸신호 전에 횡단을 시작하였는지 여부를 가리지 아니하고 보행신호등의 **녹색등화가 점멸하고 있는 동안에 횡단보도를 통행하는 모든 보행자는 도로교통법 제27조 제1항에서 정한 횡단보도에서의 보행자 보호의무의 대상이 된다**(대판 2009.5.14, 2007도9598).

095 다음 중 특정범죄 가중처벌 등에 관한 법률 위반(도주차량)에 해당하는 것은 몇 개인가? (판례에 의함)

□□□

15. 경찰간부

> ㉠ 사고를 야기한 후 자신의 범행을 은폐하기 위해 목격자라고 경찰에 허위신고한 경우
> ㉡ 사고 후 자신의 명함을 주고 택시에게 피해자 이송의뢰를 하였으나 피해자가 경찰이 도착하기 전에는 병원에 가지 않겠다고 하여 이송을 못하고 있는 사이 현장을 이탈한 경우
> ㉢ 교회 주차장에서 교통사고를 야기하여 사람을 다치게 하고도 구호조치 없이 도주한 경우
> ㉣ 교통사고를 야기한 운전자가 피해자를 병원에 후송한 후 신원을 밝히지 아니한 채 도주한 경우

① 1개 ② 2개
③ 3개 ④ 4개

정답 및 해설 I ④

모두 특정범죄 가중처벌 등에 관한 법률 위반(도주차량)에 해당한다.

096 주취운전과 관련된 판례의 입장 중 가장 적절하지 않은 것은?

□□□

16. 경찰승진

① 음주감지기에서 음주반응이 나온 경우, 그것만으로 술에 취한 상태에 있다고 인정할 만한 상당한 이유가 있다고 볼 수 없다.
② 호흡측정기에 의한 음주측정치와 혈액검사에 의한 음주측정치가 불일치할 경우 혈액검사에 의한 음주측정치가 우선한다.
③ 물로 입 안을 헹굴 기회를 달라는 요구를 무시한 채 호흡측정기로 혈중알코올농도를 측정하여 음주운전 단속수치가 나왔다면 음주운전을 하였다고 단정할 수 있다.
④ 교통사고로 의식을 잃은 채 병원에 호송된 운전자에 대해 영장 없이 채혈을 하였으나 사후 영장을 발부받지 아니한 경우, 적법절차에 의해 수집한 증거가 아니므로 유죄의 증거로 사용할 수 없다.

정답 및 해설 I ③

③ [×] 물로 입 안을 헹굴 기회를 달라는 요구를 무시한 채 호흡측정기로 혈중알코올농도를 측정하여 음주운전 단속수치가 나왔다면 음주운전을 하였다고 단정할 수 **없다**(대판 2006.11.23, 2005도7034).

097 다음 설명 중 가장 적절한 것은? (다툼이 있는 경우 판례에 의함) 19. 경찰승진

□□□

① 피고인의 음주와 음주운전을 목격한 참고인이 있는 상황에서 음주운전 종료로부터 약 5시간 후 음주측정을 요구한 데에 대하여 피고인이 불응한 경우 도로교통법상의 음주측정불응죄가 성립한다.

② 화물차를 주차한 상태에서 적재된 상자 일부가 떨어지면서 지나가던 피해자에게 상해를 입힌 경우 교통사고처리 특례법에 정한 '교통사고'에 해당한다.

③ 편도 5차선 도로의 1차로를 신호에 따라 진행하던 자동차 운전자에게 도로의 오른쪽에 연결된 소방도로에서 오토바이가 나와 맞은편 쪽으로 가기 위해서 편도 5차선 도로를 대각선 방향으로 가로 질러 진행하는 경우까지도 예상하여 진행할 주의의무가 있다.

④ 앞지르기가 금지된 비탈길의 고갯마루 부근에서 앞차가 진로를 양보하였다면 앞지르기를 할 수 있다.

정답 및 해설 | ①

② [×] 화물차를 주차한 상태에서 적재된 상자 일부가 떨어지면서 지나가던 피해자에게 상해를 입힌 경우 교통사고처리 특례법에 정한 '교통사고'에 **해당하지 아니한다.**

③ [×] 편도 5차선 도로의 1차로를 신호에 따라 진행하던 자동차 운전자에게 도로의 오른쪽에 연결된 소방도로에서 오토바이가 나와 맞은편 쪽으로 가기 위해서 편도 5차선 도로를 대각선 방향으로 가로 질러 진행하는 경우까지도 예상하여 진행할 **주의의무가 없다.**

④ [×] 앞지르기가 금지된 비탈길의 고갯마루 부근에서 앞차가 진로를 양보하였다 하더라도 **앞지르기를 할 수 없다.**

098 음주운전 또는 교통사고에 대한 판례의 태도로 가장 적절하지 않은 것은? 19. 경찰승진

□□□

① 아파트 단지 내 통행로가 왕복 4차선의 외부도로와 직접 연결되어 있고, 외부차량의 통행에 제한이 없으며, 별도의 주차관리인이 없다면 도로교통법상 도로에 해당한다.

② 교통사고의 결과가 피해자의 구호 및 교통질서의 회복을 위한 조치가 필요한 상황인 이상 교통사고 발생 시의 구호조치의무 및 신고의무는 교통사고를 발생시킨 당해 차량의 운전자에게 그 사고 발생에 있어서 고의·과실 혹은 유책·위법의 유무에 관계없이 부과된 의무라고 해석함이 타당하고, 당해 사고의 발생에 귀책사유가 없는 경우에도 위 의무가 없다고 할 수 없다.

③ 신호위반으로 교통사고를 야기한 자가 통고처분을 받아 신호위반의 범칙금을 납부하였다고 하더라도, 교통사고처리 특례법상 신호위반으로 인한 업무상과실치상죄로 처벌하는 것이 이중처벌에 해당한다고 볼 수 없다.

④ 약물 등의 영향으로 정상적으로 운전하지 못할 우려가 있는 상태에서 자동차 등을 운전하였다고 인정하려면, 약물 등의 영향으로 인하여 현실적으로 '정상적으로 운전하지 못할 상태'에 이르러야만 한다.

정답 및 해설 | ④

④ [×] 약물 등의 영향으로 정상적으로 운전하지 못할 우려가 있는 상태에서 자동차 등을 운전하였다고 인정하려면, 약물 등의 영향으로 인하여 현실적으로 **'정상적으로 운전하지 못할 상태'에 이르러야만 하는 것은 아니다**(대판 2012.12.23, 2010도11272).

① [○] 대판 2004.6.25, 2002도6710

② [○] 대판 2002.5.24, 2000도1731

③ [○] 대판 2007.4.12, 2006도4322

099 음주운전 관련 판례에 대한 설명으로 가장 적절하지 않은 것은? 20. 경찰

□□□

① 음주운전 전력이 1회(벌금형) 있는 운전자가 한 달 내 2회에 걸친 음주운전으로 적발되어 두 사건이 동시에 기소된 사안에서 도로교통법 제148조의2 제1항(벌칙)에 규정된 '음주운전금지규정을 2회 이상 위반한 사람'이란 음주운전으로 2회 이상 형의 선고를 받거나 유죄의 확정판결을 받은 자로 한정하여야 한다.

② 경찰공무원이 술에 취한 상태에 있다고 인정할 만한 상당한 이유가 있는 운전자에게 음주 여부를 확인하기 위하여 음주측정기에 의한 측정의 사전 단계로 음주감지기에 의한 시험을 요구하는 경우, 그 시험 결과에 따라 음주감지기에 의한 시험을 요구하는 경우, 그 시험 결과에 따라 음주측정기에 의한 측정이 예정되어 있고 운전자가 그러한 사정을 인식하였음에도 음주감지기에 의한 시험에 명시적으로 불응함으로써 음주측정을 거부하겠다는 의사를 표명하였다면, 음주감지기에 의한 시험을 거부한 행위도 음주측정기에 의한 측정에 의할 의사가 없음을 객관적으로 명백하게 나타낸 것으로 볼 수 있다.

③ 주취운전자에 대한 경찰관의 권한 행사가 법률상 경찰관의 재량에 맡겨져 있다고 하더라도 그러한 권한을 행사하지 아니한 것이 구체적인 상황하에서 현저하게 합리성을 잃는 경우에는 경찰관의 직무상 의무를 위배한 것으로서 위법하다. 음주운전으로 적발된 주취운전자가 도로 밖으로 차량을 이동하겠다며 단속경찰관으로부터 보관 중이던 차량열쇠를 반환받아 몰래 차량을 운전하여 가던 중 사고를 일으켰다면, 주의의무를 게을리 한 경찰관의 직무상 의무위반에 의한 국가배상책임이 인정된다.

④ 음주운전과 관련한 도로교통법 위반죄의 범죄수사를 위하여 미성년자인 피의자의 혈액채취가 필요한 경우, 피의자에게 의사능력이 있다면 피의자 본인만이 혈액채취에 관한 유효한 동의를 할 수 있고, 피의자에게 의사능력이 없는 경우에도 명문의 규정이 없는 이상 법정대리인이 피의자를 대리하여 동의할 수는 없다.

정답 및 해설 I ①

① [×] 음주운전 전력이 1회(벌금형) 있는 운전자가 한 달 내 2회에 걸친 음주운전으로 적발되어 두 사건이 동시에 기소된 사안에서 도로교통법 제148조의2 제1항(벌칙)에 규정된 **'음주운전금지규정을 2회 이상 위반한 사람'이란 음주운전으로 2회 이상 형의 선고를 받거나 유죄의 확정판결을 받은 자로 한정하여서는 아니 된다**(대판 2018.11.15, 2018도11378).

100 음주운전 관련 판례에 관한 설명 중 가장 적절하지 않은 것은? (다툼이 있는 경우 판례에 의함)
□□□

22. 경찰

① 술에 취해 자동차 안에서 잠을 자다가 추위를 느껴 히터를 가동시키기 위하여 시동을 걸었고, 실수로 자동차의 제동장치 등을 건드렸거나 처음 주차할 때 안전조치를 제대로 취하지 아니한 탓으로 원동기의 추진력에 의하여 자동차가 약간 경사진 길을 따라 앞으로 움직여 피해자의 차량 옆면을 충격한 사실은 엿볼 수 있으나 이를 두고 피고인이 자동차를 운전하였다고 할 수는 없다.

② 운전자가 경찰공무원으로부터 음주측정을 요구받고 호흡측정기에 숨을 내쉬는 시늉만 하는 등 형식적으로 음주측정에 응하였을 뿐 경찰공무원의 거듭된 요구에도 불구하고 호흡측정기에 음주측정수치가 나타날 정도로 숨을 제대로 불어넣지 아니하였다면 이는 실질적으로 음주측정에 불응한 것과 다를 바 없다.

③ 음주운전과 관련한 도로교통법 위반죄의 범죄수사를 위하여 미성년자인 피의자의 혈액채취가 필요한 경우에도 피의자에게 의사능력이 있다면 피의자 본인만이 혈액채취에 관한 유효한 동의를 할 수 있고, 피의자에게 의사능력이 없는 경우 명문의 규정이 없더라도 법정대리인이 피의자를 대리하여 동의할 수 있다.

④ 특별한 이유 없이 호흡측정기에 의한 측정에 불응하는 운전자에게 경찰공무원이 혈액채취에 의한 측정방법이 있음을 고지하고 그 선택 여부를 물어야 할 의무가 있다고는 할 수 없다.

정답 및 해설 I ③

③ [×] 음주운전과 관련한 도로교통법 위반죄의 범죄수사를 위하여 미성년자인 피의자의 혈액채취가 필요한 경우에도 피의자에게 의사능력이 있다면 피의자 본인만이 혈액채취에 관한 유효한 동의를 할 수 있고, 피의자에게 의사능력이 없는 경우 명문의 규정이 없더라도 법정대리인이 피의자를 대리하여 동의할 수 **없다**(대판 2014.11.13, 2013도1228).

101 □□□ 도로교통법상 음주측정 거부에 해당하는 것은? (판례에 의함) 20. 경찰간부

① 경찰공무원이 운전자의 음주 여부나 주취 정도를 확인하기 위하여 음주측정기에 의한 측정의 사전절차로서 음주감지기에 의한 시험을 요구할 때, 그 시험결과에 따라 음주측정기에 의한 측정이 예정되어 있고 운전자가 그러한 사정을 인식하였음에도 음주감지기에 의한 시험에 명시적으로 불응한 경우

② 오토바이를 운전하여 자신의 집에 도착한 상태에서 단속경찰관으로부터 주취운전에 관한 증거 수집을 위한 음주측정을 위해 인근 파출소까지 동행하여 줄 것을 요구받고 이를 명백하게 거절하였음에도 위법하게 체포·감금된 상태에서 음주측정 요구에 응하지 않은 행위

③ 신체 이상 등의 사유로 인하여 호흡조사에 의한 측정에 응할 수 없는 운전자가 혈액채취에 의한 측정을 거부하거나 이를 불가능하게 한 행위

④ 교통사고로 상해를 입은 피고인의 골절 부위와 정도에 비추어 음주측정 당시 통증으로 인하여 깊은 호흡을 하기 어려웠고 그 결과 음주측정이 제대로 되지 아니한 경우

정답 및 해설 | ①

② [×] 위법한 체포상태에서 음주측정 요구가 이루어진 경우, 음주측정 요구를 위한 위법한 체포와 그에 이은 음주측정 요구는 주취운전이라는 범죄행위에 대한 증거 수집을 위하여 연속하여 이루어진 것으로서 개별적으로 그 적법 여부를 평가하는 것은 적절하지 않으므로 그 일련의 과정을 전체적으로 보아 위법한 음주측정 요구가 있었던 것으로 볼 수밖에 없고, 운전자가 주취운전을 하였다고 인정할 만한 상당한 이유가 있다 하더라도 그 운전자에게 경찰공무원의 이와 같은 위법한 음주측정 요구에 대해서까지 그에 응할 의무가 있다고 보아 이를 강제하는 것은 부당하므로 그에 불응하였다고 하여 **음주측정 거부에 관한 도로교통법 위반죄로 처벌할 수 없다**(대판 2006.11.9, 2004도8404).

③ [×] 운전자의 신체 이상 등의 사유로 호흡측정기에 의한 측정이 불가능 내지 심히 곤란한 경우에까지 그와 같은 방식의 측정을 요구할 수는 없으며, 이와 같은 경우 경찰공무원이 운전자의 신체 이상에도 불구하고 호흡측정기에 의한 음주측정을 요구하여 운전자가 음주측정수치가 나타날 정도로 숨을 불어넣지 못한 결과 호흡측정기에 의한 음주측정이 제대로 되지 아니하였다고 하더라도 **음주측정에 불응한 것으로 볼 수는 없다**(대판 2010.7.15, 2010도2935).

④ [×] 교통사고로 상해를 입은 피고인의 골절 부위와 정도에 비추어 음주측정 당시 통증으로 인하여 깊은 호흡을 하기 어려웠고 그 결과 음주측정이 제대로 되지 아니하였던 것으로 보이므로 **피고인이 음주측정에 불응한 것이라고 볼 수는 없다**(대판 2006.1.13, 2005도7125).

102 □□□ 교통법규 위반에 대한 설명 중 옳지 않은 것은? (판례에 의함) 21. 경찰간부

① 횡단보도의 신호가 적색인 상태에서 반대차선에 정지 중인 차량 뒤에서 보행자가 건너올 것까지 예상하여 주의의무를 다하여야 한다고 할 수 없다.

② 앞차가 빗길에 미끄러져 비정상적으로 움직일 때는 진로를 예상할 수 없으므로 뒤따라가는 차량의 운전자는 이러한 사태에 대비하여 속도를 줄이고 안전거리를 확보해야 할 주의의무가 있다.

③ 교차로에 교통섬이 설치되고 그 오른쪽으로 직진 차로에서 분리된 우회전 차로가 설치된 경우, 우회전 차로가 아닌 직진 차로를 따라 우회전하는 행위를 교차로 통행방법을 위반한 것이라 볼 수 없다.

④ '운전면허를 받지 아니하고'라는 법률문언의 통상적 의미에 '운전면허를 받았으나 그 후 운전면허의 효력이 정지된 경우'가 당연히 포함된다 할 수 없다.

제2편 | 각론 3장

정답 및 해설 I ③

③ [×] 교차로에 교통섬이 설치되고 그 오른쪽으로 직진 차로에서 분리된 우회전 차로가 설치된 경우, 우회전 차로가 아닌 직진 차로를 따라 우회전하는 행위는 교차로 통행방법을 **위반한 것이다**(대판 2012.4.12, 2011도9821).

① [○] 대판 1993.2.23, 92도2077

② [○] 대판 1990.2.27, 89도777

④ [○] 대판 2011.8.25, 2011도7725

103 □□□ 음주운전 단속과 처벌에 대한 설명 중 옳지 않은 것은 모두 몇 개인가? (음주운전은 혈중알코올농도 0.03% 이상을 넘어서 운전한 경우로 전제함, 다툼이 있는 경우 판례에 의함) 20. 경찰간부

> ㉠ 자전거 음주운전도 처벌대상이다.
> ㉡ 취중 경운기나 트랙터 운전의 경우 음주운전에 해당하지 않는다.
> ㉢ 음주측정용 불대는 1인 1개를 사용함을 원칙으로 한다.
> ㉣ 주차장, 학교 경내 등 도로교통법상 도로가 아닌 곳에서도 음주운전에 대해 도로교통법 적용이 가능하나, 운전면허 행정처분만 가능하고 형사처벌은 할 수 없다.
> ㉤ 음주운전을 하다가 교통사고로 사람을 죽게하거나 다치게 한 때에는 그 운전면허를 취소한다.
> ㉥ 피고인의 음주와 음주운전을 목격한 참고인이 있는 상황에서 경찰관이 음주 및 음주운전 종료로부터 약 5시간 후 집에서 자고 있는 피고인을 연행하여 음주측정을 요구한 데에 대하여 피고인이 불응한 경우, 도로교통법상 음주측정 불응죄가 성립한다.

① 2개 ② 3개
③ 4개 ④ 5개

정답 및 해설 I ①

옳지 않은 설명은 ㉢㉣ 2개이다.

㉢ [×] 음주측정용 불대는 **1회 1개를** 사용함을 원칙으로 한다.

㉣ [×] 주차장, 학교 경내 등 도로교통법상 도로가 아닌 곳에서 도로교통법 제44조 음주운전에 해당하고, **도로가 아니어도 도로교통법 제148조의2는 적용되므로 형사처벌은 할 수 있다.** 다만, 운전면허취소에 대한 규정인 **도로교통법 제93조는 도로에서 운전한 경우에만 적용되므로 행정처분(면허취소 · 정치처분)을 할 수는 없다.**

104 다음 상황에 대한 설명으로 가장 적절하지 않은 것은? (다툼이 있는 경우 판례에 의함) 21. 경찰

□□□

> 甲은 음주 후 자신의 처(처는 술을 마시지 않음)와 동승한 채 화물차를 운전하여 가다가 음주단속을 당하게 되자 경찰관이 들고 있던 경찰용 불봉을 충격하고 그대로 도주하였다. 단속현장에서 약 30km 떨어진 지점까지 교통사고를 내지 않고 운전하며 진행하던 중 다른 차량에 막혀 더 이상 진행하지 못하게 되자 스스로 차량을 세운 후 운전석에 내려 도주하려 하였으나, 결국 甲은 경찰관에게 제지되어 체포의 절차에 따르지 않고 甲과 그의 처의 의사에 반하여 지구대로 보호조치되었다. 이후 2회에 걸친 경찰관의 음주측정 요구를 거부하였다는 이유로 甲은 도로교통법 위반(음주측정 거부) 혐의로 기소되었다.

① 경찰관이 甲에 대하여 경찰관 직무집행법 제4조에 따른 보호조치를 하고자 하였다면, 당시 옆에 있었던 처에게 甲을 인계하였어야 했고, 특별한 사정이 없는 한 지구대에서 甲을 보호하는 것은 허용되지 않는다.

② 甲은 음주측정 거부에 관한 도로교통법 위반죄로 처벌될 수 없다.

③ 구 도로교통법 제44조 제2항 및 제148조의2 제2호 규정들이 음주측정을 위한 강제처분의 근거가 될 수 있으므로, 위와 같은 음주측정을 위하여 운전자를 강제로 연행하기 위해서는 수사상 강제처분에 관한 형사소송법상 절차에 따를 필요가 없다.

④ 경찰관이 甲에 대하여 행한 음주측정 요구는 형법 제136조에 따른 공무집행방해죄의 보호대상이 될 수 없다.

정답 및 해설 I ③

대판 2012.12.13, 2012도11162 판결의 사안이다.

③ [×] 교통안전과 위험방지를 위한 필요가 없음에도 주취운전을 하였다고 인정할 만한 상당한 이유가 있다는 이유만으로 이루어지는 음주측정은 이미 행하여진 주취운전이라는 범죄행위에 대한 증거 수집을 위한 수사절차로서 의미를 가지는데, **도로교통법상 규정들이 음주측정을 위한 강제처분의 근거가 될 수 없으므로 위와 같은 음주측정을 위하여 운전자를 강제로 연행하기 위해서는 수사상 강제처분에 관한 형사소송법상 절차에 따라야 한다.**

① [○] 경찰관 직무집행법 제4조 제1항 제1호에서 규정하는 술에 취한 상태로 인하여 자기 또는 타인의 생명·신체와 재산에 위해를 미칠 우려가 있는 피구호자에 대한 보호조치는 경찰 행정상 즉시강제에 해당하므로, 그 조치가 불가피한 최소한도 내에서만 행사되도록 발동·행사 요건을 신중하고 엄격하게 해석하여야 한다. 따라서 이 사건 조항의 '술에 취한 상태'란 피구호자가 술에 만취하여 정상적인 판단능력이나 의사능력을 상실할 정도에 이른 것을 말하고, 이 사건 조항에 따른 보호조치를 필요로 하는 피구호자에 해당하는지는 구체적인 상황을 고려하여 경찰관 평균인을 기준으로 판단하되, 그 판단은 보호조치의 취지와 목적에 비추어 현저하게 불합리하여서는 아니 되며, **피구호자의 가족 등에게 피구호자를 인계할 수 있다면 특별한 사정이 없는 한 경찰관서에서 피구호자를 보호하는 것은 허용되지 않는다.**

② [○] 이와 같은 위법한 체포상태에서 음주측정 요구가 이루어진 경우, 음주측정 요구를 위한 위법한 체포와 그에 이은 음주측정 요구는 주취운전이라는 범죄행위에 대한 증거 수집을 위하여 연속하여 이루어진 것으로서 개별적으로 적법 여부를 평가하는 것은 적절하지 않으므로 일련의 과정을 전체적으로 보아 위법한 음주측정 요구가 있었던 것으로 볼 수밖에 없고, 운전자가 주취운전을 하였다고 인정할 만한 상당한 이유가 있다 하더라도 운전자에게 경찰공무원의 이와 같은 위법한 음주측정 요구까지 응할 의무가 있다고 보아 이를 강제하는 것은 부당하므로 그에 불응하였다고 하여 **음주측정 거부에 관한 도로교통법 위반죄로 처벌할 수 없다.**

④ [○] 형법 제136조가 규정하는 공무집행방해죄는 공무원의 직무집행이 적법한 경우에 한하여 성립하는 것이고, 여기서 적법한 공무집행이라고 함은 그 행위가 공무원의 추상적 권한에 속할 뿐만 아니라 구체적 직무집행에 관한 법률상 요건과 방식을 갖춘 것을 말하는 것이므로, 이러한 **적법성이 결여된 직무행위를 하는 공무원에게 대항하여 폭행이나 협박을 가하였다고 하더라도 이를 공무집행방해죄로 다스릴 수는 없다.**

105 다음 사례에서 A와 B에 대한 처분으로 옳은 것은? 22. 법학경채

□□□

> A와 B는 친구 사이로 동시에 1종 보통운전면허 시험에 합격하여 면허를 발급받았다. 둘은 축하하기 위하여 알코올을 섭취 후 A는 도로교통법에서 정의하는 개인형 이동장치인 전동킥보드를, B는 전동기를 장착하지 않은 일반 자전거를 타고 도로교통법상 도로에 해당하는 골목길을 운전하여 주행하던 중 교통경찰관에게 단속되었다. 음주측정 결과 A는 혈중알코올 농도 0.09%, B는 혈중알코올 농도 0.1%로 각각 측정되었다. (단, A와 B에 대한 다른 교통법규 위반은 고려하지 않는 것으로 함)

① A: 운전면허 취소와 범칙금 10만원
  B: 범칙금 3만원

② A: 운전면허 취소와 범칙금 10만원
  B: 운전면허 취소와 범칙금 3만원

③ A: 운전면허 취소와 범칙금 13만원
  B: 운전면허 취소와 범칙금 10만원

④ A: 운전면허 정지와 범칙금 10만원
  B: 범칙금 없음

정답 및 해설 I ①

① [O] A는 혈중알코올 농도 0.08% 이상의 음주운전하였으므로 운전면허취소처분의 행정처분을 받고 A는 음주운전으로 개인형이동장치를 운전하였으므로 형사처벌로 범칙금 **10만원**을 받게 된다.
B는 운전면허가 필요하지 않은 자전거를 음주운전하였으므로 행정처분은 할 수 없고, 범칙금 **3만원**만 받게 된다.

제3절 I 교통사고조사규칙

106 교통사고조사규칙상 용어의 정의에 대한 설명으로 가장 적절하지 않은 것은? 15. 경찰승진

□□□

① '충돌'이란 차가 측방 또는 반대방향에서 진입하여 차의 정면으로 다른 차의 정면 또는 측면을 충격한 것을 말한다.

② '추돌'이란 2대 이상의 차가 동일방향으로 주행 중 뒤차가 앞차의 후면을 충격한 것을 말한다.

③ '전복'이란 차가 도로의 절벽 등 높은 곳에서 떨어진 것을 말한다.

④ '접촉'이란 차가 추월 · 교행 등을 하려다가 차의 좌 · 우 측면을 서로 스친 것을 말한다.

정답 및 해설 I ③

③ [×] '**추락**'에 대한 설명이다. '**전복**'이란 차가 주행 중 도로 또는 도로 이외의 장소에 뒤집혀 넘어진 상태를 말한다(교통사고조사규칙 제2조 제11호).

107 교통사고현장에 나타나는 현상에 관한 설명으로 가장 적절한 것은? 15. 경찰승진

□□□

① 요마크(Yaw Mark) – 급격한 속도증가로 바퀴가 제자리에서 회전할 때 주로 나타나며 오직 구동바퀴에서만 발생하는 것이 특징이다.

② 스키드마크(Skid Mark) – 자동차가 급제동하면서 바퀴가 구르지 않고 미끄러질 때 나타나며 좌·우측 타이어의 흔적이 대체로 동등하게 나타나는 것이 특징이다.

③ 가속스커프(Acceleration Scuff) – 마치 호미로 노면을 판 것 같이 짧고 깊게 패인 가우지 마크로서 차량간의 최대 접속시 만들어진다.

④ 칩(Chip) – 급핸들 조향으로 바퀴는 회전을 계속하면서 차축과 평행하게 옆으로 미끄러진 타이어 흔적을 말하며 주로 빗살무늬 흔적의 형태를 보인다.

정답 및 해설 I ②

① [×] 요마크(Yaw Mark) – 급핸들 조향으로 바퀴는 회전을 계속하면서 차축과 평행하게 옆으로 미끄러진 타이어 마모흔적을 말하며, 주로 빗살무늬 흔적의 형태를 보인다(교통사고조사규칙 제2조 제6호).

③ [×] 가속스커프(Acceleration Scuff) – 급격한 속도증가로 바퀴가 제자리에서 회전할 때 주로 나타나며 오직 구동바퀴에서만 발생하는 것이 특징이다.

④ [×] 칩(Chip) – 마치 호미로 노면을 판 것 같이 짧고 깊게 패인 가우지 마크로서 차량간의 최대 접촉시 만들어진다.

108 교통사고조사규칙상 다음 설명으로 가장 적절한 것은? 15. 경찰승진

□□□

차의 바퀴가 돌면서 다소 차축과 평행하게 옆으로 미끄러진 타이어의 마찰흔적

① 임프린트(Imprint)

② 요마크(Yaw Mark)

③ 가속스카프(Acceleration Scuff)

④ 스키드마크(Skid Mark)

정답 및 해설 I ②

② [O] 해당 지문은 요마크(Yaw Mark)에 대한 설명이다(교통사고조사규칙 제2조 제6호).

109 교통사고조사규칙상 용어 정의에 대한 설명으로 가장 적절하지 않은 것은? 16. 경찰승진

□□□

① '전복'이란 차가 주행 중 도로 또는 도로 이외의 장소에 차체의 측면이 지면에 접하고 있는 상태를 말한다.

② '대형사고'란 3명 이상이 사망(교통사고 발생일부터 30일 이내에 사망한 것을 말한다)하거나 20명 이상의 사상자가 발생한 사고를 말한다.

③ '교통사고'란 차의 교통으로 인하여 사람을 사상하거나 물건을 손괴한 것을 말한다.

④ '충돌'이란 차가 반대방향 또는 측방에서 진입하여 그 차의 정면으로 다른 차의 정면 또는 측면을 충격한 것을 말한다.

정답 및 해설 I ①

① [×] '**전도**'에 대한 설명이다. '**전복**'이란 차가 주행 중 도로 또는 도로 이외의 장소에 뒤집혀 넘어진 상태를 말한다(교통사고조사규칙 제2조 제11호).

110 다음 설명으로 가장 적절한 것은? 16. 경찰승진

□□□

눈, 모래, 자갈, 진흙 및 잔디와 같이 느슨한 노면 위를 타이어가 미끄러짐 없이 굴러가면서 노면상에 타이어 접지면의 무늬모양을 그대로 새겨 놓은 흔적

① 스키드 마크(Skid Mark)

② 가속스카프(Acceleration Scuff)

③ 요마크(Yaw Mark)

④ 임프린트(Imprint)

정답 및 해설 I ④

④ [○] 해당 지문은 **임프린트(Imprint)**에 대한 설명이다.

111 교통사고조사규칙에서 규정하고 있는 용어의 정의로 가장 옳은 것은? 18. 경찰간부

□□□

① '충돌'이란 2대 이상의 차가 동일방향으로 주행 중 뒤차가 앞차의 후면을 충격한 것을 말한다.

② '요마크(Yaw Mark)'란 차의 급제동으로 인하여 타이어의 회전이 정지된 상태에서 노면이 미끄러져 생긴 타이어 마모흔적 또는 활주흔적을 말한다.

③ '접촉'이란 차가 추월 · 교행 등을 하려다가 차의 좌우 측면을 서로 스친 것을 말한다.

④ '전도'란 차가 주행 중 도로 또는 도로 이외의 장소에 뒤집혀 넘어진 것을 말한다.

정답 및 해설 I ③

① [×] '**추돌**'에 대한 설명이다(교통사고조사규칙 제2조 제8호).

② [×] '**스키드마크(Skid Mark)**'에 대한 설명이다(교통사고조사규칙 제2조 제5호). **요마크(Yaw Mark)**는 급핸들 조향으로 바퀴는 회전을 계속하면서 차축과 평행하게 옆으로 미끄러진 타이어 흔적을 말하며 주로 빗살무늬 흔적의 형태를 보인다(교통사고조사규칙 제2조 제6호).

④ [×] '**전복**'에 대한 설명이다(교통사고조사규칙 제2조 제11호). '**전도**'란 차가 주행 중 도로 또는 도로 이외의 장소에 차체의 측면이 지면에 접하고 있는 상태를 말한다(교통사고조사규칙 제2조 제10호).

112 교통사고조사규칙상 사용되는 용어에 대한 설명으로 가장 적절한 것은? 18. 경찰승진

□□□

① '대형사고'란 3명 이상이 사망(교통사고 발생일부터 15일 이내에 사망한 것을 말한다)하거나 20명 이상의 사상자가 발생한 사고를 말한다.

② '충돌'이란 2대 이상의 차가 동일방향으로 주행 중 뒤차가 앞차의 후면을 충격한 것을 말한다.

③ '접촉'이란 차가 추월 · 교행 등을 하려다가 차의 좌우 측면을 서로 스친 것을 말한다.

④ '추돌'이란 차가 반대방향 또는 측방에서 진입하여 그 차의 정면으로 다른 차의 정면 또는 측면을 충격한 것을 말한다.

정답 및 해설 I ③

① [×] '대형사고'란 3명 이상이 사망(교통사고 발생일부터 **30일 이내**에 사망한 것을 말한다)하거나 20명 이상의 사상자가 발생한 사고를 말한다(교통사고조사규칙 제2조 제3호).

② [×] '**추돌**'에 대한 설명이다(교통사고조사규칙 제2조 제8호).

④ [×] '**충돌**'에 대한 설명이다(교통사고조사규칙 제2조 제7호).

제4장 | 경비경찰

제1절 | 경비경찰 총설

001 경비경찰의 특징에 대한 다음 설명 중 가장 적절하지 않은 것은? 12. 경찰

□□□

① 경비사태가 발생한 후의 진압뿐만 아니라 특정한 사태가 발생하기 전의 경계 · 예방의 역할을 수행한다는 점에서 복합기능적 활동이라 할 수 있다.

② 경비경찰은 경비사태 발생시 조직적이고 집단적인 대응이 요구되므로 조직적 부대활동에 중점을 둔다.

③ 경비경찰의 현상유지적 활동이란 기본적으로 적극적 · 동태적 개념의 활동이 아니라 현재의 질서상태를 보존하는 소극적 · 정태적 활동만을 의미하는 것이다.

④ 경비경찰의 활동은 하향적인 명령에 의하여 이루어지며, 그 결과에 대하여 일반적으로 지휘관의 지휘책임을 강조한다.

정답 및 해설 | ③

③ [×] 경비경찰은 기본적으로 현재의 질서상태를 유지 · 보존하는 것에 가치를 두고 있다. 이때의 유지 · 보존은 소극적 · 정태적인 질서유지 개념이 아니라, 새로운 변화와 발전을 보정하기 위한 기초를 다진다는 의미에서 적극적 · 동태적인 의미의 현상유지작용을 의미한다.

002 경비경찰의 특징에 대한 설명으로 가장 옳지 않은 것은? 16. 경찰간부

□□□

① 복합기능적 활동 – 경비사태가 발생한 후의 진압뿐만 아니라 특정한 사태가 발생하기 전의 경계 · 예방 역할을 수행한다.

② 현상유지적 활동 – 경비활동은 기본적으로 현재의 질서상태를 보존하는 것에 가치를 둔다고 할 수 있다. 따라서, 동태적 · 적극적 질서유지가 아닌 새로운 변화와 발전을 보장하기 위한 정태적 · 소극적 의미의 유지작용이다.

③ 즉시적(즉응적) 활동 – 경비상황은 국가적으로나 사회적으로 중대한 영향을 미치므로 신속한 처리가 요구된다. 따라서 경비사태에 대한 기한을 정하여 진압할 수 없으며 즉시 출동하여 신속하게 조기에 제압한다.

④ 하향적 명령에 의한 활동 – 경비활동은 주로 계선조직의 지휘관이 내리는 지시나 명령에 의하여 유직이므로 활동의 결과에 대해서도 지휘관이 지휘책임을 지는 것이 일반적이다.

정답 및 해설 | ②

② [×] 현상유지적 활동 – 정태적 · 소극적 질서유지가 아닌 새로운 변화와 발전을 보장하기 위한 동태적 · 적극적 의미의 유지작용이다.

003 경비경찰의 특징에 대한 설명으로 가장 적절하지 않은 것은? 19. 경찰승진

□□□

① 복합기능적 활동 – 경비사태가 발생한 후의 진압뿐만 아니라 특정한 사태가 발생하기 전의 경계·예방의 역할을 수행한다.

② 현상유지적 활동 – 경비활동은 기본적으로 현재의 질서상태를 보존하는 것에 가치를 둔다고 할 수 있다. 그러나 정태적·소극적인 질서유지가 아닌 새로운 변화와 발전을 보장하기 위한 동태적·적극적인 의미의 유지작용이다.

③ 즉시적(즉응적) 활동 – 경비상황은 국가적으로나 사회적으로 중대한 영향을 미치므로 신속한 처리가 요구된다. 따라서 경비사태에 대한 기한을 정하여 진압할 수 없으며 즉시 출동하여 신속하게 조기에 제압한다.

④ 하향적 명령에 의한 활동 – 긴급하고 신속한 경비업무의 효율적인 처리를 위하여 지휘관을 한 사람만 두어야 한다는 의미로 폭동의 진압과 같은 긴급한 상황에서는 지휘관의 신속한 결단과 명확한 지침이 필요하다.

정답 및 해설 I ④

④ [×] 하향적 명령에 의한 활동 – 경비경찰은 지휘관의 하향적 명령에 의한 활동으로 부대원의 재량은 상대적으로 적고, 활동결과에 대한 책임은 지휘관이 지는 경우가 많다.

004 경비경찰 조직운영의 원리에 대한 설명으로 가장 적절하지 않은 것은? 19. 경찰승진

□□□

① 부대단위활동의 원칙 – 부대를 관리하기 위한 지휘권과 장비가 편성되고 임무수행을 위한 보급지원체계를 갖추고 있어야 하며, 주로 하명에 의하여 임무가 이루어진다.

② 치안협력성의 원칙 – 업무수행과정에서 국민의 신뢰를 바탕으로 국민과 협력을 이루어야 하고 국민이 스스로 협조해 줄 때 효과적으로 목적달성이 가능하다.

③ 체계통일성의 원칙 – 상하계급간 일정한 관계가 형성되고 책임과 임무의 분담이 명확히 이루어지고 명령과 복종의 체계가 통일되어야 한다는 것으로 경찰조직간 체계가 확립되어야만 타 기관과도 상호응원이 가능하게 된다.

④ 지휘관 단일성의 원칙 – 긴급하고 신속한 경비업무의 효율적인 처리를 위하여 지휘관을 한 사람만 두어야 한다는 의미로 부대활동의 성패는 지휘관에 의하여 좌우된다.

정답 및 해설 I ④

④ [×] **지휘관 단일성의 원칙** – 긴급하고 신속한 경비업무의 효율적인 처리를 위하여 지휘관을 한 사람만 두어야 한다는 의미로 이는 조직편성의 원리 중 명령통일의 원칙과 맥을 같이한다. **"부대활동의 성패는 지휘관에 의하여 좌우된다."**는 내용은 **'부대단위활동의 원칙'**에 대한 설명이다.

005 경비수단의 종류에 대한 설명으로 맞는 것은? 10. 경찰

□□□

① 경고는 사실상 통지행위로 간접적 실력행사이므로 경찰비례의 원칙이 적용되지 않는다.

② 제지는 주동자 격리 등 직접적 실력행사로서 행정상 즉시강제에 해당한다.

③ 체포는 직접적 실력행사로서 경찰관 직무집행법이 법적 근거가 된다.

④ 경비수단을 통해 실력을 행사할 경우 반드시 경고, 제지, 체포의 단계적 절차를 거쳐 행해져야 한다.

정답 및 해설 I ②

① [×] 경고는 사실상 통지행위로 간접적 실력행사이며 **경찰비례의 원칙이 적용된다.**

③ [×] **체포**는 직접적 실력행사로서 **형사소송법**에 근거가 된다.

④ [×] 경비수단을 통해 실력을 행사할 경우 **반드시 경고, 제지, 체포의 순으로 해야 하는 것은 아니다.** 주어진 경비상황에 맞게 적절하게 행사하면 된다.

006 다음 중 경비수단의 종류에 대한 설명으로 틀린 것은 모두 몇 개인가? 14. 경찰간부

□□□

> ㉠ 경고는 임의처분이므로 경찰비례원칙이 적용되지 않는다.
> ㉡ 실력으로 강제해산시키는 것은 경비수단 중 제지에 해당한다.
> ㉢ 체포는 직접적 실력행사로서 형사소송법에 근거를 두고 있으며, 명백한 위법일 때 실력을 행사하는 행위이다.
> ㉣ 제지는 직접적 실력행사로서 행정법상 강제집행행위이다.
> ㉤ 제지행위는 경비사태를 예방 · 진압하기 위하여 세력분산 · 통제파괴 · 주동자 및 주모자 격리 등을 실시하는 행위이다.

① 2개 ② 3개

③ 4개 ④ 5개

정답 및 해설 I ①

틀린 설명은 ㉠㉣ 2개이다.

㉠ [×] 임의처분이라도 경찰권 행사는 필요최소한도에 그쳐야 한다는 **경찰비례의 원칙은 적용된다.**

㉣ [×] 제지는 직접적 실력행사로서 행정법상 **즉시강제(강제집행 ×)**행위이다.

007 경비경찰에 대한 설명으로 가장 적절하지 않은 것은? 22. 경찰간부

□□□

① 경비경찰활동은 하향적 명령체계가 확보되어야 하므로 부대원의 재량은 상대적으로 적고, 활동의 결과에 대해서는 지휘관이 책임을 지는 것이 일반적이다.

② 경비수단의 종류 중 체포는 상대방의 신체를 구속하는 강제처분이며 직접적 실력행사로서 경찰관 직무집행법에 근거를 두고 있다.

③ 경비경찰은 실력행사시 상대의 저항력이 약한 시점을 포착하여 가장 적절한 시기에 강력하고 집중적인 실력행사를 하여야한다.

④ 경비경찰 활동은 현재의 질서상태를 보존하는 것에 중점을 두는 현상유지적 활동 수행의 특성을 가진다.

정답 및 해설 I ②

② [×] 경비수단의 종류 중 체포는 상대방의 신체를 구속하는 강제처분이며 직접적 실력행사로서 **형사소송법**에 근거를 두고 있다.

008 경비경찰의 경비수단 종류 및 원칙에 관한 설명으로 가장 적절하지 않은 것은? 23. 경찰승진

□□□

① 경고와 제지는 간접적 실력행사로서 경찰관 직무집행법에 근거를 두고 있다.

② 위치의 원칙이란 사태 진압시의 실력행사에 있어서 가장 유리한 지형 · 지물 · 위치 등을 확보하여 작전수행이나 진압을 용이하게 한다는 원칙이다.

③ 균형의 원칙이란 주력부대와 예비대를 적절하게 활용하여 한정된 경력으로 최대의 효과를 얻도록 해야 한다는 원칙이다.

④ 안전의 원칙이란 작전 때의 변수 발생은 사회적으로 큰 파장을 미칠 수 있으므로 사고 없는 안전한 진압을 실시해야 한다는 원칙이다.

정답 및 해설 I ①

① [×] 경고는 간접적 실력행사이지만, **제지는 직접적 실력행사**로서 양자 모두 경찰관 직무집행법에 근거를 두고 있다.

009 경비경찰 조직운영의 원칙에 관한 설명으로 가장 적절하지 않은 것은? 23. 경찰승진

□□□

① 치안협력성 원칙: 경비경찰이 업무수행과정에서 국민의 협력을 구해야 하고, 국민이 스스로 협조를 할 때 효과적인 업무수행이 가능하다.

② 지휘관단일성 원칙: 지시는 한 사람에 의해서 행해져야 하고, 보고도 한 사람을 통해서 이루어져야 한다.

③ 부대단위활동 원칙: 부대에는 지휘관, 직원 및 대원, 지휘권과 장비가 편성되며 임무수행을 위한 보급지원체제를 갖추고 있어야 한다.

④ 체계통일성 원칙: 경비업무를 효과적으로 수행하기 위해 복수의 지휘관을 두어야 한다.

정답 및 해설 I ④

④ [×] 체계통일성의 원칙이란 경비업무를 효과적으로 수행하기 위해 책임과 임무의 분담이 명확히 이루어지고 명령과 복종의 체계가 통일되어야 함을 의미한다. 지휘관단일성의 원칙에 따라 지휘관은 단일해야 한다.

010 경비경찰에 관한 설명으로 가장 적절하지 않은 것은? 11. 경찰

□□□

① 헌법 제37조 제2항, 경찰관 직무집행법, 국가경찰과 자치경찰의 조직 및 운영에 관한 법률 모두 경비경찰권의 법적 근거로 볼 수 있다.

② 경비경찰권의 발동에 관한 가장 주된 법률은 경찰관 직무집행법이다.

③ 대규모 시위대가 지하철로 이동하면서 하차하여 불법시위를 할 것이 명백한 경우 경찰이 지하철역에 요구하여 무정차 통과토록 조치하였다면 경찰관 직무집행법 제6조(범죄의 예방과 제지)에 근거한 조치로 볼 수 있다.

④ 제주공항에서 시민단체 회원들이 제주도로부터 440여 km 떨어진 서울에서 열릴 옥외집회에 참석하기 위해 비행기에 탑승하려 하였으나, 경찰은 위 집회가 금지통고를 받은 불법집회라는 이유를 들어 이들의 비행기 탑승 자체를 저지하였다. 이는 경찰관 직무집행법 제6조(범죄의 예방과 제지)에 근거한 정당한 경찰권의 행사이다.

정답 및 해설 I ④

④ [×] 경찰관 직무집행법 제6조(범죄의 예방과 제지)는 행정목적 달성상 불가피한 한도 내에서 예외적으로 허용되어야 하며, 해당 사례의 경우 행정상 즉시강제인 제지의 범위를 넘어서는 것으로 **허용될 수 없다**. 따라서 공무집행방해죄의 보호대상이 되는 공무원의 적법한 직무집행에 포함될 수 없다.

011 경비경찰의 수단에 대한 설명 중 가장 적절하지 않은 것은? 14. 경찰승진

□□□

① 안전의 원칙 – 작전할 때 변수의 발생은 사회적으로 큰 파장을 미칠 수 있으므로 사고 없는 안전한 진압을 하는 것이다.

② 적시의 원칙 – 가장 적절한 시기에 실력행사를 하는 것으로 상대의 허약한 시점을 포착하여 실력행사를 하는 것이다.

③ 위치의 원칙 – 실력행사 때 상대하는 군중보다 유리한 지점과 위치를 확보하여 작전수행이나 진압을 실시하는 것이다.

④ 한정의 원칙 – 상황과 대상에 따라 주력부대와 예비부대를 적절하게 활용하여 한정된 경력으로 최대한의 성과를 거양하는 것이다.

정답 및 해설 I ④

④ [×] **균형의 원칙**에 대한 설명이다.

012 □□□ 경비경찰은 사회공공의 안녕과 질서를 파괴하는 국가 비상사태, 긴급한 주요사태 등이 발생하거나 발생할 우려가 있는 경우 이러한 상황이나 범죄를 예방 · 경계 · 진압하는 사회안전유지 측면의 중요한 경찰활동이라고 할 수 있다. 경비경찰의 특징을 설명한 내용 중 가장 적절하지 않은 것은?

14. 경찰승진

① 사회전반적 안녕목적의 활동 – 공공의 안녕과 질서를 유지하는 것을 목적으로 하므로 결과적으로 사회전체의 질서를 파괴하는 범죄를 대상으로 작용한다는 점에서 경비경찰의 임무는 국가목적적 치안의 수행이다.

② 즉시적 활동 – 경비활동은 정태적 · 소극적인 질서유지가 아닌 새로운 변화와 발전을 보장하기 위한 동태적 · 적극적인 의미의 유지작용이다.

③ 복합기능적 활동 – 경비사태가 발생한 후에 진압뿐만 아니라 특정한 사태가 발생하기 전에 경계 · 예방의 역할을 수행하는 활동이다.

④ 조직적 부대활동 – 경비경찰은 경비사태가 발생한 때 조직적이고 집단적인 대응이 요구되므로 조직적 부대활동에 중점을 둔 체계적인 부대편성, 관리, 운영이 필요하다.

정답 및 해설 | ②

② [×] 현상유지적 활동에 대한 설명이다.

013 □□□ 경비경찰의 경비수단에 대한 설명으로 가장 적절한 것은?

14. 경찰승진

① '경고와 제지'는 간접적 실력행사로 경찰관 직무집행법에 근거하고, '체포'는 직접적 실력행사로 형사소송법에 근거를 두고 있다.

② 일반적 경비수단의 원칙에는 균형의 원칙, 위치의 원칙, 적시의 원칙, 보충의 원칙이 있다.

③ 균형의 원칙이란, 필요최소한도 내에서의 경찰권 행사를 말한다.

④ 경찰관 직무집행법에 근거한 '제지'는 대인적 즉시강제 수단으로 의무 불이행을 전제로 하는 행정상 강제집행과는 구별된다.

정답 및 해설 | ④

① [×] '경고'는 간접적 실력행사, '제지'는 직접적 실력행사로 경찰관 직무집행법에 근거한다.

② [×] 일반적 경비수단의 원칙에는 균형의 원칙, 위치의 원칙, 적시의 원칙, 안전의 원칙이 있다.

③ [×] 균형의 원칙이란, 상황과 대상에 따라 주력부대와 예비부대를 적절하게 활용하여 한정된 경력으로 최대한의 성과를 지향하는 것을 말한다. 필요최소한도 내에서의 경찰권 행사는 비례의 원칙을 말한다.

014 경비수단에 대한 설명으로 가장 적절하지 않은 것은? 19. 경찰승진

□□□

① 경비수단의 원칙 중 '균형의 원칙'은 상황에 따라 주력부대와 예비부대를 적절하게 활용하여 한정된 경력으로 최대의 성과를 거양하는 것이다.

② 경비수단의 종류 중 제지는 행정상 강제집행에 해당하고 의무의 불이행을 전제로 하는 행정상 즉시강제와 구별된다.

③ 경고는 간접적 실력행사이고, 제지와 체포는 직접적 실력행사이다.

④ 경고와 제지는 경찰관 직무집행법에 근거를 두고 있고, 체포는 형사소송법에 근거를 두고 있다.

정답 및 해설 | ②

② [×] 경비수단의 종류 중 제지는 **행정상 즉시강제**에 해당하고 의무의 불이행을 전제로 하는 **행정상 강제집행**과 구별된다.

015 경비경찰의 특징에 대한 설명으로 가장 적절하지 않은 것은? 20. 경찰승진

□□□

① 복합기능적 활동 – 경비사태가 발생한 후의 진압뿐만 아니라 특정한 사태가 발생하기 전의 경계 · 예방의 역할을 수행한다.

② 현상유지적 활동 – 경비활동은 기본적으로 현재의 질서상태를 보존하는 것에 가치를 둔다고 할 수 있다. 그러나 정태적 · 소극적인 질서유지가 아닌 새로운 변화와 발전을 보장하기 위한 동태적 · 적극적인 의미의 유지작용이다.

③ 조직적 부대활동 – 경비활동은 주로 계선조직의 지휘관이 내리는 지시나 명령에 의하여 움직이므로 활동의 결과에 대해서도 지휘관이 지휘책임을 지는 것이 일반적이다.

④ 즉시적 활동 – 경비경찰은 항상 긴급을 요하고 국가적으로나 사회적으로 중대한 영향을 미치므로 신속한 처리가 요구된다.

정답 및 해설 | ③

③ [×] 경비활동은 주로 계선조직의 지휘관이 내리는 지시나 명령에 의하여 움직이므로 활동의 결과에 대해서도 지휘관이 지휘책임을 지는 것은 **하향적 명령에 따르는 활동**에 관한 설명이다.

016 경비경찰 활동의 특징에 관한 설명으로 가장 적절하지 않은 것은? 24. 경찰승진

□□□

① 경비사태에 대해 기한을 정하여 진압할 수 없고 즉시 출동하여 신속하게 조기대응해야 한다는 점에서 즉시적(즉응적) 활동이다.

② 현재의 질서상태를 유지하는 것에 가치를 두는 현상유지적 활동으로 정태적이고 소극적인 특성을 가지나 질서유지를 통해 새로운 변화와 발전을 보장하기 위한 동태적이고 적극적인 특성은 갖지 않는다.

③ 경비사태가 발생한 후의 진압뿐만 아니라 특정한 사태가 발생하기 전의 경계 · 예방의 역할을 수행한다는 점에서 복합기능적 활동이다.

④ 경비사태가 발생할 때 조직적이고 집단적인 대응이 요구되므로 조직적 부대 활동에 중점을 둔 체계적인 부대편성과 관리 및 운영이 필요하다.

정답 및 해설 I ②

② [×] 경비경찰의 활동은 현재의 질서상태를 유지하는 것에 가치를 두는 현상유지적 활동으로 사회변화와 발전을 위한 **동태적이고 적극적인 질서유지라는 특징을 갖는다**는 점에서 정태적이고 소극적인 특성을 갖지 않는다.

제2절 I 행사, 선거, 재난, 경호경비

017 다음 중 행사안전경비에 대한 설명으로 가장 옳지 않은 것은? 14. 경찰간부

□□□

① 행사안전경비는 대규모의 공연, 기념행사, 경기대회, 제례의식 등 기타 각종 행사를 위해 모인 조직화된 군중에 의하여 발생하는 자연적인 혼란상태를 사전에 예방하거나 경계하고, 위험한 사태가 발생한 경우에 신속히 조치하여 확대되는 것을 방지하는 경비경찰활동을 말한다.

② 군중정리의 원칙에는 밀도의 희박화, 이동의 일정화, 경쟁적 사태의 해소, 지시의 철저가 있다.

③ 군중은 자기의 위치와 갈 곳을 잘 몰라 불안감을 가지므로 이를 해소시키기 위하여 일정한 방향과 속도로 이동시켜 주위의 상황을 파악할 수 있는 여건을 조성함으로써 심리적 안정감을 갖도록 해야 한다는 것은 '이동의 일정화'에 대한 내용이다.

④ 행사안전경비의 법적 근거에는 국가경찰과 자치경찰의 조직 및 운영에 관한 법률 제3조, 경찰관 직무집행법 제5조 등이 있다.

정답 및 해설 I ①

① [×] 행사안전경비는 대규모의 공연, 기념행사, 경기대회, 제례의식 등 기타 각종 행사를 위해 모인 **미조직화(조직화 ×)된 군중**에 의하여 발생하는 자연적인 혼란상태를 사전에 예방하거나 경계하고, 위험한 사태가 발생한 경우에 신속히 조치하여 확대되는 것을 방지하는 경비경찰활동을 말한다.

018 군중정리의 원칙에 관한 다음 설명 중 가장 적절하지 않은 것은? 15. 경찰

□□□

① 밀도의 희박화 – 많은 사람이 모이면 충돌과 혼잡이 야기되므로 제한된 장소에 가급적 많은 사람이 모이는 것을 회피하게 한다.

② 이동의 일정화 – 대규모 군중이 모이는 장소는 사전에 블록화한다.

③ 경쟁적 사태의 해소 – 순서에 의하여 움직일 때 순조롭게 모든 일이 잘될 수 있다는 것을 이해시키는 것으로, 차분한 목소리로 안내방송을 하는 것도 한 방법이다.

④ 지시의 철저 – 계속적이고 자세한 안내방송으로 지시를 철저히 해서 혼잡한 사태를 정리하고 사고를 미리 방지할 수 있다.

정답 및 해설 I ②

② [×] 대규모 군중이 모이는 장소를 사전에 블록화하는 것은 **밀도의 희박화**와 관련이 있고, 이동의 일정화는 군중들을 여러 방향이 아닌 일정한 방향으로 이동을 시켜줌으로써 심리적 안정감을 갖도록 하는 것이다.

019 행사안전경비 중 부대의 편성과 배치에 대한 설명으로 적절한 것을 모두 고른 것은? 18. 경찰승진

□□□

㉠ 경력은 단계별로 탄력적으로 운영한다. ㉡ 경력배치는 항상 군중이 집결되기 전부터 사전배치함을 원칙으로 한다. ㉢ 예비대의 운용 여부 판단은 주최 측과 협조하여 실시한다. ㉣ 예비대가 관중석에 배치될 경우 관중이 잘 보이도록 행사장 앞쪽에 배치하는 것이 효과적이다.

① ㉠, ㉡ ② ㉠, ㉢

③ ㉠, ㉣ ④ ㉢, ㉣

정답 및 해설 I ①

옳은 설명은 ㉠㉡이다.

㉢ [×] **예비대의 운용 여부 판단은 경찰 자체 판단하에 실시할 사항**이며, 주최 측과 협조하여 실시할 사항은 행사진행 과정 파악, 경비원 활용 권고, 자율적 질서유지 등이 있다.

㉣ [×] 예비대가 관중석에 배치될 경우 단시간 내에 혼란예상지역에 도달할 수 있도록 예비대를 **통로 주변 등에 배치하는 것이 효과적**이다.

020 행사안전경비 중 군중정리의 원칙에 대한 설명으로 가장 적절하지 않은 것은? 19. 경찰승진

□□□

① 밀도의 희박화 – 많은 사람이 모이면 충돌과 혼잡이 야기되어 거리감과 방향감각을 잃고 혼란한 상태에 이르므로 가급적 많은 사람이 모이는 것을 회피케 한다. 대규모 군중이 모이는 장소는 사전에 블록화한다.

② 지시의 철저 – 사태가 혼잡할 경우 계속적이고도 자세한 안내방송으로 지시를 철저히 해서 혼잡한 사태를 정리하고 사고를 미연에 방지할 수 있다.

③ 이동의 일정화 – 군중들은 현재의 자기 위치와 갈 곳을 잘 알지 못함으로써 불안감과 초조감을 갖게 되므로 여러 방향으로 이동시켜 주위의 상황을 파악할 수 있는 여건을 조성한다.

④ 경쟁적 사태의 해소 – 경쟁적 사태는 남보다 먼저 가려고 하는 군중의 심리상태로 순서에 의하여 움직일 때 순조롭게 모든 일이 잘될 수 있다는 것을 납득시켜야 한다.

정답 및 해설 I ③

③ [×] **이동의 일정화** – 군중들은 현재의 자기 위치와 갈 곳을 잘 알지 못함으로써 불안감과 초조감을 갖게 되므로 **일정한 방향**으로 이동시켜 주위의 상황을 파악할 수 있는 여건을 조성한다.

021 행사안전경비에서 군중정리의 원칙에 관한 설명 중 가장 적절하지 않은 것은? 22. 경찰

□□□

① 밀도의 희박화 – 제한된 면적의 특정한 지역에 사람이 많이 모이면 상호간에 충돌현상이 나타나고 혼잡이 야기되므로, 차분한 목소리로 안내방송을 진행함으로써 사전에 혼잡상황을 대비하여 사고를 방지할 수 있다.

② 이동의 일정화 – 군중은 현재의 자기 위치와 갈 곳을 잘 몰라 불안감과 초조감을 갖게 되므로 일정방향과 속도로 이동을 시켜 주위의 상황을 파악할 수 있는 여건을 조성시킴으로써 심리적 안정감을 갖도록 하는 것이다.

③ 경쟁적 사태의 해소 – 다른 사람보다 먼저 가려는 심리상태를 억제시켜 질서 있게 행동하면 모든 일이 잘 될 수 있다는 것을 납득시키는 것이다. 이 경우 질서를 지키면 오히려 손해를 본다는 심리상태가 형성되지 않도록 주의하여야 한다.

④ 지시의 철저 – 분명하고 자세한 안내방송을 계속함으로써 혼잡한 사태를 회피하고 사고를 방지할 수 있다.

정답 및 해설 I ①

① [×] 차분한 목소리로 안내방송을 진행은 **경쟁적 사태의 해소**에 해당한다.

022 다음 중 선거경비에 관한 설명으로 가장 적절하지 않은 것은? 12. 경찰

□□□

① 개표소 내부는 선거관리위원회위원장의 책임하에 질서를 유지하며, 질서문란행위가 발생하면 선거관리위원회위원장의 요청이 있을 경우에만 경찰력을 투입할 수 있다.

② 개표소 내부의 질서가 회복되거나 선거관리위원회위원장의 요구가 있을 때에는 즉시 퇴거하여야 한다.

③ 대통령선거후보자는 을호경호대상으로 후보자등록시부터 당선확정시까지 실시하며, 대통령으로 당선이 확정된 자는 갑호경호의 대상이다.

④ 선거경비는 행사안전경비, 특수경비, 경호경비, 다중범죄진압 등 종합적인 경비활동이 요구된다.

정답 및 해설 I ①

① [×] 개표소 내부는 선거관리위원회위원장의 책임하에 질서를 유지하며, 질서문란행위 발생하면 선거관리위원회위원장의 요청이 있을 경우뿐만 아니라 선거관리위원회위원의 요청이 있을 경우에도 경찰력을 투입할 수 있다.

023 선거경비 중 개표소 경비에 대한 설명으로 가장 적절하지 않은 것은? 12. 경찰승진

□□□

① 제1선(개표소 내부)은 선관위원장의 책임하에 질서를 유지한다. 개표소 내부에 질서문란행위가 발생한 경우 선거관리위원회 위원장 또는 선거관리위원의 요청이 있는 경우에만 경찰력을 투입하고 개표소 내부의 질서가 회복되거나 선관위원장의 요구가 있을 때는 퇴거한다.

② 제2선(울타리 내곽)은 선관위와 합동으로 출입자를 통제하며 2선의 출입문이 수개인 경우 선관위와 합동배치하여 검문검색을 강화한다.

③ 제3선(울타리 외곽)은 검문조 · 순찰조를 운영하여 위해 기도자 접근을 차단한다.

④ 선관위와 협조하여 경찰에서 보안안전팀을 운영함으로써 개표소 내 · 외곽에 대한 사전 안전검측을 실시, 안전을 유지하고 채증요원을 배치하여 운용한다.

정답 및 해설 I ②

② [×] 제2선(울타리 내곽)은 선거관리위원회와 합동으로 출입자를 통제하며, 2선의 출입문은 되도록 정문만을 사용하고 기타 출입문은 시정한다. 따라서 수개의 출입문을 설치하는 것은 바람직하지 않고, 시정(잠금)하도록 하여야 한다.

024 선거경비에 대한 설명으로 가장 적절하지 않은 것은? 19. 경찰승진

□□□

① 선거경비는 후보자의 자유로운 선거운동과 민주적 절차에 의한 선거를 보장하는 데 역점을 둔다.

② 개표소 경비 관련 3선개념에 의하면 제1선은 개표소 내부, 제2선은 울타리 내곽, 제3선은 울타리 외곽으로 구분한다.

③ 제1선 개표소 내부에서 질서문란행위가 발생한 경우 선거관리위원회위원장 또는 선거관리위원회위원의 요청이 없더라도 경찰 자체판단으로 경찰력을 투입하여야 한다.

④ 개표소별로 충분한 예비대를 확보 · 운영한다.

정답 및 해설 | ③

③ [×] 제1선 개표소 내부에서 질서문란행위가 발생한 경우 **선거관리위원회위원장 또는 선거관리위원회위원의 요청이 있는 경우에**만 경찰력을 투입하여야 한다.

025 선거경비에 대한 설명 중 옳지 않은 것은 모두 몇 개인가?

□□□ 20. 경찰간부

> ㉠ 국회의원 후보자의 신변보호는 후보자가 경호를 원하지 않더라도 직원을 항상 대기시켜 유세기간 중 근접배치한다.
> ㉡ 대통령 후보자의 신변보호는 을호경호대상으로 후보자 등록의 다음 날부터 당선확정시까지 실시한다.
> ㉢ 제1선 개표소 내부에 질서문란행위가 발생한 경우 선거관리위원회위원장의 요청이 있는 경우에만 경찰력을 투입한다.
> ㉣ 개표소 경비 제2선(울타리 내곽)은 선거관리위원회와 합동으로 출입자를 통제하고, 출입문은 되도록 정문만을 사용한다.
> ㉤ 개표소 내부의 사전안전검측 및 유지는 선거관리위원회에서 보안안전팀을 운영하여 실시한다.

① 2개 ② 3개

③ 4개 ④ 5개

정답 및 해설 | ③

옳지 않은 설명은 ㉠㉡㉢㉤ 4개이다.

㉠ [×] **대통령 후보자**의 신변보호는 후보자가 경호를 원하지 않더라도 직원을 항상 대기시켜 유세기간 중 근접배치한다. 국회의원 후보자는 경호를 원할 경우 각 선거구를 관할하는 경찰서에서 전담 경호요원을 적정 수 배치해야 한다.

㉡ [×] 대통령 후보자의 신변보호는 을호경호대상으로 **후보자 등록한 날부터** 당선확정시까지 실시한다.

㉢ [×] 제1선 개표소 내부에 질서문란행위가 발생한 경우 **선거관리위원회위원장 또는 위원의 요청이 있는 경우에만** 경찰력을 투입한다.

㉤ [×] 개표소 내부의 사전안전검측 및 유지는 선거관리위원회와 협조하여 **경찰**에서 보안안전팀을 운영하여 실시한다.

026 선거경비에 대한 설명으로 가장 적절한 것은?

□□□ 21. 경찰

① 통상 비상근무체제는 선거기간 개시일부터 개표 종료 때까지이며, 경계 강화기간은 선거기간 개시일부터 선거 전일까지이다.

② 대통령 후보자는 갑호경호대상으로 후보자 등록시부터 당선확정시까지 후보자가 원하는 경우 유세장·숙소 등에 대해 24시간 경호임무를 수행하고, 후보자가 원하지 않는 경우 시·도경찰청에서 경호경험이 있는 자를 선발해 관내 유세기간 중 근접 배치한다.

③ 투표소의 질서유지는 선거관리위원회와 경찰이 합동으로 하고, 경찰은 112 순찰차를 투표소 밖에 배치하여 거점근무 및 순찰을 실시하고, 정복경찰을 투표소 내에 배치하여야 한다.

④ 공직선거법상 누구든지 개표소 안에서 무기 등을 지닐 수 없으므로 선거관리위원회위원장의 원조요구가 있더라도 개표소 안으로 투입되는 경찰관은 무기를 휴대할 수 없다.

정답 및 해설 I ①

② [×] 대통령 후보자는 을호경호대상으로 후보자 등록시부터 당선확정시까지 후보자가 원하는 경우 유세장 · 숙소 등에 대해 24시간 경호임무를 수행하고, 후보자가 원하지 않는 경우 시 · 도경찰청에서 경호경험이 있는 자를 선발해 관내 유세기간 중 근접 배치한다.

③ [×] 투표소의 질서유지는 개표소 내부(제1선)에서는 선거관리위원회가, 울타리 내곽(제2선)에서는 선거관리위원회와 경찰이 합동으로 하고, 울타리 외곽(제3선)은 경찰이 단독으로 한다.

④ [×] 공직선거법상 누구든지 개표소 안에서 무기 등을 지닐 수 없으나, 선거관리위원회위원장의 원조요구가 있는 경우 개표소 안으로 투입되는 경찰관은 무기를 휴대할 수 있다.

027 다음 경비경찰과 관련된 설명으로 가장 적절하지 않은 것은?

11. 경찰

□□□

① 경호의 4대 원칙으로는 자기희생의 원칙, 자기담당구역책임의 원칙, 다양하게 통제된 지점을 통한 접근의 원칙, 목표물 보존의 원칙을 들 수 있다.

② 진압의 기본원칙으로는 봉쇄 · 방어, 차단 · 배제, 세력분산, 주동자 격리의 원칙을 들 수 있다.

③ 행사장 안전경비에 있어 군중정리에는 밀도의 희박화, 이동의 일정화, 경쟁적 사태의 해소, 지시의 철저의 네 가지 원칙이 적용되어야 한다.

④ 경비경찰의 조직운용원리로는 부대단위활동의 원칙, 지휘관 단일성의 원칙, 체계통일성의 원칙, 치안협력성의 원칙의 네 가지를 들 수 있다.

정답 및 해설 I ①

① [×] 경호의 4대 원칙으로는 자기희생의 원칙, 자기담당구역책임의 원칙, **하나의 통제된 지점을 통한 접근의 원칙**, 목표물 보존의 원칙을 들 수 있다.

028 경호에 대한 설명으로 옳지 않은 것은 모두 몇 개인가?

15. 경찰간부

□□□

> ㉠ 경호란 경호대상자의 생명과 신체에 가하여지는 위해를 방지하거나 제거하고, 특정 지역을 경계 · 순찰 및 방비하는 등의 모든 안전활동이다.
> ㉡ 연도경호는 물적 위해요소가 방대하여 엄격하고 통제된 3중 경호원리를 적용하기 어렵다.
> ㉢ 행사장 경호에 있어 제1선은 경비구역으로 MD를 설치 · 운용하고, 비표확인 및 출입자 감시가 이루어진다.
> ㉣ 행사장 경호에 있어 제3선은 경계구역으로서 돌발사태에 대비하여 예비대 및 비상통로, 소방차, 구급차 등을 확보한다.

① 1개　　② 2개

③ 3개　　④ 4개

정답 및 해설 I ②

옳지 않은 것은 ㉢㉣ 2개이다.

㉢ [×] 경비구역은 제1선이 아니라 제2선에 해당한다. 제1선에 MD를 설치 · 운용하고, 비표확인 및 출입자 감시가 이루어진다.

㉣ [×] 제2선에 돌발사태에 대비하여 예비대 및 비상통로, 소방차, 구급차 등을 확보한다.

029 행사장 경호시 제2선(경비구역)에 대한 설명으로 적절한 것으로 연결된 것은?

□□□

> ㉠ 감시조 운영, 바리케이트 등 장애물 설치
> ㉡ 예비대 운영 및 구급차, 소방차 대기
> ㉢ 주경비지역
> ㉣ 조기경보지역

① ㉠, ㉡
② ㉠, ㉣
③ ㉡, ㉢
④ ㉡, ㉣

정답 및 해설 | ③

제2선(경비구역)에 대한 설명으로 옳은 것은 ㉡㉢ 2개이다.

㉠ [×] 감시조 운영은 제3선, 바리케이트 등 장애물 설치는 제2선이다.

㉣ [×] 조기경보지역은 제3선이다.

제2편 | 각론

4장

030 경호의 4대 원칙에 대한 설명 중 가장 적절하지 않은 것은? 19. 경찰승진

□□□

① 자기 담당구역책임의 원칙 – 경호원은 각자 자기 담당구역 내에서 일어나는 어떠한 사태에 대해서도 책임을 지고 해결하여야 한다는 것으로 동일한 시간과 장소에 대한 행차는 수시로 변경시키는 것이 좋다는 원칙이다.

② 자기희생의 원칙 – 어떠한 희생을 치르더라도 피경호자의 신변의 안전이 보호·유지되어야 한다는 것으로서 육탄방어의 정신으로 피경호자를 보호하여야 한다는 원칙이다.

③ 하나의 통제지점을 통한 접근의 원칙 – 피경호자와 접근할 수 있는 통로는 통제된 유일한 통로여야 한다는 것으로서 여러 개의 통로는 적에게 접근할 수 있는 기회를 부여하여 취약성을 증가시키게 된다는 원칙이다.

④ 목표물 보존의 원칙 – 행차일시·장소·코스는 일반대중에게 비공개되어야 하고, 암살 기도자나 위해를 가할 가능성이 있는 자들로부터 분리시켜야 한다는 원칙으로 보안의 원칙이라고도 한다

정답 및 해설 | ①

① [×] 자기 담당구역책임의 원칙은 경호원은 각자 자기 담당구역 내에서 일어나는 어떠한 사태에 대해서도 책임을 지고 해결하여야 한다는 원칙이다. 동일한 시간과 장소에 대한 행차는 수시로 변경시키는 것이 좋다는 것은 목표물 보존의 원칙(보안의 원칙)에 대한 설명이다.

031 경호경비 중 행사장 경호에 대한 설명으로 가장 적절한 것은? 19. 경찰승진

□□□

① MD 설치 · 운용, 비표 확인 및 출입자 통제관리는 안전구역에서 실시한다.

② 원거리 불심자 검문차단은 절대안전 확보구역에서 실시한다.

③ 경비구역은 우발사태에 대비책을 강구하고 통상경찰이 책임을 진다.

④ 제1선을 제외한 행사장 중심으로 소총 유효사거리 내외의 취약개소는 조기경보지역에 설치한다.

정답 및 해설 I ①

② [×] 원거리 불심자 검문차단은 **조기경보지역(제3선 – 경계구역)**에서 실시한다.

③ [×] **경계구역(제3선 – 조기경보지역)**은 우발사태에 대비책을 강구하고 통상경찰이 책임을 진다.

④ [×] 제1선(절대안전 확보구역 = 안전구역)을 제외한 행사장 중심으로 소총 유효사거리 내외의 취약개소는 **주경비지역(제2선 – 경비구역)**에 설치한다. 이 지역의 경호책임은 경찰이 담당하고 군부대 내일 경우에는 군이 책임진다.

032 다음 중 경비경찰에 대한 설명으로 가장 적절하지 않은 것은? 20. 경찰승진

□□□

① 행사장 경호와 관련하여 제1선(안전구역)에서는 출입자 통제관리 및 MD 설치 · 운용을 한다.

② 개표소 경비와 관련하여 제2선(울타리 내곽)에서는 선거관리위원회와 합동으로 출입자를 통제한다.

③ 국가중요시설 경비와 관련하여 제2지대(주방어지대)에서는 주 · 야간 경계요원에 대한 계속적인 감시 · 통제가 될 수 있도록 경비인력을 운용한다.

④ 국가중요시설 경비와 관련하여 제3지대(핵심방어지대)에서는 시설의 보강(지하화, 방호벽, 방탄막 등)을 최우선으로 한다.

정답 및 해설 I ③

③ [×] 국가중요시설 경비와 관련하여 **제3지대(핵심방어지대)**에서는 주 · 야간 경계요원에 대한 계속적인 감시 · 통제가 될 수 있도록 경비인력을 운용한다. 제2지대(주방어지대)에서는 시설 자체 경계, 주 · 야간 초소 근무 및 순찰활동, CCTV 등 설치 · 운용한다.

033 경호경비에 대한 설명으로 옳은 것은? 20. 경찰승진

□□□

① 경호란 경비와 호위를 포함하는 개념으로 호위란 피경호자의 생명과 신체를 보호하기 위해 특정한 지역을 경계 · 순찰 · 방비하는 행위이다.

② 자기 담당구역이 아닌 인근지역에서 특별한 상황이 발생하면 상호원조의 원칙에 따라 확인 · 원조해야 한다.

③ 행사장 경호과정에서 비표확인이나 MD(금속탐지기) 설치 · 운영 등은 제3선 경계구역부터 철저히 이루어져야 한다.

④ 대통령 등의 경호에 관한 법률에 따르면 대통령뿐만 아니라 대통령 당선인과 대통령 권한대행 모두 경호처의 경호대상이다.

정답 및 해설 | ④

① [×] 피경호자의 생명과 신체를 보호하기 위해 특정한 지역을 경계 · 순찰 · 방비하는 행위는 **경비**이다.

② [×] 경호는 자기 담당구역의 원칙상 자기 담당구역을 벗어나서는 안 된다.

③ [×] 비표확인이나 MD(금속탐지기) 설치 · 운영 등은 **제1선 안전구역**에서 이루어져야 한다.

034 재난 및 안전관리 기본법상 다음의 설명은 무엇에 관한 내용인가? 12. 경찰

□□□

> 대통령령으로 정하는 재난의 발생으로 인하여 국가의 안녕 및 사회질서의 유지에 중대한 영향을 미치거나 당해 재난으로 인한 피해의 효과적인 수습 및 복구를 위해 특별한 조치가 필요하다고 인정되는 경우에 선포하여 특별지원을 할 수 있다.

① 긴급재난지역 ② 재난통제지역

③ 특정재난지역 ④ 특별재난지역

정답 및 해설 | ④

④ [○] 해당 지문은 **특별재난지역**에 대한 설명이다(재난 및 안전관리 기본법 제60조).

035 재난 및 안전관리 기본법에 대한 설명으로 가장 적절한 것은? 19. 경찰승진

□□□

① '재난'이란 국민의 생명 · 신체 · 재산과 국가에 피해를 주거나 줄 수 있는 것으로서 자연재난, 인적재난, 사회재난으로 구분된다.

② '안전관리'란 재난의 예방 · 대비 · 대응 및 복구를 위하여 하는 모든 활동을 말한다.

③ 행정안전부장관은 대통령령으로 정하는 재난이 발생하거나 발생할 우려가 있는 경우 사람의 생명 · 신체 및 재산에 미치는 중대한 영향이나 피해를 줄이기 위하여 긴급한 조치가 필요하다고 인정하면 중앙안전관리위원회의 심의를 거쳐 특별재난사태를 선포할 수 있다.

④ 대통령령으로 정하는 대규모 재난의 대응 · 복구 등에 관한 사항을 총괄 · 조정하고 필요한 조치를 하기 위하여 행정안전부에 중앙재난안전대책본부를 둔다.

정답 및 해설 | ④

① [×] '재난'이란 국민의 생명 · 신체 · 재산과 국가에 피해를 주거나 줄 수 있는 것으로서 **자연재난과 사회재난**으로 구분된다(재난 및 안전관리 기본법 제3조 제1호).

② [×] **'재난관리'**란 재난의 예방 · 대비 · 대응 및 복구를 위하여 하는 모든 활동을 말한다(재난 및 안전관리 기본법 제3조 제3호). **'안전관리'**란 재난이나 그 밖의 각종 사고로부터 사람의 생명 · 신체 및 재산의 **안전을 확보**하기 위하여 하는 모든 활동을 말한다(재난 및 안전관리 기본법 제3조 제4호).

③ [×] **행정안전부장관**은 대통령령으로 정하는 재난이 발생하거나 발생할 우려가 있는 경우 사람의 생명 · 신체 및 재산에 미치는 중대한 영향이나 피해를 줄이기 위하여 긴급한 조치가 필요하다고 인정하면 중앙안전관리위원회의 심의를 거쳐 **재난사태**를 선포할 수 있다(재난 및 안전관리 기본법 제36조 제1항).

036 재난 및 안전관리 기본법에 관한 설명으로 가장 적절하지 않은 것은? 19. 경찰

□□□

① '재난'이란 국민의 생명 · 신체 · 재산과 국가에 피해를 주거나 줄 수 있는 것으로서 자연재난과 사회재난으로 구분된다.

② '재난관리'란 재난의 예방 · 대비 · 대응 및 복구를 위하여 하는 모든 활동을 말한다.

③ 국무총리는 국가 및 지방자치단체가 행하는 재난 및 안전관리업무를 총괄 · 조정한다.

④ 특별재난지역 선포는 재난관리 체계상 복구단계에서의 활동에 해당한다.

정답 및 해설 I ③

③ [×] **행정안전부장관**은 국가 및 지방자치단체가 행하는 재난 및 안전관리업무를 총괄 · 조정한다(재난 및 안전관리 기본법 제6조).

037 재난경비에 대한 설명으로 옳지 않은 것은? 20. 경찰간부 변형

□□□

① 재난 및 안전관리 기본법상 재난의 발생 가능 정도에 따라 재난관리 단계를 관심 – 주의 – 경계 – 심각 4단계로 구분하여 관리한다.

② 행정안전부장관은 국가 및 지방자치단체가 행하는 재난 및 안전관리업무를 총괄 · 조정한다.

③ 재난 및 안전관리 기본법상 '재난'이란 국민의 생명 · 신체 · 재산과 국가의 피해를 주거나 줄 수 있는 것으로서 자연재난, 인적재난으로 구분된다.

④ 재난 및 안전관리 기본법상 대통령령으로 정하는 대규모 재난의 대응 · 복구 등에 관한 사항을 총괄 · 조정하고 필요한 조치를 하기 위하여 행정안전부에 중앙재난안전대책본부를 둔다.

정답 및 해설 I ③

③ [×] 재난 및 안전관리 기본법상 '재난'이란 국민의 생명 · 신체 · 재산과 국가의 피해를 주거나 줄 수 있는 것으로서 **자연재난과 사회재난**으로 구분된다(재난 및 안전관리 기본법 제3조 제1호).

038 재난 및 안전관리 기본법에 대한 설명으로 가장 적절한 것은? 20. 경찰

□□□

① '재난'이란 국민의 생명 · 신체 · 재산과 국가에 피해를 주거나 줄 수 있는 것으로서 자연재난과 인적재난으로 구분된다.

② '재난관리'란 재난의 예방 · 대응 · 복구 및 평가를 위하여 하는 모든 활동을 말한다.

③ 재난 및 안전관리 기본법상 대통령령으로 정하는 대규모 재난의 대응복구 등에 관한 사항을 총괄 · 조정하고 필요한 조치를 하기 위하여 국무조정실에 중앙재난안전대책본부를 둔다.

④ 해외재난의 경우 외교부장관이 중앙대책본부장의 권한을 행사한다.

정답 및 해설 I ④

① [×] '재난'이란 국민의 생명 · 신체 · 재산과 국가에 피해를 주거나 줄 수 있는 것으로서 자연재난과 **사회적 재난**으로 구분된다(재난 및 안전관리 기본법 제3조 제1항).

② [×] '재난관리'란 재난의 예방 · **대비** · 대응 · 복구를 위하여 하는 모든 활동을 말한다(재난 및 안전관리 기본법 제3조 제3호).

③ [×] 재난 및 안전관리 기본법상 대통령령으로 정하는 대규모 재난의 대응복구 등에 관한 사항을 총괄 · 조정하고 필요한 조치를 하기 위하여 **행정안전부**에 중앙재난안전대책본부를 둔다(재난 및 안전관리 기본법 제14조 제1항).

039 재난 및 안전관리 기본법에 관한 설명으로 가장 적절하지 않은 것은? 23. 경찰

□□□

① '재난'이란 국민의 생명 · 신체 · 재산과 국가에 피해를 주거나 줄 수 있는 것으로서 사회재난과 자연재난으로 구분한다.

② '재난관리'란 재난의 예방 · 대비 · 대응 및 복구를 위하여 하는 모든 활동을 말한다.

③ 경찰청장은 국가 및 지방자치단체가 행하는 재난 및 안전관리 업무를 총괄 · 조정한다.

④ 대통령령으로 정하는 대규모 재난의 대응 · 복구 등에 관한 사항을 총괄 · 조정하고, 필요한 조치를 하기 위하여 행정안전부에 중앙재난안전대책본부를 둔다.

정답 및 해설 I ③

③ [×] **행정안전부장관**은 국가 및 지방자치단체가 행하는 재난 및 안전관리 업무를 총괄 · 조정한다(동법 제6조).

040 「재난 및 안전관리 기본법」에 대한 설명으로 가장 적절한 것은? 23. 경찰간부

□□□

① 재난관리란 재난이나 그 밖의 각종 사고로부터 사람의 생명 · 신체 및 재산의 안전을 확보하기 위하여 하는 모든 활동을 말한다.

② 시장 · 군수 · 구청장과 지역통제단장(대통령령으로 정하는 권한을 행사하는 경우에만 해당한다)은 재난이 발생하거나 발생할 우려가 있는 경우에 사람의 생명 또는 신체나 재산에 대한 위해를 방지하기 위하여 필요하면 해당 지역 주민이나 그 지역 안에 있는 사람에게 대피하도록 명하거나 선박 · 자동차 등을 그 소유자 · 관리자 또는 점유자에게 대피시킬 것을 명할 수 있다. 이 경우 미리 대피장소를 지정할 수 있다.

③ 긴급구조기관이란 경찰청, 시 · 도경찰청 및 경찰서를 말한다. 다만, 해양에서 발생한 재난의 경우에는 해양경찰청 · 지방해양경찰청 및 해양경찰서를 말한다.

④ 국무총리는 대통령령으로 정하는 재난이 발생하거나 발생할 우려가 있는 경우 사람의 생명 · 신체 및 재산에 미치는 중대한 영향이나 피해를 줄이기 위하여 긴급한 조치가 필요하다고 인정하면 중앙안전관리위원회의 심의를 거쳐 재난사태를 선포할 수 있다. 다만, 국무총리는 재난상황이 긴급하여 중앙안전관리위원회의 심의를 거칠 시간적 여유가 없다고 인정하는 경우에는 중앙안전관리위원회의 심의를 거치지 아니하고 재난 사태를 선포할 수 있다.

정답 및 해설 I ②

① [×] **안전(재난 ×)**관리란 재난이나 그 밖의 각종 사고로부터 사람의 생명 · 신체및 재산의 안전을 확보하기 위하여 하는 모든 활동을 말한다. "재난관리"란 재난의 예방 · 대비 · 대응 및 복구를 위하여 하는 모든 활동을 말한다(동법 제2조).

③ [×] 긴급구조기관이란 **소방청 · 소방본부 및 소방서**를 말한다. 다만, 해양에서 발생한 재난의 경우에는 해양경찰청 · 지방해양경찰청 및 해양경찰서를 말한다. 경찰은 "긴급구조지원기관"이다.

④ [×] **행정안전부장관(국무총리 ×)**는 대통령령으로 정하는 재난이 발생하거나 발생할 우려가 있는 경우 사람의 생명 · 신체 및 재산에 미치는 중대한 영향이나 피해를 줄이기 위하여 긴급한 조치가 필요하다고 인정하면 중앙안전관리위원회의 심의를 거쳐 재난사태를 선포할 수 있다. 다만, **행정안전부장관(국무총리 ×)**는 재난상황이 긴급하여 중앙안전관리위원회의 심의를 거칠 시간적 여유가 없다고 인정하는 경우에는 중앙안전관리위원회의 심의를 거치지 아니하고 재난 사태를 선포할 수 있다(동법 제36조 제1항).

041 「재난 및 안전관리 기본법」에 관한 설명으로 가장 적절하지 않은 것은? 24. 경찰승진

□□□

① 특별재난지역의 선포는 재난관리 체계상 대응단계에 해당한다.

② 행정안전부장관은 국가 및 지방자치단체가 행하는 재난 및 안전 관리 업무를 총괄 · 조정한다.

③ '재난관리'란 재난의 예방 · 대비 · 대응 및 복구를 위하여 하는 모든 활동을 말한다.

④ '재난'이란 국민의 생명 · 신체 · 재산과 국가에 피해를 주거나 줄 수 있는 것이며, 화재 · 붕괴 · 폭발 · 교통사고는 '사회재난'으로 구분한다.

정답 및 해설 I ①

① [×] 특별재난지역의 선포는 재난관리 체계, 즉 예방(완화) · 대비 · 대응 · 복구 중 **복구(대응 ×)단계**에 해당한다.

042 다음은 다중범죄 진압경비에 대한 설명이다. 가장 적절하지 않은 것은? 14. 경찰

□□□

① 다중범죄의 특성으로는 부화뇌동적 파급성, 비이성적 단순성, 확신적 행동성, 조직적 연계성이 있다.

② 진압의 3대원칙으로는 신속한 해산, 주모자 체포, 재집결 방지가 있다.

③ 진압의 기본원칙 중 군중이 목적지에 집결하기 이전에 중간에서 차단하여 집합을 하지 못하게 하는 방법은 차단 · 배제이다.

④ 다중범죄의 정책적 치료법 중 불만집단과 반대되는 대중의견을 크게 부각시켜 불만집단이 위압되어 스스로 해산 및 분산되도록 하는 방법은 전이법이다.

정답 및 해설 I ④

④ [×] 불만집단에 반대하는 여론을 크게 부각시켜 불만집단이 위압되어 스스로 분산 또는 해산되도록 하는 정책적 치료법은 **경쟁행위법**이다.

043 다음 중 '진압의 3대 원칙'으로 가장 적절하지 않은 것은? 15. 경찰승진

□□□

① 재집결 방지 ② 주모자 체포

③ 신속한 해산 ④ 집결자 전원 검거

정답 및 해설 I ④

④ [×] 진압의 3대 원칙으로는 신속한 해산, 주모자 체포, 재집결 방지이다.

044 다중범죄의 정책적 치료법 가운데 특정사안의 불만집단에 대한 정보활동을 강화하여 사전에 불만 및 분쟁요인을 찾아내어 해소시켜 주는 방법으로 가장 적절한 것은? 15. 경찰

□□□

① 선수승화법 ② 전이법

③ 지연정화법 ④ 경쟁행위법

정답 및 해설 I ①

① [O] 정책적 치료법 특정사안의 불만집단에 대한 정보활동을 강화하여 사전에 불만 및 분쟁요인을 찾아내어 해소시켜 주는 방법은 '선수승화법'이다.

045 다중범죄의 특징 중 확신적 행동성에 관한 설명으로 가장 적절한 것은? 16. 경찰승진

□□□

① 다중범죄를 발생시키는 주동자나 참여하는 자들은 자신의 사고가 정의라는 확신을 가지고 행동하므로 과감하고 전투적인 경우가 많다. 점거농성 때 투신이나 분신자살 등이 그 대표적인 예이다.

② 다중범죄의 발생은 군중심리의 영향을 많이 받아 일단 발생하면 부화뇌동으로 인하여 갑자기 확대될 수도 있다. 조직도 상호연계되어 있으므로 어느 한 곳에서 시위사태가 발생하면 같은 상황이 전국으로 파급되기 쉽다.

③ 시위군중은 행동에 대한 의혹이나 불안을 갖지 않고 과격·단순하게 행동하며 비이성적인 경우가 많아 주장내용이 편협하고 타협·설득이 어렵다.

④ 현대사회의 문제는 전국적으로 공통성이 있으며 조직도 전국적으로 연계된 경우가 많다. 다중범죄는 특정한 조직에 기반을 두고 뚜렷한 목적의식을 가지고 있으므로 소속되어 있는 단체의 설치목적이나 활동방침을 분명하게 파악하는 것이 사태의 진상파악에 도움이 된다.

정답 및 해설 I ①

② [×] 다중범죄의 특징 중 부화뇌동적 파급성에 대한 설명이다.

③ [×] 다중범죄의 특징 중 비이성적 단순성에 대한 설명이다.

④ [×] 다중범죄의 특징 중 조직적 연계성에 대한 설명이다.

046 다중범죄에 대한 진압의 기본원칙 중 다음은 무엇에 관한 설명인가? 17. 경찰간부

□□□

> 군중이 목적지에 집결하기 전에 중간에서 차단하여 집합을 못하게 하는 방법으로, 중요 목지점에 경력을 배치하고 검문검색을 실시하여 불법시위 가담자를 사전에 색출 · 검거하거나 귀가시킨다.

① 봉쇄 · 방어
② 차단 · 배제
③ 세력분산
④ 주동자 격리

정답 및 해설 | ②

② [○] 해당 지문은 다중범죄에 대한 진압의 기본원칙 중 **차단 · 배제**에 대한 설명이다.

047 다중범죄에 대한 설명으로 가장 적절한 것은? 17. 경찰승진

□□□

① 정책적 치료법 중 '경쟁행위법'은 특정사안의 불만집단에 대한 정보활동을 강화하여 사전에 불만 및 분쟁요인을 찾아내어 해소해 주는 방법이다.

② 다중범죄의 특징 중 '조직적 연계성'이란 다중범죄를 발생시키는 주동자나 참여하는 자들은 자신의 사고가 정의라는 확신을 가지고 행동하므로 과감하고 전투적인 경우가 많고, 점거 농성할 때 투신이나 분신자살 등이 그 대표적인 예이다.

③ 다중범죄의 특징 중 '비이성적 단순성'이란 다중범죄의 발생은 군중심리의 영향을 많이 받아 일단 발생하면 갑자기 확대될 수도 있고, 조직도 상호연계되어 있으므로 어느 한 곳에서 시위사태가 발생하면 같은 상황이 전국적으로 파급되기 쉽다는 것이다.

④ 정책적 치료법 중 '전이법'이란 다중범죄의 발생 징후나 이슈가 있을 때 집단이나 국민들의 관심을 집중시킬 수 있는 경이적인 사건을 폭로하거나 규모가 큰 행사를 개최함으로써 원래의 이슈가 상대적으로 약화되도록 하는 방법이다.

정답 및 해설 | ④

① [×] 정책적 치료법 중 '**선수승화법**'에 대한 설명이다.
② [×] 다중범죄의 특징 중 '**확신적 행동성**'에 대한 설명이다.
③ [×] 다중범죄의 특징 중 '**부화뇌동적 파급성**'에 대한 설명이다.

048 다중범죄의 정책적 치료법과 그에 대한 내용으로 가장 적절한 것은? 18. 경찰

□□□

① 선수승화법 – 불만집단의 고조된 주장을 시간을 끌어 이성적으로 사고할 기회를 부여하고 정서적으로 감정을 둔화시켜서 흥분을 가라앉게 하는 방법

② 전이법 – 다중범죄의 발생 징후나 이슈가 있을 때 집단이나 국민들의 관심을 집중시킬 수 있는 경이적인 사건을 폭로하거나 규모가 큰 행사를 개최하여 그 발생 징후나 이슈가 상대적으로 약화되도록 하는 방법

③ 지연정화법 – 불만집단에 반대하는 대중의견을 크게 부각시켜 불만집단이 위압되어 자진해산 및 분산되도록 하는 방법

④ 경쟁행위법 – 특정한 불만집단에 대한 정보활동을 강화하여 사전에 불만 및 분쟁요인을 찾아내어 해소시켜 주는 방법

정답 및 해설 I ②

① [×] **지연정화법**에 대한 설명이다.

③ [×] **경쟁행위법**에 대한 설명이다.

④ [×] **선수승화법**에 대한 설명이다.

049 다음은 다중범죄의 정책적 치료법에 대한 설명이다. (가)와 (나)에 들어갈 치료법으로 가장 적절하게 짝지어진 것은? 18. 경찰승진

□□□

(가)	다중범죄의 발생 징후나 이슈가 있을 때 집단이나 국민들의 관심을 집중시킬 수 있는 경이적인 사건을 폭로하거나 규모가 큰 행사를 개최함으로써 원래의 이슈가 상대적으로 약화되도록 하는 방법
(나)	불만집단과 이에 반대하는 대중의견을 크게 부각시켜 불만집단이 위압되어 자진해산 및 분산되도록 하는 방법

	(가)	(나)
①	전이법	경쟁행위법
②	전이법	선수승화법
③	경쟁행위법	전이법
④	선수승화법	전이법

정답 및 해설 I ①

① [○] (가)는 **전이법**, (나)는 **경쟁행위법**에 관한 설명이다.

050 다중범죄에 대한 설명으로 적절하지 않은 것을 모두 고른 것은? 19. 경찰승진

□□□

> ㉠ 다중범죄의 특징으로 다중행태의 예측불가능성, 확신적 행동성, 조직적 연계성, 부화뇌동적 파급성, 이성적 행동성 등을 들 수 있다.
> ㉡ 다중범죄의 참여자는 자신의 주장 등이 옳다는 확신을 가지고 사회정의를 위하여 투쟁한다는 생각으로 투신이나 분신자살을 하는 등 과감하고 전투적인 행동을 하는 경우가 많다는 설명은 확신적 행동성에 대한 설명이다.
> ㉢ 다중범죄의 정책적 치료법 중 경쟁행위법은 특정사안의 불만집단에 대한 정보활동을 강화하여 사전에 불만 및 분쟁요인을 해소하는 것을 말한다.
> ㉣ 다중범죄 진압의 기본원칙 중 봉쇄 · 방어는 시위대가 집단을 형성한 이후에 부대가 대형으로 진입하거나 장비를 사용하여 시위집단의 지휘 · 통제력을 차단하며 수 개의 소집단으로 분할시켜 시위의사를 약화시킴으로써 그 세력을 분산시키는 방법이다.

① ㉠, ㉢　　② ㉠, ㉡, ㉣
③ ㉠, ㉢, ㉣　　④ ㉡, ㉢, ㉣

정답 및 해설 I ③

㉠ [×] 다중범죄의 특징은 확신적 행동성, 조직적 연계성, 부화뇌동적 파급성, **비이성적 행동성** 등을 들 수 있다.
㉢ [×] 특정사안의 불만집단에 대한 정보활동을 강화하여 사전에 불만 및 분쟁요인을 해소하는 것은 경쟁적 행위법이 아니라 **선수승화법**이다.
㉣ [×] 시위대가 집단을 형성한 이후에 부대가 대형으로 진입하거나 장비를 사용하여 시위집단의 지휘 · 통제력을 차단하며 수 개의 소집단으로 분할시켜 시위의사를 약화시킴으로써 그 세력을 분산시키는 방법은 봉쇄 · 방어가 아니라 **세력분산**이다.

051 국가중요시설의 경비에 대한 설명으로 옳지 않은 것은? 08. 경찰

① 국가중요시설의 방호책임은 관할 경찰서장에게 있다.
② 국가중요시설은 시설이 국가안전에 미치는 중요도에 따라 가 · 나 · 다급으로 분류한다.
③ 국가중요시설은 경계지대, 주방어지대, 핵심방어지대, 즉 3지대 개념의 방호태세를 유지하여야 한다.
④ 국가중요시설은 국방부장관이 관계 행정기관의 장 및 국가정보원장과 협의하여 지정한다.

정답 및 해설 I ①

① [×] 국가중요시설의 제1차적 방호책임은 사태의 구분 없이 국가중요시설의 **관리자(소유자 포함)**에게 있다(통합방위법 제22조 제1항).

052 국가중요시설에 대한 설명 중 가장 적절하지 않은 것은? 13. 경찰승진

□□□

① 적에 의하여 점령 또는 파괴되거나 기능마비시 제한된 지역에서 단기간 통합방위작전 수행이 요구되고 국민생활에 상당한 영향을 미칠 수 있는 시설은 '다'급 국가중요시설로 분류한다.

② 시 · 도경찰청장 또는 지역군사령관은 통합방위사태에 대비하여 국가중요시설에 대한 방호지원계획을 수립 · 시행하여야 한다.

③ 3지대 방호태세는 제1지대(경계지대), 제2지대(주방어지대), 제3지대(핵심방어지대)로 구성되어 있다.

④ 국가중요시설은 국방부장관이 관계 행정기관의 장 및 경찰청장과 협의하여 가, 나, 다급으로 분류한다.

정답 및 해설 I ④

④ [×] 국가중요시설은 국방부장관이 관계 행정기관의 장 및 **국가정보원장**과 협의하여 가, 나, 다급으로 분류한다(통합방위법 제21조 제4항).

053 국가중요시설에 대한 설명으로 가장 적절하지 않은 것은? 14. 경찰승진

□□□

① 국가중요시설은 국가정보원장이 국방부장관과 협의하여 지정한다.

② 국가중요시설 방호는 평상시에는 산업발전으로 국력신장을 도모하고 전시에는 전쟁수행능력을 뒷받침하는 국가방호의 중요한 점이 된다는 점에서 재해에 의한 중요시설 침해의 방지도 중요시설 경비의 범주에 포함된다.

③ 국가중요시설 중 적에 의하여 점령 또는 파괴되거나 기능 마비시 제한된 지역에서 단기간 통합방위작전 수행이 요구되고 국민생활에 상당한 영향을 미칠 수 있는 시설은 '다'급에 해당한다.

④ 국가중요시설의 관리자는 통합방위사태에 대비하여 자체 방호계획을 수립하여야 한다.

정답 및 해설 I ①

① [×] 국가중요시설은 **국방부장관**이 **관계 행정기관의 장 및 국가정보원장과 협의**하여 지정한다(통합방위법 제21조 제4항).

054 국가중요시설 경비에 대한 설명으로 가장 적절하지 않은 것은? 16. 경찰승진

□□□

① 국가중요시설은 국방부장관이 관계 행정기관의 장 및 국가정보원장과 협의하여 지정한다.

② '국가중요시설'이란 공공기관, 공항 · 항만, 주요 산업시설 등 적에 의하여 점령 또는 파괴되거나 기능이 마비될 경우 국가안보와 국민생활에 심각한 영향을 주게 되는 시설을 말한다.

③ 국가중요시설의 관리자(소유자 포함)는 경비 · 보안 및 방호책임을 지며, 통합방위사태에 대비하여 자체 방호계획을 수립하여야 한다.

④ 국가중요시설의 평시 경비 · 보안활동에 대한 지도 · 감독은 시 · 도경찰청장과 지역군사령관이 수행한다.

정답 및 해설 I ④

④ [×] 국가중요시설의 평시 경비 · 보안활동에 대한 지도 · 감독은 **관계 행정기관의 장**과 **국가정보원장**이 수행한다(통합방위법 제21조 제3항).

055 통합방위법상 국가중요시설에 관한 다음 설명 중 가장 적절하지 않은 것은? 16. 경찰

□□□

① 국가중요시설의 관리자(소유자를 포함한다. 이하 같다)는 경비 · 보안 및 방호책임을 지며, 통합방위사태에 대비하여 자체방호계획을 수립하여야 한다. 이 경우 국가중요시설의 관리자는 자체방호계획을 수립하기 위하여 필요하면 시 · 도경찰청장 또는 지역군사령관에게 협조를 요청할 수 있다.

② 시 · 도경찰청장 또는 지역군사령관은 통합방위사태에 대비하여 국가중요시설에 대한 방호지원계획을 수립 · 시행하여야 한다.

③ 국가중요시설의 평시 경비 · 보안활동에 대한 지도 · 감독은 관계 행정기관의 장과 국가정보원장이 수행한다.

④ 국가중요시설은 경찰청장이 관계 행정기관의 장 및 국가정보원장과 협의하여 지정한다.

정답 및 해설 I ④

④ [×] 국가중요시설은 **국방부장관**이 관계 행정기관의 장 및 국가정보원장과 협의하여 지정한다(통합방위법 제21조 제4항).

056 통합방위법상 국가중요시설에 대한 설명으로 가장 적절하지 않은 것은? 19. 경찰승진

□□□

① '국가중요시설'이란 공공기관, 공항 · 항만, 주요산업시설 등 적에 의하여 점령 또는 파괴되거나 기능이 마비될 경우 국가안보와 국민생활에 심각한 영향을 미치는 시설을 말한다.

② 국가중요시설은 국방부장관이 관계 행정기관의 장 및 국가정보원장과 협의하여 지정한다.

③ 통합방위본부장 또는 지역군사령관은 통합방위사태에 대비하여 국가중요시설에 대한 방호지원계획을 수립 · 시행하여야 한다.

④ 국가중요시설의 평시 경비 · 보안활동에 대한 지도 · 감독은 관계행정기관의 장과 국가정보원장이 수행한다.

정답 및 해설 I ③

③ [×] 시 · **도경찰청장** 또는 지역군사령관은 통합방위사태에 대비하여 국가중요시설에 대한 방호지원계획을 수립 · 시행하여야 한다(통합방위법 제21조 제1항).

057 통합방위법상 국가중요시설 경비에 대한 내용이다. 다음 중 옳고 그름의 표시(○, ×)가 바르게 된 것은?
□□□

17. 경찰승진

㉠ 국가중요시설의 관리자(소유자 포함)는 경비 · 보안 및 방호책임을 지며, 통합방위사태에 대비하여 자체방호계획을 수립하여야 한다.
㉡ 국가중요시설 방호는 평상시에는 산업발전으로 국력신장을 도모하고 전시에는 전쟁수행능력을 뒷받침하는 국가방호의 중요한 점이 된다는 점에서 재해에 의한 중요시설 침해의 방지도 중요시설 경비의 범주에 포함된다.
㉢ '국가중요시설'이란 공공기관, 공항 · 항만, 주요 산업시설 등 적에 의하여 점령 또는 파괴되거나 기능이 마비될 경우 국가안보와 국민생활에 심각한 영향을 주게 되는 시설을 말한다.
㉣ 국가중요시설은 국가정보원장이 관계 행정기관의 장 및 국방부장관과 협의하여 지정한다.

① ㉠ (○), ㉡ (○), ㉢ (○), ㉣ (○)
② ㉠ (○), ㉡ (○), ㉢ (○), ㉣ (×)
③ ㉠ (○), ㉡ (×), ㉢ (×), ㉣ (○)
④ ㉠ (×), ㉡ (○), ㉢ (×), ㉣ (×)

정답 및 해설 | ②
옳은 설명은 ㉠㉡㉢이다.
㉣ [×] 국가중요시설은 **국방부장관**이 관계 행정기관의 장 및 **국가정보원장**과 협의하여 지정한다(통합방위법 제21조 제4항).

058 국가중요시설에 대한 설명으로 가장 적절한 것은?
□□□

20. 경찰승진

① 국가중요시설은 국가정보원장이 관계 행정기관의 장 및 국방부장관과 협의하여 지정한다.
② 적에 의하여 점령 또는 파괴되거나 기능이 마비된 때 광범위한 지역의 통합방위작전수행이 요구되고 국민생활에 결정적인 영향을 미칠 수 있는 시설은 '가'급에 해당한다.
③ 적에 의하여 점령 또는 파괴되거나 기능이 마비된 때 제한된 지역에서 단기간 통합방위작전수행이 요구되고 국민생활에 상당한 영향을 미칠 수 있는 시설은 '나'급에 해당한다.
④ 적에 의하여 점령 또는 파괴되거나 기능이 마비된 때 일부 지역의 통합방위작전수행이 요구되고 국민생활에 중대한 영향을 미칠 수 있는 시설은 '다'급에 해당한다.

정답 및 해설 | ②
① [×] 국가중요시설은 **국방부장관**이 관계 행정기관의 장 및 **국가정보원장**과 협의하여 지정한다(통합방위법 제21조 제4항).
③ [×] '다급 시설'에 대한 설명이다.
④ [×] '나급 시설'에 대한 설명이다.

제3절 | 대테러, 작전경찰

059 경비경찰에 관한 다음 설명 중 가장 옳은 것은? 12. 경찰

□□□

① 각국의 대테러조직으로 영국의 SAS, 미국의 SWAT, 독일의 GIGN, 프랑스의 GSG - 9 등이 있다.

② 진압활동시의 3개 원칙은 신속한 해산, 주모자 체포, 재집결 방지이다.

③ 경호경비의 4대 원칙 중 '하나의 통제된 지점을 통한 접근원칙'은 일반에 노출된 도보행차나 수차 행차하였던 동일한 장소를 가급적 회피하는 원칙이다.

④ 재난발생시 재난관리 주무부서는 경찰청이다.

정답 및 해설 | ②

① [×] GSG - 9는 독일의 대테러부대이고, GIGN은 프랑스의 군인경찰특공대이다.

③ [×] 경호경비의 4대 원칙 중 '목표물 보존의 원칙'에 관한 내용이다.

④ [×] 재난발생시 재난관리 주무부서는 소방청이고 경찰은 현장통제 등 구조 및 피해복구 지원업무를 담당한다.

060 테러취약시설 안전활동에 관한 규칙에 대한 설명으로 가장 적절하지 않은 것은? 17. 경찰승진

□□□

① 경찰서장은 관할 내에 있는 A급 다중이용시설에 대하여 반기 1회 이상 지도 · 점검을 실시하여야 한다.

② B급 다중이용시설이란 테러에 의하여 파괴되거나 기능 마비시 일부 지역의 대테러진압작전이 요구되고, 국민생활에 중대한 영향을 미칠 수 있는 시설을 말한다.

③ C급 다중이용시설이란 테러에 의하여 파괴되거나 기능 마비시 제한된 지역에서 단기간 대테러진압작전이 요구되고, 국민생활에 상당한 영향을 미칠 수 있는 시설을 말한다.

④ 테러취약시설 심의위원회는 위기관리센터에 비상설로 두며, 위원장은 경찰청 경비국장으로 한다.

정답 및 해설 | ①

① [×] 경찰서장은 관할 내에 있는 A급 다중이용시설에 대하여 분기 1회 이상 지도 · 점검을 실시하여야 한다. B급과 C급 다중이용시설에 대하여는 반기 1회 이상 지도 · 점검을 실시하여야 한다(테러취약시설 안전활동에 관한 규칙 제22조 제1항).

061 국민보호와 공공안전을 위한 테러방지법에 대한 설명으로 가장 적절한 것은? 17. 경찰

□□□

① 국가테러대책위원회 위원장은 대통령으로 한다.

② '테러단체'란 국제연합(UN)이 지정한 테러단체를 말한다.

③ '테러위험인물'이란 테러를 실행 · 계획 · 준비하거나 테러에 참가할 목적으로 국적국이 아닌 국가의 테러단체에 가입하거나 가입하기 위하여 이동 또는 이동을 시도하는 내국인 · 외국인을 말한다.

④ 국가정보원장은 테러위험인물에 대하여 출입국 · 금융거래 및 통신이용 등 관련 정보를 수집하여야 한다.

정답 및 해설 I ②

① [×] 국가테러대책위원회 위원장은 **국무총리**로 한다(국민보호와 공공안전을 위한 테러방지법 제5조 제2항).

③ [×] '**외국인테러전투원**'에 대한 설명이다(국민보호와 공공안전을 위한 테러방지법 제2조 제4호). '**테러위험인물**'이란 테러단체의 조직원이거나 테러단체 선전, 테러자금 모금 · 기부, 그 밖에 테러 예비 · 음모 · 선전 · 선동을 하였거나 하였다고 의심할 상당한 이유가 있는 사람을 말한다(국민보호와 공공안전을 위한 테러방지법 제2조 제3호).

④ [×] 국가정보원장은 테러위험인물에 대하여 출입국 · 금융거래 및 통신이용 등 관련 **정보를 수집할 수 있다**(국민보호와 공공안전을 위한 테러방지법 제9조 제1항).

062 다음 빈 칸에 들어갈 알맞은 단어끼리 짝지은 것은? 17. 경찰간부

□□□

> • 1972년 뮌헨올림픽 당시 검은 9월단에 의한 이스라엘 선수단 테러사건을 게기로 독일에서는 연방경찰 소속으로 (㉠)이 설립되었다.
> • (㉡)은 인질사건 발생시 인질이 인질범에 동화되는 현상을 의미하며, 심리학에서 오귀인 효과라고도 한다.

	㉠	㉡
①	GSG – 9	스톡홀름 증후군
②	GIPN	스톡홀름 증후군
③	GSG – 9	리마 증후군
④	GIPN	리마 증후군

정답 및 해설 I ①

①
> • 1972년 뮌헨올림픽 당시 검은 9월단에 의한 이스라엘 선수단 테러사건을 게기로 독일에서는 연방경찰 소속으로 (㉠ GSG – 9) 이 설립되었다.
> • (㉡ **스톡홀름 증후군**)은 인질사건 발생시 인질이 인질범에 동화되는 현상을 의미하며, 심리학에서 오귀인 효과라고도 한다.

☑ 외국의 대테러부대

> • 영국: SAS
> • 미국: SWAT
> • 독일: GSG – 9
> • 프랑스: GIGN, GIPN

063 국민보호와 공공안전을 위한 테러방지법에 대한 관한 다음 설명 중 가장 옳지 않은 것은?

□□□

18. 경찰간부

① 테러단체란 국가테러대책위원회가 지정한 테러단체를 말한다.

② 타국의 외국인테러전투원으로 가입한 사람을 처벌하는 규정이 있다.

③ 국가정보원장은 테러위험인물에 대한 추적을 할 경우 국가테러대책위원회 위원장에게 사전 또는 사후에 보고하여야 한다.

④ 테러단체 구성죄는 대한민국 영역 밖에서 범한 외국인에게도 적용한다.

정답 및 해설 I ①

① [×] 테러단체란 **국제연합(UN)**이 지정한 테러단체를 말한다(국민보호와 공공안전을 위한 테러방지법 제2조 제2호).

064 다음 ( ) 안에 들어갈 말로 옳게 연결된 것은?

□□□

18. 경찰간부

> 테러취약시설 안전활동에 관한 규칙에 따르면, 테러취약시설 중 다중이용시설은 시설의 기능 · 역할의 중요성과 가치의 정도에 따라 A급, B급, C급으로 구분한다. 이중에서 (㉠)급은 테러에 의하여 파괴되거나 기능 마비시 일부 지역의 대테러진압작전이 요구되고, 국민생활에 중대한 영향을 미칠 수 있는 시설로서 관할 경찰서장은 (㉡)에 (㉢)회 이상 지도 · 점검을 실시하여야 한다.

	㉠	㉡	㉢
①	B	반기	1
②	C	반기	1
③	B	분기	1
④	C	분기	2

정답 및 해설 I ①

①

> (㉠ B)급은 테러에 의하여 파괴되거나 기능 마비시 일부 지역의 대테러진압작전이 요구되고, 국민생활에 중대한 영향을 미칠 수 있는 시설로서 관할 경찰서장은 (㉡ 반기)에 (㉢ 1)회 이상 지도 · 점검을 실시하여야 한다.

065 국민보호와 공공안전을 위한 테러방지법에 대한 설명으로 가장 적절한 것은? 19. 경찰승진

□□□

① 대테러활동에 관한 정책의 중요사항을 심의 · 의결하기 위하여 국가테러대책위원회를 두고, 위원장은 법무부장관으로 한다.

② '테러위험인물'이란 테러를 실행 · 계획 · 준비하거나 테러에 참가할 목적으로 국적국이 아닌 국가의 테러단체에 가입하거나 가입하기 위하여 이동 또는 이동을 시도하는 내국인 · 외국인을 말한다.

③ 관계기관의 장은 외국인테러전투원으로 출국하려 한다고 의심할 만한 상당한 이유가 있는 내 · 외국인에 대해 국가정보원장에게 일시 출국금지 요청이 가능하다.

④ 국가대테러활동지침상의 국내일반, 군사, 해양, 항공, 국외, 화학, 생물, 방사능의 8개 테러사건 대책본부 중 화학 · 생물 · 방사능 대책본부를 폐지하고 지원본부로 전환하였다.

정답 및 해설 I ④

① [×] 대테러활동에 관한 정책의 중요사항을 심의 · 의결하기 위하여 국가테러대책위원회를 두고, 위원장은 **국무총리**로 한다(국민보호와 공공안전을 위한 테러방지법 제5조 제1항 · 제2항).

② [×] **'외국인테러전투원'**에 대한 설명이다(국민보호와 공공안전을 위한 테러방지법 제2조 제4호). **'테러위험인물'**이란 테러단체의 조직원이거나 테러단체 선전, 테러자금 모금 · 기부, 그 밖에 테러 예비 · 음모 · 선전 · 선동을 하였거나 하였다고 의심할 상당한 이유가 있는 사람을 말한다(국민보호와 공공안전을 위한 테러방지법 제2조 제3호).

③ [×] 관계기관의 장은 외국인테러전투원으로 출국하려 한다고 의심할 만한 상당한 이유가 있는 내국인 · 외국인에 대하여 일시 출국금지를 **법무부장관**에게 요청할 수 있다(국민보호와 공공안전을 위한 테러방지법 제13조 제1항).

066 국민보호와 공공안전을 위한 테러방지법 제2조 정의에 관한 설명 중 가장 적절하지 않은 것은? 22. 경찰

□□□

① '테러위험인물'이란 테러를 실행 · 계획 · 준비하거나 테러에 참가할 목적으로 국적국이 아닌 국가의 테러단체에 가입하거나 가입하기 위하여 이동 또는 이동을 시도하는 외국인을 말한다.

② '대테러활동'이란 제1호의 테러 관련 정보의 수립, 테러위험 인물의 관리, 테러에 이용될 수 있는 위험물질 등 테러수단의 안전관리, 인원 · 시설 · 장비의 보호, 국제행사의 안전확보, 테러위협에의 대응 및 무력진압 등 테러 예방과 대응에 관한 제반활동을 말한다.

③ '테러단체'란 국제연합(UN)이 지정한 테러단체를 말한다.

④ '대테러조사'란 대테러활동에 필요한 정보나 자료를 수집하기 위하여 현장조사 · 문서열람 · 시료채취 등을 하거나 조사대상자에게 자료제출 및 진술을 요구하는 활동을 말한다.

정답 및 해설 I ①

① [×] **'외국인테러전투원'**이란 테러를 실행 · 계획 · 준비하거나 테러에 참가할 목적으로 국적국이 아닌 국가의 테러단체에 가입하거나 가입하기 위하여 이동 또는 이동을 시도하는 **내국인** · 외국인을 말한다.

067 재난 및 대테러경비활동에 대한 설명으로 가장 적절하지 않은 것은? 22. 경찰승진

□□□

① 재난 및 안전관리 기본법상 '재난'은 '자연재난'과 '사회재난'으로 구분된다.

② 테러취약시설 안전활동에 관한 규칙상 C급 다중이용건축물 등은 테러에 의하여 파괴되거나 기능 마비시 제한된 지역에서 단기간 대테러진압작전이 요구되고, 국민생활에 상당한 영향을 미칠 수 있는 건축물 또는 시설을 말한다.

③ 국민보호와 공공안전을 위한 테러방지법상 '테러위험인물'이란 테러단체의 조직원이거나 테러단체 선전, 테러자금 모금 · 기부, 그 밖에 테러 예비 · 음모 · 선전 · 선동을 하였거나 하였다고 의심할 상당한 이유가 있는 사람을 말한다.

④ 경찰 재난관리 규칙상 시 · 도경찰청 등의 장은 관할 지역 내에서 재난이 발생하였거나 발생할 우려가 있는 경우 재난상황실을 설치 · 운영할 수 있으나, 시 · 도경찰청 등에 재난대책본부가 설치되었거나, 재난 및 안전관리 기본법상 '경계' 단계의 위기경보가 발령된 경우에는 재난상황실을 설치 · 운영하여야 한다.

정답 및 해설 I ④

④ [×] 경찰 재난관리 규칙상 시 · 도경찰청 등의 장은 관할 지역 내에서 재난이 발생하였거나 발생할 우려가 있는 경우 재난상황실을 설치 · 운영할 수 있으나, 시 · 도경찰청 등에 재난대책본부가 설치되었거나, 재난 및 안전관리 기본법상 **'심각'** 단계의 위기경보가 발령된 경우에는 재난상황실을 설치 · 운영하여야 한다.

068 국민보호와 공공안전을 위한 테러방지법에서 규정하는 내용 중 적절한 것은 모두 몇 개인가?

□□□

23. 경찰승진

㉠ '테러위험인물'이란 테러를 실행 · 계획 · 준비하거나 테러에 참가할 목적으로 국적국이 아닌 국가의 테러단체에 가입하거나 가입하기 위하여 이동 또는 이동을 시도하는 내국인 · 외국인을 말한다. ㉡ 대테러활동에 관한 정책의 중요사항을 심의 · 의결하기 위하여 국가테러대책위원회를 두고 위원장은 국가정보원장으로 한다. ㉢ 관계기관의 장은 테러의 계획 또는 실행에 관한 사실을 관계기관에 신고하여 테러를 사전에 예방할 수 있게 하였거나, 테러에 가담 또는 지원한 사람을 신고하거나 체포한 사람에 대하여 대통령령으로 정하는 바에 따라 포상금을 지급하여야 한다. ㉣ 국가정보원장은 대테러활동에 필요한 정보나 자료를 수집하기 위하여 대테러조사 및 테러위험인물에 대한 추적을 할 수 있다. 이 경우 사전 또는 사후에 대책위원회 위원장에게 보고하여야 한다.

① 1개 ② 2개

③ 3개 ④ 4개

정답 및 해설 I ①

㉠ [×] **'외국인테러전투원'**이란 테러를 실행 · 계획 · 준비하거나 테러에 참가할 목적으로 국적국이 아닌 국가의 테러단체에 가입하거나 가입하기 위하여 이동 또는 이동을 시도하는 내국인 · 외국인을 말한다.

㉡ [×] 대테러활동에 관한 정책의 중요사항을 심의 · 의결하기 위하여 국가테러대책위원회를 두고 위원장은 **국무총리**로 한다(동법 제5조 제2항).

㉢ [×] 관계기관의 장은 테러의 계획 또는 실행에 관한 사실을 관계기관에 신고하여 테러를 사전에 예방할 수 있게 하였거나, 테러에 가담 또는 지원한 사람을 신고하거나 체포한 사람에 대하여 대통령령으로 정하는 바에 따라 **포상금을 지급할 수 있다**(동법 제14조 제2항). 포상금은 특별한 사정이 없는 한 "~ 지급할 수 있다."로 보통 규정되어 있다.

069 테러취약시설 안전활동에 관한 규칙상 테러취약시설 중 다중이용시설에 대한 설명으로 가장 적절하지 않은 것은?

□□□

17. 경찰승진

① A급 다중이용시설은 테러에 의하여 파괴되거나 기능 마비시 광범위한 지역의 대테러진압작전이 요구되고, 국민생활에 결정적인 영향을 미칠 수 있는 시설을 말한다.

② B급 다중이용시설은 테러에 의하여 파괴되거나 기능 마비시 제한된 지역에서 단기간 대테러진압작전이 요구되고, 국민생활에 상당한 영향을 미칠 수 있는 시설을 말한다.

③ C급 다중이용시설의 관할 경찰서장은 반기 1회 이상 지도 · 점검을 실시하여야 한다.

④ 다중이용시설은 시설의 기능 · 역할의 중요성과 가치의 정도에 따라 A급, B급, C급으로 구분한다.

정답 및 해설 I ②

② [×] C급 다중이용건축물 등에 대한 설명이다(테러취약시설 안전활동에 관한 규칙 제9조 제1항 제3호).

☑ 다중이용 건축물 등의 분류

구분	내용
A급	테러에 의하여 파괴되거나 기능 마비시 **광범위한 지역**의 대테러진압작전이 요구되고, **국민생활에 결정적인 영향**을 미칠 수 있는 건축물 또는 시설
B급	테러에 의하여 파괴되거나 기능 마비시 **일부 지역**의 대테러진압작전이 요구되고, **국민생활에 중대한 영향**을 미칠 수 있는 건축물 또는 시설
C급	테러에 의하여 파괴되거나 기능 마비시 **제한된 지역**에서 단기간 대테러진압작전이 요구되고, **국민생활에 상당한 영향**을 미칠 수 있는 건축물 또는 시설

070 인질사건이 발생한 때 나타날 수 있는 스톡홀름 신드롬(Stockholm Syndrome)이란?

□□□

17. 경찰승진, 20. 경행특채

① 인질범이 인질에 동화되는 현상

② 인질이 인질범에 동화되는 현상

③ 인질범이 인질에 대해 적개심을 갖는 현상

④ 인질이 인질범에 대해 적개심을 갖는 현상

정답 및 해설 I ②

② [○] 스톡홀름 신드롬(Stockholm Syndrome)이란 인질이 인질범에 동화되는 현상을 말한다.

☑ 인질과 테러범과의 관계

리마 증후군	1. 1995년 페루 수도인 리마 소재 일본대사관에 '투팍아마르'소속의 게릴라가 난입하여 대사관 직원 등을 126일 동안 인질로 잡은 사건에서 유래 2. 인질범이 인질에게 동화되는 현상
스톡홀름 증후군	1. 스웨덴 수도인 스톡홀름에서 은행강도사건 발생시 인질로 잡혀 있던 여인이 인질범과 사랑에 빠져 인질범과 함께 경찰에 대응하여 싸운 사건에서 유래 2. 인질이 인질범에 동화되는 현상으로 '오귀인 효과'라고도 함

071 경찰의 대테러업무에 대한 설명으로 옳지 않은 것은? 20. 경찰간부

□□□

① 한국의 대테러부대인 KNP868은 대테러예방 및 대응을 위해 1983년 창설된 경찰특수부대로 현재 서울시경찰청 직할부대이다.

② 외국의 대테러조직으로 영국의 SAS, 미국의 SWAT, 독일의 GSG－9, 프랑스의 GIGN 등이 있다.

③ 테러취약시설 안전활동에 관한 규칙상 경찰서장은 관할 내에 있는 B급 다중이용건축물 등에 대하여 분기 1회 이상 지도·점검을 실시하여야 한다.

④ 국민보호와 공공안전을 위한 테러방지법상 '테러단체'란 국제연합(UN)이 지정한 테러단체를 말한다.

정답 및 해설 I ③

③ [×] 테러취약시설 안전활동에 관한 규칙상 경찰서장은 관할 내에 있는 B급 다중이용건축물 등에 대하여 반기 1회 이상 지도·점검을 실시하여야 한다(테러취약시설 안전활동에 관한 규칙 제22조 제1항 제2호).

072 테러취약시설 안전활동에 관한 규칙에 대한 설명으로 가장 적절하지 않은 것은? 20. 경찰특공대

□□□

① '테러취약시설'이라 함은 테러 예방 및 대응을 위해 경찰이 관리하는 국가중요시설, 다중이용건축물 등, 공관지역, 미군 관련 시설 중 경찰청장이 지정하는 시설·건축물 등을 말한다.

② 테러취약시설 심의위원회 위원장은 경찰청 경비국장이다.

③ 시·도경찰청장은 관할 내 국가중요시설 중 선별하여 연 1회 이상 지도·점검을 실시한다.

④ 테러에 의하여 파괴되거나 기능 마비시 광범위한 지역의 대테러 진압작전이 요구되고, 국민생활에 결정적인 영향을 미칠 수 있는 건축물 또는 시설에 대하여 관할 경찰서장은 반기 1회 이상 지도·점검을 실시하여야 한다.

정답 및 해설 I ④

④ [×] 테러에 의하여 파괴되거나 기능 마비시 광범위한 지역의 대테러 진압작전이 요구되고, 국민생활에 결정적인 영향을 미칠 수 있는 건축물 또는 시설에 대하여 관할 경찰서장은 분기 1회 이상 지도·점검을 실시하여야 한다(테러취약시설 안전활동에 관한 규칙 제22조 제1항 제1호).

073 경찰의 대테러업무에 대한 설명 중 옳은 것을 모두 고른 것은? 20. 경찰승진

□□□

> ㉠ 테러취약시설 안전활동에 관한 규칙에 의하면 'B'급 다중이용건축물 등의 경우 테러에 의해 파괴되거나 기능 마비시 일부 지역의 대테러진압작전이 요구되고, 국민생활에 중대한 영향을 미칠 수 있는 건축물 또는 시설이며, 관할 경찰서장은 분기 1회 이상 지도·점검을 실시해야 한다.
> ㉡ 테러취약시설 안전활동에 관한 규칙에 의하면 'C'급 다중이용건축물 등의 경우 테러에 의하여 파괴되거나 기능 마비시 제한된 지역의 대테러진압작전이 요구되고, 국민생활에 상당한 영향을 미칠 수 있는 건축물 또는 시설이며, 관할 경찰서장은 반기 1회 이상 지도·점검을 실시해야 한다.
> ㉢ '리마 증후군'이란 인질범이 인질에게 일체감을 느끼게 되고 인질의 입장을 이해하여 호의를 베푸는 등 인질범이 인질에게 동화되는 현상이다.
> ㉣ 테러단체구성죄는 미수범, 예비·음모 모두 처벌한다.

① ㉠, ㉢
② ㉡, ㉢
③ ㉡, ㉢, ㉣
④ ㉠, ㉡, ㉣

정답 및 해설 | ③

옳은 설명은 ㉡㉢㉣이다.

㉠ [×] 테러취약시설 안전활동에 관한 규칙에 의하면 'B'급 다중이용건축물 등의 경우 테러에 의해 파괴되거나 기능 마비시 일부 지역의 대테러진압작전이 요구되고, 국민생활에 중대한 영향을 미칠 수 있는 건축물 또는 시설이며, 관할 경찰서장은 반기 1회 이상 지도·점검을 실시해야 한다(테러취약시설 안전활동에 관한 규칙 제22조 제1항 제2호).

074 「국민보호와 공공안전을 위한 테러방지법」에 관한 설명으로 가장 적절한 것은? 23. 경찰

□□□

① 「여권법」 제17조 제1항 단서에 따른 외교부장관의 허가를 받지 아니하고 방문 및 체류가 금지된 국가 또는 지역을 방문·체류한 사람이 테러로 인해 생명의 피해를 입은 경우, 그 사람의 유족에 대해 특별위로금을 지급할 수 있다.

② 「국민보호와 공공안전을 위한 테러방지법」에서 말하는 "테러단체"란 국제형사경찰기구(ICPO)가 지정한 테러단체를 말한다.

③ 대테러활동을 수행하는 국가기관, 지방자치단체, 그 밖에 대통령령으로 정하는 기관의 대테러활동으로 인한 국민의 기본권 침해방지를 위하여 국가테러대책위원회 소속으로 대테러인권보호관 1명을 둔다.

④ 테러로 인하여 신체·재산·명예의 피해를 입은 국민은 관계기관에 즉시 신고하여야 한다. 다만, 인질 등 부득이한 사유로 신고할 수 없을 때에는 법률관계 또는 계약관계에 의하여 보호의무가 있는 사람이 이를 알게 된 때에 즉시 신고하여야 한다.

정답 및 해설 I ③

① [×] 테러로 인하여 생명의 피해를 입은 사람의 유족 또는 신체상의 장애 및 장기치료가 필요한 피해를 입은 사람에 대해서는 그 피해의 정도에 따라 등급을 정하여 특별위로금을 지급할 수 있다. 다만, 「여권법」 제17조 제1항 단서에 따른 외교부장관의 허가를 받지 아니하고 방문 및 체류가 금지된 국가 또는 지역을 방문·체류한 사람에 대해서는 그러하지 아니하다(동법 제16조 제1항).

② [×] 「국민보호와 공공안전을 위한 테러방지법」에서 말하는 "테러단체"란 국제연합(UN)이 지정한 테러단체를 말한다.

④ [×] 테러로 인하여 신체 또는 재산(명예 ×)의 피해를 입은 국민은 관계기관에 즉시 신고하여야 한다. 다만, 인질 등 부득이한 사유로 신고할 수 없을 때에는 법률관계 또는 계약관계에 의하여 보호의무가 있는 사람이 이를 알게 된 때에 즉시 신고하여야 한다(동법 제16조 제1항).

075 경찰작전과 관련된 다음 설명 중 옳은 것은 모두 몇 개인가?

12. 경찰간부

□□□

㉠ 통합방위사태가 선포된 지역에서 통합방위본부장, 지역군사령관, 함대사령관 또는 시·도경찰청장이 국가방위요소를 통합하여 지휘·통제하는 방위작전을 통합방위작전이라고 한다.
㉡ 통합방위 갑종사태에서는 통합방위본부장 또는 지역군사령관의 지휘·통제하에 통합방위작전을 수행한다.
㉢ 통합방위 을종사태에서는 경찰청장 또는 지역군사령관의 지휘·통제하에 통합방위작전을 수행한다.
㉣ 통합방위 병종사태에서는 시·도경찰청장, 지역군사령관 또는 함대사령관의 지휘·통제하에 통합방위작전을 수행한다.
㉤ 통합방위 갑종사태의 선포권자는 대통령이다.

① 1개　② 2개
③ 3개　④ 4개

정답 및 해설 I ④

옳은 설명은 ㉠㉡㉣㉤ 4개이다.

㉢ [×] 통합방위 을종사태에서는 지역군사령관의 지휘·통제하에 통합방위작전을 수행한다(통합방위법 제15조 제2항). 경찰청장은 해당하지 않는다.

076 통합방위법에 관한 다음 설명 중 가장 적절하지 않은 것은?

14. 경찰

□□□

① '갑종사태'란 일정한 조직체계를 갖춘 적의 대규모 병력 침투 또는 대량살상무기 공격 등의 도발로 발생한 비상사태로서 통합방위본부장 또는 지역군사령관의 지휘·통제하에 통합방위작전을 수행하여야 할 사태를 말한다.
② '국가중요시설'이란 공공기관, 공항·항만, 주요 산업시설 등 적에 의하여 점령 또는 파괴되거나 기능이 마비될 경우 국가안보와 국민생활에 심각한 영향을 주게 되는 시설을 말한다.
③ 국가중요시설은 국방부장관이 관계 행정기관의 장 및 국가정보원장과 협의하여 지정한다.
④ 시·도경찰청장, 지역군사령관 또는 함대사령관은 둘 이상의 시·도에 걸쳐 병종사태에 해당하는 상황이 발생하였을 때 즉시 국방부장관에게 통합방위사태의 선포를 건의하여야 한다.

정답 및 해설 I ④

④ [×] 둘 이상의 시 · 도에 걸쳐 병종사태에 해당하는 상황이 발생하였을 때에는 **행정안전부장관** 또는 **국방부장관**은 즉시 국무총리를 거쳐 **대통령**에게 통합방위사태의 선포를 건의하여야 한다(통합방위법 제12조 제2항 제2호).

077 통합방위법상 다음 설명에 해당하는 것은 무엇인가?

15. 경찰

□□□

> 적의 침투 · 도발 위협이 예상되거나 소규모의 적이 침투하였을 때에 시 · 도경찰청장, 지역군사령관 또는 함대사령관의 지휘 · 통제하에 통합방위작전을 수행하여 단기간 내에 치안이 회복될 수 있는 사태

① 갑종사태
② 을종사태
③ 병종사태
④ 정종사태

정답 및 해설 I ③

③ [○] 해당 지문은 **병종사태**에 대한 설명이다(통합방위법 제2조 제8호).

078 통합방위법상 통합방위작전 및 경찰작전에 대한 설명으로 가장 적절한 것은?

17. 경찰

□□□

① 대통령 소속으로 중앙 통합방위협의회를 둔다.

② '갑종사태'란 일정한 조직체계를 갖춘 적의 대규모 병력 침투 또는 대량살상무기(大量殺傷武器) 공격 등의 도발로 발생한 비상사태로서 통합방위본부장 또는 지역군사령관의 지휘 · 통제하에 통합방위작전을 수행하여야 할 사태를 말한다.

③ 시 · 도경찰청장 또는 경찰서장은 통합방위사태가 선포된 때에는 인명 · 신체에 대한 위해를 방지하기 위하여 즉시 작전지역에 있는 주민이나 체류 중인 사람에게 대피할 것을 명하여야 한다.

④ '을종사태'란 일부 또는 여러 지역에서 적이 침투 · 도발하여 단기간 내에 치안이 회복되기 어려워 시 · 도경찰청장의 지휘 · 통제하에 통합방위작전을 수행하여야 할 사태를 말한다.

정답 및 해설 I ②

① [×] **국무총리** 소속으로 중앙 통합방위협의회를 둔다(통합방위법 제4조 제1항).

③ [×] **시 · 도지사 또는 시장 · 군수 · 구청장**은 통합방위사태가 선포된 때에는 인명 · 신체에 대한 위해를 방지하기 위하여 즉시 작전지역에 있는 주민이나 체류 중인 사람에게 **대피할 것을 명할 수 있다**(통합방위법 제17조 제1항).

④ [×] '을종사태'란 일부 또는 여러 지역에서 적이 침투 · 도발하여 단기간 내에 치안이 회복되기 어려워 **지역군사령관**의 지휘 · 통제하에 통합방위작전을 수행하여야 할 사태를 말한다(통합방위법 제2조 제7호).

☑ 통합방위작전

<table>
<tr><th>구분</th><th>내용</th><th>지휘권자</th><th>선포권자</th></tr>
<tr><td>갑종사태</td><td>일정한 조직체계를 갖춘 적의 대규모 병력 침투 또는 대량살상무기 공격 등의 도발로 발생한 비상사태</td><td>1. 통합방위본부장
2. 지역군사령관</td><td>국방부장관의 건의 ⇨ 대통령의 선포</td></tr>
<tr><td>을종사태</td><td>일부 또는 여러 지역에서 적이 침투·도발하여 단기간 내에 치안이 회복되기 어려워 통합방위작전을 수행하여야 할 사태</td><td>지역군사령관</td><td rowspan="2">1. 원칙: 시·도경찰청장, 지역군사령관 또는 함대사령관의 건의 ⇨ 시·도지사의 선포
2. 둘 이상의 시·도에 걸쳐 을종사태 또는 병종사태에 해당하는 사태가 발생한 경우
• 을종사태: 국방부장관의 건의 ⇨ 대통령의 선포
• 병종사태: 행정안전부장관 또는 국방부장관의 건의 ⇨ 대통령의 선포</td></tr>
<tr><td>병종사태</td><td>적의 침투·도발 위협이 예상되거나 소규모의 적이 침투하였을 때에 통합방위작전을 수행하여 단기간 내에 치안이 회복될 수 있는 사태</td><td>1. 시·도경찰청장
2. 지역군사령관
3. 함대사령관</td></tr>
</table>

079 통합방위법상 통합방위사태에 대한 설명으로 가장 적절하지 않은 것은? 18. 경찰승진

□□□

① 국방부장관은 갑종사태에 해당하는 상황이 발생하였을 때 즉시 국무총리를 거쳐 대통령에게 통합방위사태의 선포를 건의하여야 한다.

② 행정안전부장관은 둘 이상의 시·도에 걸쳐 을종사태에 해당하는 상황이 발생하였을 때 즉시 국무총리를 거쳐 대통령에게 통합방위사태의 선포를 건의하여야 한다.

③ 시·도경찰청장, 지역군사령관 또는 함대사령관은 을종사태나 병종사태에 해당하는 상황이 발생한 때에는 즉시 시·도지사에게 통합방위사태의 선포를 건의하여야 한다.

④ 통합방위본부는 합동참모본부에 두며, 통합방위본부장은 합동참모의장이 되고 부본부장은 합동참모본부 합동작전본부장이 된다.

정답 및 해설 | ②

② [×] **국방부장관**은 둘 이상의 시·도에 걸쳐 을종사태에 해당하는 상황이 발생하였을 때 즉시 국무총리를 거쳐 대통령에게 통합방위사태의 선포를 건의하여야 한다(통합방위법 제12조 제2항 제1호).

080 통합방위사태 선포시 대응활동에 관한 설명 중 옳지 않은 것은 모두 몇 개인가? 18. 경찰간부

㉠ 서울특별시와 경기도에 걸친 병종사태에 해당하는 상황이 발생하였을 때는 대통령이 선포권자가 된다.
㉡ 통합방위작전의 관할 구역 중 경찰관할지역은 경찰청장이 작전을 수행한다.
㉢ 시장·군수·구청장도 통제구역을 설정하여 출입을 금지·제한하거나 퇴거명령을 할 수 있다.
㉣ 을종사태는 적의 침투·도발이 예상되거나 소규모의 적이 침투하여 단기간 내에 치안이 회복될 수 있는 사태를 말한다.
㉤ 통합방위법에 따른 대피명령을 위반하는 경우 300만원 이하의 벌금에 처한다.

① 0개　② 1개
③ 2개　④ 3개

정답 및 해설 | ③

옳지 않은 설명은 ㉡㉣ 2개이다.

㉡ [×] 통합방위작전의 관할 구역 중 경찰관할지역은 시·**도경찰청장**이 작전을 수행한다(통합방위법 제15조 제2항 제1호).

㉣ [×] **병종사태**에 대한 설명이다(통합방위법 제2조 제8호).

081 □□□ 통합방위법에 대한 설명으로 가장 적절하지 않은 것은? 19. 경찰승진

① '갑종사태'란 일정한 조직체계를 갖춘 적의 대규모 병력 침투 또는 대량살상무기 공격 등의 도발로 발생한 비상사태로서 통합방위본부장 또는 지역군사령관의 지휘·통제하에 통합방위작전을 수행하여야 할 사태를 말한다.

② 행정안전부장관 또는 국방부장관은 을종사태에 해당하는 상황이 발생하였을 때 즉시 국무총리를 거쳐 대통령에게 통합방위사태의 선포를 건의하여야 한다.

③ 중앙 통합방위협의회의 의장은 국무총리가 되고 통합방위본부장은 합동참모의장이 된다.

④ 시·도지사 또는 시장·군수·구청장은 통합방위사태가 선포된 때에는 인명·신체에 대한 위해를 방지하기 위하여 즉시 작전지역에 있는 주민이나 체류 중인 사람에게 대피할 것을 명할 수 있다.

정답 및 해설 | ②

② [×] 행정안전부장관 또는 국방부장관은 둘 이상의 시·도에 걸쳐 병종사태에 해당하는 상황이 발생하였을 때 건의권자이며, **을종사태**와 **병종사태**에 해당하는 상황이 발생하였을 때는 시·**도경찰청장**, **지역군사령관 또는 함대사령관**이 건의권자가 된다(통합방위법 제12조 제2항 제2호, 제4항).

082 □□□ 통합방위법상 통합방위사태에 대한 설명으로 가장 적절하지 않은 것은? 19. 경찰승진

① 통합방위본부장은 둘 이상의 시·도에 걸쳐 병종사태에 해당하는 상황이 발생하였을 때 즉시 국무총리를 거쳐 대통령에게 통합방위사태의 선포를 건의하여야 한다.

② 대통령은 통합방위사태의 선포를 건의받았을 때에는 중앙협의회와 국무회의의 심의를 거쳐 통합방위사태를 선포할 수 있다.

③ 시·도경찰청장, 지역군사령관 또는 함대사령관은 을종사태나 병종사태에 해당하는 상황이 발생한 때에는 즉시 시·도지사에게 통합방위사태의 선포를 건의하여야 한다.

④ 시·도지사는 을종사태 또는 병종사태를 선포한 때에는 지체 없이 행정안전부장관 및 국방부장관과 국무총리를 거쳐 대통령에게 그 사실을 보고하여야 한다.

정답 및 해설 | ①

① [×] **행정안전부장관 또는 국방부장관**은 둘 이상의 시·도에 걸쳐 병종사태에 해당하는 상황이 발생하였을 때 즉시 국무총리를 거쳐 대통령에게 통합방위사태의 선포를 건의하여야 한다(통합방위법 제12조 제2항 제2호).

083 통합방위법에 대한 설명으로 가장 적절하지 않은 것은?

□□□ 20. 경찰승진

① 시 · 도경찰청장, 지역군사령관 또는 함대사령관은 을종사태나 병종사태에 해당하는 상황이 발생한 때에는 즉시 시 · 도지사에게 통합방위사태의 선포를 건의하여야 한다.

② 시 · 도지사는 위 ①에 따른 건의를 받은 때에는 중앙협의회의 심의를 거쳐 을종사태 또는 병종사태를 선포할 수 있다.

③ 통합방위법상 통합방위본부장은 합동참모의장, 부본부장은 합동참모본부 합동작전본부장이 되고, 지역 통합방위협의회 의장은 시 · 도지사이며, 중앙 통합방위협의회 의장은 국무총리이다.

④ 국방부장관은 둘 이상의 시 · 도에 걸쳐 을종사태에 해당하는 상황이 발생하였을 때 즉시 국무총리를 거쳐 대통령에게 통합방위사태의 선포를 건의하여야 한다.

정답 및 해설 | ②

② [×] 시 · 도지사는 위 ①에 따른 건의를 받은 때에는 **시 · 도 협의회의**의 심의를 거쳐 을종사태 또는 병종사태를 선포할 수 있다(통합방위법 제12조 제5호).

084 통합방위법에 대한 다음 설명 중 옳지 않은 것은 모두 몇 개인가?

□□□ 19. 경찰간부

> ㉠ 특별시장 · 광역시장 · 특별자치시장 · 도지사 · 특별자치도지사 소속으로 특별시 · 광역시 · 특별자치시 · 도 · 특별자치도 통합방위협의회를 두고, 그 의장은 시 · 도지사가 된다.
>
> ㉡ 대통령 소속으로 중앙 통합방위협의회를 둔다.
>
> ㉢ '을종사태'란 적의 침투 · 도발 위협이 예상되거나 소규모의 적이 침투하였을 때에 시 · 도경찰청장, 지역군사령관 또는 함대사령관의 지휘 · 통제하에 통합방위작전을 수행하여 단기간 내에 치안이 회복될 수 있는 사태를 말한다.
>
> ㉣ 시 · 도경찰청장, 지역군사령관 또는 함대사령관은 둘 이상의 시 · 도에 걸쳐 병종상태에 해당하는 상황이 발생하였을 때 즉시 국방부장관에게 통합방위사태의 선포를 건의하여야 한다.
>
> ㉤ 시 · 도지사 또는 시장 · 군수 · 구청장은 통합방위사태가 선포된 때에는 인명 · 신체에 대한 위해를 방지하기 위하여 즉시 작전지역에 있는 주민이나 체류 중인 사람에게 대피할 것을 명할 수 있다.

① 2개 ② 3개

③ 4개 ④ 5개

정답 및 해설 | ②

옳지 않은 설명은 ㉡㉢㉣ 3개이다.

㉡ [×] **국무총리** 소속으로 중앙 통합방위협의회를 둔다(통합방위법 제4조 제1항).

㉢ [×] **'병종사태'**에 대한 설명이다(통합방위법 제2조 제8호).

㉣ [×] **행정안전부장관 또는 국방부장관**은 둘 이상의 시 · 도에 걸쳐 병종사태에 해당하는 상황이 발생하였을 때 즉시 **국무총리를 거쳐 대통령에게 통합방위사태의 선포를 건의하여야 한다**(통합방위법 제12조 제2항 제2호).

085 경찰작전에 대한 설명으로 옳지 않은 것은? 20. 경찰간부

□□□

① 평시 및 병종사태 발생시 경찰책임지역 내에서는 시 · 도경찰청장 책임하에 경찰 · 군 · 예비군 · 관 · 민 등 모든 국가방위요소를 지휘 · 통제하여 작전을 수행한다.

② 적의 침투 · 도발 위협이 예상되거나 소규모의 적이 침투한 때에 시 · 도경찰청장, 지역군사령관 또는 함대사령관의 지휘 · 통제하에 통합방위작전을 수행하여 단기간 내에 치안이 회복될 수 있는 사태는 병종사태에 해당한다.

③ 상황발생시 상황보고 · 통보 및 하달은 1순위로 직접 행동을 취할 기관 및 부대, 2순위로 지휘계통에 보고, 3순위로 협조 및 지원을 요하는 기관 및 부대, 4순위로 기타 필요한 기관 및 부대 순이다.

④ 비상근무는 비상상황하에서 업무수행의 효율화를 위해 발령한다.

정답 및 해설 I ③

③ [×] 상황발생시 상황보고 · 통보 및 하달은 1순위로 직접 행동을 취할 기관 및 부대, **2순위로 협조 및 지원을 요하는 기관 및 부대, 3순위로 지휘계통에 보고**, 4순위로 기타 필요한 기관 및 부대 순이다.

086 통합방위사태가 선포된 때에는 통합방위법의 규정에 따라 통합방위작전을 신속하게 수행하여야 한다. 지역별 통합방위작전 수행 담당자로 가장 적절한 것은? 22. 경찰간부

□□□

① 갑종사태가 선포된 경우 경찰관할지역: 경찰청장

② 을종사태가 선포된 경우 특정경비지역: 통합방위본부장

③ 을종사태가 선포된 경우 경찰관할지역: 시 · 도경찰청장

④ 병종사태가 선포된 경우 특정경비지역: 지역군사령관

정답 및 해설 I ④

① [×] 갑종사태가 선포된 경우 경찰관할지역: **통합방위본부장 또는 지역군사령관**

②③ [×] 을종사태가 선포된 경우에는 **지역군사령관**이 통합하여 통합방위작전을 수행한다.

087 통합방위법상 국가중요시설에 대한 설명으로 가장 적절하지 않은 것은? 22. 경찰간부

□□□

① 국가중요시설의 관리자는 경비 · 보안 및 방호책임을 지며, 통합방위사태에 대비하여 자체방호계획을 수립하여야 한다. 이 경우 국가중요시설의 관리자는 자체방호계획을 수립하기 위하여 시 · 도경찰청장 또는 지역군사령관에게 협조를 요청하여야 한다.

② 시 · 도경찰청장 또는 지역군사령관은 통합방위사태에 대비하여 국가중요시설에 대한 방호지원계획을 수립 · 시행하여야 한다.

③ 국가중요시설의 평시 경비 · 보안활동에 대한 지도 · 감독은 관계 행정기관의 장과 국가정보원장이 수행한다.

④ 국가중요시설은 국방부장관이 관계 행정기관의 장 및 국가정보원장과 협의하여 지정한다.

정답 및 해설 | ①

① [×] 국가중요시설의 관리자는 경비 · 보안 및 방호책임을 지며, 통합방위사태에 대비하여 자체방호계획을 수립하여야 한다. 이 경우 국가중요시설의 관리자는 자체방호계획을 수립하기 위하여 시 · 도경찰청장 또는 지역군사령관에게 협조를 요청할 수 있다(통합방위법 제21조 제1항).

088 통합방위법에 관한 설명 중 가장 적절하지 않은 것은? 23. 경찰승진

□□□

① '갑종사태'란 일정한 조직체계를 갖춘 적의 대규모 병력 침투 또는 대량살상무기 공격 등의 도발로 발생한 비상사태로서 통합방위본부장 또는 지역군사령관의 지휘 · 통제 하에 통합방위작전을 수행하여야 할 사태를 말한다.

② '을종사태'란 적의 침투 · 도발 위협이 예상되거나 소규모의 적이 침투하였을 때에 시 · 도경찰청장, 지역군사령관 또는 함대사령관의 지휘 · 통제 하에 통합방위작전을 수행하여 단기간 내에 치안이 회복될 수 있는 사태를 말한다.

③ 국무총리 소속으로 중앙 통합방위협의회를 둔다.

④ 국가중요시설은 국방부장관이 관계 행정기관의 장 및 국가정보원장과 협의하여 지정한다.

정답 및 해설 | ②

② [×] '병(을 ×)종사태'란 적의 침투 · 도발 위협이 예상되거나 소규모의 적이 침투하였을 때에 시 · 도경찰청장, 지역군사령관 또는 함대사령관의 지휘 · 통제 하에 통합방위작전을 수행하여 단기간 내에 치안이 회복될 수 있는 사태를 말한다.

제4절 | 경찰 비상업무 규칙, 청원경찰

089 경찰 비상업무 규칙에 대한 설명 중 옳은 것은 모두 몇 개인가? 13. 경찰

> ㉠ '비상상황'이라 함은 대간첩 · 테러, 대규모 재난 등의 긴급상황이 발생하거나 발생할 우려가 있는 경우 또는 다수의 경력을 동원해야 할 치안수요가 발생하여 치안활동을 강화할 필요가 있는 때를 말한다.
> ㉡ '지휘선상 위치 근무'라 함은 비상연락체계를 유지하며 유사시 2시간 이내에 현장지휘 및 현장근무가 가능한 장소에 위치하는 것을 말한다.
> ㉢ '정위치 근무'라 함은 감독순시 · 현장근무 및 사무실 대기 등 관할 구역 내에 위치하는 것을 말한다.
> ㉣ 갑호비상이 발령된 때에는 지휘관(지구대장 · 파출소장은 지휘관에 준한다)과 참모는 정착 근무를 원칙으로 한다.
> ㉤ 을호비상이 발령된 때에는 연가를 중지하고 가용경력 75%까지 동원할 수 있다.
> ㉥ 경찰지휘본부는 당해 지휘본부장이 필요하다고 인정할 때에 설치하며 경찰청 및 시 · 도경찰청은 치안상황실에 설치함을 원칙으로 한다.

① 3개　　② 4개

③ 5개　　④ 6개

정답 및 해설 I ②

옳은 설명은 ㉠㉢㉣㉥ 4개이다.

㉡ [×] '지휘선상 위치 근무'라 함은 비상연락체계를 유지하며 유사시 1시간 이내에 현장지휘 및 현장근무가 가능한 장소에 위치하는 것을 말한다(경찰 비상업무 규칙 제2조 제7호).

㉤ [×] 을호비상이 발령된 때에는 연가를 중지하고 가용경력 50%까지 동원할 수 있다(경찰 비상업무 규칙 제7조 제1항 제2호).

090 경찰 비상업무 규칙에 관한 설명으로 가장 적절하지 않은 것은? 15. 경찰승진

□□□

① 가용경력이라 함은 휴가 · 출장 · 교육 · 파견 등을 포함한 총원을 의미한다.

② 정위치 근무는 감독순시 · 현장근무 및 사무실 대기 등 관할 구역 내에 위치하는 것을 말한다.

③ 지휘선상 위치 근무라 함은 비상연락체계를 유지하며 유사시 1시간 이내에 현장지휘 및 현장근무가 가능한 장소에 위치하는 것을 말한다.

④ 비상업무의 대상 기능이 경비 · 작전 · 안보 · 수사 · 교통업무 등 두 종류 이상의 기능과 관련되는 경우에는 긴급성 또는 중요도가 상대적으로 더 큰 비상상황의 근무로 통합 · 실시한다.

정답 및 해설 I ①

① [×] 가용경력이라 함은 휴가 · 출장 · 교육 · 파견 등을 제외한 총원을 의미한다(경찰 비상업무 규칙 제2조 제7호).

091 경찰 비상업무 규칙상 비상근무에 관한 설명으로 가장 적절하지 않은 것은? 16. 경찰승진

□□□

① 기능별 상황의 긴급성 및 중요도에 따라 비상등급은 갑호비상, 을호비상, 병호비상, 경계강화, 작전준비태세(작전비상시 적용)가 있다.

② 갑호비상시 지휘관과 참모는 정착근무를 원칙으로 한다.

③ 을호비상시 연가를 중지하고 가용경력 100%까지 동원해야 한다.

④ 경계강화시 지휘관과 참모는 지휘선상 위치 근무를 원칙으로 한다.

정답 및 해설 I ③

③ [×] 을호비상시 연가를 중지하고 가용경력 50%까지 동원해야 한다(경찰 비상업무 규칙 제7조 제2호 가목).

092 □□□ 경찰 비상업무 규칙에 대한 설명으로 가장 적절한 것은? 18. 경찰

① '지휘선상 위치 근무'라 함은 비상연락체계를 유지하며 유사시 2시간 이내에 현장지휘 및 현장근무가 가능한 장소에 위치하는 것을 말한다.

② '정착 근무'라 함은 감독순시 · 현장근무 및 사무실 대기 등 관할 구역 내에 위치하는 것을 말한다.

③ '가용경력'이라 함은 총원에서 휴가 · 출장 · 교육 · 파견 등을 포함한 실제 동원될 수 있는 모든 인원을 말한다.

④ 비상근무의 종류에는 경비비상, 작전비상, 안보비상, 수사비상, 교통비상, 재난비상이 있다.

정답 및 해설 I ④

① [×] '지휘선상 위치 근무'라 함은 비상연락체계를 유지하며 유사시 **1시간 이내**에 현장지휘 및 현장근무가 가능한 장소에 위치하는 것을 말한다(경찰 비상업무 규칙 제2조 제2호).

② [×] **'정위치 근무'**에 대한 설명이다(경찰 비상업무 규칙 제2조 제3호). **'정착근무'**라 함은 사무실 또는 상황과 관련된 현장에 위치하는 것을 말한다(경찰 비상업무 규칙 제2조 제4호).

③ [×] '가용경력'이라 함은 총원에서 휴가 · 출장 · 교육 · 파견 등을 **제외한** 실제 동원될 수 있는 모든 인원을 말한다(경찰 비상업무 규칙 제2조 제7호).

093 □□□ 경찰 비상업무 규칙에 대한 설명으로 가장 적절한 것은? 18. 경찰

① '필수요원'이라 함은 전 경찰관 및 일반직공무원 중 경찰기관의 장이 지정한 자로 비상소집시 1시간 이내에 응소하여야 할 자를 말한다.

② '지휘선상 위치 근무'라 함은 감독순시 · 현장근무 및 사무실 대기 등 관할 구역 내에 위치하는 것을 말한다.

③ 지휘관과 참모는 을호비상시 정위치 근무 또는 지휘선상 위치 근무를 원칙으로, 병호비상시 지휘선상 위치 근무를 원칙으로 한다.

④ 비상근무를 발령할 경우에는 정황의 특수성을 감안하여 비상근무의 목적이 원활히 달성될 수 있도록 가용경력을 최대한 동원하여야 한다.

정답 및 해설 I ①

② [×] **'정위치 근무'**에 대한 설명이다(경찰 비상업무 규칙 제2조 제3호). **'지휘선상 위치 근무'**라 함은 비상연락체계를 유지하며 유사시 1시간 이내에 현장지휘 및 현장근무가 가능한 장소에 위치하는 것을 말한다(경찰 비상업무 규칙 제2조 제2호).

③ [×] 지휘관과 참모는 을호비상시 **정위치 근무**를 원칙으로, 병호비상시 **정위치 근무 또는 지휘선상 위치 근무**를 원칙으로 한다(경찰 비상업무 규칙 제7조 제1항 제2호 · 제3호).

④ [×] 비상근무를 발령할 경우에는 정황의 특수성을 감안하여 비상근무의 목적이 원활히 달성될 수 있도록 **적정한 인원, 계급, 부서를 동원하여 불필요한 동원이 없도록 하여야 한다**(경찰 비상업무 규칙 제5조 제6항).

094 경찰 비상업무 규칙에 대한 설명으로 가장 적절하지 않은 것은? 19. 경찰승진

☐☐☐

① '일반요원'이란 필수요원을 제외한 경찰관 등으로 비상소집시 2시간 이내에 응소하여야 할 자를 말한다.

② 비상근무 을호가 발령된 때에는 지휘관과 참모는 정위치 근무를 원칙으로 하고, 연가를 중지하고 가용경력 50%까지 동원할 수 있다.

③ 비상근무의 종류로는 경비 · 작전비상, 안보비상, 수사비상, 교통비상, 재난비상이 있고 적정이 발생하였거나 일부 적의 침투가 예상되는 경우 경비비상 을호를 발령한다.

④ 시 · 도경찰청 또는 2개 이상 경찰서 관할 지역의 경우는 시 · 도경찰청장이 비상근무 발령권자이다.

정답 및 해설 I ③

③ [×] 비상근무의 종류로는 경비 · 작전비상, 안보비상, 수사비상, 교통비상, 재난관리업무에 관한 비상이 있고 적정이 발생하였거나 일부 적의 침투가 예상되는 경우 작전비상 을호를 발령한다(경찰 비상업무 규칙 제4조).

095 「경찰 비상업무 규칙」에 대한 설명으로 가장 적절한 것은? 23. 경찰간부

☐☐☐

① 필수요원이라 함은 전 경찰공무원 및 일반직공무원 중 경찰기관의 장이 지정한 자로 비상소집시 2시간 이내에 응소하여야 할 자를 말한다.

② 비상근무는 비상상황의 유형에 따라 경비소관의 경비, 작전비상, 수사소관의 수사비상, 안보소관의 안보비상, 치안상황소관의 교통, 재난비상으로 구분하여 발령한다.

③ 경계강화 발령시 별도의 경력동원 없이 특정분야의 근무를 강화하며 지휘관과 참모는 정위치 근무를 원칙으로 한다.

④ 비상근무의 발령권자는 비상상황이 발생하여 비상근무를 실시하고자 할 경우에는 비상근무의 목적, 지역, 기간 및 동원대상 등을 특정하여 별지 제1호 서식의 비상근무발령서에 의하여 비상근무를 발령한다.

정답 및 해설 I ④

① [×] 필수요원이라 함은 전 경찰공무원 및 일반직공무원 중 경찰기관의 장이 지정한 자로 비상소집 시 1시간(2시간 ×) 이내에 응소하여야 할 자를 말한다.

② [×] 비상근무는 비상상황의 유형에 따라 경비소관의 경비, 작전비상, 수사소관의 수사비상, 안보소관의 안보비상, **교통소관의 교통비상**, 치안상황소관의 재난비상으로 구분하여 발령한다.

③ [×] 경계강화 발령시 별도의 경력동원 없이 특정분야의 근무를 강화하며 지휘관과 참모는 **지휘선상 위치(정위치 ×)** 근무를 원칙으로 한다.

096 ☐☐☐ 경찰 비상업무 규칙상 용어의 정의로 가장 적절하지 않은 것은? 19. 경찰승진

① '가용경력'이라 함은 총원에서 휴가 · 출장 · 교육 · 파견 등을 제외하고 실제 동원될 수 있는 모든 인원을 말한다.

② '지휘선상 위치 근무'라 함은 비상연락체계를 유지하며 유사시 1시간 이내에 현장지휘 및 현장근무가 가능한 장소에 위치하는 것을 말한다.

③ '필수요원'이라 함은 전 경찰관 및 일반직공무원 중 경찰기관의 장이 지정한 자로 비상소집시 1시간 이내에 응소하여야 할 자를 말한다.

④ '작전준비태세'라 함은 '경계강화'단계를 발령하기 이전에 별도의 경력을 동원하여 경찰작전부대의 출동태세 점검, 지휘관 및 참모의 비상연락망 구축 및 신속한 응소체제를 유지하며, 작전상황반을 운영하는 등 필요한 작전사항을 미리 조치하는 것을 말한다.

정답 및 해설 I ④

④ [×] '작전준비태세'라 함은 '경계강화'단계를 발령하기 이전에 별도의 경력동원 없이 경찰작전부대의 출동태세 점검, 지휘관 및 참모의 비상연락망 구축 및 신속한 응소체제를 유지하며, 작전상황반을 운영하는 등 필요한 작전사항을 미리 조치하는 것을 말한다(경찰 비상업무 규칙 제2조 제9호).

097 ☐☐☐ 경찰 비상업무 규칙에 대한 설명 중 가장 적절한 것은? 20. 경찰승진

① 병호비상시 연가를 중지하고 가용경력 30%까지 동원할 수 있다.

② 경계강화시 지휘관과 참모는 비상연락망을 구축하고 신속한 응소체제를 유지한다.

③ '가용경력'이라 함은 총원에서 휴가 · 출장 · 교육 · 파견 등을 포함한 실제 동원될 수 있는 모든 인원을 말한다.

④ 비상근무 유형에 따른 분류에는 경비비상, 작전비상, 안보비상, 수사비상, 교통비상, 재난비상이 있다.

정답 및 해설 I ④

① [×] 병호비상시 부득이한 경우를 제외하고는 연가를 억제하고 가용경력 30%까지 동원할 수 있다(경찰 비상업무 규칙 제7조 제1항 제3호).

② [×] 경계강화시 지휘관과 참모는 지휘선상 위치 근무를 원칙으로 한다. 별도의 경력동원 없이 경찰관서 지휘관 및 참모의 비상연락망을 구축하고 신속한 응소체제를 유지하는 것은 '작전준비태세'에 해당한다(경찰 비상업무 규칙 제7조 제4호 · 제5호).

③ [×] '가용경력'이라 함은 총원에서 휴가 · 출장 · 교육 · 파견 등을 제외하고 실제 동원될 수 있는 모든 인원을 말한다(경찰 비상업무 규칙 제2조 제7호).

098 경찰 비상업무 규칙에 대한 설명으로 경찰청 소속 공무원이 준수하여야 할 내용으로 가장 적절하지 않은 것은? 21. 경찰

① 필수요원이라 함은 전 경찰관 및 일반직공무원(이하 '경찰관 등'이라 한다) 중 경찰기관의 장이 지정한 자로 비상소집시 1시간 이내에 응소하여야 할 자를 말한다.

② 비상근무는 경비 소관의 경비, 작전비상, 안보 소관의 안보비상, 수사 소관의 수사비상, 교통 소관의 교통비상, 생활안전 소관의 생활안전비상으로 구분하여 발령한다.

③ 비상근무 갑호가 발령된 때에는 연가를 중지하고 가용경력 100%까지 동원할 수 있고, 비상근무 을호가 발령된 때에는 연가를 중지하고 가용경력 50%까지 동원할 수 있으며, 비상근무 병호가 발령된 때에는 부득이한 경우를 제외하고는 연가를 억제하고 가용경력 30%까지 동원할 수 있다.

④ 작전준비태세가 발령된 때에는 별도의 경력동원 없이 경찰관서 지휘관 및 참모의 비상연락망을 구축하고 신속한 응소체제를 유지하며, 경찰작전부대는 상황발생시 즉각 출동이 가능하도록 출동태세점검을 실시하는 등의 비상근무를 한다.

정답 및 해설 | ②

② [×] 비상근무는 생활안전 소관의 생활안전비상으로는 발령될 수 없다(경찰 비상업무 규칙 제4조 제1항).

099 청원경찰에 대한 다음 설명 중 틀린 것은? 08. 경찰 변형

> ㉠ 경비구역 내에서 불심검문, 범죄의 예방 및 진압, 범죄의 수사활동 등 경찰관 직무집행법에 의한 직무를 수행한다.
> ㉡ 임용권자는 청원주이며, 임용승인권자는 시ㆍ도경찰청장이다.
> ㉢ 청원경찰의 징계의 종류로는 파면ㆍ정직ㆍ견책이 있다.
> ㉣ 임용자격은 18세 이상의 자이다.

① ㉠, ㉢　　② ㉡, ㉣

③ ㉠, ㉣　　④ ㉢, ㉣

정답 및 해설 | ①

틀린 설명은 ㉠㉢이다.

㉠ [×] 청원경찰은 청원경찰법 제3조의 규정에 의한 직무를 수행할 때에는 경비목적을 위하여 필요한 최소한도 내에 그쳐야 하며, 경찰관 직무집행법에 의한 직무 외의 수사활동 등 사법경찰관리의 직무를 수행하여서는 아니 된다(청원경찰법 시행규칙 제21조).

㉢ [×] 청원경찰의 징계의 종류로는 파면ㆍ해임ㆍ정직ㆍ감봉ㆍ견책으로 구분된다(청원경찰법 제5조의2 제2항).

100 청원경찰에 관한 설명으로 옳지 않은 것을 모두 고른 것은? 11. 경찰간부

□□□

> ㉠ 청원경찰이 직무를 수행할 때 직권을 남용하여 국민에게 해를 끼친 경우에는 6개월 이하의 징역이나 금고에 처한다.
> ㉡ 시·도경찰청장은 청원경찰이 직무를 수행하기 위하여 필요하다고 인정하면 청원주의 신청을 받아 관할 경찰서장으로 하여금 청원경찰에게 무기를 대여하여 지니게 하여야 한다.
> ㉢ 청원경찰의 임용권자는 청원주, 승인권자는 시·도경찰청장이다.
> ㉣ 청원주가 청원경찰을 면직시키고자 할 때에는 사전에 시·도경찰청장의 승인을 받아야 한다.

① ㉠, ㉡　　② ㉠, ㉡, ㉣
③ ㉠, ㉢　　④ ㉡, ㉣

정답 및 해설 | ④

옳지 않은 설명은 ㉡㉣이다.

㉡ [×] 시·도경찰청장은 청원경찰이 직무를 수행하기 위하여 필요하다고 인정하면 청원주의 신청을 받아 관할 경찰서장으로 하여금 청원경찰에게 무기를 대여하여 **지니게 할 수 있다**(청원경찰법 제8조 제2항).

㉣ [×] 청원경찰은 형의 선고, 징계처분 또는 신체상·정신상의 이상으로 직무를 감당하지 못할 때를 제외하고는 그 의사에 반하여 면직되지 아니한다. 청원주가 청원경찰을 면직시켰을 때에는 그 사실을 관할 경찰서장을 거쳐 시·도경찰청장에게 **보고**하여야 한다(청원경찰법 제10조의4). 따라서, 사전승인사항이 아니고, 면직시킨 후 보고하면 된다.

101 청원경찰법에 대한 설명 중 가장 적절하지 않은 것은? 13. 경찰

□□□

① 청원경찰은 청원주가 임용하되, 임용을 할 때에는 미리 경찰서장의 승인을 받아야 한다.

② 청원경찰에 대한 징계의 종류는 파면, 해임, 정직, 감봉 및 견책으로 구분한다.

③ 청원경찰은 청원주와 배치된 기관·시설 또는 사업장 등의 구역을 관할하는 경찰서장의 감독을 받아 그 경비구역만의 경비를 목적으로 필요한 범위에서 경찰관 직무집행법에 따른 경찰관의 직무를 수행한다.

④ 시·도경찰청장은 청원경찰의 효율적인 운영을 위하여 청원주를 지도하며 감독상 필요한 명령을 할 수 있다.

정답 및 해설 | ①

① [×] 청원경찰은 청원주가 임용하되, 임용을 할 때에는 미리 **시·도경찰청장**의 **승인**을 받아야 한다(청원경찰법 제5조 제1항).

102 다음 보기 중 청원경찰법상 청원경찰을 설명한 것으로 틀린 것은 모두 몇 개인가? 14. 경찰

□□□

> ㉠ 청원경찰은 청원경찰의 배치결정을 받은 자(이하 청원주)와 배치된 기관 · 시설 또는 사업장 등의 구역을 관할하는 경찰서장의 감독을 받아 그 경비구역만의 경비를 목적으로 필요한 범위에서 경찰관 직무집행법에 따른 경찰관의 직무를 수행한다.
> ㉡ 청원경찰은 청원주가 임용하되, 임용을 할 때에는 미리 시 · 도경찰청장의 승인을 받아야 한다.
> ㉢ 시 · 도경찰청장은 청원경찰이 직무를 수행하기 위하여 필요하다고 인정하면 청원주의 신청을 받아 관할 경찰서장으로 하여금 청원경찰에게 무기를 대여하여 지니게 할 수 있다.
> ㉣ 청원경찰에 대한 징계 종류로는 파면, 해임, 강등, 감봉, 견책이 있다.
> ㉤ 청원경찰이 직무를 수행할 때 직권을 남용하여 국민에게 해를 끼친 경우에는 청원경찰법 제10조에 의하여 1년 이하의 징역이나 금고에 처한다.

① 0개　　② 1개
③ 2개　　④ 3개

정답 및 해설 | ③

틀린 설명은 ㉣㉤ 2개이다.

㉣ [×] 청원경찰에 대한 징계 종류로는 **파면, 해임, 정직, 감봉, 견책**이 있다(청원경찰법 제5조의2 제2항). 강등은 청원경찰의 징계에 포함되지 아니한다.

㉤ [×] 청원경찰이 직무를 수행할 때 직권을 남용하여 국민에게 해를 끼친 경우에는 **6개월 이하**의 징역이나 금고에 처한다(청원경찰법 제10조 제1항).

103 청원경찰에 대한 다음 설명 중 옳은 것은 모두 몇 개인가? 16. 경찰간부 변형

> ㉠ 청원경찰은 청원주가 임용하되, 임용을 할 대에는 미리 시 · 도경찰청장의 승인을 받아야 한다.
> ㉡ 청원경찰에 대한 징계의 종류는 파면, 해임, 강등, 정직, 감봉 및 견책으로 구분한다.
> ㉢ 시 · 도경찰청장은 청원경찰이 직무를 수행하기 위하여 필요하다고 인정하면 청원주의 신청을 받아 관할 경찰서장으로 하여금 청원경찰에게 무기를 대여하여 지니게 하여야 한다.
> ㉣ 청원경찰이 직무를 수행할 때 직권을 남용하여 국민에게 해를 끼친 경우에는 1년 이하의 징역이나 금고에 처한다.
> ㉤ 청원경찰의 임용자격은 20세 이하인 사람이다.

① 0개　　② 1개
③ 2개　　④ 3개

정답 및 해설 | ②

옳은 설명은 ㉠ 1개이다.

㉡ [×] 청원경찰에 대한 징계의 종류는 파면, 해임, 정직, 감봉 및 견책으로 구분한다(청원경찰법 제5조의2 제2항). 강등은 청원경찰의 징계종류에 해당하지 아니한다.

㉢ [×] 시 · 도경찰청장은 청원경찰이 직무를 수행하기 위하여 필요하다고 인정하면 청원주의 신청을 받아 관할 경찰서장으로 하여금 청원경찰에게 무기를 대여하여 지니게 할 수 있다(청원경찰법 제8조 제2항).

㉣ [×] 청원경찰이 직무를 수행할 때 직권을 남용하여 국민에게 해를 끼친 경우에는 6개월 이하의 징역이나 금고에 처한다(청원경찰법 제10조 제1항).

㉤ [×] 청원경찰의 임용자격은 18세 이상인 사람이다(청원경찰법 시행령 제3조 제1호).

104 청원경찰법 및 동법 시행령상 청원경찰에 대한 설명으로 가장 적절한 것은?

□□□ 17. 경찰 변형

① 청원경찰은 청원주와 배치된 기관 · 시설 또는 사업장 등의 구역을 관할하는 경찰서장의 감독을 받아 그 경비구역만의 경비를 목적으로 필요한 범위에서 국가경찰과 자치경찰의 조직 및 운영에 관한 법률에 따른 경찰관의 직무를 수행한다.

② 관할 경찰서장은 청원경찰이 직무상에 의무를 위반하거나 직무를 태만히 할 때 징계처분을 하여야 한다.

③ 관할 경찰서장은 매달 1회 이상 청원경찰을 배치한 경비구역에 대하여 복무규율과 근무 상황을 감독하여야 한다.

④ 청원경찰의 임용자격은 19세 이상인 사람이다.

정답 및 해설 | ③

① [×] 청원경찰은 청원주와 배치된 기관 · 시설 또는 사업장 등의 구역을 관할하는 경찰서장의 감독을 받아 그 경비구역만의 경비를 목적으로 필요한 범위에서 경찰관 직무집행법에 따른 경찰관의 직무를 수행한다(청원경찰법 제3조).

② [×] 청원주는 청원경찰이 직무상에 의무를 위반하거나 직무를 태만히 할 때 징계처분을 하여야 한다(청원경찰법 제5조의2 제1항).

④ [×] 청원경찰의 임용자격은 18세 이상인 사람이다(청원경찰법 시행령 제3조 제1호).

105 청원경찰에 대한 설명으로 적절한 것을 모두 고른 것은?

 18. 경찰승진

> ㉠ 청원경찰법 제3조에 청원주와 경찰서장이 청원경찰을 감독하도록 규정하고 있다.
> ㉡ 관할 경찰서장은 매달 1회 이상 청원경찰을 배치한 경비구역을 감독할 수 있다.
> ㉢ 시 · 도경찰청장은 청원경찰 배치가 필요하다고 인정하는 기관의 장 또는 시설 · 사업장의 경영자에게 청원경찰을 배치할 것을 요청해야 한다.
> ㉣ 청원경찰이 직무를 수행할 때 직권을 남용하여 국민에게 해를 끼친 경우에는 6개월 이하의 징역이나 금고에 처한다.
> ㉤ 청원경찰에 대한 징계의 종류는 파면, 해임, 강등, 정직, 감봉 및 견책으로 구분한다.

① ㉠, ㉡　　② ㉠, ㉣

③ ㉡, ㉣, ㉤　　④ ㉠, ㉣, ㉤

정답 및 해설 I ②

적절한 것은 ㉠㉣이다.

㉡ [×] 관할 경찰서장은 매달 1회 이상 청원경찰을 배치한 경비구역을 감독하여야 한다(청원경찰법 시행령 제17조).

㉢ [×] 시 · 도경찰청장은 청원경찰 배치가 필요하다고 인정하는 기관의 장 또는 시설 · 사업장의 경영자에게 청원경찰을 배치할 것을 요청할 수 있다(청원경찰법 제4조 제3항).

㉤ [×] 청원경찰에 대한 징계의 종류에는 강등은 포함되지 않는다.

106 청원경찰법 및 청원경찰법 시행령상 청원경찰에 대한 설명 중 가장 옳지 않은 것은? 19. 경찰간부 변형

□□□

① 시 · 도경찰청장은 청원경찰 배치가 필요하다고 인정하는 기관의 장 또는 시설 · 사업장의 경영자에게 청원경찰을 배치할 것을 요청할 수 있다.

② 청원경찰의 임용자격은 19세 이상인 사람이다.

③ 청원경찰은 청원경찰의 배치결정을 받은 자와 배치된 기관 · 시설 또는 사업장 등의 구역을 관할하는 경찰서장의 감독을 받아 그 경비구역만의 경비를 목적으로 필요한 범위에서 경찰관 직무집행법에 따른 경찰관의 직무를 수행한다.

④ 시 · 도경찰청장은 청원경찰이 직무를 수행하기 위하여 필요하다고 인정할 때에는 청원주의 신청을 받아 관할 경찰서장으로 하여금 무기를 대여하여 지니게 할 수 있다.

정답 및 해설 I ②

② [×] 청원경찰의 임용자격은 18세 이상인 사람이다(청원경찰법 시행령 제3조 제1호).

107 청원경찰에 대한 설명으로 가장 적절한 것은? 19. 경찰승진

□□□

① 청원경찰을 배치받으려는 자는 대통령령으로 정하는 바에 따라 관할 경찰서장에게 청원경찰 배치를 신청하여야 한다.

② 청원경찰은 청원주의 신청에 따라 시 · 도경찰청장이 임용한다.

③ 청원경찰에 대한 징계의 종류는 파면, 해임, 정직, 감봉 및 견책으로 구분한다.

④ 청원경찰의 '근무 중 제복 착용의무'가 법률에 명시적으로 규정되어 있지는 않다.

정답 및 해설 I ③

① [×] 청원경찰을 배치받으려는 자는 대통령령으로 정하는 바에 따라 관할 시 · 도경찰청장에게 청원경찰 배치를 신청하여야 한다(청원경찰법 제4조 제1항).

② [×] 청원경찰은 청원주의 신청에 따라 시 · 도경찰청장의 승인을 받아 청원주가 임용한다(청원경찰법 제5조 제1항).

④ [×] 청원경찰의 '근무 중 제복 착용의무'가 청원경찰법 제8조 제1항에 명시적으로 규정되어 있다.

108 청원경찰법 및 동법 시행령상 청원경찰에 대한 설명으로 가장 적절하지 않은 것은? 20. 경찰

□□□

① 청원경찰에 대한 징계의 종류는 파면, 해임, 정직, 감봉 및 견책으로 구분한다.

② 청원주는 청원경찰을 신규로 배치하거나 이동배치하였을 때에는 배치지(이동배치의 경우에는 종전의 배치지)를 관할하는 경찰서장에게 그 사실을 통보하여야 한다.

③ 청원경찰(국가기관이나 지방자치단체에 근무하는 청원경찰을 포함한다)의 직무상 불법행위에 대한 배상책임에 관하여는 민법의 규정을 따른다.

④ 청원경찰이 그 배치지의 특수성 등으로 특수복장을 착용할 필요가 있을 때에는 청원주는 시·도경찰청장의 승인을 받아 특수복장을 착용하게 할 수 있다.

정답 및 해설 | ③

③ [×] 국가기관이나 지방자치단체에 근무하는 청원경찰은 **국가배상법상 공무원**에 해당하므로 그 직무상 불법행위에 대한 배상책임에 관하여는 **국가배상법**의 규정을 따른다.

109 경비업법과 청원경찰법상 관련자들에게 부여된 준수사항들로 옳지 않은 것은? 21. 경찰간부

□□□

① 경비업자는 경찰공무원 또는 군인의 제복과 색상 및 디자인 등이 명확히 구별되는 소속 경비원의 복장을 정하고 이를 확인할 수 있는 사진을 첨부하여 주된 사무소를 관할하는 시·도경찰청장에게 소정의 양식에 따라 신고하여야 한다.

② 경비원은 장비를 근무 중에만 휴대할 수 있고 경비업무를 위하여 필요하다고 인정되는 상당한 이유가 있을 때에는 필요한 최소한도에서 장비를 사용할 수 있다.

③ 청원경찰은 청원주와 배치된 기관·시설 또는 사업장 등의 구역을 관할하는 경찰서장의 감독을 받아 그 경비구역만의 경비를 목적으로 필요한 범위에서 경찰관 직무집행법에 따른 경찰관의 직무를 수행한다.

④ 청원경찰은 근무 중 제복을 착용하여야 하며 경찰청장은 청원경찰이 직무를 수행하기 위하여 필요하다고 인정하면 청원주의 신청을 받아 관할 시·도경찰청장으로 하여금 청원경찰에게 무기를 대여하여 지니게 할 수 있다.

정답 및 해설 | ④

④ [×] 청원경찰은 근무 중 제복을 착용하여야 하며 **시·도경찰청장**은 청원경찰이 직무를 수행하기 위하여 필요하다고 인정하면 청원주의 신청을 받아 관할 **경찰서장**으로 하여금 청원경찰에게 무기를 대여하여 지니게 할 수 있다(청원경찰법 제8조 제1항·제2항).

110 청원경찰에 대한 설명으로 적절한 것은 모두 몇 개인가? (다툼이 있는 경우 판례에 따름)
□□□

22. 경찰간부

> ㉠ 시 · 도경찰청장은 청원경찰 배치가 필요하다고 인정하는 기관의 장 또는 시설사업장의 경영자에게 청원경찰을 배치할 것을 명령할 수 있다.
> ㉡ 청원경찰이 직무상의 의무 등을 위반하는 경우에는 청원주 및 관할 감독 경찰서장은 대통령령이 정하는 징계절차를 거쳐 징계처분을 하여야 한다.
> ㉢ 청원경찰은 형법이나 그 밖의 법령에 따른 벌칙을 적용할 때에는 공무원으로 보기 때문에 청원경찰의 불법행위에 대한 배상책임에 관하여는 국가배상법의 규정을 적용한다.
> ㉣ 국가나 지방자치단체에 근무하는 청원경찰의 근무관계는 사법상의 고용계약관계이다.

① 0개 ② 1개
③ 2개 ④ 3개

정답 및 해설 I ①

㉠ [×] 시 · 도경찰청장은 청원경찰 배치가 필요하다고 인정하는 기관의 장 또는 시설사업장의 경영자에게 청원경찰을 배치할 것을 요청할 수 있다.

㉡ [×] 청원경찰이 직무상의 의무 등을 위반하는 경우에는 **청원주**는 대통령령이 정하는 징계절차를 거쳐 징계처분을 하여야 한다. 관할 경찰서장은 징계처분을 하도록 요청할 수 있을 뿐이다.

㉢ [×] 청원경찰의 불법행위에 대한 배상책임에 관하여는 청원경찰이 **국가나 지방자치단체에서 근무하는 경우에만** 국가배상법에 따른 '공무원'에 해당하기 때문에 국가배상법의 규정을 적용한다.

㉣ [×] 국가나 지방자치단체에 근무하는 청원경찰의 근무관계는 판례에 따라 **공법상의 근무관계**이다.

제5장 | 정보경찰

제1절 | 정보경찰 총설

001 정보와 정책의 관계와 관련하여 전통주의에 대한 설명으로 가장 적절하지 않은 것은? 13. 경찰승진

□□□

① 정보생산자는 정책과정에 대해 연구하고 이해해야 한다.

② 정보는 정책에 의존하여 존재하지만, 정책은 정보의 지지 없이도 존재할 수 있는 것이다.

③ 정보가 정책결정에 조언을 주는 방향으로만 분리적으로 기능해야 한다.

④ 대표적 학자로 Mark M. Lowenthal이 있다.

정답 및 해설 | ①

① [×] 지문은 행동주의에 대한 설명이다.

☑ 전통주의와 행동주의의 비교

구분	전통주의	행동주의
의의	정보와 정책에 대한 일정수준의 분리의 필요성을 강조한 입장	정보와 정책이 공생관계에 있기 때문에 상호관련성을 강조하는 입장
대표학자	Mark M. Lowenthal	Roger Hilsman
특징	1. 정보는 정책에 의존하여 존재하지만, 정책은 정보의지지 없이도 존재할 수 있음 2. 정보의 제공과 정보의 조작을 구분해야 함 3. 현용정보에 정보역량을 집중해야 함 4. 정보가 정책결정자들에게 조언을 해주는 방향으로만 기능해야 함	1. 정보는 정책결정과정에 대한 연구와 이해가 있어야 함 2. 정보생산자는 정보사용자에게 의미가 있는 사안에 대하여 정보역량을 집중해야 함 3. 정보와 정책간에 환류체제가 필요함 4. 판단정보를 가장 가치 있는 정보로 취급함

002 정보와 정책이 어느 정도 밀접한 관계를 유지하는 것이 바람직한 것일까에 대한 견해로 전통주의와 행동주의가 있다. 전통주의(정보와 정책에 대한 일정 수준의 분리 필요성을 강조) 입장으로 가장 적절하지 않은 것은? 13. 경찰승진

□□□

① 전통주의를 따를 경우 현용정보에 정보역량을 집중하는 결과를 낳는다.

② 정보생산자는 정보사용자에게 의미가 있는 사안들에 정보역량을 동원해야 한다.

③ "정보는 정책결정을 안내하기 위해 필요한 만큼 밀접해야 하지만, 판단의 독립성을 보호하기 위해 충분한 이격을 유지해야 한다."라는 주장은 전통주의와 관련이 있다.

④ 정보가 정책결정에 조언을 주는 방향으로만 분리적으로 기능해야 한다.

정답 및 해설 | ②

② [×] 지문의 내용은 행동주의에 해당하는 설명이다.

003 정보의 질적 요건에 관한 다음 설명 중 가장 적절하지 않은 것은? 15. 경찰

□□□

① 완전성은 정보가 사실과 일치되는 성질이다.

② 적시성은 정보가 정책결정이 이루어지는 시점에 비추어 가장 적절한 시기에 존재하는 성질이다.

③ 적실성은 정보가 당면 문제와 관련된 성질이다.

④ 객관성은 정보가 국가정책의 결정과정에서 사용될 때 국익증대와 안보추구라는 차원에서 객관적 입장을 유지해야 한다는 것을 의미한다.

정답 및 해설 I ①

① [×] 정보가 사실과 일치되는 성질은 완전성이 아니라 정확성이다.

004 정보가치에 대한 평가기준을 설명한 것이다. ㉠부터 ㉣까지 정보의 질적 요건을 순서대로 나열한 것 중 적절한 것은? 17. 경찰승진

□□□

㉠ 정보가 사실과 일치되는 성질이다.
㉡ 정보가 그 자체로서 정책결정에 필요하고 가능한 모든 내용을 망라하고 있는 성질이다.
㉢ 정보가 당면문제와 관련된 성질이다.
㉣ 정보가 생산자나 사용자의 의도에 따라 주관적으로 왜곡되면 선호정책의 합리화 도구로 전락할 수 있다.

① 적실성 – 완전성 – 정확성 – 객관성

② 정확성 – 객관성 – 완전성 – 적실성

③ 정확성 – 완전성 – 적실성 – 객관성

④ 완전성 – 적실성 – 정확성 – 객관성

정답 및 해설 I ③

③ [O] 순서대로 나열하면 ㉠ 정확성, ㉡ 완전성, ㉢ 적실성(관련성), ㉣ 객관성이다.

㉠ 정보가 사실과 일치되는 성질은 **정확성**이다.

㉡ 정보가 그 자체로서 정책결정에 필요하고 가능한 모든 내용을 망라하고 있는 성질은 **완전성**이다.

㉢ 정보가 당면문제와 관련된 성질은 **적실성(관련성)**이다.

㉣ 정보가 생산자나 사용자의 의도에 따라 주관적으로 왜곡되면 선호정책의 합리화 도구로 전락할 수 있으므로 정보가 주관적으로 왜곡되지 않고 객관적이어야 한다는 성질은 **객관성**이다.

005 정보의 순환과정에 대한 설명으로 가장 적절한 것은? 22. 경찰간부

□□□

① 정보의 순환과정은 첩보의 수집 ⇨ 정보의 요구 ⇨ 정보의 생산 ⇨ 정보의 배포 순이다.

② 첩보수집의 소순환과정은 첩보의 수집계획 ⇨ 출처개척 ⇨ 획득 ⇨ 전달 순이다.

③ 정보요구의 소순환과정은 첩보의 선택 ⇨ 기록 ⇨ 평가 ⇨ 분석 ⇨ 종합 ⇨ 해석 순이다.

④ 정보생산의 소순환과정은 첩보의 기본요소 결정 ⇨ 수집계획서의 작성 ⇨ 명령하달 ⇨ 사후검토 순이다.

정답 및 해설 I ②

① [×] 정보의 순환과정은 **정보의 요구** ⇨ **첩보의 수집** ⇨ 정보의 생산 ⇨ 정보의 배포 순이다.

③ [×] **정보요구**의 소순환과정은 첩보의 기본요소 결정 ⇨ 수집계획서의 작성 ⇨ 명령하달 ⇨ 사후검토 순이다.

④ [×] **정보생산**의 소순환과정은 첩보의 선택 ⇨ 기록 ⇨ 평가 ⇨ 분석 ⇨ 종합 ⇨ 해석 순이다.

006 정보의 질적 요건에 대한 설명으로 가장 적절하지 않은 것은? 18. 경찰승진

□□□

① 정확성(Accuracy) – 정보가 사실과 일치되는 성질이다.

② 관련성(Relevancy) – 정보가 당면 문제와 관련된 성질이다.

③ 적시성(Timeliness) – 정보가 정책결정이 이루어지는 시점에 비추어 가장 적절한 시기에 존재하는 성질이다. 이를 평가할 때 그 기준이 되는 시점은 생산자의 생산시점이다.

④ 완전성(Completeness) – 정보가 그 자체로서 정책결정에 필요하고 가능한 모든 내용을 망라하고 있는 성질이다.

정답 및 해설 I ③

③ [×] 정보의 적시성을 평가할 때 그 기준이 되는 시점은 생산자의 생산시점이 아니라 **사용자의 사용시점**을 기준으로 한다.

007 정보의 질적 요건(정보가치에 대한 평가기준)에 대한 설명으로 가장 적절하지 않은 것은?

□□□

20. 경찰특공대

① 적시성: 정보가 정보사용자의 의사결정에 필요한 시기에 제공될 때 그 가치가 높다.

② 정확성: 정보가 사실과 일치되는 성질이다.

③ 객관성: 정보는 시간이 허용하는 한 완전한 지식이어야만 한다.

④ 적실성: 정보는 정보사용자의 사용목적과 관련된 것이어야 한다.

정답 및 해설 I ③

③ [×] 완전성에 대한 설명이다.

008 정보의 효용에 대한 설명 중 가장 적절하지 않은 것은? 12. 경찰승진

□□□

① 정보의 효용이란 질적 요건을 갖춘 정보를 어떻게 사용하면 정책결정 과정에 기여할 수 있는가에 대한 기준을 말한다.

② 정보형태가 의사결정자의 요구사항과 보다 밀접하게 부합될 때 정보의 효용 중 형식효용이 높아진다.

③ 전략정보는 정책결정자가 보는 만큼 비교적 상세하고 구체적일 필요가 있으나, 전술정보는 낮은 수준의 정책결정자나 실무자가 보는 만큼 중요한 요소를 축약해 놓은 형태가 바람직하다.

④ 방첩활동과 가장 밀접하게 관련된 것은 통제효용이다.

정답 및 해설 I ③

③ [×] **전략정보**는 정책결정자가 보는 만큼 **중요한 요소를 축약**해 놓은 형태가 바람직하고, **전술정보**는 낮은 수준의 정책결정자나 실무자가 보는 만큼 **비교적 상세하고 구체적인** 것이 바람직하다.

제2편 I 각론

5장

009 정보의 분류에 관한 설명으로 옳지 않은 것은 모두 몇 개인가? 14. 경찰간부

□□□

㉠ 요소에 의한 분류 – 정치, 경제, 사회, 군사 등 ㉡ 사용수준에 의한 분류 – 국내정보, 국외정보 ㉢ 사용목적에 의한 분류 – 적극정보, 보안정보 ㉣ 수집활동에 의한 분류 – 인간정보, 기술정보 ㉤ 분석형태(기능)에 의한 분류 – 기본정보, 현용정보, 판단정보

① 0개 ② 1개

③ 2개 ④ 3개

정답 및 해설 I ②

옳지 않은 것은 ㉡ 1개이다.

㉡ [×] 사용수준에 의한 분류는 **전략정보**와 **전술정보**로 나뉜다.

010 각 정보분류기준에 따른 정보의 종류로 맞지 않은 것은? 18. 경찰승진

□□□

① 사용수준에 따른 분류 – 전략정보, 전술정보

② 정보요소에 따른 분류 – 기본정보, 현용정보, 판단정보

③ 사용목적에 따른 분류 – 적극정보, 소극(보안)정보

④ 수집활동에 따른 분류 – 인간정보, 기술정보

정답 및 해설 I ②

② [×] 정보요소에 따른 분류는 **경제정보, 정치정보, 사회정보, 군사정보** 등으로 분류한다. **기본정보, 현용정보, 판단정보**는 정보의 **분석형태(기능)**에 따른 구분이다.

011 다음 중 정보의 분석형태에 따라 분류한 것은? 14. 경찰

□□□

① 전략정보, 전술정보

② 적극정보, 소극(보안)정보

③ 정치정보, 경제정보, 사회정보, 군사정보, 과학정보

④ 기본정보, 현용정보, 판단정보

정답 및 해설 I ④

① [×] 전략정보, 전술정보는 사용수준에 따른 분류이다.

② [×] 적극정보, 소극(보안)정보는 대상(사용목적)을 중심으로 한 분류이다.

③ [×] 정치정보, 경제정보, 사회정보, 군사정보, 과학정보는 요소에 의한 분류이다.

012 정보의 분류 중 사용목적에 따른 분류로 가장 적절한 것은? 15. 경찰

□□□

① 전략정보, 전술정보

② 적극정보, 소극(보안)정보

③ 기본정보, 현용정보, 판단정보

④ 인간정보, 기술정보

정답 및 해설 I ②

② [○] 사용목적(대상)에 따른 분류는 적극정보와 소극(보안)정보이다.

① [×] 사용수준에 따른 분류이다.

③ [×] 분석형태에 따른 분류이다.

④ [×] 수집활동에 따른 분류이다.

013 다음 빈 칸에 들어갈 알맞은 단어끼리 짝지은 것은? 17. 경찰간부

- (㉠)는 과거와 현재를 바탕으로 하여 미래의 가능성을 예측한 평가정보로서 정책결정자에게 정책의 결정에 필요한 사전적인 지식을 제공하는 기능을 한다.
- (㉡)는 국가안전보장을 위태롭게 하는 간첩활동, 태업 및 전복에 대비할 국가적 취약점의 분석과 판단에 관한 정보를 말한다.

	㉠	㉡
①	판단정보	적극정보
②	판단정보	보안정보
③	현용정보	소극정보
④	현용정보	적극정보

정답 및 해설 | ②

②
- (㉠ 판단정보)는 과거와 현재를 바탕으로 하여 미래의 가능성을 예측한 평가정보로서 정책결정자에게 정책의 결정에 필요한 사전적인 지식을 제공하는 기능을 한다.
- (㉡ 보안정보)는 국가안전보장을 위태롭게 하는 간첩활동, 태업 및 전복에 대비할 국가적 취약점의 분석과 판단에 관한 정보를 말한다.

014 □□□ 정보의 생산단계에서의 소순환과정 순서가 맞게 된 것은? 08. 경찰

㉠ 기록	㉡ 선택	㉢ 평가
㉣ 분석	㉤ 해석	㉥ 종합

① ㉠ ⇨ ㉡ ⇨ ㉢ ⇨ ㉣ ⇨ ㉤ ⇨ ㉥
② ㉠ ⇨ ㉡ ⇨ ㉣ ⇨ ㉢ ⇨ ㉤ ⇨ ㉥
③ ㉡ ⇨ ㉠ ⇨ ㉢ ⇨ ㉣ ⇨ ㉤ ⇨ ㉥
④ ㉡ ⇨ ㉠ ⇨ ㉢ ⇨ ㉣ ⇨ ㉥ ⇨ ㉤

정답 및 해설 | ④

④ [O] 정보의 생산단계에서 ㉡ 선택 ⇨ ㉠ 기록 ⇨ ㉢ 평가 ⇨ ㉣ 분석 ⇨ ㉥ 종합 ⇨ ㉤ 해석의 소순환과정을 통해 정보가 생산된다.

015 □□□ 정보순환단계 중 정보생산의 소순환과정에 대한 설명을 읽고, 그 순서를 바르게 나열한 것은? 11. 경찰간부

㉠ 첩보의 출처 및 내용에 관하여 그 신뢰성과 사실성, 즉 타당성을 판정하는 과정
㉡ 정보의 생산과정에서 수집된 첩보 중 즉각 사용하지 않거나 사용된 첩보를 관리하는 과정
㉢ 수집된 첩보 중에서 긴급성, 유효성 등을 기준으로 필요한 것을 걸러내는 과정
㉣ 평가단계에서 정선된 첩보를 가지고 정보요구를 해결하기 위한 가설들을 논리적으로 검증하는 일련의 과정
㉤ 부여된 주제에 대한 정보를 생산하기 위하여 동류의 것끼리 분류된 사실을 하나의 통일체로 결합하는 과정
㉥ 평가·분석·종합된 새정보에 대하여 그 의미와 중요성을 결정하여 건전한 결론도출을 가능하게 하는 과정

① ㉢ ⇨ ㉠ ⇨ ㉡ ⇨ ㉣ ⇨ ㉤ ⇨ ㉥
② ㉡ ⇨ ㉢ ⇨ ㉣ ⇨ ㉠ ⇨ ㉤ ⇨ ㉥
③ ㉡ ⇨ ㉢ ⇨ ㉠ ⇨ ㉤ ⇨ ㉣ ⇨ ㉥
④ ㉢ ⇨ ㉡ ⇨ ㉠ ⇨ ㉣ ⇨ ㉤ ⇨ ㉥

정답 및 해설 | ④

④ [O] 순서를 바르게 나열하면 ㉢ 선택 ⇨ ㉡ 기록 ⇨ ㉠ 평가 ⇨ ㉣ 분석 ⇨ ㉤ 종합 ⇨ ㉥ 해석이다.

016 □□□ 다음 보기의 상황에 따른 정보요구방법이 올바르게 연결된 것은? 14. 경찰

> ㉠ 각 정보부서에 맡고 있는 정책을 수행함에 있어서 필요한 일반적 · 포괄적 정보로서 계속적이고 반복적으로 수집해야 할 필요가 있는 경우
> ㉡ 어떤 수시적 돌발상황의 해결에 필요한 한도 내에서 임시적 · 단편적 · 지역적인 특수사건을 단기에 해결하기 위하여 필요한 경우
> ㉢ 국가안전보장이나 정책에 관련되는 국가정보목표의 우선순위로서, 정부에서 기획된 연간 기본정책을 수행함에 있어 필요로 하는 자료들을 목표로 하여 선정하는 경우
> ㉣ 정세의 변화에 따라 불가피하게 정책상 수정이 요구되거나 이를 위한 자료가 절실히 요구되는 경우

	㉠	㉡	㉢	㉣
①	PNIO	SRI	EEI	OIR
②	EEI	SRI	PNIO	OIR
③	PNIO	OIR	EEI	SRI
④	EEI	OIR	PNIO	SRI

정답 및 해설 I ②

② [O] 올바르게 나열된 것은 ㉠ EEI, ㉡ SRI, ㉢ PNIO, ㉣ OIR이다.

017 □□□ EEI(첩보기본요소)와 SRI(특별첩보요구)에 대한 설명으로 가장 적절한 것은? 17. 경찰승진

① EEI는 단기적 문제해결을 위한 첩보요구이다.
② SRI는 전체적인 의미를 가진 일반적인 내용으로 계속적 · 반복적으로 요구된다.
③ EEI는 우선적으로 필요로 하는 가장 기본적인 사항으로 첩보수집계획서의 핵심이다.
④ SRI는 사전에 반드시 첩보수집계획서를 작성한다.

정답 및 해설 I ③

① [×] EEI는 계속적 · 반복적으로 수집할 사항의 첩보요구이다.
② [×] SRI는 돌발사항에 대해 단편적 · 지역적인 특수사건에 대한 첩보요구이다.
④ [×] SRI는 돌발적인 사항에 대한 것이기 때문에 사전에 첩보수집계획서를 작성하기 곤란하다. 반면, EEI는 사전에 반드시 첩보수집계획서를 작성한다.

☑ EEI(첩보기본요소)와 SRI(특별첩보요구)의 비교

구분	EEI(첩보기본요소)	SRI(특별첩보요구)
의의	계속적 · 반복적 · 광범위한 지역에 대한 첩보요구	돌발사항에 대해 단편적 · 지역적인 특수사건에 대한 첩보요구
사전계획서	요구	불요구
형식	서면이 원칙	구두로도 가능
비고	정보기관의 활동은 주로 SRI에 의함	

018 □□□ 다음 설명 중 가장 옳지 않은 것은? 18. 경찰간부

① PNIO는 국가정책의 수립자와 수행자의 질문에 대한 응답을 위하여 선정된 우선적인 정보 목표이며, 국가의 전 정보기관 활동의 기본방침이고, 특히 경찰청이 정보수집계획을 수립할 때 가장 중요한 지침이 된다.

② EEI는 사전에 반드시 첩보수집요구계획서를 작성하며, 해당 부서의 정보활동을 위한 일반지침이 된다.

③ SRI는 어떤 수시적 돌발상황의 해결에 필요한 한도 내에서 임시적 · 단편적 · 지역적인 특수사건을 단기에 해결하기 위하여 필요한 경우에 요구되는 첩보이다.

④ SRI의 경우 사전 첩보수집계획서가 필요하다.

정답 및 해설 I ④

④ [×] SRI는 돌발적인 사항에 대한 것이기 때문에 사전에 첩보수집계획서를 작성하기 곤란하다.

☑ 정보의 요구방법

구분	PNIO	EEI	SRI	OIR
의의	1. 국가정보 목표 우선순위 2. 국가의 모든 정보기관의 활동지침(1년간)	계속적 · 반복적, 광범위한 지역에 대한 첩보 요구	돌발사항에 대해 단편적 · 지역적인 특수사건에 대한 첩보 요구	정책상 수정이 요구될 때 PNIO에 우선하여 정보 목표를 달성하기 위한 정보 요구
사전(계획서)	사전에 각 정부기관으로부터 필요정보 요구	요구(첩보수집계획서)	불요구	
형식	서면	서면이 원칙	구두로도 가능	
비고	국가정보원장이 작성	경찰청에서 작성	정보사용자들이 주로 활용	

019 □□□ 정보요구의 방법 중 첩보기본요소(EEI)에 대한 설명으로 가장 적절하지 않은 것은? 19. 경찰승진

① 정보기관의 활동은 주로 첩보기본요소(EEI)에 의한다.

② 사전에 반드시 첩보수집계획서를 작성한다.

③ 전체적인 의미를 가진 일반적인 내용으로 계속적 · 반복적으로 수집할 사항이다.

④ 우선적으로 필요로 하는 가장 기본적인 사항으로 첩보수집계획서의 핵심이다.

정답 및 해설 I ①

① [×] 정보기관의 활동은 주로 특별첩보요구(SRI)에 의한다.

020 □□□ 정보의 배포란 정보를 필요로 하는 개인이나 기관에게 적합한 형태와 내용을 갖추어서 적당한 시기에 제공하는 과정이다. 아무리 중요하고 정확한 정보를 생산했다 하더라도 그 정보가 필요한 사람에게 적절히 전달되지 않는다면 정보의 가치는 상실되고 만다. 다음은 정보배포의 원칙에 대한 설명 중 옳지 않은 것은 모두 몇 개인가? 11. 경찰

> ㉠ 필요성 – 정확하고 완전한 정보라 할지라도 배포과정에서 지연되어 사용 시기를 놓치거나 너무 일찍 전달되면 정보의 가치는 상실된다.
> ㉡ 적시성 – 배포기관은 누가 어떤 정보를 언제, 어떻게 사용할 것인가를 파악하고 있어야 한다.
> ㉢ 적당성 – 정보는 사용자의 능력과 상황에 맞추어서 적당한 양을 조절하여 필요한 만큼만 적절한 전파수단을 통해 전달되어야 한다.
> ㉣ 보안성 – 완성된 정보연구 및 판단이 누설되면 정보로서의 가치를 상실할 수 있다.
> ㉤ 계속성 – 배포된 정보와 관련성을 가진 새로운 정보를 조직적이고 계속적으로 배포해야 한다.

① 1개 ② 2개
③ 3개 ④ 4개

정답 및 해설 | ②
옳지 않은 설명은 ㉠㉡ 2개이다.
㉠ [×] 적시성에 대한 설명이다.
㉡ [×] 필요성에 대한 설명이다.

021 □□□ 정보의 배포와 관련된 설명으로 ㉠~㉤의 내용 중 옳고 그름의 표시(○, ×)가 모두 바르게 된 것은? 18. 경찰

> ㉠ 정보의 배포란 정보를 필요로 하는 개인이나 기관에게 적합한 내용을 적당한 시기에 제공하는 과정을 말하는 것으로, 적합한 형태를 갖출 필요는 없다.
> ㉡ 보안성의 원칙은 정보연구 및 판단이 누설되면 정보로서의 가치를 상실할 수 있으므로 이를 예방하기 위해 보안대책을 강구해야 한다는 것을 말한다.
> ㉢ 계속성의 원칙은 정보가 정보사용자에게 배포되었다면, 그 정보의 내용이 변화되었거나 관련 내용이 추가적으로 입수되었거나 할 경우 계속적으로 사용자에게 배포되어야 한다는 것을 말한다.
> ㉣ 정보배포의 주된 목적은 정책입안자 또는 정책결정자가 정보를 바탕으로 건전한 정책결정에 이르도록 하는 데 있다.
> ㉤ 정보는 먼저 생산된 것을 우선적으로 배포하여야 한다.

① ㉠ (×) ㉡ (×) ㉢ (○) ㉣ (×) ㉤ (○)
② ㉠ (×) ㉡ (○) ㉢ (○) ㉣ (○) ㉤ (×)
③ ㉠ (○) ㉡ (○) ㉢ (×) ㉣ (○) ㉤ (○)
④ ㉠ (×) ㉡ (○) ㉢ (○) ㉣ (×) ㉤ (×)

정답 및 해설 I ②

옳은 설명은 ㉡㉢㉣이다.

㉠ [×] 정보의 배포란 정보를 필요로 하는 개인이나 기관에게 적합한 내용을 적당한 시기에 제공하는 과정을 말하는 것으로, 적합한 형태를 갖출 필요가 있다.

㉤ [×] 정보는 정보의 내용과 중요성에 따라 적정한 시기에 배포하여야 한다.

022 정보의 배포수단에 대한 설명 중 가장 적절하게 연결된 것은?

17. 경찰

□□□

㉠ 통상 개인적인 대화의 형태로 이루어지며, 질문에 대한 답변이나 토의 형태로 직접 전달하는 방법이다.
㉡ 정보사용자 또는 다수 인원에게 신속히 전달하는 경우에 이용되는 방법으로 강연식이나 문답식으로 진행되며, 현용정보의 배포수단으로 많이 이용된다.
㉢ 정보분석관이 가장 많이 활용하는 방법으로 정기간행물에 포함시키는 것이 적절하지 못한 긴급한 정보를 전달하는 데 주로 사용되며, 신속성이 중요하다.
㉣ 매일 24시간에 걸친 정치, 경제, 사회, 문화 등 제반 정세의 변화를 중점적으로 망라한 보고서로 사전에 고안된 양식에 의해 매일 작성되며, 제한된 범위에서 배포된다.

	㉠	㉡	㉢	㉣
①	비공식적 방법	브리핑	메모	일일정보보고서
②	비공식적 방법	브리핑	전신	특별보고서
③	브리핑	비공식적 방법	메모	특별보고서
④	브리핑	비공식적 방법	전신	일일정보보고서

정답 및 해설 I ①

① [○] 적절하게 연결된 것은 ㉠ 비공식적 방법, ㉡ 브리핑, ㉢ 메모, ㉣ 일일정보보고서이다.

023 정보의 순환과정에 대한 다음 설명 중 옳은 것은 모두 몇 개인가?

19. 경찰간부

> ㉠ 정보의 순환과정 중 가장 중요하고도 어려운 단계는 정보생산단계이다.
> ㉡ 첩보수집단계의 소순환과정은 첩보의 기본요소 결정 ⇨ 첩보수집계획서의 작성 ⇨ 명령 · 하달 ⇨ 사후검토 순이다.
> ㉢ 정보생산단계의 소순환과정은 선택 ⇨ 평가 ⇨ 기록 ⇨ 분석 ⇨ 종합 ⇨ 해석이다.
> ㉣ 정보의 순환은 연속적 또는 동시에 이루어질 수도 있다.
> ㉤ 정보배포의 원칙 중 '보안성'이란 알아야 할 필요가 있는 대상자에게는 알려야 하고, 알 필요가 없는 대상자에게는 알려서는 안 된다는 것이다.
> ㉥ 정보배포의 수단 중 '특별보고서'는 어떤 기관 또는 사용자가 요청한 문제에 대하여 정보를 작성하고 배포하는 방법이다.

① 1개 ② 2개
③ 3개 ④ 4개

정답 및 해설 I ①

옳은 설명은 ㉣ 1개이다.

㉠ [×] 정보의 순환과정 중 가장 중요하고도 어려운 단계는 **첩보수집단계**이다.

㉡ [×] **'정보요구'**의 소순환과정이다. 첩보수집단계의 소순환과정은 첩보수집계획 ⇨ 첩보출처개척 ⇨ 첩보의 획득 ⇨ 첩보의 전달 순이다.

㉢ [×] 정보생산단계의 소순환과정은 선택 ⇨ **기록** ⇨ **평가** ⇨ 분석 ⇨ 종합 ⇨ 해석이다.

㉤ [×] 정보배포의 원칙 중 **필요성**에 대한 설명이다. **'보안성'**이란 정보배포과정에서 정보의 누설을 막기 위해 보안대책을 강구하여야 한다는 것이다.

㉥ [×] **'지정된 연구과제보고서'**에 대한 설명이다. 정보배포의 수단 중 '특별보고서'는 **축적된 정보가 다수의 사람이나 기관에게 이해관계가 있거나 가치가 있을 때에 사용하는 방법**이다.

024 정보경찰활동에 대한 설명으로 가장 적절하지 않은 것은?

20. 경찰승진

① 관련 문서의 배포범위를 제한하거나 폐기대상인 문서를 파기하는 등의 관리방법은 물리적 보안조치에 해당한다.

② 정보배포의 원칙으로 필요성, 적당성, 보안성, 적시성, 계속성이 있다.

③ 어떤 수시적 돌발상황의 해결에 필요한 한도 내에서 임시적 · 단편적 · 지역적 특수사건을 단기에 해결하기 위하여 필요한 경우 요구되는 첩보를 SRI(특별첩보요구)라고 한다.

④ 정보배포의 원칙 중 계속성은 특정 정보가 필요한 정보사용자에게 배포되었다면 그 정보의 내용이 계속 변화되었거나 관련 내용이 추가적으로 입수되었거나 할 경우 정보는 계속적으로 사용자에게 배포되어야 한다는 원칙이다.

정답 및 해설 I ①

① [×] 관련 문서의 배포범위를 제한하거나 폐기대상인 문서를 파기하는 등의 관리방법은 **정보의 분류조치**에 해당한다.

025 정보의 배포수단에 대한 설명 중 가장 적절하지 않은 것은? 14. 경찰승진

□□□

① 정기간행물에 포함시키는 것이 적절하지 못한 긴급한 정보, 즉 현용정보를 전달하는 데 주로 사용하는 것이 전화(전신)이다.

② 정보사용자가 공식회의 · 행사 등에 참석하여 물리적인 접촉이 용이하지 않은 경우나 사실확인 차원의 단순보고에 활용하는 방식이 휴대폰 문자메시지이다.

③ 배포수단의 결정요소로 정보내용의 형태와 양, 정보의 긴급성, 비밀등급, 정보의 사용목적 등이 있다.

④ 정보사용자 또는 다수 인원에 대하여 개인이 정보내용을 요약하여 구두로 설명하는 것이 브리핑이다.

정답 및 해설 I ①

① [×] 정기간행물에 포함시키는 것이 적절하지 못한 긴급한 정보, 즉 현용정보를 전달하는 데 주로 사용하는 것은 **메모**이다.

026 정보의 배포수단에 대한 설명으로 가장 적절하지 않은 것은? 15. 경찰승진

□□□

① 배포수단의 결정 요소로 정보내용의 형태와 양, 정보의 긴급성, 비밀등급, 정보의 사용목적 등이 있다.

② 브리핑은 정보사용자 또는 다수 인원에 대하여 개인이 정보내용을 요약하여 구두로 설명하는 것이다.

③ 휴대전화 문자메시지는 정보사용자가 공식회의 · 행사 등에 참석하여 물리적인 접촉이 용이하지 않는 경우나 사실확인 차원의 단순 보고에 활용한다.

④ 메모는 정보가 다수인의 참고자료나 교범으로 이용될 때 서적의 형태로 배포된다.

정답 및 해설 I ④

④ [×] 정보의 배포수단 중 **서적**에 대한 설명이다.

027 정보보고서를 작성할 때 판단을 나타내는 정보용어에 대한 설명으로 가장 적절하지 않은 것은?

□□□ 15. 경찰승진

① 판단됨 – 어떤 징후가 나타나거나 상황이 전개될 것이 거의 확실시되는 근거가 있는 경우

② 예상됨 – 첩보 등을 분석한 결과 단기적으로 어떤 상황이 전개될 것이 비교적 확실한 경우

③ 전망됨 – 과거의 움직임이나 현재 동향, 미래의 계획 등으로 미루어 장기적으로 활동의 윤곽이 어떠하리라는 예측을 할 경우

④ 확실함 – 구체적인 징후는 없으나 그 가능성을 완전히 배제하기 곤란하여 최소한의 대비조차 필요 없는 경우

정답 및 해설 I ④

④ [×] '**우려됨**'이란 구체적인 징후는 없으나 그 가능성을 완전히 배제하기 곤란하여 **최소한의 대비가 필요한 경우**를 말한다.

제2절 | 집회 및 시위에 관한 법률

028 집회 및 시위에 관한 법률에 규정된 다음 내용 중 가장 적절하지 않은 것은? 12. 경찰

□□□

① 집회 또는 시위의 주최자는 집회 또는 시위의 질서유지에 관하여 자신을 보좌하도록 18세 이상의 사람을 질서유지인으로 임명할 수 있다.

② 집회 또는 시위의 주최자는 집회 또는 시위의 금지통고를 받은 날부터 10일 이내에 해당 경찰관서의 장에게 이의를 신청할 수 있다.

③ 학문, 예술, 체육, 종교, 의식, 친목, 오락, 관혼상제 및 국경행사에 관한 집회는 신고대상이 아니다.

④ 대통령 관저, 국회의장 공관, 대법원장 공관, 헌법재판소장 공관 경계 지점으로 100미터 이내의 장소에서는 옥외집회 또는 시위를 하여서는 아니 된다.

정답 및 해설 | ②

② [×] 집회 또는 시위의 주최자는 집회 및 시위에 관한 법률 제8조에 따른 금지통고를 받은 날부터 10일 이내에 해당 경찰관서의 바로 위의 상급경찰관서의 장에게 이의를 신청할 수 있다(집회 및 시위에 관한 법률 제9조 제1항).

029 집회 및 시위에 관한 법률에 대한 설명 중 가장 적절하지 않은 것은? 13. 경찰

□□□

① '질서유지인'이란 주최자가 자신을 보좌하여 집회 또는 시위의 질서를 유지하게 할 목적으로 임명한 자를 말한다.

② 집회 또는 시위의 주최자는 평화적인 집회 또는 시위가 방해받을 염려가 있다고 인정되면 관할 경찰관서에 그 사실을 알려 보호를 요청할 수 있다. 이 경우 관할 경찰관서의 장은 정당한 사유 없이 보호 요청을 거절하여서는 안 된다.

③ 관할 경찰관서장 또는 시 · 도경찰청장은 집회 및 시위에 관한 법률 제6조 제1항에 따른 신고서를 접수하면 신고자에게 접수 일시를 적은 접수증을 24시간 이내에 내주어야 한다.

④ 경찰관은 집회 또는 시위의 주최자에게 알리고 그 집회 또는 시위의 장소에 정복을 입고 출입할 수 있다. 다만, 옥내집회 장소에 출입하는 것은 직무집행을 위하여 긴급한 경우에만 할 수 있다.

정답 및 해설 | ③

③ [×] 관할 경찰서장 또는 시 · 도경찰청장은 제6조 제1항에 따른 신고서를 접수하면 접수 일시를 적은 접수증을 즉시 내주어야 한다(집회 및 시위에 관한 법률 제6조 제2항).

030 집회 및 시위에 관한 법률상 주최자와 질서유지인의 준수 사항에 대한 설명으로 가장 적절하지 않은 것은? 22. 경찰간부

① 집회 또는 시위의 주최자는 집회 또는 시위의 질서유지에 관하여 자신을 보좌하도록 18세 이상의 사람을 질서유지인으로 임명하여야 한다.

② 집회 또는 시위의 주최자는 질서를 유지할 수 없으면 그 집회 또는 시위의 종결을 선언하여야 한다.

③ 질서유지인은 참가자 등이 질서유지인임을 쉽게 알아볼 수 있도록 완장, 모자, 어깨띠, 상의 등을 착용하여야 한다.

④ 관할 경찰관서장은 집회 또는 시위의 주최자와 협의하여 질서유지인의 수를 적절하게 조정할 수 있다.

정답 및 해설 I ①

① [×] 집회 또는 시위의 주최자는 집회 또는 시위의 질서유지에 관하여 자신을 보좌하도록 18세 이상의 사람을 질서유지인으로 임명할 수 있다(집회 및 시위에 관한 법률 제16조 제2항).

031 다음 보기 중 집회 및 시위에 관한 법률에 대한 설명으로 옳은 것은 모두 몇 개인가? 14. 경찰

㉠ 옥외집회 또는 시위장소가 두 곳 이상의 경찰서의 관할에 속하는 경우에는 관할 시 · 도경찰청장에게 제출하여야 하고, 두 곳 이상의 시 · 도경찰청 관할에 속하는 경우에는 경찰청장에게 제출하여야 한다.

㉡ 관할 경찰관서장은 집회 및 시위에 관한 법률 제6조 제1항에 따른 신고서의 기재사항에 미비한 점을 발견하면 접수증을 교부한 때부터 24시간 이내에 주최자에게 12시간을 기한으로 그 기재사항을 보완할 것을 통고할 수 있다.

㉢ 금지통고를 받은 주최자는 금지통고를 받은 날로부터 10일 이내에 해당 경찰관서의 바로 위의 상급 경찰관서의 장에게 이의를 신청할 수 있다.

㉣ '주최자'라 함은 자기 이름으로 자기 책임 아래 집회 또는 시위를 개최하는 사람 또는 단체를 말하며, 주최자는 질서유지인을 따로 두어 집회 또는 시위의 실행을 맡아 관리하도록 위임할 수 있다.

㉤ 집회 또는 시위의 주최자 및 질서유지인은 특정한 사람이나 단체가 집회나 시위에 참가하는 것을 막을 수 있다. 다만, 언론사의 기자는 출입이 보장되어야 하며, 이 경우 기자는 신분증을 제시하고 기자임을 표시한 완장을 착용하여야 한다.

① 1개 ② 2개

③ 3개 ④ 4개

정답 및 해설 I ②

옳은 것은 ㉢㉤ 2개이다.

㉠ [×] 옥외집회 또는 시위장소가 두 곳 이상의 경찰서의 관할에 속하는 경우에는 관할 시 · 도경찰청장에게 제출하여야 하고, 두 곳 이상의 시 · 도경찰청 관할에 속하는 경우에는 주최지를 관할하는 시 · 도경찰청장에게 제출하여야 한다(집회 및 시위에 관한 법률 제6조 제1항).

㉡ [×] 관할 경찰관서장은 집회 및 시위에 관한 법률 제6조 제1항에 따른 신고서의 기재사항에 미비한 점을 발견하면 접수증을 교부한 때부터 12시간 이내에 주최자에게 24시간을 기한으로 그 기재사항을 보완할 것을 통고할 수 있다(집회 및 시위에 관한 법률 제7조 제1항).

㉣ [×] '주최자'라 함은 자기 이름으로 자기 책임 아래 집회 또는 시위를 개최하는 사람 또는 단체를 말하며, 주최자는 주관자를 따로 두어 집회 또는 시위의 실행을 맡아 관리하도록 위임할 수 있다(집회 및 시위에 관한 법률 제2조 제3호).

032 다음 중 집회 및 시위에 관한 법률에 대한 설명으로 적절한 것을 모두 고른 것은? 18. 경찰

□□□

> ㉠ 집회 또는 시위의 주최자 및 질서유지인은 특정한 사람이나 단체가 집회나 시위에 참가하는 것을 막을 수 있다. 다만, 언론사의 기자는 출입이 보장되어야 하며, 이 경우 기자는 신분증을 제시하고 기자임을 표시한 완장을 착용하여야 한다.
> ㉡ 단체는 집회 및 시위에 관한 법률상 '주최자'가 될 수 없다.
> ㉢ 집회 또는 시위의 주최자는 집회 또는 시위의 질서유지에 관하여 자신을 보좌하도록 18세 이상의 사람을 질서유지인으로 임명할 수 있다.
> ㉣ 학문, 예술, 체육, 종교, 의식, 친목, 오락, 관혼상제 및 국경행사에 관한 집회에는 '확성기 등 사용의 제한'에 관한 규정을 적용하지 아니한다.

① ㉠, ㉡ ② ㉠, ㉢
③ ㉡, ㉢ ④ ㉠, ㉢, ㉣

정답 및 해설 | ②

옳은 설명은 ㉠㉢ 2개이다.

㉡ [×] 단체도 집회 및 시위에 관한 법률상 '주최자'가 **될 수 있다**(집회 및 시위에 관한 법률 제6조 제1항 제4호).

㉣ [×] 학문, 예술, 체육, 종교, 의식, 친목, 오락, 관혼상제 및 국경행사에 관한 집회에는 '확성기 등 사용의 제한'에 관한 규정을 **적용한다**(집회 및 시위에 관한 법률 제15조).

033 집회신고의 접수 이후 조치에 관한 설명으로 가장 적절한 것은? 14. 경찰승진

□□□

① 보완통고는 접수증을 교부한 때로부터 12시간 이내에 주최자에게 24시간을 기한으로 그 기재사항을 보완할 것을 통고할 수 있다.
② 보완통고에 따른 주최자의 보완기한은 발송된 때로부터 24시간이다.
③ 신고서를 접수한 때로부터 48시간이 경과한 이후에는 어떠한 경우에도 금지통고할 수 없다.
④ 신고 내용을 검토하여 보완 또는 금지통고의 사유가 없는 경우에는 그 취지를 서면으로 주최자에게 통지한다.

정답 및 해설 | ①

② [×] 보완통고에 따른 주최자의 보완기한은 보완통고서가 **도달된 때**로부터 24시간이다.

③ [×] **집회 또는 시위가 집단적인 폭행, 협박, 손괴, 방화 등으로 공공의 안녕 질서에 직접적인 위험을 초래한 경우**에는 남은 기간의 해당 집회 또는 시위에 대하여 신고서를 접수한 때부터 48시간이 지난 경우에도 금지통고를 할 수 있다(집회 및 시위에 관한 법률 제8조 제1항 단서).

④ [×] 신고 내용을 검토하여 보완 또는 금지통고의 사유가 없는 경우에는 그 취지를 서면으로 **주최자에게 통지할 필요가 없다.**

034 집회 및 시위의 금지통고를 받았을 때 주최자가 이의신청을 할 수 있는 관청과 기간이 바르게 연결된 것으로 가장 적절한 것은? 14. 경찰승진

① 시 · 도지사 – 72시간 이내
② 관할 경찰관서장 – 10일 이내
③ 시 · 도지사 – 7일 이내
④ 직근 상급경찰관서의 장 – 10일 이내

정답 및 해설 I ④

④ [O] 집회 또는 시위의 주최자는 금지 통고를 받은 날부터 10일 이내에 해당 경찰관서의 바로 위의 상급경찰관서의 장에게 이의를 신청할 수 있다(집회 및 시위에 관한 법률 제9조 제1항).

035 집회 및 시위에 관한 법률에서 사용하는 용어의 정의로 가장 적절하지 않은 것은? 16. 경찰

① '시위'란 여러 사람이 공동의 목적을 가지고 도로, 광장, 공원 등 일반인이 자유로이 통행할 수 있는 장소를 행진하거나 위력 또는 기세를 보여, 불특정한 여러 사람의 의견에 영향을 주거나 제압을 가하는 행위를 말한다.
② '주관자'란 자기 이름으로 자기 책임 아래 집회나 시위를 여는 사람이나 단체를 말한다. 주관자는 주최자를 따로 두어 집회 또는 시위의 실행을 맡아 관리하도록 위임할 수 있다. 이 경우 주최자는 그 위임의 범위 안에서 주관자로 본다.
③ '질서유지인'이란 주최자가 자신을 보좌하여 집회 또는 시위의 질서를 유지하게 할 목적으로 임명한 자를 말한다.
④ '옥외집회'란 천장이 없거나 사방이 폐쇄되지 아니한 장소에서 여는 집회를 말한다.

정답 및 해설 I ②

② [×] '주최자'란 자기 이름으로 자기 책임 아래 집회나 시위를 여는 사람이나 단체를 말한다. 주최자는 주관자를 따로 두어 집회 또는 시위의 실행을 맡아 관리하도록 위임할 수 있다. 이 경우 주관자는 그 위임의 범위 안에서 주최자로 본다(집회 및 시위에 관한 법률 제2조 제3호).

036 다음은 집회 및 시위에 관한 법률상 어떤 용어에 대한 설명이다. ㉠과 ㉡에 적당한 말은?

□□□

17. 경찰승진

> (㉠)라 함은 자기 이름으로 자기 책임 아래 집회 또는 시위를 개최하는 사람 또는 단체를 말한다. (㉠)는 (㉡)를(을) 따로 두어 집회 또는 시위의 실행을 맡아 관리하도록 위임할 수 있다. 이 경우 (㉡)는(은) 그 위임의 범위 안에서 (㉠)로 본다.

	㉠	㉡
①	주관자	질서유지인
②	주관자	주최자
③	주최자	질서유지인
④	주최자	주관자

정답 및 해설 I ④

④

> (㉠ 주최자)라 함은 자기 이름으로 자기 책임 아래 집회 또는 시위를 개최하는 사람 또는 단체를 말한다. (㉠ 주최자)는 (㉡ 주관자)를(을) 따로 두어 집회 또는 시위의 실행을 맡아 관리하도록 위임할 수 있다. 이 경우 (㉡ 주관자)는(은) 그 위임의 범위 안에서 (㉠ 주최자)로 본다.

037 집회 및 시위에 관한 법률에 대한 다음 설명 중 가장 옳은 것은?

□□□

16. 경찰간부

① 관할 경찰관서장은 제6조 제1항에 따른 신고서의 기재사항에 미비한 점을 발견하면 접수증을 교부한 때부터 24시간 이내에 주최자에게 12시간을 기한으로 그 기재사항을 보완할 것을 통고할 수 있다.

② 관할 경찰관서장은 집회 또는 시위의 시간과 장소가 중복되는 2개 이상의 신고가 있는 경우 그 목적으로 보아 서로 상반되거나 방해가 된다고 인정되면 뒤에 접수된 집회 또는 시위에 대하여 그 집회 또는 시위의 금지를 통고하여야 한다.

③ 집회 또는 시위의 주최자는 집회 또는 시위의 질서유지에 관하여 자신을 보좌하도록 16세 이상의 사람을 질서유지인으로 임명할 수 있다.

④ 집회 또는 시위의 주최자는 금지통고를 받은 날부터 10일 이내에 해당 경찰관서의 바로 위의 상급경찰관서의 장에게 이의를 신청할 수 있다.

정답 및 해설 I ④

① [×] 관할 경찰관서장은 제6조 제1항에 따른 신고서의 기재사항에 미비한 점을 발견하면 접수증을 교부한 때부터 12시간 이내에 주최자에게 24시간을 기한으로 그 기재사항을 보완할 것을 통고할 수 있다(집회 및 시위에 관한 법률 제7조 제1항).

② [×] 관할 경찰관서장은 집회 또는 시위의 시간과 장소가 중복되는 2개 이상의 신고가 있는 경우 그 목적으로 보아 서로 상반되거나 방해가 된다고 인정되면 뒤에 접수된 집회 또는 시위에 대하여 그 집회 또는 시위의 **금지를 통고할 수 있다**(집회 및 시위에 관한 법률 제8조 제2항).

③ [×] 집회 또는 시위의 주최자는 집회 또는 시위의 질서유지에 관하여 자신을 보좌하도록 **18세 이상**의 사람을 질서유지인으로 임명할 수 있다(집회 및 시위에 관한 법률 제16조 제2항).

038 집회 및 시위에 관한 법률의 규정에서 일부를 발췌한 것이다. ㉠부터 ㉣까지 (   ) 안에 들어갈 숫자를 가장 적절하게 나열한 것은?

18. 경찰승진

> 제6조(옥외집회 및 시위의 신고 등) ① 옥외집회나 시위를 주최하려는 자는 그에 관한 다음 각 호의 사항 모두를 적은 신고서를 옥외집회나 시위를 시작하기 (㉠)시간 전부터 (㉡)시간 전에 관할 경찰서장에게 제출하여야 한다.
>
> 제7조(신고서의 보완 등) ① 관할 경찰관서장은 제6조 제1항에 따른 신고서의 기재사항에 미비한 점을 발견하면 접수증을 교부한 때부터 (㉢)시간 이내에 주최자에게 (㉣)시간을 기한으로 그 기재사항을 보완할 것을 통고할 수 있다.

	㉠	㉡	㉢	㉣
①	360	48	12	24
②	360	24	24	12
③	720	48	12	24
④	720	48	12	48

정답 및 해설 I ③

③

> 집회 및 시위에 관한 법률 제6조【옥외집회 및 시위의 신고 등】① 옥외집회나 시위를 주최하려는 자는 그에 관한 다음 각 호의 사항 모두를 적은 신고서를 옥외집회나 시위를 시작하기 (㉠ 720)시간 전부터 (㉡ 48)시간 전에 관할 경찰서장에게 제출하여야 한다.
>
> 제7조【신고서의 보완 등】① 관할 경찰관서장은 제6조 제1항에 따른 신고서의 기재사항에 미비한 점을 발견하면 접수증을 교부한 때부터 (㉢ 12)시간 이내에 주최자에게 (㉣ 24)시간을 기한으로 그 기재사항을 보완할 것을 통고할 수 있다.

039 다음은 집회 및 시위에 관한 법률에 대한 설명이다. 보기의 (　　)에 들어갈 숫자를 모두 더한 값은?

☐☐☐

16. 경찰간부

> ㉠ 옥외집회나 시위를 주최하려는 자는 신고서를 옥외집회나 시위를 시작하기 720시간 전부터 (　　)시간 전에 관할 경찰서장에게 제출하여야 한다.
> ㉡ 질서유지선을 경찰관의 경고에도 불구하고 정당한 사유 없이 상당 시간 침범하거나 손괴 · 은닉 · 이동 또는 제거하거나 그 밖의 방법으로 그 효용을 해친 자는 (　　)개월 이하의 징역 또는 50만원 이하의 벌금 · 구류 또는 과료에 처한다.
> ㉢ 폭행, 협박, 그 밖의 방법으로 평화적인 집회 또는 시위를 방해하거나 질서를 문란하게 한 자는 (　　)년 이하의 징역 또는 300만원 이하의 벌금에 처한다.

① 55　　② 56
③ 57　　④ 59

정답 및 해설 I ③

③ 괄호 안에 들어갈 숫자를 모두 더한 값은 48 + 6 + 3 = 57이다.

> ㉠ 옥외집회나 시위를 주최하려는 자는 신고서를 옥외집회나 시위를 시작하기 720시간 전부터 (48)시간 전에 관할 경찰서장에게 제출하여야 한다(집회 및 시위에 관한 법률 제6조 제1항).
> ㉡ 질서유지선을 경찰관의 경고에도 불구하고 정당한 사유 없이 상당 시간 침범하거나 손괴 · 은닉 · 이동 또는 제거하거나 그 밖의 방법으로 그 효용을 해친 자는 (6)개월 이하의 징역 또는 50만원 이하의 벌금 · 구류 또는 과료에 처한다(집회 및 시위에 관한 법률 제24조 제3호).
> ㉢ 폭행, 협박, 그 밖의 방법으로 평화적인 집회 또는 시위를 방해하거나 질서를 문란하게 한 자는 (3)년 이하의 징역 또는 300만원 이하의 벌금에 처한다. 다만, 군인 · 검사 또는 경찰관이 폭행, 협박, 그 밖의 방법으로 평화적인 집회 또는 시위를 방해하거나 질서를 문란하게 하는 경우에는 5년 이하의 징역에 처한다(집회 및 시위에 관한 법률 제22조 제1항).

040 집회 및 시위에 관한 법률에 대한 설명으로 가장 적절한 것은?

17. 경찰

☐☐☐

① '주관자(主管者)'란 자기 이름으로 자기 책임 아래 집회나 시위를 여는 사람이나 단체를 말한다.
② 집회 또는 시위의 주관자는 집회 또는 시위의 질서유지에 관하여 자신을 보좌하도록 18세 이상의 사람을 질서유지인으로 임명하여야 한다.
③ 주최자는 신고한 옥외집회 또는 시위를 하지 아니하게 된 경우에는 신고서에 적힌 집회일시 24시간 전에 그 철회사유 등을 적은 철회신고서를 관할 경찰관서장에게 제출하여야 한다.
④ 관할 경찰서장 또는 시 · 도경찰청장은 신고서를 접수하면 신고자에게 접수 일시를 적은 접수증을 12시간 이내에 내주어야 한다.

정답 및 해설 I ③

① [×] **'주최자'**란 자기 이름으로 자기 책임 아래 집회나 시위를 여는 사람이나 단체를 말한다(집회 및 시위에 관한 법률 제2조 제3호).
② [×] 집회 또는 시위의 **주최자**는 집회 또는 시위의 질서유지에 관하여 자신을 보좌하도록 18세 이상의 사람을 질서유지인으로 **임명할 수 있다**(집회 및 시위에 관한 법률 제2조 제4호).
④ [×] 관할 경찰서장 또는 시 · 도경찰청장은 신고서를 접수하면 신고자에게 접수 일시를 적은 접수증을 **즉시** 내주어야 한다(집회 및 시위에 관한 법률 제6조 제2항).

041 ☐☐☐ 집회 및 시위의 금지와 관련한 다음 설명 중 옳은 것은 모두 몇 개인가? 11. 경찰

> ㉠ 헌법재판소의 결정에 따라 해산된 정당의 목적을 달성하기 위한 집회 또는 시위는 금지된다.
> ㉡ 집회 및 시위의 신고장소가 학교의 주변지역으로서 집회 또는 시위로 학습권을 뚜렷이 침해할 우려가 있는 경우는 금지될 수 있다.
> ㉢ 집회 및 시위의 신고장소가 군사시설의 주변지역으로서 집회 또는 시위로 시설이나 군작전의 수행에 심각한 피해가 발생할 우려가 있는 경우는 금지될 수 있다.
> ㉣ 집회 및 시위의 주최자가 질서유지인을 두고 도로를 행진하는 경우에는 심각한 교통 불편을 초래할 우려가 있지 않은 한 이를 금지할 수 없다.
> ㉤ 국무총리의 공관으로부터 100미터 이내의 장소에서는 행진을 할 수 없다.

① 2개 ② 3개
③ 4개 ④ 5개

정답 및 해설 I ③

옳은 설명은 ㉠㉡㉢㉣ 4개이다.

㉤ [×] 국무총리 공관으로부터 100미터 이내의 장소에서는 원칙적으로 옥외집회 또는 시위를 하여서는 아니 된다. 다만, 국무총리를 대상으로 하지 않고 대규모 집회 또는 시위로 확산될 우려가 없는 경우로서 국무총리 공관의 기능이나 안녕을 침해할 우려가 없다고 인정되는 때에는 할 수 있다(집회 및 시위에 관한 법률 제11조 제4호).

042 ☐☐☐ 집회 및 시위에 관한 법률상 옥외집회 또는 시위를 하여서는 아니 되는 장소에 대한 설명 중 틀린 것은 모두 몇 개인가? 15. 경찰변형

> ㉠ 국회의 활동을 방해할 우려가 없거나 대규모 집회·시위로 확산될 우려가 없는 경우로서 국회의 기능이나 안녕을 침해할 우려가 없다고 인정되는 때에는 국회의사당의 경계지점으로부터 100미터 이내의 장소에서 옥외집회 또는 시위를 할 수 있다.
> ㉡ 법관이나 재판관의 직무상 독립이나 구체적 사건의 재판에 영향을 미칠 우려가 없거나 대규모 집회·시위로 확산될 우려가 없는 경우로서 각급 법원, 헌법재판소의 기능이나 안녕을 침해할 우려가 없다고 인정되는 때에는 각급 법원, 헌법재판소의 경계 지점으로부터 100미터 이내의 장소에서 옥외집회 또는 시위를 할 수 있다.
> ㉢ 대통령, 국회의장, 대법원장, 헌법재판소장, 국무총리를 대상으로 하지 아니하거나 대규모 집회·시위로 확산될 우려가 없는 경우로서 대통령 관저, 국회의장·대법원장·헌법재판소장·국무총리 공관의 기능이나 안녕을 침해할 우려가 없다고 인정되는 때에는 관저 또는 공관의 경계 지점으로부터 100미터 이내의 장소에서 옥외집회 또는 시위를 할 수 있다.
> ㉣ 국내 주재 외국의 외교기관 또는 외교사절의 숙소를 대상으로 하지 아니하거나 대규모 집회·시위로 확산될 우려가 없거나 외교기관의 업무가 없는 휴일에 개최하는 경우로서 외교기관 또 는 외교사절 숙소의 기능이나 안녕을 침해할 우려가 없다고 인정되는 때에는 국내 주재 외국의 외교기관이나 외교사절 숙소의 경계 지점으로부터 100미터 이내의 장소에서 옥외집회 또는 시위를 할 수 있다.

① 1개 ② 2개
③ 3개 ④ 4개

정답 및 해설 I ①

㉠ [O] 「집회 및 시위에 관한 법률」 제11조 제1호

㉡ [O] 동법 제11조 제2호

㉣ [O] 동법 제11조 제5호에 따라 이상은 모두 옳은 설명이다.

㉢ [×] 집회 및 시위에 관한 법률 제11조 제4호에 따라 국무총리(대통령, 국회의장, 대법원장, 헌법재판소장 ×) 공관의 경우 국무총리를 대상으로 하지 아니하거나 대규모 집회 또는 시위로 확산될 우려가 없는 경우로서 국무총리 공관의 기능이나 안녕을 침해할 우려가 없다고 인정되는 때에는 옥외집회 또는 시위를 할 수 있다.

043 집회 및 시위에 관한 법률에 관한 다음 설명 중 가장 적절하지 않은 것은? 14. 경찰

□□□

① 관할 경찰관서장은 집회 또는 시위의 시간과 장소가 중복되는 2개 이상의 신고가 있는 경우 그 목적으로 보아 서로 상반되거나 방해가 된다고 인정되면 뒤에 접수된 집회 또는 시위에 대하여 그 집회 또는 시위의 금지를 통고하여야 한다.

② 집회 또는 시위의 주최자는 금지통고를 받은 날부터 10일 이내에 해당 경찰관서의 바로 위의 상급경찰관서의 장에게 이의를 신청할 수 있다.

③ 관할 경찰관서장은 신고서의 기재사항에 미비한 점을 발견하면 접수증을 교부한 때부터 12시간 이내에 주최자에게 24시간을 기한으로 그 기재사항을 보완할 것을 통고할 수 있다.

④ 집회 또는 시위의 주최자가 질서유지인을 두고 도로를 행진하는 경우에는 교통소통을 위한 금지를 할 수 없다. 다만, 해당 도로와 주변 도로의 교통소통에 장애를 발생시켜 심각한 교통 불편을 줄 우려가 있으면 금지를 할 수 있다.

정답 및 해설 I ①

① [×] 관할 경찰관서장은 집회 또는 시위의 시간과 장소가 중복되는 2개 이상의 신고가 있는 경우 그 목적으로 보아 서로 상반되거나 방해가 된다고 인정되면 뒤에 접수된 집회 또는 시위에 대하여 그 집회 또는 시위의 금지를 **통고할 수 있다**(집회 및 시위에 관한 법률 제8조 제2항).

044 집회 및 시위에 관한 법률에 대한 설명으로 가장 적절한 것은? 19. 경찰승진

□□□

① 옥외집회나 시위를 주최하려는 자는 신고서를 옥외집회나 시위를 시작하기 720시간 전부터 24시간 전에 관할 경찰서장에게 제출하여야 한다. 다만, 옥외집회 또는 시위장소가 두 곳 이상의 경찰서의 관할에 속하는 경우에는 관할 시 · 도경찰청장에게 제출하여야 하고, 두 곳 이상의 시 · 도경찰청 관할에 속하는 경우에는 주최지를 관할하는 시 · 도경찰청장에게 제출하여야 한다.

② 관할 경찰서장 또는 시 · 도경찰청장은 집회 및 시위에 관한 법률 제6조 제1항에 따른 신고서를 접수하면 신고자에게 접수 일시를 적은 접수증을 12시간 이내에 내주어야 한다.

③ 관할 경찰관서장은 신고서의 기재사항에 미비한 점을 발견하면 접수증을 교부한 때부터 12시간 이내에 주최자에게 24시간을 기한으로 그 기재사항을 보완할 것을 통고할 수 있다.

④ 주최자는 신고한 옥외집회 또는 시위를 하지 아니하게 된 경우에는 신고서에 적힌 집회일시 12시간 전에 그 철회사유 등을 적은 철회신고서를 관할 경찰관서장에게 제출하여야 한다.

정답 및 해설 I ③

① [×] 옥외집회나 시위를 주최하려는 자는 신고서를 옥외집회나 시위를 시작하기 720시간 전부터 48시간 전에 관할 경찰서장에게 제출하여야 한다. 다만, 옥외집회 또는 시위장소가 두 곳 이상의 경찰서의 관할에 속하는 경우에는 관할 시 · 도경찰청장에게 제출하여야 하고, 두 곳 이상의 시 · 도경찰청 관할에 속하는 경우에는 주최지를 관할하는 시 · 도경찰청장에게 제출하여야 한다(집회 및 시위에 관한 법률 제6조 제1항).

② [×] 관할 경찰서장 또는 시 · 도경찰청장은 집회 및 시위에 관한 법률 제6조 제1항에 따른 신고서를 접수하면 신고자에게 접수 일시를 적은 접수증을 즉시 내주어야 한다(집회 및 시위에 관한 법률 제6조 제2항).

④ [×] 주최자는 신고한 옥외집회 또는 시위를 하지 아니하게 된 경우에는 신고서에 적힌 집회일시 24시간 전에 그 철회사유 등을 적은 철회신고서를 관할 경찰관서장에게 제출하여야 한다(집회 및 시위에 관한 법률 제6조 제3항).

045 집회 및 시위에 관한 법률상 이의신청에 대한 설명으로 가장 적절하지 않은 것은? 18. 경찰승진

□□□

① 집회 또는 시위의 주최자는 제8조에 따른 금지통고를 받은 날부터 10일 이내에 해당 경찰관서의 바로 위의 상급경찰관서의 장에게 이의를 신청할 수 있다.

② 이의신청을 받은 경찰관서의 장은 접수일시를 적은 접수증을 이의신청인에게 즉시 내주고 접수한 때부터 24시간 이내에 재결을 하여야 한다. 이 경우 접수한 때부터 24시간 이내에 재결서를 발송하지 아니하면 관할 경찰관서장의 금지통고는 소급하여 그 효력을 잃는다.

③ 이의신청인은 금지통고가 위법하거나 부당한 것으로 재결되거나 그 효력을 잃게 된 경우 처음 신고한 대로 집회 또는 시위를 개최할 수 있다.

④ 금지통고 등으로 시기를 놓친 경우에는 일시를 새로 정하여 집회 또는 시위를 시작하기 24시간 전에 상급경찰관서의 장에게 신고함으로써 집회 또는 시위를 개최할 수 있다.

정답 및 해설 I ④

④ [×] 금지통고 등으로 시기를 놓친 경우에는 일시를 새로 정하여 집회 또는 시위를 시작하기 24시간 전에 관할 경찰관서장에게 신고함으로써 집회 또는 시위를 개최할 수 있다(집회 및 시위에 관한 법률 제9조 제3항).

046 □□□ 다음 중 집회 및 시위에 관한 법률에 관한 설명으로서 옳지 않은 것은 모두 몇 개인가? 11. 경찰

> ㉠ 옥외집회나 시위를 주최하려는 자는 신고서를 옥외집회나 시위를 시작하기 720시간 전부터 48시간 전에 관할 경찰관서장에게 제출하여야 한다.
> ㉡ 관할 경찰관서장은 신고서의 기재사항에 미비한 점을 발견하면 접수증을 교부한 때부터 12시간 이내에 주최자에게 24시간을 기한으로 그 기재사항을 보완할 것을 통고하여야 한다.
> ㉢ 이의신청을 받은 경찰관서의 장은 이의신청을 접수한 때부터 24시간 이내에 재결을 할 수 있다.
> ㉣ 이의신청인은 금지통고가 위법하거나 부당한 것으로 재결되거나 그 효력을 잃게 된 경우 처음 신고한 대로 집회 또는 시위를 개최할 수 있다.
> ㉤ 다만, ㉣의 사안에서 금지통고 등으로 시기를 놓친 경우에는 일시를 새로 정하여 집회 또는 시위를 시작하기 12시간 전에 관할 경찰관서장에게 신고함으로써 집회 또는 시위를 개최할 수 있다.

① 1개　　② 2개
③ 3개　　④ 4개

정답 및 해설 I ③
옳지 않은 설명은 ㉡㉢㉤ 3개이다.
㉡ [×] 관할 경찰관서장은 신고서의 기재사항에 미비한 점을 발견하면 접수증을 교부한 때부터 12시간 이내에 주최자에게 24시간을 기한으로 그 기재사항을 보완할 것을 **통고할 수 있다**(집회 및 시위에 관한 법률 제7조 제1항).
㉢ [×] 이의신청을 받은 경찰관서의 장은 이의신청을 접수한 때부터 24시간 이내에 **재결을 하여야 한다**(집회 및 시위에 관한 법률 제9조 제2항).
㉤ [×] 다만, ㉣의 사안에서 금지통고 등으로 시기를 놓친 경우에는 일시를 새로 정하여 집회 또는 시위를 시작하기 **24시간 전**에 관할 경찰관서장에게 신고함으로써 집회 또는 시위를 개최할 수 있다(집회 및 시위에 관한 법률 제6조 제5항).

047 □□□ 집회 및 시위에 관한 법률상 옥외집회에 대한 설명으로 가장 적절한 것은? (다툼이 있는 경우 판례에 따름) 22. 경찰간부

① 대통령 관저, 국회의장 공관, 대법원장 공관, 헌법재판소장 공관, 전직 대통령이 현재 거주하는 사저의 경계 지점으로부터 100미터 이내의 장소에서는 옥외집회 또는 시위가 금지된다.
② 대규모 집회 또는 시위로 확산될 우려가 없는 경우라면 주한 일본대사관의 업무가 없는 휴일인 일요일에 주한일본대사의 숙소로부터 100미터 이내의 장소에서 그 숙소를 대상으로 하지 않고 그 숙소의 기능이나 안녕을 침해할 우려가 없다고 인정된다면 확성기를 사용한 옥외집회가 가능하다.
③ 옥외집회나 시위를 주최하려는 자가 집시법이 규정하는 각 호의 사항 모두를 적은 신고서를 옥외집회나 시위를 시작하기 72시간 전부터 48시간 전에 관할 경찰서장에게 제출한 경우, 집회 또는 시위의 주최자가 질서유지인을 두고 도로를 행진하는 경우에는 질서유지선을 설정할 수 없다.
④ 주최자가 질서유지인을 두고 부득이 새벽 1시에 집회를 하겠다고 미리 신고한 경우에는 집회의 성격상 부득이하다면 관할 경찰관서장은 질서유지를 위한 조건을 붙여 옥외집회를 허용할 수 있다.

정답 및 해설 I ②

① [×] 대통령 관저, 국회의장 공관, 대법원장 공관, 헌법재판소장 공관(**전직 대통령이 현재 거주하는 사저 ×**)의 경계 지점으로부터 100미터 이내의 장소에서는 예외 없이 옥외집회 또는 시위가 금지된다(동법 제11조).

③ [×] 옥외집회나 시위를 주최하려는 자가 집시법이 규정하는 각 호의 사항 모두를 적은 신고서를 옥외집회나 시위를 시작하기 720시간 전부터 48시간 전에 관할 경찰서장에게 제출한 경우, 집회 또는 시위의 주최자가 질서유지인을 두고 도로를 행진하는 경우에는 **교통소통을 위한 제한 · 금지통고**를 할 수 없다(동법 제8조).

④ [×] 새벽 1시(**심야**)의 옥외집회는 헌법재판소의 헌법불합치결정에 따라 **금지 또는 제한당하지 아니한다**. 따라서 미리 신고한 경우에라면 옥회집회를 심야에도 개최할 수 있다. 심야시간의 시위만 금지된다.

048 집회 및 시위에 관한 법률 및 집회 및 시위에 관한 법률 시행령에 대한 설명으로 가장 적절한 것은?

□□□

18. 경찰승진

① 집회 또는 시위의 주최자는 금지통고를 받은 날부터 7일 이내에 해당 경찰관서의 바로 위의 상급경찰관서의 장에게 이의를 신청할 수 있다.

② 집회 및 시위의 금지통고에 대해 이의신청을 받은 경찰관서장은 24시간 이내에 금지를 통고한 경찰관서장에게 이의신청의 취지와 이유를 알리고, 답변서의 제출을 명하여야 한다.

③ 주최자는 제1항에 따라 신고한 옥외집회 또는 시위를 하지 아니하게 된 경우에는 신고서에 적힌 집회일시 12시간 전에 철회신고서를 관할 경찰관서장에게 제출하여야 한다.

④ 관할 경찰관서장은 집회 및 시위의 참가자들이 자진 해산 요청에 따르지 아니하는 경우, 세 번 이상 자진 해산할 것을 명령하고 그 이후에도 해산하지 아니하면 직접 해산시킬 수 있다.

정답 및 해설 I ④

① [×] 집회 또는 시위의 주최자는 금지통고를 받은 날부터 **10일** 이내에 해당 경찰관서의 바로 위의 상급경찰관서의 장에게 이의를 신청할 수 있다(집회 및 시위에 관한 법률 제9조 제1항).

② [×] 집회 및 시위의 금지통고에 대해 이의신청을 받은 경찰관서장은 **즉시** 집회 또는 시위의 금지를 통고한 경찰관서장에게 이의신청의 취지와 이유를 알리고, 답변서의 제출을 명하여야 한다(집회 및 시위에 관한 법률 시행령 제8조 제1항).

③ [×] 주최자는 제1항에 따라 신고한 옥외집회 또는 시위를 하지 아니하게 된 경우에는 신고서에 적힌 집회일시 **24시간** 전에 그 철회사유 등을 적은 철회신고서를 관할 경찰관서장에게 제출하여야 한다(집회 및 시위에 관한 법률 제6조 제3항).

049 집회 및 시위에 관한 법률에 대한 설명으로 가장 적절하지 않은 것은? 19. 경찰

□□□

① 군인 · 검사 · 경찰관이 폭행, 협박, 그 밖의 방법으로 평화적인 집회 또는 시위를 방해한 경우 3년 이하의 징역에 처한다.

② 관할 경찰관서장은 집회신고서의 기재사항에 미비점을 발견하면 접수증을 교부한 때로부터 12시간 이내에 주최자에게 24시간을 기한으로 그 기재사항을 보완할 것을 통고할 수 있다.

③ 헌법재판소의 결정에 따라 해산된 정당의 목적을 달성하기 위한 집회 또는 시위는 주최하여서는 아니 된다.

④ 집회신고서를 접수한 때로부터 48시간이 경과한 이후에도 남은 기간의 집회 · 시위에 대해 금지통고를 할 수 있는 경우가 있다.

정답 및 해설 I ①

① [×] 군인 · 검사 · 경찰관이 폭행, 협박, 그 밖의 방법으로 평화적인 집회 또는 시위를 방해한 경우 5년 이하의 징역에 처한다(집회 및 시위에 관한 법률 제22조 제1항).

050 집회 및 시위에 관한 법률에 대한 설명 중 가장 옳지 않은 것은? 19. 경찰간부

□□□

① 주최자는 신고한 집회 · 시위를 개최하지 아니할 경우 집회일시 24시간 전에 관할 경찰관서장에게 철회신고서를 제출하여야 한다.

② 옥외집회 및 시위의 신고를 받은 경찰관서장이 설정한 질서유지선을 경찰관의 경고에도 불구하고 정당한 사유 없이 상당 시간 침범하거나 손괴 · 은닉 · 이동 또는 제거하거나 그 밖의 방법으로 그 효용을 해친 자는 6개월 이하의 징역 또는 50만원 이하의 벌금 · 구류 또는 과료에 처한다.

③ 정당한 사유 없이 철회신고서를 관할 경찰관서장에게 제출하지 아니한 모든 옥외집회 또는 시위의 주최자에 대해서는 100만원 이하의 과태료를 부과한다.

④ 폭행, 협박, 그 밖의 방법으로 평화적인 집회 또는 시위를 방해하거나 질서를 문란하게 한 자는 3년 이하의 징역 또는 300만원 이하의 벌금에 처한다. 다만, 군인 · 검사 · 경찰이 방해하면 5년 이하의 징역에 처한다.

정답 및 해설 I ③

③ [×] 뒤에 접수된 옥외집회 또는 시위가 금지통고된 경우 먼저 신고를 접수하여 옥외집회 또는 시위를 개최할 수 있는 주최자가 정당한 사유 없이 철회신고서 제출규정을 위반한 경우에만 100만원 이하의 과태료를 부과한다(집회 및 시위에 관한 법률 제26조 제1항).

051 집회 및 시위에 관한 법률상 질서유지선에 대한 설명으로 가장 적절하지 않은 것은? 15. 경찰승진

□□□

① 적법한 집회 · 시위를 보호하고 질서유지 등을 목적으로 한다.

② 필요할 때에 관할 경찰관서장이 설정할 수 있다.

③ 질서유지선을 설정할 때 주최자 또는 연락책임자에게 고지한다.

④ 모든 집회 · 시위에는 반드시 설치하여야 한다.

정답 및 해설 I ④

④ [×] 옥외집회 및 시위의 신고를 받은 관할 경찰관서장은 집회 및 시위의 보호와 공공의 질서유지를 위하여 필요하다고 인정하면 최소한의 범위를 정하여 질서유지선을 설정할 수 있다(집회 및 시위에 관한 법률 제13조 제1항).

052 집회 및 시위에 관한 법률에 대한 설명으로 가장 적절한 것은? (다툼이 있는 경우 판례에 의함)
□□□

18. 경찰승진

① 甲단체가 A공원(전북군산경찰서 관할)에서 옥외집회를 갖고, B광장(충남서산경찰서 관할)까지 행진을 하려는 경우 甲단체의 대표자이자 주최자인 乙은 경찰청장에게 집회신고서를 제출하여야 한다.

② 경찰서장은 집회신고에 대해 집회신고서의 형식적인 미비점뿐만 아니라 내용에 대해서도 보완통고를 할 수 있다.

③ 주최자는 신고한 옥외집회 또는 시위를 하지 아니하게 된 경우에는 신고서에 적힌 집회일시 24시간 전에 관할 경찰관서장에게 철회신고서를 제출하여야 한다.

④ 정당한 사유 없이 철회신고서를 관할 경찰관서장에게 제출하지 아니한 모든 옥외집회 또는 시위의 주최자에 대해서는 100만원 이하의 과태료를 부과한다.

정답 및 해설 I ③

① [×] 甲단체의 주최자인 乙은 주최지를 관할하는 전라북도경찰청장에게 집회신고서를 제출하여야 한다.

② [×] 헌법 제21조 제1항은 모든 국민에게 집회 · 결사의 자유가 있음을 선언하고 있고, 제2항에서는 집회 · 결사에 대한 허가는 인정되지 아니함을 명백히 하고 있고, 한편 집회 및 시위에 관한 법률 제6조 제1항에서는 옥외집회 또는 시위를 주최하고자 하는 자로 하여금 관할 경찰서장에게 그에 관한 소정의 신고서를 제출하도록 하고 있는데 그 취지는 신고를 받은 관할 경찰서장이 그 신고에 의하여 옥외집회 또는 시위의 성격과 규모 등을 미리 파악함으로써 적법한 옥외집회 또는 시위를 보호하는 한편 그로 인한 공공의 안녕질서를 함께 유지하기 위한 사전조치를 마련하고자 함에 있는 것이고, 또한 같은 법 제8조 제1항은 신고서의 기재사항에 미비한 점이 보완되지 않는 경우 관할 경찰서장이 집회 또는 시위의 금지를 통고할 수 있도록 규정하고 있는데, 이러한 금지통고가 헌법에서 금하고 있는 사전허가가 되지 않기 위하여는 경찰서장이 집회의 실질적 내용에까지 들어가 그 위법 여부를 판단하여 허부를 결정하여서는 안 된다(서울고등법원 1998.12.29, 98누11290).

④ [×] 모든 옥외집회 또는 시위의 주최자에 대해서가 아니라, 동법 제8조 제4항에 해당하는 먼저 신고된 옥외집회 또는 시위의 주최자가 정당한 사유 없이 동법 제6조 제3항(철회신고서 제출규정)을 위반한 경우에는 100만원 이하의 과태료를 부과한다(집회 및 시위에 관한 법률 제26조 제1항).

053 집회 및 시위에 관한 법률에 대한 설명으로 가장 적절하지 않은 것은? 20. 경찰승진
□□□

① 옥외집회와 시위의 장소가 두 곳 이상의 시 · 도경찰청의 관할에 속하는 경우 주최지를 관할하는 시 · 도경찰청장에게 집회신고서를 제출해야 한다.

② 관할 경찰관서장은 신고서의 기재사항에 미비한 점을 발견하면 접수증을 교부한 때부터 12시간 이내에 주최자에게 24시간을 기한으로 그 기재사항을 보완할 것을 통고할 수 있다.

③ 주최자는 신고한 옥외집회 또는 시위를 하지 아니하게 된 경우에는 신고서에 적힌 집회일시 12시간 전에 관할 경찰관서장에게 철회신고서를 제출해야 한다.

④ 옥외집회나 시위를 주최하려는 자는 신고서를 옥외집회나 시위를 시작하기 720시간 전부터 48시간 전에 관할 경찰서장에게 제출해야 한다.

정답 및 해설 I ③

③ [×] 주최자는 신고한 옥외집회 또는 시위를 하지 아니하게 된 경우에는 신고서에 적힌 집회일시 24시간 전에 관할 경찰관서장에게 철회신고서를 제출해야 한다(집회 및 시위에 관한 법률 제6조 제3항).

054 집회 및 시위에 관한 법률에 대한 설명으로 가장 적절한 것은? 19. 경찰승진

□□□

① '집회'란 여러 사람이 공동의 목적을 가지고 도로, 광장, 공원 등 일반인이 자유로이 통행할 수 있는 장소를 행진하거나 위력 또는 기세를 보여, 불특정한 여러 사람의 의견에 영향을 주거나 제압을 가하는 행위를 말한다.

② 집회 · 시위의 신고를 받은 관할 경찰관서장은 집회 · 시위의 보호와 공공의 질서유지를 위해 최대한의 범위를 정하여 질서유지선을 설정할 수 있다.

③ 신고장소가 다른 사람의 주거지역이나 이와 유사한 장소 또는 학교 및 군사시설, 상가밀집지역의 주변지역에서의 집회나 시위의 경우 그 거주자나 관리자가 시설이나 장소의 보호를 요청하는 경우에는 집회나 시위의 금지 또는 제한을 통고할 수 있다.

④ 관할 경찰관서장은 옥외집회 및 시위신고서의 기재사항에 미비한 점을 발견하면 접수증을 교부한 때부터 12시간 이내에 주최자에게 24시간을 기한으로 그 기재사항을 보완할 것을 통고할 수 있다.

정답 및 해설 I ④

① [×] **'시위'**에 관한 설명이다(집회 및 시위에 관한 법률 제2조 제2호).

② [×] 집회 · 시위의 신고를 받은 관할 경찰관서장은 집회 · 시위의 보호와 공공의 질서유지를 위해 **최소한의 범위**를 정하여 질서유지선을 설정할 수 있다(집회 및 시위에 관한 법률 제13조 제1항).

③ [×] **상가밀집지역**은 집회나 시위의 금지 또는 제한 통고를 신청할 수 있는 장소에 해당하지 않는다(집회 및 시위에 관한 법률 제8조 제5항).

055 집회 및 시위에 관한 법률, 집회 및 시위에 관한 법률 시행령상 질서유지선에 대한 설명으로 가장 옳은 것은? 17. 경찰간부

□□□

① 집회 · 시위의 신고를 받은 관할 경찰관서장은 집회 · 시위의 보호와 공공의 질서유지를 위해 최대한의 범위를 정하여 질서유지선을 설정할 수 있다.

② '집회 · 시위의 참가자를 일반인이나 차량으로부터 보호할 필요가 있을 경우'는 질서유지선을 설정할 수 있는 경우에 해당하지 않는다.

③ 경찰관서장이 질서유지선을 설정할 때에는 사전에 질서유지인에게 이를 서면으로 고지하여야 한다.

④ 적법한 요건에 따라 설정한 질서유지선을 경찰관의 경고에도 불구하고 정당한 사유 없이 상당 시간 침범하거나 손괴 · 은닉 · 이동 또는 제거하거나 그 밖의 방법으로 그 효용을 해친 자는 6개월 이하의 징역 또는 50만원 이하의 벌금 · 구류 또는 과료에 처한다.

정답 및 해설 I ④

① [×] 집회 · 시위의 신고를 받은 관할 경찰관서장은 집회 · 시위의 보호와 공공의 질서유지를 위해 **최소한의 범위**를 정하여 질서유지선을 설정할 수 있다(집회 및 시위에 관한 법률 제13조 제1항).

② [×] '집회 · 시위의 참가자를 일반인이나 차량으로부터 보호할 필요가 있을 경우'는 **질서유지선을 설정할 수 있는 경우에 해당한다**(집회 및 시위에 관한 시행령 제13조 제1항 제2호).

③ [×] 경찰관서장이 질서유지선을 설정할 때에는 **주최자 또는 연락책임자**에게 이를 알려야 한다. 질서유지선의 설정 고지는 서면으로 하여야 한다(집회 및 시위에 관한 법률 제13조 제2항, 집회 및 시위에 관한 법률 시행령 제13조 제2항).

056 집회 및 시위에 관한 법률 및 동법 시행령상 질서유지선제도에 대한 설명으로 가장 적절하지 않은 것은?

□□□

18. 경찰승진 변형

① 옥외집회 및 시위의 신고를 받은 관할 경찰관서장은 집회 및 시위의 보호와 공공의 질서유지를 위하여 필요하다고 인정하면 최소한의 범위를 정하여 질서유지선을 설정할 수 있다.

② 경찰관서장이 질서유지선을 설정할 때에는 주최자 또는 연락책임자에게 이를 알려야 한다.

③ 질서유지선의 설정 고지는 서면으로 하여야 한다. 다만, 집회 또는 시위 장소의 상황에 따라 질서유지선을 새로 설정하거나 변경하는 경우에는 집회 또는 시위의 장소에 있는 경찰공무원이 구두로 알릴 수 있다.

④ 경찰관의 경고에도 불구하고 질서유지선을 정당한 사유 없이 손괴한 자는 6개월 이하의 징역 또는 500만원 이하의 벌금 · 구류 또는 과료에 처한다.

정답 및 해설 | ④

④ [×] 경찰관의 경고에도 불구하고 질서유지선을 정당한 사유 없이 손괴한 자는 6개월 이하의 징역 또는 **50만원 이하**의 벌금 · 구류 또는 과료에 처한다(집회 및 시위에 관한 법률 제24조 제3호).

057 집회 및 시위에 관한 법률에 대한 설명으로 가장 적절한 것은?

20. 경찰

□□□

① 적법한 절차에 따라 설정한 질서유지선을 경찰관의 경고에도 불구하고 정당한 사유 없이 상당 시간 침범하거나 손괴 · 은닉 · 이동 또는 제거하거나 그 밖의 방법으로 그 효용을 해친 자는 6개월 이하의 징역 또는 50만원 이하의 벌금 · 구류 또는 과료에 처한다.

② 옥외집회 또는 시위장소가 두 곳 이상의 경찰서의 관할에 속하는 경우에는 주최지를 관할하는 경찰서장에게 신고서를 제출하여야 한다.

③ 관할 경찰서장은 신고서의 기재사항에 미비한 점을 발견하면 접수증을 교부한 때부터 12시간 이내에 주최자에게 24시간을 기한으로 그 기재사항을 보완할 것을 통고하여야 한다.

④ '주관자'란 자기 이름으로 자기 책임 아래 집회나 시위를 여는 사람이나 단체를 말한다. 주관자는 주최자를 따로 두어 집회 또는 시위의 실행을 맡아 관리하도록 위임할 수 있다.

정답 및 해설 | ①

② [×] 옥외집회 또는 시위장소가 두 곳 이상의 경찰서의 관할에 속하는 경우에는 주최지 **관할 시 · 도경찰청장**에게 신고서를 제출하여야 한다(집회 및 시위에 관한 법률 제6조 제1항).

③ [×] 관할 경찰서장은 신고서의 기재사항에 미비한 점을 발견하면 접수증을 교부한 때부터 12시간 이내에 주최자에게 24시간을 기한으로 그 기재사항을 보완할 것을 **통고할 수 있다**(집회 및 시위에 관한 법률 제7조 제1항).

④ [×] '**주최자**'란 자기 이름으로 자기 책임 아래 집회나 시위를 여는 사람이나 단체를 말한다. '**주최자**'는 **주관자**를 따로 두어 집회 또는 시위의 실행을 맡아 관리하도록 위임할 수 있다(집회 및 시위에 관한 법률 제2조 제3호).

058 집회 및 시위에 관한 법률에 대한 설명 중 가장 적절한 것은? 14. 경찰승진

□□□

① 관할 경찰관서장은 신고내용을 검토하여 보완 또는 금지통고의 사유가 없는 경우에는 별도의 통지를 하지 않는다.

② 관할 경찰관서장은 신고서의 기재사항에 미비점을 발견하면 접수증을 교부한 때부터 24시간 이내에 주최자에게 12시간을 기한으로 그 기재사항을 보완할 것을 통고할 수 있다.

③ 제한·금지통고서 및 보완통고서를 직접 송달할 수 없는 경우 대리송달은 가능하지만 유치송달은 효력이 없다.

④ 타인의 주거지역이나 이와 유사한 장소 또는 학교·군사시설, 상가밀집지역의 주변지역에서의 집회 또는 시위의 경우 그 거주자 또는 관리자가 시설이나 장소의 보호를 요청하는 때에는 집회 또는 시위의 금지 또는 제한을 통고할 수 있다.

정답 및 해설 I ①

② [×] 관할 경찰관서장은 신고서의 기재사항에 미비점을 발견하면 접수증을 교부한 때부터 12시간 이내에 주최자에게 24시간을 기한으로 그 기재사항을 보완할 것을 통고할 수 있다(집회 및 시위에 관한 법률 제7조 제1항).

③ [×] 제한·금지통고서 및 보완통고서를 직접 송달할 수 없는 경우 대리송달뿐만 아니라 유치송달도 가능하다(집회 및 시위에 관한 법률 시행령 제7조).

④ [×] 타인의 주거지역이나 이와 유사한 장소 또는 학교·군사시설의 주변지역에서의 집회 또는 시위의 경우 그 거주자 또는 관리자가 시설이나 장소의 보호를 요청하는 때에는 집회 또는 시위의 금지 또는 제한을 통고할 수 있다. 상가밀집지역은 대상지역에 포함되지 않는다(집회 및 시위에 관한 법률 제8조 제5항).

059 집회 및 시위에 관한 법률 및 동법 시행령에 대한 설명 중 가장 적절한 것은? 20. 경찰승진

□□□

① 관할 경찰관서장은 집회 및 시위에 관한 법률 제6조 제1항에 따른 신고서의 기재사항에 미비한 점을 발견하면 접수증을 교부한 때부터 12시간 이내에 주최자 또는 질서유지인에게 24시간을 기한으로 그 기재사항을 보완할 것을 통고할 수 있다.

② 위 ①에 따르면 보완통고는 보완할 사항을 분명히 밝혀 서면 또는 구두로 주최자 또는 연락책임자에게 송달하여야 한다.

③ 집회 및 시위에 관한 법률 제6조 제1항에 따른 신고를 받은 관할 경찰관서장이 집회 및 시위의 보호와 공공의 질서유지를 위하여 필요하다고 인정하여 질서유지선을 설정할 때에는 주최자 또는 연락책임자에게 이를 알려야 한다.

④ 집회 또는 시위장소의 상황에 따라 질서유지선을 새로 설정하거나 변경하는 경우 서면으로 통지해야 한다.

정답 및 해설 I ③

① [×] 관할 경찰관서장은 집회 및 시위에 관한 법률 제6조 제1항에 따른 신고서의 기재사항에 미비한 점을 발견하면 접수증을 교부한 때부터 12시간 이내에 주최자에게 24시간을 기한으로 그 기재사항을 보완할 것을 통고할 수 있다(집회 및 시위에 관한 법률 제7조 제1항).

② [×] 위 ①에 따른 보완통고는 보완할 사항을 분명히 밝혀 서면으로 주최자 또는 연락책임자에게 송달하여야 한다(집회 및 시위에 관한 법률 제7조 제2항).

④ [×] 집회 또는 시위장소의 상황에 따라 질서유지선을 새로 설정하거나 변경하는 경우에는 집회 또는 시위의 장소에 있는 경찰공무원이 구두로 알릴 수 있다(집회 및 시위에 관한 법률 시행령 제13조 제2항).

060 다음은 집회 및 시위에서 확성기 등의 대상 소음이 있을 때 소음의 측정과 관련된 내용이다. 괄호 안에 들어갈 숫자의 총합은?

19. 경찰간부 변형

㉠ 주거지역, 학교, 종합병원, 공공도서관의 등가소음도의 소음기준은 주간 (　　)dB 이하, 야간 (　　)dB 이하이다.
㉡ 그 밖의 지역의 등가소음도의 소음기준은 주간 (　　)dB 이하, 야간 (　　)dB 이하이다.
㉢ 확성기 등의 대상소음이 있을 때 측정한 소음도를 측정소음도로 하고, 같은 장소에서 확성기 등의 대상소음이 없을 때 (　　)분간 측정한 소음도를 배경소음도로 한다.
㉣ 측정소음도가 배경소음도보다 (　　)dB 이상 크면 배경소음의 보정 없이 측정소음도를 대상소음도로 한다.

① 280　　② 290
③ 300　　④ 310

정답 및 해설 I ①

① 괄호 안에 들어갈 숫자의 합은 65 + 60 + 75 + 65 + 5 + 10 = 280이다.

㉠ 주거지역, 학교, 종합병원, 공공도서관의 등가소음도의 소음기준은 주간 (65)dB 이하, 야간 (60)dB 이하이다.
㉡ 그 밖의 지역의 등가소음도의 소음기준은 주간 (75)dB 이하, 야간 (65)dB 이하이다.
㉢ 확성기 등의 대상소음이 있을 때 측정한 소음도를 측정소음도로 하고, 같은 장소에서 확성기 등의 대상소음이 없을 때 (5)분간 측정한 소음도를 배경소음도로 한다.
㉣ 측정소음도가 배경소음도보다 (10)dB 이상 크면 배경소음의 보정 없이 측정소음도를 대상소음도로 한다.

☑ 확성기 등 사용의 제한

[단위: dB(A)]

소음도 구분		대상 지역	시간대		
			주간 (07:00~해지기 전)	야간 (해진 후~24:00)	심야 (00:00~07:00)
대상 소음도	등가 소음도 (Leq)	주거지역, 학교, 종합병원	65 이하	60 이하	55 이하
		공공도서관	65 이하	60 이하	
		그 밖의 지역	75 이하	65 이하	
	최고 소음도 (Lmax)	주거지역, 학교, 종합병원	85 이하	80 이하	75 이하
		공공도서관	85 이하	80 이하	
		그 밖의 지역	95 이하		

061 집회 및 시위에 관한 법률 시행령 제14조 별표 2의 확성기 등의 소음기준(등가소음도)[단위: Leq dB(A)] 및 소음 측정방법에 대한 내용으로 가장 적절하지 않은 것은? 18. 경찰

□□□

① 주거지역, 학교, 종합병원, 공공도서관에서 주간(07:00~해지기 전)에 확성기 등의 등가소음도는 65 이하이다.

② 그 밖의 지역에서 야간(해진 후~24:00 전)에 확성기 등의 최고소음도 기준은 95 이하이다.

③ 소음 측정장소는 피해자가 위치한 건물 외벽에서 소음원 방향으로 1~3.5m 떨어진 지점으로 하되, 소음도가 높을 것으로 예상되는 지점의 지면 위 1.2~1.5m 높이에서 측정하고, 주된 건물의 경비 등을 위하여 사용되는 부속 건물, 광장 · 공원이나 도로상의 영업시설물, 공원의 관리사무소 등도 소음 측정장소로 포함된다.

④ 확성기 등의 소음은 관할 경찰서장(현장 경찰공무원)이 측정한다.

정답 및 해설 I ③

③ [×] 소음 측정장소는 피해자가 위치한 건물 외벽에서 소음원 방향으로 1~3.5m 떨어진 지점으로 하되, 소음도가 높을 것으로 예상되는 지점의 지면 위 1.2~1.5m 높이에서 측정한다. 다만, 주된 건물의 경비 등을 위하여 사용되는 부속 건물, 광장 · 공원이나 도로상의 영업시설물, 공원의 관리사무소 등은 소음 측정장소로 **제외**한다.

062 집회 및 시위에 관한 법률 및 그 시행령에 대한 설명으로 옳지 않은 것은? 20. 경찰간부

□□□

① 단체는 집회 및 시위에 관한 법률상 '주최자'가 될 수 있다.

② 집회 또는 시위의 주최자는 금지통고를 받은 날부터 10일 이내에 해당 경찰관서의 바로 위의 상급경찰관서의 장에게 이의를 신청할 수 있다.

③ 학문, 예술, 체육, 종교, 의식, 친목, 오락, 관혼상제 및 국경 행사에 관한 집회에서는 '확성기 등 사용의 제한'에 관한 규정을 적용하지 아니한다.

④ 소음 측정장소는 피해자가 위치한 건물 외벽에서 소음원 방향으로 1~3.5m 떨어진 지점으로 하되, 소음도가 높을 것으로 예상되는 지점의 지면 위 1.2~1.5m 높이에서 측정한다. 다만, 주된 건물의 경비 등을 위하여 사용되는 부속 건물, 광장 · 공원이나 도로상의 영업시설물, 공원의 관리사무소 등은 소음 측정장소에서 제외한다.

정답 및 해설 I ③

③ [×] 학문, 예술, 체육, 종교, 의식, 친목, 오락, 관혼상제 및 국경 행사에 관한 집회에서는 **'확성기 등 사용의 제한'**에 관한 규정을 적용한다(집회 및 시위에 관한 법률 제15조).

063 집회 및 시위에 관한 법률 및 집회 및 시위에 관한 법률 시행령에 대한 설명으로 적절하지 않은 것은 모두 몇 개인가? 21. 경찰

㉠ 집회 또는 시위의 주최자는 확성기 등을 사용하여 타인에게 심각한 피해를 주는 소음으로서 주거 · 학교 · 종합병원 지역에서 주간(07:00~해지기 전)에 등가소음도(Leq) 65dB(A) 이하의 기준을 위반하는 소음을 발생시켜서는 아니 된다.

㉡ 확성기 등의 소음은 관할 경찰서장(현장 경찰공무원)이 측정하며, 소음 측정장소는 피해자가 위치한 건물의 외벽에서 소음원 방향으로 1~3.5m 떨어진 지점으로 하되, 소음도가 높을 것으로 예상되는 지점의 지면 위 1.2~1.5m 높이에서 측정한다. 다만, 주된 건물의 경비 등을 위하여 사용되는 부속 건물, 광장 · 공원이나 도로상의 영업시설물, 공원의 관리사무소 등은 소음 측정장소에서 제외한다.

㉢ 관할 경찰관서장은 집회 또는 시위의 주최자가 대통령령으로 정하는 기준을 초과하는 소음을 발생시켜 타인에게 피해를 주는 경우에는 그 기준 이하의 소음 유지 또는 확성기 등의 사용중지를 명하거나 확성기 등의 일시보관 등 필요한 조치를 할 수 있다.

㉣ 집회 및 시위에 관한 법률 제14조(확성기 등 사용의 제한)는 예술 · 체육 · 종교 등에 관한 집회 및 1인 시위에도 적용된다.

① 1개 ② 2개

③ 3개 ④ 4개

정답 및 해설 I ①

틀린 설명은 ㉣ 1개이다.

㉣ [×] 집회 및 시위에 관한 법률 제14조(확성기 등 사용의 제한)는 예술 · 체육 · 종교 등에 관한 신고대상이 아닌 집회나 시위의 경우에도 적용된다. 그러나 1인 시위는 집회 및 시위에 관한 법률상 시위에 해당하지 아니하므로 동조의 적용을 받지 않는다.

064 □□□ 집회 및 시위에 관한 법률 및 집회 및 시위에 관한 법률 시행령상 질서유지선에 대한 설명으로 가장 적절한 것은? 21. 경찰

① 관할 경찰서장은 집회 및 시위의 보호와 공공의 질서유지를 위하여 집회 · 시위의 행진로를 확보하거나 이를 위한 임시횡단보도를 설치할 필요가 있을 경우에는 집회 및 시위에 관한 법률 제13조 제1항에 따라 질서유지선을 설정할 수 있다.

② 경찰관서장이 질서유지선을 설정할 때에는 주최자 또는 연락책임자에게 이를 서면으로 고지하여야 하며, 이러한 과정을 통해 설정 · 고지된 질서유지선은 추후에 변경할 수 없다.

③ 옥외집회 및 시위의 신고를 받은 관할 경찰관서장은 집회 및 시위의 보호와 공공의 질서유지를 위하여 필요하다고 인정하면 최대한의 범위를 정하여 질서유지선을 설정할 수 있다.

④ 집회 및 시위에 관한 법률 제13조에 따라 설정한 질서유지선을 경찰관의 경고에도 불구하고 정당한 사유 없이 상당 시간 침범하거나 손괴 · 은닉 · 이동 또는 제거하거나 그 밖의 방법으로 그 효용을 해친 자는 6개월 이하의 징역 또는 500만원 이하의 벌금 · 구류 또는 과료에 처한다.

정답 및 해설 I ①

② [×] 집회 및 시위에 관한 법률 시행령에 따라 경찰공무원은 설정 · 고지된 질서유지선은 추후에 변경할 수 있다.

③ [×] 옥외집회 및 시위의 신고를 받은 관할 경찰관서장은 집회 및 시위의 보호와 공공의 질서유지를 위하여 필요하다고 인정하면 최소한의 범위를 정하여 질서유지선을 설정할 수 있다(집회 및 시위에 관한 법률 제13조).

④ [×] 집회 및 시위에 관한 법률 제13조에 따라 설정한 질서유지선을 경찰관의 경고에도 불구하고 정당한 사유 없이 상당 시간 침범하거나 손괴 · 은닉 · 이동 또는 제거하거나 그 밖의 방법으로 그 효용을 해친 자는 6개월 이하의 징역 또는 50만원 이하의 벌금 · 구류 또는 과료에 처한다(집회 및 시위에 관한 법률 제24조).

065 □□□ 집회 및 시위에 관한 법률 및 그 시행령에 대한 설명으로 가장 적절하지 않은 것은? 16. 경찰

① 질서유지선은 관할 경찰서장이나 시 · 도경찰청장이 적법한 집회 및 시위를 보호하고 질서유지나 원활한 교통 소통을 위하여 집회 또는 시위의 장소나 행진 구간을 일정하게 구획하여 설정한 띠, 방책(防柵), 차선(車線) 등의 경계표지(標識)를 말한다.

② 집회현장에서의 확성기 등 소음기준(등가소음도)은 주거지역, 학교, 종합병원, 공공도서관인 경우 주간 65dB 이하, 야간 55dB 이하이다.

③ 옥외집회나 시위를 주최하려는 자는 그에 관한 신고서를 옥외집회나 시위를 시작하기 720시간 전부터 48시간 전에 관할 경찰서장에게 제출하여야 한다.

④ 집회 또는 시위의 주최자는 금지 통고를 받은 날부터 10일 이내에 해당 경찰관서의 바로 위의 상급경찰관서의 장에게 이의를 신청할 수 있다.

정답 및 해설 I ②

② [×] 집회현장에서의 확성기 등 소음기준(등가소음도)은 주거지역, 학교, 종합병원인 경우 주간 65dB 이하, 야간 60dB 이하, 심야 55dB 이하이다. 공공도서관인 경우에는 주간 65dB 이하, 야간 60dB 이하이다(집회 및 시위에 관한 법률 시행령 제14조 [별표 2]).

066 집회현장에서의 확성기 사용에 대한 설명으로 가장 적절하지 않은 것은? 22. 경찰승진

☐☐☐

① 중앙행정기관이 개최하는 국경일 행사의 경우 행사 개최시간에 한정하여 행사 진행에 영향을 미치는 소음에 대해서는, 집회 및 시위에 관한 법률 시행령 별표 2에 따른 확성기 등의 소음기준을 '그 밖의 지역'의 소음기준으로 적용한다.

② 집회 및 시위에 관한 법률 시행령 별표 2에 따른 소음측정 장소에서 확성기 등의 대상소음이 있을 때 측정한 소음도를 측정소음도로 하고, 같은 장소에서 확성기 등의 대상소음이 없을 때 5분간 측정한 소음도를 배경소음도로 한다.

③ 집회 및 시위에 관한 법률상 관할 경찰관서장은 집회 또는 시위의 주최자가 확성기 등의 소음기준을 초과하는 소음을 발생시켜 타인에게 피해를 주는 경우에 그 기준 이하의 소음 유지 또는 확성기 등의 사용 중지를 명하거나 확성기 등의 일시보관 등 필요한 조치를 할 수 있다.

④ 집회 및 시위에 관한 법률 시행령 별표 2에 따른 확성기 등의 소음기준에서 주거지역의 주간(07:00~해지기 전)시간대 등가 소음도(Leq)는 65dB 이하이다.

정답 및 해설 I ①

① [×] 중앙행정기관이 개최하는 국경일 행사의 경우 행사 개최시간에 한정하여 행사 진행에 영향을 미치는 소음에 대해서는, 집회 및 시위에 관한 법률 시행령 별표 2에 따른 확성기 등의 소음기준을 '주거지역'의 소음기준으로 적용한다.

067 집회 및 시위에 대한 설명으로 가장 적절하지 않은 것은? (다툼이 있는 경우 판례에 의함)

☐☐☐

22. 경찰승진

① 집회참가자들이 망인에 대한 추모의 목적과 그 범위 내에서 이루어지는 노제 등을 위한 이동 · 행진의 수준을 넘어서서 그 기회를 이용하여 다른 공동의 목적을 가지고 일반인이 자유로이 통행할 수 있는 장소를 행진하거나 위력 또는 기세를 보여, 불특정한 여러 사람의 의견에 영향을 주거나 제압을 하는 행위에 까지 나아가는 경우에는, 이미 집회 및 시위에 관한 법률이 정한 시위에 해당하므로 집회 및 시위에 관한 법률 제6조에 따라 사전에 신고서를 관할 경찰서장에게 제출할 것이 요구된다.

② 옥외집회 또는 시위 참가자들이 교통혼잡이 야기되었다고 볼 만한 사정은 없으나 이미 신고한 행진 경로를 따라 행진로인 하위 1개 차로에서 약 3시간 30분 동안 이루어진 집회시간 동안 2회에 걸쳐 약 15분 동안 연좌하였다는 사실만으로도 주최행위가 신고한 목적, 일시, 방법 등의 범위를 뚜렷이 벗어나는 경우에 해당한다고 볼 수 있다.

③ 집회란 '특정 또는 불특정 다수인이 공동의 의견을 형성하여 이를 대외적으로 표명할 목적 아래 일시적으로 일정한 장소에 모이는 것'을 말한다.

④ 옥외집회 또는 시위 당시의 구체적인 상황에 비추어 볼 때 옥외집회 또는 시위의 신고사항 미비점이나 신고범위 일탈로 인하여 타인의 법익 기타 공공의 안녕질서에 대하여 직접적인 위험이 초래된 경우에 비로소 그 위험의 방지 · 제거에 적합한 제한조치를 취할 수 있되, 그 조치는 법령에 의하여 허용되는 범위 내에서 필요한 최소한도에 그쳐야 한다.

정답 및 해설 | ②

② [×] 대법원은 옥외집회 또는 시위 참가자들이 교통혼잡이 야기되었다고 볼 만한 사정은 없으나 이미 신고한 행진 경로를 따라 행진로인 하위 1개 차로에서 약 3시간 30분 동안 이루어진 집회시간 동안 2회에 걸쳐 약 15분 동안 연좌하였다는 사실만으로도 주최행위가 신고한 목적, 일시, 방법 등의 범위를 뚜렷이 벗어나는 경우에 **해당하지 아니한다고 판시하였다**(대판 2010.3.11, 2009도10425).

068 집회 및 시위에 관한 법률에 대한 설명으로 가장 적절한 것은?

18. 경찰

□□□

① '주최자'란 자기 이름으로 자기 책임 아래 집회나 시위를 여는 사람이나 단체를 말한다. 주최자는 질서유지인을 따로 두어 집회 또는 시위의 실행을 맡아 관리하도록 위임할 수 있다.

② 집회 또는 시위의 주최자는 집회 또는 시위의 질서유지에 관하여 자신을 보좌하도록 18세 이상의 사람을 질서유지인으로 임명하여야 한다.

③ 옥외집회 또는 시위장소가 두 곳 이상의 경찰서의 관할에 속하는 경우에는 관할 시 · 도경찰청장에게 신고서를 제출해야 하고, 두 곳 이상의 시 · 도경찰청 관할에 속하는 경우에는 경찰청장에게 신고서를 제출하여야 한다.

④ 집회 또는 시위의 주최자는 집회 또는 시위에 있어서의 질서를 유지할 수 없으면 그 집회 또는 시위의 종결을 선언하여야 한다.

정답 및 해설 | ④

① [×] '주최자'란 자기 이름으로 자기 책임 아래 집회나 시위를 여는 사람이나 단체를 말한다. 주최자는 **주관자**를 따로 두어 집회 또는 시위의 실행을 맡아 관리하도록 위임할 수 있다(집회 및 시위에 관한 법률 제2조 제3호).

② [×] 집회 또는 시위의 주최자는 집회 또는 시위의 질서유지에 과하여 자신을 보좌하도록 18세 이상의 사람을 질서유지인으로 **임명할 수 있다**(집회 및 시위에 관한 법률 제16조 제2항).

③ [×] 옥외집회 또는 시위장소가 두 곳 이상의 경찰서의 관할에 속하는 경우에는 관할 시 · 도경찰청장에게 신고서를 제출해야 하고, 두 곳 이상의 시 · 도경찰청 관할에 속하는 경우에는 **주최지를 관할하는 시 · 도경찰청장**에게 신고서를 제출하여야 한다(집회 및 시위에 관한 법률 제6조 제1항).

069 집회 및 시위의 해산에 대한 설명으로 가장 적절하지 않은 것은?

15. 경찰승진

□□□

① 해산명령은 경찰관서장만이 할 수 있으므로 경찰관서장으로부터 권한을 부여받은 경비과장은 할 수 없다.

② 일반적으로 종결선언 요청 ⇨ 자진해산 요청 ⇨ 해산명령 ⇨ 직접해산의 순서로 진행한다.

③ 종결선언은 주최자에게 요청하되, 주최자의 소재를 알 수 없는 경우에는 주관자 · 연락책임자 또는 질서유지인을 통하여 종결선언을 요청할 수 있다.

④ 해산명령은 참가자들이 해산할 수 있는 시간적 여유를 두면서 3회 이상 발령하여야 한다.

정답 및 해설 | ①

① [×] 해산명령은 경찰관서장만이 할 수 있는 것이 아니라 경찰관서장으로부터 **권한을 부여받은 경찰공무원**도 할 수 있다(집회 및 시위에 관한 법률 시행령 제17조).

070 집회 및 시위 관리에 대한 설명으로 가장 적절하지 않은 것은? (다툼이 있으면 판례에 의함)

□□□

17. 경찰승진 변형

① 관할 경찰관서장 또는 관할 경찰관서장으로부터 권한을 부여받은 경찰공무원은 집회 또는 시위를 해산시키는 주체가 될 수 있다.

② 주최자에게 집회 또는 시위의 종결선언을 요청하되, 주최자의 소재를 알 수 없는 경우에는 주관자 · 연락책임자 또는 질서유지인을 통하여 종결선언을 요청할 수 있다.

③ 질서유지선으로 사람의 대열, 버스 등 차량은 사용할 수 있으나, 인도경계석 · 차선 등 지상물은 사용할 수 없다.

④ 자진해산을 요청할 때는 반드시 '자진해산'이라는 용어를 사용하여 요청할 필요는 없고, 해산을 요청하는 언행 중에 스스로 해산하도록 청하는 취지가 포함되어 있으면 된다.

정답 및 해설 I ③

③ [×] 질서유지선으로 인도경계석 · 차선 등 지상물도 질서유지선으로 사용할 수 있다. 대법원은 사람의 대열, 버스 등 차량은 적법한 질서유지선으로 보지 아니한다(대판 2019.1.10, 2016도21311).

071 집회 및 시위에 관한 법률 시행령에 대한 설명이다. 옳은 것을 모두 고른 것은?

□□□

17. 경찰

㉠ 관할 경찰관서장이 권한을 부여하면 관할 경찰서 경비교통과장도 해산명령의 주체가 될 수 있다. ㉡ 자진해산 요청은 직접 집회주최자에게 공개적으로 하여야 한다. ㉢ 자진해산 요청에 따르지 아니하는 경우에는 세 번 이상 자진해산할 것을 명령하고, 참가자들이 해산명령에도 불구하고 해산하지 아니하면 직접해산시킬 수 있다. ㉣ 종결선언은 주최자에게 요청하되, 주최자의 소재를 알 수 없는 경우에는 주관자 · 연락책임자 및 질서유지인에게 하여야 하며 종결선언의 요청은 필요적 절차로 생략할 수 없다.

① ㉠, ㉡

② ㉠, ㉢

③ ㉡, ㉢

④ ㉢, ㉣

정답 및 해설 I ②

옳은 설명은 ㉠㉢이다.

㉡ [×] 자진해산 요청은 집회참가자들에게 공개적으로 하여야 한다.

㉣ [×] 종결선언은 주최자에게 요청하되, 주최자의 소재를 알 수 없는 경우에는 주관자 · 연락책임자 또는 질서유지인에게 하여야 하며, 이들도 집회 또는 시위 장소에 없는 경우에는 종결선언의 요청을 생략할 수 있다(집회 및 시위에 관한 법률 시행령 제17조).

072 집회 및 시위에 관한 법률상 해산명령에 대한 설명 중 옳지 않은 것은? (판례에 의함) 21. 경찰간부

□□□

① 경찰이 집회 및 시위에 관한 법률이 정한 해산명령을 할 때 해산사유가 법률 조항 중 어느 사유에 해당하는지에 관하여 구체적으로 고지하여야 한다.

② 사전금지 또는 제한된 집회라 하더라도 실제 이루어진 집회가 당초 신고 내용과 달리 타인의 법익이나 공공의 안녕질서에 직접적이고 명백한 위험을 초래하지 않은 경우, 사전에 금지통고된 집회라는 이유만으로 해산을 명하고 이에 불응하였다고 처벌할 수는 없다.

③ 해산명령은 자진해산 요청에 따르지 않는 시위 참가자들에게 자진해산할 의무를 부과하는 것이므로 반드시 '자진해산을 명령한다'는 용어가 사용되거나 말로 해산명령임을 표시해야 한다.

④ 해산명령의 대상은 '집회 또는 시위' 자체이므로 해산명령의 방법은 그 대상인 집회나 시위의 참가자들 전체 무리나 집단에 고지 · 전달하는 방법으로 행하여야 한다.

정답 및 해설 I ③

③ [×] 해산명령은 자진해산 요청에 따르지 않는 시위 참가자들에게 자진해산할 의무를 부과하는 것이므로 반드시 '자진해산을 명령한다'는 용어가 사용되거나 말로 해산명령임을 표시해야 하는 것은 아니다(대판 2017.12.22, 2015도17738).

073 서울 영등포 경찰서장 甲은 집회 · 시위금지장소인 국회의사당 정문 앞에서 집회 중인 집회참가자를 해산시키고자 한다. 해산절차의 순서를 가장 적절하게 나열한 것은? (집회 주최자가 집회 현장에 있는 것으로 가정) 14. 경찰승진

□□□

㉠ 직접해산	㉡ 자진해산 요청
㉢ 3회 이상 해산명령	㉣ 종결선언 요청

① ㉡ - ㉢ - ㉣ - ㉠

② ㉡ - ㉣ - ㉢ - ㉠

③ ㉣ - ㉡ - ㉢ - ㉠

④ ㉣ - ㉢ - ㉡ - ㉠

정답 및 해설 I ③

③ [○] 집회 및 시위의 해산과정은 ㉣ 종결선언 요청 ⇨ ㉡ 자진해산 요청 ⇨ ㉢ 3회 이상 해산명령 ⇨ ㉠ 직접해산의 순서에 따른다(집회 및 시위에 관한 법률 시행령 제17조).

074 집회 및 시위에 관한 법률에 관한 설명 중 가장 적절하지 않은 것은? (다툼이 있는 경우 판례에 의함)

□□□

22. 경찰

① 집회의 신고가 경합할 경우, 먼저 신고된 집회의 목적, 장소 및 시간, 참여예정인원, 집회 신고인이 기존에 신고한 집회건수와 실제로 집회를 개최한 비율 등 먼저 신고된 집회의 실제 개최 가능성 여부와 양 집회의 상반 또는 방해가능성 등 제반사정을 확인하여 먼저 신고된 집회가 다른 집회의 개최를 봉쇄하기 위한 허위 또는 가장 집회신고에 해당함이 객관적으로 분명해 보이는 경우라도 관할 경찰관서장이 뒤에 신고된 집회에 대하여 금지통고를 했다면, 이러한 금지통고에 위반하여 집회를 개최한 행위는 집회 및 시위에 관한 법률에 위배된다.

② 질서유지선이 집회 및 시위의 보호와 공공의 질서유지를 위하여 필요하다고 인정되는 최소한의 범위를 정하여 설정되고 집회 및 시위에 관한 법률 시행령 관련 조항에서 정한 사유에 해당한다면, 집회 또는 시위가 이루어지는 장소 외곽의 경계지역뿐 아니라 집회 또는 시위의 장소 안에도 설정할 수 있다.

③ 경찰관들이 옥외집회 또는 시위 장소에서 줄지어 서는 등의 방법으로 소위 '사실상 질서유지선'의 역할을 수행한다고 하더라도 이를 가리켜 집회 및 시위에 관한 법률에서 정한 질서 유지선이라고 할 수는 없다.

④ 집회 · 시위 참가자들이 관할 경찰관서에 신고하지 않고 집회를 개최한 경우, 그 옥외집회 또는 시위로 인하여 타인의 법익이나 공공의 안녕질서에 대한 직접적인 위험이 명백하게 초래되지 않은 상황에서 경찰이 '미신고집회'라는 사유로 자진 해산 요청을 한 후, '불법적인 행진시도', '불법 도로 점거로 인한 도로교통법 제68조 제3항 제2호 위반'이라는 사유로 3회에 걸쳐 해산명령을 하였더라도 정당한 해산명령에 해당하지 않는다.

정답 및 해설 | ①

① [×] 집회의 신고가 경합할 경우, 먼저 신고된 집회의 목적, 장소 및 시간, 참여예정인원, 집회 신고인이 기존에 신고한 집회건수와 실제로 집회를 개최한 비율 등 먼저 신고된 집회의 실제 개최 가능성 여부와 양 집회의 상반 또는 방해가능성 등 제반사정을 확인하여 먼저 신고된 집회가 다른 집회의 개최를 봉쇄하기 위한 허위 또는 가장 집회신고에 해당함이 객관적으로 분명해 보이는 경우라도 관할경찰관서장이 단지 먼저 신고가 있었다는 이유만으로 뒤에 신고된 집회에 대하여 집회 자체를 금지하는 통고를 하여서는 아니 되고, 설령 이러한 금지통고에 위반하여 집회를 개최하였다고 하더라도 그러한 행위를 집시법상 금지통고에 위반한 집회개최 행위에 해당한다고 보아서는 아니 된다(대판 2014.12.11, 2011도13299).

075 집회 및 시위에 관한 법률및 동법 시행령상 '질서유지선'에 관한 설명으로 가장 적절하지 않은 것은?

□□□

23. 경찰승진

① 질서유지선을 경찰관의 경고에도 불구하고 정당한 사유 없이 상당 시간 침범하거나 손괴 · 은닉 · 이동 또는 제거하거나 그 밖의 방법으로 그 효용을 해친 자는 6개월 이하의 징역 또는 50만원 이하의 벌금 · 구류 또는 과료에 처한다.

② 옥외집회 및 시위의 신고를 받은 경찰관서장이 질서유지선을 설정할 때에는 주최자 또는 연락책임자에게 이를 알려야 한다.

③ 질서유지선의 설정 고지는 구두 또는 서면으로 할 수 있다. 다만, 집회 또는 시위 장소의 상황에 따라 질서유지선을 새로 설정하거나 변경하는 경우에는 집회 또는 시위의 장소에 있는 경찰공무원이 서면으로 알려야 한다.

④ 옥외집회나 시위의 신고를 받은 관할 경찰서장은 집회 및 시위의 보호와 공공의 질서 유지를 위하여 필요하다고 인정하면 최소한의 범위를 정하여 질서유지선을 설정할 수 있다.

정답 및 해설 I ③

③ [×] 질서유지선의 설정 고지는 서면(구두 ×)으로 하여야 한다. 다만, 집회 또는 시위 장소의 상황에 따라 질서유지선을 새로 설정하거나 변경하는 경우에는 집회 또는 시위의 장소에 있는 경찰공무원이 구두로 알릴 수 있다.

076 집회 및 시위에 관한 법률 시행령상 집회 · 시위의 해산절차로 가장 적절한 것은?

23. 경찰승진

□□□

① 자진 해산의 요청 ⇨ 해산명령 ⇨ 종결선언의 요청 ⇨ 직접해산

② 자진 해산의 요청 ⇨ 종결선언의 요청 ⇨ 해산명령 ⇨ 직접해산

③ 종결선언의 요청 ⇨ 자진 해산의 요청 ⇨ 해산명령 ⇨ 직접해산

④ 종결선언의 요청 ⇨ 해산명령 ⇨ 자진 해산의 요청 ⇨ 직접해산

정답 및 해설 I ③

집회 · 시위의 해산절차는 종결선언의 요청 ⇨ 자진 해산의 요청 ⇨ 해산명령 ⇨ 직접해산의 순서로 이루어 진다.

077 「집회 및 시위에 관한 법률」에 관한 설명으로 옳은 것을 모두 고른 것은?(다툼이 있는 경우 판례에 의함)

□□□

23. 경찰

> ㉠ "질서유지인"이란 관할 경찰서장이 집회 또는 시위의 질서를 유지하게 할 목적으로 임명한 자를 말한다.
> ㉡ 집회의 자유가 가지는 헌법적 가치와 기능, 집회에 대한 허가 금지를 선언한 헌법정신, 신고제도의 취지 등을 종합하여 보면, 신고는 행정관청에 집회에 관한 구체적인 정보를 제공함으로써 공공질서의 유지에 협력하도록 하는 데 의의가 있는 것으로 집회의 허가를 구하는 신청으로 변질되어서는 아니 되므로, 신고를 하지 아니하였다는 이유만으로 옥외집회 또는 시위를 헌법의 보호 범위를 벗어나 개최가 허용되지 않는 집회 내지 시위라고 단정할 수 없다.
> ㉢ 관할경찰서장은 옥외집회 및 시위에 관한 신고서의 기재 사항의 미비한 점을 발견하면 접수증을 교부한 때부터 24시간 이내에 주최자에게 48시간을 기한으로 그 기재 사항을 보완할 것을 통고할 수 있다.
> ㉣ 「집회 및 시위에 관한 법률」에 따른 신고 없이 이루어진 집회에 참석한 참가자들이 차로 위를 행진하는 등 도로교통을 방해함으로써 통행을 불가능하게 하거나 현저하게 곤란하게 하는 경우라도 참가자 모두에게 당연히 일반교통방해죄가 성립하는 것은 아니다.

① ㉠, ㉡　　② ㉡, ㉢
③ ㉡, ㉣　　④ ㉢, ㉣

정답 및 해설 | ③

㉠ [×] "질서유지인"이란 주최자(관할 경찰서장 ×)가 집회 또는 시위의 질서를 유지하게 할 목적으로 임명한 자를 말한다.

㉢ [×] 관할 경찰서장은 옥외집회 및 시위에 관한 신고서의 기재 사항의 미비한 점을 발견하면 접수증을 교부한 때부터 12시간 이내에 주최자에게 24시간을 기한으로 그 기재 사항을 보완할 것을 통고할 수 있다.

078 「집회 및 시위에 관한 법률」상 집회 및 시위에 관한 설명으로 가장 적절하지 않은 것은? (다툼이 있는 경우 판례에 의함)
□□□ 23. 경채

① 당초 옥외집회를 개최하겠다고 신고하였지만 신고 내용과 달리 아예 옥외집회는 개최하지 아니한 채 신고한 장소와 인접한 건물 등에서 옥내집회만을 개최한 경우에는, 그것이 건조물 침입죄 등 다른 범죄를 구성함은 별론으로 하고, 신고한 옥외 집회를 개최하는 과정에서 그 신고범위를 일탈한 행위를 한 데 대한 「집회 및 시위에 관한 법률」위반죄로 처벌할 수 없다.

② 옥외집회나 시위를 주최하려는 자는 신고서를 옥외집회나 시위를 시작하기 720시간 전부터 48시간 전에 관할 경찰서장에게 제출하여야 한다. 다만, 옥외집회 또는 시위장소가 두 곳 이상의 경찰서의 관할에 속하는 경우에는 관할 시·도경찰청장에게 제출하여야 하고, 두 곳 이상의 시·도경찰청 관할에 속하는 경우에는 주최지를 관할하는 시·도경찰청장에게 제출하여야 한다.

③ 차도의 통행방법으로 신고하지 아니한 '삼보일배 행진'을 하여 차량의 통행을 방해한 사안에서, 그 시위 방법이 장소, 태양, 내용, 방법과 결과 등에 비추어 사회통념상 용인될 수 있는 다소의 피해를 발생시킨 경우, 신고제도의 목적 달성을 심히 곤란하게 하는 정도에 이른다고 볼 수 없어 사회상규에 위배 되지 않는 정당행위에 해당한다.

④ 장례에 관한 집회 참가자들이 망인에 대한 추모의 목적과 그 범위 내에서 이루어지는 노제 등을 위한 이동·행진의 수준을 넘어서서 그 기회를 이용하여 다른 공동의 목적으로 시위에 나아간 경우,「집회 및 시위에 관한 법률」상 사전신고를 요하지 않으므로 '시위'에 해당하지 않는다.

정답 및 해설 I ④

④ [×] 관혼상제에 해당하는 장례에 관한 집회가 옥외의 장소에서 개최된다고 하더라도 그 집회에 관해서는 사전신고를 요하지 아니하나, 예컨대 그 집회참가자들이 망인에 대한 추모의 목적과 그 범위 내에서 이루어지는 노제 등을 위한 이동·행진의 수준을 넘어서서 그 기회를 이용하여 다른 공동의 목적을 가지고 일반인이 자유로이 통행할 수 있는 장소를 행진하거나 위력 또는 기세를 보여, 불특정한 여러 사람의 의견에 영향을 주거나 제압을 하는 행위에까지 나아가는 경우에는, 이미 **집시법이 정한 시위에 해당하므로** 집시법 제6조에 따라 사전에 신고서를 **관할 경찰서장에게 제출할 것이 요구된다**고 보아야 한다(대판 2012.4.26, 2011도6294).

079 「집회 및 시위에 관한 법률」에 대한 설명으로 가장 적절하지 않은 것은? 24. 경찰승진
□□□

① 관할경찰관서장은 옥외집회 및 시위의 신고서를 접수하면 신고자에게 접수 일시를 적은 접수증을 즉시 내주어야 한다.

② 주최자는 신고한 옥외집회 또는 시위를 하지 아니하게 된 경우에는 신고서에 적힌 집회 일시 24시간 전에 그 철회사유 등을 적은 철회신고서를 관할 경찰관서장에게 제출하여야 한다.

③ 관할경찰관서장은 신고서의 기재 사항에 미비한 점을 발견하면 접수증을 교부한 때부터 12시간 이내에 주최자에게 24시간을 기한으로 그 기재 사항을 보완할 것을 통고할 수 있다.

④ 관할 경찰관서장이 신고서의 보완 통고를 할 때에는 보완할 사항을 분명히 밝혀 서면 또는 구두로 주최자 또는 연락책임자에게 통보해야 한다.

정답 및 해설 I ④

④ [×] 관할 경찰관서장이 신고서의 보완 통고를 할 때에는 보완할 사항을 분명히 밝혀 **서면(구두 ×)**으로 주최자 또는 연락책임자에게 통보해야 한다(동법 제8조).

080 □□□

집회 및 시위에 관한 설명 중 옳고 그름의 표시(○, ×)가 바르게 된 것은? (다툼이 있는 경우 판례에 의함)

24. 경찰승진

㉠ 헌법에 따르면 집회에 대한 허가제는 인정되지 아니한다.
㉡ 집회 금지통고는 관할 경찰서장이 집회신고를 접수한 후 「집회 및 시위에 관한 법률」상 집회 사전금지조항에 근거하여 집회 주최자 등에게 해당 집회를 금지한다는 사실을 알리는 행정처분이므로 그 자체를 헌법에 위배되는 제도라고 볼 수 없다.
㉢ 집회의 금지와 해산은 원칙적으로 공공의 안녕질서에 대한 직접적인 위협이 명백하게 존재하는 경우에 한하여 허용될 수 있고, 집회의 자유를 보다 적게 제한하는 다른 수단, 예컨대 시위 참가자수의 제한, 시위 대상과의 거리 제한, 시위 방법, 시기, 소요시간의 제한 등 조건을 붙여 집회를 허용하는 가능성을 모두 소진한 후에 비로소 고려될 수 있는 최종적인 수단이다.
㉣ 사전금지 또는 제한된 집회라 하더라도 실제 이루어진 집회가 당초 신고 내용과 달리 평화롭게 개최되거나 집회 규모를 축소하여 이루어지는 등 타인의 법익 침해나 기타 공공의 안녕질서에 대하여 직접적이고 명백한 위험을 초래하지 않은 경우에는 이에 대하여 사전 금지 또는 제한을 위반하여 집회를 한 점을 들어 처벌하는 것 이외에 더 나아가 이에 대한 해산을 명하고 이에 불응하였다 하여 처벌할 수는 없다.

① ㉠ (○), ㉡ (○), ㉢ (○), ㉣ (○)
② ㉠ (×), ㉡ (×), ㉢ (○), ㉣ (×)
③ ㉠ (○), ㉡ (○), ㉢ (×), ㉣ (○)
④ ㉠ (○), ㉡ (×), ㉢ (×), ㉣ (×)

정답 및 해설 I ①

모두 옳은 지문이다.

㉠㉡ [○] 집회 신고장소가 다른 사람의 주거지역이나 이와 유사한 장소에 해당하기만 하면 무조건 집회를 사전 제한 또는 금지하는 것이 아니라 '집회나 시위로 재산 또는 시설에 심각한 피해가 발생하거나 사생활의 평온을 뚜렷하게 해칠 우려'가 있고, 그에 더하여 '그 거주자나 관리자가 시설이나 장소의 보호를 요청하는 때'에 한하여 집회를 제한 또는 금지하도록 하는 등 집회 제한 또는 금지의 요건 및 절차를 한정하여 집회의 자유와 집회 신고장소 주변 지역 주민의 법익을 합리적인 범위 내에서 조정하고 있으므로, **집회의 자유의 본질적 내용을 침해하거나 집회의 허가제를 허용하지 않는 헌법 제21조 제2항에 위배된다고 볼 수 없다**(대판 2011.10.13, 2009도13846).

㉢㉣ [○] 집회 및 시위에 관한 법률(이하 '집시법'이라 한다)상 일정한 경우 집회의 자유가 사전 금지 또는 제한된다 하더라도 이는 다른 중요한 법익의 보호를 위하여 반드시 필요한 경우에 한하여 정당화되는 것이며, 특히 **집회의 금지와 해산은 원칙적으로 공공의 안녕질서에 대한 직접적인 위협이 명백하게 존재하는 경우에 한하여 허용될 수 있고**, 집회의 자유를 보다 적게 제한하는 다른 수단, 예컨대 시위 참가자수의 제한, 시위 대상과의 거리 제한, 시위 방법, 시기, 소요시간의 제한 등 조건을 붙여 집회를 허용하는 가능성을 모두 소진한 후에 비로소 고려될 수 있는 최종적인 수단이다. 따라서 사전 금지 또는 제한된 집회라 하더라도 실제 이루어진 집회가 당초 신고 내용과 달리 평화롭게 개최되거나 집회 규모를 축소하여 이루어지는 등 타인의 법익 침해나 기타 공공의 안녕질서에 대하여 직접적이고 명백한 위험을 초래하지 않은 경우에는 이에 대하여 사전 금지 또는 제한을 위반하여 집회를 한 점을 들어 처벌하는 것 이외에 더 나아가 이에 대한 해산을 명하고 이에 불응하였다 하여 처벌할 수는 없다(대판 2011.10.13, 2009도13846).

제6장 | 안보경찰

제1절 | 안보경찰 총설

001 방첩활동에 대한 설명 중 틀린 것은? 10. 경찰승진

□□□

① 방첩의 수단 중 적극적 수단으로는 허위정보 유포, 양동간계시위, 유언비어 유포 등을 들 수 있다.

② 계속접촉의 유지는 탐지, 판명, 주시, 이용, 타진의 단계로 이루어진다.

③ 방첩의 기본원칙으로 완전협조의 원칙, 치밀의 원칙, 계속접촉의 원칙을 들 수 있다.

④ 정보 · 자재보안, 인원 · 시설보안 등 소극적 방첩수단을 통일성 있게 통제할 수 있는 가장 효과적인 방법은 보안업무의 규정화이다.

정답 및 해설 | ①

① [×] 방첩의 수단 중 기만적 수단으로는 허위정보 유포, 양동간계시위, 유언비어 유포 등을 들 수 있다.

002 간첩에 대한 설명 중 틀린 것은? 10. 경찰승진

□□□

① 간첩은 대상국의 기밀을 수집하거나 태업, 전복활동을 하는 모든 조직적 구성분자를 말한다.

② 간첩을 임무에 따라 구분할 때 간첩을 침투시키거나 이미 침투한 간첩에게 필요한 활동 자재를 보급 · 지원하는 간첩을 증원간첩이라고 한다.

③ 간첩을 활동방법에 따라 구분할 때 타국에 공용의 명목하에 입국하여 합법적인 신분을 갖고 이를 기화로 상대국에 대한 각종 정보를 수집하는 것을 목적으로 하는 간첩을 공행간첩이라고 한다.

④ 간첩망의 형태 중 보안유지가 잘 되고 일망타진 가능성은 적지만, 활동범위가 좁고 공작원 검거시 간첩 정체가 쉽게 노출되는 것은 삼각형이다.

정답 및 해설 | ②

② [×] 간첩을 임무에 따라 구분할 때 간첩을 침투시키거나 이미 침투한 간첩에게 필요한 활동 자재를 보급 · 지원하는 간첩을 보급간첩이라고 한다.

003 손자(孫子)가 분류한 간첩의 종류에 대한 설명 중 가장 적절하지 않은 것은? 14. 경찰승진

□□□

① 생간(生間): 적 중에 들어가서 정보활동을 전개한 후 살아서 돌아오는 자로 현대국가에서 운용하는 첩보원들이 대부분 이에 해당한다.

② 사간(死間): 적을 교란하기 위해 적지에 파견하여 적에 붙잡혀 죽게 만든 간자로 어떤 편에서 기만정보를 작성하여 공작원을 통해 다른 편에 전파하는데, 공작원은 자신이 지득한 정보가 고의로 만들어진 기만정보라는 사실을 모른 채 진실이라고 믿고 적진에 전파시킴으로써 적에 붙잡혀 살해당하게 된다.

③ 향간(鄕間): 수집목표가 위치한 지역에 장기간 거주하여 그 지역 실정에 밝은 사람이 첩보원으로 기용되어 첩보수집, 비밀공작 등 정보활동을 전개하는 것을 말한다.

④ 반간(反間): 적의 관리를 매수하여 자기편의 간자로 기용한 자를 말한다.

정답 및 해설 I ④

④ [×] 적의 관리를 매수하여 자기편의 간자로 기용한 자는 내간(內間)이라 한다.

004 간첩망의 형태에 대한 설명 중 가장 옳은 것은? 14. 경찰간부

□□□

① 삼각형 – 간첩이 3명 이내의 공작원을 포섭하여 지휘하고, 포섭된 공작원간 횡적 연락을 차단한 형태로 일망타진 가능성이 적고, 활동범위가 넓으며, 공작원 검거시 간첩 정체가 쉽게 노출되지 않는다.

② 써클형 – 피라미드형 조직에 있어서 간첩과 주공작원간, 행동공작원 상호간에 연락원을 두고 종횡으로 연결하는 방식의 간첩망 형태이다.

③ 단일형 – 공작성과가 높고, 보안유지 및 신속한 활동이 가능한 반면, 활동범위가 좁다.

④ 피라미드형 – 간첩이 주공작원 2~3명을 두고 그 밑에 각각 2~3명의 행동공작원이 있는 형태로, 일시에 많은 공작을 입체적으로 수행할 수 있고, 활동범위가 넓은 반면, 행동의 노출이 쉽고 일망타진될 가능성이 높으며 조직구성에 많은 시간이 소요된다.

정답 및 해설 I ④

① [×] 삼각형은 간첩이 3명 이내의 공작원을 포섭하여 지휘하고, 포섭된 공작원간 횡적 연락을 차단한 형태로 일망타진 가능성이 적고, 활동범위가 좁으며, 공작원 검거시 간첩 정체가 쉽게 노출된다.

② [×] 레포형에 대한 설명이다.

③ [×] 단일형은 공작성과가 낮고, 보안유지 및 신속한 활동이 가능한 반면, 활동범위가 좁다.

005 □□□ 대상국의 기밀 탐지, 전복, 태업 등을 효과적으로 수행하기 위한 지하조직형태를 간첩망이라 한다. 다음의 내용이 설명하는 간첩망의 형태를 가장 적절하게 나열한 것은? 16. 경찰

> ㉠ 지하당 구축에 흔히 사용하는 형태로, 간첩이 3명 이내의 행동공작원을 포섭하여 직접 지휘하고 공작원 간 횡적 연락을 차단시키는 활동조직
> ㉡ 간첩이 주공작원 2~3명을 두고, 주공작원은 그 밑에 각각 2~3명의 행동공작원을 두는 조직형태
> ㉢ 합법적 신분을 이용하여 적국의 이념이나 사상에 동조하도록 유도하여 공작목표를 달성하기 위한 조직형태

	㉠	㉡	㉢
①	삼각형	피라미드형	서클형
②	삼각형	피라미드형	레포형
③	피라미드형	삼각형	서클형
④	피라미드형	삼각형	레포형

정답 및 해설 I ①

① [○] 간첩망의 형태를 적절하게 나열하면 ㉠ **삼각형**, ㉡ **피라미드형**, ㉢ **서클형**이다.

006 □□□ 간첩망의 형태에 대한 설명 중 가장 적절한 것은? 17. 경찰

① 단일형은 간첩이 단일 특수 목적을 수행하기 위해 동조자를 포섭하지 않고 단독으로 활동하는 점조직으로 대남간첩이 가장 많이 사용하며, 간첩 상호간에 종적 · 횡적 연락의 차단으로 보안유지 및 신속한 활동이 가능하며, 활동범위가 넓고 공작 성과가 높다는 장점이 있다.

② 삼각형은 지하당조직에서 주로 사용하는 간첩망 형태로, 지하당 구축을 하명받은 간첩이 3명 이내의 행동공작원을 포섭하여 직접 지휘하고 포섭된 공작원간의 횡적 연락을 차단시키는 활동조직이다.

③ 피라미드형은 간첩 밑에 주공작원 2~3명을 두고, 주공작원은 그 밑에 각각 2~3명의 행동공작원을 두는 조직형태로 일시에 많은 공작을 입체적으로 수행할 수 있어 활동범위가 넓고 조직구성에 많은 시간이 소요되지 않는다는 장점이 있다.

④ 레포형은 삼각형 조직에 있어서 간첩과 주공작원간, 행동공작원 상호간에 연락원을 두고 종 · 횡으로 연결하는 형태이다.

정답 및 해설 I ②

① [×] 단일형은 **활동범위가 좁고 공작 성과가 낮다**는 단점이 있다.
③ [×] 피라미드형은 **조직구성에 많은 시간이 소요된다는 단점**이 있다.
④ [×] 레포형은 **피라미드형 조직**에 있어서 간첩과 주공작원간, 행동공작원 상호간에 연락원을 두고 종 · 횡으로 연결하는 형태이다.

007 간첩망의 형태 중 써클형을 가장 잘 설명한 것은? 18. 경찰간부

□□□

① 보안유지가 잘되고 일망타진 가능성은 적지만, 활동범위가 좁고 공작원의 검거시 간첩 정체가 쉽게 노출된다.

② 간첩활동이 자유롭고 대중적 조직과 동원이 가능한 반면, 간첩의 정체가 폭로되었을 때 외교적 문제가 야기될 수 있다.

③ 보안유지 및 신속한 활동이 가능한 반면, 활동범위가 좁고 공작성과가 비교적 낮다.

④ 일시에 많은 공작을 입체적으로 수행할 수 있고 활동범위가 넓은 반면, 행동의 노출이 쉽고 일망타진 가능성이 높으며 조직구성에 많은 시간이 소요된다.

정답 및 해설 I ②

① [×] **삼각형**에 대한 설명이다.

③ [×] **단일형**에 대한 설명이다.

④ [×] **피라미드형**에 대한 설명이다.

008 간첩망의 형태에 관한 설명으로 가장 적절하지 않은 것은? 19. 경찰승진

□□□

① 삼각형은 간첩이 3명 이내의 공작원을 포섭하여 지휘 · 포섭된 공작원간 횡적 연락을 차단시키는 형태로 보안유지가 잘되고 일망타진 가능성이 적지만, 활동범위가 좁고 공작원 검거시 간첩 정체가 쉽게 노출된다.

② 써클형은 첩보전에서 많이 이용되며 간첩활동이 자유롭고 대중적 조직과 동원이 가능한 반면, 간첩의 정체 노출시 외교적 문제가 야기될 수 있다.

③ 피라미드형은 간첩이 주공작원 2~3명을 두고 그 밑에 각각 2~3명의 행동공작원을 두는 조직형태로, 일시에 많은 공작을 입체적으로 수행할 수 있어 지하당 구축에 많이 사용된다.

④ 레포형은 피라미드형 조직에 있어서 간첩과 주공작원간, 행동공작원 상호간에 연락원을 두고 종횡으로 연결하는 방식이다.

정답 및 해설 I ③

③ [×] 지하당 구축에 주로 사용되는 간첩망의 형태는 **삼각형**이다.

제2절 I 국가보안법(보안수사)

009 다음 중 국가보안법의 특징으로 보기 어려운 것은? 08. 경찰간부

□□□

① 범인에게 금품, 재산적 이익을 제공한 경우에도 정범에 종속되어 처벌되는 형법과는 달리 별도의 범죄를 규정하여 정범으로 처벌한다.

② 범죄를 선동 · 선전 · 권유하는 경우 교사범 또는 방조범으로 처벌되는 것이 아니고 별도의 범죄를 규정하여 처벌한다.

③ 예비 · 음모 · 미수죄가 원칙적으로 적용되고 불고지죄, 목적수행죄 등 일부 죄만 적용되지 않는다.

④ 불기소 처분시에도 압수물을 환부하지 않고 폐기 또는 국고 귀속을 명할 수 있다.

정답 및 해설 I ③

③ [×] 국가보안법상 예비 · 음모 · 미수죄가 적용되는 것이 원칙이나, 예외적으로 불고지죄는 예비 · 음모 · 미수죄가 적용되지 아니하는 범죄이다. 목적수행죄는 예비 · 음모 · 미수죄가 모두 적용되는 범죄이다.

010 국가보안법에 대한 설명으로 적절하지 않은 것은? 09. 경찰

□□□

① 국가보안법은 고의범만을 처벌한다.

② 공소보류를 받은 자가 공소제기 없이 2년을 경과한 때에는 소추되지 아니한다.

③ 참고인으로 출석요구를 받은 자가 정당한 이유 없이 2회 이상 출석요구에 불응한 때에는 구인할 수 있다.

④ 수사를 계속함에 상당한 이유가 있다고 인정될 때에는 사법경찰관과 검사는 각 1차에 한하여 구속기간을 연장할 수 있다.

정답 및 해설 I ④

④ [×] 수사를 계속함에 상당한 이유가 있다고 인정될 때에는 사법경찰관은 1차, 검사는 2차에 한하여 구속기간을 연장할 수 있다 (국가보안법 제19조 제1항 · 제2항 참조).

011 국가보안법과 관련된 다음 설명 중 옳은 것은 모두 몇 개인가? 12. 경찰간부

□□□

㉠ 검사 또는 사법경찰관으로부터 국가보안법에 정한 죄의 참고인으로 출석을 요구받은 자가 정당한 이유 없이 2회 이상 출석요구에 불응한 때에는 관할 법원판사의 구속영장을 발부받아 구인할 수 있다.
㉡ 국가보안법 위반죄를 범한 후 자수하거나 동법의 죄를 범한 자가 타인이 동법의 죄를 범한 것을 고발하거나 타인이 동법의 죄를 범하는 것을 방해하는 때에는 그 형을 감경 또는 면제할 수 있다.
㉢ 국가보안법의 죄에 관하여 유기징역형을 선고할 때에는 그 형의 장기 이하의 자격정지를 병과할 수 있다.
㉣ 국가보안법상 '반국가단체'라 함은 정부를 참칭하거나 국가를 변란할 것을 목적으로 하는 국내·외의 결사 또는 집단을 말한다.
㉤ 국가보안법상 특수직무유기죄는 유일하게 법정형으로 벌금형을 규정하고 있다.

① 1개 ② 2개
③ 3개 ④ 4개

정답 및 해설 I ②

옳은 설명은 ㉠㉢ 2개이다.

㉡ [×] 국가보안법 위반죄를 범한 후 자수하거나 동법의 죄를 범한 자가 타인이 동법의 죄를 범한 것을 고발하거나 타인이 동법의 죄를 범하는 것을 방해하는 때에는 그 형을 **감경 또는 면제하여야 한다**(국가보안법 제16조).
㉣ [×] 국가보안법상 '반국가단체'라 함은 정부를 참칭하거나 국가를 변란할 것을 목적으로 하는 국내·외의 결사 또는 집단으로서 **지휘통솔체제를 갖춘 단체**를 말한다(국가보안법 제2조 제1항).
㉤ [×] 국가보안법상 **불고지죄**는 유일하게 법정형으로 5년 이하 징역 또는 **벌금형(200만원 이하)**을 규정하고 있다(국가보안법 제10조).

012 다음 보기 중 국가보안법에 관한 설명으로 틀린 것은 모두 몇 개인가? 14. 경찰

□□□

㉠ 국가보안법 제10조 불고지죄는 법정형이 5년 이하의 징역 또는 300만원 이하의 벌금으로 국가보안법 중 유일하게 선택형으로 벌금형을 두고 있다.
㉡ 국가보안법의 죄를 범한 후 자수한 때에는 그 형을 감경 또는 면제한다.
㉢ 공소보류결정을 받은 자가 공소제기 없이 2년이 경과한 때에는 소추할 수 없다.
㉣ 검사 또는 사법경찰관으로부터 국가보안법에 정한 죄의 참고인으로 출석을 요구받은 자가 정당한 이유 없이 2회 이상 출석요구에 불응한 때에는 관할 법원판사의 구속영장을 발부받아 구인할 수 있다.

① 0개 ② 1개
③ 2개 ④ 3개

정답 및 해설 I ②

틀린 설명은 ㉠ 1개이다.

㉠ [×] 국가보안법 제10조 불고지죄는 법정형이 5년 이하의 징역 또는 **200만원 이하**의 벌금으로 국가보안법 중 유일하게 선택형으로 벌금형을 두고 있다.

013 □□□ 국가보안법상 공소보류에 대한 설명 중 가장 적절하지 않은 것은? 14. 경찰승진

① 검사는 국가보안법 위반사범에 대하여 공소제기를 보류할 수 있다.

② 공소보류를 받은 자가 법무부장관이 정한 감시 · 보도에 관한 규칙에 위반한 때에는 공소보류를 취소할 수 있다.

③ 공소보류결정을 받은 자가 공소제기 없이 1년이 경과한 때에는 소추할 수 없다.

④ 공소보류가 취소된 때에는 형사소송법 제208조(재구속의 제한)의 규정에도 불구하고 동일범죄사실로 재구속 · 소추할 수 있다.

정답 및 해설 I ③

③ [×] 공소보류결정을 받은 자가 공소제기 없이 2년이 경과한 때에는 소추할 수 없다(국가보안법 제20조 제2항).

014 □□□ 국가보안법상 본범과 친족관계가 있을 경우 감경 또는 면제할 수 있는 규정에 대한 설명이다. 옳지 않은 것은? 11. 경찰간부

① 무고, 날조죄 – 감경 · 면제 규정 없다.

② 불고지죄 – 필요적 감면

③ 특수직무유기죄 – 필요적 감면

④ 재산상 이익과 장소의 제공 · 기타 방법으로 단순편의제공죄 – 임의적 감면

정답 및 해설 I ③

③ [×] 특수직무유기죄는 임의적 감면이다.

015 □□□ 국가보안법에 대한 다음 설명 중 옳은 것은 모두 몇 개인가? 17. 경찰간부

㉠ 국가보안법은 군사기밀보호법과 마찬가지로 과실범 처벌규정을 두고 있다.
㉡ 국가보안법 제4조 제1항의 목적수행죄는 반국가단체 구성원이나 그 지령을 받은 자는 주체가 될 수 없다.
㉢ 국가보안법 제5조 제1항의 자진지원죄는 반국가단체 구성원이나 그 지령을 받은 자도 주체가 될 수 있지만, 국가보안법 제6조 제2항의 특수잠입 · 탈출죄는 반국가단체 구성원만 주체가 될 수 있다.
㉣ 국가보안법의 죄를 범한 후 자수하거나 국가보안법상 죄를 범한 타인을 고발하거나 타인이 국가보안법상 죄를 범하는 것을 방해한 때에는 그 형을 감경 또는 면제한다.

① 1개 ② 2개

③ 3개 ④ 4개

정답 및 해설 | ①

옳은 설명은 ㉣ 1개이다.

㉠ [×] 국가보안법은 고의범 처벌규정만 두고 있고 과실범 처벌규정은 두고 있지 않다.

㉡ [×] 국가보안법 제4조 제1항의 목적수행죄는 반국가단체 구성원이나 그 지령을 받은 자만 주체가 될 수 있다.

㉢ [×] 국가보안법 제5조 제1항의 자진지원죄는 반국가단체 구성원이나 그 지령을 받은 자가 아닌 자만이 주체가 될 수 있지만, 국가보안법 제6조 제2항의 특수잠입 · 탈출죄는 주체상 제한이 없다.

016 국가보안법상 다음 설명 중 옳은 것은 모두 몇 개인가?

□□□ 12. 경찰

> ㉠ 국가보안법은 국가의 안전을 위태롭게 하는 반국가활동을 규제함으로써 국가의 안전과 국민의 생존 및 자유를 확보함을 목적으로 한다.
> ㉡ 검사 또는 사법경찰관으로부터 이 법에 정한 죄의 참고인으로 출석을 요구받은 자가 정당한 이유 없이 2회 이상 출석요구에 불응한 때에는 관할 법원판사의 구속영장을 발부받아 구인할 수 있다.
> ㉢ 국가보안법의 죄에 관하여 유기징역형을 선고할 때에는 그 형의 장기 이하의 자격정지를 병과할 수 있다.
> ㉣ 검사는 이 법의 죄를 범한 자에 대하여 형법 제51조(양형의 조건)의 사항을 참작하여 공소제기를 보류할 수 있으며, 이에 따라 공소보류를 받은 자가 공소의 제기 없이 2년을 경과한 때에는 소추할 수 없다.

① 1개　　② 2개

③ 3개　　④ 4개

정답 및 해설 | ④

㉠㉡㉢㉣ 4개 모두 옳은 설명이다.

017 국가보안법의 특성에 대한 설명으로 가장 적절하지 않은 것은?

□□□ 19. 경찰승진

① 고의범만 처벌하며, 일부 범죄를 제외하고 기본적으로 미수 · 예비 · 음모를 처벌한다.

② 국가보안법상 반국가단체의 구성 · 가입죄, 목적수행죄, 찬양 · 고무죄 등을 범한 자에 대해 사법경찰관은 구속기간의 연장을 1차까지 가능하므로 최장 20일까지 구속수사가 가능하다.

③ 검사는 국가보안법의 죄의 참고인으로 출석을 요구받은 자가 정당한 이유 없이 2회 이상 출석요구에 불응한 때에는 관할 법원판사의 구속영장을 발부받아 구인할 수 있다.

④ 편의제공죄나 찬양 · 고무죄 등 형법상 종범의 성격을 가진 행위에 대하여 독립된 범죄로 처벌한다.

정답 및 해설 | ②

② [×] 국가보안법상 찬양 · 고무죄, 불고지죄, 특수직무유기죄, 무고 · 날조죄의 경우에는 구속기간 연장 특례에서 제외된다(국가보안법 제19조 제1항 · 제2항).

018 국가보안법상 반국가단체(제2조)에 관한 설명 중 틀린 것은? 10. 경찰

□□□

① 반국가단체라 함은 정부를 참칭하거나 국가를 변란할 것을 목적으로 하는 국내 · 외의 결사 또는 집단으로 지휘통솔체제를 갖춘 단체를 말한다.

② 정부를 참칭한다는 것은 함부로 단체를 조직하여 정부를 사칭하는 것으로 정부와 동일한 명칭을 사용할 필요는 없고 일반인이 정부로 오인할 정도면 충분하다.

③ 국가변란이란 정부를 전복하여 새로운 정부를 조직하는 것을 의미하며, 정부전복이란 정부를 구성하고 있는 자연인의 사임이나 교체만으로는 부족하고 정부조직이나 제도 그 자체를 파괴하는 것을 의미한다.

④ 형법상 내란죄에서의 국헌문란이란 헌법 또는 법률의 기능을 소멸시키거나 헌법에 의하여 설치된 국가기관을 전복 또는 그 권능행사를 불가능하게 하는 것으로 국가보안법상 국가변란이 국헌문란보다 더 넓은 개념이다.

정답 및 해설 I ④

④ [×] 형법상 내란죄에서의 국헌문란이란 헌법 또는 법률의 기능을 소멸시키거나 헌법에 의하여 설치된 국가기관을 전복 또는 그 권능행사를 불가능하게 하는 것으로 국가보안법상 **국가변란이 국헌문란보다 더 좁은 개념이다.**

019 국가보안법에 대한 설명으로 가장 적절하지 않은 것은? 22. 경찰간부

□□□

① 이 법은 국가의 안전을 위태롭게 하는 반국가활동을 규제함으로써 국가의 안전과 국민의 생존 및 자유를 확보함을 목적으로 한다.

② 이 법에서 '반국가단체'라 함은 정부를 참칭하거나 국가를 변란할 것을 목적으로 하는 국내 · 외의 결사 또는 집단으로서 지휘통솔체제를 갖춘 단체를 말한다.

③ 이 법의 죄를 범한 자를 수사기관 또는 정보기관에 통보하거나 체포한 자에게는 국가보안유공자 상금지급 등에 관한 규정이 정하는 바에 따라 상금을 지급한다.

④ 사법경찰관리로부터 이 법에 정한 죄의 참고인으로 출석을 요구받은 자가 정당한 이유 없이 출석요구에 불응한 때에는 관할 법원판사의 구속영장을 발부받아 구인할 수 있다.

정답 및 해설 I ④

④ [×] 사법경찰관리로부터 이 법에 정한 죄의 참고인으로 출석을 요구받은 자가 정당한 이유 없이 **2회 이상** 출석요구에 불응한 때에는 관할 법원판사의 구속영장을 발부받아 구인할 수 있다(국가보안법 제18조 제1항).

020 국가보안법에 대한 설명으로 가장 옳은 것은? (다툼이 있는 경우 판례에 따름) 11. 경찰승진

□□□

① 국가보안법 위반의 죄를 범한 후 자수한 때에는 그 형을 감경 또는 면제한다.

② 형사정책적 견지에서 검사가 국가보안법 위반 사범에 대해 형법 제51조의 양형조건을 참작하여 공소제기를 보류할 수 있는 제도를 '공소유예'라 한다.

③ 국가보안법 제5조 제2항(금품수수죄)은 금품수수의 목적이나 의도가 대한민국을 해할 의도가 있어야 한다.

④ 목적수행죄는 반국가단체의 구성원 또는 그 지령을 받은 자가 범죄의 주체가 될 수 없다.

정답 및 해설 I ①

② [×] 형사정책적 견지에서 검사가 국가보안법 위반 사범에 대해 형법 제51조의 양형조건을 참작하여 공소제기를 보류할 수 있는 제도를 '**공소보류**'라 한다(국가보안법 제20조 제1항).

③ [×] 국가보안법 제5조 제2항(금품수수죄)은 금품수수의 목적이나 의도가 대한민국을 해할 **의도가 있어야 하는 것은 아니다.**

④ [×] 목적수행죄는 **반국가단체의 구성원 또는 그 지령을 받은 자**가 범죄의 주체가 될 수 있다(국가보안법 제4조 제1항).

021 □□□ 국가보안법 제3조는 반국가단체를 구성하거나 이에 가입 또는 타인에게 가입을 권유하는 행위를 범죄로 규정하고 있다. 이에 대한 설명으로 가장 적절한 것은? 14. 경찰승진

① 국가보안법 위반의 가장 기본적인 범죄유형으로 기존의 반국가단체 구성원은 본죄의 주체가 될 수 없다.

② 주체는 특별한 제한이 없으므로 내·외국인을 막론하며, 구성·가입·가입권유의 미수범과 구성·가입의 예비·음모를 처벌한다.

③ 구성죄와 가입죄는 일정한 시간적 계속을 필요로 한다는 것이 통설·판례의 입장이다.

④ 실제에 있어 반국가단체를 위하여 중요한 역할이나 활동을 한 자를 '수괴'라고 하며 수괴의 임무에 종사한 자는 사형 또는 무기징역에 처한다.

정답 및 해설 I ②

① [×] 국가보안법 위반의 가장 기본적인 범죄유형으로 기존의 반국가단체 구성원은 본죄의 주체가 될 수 있다.

③ [×] 구성죄와 가입죄는 **일정한 시간적 계속을 필요로 하지 않는다**는 것이 통설·판례의 입장이다(대판 1982.9.28, 82도2016).

④ [×] 집단 내에서의 지위 여하를 막론하고 실제에 있어 반국가단체를 위하여 중요한 역할이나 활동을 한 자를 '**기타 지도적 임무에 종사한 자**'라고 하며 기타 지도적 임무에 종사한 자는 **사형·무기 또는 5년 이상의 징역**에 처한다(서울고등법원 1982.2.20, 81노3376).

022 □□□ 국가보안법상 일부 조항에는 '국가의 존립·안전이나 자유민주적 기본질서를 위태롭게 한다는 정을 알면서'라고 하여 소위 '이적지정(利敵知情)'을 요건으로 하는 범죄들이 있다. '이적지정'을 요건으로 하지 않는 범죄로 가장 적절한 것은? 18. 경찰승진

① 국가보안법 제5조 제2항(금품수수)

② 국가보안법 제6조 제1항(단순잠입·탈출)

③ 국가보안법 제8조 제1항(회합·통신 등)

④ 국가보안법 제9조 제2항(편의제공)

정답 및 해설 I ④

④ [○] 국가보안법 제9조 제2항 편의제공은 이적지정을 요건으로 하지 않는다.

①②③ [×] 국가보안법상 이적지정의 목적을 요하는 범죄는 **제5조 제2항 금품수수죄, 제6조 잠입·탈출죄, 제7조 찬양·고무죄, 제8죄 회합·통신죄**이다.

023 국가보안법에 대한 설명으로 가장 적절하지 않은 것은? 18. 경찰승진

□□□

① '반국가단체'라 함은 정부를 참칭하거나 국가를 변란할 것을 목적으로 하는 국내 · 외의 결사 또는 집단으로서 지휘통솔체제를 갖춘 단체를 말한다.

② 특수직무유기죄를 범한 자가 본범과 친족관계에 있는 때에는 그 형을 감경 또는 면제할 수 있다.

③ 이 법의 죄를 범하고 그 보수를 받은 때에는 이를 몰수한다. 다만, 이를 몰수할 수 없을 때에는 그 가액을 추징할 수 있다.

④ 검사는 이 법의 죄를 범한 자에 대하여 형법 제51조(양형의 조건)의 사항을 참작하여 공소제기를 보류할 수 있다.

정답 및 해설 | ③

③ [×] 이 법의 죄를 범하고 그 보수를 받은 때에는 이를 몰수한다. 다만, 이를 몰수할 수 없을 때에는 그 가액을 **추징한다**(국가보안법 제15조 제1항).

024 국가보안법 제5조(자진지원 · 금품수수)에 대한 설명으로 가장 적절한 것은? (다툼이 있는 경우 판례에 의함) 18. 경찰승진

□□□

① 제5조 제1항(자진지원)의 경우 반국가단체의 구성원이나 그 지령을 받은 자는 주체가 될 수 없다.

② 제5조 제1항(자진지원)의 경우 행위자에게 반국가단체의 구성원 또는 그 지령을 받은 자를 지원한다는 목적이 있어야 하는 것은 아니다.

③ 제5조 제2항(금품수수)의 경우 반국가단체의 이익이 된다는 정을 알고 금품을 수수하여야만 성립한다.

④ 제5조 제2항(금품수수)의 경우 반국가단체의 목적수행과 관련이 있어야만 성립한다.

정답 및 해설 | ①

② [×] 국가보안법 제5조 제1항(자진지원)의 경우 행위자에게 반국가단체의 구성원 또는 그 지령을 받은 자를 지원한다는 **목적이 있어야 한다**.

③ [×] 국가보안법 제5조 제2항(금품수수)의 경우 **국가의 존립 · 안전이나 자유민주적 기본질서를 위태롭게 한다는 정을 알면서** 금품을 수수하여야만 성립한다.

④ [×] 국가보안법 제5조 제2항(금품수수)의 경우 반국가단체의 **목적수행과 관련이 없어도** 성립한다.

025 국가보안법상 제10조(불고지)는 일정한 범죄행위를 알고서도 수사기관에 신고하지 않은 경우에 성립한다. 이에 대한 설명으로 가장 적절하지 않은 것은? 17. 경찰승진

□□□

① 본조의 입법취지는 중요 국가보안법 위반범인에 대한 불가비호성(不可庇護性)에 있다.

② 본범과 친족관계가 있는 때에는 그 형을 감경 또는 면제한다.

③ 불고지죄의 대상이 되는 범죄는 반국가단체구성죄(제3조), 목적수행죄(제4조), 자진지원죄(제5조 제1항), 편의제공죄(제9조)가 있다.

④ 법정형은 5년 이하의 징역 또는 200만원 이하의 벌금이다.

정답 및 해설 I ③

③ [×] 불고지죄의 대상이 되는 범죄는 반국가단체구성죄(제3조), 목적수행죄(제4조), 자진지원죄(제5조 제1항)이며, **편의제공죄**(제9조)는 해당되지 않는다(국가보안법 제10조).

026 다음 국가보안법상 죄명 중 '행위주체에 제한이 있는 것'은 모두 몇 개인가?

□□□ 14. 경찰

㉠ 자진지원죄(제5조 제1항) ㉡ 금품수수죄(제5조 제2항) ㉢ 목적수행죄(제4조 제1항) ㉣ 잠입 · 탈출죄(제6조 제2항) ㉤ 직권남용 무고 · 날조죄(제12조 제2항) ㉥ 이적단체 구성 · 가입죄(제7조 제3항)

① 2개 ② 3개
③ 4개 ④ 5개

정답 및 해설 I ②

'행위주체에 제한이 있는 것'은 ㉠㉢㉤ 3개이다.

㉠ 자진지원죄(제5조 제1항)는 '**반국가단체나 그 구성원 또는 그 지령을 받은 자를 제외한 모든 사람**'이 행위주체가 될 수 있다.

㉢ 목적수행죄(제4조 제1항)는 '반국가단체나 그 구성원 또는 그 지령을 받은 자만'이 행위주체가 될 수 있다.

㉤ 직권남용 무고 · 날조죄(제12조 제2항)는 '**범죄수사 또는 정보의 직무에 종사하는 공무원이나 이를 보조하는 자 또는 이를 지휘하는 자만**'이 행위주체가 될 수 있다.

027 국가보안법에 대한 설명으로 가장 적절하지 않은 것은?

□□□ 17. 경찰승진

① 이 법의 죄에 관하여 유기징역형을 선고할 때에는 그 형의 장기 이하의 자격정지를 병과할 수 있다.

② 이적단체란 정부를 참칭하거나 국가를 변란할 것을 목적으로 한다.

③ 국가보안법 위반의 죄를 범한 후 자수한 때에는 그 형을 감경 또는 면제한다.

④ 목적수행죄(제4조)의 주체는 반국가단체의 구성원 또는 그 지령을 받은 자이다.

정답 및 해설 I ②

② [×] 정부를 참칭하거나 국가를 변란할 것을 목적으로 하는 것은 **반국가단체**이다(국가보안법 제2조 제1항). **이적단체**란 국가의 존립 · 안전이나 자유민주적 기본질서를 위태롭게 한다는 정을 알면서 반국가단체나 그 구성원 또는 그 지령을 받은 자의 활동을 찬양 · 고무 · 선전 또는 이에 동조하거나 국가변란을 선전 · 선동을 목적으로 한다.

028 다음 중 국가보안법상 예비 · 음모를 처벌하는 범죄와 불고지죄의 대상이 되는 범죄로 공통된 것은?

□□□

11. 경찰

㉠ 반국가단체구성죄(제3조)	㉡ 잠입 · 탈출죄(제6조)
㉢ 자진지원죄(제5조 제1항)	㉣ 회합 · 통신죄(제8조)

① ㉠, ㉢
② ㉡, ㉣
③ ㉢, ㉣
④ ㉠, ㉡

정답 및 해설 | ①

국가보안법상 예비 · 음모를 처벌하는 범죄와 불고지죄의 대상이 되는 범죄로 공통된 것은 ㉠㉢이다.

029 국가보안법에 대한 설명 중 옳은 것은 모두 몇 개인가?

13. 경찰

□□□

㉠ 검사는 국가보안법의 죄를 범한 자에 대하여 소추를 하지 아니할 때에는 압수물의 폐기 또는 국고귀속을 명할 수 있다.

㉡ 국가보안법의 죄에 관하여 유기징역형을 선고할 때에는 그 형의 장기 이하의 자격정지를 병과할 수 있다.

㉢ 국가보안법에서 '반국가단체'라 함은 정부를 참칭하거나 국가를 변란할 것을 목적으로 하는 국내 · 외의 결사 또는 집단으로서 지휘통솔체제를 갖춘 단체를 말한다.

㉣ 국가보안법의 죄를 범한 자가 동법의 죄를 범한 타인을 고발하거나 타인이 동법의 죄를 범하는 것을 방해한 때에는 그 형을 감경 또는 면제할 수 있다.

① 1개
② 2개
③ 3개
④ 4개

정답 및 해설 | ③

옳은 설명은 ㉠㉡㉢ 3개이다.

㉣ [×] 이 법의 죄를 범한 자가 이 법의 죄를 범한 타인을 고발하거나 타인이 이 법의 죄를 범하는 것을 방해한 때에는 **그 형을 감경 또는 면제한다**(국가보안법 제16조 제2호).

030 국가보안법에 관한 설명으로 가장 적절하지 않은 것은? 15. 경찰승진

□□□

① 검사 또는 사법경찰관으로부터 이 법에 정한 죄의 참고인으로 출석을 요구받은 자가 정당한 이유 없이 2회 이상 출석요구에 불응한 때에는 관할 법원판사의 구속영장을 발부받아 구인할 수 있다.

② 국가보안법 위반 후 자수하면 그 형을 감경 또는 면제한다.

③ 불고지죄 · 특수직무유기죄 · 무고날조죄는 예비 · 음모 처벌규정이 없다.

④ 국가보안법에 규정된 모든 범죄에 대하여 미수범 처벌규정이 있다.

정답 및 해설 I ④

④ [×] 국가보안법상 제10조 불고지죄, 제11조 특수직무유기죄, 제12조 무고 · 날조죄는 예비 · 음모 및 미수범 처벌규정이 없다.

031 다음 중 국가보안법 제4조(목적수행죄)의 행위태양이 아닌 것은 모두 몇 개인가? 11. 경찰

□□□

㉠ 존속살해	㉡ 유가증권 위조
㉢ 소요	㉣ 금품수수
㉤ 잠입 · 탈출	

① 1개 ② 2개

③ 3개 ④ 4개

정답 및 해설 I ②

국가보안법 제4조(목적수행죄)의 행위태양이 아닌 것은 ㉣㉤ 2개이다.

032 국가보안법의 특성에 대한 설명으로 가장 적절하지 않은 것은? 19. 경찰승진

□□□

① 고의범만 처벌하며, 일부 범죄를 제외하고 기본적으로 미수 · 예비 · 음모를 처벌한다.

② 국가보안법의 죄를 범한 후 자수하거나 동법의 죄를 범한 자가 타인이 동법의 죄를 범하는 것을 방해하였을 때에는 그 형을 감경 또는 면제한다.

③ 검사는 국가보안법의 죄를 범한 자에 대하여 공소제기를 보류할 수 있으며 공소보류가 취소된 경우에는 동일한 범죄사실로 재구속할 수 없다.

④ 편의제공죄나 찬양 · 고무죄 등 형법상 종범의 성격을 가진 행위에 대하여 독립된 범죄로 처벌한다.

정답 및 해설 I ③

③ [×] 검사는 국가보안법의 죄를 범한 자에 대하여 공소제기를 보류할 수 있으며 공소보류가 취소된 경우에는 동일한 범죄사실로 재구속할 수 있다(국가보안법 제20조 제1항 · 제4항).

033 국가보안법의 특성에 관한 다음 설명 중 가장 옳지 않은 것은? 18. 경찰간부

☐☐☐

① 편의제공죄나 찬양·고무죄 등 형법상 종범의 성격을 가진 행위에 대하여 독립된 범죄를 처벌한다.

② 국가보안법, 군형법, 형법에 규정된 반국가적 범죄로 금고 이상의 형을 선고받고 그 형의 집행을 종료하지 아니한 자 또는 그 집행을 종료하거나 집행을 받지 않기로 확정된 후 5년이 경과하지 않은 자가 재차 특정범죄를 범하였을 때는 최고형으로 사형을 정하고 있다.

③ 지방법원판사는 목적수행죄에 대해 사법경찰관이 검사에게 신청하여 검사의 청구가 있는 경우에 수사를 계속함에 상당한 이유가 있다고 인정한 때에는 형사소송법 제202조의 구속기간의 연장을 2차에 한하여 허가할 수 있다.

④ 국가보안법 위반죄를 범한 후 자수하거나 동법의 죄를 범한 자가 타인이 동법의 죄를 범하는 것을 방해하였을 때에는 그 형을 감경 또는 면제한다.

정답 및 해설 I ③

③ [×] 지방법원판사는 목적수행죄에 대해 사법경찰관이 검사에게 신청하여 검사의 청구가 있는 경우에 수사를 계속함에 상당한 이유가 있다고 인정한 때에는 형사소송법 제202조의 구속기간의 연장을 1차에 한하여 허가할 수 있다(국가보안법 제19조 제1항).

034 국가보안법의 보상과 원호에 대한 내용이다. 아래 ㉠부터 ㉣까지의 내용 중 옳고 그름의 표시(○, ×)가 바르게 된 것은? 18. 경찰

☐☐☐

㉠ 이 법의 죄를 범한 자를 수사기관 또는 정보기관에 통보하거나 체포한 자에게는 대통령령이 정하는 바에 따라 상금을 지급한다.

㉡ 반국가단체나 그 구성원 또는 그 지령을 받은 자로부터 금품을 취득하여 수사기관 또는 정보기관에 제공한 자에게는 그 가액의 2분의 1에 상당하는 범위 안에서 보로금을 지급할 수 있다. 반국가단체의 구성원 또는 그 지령을 받은 자가 제공한 때에도 또한 같다.

㉢ 보로금의 청구 및 지급에 관하여 필요한 사항은 대통령령으로 정한다.

㉣ 이 법에 의한 상금과 보로금의 지급 및 제23조에 의한 보상대상자를 심의·결정하기 위하여 법무부장관 소속하에 국가보안유공자 심사위원회를 둔다.

① ㉠ (○), ㉡ (×), ㉢ (○), ㉣ (×)

② ㉠ (×), ㉡ (○), ㉢ (×), ㉣ (○)

③ ㉠ (○), ㉡ (×), ㉢ (×), ㉣ (×)

④ ㉠ (○), ㉡ (○), ㉢ (○), ㉣ (○)

정답 및 해설 I ④

㉠㉡㉢㉣ 모두 옳은 내용이다.

035 「국가보안법」에 대한 설명으로 적절하지 않은 것은 모두 몇 개인가? 23. 경찰간부

□□□

> ㉠ 반국가단체라 함은 정부를 참칭하거나 국가를 변란할 것을 목적으로 하는 국내외의 결사 또는 집단으로서 지휘통솔체제를 갖춘 단체를 말한다.
> ㉡ 반국가단체의 구성 · 가입죄 및 가입권유죄는 미수뿐만 아니라 예비 · 음모도 처벌한다.
> ㉢ 범죄수사 또는 정보의 직무에 종사하는 공무원이 이 법의 죄를 범한 자라는 정을 알면서 그 직무를 유기한 때에는 10년 이하의 징역에 처한다. 다만, 본범과 친족관계가 있는 때에는 그 형을 감경 또는 면제한다.
> ㉣ 반국가단체나 그 구성원의 지령을 받거나 받기 위하여 또는 그 목적수행을 협의하거나 협의하기 위하여 잠입하거나 탈출한 자는 10년 이하의 징역에 처한다.

① 1개 ② 2개

③ 3개 ④ 4개

정답 및 해설 | ③

㉠ [○] 국가보안법 제2조

㉡ [×] 반국가단체의 구성 · 가입죄는 미수뿐만 아니라 예비 · 음모도 처벌하지만, 가입권유죄는 미수범만 처벌하고 예비 · 음모는 처벌하지 않는다(동법 제3조 제3항).

㉢ [×] 범죄수사 또는 정보의 직무에 종사하는 공무원이 이 법의 죄를 범한 자라는 정을 알면서 그 직무를 유기한 때에는 10년 이하의 징역에 처한다. 다만, 본범과 친족관계가 있는 때에는 그 형을 감경 또는 면제할 수 있다(동법 제11조).

㉣ [×] 반국가단체나 그 구성원의 지령을 받거나 받기 위하여 또는 그 목적수행을 협의하거나 협의하기 위하여 잠입하거나 탈출한 자는 사형무기 또는 5년 이상의 징역에 처한다(동법 제6조 제2항). 10년 이상의 징역은 제1항의 단순 · 잠입탈출죄의 처벌규정이다.

제3절 | 보안관찰(보안관찰법)

036 다음 중 보안관찰법의 내용으로 가장 적절하지 않은 것은? 11. 경찰

□□□

① 보안관찰법은 특정범죄를 범한 자에 대하여 재범의 위험성을 예방하고 건전한 사회복귀를 촉진하기 위하여 보안관찰처분을 함으로써 국가의 안전과 사회의 안녕을 유지하는 데 법 제정의 목적이 있다.

② 보안관찰처분대상자란 보안관찰 해당 범죄 또는 이와 경합된 범죄로 금고 이상의 형의 선고를 받고 그 형기 합계가 1년 이상인 자로서 형의 전부의 집행을 받은 사실이 있는 자를 말한다.

③ 보안관찰처분의 기간은 2년으로 한다. 또한 법무부장관은 검사의 청구가 있는 때에는 보안관찰처분심의위원회의 의결을 거쳐 그 기간을 갱신할 수 있다.

④ 보안관찰처분에 관한 사안을 심의 · 의결하기 위하여 법무부에 보안관찰처분심의위원회를 두고 있다.

정답 및 해설 | ②

② [×] 보안관찰처분대상자란 보안관찰 해당 범죄 또는 이와 경합된 범죄로 금고 이상의 형의 선고를 받고 그 형기의 합계가 3년 이상인 자로서 형의 전부의 집행을 받은 사실이 있는 자를 말한다(보안관찰법 제3조).

037 보안관찰법상 보안관찰 해당 범죄로 가장 적절하지 않은 것은? 17. 경찰승진

□□□

① 형법상의 전시군수계약불이행죄(제103조)

② 형법상의 모병이적죄(제94조)

③ 국가보안법상 잠입 · 탈출죄(제6조)

④ 국가보안법상 목적수행죄(제4조)

정답 및 해설 I ①

① [×] 형법상의 전시군수계약불이행죄(제103조)는 보안관찰 해당 범죄에 해당하지 않는다(보안관찰법 제2조 참조).

038 보안관찰법상 보안관찰 해당 범죄가 아닌 것은 모두 몇 개인가? 13. 경찰승진

□□□

㉠ 군형법상 일반이적죄(제14조)
㉡ 형법상 이적죄(제94조~제97조)
㉢ 형법상 일반이적죄(제99조)
㉣ 형법상 내란죄(제87조)
㉤ 국가보안법상 편의제공죄(제9조)
㉥ 국가보안법상 자진지원 · 금품수수죄(제5조)

① 1개 ② 2개

③ 3개 ④ 4개

정답 및 해설 I ②

보안관찰 해당 범죄가 아닌 것은 ㉢㉣ 2개이다.

039 다음 중 보안관찰법상 보안관찰에 해당되지 않는 범죄는 모두 몇 개인가? 14. 경찰

□□□

㉠ 내란죄(형법 제87조)
㉡ 내란목적살인죄(형법 제88조)
㉢ 외환유치죄(형법 제92조)
㉣ 여적죄(형법 제93조)
㉤ 모병이적죄(형법 제94조)
㉥ 일반이적죄(형법 제99조)
㉦ 반란불보고죄(군형법 제9조 제2항)
㉧ 군형법상의 일반이적죄(군형법 제14조)
㉨ 목적수행죄(국가보안법 제4조)

① 1개 ② 2개

③ 3개 ④ 4개

정답 및 해설 I ②

보안관찰에 해당되지 않는 범죄는 ㉠㉥ 2개이다.

040 보안관찰법상 보안관찰 해당 범죄가 아닌 것은? 15. 경찰

□□□

① 형법상 내란죄

② 군형법상 일반이적죄

③ 국가보안법상 목적수행죄

④ 국가보안법상 금품수수죄

정답 및 해설 I ①

① [×] 형법상 내란죄, 일반이적죄, 전시군수계약불이행죄 등은 보안관찰 해당 범죄가 아니다.

041 보안관찰법에 관한 다음 설명 중 가장 적절한 것은? 14. 경찰

□□□

① '보안관찰처분대상자'라 함은 보안관찰 해당 범죄 또는 이와 경합된 범죄로 벌금 이상의 형의 선고를 받고, 형의 전부 또는 일부의 집행을 받은 사실이 있는 자를 말한다.

② 보안관찰처분기간은 2년이며, 그 기간은 갱신할 수 없다.

③ 형법상 범죄 중 내란목적살인죄, 외환유치죄, 여적죄, 모병이적죄, 시설제공이적죄, 간첩죄는 보안관찰 해당 범죄이다.

④ 보안관찰처분의 집행중지결정은 관할 경찰서장이 한다.

정답 및 해설 I ③

① [×] '보안관찰처분대상자'라 함은 보안관찰 해당 범죄 또는 이와 경합된 범죄로 **금고 이상**의 형의 선고를 받고 그 **형기 합계가 3년 이상인** 자로서 형의 전부 또는 일부의 집행을 받은 사실이 있는 자를 말한다(보안관찰법 제3조).

② [×] 보안관찰처분기간은 2년이며, 그 기간은 **갱신할 수 있다**(보안관찰법 제5조).

④ [×] 보안관찰처분의 집행중지결정은 **검사**가 한다(보안관찰법 제17조 제3항).

042 보안관찰에 대한 다음 설명 중 가장 옳지 않은 것은? 10. 경찰

□□□

① 형법상 보안관찰 해당 범죄는 내란목적살인죄, 간첩죄, 외환유치죄, 물건제공이적죄 등이 있다.

② 보안관찰처분대상자는 보안관찰 해당 범죄 또는 이와 경합된 범죄로 벌금 이상의 형의 전부 또는 일부의 집행을 받은 사실이 있는 자를 말한다.

③ 보안관찰처분의 기간은 2년이며, 법무부장관은 검사의 청구가 있는 때에는 보안관찰처분심의위원회의 의결을 거쳐 그 기간을 갱신할 수 있다.

④ 보안관찰법에 의한 법무부장관의 결정을 받은 자가 그 결정에 이의가 있을 때에는 행정소송법이 정하는 바에 따라 그 결정이 집행된 날부터 60일 이내에 서울고등법원에 소를 제기할 수 있다.

정답 및 해설 I ②

② [×] 보안관찰처분대상자는 보안관찰 해당 범죄 또는 이와 경합된 범죄로 **금고 이상**의 형의 선고를 받고 그 형의 **합계가** 3년 이상인 자로서 형의 **전부 또는 일부의 집행을 받은 사실**이 있는 자를 말한다(보안관찰법 제3조).

043 보안관찰에 대한 설명 중 가장 적절하지 않은 것은? 14. 경찰승진

□□□

① 형법상 국가존립에 관한 범죄 중 내란죄(제87조), 일반이적죄(제99조), 전시군수계약불이행죄(제103조)는 보안관찰 해당 범죄가 아니다.

② 보안관찰처분대상자는 보안관찰 해당 범죄 또는 이와 경합된 범죄로 금고 이상의 형의 선고를 받고 그 형기 합계가 3년 이상인 자로서 형의 전부 또는 일부의 집행을 받은 자를 말하며, 보안관찰처분의 기간은 2년으로 한다.

③ 보안관찰처분대상자는 출소 2개월 전까지 교도소 등의 장을 경유, 거주예정지 경찰서장에게 보안관찰처분 대상자 신고를 하여야 하며, 신고서를 받은 경찰서장은 대상자가 출소 후 거주예정지에 거주하지 아니할 것이 명백한 때에는 지체 없이 그 사유를 교도소 등의 장에게 통보하여야 한다.

④ 보안관찰처분대상자는 교도소 등에서 출소 후 7일 이내에 관할 경찰서장에게 출소사실을 신고해야 하고, 신고사항에 변동이 있는 때에는 변동이 있는 날부터 3일 이내에 신고하여야 한다.

정답 및 해설 | ④

④ [×] 보안관찰처분대상자는 교도소 등에서 출소 후 7일 이내에 관할 경찰서장에게 출소사실을 신고해야 하고, 신고사항에 변동이 있는 때에는 변동이 있는 날부터 7일 이내에 신고하여야 한다(보안관찰법 제6조 제1항 · 제2항).

044 보안관찰에 대한 설명 중 가장 적절하지 않은 것은? 22. 경찰승진

□□□

① 보안관찰법상 법무부장관은 보안관찰처분대상자 또는 피보안관찰자 중 국내에 가족이 없거나 가족이 있어도 인수를 거절하는 자에 대하여는 대통령령이 정하는 바에 의하여 거소를 제공할 수 있다.

② 형법상 일반이적죄는 보안관찰법상 보안관찰 해당 범죄에 해당된다.

③ 보안관찰법 시행규칙에서 규정하는 '사안'에는 보안관찰처분기간 갱신청구에 관한 사안도 해당된다.

④ 보안관찰법상 피보안관찰자가 주거지를 이전하거나 국외여행 또는 10일 이상 주거를 이탈하여 여행하고자 할 때에는 미리 거주예정지, 여행예정지 기타 대통령령이 정하는 사항을 지구대 · 파출소장을 거쳐 관할 경찰서장에게 신고하여야 한다.

정답 및 해설 | ②

② [×] 형법상 일반이적죄는 보안관찰법상 보안관찰 해당 범죄에 해당되지 않는다.

045 보안관찰에 대한 설명으로 가장 적절한 것은? 19. 경찰승진

□□□

① 보안관찰처분대상자는 보안관찰 해당 범죄 또는 이와 경합된 범죄로 금고 이상 형의 선고를 받고 그 형기 합계가 3년 이상인 자로서 형의 전부 또는 일부의 집행을 받은 사실이 있는 자이며, 보안관찰처분의 기간은 1년이다.

② 보안관찰 해당 범죄로는 형법상 내란목적살인죄, 군형법상 일반이적죄, 국가보안법상 목적수행죄 등이 있다.

③ 피보안관찰자가 주거지를 이전하거나 국외여행 또는 10일 이상 주거를 이탈하여 여행하고자 할 때에는 미리 거주예정지, 여행예정지 기타 대통령령이 정하는 사항을 법무부장관에게 신고하여야 한다.

④ 법무부장관의 결정을 받은 자가 그 결정에 이의가 있을 때에는 행정소송법이 정하는 바에 따라 그 결정이 집행된 날부터 30일 이내에 서울고등법원에 소를 제기할 수 있다.

정답 및 해설 I ②

① [×] 보안관찰처분대상자는 보안관찰 해당 범죄 또는 이와 경합된 범죄로 금고 이상 형의 선고를 받고 그 형기 합계가 3년 이상인 자로서 형의 전부 또는 일부의 집행을 받은 사실이 있는 자이며, 보안관찰처분의 기간은 2년이다(보안관찰법 제3조, 제5조 제1항).

③ [×] 피보안관찰자가 주거지를 이전하거나 국외여행 또는 10일 이상 주거를 이탈하여 여행하고자 할 때에는 미리 거주예정지, 여행예정지 기타 대통령령이 정하는 사항을 지구대 · 파출소장을 거쳐 관할 경찰서장에게 신고하여야 한다(보안관찰법 제18조 제4항).

④ [×] 법무부장관의 결정을 받은 자가 그 결정에 이의가 있을 때에는 행정소송법이 정하는 바에 따라 그 결정이 집행된 날부터 60일 이내에 서울고등법원에 소를 제기할 수 있다(보안관찰법 제23조).

046 보안관찰법에 대한 설명으로 가장 적절한 것은? 19. 경찰승진

□□□

① 보안관찰처분에 관한 결정은 보안관찰처분심의위원회의 의결을 거쳐 법무부장관이 행한다.

② 피보안관찰자는 국외여행 또는 7일 이상 여행을 하는 경우 수시신고를 해야 한다.

③ 보안관찰처분의 기간은 2년이며, 그 기간은 갱신할 수 없다.

④ '보안관찰처분대상자'는 보안관찰 해당 범죄 또는 이와 경합된 범죄로 징역 이상의 형의 선고를 받고 그 형기 합계가 3년 이상인 자로서 형의 전부 또는 일부의 집행을 받은 사실이 있는 자를 말한다.

정답 및 해설 I ①

② [×] 피보안관찰자가 주거지를 이전하거나 국외여행 또는 10일 이상 주거를 이탈하여 여행하고자 할 때에는 미리 거주예정지, 여행예정지 기타 대통령령이 정하는 사항을 지구대 · 파출소장을 거쳐 관할 경찰서장에게 신고하여야 한다(보안관찰법 제18조 제4항).

③ [×] 보안관찰처분의 기간은 2년이며, 그 기간은 갱신할 수 있다(보안관찰법 제5조).

④ [×] '보안관찰처분대상자'는 보안관찰 해당 범죄 또는 이와 경합된 범죄로 금고 이상의 형의 선고를 받고 그 형기 합계가 3년 이상인 자로서 형의 전부 또는 일부의 집행을 받은 사실이 있는 자를 말한다(보안관찰법 제3조).

047 보안관찰법에 대한 설명으로 가장 적절하지 않은 것은? 17. 경찰

□□□

① 보안관찰처분대상자라 함은 보안관찰 해당 범죄 또는 이와 경합된 범죄로 금고 이상의 형의 선고를 받고 그 형기 합계가 3년 이상인 자로서 형의 전부 또는 일부의 집행을 받은 사실이 있는 자를 말한다.

② 보안관찰처분대상자는 출소 후 7일 이내에 그 거주예정지 관할 경찰서장에게 출소사실을 신고하여야 한다.

③ 피보안관찰자는 보안관찰처분결정고지를 받은 날부터 7일 이내에 일정한 사항을 주거지를 관할하는 지구대 · 파출소장을 거쳐 관할 경찰서장에게 신고하여야 한다.

④ 피보안관찰자는 주거지를 이전하거나 국외여행 또는 7일 이상 주거를 이탈하여 여행하고자 할 때에는 미리 거주예정지, 여행예정지 등을 지구대 · 파출소장을 거쳐 관할 경찰서장에게 신고하여야 한다.

정답 및 해설 I ④

④ [×] 피보안관찰자가 주거지를 이전하거나 국외여행 또는 10일 이상 주거를 이탈하여 여행하고자 할 때에는 관할 경찰서장에게 신고하여야 한다(보안관찰법 제18조 제4항).

048 다음은 보안관찰처분대상자와 기간에 대한 설명이다. ( ) 안에 들어갈 말이 바르게 연결된 것은? 15. 경찰

□□□

> 보안관찰처분대상자란 보안관찰 해당 범죄 또는 이와 경합된 범죄로 (㉠) 이상의 형의 선고를 받고 그 형기 합계가 (㉡) 이상인 자로서 형의 전부 또는 일부의 집행을 받은 사실이 있는 자를 말하며, 보안관찰처분의 기간은 (㉢)으로 한다.

	㉠	㉡	㉢
①	금고	3년	2년
②	금고	3년	3년
③	자격정지	2년	2년
④	자격정지	2년	3년

정답 및 해설 I ①

①

> 보안관찰처분대상자란 보안관찰 해당 범죄 또는 이와 경합된 범죄로 (㉠ **금고**) 이상의 형의 선고를 받고 그 형기 합계가 (㉡ **3년**) 이상인 자로서 형의 전부 또는 일부의 집행을 받은 사실이 있는 자를 말하며, 보안관찰처분의 기간은 (㉢ **2년**)으로 한다(보안관찰법 제3조, 제5조 제1항).

049 보안관찰법에 대한 설명으로 가장 적절하지 않은 것은? 15. 경찰

□□□

① 보안관찰처분대상자라 함은 보안관찰 해당 범죄 또는 이와 경합된 범죄로 금고 이상의 형의 선고를 받고 그 형기 합계가 3년 이상인 자로서 형의 전부 또는 일부의 집행을 받은 사실이 있는 자를 말한다.

② 보안관찰처분을 받은 자는 이 법이 정하는 바에 따라 소정의 사항을 주거지 관할 검사에게 신고하고, 재범방지에 필요한 범위 안에서 그 지시에 따라 보안관찰을 받아야 한다.

③ 법무부장관은 검사의 청구가 있는 때에는 보안관찰처분심의위원회의 의결을 거쳐 그 기간을 갱신할 수 있다.

④ 보안관찰처분청구는 검사가 행한다.

정답 및 해설 | ②

② [×] 보안관찰처분을 받은 자는 이 법이 정하는 바에 따라 소정의 사항을 주거지 **관할 경찰서장**에게 신고하고, 재범방지에 필요한 범위 안에서 그 지시에 따라 보안관찰을 받아야 한다(보안관찰법 제4조 제2항).

050 보안관찰법상 규정된 내용으로 가장 적절하지 않은 것은? 16. 경찰 변형

□□□

① '보안관찰처분대상자'라 함은 보안관찰 해당 범죄 또는 이와 경합된 범죄로 금고 이상의 형의 선고를 받고 그 형기 합계가 3년 이상인 자로서 형의 전부 또는 일부의 집행을 받은 사실이 있는 자를 말한다.

② 보안관찰대상자는 그 형의 집행을 받고 있는 교도소, 소년교도소, 구치소, 유치장, 군교도소(이하 '교도소 등'이라 한다)에서 출소 전에 거주예정지 기타 대통령령으로 정하는 사항을 교도소 등의 장을 경유하여 거주예정지 관할 경찰서장에게 신고하고, 출소 후 7일 이내에 그 거주예정지 관할 경찰서장에게 출소사실을 신고하여야 한다.

③ 보안관찰대상자는 교도소 등에서 출소한 후 신고사항에 변동이 있을 때에는 지체 없이 그 변동된 사항을 관할 경찰서장에게 신고하여야 한다.

④ 교도소 등의 장은 보안관찰처분대상자가 생길 때에는 지체 없이 보안관찰처분심의위원회와 거주예정지를 관할하는 검사 및 경찰서장에게 통보하여야 한다.

정답 및 해설 | ③

③ [×] 보안관찰대상자는 교도소 등에서 출소한 후 신고사항에 변동이 있을 때에는 **변동이 있는 날부터 7일 이내**에 그 변동된 사항을 관할 경찰서장에게 신고하여야 한다(보안관찰법 제6조 제1항).

051 보안관찰법에 대한 다음 설명으로 가장 옳지 않은 것은? 16. 경찰간부

□□□

① 검사는 피보안관찰자가 도주하거나 3월 이상 그 소재가 불명한 때에는 보안관찰처분의 집행중지결정을 할 수 있다. 그 사유가 소멸된 때에는 지체 없이 그 결정을 취소하여야 한다.

② 보안관찰처분에 관한 결정은 보안관찰처분심의위원회의 의결을 거쳐 법무부장관이 행한다.

③ 보안관찰처분의 기간은 2년이며, 그 기간은 갱신할 수 있다.

④ 보안관찰법에 의한 법무부장관의 결정을 받은 자가 그 결정에 이의가 있을 때에는 행정소송법이 정하는 바에 따라 결정이 집행된 날부터 60일 이내에 서울고등법원에 소를 제기할 수 있다.

정답 및 해설 I ①

① [×] 검사는 피보안관찰자가 도주하거나 **1월 이상** 그 소재가 불명한 때에는 보안관찰처분의 집행중지결정을 할 수 있다. 그 사유가 소멸된 때에는 지체 없이 그 결정을 취소하여야 한다(보안관찰법 제17조 제3항).

052 보안관찰법상 보안관찰과 관련한 다음 설명 중 가장 옳은 것은? 12. 경찰

□□□

① 검사는 보안관찰처분청구를 한 때에는 지체 없이 처분청구서 사본을 피청구자에게 송달하여야 한다.

② 검사는 피보안관찰자가 도주하거나 15일 이상 그 소재가 불명한 때에는 보안관찰처분의 집행중지결정을 하여야 한다.

③ 보안관찰처분심의위원회의 위원장은 법무부장관이다.

④ 보안관찰처분심의위원회는 보안관찰처분 또는 그 기각의 결정, 면제 또는 그 취소결정, 보안관찰처분의 취소 또는 기간의 갱신결정을 심의·의결한다.

정답 및 해설 I ④

① [×] 검사는 보안관찰처분청구를 한 때에는 지체 없이 **처분청구서 등본**을 피청구자에게 송달하여야 한다(보안관찰법 제8조 제4항).

② [×] 검사는 피보안관찰자가 **도주하거나 1개월 이상 그 소재가 불명한 때에는** 보안관찰처분의 집행중지결정을 **할 수 있다**(보안관찰법 제17조 제3항).

③ [×] 보안관찰처분심의위원회의 위원장은 **법무부차관**이다(보안관찰법 제12조 제3항).

053 보안관찰처분에 관한 다음 설명 중 옳은 것은 모두 몇 개인가?

□□□

12. 경찰

㉠ 보안관찰처분대상자는 보안관찰 해당 범죄 또는 이와 경합된 범죄로 금고 이상의 형의 선고를 받고 그 형기합계가 3년 이상인 자로서 형의 전부 또는 일부의 집행을 받은 사실이 있는 자이다.
㉡ 법무부장관은 준법정신이 확립되어 있는 자, 일정한 주거와 생업이 있는 자, 대통령령으로 정한 신원보증(2인 이상 신원보증인의 신원보증)이 있는 자에 대하여 보안관찰처분 면제결정을 하여야 한다.
㉢ 보안관찰처분에 관한 사안을 심의·의결하기 위하여 법무부에 보안관찰처분심의위원회를 두고, 그 위원회의 위원장은 법무부장관이고 위원장 1인과 6인의 위원으로 구성한다.
㉣ 보안관찰처분의 결정을 받은 자가 그 결정에 이의가 있을 때에는 그 결정이 집행된 날부터 60일 이내에 서울고등법원에 소를 제기할 수 있다.
㉤ 보안관찰처분대상자는 출소 후 7일 이내에 거주예정지 관할 경찰서장에게 출소사실을 신고하여야 한다.

① 1개
② 2개
③ 3개
④ 4개

정답 및 해설 | ③

옳은 설명은 ㉠㉣㉤ 3개이다.

㉡ [×] 법무부장관은 준법정신이 확립되어 있는 자, 일정한 주거와 생업이 있는 자, 대통령령으로 정한 신원보증(2인 이상 신원보증인의 신원보증)이 있는 자에 대하여 보안관찰처분을 하지 아니하는 결정(이하 '면제결정')을 **할 수 있다**(보안관찰법 제11조 제1항).

㉢ [×] 보안관찰처분에 관한 사안을 심의·의결하기 위하여 법무부에 보안관찰처분심의위원회를 두고, 그 위원회의 **위원장은 법무부차관이 되고**, **위원장 1인과 6인의 위원으로 구성하되 위원의 과반수는 변호사의 자격이 있는 자**이어야 한다(보안관찰법 제12조).

054 보안관찰처분에 대한 설명으로 옳지 않은 것은 모두 몇 개인가?

□□□

11. 경찰간부

㉠ 보안관찰처분에 대해 불복할 때에는 그 결정이 집행된 날로부터 30일 이내에 서울고등법원에 행정소송을 제기할 수 있다.
㉡ 보안관찰처분대상자는 보안관찰 해당 범죄 또는 이와 경합된 범죄로 금고 이상의 형의 선고를 받고 그 형기 합계가 3년 이상인 자로서 형의 전부 또는 일부의 집행을 받은 사실이 있는 자이다.
㉢ 보안관찰처분의 기간은 2년이고, 그 기간은 갱신할 수 있다.
㉣ 보안관찰처분심의위원회는 위원장 1인과 6인의 위원으로 구성한다.
㉤ 피보안관찰자가 도주하거나 1월 이상 소재불명인 경우에는 검사는 보안관찰처분의 집행중지의 결정을 청구할 수 있다.

① 1개
② 2개
③ 3개
④ 4개

정답 및 해설 | ②

옳지 않은 설명은 ㉠㉤ 2개이다.

㉠ [×] 보안관찰처분에 대해 불복할 때에는 그 결정이 **집행된 날로부터 60일 이내에 서울고등법원에 행정소송을 제기할 수 있다**(보안관찰법 제23조).

㉤ [×] 피보안관찰자가 도주하거나 1월 이상 소재불명인 경우에는 관할 경찰서장이 검사에게 신청하고 **검사는 집행중지결정 후 지체 없이 법무부장관에게 보고한다**(보안관찰법 제17조 제3항).

055 보안관찰법상 다음 설명 중 틀린 것은 모두 몇 개인가? 13. 경찰

□□□

> ㉠ '보안관찰처분대상자'라 함은 보안관찰 해당 범죄 또는 이와 경합된 범죄로 금고 이상의 형의 선고를 받고 그 형기 합계가 3년 이상인 자로서 형의 전부 또는 일부의 집행을 받은 사실이 있는 자를 말한다.
> ㉡ 보안관찰처분의 기간은 2년으로 한다. 법무부장관은 검사의 청구가 있는 때에는 보안관찰처분심의위원회의 의결을 거쳐 그 기간을 갱신할 수 있다.
> ㉢ 보안관찰처분대상자는 대통령령이 정하는 바에 따라 그 형의 집행을 받고 있는 교도소 등에서 출소 전에 거주예정지 기타 대통령령으로 정하는 사항을 교도소 등의 장을 경유하여 거주예정지 관할 경찰서장에게 신고하고, 출소 후 7일 이내에 그 거주예정지 관할 경찰서장에게 출소사실을 신고하여야 한다.
> ㉣ 검사가 처분청구서를 제출할 때에는 청구의 원인이 되는 사실을 증명할 수 있는 자료와 의견서를 첨부하여야 한다.
> ㉤ 검사는 보안관찰처분청구를 한 때에는 지체 없이 처분청구서 등본을 피청구자에게 송달하여야 한다. 이 경우 송달에 관하여는 민사소송법 중 송달에 관한 규정을 준용한다.

① 1개
② 2개
③ 3개
④ 없음

정답 및 해설 | ④

㉠㉡㉢㉣㉤ 모두 옳은 설명이다.

056 보안관찰법상 보안관찰처분을 받은 자(피보안관찰자)의 신고에 대한 설명으로 가장 옳은 것은?

□□□

17. 경찰간부

① 최초 신고사항에 변동이 있을 때에는 10일 이내에 지구대장(파출소장)을 거쳐 관할 경찰서장에게 변동사항을 신고하여야 한다.

② 주거지를 이전하거나 국외여행 또는 7일 이상 주거를 이탈하여 여행하고자 할 때에는 미리 지구대장(파출소장)을 거쳐 관할 경찰서장에게 신고하여야 한다.

③ 보안관찰처분결정고지를 받은 날부터 10일 이내에 지구대장(파출소장)을 거쳐 관할 경찰서장에게 피보안관찰자 신고를 하여야 한다.

④ 보안관찰처분결정고지를 받은 날이 속한 달부터 매 3월이 되는 달의 말일까지 3월간의 주요 활동사항 등 소정사항을 지구대장(파출소장)을 거쳐 관할 경찰서장에게 신고하여야 한다.

정답 및 해설 | ④

① [×] 최초 신고사항에 변동이 있을 때에는 **7일 이내**에 지구대장(파출소장)을 거쳐 관할 경찰서장에게 변동사항을 신고하여야 한다(보안관찰법 제18조 제3항).

② [×] 주거지를 이전하거나 국외여행 또는 **10일 이상 주거를 이탈**하여 여행하고자 할 때에는 미리 지구대장(파출소장)을 거쳐 관할 경찰서장에게 신고하여야 한다(보안관찰법 제18조 제4항).

③ [×] 보안관찰처분결정고지를 받은 날부터 **7일 이내**에 지구대장(파출소장)을 거쳐 관할 경찰서장에게 피보안관찰자 신고를 하여야 한다(보안관찰법 제18조 제1항).

057 보안관찰법상 보안관찰처분심의위원회에 대한 설명 중 가장 옳지 않은 것은? 19. 경찰간부

□□□

① 보안관찰처분에 관한 사안을 심의 · 의결하기 위하여 법무부에 보안관찰처분심의위원회(이하 '위원회'라 한다)를 둔다.

② 위원회는 위원장 1인(법무부차관)과 6인의 위원으로 구성되고, 위원은 법무부차관의 제청으로 대통령이 임명 또는 위촉한다.

③ 위원회의 심의 · 의결사항에는 보안관찰처분 또는 그 기각의 결정, 면제 또는 그 취소결정, 보안관찰처분의 취소 또는 기간의 갱신결정이 있다.

④ 위원회의 회의는 위원장을 포함한 재적위원 과반수의 출석으로 개의하고 출석위원 과반수의 찬성으로 의결한다.

정답 및 해설 I ②

② [×] 위원회는 위원장 1인(법무부차관)과 6인의 위원으로 구성되고, 위원은 **법무부장관**의 제청으로 대통령이 임명 또는 위촉한다(보안관찰법 제12조 제2항 · 제4항).

058 보안관찰법, 동법 시행령, 동법 시행규칙에 규정된 내용이다. 적절한 것으로 연결된 것은? 17. 경찰승진

□□□

> ㉠ 피보안관찰자는 보안관찰처분결정고지를 받은 날이 속한 달로부터 매 3월이 되는 달의 말일까지 3월간의 주요 활동사항을 신고한다.
> ㉡ 관할 경찰서장은 매 2월마다 피보안관찰자의 주요 동태, 신고사항 변동 여부를 검사에게 보고한다.
> ㉢ 검사는 기간갱신사안의 조사를 종결한 때에는 보안관찰처분의 기간만료 2월 전까지 법무부장관에게 보안관찰처분기간갱신을 청구하여야 한다. 다만, 기간갱신청구의 필요가 없다고 인정하는 경우에는 그 청구를 하지 아니하는 조치를 할 수 있다.
> ㉣ 보안관찰처분대상자는 출소 후 10일 이내에 거주 예정지 관할 경찰서장에게 출소사실을 신고하여야 하며, 신고서에는 2명 이상의 신원보증인이 서명 · 날인하여야 하고 신원보증인이 없을 때에는 그 사유를 명확히 기재해야 한다.

① ㉠, ㉡　　② ㉠, ㉢

③ ㉡, ㉣　　④ ㉢, ㉣

정답 및 해설 I ②

옳은 설명은 ㉠㉢이다.

㉡ [×] 관할 경찰서장은 **매 3월마다** 법 제18조 제2항의 신고된 사항을 포함한 피보안관찰자의 주요 동태를 주거지 관할 검사에게 보고하여야 한다(보안관찰법 시행령 제5조).

㉣ [×] 보안관찰처분대상자는 **출소 후 7일 이내**에 거주 예정지 관할 경찰서장에게 출소사실을 신고하여야 하며(보안관찰법 제6조 제1항), 신고서에는 2명 이상의 신원보증인이 서명 · 날인하여야 하고 신원보증인이 없을 때에는 그 사유를 명확히 기재해야 한다(보안관찰법 시행령 제9조 제1항).

059 보안관찰에 대한 설명으로 가장 적절하지 않은 것은? 20. 경찰승진

□□□

① 국가보안법상 목적수행죄, 자진지원죄, 금품수수죄와 형법상 내란목적살인죄, 외환유치죄, 간첩죄, 물건제공이적죄, 모병이적죄, 시설제공이적죄는 보안관찰 해당 범죄이다.

② 피보안관찰자는 보안관찰처분결정고지를 받은 날이 속한 달부터 매 3월이 되는 달의 말일까지 정기신고를 해야 한다.

③ 피보안관찰자는 국외여행 또는 10일 이상 국내여행을 하는 경우 신고를 해야 한다.

④ 보안관찰법상 보안관찰처분심의위원회는 위원장 1인(법무부장관)과 6인의 위원으로 구성되고, 위원은 법무부장관의 제청으로 대통령이 임명 또는 위촉한다.

정답 및 해설 I ④

④ [×] 보안관찰법상 보안관찰처분심의위원회는 위원장 1인(**법무부차관**)과 6인의 위원으로 구성되고, 위원은 법무부장관의 제청으로 대통령이 임명 또는 위촉한다(보안관찰법 제12조 제2항 · 제4항).

060 보안관찰법상 보안관찰처분에 대한 설명으로 옳지 않은 것은? 21. 경찰승진

□□□

① 보안관찰처분은 보안처분의 일종으로 본질, 추구하는 목적 및 기능에 있어 형벌과는 다른 독자적 의의를 가진 사회보호적 처분이므로 형벌과 병과하여 선고한다고 해서 일사부재리원칙에 위반하였다고 할 수 없다.

② 보안관찰처분에 관한 결정은 보안관찰처분심의위원회의 의결을 거쳐 법무부장관이 행하며, 법무부장관은 보안관찰처분심의위원회의 의결과 다른 결정을 할 수 없다. 다만, 보안관찰처분대상자에 대하여 보안관찰처분심의위원회의 의결보다 유리한 결정을 하는 때에는 그러하지 아니하다.

③ 보안관찰처분의 기간은 2년으로 하며 법무부장관은 검사의 청구가 있는 때에는 보안관찰처분심의위원회의 의결을 거쳐 1회에 한해 그 기간을 갱신할 수 있다.

④ 보안관찰처분결정을 받은 자가 그 결정에 이의가 있을 때에는 행정소송법이 정하는 바에 따라 그 결정이 집행된 날부터 60일 이내에 서울고등법원에 소를 제기할 수 있다.

정답 및 해설 I ③

③ [×] 보안관찰처분의 기간은 보안관찰처분심의위원회의 의결을 거쳐 그 기간을 갱신할 수 있으며, **횟수에는 제한이 없다**(보안관찰법 제5조 제2항).

061 보안관찰법에 관한 설명으로 가장 적절하지 않은 것은? 23. 경찰

□□□

① ‘보안관찰처분대상자’라 함은 보안관찰해당범죄 또는 이와 경합된 범죄로 금고 이상의 형의 선고를 받고 그 형기 합계가 3년 이상인 자로서 형의 전부 또는 일부의 집행을 받은 사실이 있는 자를 말한다.

② 보안관찰처분청구는 검사가 행한다.

③ 보안관찰처분을 받은 자는 이 법이 정하는 바에 따라 소정의 사항을 주거지 관할 경찰서장에게 신고하고, 재범방지에 필요한 범위 안에서 그 지시에 따라 보안관찰을 받아야 한다.

④ 보안관찰처분의 기간은 3년으로 한다.

정답 및 해설 I ④

④ [×] 보안관찰처분의 기간은 2(3 ×)년으로 한다(보안관찰법 제5조 제①항).

062 「보안관찰법」에 관한 설명으로 가장 적절하지 않은 것은? 24. 경찰승진

□□□

① ‘보안관찰처분대상자’라 함은 보안관찰해당범죄 또는 이와 경합된 범죄로 금고 이상의 형의 선고를 받고 그 형기합계가 3년 이상인 자로서 형의 전부 또는 일부의 집행을 면제받은 사실이 있는 자를 말한다.

② 보안관찰처분의 기간은 2년으로 하되, 법무부장관은 검사의 청구가 있는 때에는 보안관찰처분심의위원회의 의결을 거쳐 그 기간을 갱신할 수 있다.

③ 보안관찰처분대상자는 대통령령이 정하는 바에 따라 그 형의 집행을 받고 있는 교도소, 소년교도소, 구치소, 유치장 또는 군교도소에서 출소 전에 거주예정지 기타 대통령령으로 정하는 사항을 교도소등의 장을 경유하여 거주예정지 관할 경찰서장에게 신고하고, 출소 후 7일 이내에 그 거주예정지 관할 경찰서장에게 출소사실을 신고하여야 한다.

④ 보안관찰처분청구는 검사가 보안관찰처분청구서를 법무부장관에게 제출함으로써 행한다.

정답 및 해설 I ①

① [×] ‘보안관찰처분대상자’라 함은 보안관찰해당범죄 또는 이와 경합된 범죄로 금고 이상의 형의 선고를 받고 그 형기합계가 3년 이상인 자로서 형의 전부 또는 일부의 집행을 (면제 ×)받은 사실이 있는 자를 말한다.

제4절 | 북한이탈주민 및 대책남북교류협력

063 북한이탈주민에 대한 설명으로 가장 옳지 않은 것은? 11. 경찰승진

□□□

① 보호대상자는 관계 법령에서 정하는 바에 따라 북한이나 외국에서 취득한 자격에 상응하는 자격 또는 그 자격의 일부를 인정받을 수 있다.

② 북한이탈주민의 경우 난민요건인 정치적 의견과 박해의 존재를 입증할 수 있어야 하는데 이의 수용 여부는 접수국의 정책에 달려 있다.

③ 통일부장관은 보호대상에 대하여 직업훈련을 실시할 수 있고 희망하는 자에게 직업을 알선해야 한다.

④ 보호대상자 중 북한의 공무원이었던 자 가운데 임용·편입을 원하는 경우에는 경력 등을 고려하여 특별임용할 수 있다.

정답 및 해설 | ③

③ [×] 통일부장관은 대통령령으로 정하는 바에 따라 보호대상자의 취업을 **알선할 수 있다**(북한이탈주민의 보호 및 정착지원에 관한 법률 제17조 제6항).

064 북한이탈주민의 보호 및 정착지원에 관한 법률과 관련된 설명으로 틀린 것은? 09. 경찰 변형

□□□

① 북한이탈주민으로서 이 법에 의한 보호를 받고자 하는 자는 재외공관 기타 행정기관의 장에게 보호를 직접 신청하여야 한다. 다만, 대통령령이 정하는 직접 신청하기 어려운 사유가 있는 경우에는 그러하지 아니하다.

② 일반적인 경우 국가정보원장이 북한이탈주민 보호 및 정착지원협의회 심의를 거쳐 보호 여부에 대한 결정을 한다.

③ 통일부장관은 보호대상자의 정착여건 및 생계유지능력 등을 고려하여 정착금 또는 그에 상응하는 가액의 물품을 지급할 수 있다.

④ 통일부장관은 보호대상자에게 대통령령이 정하는 바에 의하여 주거지원을 할 수 있다.

정답 및 해설 | ②

② [×] 일반적인 경우 **통일부장관**이 북한이탈주민 보호 및 정착지원협의회의 심의를 거쳐 보호 여부를 결정한다(북한이탈주민의 보호 및 정착지원에 관한 법률 제8조 제1항).

065 북한이탈주민의 보호 및 정착지원에 관한 법률 및 같은 법 시행령에 대한 설명으로 가장 적절한 것은?

□□□

19. 경찰 변형

① 북한이탈주민이란 군사분계선 이북지역에 주소, 직계가족, 배우자, 직장 등을 두고 있는 사람으로서 북한을 벗어난 후 외국 국적을 취득한 사람을 말한다.

② 북한이탈주민으로서 북한이탈주민의 보호 및 정착지원에 관한 법률에 따른 보호를 받으려는 사람은 재외공관이나 그 밖의 행정기관의 장(각급 군부대의 장은 제외한다)에게 보호를 직접 신청하여야 한다.

③ 통일부장관은 '북한이탈주민 보호 및 정착지원협의회'의 심의를 거쳐 북한이탈주민의 보호 여부를 결정한다. 단, 국가안보에 현저한 영향을 끼칠 우려가 있는 자의 경우 국방부장관이 보호 여부를 결정한다.

④ 통일부장관은 북한이탈주민의 보호 및 정착지원에 관한 법률에 따라 보호대상자가 거주지로 전입한 후 그의 신변안전을 위하여 국방부장관이나 경찰청장에게 협조를 요청할 수 있다.

정답 및 해설 | ④

① [×] 북한이탈주민이란 군사분계선 이북지역에 주소, 직계가족, 배우자, 직장 등을 두고 있는 사람으로서 북한을 벗어난 후 **외국 국적을 취득하지 아니한 사람**을 말한다(북한이탈주민의 보호 및 정착지원에 관한 법률 제2조 제1호).

② [×] 북한이탈주민으로서 북한이탈주민의 보호 및 정착지원에 관한 법률에 따른 보호를 받으려는 사람은 재외공관이나 그 밖의 행정기관의 장(**각급 군부대의 장은 포함한다**)에게 보호를 직접 신청하여야 한다(북한이탈주민의 보호 및 정착지원에 관한 법률 제7조 제1항).

③ [×] 통일부장관은 '북한이탈주민 보호 및 정착지원협의회'의 심의를 거쳐 북한이탈주민의 보호 여부를 결정한다. 단, 국가안보에 현저한 영향을 끼칠 우려가 있는 자의 경우 **국가정보원장**이 보호 여부를 결정한다(북한이탈주민의 보호 및 정착지원에 관한 법률 제8조 제1항).

066 북한이탈주민의 보호 요청이 있는 경우, 보호 여부를 결정함에 있어서 보호대상자로 결정하지 아니할 수 있는 경우 중 가장 적절하지 않은 것은?

□□□

20. 경찰승진

① 살인 등 중대한 비정치적 범죄자

② 위장탈출 혐의자

③ 체류국(滯留國)에 5년 이상 생활근거지를 두고 있는 사람

④ 국내 입국 후 3년이 지나서 보호신청한 사람

정답 및 해설 | ③

③ [×] 체류국(滯留國)에 10년 이상 생활근거지를 두고 있는 사람은 보호대상자로 결정하지 아니할 수 있었으나 **2021.6.9.부터 법 개정으로 인해 그 대상에서 삭제되었다**(북한이탈주민의 보호 및 정착지원에 관한 법률 제9조 제1항).

067 북한이탈주민의 보호 및 정착지원에 관한 법률상 보호요청을 한 북한이탈주민 중 보호대상자로 결정하지 아니할 수 있는 경우는 모두 몇 개인가?

□□□ 19. 경찰간부

> ㉠ 살인 등 중대한 비정치적 범죄자
> ㉡ 위장탈출 혐의자
> ㉢ 항공기 납치, 마약거래, 테러, 집단살해 등 국제형사범죄자
> ㉣ 국내 입국 후 3년이 지나서 보호신청한 사람

① 1개
② 2개
③ 3개
④ 4개

정답 및 해설 I ④

모두 보호대상자로 결정하지 아니할 수 있는 경우에 해당한다.

068 북한이탈주민의 보호 및 정착지원에 관한 법률에 대한 설명으로 옳지 않은 것은?

□□□ 11. 경찰, 20. 경찰간부 변형

① 통일부장관은 북한이탈주민의 보호 및 정착지원에 관한 법률에 따라 보호대상자가 거주지로 전입한 후 그의 신변안전을 위하여 국방부장관이나 경찰청장에게 협조를 요청할 수 있다.

② 북한이탈주민이란 군사분계선 이북지역에 주소, 직계가족, 배우자, 직장 등을 두고 있는 사람으로서 북한을 벗어난 후 외국 국적을 취득하지 아니한 사람을 말한다.

③ 통일부장관은 '북한이탈주민 보호 및 정착지원협의회'의 심의를 거쳐 보호 여부를 결정한다. 단, 국가안보에 현저한 영향을 끼칠 우려가 있는 자의 경우 국가정보원장이 보호 여부를 결정한다.

④ 북한이탈주민으로서 위장탈출 혐의자, 국내 입국 후 3년이 지나서 보호신청한 사람은 보호대상자로 결정될 수 없다.

정답 및 해설 I ④

④ [×] 북한이탈주민으로서 위장탈출 혐의자, 국내 입국 후 3년이 지나서 보호신청한 사람은 보호대상자로 결정하지 아니할 수 있다 (북한이탈주민의 보호 및 정착지원에 관한 법률 제9조 제1항).

069 북한이탈주민의 보호 및 정착지원에 관한 법률에 대한 설명으로 가장 적절하지 않은 것은?
□□□

19. 경찰승진 변형

① '북한이탈주민'이란 군사분계선 이북지역에 주소, 직계가족, 배우자, 직장 등을 두고 있는 사람으로서 북한을 벗어난 후 외국 국적을 취득하지 아니한 사람을 말한다.

② '보호금품'이란 북한이탈주민의 보호 및 정착지원에 관한 법률에 따라 보호대상자에게 지급하거나 빌려주는 금전 또는 물품을 말한다.

③ 통일부장관은 북한이탈주민 보호 및 정착지원협의회의 심의를 거쳐 보호 여부를 결정할 때, 북한이탈주민으로서 보호신청을 한 사람 중 테러 등 국제형사범죄자는 보호대상자로 결정할 수 없다.

④ 통일부장관은 북한이탈주민 보호 및 정착지원협의회의 심의를 거쳐 보호 여부를 결정할 때, 북한이탈주민으로서 보호신청을 한 사람 중 국내 입국 후 3년이 지나서 보호신청한 사람은 보호대상자로 결정하지 아니할 수 있다.

정답 및 해설 I ③

③ [×] 통일부장관은 북한이탈주민 보호 및 정착지원협의회의 심의를 거쳐 보호 여부를 결정할 때, 북한이탈주민으로서 보호신청을 한 사람 중 테러 등 국제형사범죄자는 보호대상자로 결정하지 아니할 수 있다(북한이탈주민의 보호 및 정착지원에 관한 법률 제9조 제1항).

070 북한이탈주민의 보호 및 정착지원에 관한 법률상 다음 설명 중 가장 적절하지 않은 것은? 15. 경찰
□□□

① 대한민국은 보호대상자를 인도주의에 입각하여 특별히 보호한다.

② 대한민국은 외국에 체류하고 있는 북한이탈주민의 보호 및 지원 등을 위하여 외교적 노력을 다하여야 한다.

③ 국가정보원장은 북한이탈주민에 대한 보호 및 지원 등을 위하여 북한이탈주민의 실태를 파악하고, 그 결과를 정책에 반영하여야 한다.

④ 보호대상자는 대한민국의 자유민주적 법질서에 적응하여 건강하고 문화적인 생활을 할 수 있도록 노력하여야 한다.

정답 및 해설 I ③

③ [×] 통일부장관은 북한이탈주민에 대한 보호 및 지원 등을 위하여 북한이탈주민의 실태를 파악하고, 그 결과를 정책에 반영하여야 한다(북한이탈주민의 보호 및 정착지원에 관한 법률 제4조 제4항).

071 북한이탈주민의 보호 및 정착지원에 관한 법률에 관한 다음 설명 중 가장 옳지 않은 것은?
□□□

18. 경찰간부

① 위장탈출 혐의자, 국내 입국 후 3년이 지나서 보호신청한 사람, 살인 등 중대한 비정치적 범죄자는 보호대상자로 결정하지 않을 수 있다.

② '보호금품'이란 이 법에 따라 보호대상자에게 지급하거나 빌려주는 금전 또는 물품을 말한다.

③ '관리대상자'란 이 법에 따라 보호 및 지원을 받는 북한이탈주민을 말한다.

④ 통일부장관은 북한이탈주민에 대한 보호 및 지원 등을 위하여 북한이탈주민의 실태를 파악하고, 그 결과를 정책에 반영하여야 한다.

정답 및 해설 I ③

③ [×] '**보호대상자**'란 이 법에 따라 보호 및 지원을 받는 북한이탈주민을 말한다(북한이탈주민의 보호 및 정착지원에 관한 법률 제2조 제2호). **'관리대상자'라는 용어는 동법률상 존재하지 않는 용어이다.**

072 다음 중 북한이탈주민의 보호 및 정착지원에 관한 법률에 대한 설명으로 적절한 것을 모두 고른 것은?
□□□

18. 경찰 변형

> ㉠ 보호대상자 중 북한의 군인이었던 자가 국군에 편입되기를 희망하더라도 국군으로 특별임용할 수 없다.
> ㉡ 북한이탈주민으로서 북한이탈주민의 보호 및 정착지원에 관한 법률에 따른 보호를 받으려는 사람은 재외공관이나 그 밖의 행정기관의 장(각급 군부대의 장을 포함한다)에게 보호를 직접 신청하여야 한다. 다만, 보호를 직접 신청하지 아니할 수 있는 대통령령으로 정하는 사유가 있는 경우에는 그러하지 아니하다.
> ㉢ 북한이탈주민으로서 보호신청을 한 사람 중 위장탈출 혐의자는 보호대상자로 결정될 수 없다.
> ㉣ 통일부장관은 북한이탈주민 보호 및 정착지원협의회의 심의를 거쳐 보호대상자의 보호 및 정착지원에 관한 기본계획을 3년마다 수립 · 시행하여야 한다.

① ㉠, ㉡
② ㉠, ㉣
③ ㉡, ㉢
④ ㉡, ㉣

정답 및 해설 I ④

옳은 설명은 ㉡㉣이다.

㉠ [×] 북한의 군인이었던 보호대상자가 국군에 편입되기를 희망하면 북한을 벗어나기 전의 계급, 직책 및 경력 등을 고려하여 국군으로 **특별임용할 수 있다**(북한이탈주민의 보호 및 정착지원에 관한 법률 제18조 제2항).

㉢ [×] 북한이탈주민으로서 보호신청을 한 사람 중 위장탈출 혐의자는 보호대상자로 **결정하지 아니할 수 있다**(북한이탈주민의 보호 및 정착지원에 관한 법률 제9조 제1항).

073 북한이탈주민의 보호 및 정착지원에 관한 법률에 대한 설명으로 적절한 것만을 모두 고른 것은?
□□□

20. 경찰

> ㉠ '북한이탈주민'이란 군사분계선 이북지역(이하 '북한'이라 한다)에 주소, 직계가족, 배우자, 직장 등을 두고 있는 사람으로서 북한을 벗어난 후 외국 국적을 취득한 사람을 말한다.
> ㉡ 이 법에 따른 보호 및 정착지원은 원칙적으로 개인을 단위로 하되, 필요하다고 인정하는 경우에는 대통령령으로 정하는 바에 따라 세대를 단위로 할 수 있다.
> ㉢ 보호대상자를 정착지원시설에서 보호하는 기간은 1년 이내로 하고, 거주지에서 보호하는 기간은 5년으로 한다.
> ㉣ 북한이탈주민으로서 국내 입국 후 1년이 지나서 보호신청한 사람은 보호대상자로 결정하지 않을 수 있다.

① ㉠, ㉡ ② ㉠, ㉢
③ ㉡, ㉢ ④ ㉡, ㉣

정답 및 해설 | ③
옳은 설명은 ㉡㉢이다.
㉠ [×] '북한이탈주민'이란 군사분계선 이북지역(이하 '북한'이라 한다)에 주소, 직계가족, 배우자, 직장 등을 두고 있는 사람으로서 북한을 벗어난 후 외국 국적을 **취득하지 아니한 사람**을 말한다(북한이탈주민의 보호 및 정착지원에 관한 법률 제2조 제1호).
㉣ [×] 북한이탈주민으로서 국내 입국 후 **3년**이 지나서 보호신청한 사람은 보호대상자로 결정하지 않을 수 있다(북한이탈주민의 보호 및 정착지원에 관한 법률 제9조 제1항).

074 북한이탈주민의 보호 및 정착지원에 관한 법률에 대한 설명으로 옳지 않은 것은? 21. 경찰간부
□□□

① 북한이탈주민이란 군사분계선 이북지역에 주소, 직계가족, 배우자, 직장 등을 두고 있는 사람으로서 북한을 벗어난 후 외국 국적을 취득하지 아니한 사람을 말한다.
② 대한민국은 보호대상자를 상호주의에 입각하여 특별히 보호하고 외국에 체류하고 있는 북한이탈주민의 보호 및 지원 등을 위해 외교적 노력을 다하여야 한다.
③ 국가 및 지방자치단체는 보호대상자의 성공적인 정착을 위하여 보호대상자의 보호 · 교육 · 취업 · 주거 · 의료 및 생활보호 등의 지원을 지속적으로 추진하고 이에 필요한 재원을 안정적으로 확보하기 위해 노력하여야 한다.
④ 통일부장관은 보호대상자가 거주지로 전입한 후 그의 신변안전을 위하여 국방부장관이나 경찰청장에게 협조를 요청할 수 있으며, 협조요청을 받은 국방부장관이나 경찰청장은 이에 협조한다.

정답 및 해설 | ②
② [×] 대한민국은 보호대상자를 **인도주의**에 입각하여 특별히 보호하고 외국에 체류하고 있는 북한이탈주민의 보호 및 지원 등을 위해 외교적 노력을 다하여야 한다(북한이탈주민의 보호 및 정착지원에 관한 법률 제4조 제1항 · 제2항).

075 북한이탈주민의 보호 및 정착지원에 관한 법률에 대한 설명으로 가장 적절하지 않은 것은? 21. 경찰

□□□

① 위장탈출 혐의자 또는 국내 입국 후 3년이 지나서 보호신청한 사람은 보호대상자로 결정하지 아니할 수 있다.

② 북한이탈주민으로서 북한이탈주민의 보호 및 정착지원에 관한 법률에 의한 보호를 받고자 하는 자는 재외공관장 등에게 보호를 직접 신청하여야 한다. 다만, 보호를 직접 신청하지 아니할 수 있는 대통령령으로 정하는 사유가 있는 경우에는 그러하지 아니하다.

③ 보호신청을 받은 재외공관장 등은 지체 없이 그 사실을 소속 중앙 행정기관장을 거쳐 통일부장관과 국가정보원장에게 통보하여야 한다.

④ 경찰청장은 보호신청자에 대하여 보호결정 등을 위하여 필요한 조사 및 일시적인 신변안전조치 등 임시보호조치를 한 후 지체 없이 그 결과를 통일부장관과 국가정보원장에게 통보하여야 한다.

정답 및 해설 | ④

④ [×] 국가정보원장은 보호신청자에 대하여 보호결정 등을 위하여 필요한 조사 및 일시적인 신변안전조치 등 임시보호조치를 한 후 지체 없이 그 결과를 통일부장관에게 통보하여야 한다(북한이탈주민의 보호 및 정착지원에 관한 법률 제7조 제3항).

076 「북한이탈주민의 보호 및 정착지원에 관한 법률」에 대한 내용으로 가장 적절하지 않은 것은?

□□□

24. 경찰승진

① 통일부장관은 보호대상자가 거주지로 전입한 후 그의 신변안전을 위하여 국방부장관이나 경찰청장에게 협조를 요청할 수 있으며, 협조요청을 받은 국방부장관이나 경찰청장은 이에 협조한다.

② '보호대상자'란 이 법에 따라 보호 및 지원을 받는 북한이탈주민을 말한다.

③ 통일부장관은 보호대상자가 정착지원시설로부터 그의 거주지로 전입한 후 정착하여 스스로 생활하는 데 장애가 되는 사항을 해결하거나 그 밖에 자립 · 정착에 필요한 보호를 할 수 있다.

④ '북한이탈주민'이란 군사분계선 이북지역에 주소, 직계가족, 배우자, 직장 등을 두고 있는 사람으로서 북한을 벗어난 후 외국 국적을 취득한 사람을 말한다.

정답 및 해설 | ④

④ [×] '북한이탈주민'이란 군사분계선 이북지역에 주소, 직계가족, 배우자, 직장 등을 두고 있는 사람으로서 북한을 벗어난 후 외국 국적을 취득하지 아니한(취득한 ×) 사람을 말한다(동법 제2조).

077 남북교류협력에 관한 법률과 관련된 내용이다. 가장 적절하지 않은 것은? 17. 경찰승진

□□□

① 남한의 주민이 북한을 방문하거나 북한의 주민이 남한을 방문하려면 대통령령으로 정하는 바에 따라 통일부장관의 방문승인을 받아야 하며, 통일부장관이 발급한 증명서를 소지하여야 한다.

② 복수방문증명서의 유효기간은 5년 이내로 하며, 5년의 범위에서 연장할 수 있다.

③ 외국정부로부터 영주권을 취득하였거나 이에 준하는 장기체류허가를 받은 사람이 외국에서 북한을 왕래할 때에는 외교부장관이나 재외공관의 장에게 신고하여야 한다.

④ 남한의 주민이 북한의 주민과 회합 · 통신, 그 밖의 방법으로 접촉하려면 통일부장관에게 미리 신고하여야 한다. 다만, 대통령령으로 정하는 부득이한 사유에 해당하는 경우에는 접촉한 후에 신고할 수 있다.

정답 및 해설 I ③

③ [×] 외국정부로부터 영주권을 취득하였거나 이에 준하는 장기체류허가를 받은 사람이 외국에서 북한을 왕래할 때에는 통일부장관이나 재외공관의 장에게 신고하여야 한다(남북교류협력에 관한 법률 제9조 제8항).

078 남북교류협력에 관한 법률 및 동법 시행령과 국가보안법에 대한 설명으로 가장 적절하지 않은 것은? (다툼이 있는 경우 판례에 의함) 19. 경찰승진

□□□

① 남한 주민이 북한을 방문하고자 하는 경우 방문 3일 전까지 남북교류협력시스템을 통해 '북한 방문승인 신청서'를 제출해야 한다.

② 남북교류협력에 관한 법률에 따르면, 방북시 통일부장관이 발급한 방문증명서를 소지해야 하며, 통일부장관의 방문승인을 받지 아니하고 방북하는 것에 대한 벌칙규정이 있다.

③ 7 · 4 남북공동성명이 있었고 남북 사이의 화해와 불가침 및 교류협력에 관한 합의서가 체결 및 발효되었다고 하여도 그로 인해 국가보안법이 규범력을 상실한 것으로 볼 수는 없다.

④ 남북교류협력에 관한 법률상 '재외국민'이 외국에서 북한을 왕래할 때에는 통일부장관이나 재외공관의 장에게 신고하여야 한다.

정답 및 해설 I ①

① [×] 남한 주민이 북한을 방문하고자 하는 경우 방문 7일 전까지 남북교류협력시스템을 통해 '북한 방문승인 신청서'를 제출해야 한다(남북교류협력에 관한 법률 시행령 제12조 제1항).

079 납북교류협력에 관한 법률에 관한 설명으로 가장 적절하지 않은 것은? 19. 경찰

□□□

① 남한의 주민이 북한을 방문하거나 북한의 주민이 남한을 방문하려면 통일부장관의 방문승인을 받아야 하며, 통일부장관이 발급한 증명서를 소지하여야 한다.

② 남한의 주민이 북한의 주민과 접촉하려면 통일부장관에게 미리 신고하여야 하는 것이 원칙이나 대통령령으로 정하는 부득이한 사유에 해당하는 경우에는 접촉한 후에 신고할 수 있다.

③ 남한과 북한간의 거래는 국가간의 거래가 아닌 민족내부의 거래로 본다.

④ 납북교류협력에 관한 법률상 '반출 · 반입'이란 매매, 교환, 임대차, 사용대차, 증여, 사용 등을 목적으로 하는 남한과 북한간의 물품 등의 이동을 말하며, 단순히 제3국을 거치는 물품 등의 이동은 포함하지 않는다.

정답 및 해설 I ④

④ [×] 남북교류협력에 관한 법률상 '반출 · 반입'이란 매매, 교환, 임대차, 사용대차, 증여, 사용 등을 목적으로 하는 남한과 북한간의 물품 등의 이동을 말하며, 단순히 제3국을 거치는 물품 등의 이동을 포함한다(남북교류협력에 관한 법률 제2조 제3호).

080 남북교류협력에 대한 설명으로 가장 적절하지 않은 것은? 20. 경찰승진

□□□

① 재외국민이 외국에서 북한을 왕래할 때에는 통일부장관이나 재외공관의 장에게 신고하여야 한다.

② 거짓이나 부정한 방법으로 방문승인을 받은 경우 승인을 취소해야 한다.

③ 남한 주민이 북한을 방문하고자 하는 경우 방문 10일 전까지 통일부장관에게 '방문승인 신청서'를 제출해야 한다.

④ 남북교류협력에 관한 법률은 남북 교류 · 협력을 목적으로 하는 행위에 관하여는 이 법률의 목적 범위에서 다른 법률에 우선하여 이 법을 적용한다.

정답 및 해설 I ③

③ [×] 남한 주민이 북한을 방문하고자 하는 경우 7일 전까지 통일부장관에게 '방문승인 신청서'를 제출해야 한다(남북교류협력에 관한 법률 제12조 제1항).

police.Hackers.com

제7장 | 외사경찰

제1절 | 외사경찰 총설

001 다음은 다문화 사회의 접근유형에 대한 설명이다. 〈보기 1〉과 〈보기 2〉의 내용이 가장 적절하게 연결된 것은? 20. 경찰

〈보기 1〉

(가) 소수집단이 자결(Self – Determination)의 원칙을 내세워 문화적 공존을 넘어서는 소수민족 집단만의 공동체 건설을 지향한다.

(나) 차별을 금지하고 사회참여를 위해 기회평등을 보장하는 것으로, 사회통합을 위해 문화적 다양성을 인정하고 민족집단의 존재를 인정하지만 시민 생활과 공적 생활에서는 주류사회의 문화 · 언어 · 사습관을 따를 것을 요구한다.

(다) 다문화주의를 결과에 있어서의 평등보장이라는 측면에서 접근하는 것으로, 문화적 소수자가 현실적으로 문화적 다수자와의 경쟁에서 불리한 위치에 있다는 것을 전제로 소수집단의 사회참가를 촉진하기 위해 적극적인 재정적 · 법적 원조를 한다.

〈보기 2〉

㉠ 조합주의적 다문화주의
㉡ 급진적 다문화주의
㉢ 자유주의적 다문화주의

	(가)	(나)	(다)
①	㉠	㉢	㉡
②	㉡	㉢	㉠
③	㉠	㉡	㉢
④	㉡	㉠	㉢

정답 및 해설 | ②

(가) - ㉡ 급진적 다문화주의
(나) - ㉢ 자유주의적 다문화주의
(다) - ㉠ 조합주의적 다문화주의

002 □□□ 다문화 사회의 접근유형에 대한 설명으로 가장 적절하지 않은 것은? 19. 경찰승진

① 급진적 다문화주의 – 다문화주의는 '차이에 대한 권리'로 해석되며, 소수자의 문화적 권리와 결부되어 이해된다.

② 동화주의 – 사회통합을 이룩하기 위해 국가내부의 문화적 다양성을 허용하고, 소수 인종집단 고유의 문화와 가치를 인정하지만, 시민생활이나 공적 생활에서는 주류 사회의 문화 · 언어 · 사회습관에 따를 것을 요구한다.

③ 조합주의적 다문화주의 – 자유주의적 다문화주의와 급진적 다문화주의의 절충적 형태로서 다문화주의를 결과에 있어서의 평등보장이라는 측면에서 접근한다.

④ 다원주의 – 소수집단이 자결(Self – Determination)의 원칙을 내세워 문화적 공존을 넘어서는 소수민족 집단만의 공동체 건설을 지향한다. 미국에서의 흑인과 원주민에 의한 격리주의운동이 대표적이다.

정답 및 해설 I ④

④ [×] 급진적 다문화주의에 대한 설명이다. 다원주의(조합주의적 다문화주의)는 자유주의적 다문화주의와 급진적 다문화주의의 절충적 형태로서 다문화주의를 결과에 있어서의 평등보장이라는 측면에서 접근한다. 문화적 소수자가 현실적으로 문화적 다수자와의 경쟁에서 불리한 위치에 있다는 것을 전제로 하여, 소수집단의 사회참가를 촉진하기 위해 적극적인 재정적 · 법적 원조를 한다. 다언어방송, 다언어 의사소통, 다언어 문서, 다언어 및 다문화 교육 등을 추진하고, 사적 영역에서 소수민족 학교나 공공단체에 대해 지원하기도 한다.

제2절 I 국적법, 출입국관리법, 여권 등

003 □□□ 국적법상 일반귀화의 요건에 대한 설명으로 가장 적절하지 않은 것은? 17. 경찰승진

① 법령을 준수하는 등 법무부령으로 정하는 품행 단정의 요건을 갖출 것

② 자신의 자산이나 기능에 의하거나 생계를 같이하는 가족에 의존하여 생계를 유지할 능력이 있을 것

③ 대한민국의 민법상 성년일 것

④ 3년 이상 계속하여 대한민국에 주소가 있을 것

정답 및 해설 I ④

④ [×] 5년 이상 계속하여 대한민국에 주소가 있을 것이 일반귀화의 요건이다(국적법 제5조 제1호).

004 국적법상 국적에 대한 설명이다. ( ) 안에 들어갈 숫자로 바르게 연결된 것은? 17. 경찰승진

□□□

> 가. 만 (㉠)세가 되기 전에 복수국적자가 된 자는 만 (㉡)세가 되기 전까지, 만 (㉢)세가 된 후에 복수국적자가 된 자는 그때부터 (㉣)년 내에 하나의 국적을 선택하여야 한다.
> 나. 배우자가 대한민국 국민인 외국인으로서 그 배우자와 혼인한 후 (㉤)년이 지나고, 혼인한 상태로 대한민국에 1년 이상 계속하여 주소가 있는 자는 귀화허가를 받을 수 있다.
> 다. 대한민국 국적을 취득한 외국인으로서 외국 국적을 가지고 있는 자는 대한민국 국적을 취득한 날부터 (㉥)년 내에 그 외국 국적을 포기하여야 한다.

	㉠	㉡	㉢	㉣	㉤	㉥
①	20	22	20	2	3	1
②	20	22	20	2	2	2
③	19	20	22	3	2	2
④	19	20	22	3	3	1

정답 및 해설 | ①

①
> 가. 만 (㉠ 20)세가 되기 전에 복수국적자가 된 자는 만 (㉡ 22)세가 되기 전까지, 만 (㉢ 20)세가 된 후에 복수국적자가 된 자는 그때부터 (㉣ 2)년 내에 하나의 국적을 선택하여야 한다(국적법 제12조 제1항).
> 나. 배우자가 대한민국 국민인 외국인으로서 그 배우자와 혼인한 후 (㉤ 3)년이 지나고, 혼인한 상태로 대한민국에 1년 이상 계속하여 주소가 있는 자는 귀화허가를 받을 수 있다(국적법 제6조 제2항 제2호).
> 다. 대한민국 국적을 취득한 외국인으로서 외국 국적을 가지고 있는 자는 대한민국 국적을 취득한 날부터 (㉥ 1)년 내에 그 외국 국적을 포기하여야 한다(국적법 제10조 제1항).

005 국적법상 일반귀화의 요건에 관한 내용이다. ㉠~㉤의 내용 중 옳고 그름의 표시(○, ×)가 모두 바르게 된 것은? 19. 경찰

□□□

> ㉠ 10년 이상 계속하여 대한민국에 주소가 있을 것
> ㉡ 대한민국에서 영주할 수 있는 체류자격을 가지고 있을 것
> ㉢ 대한민국의 민법상 성년일 것
> ㉣ 법령을 준수하는 등 대통령령으로 정하는 품행 단정의 요건을 갖출 것
> ㉤ 귀화를 허가하는 것이 국가안전보장 · 질서유지 또는 공공복리를 해치지 아니한다고 법무부장관이 인정할 것

① ㉠ (×), ㉡ (○), ㉢ (○), ㉣ (×), ㉤ (○)
② ㉠ (○), ㉡ (×), ㉢ (○), ㉣ (○), ㉤ (×)
③ ㉠ (○), ㉡ (○), ㉢ (×), ㉣ (×), ㉤ (○)
④ ㉠ (×), ㉡ (○), ㉢ (○), ㉣ (×), ㉤ (×)

정답 및 해설 | ①

옳은 설명은 ㉡㉢㉤이다.
㉠ [×] **5년 이상** 계속하여 대한민국에 주소가 있을 것
㉣ [×] 법령을 준수하는 등 **법무부령**으로 정하는 품행 단정의 요건을 갖출 것

006 국적법상 규정된 설명으로 가장 적절하지 않은 것은? 19. 경찰승진

□□□

① 만 20세가 되기 전에 복수국적자가 된 자는 만 22세가 되기 전까지, 만 20세가 된 후에 복수국적자가 된 자는 그때부터 2년 내에 하나의 국적을 선택하여야 한다.

② 대한민국의 국민이었던 외국인은 법무부장관의 국적회복허가를 받아 대한민국 국적을 취득할 수 있으나, 병역을 기피할 목적으로 대한민국 국적을 상실하였거나 이탈하였던 사람은 국적회복을 허가하지 아니할 수 있다.

③ 대한민국 국적을 취득한 외국인으로서 외국 국적을 가지고 있는 자는 대한민국 국적을 취득한 날부터 1년 내에 그 외국 국적을 포기하여야 한다.

④ 법무부장관은 복수국적자로서 법률에서 정한 기간 내에 국적을 선택하지 아니한 자에게 1년 내에 하나의 국적을 선택할 것을 명하여야 한다.

정답 및 해설 I ②

② [×] 대한민국의 국민이었던 외국인은 법무부장관의 국적회복허가를 받아 대한민국 국적을 취득할 수 있으나, 병역을 기피할 목적으로 대한민국 국적을 상실하였거나 이탈하였던 사람은 **국적회복을 허가하지 아니한다**(국적법 제9조 제2항).

007 여권법 및 동법 시행령상 여권의 유효기간에 대한 설명으로 가장 적절한 것은? 17. 경찰승진

□□□

① 관용여권의 유효기간은 3년으로 한다.

② 여행증명서의 유효기간은 2년 이내로 하되, 그 발급목적을 이루면 효력을 잃는다.

③ 외교관여권의 유효기간은 5년으로 하고, 특별사절 및 정부대표와 이들이 단장이 되는 대표단의 단원에게는 3년을 유효기간으로 하는 외교관여권을 발급할 수 있다.

④ 일반여권의 유효기간은 10년으로 하고, 18세 미만인 사람에게는 5년을 유효기간으로 하는 일반여권을 발급할 수 있다.

정답 및 해설 I ④

① [×] 관용여권의 유효기간은 **5년**으로 한다(여권법 제5조 제1항 제2호).

② [×] 여행증명서의 유효기간은 **1년** 이내로 하되, 그 발급목적을 이루면 효력을 잃는다(여권법 제14조 제2항).

③ [×] 외교관여권의 유효기간은 5년 이내로 하고, 특별사절 및 정부대표와 이들이 단장이 되는 대표단의 단원에게는 외교업무 수행기간에 따라 **1년 또는 2년을 유효기간**으로 하는 외교관여권을 발급할 수 있다(여권법 시행령 제12조 제1항 제1호).

008 출입국관리법상 외국인 강제퇴거대상으로 적절하지 않은 것은 모두 몇 개인가? 21. 경찰

□□□

> ㉠ 조세, 공과금을 체납한 사람
> ㉡ 외국인등록의무를 위반한 사람
> ㉢ 구류의 선고를 받고 석방된 사람
> ㉣ 법무부장관이 정한 거소 또는 활동범위의 제한이나 그 밖의 준수사항을 위반한 사람
> ㉤ 지방출입국·외국인관서의 장이 붙인 조건부 입국 허가조건을 위반한 사람

① 2개 ② 3개
③ 4개 ④ 5개

정답 및 해설 I ①

강제퇴거대상자가 아닌 사람은 ㉠㉢ 2개이다.

㉠ [×] 조세, 공과금을 체납한 사람은 강제퇴거대상자가 아니다.

㉢ [×] 금고의 선고를 받고 석방된 사람이 강제퇴거대상자가 된다.

☑ 강제퇴거대상자

> 지방출입국·외국인관서의 장은 이 장에 규정된 절차에 따라 다음의 어느 하나에 해당하는 외국인을 대한민국 밖으로 강제퇴거시킬 수 있다.
> 1. 유효한 여권과 사증 또는 외국인입국허가서 없이 입국한 사람
> 2. 허위초청 등의 행위로 입국한 외국인
> 3. 입국금지사유가 입국 후에 발견되거나 발생한 사람
> 4. 출입국심사규정을 위반한 사람
> 5. 지방출입국·외국인관서의 장이 붙인 허가조건을 위반한 사람
> 6. 상륙허가를 받지 아니하고 상륙한 사람
> 7. 지방출입국·외국인관서의 장 또는 출입국관리공무원이 붙인 허가조건을 위반한 사람
> 8. 체류자격 외의 활동을 하거나 체류기간 연장허가를 위반한 사람
> 9. 허가를 받지 아니하고 근무처를 변경·추가하거나 같은 조 제2항을 위반하여 외국인을 고용·알선한 사람
> 10. 법무부장관이 정한 거소 또는 활동범위의 제한이나 그 밖의 준수사항을 위반한 사람
> 11. 허위서류 제출 등의 금지를 위반한 외국인
> 12. 출국심사규정을 위반하여 출국하려고 한 사람
> 13. 외국인등록 의무를 위반한 사람
> 14. 외국인등록증 등의 채무이행 확보수단 제공 등의 금지를 위반한 외국인
> 15. 금고 이상의 형을 선고받고 석방된 사람
> 16. 그 밖에 1.부터 10.까지, 11., 12., 13., 14. 또는 15.에 준하는 사람으로서 법무부령으로 정하는 사람

009 여권에 대한 설명으로 가장 적절한 것은? 19. 경찰승진

☐☐☐

① 여권은 정부가 자국국민의 출국을 증명하는 문서로, 이를 대신할 수 있는 서류로는 여행증명서, 국제연합통행증, 사증(VISA)이 있다.

② 외교부장관이 여권 대신 발급하는 여행증명서의 유효기간은 2년 이내로 하되, 그 여행증명서의 발급 목적을 이루면 그 효력을 잃는다.

③ 여권이 발급된 날부터 3개월이 지날 때까지 신청인이 그 여권을 받아가지 아니한 때에는 그 효력을 잃는다.

④ 여권법상 일반여권의 유효기간은 10년 이내이고, 여권법 시행령상 18세 미만인 사람은 5년을 유효기간으로 한다.

정답 및 해설 | ④

① [×] 여권은 정부가 자국국민의 출국을 증명하는 문서로, 이를 대신할 수 있는 서류로는 여행증명서, 국제연합통행증이 있다. 사증(VISA)은 외국인에 대한 자국의 입국을 허가하는 것이다.

② [×] 외교부장관이 여권 대신 발급하는 여행증명서의 유효기간은 1년 이내로 하되, 그 여행증명서의 발급 목적을 이루면 그 효력을 잃는다(여권법 제14조 제2항).

③ [×] 여권이 발급된 날부터 6개월이 지날 때까지 신청인이 그 여권을 받아가지 아니한 때에는 그 효력을 잃는다(여권법 제13조 제1항 제2호).

010 다음 중 출입국관리법상 외국인등록에 관한 설명으로 가장 적절하지 않은 것은? 11. 경찰

☐☐☐

① 외국인은 원칙적으로 입국한 날로부터 90일을 초과하여 대한민국에 체류하는 경우 외국인등록을 하여야 한다.

② 체류자격 변경허가를 받은 자로서 그 변경허가일로부터 90일을 초과하여 체류하게 되는 외국인은 외국인등록을 하여야 한다.

③ 한국 정부가 초청한 자 등으로서 법무부령으로 정하는 외국인은 외국인등록 제외대상이다.

④ 출입국관리법상 외국인등록의무를 위반한 자로서 대한민국에 영주할 수 있는 체류자격이 없는 외국인은 강제퇴거의 대상이다.

정답 및 해설 | ②

② [×] 체류자격 변경허가를 받은 자로서 입국한 날부터 90일을 초과하여 체류하게 되는 외국인은 외국인등록을 하여야 한다(출입국관리법 제31조 제4항).

011 출입국관리법상 외국인 등록과 관련하여 (   ) 안에 들어가는 숫자를 모두 더하면 얼마인가?
□□□

11. 경찰간부

> 외국인이 입국한 날로부터 (   )일을 초과하여 대한민국에 체류하게 되는 경우, 외국인이 체류자격을 부여받고 그 날로부터 (   )일을 초과하여 체류하게 되는 경우, 외국인이 체류자격 변경허가를 받고 입국일로부터 (   )일을 초과하여 체류하게 되는 경우에는 출입국관리소장에게 외국인 등록을 하여야 한다.

① 180　　② 210

③ 240　　④ 270

정답 및 해설 I ④

④ 괄호 안에 들어가는 숫자를 모두 더하면 90 + 90 + 90 = 270이다.

> 외국인이 입국한 날로부터 (90)일을 초과하여 대한민국에 체류하게 되는 경우, 외국인이 체류자격을 부여받고 그 날로부터 (90)일을 초과하여 체류하게 되는 경우, 외국인이 체류자격 변경허가를 받고 입국한 날로부터 (90)일을 초과하여 체류하게 되는 경우에는 출입국관리소장에게 외국인 등록을 하여야 한다(출입국관리법 제31조).

012 다음 설명 중 맞는 것은?
□□□

10. 경찰

① 외국인근로자의 고용 등에 관한 법률에 따라 국내에 취업한 후 출국한 외국인으로서 출국한 날부터 1년이 경과되지 아니한 자는 이 법에 따라 다시 취업할 수 없다.

② 우리나라의 범죄인인도법상 군사범불인도의 원칙은 명문으로 규정되어 있지 않다.

③ 출입국관리법에 따라 한국 정부가 초청한 자 등으로 외교부장관이 정하는 자는 외국인등록의무에서 제외된다.

④ 국적법상 특별귀화의 경우 대한민국에 주소를 가지고 있을 것을 요건으로 하지 않는다.

정답 및 해설 I ②

① [×] 외국인근로자의 고용 등에 관한 법률에 따라 국내에 취업한 후 출국한 외국인으로서 출국한 날부터 **6개월**이 경과되지 아니한 자는 이 법에 따라 다시 취업할 수 없다(외국인근로자의 고용 등에 관한 법률 제18조의3).

③ [×] 출입국관리법에 따라 한국 정부가 초청한 자 등으로 **법무부장관**이 정하는 자는 외국인등록의무에서 제외된다(출입국관리법 제31조 제1항).

④ [×] 국적법상 특별귀화의 경우 대한민국에 **주소를 가지고 있을 것을 요건**으로 한다(국적법 제7조 제1항).

013 출입국관리법에 대한 내용 중 ㉠과 ㉡에 들어갈 숫자의 합으로 적절한 것은? 18. 경찰승진

□□□

> 가. 수사기관은 긴급출국금지를 요청한 때로부터 (㉠)시간 이내에 법무부장관에게 긴급출국금지 승인을 요청하여야 한다.
> 나. 수사기관이 긴급출국금지 승인을 요청한 때로부터 (㉡)시간 이내에 법무부장관으로부터 긴급출국금지 승인을 받지 못한 경우에는 출국금지를 해제하여야 한다.

① 12 ② 18
③ 24 ④ 36

정답 및 해설 I ②

② ㉠과 ㉡에 들어갈 숫자의 합은 6 + 12 = 18이다.

> 가. 수사기관은 긴급출국금지를 요청한 때로부터 (㉠ 6)시간 이내에 법무부장관에게 긴급출국금지 승인을 요청하여야 한다(출입국관리법 제4조의6 제3항).
> 나. 수사기관이 긴급출국금지 승인을 요청한 때로부터 (㉡ 12)시간 이내에 법무부장관으로부터 긴급출국금지 승인을 받지 못한 경우에는 출국금지를 해제하여야 한다(출입국관리법 제4조의6 제4항).

014 출입국관리법에 대한 설명으로 가장 적절한 것은? 21. 경찰

□□□

① 출국이 금지(출입국관리법 제4조 제1항 또는 제2항)되거나 출국금지기간이 연장(출입국관리법 제4조의2 제1항)된 사람은 출국금지결정이나 출국금지기간 연장의 통지를 받은 날 또는 그 사실을 안 날부터 15일 이내에 법무부장관에게 출국금지결정이나 출국금지기간 연장결정에 대한 이의를 신청할 수 있다.

② 외국인이 입국할 때에는 유효한 여권과 외교부장관이 발급한 사증을 가지고 있어야 한다.

③ 수사기관이 출입국관리법 제4조의6 제3항에 따른 긴급출국금지승인을 요청한 때로부터 12시간 이내에 법무부장관으로부터 긴급출국금지 승인을 받지 못한 경우, 법무부장관은 출입국관리법 제4조의6 제1항의 수사기관 요청에 따른 출국금지를 해제하여야 한다.

④ 법무부장관은 소재를 알 수 없어 기소중지결정이 된 사람 또는 도주 등 특별한 사유가 있어 수사진행이 어려운 사람에 대하여는 6개월 이내의 기간을 정하여 출국을 금지할 수 있다.

정답 및 해설 I ③

① [×] 출국이 금지(출입국관리법 제4조 제1항 또는 제2항)되거나 출국금지기간이 연장(출입국관리법 제4조의2 제1항)된 사람은 출국금지결정이나 출국금지기간 연장의 통지를 받은 날 또는 그 사실을 안 날부터 **10일** 이내에 법무부장관에게 출국금지결정이나 출국금지기간 연장결정에 대한 이의를 신청할 수 있다(출입국관리법 제4조의5 제1항).
② [×] 외국인이 입국할 때에는 유효한 여권과 **법무부장관**이 발급한 사증을 가지고 있어야 한다(출입국관리법 제7조 제1항).
④ [×] 법무부장관은 소재를 알 수 없어 기소중지결정이 된 사람 또는 도주 등 특별한 사유가 있어 수사진행이 어려운 사람에 대하여는 **3개월** 이내의 기간을 정하여 출국을 금지할 수 있다(출입국관리법 제4조 제2항 제1호).

015 □□□ 다음은 외국인의 강제퇴거대상이다. 틀린 것은 모두 몇 개인가? 10. 경찰승진

> ㉠ 대한민국 법률에 의하여 금고 이상의 형을 선고받은 자
> ㉡ 체류자격 외에 활동을 하거나 체류기간이 경과한 자
> ㉢ 출국심사규정에 위반하여 출국하려고 한 자
> ㉣ 입국금지사유가 입국 후에 발견되거나 발생한 자
> ㉤ 유효한 여권 및 사증 없이 입국한 자

① 0개
② 1개
③ 2개
④ 3개

정답 및 해설 I ②

틀린 것은 ㉠ 1개이다.

㉠ [×] 대한민국 법률에 의하여 금고 이상의 형을 선고를 받고 석방된 자는 강제퇴거의 대상이다(출입국관리법 제46조 제1항 제13호).

016 □□□ 출입국관리법에 대한 설명이다. 아래 ㉠부터 ㉣까지 설명 중 옳고 그름의 표시(○, ×)가 바르게 된 것은? 22. 경찰간부

> ㉠ 수사기관이 출입국관리법 제4조의6 제3항에 따른 긴급출국금지 승인을 요청한 때로부터 24시간 이내에 법무부장관으로부터 긴급출국금지 승인을 받지 못한 경우, 법무부장관은 출입국관리법 제4조의6 제1항의 수사기관 요청에 따른 출국금지를 해제하여야 한다.
> ㉡ 18세 미만의 외국인을 제외한 대한민국에 체류하는 외국인은 여권, 선원신분증명서, 외국인입국허가서, 외국인등록증 또는 상륙허가서를 지니고 있어야 한다.
> ㉢ 출입국관리공무원 외의 수사기관이 출입국사범에 해당하는 사건을 입건하였을 때에는 지체 없이 관할 지방출입국·외국인관서의 장에게 인계하여야 한다.
> ㉣ 감염병환자, 마약류중독자, 강제퇴거명령을 받고 출국한 후 5년이 지난 외국인은 입국금지 사항에 해당한다.

① ㉠ (○), ㉡ (×), ㉢ (○), ㉣ (○)
② ㉠ (×), ㉡ (○), ㉢ (○), ㉣ (○)
③ ㉠ (×), ㉡ (×), ㉢ (○), ㉣ (×)
④ ㉠ (○), ㉡ (×), ㉢ (○), ㉣ (×)

정답 및 해설 I ③

㉠ [×] 수사기관이 출입국관리법 제4조의6 제3항에 따른 긴급출국금지 승인을 요청한 때로부터 12시간 이내에 법무부장관으로부터 긴급출국금지 승인을 받지 못한 경우, 법무부장관은 출입국관리법 제4조의6 제1항의 수사기관 요청에 따른 출국금지를 해제하여야 한다(동법 제4조의6 제4항).

㉡ [×] 대한민국에 체류하는 외국인은 항상 여권·선원신분증명서·외국인입국허가서·외국인등록증 또는 상륙허가서(이하 '여권등'이라 한다)를 지니고 있어야 한다. 다만, 17세 미만인 외국인의 경우에는 그러하지 아니하다(동법 제27조 제1항).

㉣ [×] 감염병환자, 마약류중독자, 강제퇴거명령을 받고 출국한 후 5년이 지나지 아니한 외국인은 입국금지 사항에 해당한다.

017 출입국관리법상 외국인의 강제퇴거에 관한 설명으로 가장 적절하지 않은 것은? 23. 경찰승진

□□□

① 강제퇴거명령서는 출입국관리공무원이 집행한다. 지방출입국 · 외국인관서의 장은 사법경찰관리에게 강제퇴거명령서의 집행을 의뢰할 수 있다.

② 대통령령으로 정하는 금액 이상의 국세 · 관세 또는 지방세를 정당한 사유 없이 그 납부기한까지 내지 아니한 사람은 강제퇴거 대상자에 해당한다.

③ 금고 이상의 형을 선고받고 석방된 사람을 강제퇴거의 대상이 된다.

④ 지방출입국 · 외국인관서의 장은 강제퇴거명령을 받은 사람을 보호할 때 그 기간이 3개월이 넘는 경우에는 3개월마다 미리 법무부장관의 승인을 얻어야 한다.

정답 및 해설 I ②

② [×] 대통령령으로 정하는 금액 이상의 국세 · 관세(5천만원 이상) 또는 지방세(3천만원 이상)를 정당한 사유 없이 그 납부기한까지 내지 아니한 사람은 강제퇴거대상자가 아니라 외국인 출국정지 대상자에 해당한다.

018 외국인의 강제퇴거에 관한 다음 설명 중 가장 옳지 않은 것은? 18. 경찰간부

□□□

① 벌금 이상의 형을 선고받고 석방된 사람은 강제퇴거의 대상이 된다.

② 출입국관리공무원은 강제퇴거 대상자에 해당한다고 의심되는 외국인에 대하여는 그 사실을 조사할 수 있다.

③ 출입국관리공무원은 강제퇴거 대상자에 해당한다고 의심할 만한 상당한 사유가 있고, 도주하거나 도주할 염려가 있으면 보호명령서를 발급받아 그 외국인을 보호할 수 있다.

④ 강제퇴거명령서는 출입국관리 공무원이 집행하며 지방출입국 · 외국인 관서의 장은 사법경찰관리에게 강제퇴거명령서의 집행을 의뢰할 수 있다.

정답 및 해설 I ①

① [×] 금고 이상의 형을 선고받고 석방된 사람은 강제퇴거의 대상이 된다(출입국관리법 제46조 제1항 제13호).

019 ☐☐☐ 출입국관리법상 외국인 강제퇴거대상자에 대한 내용으로 옳고 그름의 표시(○, ×)가 바르게 연결된 것은? 19. 경찰승진

> ㉠ 금고 이상의 형을 선고받고 석방된 사람
> ㉡ 유효한 여권과 사증 없이 입국하려고 하는 사람
> ㉢ 상륙허가를 받지 아니하고 상륙한 사람
> ㉣ 외국인등록의무를 위반한 사람
> ㉤ 영주자격을 가진 사람으로 5년 이상 징역 또는 금고의 형을 선고받고 석방된 사람 중 법무부령으로 정하는 사람
> ㉥ 출입국심사규정 위반자

① ㉠ (○), ㉡ (○), ㉢ (○), ㉣ (○), ㉤ (○), ㉥ (○)
② ㉠ (○), ㉡ (×), ㉢ (○), ㉣ (○), ㉤ (×), ㉥ (○)
③ ㉠ (×), ㉡ (○), ㉢ (×), ㉣ (×), ㉤ (×), ㉥ (○)
④ ㉠ (×), ㉡ (○), ㉢ (○), ㉣ (×), ㉤ (○), ㉥ (×)

정답 및 해설 | ①
㉠㉡㉢㉣㉤㉥ 모두 강제퇴거의 대상자에 해당한다.

020 ☐☐☐ 출입국관리법 및 동법 시행령에 대한 설명 중 가장 적절하지 않은 것은? 20. 경찰승진

① 법무부장관이 대한민국의 이익 등을 위하여 입국이 필요하다고 인정하는 외국인은 사증 없이 입국할 수 있다.
② 주한외국공관(대사관과 영사관 포함)과 국제기구의 직원 및 그의 가족은 외국인등록대상이다.
③ 외국인의 강제퇴거사유가 동시에 형사처분사유가 되는 경우 강제퇴거와 형사처분을 병행할 수 있다.
④ 법무부장관은 입국심사에 필요한 경우에는 관계 행정기관이 보유하고 있는 외국인의 지문 및 얼굴에 관한 자료의 제출을 요청할 수 있다.

정답 및 해설 | ②
② [×] 주한외국공관(대사관과 영사관 포함)과 국제기구의 직원 및 그의 가족은 외국인의 등록**대상이 아니다**(출입국관리법 제31조 제1항 제1호).

021 출입국관리법상 외국인의 강제퇴거대상으로 옳지 않은 것은? 20. 경찰간부

□□□

① 허가를 받지 아니하고 근무처를 변경 · 추가하거나 허가를 받지 아니한 외국인을 고용 · 알선한 사람

② 법무부장관이 정한 거소 또는 활동범위의 제한이나 그 밖의 준수사항을 위반한 사람

③ 벌금 이상의 형을 선고받고 석방된 사람

④ 외국인등록증 등의 채무이행 확보수단 제공 등의 금지규정을 위반한 외국인

정답 및 해설 | ③

③ [×] **금고 이상**의 형을 선고받고 석방된 사람은 강제퇴거의 대상이 된다(출입국관리법 제46조 제1항 제13호).

022 외국인 입 · 출국에 관한 다음 설명 중 옳지 않은 것은 모두 몇 개인가? 14. 경찰변형

□□□

> ㉠ 법무부장관은 사증 발급에 관한 권한을 대통령령으로 정하는 바에 따라 재외공관의 장에게 위임할 수 있다.
>
> ㉡ 지방출입국 · 외국인관서의 장은 조난을 당한 선박등에 타고 있는 외국인(승무원을 포함한다)을 긴급히 구조할 필요가 있다고 인정하면 그 선박등의 장, 운수업자, 수상에서의 수색 · 구조 등에 관한 법률 에 따른 구호업무 집행자 또는 그 외국인을 구조한 선박등의 장의 신청에 의하여 60일의 범위에서 재난 상륙허가를 할 수 있다.
>
> ㉢ 형사재판에 계속 중이거나 금고 이상의 형의 선고를 받고 석방된 자는 3개월 이내의 범위에서 출국을 정지할 수 있다.
>
> ㉣ 외국인의 강제퇴거조치는 형벌이다.

① 4개 ② 3개

③ 2개 ④ 1개

정답 및 해설 | ②

㉠ [○] 출입국관리법 제8조 제2항

㉡ [×] 출입국관리법 제16조 제2항 "지방출입국 · 외국인관서의 장은 조난을 당한 선박등에 타고 있는 외국인(승무원을 포함한다)을 긴급히 구조할 필요가 있다고 인정하면 그 선박 등의 장, 운수업자, 수상에서의 수색 · 구조 등에 관한 법률에 따른 구호업무 집행자 또는 그 외국인을 구조한 선박 등의 장의 신청에 의하여 **30일**의 범위에서 재난상륙허가를 할 수 있다."

㉢ [×] 출입국관리법 제29조 제1항 "법무부장관은 1. 형사재판에 계속(係屬) 중인 사람, 2. 징역형이나 금고형의 집행이 끝나지 아니한 사람 등의 어느 하나에 해당하는 외국인에 대하여는 출국을 정지할 수 있다." 출국정지의 대상이 되는 사람은 징역형이나 금고형의 집행이 끝나지 아니한 사람이다.

㉣ [×] 외국인의 강제퇴거는 출입국관리법에 근거하여 지방출입국 · 외국인관서의 장이 행하는 것으로 범죄에 대해 사법권(법원)이 제재하는 형벌과는 명백히 구별되는 **행정상 직접강제**이다.

023 다음 중 출입국관리법에 규정된 상륙의 종류와 내용에 대한 설명으로 잘못된 것은 모두 몇 개인가?

□□□

14. 경찰간부

㉠ 승무원상륙은 외국인승무원이 입항할 예정이거나 정박 중인 선박 등으로 옮겨 타거나 휴양 등의 목적으로 상륙하는 것으로 10일 범위 내에서 허가할 수 있다.
㉡ 긴급상륙은 조난을 당한 선박 등에 타고 있는 외국인을 긴급히 구조할 필요가 있다고 인정될 때에 상륙하는 것으로 30일 범위 내에서 허가할 수 있다.
㉢ 난민임시상륙은 선박 등에 타고 있던 외국인이 생명 · 신체 또는 신체의 자유를 침해받을 공포가 있는 영역에서 도피하여 곧바로 대한민국에 비호를 신청하는 경우 90일의 범위 내에서 허가할 수 있다.
㉣ 난민임시상륙은 외국인을 상륙시킬 만한 상당한 이유가 있다고 인정되면 외교부장관의 승인을 받아 허가할 수 있으며, 이 경우 외교부장관은 법무부장관과 협의해야 한다.

① 1개 ② 2개
③ 3개 ④ 4개

정답 및 해설 I ③

잘못된 설명은 ㉠㉡㉣ 3개이다.

㉠ [×] 승무원상륙은 외국인승무원이 입항할 예정이거나 정박 중인 선박 등으로 옮겨 타거나 휴양 등의 목적으로 상륙하는 것으로 15일 범위 내에서 허가할 수 있다(출입국관리법 제14조 제1항 제1호).

㉡ [×] 재난상륙은 조난을 당한 선박 등에 타고 있는 외국인을 긴급히 구조할 필요가 있다고 인정될 때에 상륙하는 것으로 30일 범위 내에서 허가할 수 있다(출입국관리법 제16조 제1항).

㉣ [×] 난민임시상륙은 외국인을 상륙시킬 만한 상당한 이유가 있다고 인정되면 법무부장관의 승인을 받아 허가할 수 있으며, 이 경우 법무부장관은 외교부장관과 협의해야 한다(출입국관리법 제16조2 제1항).

024 출입국관리법상 상륙의 종류와 내용에 대한 설명으로 가장 적절하지 않은 것은? 16. 경찰

□□□

① 출입국관리공무원은 선박 등에 타고 있는 외국인(승무원을 포함한다)이 질병이나 그 밖의 사고로 긴급히 상륙할 필요가 있다고 인정되면 그 선박 등의 장이나 운수업자의 신청을 받아 30일의 범위에서 긴급상륙을 허가할 수 있다.

② 지방출입국 · 외국인관서의 장은 조난을 당한 선박 등에 타고 있는 외국인(승무원을 포함한다)을 긴급히 구조할 필요가 있다고 인정하면 그 선박 등의 장, 운수업자, 수상에서의 수색 · 구조 등에 관한 법률에 따른 구호업무 집행자 또는 그 외국인을 구조한 선박 등의 장의 신청에 의하여 30일의 범위에서 재난상륙허가를 할 수 있다.

③ 지방출입국 · 외국인관서의 장은 선박 등에 타고 있는 외국인이 난민법 제2조 제1호에 규정된 이유나 그 밖에 이에 준하는 이유로 그 생명 · 신체 또는 신체의 자유를 침해받을 공포가 있는 영역에서 도피하여 곧바로 대한민국에 비호(庇護)를 신청하는 경우 그 외국인을 상륙시킬 만한 상당한 이유가 있다고 인정되면 법무부장관의 승인을 받아 90일의 범위에서 난민임시상륙허가를 할 수 있다. 이 경우 법무부장관은 외교부장관과 협의하여야 한다.

④ 출입국관리공무원은 관광을 목적으로 대한민국과 외국 해상을 국제적으로 순회하여 운항하는 여객운송선박 중 법무부령으로 정하는 선박에 승선한 외국인승객에 대하여 그 선박의 장 또는 운수업자가 상륙허가를 신청하면 5일의 범위에서 승객의 관광상륙을 허가할 수 있다.

정답 및 해설 | ④

④ [×] 출입국관리공무원은 관광을 목적으로 대한민국과 외국 해상을 국제적으로 순회하여 운항하는 여객운송선박 중 법무부령으로 정하는 선박에 승선한 외국인승객에 대하여 그 선박의 장 또는 운수업자가 상륙허가를 신청하면 3일의 범위에서 허가할 수 있다(출입국관리법 제14조2 제1항).

☑ 외국인의 상륙

구분	내용	상륙기간
관광상륙	관광을 목적으로 선박에 승선한 외국인승객과 그 선박의 장에 대한 상륙허가	3일
승무원상륙	외국인승무원이 다른 선박에 옮겨 타거나 휴양 등의 목적으로 상륙허가	15일
긴급상륙	선박 등에 타고 있는 외국인(승무원을 포함한다)이 질병이나 그 밖의 사고로 긴급히 상륙할 필요가 있다고 인정되는 경우	30일
재난상륙	조난을 당한 선박 등에 타고 있는 외국인(승무원을 포함한다)을 긴급히 구조할 필요가 있다고 인정하여 행하는 상륙허가	30일
난민임시상륙	선박 등에 타고 있는 외국인이 난민법 제2조 제1호에 규정된 이유나 그 밖에 이에 준하는 이유로 그 생명 · 신체 또는 신체의 자유를 침해받을 공포가 있는 영역에서 도피하여 곧바로 대한민국에 비호(庇護)를 신청하는 경우 그 외국인을 상륙시킬 만한 상당한 이유가 있다고 인정하여 법무부장관의 승인을 받아 90일의 범위에서 난민 임시상륙허가를 할 수 있음. 이 경우 법무부장관은 외교부장관과 협의 후 법무부장관이 승인하여야 함	90일

025 출입국관리법상 규정된 상륙의 종류와 내용에 대한 설명으로 가장 적절한 것은? (단, 기간연장은 없음)

□□□

19. 경찰승진

① 난민임시상륙 – 외국인을 상륙시킬 만한 상당한 이유가 있다고 인정되면 외교부장관의 승인을 받아 허가할 수 있으며, 이 경우 외교부장관은 법무부장관과 협의하여야 한다.

② 난민임시상륙 – 선박 등에 타고 있던 외국인이 생명 · 신체 또는 신체의 자유를 침해받을 공포가 있는 영역에서 도피하여 곧바로 대한민국에 비호를 신청하는 경우 90일의 범위 내에서 허가할 수 있다.

③ 승무원상륙 – 승선 중인 선박 등이 대한민국의 출입국항에 정박하고 있는 동안 휴양 등의 목적으로 상륙하려는 외국인승무원은 10일 범위 내에서 허가할 수 있다.

④ 긴급상륙 – 조난을 당한 선박 등에 타고 있는 외국인을 긴급히 구조할 필요가 있다고 인정될 때에 상륙하는 것으로 30일 범위 내에서 허가할 수 있다.

정답 및 해설 | ②

① [×] 난민임시상륙 – 외국인을 상륙시킬 만한 상당한 이유가 있다고 인정되면 **법무부장관의 승인**을 받아 허가할 수 있으며, 이 경우 **법무부장관은 외교부장관과 협의**하여야 한다(출입국관리법 제16조의2 제1항).

③ [×] 승무원상륙 – 승선 중인 선박 등이 대한민국의 출입국항에 정박하고 있는 동안 휴양 등의 목적으로 상륙하려는 외국인승무원은 **15일** 범위 내에서 허가할 수 있다(출입국관리법 제14조 제1항).

④ [×] **재난상륙** – 조난을 당한 선박 등에 타고 있는 외국인을 긴급히 구조할 필요가 있다고 인정될 때에 상륙하는 것으로 30일 범위 내에서 허가할 수 있다(출입국관리법 제16조 제1항).

026 출입국관리법에 규정된 상륙의 종류에 대한 설명 중 가장 옳은 것은?

19. 경찰간부

□□□

① 긴급상륙 – 조난을 당한 선박 등에 타고 있는 외국인(승무원을 포함한다)을 긴급히 구조할 필요가 있다고 인정될 때

② 관광상륙 – 외국인승무원이 승선 중인 선박 등이 대한민국의 출입국항에 정박하고 있는 동안 휴양 등의 목적으로 상륙하려할 때

③ 재난상륙 – 선박 등에 타고 있는 외국인(승무원을 포함한다)이 질병이나 그 밖의 사고로 긴급히 상륙할 필요가 있다고 인정될 때

④ 난민임시상륙 – 선박 등에 타고 있는 외국인이 난민법 제2조 제1호에 규정된 이유나 그 밖에 이에 준하는 이유로 그 생명 · 신체 또는 신체의 자유를 침해받을 공포가 있는 영역에서 도피하여 곧바로 대한민국에 비호를 신청한 경우 그 외국인을 상륙시킬 만한 상당한 이유가 있다고 인정될 때

정답 및 해설 | ④

① [×] **재난상륙**에 대한 설명이다(출입국관리법 제16조 제1항).

② [×] **승무원상륙**에 대한 설명이다(출입국관리법 제14조 제1항).

③ [×] **긴급상륙**에 대한 설명이다(출입국관리법 제15조 제1항).

027 □□□ 출입국관리법에 규정된 외국인의 상륙허가기간 중 최대한 머물 수 있는 기간이 가장 짧은 경우는? (단, 기간연장은 없음)

17. 경찰승진

① 조난을 당한 선박 등에 타고 있는 외국인(승무원을 포함한다)을 긴급히 구조할 필요가 있다고 인정될 때

② 관광을 목적으로 대한민국과 외국 해상을 국제적으로 순회하여 운항하는 여객운송선박 중 법무부령으로 정하는 선박에 승선한 외국인승객에 대하여 그 선박의 장 또는 운수업자가 상륙허가를 신청한 때(다만, 입국이 금지된 외국인승객에 대하여는 그러하지 아니하다)

③ 선박 등에 타고 있는 외국인(승무원을 포함한다)이 질병이나 그 밖의 사고로 긴급히 구조할 필요가 있다고 인정될 때

④ 외국인승무원이 대한민국의 출입국항에 입항할 예정이거나 정박 중인 선박 등으로 옮겨 타려고 할 때(다만, 입국이 금지된 외국인승무원에 대하여는 그러하지 아니하다)

정답 및 해설 I ②

② 관광상륙: 3일(출입국관리법 제14조의2 제1항)
① 재난상륙: 30일(출입국관리법 제16조 제1항)
③ 긴급상륙: 30일(출입국관리법 제15조 제1항)
④ 승무원상륙: 15일(출입국관리법 제14조 제1항)

028 □□□ 다음 중 범죄를 범한 내국인에 대해 수사목적상 출국금지조치할 경우 그 절차에 관한 설명으로 잘못된 것은?

08. 경찰간부

① 범죄수사를 위해서 그 출국이 부적당하다고 인정되는 자의 출국금지 예정기간은 6개월을 초과할 수 없다.

② 출국금지 예정기간은 확정기한으로 표시한다.

③ 출국금지기간을 연장하고자 할 때는 출국금지기간의 만료 3일 전까지 출국금지기간연장요청서를 법무부장관에게 제출한다.

④ 대한민국의 이익을 현저히 해할 우려가 인정되는 자의 출국금지 예정기간은 6개월을 초과할 수 없다.

정답 및 해설 I ①

① [×] **범죄수사**를 위해서 그 출국이 부적당하다고 인정되는 자의 출국금지 예정기간은 **1개월**을 초과할 수 없다.

029 ☐☐☐ 출입국관리법 제4조에는 국민의 출국금지기간에 대하여 정하고 있다. 다음 (　) 안에 들어갈 숫자를 모두 더한 값은? (단, 기간연장은 없음)

17. 경찰

> ㉠ 범죄 수사를 위하여 출국이 적당하지 아니하다고 인정되는 사람: (　)개월 이내
> ㉡ 형사재판에 계속 중인 사람: (　)개월 이내
> ㉢ 징역형의 집행이 끝나지 아니한 사람: (　)개월 이내
> ㉣ 소재를 알 수 없어 기소중지결정이 된 사람: (　)개월 이내
> ㉤ 도주 등 특별한 사유가 있어 수사진행이 어려운 사람: (　)개월 이내

① 10　　② 16
③ 19　　④ 20

정답 및 해설 I ③

③ 괄호 안에 들어갈 숫자를 모두 더한 값은 1 + 6 + 6 + 3 + 3 = 19이다.

> ㉠ 범죄 수사를 위하여 출국이 적당하지 아니하다고 인정되는 사람: (1)개월 이내
> ㉡ 형사재판에 계속 중인 사람: (6)개월 이내
> ㉢ 징역형의 집행이 끝나지 아니한 사람: (6)개월 이내
> ㉣ 소재를 알 수 없이 기소중지결정이 된 사람: (3)개월 이내
> ㉤ 도주 등 특별한 사유가 있어 수사진행이 어려운 사람: (3)개월 이내

☑ 외국인 출국정지와 내국인 출국금지의 비교

내국인 (출국금지)	외국인 (출국정지)	내용
6개월 이내	3개월 이내	1. 형사재판에 계속(係屬) 중인 사람 2. 징역형이나 금고형의 집행이 끝나지 아니한 사람 3. 벌금(1천만원 이상)이나 추징금(2천만원 이상)을 내지 아니한 사람 4. 국세 · 관세(5천만원 이상) 또는 지방세(3천만원 이상)를 정당한 사유 없이 그 납부기한까지 내지 아니한 사람 5. 양육비채무자 중 양육비이행심의위원회의 심의 · 의결을 거친 사람 6. 그 밖에 1.부터 5.까지의 규정에 준하는 사람으로서 대한민국의 이익이나 공공의 안전 또는 경제질서를 해칠 우려가 있어 그 출국이 적당하지 아니하다고 법무부령으로 정하는 사람
1개월 이내		법무부장관은 범죄 수사를 위하여 출국이 적당하지 아니하다고 인정되는 사람
3개월 이내		소재를 알 수 없어 기소중지결정이 된 사람
		도주 등 특별한 사유가 있어 수사진행이 어려운 사람
영장 유효기간 이내		기소중지결정이 된 경우로서 체포영장 또는 구속영장이 발부된 사람

030 □□□ 출입국관리법에 규정된 출국금지사유에 대한 내용이다. 아래 ㉠부터 ㉣까지의 설명으로 옳고 그름의 표시(○, ×)가 바르게 된 것은? 17. 경찰승진

> ㉠ 1천만원 이상의 벌금이나 2천만원 이상의 추징금을 내지 아니한 사람
> ㉡ 금고 이상의 형을 선고받고 석방된 사람
> ㉢ 출국심사규정을 위반하여 출국하려고 한 사람
> ㉣ 징역형이나 금고형의 집행이 끝나지 아니한 사람

① ㉠ (○), ㉡ (×), ㉢ (×), ㉣ (○)
② ㉠ (○), ㉡ (×), ㉢ (×), ㉣ (×)
③ ㉠ (×), ㉡ (○), ㉢ (○), ㉣ (○)
④ ㉠ (×), ㉡ (○), ㉢ (○), ㉣ (×)

정답 및 해설 I ①

㉠㉣ [○] 출국금지사유이다.
㉡㉢ [×] 강제퇴거사유이다.

031 □□□ 출입국관리법상 내국인의 출국금지에 대한 설명으로 가장 적절하지 않은 것은? 19. 경찰승진

① 법무부장관은 형사재판에 계속 중인 사람에 대하여 6개월 이내의 기간을 정하여 출국을 금지할 수 있다.
② 법무부장관은 징역형이나 금고형의 집행이 끝나지 아니한 사람에 대하여 6개월 이내의 기간을 정하여 출국을 금지할 수 있다.
③ 법무부장관은 기소중지결정이 된 경우로서 체포영장 또는 구속영장이 발부된 사람에 대하여 영장유효기간까지 출국을 금지하여야 한다.
④ 법무부장관은 소재를 알 수 없어 기소중지결정이 된 사람 또는 도주 등 특별한 사유가 있어 수사진행이 어려운 사람에 대하여 3개월 이내의 기간을 정하여 출국을 금지할 수 있다.

정답 및 해설 I ③

③ [×] 법무부장관은 기소중지결정이 된 경우로서 체포영장 또는 구속영장이 발부된 사람에 대하여 영장유효기간 이내의 기간을 정하여 출국을 금지할 수 있다(출입국관리법 제4조 제2항 제2호).

032 출입국관리법상 내국인의 출국금지조치에 대한 설명으로 가장 적절한 것은? (단, 기간 연장은 없음)
□□□
19. 경찰승진

① 징역형이나 금고형의 집행이 끝나지 아니한 사람은 3개월 이내 기간 동안 출국을 금지할 수 있다.
② 소재를 알 수 없어 기소중지결정이 된 사람 또는 도주 등 특별한 사유가 있어 수사진행이 어려운 사람은 1개월 이내의 기간 동안 출국을 금지할 수 있다.
③ 기소중지결정이 된 경우로서 체포영장 또는 구속영장이 발부된 사람은 2개월 이내 출국을 금지할 수 있다.
④ 대통령령으로 정하는 금액 이상의 벌금이나 추징금을 내지 아니한 사람은 6개월 이내 기간 동안 출국을 금지할 수 있다.

정답 및 해설 I ④

① [×] 징역형이나 금고형의 집행이 끝나지 아니한 사람은 **6개월** 이내 기간 동안 출국을 금지할 수 있다.
② [×] 소재를 알 수 없어 기소중지결정이 된 사람 또는 도주 등 특별한 사유가 있어 수사진행이 어려운 사람은 **3개월** 이내의 기간 동안 출국을 금지할 수 있다.
③ [×] 기소중지결정이 된 경우로서 체포영장 또는 구속영장이 발부된 사람은 **영장 유효기간** 이내에 출국을 금지할 수 있다.

033 출입국관리법 및 동법 시행령상 다음의 내용이 설명하는 외국인의 체류자격으로 가장 적절하게 나열한 것은?
□□□
16. 경찰

㉠ 수익이 따르는 음악, 미술, 문학 등의 예술활동과 수익을 목적으로 하는 연예, 연주, 연극, 운동경기, 광고·패션 모델, 그 밖에 이에 준하는 활동을 하려는 사람 ㉡ 법무부장관이 정하는 자격요건을 갖춘 외국인으로서 외국어전문학원, 초등학교 이상의 교육기관 및 부설 어학연구소, 방송사 및 기업체 부설 어학연수원, 그 밖에 이에 준하는 기관 또는 단체에서 외국어 회화지도에 종사하려는 사람

	㉠	㉡
①	D－1	A－2
②	D－1	E－2
③	E－6	A－2
④	E－6	E－2

정답 및 해설 I ④

④

㉠ 수익이 따르는 음악, 미술, 문학 등의 예술활동과 수익을 목적으로 하는 연예, 연주, 연극, 운동경기, 광고·패션모델, 그 밖에 이에 준하는 활동을 하려는 사람: E－6(출입국관리법 시행령 제12조 [별표 1의2]) ㉡ 법무부장관이 정하는 자격요건을 갖춘 외국인으로서 외국어 전문학원, 초등학교 이상의 교육기관 및 부설어학연구소, 방송사 및 기업체 부설 어학연수원, 그 밖에 이에 준하는 기관 또는 단체에서 외국어 회화지도에 종사하려는 사람: E－2(출입국관리법 시행령 제12조 [별표 1의2])

034 출입국관리법 시행령상 외국인 체류자격에 관한 다음 설명 중 옳지 않은 것은 모두 몇 개인가?
□□□

18. 경찰간부

> ㉠ A－1: 대한민국정보가 접수한 외국정부의 외교사절단이나 영사기관의 구성원, 조약 또는 국제관행에 따라 외교사절과 동등한 특권과 면제를 받는 사람과 그 가족
> ㉡ E－2: 법무부장관이 정하는 자격요건을 갖춘 외국인으로서 외국어전문학원, 초등학교 이상의 교육기관 및 부설어학 연구소, 방송사 및 기업체 부설 어학연수원 그 밖에 이에 준하는 기관 또는 단체에서 외국어 회화지도에 종사하려는 사람
> ㉢ E－6: 수익이 따르는 음악, 미술, 문학 등의 예술활동과 수익을 목적으로 하는 연예, 연주, 연극, 운동경기, 광고 · 패션모델, 그 밖에 이에 준하는 활동을 하려는 사람
> ㉣ E－9: 외국인근로자의 고용 등에 관한 법률에 따른 국내 취업요건을 갖춘 사람(일정 자격이나 경력 등이 필요한 전문직종에 종사하려는 사람은 제외)

① 0개 ② 1개
③ 2개 ④ 3개

정답 및 해설 I ①

모두 옳은 지문이다.

☑ 외국인의 체류자격 구분

외교(A-1)	외국정부의 **외교사절단이나 영사기관**의 구성원과 그 가족
공무(A-2)	외국정부 또는 국제기구의 **공무를 수행**하는 사람과 그 가족
협정(A-3)	대한민국정부와 협정에 따라 외국인등록이 면제되는 사람과 그 가족
관광(B-2)	관광을 하는 조건으로 입국과 체류를 허가
문화예술(D-1)	**수익을 목적으로 하지 않는** 학술 또는 예술 관련 활동을 하려는 사람(**전문적인 연구를 하거나 전문가의 지도를 받으려는 사람을 포함**한다)
유학(D-2)	전문대학 이상의 교육기관에서 교육을 받거나 특정 연구를 하려는 사람
회화지도(E-2)	**외국어 회화지도**에 종사하려는 사람
전문직업(E-5)	외국의 변호사, 공인회계사, 의사 등 **전문업무에 종사하려는 사람** 체류자격
예술흥행(E-6)	수익이 따르는 예술활동과 수익을 목적으로 하는 연예, 연주, 연극 등 활동을 하려는 사람
계절근로(E-8)	농촌지역에서 일손이 부족하여 한시적으로 일하는 외국인
비전문취업(E-9)	외국인근로자의 고용 등에 관한 법률에 따른 국내 취업요건을 갖춘 사람(**전문직종에 종사하려는 사람은 제외**한다)
재외동포(F-4)	대한민국의 국적을 보유하였던 자 또는 그 직계비속으로서 외국국적을 취득한 자 중 대통령령으로 정하는 자(**단순 노무행위 등 법령에서 규정한 취업활동에 종사하는 사람은 제외**된다)
결혼이민(F-6)	① 국민의 배우자 ② 국민과 혼인관계(사실혼 포함)에서 출생한 자녀를 양육하는 부모

035 출입국관리법 시행령상 외국인의 체류자격에 대한 설명이다. ㉠~㉣의 괄호 안에 들어갈 내용이 가장 적절한 것은? 19. 경찰

□□□

> • A-(㉠), 외교: 대한민국 정부가 접수한 외국정부의 외교사절단이나 영사기관의 구성원, 조약 또는 국제관행에 따라 외교사절과 동등한 특권과 면제를 받는 사람과 그 가족
> • (㉡)-2, 유학: 전문대학 이상의 교육기관 또는 학술연구기관에서 정규과정의 교육을 받거나 특정 연구를 하려는 사람
> • F-(㉢), 재외동포: 재외동포의 출입국과 법적 지위에 관한 법률상 대한민국의 국적을 보유하였던 자(대한민국정부 수립 전에 국외로 이주한 동포를 포함) 또는 그 직계비속으로서 외국 국적을 취득한 자 중 대통령령으로 정하는 자(단순 노무행위 등 법령에서 규정한 취업활동에 종사하려는 사람은 제외)
> • (㉣)-6, 예술흥행: 수익이 따르는 음악, 미술, 문학 등의 예술활동과 수익을 목적으로 하는 연예, 연주, 연극, 운동경기, 광고·패션 모델, 그 밖에 이에 준하는 활동을 하려는 사람

	㉠	㉡	㉢	㉣
①	2	D	6	E
②	2	E	4	F
③	1	E	6	F
④	1	D	4	E

정답 및 해설 | ④

④

> • A-(㉠ 1), 외교: 대한민국 정부가 접수한 외국정부의 외교사절단이나 영사기관의 구성원, 조약 또는 국제관행에 따라 외교사절과 동등한 특권과 면제를 받는 사람과 그 가족
> • (㉡ D)-2, 유학: 전문대학 이상의 교육기관 또는 학술연구기관에서 정규과정의 교육을 받거나 특정 연구를 하려는 사람
> • F-(㉢ 4), 재외동포: 재외동포의 출입국과 법적 지위에 관한 법률상 대한민국의 국적을 보유하였던 자(대한민국정부 수립 전에 국외로 이주한 동포를 포함) 또는 그 직계비속으로서 외국 국적을 취득한 자 중 대통령령으로 정하는 자(단순 노무행위 등 법령으로 규정한 취업활동에 종사하려는 사람은 제외)
> • (㉣ E)-6, 예술흥행: 수익이 따르는 음악, 미술, 문학 등의 예술활동과 수익을 목적으로 하는 연예, 연주, 연극, 운동경기, 광고·패션 모델, 그 밖에 이에 준하는 활동을 하려는 사람

036 □□□ 외국인 입 · 출국에 관한 다음 설명 중 옳지 않은 것은 모두 몇 개인가? 14. 경찰 2차

> ㉠ 법무부장관은 사증 발급에 관한 권한을 대통령령으로 정하는 바에 따라 재외공관의 장에게 위임할 수 있다.
> ㉡ 지방출입국 · 외국인관서의 장은 조난을 당한 선박 등에 타고 있는 외국인(승무원을 포함한다)을 긴급히 구조할 필요가 있다고 인정하면 그 선박 등의 장, 운수업자, 수난구호법에 따른 구호업무 집행자 또는 그 외국인을 구조한 선박 등의 장의 신청에 의하여 90일의 범위에서 재난상륙허가를 할 수 있다.
> ㉢ 형사재판에 계속 중이거나 금고 이상의 형의 선고를 받고 석방된 자는 출국을 정지할 수 있다.
> ㉣ 외국인의 강제출국은 형벌이다.

① 4개 ② 3개
③ 2개 ④ 1개

정답 및 해설 | ②
옳지 않은 설명은 ㉡㉢㉣ 3개이다.
㉡ [×] 지방출입국 · 외국인관서의 장은 **조난을 당한** 선박 등에 타고 있는 외국인(승무원을 포함한다)을 긴급히 구조할 필요가 있다고 인정하면 그 선박 등의 장, 운수업자, 수난구호법에 따른 구호업무 집행자 또는 그 외국인을 구조한 선박 등의 장의 신청에 의하여 30일의 범위에서 **재난상륙허가**를 할 수 있다(출입국관리법 제16조 제1항).
㉢ [×] 형사재판에 계속 중인 경우에는 출국을 정지할 수 있는 사유에 해당하나, **금고 이상의 형의 선고를 받고 석방된 자는 출국정지사유가 아니라 강제퇴거사유에 해당한다**(출입국관리법 제46조 제1항 제13호).
㉣ [×] 외국인의 강제출국은 형벌이 아니라 **행정처분**에 해당한다.

037 □□□ 출입국관리법에 대한 설명으로 가장 적절하지 않은 것은? 20. 경찰승진

① 법무부장관은 형사재판에 계속 중인 사람, 징역형이나 금고형의 집행이 끝나지 아니한 사람, 대통령령으로 정하는 금액 이상의 벌금이나 추징금을 내지 아니한 사람에 대해서는 6개월 이내의 기간을 정하여 출국을 금지할 수 있다.
② 재난상륙 · 긴급상륙 · 승무원상륙 허가기간은 각각 30일 이내이며, 난민임시상륙 허가기간은 90일 이내이다.
③ 수사기관이 출입국사범을 입건한 때에는 지체 없이 관할 지방 출입국 · 외국인관서의 장에게 사건을 인계한다.
④ 법무부장관은 입국심사에 필요한 경우에는 관계 행정기관이 보유하고 있는 외국인의 지문 및 얼굴에 관한 자료의 제출을 요청할 수 있다.

정답 및 해설 | ②
② [×] **재난상륙 · 긴급상륙** 허가기간은 각각 30일 이내이며, 난민임시상륙 허가기간은 90일 이내이다. **승무원상륙** 허가기간은 15일이다.

038 다음은 외사경찰활동과 관련된 내용이다. 가장 적절한 것은? 12. 경찰

□□□

① 사증(VISA)의 발급권자는 외교부장관이고, 여권의 발급권자는 법무부장관이다.

② 대한민국에 체류하는 외국인이 그 체류자격에 해당하는 활동과 함께 다른 체류자격에 해당하는 활동을 하려면 미리 법무부장관의 체류자격 외 활동허가를 받아야 한다.

③ 출입국관리법 규정에 의해 외국인의 난민임시상륙허가를 할 경우 법무부장관과 협의 후 외교부장관의 승인이 필요하다.

④ 인터폴 조직 중 모든 회원국에 설치된 상설기구로서 타국으로부터 수신되는 각종 공조요구에 응할 수 있도록 설치된 기구는 사무총국이다.

정답 및 해설 | ②

① [×] 사증(VISA)의 발급권자는 **법무부장관**이고, **여권**의 발급권자는 **외교부장관**이다.

③ [×] 출입국관리법 규정에 의해 외국인의 난민임시상륙허가를 할 경우 **외교부장관과 협의 후 법무부장관의 승인**이 필요하다(출입국관리법 제16조의2 제1항 후단).

④ [×] 인터폴 조직 중 모든 회원국에 설치된 상설기구로 회원국간의 각종 공조요구에 대응하는 기구는 **국가중앙사무국**이다.

제3절 | 국제경찰공조(국제형사사법 공조법, 범죄인 인도법, 인터폴)

039 국제형사경찰기구(INTERPOL)에 관한 설명으로 가장 적절하지 않은 것은? 11. 경찰

□□□

① 국제형사경찰기구는 회원국 상호간 필요한 각종 정보와 자료를 교환하고, 또한 범인체포 및 인도에 있어서 상호 신속·원활한 협조관계를 유지하는 형사경찰의 정부간 국제공조수사기구이다.

② 국제형사경찰기구는 자체 내에 국제수사관을 두어 각국의 법과 국경에 구애됨이 없이 자유로이 왕래하면서 범인을 추적·수사하는 국제수사기관으로서의 역할을 한다.

③ 국제형사경찰기구의 협력은 범죄예방을 위한 협력과 범죄수사를 위한 협력으로 이루어진다.

④ 국제형사경찰기구는 범죄의 예방과 진압을 위해 각 회원국간의 현행법 범위 내에서 세계인권선언의 정신에 입각하여 회원국간 가능한 다방면에 걸쳐 상호 협력을 증진시키는 것을 목적으로 한다.

정답 및 해설 | ②

② [×] 국제형사경찰기구(INTERPOL)는 자체 내에 각국의 법과 국경에 구애됨이 없이 자유로이 왕래하면서 **범인을 추적·수사하는 권한을 가진 국제수사관**이 없다. 그러므로 **국제수사기관**이 아니다.

040 국제형사경찰기구(INTERPOL)에 대한 설명으로 틀린 것은? 16. 경찰승진

□□□

① 1914년 모나코에서 국제형사경찰회의(International Criminal Police Congress)가 개최되어 국제범죄기록보관소 설립, 범죄인 인도절차의 표준화 등에 대하여 논의하였는데 이것이 국제경찰협력의 기초가 되었다.

② 1956년 비엔나에서 제25차 국제형사경찰위원회가 개최되어 국제형사경찰기구(ICPO: International Criminal Police Organization)가 발족하였고, 사무총국은 파리에 두었다.

③ 인터폴의 공용어는 영어, 독일어, 스페인어, 아랍어이다.

④ 우리나라는 1964년에 가입하였으며, 대한민국 국가중앙사무국은 경찰청 국제협력관 인터폴 국제공조담당관에 설치되어 있으며, 인터폴 대한민국 국가중앙사무국장은 경찰청 국제협력관이다.

정답 및 해설 I ③

③ [×] 인터폴의 공용어는 영어, **프랑스어**, 스페인어, 아랍어이다.

041 다음 중 국제형사경찰기구(INTERPOL)에 대한 설명으로 가장 적절한 것은? 18. 경찰

□□□

① 1914년 모나코에서 국제형사경찰회의(International Criminal Police Congress)가 개최되어 국제범죄기록보관소 설립, 범죄인 인도절차의 표준화 등에 대하여 논의하였는데 이것이 국제경찰협력의 기초가 되었다.

② 1923년 제네바에서 제2차 국제형사경찰회의가 개최되어 국제형사경찰위원회(International Criminal Police Commission)가 창설되었으며 이는 국제형사경찰기구의 전신이라 할 수 있다.

③ 1956년 비엔나에서 제25차 국제형사경찰위원회가 개최되어 국제형사경찰기구가 발족하였고, 당시 사무총국을 리옹에 두었다.

④ 국가중앙사무국(National Central Bureau)은 회원국에 설치된 상설 경찰협력부서로 우리나라의 경우 경찰청 외사국 국제협력과 인터폴계에 설치되어 있다.

정답 및 해설 I ①

② [×] **1923년 비엔나**에서 제2차 국제형사경찰회의가 개최되어 국제형사경찰위원회(International Criminal Police Commission)가 창설되었으며 이는 국제형사경찰기구의 전신이라 할 수 있다.

③ [×] 1956년 비엔나에서 제25차 국제형사경찰위원회가 개최되어 국제형사경찰기구가 발족하였고, 당시 사무총국을 **파리**에 두었다.

④ [×] 국가중앙사무국(National Central Bureau)은 회원국에 설치된 상설 경찰협력부서로 우리나라의 경우 **경찰청 국제협력관 인터폴 국제공조담당관**에 설치되어 있다.

042 국제형사경찰기구(INTERPOL)의 발전과정에 대한 설명으로 가장 적절한 것은? 19. 경찰승진

□□□

① 1914년 비엔나에서 국제형사경찰회의(International Criminal Police Congress)가 개최되어 국제범죄 기록보관소 설립, 범죄인 인도절차의 표준화 등에 대하여 논의하였는데 이것이 국제경찰협력의 기초가 되었다.

② 1923년 모나코에서 19개국 경찰기관장이 참석한 가운데 제2차 국제형사경찰회의가 개최되어 국제형사경찰위원회(International Criminal Police Commission)를 창설하였다.

③ 1956년 비엔나에서 국제형사경찰기구(International Criminal Police Organization)가 발족되었고, 당시 사무총국은 런던에 두었다.

④ 우리나라는 1964년에 가입하였으며, 대한민국 국가중앙사무국장은 경찰청 국제협력관이다.

정답 및 해설 I ④

① [×] 1914년 모나코에서 국제형사경찰회의(International Criminal Police Congress)가 개최되어 국제범죄 기록보관소 설립, 범죄인 인도 절차의 표준화 등에 대하여 논의하였는데 이것이 국제경찰협력의 기초가 되었다.

② [×] 1923년 비엔나에서 19개국 경찰기관장이 참석한 가운데 제2차 국제형사경찰회의가 개최되어 국제형사경찰위원회(International Criminal Police Commission)를 창설하였다.

③ [×] 1956년 비엔나에서 국제형사경찰기구(International Criminal Police Organization)가 발족되었고, 당시 사무총국은 파리에 두었다.

043 인터폴에 대한 설명으로 가장 적절하지 않은 것은? 12. 경찰승진

□□□

① 인터폴 사무총국은 회원국정부가 자국 내에 국제경찰협력 상설 경찰부서를 지정하도록 하고 있는데 이것을 국가중앙사무국(NCB)이라 한다.

② 국제형사사법 공조법 제38조는 인터폴과의 협력사항에 대해 법무부장관이 필요한 조치를 취할 수 있다고 규정하고 있다.

③ 인터폴 국제수배란 국외도피범, 실종자, 우범자 및 장물 등 국제범죄와 관련된 수배대상인 인적·물적 사항에 관한 정확한 자료를 각 회원국에 통보하여 국제적으로 범죄수사에 공동대응하기 위한 것으로 인터폴은 수사권을 가진 수사기관이 아니다.

④ 국제수배서의 종류 중 황색수배서는 가출인 수배서이다.

정답 및 해설 I ②

② [×] 국제형사사법 공조법 제38조는 인터폴과의 협력사항에 대해 행정안전부장관이 필요한 조치를 취할 수 있다고 규정하고 있다.

044 국제형사경찰기구(인터폴)에 대한 설명으로 가장 적절하지 않은 것은? 20. 경찰승진

□□□

① 인터폴 협력의 원칙으로는 주권의 존중, 일반법의 집행, 보편성의 원칙, 평등성의 원칙, 업무방법의 유연성 등이 있다.

② 1923년 비엔나에서 19개국 경찰기관장이 참석한 가운데 제2차 국제형사경찰회의가 개최되어 국제형사경찰위원회(ICPC: International Criminal Police Commission)를 창립하였다.

③ 법무부장관은 국제형사경찰기구로부터 외국의 형사사건 수사에 대하여 협력을 요청받거나 국제형사경찰기구에 협력을 요청하는 경우 국제범죄의 정보 및 자료교환, 국제범죄의 동일증명 및 전과조회 등의 조치를 취할 수 있다.

④ 인터폴에서 발행하는 국제수배서에서는 변사자 신원확인을 위한 흑색수배서(Black Notice), 장물수배를 위한 장물수배서(Stolen Property Notice), 범죄관련인 소재확인을 위한 청색수배서(Blue Notice) 등이 있다.

정답 및 해설 | ③

③ [×] 행정안전부장관은 국제형사경찰기구로부터 외국의 형사사건 수사에 대하여 협력을 요청받거나 국제형사경찰기구에 협력을 요청하는 경우 국제범죄의 정보 및 자료교환, 국제범죄의 동일증명 및 전과조회 등의 조치를 취할 수 있다(국제형사법 공조법 제38조 제1항).

045 인터폴에 관한 설명으로 옳지 않은 것은 모두 몇 개인가? 11. 경찰간부

> ㉠ 인터폴의 사무총국은 회원국 정부가 자국 내에 국제경찰협력 상설 경찰부서를 지정하도록 하고 있는데 이것을 국가중앙사무국(NCB)이라 한다.
> ㉡ 국제수배서의 종류 중 오렌지수배서는 폭발물, 테러사용도구에 관한 사실을 통보하기 위해 발행하는 수배서이다.
> ㉢ 인터폴 회원국간 협조의 기본원칙으로 모든 회원국은 재정부담의 정도에 구애됨이 없이 동등하게 협조와 지원을 받을 수 있는 보편성을 들 수 있다.
> ㉣ 일반형법을 위반하여 구속영장 또는 체포영장이 발부된 범죄인에 대하여 범죄인 인도를 목적으로 하는 경우에 한하여 발행하는 것은 흑색수배서이다.
> ㉤ 1914년 모나코에서 국제형사경찰회의가 개최되어 국제범죄기록보관소 설립, 범죄인 인도절차의 표준화 등에 대하여 논의하였는데 이것이 국제경찰협력의 기초가 되었다.

① 1개 ② 2개

③ 3개 ④ 4개

정답 및 해설 | ②

옳지 않은 설명은 ㉢㉣ 2개이다.

㉢ [×] 인터폴 회원국간 협조의 기본원칙으로 모든 회원국은 재정부담의 정도에 구애됨이 없이 동등하게 협조와 지원을 받을 수 있는 평등성을 들 수 있다.

㉣ [×] 일반형법을 위반하여 구속영장 또는 체포영장이 발부된 범죄인에 대하여 범죄인 인도를 목적으로 하는 경우에 한하여 발행하는 것은 적색수배서이다.

046 국제형사경찰기구(INTERPOL) 설립에 대한 설명으로 가장 적절하지 않은 것은? 22. 경찰간부

□□□

① 1914년 모나코(Monaco)에서 제1회 국제형사경찰회의(International Criminal Police Congress)가 개최되었다.

② 1923년 헤이그(Hague)에서 19개국 경찰기관장이 참석하여 유럽대륙 위주의 국제형사경찰위원회(International Criminal Police Commission)를 창설하였다.

③ 1956년 비엔나(Vienna) 제25차 국제형사경찰위원회 총회에서 국제형사경찰기구(International Criminal Police Organization: ICPO), 즉 인터폴(INTERPOL)로 명칭이 변경되었다.

④ 2021년 현재 본부는 리옹(Lyon)에 있다.

정답 및 해설 I ②

② [×] 1923년 **비엔나**에서 19개국 경찰기관장이 참석하여 유럽대륙 위주의 국제형사경찰위원회(International Criminal Police Commission)를 창설하였다.

047 인터폴에서 발행하는 국제수배서에 대한 설명으로 가장 적절하지 않은 것은? 15. 경찰승진

□□□

① 녹색수배서(Green Notice) – 상습 국제범죄자의 동향 파악 및 범죄예방을 위해 발행

② 흑색수배서(Black Notice) – 사망자의 신원을 알 수 없거나 사망자가 가명을 사용하였을 경우 정확한 신원을 파악할 목적으로 발행

③ 오렌지수배서(Orange Notice) – 폭발물 등 위험물에 대한 경고 목적으로 발행

④ 청색수배서(Blue Notice) – 범죄인 인도를 목적으로 발행

정답 및 해설 I ④

④ [×] 범죄인 인도를 목적으로 발행하는 국제수배서는 **적색수배서**(Red Notice)이다.

☑ 국제수배서의 종류

구분	내용
적색수배서 (Red Notice)	• **범죄인 인도**를 목적으로 하는 경우에 발행 • 장기 **2년 이상** 징역금고에 해당하는 죄로 **체**포영장 또는 구속영장이 발부된 자 중에서 살인, **강**도, **강**간 등 **강**력범죄 또는 **조**직폭력, 전화금융사기 등 **조**직범죄, 다액(**5억원** 이상) 경제사범 또는 사회적 파장과 중대성을 고려하여 수사관서에서 특별히 적색수배 요청한 사람
청색수배서 (Blue Notice)	**수배자(도피처가 명확한 경우에 한한다)의 신원과 소재파악**을 위해 발행
녹색수배서 (Green Notice)	**상습적**으로 범행을 하였거나 범행할 우려가 있는 **국제범죄자**의 동향을 파악하기 위하여 발행
황색수배서 (Yellow Notice)	**가출인** 소재확인 또는 **기억상실자** 등의 신원을 확인할 목적으로 발행
흑색수배서 (Black Notice)	**사망자**의 신원을 확인할 수 없거나 **사망자가 가명을 사용하였을 경우** 정확한 신원을 파악할 목적으로 발행
장물수배서	도난당하거나 또는 불법으로 취득한 **물건, 문화재 등(장물)**에 대해 수배하는 것
자주색수배서 (Purple Notice)	**새로운 범죄수법** 등을 사무총국에서 집중 관리하여 각 회원국에 배포
오렌지수배서 (보안경고서)	**폭발물 및 테러범(위험인물)** 등에 대하여 보안을 경고하기 위하여 발행

048 다음 중 인터폴에서 발행하는 국제수배서에 대한 설명으로 옳은 것은 모두 몇 개인가? 16. 경찰간부

☐☐☐

> ㉠ 적색수배서(Red Notice) – 국제체포수배서로 범죄인 인도를 목적으로 발행
> ㉡ 청색수배서(Blue Notice) – 상습 국제범죄자의 동향 파악 및 범죄예방을 위해 발행
> ㉢ 황색수배서(Yellow Notice) – 신원불상 사망자 또는 가명사용 사망자의 신원확인을 위해 발행
> ㉣ 자주색수배서(Purple Notice) – 폭발물 등 위험물에 대한 경고 목적으로 발행
> ㉤ 흑색수배서(Black Notice) – 가출인의 소재확인 및 심신상실자의 신원확인 목적으로 발행

① 0개 ② 1개
③ 2개 ④ 3개

정답 및 해설 | ②
옳은 설명은 ㉠ 1개이다.
㉡ [×] **녹색수배서(Green Notice)** – **상습** 국제범죄자의 동향 파악 및 범죄예방을 위해 발행
㉢ [×] **흑색수배서(Black Notice)** – 신원불상 **사망자** 또는 가명사용 **사망자**의 신원확인을 위해 발행
㉣ [×] **오렌지수배서(Orange Notice)** – **폭발물** 등 위험물에 대한 경고 목적으로 발행
㉤ [×] **황색수배서(Yellow Notice)** – **가출인**의 소재확인 및 **심신상실자**의 신원확인 목적으로 발행

049 인터폴에서 발행하는 국제수배서에 대한 설명 중 적절하지 않은 것으로 묶인 것은? 14. 경찰승진

> ㉠ 흑색수배서(Black Notice) – 신원불상 사망자 또는 가명사용 사망자의 신원확인
> ㉡ 황색수배서(Yellow Notice) – 도난 또는 불법취득 물건 · 문화재 등에 대한 수배
> ㉢ 녹색수배서(Green Notice) – 수배자의 신원 · 전과 및 소재확인
> ㉣ 청색수배서(Blue Notice) – 상습 국제범죄자의 동향 파악 및 범죄예방을 위해 발행
> ㉤ 적색수배서(Red Notice) – 범죄인 인도를 목적으로 발행
> ㉥ 자주색수배서(Purple Notice) – 가출인의 소재확인 및 기억상실자의 신원확인

① ㉠, ㉡, ㉢, ㉣ ② ㉡, ㉢, ㉣, ㉥
③ ㉠, ㉡, ㉣, ㉥ ④ ㉢, ㉣, ㉤, ㉥

정답 및 해설 | ②
틀린 설명은 ㉡㉢㉣㉥이다.
㉡ [×] **장물수배서** – 도난 또는 불법취득 물건 · 문화재 등에 대한 수배
㉢ [×] **청색수배서(Blue Notice)** – 수배자의 신원 · 전과 및 소재확인
㉣ [×] **녹색수배서(Green Notice)** – 상습 국제범죄자의 동향 파악 및 범죄예방을 위해 발행
㉥ [×] **황색수배서(Yellow Notice)** – 가출인의 소재확인 및 기억상실자의 신원확인

050 인터폴에서 발행하는 국제수배서에 대한 설명으로 가장 적절하지 않은 것은? 19. 경찰승진

□□□

① 청색수배서(Blue Notice) – 수배자의 신원 · 전과 및 소재확인을 목적으로 발행

② 녹색수배서(Green Notice) – 상습 국제범죄자의 동향 파악 및 범죄예방을 위해 발행

③ 황색수배서(Yellow Notice) – 가출인의 소재확인 및 가명사용 사망자의 신원확인을 목적으로 발행

④ 자주색수배서(Purple Notice) – 새로운 특이 범죄수법을 분석하여 각 회원국에 배포할 목적으로 발행

정답 및 해설 I ③

③ [×] 가출인의 소재확인은 황색수배서(Yellow Notice)이나, 가명사용 사망자의 신원확인을 목적으로 발행으로 발행되는 것은 흑색수배서(Black Notice)이다.

051 다음 주 인터폴에서 발행하는 국제수배서에 대한 설명 중 가장 적절하지 않은 것은? 20. 경찰승진

□□□

① 흑색수배서(가출인수배서) – 실종자 소재확인 목적 발부

② 녹색수배서(상습국제범죄자 수배서) – 우범자 정보제공 목적 발부

③ 보라색수배서(범죄수법수배서) – 범죄수법 정보제공 목적 발부

④ 청색수배서(국제정보조회수배서) – 범죄관련인 소재확인 목적 발부

정답 및 해설 I ①

① [×] 황색수배서(가출인수배서) – 실종자 소재확인 목적 발부

052 국제형사사법 공조법에 규정된 임의적 공조거절사유로 가장 적절하지 않은 것은? 19. 경찰승진

□□□

① 대한민국의 주권, 국가안전보장, 안녕질서 또는 미풍양속을 해칠 우려가 있는 경우

② 인종, 국적, 성별, 종교, 사회적 신분 또는 특정 사회단체에 속한다는 사실이나 정치적 견해를 달리한다는 이유로 처벌되거나 형사상 불리한 처분을 받을 우려가 있는 경우

③ 공조범죄가 정치적 성격을 지닌 범죄이거나, 공조요청이 정치적 성격을 지닌 다른 범죄에 대한 수사 또는 재판을 할 목적으로 한 것이라고 인정되는 경우

④ 공조범죄가 요청국의 법률에 의하여는 범죄를 구성하지 아니하거나 공소를 제기할 수 없는 범죄인 경우

정답 및 해설 I ④

④ [×] 국제형사사법 공조법상 공조범죄가 대한민국의 법률에 의하여는 범죄를 구성하지 아니하거나 공소를 제기할 수 없는 범죄인 경우에는 공조를 거절할 수 있다(국제형사사법 공조법 제6조 제4호).

053 국제형사사법 공조법과 관련된 설명으로 맞는 것은 모두 몇 개인가?

09. 경찰

□□□

㉠ 국제형사사법공조법상 '공조'란 대한민국과 외국간에 형사사건의 수사 또는 재판에 필요한 협조를 제공하거나 제공받는 것을 말한다.

㉡ 공조범죄가 정치적 성격을 지닌 범죄이거나, 공조요청이 정치적 성격을 지닌 다른 범죄에 대한 수사 또는 재판을 할 목적으로 한 것이라고 인정되는 경우 공조를 할 수 없다.

㉢ 사법경찰관은 외국에 수사에 관한 공조요청을 하는 경우에는 법무부장관에게 공조요청서를 송부하여야 한다.

㉣ 공조요청서를 받은 법무부장관은 외국에 공조요청하는 것이 타당하다고 인정하는 경우에는 그 공조요청서를 외교부장관에게 송부하여야 한다(국제형사사법 공조법 제30조).

① 1개　　② 2개

③ 3개　　④ 4개

정답 및 해설 I ②

옳은 설명은 ㉠㉣ 2개이다.

㉡ [×] 공조범죄가 정치적 성격을 지닌 범죄이거나, 공조요청이 정치적 성격을 지닌 다른 범죄에 대한 수사 또는 재판을 할 목적으로 한 것이라고 인정되는 경우에는 공조를 하지 아니할 수 있다(국제형사사법 공조법 제6조 제3호).

㉢ [×] 검사 또는 고위공직자범죄수사처장은 외국에 수사에 관한 공조요청을 하려면 법무부장관에게 공조요청서를 송부하여야 하고, 사법경찰관은 검사에게 신청하여 법무부장관에게 공조요청서를 송부하여야 한다(국제형사사법 공조법 제29조).

054 국제형사사법 공조법상 임의적 공조거절사유에 해당하지 않는 경우는?

19. 경찰간부

□□□

① 공조범죄가 대한민국에서 수사진행 중이거나 재판에 계속 중인 경우

② 공조범죄가 정치적 성격을 지닌 범죄이거나, 공조요청이 정치적 성격을 지닌 다른 범죄에 대한 수사 또는 재판을 할 목적으로 한 것이라고 인정되는 경우

③ 공조범죄가 대한민국의 주권, 국가안전보장, 안녕질서 또는 미풍양속을 해칠 우려가 있는 경우

④ 국제형사사법 공조법에 요청국이 보증하도록 규정되어 있음에도 불구하고 요청국의 보증이 없는 경우

정답 및 해설 I ①

① [×] 공조범죄가 대한민국에서 수사진행 중이거나 재판에 계속 중인 경우는 임의적 공조거절사유가 아니라 '공조의 연기사유'에 해당한다(국제형사사법 공조법 제7조).

055 국제형사사법 공조에 대한 설명으로 옳지 않은 것은 모두 몇 개인가?

□□□ 20. 경찰간부

> ㉠ 요청국이 공조에 따라 취득한 증거를 공조요청의 대상이 된 범죄 이외의 수사나 재판에 사용해서는 안 된다는 원칙은 '특정성의 원칙'과 관련이 깊다.
> ㉡ 국제형사사법 공조법상 공조범죄가 대한민국의 법률에 의하여는 범죄를 구성하지 아니하거나 공소를 제기할 수 없는 범죄인 경우 공조를 하지 아니할 수 있다.
> ㉢ 국제형사사법 공조법상 대한민국에서 수사가 진행 중이거나 재판에 계속된 범죄에 대하여 외국의 공조요청이 있는 경우에는 그 수사 또는 재판절차가 끝날 때까지 공조를 연기하여야 한다.
> ㉣ 국제형사사법 공조법상 외국의 요청에 따른 수사의 공조절차에서 검사는 요청국에 인도하여야 할 증거물 등이 법원에 제출되어 있는 경우에는 법무부장관의 인도허가결정을 받아야 한다.

① 1개 ② 2개
③ 3개 ④ 4개

정답 및 해설 I ②

옳지 않은 설명은 ㉢㉣ 2개이다.

㉢ [×] 국제형사사법 공조법상 대한민국에서 수사가 진행 중이거나 재판에 계속된 범죄에 대하여 외국의 공조요청이 있는 경우에는 그 수사 또는 재판절차가 끝날 때까지 **공조를 연기할 수 있다**(국제형사사법 공조법 제7조).

㉣ [×] 국제형사사법 공조법상 외국의 요청에 따른 수사의 공조절차에서 검사는 요청국에 인도하여야 할 증거물 등이 법원에 제출되어 있는 경우에는 **법원**의 인도허가결정을 받아야 한다(국제형사사법 공조법 제17조 제3항).

056 범죄인 인도법에 관한 다음 설명 중 가장 적절하지 않은 것은?

□□□ 12. 경찰

① 범죄인 인도에 관하여 인도조약에 범죄인 인도법과 다른 규정이 있는 경우, 범죄인 인도법 규정에 따른다.
② 자국민 불인도의 원칙과 관련하여 우리나라는 임의적 거절사유로 규정하고 있다.
③ 정치범 불인도의 원칙에 대하여 우리나라도 명문규정을 두고 있으나, 정치범에 대하여는 별도의 개념정의를 하고 있지 않다.
④ 군사범 불인도의 원칙은 군사범죄자는 인도하지 않는다는 원칙이며, 우리나라는 명문규정을 두고 있지 않다.

정답 및 해설 I ①

① [×] 범죄인 인도에 관하여 인도조약에 이 법과 다른 규정이 있는 경우에는 **그 규정(인도조약)에 따른다**(범죄인 인도법 제3조의2).

057 다음의 설명은 범죄인 인도원칙 중 어떤 원칙에 대한 내용인가? 20. 경찰특공대

□□□

> 인도조약이 체결되어 있지 아니한 경우에도 범죄인의 인도를 청구하는 국가가 같은 종류 또는 유사한 인도범죄에 대한 대한민국의 범죄인 인도 청구에 응한다는 보증을 하는 경우에는 범죄인도법을 적용한다.

① 쌍방가벌성의 원칙 ② 상호주의의 원칙

③ 특정성의 원칙 ④ 유용성의 원칙

정답 및 해설 | ②

②

> 범죄인 인도법 제4조【상호주의】 인도조약이 체결되어 있지 아니한 경우에도 범죄인의 인도를 청구하는 국가가 같은 종류의 또는 유사한 인도범죄에 대한 대한민국의 범죄인 인도청구에 응한다는 **보증을 하는 경우에는 이 법을 적용한다.**

058 다음의 설명은 '범죄인 인도원칙' 중 어떤 원칙에 관한 것인가? 14. 경찰

□□□

> 인도청구가 있는 범죄가 청구국과 피청구국 쌍방의 법률에 의하여 범죄를 구성하지 않는 경우에는 그 범죄에 관하여 범죄인을 인도하지 않는다.

① 쌍방가벌성의 원칙 ② 특정성의 원칙

③ 자국민 불인도의 원칙 ④ 상호주의 원칙

정답 및 해설 | ①

① [○] **쌍방가벌성**의 원칙에 대한 설명이다.

059 다음 범죄인 인도의 원칙에 대한 설명 중 틀린 것은 모두 몇 개인가? 15. 경찰간부

> ㉠ 정치범 불인도의 원칙과 관련하여 우리나라는 명문규정이 있으며, 집단살해 · 전쟁범죄는 예외적으로 인도한다.
> ㉡ 군사범 불인도의 원칙이란 군사적 의무관계에서 기인하는 범죄자는 인도하지 않는다는 원칙으로, 우리나라는 군사범 불인도의 원칙을 명문으로 규정하고 있다.
> ㉢ 유용성의 원칙이란 어느 정도 중요성을 띤 범죄만 인도한다는 원칙으로 우리나라는 명문으로 규정하고 있다.
> ㉣ 자국민 불인도의 원칙이란 범죄인 인도대상이 자국민일 경우 청구국에 인도하지 않는다는 원칙으로 영미법계 국가들은 이 원칙을 채택하고 있다.

① 1개 ② 2개

③ 3개 ④ 4개

정답 및 해설 I ③

틀린 설명은 ㉡㉢㉣ 3개이다.

㉡ [×] 우리나라는 군사범 불인도의 원칙을 명문으로 규정하고 있지 않다.

㉢ [×] 최소중요성의 원칙이란 어느 정도 중요성을 띤 범죄만 인도한다는 원칙으로 우리나라는 명문으로 규정하고 있다. 유용성의 원칙이란 범죄인인도는 실제로 처벌하기 위한 것으므로 공소시효가 완성되었다거나 사면에 의해 실제 처벌을 할 수 없는 경우에는 인도하지 않는다는 원칙이다.

㉣ [×] 자국민 불인도의 원칙은 대륙법계 국가들은 채택하고 있지만, 영미법계 국가들은 이 원칙을 채택하고 있지 않다.

060 범죄인 인도법 규정에 관한 다음 내용 중 옳은 것은 모두 몇 개인가?

□□□ 12. 경찰

㉠ 범죄인 인도법은 범죄인 인도에 관하여 인도조약에 범죄인 인도법과 다른 규정이 있는 경우 인도조약 규정이 우선함을 명시하고 있다.

㉡ 대한민국과 청구국의 법률에 따라 인도범죄가 사형, 무기징역, 무기금고, 장기 1년 이상의 징역 또는 금고에 해당하는 경우에만 범죄인을 인도할 수 있다.

㉢ 청구국의 인도청구가 범죄인이 범한 정치적 성격을 지닌 다른 범죄에 대하여 재판을 하거나 그러한 범죄에 대하여 이미 확정된 형을 집행할 목적으로 행하여진 것이라고 인정되는 경우에는 범죄인을 인도하여서는 아니 된다.

㉣ 범죄인 인도심사 및 그 청구와 관련된 사건은 각 관할 구역 지방법원과 지방검찰청의 전속관할로 한다.

① 1개 ② 2개

③ 3개 ④ 4개

정답 및 해설 I ③

옳은 설명은 ㉠㉡㉢ 3개이다.

㉣ [×] 이 법에 규정된 범죄인의 인도심사 및 그 청구와 관련된 사건은 서울고등법원과 서울고등검찰청의 전속관할로 한다(범죄인 인도법 제3조).

061 범죄인 인도법상 임의적 인도거절사유로서 가장 적절하지 않은 것은?

□□□ 15. 경찰

① 범죄인이 대한민국 국민인 경우

② 인도범죄의 전부 또는 일부가 대한민국 영역에서 범한 것인 경우

③ 범죄인의 인도범죄 외의 범죄에 관하여 대한민국 법원에 재판이 계속 중인 경우 또는 범죄인이 형을 선고받고 그 집행이 끝나지 아니하거나 면제되지 아니한 경우

④ 대한민국 또는 청구국의 법률에 따라 인도범죄에 관한 공소시효 또는 형의 시효가 완성된 경우

정답 및 해설 I ④

④ [×] 대한민국 또는 청구국의 법률에 따라 인도범죄에 관한 공소시효 또는 형의 시효가 완성된 경우는 절대적 인도거절사유에 해당한다(범죄인 인도법 제7조 제1호).

062 범죄인 인도법에 대한 설명으로 가장 적절한 것은? 18. 경찰

□□□

① 청구국과 피청구국 쌍방의 법률에 의하여 범죄를 구성하지 않는 경우에는 범죄인을 인도하지 않는다는 것은 쌍방가벌성의 원칙으로, 우리나라 범죄인 인도법에 명문규정은 없다.

② 인도범죄 외의 범죄에 관하여 대한민국 법원에 재판이 계속 중인 경우 또는 범죄인이 형을 선고받고 그 집행이 끝나지 아니하거나 면제되지 아니한 경우 범죄인을 인도하여서는 아니 된다.

③ 범죄인이 범죄인 인도법 제20조에 따른 인도구속영장에 의하여 구속되었을 때에는 구속된 때부터 48시간 이내에 인도심사를 청구하여야 한다.

④ 법원은 범죄인이 인도구속영장에 의하여 구속 중인 경우에는 구속된 날부터 2개월 이내에 인도심사에 관한 결정을 하여야 한다.

정답 및 해설 I ④

① [×] 쌍방가벌성의 원칙은 우리나라 범죄인 인도법 제6조에 명문규정이 있다.

② [×] 인도범죄 외의 범죄에 관하여 대한민국 법원에 재판이 계속 중인 경우 또는 범죄인이 형을 선고받고 그 집행이 끝나지 아니하거나 면제되지 아니한 경우 범죄인을 인도하지 아니할 수 있다(범죄인 인도법 제9조 제3호).

③ [×] 범죄인이 범죄인 인도법 제20조에 따른 인도구속영장에 의하여 구속되었을 때에는 구속된 때부터 3일 이내 이내에 인도심사를 청구하여야 한다(범죄인 인도법 제13조 제2항).

063 범죄인 인도법 제7조에서 규정하고 있는 절대적 인도거절사유로 볼 수 없는 것은 모두 몇 개인가?

□□□

13. 경찰

㉠ 범죄인이 대한민국 국민인 경우

㉡ 범죄인이 인종, 종교, 국적, 성별, 정치적 신념 또는 특정 사회단체에 속한 것 등을 이유로 처벌되거나 그 밖의 불리한 처분을 받을 염려가 있다고 인정되는 경우

㉢ 인도범죄의 전부 또는 일부가 대한민국 영역에서 범한 것인 경우

㉣ 범죄인이 인도범죄에 관하여 제3국(청구국이 아닌 외국을 말한다)에서 재판을 받고 처벌되었거나 처벌받지 아니하기로 확정된 경우

① 1개 ② 2개

③ 3개 ④ 4개

정답 및 해설 I ③

절대적 인도거절사유로 볼 수 없는 것은 ㉠㉢㉣ 3개이다.

㉠㉢㉣ [×] 임의적 인도거절사유에 해당한다.

㉡ [○] 절대적 인도거절사유에 해당한다.

제2편 I 각론

7장

064 범죄인 인도법에 대한 다음 설명 중 가장 옳지 않은 것은? 17. 경찰간부

□□□

① 대한민국 또는 청구국의 법률에 따라 인도범죄에 관한 공소시효 또는 형의 시효가 완성된 경우에는 범죄인을 인도하여서는 아니 된다.

② 대한민국과 청구국의 법률에 따라 인도범죄가 사형, 무기징역, 무기금고, 장기 1년 이상의 징역 또는 금고에 해당하는 경우에만 범죄인을 인도할 수 있다.

③ 범죄인 인도법은 정치범 불인도의 원칙에 대하여 명문규정을 두고 있지 않다.

④ 인도범죄에 관하여 대한민국 법원에서 재판이 계속 중이거나 재판이 확정된 경우에는 범죄인을 인도하여서는 아니 된다.

정답 및 해설 I ③

③ [×] 범죄인 인도법은 정치범 불인도의 원칙에 대하여 명문규정을 두고 있다.

065 범죄인 인도법상 아래 ㉠부터 ㉤까지 설명으로 절대적 인도거절사유(A)와 임의적 인도거절사유(B)로 바르게 연결된 것은? 17. 경찰승진

□□□

㉠ 인도범죄에 관하여 대한민국 법원에서 재판이 계속 중이거나 재판이 확정된 경우
㉡ 범죄인이 대한민국 국민인 경우
㉢ 인도범죄의 성격과 범죄인이 처한 환경 등에 비추어 범죄인을 인도하는 것이 비인도적이라고 인정되는 경우
㉣ 범죄인이 인종, 종교, 국적, 성별, 정치적 신념 또는 특정 사회단체에 속한 것 등을 이유로 처벌되거나 그 밖의 불리한 처분을 받을 염려가 있다고 인정되는 경우
㉤ 인도범죄의 전부 또는 일부가 대한민국 영역에서 범한 것인 경우

	A	B
①	㉠, ㉣	㉡, ㉢, ㉤
②	㉠, ㉤	㉡, ㉢, ㉣
③	㉡, ㉢	㉠, ㉣, ㉤
④	㉡, ㉣	㉠, ㉢, ㉤

정답 및 해설 I ①

㉠㉣ 절대적 인도거절사유(A)에 해당한다.

㉡㉢㉤ 임의적 인도거절사유(B)에 해당한다.

066 범죄인 인도법의 인도거절사유에 대한 내용으로 가장 적절하지 않은 것은? 18. 경찰

□□□

① 대한민국 또는 청구국의 법률에 따라 인도범죄에 관한 공소시효 또는 형의 시효가 완성된 경우에는 범죄인을 인도하여서는 아니 된다.

② 범죄인이 인종, 종교, 국적, 성별, 정치적 신념 또는 특정 사회단체에 속한 것 등을 이유로 처벌되거나 그 밖의 불리한 처분을 받을 염려가 있다고 인정되는 경우에는 범죄인을 인도하지 아니할 수 있다.

③ 범죄인의 인도범죄 외의 범죄에 관하여 대한민국 법원에 재판이 계속 중인 경우 또는 범죄인이 형을 선고받고 그 집행이 끝나지 아니하거나 면제되지 아니한 경우에는 범죄인을 인도하지 아니할 수 있다.

④ 범죄인이 인도범죄에 관하여 제3국(청구국이 아닌 외국을 말한다)에서 재판을 받고 처벌되었거나 처벌받지 아니하기로 확정된 경우에는 범죄인을 인도하지 아니할 수 있다.

정답 및 해설 I ②

② [×] 범죄인이 인종, 종교, 국적, 성별, 정치적 신념 또는 특정 사회단체에 속한 것 등을 이유로 처벌되거나 그 밖의 불리한 처분을 받을 염려가 있다고 인정되는 경우에는 범죄인을 **인도하여서는 아니 된다**(범죄인 인도법 제7조 제4호).

067 범죄인 인도법 제7조에 따른 절대적 거절사유에 해당하지 않은 것은? 22. 경찰

□□□

① 대한민국 또는 청구국의 법률에 따라 인도범죄에 관한 공소시효 또는 형의 시효가 완성된 경우

② 인도범죄에 관하여 대한민국 법원에서 재판이 계속 중이거나 재판이 확정된 경우

③ 인도범죄의 성격과 범죄인이 처한 환경 등에 비추어 범죄인을 인도하는 것이 비인도적이라고 인정되는 경우

④ 범죄인이 인종, 종교, 국적, 성별, 정치적 신념 또는 특정 사회단체에 속한 것 등을 이유로 처벌되거나 그 밖의 불리한 처분을 받을 염려가 있다고 인정되는 경우

정답 및 해설 I ③

③ [×] 인도범죄의 성격과 범죄인이 처한 환경 등에 비추어 범죄인을 인도하는 것이 비인도적이라고 인정되는 경우는 범죄인인도를 거절할 수 있는 **임의적 거절사유**이다.

068 다음은 범죄인 인도법상 인도심사명령청구에 대한 설명이다. (   ) 안에 들어갈 말을 순서대로 바르게 나열한 것은?
□□□
18. 경찰

> (   )장관은 (   )장관으로부터 범죄인 인도법 제11조에 따른 인도청구서 등을 받았을 때에는 이를 (   ) 검사장에게 송부하고 그 소속 검사로 하여금 (   )에 범죄인 인도허가 여부에 관한 심사를 청구하도록 명하여야 한다.

① 법무부 - 외교부 - 서울고등검찰청 - 서울고등법원
② 외교부 - 법무부 - 서울중앙지방검찰청 - 서울중앙지방법원
③ 외교부 - 법무부 - 서울고등검찰청 - 서울고등법원
④ 법무부 - 외교부 - 서울중앙지방검찰청 - 서울중앙지방법원

정답 및 해설 I ①

① [○]

> (**법무부**)장관은 (**외교부**)장관으로부터 범죄인 인도법 제11조에 따른 인도청구서 등을 받았을 때에는 이를 (**서울고등검찰청**) 검사장에게 송부하고 그 소속 검사로 하여금 (**서울고등법원**)에 범죄인 인도허가 여부에 관한 심사를 청구하도록 명하여야 한다(범죄인 인도법 제12조 제1항).

069 범죄인 인도법에 대한 설명으로 적절한 것을 모두 고른 것은?
□□□
18. 경찰승진

> ㉠ 인도범죄의 성격과 범죄인이 처한 환경 등에 비추어 범죄인을 인도하는 것이 비인도적이라고 인정되는 경우 범죄인을 인도하지 아니할 수 있다.
> ㉡ 법무부장관은 외교부장관으로부터 제11조에 따른 인도청구서 등을 받았을 때에는 이를 서울고등검찰청 검사장에게 송부하고 그 소속 검사로 하여금 서울고등법원에 범죄인의 인도허가 여부에 관한 심사를 청구하도록 명하여야 한다. 다만, 인도조약 또는 이 법에 따라 범죄인을 인도할 수 없거나 인도하지 아니하는 것이 타당하다고 인정되는 경우에는 그러하지 아니하다.
> ㉢ 범죄인이 인도범죄에 관하여 제3국(청구국이 아닌 외국)에서 재판을 받고 처벌되었거나 처벌받지 아니하기로 확정된 경우는 필요적 인도거절사유에 해당한다.
> ㉣ 대한민국과 청구국의 법률에 따라 인도범죄가 사형, 무기징역, 무기금고, 단기 1년 이상의 징역 또는 금고에 해당하는 경우에만 범죄인을 인도할 수 있다.

① ㉠, ㉡
② ㉠, ㉢
③ ㉡, ㉢
④ ㉡, ㉣

정답 및 해설 I ①

옳은 설명은 ㉠㉡이다.

㉢ [×] 범죄인이 인도범죄에 관하여 제3국(청구국이 아닌 외국)에서 재판을 받고 처벌되었거나 처벌받지 아니하기로 확정된 경우는 임의적 인도거절사유에 해당한다.

㉣ [×] 대한민국과 청구국의 법률에 따라 인도범죄가 사형, 무기징역, 무기금고, **장기** 1년 이상의 징역 또는 금고에 해당하는 경우에만 범죄인을 인도할 수 있다.

070 범죄인 인도법에 대한 설명으로 가장 적절한 것은? 19. 경찰승진

□□□

① 대한민국의 주권, 국가안전보장, 안녕질서 또는 미풍양속을 해칠 우려가 있는 경우 범죄인을 인도하지 않을 수 있다.

② 범죄인이 인종, 종교, 국적, 성별, 정치적 신념 또는 특정 사회단체에 속한 것 등을 이유로 처벌되거나 그 밖의 불리한 처분을 받을 염려가 있다고 인정되는 경우 범죄인을 인도하지 않을 수 있다.

③ 외교부장관은 범죄인 인도조약의 존재 여부, 상호보증 여부, 인도대상 범죄 여부 등을 확인하고 관계서류를 첨부하여 법무부장관에게 송부한다.

④ 외교부장관은 인도조약 또는 범죄인 인도법에 따라 범죄인을 인도할 수 없거나 인도하지 아니하는 것이 타당하다고 인정되는 경우에는 인도심사청구명령을 하지 아니하고, 그 사실을 법무부장관에게 통지하여야 한다.

정답 및 해설 I ③

① [×] "대한민국의 주권, 국가안전보장, 안녕질서 또는 미풍양속을 해칠 우려가 있는 경우 범죄인을 인도하지 않을 수 있다."라는 규정은 범죄인 인도법에 없다.

② [×] 범죄인이 인종, 종교, 국적, 성별, 정치적 신념 또는 특정 사회단체에 속한 것 등을 이유로 처벌되거나 그 밖의 불리한 처분을 받을 염려가 있다고 인정되는 경우에는 **범죄인을 인도하여서는 아니 된다**(범죄인 인도법 제7조 제4호).

④ [×] **법무부장관**은 인도조약 또는 범죄인 인도법에 따라 범죄인을 인도할 수 없거나 인도하지 아니하는 것이 타당하다고 인정되는 경우에는 인도심사청구명령을 하지 아니하고, 그 사실을 **외교부장관에게** 통지하여야 한다(범죄인 인도법 제12조 제2항).

071 범죄인 인도법 제7조에서 규정하고 있는 절대적 인도거절사유로 올바르게 묶인 것은? 19. 경찰간부

□□□

㉠ 범죄인이 대한민국 국민인 경우
㉡ 대한민국 또는 청구국의 법률에 따라 인도범죄에 관한 공소시효 또는 형의 시효가 완성된 경우
㉢ 인도범죄의 전부 또는 일부가 대한민국 영역에서 범한 것인 경우
㉣ 인도범죄에 관하여 대한민국 법원에서 재판이 계속 중이거나 재판이 확정된 경우
㉤ 범죄인이 인종, 종교, 국적, 성별, 정치적 신념 또는 특정 사회단체에 속한 것 등을 이유로 처벌되거나 그 밖의 불리한 처분을 받을 염려가 있다고 인정되는 경우
㉥ 범죄인이 인도범죄에 관하여 제3국(청구국이 아닌 외국을 말한다)에서 재판을 받고 처벌되었거나 처벌받지 아니하기로 확정된 경우

① ㉠, ㉡, ㉣　　② ㉠, ㉢, ㉤
③ ㉡, ㉣, ㉤　　④ ㉡, ㉤, ㉥

정답 및 해설 I ③

㉡㉣㉤ [○] 절대적 인도거절사유이다.

㉠㉢㉥ [×] 임의적 인도거절사유이다.

☑ 범죄인 인도법상 인도거절사유

절대적 거절사유	1. 대한민국 또는 청구국의 법률에 따라 인도범죄에 관한 **공소시효 또는 형의 시효가 완성**된 경우 2. **인도범죄에 관하여 대한민국 법원**에서 재판이 계속(係屬) 중이거나 재판이 확정된 경우 3. 범죄인이 인도범죄를 범하였다고 의심할 만한 **상당한 이유가 없는 경우**. 다만, **인도범죄에 관하여 청구국에서 유죄의 재판이 있는 경우는 제외** 4. 범죄인이 **인종, 종교, 국적, 성별, 정치적 신념 또는 특정 사회단체에 속한 것 등을 이유로 처벌되거나 그 밖의 불리한 처분을 받을 염려**가 있다고 인정되는 경우
임의적 거절사유	1. 범죄인이 **대한민국 국민**인 경우 2. 인도범죄의 **전부 또는 일부가 대한민국 영역에서 범한 것**인 경우 3. **범죄인의 인도범죄 외**의 범죄에 관하여 대한민국 법원에 재판이 계속 중인 경우 또는 범죄인이 형을 선고받고 그 집행이 끝나지 아니하거나 면제되지 아니한 경우 4. 범죄인이 인도범죄에 관하여 **제3국**(청구국이 아닌 외국을 말함. 이하 같다)에서 재판을 받고 처벌되었거나 처벌받지 아니하기로 확정된 경우 5. 인도범죄의 성격과 범죄인이 처한 환경 등에 비추어 범죄인을 인도하는 것이 **비인도적(非人道的)**이라고 인정되는 경우

072 다음은 범죄인 인도법과 범죄인 인도의 원칙에 대한 설명이다. 옳은 것은 모두 몇 개인가? 20. 경찰

□□□

> ㉠ 범죄인 인도법 제6조는 대한민국과 청구국의 법률에 따라 인도범죄가 사형, 무기징역, 무기금고, 장기 1년 이상의 징역 또는 금고에 해당하는 경우에만 범죄인 인도가 가능하다고 규정하여 '쌍방가벌성의 원칙'과 '최소한의 중요성 원칙'을 모두 담고 있다.
>
> ㉡ 인도조약이 체결되어 있지 않은 경우에도 범죄인의 인도를 청구하는 국가가 동종의 범죄인 인도청구에 응한다는 보증을 하는 경우 범죄인 인도법을 적용한다는 원칙은 '상호주의원칙'이다.
>
> ㉢ 자국민은 원칙적으로 인도의 대상이 아니라는 '자국민 불인도의 원칙'은 범죄인 인도법상 절대적 인도거절사유로 규정되어 있다.
>
> ㉣ 인도범죄가 정치적 성격을 지닌 범죄이거나 그와 관련된 경우 범죄인을 인도하여서는 안 된다는 '정치범 불인도의 원칙'은 범죄인 인도법에 규정되어 있다. 다만, 국가원수 암살, 집단학살 등은 정치범 불인도의 예외사유로 인정한다.

① 1개　　② 2개

③ 3개　　④ 4개

정답 및 해설 I ③

옳은 설명은 ㉠㉡㉣ 3개이다.

㉢ [×] 자국민은 원칙적으로 인도의 대상이 아니라는 '자국민 불인도의 원칙'은 범죄인 인도법상 **임의적** 인도거절사유로 규정되어 있다.

073 범죄인 인도법에 대한 설명 중 가장 적절하지 않은 것은?

□□□

20. 경찰승진

① 순수한 정치범은 인도하지 않는 것이 원칙이나 정치범일지라도 국가원수암살범은 예외가 되어 일반적으로 인도의 대상이 된다.

② 대한민국과 청구국의 법률에 따라 인도범죄가 사형, 무기징역, 무기금고, 장기 1년 이상의 징역 또는 금고에 해당하는 경우에만 범죄인을 인도할 수 있다.

③ 범죄인이 인도범죄에 관하여 제3국(청구국이 아닌 외국)에서 재판을 받고 처벌되었거나 처벌받지 아니하기로 확정된 경우는 청구국에 인도하지 아니할 수 있다.

④ 법무부장관은 범죄인이 인도구속영장에 의하여 구속 중인 경우에는 구속된 날부터 2개월 이내에 인도심사에 관한 결정을 하여야 한다.

정답 및 해설 I ④

④ [×] 법원은 범죄인이 인도구속영장에 의하여 구속 중인 경우에는 구속된 날부터 2개월 이내에 인도심사에 관한 결정을 하여야 한다(범죄인 인도법 제14조 제2항).

074 범죄인 인도에 관한 원칙에 대한 설명으로 가장 적절하지 않은 것은?

□□□

21. 경찰승진

① 자국민불인도의 원칙은 자국민은 인도하지 않는다는 원칙으로서, 우리나라 범죄인 인도법 제9조는 절대적 거절사유로 규정하고 있다.

② 쌍방가벌성의 원칙은 인도청구가 있는 범죄가 청구국과 피청구국 쌍방의 법률에 의하여 범죄를 구성하지 않는 경우에는 그 범죄에 관하여 범죄인을 인도하지 않는다는 원칙이다.

③ 최소한 중요성의 원칙은 어느 정도 중요성을 띤 범죄인만 인도한다는 원칙이다.

④ 특정성의 원칙은 인도된 범죄인이 인도가 허용된 범죄 외의 범죄로 처벌받지 아니하고, 제3국에 인도되지 아니한다는 청구국의 보증이 없는 경우에는 범죄인을 인도하여서는 아니 된다는 원칙이다.

정답 및 해설 I ①

① [×] 자국민불인도의 원칙은 우리나라 범죄인 인도법 제9조에서 임의적 거절사유로 규정하고 있다.

075 범죄인 인도법에 규정된 내용으로 가장 적절하지 않은 것은? 22. 경찰간부

□□□

① 범죄인 인도법에 규정된 범죄인의 인도심사 및 그 청구와 관련된 사건은 경찰청 외사국의 전속관할로 한다.

② 대한민국과 청구국의 법률에 따라 인도범죄가 사형, 무기징역, 무기금고, 장기(長期) 1년 이상의 징역 또는 금고에 해당하는 경우에만 범죄인을 인도할 수 있다.

③ 외교부장관은 청구국으로부터 범죄인의 긴급인도구속을 청구받았을 때에는 긴급인도구속 청구서와 관련 자료를 법무부장관에게 송부하여야 한다.

④ 범죄인 인도법에 따라 법무부장관이 검사장 등에게 하는 명령과 검사장 · 지청장 또는 검사가 법무부장관에게 하는 건의 · 보고 또는 서류 송부는 검찰총장을 거쳐야 한다. 다만, 고위공직자 범죄수사처장 또는 그 소속 검사의 경우에는 그러하지 아니하다.

정답 및 해설 I ①

① [×] 범죄인 인도법에 규정된 범죄인의 인도심사 및 그 청구와 관련된 사건은 **서울고등법원과 서울고등검찰청**의 전속관할로 한다.

076 국제형사사법 공조법과 범죄인 인도법에 대한 내용으로 옳은 것은 모두 몇 개인가? 21. 경찰간부

□□□

㉠ 국제형사사법 공조의 범죄인 인도 과정 모두에서 상호주의원칙과 조약우선주의를 천명하고 있다.
㉡ 대한민국에서 수사가 진행 중이거나 재판에 계속된 범죄에 대하여 외국의 공조요청이 있는 경우에는 즉시 공조해야 한다.
㉢ 외국의 요청에 따른 수사의 공조결정에서 공조요청 접수 및 요청국에 대한 공조자료의 송부는 법무부장관이 한다. 다만, 긴급한 조치가 필요한 경우나 특별한 사정이 있는 경우에는 외교부장관이 법무부장관의 동의를 받아 이를 할 수 있다.
㉣ 대한민국과 청구국의 법률에 따라 인도범죄가 사형, 무기, 징역, 무기금고, 장기 3년 이상의 징역 또는 금고에 해당하는 경우에만 범죄인을 인도할 수 있다.
㉤ 범죄인이 대한민국 국민이거나 인도범죄에 관하여 대한민국 법원에서 재판이 확정된 경우에는 범죄인을 인도하여서는 아니 된다.

① 1개
② 2개
③ 3개
④ 4개

정답 및 해설 I ①

옳은 설명은 ㉠ 1개이다.

㉡ [×] 범죄인 인도법이 아니라 공조요청이 있는 경우이므로 국제형사사법 공조법으로 보아 판단함이 옳다. 따라서 대한민국에서 수사가 진행 중이거나 재판에 계속된 범죄에 대하여는 공조연기사유이므로 즉시 공조해야 하는 것이 아니라 **공조결정을 연기할 수 있다**.

㉢ [×] 국제형사사법 공조법상 외국공조요청 접수 및 요청국에 대한 공조자료의 송부는 **외교부장관**이 한다. 다만, 긴급한 조치가 필요한 경우나 특별한 사정이 있는 경우에는 **법무부장관**이 **외교부장관의 동의**를 받아 이를 할 수 있다(국제형사사법 공조법 제11조).

㉣ [×] 범죄인 인도법상 대한민국과 청구국의 법률에 따라 인도범죄가 사형, 무기, 징역, 무기금고, **장기 1년 이상**의 징역 또는 금고에 해당하는 경우에만 범죄인을 인도할 수 있다(범죄인 인도법 제6조).

㉤ [×] 범죄인 인도법상 범죄인이 대한민국 국민인 경우 **범죄인을 인도하지 아니할 수 있다**(범죄인 인도법 제9조 제1호).

077 범죄인 인도법 제7조에서 규정하고 있는 절대적 인도거절 사유로 볼 수 없는 것은 모두 몇 개인가?
□□□

13. 경찰 변형

> ㉠ 범죄인이 대한민국 국민인 경우
> ㉡ 범죄인이 인종, 종교, 국적, 성별, 정치적 신념 또는 특정 사회단체에 속한 것 등을 이유로 처벌되거나 그 밖의 불리한 처분을 받을 염려가 있다고 인정되는 경우
> ㉢ 인도범죄의 전부 또는 일부가 대한민국 영역에서 범한 것인 경우
> ㉣ 범죄인이 인도범죄에 관하여 제3국(청구국이 아닌 외국을 말한다)에서 재판을 받고 처벌되었거나 처벌받지 아니하기로 확정된 경우

① 1개 ② 2개
③ 3개 ④ 4개

정답 및 해설 I ③
㉠㉢㉣의 경우 임의적 인도거절 사유이다. 앞의【범죄인 인도법상 인도거절사유 개관】참조.

해커스경찰
police.Hackers.com

부록

2024년도 1차 경찰채용시험 문제 & 해설

2024년도 1차 경찰채용시험 문제 & 해설

001 영미법계 국가의 경찰에 관한 설명으로 가장 적절하지 않은 것은?

□□□

① 영미법계 경찰개념은 '시민으로부터 부여받은 자치권에 근거하여 국민의 생명 · 신체 · 재산을 보호하고 범죄를 수사하며, 다양한 공공서비스를 제공하는 작용'이라고 설명된다.

② 영미법계 경찰개념은 국왕의 절대적 권력으로부터 유래된 경찰권을 전제로 한다.

③ 영미법계 경찰개념은 경찰과 국민을 수평적 · 상호협력 동반자 관계로 본다.

④ 영미법계 경찰은 비권력적 수단을 중시한다.

정답 및 해설 | ②

② [×] 대륙법계(영미법계 ×) 경찰개념은 국왕의 절대적 권력으로부터 유래된 경찰권을 전제로 한다. 영미법계는 시민들로부터 위임된 자치권에 근거한 경찰권을 전제로 한다.

002 다음의 ㉠, ㉡에 들어갈 내용으로 가장 적절한 것은?

□□□

> (㉠)과 (㉡)의 구별은 프랑스에서 유래한 것으로, 경찰에 의하여 보호되는 법익을 기준으로 한다. 원래 (㉠)은 사회적으로 보다 우월한 가치를 지닌 법익을 보호하기 위한 경찰활동을 의미하였으나, 나중에는 사상 · 종교 · 집회 · 결사 · 언론의 자유에 대한 정보수집 · 단속과 같은 국가의 존립과 유지를 보장하기 위하여 국가적 기관 및 제도에 대한 위해를 방지하는 활동을 의미하게 되었다. 이에 비해 (㉡)은 교통의 안전, 풍속의 유지, 범죄의 예방 · 진압과 같이 일반 사회의 안녕과 질서유지를 목적으로 하는 활동을 의미한다.

① ㉠ 행정경찰 ㉡ 사법경찰

② ㉠ 진압경찰 ㉡ 예방경찰

③ ㉠ 비상경찰 ㉡ 평시경찰

④ ㉠ 고등경찰 ㉡ 보통경찰

정답 및 해설 | ④

④ (고등경찰)과 (보통경찰)의 구별은 프랑스에서 유래한 것으로, 경찰에 의하여 보호되는 법익을 기준으로 한다. 원래 (고등경찰)은 사회적으로 보다 우월한 가치를 지닌 법익을 보호하기 위한 경찰활동을 의미하였으나, 나중에는 사상 · 종교 · 집회 · 결사 · 언론의 자유에 대한 정보수집 · 단속과 같은 국가의 존립과 유지를 보장하기 위하여 국가적 기관 및 제도에 대한 위해를 방지하는 활동을 의미하게 되었다. 이에 비해 (보통경찰)은 교통의 안전, 풍속의 유지, 범죄의 예방 · 진압과 같이 일반 사회의 안녕과 질서유지를 목적으로 하는 활동을 의미한다.

003 바람직한 경찰의 역할모델 중 '범죄와 싸우는 경찰모델'에 관한 설명으로 가장 적절하지 않은 것은?
□□□

① 경찰활동의 전 부분을 포괄하는 용어로 가장 바람직한 모델이다.

② 경찰역할을 뚜렷이 인식시켜 '전문직화'에 기여한다.

③ 수사, 형사 등 법 집행을 통한 범법자 제압 측면을 강조한 모델로서 시민들은 범인을 제압하는 것이 경찰의 주된 임무라고 인식한다.

④ 범법자는 적이고, 경찰은 정의의 사자라는 흑백논리에 따른 이분법적 오류에 빠질 경우 인권침해 등의 우려가 있다.

정답 및 해설 I ①

① [×] 경찰활동의 전 부분을 포괄하는 용어로 가장 바람직한 모델은 '치안서비스 제공자(the service worker)'로서의 경찰모델이다.

004 경찰윤리강령에 관한 설명으로 가장 적절하지 않은 것은?
□□□

① 법적 강제력이 없기 때문에 위반했을 경우 제재할 방법이 미흡하다.

② 민주적 참여에 의한 제정보다는 상부에서 제정되고 일방적으로 하달되어 냉소주의를 불러일으키는 단점이 있다.

③ 우리나라의 경찰윤리강령은 경찰윤리헌장 ⇨ 새경찰신조 ⇨ 경찰헌장 ⇨ 경찰서비스헌장 순서로 제정되었다.

④ 1945년 10월 21일 국립경찰의 탄생시 이념적 지표가 된 경찰정신은 대륙법계의 영향으로 '봉사'와 '질서'를 경찰의 행동강령으로 삼았다.

정답 및 해설 I ④

④ [×] 1945년 10월 21일 국립경찰의 탄생시 이념적 지표가 된 경찰정신은 영미법계(대륙법계 ×)의 영향으로 '봉사'와 '질서'를 경찰의 행동강령으로 삼았다.

005 존 클라이니히(J. Kleinig)의 내부고발의 윤리적 정당화 요건으로 가장 적절하지 않은 것은?
□□□

① 내부고발자는 특별한 경우를 제외하고는 공표 전 자신의 이견을 표시하기 위한 내부적 채널을 모두 사용했어야 한다.

② 내부고발자는 부적절한 행동을 하도록 지시되었다는 자신의 신념이 합리적 증거에 근거하였는지 확인해야 한다.

③ 적절한 도덕적 동기에 의해 내부고발이 이루어져야 하며, 성공가능성은 불문한다.

④ 도덕적 위반이 얼마나 중대한가, 도덕적 위반이 얼마나 급박한가 등에 대한 세심한 고려가 있어야 한다.

정답 및 해설 I ③

③ [×] 존 클라이니히(J. Kleinig)는 내부고발의 윤리적 정당성의 요건으로 적절한 도덕적 동기에 의해 내부고발이 이루어져야 하며, 어느 정도의 성공가능성을 요한다고 하였다(성공가능성은 불문한다 ×).

006 「부정청탁 및 금품 등 수수의 금지에 관한 법률」에 대한 설명으로 가장 적절하지 않은 것은?

□□□

① 공직자 등은 부정청탁을 받았을 때에는 부정청탁을 한 자에게 부정청탁임을 알리고 이를 거절하는 의사를 명확히 표시하여야 한다. 그럼에도 불구하고 동일한 부정청탁을 다시 받은 경우에는 이를 소속기관장에게 서면(전자문서를 포함한다)으로 신고하여야 한다.

② 누구든지 동법의 위반행위가 발생하였거나 발생하고 있다는 사실을 알게 된 때에는 자신의 인적사항을 밝히지 아니하고 변호사를 선임하여 신고를 대리하게 할 수 있다.

③ 공직자 등은 외부기관(국가 및 지방자치단체를 포함한다)의 요청으로 사례금을 받는 외부강의 등을 할 때에는 소속기관장에게 그 외부강의 등을 마친 날부터 10일 이내에 서면으로 신고하여야 한다.

④ 공공기관의 장은 공직자 등에게 부정청탁 금지 및 금품등의 수수금지에 관한 내용을 정기적으로 교육하여야 하며, 교육의 실시를 위하여 필요하면 국민권익위원회에 지원을 요청할 수 있다.

정답 및 해설 I ③

③ [×] 공직자 등은 외부기관(국가 및 지방자치단체를 제외(포함 ×)한다)의 요청으로 사례금을 받는 외부강의 등을 할 때에는 소속기관장에게 그 외부강의 등을 마친 날부터 10일 이내에 서면으로 신고하여야 한다(동법 제10조 제2항).

007 「공직자 이해충돌 방지법」에 관한 설명으로 가장 적절하지 않은 것은?

□□□

① 이 법은 공직자의 직무수행과 관련한 사적 이익추구를 금지함으로써 공직자의 직무수행 중 발생할 수 있는 이해충돌을 방지하여 공정한 직무수행을 보장하고 공공기관에 대한 국민의 신뢰를 확보하는 것을 목적으로 한다.

② 「초 · 중등교육법」, 「고등교육법」 또는 그 밖의 다른 법령에 따라 설치된 각급 국립 · 공립학교는 '공공기관'에 해당한다.

③ 경무관인 세종특별자치시경찰청장은 '고위공직자'에 해당하지 않는다.

④ 최근 2년 이내에 퇴직한 공직자로서 퇴직일 전 2년 이내에 사적이해관계 신고 대상 직무를 수행하는 공직자와 같은 부서에서 근무하였던 사람은 사적이해관계자에 포함된다.

정답 및 해설 I ③

③ [×] 「공직자 이해충돌 방지법」상 '고위공직자'란 치안감 이상의 경찰공무원 및 특별시 · 광역시 · 특별자치시 · 도 · 특별자치도의 시 · 도경찰청장을 의미한다(동법 제2조 제3호). 따라서 경무관인 세종특별자치시경찰청장은 시 · 도경찰청장이므로 '고위공직자'에 해당한다.

008 범죄 원인에 관한 학설의 설명으로 가장 적절하지 않은 것은?

□□□

① 뒤르켐(Durkheim)은 사회규범이 붕괴되어 규범에 대한 억제력이 상실된 상태를 아노미(Anomie)라고 하고 이러한 무규범상태에서 범죄가 발생한다고 주장하였다.

② 글레이저(Glaser)는 차별적 동일시이론을 통해 범죄의 원인이 개인이 아닌 사회구조의 변화에 있다고 설명하였다.

③ 탄넨바움(Tannenbaum)은 낙인이론을 통해 범죄자라는 낙인이 어떠한 결과를 낳는가에 관심을 가졌다.

④ 코헨(Cohen)은 목표와 수단이 괴리된 하류계층 청소년들이 중산층에 대한 저항으로 비행을 저지르며 목표달성의 어려움을 극복하기 위해 자신들의 하위문화를 만들게 된다고 주장하였다.

정답 및 해설 I ②

② [×] 글레이저(Glaser)는 차별적 동일시이론을 통해 범죄의 원인이 개인이 아닌 사회과정원인(사회구조의 변화 ×)에 있다고 설명하였다. 차별적 동일시이론은 사회학적 범죄원인 중 사회과정원인론에 속한다.

009 고전주의 범죄학의 억제이론(Deterence Theory)은 베카리아(Beccarai)와 벤담(Bentham)의 주장에 근거한다. 기본전제는 인간의 자유의지를 가지고 합리적인 판단에 의해 행동한다는 것이다. 이를 기반으로 한 처벌은 계량된 처벌의 고통과 범죄로 인한 이익 사이의 함수관계로 설명되는데 이 이론의 핵심적인 내용에 해당되는 것은?

□□□

① 처벌의 확실성, 처벌의 엄격성, 처벌의 신속성

② 처벌의 확실성, 처벌의 엄격성, 처벌의 신중성

③ 처벌의 엄격성, 처벌의 신속성, 처벌의 신중성

④ 처벌의 엄격성, 처벌의 신속성, 처벌의 지속성

정답 및 해설 I ①

① [×] 고전주의 범죄학의 억제이론(Deterence Theory)은 처벌의 확실성, 처벌의 엄격성(지속성 ×), 처벌의 신속성(신중성 ×)을 통해 범죄를 예방하여야 한다고 보았다.

010 □□□ 범죄예방이론에 관한 설명으로 가장 적절하지 않은 것은?

① 일상활동이론(Routine Activity Theory), 합리적 선택이론(Rational Choice Theory), 범죄패턴이론(Crime Pattern Theory) 등은 상황적 범죄예방(Situational Crime Prevention)의 중요한 이론적 배경이 되고 있다.

② 환경설계를 통한 범죄예방(CPTED; Crime Prevention Through Enviromental Design)은 물리적 환경설계 또는 재설계를 통해 범죄기회를 차단하고 시민의 범죄에 대한 불안을 감소시키는 전략이다.

③ 특별예방이론이 잠재적 범죄자인 일반인에 대한 형벌의 예방기능을 강조한 것이라면, 일반예방이론은 형벌을 구체적인 범죄자 개인에 대한 영향력의 행사라고 보고, 범죄자를 교화함으로써 재범하지 않도록 하는 것이다.

④ 범죄예방에 질병의 예방과 치료의 개념을 도입하여 소개한 브랜팅햄(P. J. Brantingham)과 파우스트(F. L. Faust)는 범죄예방을 1차적 범죄예방, 2차적 범죄예방, 3차적 범죄예방으로 나누고 있다. 1차적 범죄예방은 일반대중, 2차적 범죄예방은 범죄우범자나 집단, 그리고 3차적 범죄예방은 범죄자가 주요 대상이라고 할 수 있다.

정답 및 해설 | ③

③ [×] 일반예방이론(특별예방이론 ×)이 잠재적 범죄자인 일반인에 대한 형벌의 예방기능을 강조한 것이라면, 특별예방이론(일반예방이론 ×)은 형벌을 구체적인 범죄자 개인에 대한 영향력의 행사라고 보고, 범죄자를 교화함으로써 재범하지 않도록 하는 것이다.

011 □□□ 멘델존(Mendelsohn)의 피해자 유형 분류 중 가해자와 같은 정도의 책임이 있는 피해자에 해당하는 사례로 가장 적절하지 않은 것은?

① 동반자살 피해자

② 부모에게 살해된 패륜아

③ 자살미수 피해자

④ 촉탁살인에 의한 피살자

정답 및 해설 | ②

② [×] 부모에게 살해된 패륜아는 '가해자 보다 더 책임이 있는 피해자'에 해당한다.

☑ 멘델스존의 범죄피해자의 유형

완전히 책임이 없는 피해자	영아 살해에 있어서의 영아, 약취유인된 영아
책임이 조금 있는 피해자	낙태한 여성, 인공유산을 시도하다 사망한 임산부
가해자와 동일한 정도의 책임이 있는 자	자살한 사람, 촉탁살인에 의한 피살자, 동반자살 피해자, 자살미수 피해자 등
가해자 보다 더 책임이 있는 피해자	폭행당한 패륜아, 자신의 부주의로 인한 피해자
가장 책임이 많은 피해자	정당방위의 대상이 된 피해자, 무고죄의 허위로 신고된 피해자

012 지역사회경찰활동의 구성요소에 관한 설명으로 가장 적절하지 않은 것은?

□□□

① 지역중심적 경찰활동(COP; Community Oriented Policing) – 지역사회에서의 전반적인 삶의 질 향상을 목표로, 지역사회와 경찰 사이의 새로운 관계를 증진시키는 조직적인 전략원리를 말한다.

② 전략지향적 경찰활동(SOP; Strategic Oriented Policing) – 확인된 문제에 대한 전략적 대응을 위해 경찰자원을 배분하고, 전통적인 경찰활동과 절차를 통해 범죄적 요소나 사회무질서의 원인을 효과적으로 제거하는 경찰활동을 말한다.

③ 이웃지향적 경찰활동(NOP; Neighborhood Oriented Policing) – 지역사회경찰활동을 위하여 경찰과 주민의 의소통라인을 개설하려는 모든 프로그램을 말한다.

④ 문제지향적 경찰활동(POP; Problem Oriented Policing) – 지역조직은 거주자들에게 지역에 관한 정보를 제공하여 경찰과 협동하여 범죄를 억제하는 기능을 수행한다.

정답 및 해설 | ④

④ [×] 이웃지향적 경찰활동(문제지향적 경찰활동 ×) – 지역조직은 거주자들에게 지역에 관한 정보를 제공하여 경찰과 협동하여 범죄를 억제하는 기능을 수행한다.

013 미군정시기 경찰에 관한 설명으로 가장 적절하지 않은 것은?

□□□

① 경찰이 담당하였던 위생사무 등 행정경찰사무가 경찰관할에서 분리되는 비경찰화 작업이 진행되었다.

② 일제강점기 치안입법이 정리된 시기로 1945년 「보안법」이 폐지되었고, 1948년 「예비검속법」이 순차적으로 폐지되었다.

③ 1946년 여자경찰제도가 신설되었다.

④ 1947년 6인의 위원으로 구성된 중앙경찰위원회를 설치하였다.

정답 및 해설 | ②

② [×] 일제강점기 치안입법이 정리된 시기로 1945년 「예비검속법」·「정치범처벌법」·「치안유지법」등이 폐지되었고, 1948년 「보안법」이 순차적으로 폐지되었다.

014 외국경찰에 관한 설명으로 가장 적절하지 않은 것은?

□□□

① 11세기경 프랑스의 앙리 1세는 파리의 치안을 유지하기 위해 법원과 경찰기능을 가진 프레보를 창설하였다.

② 독일경찰은 1949년 「기본법」의 제정으로 대부분의 주(州)에서 주(州)단위 국가경찰제도를 채택하였다.

③ 영국의 지방경찰은 2011년 「경찰개혁 및 사회책임법」 제정을 통해 기존의 3원 체제(지방경찰청장, 지방경찰위원회, 내무부장관)에서 4원 체제(지역치안위원장, 지역치안평의회, 지방경찰청장, 내무부장관)로 변화하면서 자치경찰의 성격이 약화되었다.

④ 미국의 20세기 초 경찰개혁을 이끈 대표적 인물로 1인 순찰제의 효과성을 연구한 윌슨(O. W. Wilson)과 대학에 경찰 관련 교육과정을 개설한 어거스트 볼머(August Vollmer)가 있다.

정답 및 해설 I ③

③ [×] 영국의 지방경찰은 2011년 「경찰개혁 및 사회책임법」 제정을 통해 기존의 3원 체제(지방경찰청장, 지방경찰위원회, 내무부장관)에서 4원 체제(지역치안위원장, 지역치안평의회, 지방경찰청장, 내무부장관)로 변화하면서 자치경찰의 성격이 강화(약화 ×)되었다.

015 □□□ 법치행정의 원칙에 관한 설명으로 가장 적절하지 않은 것은? (다툼이 있는 경우 판례에 의함)

① 법률우위원칙은 행정의 종류를 불문하고 모든 행정 영역에 적용된다.

② 법률유보원칙은 법률에 의한 규율을 뜻하므로 위임입법에 의해 기본권 제한을 할 수 없다.

③ 헌법상 보장된 국민의 자유나 권리를 제한할 때에는 적어도 그 제한의 본질적인 사항에 관하여 국회가 법률로써 스스로 규율하여야 한다.

④ 집회나 시위 해산을 위한 살수차 사용은 기본권에 대한 중대한 제한이므로, 살수차 사용요건이나 기준은 법률에 근거를 두어야 한다.

정답 및 해설 I ②

② [×] 법률유보원칙은 법률에 의한 규율 뿐만 아니라 법률에 근거한 규율을 요구하므로 위임입법에 의해 기본권 제한을 할 수 있다(없다 ×).

016 □□□ 「국가경찰과 자치경찰의 조직 및 운영에 관한 법률」상 시 · 도자치경찰위원회에 대한 설명으로 가장 적절하지 않은 것은?

① 합의제 행정기관으로서 그 권한에 속하는 업무를 독립적으로 수행한다.

② 위원은 시 · 도의회가 추천하는 2명, 국가경찰위원회가 추천하는 1명, 해당 시 · 도 교육감이 추천하는 1명, 시 · 도자치경찰위원회 위원추천위원회가 추천하는 2명, 시 · 도지사가 지명하는 1명의 사람을 시 · 도지사가 임명한다.

③ 시 · 도지사는 시 · 도자치경찰위원회의 의결이 적정하지 아니하다고 판단할 때에는 재의를 요구할 수 있다.

④ 경찰청장은 시 · 도자치경찰위원회의 의결이 적정하지 아니하다고 판단되면 국가경찰위원회와 행정안전부장관을 거쳐 시 · 도지사에게 재의를 요구하게 할 수 있다.

정답 및 해설 I ④

④ [×] 경찰청장은 시 · 도자치경찰위원회의 법령에 위반되거나 공익을 현저히 해친다고(의결이 적정하지 아니하다고 ×) 판단되면 국가경찰위원회와 행정안전부장관을 거쳐 시 · 도지사에게 재의를 요구하게 할 수 있다.

017 「경찰관 직무집행법」에 관한 설명으로 가장 적절하지 않은 것은?

□□□

① 경찰관이 불심검문 대상자 해당 여부를 판단할 때에는 불심검문 당시의 구체적 상황은 물론 사전에 얻은 정보나 전문적 지식 등에 기초하여 불심검문 대상자인지를 객관적 · 합리적 기준에 따라 판단하여야 하나, 반드시 불심검문 대상자에게 「형사소송법」상 체포나 구속에 이를 정도의 혐의가 있을 것을 요한다고 할 수는 없다.

② 술에 취한 상태로 인하여 자기 또는 타인의 생명 · 신체와 재산에 위해를 미칠 우려가 있는 피구호자에 대한 보호조치는 경찰 행정상 즉시강제에 해당하므로 그 조치가 불가피한 최소한도 내에서만 행사되도록 발동 · 행사 요건을 신중하고 엄격하게 해석하여야 한다.

③ 경찰관의 경고나 제지는 범죄행위가 목전에 행하여지려고 하고 있다고 인정될 때에 이를 예방하기 위하여 이루어지는 조치로서, 범죄행위가 계속되는 중 그 진압을 위해서는 행하여질 수 없다.

④ 경찰관은 「경범죄 처벌법」상 경범죄에 해당하는 행위에 대해서도 필요한 경우 제지할 수 있다.

정답 및 해설 I ③

③ [×] 경찰관의 경고나 제지는 범죄의 예방을 위하여 범죄행위에 관한 실행의 착수 전에 행하여질 수 있을 뿐만 아니라, 이후 범죄행위가 계속되는 중에 그 진압을 위하여도 당연히 **행하여질 수 있다**(대판 2013.9.26, 2013도643).

018 경찰장비와 그 사용에 관한 설명으로 가장 적절하지 않은 것은? (다툼이 있는 경우 판례에 의함)

□□□

① 경찰관은 경찰장비에 임의의 장비를 부착하여 일반적인 사용법과 달리 사용함으로써 다른 사람의 생명 · 신체에 위해를 끼쳐서는 안 된다.

② 경찰청장은 위해성 경찰장비를 새로 도입하려는 경우에는 대통령령으로 정하는 바에 따라 안전성 검사를 실시하여 그 안전성 검사의 결과보고서를 국회 소관 상임위원회에 제출하여야 한다. 이 경우 안전성 검사에는 외부 전문가를 참여시켜야 한다.

③ 경찰관이 농성 진압 과정에서 경찰장비를 적법하게 사용하였더라도, 상대방이 그로 인한 생명 · 신체에 대한 위해를 면하기 위하여 대항하는 과정에서 경찰장비를 손상시켰다면 이는 현재의 부당한 침해에서 벗어나기 위한 행위로서 정당방위에 해당한다.

④ 수사기관에서 구속된 피의자의 도주, 항거 등을 억제하는 데 필요하다고 인정할 상당한 이유가 있는 경우에는 필요한 한도 내에서 포승이나 수갑을 사용할 수 있으며, 이러한 조치가 무죄추정의 원칙에 위배되는 것이라고 할 수 없다.

정답 및 해설 I ③

③ [×] 경찰관이 농성 진압 과정에서 경찰장비를 **적법**하게 사용하였더라면, 상대방이 그로 인한 생명 · 신체에 대한 위해를 면하기 위하여 대항하는 과정에서 경찰장비를 손상시켰다면 이는 **정당방위에 해당하지 않는다**(대판 2022.11.30, 2016다26662).

019 □□□ 「경찰관 직무집행법」 및 「경찰관의 정보수집 및 처리 등에 관한 규정」에 따른 경찰의 경찰의 정보활동에 관한 설명으로 가장 적절하지 않은 것은?

① 경찰관은 범죄 · 재난 · 공공갈등 등 공공안녕과 공공질서에 대한 위험의 예방과 대응을 위한 정보의 수집 · 작성 · 배포와 이에 수반되는 사실의 확인을 할 수 있다.

② 경찰관은 정치에 관여하기 위해 정보를 수집 · 작성 · 배포하는 행위를 해서는 안 된다.

③ 경찰관은 민간기업에 상시적으로 출입해서는 안 되며, 정보활동을 위해 필요한 경우에 한정하여 일시적으로만 출입해야 한다.

④ 경찰관은 수집 · 작성한 정보가 그 목적이 달성되어 불필요하게 되었을 때에는 다른 법령에 따라 보존해야 하는 경우를 제외하고는 지체 없이 그 정보를 폐기해야 한다.

정답 및 해설 I ①

① [×] 경찰관은 범죄 · 재난 · 공공갈등 등 공공안녕(공공질서 ×)에 대한 위험의 예방과 대응을 위한 정보의 수집 · 작성 · 배포와 이에 수반되는 사실의 확인을 할 수 있다(경찰관 직무집행법 제8조의2).

020 □□□ 경찰행정의 실효성 확보수단에 관한 설명으로 가장 적절하지 않은 것은? (다툼이 있는 경우 판례에 의함)

① 행정대집행은 대체적 작위의무 불이행에 대하여 다른 수단으로는 그 이행을 확보하기 곤란하고 불이행을 방치하면 공익을 크게 해칠 것으로 인정될 때에 행정청이 의무자가 하여야 할 행위를 스스로 하거나 제3자에게 하게 하고 그 비용을 의무자로부터 징수하는 것을 말한다.

② 행정청은 의무자가 행정상 의무를 이행할 때까지 이행강제금을 반복하여 부과할 수 있으나, 의무자가 의무를 이행하면 이미 부과한 이행강제금을 징수하여서는 안 된다.

③ 직접강제는 행정대집행이나 이행강제금 부과로는 행정상 의무이행을 확보할 수 없거나 그 실현이 불가능한 경우에 실시하여야 한다.

④ 경찰행정상 즉시강제는 눈앞의 급박한 경찰상 장해를 제거하여야 할 필요가 있고 의무를 명할 시간적 여유가 없거나 의무를 명하는 방법으로는 그 목적을 달성하기 어려운 상황에서 의무불이행을 전제로 하지 않고 경찰이 직접 실력을 행사하여 경찰상 필요한 상태를 실현하는 권력적 사실행위이다.

정답 및 해설 I ②

② [×] 행정청은 의무자가 행정상 의무를 이행할 때까지 이행강제금을 반복하여 부과할 수 있다. 다만, 의무자가 의무를 이행하면 새로운 이행강제금의 부과를 즉시 중지하되, 이미 부과한 이행강제금은 징수하여야 한다(행정기본법 제31조 제5항).

021 □□□ 「행정절차법」 제8조에 따른 행정응원에 관한 설명으로 가장 적절하지 않은 것은?

① 행정청은 다른 행정청의 응원을 받아 처리하는 것이 보다 능률적이고 경제적인 경우 다른 행정청에 행정응원을 요청할 수 있다.

② 행정응원을 요청받은 행정청은 행정응원으로 인하여 고유의 직무 수행이 현저히 지장받을 것으로 인정되는 명백한 이유가 있는 경우에는 응원을 거부할 수 있다.

③ 행정응원을 위하여 파견된 직원은 다른 법령 등에 특별한 규정이 있는 경우를 제외하고는 원 소속 행정청의 지휘 · 감독을 받는다.

④ 행정응원에 드는 비용은 응원을 요청한 행정청이 부담하며, 그 부담금액 및 부담방법은 응원을 요청한 행정청과 응원을 하는 행정청이 협의하여 결정한다.

정답 및 해설 I ③

③ [×] 행정응원을 위하여 파견된 직원은 응원을 요청한 행정청(원 소속 행정청 ×)의 지휘 · 감독을 받는다. 다만, 해당 직원의 복무에 관하여 다른 법령 등에 특별한 규정이 있는 경우에는 그에 따른다(행정절차법 제8조 제5항).

022 □□□ 「개인정보 보호법」에 관한 설명으로 가장 적절하지 않은 것은? (단, 동법 제3조의 개인정보 보호 원칙은 준수한 것으로 봄)

① 개인정보처리자는 법령상 의무를 준수하기 위하여 불가피한 경우에는 개인정보를 수집할 수 있으며 그 수집 목적의 범위에서 이용할 수 있다.

② 인명의 구조 · 구급 등을 위하여 필요한 경우로서 대통령령으로 정하는 경우에는 불특정 다수가 이용하는 목욕실, 탈의실 등 개인의 사생활을 현저히 침해할 우려가 있는 장소의 내부를 볼 수 있는 곳에서 이동형 영상정보처리기기로 사람 또는 그 사람과 관련된 사물의 영상을 촬영할 수 있다.

③ 개인정보처리자는 개인정보를 익명 또는 가명으로 처리하여도 개인정보 수집목적을 달성할 수 있는 경우 익명처리가 가능한 경우에는 익명에 의하여, 익명처리로 목적을 달성할 수 없는 경우에는 가명에 의하여 처리될 수 있도록 하여야 한다.

④ 개인정보처리자는 통계작성, 과학적 연구, 공익적 기록보존 등을 위하여 가명정보를 처리하는 경우에 정보주체에게 이를 알리고 동의를 받아야 한다.

정답 및 해설 I ④

④ [×] 개인정보처리자는 통계작성, 과학적 연구, 공익적 기록보존 등을 위하여 정보주체의 동의 없이 가명정보를 처리할 수 있다(동법 제28조의2 제1항).

023 「공공기관의 정보공개에 관한 법률」상 비공개대상정보에 대한 설명으로 가장 적절하지 않은 것은? (다툼이 있는 경우 판례에 의함)

□□□

① 직무를 수행한 공무원의 성명 · 직위 등 「개인정보 보호법」 제2조 제1호에 따른 개인정보로서 공개될 경우 사생활의 비밀 또는 자유를 침해할 우려가 있다고 인정되는 정보는 공개하지 않을 수 있다.

② 피의자신문조서 등 조서에 기재된 피의자 등의 인적사항 이외의 진술내용 역시 개인의 사생활의 비밀 또는 자유를 침해할 우려가 인정되는 경우에는 비공개대상정보에 해당한다.

③ 수사기록 중 의견서, 보고문서, 메모, 법률검토 등은 그 실질적인 내용을 구체적으로 살펴 수사의 방법 및 절차 등이 공개됨으로써 수사기관의 직무수행을 현저히 곤란하게 한다고 인정할 만한 상당한 이유가 있어야만 비공개대상정보에 해당한다.

④ 의사결정 과정에 있는 사항으로서 공개될 경우 업무의 공정한 수행에 현저한 지장을 초래한다고 인정할 만한 상당한 이유가 있는 정보는 공개하지 않을 수 있다.

정답 및 해설 I ①

① [×] 「개인정보 보호법」 제2조 제1호에 따른 개인정보로서 공개될 경우 사생활의 비밀 또는 자유를 침해할 우려가 있다고 인정되는 정보는 공개하지 않을 수 있다. 그러나 직무를 수행한 공무원의 성명 · 직위 등은 사생활의 비밀 또는 자유를 침해할 우려가 있다고 인정되는 정보에서 제외된다(동법 제9조 제1항 제6호).

024 「경찰관 직무집행법」 및 「경찰관 직무집행법 시행령」상 손실보상에 관한 설명으로 가장 적절하지 않은 것은?

□□□

① 국가는 경찰관의 적법한 직무집행으로 인하여 손실발생의 원인에 대하여 책임이 있는 자가 자신의 책임에 상응하는 정도를 초과하는 생명 · 신체 또는 재산상의 손실을 입은 경우 정당한 보상을 하여야 한다.

② 경찰관의 적법한 직무집행으로 인하여 발생한 손실을 보상받으려는 사람은 보상금 지급 청구서에 손실내용과 손실금액을 증명할 수 있는 서류를 첨부하여 손실보상청구 사건발생지를 관할하는 국가경찰관서의 장에게 제출하여야 한다.

③ 보상금은 다른 법률에 특별한 규정이 있는 경우를 제외하고는 현금으로 지급하여야 한다.

④ 소속 경찰공무원의 직무집행으로 인하여 발생한 손실보상청구사건을 심의하기 위하여 시 · 도경찰청, 지방해양경찰청, 경찰서 및 해양경찰서에 손실보상심의위원회를 설치한다.

정답 및 해설 I ④

④ [×] 소속 경찰공무원의 직무집행으로 인하여 발생한 손실보상청구사건을 심의하기 위하여 **경찰청, 해양경찰청**, 시 · 도경찰청, 지방해양경찰청(경찰서 및 해양경찰서 ×)에 손실보상심의위원회를 설치한다(동법 시행령 제11조 제1항).

025 국가배상에 관한 설명으로 가장 적절하지 않은 것은? (다툼이 있는 경우 판례에 의함)

□□□

① 경찰관의 부작위를 이유로 한 국가배상책임을 인정하기 위한 요건으로서의 '법령 위반'이란 형식적 의미의 법령에 명시적으로 공무원의 작위의무가 규정되어 있는데도 이를 위반하는 경우를 의미하며, 인권존중 · 권력남용금지 · 신의성실과 같이 공무원으로서 마땅히 지켜야 할 준칙이나 규범을 지키지 않고 위반한 경우는 포함하지 않는다.

② 경찰관의 직무집행이 법령이 정한 요건과 절차에 따라 이루어진 것이라면 특별한 사정이 없는 한 이는 법령에 적합한 것이고 그 과정에서 개인의 권리가 침해되었다고 하여 그 법령적합성이 곧바로 부정되는 것은 아니다.

③ 공무원에게 부과된 직무상 의무의 내용이 전적으로 또는 부수적으로 사회구성원 개인의 구체적 안전과 이익을 보호하기 위하여 설정된 것이라면, 공무원이 그와 같은 직무상 의무를 위반함으로써 개인이 입게 된 손해는 상당인과관계가 인정되는 범위 안에서 국가가 그에 대한 배상책임을 부담하여야 한다.

④ 시위진압이 불필요하거나 또는 불법시위의 태양 및 시위 장소의 상황 등에서 예측되는 피해 발생의 구체적 위험성의 내용에 비추어 시위진압의 계속 수행 내지 그 방법 등이 현저히 합리성을 결하였다면 경찰관의 직무집행이 법령에 위반한 것이라고 할 수 있다.

정답 및 해설 Ι ①

① [×] 경찰관의 부작위를 이유로 한 국가배상책임을 인정하기 위한 요건으로서의 '법령 위반'이란 형식적 의미의 법령에 명시적으로 공무원의 작위의무가 규정되어 있는데도 이를 위반하는 경우 뿐만 아니라 인권존중 · 권력남용금지 · 신의성실과 같이 공무원으로서 마땅히 지켜야 할 준칙도 **포함된다**(대판 2008.6.12, 2007다64365).

026 「행정기본법」상 이의신청에 관한 설명으로 가장 적절하지 않은 것은?

□□□

① 행정청의 처분에 이의가 있는 당사자는 처분을 받은 날부터 30일 이내에 해당 행정청에 이의신청을 할 수 있다.

② 행정청은 이의신청을 받으면 부득이한 사유가 있는 경우를 제외하고는 그 이의신청을 받은 날부터 14일 이내에 그 이의신청 대한 결과를 신청인에게 통지하여야 한다.

③ 이의신청을 한 경우에도 그 이의신청과 관계없이 「행정심판법」에 따른 행정심판 또는 「행정소송법」에 따른 행정소송을 제기할 수 있다.

④ 이의신청에 대한 결과를 통지받은 후 행정심판 또는 행정소송을 제기하려는 자는 그 결과를 통지받은 날부터 60일 이내에 행정심판 또는 행정소송을 제기하여야 한다.

정답 및 해설 Ι ④

④ [×] 이의신청에 대한 결과를 통지받은 후 행정심판 또는 행정소송을 제기하려는 자는 그 결과를 통지받은 날부터 90(60 ×)일 이내에 행정심판 또는 행정소송을 제기하여야 한다(행정기본법 제36조 제4항).

027 「행정심판법」상 행정심판에 관한 설명으로 가장 적절하지 않은 것은?

□□□

① 심판청구는 서면으로 하여야 하며, 심판청구서를 작성하여 피청구인 또는 행정심판위원회에 제출하여야 한다.

② 시 · 도경찰청장의 처분 또는 부작위에 대한 행정심판의 청구에 대해서는 경찰청에 두는 행정심판위원회에서 심리 · 재결한다.

③ 행정심판위원회는 처분, 처분의 집행 또는 절차의 속행 때문에 중대한 손해가 생기는 것을 예방할 필요성이 긴급하다고 인정할 때에는 직권으로 또는 당사자의 신청에 의하여 처분의 효력, 처분의 집행 또는 절차의 속행의 전부 또는 일부의 정지를 결정할 수 있다.

④ 행정심판위원회는 심판청구가 이유가 있다고 인정하는 경우에도 이를 인용하는 것이 공공복리에 크게 위배된다고 인정하면 심판청구를 기각하는 재결을 할 수 있다.

정답 및 해설 | ②

② [×] 시 · 도경찰청장의 처분 또는 부작위에 대한 행정심판의 청구에 대해서는 국민권익위원회(경찰청 ×)에 두는 중앙행정심판위원회에서 심리 · 재결한다.

028 「경찰 물리력 행사의 기준과 방법에 관한 규칙」상 '적극적 저항'을 하는 대상자에 대하여 경찰관이 사용할 수 있는 물리력 종류로 가장 적절하지 않은 것은? (규칙 제2장 2.2.의 설명에 따름)

□□□

① 언어적 통제

② 체포 등을 위한 수갑 사용

③ 손바닥, 주먹, 발 등 신체부위를 이용한 가격

④ 분사기 사용

정답 및 해설 | ③

③ [×] 언어적 통제와 수갑의 사용은 순응단계부터 모든 경우에 사용할 수 있으며, 분사기의 사용은 적극적 저항부터 사용할 수 있다. 손바닥, 주먹, 발 등 신체부위를 이용한 가격은 '폭력적 공격'부터 사용할 수 있는 경찰 물리력이다.

029 다음에서 설명하는 조직편성의 원리와 가장 관계가 깊은 것은?

□□□

> • 업무를 그 종류와 성질별로 구분하여 구성원에게 가능한 한 한가지의 주된 업무를 부담시킴으로써 조직관리상의 능률을 향상시키려는 원리이다.
> • 한 사람이 수행할 수 있는 업무의 양과 시간에는 한계가 있고, 서로 다른 특성을 가진 업무를 한 사람이 맡아서 하는 것은 비효율적이다.
> • 다수가 일을 함에 있어서 각자의 임무를 나누어서 분명하게 부과하고 협력을 하도록 하는 것으로, 인간능력의 한계를 극복하고 업무를 효율적으로 수행하기 위한 것이다.

① 이 원리는 구조조정의 문제와 깊은 관련성이 있다.

② 이 원리에 따르면 업무에 대한 신속결단과 결단내용의 지시가 단일한 명령계통이어야 한다.

③ 이 원리의 장점은 권한과 책임을 계층에 따라 분배하여 의사결정의 검토가 이루어져 신중한 업무처리가 가능하다는 것이다.

④ 이 원리의 단점을 정형적 · 반복적 업무수행에 기인하여 작업에 대한 흥미 상실과 노동의 소외화나 인간기계화를 심화시키며, 부처간의 할거주의가 초래될 수 있다는 것이다.

정답 및 해설 I ④

④ [O] 분업의 원리에 관한 설명으로 ④가 타당하다.

①은 통솔범위의 원리, ②는 명령통일의 원리, ③은 계층제의 원리에 관한 설명이다.

030 「국가재정법」상 경찰예산에 관한 설명으로 가장 적절하지 않은 것은?

□□□

① 경찰청장은 매년 1월 31일까지 해당 회계연도부터 5회계연도 이상의 기간 동안의 신규사업 및 경찰청장이 정하는 주요계속사업에 대한 중기사업계획서를 기획재정부장관에게 제출하여야 한다.

② 기획재정부장관은 국무회의의 심의를 거쳐 대통령의 승인을 얻은 다음 연도의 예상편성지침을 매년 3월 31일까지 경찰청장에게 통보하여야 한다.

③ 감사원은 제출된 국가결산보고서를 검사하고 그 보고서를 다음연도 5월 20일까지 기획재정부장관에게 송부하여야 한다.

④ 경찰청장은 예산이 확정된 후 예산배정요구서를 기획재정부장관에게 제출하여야 하고, 기획재정부장관을 제출된 예산배정요구서에 따라 분기별 예산배정계획을 작성하여 국무회의의 심의를 거친 후 대통령의 승인을 얻어야 한다.

정답 및 해설 I ①

① [×] 경찰청장은 매년 1월 31일까지 해당 회계연도부터 5회계연도 이상의 기간 동안의 신규사업 및 기획재정부장관(경찰청장 ×)이 정하는 주요계속사업에 대한 중기사업계획서를 기획재정부장관에게 제출하여야 한다.

031 「경찰장비관리규칙」상 무기관리에 관한 설명으로 옳은 것은 모두 몇 개인가?

□□□

> ㉠ 무기고와 탄약고는 견고하게 만들고 환기 · 방습장치와 방화시설 및 총기시설 등이 완비되어야 한다.
> ㉡ 간이무기고는 근무자가 24시간 상주하는 지구대, 파출소, 상황실 등 경찰기관의 장이 필요하다고 인정하는 상당한 이유가 있는 장소에 설치할 수 있다.
> ㉢ 집중무기 · 탄약고의 열쇠보관은 일과시간의 경우 무기 관리부서의 장이, 일과시간 후에는 당직 업무(청사방호) 책임자(상황관리관 등 당직근무자)가 한다.
> ㉣ 경찰기관의 장은 무기를 휴대한 자 중에서 '정신건강상 문제가 우려되어 치료가 필요한 자'가 있을 때에는 즉시 대여한 무기 · 탄약을 회수하여야 한다.

① 1개 ② 2개
③ 3개 ④ 4개

정답 및 해설 I ③

㉠㉡㉢은 옳은 지문이다.

㉣ [×] 경찰기관의 장은 무기를 휴대한 자 중에서 '정신건강상 문제가 우려되어 치료가 필요한 자'가 있을 때에는 즉시 대여한 무기 · 탄약을 회수할 수 있다(동 규칙 120조 제2항).

032 「보안업무규정」에 따른 보호지역 중 비인가자가 비밀, 주요시설 및 Ⅲ급 비밀 소통용 암호자재에 접근하는 것을 방지하기 위하여 안내를 받아 출입하여야 하는 구역에 해당하는 장소는?

□□□

① 작전 · 경호 · 정보 · 안보업무 담당부서 전역
② 무기고 및 탄약고
③ 종합상황실
④ 종합조회처리실

정답 및 해설 I ①

① [○] 제한구역에 관한 설명이다. ②, ③, ④는 통제구역에 해당한다.

033 경찰과 대중매체 관계에 관한 내용과 인물을 바르게 연결한 것은?

□□□

> ㉠ 경찰과 대중매체가 서로를 필요로 하기 때문에 둘 사이에는 공생관계가 발달한다고 주장하였다.
> ㉡ 경찰과 대중매체는 서로 연합하여 그 사회의 일탈에 대한 개념을 규정하며, 도덕성과 정의를 규정짓는 사회적 엘리트 집단을 구성한다.
> ㉢ 경찰과 대중매체의 관계를 "단란하고 행복스럽지는 않지만, 오래 지속되는 결혼생활"에 비유하였다.

① ㉠ G.Crandon ㉡ R.Mark ㉢ R.Ericson

② ㉠ R.Ericson ㉡ G.Crandon ㉢ R.Mark

③ ㉠ R.Mark ㉡ R.Ericson ㉢ G.Crandon

④ ㉠ G.Crandon ㉡ R.Ericson ㉢ R.Mark

정답 및 해설 I ④

㉠ G.Crandon: 경찰과 대중매체가 서로를 필요로 하기 때문에 둘 사이에는 공생관계가 발달한다고 주장하였다.
㉡ R.Ericson: 경찰과 대중매체는 서로 연합하여 그 사회의 일탈에 대한 개념을 규정하며, 도덕성과 정의를 규정짓는 사회적 엘리트 집단을 구성한다.
㉢ R.Mark: 경찰과 대중매체의 관계를 "단란하고 행복스럽지는 않지만, 오래 지속되는 결혼생활"에 비유하였다.

034 계급제와 직위분류제의 관계에 관한 설명으로 가장 적절하지 않은 것은?

□□□

① 직무분석과 직무평가의 충실한 수행을 강조하는 것은 직위분류제이다.

② 계급제는 직업공무원제도 정착에 유리하다.

③ 양자는 양립할 수 없는 상호 배타적인 관계가 아니라 서로의 결함을 시정할 수 있는 상호 보완적인 관계이다.

④ 계급제는 '동일직무에 대한 동일보수의 원칙'을 확립함으로써 보수제도의 합리적 기준을 제시한다.

정답 및 해설 I ④

④ [×] 직위분류제(계급제 ×)는 '동일직무에 대한 동일보수의 원칙'을 확립함으로써 보수제도의 합리적 기준을 제시한다.

035 「피의자 유치 및 호송규칙」에 관한 설명으로 가장 적절하지 않은 것은?

□□□

① 외표검사란 죄질이 경미하고 동작과 언행에 특이사항이 없으며 위험물 등을 은닉하고 있지 않다고 판단되는 유치인에 대하여는 신체 등의 외부를 눈으로 확인하고 손으로 가볍게 두드려 만져 검사하는 것을 말한다.

② 동시에 2명 이상의 피의자를 입감시킬 때에는 경위 이상 경찰관이 입회하여 순차적으로 입감시켜야 한다.

③ 신체 등의 검사는 동성의 유치인보호관이 실시하여야 한다. 다만, 여성유치인보호관이 없을 경우에는 미리 지정하여 신체 등의 검사방법을 교양 받는 여성경찰으로 하여금 대신하게 할 수 있다.

④ 호송은 원칙적으로 일출전 또는 일몰후에 할 수 없다.

정답 및 해설 I ②

② [×] 피의자를 유치장에 입감시키거나 출감시킬 때에는 유치인보호 주무자가 발부하는 별지 제2호 서식의 피의자 입감 · 출감 지휘서에 의하여야 하며 동시에 3(2 ×)명 이상의 피의자를 입감시킬 때에는 경위 이상 경찰관이 입회하여 순차적으로 입감시켜야 한다(동 규칙 제7조 제1항).

036 「아동 · 청소년의 성보호에 관한 법률」에 대한 설명으로 옳은 것은 모두 몇 개인가?

□□□

> ㉠ 아동 · 청소년성착취물을 제작한 자에 대한 미수범 처벌규정이 있다.
> ㉡ 폭행 또는 협박으로 아동 · 청소년을 강간할 목적으로 예비 또는 음모한 자에 대한 처벌규정이 있다.
> ㉢ 아동 · 청소년의 성을 사는 행위를 한 자에 대한 미수범 처벌규정이 있다.
> ㉣ 13세 미만의 사람에 대하여 강간죄를 범한 경우에는 공소시효를 적용하지 않는다.

① 1개
② 2개
③ 3개
④ 4개

정답 및 해설 I ③

㉠㉡㉣ 3개가 옳은 지문이다.

㉢ [×] 「아동 · 청소년의 성보호에 관한 법률」상 아동 · 청소년의 성을 사는 행위를 한 자에 대한 미수범 처벌규정이 없다.

037 「가정폭력범죄의 처벌 등에 관한 특례법」상 가정폭력범죄에 해당하지 않은 것은?

□□□

① 甲의 아버지가 甲의 명예를 훼손한 경우

② 乙의 계모였던 사람이 乙의 재물을 손괴한 경우

③ 丙과 같이 사는 사촌동생이 丙을 약취유인한 경우

④ 丁이 이혼한 전 부인을 강간한 경우

정답 및 해설 I ③

③ [×] 같이 사는 사촌동생이므로 가정구성원에는 해당하나, 형법상 약취유인죄는 가정폭력범죄에 해당하지 않는다.

038 ☐☐☐ 「범죄인 인도법」에서 규정하는 절대적 인도거절 사유로 옳은 것만을 모두 고른 것은?

㉠ 범죄인이 대한민국 국민인 경우 ㉡ 인도범죄의 전부 또는 일부가 대한민국 영역에서 범한 것인 경우 ㉢ 범죄인이 인종, 종교, 국적, 성별, 정치적 신념 또는 특정 사회단체에 속한 것 등을 이유로 처벌되거나 그 밖의 불리한 처분을 받을 염려가 있다고 인정되는 경우 ㉣ 인도범죄에 관하여 대한민국 법원에서 재판이 계속 중이거나 재판이 확정된 경우

① ㉠, ㉡
② ㉢, ㉣
③ ㉠, ㉡, ㉣
④ ㉡, ㉢, ㉣

정답 및 해설 I ②

㉢㉣이 절대적 거절사유(동법 제7조)이고, ㉠㉡은 「범죄인 인도법」상 임의적 거절사유(동법 제9조)이다.

039 ☐☐☐ 정보배포원칙에 관한 설명으로 가장 적절하지 않은 것은?

① 필요성의 원칙은 알 필요가 있는 대상자에게 정보를 알려야 하고, 알 필요가 없는 대상자에게는 알려서는 안 된다는 것을 의미한다.
② 보안성의 원칙에 따라 정보가 누설됨으로써 초래될 결과를 예방하기 위한 보안대책을 강구해야 한다.
③ 적시성의 원칙에 따라 먼저 생산된 정보를 우선적으로 배포한다.
④ 계속성의 원칙은 정보가 필요한 기관에 배포되었다면 그 주제와 관련된 새로운 정보는 그 기관에 계속 배포해 주어야 한다는 것을 의미한다.

정답 및 해설 I ③

③ [×] 적시성의 원칙에 따라 먼저 생산된 정보라 하여 우선적으로 배포하는 것이 아니라, 정보사용자가 필요한 시기에 배포되어야 한다.

040 ☐☐☐ 제2종 보통면허만을 취득한 자가 운전할 경우, 무면허운전이 되는 것은?

① 원동기장치자전거
② 화물자동차(적재중량 3톤)
③ 승합자동차(승차정원 8명)
④ 특수자동차(총 중량 4톤)

정답 및 해설 I ④

④ [×] 제2종 보통면허로는 총 중량 3.5t 이하의 특수자동차(구난차 등 제외)만 운전할 수 있다. 따라서 총 중량 4톤의 특수자동차를 운전하였다면 무면허운전죄가 성립한다.

MEMO

2025 대비 최신개정판

해커스경찰 조현 경찰학 기출문제집

개정 4판 1쇄 발행 2024년 4월 15일

지은이	조현 편저
펴낸곳	해커스패스
펴낸이	해커스경찰 출판팀
주소	서울특별시 강남구 강남대로 428 해커스경찰
고객센터	1588-4055
교재 관련 문의	gosi@hackerspass.com 해커스경찰 사이트(police.Hackers.com) 교재 Q&A 게시판 카카오톡 플러스 친구 [해커스경찰]
학원 강의 및 동영상강의	police.Hackers.com
ISBN	979-11-6999-669-3 (13350)
Serial Number	04-01-01